国家及各地区国民经济和社会发展“十二五”规划纲要

（中）

国家发展和改革委员会 编

人民出版社

目　录 Contents

上　册

中册

下册

安徽省国民经济和社会发展第十二个五年规划纲要

（2011 年 1 月 23 日安徽省
第十一届人民代表大会第四次会议批准）

根据《中共安徽省委关于制定国民经济和社会发展第十二个五年规划的建议》，制定安徽省国民经济和社会发展第十二个五年规划纲要（2011～2015 年）（以下简称《纲要》），主要阐明“十二五”期间国民经济和社会发展的指导思想、发展目标、主要任务和重大举措，明确政府工作重点，引导市场主体行为。《纲要》是各级政府依法履行职责的重要依据，是未来五年我省经济社会发展的宏伟蓝图，是全省人民共同的行动纲领。政府将通过制定实施专项规划、区域规划和年度计划，综合运用经济、法律和行政手段，动员组织全社会力量，保障“十二五”规划目标任务完成。

第一篇　指导思想和发展目标

第一章　“十一五”发展的巨大成就

“十一五”以来，在党中央、国务院和中共安徽省委的坚强领导下，全省人民以邓小平理论和“三个代表”重要思想为指导，深入贯彻落实科学发展观，积极抢抓国家促进中部崛起和扩大内需的重大机遇，全面实施工业强省、东向发展、创新推动、中心城市带动、城乡统筹和可持续发展六大战略，深入推进“861”行动计划，有效应对国际金融危机冲击，成功战胜多重自然灾害，圆满完成了“十一五”规划确定的主要任务。经济实力大幅提升，地区生产总值跨上万亿元台阶，翻了一番以上，财政收入增长两倍以上。经济增长的稳定性显著提高。产业结构持续优化，农业基础地位得到加强，粮食产量连续5年创历史新高，达到616亿斤，农业产业化快速发展。工业主导地位日益凸显，优势产业地位进一步提升，高新技术产业发展加快。服务业稳步发展，城乡区域发展协调性增强，中心城市进一步壮大，合肥经济圈、皖江城市带发展势头强劲，皖北地区发展提速，一批经济强县快速崛起。自主创新能力显著增强，合芜蚌自主创新综合试验区加快建设，国家技术创新工程试点省全面启动。交通、水利等基础设施显著改善，生态环境建设不断强化。经济体制改革深入推进，医药卫生体制改革、文化体制改革、农村综合改革、地方金融体系建设走在全国前列，扩权强县、扩权强镇、城乡一体化试点等改革积极推进，机关效能建设成效明显。开放型经济水平不断提升，皖江城市带承接产业转移示范区建设全面启动，参与长三角区域发展分工迈出实质性步伐。人民生活明显改善，城乡居民收入进一步提高，民生工程覆盖面不断扩大，社会保障体系初步形成，教育、卫生、文化、体育等各项事业全面进步，“平安安徽”建设深入开展，社会保持和谐稳定。“十一五”时期，是我省厚积薄发、加速崛起的五年，是科学发展、和谐发展的五年，是内聚信心、外树形象的五年。面向未来，我省已经站在一个新的历史起点。

专栏1 “十一五”规划主要发展目标完成情况

指　标	“十一五”计划目标		2010年预计值	“十一五”年均增长
	2010年目标值	“十一五”年均增速		
地区生产总值（当年价，亿元）	10000	>10%	12000	>13%
人均地区生产总值（当年价，元）	15500	—	19500	13.5%
五年城镇新增就业（万人）	200	—	252.6	—
财政收入（亿元）	1300	15%	2063.8	25.7%
五年累计固定资产投资（亿元）	20000	18%	36500	36.2%
社会消费品零售总额（亿元）	3110	12%	4151.5	18.5%
进出口总额（亿美元）	183	15%	242.8	21.6%
五年转移农业劳动力（万人）	300	年均增加60万人	320	年均增加64万人
城镇登记失业率（%）	<5	—	<4	—
服务业增加值比重（%）	43	年均增加0.5个百分点	36.7	年均下降1.3个百分点
服务业就业比重（%）	35	年均增加1个百分点	37.3	年均提高1.5个百分点
研究与试验发展经费支出占地区生产总值比重（%）	1.5	累计提高0.7个百分点	1.5	累计提高0.7个百分点
万元生产总值能耗（吨标煤）	0.97	-4.4%	0.96	[-20%]
万元工业增加值用水量（立方米）	240	—	220	
城镇化率（%）	>42	年均提高1.3个百分点以上	>43	年均提高1.5个百分点以上
城镇职工基本养老保险人数（万人）	400	五年增长12.4%	669.5	五年增长92.9%
新型农村合作医疗覆盖率（%）	80	—	100	—
年末总人口（万人）	6750	<7‰	6880	7.5‰

续表

指　　标	"十一五"计划目标		2010 年预计值	"十一五"年均增长
	2010 年目标值	"十一五"年均增速		
耕地保有量(万公顷)		-0.3	571.8	—
二氧化硫排放量(万吨)	—	—	—	[-5.7%]
化学需氧量排放量(万吨)	—	—	—	[-6.5%]
森林覆盖率(%)	28.66		27.5	
城镇居民人均可支配收入(元)	12000	>7%	15788	13.3%
农民人均纯收入(元)	3800	>7%	5285	14.9%
注:"年均增长"栏带[ ]的为五年累计数				

地区生产总值

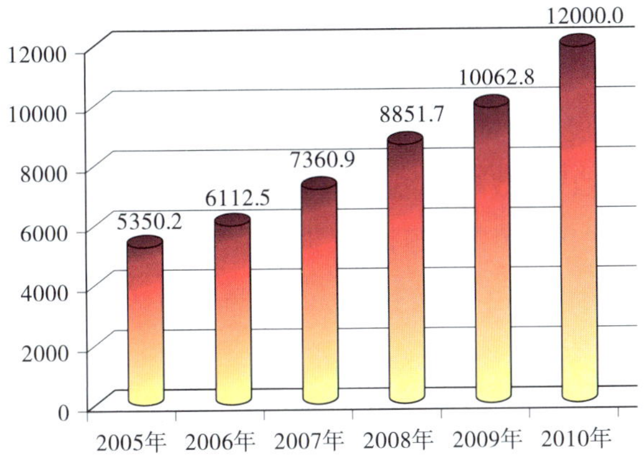

全部工业增加值

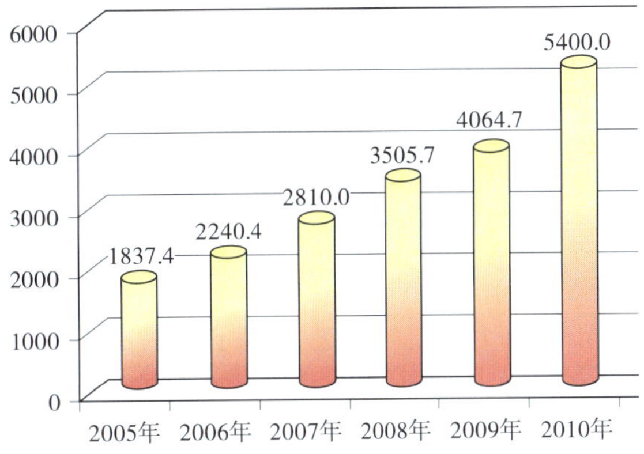

财政收入

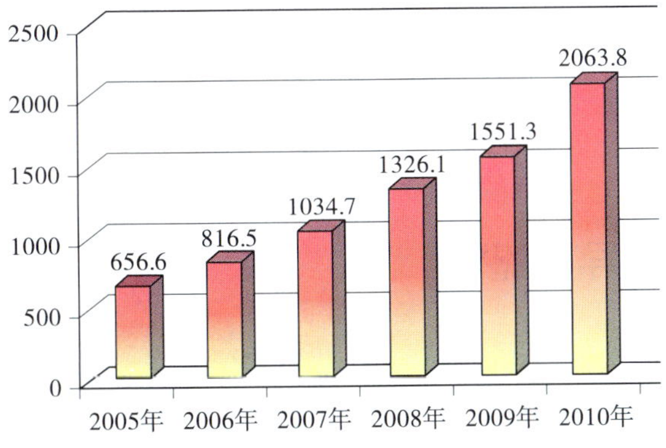

限额以上固定资产投资

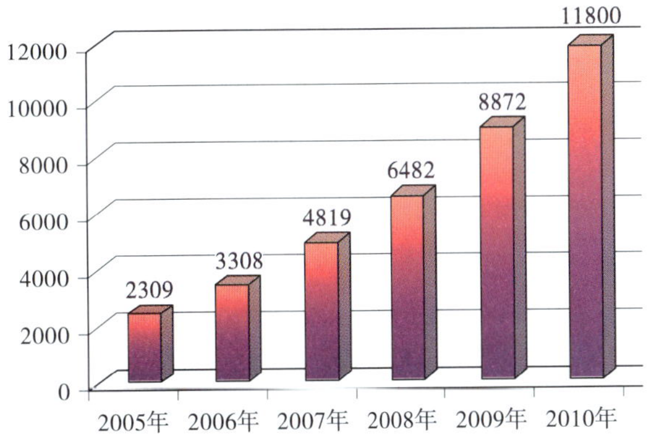

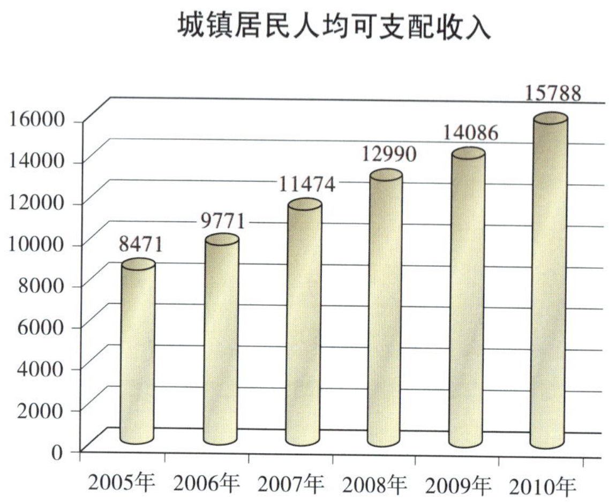

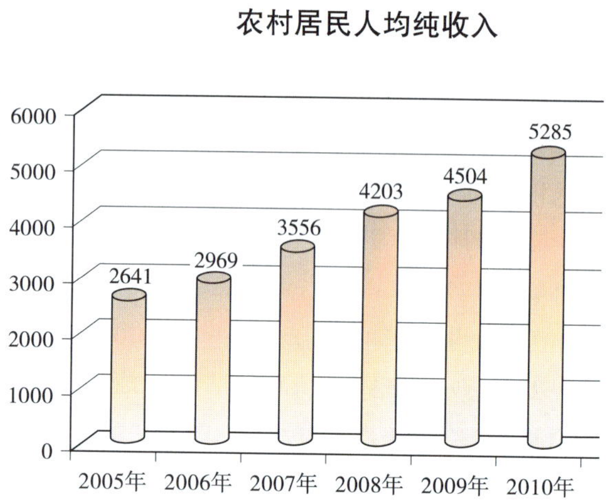

第二章 “十二五”发展面临的形势

综合判断，未来五年是安徽黄金发展期，加快发展的机遇前所未有。国内外产业转移深入推进，长三角区域发展分工合作不断深化；国家坚持扩大内需战略，实施区域发展总体战略和主体功能区战略，推动经济布局逐步从沿海向内陆延伸；工业化城镇化加速推进，消费结构加快升级，持续投入效应不断释放；皖江城市带承接产业转移示范区、合芜蚌自主创新综合试验区和国家技术创新工程试点省建设扎实推进，为我省加快发展提供了重要平台，我们完全有条件推动经济社会发展迈上更高水平。

同时也必须清醒看到，未来五年面临的挑战前所未有。世界经济增长格局面临深度调整，我国经济发展的条件和动力正在发生深刻变化，我省发展不平衡、不协调、不可持续问题日益凸显。产业结构层次较低，科技创新能力不足。中心城市带动力不强，城乡区域发展不协调。资源环境约束加大，社会建设和管理任务艰巨，制约科学发展的体制机制障碍依然较多，面临加快发展与加快转型双重压力。此外，周边省份产业结构竞相升级对我省结构调整形成新的挤压。必须进一步增强机遇意识和忧患意识，科学把握发展规律，主动适应环境变化，充分利用各种有利条件，着力解决突出矛盾和问题，努力实现经济社会又好又快发展。

第三章 指导思想

以邓小平理论和“三个代表”重要思想为指导，深入贯彻落实科学发展观，以科学发展为主题，以全面转型、加速崛起、兴皖富民为主线，坚持工业化城镇化双轮驱动，坚持转型发展、开放发展、创新发展、和谐发展，努力走在中部崛起前列，为实现经济繁荣、人民富足、生态良好的发展目标，为全面建成小康社会奠定坚实基础。

——坚持“双轮驱动”。我省工业化城镇化正处于中期加速阶段，蕴含着巨大的发展空间和潜力。继续实施工业强省战略，着力增强中心城市带动能力，促进城市人口与产业同步扩张，推动工业化和城镇化协调共进、互动发展，为经济社会发展提供强大动力。

——坚持转型发展。加快新型工业化进程，把经济增长转到以现代农业为基础、战略性新兴产业为先导、先进制造业和现代服务业为支撑的发展轨道上来；加快新型城镇化进程，把经济增长转到以中心城市和县域经济为支撑、统筹城乡区域协调发展的轨道上来；加快优化需求结构，促进经济增长由主要依靠投资拉动向三大需求协同拉动转变；加快推进自主创新，促进增长动力从物质资源消耗为主向创新驱动转变；加快发展社会事业和改善民生，推动发展重心从偏重经济增长向经济社会协调发展转变；加快生态文明建设，推动增长模式从粗放增长向资源节约型、环境友好型转变，努力实现速度与质量、内需与外需、发展与民生、增长与环境、经济与社会等方面有机统一，实现全面协调可持续发展。

——坚持开放发展。进一步强化开放合作意识，完善区域合作机制，推动东向发展，全面参与长三角区域发展分工合作，加强与国内其他地区的经济联系，积极拓展境外合作领域和范围，更好地利用两个市场、两种资源，加速融入国际国内经济大循环，不断提高对外开放水平。

——坚持创新发展。深入实施创新推动战略，大力弘扬敢闯敢试、敢为人先的优良传统，力争在重点领域和关键环节改革上取得突破，加快构建有利于科学发展的体制机制；充分发挥科技第一生产力和人才第一资源作用，着力增强自主创新能力，加快培育核心竞争优势。

——坚持和谐发展。着力构建保障和改善民生的长效机制，把促进就业放在经济社会发展优先位置，加快发展各项社会事业，推进基本公共服务均等化，提升人民群众幸福指数，促进社会和谐稳定；加快建设资源节约型、环境友好型社会，大力发展循环经济，积极推广低碳技术，促进经济社会发展与人口资源环境相协调，走可持续发展之路。

第四章　发展目标

按照到2020年实现全面建设小康社会奋斗目标的要求，综合考虑未来发展趋势和条件，今后五年经济社会发展的主要目标是：

——综合实力再上新台阶。经济保持又好又快发展，增长质量和效益明显提高，力争到2015年地区生产总值、财政收入比2010年翻一番，主要指标增速位居中部前列。确保2015年皖江城市带人均地区生产总值超过全国平均水平，全省人均地区生产总值与全国平均水平差距进一步缩小。

——经济结构调整取得重大进展。三次产业结构调整到9∶53∶38，城镇化率超过50%。自主创新能力显著提升，战略性新兴产业增加值、服务业增加值翻一番以上，研究与试验发展经费支出占地区生产总值比重达到2%，每万人口发明专利拥有量达到3.4件，高新技术产业增加值占规模以上工业的比重达到35%。全面完成国家下达的节能减排目标，森林覆盖率提高到29%，生态环境质量明显改善。

——区域发展协调性增强。皖江城市带承接产业转移示范区和合肥经济圈对全省发展的辐射带动力显著增强。皖北地区发展进一步加快，自我发展能力不断增强。皖南和皖西地区生态优势更加彰显，绿色发展取得积极进展。各区域之间联动发展、协调发展的格局进一步形成。

——城乡居民收入普遍较快增加。努力实现居民收入增长与经济发展同步、劳动报酬增长与劳动生产率提高同步，力争到2015年城乡居民收入比2010年翻一番。收入分配格局更加合理，低收入者收入明显增加，中等收入群体持续扩大，贫困人口显著减少，人民生活质量和水平不断提高。

——*社会建设明显加强*。就业持续增加。覆盖城乡居民的基本公共服务体系逐步完善，全省人民受教育程度稳步提升，思想道德素质、科学文化素质和健康素质不断提高。社会主义民主法制更加健全。文化事业和文化产业加快发展，文化强省建设取得重大进展。社会管理水平明显提高，社会治安和安全生产状况进一步好转，社会更加和谐稳定。到2015年，亿元地区生产总值生产安全事故死亡率控制在0.2以内，工矿商贸企业从业人员10万人生产事故死亡率控制在1.3以内。

——*改革开放迈出新步伐*。财税金融、要素价格、国有企业等重点领域和关键环节改革取得明显进展，政府职能加快转变，政府公信力和行政效率进一步提高。对内对外开放广度和深度不断拓展，经济外向度和承接产业转移水平显著提高，与长三角一体化发展格局基本形成。力争五年累计利用外资超过300亿美元，到2015年，进出口总额达到390亿美元，非公有制经济占经济总量的比重达到65%以上。

专栏2 “十二五”经济社会发展主要目标

指 标	2010年预计	2015年目标	年均增长（%）	指标属性
一、经济发展				
地区生产总值（当年价，亿元）	12000	力争24000	>10（可比价）	预期性
财政收入（亿元）	2063.8	4130	15	预期性
固定资产投资（亿元）	11800	23700	15	预期性
社会消费品零售总额（亿元）	4151.5	9500	18	预期性
战略性新兴产业增加值（亿元）	780	2400	18（可比价）	预期性
服务业增加值（亿元）	4400	9120	12（可比价）	预期性
城镇化率（%）	>43	>50	—	预期性
进出口总额（亿美元）	242.8	390	10	预期性
非公经济占经济总量比重（%）	>57	>65	—	预期性
二、科技教育				
研究与试验发展经费支出占地区生产总值比重（%）	1.5	2	—	预期性
每万人口发明专利拥有量（件）	0.66	3.4		预期性
九年义务教育巩固率（%）		93		约束性
高中阶段教育毛入学率（%）	80	87	—	预期性
三、资源环境				
耕地保有量（万公顷）	571.8	571.8	—	约束性
单位工业增加值用水量降低（%）			国家下达	约束性
单位GDP能源消耗降低（吨标煤）	0.96		国家下达	约束性
单位GDP二氧化碳排放降低（%）			国家下达	约束性
非化石能源占一次能源消费比重（%）	2.5	6	—	约束性

续表

指标		2010年预计	2015年目标	年均增长(%)	指标属性
主要污染物排放减少(%)	化学需氧量			国家下达	约束性
	二氧化硫			国家下达	
	氨氮			国家下达	
	氮氧化物			国家下达	
森林增长	森林覆盖率(%)	27.5	29	—	约束性
	森林蓄积量(亿立方米)	1.8	2.2	—	
四、人民生活					
年末总人口(万人)		6880	7140	7.5‰	约束性
城镇登记失业率(%)		<4	<5	—	预期性
五年城镇新增就业(万人)		252.6	300	—	预期性
财政民生支出(亿元)		1096	2403	17	预期性
其中:民生工程		345	725	16	
城镇参加基本养老保险人数(万人)		670.24	—	五年新增500	约束性
新型农村社会养老保险参保人数(万人)		349.4	3500	—	约束性
城镇基本医疗保险参保率(%)		99	>99	—	约束性
新型农村合作医疗参合率(%)		96	>96	—	约束性
城镇保障性安居工程建设(万套)				五年累计200	约束性
城镇居民人均可支配收入(元)		15788	力争31576	>10	预期性
农村居民人均纯收入(元)		5285	力争10570	>10	预期性

第二篇　全面贯彻落实扩大内需方针，实现经济又好又快发展

第五章　积极扩大有效投入

第一节　深入实施“861”行动计划

打造战略性新兴产业、先进制造业、能源、原材料、优质农产品生产加工、文化、旅游、现代物流八大产业，加快建设综合水利工程、交通网络工程、生态环保工程、金融支撑工程、人才工程、民生工程六大基础工程，力争2015年地区生产总值再翻一番。全方位构建多层次、多系统、开放式、动态性的“861”行动计划项目管理体系，形成梯次推进格局。建立项目审批、核准、备案、供地、环评、融资等“绿色通道”，强化项目跟踪服务和协调调度，提高投资效益，增强经济发展后劲。

第二节 着力优化投资结构

加大对战略性新兴产业、先进制造业、现代农业和服务业、重大基础设施、民生工程、社会事业、节能减排、生态保护等领域的投入。严格执行国家产业政策，控制产能过剩项目特别是落后的高污染、高能耗项目建设。全面推进外资、民间资本、政府投资等投资主体多元化，进一步发挥财政性资金的杠杆作用，合理引导和充分调动社会资金加大投入，进一步提高民间投资、省外境外投资比重。

第六章 努力扩大消费需求

第一节 积极开拓消费市场

增加城乡居民收入，提高居民消费能力。以引导和培育消费热点为着力点，围绕我省优势产业和产品，巩固和发展消费规模大、带动性强、对地方经济贡献大的热点消费，扩大汽车、住房、旅游、通讯等重点领域消费，优化消费结构。大力发展文化娱乐、教育培训、体育健身、养老服务、家庭劳动社会化等成长性服务消费，挖掘消费潜能。贯彻落实国家各项促进消费政策，大力推进家电下乡、家电以旧换新等，全面开拓农村市场，提高农村和农民消费水平。拓展省外市场，提高皖货在全国的知名度、美誉度和市场占有率，提升省外消费对我省经济增长的拉动力。

第二节 改善消费环境

完善城乡市场运行监测，强化市场调控体系建设，保障市场平稳运行。加强社会信用体系建设，强化行业监管，规范市场准入。加大市场经济秩序整顿力度，加强商品质量监管，严厉打击贩卖假冒伪劣商品行为，确保消费安全。健全消费者权益保护，完善消费及消费者保护的规章制度，建立良好的消费环境。

第三篇 加快新型工业化进程，构建现代产业体系

第七章 增强工业综合竞争力

适应消费结构升级和产业结构调整的要求，把培育壮大新兴产业和改造提升传统产业紧密结合起来，新增一批千亿元产业，打造一批千亿元企业，培育一批千亿元园区，加快新型工业化进程。

第一节 培育壮大战略性新兴产业

把培育战略性新兴产业作为抢占未来发展制高点的重要突破口，大力推进知识产权战略，按照领军企业—重大项目—产业链—产业集群—产业基地的思路，实施战略性新兴产业“千百十工

程”，促进电子信息、节能环保、新能源、生物、高端装备制造、新材料、新能源汽车、公共安全产业快速发展，力争到2015年战略性新兴产业产值突破1万亿元，形成若干支撑我省未来发展新的支柱产业。

电子信息产业。重点发展新型显示、智能家电、集成电路、软件、信息服务和物联网，打造中国（合肥）国家级新型平板显示产业基地，提升合滁芜信息家电产业带，建设合肥语音产业基地，形成一批电子元器件产业园区。

节能环保产业。重点发展节能环保装备、节能产品，促进资源综合利用和循环利用，建设芜湖节能环保和绿色照明产业基地、滁马铜池绿色照明产业带，发展合肥水泥成套设备和环保装备。

新能源产业。重点发展光伏、生物质能源、洁净煤、核电和风电，适度建设抽水蓄能电站，建设一批国家级绿色能源县。建设一批光伏及生物质能等新能源基地。

生物产业。重点发展生物制药、现代中药、生物育种等产业，做大做强蚌埠生物产业基地、亳州现代中药产业基地、芜湖生物医药产业基地、合肥生物医药产业基地。

高端装备制造产业。重点发展数字化、柔性化及系统集成的重大基础装备，工业领域重大成套技术装备，新型基础零部件，全面优化装备集成协作配套体系，提升合肥工程机械及工业机器人、两淮煤机装备、沿江船舶、芜湖大型铸锻件、马鞍山冶金装备等装备制造基地。

新材料产业。重点发展高性能金属材料、硅基材料、膜材料、纳米材料、碳纤维材料、新型显示材料、稀土永磁材料、复合材料及特种材料等，培育和打造铜陵铜基新材料产业基地、马鞍山高性能铁基新材料产业基地、滁州硅基新材料产业基地、安庆化工新材料产业基地、池州高分子聚合材料产业基地、黄山新型包装材料产业基地。

新能源汽车。重点发展纯电动汽车、混合动力汽车，加快发展动力电池、高性能电机、电控系统，打造合肥、芜湖新能源汽车产业基地，促进新能源汽车整车产业化。

公共安全产业。重点发展通讯安全、生产安全、食品安全、信息和交通安全、矿山安全等产业，促进量子通信技术产业化，建成具有重大战略意义的信息安全堡垒，打造合肥公共安全产业基地。

专栏3 战略性新兴产业“千百十工程”

◆**实施一批重大项目。**围绕战略性新兴产业重点领域，加快高世代液晶面板、显示玻璃及光伏玻璃、LED外延片及芯片、集成电路、太阳能电池及组件、新能源汽车电池、数控机床、新型节能环保装备、铜基铁基新材料产业链、秸秆生物精炼产业化、量子通信产业化、新能源汽车整车产业化等一批新兴产业重大项目建设。到2015年，重点建设1000个左右新兴产业项目。

◆**壮大一批龙头企业。**重点引进掌握核心技术、带动力强的行业领军企业，鼓励在皖大企业、高校和科研院所积极发展新兴产业，扶持高成长性中小高技术企业做大做强。到2015年，培育和引进100个左右新兴产业领军企业。

◆**打造一批产业基地。**鼓励现有各类园区发展新兴产业，引导企业和各种要素向园区集聚，加快形成新兴产业生产组织体系和配套服务体系，建设合肥平板显示、合肥新能源及新能源汽车、芜湖光电及光伏材料、蚌埠生物、马鞍山新材料等10个左右国内领先、特色鲜明的新兴产业基地。

第二节 做大做强优势产业

以规模化、集群化、品牌化为导向，推动汽车、装备制造、家电、食品等优势产业做大做强，建设全国重要的先进制造业基地。

汽车产业。全面提升品牌影响力，提高整车产品质量，加大中高档轿车比重。积极发展新能源汽车。鼓励发展节能、环保、高附加值专用汽车和关键零部件。巩固和提升在全国的地位。

装备制造业。加速规模扩张和结构升级，加强核心技术和系统技术研发，培育自主品牌。大力发展具有比较优势的工程机械、电工电器、机床、泵阀、环保节能设备等行业，积极发展冶金、水泥、煤炭、石化等行业大型成套设备，鼓励发展高性能船舶及新型船用机械制造。

家电产业。加强研发能力和配套能力建设，提高冰箱、空调、洗衣机、彩电中高端产品比重，提升区域品牌知名度。积极发展各类小家电。推进研发、生产、营销一体化，建成全国重要的家电产业基地。

食品工业。积极培育龙头企业，加快创建知名品牌，建设安全原料基地，重点发展水稻、小麦、油料、肉类、水产品、乳制品、茶叶、果蔬等精深加工产品。建成全国重要的食品工业基地。

第三节　改造提升传统产业

按照优化结构、提升水平、绿色发展的要求，充分发挥传统产业特色优势，大力推进信息化与工业化融合，推动纺织服装、冶金、建材、化工等产业改造升级。

纺织服装产业。积极承接产业转移，加快产业集聚步伐，培育自主品牌，促进棉纺业“精细化”、服装鞋帽业“品牌化”、产业用纺织品业“特色化”、家用纺织品业“配套化”发展。形成若干龙头企业及一批主业突出的特色产业集群。

冶金产业。加大以结构调整和节能减排为中心的改造力度，淘汰落后产能，重点发展优质钢材、特钢产品，铜、铝精深加工产品和有色金属新材料，提高市场短缺高端产品比重。大力推进矿产资源合理开发。建成全国重要的精品钢材和有色金属冶炼加工基地。

建材产业。围绕节能环保加大结构调整力度，坚持“上大压小”发展水泥，积极发展非金属矿精深加工及改性材料，突出发展新型节能环保墙体材料、优质玻璃、装饰材料及卫生陶瓷产品。建成全国重要的硅产业基地及一批非金属矿深加工产业集群。

化工产业。进一步提升原油加工能力，延伸产业链，发展新型煤化工，积极培育精细化工、盐化工、生物化工、硫磷化工等，推动产业向高端化发展。建成沿江沿淮大型石油化工基地和新型煤化工基地。

专栏4　制造业发展重点方向

◆**汽车及汽车零部件**。大力支持国内外产能布局和产品结构调整，重点推进轿车发动机和自动变速箱、重型大功率发动机、乘用车、重卡、专用车、轮胎等建设。

◆**装备制造**。重点推进大型铸锻件、数控机床、挖掘机、减速机、叉车、井下采掘设备和矿冶成套设备、化工设备、节能环保设备、电工电器、轨道交通装备、沿江船舶及船用设备、高钢级石油管材、农用机械等建设。

◆**家电**。重点发展空调及关键零部件、大屏幕彩电、冰箱、洗衣机、小家电和其他家电产品。

◆**食品**。加快建设皖北小麦、沿江大米和油脂加工、皖南皖西和皖西南生态食品加工基地，以及一批肉类果蔬深加工基地、食品和农副产品加工基地等。

◆**纺织服装**。建设安庆、六安、淮北、马鞍山等棉纺织和服装产业集群，桐城、六安羽绒家纺产业集群，以芜湖为龙头的皖东南服装产业集群，阜阳、淮南、六安、宿州服装鞋帽产业集群，以滁州为龙头的差别化纤维及产业用纺织品产业集群，六安、铜陵麻纺产业集群。

◆**冶金**。重点推进精品钢、煤电铝联营、铜资源控制及铜材精深加工、铁矿资源开发利用、铅锌冶炼等。

◆**建材**。重点实施沿江水泥“上大压小”，推进碳酸钙、超细碳酸钙和石膏、凹凸棒、陶瓷、钾长石等开发利用。

◆**化工**。大力发展石化及下游系列产品，加快建设淮南、淮（北）宿（州）、阜亳、巢湖四大煤化工基地，积极建设合肥、铜陵、芜湖、池州等特色化工基地，推进大型乙烯工程前期工作。

第四节 优化企业组织结构

培育一批超千亿元企业。大力推进以优势企业为主体的联合兼并重组,加强与央企的合资合作,积极引入战略投资者,加快重大项目建设,鼓励大企业大集团整合生产要素、上下游产品和市场渠道等环节,促进优势资源向重点企业集中,力争形成马钢、铜陵有色等一批超千亿元企业集团,增强核心企业辐射带动力。

大力发展中小企业。以关联产业集聚为导向,提升专业化分工协作水平,提高配套能力,促进集群发展,形成一批专业化、特色化、差别化发展的重点产业集群。到2015年规模以上工业企业数翻一番以上。

第五节 深入实施品牌战略

大力实施以质取胜战略、名牌战略和技术标准战略。增强全社会质量意识,注重产品质量和服务质量,加强质量监测。着力创造更多的国家级和省级品牌,扩大重点企业和重点产品品牌影响力,抢占行业发展制高点。鼓励有条件的企业收购、兼并、参股国际品牌和营销网络,促进企业由生产制造向营销服务延伸,从产品经营向品牌经营扩展,增强企业可持续发展能力。大力建设企业标准,建立健全技术标准体系,支持企业主导或参与制订国际标准、行业标准和地方标准。

第六节 推进信息化与工业化融合

深化信息技术在传统产业中的应用,加快产品研发设计、生产过程控制、市场营销、企业管理、售后服务、节能减排等环节信息技术改造和融合步伐。积极开展两化融合试点示范。深化重点行业和骨干企业电子商务应用,积极搭建面向中小企业的信息化服务平台,推动中小企业利用电子商务手段开拓国际市场,推进现代信息技术对传统商贸方式的改造。

第七节 促进开发区转型升级

解放思想,创新体制,完善机制,扩大开放,着力推进开发区规范化、特色化、集约化发展。支持具备条件的省级开发区扩区升级,支持符合条件的市县建设省级高新技术产业开发区,引导乡镇工业集中区有序发展,积极开展园区合作共建。明确产业定位,坚持错位发展,加大开发区整合提升力度,推动关联产业和要素集聚,培育一批特色鲜明的专业化园区。提高入区项目质量和投入强度,建立园区项目用地退出机制,强化污染治理和清洁生产,建设资源节约型和环境友好型园区。积极引导社会资本参与开发区基础设施建设,完善配套条件。创新开发区管理体制,保持精干高效的管理队伍。建设合肥经开区、合肥高新区、芜湖经开区等一批产值超千亿元的开发园区。

第八章 促进服务业大发展

顺应工业化、城镇化快速发展需要,加快发展服务业,加大投入、拓宽领域、扩大开放,构建功能完备、服务高效、供给良好的现代服务业体系,提高服务业比重和水平。

第一节　大力发展生产性服务业

物流业。统筹规划，合理布局，形成高效快捷的现代物流体系。建设皖江外向型现代物流产业带、合肥物流圈、沿淮物流产业带三大物流区域，将合肥、芜（湖）马（鞍山）建成全国重要的物流枢纽，建设蚌埠、安庆、阜阳等区域性物流中心，支持其他城市建设物流基地。大力发展综合物流中心、专业物流中心和配送分拨中心。积极培育引进第三方物流企业。加快建设公共物流信息平台，促进物流信息资源共享和物流网络互通互联。加速融入长三角物流圈。

金融业。支持现有金融机构提高服务水平。推进地方金融体系建设，整合地方金融资源，做大做强徽商银行、国元证券、华安证券、国元农险等地方金融机构，深化农村信用社改革，积极发展农村银行、村镇银行、资金互助社等农村金融机构和城市社区银行，规范发展小额贷款公司、融资性担保公司等金融组织，进一步发展壮大证券、期货、信托、汽车金融、财务公司、金融租赁、典当等金融业态。积极引进国内外金融机构设立分支机构和后台服务机构，加快合肥全国金融后台服务基地和区域性金融中心建设，支持芜湖建设皖江金融中心。提高直接融资比重，加快企业上市步伐，支持上市公司再融资及并购重组，大力发展债券市场，扩大企业债券、短期融资券和中期票据发行规模。积极鼓励和支持金融创新，引进和开发新型金融衍生产品，探索建立地方期货交易所，发展区域股权产权交易市场。大力发展产业投资基金和创业投资基金。不断完善支付体系建设，建立服务功能齐全、市场化程度较高的银行卡产业体系。充分发挥保险的经济补偿、资金融通和社会管理等功能，扩大保险业的规模和比重，吸引更多的保险资金在我省实现直投。构建和完善具有地方特色的金融政策体系，加强金融监管，营造良好的金融生态环境。

商务服务业。鼓励发展法律、会计、咨询、评估、广告、策划、就业和劳务中介等商务服务业，推动商务服务产品和方式创新。建设中央商务区，集中布局商务服务机构，大力发展总部经济，引进国内外大型企业设立地区总部、研发机构和服务中心。

科技和信息服务业。鼓励发展科技研发、技术推广、工业设计、节能环保服务等行业，促进科技成果的转化和产业化。积极兴办各类科技服务机构。大力发展系统集成、电信服务、计算机网络和数据库、软件开发等信息服务业。大力发展物联网产业。

第二节　积极发展生活性服务业

商贸服务业。完善城市商贸服务功能，规划建设新型城市商业综合体，发展大型精品百货购物中心和大型超市，建设一批大型专业市场和批发市场，以社区为重点加快便民化商业和服务体系建设，着力形成多层次、多功能、系统化的社区商业体系。培育商业特色街区。鼓励信用消费。积极推动集中配送，大力发展品牌连锁店、专业店、便利店、网上购物等特色流通新业态，完善城市快递、物流服务网络，推进大众化、特色化、连锁型餐饮及酒店服务业发展。深入实施“万村千乡”市场工程，大力发展农村邮政物流，推动现代流通方式向农村市场延伸。培育重点流通企业，形成一批龙头流通企业和商业品牌。

旅游业。打造皖南国际文化旅游示范区、合肥经济圈旅游区、大别山旅游区、皖北旅游区和皖西南旅游区，构建徽文化、皖江城市、淮河风情、皖北历史文化四大旅游带。完善旅游基础设施，加强旅游产品开发和线路设计，实施精品旅游战略，将旅游观光与休闲度假、体育健身、购物娱乐、商务活动结合起来，延伸旅游产业链，开发具有安徽特色的旅游商品。支持旅游企业规模化经营，打造具有全方位服务功能和较强竞争力的旅游集团。到2015年全省接待入境游客达到500万人次，旅游总收入达到3000亿，建成全国重要的旅游经济强省和旅游目的地。

房地产业。切实增加普通商品住房有效供应，增加中小套型、中低价位普通商品住房供应。大力发展健康住宅、绿色环保住宅和节能省地型住宅，积极推进工业、科技等房地产开发。培育房地产品牌企业，提高竞争力和抗风险能力。强化各级政府职责，加大房地产市场监管力度，加快房地产信息系统建设，进一步规范和完善房地产交易、中介、物业管理服务体系，促进房地产业健康有序发展。

社区服务业。建立政府扶持、社会参与、市场运作的现代社区服务发展机制。加快发展养老托幼、家庭医疗、家庭教育、清洁卫生、保养维修等便民利民家政服务，形成广覆盖、多层次、社会化的居民服务体系。大力推广社会化养老服务。

第三节　培育发展新兴服务业态

服务外包。抓住国际服务外包业务高速发展的机遇，壮大一批服务外包企业，培育一批人才，取得国际认证，开拓国内外服务外包市场，大力发展以信息技术外包业务和业务流程外包服务为重点的离岸服务外包。大力推进合肥中国服务外包示范城市建设，促进芜湖、马鞍山等城市服务外包产业发展。

会展经济。以中国国际徽商大会、中国(合肥)自主创新要素对接会、中国(芜湖)科普博览会等为平台，打造一批富有特色、影响广泛的品牌展会。以安徽国际会展中心、奥林匹克中心及各类大型体育场馆为基础，进一步加强会展设施建设。大力培育会展企业，提升会展竞争力。以合肥、芜湖、黄山等城市为重点，努力打造全国重要的会展城市。

创意服务业。加大政策支持，加快发展动漫游戏、数字出版、科普教育、现代传媒等产业，规划建设一批创意产业园区，大力引进和培育创意机构和创意人才，建设合肥、芜湖动漫产业和文化影视基地，马鞍山动漫游戏产业基地，构建影视动漫游戏一体化产业体系。

第九章　强化基础产业和基础设施

第一节　构筑现代化综合交通运输体系

按照适度超前原则，统筹区域、城乡交通协调发展，加快完善综合交通网络，提升城市交通能力，改善交通技术条件，提高运输服务水平，建成以快速铁路、高速公路、千吨级航道、民航机场为骨架，以普通铁路、公路、航道和农村公路为基础，以综合交通枢纽为依托，便捷安全高效的现代化综合交通运输体系。

铁路。以完善快速客运铁路网和保障能源运输为重点，加快客运专线、城际铁路、能源运输通道和主要铁路枢纽建设，提高路网质量和技术装备水平。五年新增铁路3100公里，其中客运专线2200公里。到2015年铁路营业里程达到6000公里，主要铁路通道实现客货分线运输，快速客运铁路覆盖所有省辖市，货物运输能力显著提高。

公路。高速公路以完善路网为重点，加快区域通道建设，联通断头路，到2015年基本建成“四纵八横”高速公路主骨架，力争通车里程达到4500公里，实现县县通高速公路。干线公路以升级改造现有道路为重点,建设经济干线、出省通道、旅游干线和交通枢纽连接线,到2015年国省干线公路基本达到二级以上标准。农村公路重点实施县乡公路改造、危桥加固改造和安全保障工程。

水运。以建设高等级航道、提升港口专业化水平为重点,整治长江、淮河干支流航道,加快沿江、沿淮和合肥等集装箱、煤炭和件杂货码头建设。到2015年,高等级航道里程达到1500公里,全省港口吞吐能力达到5亿吨,芜湖成为长江流域重要的航运枢纽。

民航。完善民航机场布局,改善机场运输和通航条件,扩大航空运输服务覆盖范围,发展通用航空运输。到2015年开通民航运输机场6个,建设若干通用机场。

综合交通枢纽。依托高速铁路客站和机场,衔接公路、城市公交、城际轨道交通等多种运输方式,建立一体化综合客运枢纽;依托重点铁路货运站场和港口,建设公路等多种交通方式一体化的联运系统。加快合肥、芜湖、蚌埠、阜阳、安庆、黄山综合交通枢纽建设,到2015年综合交通枢纽体系基本建成,合肥成为全国重要的综合交通枢纽。

城市交通。坚持规划先行、公交优先、便捷换乘的原则,加强城市道路建设,加快发展城市轨道交通,建设城乡一体化、多种运输方式相互衔接的换乘系统,建立及时、全面、双向的公共交通信息服务系统,提高城市交通疏导能力和效率。

专栏5　交通重大项目

◆**铁路**。续建项目:京沪高铁安徽段、合肥—蚌埠、南京—安庆、合肥—福州、皖赣新双线、阜阳—六安、宿州—淮安等铁路。新开工项目:黄山—杭州、郑州—砀山—徐州、商丘—合肥—杭州、池州—九江、合肥—安庆城际、宿州—淮北—徐州、宿州—亳州、六安—庐江—铜陵、六安—安庆—景德镇等铁路。

◆**高速公路**。续建项目:徐州—明光、许昌—宿州—泗洪、宁国—宣城—千秋关、扬州—绩溪、芜湖—雁翅、黄山—祁门、北沿江、东至—九江、阜阳—新蔡、铜陵—南陵—宣城、淮南—蚌埠—凤阳等高速公路。新开工项目:武汉—岳西—桐城—庐江—无为、济南—祁门、宿州—扬州、阜阳—淮滨、巢湖—铜陵(铜陵长江公铁两用大桥北岸接线)、蚌埠—五河、淮南—滁州等高速公路。

◆**过江通道**。续建项目:马鞍山长江公路大桥、宁安城际铁路安庆长江铁路大桥、合福铁路铜陵公铁两用长江大桥。新开工项目:望东长江公路大桥、池州长江公路大桥、芜湖长江公路二桥、商合杭铁路芜湖公铁两用大桥。前期论证项目:安庆长江公路二桥、马鞍山长江公路二桥。

◆**水运**。续建项目:芜申运河、安庆港长风港区、合裕线裕溪船闸、巢湖复线船闸、沙颍河阜阳船闸等。新开工项目:长江、淮河干流整治、合裕航道、秋浦河、漳河、青山河、姑溪河、沙颍河、石门湖、水阳江、派河、店埠河等航道,和县郑蒲港等。前期论证项目:浍河、滁河航道整治。

◆**机场**。续建项目:合肥新桥国际机场、池州九华山机场。新开工项目:芜湖民航机场、安庆民航机场、若干通用机场。前期论证项目:蚌埠民航机场、亳州民航机场、黄山机场改造升级。

第二节　增强能源保障能力

坚持节约优先、多元发展、保护环境的基本方针,以转变能源发展方式为主线,统筹经济社会能源协调发展,统筹资源开发利用与节能环保,增强能源科技自主创新能力,推进传统能源生产和利用方式变革,加快新能源和可再生能源开发利用,为经济社会发展提供安全稳定经济清洁的能源保障。

煤炭。继续推进两淮大型煤炭基地建设,新建安全高效高产矿井17对,改扩建一批大中型矿井,新增规模4000万吨/年以上,到2015年两淮煤炭基地总规模达到1.8亿吨/年。加快煤炭产业升级和安全改造,提高煤炭回采率和资源综合利用水平,加强采煤深陷区生态治理。建设芜湖港煤炭储配中心,规划建设铜陵煤炭储配中心。鼓励煤炭企业赴省外和境外开发煤炭资源。

电力。高标准建设一批大容量、高参数、环保型煤电机组,满足“十二五”用电增长需求。启动实施“皖电东送”二期工程。积极推广热电联产在城市供热中的运用,替代能耗高、污染重的分散低效小锅炉。新增电力装机2000万千瓦左右。建设以特高压和500千伏电网为骨干网架、各级电网协调发展的智能电网,开工淮南—皖南—浙北—上海和淮南—南京等特高压输变电工程,加强220千伏电网的建设与改造,完成新一轮城乡电网建设与升级改造,显著提高配电网的供电能力和安全可靠性。

天然气和成品油。建设江南联络线、宣城—宁国—黄山支线等城际间长输管道,加快加气母站、子站建设,到2015年基本覆盖全省所有市县,天然气使用量达到50亿立方米/年。加快成品油省级输送主管道建设,规划建设安庆—合肥—淮南—阜阳—亳州、安庆—池州—铜陵—芜湖—马鞍山成品油输送管道等,初步形成覆盖全省的成品油管道网络。加强油气储备调峰站建设,规划建设安徽省成品油应急储备库、大型液体天然气储备站。试点推广天然气分布式能源。扩大煤层气抽采和利用规模,加快勘探开发页岩气。

新兴能源。强力推进核电建设,开工建设芜湖繁昌核电一期工程,力争池州吉阳核电、安庆高温气冷堆工程早日开工。在风力资源较好的沿江沿湖、江淮分水岭等区域,建设大中型风电厂。加快开发太阳能资源,以开发区集中联片建设为重点,组织实施“金太阳示范工程”,开展太阳能城市示范建设。鼓励秸秆资源丰富的粮棉油主产区和能源林基地建设生物质能发电项目,支持发展城市生活垃圾发电。有序开发利用水能,建成响水涧、佛子岭抽水蓄能电站,开工建设绩溪抽水蓄能电站。积极开发利用地热资源。在省辖市规划建设新能源汽车快速充电站、加注站等服务设施。建设一批国家绿色能源县(乡)。

第三节　提高水利保障能力

以提高防洪除涝和供水能力为重点,统筹水环境保护与改善,构建与全面小康社会基本适应的现代水利支撑体系。

防洪除涝灌溉。大力推进新一轮治淮工程,加快长江干流河道整治和主要支流治理,开展长江洲滩重点圩垸治理。争取实施下浒山、月潭、汤村等大中型水库。加强中小河流治理和山洪地质灾害防治,基本完成病险水库和规划内大中型病险水闸除险加固,进一步加强城市防洪工程建设,推进灌溉排涝工程建设。到2015年淮北大堤及沿淮重点防洪城市圈堤的防洪能力基本达到百年一遇,长江干流主要堤防能够防御1954年型洪水,省辖市城市防洪能力基本达到50～100年一遇,新安江干流及长江、淮河主要支流重点河段防洪标准达到5～10年一遇,沿淮重点平原洼地排涝标准一般达到5年一遇,局部地区达到10年一遇。沿江万亩以上圩区排涝标准达到10年一遇以上,净增除涝面积150万亩,改善除涝面积1500万亩。净增灌溉面积300万亩、改善灌溉面积2000万亩。

水资源优化配置。统筹规划水资源开发利用,推进引江济淮(巢)等工程,加大空中云水资源开发力度。加强城市水源地建设和保护,加快重点城市应急备用水源工程建设,保障城市供水安全,进一步提高粮食主产区水资源保障条件。到2015年全省年供水能力新增50亿立方米,基本解决农村人口的饮水安全问题,基本建立城市应急水源保障体系,提高乡镇供水能力。

水环境保护。加强江河湖泊水环境治理,全面加快农村河道和沟渠清淤步伐,开展小流域综合治理、坡耕地综合整治、崩岗治理,新增水土流失治理面积1650平方公里。加强大别山区等水源地

保护。到2015年主要江河湖泊水功能区水质达标率达到70%，城市主要供水水源地水质达标率达到95%以上。

专栏6　水利重大项目

◆**新一轮治淮工程**。大力实施淮干行蓄洪区及滩区居民迁建工程，实施淮河重点平原洼地治理工程，董峰湖、寿西湖、方邱湖、临北段、花园湖和香浮段等行蓄洪区调整与改造工程，淮河流域堤防达标及淠河、史河等河道治理工程。

◆**长江干支流治理工程**。实施青弋江分洪道、滁河、水阳江下游防洪治理、长江应急崩岸治理等重点工程；实施环巢湖堤防加固、崩岸治理及其重要支流河道整治；开展皖河及其他重要支流与中小河流治理等。

◆**灌溉排涝工程**。实施淠史杭、驷马山等大中型灌区续建配套与节水改造工程、沿江圩区排涝泵站工程、大型排灌泵站更新改造工程等。

◆**水库建设工程**。实施下浒山、月潭水库工程，推进江巷、扬溪源、粮长门、汤村、泗洲湾等大中型水库前期工作。全面完成17座中型水库、304座小(1)型水库、1500座小(2)型水库、173座大中型病险闸除险加固。

◆**水资源配置工程**。推进引江济淮(巢)工程，研究建设淮水北调、引淮入阜、引淮入亳等工程，统筹安排建设沿淮及采煤沉陷区水资源利用项目、大别山饮用水源保护工程，开展合肥、蚌埠、淮南、阜阳、巢湖、滁州等市应急水源工程建设。

第四节　全面提升信息化水平

加强信息基础设施。着力提升现有基础信息网络性能，积极推进3G等宽带无线网络建设，加快广播电视网络数字化覆盖和有线网络双向化改造，基本完成县以上城市有线数字电视、移动多媒体广播电视覆盖和有线电视整体转换，稳步推进“三网融合”，积极开展下一代信息基础设施建设，不断提高网络覆盖率和接入能力，提升信息安全保障水平。到2015年，全省有线数字电视用户达400万户，电话用户普及率达每百人80部以上。

促进社会信息化。进一步推进电子政务网络建设，实现省、市、县(市、区)、乡镇(街道)联网，推动政府各部门实施网上协同办公，实现决策信息资源分层共享。不断提升各级政府门户网站功能，推进政务公开和网上办事。加强地理、人口、金融、税收、统计、国防动员等基础信息资源开发利用。积极推进信息技术在社区服务、文化、教育、卫生、就业和社会保障、治安综合管理等领域的应用。

第四篇　推进“三农”现代化，建设社会主义新农村

把解决好农业、农村、农民问题作为重中之重，加快转变农业发展方式，在工业化、城镇化深入发展中同步推进农业现代化，着力在农业产业化、农村社区化、农民现代化三个方面取得突破，提高农业综合生产能力、抗风险能力和市场竞争力，推动农业大省向农业强省跨越，建设农民幸福生活的美好家园。

第十章　发展现代农业

第一节　提高农业综合生产能力

按照高产、优质、高效、生态、安全的要求，调整优化农业结构，保障农产品有效供给。加强农业基础设施建设，继续实施大中型灌区续建配套和排灌泵站更新改造，加快沿淮易涝低洼地治理，完善除涝灌溉体系，全面开展农田水利基本建设，加大中低产田改造力度，提升耕地质量，加快建设高标准农田。强化现代农业产业技术体系建设，健全完善新型农业科技创新体系和水利基层服务管理体系，加快成果转化，积极发展现代种业。进一步加快农业科技推广。支持新型农机具推广应用，提高农业机械化水平。实施粮食新增生产能力规划，粮食产量达到640亿斤。实施优势农产品区域布局规划，推进新一轮菜篮子工程、畜牧业升级和水产跨越工程，加快发展设施农业和规模健康养殖，促进农业生产经营专业化、标准化、规模化、集约化，到2015年，肉蛋奶产量达到630万吨，水产品产量达到220万吨。大力发展茶、桑、果、中药材等特色农产品。加快林业发展，加强基地建设，大力发展油茶、核桃、竹、杨树、苗木花卉产业，提高农田综合防护林体系和绿色长廊建设水平。积极发展生态农业、休闲观光农业。加快农垦现代农业建设步伐。

第二节　推进农业产业化

实施农业产业化“671”转型倍增工程，按照做大总量、培育品牌、集群发展的方向，建设农业产业化示范区，加快建设全国重要的农产品深加工基地。鼓励龙头企业与农民建立紧密型利益联结机制。支持农民专业合作组织加快发展，力争2015年达到3万个。

第三节　建立新型农业社会化服务体系

按照强化公益性职能、放活经营性服务的要求，加快构建新型农业社会化服务体系。支持供销合作社、农民专业合作社、专业服务公司、专业技术协会、农民经纪人、龙头企业等提供多种形式的生产经营服务。健全农村流通体系、农产品市场体系和农村综合信息化服务体系，发展农产品现代流通方式，深入推进新网工程、“双百”市场工程、粮食现代物流工程、鲜活农产品冷链物流系统、连锁农家店和配送中心建设。健全农产品质量安全检验检测和监管体系，提高农产品质量安全水平。加快基层农技推广、水利技术服务和动植物疫病防控体系建设。加强农村金融、政策性保险和信息服务。

专栏7　现代农业重点建设工程

◆**现代农业示范区建设工程**。以加强设施装备、提高科技水平、发展主导产业、培育新型农民、创新农业经营体制机制为重点，在全省建设80个省级现代农业示范区，力争“十二五”末每个农业县（区）建成一个示范区。

◆**农业公共服务能力提升工程**。全面完成乡镇或区域性农技推广、动植物疫病防控、农产品质量监管等农业公共服务体系基础设施建设，提升公共服务能力。

◆**农民组织化工程**。鼓励各类市场主体兴办合作经济组织，“十二五”末农户入户率达50%以上。示范社发展到4000个，其中省级示范社500个。

续表

◆**粮食生产能力提升工程**。实施新增粮食生产能力规划，建设高标准农田，深入推进粮食“三大行动”，分别建设小麦、玉米、水稻高产攻关核心区2000万亩、500万亩、1000万亩。实施“吨粮田示范县”和高产创建活动，提高粮食综合生产能力。 ◆**畜牧业升级工程**。支持建设3万个规模化生猪、奶牛、肉牛、肉羊和家禽养殖场（区），加强动物防疫体系建设。 ◆**水产跨越工程**。建设30个水产大县、200个水产健康养殖示范场。改造修复精养鱼塘100万亩。 ◆**新一轮菜篮子工程**。每年新增50万亩规模化设施蔬菜生产基地，“十二五”末设施蔬菜面积达500万亩，蔬菜总产达3500万吨。 ◆**茶产业振兴工程**。在26个县（市、区）建设30个茶叶生产标准园，辐射带动10万亩，无性系良种茶园占全省茶园比重提高到40%。 ◆**农业产业化“671”转型倍增工程**。推进农业产业化承接产业转移和科技创新，推进农产品加工龙头企业集群发展，重点建设60个年产值50亿元省级农业产业化示范区，实现农产品加工产值7000亿元，带动农民人均增收1000元。 ◆**农业信息化工程**。重点建设覆盖市、县的农情监测预警信息系统，农业信息服务站点向基层延伸至100%的乡镇、50%以上的行政村、100%的规模龙头企业、60%以上的农民专业合作社和农产品种养大户。 ◆**粮食现代物流工程**。重点建设省粮食现代物流中心库、区域性粮食批发市场和合肥、阜阳、芜湖、蚌埠、宿州、滁州、安庆等七大粮食物流节点。 ◆**农机化推进工程**。支持新型农机具推广应用，主攻玉米、油菜机收和水稻机栽秧农机化。扶持农作物秸秆机械粉碎还田。

第十一章　加快新农村建设

第一节　有序推进农村社区化

按照严格保护耕地、尊重农民意愿、保障农民权益的要求，科学编制村镇、新型农村社区和土地整治规划，稳妥推进国家农村土地整治整村推进试点省建设，将土地整理和新农村建设结合起来，统筹实施村庄合并、新居民点建设和土地流转，引导各类涉农资金和项目集中配套，深入实施“千村百镇”示范工程，高标准建设新型农村社区。

第二节　改善农村生产生活条件

加强农村公路建设，落实农村公路管理养护责任，推进城乡客运交通一体化。进一步提高农村自来水普及率。实施新一轮农村电网改造升级，构建经济、优质、安全的新型农村供电体系。加快农村户用沼气、大中型沼气和集中供气工程建设，推广太阳能、生物质能、秸秆利用、小水电、风能等可再生能源技术。加快农村危房改造。推进农村环境综合整治，实施农村清洁工程，保护村庄自然生态，加快改水、改厨、改厕、改圈，建立农村垃圾清运处理机制，改善农村人居环境。

第三节　加快发展农村社会事业

改善农村办学条件，提高农村学前教育普及程度，完善义务教育免费政策和经费保障机制，大力发展农村中等职业教育并逐步实行免费。实施新型农民培训工程，以专业技术培训、农民创业培训为重点，积极开展农村实用人才、农民职业技能和新型农民科技培训，五年累计培训365万人。加强农村医疗卫生服务体系建设，巩固和发展新型农村合作医疗制度。完善农村公共文化服务体系。加强农村邮政基础设施建设，促进邮政普遍服务均等化。提高农村社会保障水平和被征地农民保障水平，完善农村社会基本养老保险、最低生活保障和特困群体救助等制度。

专栏8　新农村建设重点工程

◆**千村百镇示范工程**。在试点示范初见成效基础上，进一步扩大试点范围，带动全省新农村建设稳步健康发展。

◆**江淮分水岭综合治理开发工程**。继续实施以改善农业生产条件为主的三大工程。"十二五"期间新建和改扩建大中塘3000口以上，改造中低产田300万亩，新增灌溉面积100万亩。

◆**农村饮水安全工程**。再实施2000万农村人口饮水安全工程，基本解决农村人口饮水不安全的问题。

◆**农村电网改造升级工程**。全面改造农村电网，基本解决农业生产用电，基本建成经济、优质、安全的新型农村供电体系。

◆**农村新能源工程**。重点建设一批农村户用沼气、养殖小区和联户沼气、乡村服务网点和养殖场大中型沼气工程。在适宜地区积极推广太阳能、小水电、风能和生物质成型燃料等清洁能源技术。

◆**农村绿化工程**。开展绿色家园示范工程建设和"村村绿"活动，力争到2015年，平原、丘陵地区和山区的村庄绿化覆盖率分别提高到65%、50%和30%。

◆**农村文教卫工程**。推进义务教育阶段学校办学条件标准化、农村中小学校舍安全、寄宿制学校、乡镇中心园、农村留守儿童活动中心等建设。支持一批农村职业学校创建国家级和省级示范，扶持建设一批乡镇卫生院和村卫生室。力争到2015年，基本实现县县有文化馆、图书馆，乡乡有综合文化站，行政村有文化活动室目标，每个乡镇拥有一所公办幼儿园。

第十二章　创新农村发展体制机制

第一节　完善农村基本经营和管理制度

坚持以家庭承包经营为基础、统分结合的双层经营体制。发展壮大集体经济组织实力。推进农村土地确权、登记、颁证。鼓励农民依法自愿有偿开展土地流转合作，发展专业大户、农民专业合作社、家庭农场等规模经营主体。积极稳妥推进农村土地整治，完善农村集体建设用地流转和宅基地管理机制。推进征地制度改革，完善征地补偿机制。加快乡镇政府职能转变，推行为民服务全程代理制。完善乡村治理机制，健全一事一议筹资酬劳办法，健全农村公益事业建设的长效机制。推进村民自治制度化、规范化和程序化。

第二节　推进林权制度改革

深化集体林权制度改革，鼓励农民以转包、出租、互换、转让、入股、合作等形式流转林地承包经营权和林地使用权。建立规范有序的林权交易市场，完善林业社会化服务体系。积极探索国有林场改革模式。加快森林采伐管理制度改革，深化林业综合执法管理体制改革。

第三节　完善农业支持保护制度

健全农业补贴制度，扩大范围，提高标准。健全农产品价格保护制度，稳步提高粮食最低收购价。完善城乡平等的要素交换关系，促进土地增值收益和农村存款主要用于农业农村。加强农村金融、政策性保险和信息服务体系建设。全面提高财政保障农业发展水平，确保财政用于农业的投入比重逐年提高。

第五篇　充分发挥比较优势，促进城乡区域协调发展

第十三章　加快城镇化进程

第一节　构建现代城镇体系

坚持统筹城乡、合理布局、节约土地，遵循城市发展客观规律，科学制定城镇化发展规划，优化全省城镇空间布局，加快形成以中心城市为核心、中小城市和小城镇为基础的现代城镇体系。

*着力壮大中心城市。*把壮大中心城市、提升城市能级作为现阶段推进城镇化的首要任务。支持合肥进一步提升在全国省会城市中的地位，努力成为在全国有较大影响力的区域性特大城市。将芜湖作为全省次中心城市，努力建设现代化滨江大城市。加快推进芜马同城化、铜池一体化和跨江联动发展，与江北、江南产业集中区共同构建现代化滨江组团式城市发展格局，努力建设成为长江流域具有重要影响的现代化城市群。积极推动安庆、蚌埠、阜阳打造成为皖西南、皖北、皖西北区域中心城市。促进黄山市加快建成国际性旅游文化城市和现代服务业基地。加快马鞍山、铜陵、淮南、淮北等资源型城市转型步伐，积极发展接续产业、替代产业，形成新的竞争优势。支持其他城市充分发挥比较优势，完善城市功能，提升承载力和带动力，尽快发展成为各具特色的大中城市。深入调查研究，适时适度调整行政区划，促进形成科学合理的城镇空间布局。

*加快发展县城和重点镇。*支持县城和基础条件较好的中心镇提质扩容，成为联系城乡、服务农村的重要枢纽。鼓励有条件的县城按设市城市的规模和标准规划建设，发展成为特色鲜明的中小城市。扶持一批条件较好的重点镇加快发展，提高带动周边农村发展的能力。争取到2015年，全省建成24个超20万人口的中小城市，培育6个左右人口超10万的镇级市。

专栏9　省辖市城市定位

◆合肥经济圈

合肥市，加快建设充满活力、独具魅力、创新发展、宜居宜业的现代化滨湖大城市，打造全国重要的现代产业基地和综合交通枢纽，努力成为全国有较大影响力的区域性特大城市。

淮南市，推进合淮同城化，打造全国重要的能源基地、全省重要的煤电化和矿山机械制造基地，建设成为依山傍水、生态优美的淮河流域重要的现代化大城市。

六安市，充分发挥生态和资源优势，建设农副产品、矿产资源加工基地和休闲旅游度假目的地，成为大别山区域重要的中心城市、连接合肥经济圈和武汉城市圈的纽带。

巢湖市，打造新型化工、装备制造、非金属材料产业基地和环巢湖旅游休闲基地，建设成为生态优美、宜游宜居的滨湖城市，连接合肥经济圈和皖江城市带的重要节点。

◆皖江城市带

芜湖市，强化在皖江开发开放中的龙头地位，打造全国重要的先进制造业基地、现代物流中心和区域性综合交通枢纽，建成长江流域具有重要影响的现代化滨江大城市和全省次中心城市。

马鞍山市，推进与芜湖、南京双向融合，建设先进制造集聚区、城乡一体先行区、文明宜居的示范区，成为长三角经济圈重要的新型工业和山水园林城市。

续表

安庆市，打造全国重要的石化和轻纺产业基地、区域性综合交通枢纽和商贸物流中心，建设现代化历史文化名城，成为带动皖西南、辐射皖赣鄂的区域性中心城市。 铜陵市，打造世界铜都和国家电子材料产业基地，建设创新、绿色、幸福的现代化滨江工业城市。 池州市，打造重要的新材料、新型化工基地和世界级旅游目的地。加快铜池一体化，共同构建皖中南中心城市。 滁州市，打造全国重要的家电、盐化工和硅产业基地，加快构建“131 组团式大滁城”，成为连接合肥经济圈与南京都市圈、引领皖东跨越发展的新兴中心城市。 宣城市，打造面向长三角的机械制造业基地，优质农产品生产、供应、加工基地和旅游休闲目的地，建设成为苏浙皖交汇区域中心城市。 ◆**皖北城市群** 蚌埠市，巩固提升区域性综合交通枢纽地位，打造全省乃至全国重要的光伏、生物、精细化工、装备制造基地和现代商贸物流中心，成为皖北中心城市，带动皖北崛起的增长极。 阜阳市，强化区域性综合交通枢纽建设，打造新兴能源和煤化工产业基地、农副产品加工基地、区域商贸物流中心，努力建设成为带动皖西北发展的区域中心城市。 亳州市，打造全国重要的现代中药产业基地、农副产品加工及劳动密集型产业基地、养生文化旅游基地，建设成为辐射皖豫交汇区域的新兴中心城市。 淮北市，打造重要的煤电化、矿山机械装备制造和农副产品深加工基地，建设开放带动、创新推动、宜居宜业的山水生态园林式城市。 宿州市，打造全省重要的煤电化产业、轻纺、农副产品深加工产业基地，加快融入淮海经济圈，建设成为苏鲁豫皖四省交汇区域新兴中心城市。 ◆**黄山市** 建设区域性综合交通枢纽，强化在皖南国际旅游文化示范区的核心地位，打造世界一流旅游目的地、全国重要的休闲产业基地和会展中心，加快建设特色鲜明的现代国际旅游城市。

第二节　提高城市规划建设管理水平

提高城市规划水平。创新规划理念，高起点、高水平编制城镇体系规划和控制性详规，力争做到全省城乡规划全覆盖。在遵循经济社会发展总体规划的前提下，加强城市规划与区域规划、村镇规划、土地利用总体规划、重大基础设施建设规划相衔接。加强规划的实施管理，严格依法编制和变更规划。

提升城市综合承载力。着眼长远发展，按照先地下后地上、功能配套完善的城市建设要求，统筹建设给排水、供热、供气等市政基础设施，合理开发利用城市地下空间资源。推进城市污水、生活垃圾处理设施和地下管网一体化建设，加强城镇综合交通和城市应急体系建设，完善城市防洪、消防、防震、气象等公共安全设施，合理布局商场、学校、医疗、文体中心等服务设施，保护历史文化和自然生态，塑造特色文化，提升城市品位。大力实施城市净化、绿化、亮化、美化工程，积极营造整洁有序、和谐舒适、宜居宜业宜游的城镇环境。预防和治理“城市病”。

加强城市管理。着力提升城市管理水平和服务效能，积极探索依法管理、长效管理的科学机制，推进城市管理现代化，形成更加人性化的管理方式。注重市政基础设施运行的维护和管理。加快“数字城市”建设，深入开展文明城市创建活动，建设和谐文明城镇。

第三节　促进符合条件的农村人口转为城镇居民

深化户籍制度改革，逐步将符合条件的农村人口转化为城镇居民，进一步放宽城镇迁移入户条件。多渠道、多形式地解决进城农民在就业、住房、社保、教育、医疗等方面的突出问题，消除制度障碍，保障合法权益。加强土地政策与户籍政策的配套衔接，按照“自愿有偿、综合配套”的原则，依法有序引导农村土地使用权流转，探索农民多种方式进城路子。

第四节 稳步推进城乡一体化

加快城市基础设施向农村延伸，推动城市优质公共服务向农村覆盖。合肥、芜湖、马鞍山、铜陵、淮南和淮北市完成城乡一体化综合配套改革试点，率先在城乡规划、产业发展、基础设施、公共服务等方面实现一体化发展，促进土地向规模经营集中、工业向园区集中、人口向城镇集中。支持有条件的市县积极开展试点。暂不具备条件的市县编制好规划、逐步实施。

第十四章 统筹区域发展

第一节 推动皖江城市带率先崛起

按照"一年打基础，三年见成效，五年大发展"的总体部署和"一轴双核两翼"的战略布局，充分利用好先行先试权，在体制机制、政府服务、区域合作等方面大胆创新，打造安徽崛起的战略平台，在调整经济结构和自主创新等方面走在全省前列。

建设全国重要的先进制造业和现代服务业基地。大规模、高水平承接产业转移，积极引进带动性强、技术水平高的重大项目，加快自主创新步伐，打造汽车、装备制造、原材料、轻纺、高技术产业基地和皖江物流产业带，着力培育战略性新兴产业，加快提升金融、文化、旅游等现代服务业，做大做强一批行业龙头企业和世界知名品牌。

完善产业承接平台。高水平建设江北、江南产业集中区，成为承接产业转移的示范"窗口"。支持皖江10市示范园区建设。推进现有开发园区扩区升级，筹建一批省级开发区。鼓励园区合作共建。加快培育10个千亿元核心园区、50个百亿元特色园区。

强化支撑条件。加快建设综合运输通道，有序开发利用长江岸线资源，加强港口建设。改善防洪排涝条件。提升能源保障和信息化服务能力。积极引进各类高端人才，加快培育技能型人才，建设在校生85万人的职业教育基地，满足示范区人力资源需求。发展创业投资和股权投资基金，建立产权交易市场，引导保险资金参与重大项目建设，完善金融支撑体系。提高区域通关速度，完善检验检疫服务。

创造优美生态环境。严格执行产业准入标准，推进资源集约节约利用，支持循环经济试点和低碳园区试点，实施长江防护林、巢湖流域水环境综合治理等节能环保和生态建设重点工程，努力建成资源节约型、环境友好型社会的先行区。

第二节 支持皖北地区加快发展

按照夯实基础、以点带面、重点突破的思路，努力探索符合皖北实际的科学发展之路，力争经济增长速度高于全省平均水平，确保基本公共服务水平有较大幅度提高，确保人民生活水平有较大幅度提高。

加快工业化进程。充分发挥能源、农副产品和劳动力资源优势，优先支持皖北建设坑口电厂等能源重大项目。加快建设煤电化、装备制造、食品工业基地，大力发展商贸物流、现代中药，做大做强硅产业、钢铁、汽车、纺织服装鞋帽等，积极发展循环经济。力争到2015年装备制造业、食品工业、煤化工和中药产业产值超千亿元。

加快城镇化进程。尽快将蚌埠、阜阳建成皖北、皖西北区域性中心城市，支持淮南、淮北、亳州、宿州增强城市承载力和带动力，到2015年争取将一半以上的县城建设成为20～50万人口的中小城市，城市规划、建设、管理水平有较大幅度提高。

加快农业现代化。加强沿淮洼地治理和中低产田改造，大规模建设旱涝保收高标准农田，建设一批现代农业示范区，优化农业结构，大力发展畜牧业和高产高效经济作物，推进农产品精深加工，巩固粮食主产区地位，建设重要的农产品生产、加工、供应基地。力争2015年粮食生产能力增加到500亿斤以上，畜禽规模化养殖达到70%以上，农副产品加工业产值增加到3000亿元以上。

加强基础设施建设。规划建设出省、跨区铁路和能源原材料运输通路，建成四条东西向高速公路和两条区域内高速公路，加强县乡公路改造。加快行蓄洪区调整、沿淮堤防加固以及重要支流治理。推进采煤沉陷区治理，加强淮河防护林建设，强化水资源管理和水污染防治。

加大政策支持力度。加快编制皖北地区"十二五"发展规划。继续加大财政转移支付，确保各项公共财政用于皖北地区的投入有较大幅度增长。大力发展金融业，以加快推进皖北地区高风险县级农村信用联社并购重组为契机，增强金融机构信贷投放积极性，增加贷款额度，提高存贷款比例。支持皖北利用皖江示范区的政策和平台承接产业转移。深入推进结对合作，促进园区共建。

第三节　推进合肥经济圈一体化发展

以合肥建设全国有影响力的区域性特大城市为统领，深化区域合作，加快推进合淮同城化，优化资源配置，聚合发展能量，形成整体优势，把经济圈建成接轨长三角、在全国有影响力的城市圈品牌。

推动基础设施一体化。积极推进快速客运专线建设，规划建设合肥与周边地区的城际轨道交通，加快合肥铁路枢纽、新桥国际机场、通江航道等建设。建设环巢湖公路，改造提升206、312国道。推进区域统一电信区号。

推动产业发展一体化。围绕家电、汽车、装备制造等优势产业，以核心企业为龙头，加强区域分工协作，完善产业链，推进合淮、合六、合巢工业走廊建设，加强新桥国际产业园合作共建。开发环巢湖旅游休闲度假区，大别山红色旅游，桐城、寿县历史文化等旅游资源。建设全国重要的先进制造业基地、高新技术产业基地、现代服务业基地、现代农业基地。

推动生态环保一体化。统筹配置大别山优质水源，建设"引泉入城"等区域性供水工程。加快实施淠史杭、驷马山等大型续建配套与节水改造，加强区域水源地保护。建立巢湖流域水环境综合治理统一管理体制和协调机构。加强淮河行蓄滞洪生态区治理和采煤沉陷区综合治理。建立经济圈生态补偿机制。

推动市场体系一体化。加强统一市场体系规划、建设和管理，统筹建设大型专业市场，推进合肥要素大市场建设。加快推进工商登记、食品药品检验、消防安全等领域互通互认。建立一体化电子支付结算系统，实现同城结算、商业票据集中交易。统筹区域人力资源和社保体系，形成统一的、有较强竞争力的要素市场体系。

第四节　促进皖南皖西地区加快发展

着力建设皖南国际旅游文化示范区。充分挖掘皖南旅游的徽文化、佛文化、道文化内涵，进一步扩大以"两山一湖"为核心的旅游资源开发开放，广泛吸引国内外资本参与建设。完善旅游基础设施，构建便捷的对外通道，加速建成无障碍旅游区。完善旅游产业链，做大关联产业，促进生态农业、生态工业和现代服务业大发展。支持黄山市开展国家服务业综合改革试点、争创联合国最佳人居环境范例城市，形成世界级旅游观光度假胜地和现代会展中心。

促进皖西地区开放发展。加快交通、水利等基础设施建设，构建快速联通省内外的交通网络。重点发展以红色旅游、生态旅游、地质旅游和休闲度假旅游为特色的现代旅游业，积极发展生态农业及产品深加工、原材料产业和机械制造业，加大铁矿、钼矿、山区农林和旅游资源的开发力度。着力打造成合肥经济圈的产业配套、农产品生产供应、劳务输出、休闲旅游度假基地。

第五节 推动县域经济再上新台阶

进一步扩大县域经济社会管理权限，大力发展非公有制经济、园区经济、特色经济。推动县域内产业集聚和企业集群发展，不断提升县域经济发展水平。继续推进扩权强镇试点。加大社会事业和民生建设投入力度，提高公共服务能力，改善生产生活条件。力争到“十二五”末，全省县域实现地区生产总值超过1万亿元，对全省经济增长的贡献作用进一步增强。

第六节 推进形成主体功能区

坚持适宜开发、集约开发、协调开发、保护自然的理念，统筹谋划全省人口分布、经济布局、国土开发利用，引导经济、人口向适宜开发的区域集聚，保护农业和生态发展空间，构建城镇化、农业发展、生态安全三大战略格局。对资源环境承载能力较强、集聚人口和经济条件较好的城市化地区进行重点开发，大规模推进工业化、城镇化，提高经济和人口集聚能力，成为支撑发展的重要增长极。对保障农产品供给安全的农产品主产区，加大农业综合生产能力建设投入，推动规模化、产业化，以县城为重点推进工业化城镇化。对影响全局生态安全的重点生态功能区，加大环境保护和修复力度，点状开发、面上保护，因地制宜发展资源环境可承载的特色产业。对各级各类自然文化资源保护区和其他需要特别保护的区域，依法实施强制性保护，严禁不符合主体功能定位的各类开发活动。完善评价考核办法和财政、土地、环境等政策体系，引导各地按照主体功能定位推进发展。加大对重点生态功能区和农产品主产区的转移支付力度。发挥主体功能区规划在国土空间开发方面的基础性和约束性作用，做好专项规划、重大项目布局与主体功能区规划的衔接。推进市县空间规划，落实区域主体功能定位，明确功能区布局。完善国土空间动态监测管理系统。

专栏10 主体功能区三大战略格局

◆**城镇化战略格局**：“一带一圈一群”，即皖江城市带、合肥经济圈和皖北城市群。重点发展合肥、芜湖、安庆、蚌埠、阜阳等区域中心城市，其他地区围绕现有城市进行据点式开发。

◆**农业发展战略格局**：突出“五区十五基地”，构建以淮北平原区、江淮丘陵区、沿江平原区、大别山区以及皖南山区优质粮、棉、油、茶、畜、禽基地为主体，以基本农田为基础，以其他农业地区为重要组成的农产品供给安全战略格局。建设淮北平原区优质小麦、棉花、玉米、大豆生产基地和畜禽产品养殖基地；建设沿江平原区优质水稻、小麦、棉花、油菜生产基地和优质水产品、畜禽产品养殖基地；建设江淮丘陵区“双低”优质油菜基地和优质畜禽产品生产基地；建设皖南山区和皖西山区特色农产品基地。

◆**生态安全战略格局**：突出“三屏三网”，构建以大别山区、皖南山区和江淮丘陵区森林生态安全屏障，水系林网、农田林网和骨干道路林网生态安全网络为主体，以长江、淮河、巢湖等大中型河湖水库水生态功能区为骨架，以重点生态功能区为重要支撑，由点状分布的各类自然保护区、自然文化遗产地、森林公园、地质公园、风景名胜区、蓄滞（行）洪区等组成部分的生态安全战略格局。

第六篇　加大自主创新力度，建设创新型安徽

第十五章　加快推进以合芜蚌自主创新综合试验区为重点的国家技术创新工程试点省建设

充分发挥合芜蚌自主创新综合试验区的龙头示范作用，按照高端引领、产业提升、先行先试、辐射带动的要求，广泛集聚各类创新要素，努力多出科技成果、产业成果、改革成果和人才成果，走出一条以应用开发为主的创新之路。“十二五”时期，全社会研发投入、专利授权量、省级以上创新型（试点）企业、高新技术产业总产值年均增长20%以上，创新对经济社会的支撑作用明显增强。

第一节　大力培育创新型企业

实施技术创新“十区提升、百企示范、千企培育”行动计划，推进10家左右的重点园区、100家左右的示范企业、1000家左右的技术创新培育企业。鼓励引导企业加大研发投入，加快建立企业技术中心、工程（技术）研究中心等研发机构和工程化平台，引导人才、技术、科研资金等创新要素向企业聚集，推动企业与科研院所、高校与开展多种形式合作，参与行业标准制定，进一步提升创新能力。积极支持科研人员、高校师生、留学回国人员等创办科技型企业，力争到2015年创新型企业和高新技术企业超过2000家，企业成为研发投入、技术创新和成果受益的主体。

第二节　加快建设创新载体

加快合肥国家创新型试点市和合肥、芜湖、蚌埠国家高新区建设，支持芜湖、蚌埠、马鞍山等市努力进入国家创新型城市行列。大力推进“科技入园”工程，新建一批省级高新区和特色产业基地，支持各类开发区建立高新技术园区。加快创新型园区建设，提升各类园区产业集聚和辐射功能，增强创新能力。完善科技创业服务中心、大学科技园、留学人员创业园等孵化器功能，建立一批共性技术服务平台、要素交易平台、成果转化平台、中介服务平台、资源共享平台。

第三节　组织重大科技攻关工程

围绕加速崛起和加快转型两大战略任务，组织实施战略性新兴产业技术攻关工程、传统产业转型升级科技工程、服务业技术支撑工程、现代农业科技工程、社会民生科技支撑工程和高新技术产业发展工程，集中力量攻克一批关键共性技术，提高自主创新能力和核心竞争力。加强应用基础研究。积极推进知识创新工程，支持鼓励高等院校、科研院所和企业积极申报国家“973”计划、重大基础研究计划、“863”计划、国家科技支撑计划等研究项目。支持强磁场等大科学工程建设。

第四节 深化科技体制改革

分类改革省属科研单位,支持转制院所建立现代企业制度。深化高校科研体制改革,建立有利于提高创新人才培养质量和自主创新能力的运行机制。完善对国有企业自主创新评价、考核和奖罚制度。支持中央驻皖科研单位、转制科研院所与地方科研院所、企业的兼并重组,共建产业共性技术研发和产学研合作基地,支持中电科技集团在省内设立区域总部,共同建设合肥公共安全产业基地、蚌埠电子产业基地。大力发展科技投融资体系,扩大创业投资规模,积极推进未上市公司股权转让交易平台建设,开展合肥高新区科技保险创新试点。扩大科技对外开放,加强开放联合集成和引进消化吸收再创新。积极探索建立多种形式的产学研联盟,引导联盟实体化。推进军民融合发展。组建中国煤炭工程技术研究院、安徽农业高新技术研究中心、应用技术研究院等。加强县域科技能力建设。

专栏11 六大科技攻关工程

◆**战略性新兴产业技术攻关工程**。节能环保产业中的节能装备制造、节能产品开发、余热余压利用、智能电网、环境监测仪器仪开发;电子信息产业中的新型显示、语音合成与识别、物联网、微电子和高端软件等;生物产业中的生物医药、生物制造、生物环保;新能源产业中的光伏技术、生物质能源;新能源汽车中的整车集成及控制技术、动力电池及管理系统、电机本体与驱动技术、增程器及充电站;高端装备制造产业中的高档数控加工装备、工业机器人及自动化成套装备;新材料产业中的半导体照明材料、新型功能材料、纳米材料及应用;公共安全产业中的煤矿安全、交通与运载安全、区域安全与反恐。

◆**传统产业转型升级科技工程**。汽车及关键零部件中的节能环保汽车、制造业信息化;家用电器行业中的智能家电;原材料行业中的金属材料加工新技术、新型建筑材料;煤炭行业中的煤气化技术、煤化工成套设备;纺织行业中的高档纺织材料及印染后整理技术、产业用纺织品。

◆**服务业技术支撑工程**。高新技术服务业中的研发设计服务业、生物技术服务业、信息技术服务业、服务业信息化;文化创意产业中的信息技术在文化产业应用。

◆**现代农业科技工程**。粮食丰产技术中的粮食丰产技术和示范、中低产田综合改良技术与示范;生物育种中的农业生物资源保护与利用、分子育种技术、生物质农业生产资料;农产品加工业中的现代食品加工技术与装备、主要粮油作物加工及示范、食品质量与安全控制。

◆**社会民生科技支撑工程**。人口健康、医药质量安全、主要污染物防治处置技术、区域环境与资源生态保护、防灾减灾、城镇化与城市发展等。

◆**高新技术产业发展工程**。实施技术创新“十区提升、百企示范、千企培育”行动计划,推进10家左右的重点园区、100家左右的示范企业、1000家左右的技术创新培育企业。推进科技成果转化和产业化,运用电子信息技术、节能减排技术、清洁生产技术等改造提升传统产业,壮大优势产业,培育战略性新兴产业,发展高新技术产业,显著提升产业发展层次和质量,增强产业核心竞争力。

第十六章 优先发展教育事业

第一节 全面推进素质教育

将素质教育的理念、要求和具体措施贯穿于各级各类教育的全过程。加强德育教育,深化教育教学改革,因材施教,切实减轻中小学生过重的课业负担,提高学生综合素质,使学生成为德智体美全面发展的社会主义建设者和接班人。

第二节 全面提高基础教育质量和水平

巩固义务教育普及成果,统筹城乡教育资源,促进学校优化布局,促进义务教育均衡发展,着力解决择校问题。坚持公益性和普惠性,大力发展公办、民办幼儿园,努力构建覆盖城乡、布局合理的学前教育公共服务体系。鼓励有条件的市率先普及高中阶段义务教育,推进普通高中内涵发展和特色发展,优化中学布局。重视发展特殊教育,扶持一批普通学校设置特教班、随班就读示范点。争取到2015年,高质量、均衡化的义务教育基本实现,学前三年毛入园率达到65%。

第三节 加快高等教育强省建设

优化高等教育结构,提升高校教育质量。以提升办学层次为重点,进一步合理布局高等教育资源。建立高校分类指导体系,努力引导高校科学定位、多元办学、特色发展,继续推进"985"和"211"工程建设。进一步发展应用型高等教育,提升高等教育人才培养质量和科技创新能力。强化高校与地方的联系,大力推进校企合作,增强服务地方经济社会发展能力。妥善解决高校负债问题。到2015年高等教育毛入学率达到36%。

第四节 深入推进职业教育大省建设

紧密联系产业发展需求,加快骨干示范职业院校、公共实训基地、职教园区和"双师型"教师队伍建设,形成一批国家级重点职业学校,组建跨区域、跨行业的职业教育集团。深化职业教育办学模式改革,鼓励国有大中型企业兴办职业教育,推动职业教育发展"双元化"办学模式,积极推行订单式教育。完善政府统筹、产业引导、行业推进、企业和职业院校自主、民间力量广泛参与的多元化技能人才培养体系。建立灵活的职业教育与学历教育互联互通机制,制定选拔技能型人才的有效机制。树立"大职教"理念,增强职业教育服务能力。实施劳动准入制度和职业资格证书制度,提高技能型人才的社会地位和待遇。

第五节 积极发展继续教育和民办教育

继续教育。以加强人力资源能力建设为核心,大力发展非学历继续教育,稳步发展学历继续教育。健全继续教育体制机制,逐步构建灵活开放的终身教育体系。建设全民学习、终身学习的学习型社会。

民办教育。完善促进民办教育发展的优惠政策,落实民办学校、学生、教师与公办学校、学生、教师平等的法律地位。切实加强对民办教育的统筹、规划和管理。规范办学行为。完善法人治理结构。促进形成以政府办学为主体,全社会积极参与,公办教育和民办教育共同发展的格局。

第六节 切实保障教育优先发展

健全以政府投入为主、多渠道筹集教育经费的体制,不断增加教育投入,努力实现经济社会发展规划优先安排教育发展、财政资金优先保障教育投入、公共资源优先满足教育和人力资源开发需要。建立多元教育投入机制,不断提升财政性教育经费支出占地区生产总值的比重。制定并落实支持教育优先发展的优惠政策,实施人才强教战略,建设一支高素质的教师队伍,特别是提高农村师资水平,切实保障教师权益。全面开展国家省级政府教育统筹综合改革试点省建设,不断深化教育管理体制机制改革。进一步扩大教育对外开放。

专栏12 教育重点工程

◆**义务教育学校标准化建设工程**。实施校舍安全工程，提高综合防灾减灾能力，使校舍达到综合防灾安全要求；推进中小学布局调整、薄弱学校建设、寄宿制学校建设、初中学校建设，使义务教育学校师资、教学仪器设备、图书、体育场地基本达标。

◆**教师队伍建设工程**。继续实施农村义务教育学校教师特设岗位计划，吸引高校毕业生到农村从教；加强农村中小学薄弱学科教师队伍建设，重点培养和补充一批边远贫困地区和革命老区急需紧缺教师；对中小学、幼儿园教师进行全员培训，使全省小学教师学历逐步达到专科以上水平。加强中等职业教育“双师型”教育队伍和高校人才建设。

◆**学前教育建设工程**。推进学前教育试点省建设，落实学前教育三年行动计划。大力推进公办幼儿园建设，积极支持民办幼儿园发展。充分利用农村中小学富余校舍和社会资源，改扩建或新建乡镇和村幼儿园。加强农村幼儿园师资力量培训。

◆**职业教育基础能力建设工程**。实施中等职业学校达标工程和职业教育专业建设提升计划；支持职业教育实训基地建设。支持中等职业教育示范校和示范性职业教育集团建设，支持合格县级职教中心建设。

◆**高等教育质量提升工程**。建设一批高水平大学和学科专业，打造一批高水平创新平台和人文社科基地，培育一批创新团队。继续推进高等学校教学质量与教育改革、研究生教育创新计划、思想政治理论课建设和皖北地区高等教育振兴计划。

◆**特殊教育发展工程**。改扩建和新建一批特殊教育学校，使省辖市和30万人口以上、残疾儿童较多的县（市）都有一所特殊教育学校，添置必要教学、生活和康复训练设施，开展特殊教育教师专业培训。

◆**家庭经济困难学生资助工程**。健全义务教育阶段资助政策，全面免除义务教育阶段学杂费，对农村学生和城市家庭经济困难学生免费提供课本并补助寄宿生生活费。落实中等职业学校家庭经济困难学生和涉农专业学生免学费政策，大力推进生源地信用助学贷款。健全高等学校毕业生学费补偿和助学贷款代偿制度。把普通高中学生和研究生纳入国家助学体系。

◆**教育信息化建设工程**。建设以第二代省教育和科研网为核心的教育专网。大幅度提高中小学学生拥有计算机台数，在中小学基本普及多媒体教学。加强农村学校信息基础建设，缩小城乡数字化差距，为农村中小学班级配备多媒体远程教学设备。建设覆盖各级各类教育的数字化教学资源库和公共服务平台。基本建成高等学校“数字化校园”。构建较完备的省级教育基础信息库以及教育质量、学生流动、资源配置和毕业生就业状况监测分析系统。

◆**留守儿童活动中心建设工程**。建立完善农村留守儿童关爱服务体系，依托农村中小学校和乡镇综合文化站等场所，在全省农村地区建立农村留守儿童之家，配置图书、电话、电脑、电视机等，设置心理咨询平台，落实指导老师。

第十七章 加快建设人才强省

坚持人才资源优先开发、人才结构优先调整、人才资本优先积累、人才投入优先保证、人才制度优先创新。以高层次创新人才为引领、以应用型人才为主体，统筹推进党政人才、企业经营管理人才、专业技术人才、高技能人才、农村实用人才、社会工作人才队伍建设。把招才引智作为人才队伍建设的重要途径，统筹开发国际国内两种人才资源，建立以企业为主体、产业为牵引的人才培养引进机制，着力解决我省经济社会发展重点领域急需紧缺的专门人才和高端人才问题。加大人才资源开发投入，形成多元化投入格局，明显提高人力资本投资比重。坚持以用为本，创新人才工作机制，营造尊重人才的社会环境、公开平等和竞争择优的制度环境，为科学发展、加速崛起提供坚强的人才保证和广泛的智力支持。

专栏 13 十大人才工程

◆**党政人才素质能力提升工程**。有计划开展大规模干部教育培训，实施《2009～2020 年全省党政领导班子后备干部队伍建设规划》。大力实施基层干部培训工程、公务员能力建设培训工程。

◆**创新团队建设工程**。拓展"115"产业创新团队建设，以国家技术创新工程试点省、皖江城市带承接产业转移示范区和各类产业园区为依托，建设一批人才创新创业载体。支持培养 100 个省级创新团队，引进 10 个国家级创新团队。

◆**企业家培养工程**。组织实施省属企业"双百工程"，培养造就 100 名精通市场营销、人力资源管理、财会、法律等专业化的高层次经营管理人才，100 名职业素质好、具有战略思维和较强的生产经营或资本运作能力的优秀企业家。

◆**教育名师培养工程**。重点培养 100 名国内外知名学者，1000 名左右在本学科领域有一定影响的学术带头人和教学名师，1 万名在各学科领域内起重要作用的省级和校级教学科研骨干。

◆**引进海外高层次人才"百人计划"**。引进并重点支持 100 名左右能够突破关键技术、发展高新技术产业、带动新兴学科的海外高层次人才来皖创新创业。建设 20 个左右省级海外高层次人才创新创业基地。

◆**专业技术人才知识更新工程**。每年培训 2 万名中高级专业技术人才，从中小企业选派 50 名左右具有培养前途的中青年专业技术人才到省属重点院校、科研单位和大型企业培养锻炼。

◆**宣传文化人才培养工程**。重点选拔培养 500 名左右理论、新闻、出版、文艺、文化产业经营管理和现代传媒信息技术等六个领域的拔尖人才和青年拔尖人才。

◆**高技能人才培养工程**。每年培养新技师 5 千人、高级工 4 万人，建成 30 个技师学院、50 个企业高技能人才培养基地。

◆**农村实用人才带头人培养工程**。加强对致富带头人、科技带头人、经营带头人等优秀农村实用人才的培养，使每个行政村主要特色产业至少有 1～2 名示范带动能力强的带头人。

◆**贫困地区和基层人才支持工程**。积极引导优秀教师、医生、科技人员、社会工作者、文化工作者到贫困地区和基层工作或提供服务，大力引导和鼓励高校毕业生到基层创业就业。

第七篇　强力推进节能减排，促进生态文明建设

第十八章　促进资源节约集约利用

第一节　节约能源资源

节约能源。继续抓好工业、建筑、交通运输、公共机构和商业旅游等重点领域节能，切实加强重点耗能企业节能管理，实施重点行业能效水平对标，降低能源消耗强度。以节能增效为主线，发挥工程性节能的主导作用，重点实施节能改造优化工程、节能技术产业化示范工程、节能产品兴企惠民工程、绿色照明产品推广工程、合同能源管理推进工程、节能基础能力建设工程等六大节能工程。加大节能新技术、新工艺、新产品的开发、引进和推广应用，重点推广高效节能家电、汽车、电机、节能灯等节能产品，加大政府对环保产品认证宣传和资金扶持力度。提高产业准入门槛，严格固定资产投资项目节能评估审查，从源头抑制高耗能产业过快增长。调整能源消费结构，增加非化石能源比重。完善政策机制，形成反映资源稀缺程度、供求关系和环境成本的价格形成机制。加大财政、税收、金融对节能的支持力度。把大幅度降低能源消耗强度作为重要约束性指标，分解落实，完善目标责任制。强化依法节能，健全配套法规和标准，加强节能执法监督检查。加强宣传教育，弘扬节约环保的消费模式和生活习惯。

节约集约用地。科学管理土地资源，严格土地供应政策和土地使用标准，鼓励建设多层标准厂

房，提高单位土地投资强度。加强城乡建设用地整理复垦，盘活利用存量土地，充分利用未利用地。实施农村土地综合整治整村推进工程，到2015年综合整治农村土地500万亩，新增耕地15万亩，建设高标准农田425万亩。积极推进城市土地“二次开发”，发展节地型公共建筑和住宅，提高城市土地集约化水平。支持合肥国家集约节约用地试点市建设。

节约水资源。推进节水型社会建设。发展农业节水，扩大节水作物品种和种植面积。推进工业节水，重点推进高耗水行业节水技术改造、矿井水资源化利用，在缺水地区限制建设高耗水项目。抓好城市节水，加快城市供水管网改造，建设公共建筑、生活小区、住宅节水和中水回用设施。加强对地下水资源的管理，严格控制开采地下水。执行高耗水行业市场准入标准和用水定额管理制度。

有序推进矿产资源勘探开发。加大勘查力度，形成一批重要矿产资源勘探开发后备基地。加强市场准入管理和矿业权市场建设。完善市场配置矿产资源管理体制，实行矿产资源有偿使用制度和矿山环境恢复补偿机制。提高矿产资源综合利用率。

第二节　大力发展循环经济

全面推进循环经济示范城市、园区和企业建设。合理规划园区布局，鼓励企业通过共享资源、废弃物利用等途径发展循环经济，构建循环型产业体系。提高共伴生矿产资源、工业废弃物、农林废弃物、建筑垃圾和秸秆转化等综合利用水平。推进废旧汽车零部件、工程机械、机床、废旧轮胎、办公设备等再制造产业发展。积极推进“城市矿产”示范基地建设，打造铜陵矿山、滁州报废汽车循环经济示范园等。推进废旧家电、废杂金属及电子产品等再生资源的回收利用。提高餐厨废弃物资源化和无害化水平。加快推进铜陵有色、淮南矿业、马钢等重点行业企业循环经济示范项目建设。

第十九章　加强环境保护

把控制污染排放总量作为区域和产业发展的决策依据，加强规划环境影响评价，提高环保准入门槛，大力推行清洁生产，着力解决大气污染、水污染等危害人民身体健康的突出问题。

第一节　加强污染防治

加强企业污染防治。严格环保准入标准，淘汰落后工艺和产能。以燃煤电厂和冶金、有色、建材等重点行业脱硫、脱硝为重点，着力推进大气污染防治。重点抓好化工、纺织印染、造纸、食品加工等行业水污染治理。引导企业向园区集中，实行污染集中治理。

加快城乡环境综合整治。加快城市污水设施建设，扩大污水管网覆盖范围。加强生活垃圾无害化处理和资源化利用。强化汽车尾气、烟尘、噪声等环境综合治理。加快规模乡镇污水处理设施建设，推广适用乡村污水处理技术。加强畜禽和水产养殖污染防治，实现养殖废弃物资源化利用。积极开展农业面源和农村工业污染防治。

加强重点流域污染防治。加大淮河、巢湖、长江安徽段、新安江流域水污染治理和保护力度，加强重污染河流整治，实施“一河一策”治理措施。对入河入湖排污口进行全面截污。实现流域水环境质量稳定并力争有所好转。加强重点排污企业和入河入湖排污口监控。

第二节　完善环境保护机制

实行主要污染物排放总量控制制度，落实环境保护目标考核制、责任追究制和行政首长负责制。加强环境影响评价和“三同时”管理，推进空间准入、总量准入、项目准入和专家评价、公众评价的环境准入制度。实行主要污染物排放许可证管理，推行排污权有偿使用和交易。提高重点行业和重点区域污染物排放标准。完善重大环境安全隐患防范制度。强化环境保护执法，健全环境监管体制，实行环境质量公告和企业环保信息公开制度，鼓励社会公众参与环保监督。加强宣传教育，增强全民环保意识。鼓励创建国家环境保护模范城市。

第三节　保护自然生态

强化对水源、土地、森林、湿地和野生动植物等自然资源的生态保护，继续推进天然林保护、退耕还林、水土流失治理等生态工程，加强重点生态功能区、禁止开发区域的生态保护，到2015年初步构建良性循环的生态环保体系。

进一步推进生态安徽建设。深入推进生态省示范基地、重大项目和示范区建设。积极开展农村生态建设和环境优美村镇创建，创建一批生态工业园区。完善生态省建设相关配套措施。

加强生态保护。保护与恢复新安江上游地区、大别山区等重要水源涵养区和生物多样性保护区等区域生态功能，综合治理江淮分水岭、皖南山区、大别山区和矿区等生态脆弱地区，加快推进皖北石质山地绿化。继续抓好荒山造林和退耕还林，严禁乱砍滥伐山林。加强长江淮河防护林体系、平原农田防护林网、自然保护区和商品林基地建设。推进黄山松材线虫病防治。强化野生动植物保护。加强重点地区地质灾害防治。加快建立生态补偿机制，开展新安江等地区生态补偿试点。

专栏14　环境保护与治理重点工程

◆**城市污水处理工程**。提高城市污水处理厂管网覆盖范围，实施污水深度处理，增强除磷脱氮能力。到2015年全省城市污水集中处理率不低于85%。

◆**农村环境重点整治工程**。开展养殖业污染、农业面源污染治理，加强农村自然生态保护，实施村庄清洁工程，切实改善乡村环境质量。

◆**城乡生活垃圾处理工程**。提高城乡垃圾收运能力，逐步推进垃圾分类处理和资源化利用，到2015年所有市县基本建成一座以上垃圾无害化处理设施，城市生活垃圾无害化处理率不低于75%。

◆**工业园区污水处理工程**。日排污水5000吨以上的工业园区全部单独建设污水处理设施。

◆**大气污染治理工程**。实施电厂脱硫脱硝、钢铁烧结烟气脱硫、石油炼制行业二氧化硫治理、焦炉煤气脱硫、硫酸尾气治理、建材窑炉烟气脱硫、燃煤锅炉烟气脱硫、水泥行业低氮燃烧改造及脱硝等工程。

◆**医疗废物及危险废物处置**。实施危险废物和医疗废物减量化示范、危险废物和医疗废物处置能力扩建、固体废物综合利用工程。

◆**环境风险防范工程**。加强重金属污染防治、持久性有机物污染防治、核废物安全处置、医疗机构辐射安全防护等措施，防范环境风险。

第二十章　积极应对气候变化

控制温室气体排放。大力发展低碳经济。控制工业生产温室气体排放。推广高产水稻品种和半旱式栽培技术，加强对动物粪便、废水和固体废弃物利用和管理，控制甲烷排放增长速度。继续实施植树造林、退耕还林还草、天然林资源保护，增加森林碳汇。大力开展森林抚育和封山育林，提高单位面积森林蓄积量。

增强适应气候变化能力。加强农业基础设施建设，选育优良品种，增强农业适应气候变化的能力。加强水资源综合利用管理，建立防洪减灾体系和防汛抗旱指挥系统，提高水资源适应气候变化的能力。研究气候变化趋势特点，建立健全突发公共卫生事件应急机制，加强人体健康适应气候变化能力建设。增强应对极端气候事件的气象科技支撑能力。

加强国际合作。积极引进和推广国外的先进技术和管理经验，充分利用清洁发展机制，争取更多 CDM 项目进入国际市场。完善应对方案，不断提升全省应对气候变化和可持续发展的能力。

第八篇　加强社会建设与管理，构建和谐社会

第二十一章　推进以改善民生为重点的社会建设

第一节　千方百计提高城乡居民收入

建立与经济发展相适应的收入增长机制，努力提高居民收入在国民收入分配中的比重，提高劳动报酬在初次分配中的比重。逐步提高最低工资标准，推进企业工资集体协商制度，健全企业工资正常增长机制；完善公务员工资制度；深化事业单位收入分配制度改革；提高工资性收入。优化创业环境，鼓励全民创业，积极发展高效农业和农村二、三产业，增加经营性收入。保护私有财产权，创新居民财产保值增值方式；完善土地征占补偿机制，让农民从土地的出让、转让中获得财产性收入。增加财政对各类社保资金投入，增加农业补贴资金规模和范围，扩大转移性收入。

合理调节收入分配。增加低收入群体收入，逐步提高城乡最低生活保障标准，完善离退休人员养老金合理增长机制。扩大中等收入阶层比重。有效调节过高收入。遏制收入分配差距扩大的趋势。

第二节　多渠道扩大就业

实施更加积极的就业政策，统筹城乡劳动者就业。大力发展劳动密集型产业、服务业和小型微型企业，有效增加就业岗位。重点解决好高校毕业生、农村转移劳动力、城镇就业困难人员的就业问题。做好退役军人就业工作。完善和落实小额贷款担保、财政贴息、场地安排等鼓励自主创业政策，加快农民工返乡创业示范园和留学人员、大学生创业园建设，推进各类群体自主创业。完善公共就业服务体系，建设统一开放的人力资源市场、基层就业服务中心和农民工城市服务中心，加强职业培训和就业观念教育，做好就业、失业状况动态监测。大力加强职业危害防治、劳动者权益保护、人力资源市场监管和劳动执法监察，建立健全劳动关系协调机制，构建和谐劳动关系。吸引劳动力在省内就业，缓解企业用工不足的矛盾。

第三节　健全社会保障体系

坚持广覆盖、保基本、多层次、可持续的基本方针，加快建立与全面小康社会相适应、覆盖城乡

居民的社会保障体系。

完善社会保险制度。加快建立覆盖城乡居民的基本养老保险制度。实现新型农村社会养老保险制度全覆盖。改革事业单位养老保险制度。发展企业年金制度。整合城镇职工、城镇居民医疗保险和新型农村合作医疗保险,逐步提高保障标准,实现城乡之间、不同制度之间医疗保险关系顺畅转移接续,健全覆盖城乡居民的基本医疗保障体系。扩大失业保险覆盖范围,增加投入。逐步建立工伤保险与工伤预防、工伤康复与工伤补偿相结合的现代工伤保险制度。进一步完善生育保险。规范社会保险费征收主体,明确征收职责。加快推进基层社会保障服务中心设施建设,到2015年基本实现社会保障服务中心全覆盖。

健全社会救助制度。进一步完善城乡居民最低生活保障制度、教育救助制度、城乡医疗救助制度等社会救助制度。充分发挥红十字会在人道救助领域的作用。支持慈善事业加快发展。鼓励开展社会捐赠、群众互助、志愿服务、法律援助等社会扶助活动。做好备灾救灾工作。

完善住房保障制度。强化各级政府责任,加大保障性安居工程建设力度,发展公共租赁住房,完善廉租住房保障制度。加快推进各类棚户区改造和农村危房改造。健全住房公积金制度。逐步解决中低收入人群住房问题。

第四节 加快医疗卫生事业改革发展

巩固完善基层医药卫生体制综合改革成果,不断深化基层医疗卫生机构人事、分配、补偿机制改革,全面建立公益性管理体制和充满活力的运行机制。加快建立国家基本药物制度,建立健全基本药物供应保障体系,确保药品质量和安全。科学配置医疗卫生资源,加强卫生人才队伍和区域性医疗卫生服务中心建设,健全以县级医院为龙头、乡镇卫生院和社区卫生服务中心为核心、村卫生室和社会卫生服务站为基础、城乡一体的基层医疗卫生服务体系。加强公共卫生服务体系和卫生应急体系建设,全面实现基本公共卫生服务覆盖城乡居民的目标,促进基本公共卫生服务均等化。积极稳妥推进公立医院改革试点。支持社会资本兴办医疗机构,规范发展民办医院,完善各级各类医疗机构的分工协作机制,逐步形成多元化办医新格局。支持中医药事业发展,完善中医药服务体系,加强新安医学研究和发掘。做好重大传染病和血吸虫等地方疾病防控。加强卫生监督执法体系建设。

第五节 加强人口工作

坚持计划生育基本国策,稳定低生育水平,完善人口政策,健全人口和计划生育管理服务体系,促进人口长期均衡发展。加大综合治理出生人口性别比的力度。实施积极的健康行为干预措施,降低出生缺陷发生率,提高人口素质,到2015年婴儿出生死亡率控制在9‰以内。切实保障妇女合法权益,加强未成年人保护,发展妇女儿童事业。支持残疾人事业发展,继续推进残疾人社会保障体系和服务体系建设。

第六节 积极发展养老事业

以满足中低收入老年群体基本养老服务需求为重点,积极推进养老服务社会化、专业化和标准化,建立以居家养老为基础、社区服务为依托、机构养老为补充,功能完善、覆盖城乡的养老服务体系。加强公益养老服务设施建设,鼓励社会资本兴办养老服务机构。大力发展现代老年产业。拓展养老服务领域，促进养老服务从基本生活照料向医疗健康、精神慰藉、法律服务、紧急援助等方面延伸。开发利用老年人力资源，完善养老服务相关支持政策。

第七节 深入推进开发式扶贫

落实扶贫开发全覆盖，对低收入人口全面实施扶贫政策，加强扶贫开发政策和农村低保制度有效衔接。大力推进专项扶贫、行业扶贫、社会扶贫，完善结对帮扶制度，加强扶贫开发对外交流合作。加强贫困人口集中的革命老区、山区、库区、沿淮行蓄洪区、江淮分水岭地区、少数民族聚居区等贫困地区的扶贫开发，集中力量主攻皖北地区、大别山区等集中连片特殊困难地区。继续实施整村推进、产业扶贫、“雨露计划”，推进劳动力转移就业一体化工程。扩大贫困村互助资金试点。积极稳妥实施易地扶贫搬迁，妥善解决移民后续发展问题。增加财政扶贫资金投入，按国家要求比例落实以工代赈等省级财政扶贫配套资金。完善扶贫工作机制，强化工作考核，提高工作水平。力争5年实现200万扶贫对象脱贫，国家扶贫开发工作重点县农民人均纯收入增长率高于全省平均水平，少数民族聚居地区经济社会发展主要指标达到或超过所在县平均水平。

第二十二章 大力提升社会管理水平

第一节 创新社会管理机制

完善党委领导、政府负责、社会协同、公众参与的社会管理格局，健全基层社会管理体制，加快构建源头治理、动态协调和应急管理相互联系、相互支持的社会管理机制。强化政府在社会管理和公共服务方面的主导作用。发挥各类社会组织和企事业单位的协同作用，推进社会管理的规范化、专业化和社会化。最广泛地动员公民依法参与社会管理，培养公民意识，履行公民义务。

第二节 加强城乡社区建设

强化城乡社区自治和服务功能，完善新型社区管理服务体制，把社区建设成管理有序、服务完善、文明祥和的社会生活共同体。完善社区治理结构，加强城乡结合部、城中村等社区居民委员会建设，培育社区服务性、公益性、互助性社会组织，发挥业主委员会、物业管理机构、驻区单位等组织的积极作用，因地制宜创新社区管理和服务模式。以居民需求为导向，整合人口、就业、社保、民政、卫生、文化以及综治、维稳、信访等管理职能和服务资源，推动管理重心下移，延伸基本公共服务职能，构建社区管理和服务平台。规范发展社区服务站等机构，有效承接基层政府委托事项。建立政府与社会结合的经费保障机制。推动社区工作人员专业化、职业化。做好流动人口以及特殊人群的管理服务。

第三节 加强社会组织建设

坚持培育发展和管理监督并重，推动社会组织健康有序发展，发挥其提供服务、反映诉求、规范行为的作用。改进社会组织登记管理，适度放宽经济类、公益类社团和基金会的设立，简化农村专业经济协会、社区基层社会组织的登记程序。推动各类行业协会和商会改革发展，强化行业自律。完善培育扶持政策，向社会组织开放更多的公共资源和领域。加强社会组织监管，完善法律监督、政府监督、社会监督以及自我监督相结合的监管体系。

第四节　完善维护群众权益机制

加强和改进新形势下的群众工作，统筹协调各方面利益关系，形成科学有效的群众诉求表达、利益协调、权益保障机制。拓宽社情民意表达渠道，建立方式多样、畅通高效的诉求表达机制。加快建立行政决策风险评估机制和决策纠错机制。完善公共决策的社会公示制度、公众听证制度、专家咨询论证制度。加强、改进信访和行政服务工作，充分发挥互联网通达民意的新渠道作用，积极主动回应社会关切。完善社会矛盾调解机制，健全人民调解、行政调解、司法调解联动的工作体系。深入做好群众工作，切实维护群众利益。

第五节　健全公共安全体系

保障食品药品安全。建立食品药品质量追溯制度，健全食品药品安全应急体系，强化快速通报和快速反应。加强餐饮、保健食品和化妆品安全风险评估和监管执法。加强药品安全技术支撑能力建设，着力提升基层快速检测能力。强化基本药物监管，确保基本药物质量安全。

严格安全生产管理。加强安全监管执法能力建设，强化法制和政策引导，严格安全目标考核与责任追究。实施重大隐患治理逐级挂牌督办和整改效果评价制度，深化矿山、交通等重点领域专项治理。严格安全许可，严厉打击非法违法生产经营。加强职业安全健康防护。规范发展安全专业技术服务机构，加强对中小企业安全技术援助和服务。

专栏 15　社会建设重点工程

◆**保障性安居工程**。五年新增廉租住房、公共租赁住房、各类棚户区改造以及农村危房改造等保障性住房 200 万套。到 2015 年，中等偏下收入家庭住房问题得到明显缓解。

◆**医疗卫生重点工程**。重点建设乡镇卫生院及附属设施、卫生信息化系统、卫生监督体系、精神卫生体系、职业卫生防治体系、妇幼保健体系、中医医疗机构、社区卫生服务机构、疾病预防控制机构能力完善、省市级综合及专科医院能力、院前院内急诊急救综合能力、血液安全、省突发公共卫生事件应急指挥系统等工程。

◆**劳动就业和社会保障公共服务设施建设工程**。建设 105 个县级就业和社会保障服务中心、1520 个乡镇（街道）人力资源社会保障综合服务中心、省级（含区域性异地就医结算中心）和 17 个省辖市社会保障服务中心。推进人力资源市场“512”品牌计划，力争用五年时间培育 5 家全国知名、区域范围内有较大影响力的省级人力资源配置中心、10 家省级专业人力资源服务机构、20 家省级人力资源服务机构。

◆**农村富余劳动力培训、转移就业、社会保障一体化建设工程**。在农村劳动力转移就业任务重的县（市、区）、乡镇利用现有技工学校、就业培训中心等职业培训场所和农民工创业示范园，建设或改建农民工职业技能培训和转移就业基地。

◆**重点民政工程**。加强养老服务体系建设，新增城乡社区养老服务设施 12000 个、各类养老床位 24.6 万张，每个社区建立为老年人提供短暂托养或日间照料服务的福利设施。建设省综合性老干部活动中心、老年公寓、社区养老服务设施、农村养老服务中心。建设省市县三级残疾人康复综合服务体系、残疾人管理中心、就业服务中心、托养服务中心，加强农村贫困残疾人危房改造。

◆**城乡社区服务体系建设工程**。健全社区服务体系，城市 100% 的社区建立社区服务站，80% 以上的街道建立社区服务中心，80% 的城区建立社区服务信息网络平台。全省 80% 的建制村建立农村社区服务中心，80% 的乡镇建立社区综合服务中心。

◆**社会维稳工程**。加快维护社会稳定应急机制、数字化社会治安防控体系、人民来访接待中心和城乡社区建设，建立省社会组织培育孵化基地和社会组织管理信息系统。加强全员人口基础信息数据库建设，完善人口宏观管理与决策信息系统。加强安全生产应急救援、技术支持和安全监管装备建设。建立重点青少年管理综合服务台和教育帮助工作社工队。

推进防灾减灾与应急能力建设。建立健全覆盖全省的综合防灾减灾体系，重点加强防洪、消防、防震、气象、人防等防灾减灾基础设施建设。强化安全发展理念，坚持预防为主，健全自然灾害、灾难事故、公共卫生事件、社会安全事件的预防预警和应急处置体系。加强各类应急物资储备库建设。

加强社会治安综合治理。完善社会治安防控体系，加强城乡社区警务、群防群治等基层基础建设，加强政法队伍建设，严格公正廉洁执法，严密防范、依法打击各类违法犯罪活动，深入推进“平安安徽”建设，努力建成全国最稳定的省份之一，不断提高人民群众的安全感和满意度。

第九篇　着力建设文化强省，增强区域软实力

坚持社会主义先进文化前进方向，大力弘扬敢为人先、锐意进取、诚信务实、开放合作精神，加快发展文化事业和文化产业，一手抓文化事业的繁荣，一手抓文化产业的发展，充分发挥文化引导社会、教育人民、推动发展的功能，增强全省人民的凝聚力和创新力。到2015年公共文化服务体系基本建成，人民科学文化素质和文明程度进一步提高，文化发展主要指标处于中西部领先水平，部分行业和领域居全国前列，文化产业增加值超过1200亿元，成为国民经济新的支柱产业，实现文化大省向文化强省的历史跨越。

第二十三章　提升全省人民文明素质

坚持用中国特色社会主义理论体系武装党员、教育人民，扎实推进社会主义核心价值体系建设。深入推进社会公德、职业道德、家庭美德、个人品德建设，不断拓展群众性精神文明创建活动。积极倡导爱国守法和敬业诚信，强化职业操守，构建传承传统美德、符合社会主义精神文明要求、适应社会主义市场经济的道德和行为规范。加强人文关怀，广泛开展志愿服务，培育奋发进取、理性平和、开放包容的社会心态。提倡修身律己、尊老爱幼、勤勉做事、平实做人，推动形成我为人人、人人为我的社会氛围。弘扬科学精神，加强科学素质服务能力建设，不断提高公众科学素质。净化社会环境，保护青少年身心健康。综合运用教育、法律、行政、技术和经济等手段，引导人们知荣辱、讲正气、尽义务，形成扶正祛邪、惩恶扬善的社会风气。

第二十四章　加快文化改革创新

继续深化文化体制改革，构建统一开放、竞争有序的市场体系和管理格局。稳步推进公益性文化事业单位改革，创新公共文化服务运行机制。大力培育合格市场主体，推动已转制的文化企业建立现代企业制度、完善法人治理结构。鼓励和支持非公有制资本以多种形式进入文化产业领域，逐步形成以公有制为主体、多种所有制共同发展的产业格局。加快推进文化管理体制改革。完善国有文化资产管理体制。

积极适应群众文化需求的新变化新要求，弘扬主旋律，提倡多样化，大力推进文化内容、表现形式和传播手段创新。深入发掘徽文化丰厚底蕴，热情讴歌当代安徽人民的丰富创造，培育一批具有自主知识产权的特色文化品牌和具有较强核心竞争力的优势艺术门类，打造更多展现徽风皖韵、思想性艺术性观赏性相统一、在全国产生重要影响的精品力作。实施理论创新工程，推进学科体系、学术观点和科研方法创新，大力建设公共智库，加强经济社会发展重大现实问题研究，繁荣发展哲学社会科学。

第二十五章　繁荣发展文化事业和文化产业

第一节　促进文化事业全面繁荣

坚持政府主导、社会参与，以农村和社区为重点，继续实施文化惠民工程，建立完善公共文化机构运行保障机制，加快标志性文化设施建设，基本建成覆盖城乡、惠及全民的公共文化服务体系。加强重点新闻媒体建设，重视推进三网融合后新兴传播媒体的建设、运用、管理，把握正确舆论导向，提高传播能力。着力办好中国农民歌会、"江淮情"、省艺术节、"三下乡"等各类文化服务和重大文化活动。加强基层文化队伍建设。传承和创新安徽地域文化，重视保护各类文物、自然和文化遗产、历史文化名城名镇名村，强化徽州文化生态保护实验区建设和管理，促进黄梅戏等地方戏的保护与传承，加强中国花鼓灯原生态保护区建设和管理。加强档案、地方志事业发展，推进县（区）档案馆工程建设。加强公共体育基础设施建设，大力发展群众体育，开展全民健身活动，提高竞技运动水平，发展体育产业，建设体育强省。

第二节　推进文化产业跨越发展

做大做强龙头文化企业。鼓励骨干文化企业进行跨地区、跨领域、跨所有制兼并重组，统筹利用省内外文化资源，打造文化企业"航母"。支持安徽出版集团、新华发行集团建成大型跨国文化传媒集团，推进报业、广电传媒、演艺集团及时代出版、皖新传媒、新安传媒、芜湖方特等建成全国一流的大型文化企业，力争再培育5家以上文化上市公司。不断推出具有广泛影响力和持久竞争力的产品、服务和企业品牌。

构筑区域性特色文化产业集群。以影视制作、出版发行、印刷复制、演艺娱乐、广告、文化用品和动漫等为重点，充分调动社会各方面的力量，加快建设一批具有示范效应和产业拉动作用的重大文化产业项目，规划建设30个左右省级文化产业园区（基地）。大力发展文化创意、数字出版、网络及移动多媒体广播电视等新型文化业态，搭建一批公共文化服务平台。建设合肥、芜湖国家级动漫产业基地，打造动漫产业大省。推动文化产业与科教、建筑、制造、旅游等相关产业的深度融合，延伸产业链条，拓展发展空间。

建设现代文化市场体系。健全文化产品和要素市场，完善文化市场监管体系，规范和促进文化产品和要素的合理流动。畅通传输快捷、覆盖广泛的文化传播渠道，发展文艺演出院线和电影院线，建设区域性出版物发行中心。鼓励非公有资本进入文化产业，支持民营文化企业加快发展。创新文化产品和服务，扩大文化消费。

加快推动文化"走出去"。进一步加强对外宣传和文化交流，继续办好"电视周"、"文化周"等活动，积极传播我省特色文化，扩大安徽文化影响力。大力发展国际文化贸易，推进版权、文化产品、文化服务等出口。加强与国外大型文化传媒集团的合作。

专栏16　公共文化建设重点工程

◆**标志性设施建设工程**。建设省文化馆、省非物质文化遗产馆、安徽百戏城等。支持省辖市建设文化馆、图书馆、博物馆、数字影院和地方志馆。扶持县级公共文化服务中心建设。

◆**文化生态保护建设工程**。推进徽州文化生态保护试验区建设，扩建程大位珠算博物馆、绩溪三雕博物馆、祁门红茶博物馆，新建万安罗盘博物馆、徽州府衙博物馆、黟县明清民居园等。规划建设黄梅戏传承研发基地、中国花鼓灯原生态保护展示馆。建设一批民俗展示馆、传统技艺展示馆和非遗传习基地。

◆**文化信息资源共享工程**。全面建成市级分中心和城市社区基层文化服务点，形成省市县乡村五级网络，实现信息资源共享人口全覆盖。

◆**乡镇及社区文化中心建设工程**。支持一批乡镇文化站建设，建成350个城市社区文化中心，推进公益性城乡社区电子阅览室建设。

◆**广播电视“村村通”**。实现全省20户以下通电自然村广播电视“村村通”建设任务，逐步实现由“村村通”向“户户通”转变。全省100%县（区、市）、80%的乡（镇）实现光纤联网，有线电视用户达到1000万户，实现广播电视人口综合覆盖率达到99%以上。

◆**农村电影放映**。进一步推进农村电影数字化放映，在全省农村一村一月放映1场公益性电影基础上，逐步实现农村电影放映由室外向室内转变，建成县及县以下农村数字影院120座以上。

◆**农家书屋建设工程**。到2012年实现农家书屋覆盖全省18952个行政村。同步推进城乡阅报栏和社区书屋建设。

第十篇　深化改革开放，增强发展的动力活力

第二十六章　加快改革攻坚步伐

第一节　行政管理和社会事业体制改革

深化行政管理体制改革。进一步转变政府职能，理顺政府与企业、市场、社会的关系，实现政府职能向经济调节、市场监管、公共服务和社会管理转变，加快建设服务政府和法治政府，着力创造良好发展环境，提供优质公共服务，维护社会公平正义。深化大部门制改革，降低行政成本，提高政府效能。

健全科学决策、民主决策、依法决策机制。全面推进政务公开，健全政府信息发布制度，完善各类公开办事制度，增强行政权力透明度和公众参与度。加大政府投资体制改革，切实减少和规范行政审批，推进政府投资非经营性项目代建制，完善招标投标管理体制。规范发展各级行政服务中心，逐步建立健全政务服务体系。完善行政问责、加强行政复议和行政诉讼，提高政府公信力。深化扩权强县、扩权强镇改革，探索建立适合皖江示范区建设发展的管理体制和运行机制。

加快社会事业体制改革。积极稳妥推进科技、教育、文化、卫生、体育等事业单位分类改革，根据社会功能定位，划分不同类别，实施不同的改革和管理政策。改革基本公共服务提供方式，引入竞争机制，扩大购买服务，实现提供主体和提供方式多元化。加快公益事业单位管办分离，强化公益属性。推进非基本公共服务市场化改革，增强多层次供给能力，满足群众多样化需求。继续深化

经营服务性事业单位转企改制。

第二节 国有资产管理和国有企业体制改革

完善国有资产管理。强化国有资产经营理念，盘活国有经营资产和行政事业单位资产，优化国有资本布局，健全国有资本有进有退、合理流动机制，增加对战略性新兴产业、基础设施、社会保障等方面的资金投入。加快建立国有资本运营责任机制，完善国有企业经营业绩考核体系、国有资产重大损失责任追究和预算管理制度。

深化国有企业改革。以产权多元化为核心，以构建现代企业制度为目标，继续深化国有企业改革，建立规范的法人治理结构，大力推进国有企业兼并、联合、重组。积极引进战略投资者，着力培育一批具有国际竞争力和影响力的大公司集团。加快国有企业整体上市或核心业务资产进入资本市场，促进国有资产证券化。继续推进企业公司制、股份制改革，提升管理水平，完善内控机制，增强企业风险防范能力。推动垄断行业改革。

第三节 财税体制改革

围绕推进基本公共服务均等化和主体功能区建设，进一步完善公共财政体系，加快构建有利于科学发展的财税体制机制。深化预算管理制度改革，健全政府预算管理体系，进一步完善部门预算、国库集中支付和政府采购制度，推进预算支出绩效评价。完善税收征管体制机制。利用国家赋予地方适当税政管理权限的时机，加快地方税收体系建设，适当增加省级调控能力。按照财力和事权相匹配的原则，完善省以下财政体制，统筹省与市县分配关系，坚持财力向基层倾斜，建立县级基本财力保障机制。健全转移支付制度，整合和优化专项转移支付，提高一般性转移支付规模和比例，充分发挥转移支付功能。研究建立地方政府性债务风险预警和债务管理机制，规范有序发展地方融资平台，防范财政金融风险。

第四节 资源要素价格改革

深化重要资源产品价格和排污收费改革。逐步理顺水、电、气和运输等基础产品的价格，深入推行发电权交易以及跨区跨省送电管理体制改革。完善清洁能源和可再生能源发电定价和费用分摊机制。合理调整污水、垃圾处理和危险废物处置等收费标准。完善城镇土地出让价格管理制度，逐步建立反映土地资源稀缺程度的价格形成机制。

第五节 大力发展非公有制经济

坚持非禁即准、平等待遇原则，确立平等市场主体地位，进一步消除体制性障碍，着力营造平等竞争的法治、政策和市场环境，鼓励非公有制经济参与国有企业改革，进入基础产业、基础设施、市政公用事业、社会事业、金融服务等领域。健全面向中小企业的贷款、担保和风险投资体系，拓宽非公有制经济的融资渠道。健全中小企业财税支持体系，加强涉企收费监管，进一步减轻企业负担。完善中小企业社会服务体系，大力实施初创企业、微小企业扶持工程和中小企业成长工程。在重点领域和行业推动设立行业协会和商会。进一步提高民营企业自主创新能力，引导民营企业制度创新、技术创新、管理创新及企业文化创新，提高企业家素质，增强企业内生发展动力。大力培养技能型人才。加大对企业家和非公有制企业的宣传力度。

第二十七章 全面提高开放合作水平

第一节 提高招商引资质量和水平

加强统筹协调指导，促进有序竞争、科学承接，增强服务意识，提高办事效率。围绕转变经济发展方式和推动产业结构升级，创新招商方式，注重大项目招商和境外招商，提高招商引资的层次和水平，推动集群式、产业链式承接，加速产业集聚和资本集聚。加强对外商投资的引导，调整外资结构，拓宽外资开放领域，扩大借用国外贷款规模，提高利用外资水平。鼓励外商投资企业在皖设立研发中心、销售中心、生产基地和地区总部，支持外资金融保险担保等企业在皖设立分支机构。支持安徽异地商会和异地安徽商会发展，发挥商会和协会等中介组织的作用。充分利用外事和港澳侨等资源，组织好重大招商活动，提高招商实效。进一步加大对台招商引资力度。把招商引资与招商引智、引技、引研有机结合起来，加大产业技术、产业人才尤其是研发中心的整体承接力度。

第二节 深化以长三角为重点的区域发展分工合作

全面加入长三角政府层面合作新机制，完善区域重大合作内容与合作事项协调落实机制，努力形成互动发展新格局。全面参加交通、能源、科技、金融、环保、社保、信息、信用、涉外服务、工商管理和产业转移等重点专题合作，扩大城市经济分工合作范围，推进区域基础设施一体化，建立统一开放的区域市场体系，形成优势互补的产业体系。加强与中部省份紧密合作，推进与珠三角、环渤海、西部地区、港澳台互动合作，鼓励沿边地区加强与周边地区联动发展，做好对口支援西藏山南、四川松潘、新疆皮山、重庆渝北地区等工作，着力构筑全方位、多层次、宽领域的开放合作新格局。

第三节 优化贸易结构

扩大外贸规模，优化外贸结构，实现外贸发展方式转变。调整出口商品结构，扩大汽车、装备制造、家电等优势产业和生物医药、电子信息、新材料、节能环保等高新技术商品出口，提高轻工、纺织服装、农产品等传统产业出口竞争力。加快发展一般贸易，大力承接沿海加工贸易转移，积极发展技术、文化、教育、中介等服务贸易。壮大外贸经营主体，培育具有较强竞争力的外贸集团，大力发展中小型民营外贸企业，打造一批外向度高、特色明显的出口产业集群和出口基地。加强出口品牌培育，完善出口商品质量保障体系和安全检测检验体系，提高出口产品的质量和附加值。推进出口加工区建设，支持芜湖设立综合保税区，鼓励其他有条件的市争取设立各类海关特殊监管区域。深入推进市场多元化，大力开拓新兴市场。进一步发挥出口信用保险的风险保障、贸易融资等功能。积极扩大进口，鼓励进口稀缺资源、先进技术、关键装备和零部件。

第四节 加快“走出去”步伐

支持省内企业拓展国际市场，收购境外优质资产，建立生产基地、营销服务网络、研发机构和物流中心，积极转移过剩产能。引导企业合作开发境外资源，保障资源来源的稳定和通畅。积极开拓国际劳务市场，大力发展对外承包工程和劳务合作，推动境外带资承包、BOT 项目，积极尝试自主开发境外资源。建立健全服务和支撑体系，为大规模“走出去”创造条件。

第十一篇　坚持依法治省，加强社会主义民主政治建设

第二十八章　发展社会主义民主政治

发展社会主义民主政治，保证人民当家作主。广泛发展基层民主，充分保证人民群众的选举权、知情权、参与权、监督权。巩固和壮大我省爱国统一战线，为实现“科学发展、加速崛起”凝聚更为广泛的社会力量。加强和改进党的群众工作，充分发挥工会、共青团、妇联等人民团体联系和服务群众作用。广泛开展民族团结进步创建活动，全面贯彻党的宗教工作基本方针，切实做好民族、宗教工作。加强外事和侨务工作。普及深化全民国防教育，着力增强全民国防观念。创新完善国防动员体制机制，抓好国民经济动员、人民防空和交通战备建设。积极推进军民融合式发展，统筹经济建设和国防建设。支持驻皖解放军和武警部队建设。加强人民武装和民兵预备役工作。

第二十九章　全面推进法制建设

全面落实依法治国基本方略。坚持科学立法、民主立法，加快完善财税、环保、土地、就业、社会保障、教育、文化、卫生等规范政府行为的地方性法规，维护法制统一。全面推进依法行政、公正廉洁执法，加快建设法治政府。深化司法体制改革，规范司法行为，建设公正权威的社会主义司法制度。实施“六五”普法规划，加强普法教育，弘扬法制精神，形成人人学法守法的良好氛围。促进人权事业全面发展。

第三十章　加强反腐倡廉建设

坚持标本兼治、综合治理、惩防并举、注重预防的战略方针，加快推进惩治和预防腐败体系建设。严明党的政治纪律，健全对中央和省委省政府重大决策部署执行情况的纪律保障机制，确保政令畅通。严格执行党风廉政建设责任制，深化反腐倡廉教育，加强领导干部廉洁自律工作，大力推进反腐倡廉制度创新，严格权力运行制约和监督，加大查办违纪违法案件工作力度，严肃纠正损害群众利益的不正之风。

第十二篇　保障规划实施

本规划经过省人民代表大会审议批准，具有法律效力。要采取有力措施，保障规划实施，努力实现规划确定的各项目标任务。

第三十一章　完善规划实施和评估机制

第一节　明确规划实施责任

规划提出的预期性指标和产业发展、结构调整等任务，主要依靠市场主体的自主行为实现。各级政府要通过完善市场机制和利益导向机制，创造良好的政策环境、体制环境和法制环境，打破市场分割和行业垄断，激发市场主体的积极性和创造性，引导市场主体行为与政府战略意图相一致。

规划确定约束性指标和公共服务领域的任务，是政府对人民群众的承诺。约束性指标要分解落实到有关部门和各市。公共服务特别是促进基本公共服务均等化的任务，要明确工作责任和进度，主要运用公共资源全力完成。

第二节　强化政策统筹协调

围绕规划提出的目标和任务，加强经济社会发展政策的统筹协调，注重政策目标与政策工具、短期政策与长期政策的衔接配合。按照公共财政服从和服务于公共政策的原则，优化财政支出结构和政府投资结构，重点投向民生和社会事业、农村农业、科技创新、生态环保、资源节约等领域，更多投向皖北地区和山区、革命老区、库区、行蓄洪区、少数民族聚居区。

第三节　完善绩效评价考核体系

加快制定并完善有利于推动科学发展、加快转变经济发展方式的绩效评价考核体系和具体考核办法，弱化对经济增长速度指标的评价考核，强化对结构优化、民生改善、资源节约、环境保护和基本公共服务等目标任务完成情况的综合评价考核，作为各级政府领导班子调整和领导干部选拔任用、奖励惩戒的重要依据。

第四节　加强监测评估

完善监测评估制度，提升监测评估能力，加强服务业、节能减排、劳动就业、收入分配、房地产等薄弱环节统计工作，强化对规划实施情况跟踪分析。省有关部门要加强规划相关领域实施情况的评估，自觉接受省人民代表大会及其常务委员会的监督检查。在规划实施中期，组织开展全面评估，并将中期评估报告提交省人民代表大会常务委员会审议。经评估发现需要对规划进行修订的，要提交省人民代表大会常务委员会批准。

第三十二章 加强规划协调管理

明确总体规划、主体功能区规划、专项规划、区域规划的功能定位，形成以总体规划为统领，以主体功能区规划为基础，以专项规划、区域规划、城市规划和土地利用规划为支撑，形成各类规划定位清晰、功能互补、统一衔接的规划体系。完善科学化、民主化、规范化的编制程序，健全责任明确、分类实施、有效监督的实施机制。加强规划的审批和颁布管理。

市县规划要切实贯彻全省的战略意图，结合地方实际，突出地方特色。要做好市县规划与本规划明确的发展战略、主要目标和重点任务的协调，特别是要加强约束性指标的衔接。市县规划与本规划总体要求不一致的，应在地方年度计划中作出相应调整。

加强年度计划与本规划的衔接。对主要指标应当设置年度目标，充分体现本规划提出的发展目标和重点任务。年度计划报告要分析本规划的实施进展情况，特别是约束性指标的完成情况。

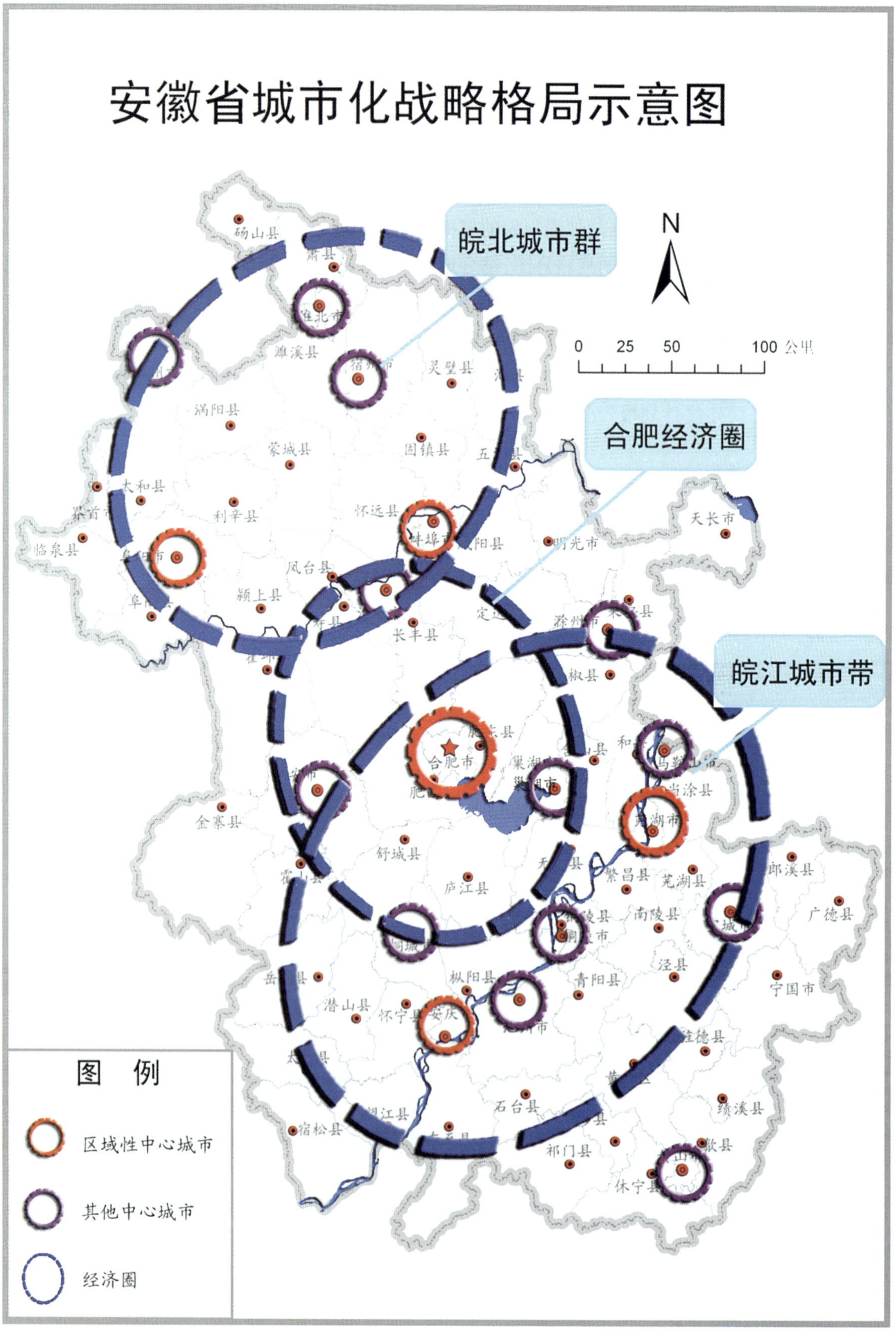
安徽省城市化战略格局示意图
皖北城市群
合肥经济圈
皖江城市带
N
0 25 50 100 公里
图 例
区域性中心城市
其他中心城市
经济圈
砀山县
灵璧县
涡阳县
蒙城县
固镇县
太和县
利辛县
怀远县
临泉县
明光市
天长市
凤台县
颍上县
长丰县
全椒县
合肥市
全寨县
舒城县
庐江县
繁昌县
芜湖县
郎溪县
广德县
南陵县
泾县
宁国市
枞阳县
青阳县
潜山县
石台县
绩溪县
宿松县
祁门县
歙县
当涂县

安徽省农业发展战略格局示意图

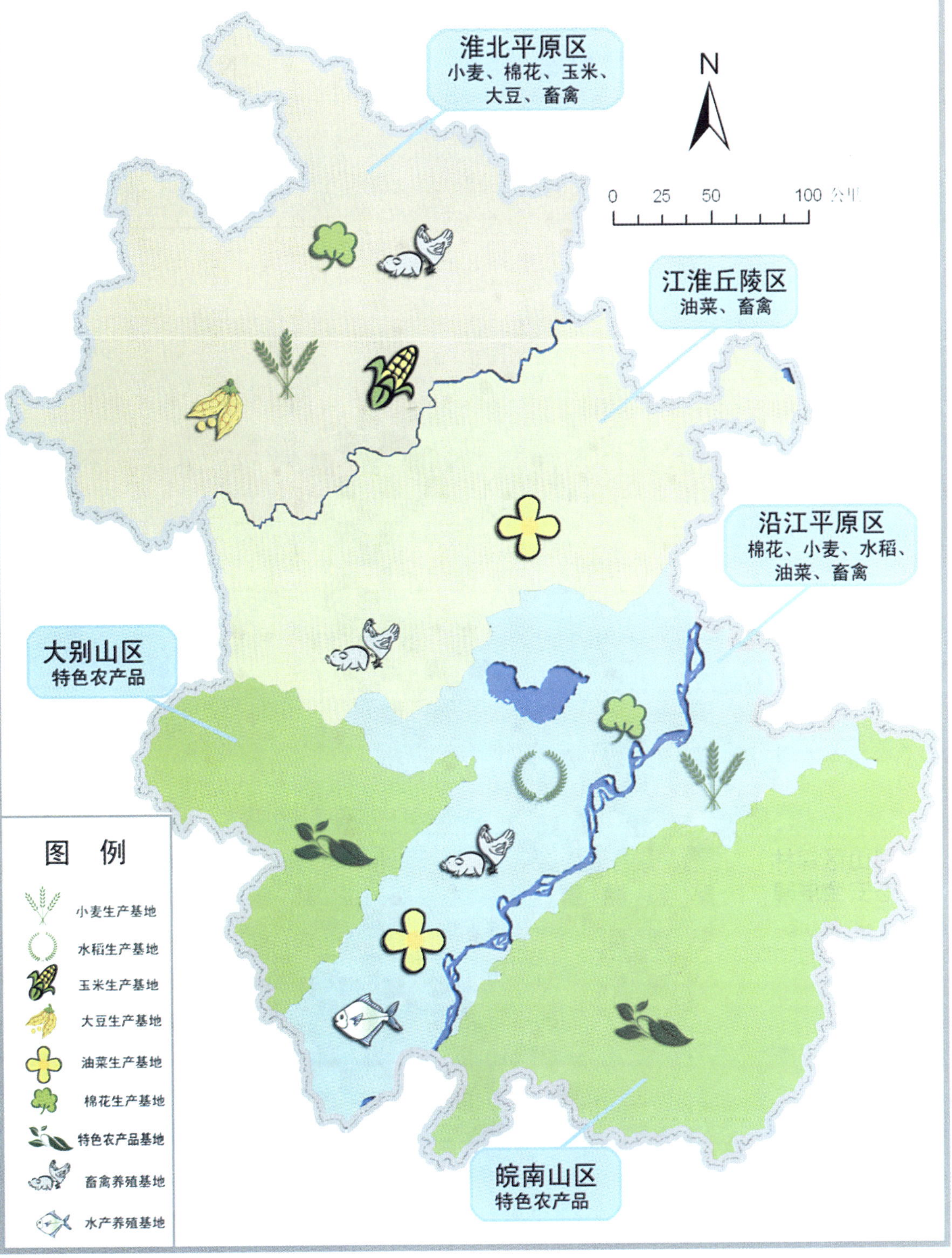

安徽省生态安全屏障示意图

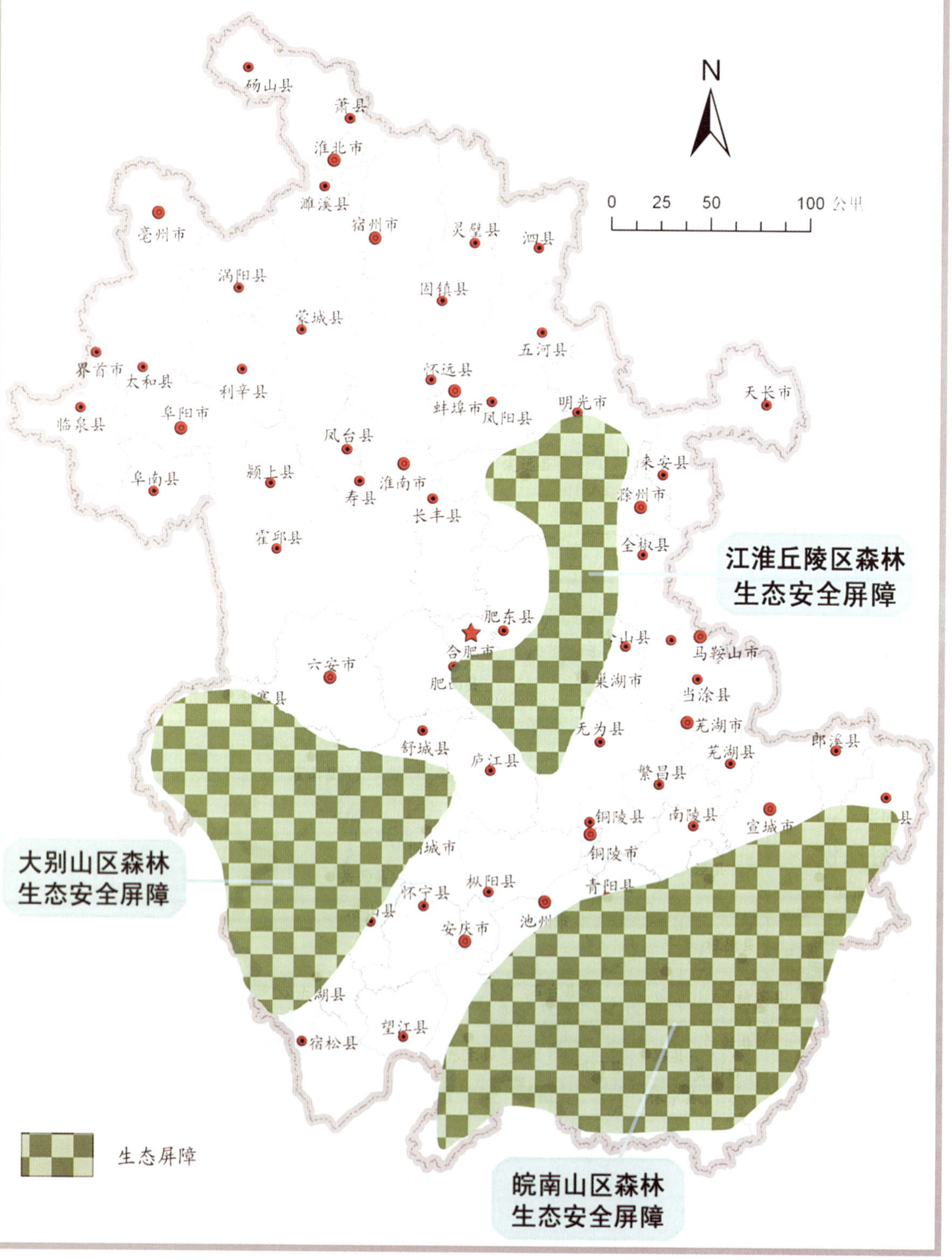

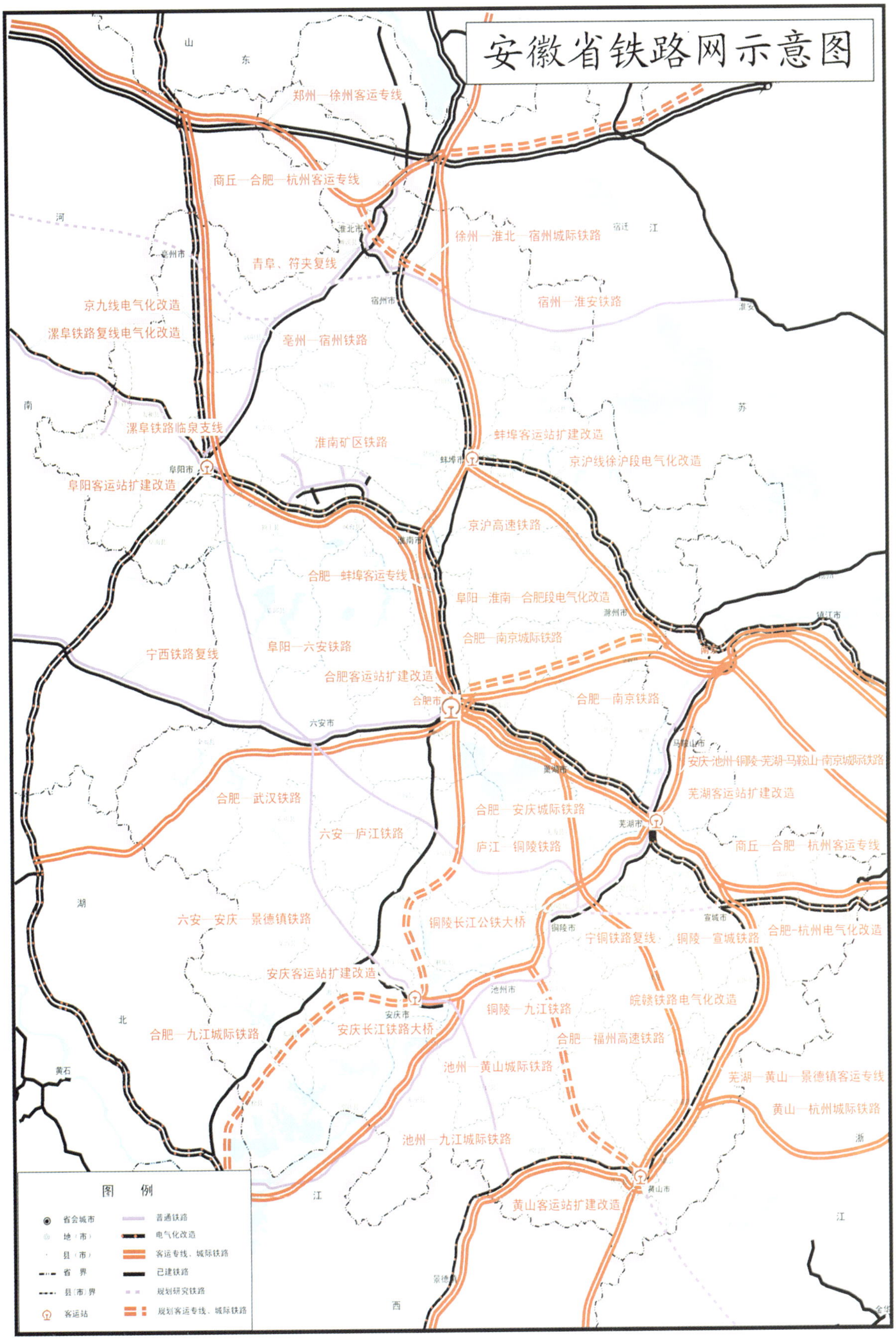
安徽省铁路网示意图
郑州—徐州客运专线
商丘—合肥—杭州客运专线
徐州—淮北—宿州城际铁路
青阜、符夹复线
宿州—淮安铁路
京九线电气化改造
漯阜铁路复线电气化改造
亳州—宿州铁路
漯阜铁路临泉支线
淮南矿区铁路
蚌埠客运站扩建改造
京沪线徐沪段电气化改造
阜阳客运站扩建改造
京沪高速铁路
合肥—蚌埠客运专线
阜阳—淮南—合肥段电气化改造
合肥—南京城际铁路
宁西铁路复线
阜阳—六安铁路
合肥客运站扩建改造
合肥—南京铁路
安庆-池州-铜陵-芜湖-马鞍山-南京城际铁路
芜湖客运站扩建改造
合肥—武汉铁路
合肥—安庆城际铁路
六安—庐江铁路
庐江—铜陵铁路
商丘—合肥—杭州客运专线
六安—安庆—景德镇铁路
铜陵长江公铁大桥
宁铜铁路复线
铜陵—宣城铁路
合肥-杭州电气化改造
安庆客运站扩建改造
铜陵—九江铁路
皖赣铁路电气化改造
合肥—九江城际铁路
安庆长江铁路大桥
合肥—福州高速铁路
池州—黄山城际铁路
芜湖—黄山—景德镇客运专线
黄山—杭州城际铁路
池州—九江城际铁路
黄山客运站扩建改造
山
东
河
南
湖
北
江
西
浙
江
苏
江
图 例
省会城市
地（市）
县（市）
省 界
县（市）界
客运站
普通铁路
电气化改造
客运专线、城际铁路
已建铁路
规划研究铁路
规划客运专线、城际铁路

安徽省“十二五”高速公路建设示意图

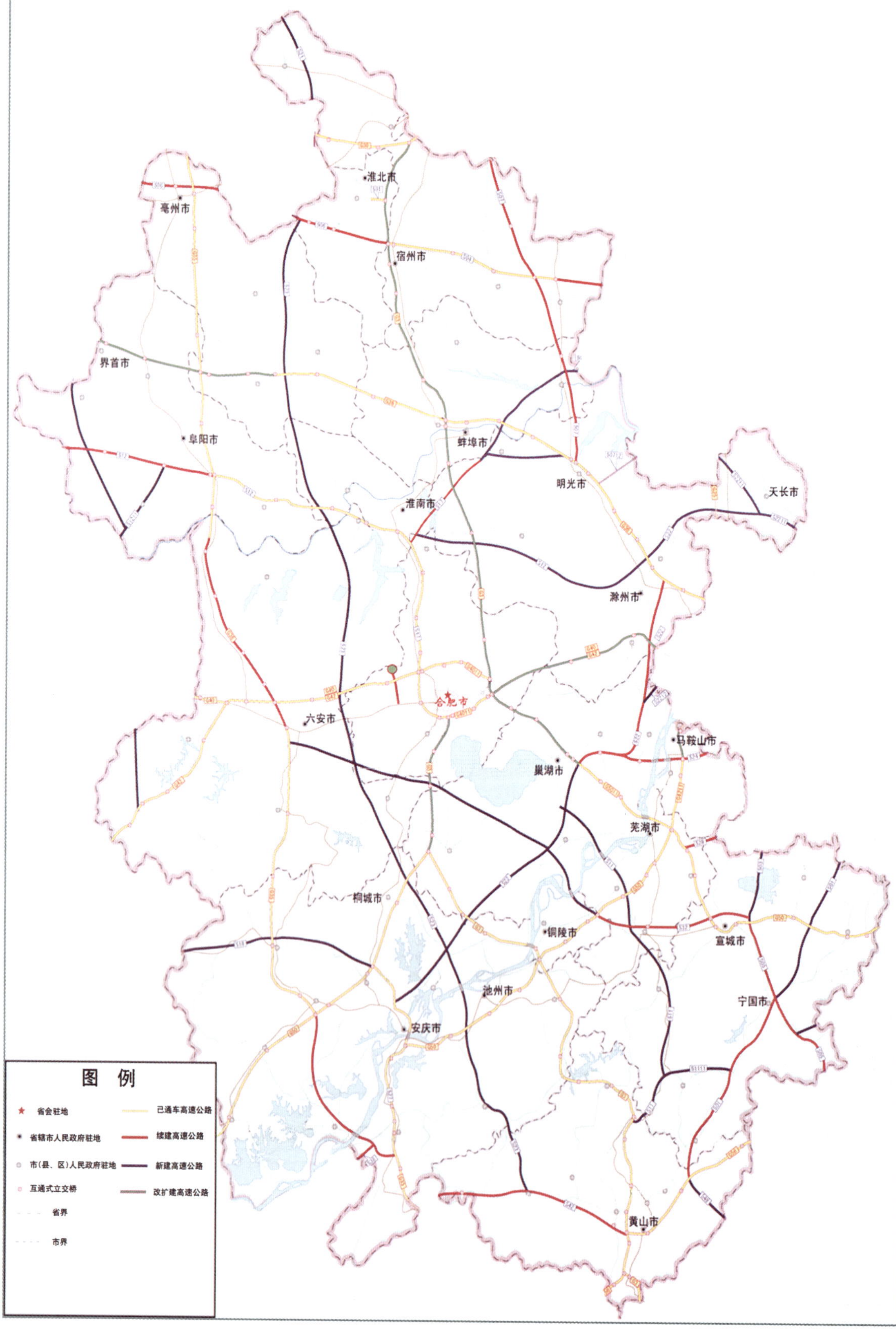

福建省国民经济和社会发展第十二个五年规划纲要

（2011 年 1 月 18 日福建省
第十一届人民代表大会第四次会议批准）

前　言

“十二五”时期，是福建加快转变经济发展方式、推动跨越发展的关键时期，是推进海峡西岸经济区建设、提前三年建成全面小康社会的决定性时期。科学编制和有效实施“十二五”规划，对于积极适应新变化，妥善应对新挑战，牢牢抓住新机遇，全面落实新要求，加快推进以福建为主体的海峡西岸经济区建设，凸显在全国区域发展格局中的地位作用，加速社会主义现代化建设进程，具有重大意义。

《福建省国民经济和社会发展第十二个五年规划纲要》以党的十七届五中全会精神和《国务院关于支持福建省加快建设海峡西岸经济区的若干意见》（以下简称国务院《意见》）为指导，根据省委八届十次全会审议通过的《中共福建省委关于制定福建省国民经济和社会发展第十二个五年规划的建议》（以下简称省委《建议》）编制，主要阐明未来五年经济社会发展的总体要求、目标任务和政策举措，是政府依法履行职责、引导市场主体行为、制订实施各级各类规划和相关政策的重要依据，是全省人民为之共同奋斗的行动纲领。

第一章　开创福建跨越发展新局面

“十一五”时期，是极不平凡的五年。我省全面落实党中央、国务院一系列重大战略部署，认真贯彻国务院《意见》，以科学发展观为指导，积极应对国际金融危机冲击，成功克服重大自然灾害不利影响，经济、政治、文化、社会和生态文明建设全面推进，海西战略上升为国家战略，服务全国发展大局的地位作用明显提升。党的十七届五中全会通过的中央关于制定“十二五”规划的《建议》，明确“充分发挥海峡西岸经济区在推进两岸交流合作中的先行先试作用”，对福建发展提出新的要求，寄予新的期望，省委作出推动科学发展、跨越发展的重大决策，福建发展和海西建设站在新的历史起点上。

第一节 “十一五”发展成就

“十一五”时期，福建紧紧抓住发展第一要务，着力转变经济发展方式，扎实推进海峡西岸经济区建设，胜利完成了“十一五”规划确定的目标任务，经济社会发展取得新的成就。

——综合经济实力持续增强。地区生产总值年均增长 13.8%，地区生产总值、人均地区生产总值、财政总收入实现比 2005 年翻一番，发展的质量和效益不断提高。全社会固定资产投资五年累计突破 2.7 万亿元，超过 1949～2005 年的总和。城镇化率五年提高 5.3 个百分点，区域发展的协调性显著增强。

——产业升级步伐持续加快。现代农业稳步发展，闽东南高优农业、闽西北绿色农业、沿海蓝色农业三大特色产业带初具规模；重点产业调整振兴方案有效实施，工业主导作用日益突出，一批重大产业项目相继投产和开工，一批新兴产业基地加快建设；服务业发展水平提升，旅游、物流、金融等现代服务业发展加快。海洋经济综合竞争力不断提升，总体规模居全国第 4 位。中国名牌产品、中国驰名商标总数超过 250 个，连续六年位居全国前列。

——科技创新能力持续加强。创新型省份建设加快推进，初步建成具有特色的区域创新体系，科技促进经济社会发展指数居全国前列。鼓励企业创新政策有效落实，一批产业化关键技术取得重大突破。科技创新平台建设取得新进展，一批国家级和省级重点实验室、工程实验室、工程（技术）研究中心、企业技术中心、行业技术开发基地相继建成，中科院海西研究院正式成立。中国·海峡项目成果交易会对接平台作用进一步凸显。“数字福建”建设成效明显。

——基础设施建设持续突破。现代化综合交通网络初具规模，全省铁路在建和运营里程均突破 2000 公里，福建进入了双线快速运输的动车时代。市政基础设施建设明显加强，城市轨道交通建设起步，福州地铁 1 号线开工。高速公路总里程突破 2400 公里，90% 以上县市已通或在建高速公路，“年万里”农村路网工程提前完成，在实现村村通基础上，向较大自然村延伸。海西港口群加快形成，吞吐能力突破 3 亿吨，厦门港步入亿吨港行列。沿海重要能源基地加快建设，宁德、福清核电站建设全面铺开，一批火电、气电、风电等项目建成投产，电力装机容量达到 3480 万千瓦，提前建成电网 500 千伏大环网。通信综合服务能力显著增强。水利“六千”工程提前完成，防灾减灾能力明显提高。

——闽台交流合作持续拓展。先行先试政策有效实施，率先开通对台海上直航客滚航线、空中直航定期航班和直接通邮邮路，文化交流日益密切，两岸人民交流合作的前沿平台功能更加凸显。闽台经贸合作不断加强，五年累计吸引台资 71.3 亿美元，农业利用台资居全国首位，对台贸易额超过 372.6 亿美元。我省已有 20 家企业入岛投资，投资额列大陆各省份之首。海峡论坛、“5·18”、台交会等涉台经贸文化活动成效显著。平潭综合实验区开放开发正式启动，基础设施建设全面展开。

——改革开放水平持续提升。农村综合改革稳步推进，农村工作机制进一步健全，集体林权制度改革继续深化。整合组建投资、能源、交通、外贸、华侨实业五大集团，国有资产监管制度不断完善。财税、投资、金融、行政管理、社会事业等领域改革取得新进展。资本、土地、人才要素市场加快发展,民间投资领域扩大,民营经济发展水平继续提高,增加值占GDP比重达到66%。厦门经济特区扩大到全市,示范带动作用日益凸显。全方位开放格局进一步形成,五年累计实际利用外资457亿美元,质量明显提高,对外贸易突破1000亿美元大关,出口总额比2005年翻一番,贸易结构不断优化,闽港澳侨合作更加密切,侨力资源优势进一步发挥。

——社会事业发展持续推进。城乡免费义务教育全面实施,学前教育、高中阶段教育普及率居全国前列,高等教育毛入学率和每万人口在校生数超过全国平均水平。社会保障制度不断健全,基本医疗保障制度覆盖全省城乡居民,社会救助体系基本建立。初步形成县、乡、村三级医疗体系,医药卫生体制改革稳步推进。文化事业和文化产业快速发展,新闻出版业总体规模进入全国前列,广播电视"村村通"提前实现,乡村、社区文化建设明显增强,人民精神文化生活更加丰富。全民健身活动广泛开展,竞技体育成绩不断突破。

——生态环境质量持续改善。生态省建设全面推进,森林覆盖率保持全国首位。循环经济加快发展,节能减排完成国家下达目标。污染综合整治取得实效,省控重点排污单位全面实施在线监控。主要水系和集中式生活饮用水源地水质状况保持优良。城市污水、垃圾无害化处理率不断提高,每个市县分别建成一座以上垃圾和污水处理设施。连续实现年度耕地占补平衡。国家级、省级自然保护区达39个,生态环境质量名列全国前茅。

——人民生活水平持续提高。惠民举措逐项落实,率先推行农村最低生活保障制度、农民工失业保险、劳务派遣新模式。就业规模持续扩大,五年累计新增城镇就业331万人,全社会创业活力显著增强。人民群众得到实惠增多,城镇居民人均可支配收入和农民人均纯收入年均实际增长9.5%、8.3%。消费结构不断升级,住房、汽车、旅游、教育、保健等新兴消费持续升温。"平安福建"建设持续深入,人民安居乐业,社会保持安定稳定。

专栏1 "十一五"规划目标完成情况

序号	指　标	单位	2005年	规划目标		实现情况	
				2010年	年均增长或提高	2010年	年均增长或提高
1	地区生产总值	亿元	6554.69	超过10000	9%以上	13800	13.8%
2	人均地区生产总值	元	18605	28000	8.8%	37900	13%
3	三次产业增加值比重	%	12.6∶48.5∶38.9	9∶51∶40		9.5∶51.3∶39.2	
4	高新技术产业增加值占GDP比重	%	10	15	1个百分点	15.2	1.04个百分点
5	城镇化率	%	47.3	52	0.94个百分点	52.6	1.06个百分点
6	财政总收入	亿元	788.11	1200	8.8%	2056	21.1%
7	地方财政收入	亿元	432.60	700	10.1%	1151.49	21.6%
8	全社会固定资产投资	亿元	2344.73	4716	15%	8273.42	28.7%
9	社会消费品零售总额	亿元	2351.72	3787	10%	5219.07	17.3%
10	居民消费价格指数	%	2.2	3左右		年均2.4	
11	实际利用外资(可比口径)	亿美元	62.29	年均50以上		年均91.4	
12	外贸进出口总额	亿美元	544.11	876	10%	1088.3	14.9%

续表

序号	指标		单位	2005年	规划目标		实现情况	
					2010年	年均增长或提高	2010年	年均增长或提高
13	城市(含县城)垃圾无害化处理率		%		60以上		83	
14	城市(含县城)污水处理率		%		60以上		77	
15	国民平均受教育年限		年	8.22	9	0.16年	9.4	0.24年
16	五年累计城镇新增就业		万人	[245.5]	300		331	
17	五年累计转移农村劳动力		万人	[195.6]	450		470	
18	城镇登记失业率		%	3.95	4以内		4以内	
19	城镇居民人均可支配收入		元	12321	17281	7%	21781	实际9.5%
20	农民人均纯收入		元	4450	5955	6%	7427	实际8.3%
21	单位GDP综合能耗		吨标煤/万元	0.937	低于全国平均水平		0.785	-3.43%
22	森林覆盖率		%	62.96	继续保持全国前列		63.1	
23	主要污染物排放总量	COD	万吨	39.4	37.5	比2005年降低4.8%	37.5	比2005年降低4.8%
		SO_2	万吨	46.1	42.4	比2005年降低8%	41.9	比2005年降低9.1%
24	人口自然增长率		‰	5.98	8以下		6.5	
25	总人口		万人	3535	3678以内		3655	6.7‰
26	新型农村合作医疗覆盖率		%		80		100	
27	城镇职工基本养老保险覆盖人数		万人		500		555	

注:带[ ]的数据为五年累计数;主要污染物指二氧化硫(SO_2)和化学需氧量(COD);高新技术产业增加值占GDP比重按2008年以前的高新技术企业认定办法统计。

第二节 “十二五”发展环境

未来五年,世情、国情继续发生深刻变化,我国发展仍处于可以大有作为的重要战略机遇期,工业化、城镇化成为发展两大驱动力量,保障和改善民生成为宏观政策重要取向,改革进入全面攻坚阶段。我省既面临科学发展、跨越发展的历史机遇,也面对诸多可以预见和难以预见的风险挑战。

一、面临的机遇

从国内外看,国家鼓励东部地区率先发展,支持海峡西岸经济区在两岸交流合作中发挥先行先试作用,胡锦涛总书记等中央领导来闽考察发表重要讲话,希望福建抢抓机遇、加快发展,充分体现了党中央、国务院对福建发展和海西建设的高度重视、大力支持和殷切希望,带来了难得机遇。两岸关系和平发展,有利于促进闽台交流合作先行先试、互利共赢。世界多极化、经济全球化深入发展,国际产业转移和区域间经济合作不断深化,创造了有利条件。科技创新孕育的新突破,有利于加快发展战略性新兴产业,推进产业结构优化升级,促进发展方式转变。

从省内看，改革开放以来全省经济社会面貌发生历史性巨变，不断增强的经济实力、广阔的市场潜力、逐步完善的基础设施和产业配套能力，奠定了持续繁荣的坚实物质基础。一批新兴发展区域和产业集聚区加快形成，一批战略性新兴产业和创新型基地加快培育，一批新型服务业态和消费热点加快涌现，增强了持续发展的动力和活力。福建发展和海西建设的思路更加明确，社会更加和谐，民生更加改善，合力不断增强，推动跨越发展具备蓄势待发的巨大潜能和良好氛围。

二、面对的挑战

国际金融危机影响深远，世界经济增长速度减缓，全球需求结构出现明显变化，围绕市场、人才、技术、标准的竞争更加激烈，各种形式的保护主义加剧。国际、国内节能减排与环境保护重要性日益突出。国内社会矛盾明显增多，自然灾害影响加剧。国内区域竞相发展，态势强劲。所有这些问题对我省调整经济结构、推动发展方式转变和加快开放型经济发展提出了新的挑战。

同时，必须清醒地看到，我省自身发展不平衡、不协调、不可持续的问题仍然突出，消费拉动较弱，投资结构有待进一步提升，产业规模不大、层次较低、集聚度不高。山区与沿海差距较大，城乡区域发展仍不协调。经济增长的资源环境约束强化。就业结构性矛盾比较突出，社会保障不够健全，教育、医疗等公共服务还不能满足群众需求。创新型人才和高层次人才缺乏，有利于人才培养、使用和引进的有效机制有待进一步建立完善。重点领域和关键环节的改革攻坚难度加大，政府职能转变有待加快。社会矛盾和问题仍然不少，影响社会安定稳定的因素更趋复杂。

总的来说，我省面临更加开放、与国际经贸联系更加紧密、受国内外影响更加明显的宏观环境，经济社会进入科学发展、跨越发展的新时期，必须抢抓发展机遇，积极应对各种挑战，勇于先行先试，敢于改革创新，善于开放开拓，切实解决加快发展中的突出矛盾和问题，以更加开阔的视野、更加昂扬的斗志、更加扎实的作风，开创具有时代特征和福建特色的科学发展新局面。

第三节　指导思想和基本要求

认真落实省委《建议》，适应国内外形势新变化，顺应全省人民过上美好生活新期待，加快转变发展方式，着力改善民生，促进社会和谐，推动科学发展、跨越发展。

一、指导思想

高举中国特色社会主义伟大旗帜，以邓小平理论和"三个代表"重要思想为指导，深入贯彻落实科学发展观，全面实施国务院支持福建省加快建设海峡西岸经济区的若干意见，坚持"先行先试、加快转变、民生优先、党建科学"，以科学发展为主题，以加快转变、跨越发展为主线，以保障和改善民生为立足点，加快推进改革开放，加快推进农业现代化、新型工业化和城镇化，促进对台交流合作，促进社会和谐稳定，推动又好又快发展，大力提升人民群众的幸福指数，为提前三年全面建成小康社会奠定具有决定性意义的基础。

二、基本要求

加快转变、跨越发展，体现发展是硬道理的本质要求，体现科学发展观的基本内涵，符合中央精神，符合福建实际。加快转变是跨越发展的必由之路，顺应福建发展阶段性特征的必然要求；跨越发展是加快转变的必然结果，体现人民群众共同愿望。在转变中实现跨越、在跨越中促进转变，基本要求是：

——坚持先行先试和深化改革。解放思想、实事求是、与时俱进，开阔眼界、开阔思路、开阔胸襟，加快经济、政治、文化和社会领域改革，构建有利于科学发展、跨越发展的体制机制，增强发展动力活力。

——坚持经济结构战略性调整。把调整优化经济结构作为加快转变经济发展方式的主攻方向，建立扩大内需长效机制，促进消费、投资、出口协调拉动，加强农业基础地位，推动三次产业在更高层次上协调发展，统筹城乡区域一体化发展，强化产业群、城市群和港口群支撑，增强发展的全面性、协调性和可持续性。

——坚持科技进步和创新引领。深入实施科教兴省和人才强省战略，提高教育现代化水平，提高劳动者素质，增强自主创新能力，加快建设创新型省份，强化科技与人才对发展的重要支撑。

——坚持优先保障和改善民生。把保障和改善民生作为根本出发点和落脚点，明确目标任务，加大推进力度。加快社会事业发展，推进基本公共服务均等化，加强和创新社会管理，保障社会公平正义，确保发展成果惠及全体人民群众。

——坚持推进"两型"社会建设。加快建设资源节约型和环境友好型社会，加强生态省建设，提高资源环境承载能力，增强生态发展优势，促进经济社会发展与人口资源环境相协调，提升生态文明建设水平。

——坚持实施全方位大开放战略。把握国内外市场需求新变化，拓展开放空间，提高开放质量，在更高层次上融入国际经济发展，增创开放型经济新优势，提升对外开放水平。

第四节　发展目标

力争到 2015 年，全省人均地区生产总值赶超东部地区平均水平，基本实现全面建设小康社会的主要目标。

——经济又好又快发展。在优化结构、提高效益、降低消耗、保护环境的基础上，地区生产总值年均增长 10% 以上，超过 2.5 万亿元，力争比 2010 年翻一番；人均地区生产总值达 6.6 万元以上；财政总收入超过 3623 亿元，其中地方级财政收入达 2029 亿元以上，实现比 2010 年翻一番；全社会固定资产投资年均增长 18% 以上，比 2010 年翻一番，五年累计突破 7 万亿元；社会消费品零售总额年均增长 14%。先进制造业和服务业贡献率进一步提升。三次产业增加值比重调整为 7∶51∶42。高新技术产业增加值占 GDP 比重达 15%，研究与试验发展经费支出占 GDP 比重达 2.2%。城镇化率达 60.1%。

——人民生活全面改善。大幅度提高城乡居民收入，努力实现居民收入增长与经济发展同步、劳动报酬增长与劳动生产率提高同步，基本形成合理有序的收入分配格局。城镇居民人均可支配收入年均增长 11%，农民人均纯收入年均增长 11%。总人口控制在 3801 万人以内。城镇保障性安居工程建设完成国家下达任务。价格总水平保持基本稳定。

——改革开放不断深化。重要领域和关键环节改革取得明显进展，政府职能加快转变，政府公信力和行政效率进一步提高。对外开放广度和深度不断拓展，参与国际经济合作能力显著增强，年均实际利用外资 80 亿美元，外贸进出口总额年均增长 9% 以上。

——社会建设明显加强。基本健全社会保障体系，覆盖城乡居民的基本公共服务体系逐步完善。城镇参加基本养老保险人数 760 万人，新型农村社会养老保险覆盖全省，城镇基本医疗保险参保率达95%以上,新型农村合作医疗参合率达98%,城镇登记失业率控制在4.2%以内;五年累计新增城镇就业300万人。财政教育支出占财政一般预算支出比重达21%,新增劳动力平均受教育年限13.3年,九年义务教育巩固率达98%,高中阶段教育毛入学率达90%。人力资本投资占地区生产总值比重达到13%。文化强省建设取得显著成效。

——生态环境继续优化。生态省建设取得重要阶段性成果,生态文明理念不断增强,森林覆盖率继续位居全国首位,森林蓄积量达5.22亿立方米,耕地保有量不低于国家下达的指标;单位生产总值能源消耗和二氧化碳排放、主要污染物排放总量控制在国家下达的指标内;非化石能源占一次能源消费比重提高到20%。

力争到2020年,经济总量进一步壮大,向更高更好目标迈进,全省地区生产总值超过4万亿元,基本公共服务和社会保障更加完善,人民生活更加殷实富裕,建成科学发展之区、改革开放之区、文明祥和之区、生态优美之区,在区域竞争中赢得主动,在全国发展格局中发挥重要作用,更好地服务两岸关系和平发展和祖国统一大业,为全局作出更大贡献。

专栏2 “十二五”时期经济社会发展主要指标

分类	序号	指标名称	单位	2010年预计	2015年目标	年均增长或提高	指标属性
经济发展	1	地区生产总值	万亿元	1.38	2.5以上	10%以上	预期性
	2	人均地区生产总值	万元	3.79	6.6以上	9%以上	预期性
	3	财政总收入	亿元	2056	3623以上	12%以上	预期性
	4	地方财政收入	亿元	1151.49	2029以上	12%以上	预期性
	5	全社会固定资产投资	亿元	8273.42	19000	18%以上	预期性
	6	社会消费品零售总额	亿元	5219.07	10000	14%	预期性
	7	外贸进出口总额	亿美元	1088.3	1675	9%	预期性
	8	实际利用外资(可比口径)	亿美元	103.16	年均80		预期性
	9	三次产业增加值比重	%	9.5∶51.3∶39.2	7∶51∶42		预期性
	10	城镇化率	%	52.6	60.1	1.5个百分点	预期性
民生发展	11	年末总人口	万人	3655	3801	7.8‰	约束性
	12	城镇登记失业率	%	3.85	4.2以内		预期性
	13	城镇新增就业人数	万人	65.5	累计300		预期性
	14	城镇参加基本养老保险人数	万人	630	760	3.8%	约束性
	15	城镇居民人均可支配收入	元	21781	36702	11%	预期性
	16	农民人均纯收入	元	7427	12515	11%	预期性
	17	城镇基本医疗保险参保率	%	95	95以上		约束性
	18	新型农村合作医疗参合率	%	98.13	98		约束性
	19	新型农村社会养老保险参保率	%		85		预期性
	20	城镇保障性安居工程建设	万套	6.38	完成国家下达任务		约束性
	21	千人医疗机构床位数	张	3.12	4		预期性
	22	千人医生数	人	1.49	1.84		预期性

续表

分类	序号	指标名称	单位	2010年预计	2015年目标	年均增长或提高	指标属性
科教发展	23	财政教育支出占财政一般预算支出比重	%	19	21	0.4个百分点	预期性
	24	九年义务教育巩固率	%	96.7	98		约束性
	25	新增劳动力平均受教育年限	年	11.6	13.3	0.34年	预期性
	26	高中阶段教育毛入学率	%	83.4	90	1.32个百分点	预期性
	27	研究与试验发展经费支出占GDP比重	%	1.15	2.2	0.21个百分点	预期性
	28	高新技术产业增加值占GDP比重	%	12.5	15	0.5个百分点	预期性
	29	人力资本投资占地区生产总值比重	%	10.5	13	0.5个百分点	预期性
可持续发展	30	耕地保有量	万亩	1986	不低于国家下达的指标		约束性
	31	单位工业增加值用水量降低	%	[34.3]	比2010年下降20%		约束性
	32	非化石能源占一次能源消费比重	%	13.8	20	1.24个百分点	约束性
	33	单位GDP二氧化碳排放降低	%		控制在国家下达指标内		约束性
	34	单位GDP能源消耗降低	%	[16.2]	控制在国家下达指标内		约束性
	35	主要污染物排放减少	%		控制在国家下达指标内		约束性
	36	森林蓄积量	亿立方米	4.84	5.22	1.52%	约束性
	37	森林覆盖率	%	63.1	65.5	0.48个百分点	约束性

注:带[ ]的数据为比2005年下降的比例;年末总人口不含新增流动人口,年均增长为自然增长率;主要污染物指二氧化硫、化学需氧量、氨氮、氮氧化物;非化石能源指风能、太阳能、核能、水能、生物质能、地热能、海洋能等;高新技术产业增加值占GDP比重按2008年以后的高新技术企业认定办法统计。财政教育支出占财政一般预算支出比重21%的目标应确保2012年实现。

第二章　加快推进农业现代化进程

推进农业现代化进程是加快转变、跨越发展的重要基础。把解决好农业、农村和农民问题作为工作的重中之重,坚持工业反哺农业、城市支持农村和多予少取放活方针,完善强农惠农投入的稳定增长机制,加快发展现代农业,多渠道增加农民收入,夯实农业农村发展基础,扎实推进社会主义新农村建设,建设农民幸福生活的美好家园。

第一节　大力发展现代农业

坚持用工业的理念谋划农业发展,创新农业经营方式,提高农业综合生产能力、抗风险能力和市场竞争能力,加快建设闽东南高优农业、闽西北绿色农业、沿海蓝色农业产业带。农业增加值年均增长3.5%以上,粮食总产量稳定在650万吨以上。

一、健全农业支持保护体系。建立健全农业投入稳定增长机制,确保总量持续增加,比例稳步提高。保障粮食安全，切实加强“米袋子”、“菜篮子”工程，落实国家新增千亿斤粮食生产能力任务，强化粮食储备设施和副食品基地建设。加强农村土地整理复垦，高标准建设旱涝保收农田，提高土地产出率。推进农业技术集成化、劳动过程机械化、生产经营信息化。组织实施高优农林作物和养殖动物良种创新、高效种养技术创新、高值农副产品加工创新和农村科技优先发展示范支撑工程，推进农业科技创新，加强农产品质量安全体系建设，促进农机农艺融合。扎实开展农村实用技术远程培训，推动农业“五新”进村入户，加快农业科技成果转化。

二、发展特色优势农业。完善农业现代产业体系，发展高产、优质、高效、生态、安全农业，推进农业与二三产业融合发展。加快开发具有重要应用价值和自主知识产权的生物新品种，推动良种繁育产业基地建设，做大做强现代种业。优化提升四大优势产业，加快发展十大特色农产品。园艺业重点发展茶叶、水果、花卉、蔬菜、食用菌、中药材等特色产品，建设种苗繁育基地和标准化生产基地；林竹业重点发展速生丰产用材林、短周期工业原料林、丰产竹林、珍贵树种、大径材、种苗与花卉、名特优经济林、森林食品、森林药材、生物质原料林等，加快示范基地建设；畜牧业重点加强良种繁育体系建设，推进标准化规模养殖场建设，加快生猪生产，加快发展草食动物和禽业生产，推进蛋禽、肉兔、乳牛产业化发展，因地制宜发展肉牛、肉羊生产；水产业重点拓展浅海湾外和内陆大水面养殖，建设生态型健康养殖基地，发展深水海域底播养殖和以贝藻类海水养殖业为主体的碳汇渔业，强化主要养殖品种原良种保种、选育以及苗种繁育生产基地建设。力争十大特色农产品产值占农林牧渔总产值85%以上。

三、提高农业产业化经营水平。大力发展设施农业、农产品精深加工业和流通业，加快专业化、标准化、规模化和集约化生产经营。实施农产品加工提升工程，延长产业链，提高附加值。建设一批国家级和省级现代农业、农业产业化示范区，打造现代农业基地。支持农民专业合作组织发展，积极发展订单农业，大力推广“公司+专业合作社+农户”等经营模式，力争全省60%以上农户参与各类农业产业化经营组织，形成多样化的利益联结机制。加强农产品出口基地建设。培育特色明显的专业村、专业乡镇。大力发展品牌农业，鼓励争创知名品牌。积极开展无公害农产品、绿色食品、有机食品认证，实施国家地理标志产品保护，发展一批影响力大的品牌企业和农产品。力争形成15个年产值超50亿元的龙头企业，主要农产品深加工率达到45%，大宗农产品优质率达到80%。

第二节　加快改善农村生产生活条件

按照城乡经济社会一体化要求，推动公共财政向农村倾斜，公共设施向农村延伸，公共服务向农村覆盖，强化农村基础设施建设和环境综合治理，改善农村面貌。

一、加强农村基础设施建设。全面加强农田水利基础设施建设，大幅度增加投入，加快大中型灌区续建配套改造工程，完善建设和管护机制，推进农田节水灌溉工程、高标准农田、土地整理、标准池塘、烟田基础设施及小型农田水利设施建设，农业灌溉用水有效利用系数达0.53。推进小型病险水库除险加固，搞好抗旱水源工程建设。全面完成规划内农村饮水安全建设任务。继续推进农村公路网络化建设，实现较大自然村通硬化公路。积极发展农村公共交通，加快建设乡镇、村公交站点，增设农村客运线路，提高城乡公共交通一体化水平。加强农村能源建设，加快实施农村电网改造升级工程，因地制宜推广清洁能源技术。完善农村邮政服务，推进农村通信设施建设。完善农村流通设施，发展农产品大市场大流通。加强农村社区综合维修服务体系建设。统筹城乡建设

图1　福建省现代农业格局示意图

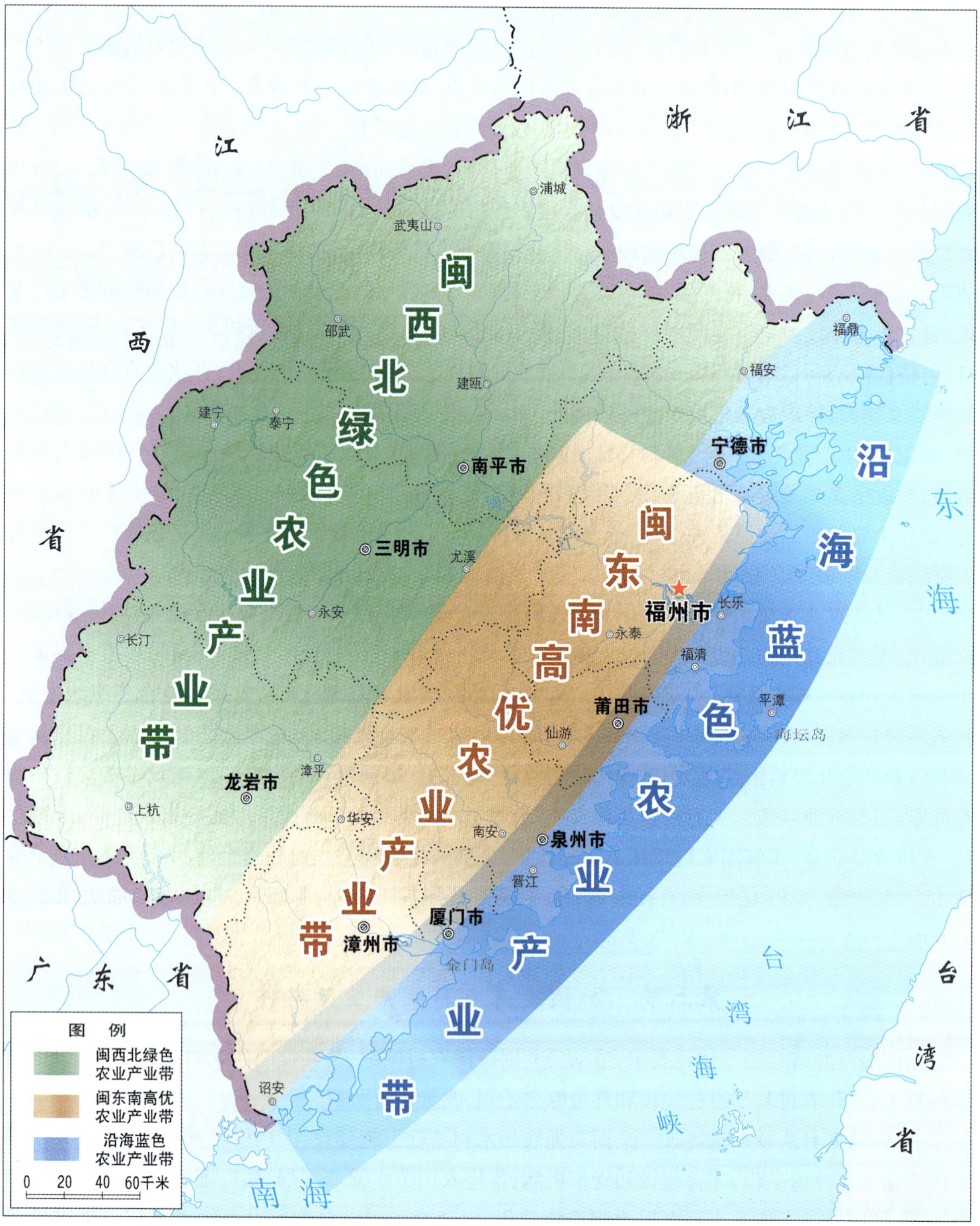

布局，以中心村和农村社区为重点，科学引导新农村建设，加强农村生态修复和环境美化，改善农村住房条件，全面推进农村危房改造和灾后重建，引导农民建设安全节能节地环保型住房。

二、推进农村环境综合整治。加强农村人居环境建设，强化土壤污染防治监督管理，加快形成污染土壤修复机制。控制农药、化肥和农膜等面源污染，加大畜禽养殖污染防治力度。开发应用适合农村污水垃圾处理新技术，加快推进处理设施建设，逐步建立农户分类堆放、村庄集中收集、乡镇中转、县级处理为主的垃圾收集清运与处理体系。防止城市和工业污染向农村扩散。深入开展“新农村试点示范”建设、农村“家园清洁行动”、“创绿色家园、建富裕新村”行动和生态家园富民工程。

第三节 拓宽农民增收渠道

持续挖掘农业内部增收潜力，继续实施农民增收“八大工程”，多措并举增加农民收入，健全农村社会保障体系，努力促进农民收入增长与城镇居民收入增长同步。

一、巩固提高经营性收入。合理开发农业资源，提高土地利用投入产出效率，优化种养结构，拓展延伸农村生态、文化、旅游和休闲功能，因地制宜发展特色高效农业、休闲农业、乡村旅游和农村服务业，使农民在农业功能拓展中获得更多收益。健全农产品价格保护机制，稳步提高主要粮食品种最低收购价，完善大宗农产品临时收储政策。

二、努力增加工资性收入。推进农村职业教育和技能培训，实施科普惠农工程，提高农民职业技能和就业创业能力，大力培养有文化、懂技术、会经营的新型农民。加强就业信息引导，开展劳务输出对接，促进农村富余劳动力平稳有序外出务工，五年累计转移农村劳动力力争达到200万人。维护农民工合法权益，建立健全城乡劳动者平等就业制度，努力实现农民工与城镇就业人员同工同酬，提高农民工工资水平。结合新农村建设，扩大以工代赈规模，促进农民就地就近转移就业，增加农民劳务收入。积极引导农民自主创业，支持农民工返乡创业。

三、大力增加转移性收入。落实完善强农惠农政策，坚持对种粮农民实行直接补贴，继续实行良种补贴和农机具购置补贴，完善农资综合补贴动态调整机制。逐步提高农村社会保障水平，增加新型农村养老保险基础养老金，提高新型农村合作医疗筹资和报销标准，提高农村最低生活保障水平。逐步提高扶贫标准，加大扶贫投入，加快推进扶贫开发。

四、创造条件增加财产性收入。搞好农村土地确权、登记、颁证工作。依法保障农民对土地的占有、使用、收益等权利。允许农民以转包、出租、互换、转让、股份合作等形式流转土地承包经营权，确保农民分享土地承包经营权流转收益。完善农村宅基地制度，严格宅基地管理，依法保障农户宅基地使用权和收益权。严格界定公益性和经营性建设用地，缩小征地范围，提高征地补偿标准，逐步实现农村集体建设用地与国有建设用地同权同价并保障农民合法权益。探索迁入城市定居的农民工承包地和宅基地有偿退出机制。拓宽租金、股金、红利等财产性收入增长渠道。

第四节 完善农村发展体制机制

深化农村改革，创新农村工作机制，健全农业社会化服务体系，优化农村发展环境，增强农村发展活力。

一、深化农村综合配套改革。坚持和完善农村基本经营制度，保持农村土地承包关系长久稳定不变。在依法自愿有偿和加强服务基础上，推进土地承包经营权有序规范流转，发展多种形式的适度规模经营，支持发展专业大户、农民专业合作社等规模经营主体。完善城乡平等的要素交换关系，加快生产要素向农村合理流动配置，促进土地增值收益和农村存款主要用于农业农村。深入推进农村产权制度改革，深化集体林权制度综合配套改革，推进国有林区林权制度改革，促进林地承包经营权和林木所有权有序流转。推进水域滩涂使用权改革。推进水利工程供水价格改革和农村水利体制改革。继续深化乡镇机构改革,完善县乡财政管理体制,增强县乡政府提供基本公共服务能力。拓展和创新农村金融体系,扩大农业保险范围,建立财政支持的巨灾风险分担机制。

二、完善农业社会化服务体系。加快建立公益性服务和经营性服务相结合、专项服务和综合服务相协调的新型农业社会化服务体系。提高农业公共服务能力,健全农业技术推广、动植物疫病防控、农产品质量监管等公共服务机构,支持供销社、农民专业合作社、专业服务公司、专业技术协会、农民经纪人、龙头企业等提供多种形式的生产经营服务。建设一批农副产品专业批发市场,构建农副产品绿色通道,实现农副产品无障碍流通。完善覆盖全省的农业综合信息网络与平台。建立以省级为中心、市级为骨干、县级为依托,可追溯的农产品质量安全监测体系,强化从生产源头到餐桌消费的农产品质量全程监管。

三、创新农村工作机制。创新服务"三农"长效机制,完善干部驻村任职、农村"六大员"、科技特派员等制度。稳步推进选聘高校毕业生到村任职,继续实施"一村一名大学生计划"。探索建立农村社会工作者队伍。整合乡村服务力量,加强乡镇"三农"服务中心、村级综合服务场所等公共服务基础平台建设,探索建立新型农村社区管理体制,提高公共服务和社会管理能力。健全村民自治制度,保障农民参与政治事务、公共管理和公益事业的合法权益。

专栏3 加快推进农业现代化进程相关概念

1. **农业"五新"**:新品种、新技术、新肥料、新农药、新机具。
2. **四大优势产业**:园艺、林竹、畜牧、水产。
3. **十大特色农产品**:茶叶、花卉、蔬菜、水果、食用菌、笋竹、烤烟、中药材、畜禽、水产品。
4. **农村"家园清洁行动"**:以农村垃圾污染治理为主要内容,同时积极开展农村污水治理工作,逐步实现管网通、沟渠通、道路通和集中收集垃圾、集中汇集污水、集中无害化处理,改善农村人居环境。
5. **"创绿色家园、建富裕新村"行动**:以增加农民收入和改善农村生产生活条件为重点,以加快非规划林地造林、创建园林式乡村为抓手,以绿化促美化、促文明、促致富,推进全省农村走上生产发展、生活富裕、生态良好的文明发展之路。
6. **生态家园富民工程**:以沼气建设为核心,以农户庭院为依托,综合利用可再生能源技术、农村节能技术、生态农业技术,实施"改厕、改圈、改厨、改院"等配套工程,实现农户"家居温暖清洁化、庭院经济高效化、农业生态无害化"。
7. **农民增收"八大工程"**:粮食生产"一稳两高"、经济作物提升、畜牧水产健康养殖、林竹产业挖潜、农村服务拓展、农业产业化带动、农民就业创业、扶贫开发到户。
8. **农村"六大员"**:确保每个建制村有农民技术员、社会治安综合治理协管员、计划生育管理员、国土资源和规划建设环保协管员、乡村医生、文化协管员。

第三章 建设东部沿海先进制造业重要基地

建设东部沿海先进制造业重要基地是加快转变、跨越发展的有力支撑。围绕构建产业群,建设大项目、培育大企业、发展大产业、打造大基地、塑造大品牌,推进传统产业高端化、高新技术产业化、新兴产业规模化,努力打造福建"制造与创造"的双重优势。促进工业化和信息化深度融合,大力发展结构优化、技术先进、清洁安全、附加值高、吸纳就业能力强的现代产业体系。

第一节 发展壮大主导产业

继续推进电子信息、装备制造、石油化工等主导产业做大做强,促进产业链向高附加值、高技术含量环节延伸，提高增加值占规模以上工业的比重，发挥更大的带动效应。

一、电子信息。重点推进新型平板显示、计算机及外设、新一代网络及高端通讯设备、软件与信息服务等产业发展壮大。加快产业转型升级，促进由加工组装为主向集研发、生产、服务、应用为一体转化。以福厦沿海国家信息产业基地建设为重点，做强厦门光电显示、福州显示器件、厦漳半导体照明、泉州微波通信等国家级产业园区，壮大马尾物联网、泉州光伏、漳州和莆田光电等一批新兴特色产业园区，培育平潭综合实验区信息产业园，形成海西计算机和通信、新型显示、半导体照明和光伏、物联网等千亿元级电子信息产品制造业产业集群。

二、装备制造。重点推进船舶修造、汽车制造、工程机械、电工电器、环保设备、飞机维修等具有竞争优势的产业发展壮大，大力发展轻纺、电线电缆、建材、冶金、石化等机电一体化产业装备和海洋工程装备、大功率风机、港口机械等，推动基础装备、基础工艺、基础零部件技术提升，增强核心技术创新能力，建设竞争力强的工程机械制造基地。加快建设省汽集团汽车工程研究院，开发新车型和新能源汽车，扎实推进福州汽车、厦门汽车、泉州轨道客车、漳州汽车汽配产业基地和龙岩、三明商用车基地等建设，加快建设竞争力强的汽车制造基地。建立现代造船模式，发展大型船舶、特种船舶、游艇和海洋工程装备等，加快建设船舶产业集中区，推进国家级船舶和海洋工程装备制造基地建设。推动兴化湾南岸、罗源湾南岸等装备制造业后备基地规划建设。

三、石油化工。坚持炼化一体化、园区化、集约化发展，引导炼油乙烯、重油裂解等龙头项目合理布局，推进项目前期工作和加快建设；进一步延伸发展合成树脂、合成橡胶、合成纤维及其后加工、新型化工材料、新型纺织原料等石化中下游产业，打造大石化产业链。做大做强湄洲湾和古雷石化产业基地，推进福建联合石化改扩建、中化（泉州）炼化、古雷炼化一体化、三都澳海西宁德工业区、福州江阴化工新材料专区等项目建设，力争到 2015 年形成年加工 3000 万吨以上炼油、200 万吨以上乙烯生产能力，建设国内领先的大型石化基地。

第二节　加快培育发展战略性新兴产业

大力培育发展新一代信息技术、生物与新医药、新材料、新能源、节能环保、高端装备制造、海洋高新产业七大战略性新兴产业，突出抓好 17 个领域，主攻新型平板显示、新一代网络和高端通信设备、生物医药、半导体照明（LED）和太阳能光伏、节能环保技术及装备 5 个重点，加快物联网产业发展，培育形成新的先导性、支柱性产业。力争产值年均增长 20%，增加值占地区生产总值比重 10% 以上。

一、推动重点领域加快发展。推进产业核心关键技术攻关，加快规模化和集聚化，统筹技术开发、标准制定、市场运用等环节，组织实施若干产业创新发展工程。重点发展新型平板显示、新一代网络和高端通信设备、物联网、生物工程、新医药、新型光电材料、功能稀土材料、新一代轻纺化工材料、半导体照明（LED）和太阳能光伏、动力与储能电池、新一代生物质能、节能环保技术及装备、智能化装备、专用装备、海洋生物资源开发、海洋工程装备制造、海水综合利用等领域，推动战略性新兴产业取得突破性发展。

二、打造新兴产业集聚基地。以引进大项目、培育大基地为导向，发挥福州、厦门、泉州国家级和一批省级高新技术开发区以及国家高新技术产业化基地的载体作用，优化战略性新兴产业区域布局，吸引资金、技术、人才等向优势企业、产业园区和基地集中。突出区域特色，构建战略性新兴产业区域性相对集聚平台。发挥骨干企业辐射和带动作用，加强专业化配套协调，引导中小企业集聚，实现企业规模化发展。培育一批创新能力强、创业环境好、特色突出、集聚发展的战略性新兴产业示范基地和集群。

三、加大政策支持力度。设立战略性新兴产业发展专项资金和产业投资基金，支持企业开展技术创新和技术改造，促进新兴科技与战略性新兴产业深度融合。扩大政府新兴产业创业投资资金规模，引导和带动社会资金投向创业早中期阶段的创新型企业。全面落实自主创新税收激励政策。鼓励金融机构加大信贷支持力度，建立适应战略性新兴产业发展特点的信贷管理和贷款评审制度。支持符合条件的企业上市融资或发行债券融资，积极发挥多层次资本市场的融资功能，促进战略性新兴产业加快发展。鼓励民间资本投资战略性新兴产业。加快构建与战略性新兴产业发展相适应的人才培养体系。

专栏4　七大战略性新兴产业及17个领域

新一代信息技术产业

1. 新型平板显示产业：薄膜场效应晶体显示（TFT-LCD）、新型显示器制造及配套的背光模组、触控屏、导电玻璃等，有机发光柔性显示（OLED）、电子书（E-paper）、背光源（FED）、三维图形（3D）等新一代显示器产业。

2. 新一代网络和高端通信设备产业：微波通信、移动通信系统、关键配套件、移动通信基站、直放站设备等；应用软件及集成电路设计；核心网设备、接入设备、终端设备、测试仪器、面向三网融合应用的终端产品等。

3. 物联网产业：电子标签、传感器、智能识读机、智能卡、核心芯片等；视频监控终端、智能控制系统等安防监控产业。

生物与新医药产业

4. 生物工程产业：酶工程、发酵工程等技术研究及产品开发，工业催化、生物改性、生物转化等酶产品；高端生物保健食品、药品、生物基础材料、粮食作物、畜禽生物育种等。

5. 新医药产业：活性蛋白、人源化治疗抗体、药用聚乙二醇（PEG）重组等；预防、诊断重大传染病的新型疫苗、诊断试剂和器械；心脑血管、抗肿瘤、抗乙肝病毒、抗艾滋病等药物；治疗肿瘤、免疫功能性疾病、病毒性疾病和老年性疾病的中成药。

新材料产业

6. 新型光电材料：微电子、光电子、半导体照明、平板显示、柔性显示等材料及器件；晶体、有机导电、发光和光伏、光刻胶和高纯化学试剂等精细加工材料；封装材料、光纤材料、电子陶瓷材料、微电子互连材料、集成电路板材等。

7. 功能稀土材料：稀土冶炼分离技术及稀土金属、合金；稀土磁性材料及稀土电机、稀土贮氢材料及应用产品、稀土荧光粉及照明器件、稀土功能助剂、稀土转换膜、超大磁致伸缩材料、稀土硫化物涂料及颜料等。

8. 新一代轻纺化工材料：新型工程塑料、工程纤维、无纺布等；电子电工、汽车与机械、造纸与包装等各类特种用途的化工新材料；陶瓷纤维材料、氧化铝纤维、竹纤维、新型差别化纤维或功能化纤维等。

新能源产业

9. LED和太阳能光伏产业：LED上游衬底材料、外延、芯片及大功率、模块化封装工艺研发；照明、背光源、屏幕显示产品等；太阳能级多晶硅、薄膜太阳能电池及发电系统。

10. 动力与储能电池产业：动力聚合物锂离子电池、超级电容器等；风能、太阳能储能电池。

11. 新一代生物质能：生物质气化和液化系统设备、生物质液体燃料原料。

节能环保产业

12. 节能环保技术及装备：高效节能型电机、变压器、锅炉及电站锅炉、烧结机脱硫技术与装备、紫外C消毒、废水膜治理回用等；高效节能照明产品、节能电器；工业固体废弃物回收利用、生活垃圾及污泥资源化处理、噪声与振动治理技术设备等。

高端装备制造产业

13. 智能化装备：高档数控机床，钢铁、石化、建材、轻纺、食品、包装等行业智能化控制系统和装备以及大型工程施工设备等。

14. 专用装备：超高压输变电设备，燃料电池、混合动力、太阳能等新能源汽车，民用航空维修，遥感及导航系统终端等。

海洋高新产业

15. 海洋生物资源开发：海洋糖工程、蛋白工程、海洋生物毒素和海洋微生物高特异活性物等。

16. 海洋工程装备制造：海上储油设施及海上钻井与海洋重型装备制造。

17. 海水综合利用：海水淡化利用设施、海水化学元素的提取及深度利用等。

第三节　改造提升传统优势产业

广泛应用高新技术和先进适用技术改造提升传统优势产业，加快技术装备更新、工艺优化和新产品开发，推进企业重组和淘汰落后产能，增强品牌创建能力，促进产业转型升级。

一、轻工。支持食品、制鞋、工艺美术、塑料等产业调整和振兴，加快发展绿色照明、包装等产业，鼓励沿海传统轻工产业向山区有序转移，支持优势品牌企业通过技术改造或并购重组做大做强，着力培育区域特色明显、竞争力强的轻工业产业集群。

二、纺织。突出品牌服装带动面料发展，加快化纤纺丝、织造、印染等关键环节技术改造升级，发展高档服装面料；应用高性能新型纤维以及纺粘、水刺、针刺及复合非织造等新型技术，拓展产业用纺织品新领域；加快建成集研发、设计、制造和服务等为一体的我国纺织服装中心。推进湄洲湾大型粘胶纤维项目建设。加快晋江国家体育产业基地建设，做大做强泉州、长乐等纺织产业集群，培育发展南平、三明、长汀等纺织产业集群。

三、冶金。科学开发省内金属矿资源，积极利用国内外矿产资源，推动龙头企业加快发展；争取建设沿海千万吨级钢铁基地；加快推进罗源湾、漳州等不锈钢项目，建设500万吨以上大型不锈钢生产基地；发展南平等铝制品生产加工；推进上杭铜业循环经济园和长汀稀土产业园建设，发展铜和稀土精深加工。

四、建材。重点发展新型节能节材的墙体材料、建筑陶瓷和节能节水高档卫生洁具、特种玻璃及深加工产品等，建设漳州光伏玻璃及新材料产业基地。提升泉州等石材、建筑陶瓷、水暖卫浴基地发展水平。加快兼并重组，淘汰落后产能，进一步优化发展新型干法水泥，重点扶持大型水泥生产企业协同处置城市生活垃圾、污泥生产线和建筑废弃物综合利用示范线的建设。

五、建筑。优化建筑业产业结构，扶持企业做大做强，引导企业调增资质、晋升等级，拓宽业务领域和范围，提升企业竞争力。鼓励企业拓展省外、境外市场。完善建筑工程质量安全生产管理体系，实施施工安全文明标准化和质量安全动态监管，提升工程质量安全整体水平。

六、林产。重点提升木竹加工、林产化工、制浆造纸、家具制造等发展水平，整合闽西北、闽东南林产业，形成若干林产业集群。推进林浆纸和林板一体化，加快建设临港大型浆纸项目，加快莆田木材加工区建设，形成全国重要的木材加工、贸易中心和进出口基地。

第四节　扶持发展大企业大集群

以产业链条为纽带，以产业园区为载体，培育一批专业特色鲜明、品牌形象突出、服务平台完备、劳动力素质高的现代产业集群，打造50家年销售收入超百亿元企业，建成10个以上产值超千亿元产业集群或基地。

一、培育大公司大集团。支持龙头骨干企业发展总部经济，以福建为总部跨区域发展，支持优势企业跨地区跨行业跨所有制兼并重组。鼓励支持企业加大投入，盘活存量资产，通过参与国内外大企业合作、嫁接央企、改制上市或发行债券等方式实现快速扩张。支持企业运用现代信息技术和先进装备技术加强改造、创新管理，推广集成制造、敏捷制造、柔性制造、精密制造等先进制造方式。鼓励制造业向现代服务业延伸，引导有条件的企业从提供设备向提供设计、承接项目、实施工程、项目控制、设施维护和管理运营等一体化服务转变，支持大型装备企业开展总集成总承包服务。鼓励企业加强工业产品设计和创新设计，大力发展自主品牌，塑造区域品牌，培育国际名牌，力争到

2015年中国驰名商标200件以上。

二、壮大重点产业集群(基地)。加快推进传统产业集群转型升级、装备制造产业集群提高协作配套能力、原材料产业集群延伸产业链、高新技术产业集群扩大发展规模。加快新增长区域和园区产业集聚，推进重大产业项目带动配套、发展产业集群，加快建设新型工业化产业示范基地。高标准推进重点产业园区基础设施和公共服务平台建设，推动企业加速向专业园区集聚、沿海劳动密集型企业向山区转移。

图2 福建省重点产业集群(基地)布局示意图

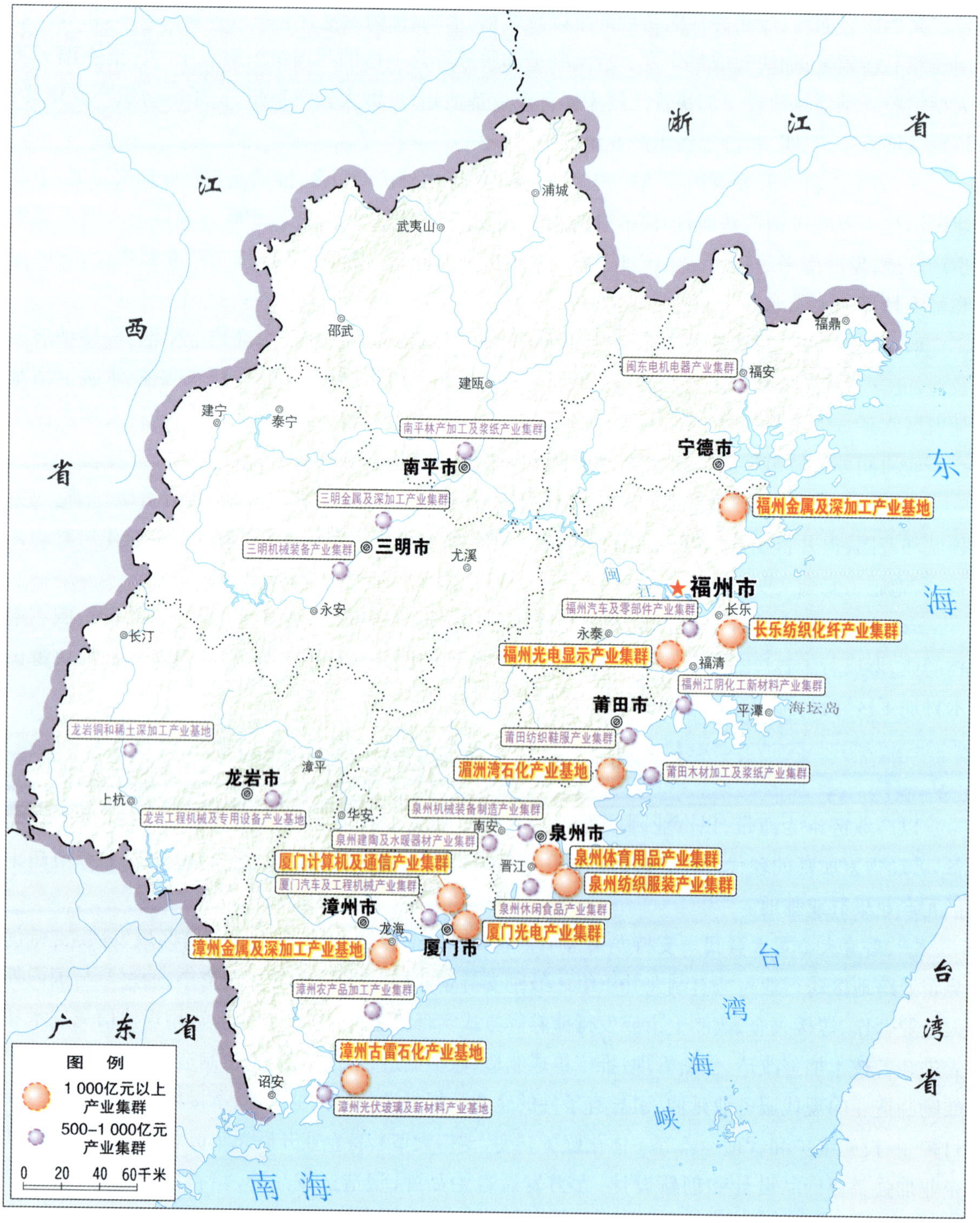

专栏5　重点产业集群(基地)

超千亿元产值产业集群(基地):1. 福州光电显示产业集群;2. 厦门光电产业集群;3. 厦门计算机及通信产业集群;4. 湄洲湾石化产业基地;5. 漳州古雷石化产业基地;6. 福州金属及深加工产业基地;7. 漳州金属及深加工产业基地;8. 泉州纺织服装产业集群;9. 长乐纺织化纤产业集群;10. 泉州体育用品产业集群。

500亿～1000亿元产值产业集群(基地):1. 漳州光伏玻璃及新材料产业基地;2. 福州汽车及零部件产业集群;3. 厦门汽车及工程机械产业集群;4. 龙岩工程机械及专用设备产业基地;5. 泉州机械装备制造产业集群;6. 三明机械装备产业集群;7. 闽东电机电器产业集群;8. 福州江阴化工新材料产业集群;9. 三明金属及深加工产业集群;10. 龙岩铜和稀土深加工产业基地;11. 莆田纺织鞋服产业集群;12. 漳州农产品加工产业集群;13. 泉州休闲食品产业集群;14. 泉州建陶及水暖器材产业集群;15. 莆田木材加工及浆纸产业集群;16. 南平林产加工及浆纸产业集群。

第四章　全面提升服务业发展水平

全面提升服务业发展水平是加快转变、跨越发展的战略重点。加快生产性服务业集聚发展,促进生产性服务业向研发创新和物流销售两端延伸,推动生活性服务业协调发展,不断拓展新领域,发展新业态,培育新热点,促进现代服务业发展提速、比重提高、水平提升,把旅游和现代物流业培育成为带动国民经济发展新的主导产业。力争服务业增加值年均增速达14%以上,到2015年,服务业增加值占地区生产总值比重达42%,服务业就业比重达40%以上。

第一节　建设国际知名旅游目的地

优化旅游发展环境,延伸旅游产业链,加强旅游、文化、科技融合,构建大旅游格局,努力建设国际知名的旅游目的地和富有特色的自然文化旅游中心。到2015年,全省国内外旅游人数累计突破2亿人次,旅游总收入突破2600亿元,均比2010年翻一番。

一、塑造海峡旅游品牌。突出“海峡旅游”主题,整合、保护、开发滨海、生态、文化、红色四大优势旅游资源,形成连线成片、特色鲜明、服务优质的大旅游格局。树立培育大项目、塑造大品牌、形成大产业的观念,加快建设四个十大精品旅游项目,积极发展乡村旅游、温泉旅游、森林旅游、体育休闲旅游和海上旅游,精心培育旅游新业态,加快形成以厦门、福州、武夷山为中心辐射带动周边发展的旅游经济区域。优化提升武夷山、厦门鼓浪屿、泰宁丹霞、妈祖信俗非物质文化遗产等国内知名品牌,完善丰富福建土楼、古田会址、漳州滨海火山、宁德世界地质公园、连城冠豸山等日趋成熟的品牌,培育壮大福州三坊七巷和温泉古都、泉州和漳州海丝文化、平潭海坛景区、东山生态旅游岛等新兴发展的品牌。

二、提升旅游设施开发水平。加强旅游基础设施和旅游公共服务体系建设,打造一批精品旅游项目,提高旅游接待能力。全面推进A级景区创建提升,建设一批国家5A级、4A级旅游景区,打造一批中国最佳城市旅游和中国最佳乡村旅游目的地。加强旅游集散中心建设和管理,加大景区环境综合整治力度。到2015年,实现重点旅游景区通高速公路,全省所有国家级、省级风景名胜区及A级景区形成比较完善的旅游交通、旅游标识和游客服务体系。

三、大力拓展旅游市场。积极发展入境旅游,规范发展出境旅游,努力拓展长三角、珠三角、环渤海等国内市场和台港澳及日韩、东南亚等境外市场,精心策划特色旅游产品和精品线路。培育和壮大一批旅行社、旅游饭店等大中型骨干旅游企业，完善营销服务。大力开发特色旅游商品。推进旅游信息化工程，提升旅游数字化水平，发展智能旅游。强化旅游宣传，借助电视、网络、平面等媒体平台和各类旅游节庆活动，全面提升海峡旅游的知名度和影响力。积极推动香港（澳门）—台湾—厦门邮轮航线开通，实现两岸“一程多站”旅游，全力打造海峡旅游共同市场。

专栏6　四个十大精品旅游项目

1. 十大生态旅游精品：武夷山、泰宁、冠豸山、宁德世界地质公园、永安桃源洞、福州鼓山、厦门园博苑、漳州花博园、仙游九鲤湖（九龙谷）、德化石牛山。

2. 十大滨海旅游精品：鼓浪屿风景旅游、平潭岛国际旅游、湄洲岛国家旅游度假区、惠安崇武滨海旅游、东山生态旅游岛、漳州滨海火山地质公园、嵛山海岛生态旅游、英雄三岛（大嶝、小嶝和角屿）旅游、三都澳海上渔城旅游、环马祖澳旅游。

3. 十大文化旅游精品：武夷山“双世遗”、福建土楼、泉州清源山（海上丝绸之路）、湄洲妈祖、宁化世界客家始祖文化园、三坊七巷文化历史街区、马尾船政文化、福州昙石山遗址、南安郑成功史迹文化旅游、福建茶文化。

4. 十大红色旅游精品：上杭古田会议旧址、省革命历史纪念馆、龙岩红色旅游系列景区、三明红色旅游系列景区、漳州红色旅游系列景区、闽北红色旅游系列景区、闽东红色旅游系列景区、中共闽粤边区特委旧址、闽浙赣游击纵队闽中支队司令部旧址、长汀红色“小上海”。

第二节　大力培育现代物流业

依托综合运输枢纽，运用先进运输组织方式，培育物流龙头企业，建设连接两岸的现代物流中心，力争物流业增加值占地区生产总值的比重达到8%左右，占服务业比重达到20%以上。

一、着力抓好现代物流载体建设。依托中心城市、产业集聚区、货物集散地、综合运输枢纽和港口资源，加强物流基础设施建设，建设厦门、福州全国性物流节点城市和其他设区市区域性物流节点城市。在电子信息、装备制造、石化等产业聚集区和纺织、煤炭、钢铁、重要矿产品、建材、粮食、水产等专业化及规模经营优势突出的地区，建设一批现代化专业物流中心、大型专业批发市场、配送中心，推进和完善“物流节点—物流园区—物流配送中心”三级物流运作设施网络，大力发展甩挂运输、集装箱、多式联运等先进运输组织方式。

二、大力引进和培育现代物流企业。充分发挥跨国公司、央属物流企业品牌和网络优势，加强与国际知名物流企业和央属物流企业的合作。引导物流企业采取参股、控股、兼并、联合、合资、合作等形式，与省内外物流企业建立战略联盟，培育一批核心竞争力强、规模大的物流企业集团，提高市场集中度和占有率。积极发展冷链物流。引导传统运输、仓储企业向第三方物流企业转型，大力推动制造业与现代物流业联动发展，在重点地区、重要产业集群和重要工农业产品生产基地，扶持一批第三方物流示范企业。

三、加快推进物流信息化、标准化建设。加快建设全省性、区域性和行业物流公共信息平台，推动建立物流信息采集、处理和服务的交换共享机制和物流信息数据中心。加快物联网技术在物流业的推广和运用，逐步实现物品智能化识别、定位、跟踪、监控和管理。鼓励物流企业参与国家、行业和地方物流标准的制定与实施工作，积极开展现代物流业标准化试点，建设一批国家级、省级物流业标准化试点项目，推动物流企业在关键环节实行标准化管理和运作。

第三节　打造区域性金融服务中心

推进闽台金融合作先行先试，打造集聚辐射能力强的区域性金融服务中心，力争到2015年金融业达全国中上水平,增加值2000亿元以上,占地区生产总值比重比2010年提高2个百分点。

一、推动各类金融机构健康发展。支持现有银行、证券、保险等金融机构合理增加分支机构与营业网点,扩大地域覆盖面;大力吸引省外、境外各类金融机构来闽设点展业,升格分支机构;加快推动具备条件的农村信用社改组成农村商业银行或合作银行,扶持发展农村小额信贷,加快培育村镇银行、贷款公司、农村资金互助社等新型金融组织,稳步推进小额贷款公司试点;争取设立若干个注册地在我省的保险、证券等新的金融机构或地区总部。大力发展股权投资基金、金融控股公司、资产管理公司、金融租赁公司、财务公司等新型金融机构。支持兴业银行向金融控股集团发展。鼓励创办并规范发展法律、审计、融资担保、资产评估、信用评级等各类金融中介机构,发展典当、证券投资咨询、保险经纪代理、专业理财服务。规范与促进民间金融发展。加强金融信息化建设,建立健全金融现代化电子支付系统。

二、着力推进金融业务创新。积极支持商业银行通过信贷运作,创新银行贷款品种、担保方式,促进信贷规模稳定增长。加快鼓励个人消费、科技创新和绿色经济发展等金融产品和服务创新。鼓励银行为企业提供个性化、组合化的一揽子融资服务。有效利用资本市场,推动企业上市、上市公司再融资、并购重组、发行企业债券和资产证券化,力争直接融资比"十一五"末翻一番。推动信用保证保险发展、创新出口信保产品和服务发展,探索保险业介入中小企业信贷融资的途径,积极开发新的保险品种,拓宽保险资金应用渠道。支持产业投资基金、创业投资、私募股权投资基金依法开展资金募集和投资活动。发挥信托融资平台功能,加大信托品种开发和创新。积极利用新型金融机构的融资功能,加强同四大资产管理公司合作,吸引证券公司、保险公司直接投资业务。探索发展区域性企业股权融资、股权交易平台。

三、推进闽台金融紧密合作。争取开办包括新台币在内的离岸金融业务,逐步建立两岸货币清算机制,扩大两岸货币双向兑换范围,推动两岸银行卡联网通用和结算。加快两岸金融合作,推动银行、保险、证券等金融机构双向互设,适当降低台湾金融机构来闽执业准入条件,支持台资企业上市融资,引进台湾金融服务中介来闽设立机构。推动两岸合资的产业投资基金、创业投资基金等股权投资基金发展。争取设立两岸股权柜台交易市场。

第四节　壮大提升城市服务经济

加快培育服务业核心功能区域,推动福州、厦漳泉大都市区和区域中心城市、城市新区加快发展高端及特色服务业,实行服务业用电、用水、用气与工业同价,对鼓励类服务业在供地安排上给予倾斜,推进服务业综合改革,逐步形成以服务经济为主的就业结构。

一、加快三大中心城市高端服务业发展。福州、厦门、泉州等城市要着力发展高端生产性服务业,推动服务模式升级和产品创新。大力发展电子商务、总部经济、楼宇经济和会展经济,引进结算中心、会计中心、票据中心和交易中心。推进城市中央商务区、金融街、商业街和城市综合体建设。调整城市用地结构,城市黄金地段优先用于发展服务业,工业企业从城区退出的土地优先用于发展高端服务业。

二、着力推进区域中心城市服务经济发展。漳州、莆田、三明、南平、龙岩、宁德等区域中心城市要加快发展面向城乡的服务经济,形成一批具有比较优势的服务产业。加快规划和建设便民商业网点、维修点、停车场和再生资源回收站,完善社区服务体系,引导发展面向民生的交易场所,形成与城市定位相匹配的服务产业格局。

三、扎实开展服务业综合改革试点。推进厦门市和福州鼓楼区国家级服务业综合改革试点区建设。选择部分经济基础较好、总量规模较大、服务业优势明显、发展特色鲜明的市(县、区)作为省级服务业综合改革试点,发挥示范带动作用。构建一批主体功能突出、辐射带动作用强的区域服务业中心和各具特色、充满活力的服务创新示范区。争取通过5年努力,各试点市(县、区)生产服务功能明显增强,生活服务质量明显提升,服务业空间布局明显优化。

第五节 拓宽服务业发展领域

大力发展信息服务、商务会展、服务外包、商贸流通、家庭服务等服务业,开发新的增值环节,丰富消费服务产品类型,满足城乡居民消费结构升级和多样化需求。

一、信息服务。重点发展软件与数字集成、数字媒体内容、网络游戏、设计创意、数据加工等数字内容服务业,大力发展嵌入式软件、动漫网络游戏、网络安全、计算机应用系统设计及系统集成。加快信息技术服务推广应用,完善和提升信息传输网络,发展网络增值服务、手机电视、网络电视、网上购物、远程医疗等新兴业态。支持信息产业公共服务平台、软件产业、电子商务基地建设和行业优势骨干企业发展,打造国家软件出口基地。提升咨询服务水平,规范咨询机构,发展营销策划、工程咨询和投资咨询等信息咨询服务。

二、商务会展。重点发展管理咨询、工程设计、资产评估等商务服务,大力发展法律仲裁、会计税务、广告设计等中介服务。降低中介服务业准入条件,引进境内外知名中介服务机构,培育一批承接国际业务的中介服务机构。整合会展资源,打造一批全国性品牌,提升以工艺美术、茶叶、花卉、林业、旅游、鞋帽、石材、机械、机电等为主题的各类博览会影响力。加强与台港澳会展业合作。

三、服务外包。重点发展软件研发外包、信息技术研发外包、信息系统运营维护外包等信息技术外包,动漫创意、网络游戏设计研发、工程设计、医药和生物技术研发和测试、工业设计、产品技术研发等技术性知识流程外包,以及供应链服务外包、业务流程外包等,提高服务外包比重。依托国家级软件园和有条件的软件开发基地以及国家级高新技术产业区,打造国家服务外包基地城市、对台服务外包示范城市和国家软件出口基地。

四、商贸流通。加快发展电子商务、连锁经营、物流配送等新型流通方式和经营业态,做强做优一批知名连锁经营企业。改造提升百货、批发市场、餐饮住宿等传统流通业态,做大做强一批全国性和区域性批发市场和闽台农产品交易市场。合理布局便民利民社区服务网点,改造提升集贸市场、其他商贸服务业网点和设施,进一步完善社区商贸服务网络。加快农村现代流通网络建设,促进城乡流通一体化。推进农业生产、生活资料流通向集团化、规模化、品牌化、连锁化发展。

五、家庭服务。围绕便民利民,推进家庭服务业市场化、产业化、社会化,逐步建立比较健全的惠及城乡居民多种形式的家庭服务体系。重点发展家政服务、社区服务、养老服务和病患陪护,满足家庭的基本需求;因地制宜地发展家庭用品配送、家庭教育等,满足家庭的特色需求。鼓励各类资本创办家庭服务企业,培育家庭服务市场。实施社区服务体系建设工程,统筹社区家庭服务业发展。加强就业服务和职业技能培训。规范市场秩序和执业行为,切实维护家庭服务从业人员合法权益。

第五章　拓展海洋开发新空间

拓展海洋开发新空间是加快转变、跨越发展的重要载体。坚持陆海统筹，推进全国海洋经济发展试点省份建设，打造海洋经济强省，培育一批海洋产值超百亿的海洋经济强县（市），力争到2015年全省海洋生产总值占地区生产总值28%，海洋经济发展达到全国先进水平。

第一节　发展现代海洋经济

围绕“海峡、海湾、海岛”，合理开发海洋资源，优化空间布局，培育发展海洋新兴产业，加快建设现代化海洋产业开发基地。

一、优化海洋经济空间布局。统筹推进海岸、海岛、近海、远海开发，促进港口岸线资源合理利用，协调推进海岸带开发，打造海峡蓝色产业带。推动建立闽台海洋合作的长效机制，构建两岸海洋经济合作圈。加强海洋经济聚集区域建设，科学规划、有序开发特色海岛。

二、壮大提升海洋优势产业。加快海洋产业集聚发展、优化发展，推动海洋经济转型升级。着力优化提升临港工业，推动形成东南沿海重要的临港重化产业基地。推动临港工业与运输、金融、保险、商贸等产业联动发展。加快现代海洋渔业、船舶修造、海洋运输、滨海旅游等产业发展，延伸产业链，提高技术含量，培植一批在国内外具有较强竞争力的龙头骨干企业和产业集群。

三、培育壮大海洋新兴产业。加快培育海洋生物医药、海洋可再生能源、海水综合利用、邮轮游艇、海洋环保等新兴产业，做大做强漳州诏安、厦门海沧、泉州石狮等海洋生物医药和保健品研究开发产业基地。促进海洋生物育种、海洋活性物质提取、海洋药物、海水淡化等高新技术的产业化应用。

第二节　推进海洋科技创新

坚持科技兴海，加强海洋科技研发及能力建设，开展重大海洋科研攻关，进一步增强科技进步对海洋经济发展的促进作用，海洋科技进步综合指标继续保持全国先进行列。

一、加强海洋科技创新能力建设。加强海洋科技人才培养和引进工作，促进与国内外及台湾海洋科技交流与合作，推进厦门国家海洋研究中心建设，着力打造一批中试工程化技术平台和科技兴海示范基地。建立海洋碳汇研发基地。加强海洋科研装备。建设海水淡化技术和设备研发基地。构建海洋公益事业科技创新体系，建立健全海洋产业创新平台。支持中小海洋企业联合高等院校、科研院所进行合作研究开发，加大对企业技术创新成果推广转化的扶持力度，推动海洋企业建立技术研发机构，促进企业成为海洋科技创新主体。

二、加快海洋科技成果转化利用。支持开展海洋产业重大关键共性技术开发，建立健全促进海洋科技成果高效转化机制。加强海洋生物医药及功能产品技术的研发和转化应用。开展海洋能开发利用技术的国内外联合攻关。实施海水淡化示范工程及海上风能、潮汐能等发电示范工程，开展浓海水制盐技术攻关。充分利用技术转化交流平台，加强海洋科技信息、技术转让等服务网络建设。鼓励企业组建创新中心，提高核心技术开发能力，针对行业重大科技需求，加速科技成果转化和产业化。

第三节　提高海洋管理能力

深化海洋管理体制改革，完善法规体系，重点解决海洋资源开发、海洋环境保护、海洋日常管理活动中的突出问题，形成协调、高效的海洋综合管理体制。

一、强化海域和海岛管理。集中集约利用海域资源，落实海洋功能区划和主体功能区规划，实行动态管理和规划定期评估制度。加快有居民海岛开发建设与保护，加大基础设施建设和教育、医疗、社会保障、生态环境保护等方面的投入。推进无居民海岛的保护性开发，允许单位和个人在符合规定的前提下申请使用权。加强资源调查，重视海域使用论证、审批和监督，健全海域、海岛使用权市场机制。

二、保护海洋生态环境。陆海统筹、河海兼顾，促进近岸海域、陆域和流域环境协同综合整治，控制陆源污染向海洋转移，控制近海资源过度开发。充分利用"海湾数模"，严格控制湾内围填海，引导和推动湾外围填海。加强海洋自然保护区和海洋生态功能区建设，加快实施近岸海域及海洋生态系统的保护、修复和建设工程。建立健全海洋污染源溯源追究制度，提高污染突发事件应急能力。建立健全海洋生态补偿和渔业补偿机制。实施"碧海银滩"工程，率先建成我国海洋生态文明宜居区。

三、加大海洋执法监察力度。完善维护海洋权益的政策法规，推进地方性法规规章立法工作，制定相应配套措施。强化海监执法，完善海洋执法协调合作机制，理顺涉海管理部门间的职责关系，形成海洋执法合力，加强海洋监察执法队伍建设。建设近海地区及台湾海峡动态监测和综合管理信息系统，提高海洋资源、环境监测、经济管理服务信息化水平。探索解决争端新途径，加强闽台海洋事务磋商，夯实维权基础。

第六章　着力扩大内需

扩大内需是加快转变、跨越发展的长期战略方针。正确处理扩大内需与拓展外需、增加投资与扩大消费关系，充分挖掘内需潜力，形成内需外需双向并举、投资消费协调拉动的经济增长格局。

第一节　积极扩大和活跃消费需求

把扩大消费需求与改善民生结合起来，努力激活即期消费，提振消费信心，充分释放居民消费潜力，营造便利、安全、放心的消费环境，努力提高居民消费率，不断增强消费对经济增长的拉动作用。

一、提高消费能力。通过鼓励创业和充分就业、优化收入分配结构、提高在职职工工资、调整财政支出结构等措施，稳步提高居民收入在国民收入分配中的比重和劳动报酬在初次分配中的比重，提高居民经营性收入和财产性收入在总收入中的比重，提高低收入者收入，扩大中等收入人群的比重。加大就业和创业政策支持力度，千方百计增加就业岗位。健全职工工资正常增长和支付保障机制，不断增加劳动者特别是一线劳动者劳动报酬，劳动者工资增长与国民经济增长和企业利润增长相匹配。深化事业单位、国有企业和区域性垄断行业收入分配制度改革，建立企业工资集体协商制度。建立健全工资支付监控和工资保证金制度。逐步提高最低工资标准。继续提高企业退休人员基本养老金、部分优抚对象待遇和城乡居民最低生活保障水平，加快形成向中低收入群体倾斜的分配机制，切实扭转城乡、区域和行业之间收入差距扩大趋势。

二、改善消费预期。健全完善覆盖城乡居民的社会保障体系，提高保障水平。加快教育、医疗等改革的步伐，确保改革的公平性，提高事关百姓切身利益方面改革的透明度，降低预防性储蓄。继续实施鼓励消费的财税、金融政策，完善家电、汽车、摩托车下乡和农机、节能产品的消费优惠政策，增加即期消费。支持和鼓励生产、零售企业开展“收旧售新”、“以旧换新”业务，带动新产品销售，增强居民消费意愿。

三、拓宽消费领域。巩固发展优势特色消费，增加消费有效供给。激发消费潜能，积极培育文化娱乐、教育培训、体育健身、休闲旅游、老龄消费、家政服务等发展型消费，促进消费结构优化升级。积极发展电子商务，大力推进网上消费、通讯信息消费等新型消费模式，进一步促进网络信息消费大众化。加快发展新型消费业态，鼓励个性化消费和文化创意消费。

四、优化消费环境。加快商贸流通等设施建设，合理布局大型商贸中心和超市等商业网点，打造一批具有特色的商业街区，形成10个年交易额超300亿的大型市场。加强流通服务，保障市场供应，稳定商品价格。全面推进信用消费，建立统一、规范、高效的企业和个人信用体系，促进信用信息互联共享，完善信用奖惩机制；开发完善各类消费信贷产品，建立消费贷款抵押担保体系，扩大消费信贷规模，逐步实现消费支付终端多元化、便利化，尽快实现安全化。健全消费者权益维护机制，畅通消费者申诉渠道，强化消费市场监测监管，规范商品与服务消费市场秩序，严厉打击市场交易中的欺诈、垄断、歧视、暴利、倾销和假冒伪劣等行为，努力营造良好的消费环境。

第二节　充分发挥投资带动作用

进一步强化产业支撑，扩大投资规模，优化投资结构，提高投资效益，促进投资持续较快增长，力争投资增速超过全国平均水平、工业投资占固定资产投资比重超过40%。

一、增强投资内生动力。充分发挥政府引导、市场主导和企业的投资主体作用，深入实施项目带动，拓展项目来源，加强重点产业、基础设施和城镇建设投资，提高项目投资规模和技术水平，增强重大项目建设对全社会投资的带动作用。创新项目管理运作机制，建立健全重大项目策划生成、储备管理、协调推进、滚动建设、联手督查和考核通报制度，推动形成重大项目滚动建设、投资持续较快增长的态势。鼓励央企来闽投资建设区域总部、专业园区和产业基地，着力引进一批新兴产业项目。吸引更多跨国公司来闽投资布局，促进多元资本投入。

二、优化投资结构。围绕加快转变经济发展方式，引导各类投资向经济社会发展重点领域和薄弱环节倾斜，加强民生和社会事业、农业农村、科技创新、生态环保、资源节约等领域的投入，有效扩大最终需求。加强重大产业项目投资，提高产业投资比重。严格执行投资项目用地、节能、环保、安全等准入标准，有效遏制盲目扩张和重复建设。明确界定政府投资范围，规范国有企业投资行为，鼓励扩大民间投资，注重提高经济效益和社会效益。确保中央和省扩大内需项目顺利完成并发挥效益。

三、改善投资环境。建立健全服务机制，完善项目服务配套，打造务实、高效、有吸引力的投资软环境。建立项目实施动态跟踪服务制度，促进重大项目引进、落地、建设和投产。落实和完善鼓励社会投资的各项政策措施，保护好、引导好、发挥好各方面加大投资、加快发展的积极性，努力创造公平、公正、规范发展的市场环境，增强环境吸引力，激发全社会投资创业的积极性。面向全社会建立公开透明的投资政策和投资项目信息服务系统,引导社会资金合理流向。

第三节 构建扩大内需的长效机制

加强投资与消费有效结合,强化各项政策的协调配合,加快建立健全有利于内需潜力不断释放、结构持续优化升级、投资和消费协调互动的扩大内需长效机制。

一、健全和完善内需持续稳定增长的政策措施。进一步完善城乡居民住房、卫生、教育、社会保障等公共政策,逐步消除城市化进程的制度约束,促进农村劳动力加快向非农产业转移以及农民转为市民。探索对消费税等税目和税率进行调整,增强税收调节功能对扩大内需的效应。引导金融机构贷款向有利于内需的消费和投资领域倾斜。创新政府投资管理方式,完善政府投资及项目管理方面的法律法规和政府投资决策机制,推行政府投资项目公示制度和责任追究制度。

二、培育和打造功能完善的消费市场。全力拓展闽货市场,创新产品推广方式,拓展闽货内销渠道,支持企业组团参加国内外各类展会和产销对接会,完善闽货营销服务网络,打造闽货营销联盟。推进耐用消费品制造业的优化升级,培育新的消费热点。发展社区连锁超市、便利店、专卖店及各类新型业态,营造多元化、多层次的居民消费服务网络。加快发展连锁经营、电子商务等现代流通方式。完善城乡市场信息服务体系和重要消费品市场调控保障机制,健全产销衔接、跨区调运、储备投放、稳定价格、保障供应等机制,探索建立居民生活必需品商业代储体系。新建和改造一批农家店和农村商品配送中心,开拓农村消费市场。

三、促进投资需求与消费需求协调互动。立足省情特点,适应经济社会加快发展的需要,探索并逐步形成相对合理的投资消费比例关系。促进投资与消费紧密结合,以消费引导投资,以扩大投资需求促进消费结构升级,围绕保障和改善民生,推动投资和消费需求规模扩张、结构优化。

第七章 构建区域协调发展新格局

构建区域协调发展新格局是加快转变、跨越发展的重大举措。全面落实主体功能区规划,培育新兴重点发展区域,促进区域联动,构筑区域经济优势互补、主体功能定位清晰、空间结构高效合理、人与自然和谐相处的区域协调发展新格局。

第一节 加快实施主体功能区战略

按照全省经济合理布局的要求,根据不同区域资源环境承载能力,明确开发方向,完善开发政策,规范开发秩序,提高开发效率,构建高效、协调、可持续的国土空间开发格局,促进人口、经济与资源环境相协调。

一、优化国土空间开发格局。落实主体功能区定位,优化生产力布局,统筹谋划人口分布、经济布局、国土利用和城镇化格局。推进福州、厦门和泉州等中心城区的优化开发,调整优化经济结构,提高自主创新能力,建设成为带动全省经济社会发展的龙头;推进沿海城镇密集带和内陆产业集中区的重点开发,加快推进新型工业化和城镇化进程,成为支撑未来全省经济持续发展的重要增长极;推进农产品主产区和重点生态功能区的适度开发,通过集中布局、点状开发发展特色生态产业,强化农业功能,加强生态修复和环境保护;推进自然保护区、风景名胜区等禁止开发区域的生态环境建设，严格依照法律规定实施强制保护，严禁不符合主体功能定位的开发活动。

二、实施分类管理的区域政策。配套完善财政、投资、产业、土地、环境等政策。完善省级财政转移支付办法，加大生态建设投入，提高资金使用效率，开展差别化财政政策试点。实行按主体功能区与按领域安排相结合的政府投资政策，按主体功能区安排的投资主要用于支持重点生态功能区和农产品主产区的发展，按领域安排的投资要符合各区域的主体功能定位和发展方向。根据国家产业指导目录，明确不同主体功能区的鼓励、限制和禁止类产业。对不同主体功能区实行差别化的土地管理政策，科学确定各类用地规模，严格土地用途管制。对不同主体功能区实行不同的污染物排放总量控制和环境标准。

三、完善绩效考核机制。按照不同区域的主体功能定位，研究制定各类主体功能区开发强度、环境容量等约束性指标并分解落实。完善覆盖全省、统一协调、更新及时的国土空间动态监测管理系统，开展主体功能区建设的跟踪评估。实行各有侧重的绩效考核，对优化开发的城市化地区，着重实行经济结构、科技创新、资源利用、环境保护等评价。对重点开发地区，突出经济增长、产业结构、质量效益、节能减排和吸纳人口等绩效评价。对适度开发的农产品主产区和重点生态功能区，分别实行农业发展优先和生态保护优先的绩效评价。对禁止开发的自然保护区域，强化对自然文化资源原真性和完整性保护情况的评价。

专栏7　主体功能区

根据不同区域的资源环境承载能力、现有开发密度和发展潜力，确定主体功能定位，合理划分优化开发、重点开发、适度开发、禁止开发区域，统筹谋划经济布局、人口分布、资源利用、环境保护和城镇化格局，明确开发方向，控制开发强度，规范开发秩序，完善开发政策，逐步形成可持续发展的国土开发格局。

第二节　推进重点区域加快发展

坚持重点突破、整体带动，培育发展环三都澳、闽江口、平潭综合实验区、湄洲湾、泉州湾、厦门湾、古雷—南太武新区、武夷新区、三明生态工贸区、龙岩产业集中区等重点发展区域，使之成为跨越发展的新增长点、先进制造业的集聚区，支撑福建发展和海西建设的创业创新重要基地。

一、环三都澳。着力打造溪南、赛江、漳湾三大临港工业片区，优化产业布局，发展装备制造、能源、冶金和油气储备等临港产业，积极培育海洋高新产业、新材料、新能源等战略性新兴产业。推进港口建设，加快发展特色文化、生态、滨海旅游产业。主动承接长三角产业及各生产要素转移，深化与周边地区合作，加强两岸产业对接，建设成为连接长三角的前沿区域、内陆地区便捷出海口、海峡西岸东北翼富有竞争力的新增长极。努力构建海西重要的自然和文化旅游中心。

二、闽江口。以福州中心城市为核心，拓展江阴、罗源湾南北两翼，推进城市、港口和产业联动发展，提升电子信息、机械装备、纺织服装、冶金化工、能源等产业，培育壮大战略性新兴产业，加快形成先进制造业体系和现代服务业中心。推进省会重大基础设施建设，建设国际航运枢纽港。加强闽江流域综合整治和近岸海域的环境保护，加快建设可持续发展试验区、生态示范区，形成山水相融的生态宜居宜业环境。

三、平潭综合实验区。积极探索两岸同胞合作发展新模式，推进两岸经济社会文化融合发展综合实验。加强平潭与周边地区发展布局的统筹，形成产业配套、功能互补、相互促进的区域发展格局。加快培育与资源环境承载力相适应、具有较强竞争力的现代产业体系，突出对台产业合作，吸引台湾高端产业转移，重点发展高新技术产业、海洋产业、旅游业。遵循绿色、生态、低碳、科技的要求，完善城市功能。推动建设两岸合作综合实验的先行区、两岸同胞共同家园的示范区。

四、湄洲湾。加快发展港口经济，建设现代化临港重化工基地、能源基地，大力推进泉港、泉惠、枫亭石化园区建设，开发建设莆田石门澳、东吴、东峤产业园区，打造千亿元石化产业基地和临港重化工业的核心区。大力发展高技术、高附加值的制造业和现代服务业，建设先进制造业基地和现代物流产业集聚区。推进港口联动发展，加强南北岸合理布局和协调开发，发展成为主枢纽港。强化生态环境建设和海域污染防治，打造世界妈祖文化中心和滨海旅游度假胜地。

五、泉州湾。围绕海湾型都市区建设目标，统筹环泉州湾产业、港口、城市发展，加快泉州台商投资区、泉州总部经济区域开发建设。巩固提升纺织鞋服、食品饮料等传统优势产业，大力发展光电信息、装备制造等成长型产业及现代服务业、战略性新兴产业，打造两岸产业对接示范区、产业转型提升引领区和民营经济创新示范区。推进以港口为依托的现代化集疏运体系建设，扩大海港、空港开放功能，拓展海西东出西进综合通道。加强自然生态景观和文化遗产资源的开发与保护。

六、厦门湾。以厦门经济特区为龙头，以漳州为发展翼，加速发展现代服务业、战略性新兴产业，壮大电子、机械等先进制造业，打造海峡西岸先进制造业基地、自主创新基地、国际航运物流中心、文化休闲旅游中心和金融商务中心。以漳州中心城区、龙海为主体，加快形成台商投资集聚区，重点发展特殊钢铁、电子信息、汽车汽配、食品加工和港口物流业，建成对台产业对接集中区。强化陆海环境综合整治，实施重点环保工程，建设良好人居环境。

七、古雷—南太武新区。以招商局漳州经济技术开发区和古雷石化产业园区为龙头，以海岸沿线及港区后方陆域为依托，重点发展石化和现代装备制造业，培育壮大新能源、新材料、海洋生物等战略性新兴产业，做大做强食品加工等传统产业，大力发展港口物流业、滨海旅游业等现代服务业，加快建设临港新城，建成国家级千亿元石化产业基地和临港装备制造业基地、滨海自然与文化旅游目的地。

八、武夷新区。充分发挥“双世遗”品牌优势，构建大武夷旅游经济圈，建设国际知名的旅游目的地和我国重要的自然文化旅游中心。加快构建现代立体交通体系，打造服务周边地区发展的对外开放综合通道、海西重要交通枢纽和人流、物流、信息流集散中心。着力发展节能低碳的资源加工、机械装备、光电、电子信息、轻纺、生物、环保、旅游养生、创意等产业，建设海西新兴产业基地。努力打造史蕴丰富、生态和谐、与武夷山“双世遗”相匹配的海西新兴中心城市。

九、三明生态工贸区。依托三明高新技术产业开发区金沙园和尼葛园、三明经济开发区、现代物流产业开发区、载重汽车城、梅列和三元经济开发区、积善和金古工业园等平台，拓展汽车与机械、冶金及压延、林产加工、纺织等主导产业，改造提升化工、建材等传统优势产业，培育生物及医药、新材料、新能源等战略性新兴产业，壮大现代服务业，加快发展生态休闲旅游业，建设海西先进制造业重要发展区域、现代服务业集聚地、生态文化旅游目的地。

十、龙岩产业集中区。主动承接沿海产业转移，重点发展装备制造、稀土、冶金及压延、农产品精深加工、环保、建材、能源等产业，建设有较强竞争力的工程机械产业、全国重要的稀土产业、金铜产业、环保设备研发生产、绿色农产品基地。创建国家级可持续发展产业示范基地。以龙岩中心城市为核心，以交通枢纽和资源优势为基础，以生态产业为支撑，建设闽粤赣边连接沿海的生态型经济枢纽。以革命历史胜地和客家聚居地为依托，建设全国重要的红色旅游和客家文化基地。

图3 福建省重点区域发展布局示意图

第三节 促进区域联动协调发展

立足区位和资源特点，发挥比较优势，推动沿海地区率先发展、内陆地区竞相发展和欠发达地区加快发展，促进区域经济协调发展，逐步实现不同区域基本公共服务均等化。

一、推进沿海内陆互动联动发展。提升沿海一线综合实力，增强创新和开放活力，加强产业集聚，开展区域合作，突出重要港湾和临港产业集中区建设，吸引国内外高端产业落地布局。支持内陆地区加快开放开发步伐，发展特色优势产业，提升产业承接水平，强化要素集聚能力，增强发展活力，推进建设港口和交通枢纽沿线经济发展带，支持沿线城市和小城镇建设，促进内陆地区城镇带、产业带建设发展，努力形成支撑区域一体发展的重要腹地，形成海西联动中西部的先行区域。发挥闽东北、闽西南等经济技术协作区作用，建立更加紧密的区域合作机制。支持符合产业政策的沿海地区产业向内陆有序转移，运用市场手段，形成山海合作长效机制，促进沿海内陆联动开发、共同发展。

二、促进苏区老区加快发展。坚持“老区优先，适当倾斜”，在项目、资金、物资、信息和人才等方面加大向原中央苏区县、革命老区县的倾斜支持力度。落实好国家对原中央苏区县、革命老区县分别参照执行西部、中部地区投资政策，选好选准项目争取国家进一步增加对苏区老区基础设施、民生工程、产业振兴、节能环保等方面的建设投资支持，加大以工代赈等资金扶持力度。推进原中央苏区振兴规划编制实施，促进经济全面振兴和社会全面发展。实施老区村跨越发展工程，加大政策扶持和资金投入，通过改善基础设施、提升公共服务、强化民生保障、加快特色产业发展等措施，促进老区村面貌明显改观。

三、加大对欠发达地区的扶持力度。积极扶持少数民族集聚区、偏远山区、贫困地区、海岛、水库库区等欠发达地区发展，进一步完善政策，增加教育、医疗、社会保障、基础设施等方面的投入，改善欠发达地区生产生活条件。扩大农村危房改造、沿海岛屿供水工程等实施范围。持续实施造福工程，对规模较小、生存环境恶劣的农村群体有序推进异地扶贫搬迁。加大整村推进扶贫开发力度，改进和加强扶贫开发重点村的挂钩帮扶工作。发挥欠发达地区土地、矿产、旅游、劳动力等资源优势，大力发展特色经济。加强欠发达地区与沿海发达地区经济协作，拓宽对口帮扶渠道，推进共建产业园区，扶持培育一批协作示范工程和重点骨干项目，提升自我发展能力。

第四节　深入开展跨省区域合作

完善区域合作机制，加强海峡西岸经济区融合发展，拓展服务周边地区对外开放的综合通道，加快建设福建沿海城市群、港口群、产业群，与长三角、珠三角紧密相连，形成我国的黄金海岸和经济、科技的高速发展区。

一、推进基础设施建设合作。以交通基础设施一体化为切入点，推进跨省行政区的铁路、公路、港口等重大基础设施项目统筹规划布局和协同建设，促进跨省交通通道的贯通衔接，构筑以沿海港口为枢纽向周围地区辐射的综合交通网络，畅通沿海港口与腹地的连接。统筹推进能源基础设施建设，完善区域内电力、天然气供应网络。统筹规划建设信息基础网络，推进公共信息资源共建共享。

二、加强产业对接合作。探索建立跨省区域合作产业园区、物流园区，加强电子、机械、旅游、物流等产业对接，合理布局产业转移承接地，积极承接长三角、珠三角及其他地区产业转移。发挥沿海港口优势，积极发展公铁海空等多式联运，吸引周边地区及内陆省份在连接沿海港口的通道沿线规划布局产业项目，培育发展沿线产业带。充分发挥旅游资源优势，合力打造区域旅游品牌，建设无障碍旅游区。深化闽浙赣皖、闽粤赣经济协作，拓展海西港口群腹地，支持闽浙、闽赣、闽粤边贸市场发展壮大，促进双边贸易和经济协作。加强泛珠三角区域合作。加快发展区域性商品物流市场、产权交易市场、人力资源市场,促进人流、物流、资金流、信息流的畅通流动。

三、积极开展对口支援和参与西部大开发工作。认真落实中央新一轮援疆工作部署,做好对口支援新疆昌吉州各项工作,统筹推进经济、干部、人才、教育、科技等援疆工作。继续做好对口支援西藏、宁夏、三峡库区工作,健全工作机制,改善群众基本生活条件,促进特色产业发展,增强受援地区自我发展能力。坚持互利共赢、市场运作,引导我省企业参与西部地区资源开发和基础设施建设,组织企业参加西博会、东博会等在西部地区举行的重大经贸活动,提升我省与西部地区间的经贸合作水平。落实闽川、闽桂、闽琼等经济社会战略合作协议,完善长效合作机制。

第八章　积极推进城镇化进程

加快推进城镇化进程是加快转变、跨越发展的重要引擎。落实统筹城乡发展的方针政策,优化城市布局,加快发展城市群,以新型城市化带动新农村建设,加快形成以大都市区为依托、大中小城市和小城镇协调发展的格局,力争城镇化率每年提高1.5个百分点。

第一节　增强中心城市辐射带动能力

实施海峡西岸城市群发展规划,加快推进城市联盟,适时调整行政区划,拓展城市空间,壮大中心城市综合实力、辐射带动能力和综合服务能力,建设宜居宜业的城市综合体。

一、加快中心城市建设步伐。着力构建福州大都市区和厦漳泉大都市区,加快城市联盟进程和同城化步伐,推进轨道交通、机场、通信网络等基础设施共建共享,增强三明、莆田、南平、龙岩、宁德等中心城市辐射带动能力。提升区域次中心城市发展水平,推动有条件的县级城市率先向中等城市发展。加强城市规划建设,全面提升城市综合承载力、运行效率和人居环境,积极预防和治理城市病。稳步推进"城中村"、棚户区和城乡结合部改造。加快建设和完善城市交通、供水供气供电、防洪排涝、污水、垃圾处理及救灾避险等市政基础设施,科学布局建设城市公共管线走廊。加快建设面向大众的公共文化体育设施。完善邮政服务体系,提高服务水平。推进城市人防设施建设,合理开发利用城市地下空间。

二、提升中心城市管理水平。加强城市管理部门联动,推进数字城市建设,建立现代城市综合管理系统。抓好景观整治、立面再造、缆线下地、道路改造、广告规范、城市保洁、公厕、停车场和景区提升。加快改造完善城市道路,形成干线、支线、循环线和广域线等主次分明、顺畅便捷的城市道路交通网络系统,倡导绿色出行。优先发展城市公共交通,强化公交配套设施,优化换乘中心站功能和布局,提高城市公共交通出行效率,逐步形成轨道交通、快速公交、常规公交紧密衔接的城市公交体系。鼓励发展绿色建筑,实行城市"绿线"管制制度,加强城市各类公园、中心绿地和重要地段、江河湖海沿岸绿化建设,适度扩大城市绿地面积,净化绿化美化城市环境,多种树,种大树,加快城市森林建设。加强风景名胜、历史文化资源开发保护,全面提升城市品位,改善城市人文环境,努力建设宜居城市。加强城市重要经济目标防护、疏散基地、防空防灾应急避难所建设。

三、提升中心城市功能。加快基础设施建设,完善城市功能,提高管理和服务水平,强化中心城市间的分工协作,提高辐射带动能力。

福州市要充分发挥省会中心城市龙头带动作用,按照"富民强市,和谐宜居"的发展定位,深入

图 4　福建省城镇化格局示意图

实施“东扩南进、沿江向海”的城市发展战略，加快构建“一区三轴八新城”的城市发展空间结构，努力建设经济繁荣的中心城市、生活舒适的宜居城市、环境优美的山水城市、人文和谐的文化名城。

厦门市要充分发挥经济特区先行先试的龙头和示范作用，加快岛内外一体化，提高基本公共服务水平，推动现代服务业和先进制造业有机融合，构筑对外开放大通道，延伸辐射城市服务功能，打造现代服务业和科技创新中心、低碳示范城市、两岸同胞融合示范城市、现代化国际性港口风景旅游城市。

泉州市要充分发挥支撑和带动作用，围绕建设海湾型中心城市，实施“一湾两翼三带”城市发展战略，突出环湾区域规划建设，统筹石狮、晋江、南安、惠安、城市发展，强化同城效应，拓展城市规模，提升综合服务功能，推进泉州环湾沿江发展，着力构建海峡西岸现代化工贸港口城市和文化旅游强市。

漳州市要着力做大做强中心城区，加快跨江拓展，推动滨海城市组团式发展，加快推进龙文新区、桥南新城、角美新城、古雷和南太武新港城建设，创新城市发展格局，打造两岸人民交流合作前沿区域和海峡西岸生态工贸港口城市。

莆田市要积极实施“以港兴市、工业强市”战略，优化中心城区空间布局，加快推进滨海新城建设，大力弘扬妈祖文化，提升城市品位，努力建设产业集聚强劲、配套功能完善、生态环境优美的湄洲湾港口城市和世界妈祖文化中心。

三明市要优化三明市区—沙县—永安城市主轴发展布局，推进三明市区、沙县同城化及与永安市的一体化，建设北部和南部新城，统筹产业、交通和社会事业发展，共同打造联合中心城区，构筑海西生态型综合枢纽和宜业宜居中心城市。

南平市要统筹推进南平中心城市和武夷新区发展，建设组团式山水园林城市，积极承接符合环保要求的沿海发达地区产业转移，拓展城市化、工业化发展空间，打造海峡西岸绿色腹地、南接北联战略通道、连片发展前锋平台。

龙岩市要强化中心，拓展新城，培育组团，将高坎、雁白、古蛟三个新城纳入中心城市一体化加快发展，推动城市“南移西扩”集约式、组团式发展，持续推进商务、物流、人居三大板块建设，打造海峡西岸生态型经济枢纽。

宁德市要按照“临海、环海、跨海”城市发展战略，统筹推进港口、产业、城市与生态互动发展，优化提升蕉城区、东侨新区开发布局，规划建设滨海新区、铁基湾新城，构建海峡西岸东北翼中心城市，打造绿色宜居海湾新城。

第二节　激发县域经济发展活力

提升县域经济发展水平，增强县级加快集聚、特色发展、创新提升、富民强县的能力，加快县域全面建设小康社会进程。

一、加强分类指导。总结借鉴晋江等县市发展经济的经验，坚持市场导向，立足县域区位和资源优势，选择符合自身条件的发展模式，推动县域经济健康发展。沿海及中心城市周边县市，要积极参与区域产业分工，以发展临海产业和为中心城市生产生活服务的配套型产业为重点，建设一批新型城市和卫星城。经济欠发达的山区县市，要实施大城关战略，增强对农村经济的辐射力。支持区位优势明显、产业基础较好、经济实力较强的县（市）率先发展成为区域次中心城市。力争更多的县（市）进入全国县域经济基本竞争力百强县。

二、夯实县域经济发展基础。加快解决制约县域经济发展的体制机制、科技人才、基础设施、公共服务等突出问题，扶持县域加快建设重大社会公益设施。加强政府对市场经济的引导和服务，促进从以管理为主向以服务为主的转变，扩大县域发展自主权。积极推进扩权强县改革，继续实施财政奖励补助政策，完善县级基本财力保障机制，稳妥推进省直管县财政管理方式试点。扩大县城和中心集镇规模，加强县城基础设施建设，提升县域重点开发区功能，合理布局建设产业发展基地，促进产业园区集中，引导人口向城镇集聚，提高对乡村的辐射带动能力。

三、强化特色产业支撑。依托产业园区，增强大型企业、民营龙头骨干企业对县域发展的带动作用。支持县域特色资源开发和优势特色产业发展，加大对地方支柱产业的扶持力度，培育形成县域主导产业。积极融入中心城市发展，做好与中心城市产业发展的协作配套，承接中心城市产业转移。大力建设服务中心城市居民生活的副食品基地，发展绿色食品种养加工、生态旅游。建立完善利益共享机制，推进市、县(区)联合建设产业园区、开展招商引资，共享产业发展成果。

第三节 提高小城镇综合承载力

坚持以规划为龙头，以产业为支撑，以改革为动力，推进小城镇发展，提升小城镇功能，发挥小城镇在连接城乡、辐射农村、扩大就业和拉动内需中的重要作用。

一、深化小城镇改革建设试点。按照“规划先行、功能齐备、设施完善、生活便利、环境优美、保障一体”的要求，充分发挥小城镇在促进城乡统筹发展中的载体作用，把小城镇建设与农村社区和中心村建设、灾后重建有机结合起来，带动新农村建设，推进小城镇综合改革建设试点，抓好小城镇规划设计，形成示范带动效应，提升建设发展水平。夯实小城镇经济基础，强化产业支撑，健全完善公共服务和基础设施，并逐步向周边农村延伸拓展。大力实施镇容镇貌综合整治，大幅度提高小城镇绿化水平，积极引导农村人口与产业向中心镇集聚，促进小城镇向规模化、集约化、特色化发展。加强小城镇与城市的有序分工、优势互补，基本形成布局合理、特色明显、生态优美的小城镇发展格局。

二、推进强镇扩权改革。继续深化乡镇机构改革和小城镇行政管理体制改革试点，探索赋予经济发展快、人口吸纳能力强的小城镇县级行政管理权限，鼓励和支持有条件的小城镇单独设立综合执法、行政审批等管理机构。探索机构设置综合、管理扁平高效、人员编制精干、运行机制灵活的基层政府新型管理架构。推行行政许可、行政审批和公共服务事项“一站式”服务。明晰县镇事权划分，坚持财力与事权相匹配。完善试点镇财税管理体制，探索“一级政府一级财政”。

三、完善小城镇扶持政策。探索完善农村土地整治和城乡建设用地增减挂钩制度，积极推进旧城镇、旧厂房、旧村庄改造，提高集约用地水平。加大对小城镇基础设施和公共服务设施建设的政府投入力度，构建投融资平台，推广建设移交、建设转让移交和代建制等模式，探索建立新型农村金融组织，完善小城镇金融服务。探索企业所得税减免、城市建设资金切块支持等更加优惠的政策。探索灵活多样的户籍管理制度。

第九章 构建现代化基础设施体系

构建现代化的基础设施体系是加快转变、跨越发展的重要保障。要科学规划、合理布局，统筹安排口岸、交通、能源、市政公用、信息网络和防灾减灾等基础设施建设，加快构建适度超前、功能配套、安全高效的现代化基础设施体系，不断增强保障和促进经济社会发展能力。

第一节 做大做强港口群

充分发挥港口优势，加强港口资源整合，打造面向世界、服务周边及中西部地区的现代化港口群，到2015年全省沿海港口货物吞吐量达到5亿吨，集装箱吞吐量力争达到1500万标箱。

一、推进三大港建设。完善港口发展布局，推进港口管理体制一体化，加快形成定位明确、布局优化、分工合理、优势互补的海峡西岸北部、中部、南部三大港口发展格局。

1. 厦门港。推动以集装箱运输为主、散杂货运输为辅、客货并举的国际航运枢纽和国际集装箱中转中心建设，发挥厦门集装箱干线港、保税港区和特区政策优势，推进“同港同策”，实施“集装箱突破千万箱工程”，着力发展国际集装箱干线运输，积极开拓外贸集装箱中转和内陆腹地海铁联运业务，强化对台贸易集散服务功能，加快建立新型的第三方物流体系和航运交易市场。加快港区功能优化调整，东渡港区重点发展国际邮轮、对台客运、滚装和高端航运服务，打造邮轮母港；海沧和嵩屿港区重点发展集装箱运输；招银港区加快通用泊位建设；后石港区重点加快30万吨矿建泊位开发；古雷港区重点发展大型液体化工泊位和通用泊位。加快厦门10万吨级主航道、30万吨级后石航道和30万吨级古雷航道以及锚地建设，实现大型散货船、集装箱船全天候进出港。到2015年，厦门港货物吞吐量突破2亿吨，集装箱吞吐量突破1000万标箱。

2. 福州港。积极推进福州、宁德港一体化整合，加快主要港区的专业化、规模化开发建设，加快大宗散装货物接卸转运中心建设，积极拓展集装箱运输业务，提升临港产业配套服务水平，建成集装箱和大宗散杂货运输相协调的国际航运枢纽港。配套完善江阴港区，培育江阴港区集装箱干线运输，积极发展罗源湾大宗散装货物接卸转运业务。加快平潭港区建设。推动宁德港区与临港产业协调发展，建设三都澳1000万吨原油商业储备、矿石中转储备基地、15万吨煤储运码头和LNG接收站配套码头。加快三都澳和罗源湾30万吨级、江阴、福清湾、沙埕湾、兴化湾10万吨级航道建设。到2015年，福州港货物吞吐量达到1.5亿吨。

3. 湄洲湾港。加快开发湄洲湾港，建设大宗散装货物接卸转运中心，将湄洲湾港建成以大宗散货和集装箱运输相协调的主枢纽港。加快建设湄洲湾罗屿作业区深水泊位矿石散货中转基地、东吴港区1500万吨煤炭中转储备基地、成品油储备基地和秀屿港区木材加工基地。积极推动肖厝作业区整体连片开发。加快石湖、秀涂支线集装箱运输发展，有效整合部分港区多用途泊位功能。加快湄洲湾30万吨级航道建设。到2015年，湄洲湾港货物吞吐量超过1.5亿吨。

二、加强港口协作配套。立足三大港现有基础和潜在优势，统筹协调各港口的规划、建设、管理和服务，促进各港区的联动互动发展。大力发展“陆地港”，重点建设晋江、龙岩、沙县、武夷山等“陆地港”，建立具有报关、报检、出口退税、签发提单等港口口岸服务功能的物流节点。支持内陆省份来闽建设“飞地港”。配套完善疏港铁路、公路等基础设施，统筹规划建设港区水电、通讯、环保和口岸联检等配套设施，促进沿海港与干线道路、各类开发区的快速顺畅连接。鼓励和支持河海联运、海陆联运和多式联运，拓展纵深腹地，拓宽服务领域。加强数字口岸建设，提高港口管理水平和服务能力。推进闽江航道建设和内河航道综合整治，畅通内河航运。

第二节　建设现代综合交通运输体系

围绕大港口、大通道、大物流，加快建设以大型海、空港、综合运输枢纽为依托，以快速铁路、高速公路和普通国省干线公路为骨架的“两纵三横”综合交通格局，打造服务周边和中西部地区发展、拓展两岸交流合作现代综合交通运输体系。

图5 福建省港口与机场布局示意图

一、建设“三纵六横九环”铁路网。按照建设高标准、大容量、大通道的现代化铁路要求，加快实施纳入国家中长期铁路网规划和海西铁路网规划的铁路建设项目，构建快捷出省的“三纵六横九环”海峡铁路网。加快新建干线铁路和支线铁路建设，积极推进铁路功能整合和扩能提速改造，完善铁路网，拓展铁路通道。建成京福高铁、龙厦、厦深、向莆、赣龙铁路和南平至龙岩铁路扩能工程以及福州至平潭、福州至长乐机场、漳州港尾等铁路；开工建设浦建龙梅铁路、长（汀）泉（州）铁路、衢宁铁路、宁德至漳州高速铁路；加快推进杭广线南平至丽水和龙岩至广州铁路、永（安）长（沙）铁路前期工作，开展台湾海峡铁路和南平至宁德铁路规划研究；建设一批连接全省主要港口、重要工业基地的铁路支线，建成湄洲湾南北岸、罗源湾南北岸、福州江阴、宁德白马、泉州秀涂、漳州古雷等港口支线铁路；逐步实现沿海铁路货运、城际客运、高速客运分线运行，形成连接海峡西岸经济区与长三角、珠三角以及中西部地区的大运力快捷运输通道。到 2015 年，实现各设区市通快铁，铁路覆盖 90% 以上县市，全省铁路通车里程达 5000 公里，铁路进出省通道增至 10 个以上。

图 6　福建省铁路布局示意图

二、建设“三纵八横”高速公路网。加强纵深推进、南北拓展的高速公路建设，全面建成国家公路网的（北）京台（北）线、厦（门）蓉（成都）线、泉（州）南（宁）线、长（春）深（圳）线和宁（德）上（饶）线福建段高速公路，以及海西网莆田至永定等高速公路。加快建设沈海高速公路复线、厦门至沙县、古雷至武平、湄洲湾至重庆等高速公路。加快建设绕城高速公路，基本建成福州、厦门、泉州等中心城市绕城高速公路。加快推进联络线建设，提高网络化水平和通达深度。到2015年全省高速公路里程突破5000公里，实现县县通高速公路。

图7 福建省公路布局示意图

三、完善普通公路网。积极推进干线公路网络化建设，全面完成“两纵两横”国道和“八纵九横”省道改造，适时开展省道网调整，加快县道改造步伐，形成主干线、干线、支线相连接、高效便捷的公路交通网络，实现与重要城镇、重大产业基地、主要旅游景区、交通枢纽和海陆口岸相连通。加快推进农村公路硬化向300人以上自然村延伸，加强农村公路管理养护。实施公路安全工程，完善公路安保设施。继续推进撤渡改桥、危桥改造、陆岛交通工程，改善提升500人以上岛屿的交通条件。加快农村客运站等建设，实现每个县城有1～2个二级及以上客运站和1个二级以上货运站，农村客运站点达到700个以上。2015年基本完成主要国省道和重要县道的二级路以上标准改造，全省公路网通车总里程突破10万公里。

四、加快民航发展。统筹规划建设现代化民航基础设施，完成5个既有机场扩能工程，加快推进厦门新机场、三明沙县机场、福州机场二期、武夷山机场迁建等项目建设，规划建设宁德、莆田、漳州机场军民合用工程，认真开展平潭机场前期研究，形成以福州、厦门国际机场为主的干支结合的空港布局，逐步实现各设区市均有一个机场。拓展航空网络和民航市场，拓展国际国内航线航班，扩大厦门机场开放航权，争取福州机场开放航权，逐步引入航空运输和旅游服务合作机制。创新民航发展体制机制，壮大民航运力、队伍和产业，重点支持厦门航空公司发挥主力作用，增加引入基地航空公司，促进民航运输与多元化运输方式相协调。积极发展通用航空，加快发展航空物流，提升管理水平和服务质量。到2015年，全省民航旅客吞吐量超过4400万人次，货邮吞吐量超过70万吨。

五、积极发展城市(际)轨道交通。加快推进福州、厦门、泉州三大中心城市轨道交通系统建设。建成福州地铁一号线，加快推进二号线开工建设；启动建设厦门、泉州城市轨道交通系统。积极推进海峡西岸城际轨道交通系统规划和项目前期工作，以有效利用既有铁路和新建城际轨道交通相结合，率先启动建设厦漳泉等城镇密集地区的城际轨道交通项目，提高城际轨道交通辐射覆盖能力。

六、培育发展综合交通枢纽。坚持统筹规划、有效衔接、一体化发展原则，按照客运零距离换乘、货运无缝衔接要求，以海港空港、铁路公路、城市交通的中心场站为重点，加快推进福州、厦门两大全国性综合交通枢纽以及其他区域性交通枢纽的规划建设。客运枢纽建设重点加强铁路、公路、机场、城市公共交通等一体化高效接驳换乘；货运枢纽建设重点加强铁路、公路、机场、水路的有机衔接。加快智能交通服务网络建设，创新服务模式，着力优化运输组织，强化客票一体联程、货物多式联运，推进各类交通运输方式高效衔接、协调发展，努力实现各主要客运枢纽和城市核心区、货运场站和产业聚集区的快速衔接。到2015年基本形成人便其行、货畅其流的现代化综合交通枢纽新格局。

专栏8　现代综合交通网络

1. **“两纵三横”综合运输大通道**：“两纵”为南北沿海上海—福州—厦门—深圳综合运输大通道和杭州—南平—三明—龙岩—广州综合运输大通道；“三横”为北京—福州—台北综合运输大通道、拉萨—重庆—湄洲湾—台中综合运输大通道和昆明—厦门—高雄综合运输大通道。

2. **“三纵六横九环”铁路网**：建成后总里程达6000公里。沿海铁路通道（即已开通运营的温福、福厦铁路及在建的厦深铁路、规划沿海高速铁路和沿海货运铁路）、杭闽广铁路通道（以南三龙铁路为主骨架）、浦（城）建（宁）龙（岩）铁路等“三纵”；北京—合肥—福州—台北、昆明—赣州—漳州—厦门—高雄、衢州—宁德、横峰—福州、向塘—莆田、长汀—泉州等“六横”；形成连接海峡两岸的9个环状铁路。

3. **“三纵八横”高速公路网**：建成后通车里程突破5000公里。“三纵”：沈海高速（福鼎—诏安）、沈海高速复线（福鼎沙埕—诏安）、长深高速（松溪—武平）。“八横”：京台高速（浦城—福州）、宁上高速（宁德—武夷山）、福银高速（福州—邵武）、泉南高速（泉州—宁化）、厦门—沙县高速、莆田—永定高速、厦蓉高速（厦门—长汀）、古武高速（古雷港—武平）。

第三节　打造东南沿海重要能源基地

积极利用国际国内两种资源，优先利用国外资源，调整能源流向；大力发展新能源和可再生能源，优化能源结构，推动能源生产和利用方式变革，构建稳定高效的能源产业体系和供应基地。到2015年清洁能源比重提高到47.8%。

一、加强电源建设。以清洁、低碳为发展方向，合理布局电源建设，优化电源结构，在更大范围配置能源资源，为福建及周边地区提供安全可靠、适度超前的电力保障。加快建设宁德、福清核电站，做好三明等核电项目储备建设，积极参与国家核电前沿技术研发和示范。合理布局大型燃煤电厂，推进超超临界火电建设，加快列入规划的大型燃煤火电项目建设和前期工作，优先发展热电联产和冷热电联供。规范水能资源开发利用，有序推进抽水蓄能电站前期工作和项目建设。到2015年省内发电总装机容量达5200万千瓦。

二、完善电网建设。加快推进与华东联网第二通道及与南方电网联网前期和建设工作，构筑“纵向贯通、横向延伸、交直互济、三省环网”的1000千伏特高压电网，形成多通道、大容量的跨省联网，实现电网升级、扩容；加强省内500千伏超高压电网建设，构筑“省内南北双环网、沿海东西双廊道”的500千伏主干网络；加强220千伏、110千伏及以下城乡电网建设改造，提高配电网供电质量和可靠性，形成以1000千伏特高压为支撑、500千伏超高压为主干，各级电网协调发展、结构合理、技术先进、经济高效的海西智能电网。

三、积极推进新能源开发。加强资源调查、评价和开发利用，优先开发技术比较成熟、可规模化发展和产业化前景比较好的新能源和可再生能源。继续加快陆上风能的规模化开发和管理；积极推进莆田平海湾、宁德霞浦、漳州六鳌等海上风电示范项目，启动建设海上风电基地；推动生物质能、太阳能、海洋可再生能的开发利用研究和项目建设。推进南靖、屏南、德化等绿色能源县建设。加快建设新能源技术研发平台，加大对新能源前沿、关键技术的研发力度，整合海峡两岸优势科研资源，推进闽台新能源合作。

四、加强能源储备。积极推进煤炭储备中转基地建设，加大煤炭进口，拓展煤炭下游产业链，促进煤炭清洁高效利用；优化煤炭流向，加快形成煤炭跨区平衡通道，增强对内陆地区的服务和辐射能力。积极推进大型石油储备基地及输油管道等项目建设，扩大石油储备周转的市场覆盖范围。按照“覆盖全省、对接两洲、辐射内陆、清洁安全”的目标，加快完善天然气接收站和全省主干管网建设，加强液化天然气储备基地建设，增强天然气储备调峰能力；延伸液化天然气产业链，建设冷热电联供、冷能利用、汽车加气等示范产业园区和项目；积极推进与周边地区天然气输气主干线对接。加强台湾海峡油气资源合作勘探开发。

第四节　提高防灾减灾能力

加强风险管理，加快建立与经济社会发展相协调的防灾减灾体系，全面提高重大灾害预警预报、快速反应和紧急救援能力，保护经济社会发展成果和人民生命财产安全。

一、提升防灾减灾应急水平。建立健全防灾减灾综合管理体制和运行机制，着力加强灾害监测预警、防灾备灾、应急处置、灾害救助、恢复重建等能力建设，全面提高综合减灾能力和风险管理水平。完善监测网络及预警预报、快速反应和救援的应急机制。健全灾害评估与减灾预案体系，建立省、市、县、乡、村五级灾情收集网络，完善和强化地方及部门自然灾害灾情快速评估、上报和发布制度，做到预警到乡、预案到村、责任到人。健全防灾减灾社会综合保障体系，建立快速高效的军地抢险救灾联动机制；建立自然灾害数据库，完善防灾减灾专家咨询系统；建立救灾资金多元化投入机制，建设覆盖县、乡、村三级自然灾害避灾点和市县地震应急避难场所，建立完善设区市和易灾频灾县、乡的救灾物资储备（点）；抓好防灾减灾知识普及，提高民众防灾减灾意识和应变能力。

二、加强防灾减灾重点工程建设。统一规划，突出重点，加快建设一批综合水利枢纽、海洋、测绘、气象、地震、地质、森林防火、人防等防灾减灾重点工程，全面提升抗御自然灾害的能力。

防洪防潮保障体系。继续推进闽江、九龙江、汀江、晋江、赛江、木兰溪重点防洪工程和海堤除险加固，实施百条重点中小河流防洪治理工程，提高中心城市和县城防洪排涝能力，健全完善城乡防洪体系，加强山洪灾害防治。继续推进水利工程除险保安工程建设，实施千座水库除险加固工程，消除中小型病险水库和大中型水闸安全隐患，全面完成规划内各类病险库加固任务，实现各类水库和水闸的正常运行。

水资源保障体系。实施闽东南沿海供水工程、闽西北蓄水工程，推进长泰枋洋水利枢纽等大型水利工程建设，加快推进厦门莲花水库、龙岩何家陂水库、明溪黄砂坑水库、龙海九九坑水库等蓄水工程项目。加强水系治理。加强城市第二水源工程建设，合理规划和建设跨区域、跨流域、跨时空调节功能的水资源配置工程，加快闽江"北水南调"项目前期工作，建成一批具有防洪、灌溉、供水等功能的综合水利枢纽，确保城乡供水安全。

海洋与渔业安全体系。完善海洋灾害应急预案、灾害监测和立体观测网络，全面提升观测、监测和预警预报水平。实施海洋防灾减灾"百个渔港建设、千里海岸减灾、万艘渔船安全应急"工程，建设20个中心渔港和一级渔港，90个二三级渔港及避风锚地，构建以一类渔港为中心轴，宁德、福州、莆田、泉州、漳州五市渔港集群为片区的渔港防灾减灾体系。建立从省到村五级联动海洋灾害应急管理体系，加强与台湾、广东、浙江等海上灾害救助合作，建立快速高效的搜救联动机制。

森林与湿地防灾体系。加快生态屏障建设，优化森林林种树种结构，加强天然林、生态公益林保护和沿海防护林建设，抓紧实施江河流域、交通沿线、开发区域、城镇和村庄周边的生态植被恢复工程，构筑较为完善的森林生态和湿地御灾体系。推进森林火灾防控工程，重点加强火灾预警监测、信息网络、指挥系统、扑救设备与保障建设，形成较为完善的森林火灾预防、扑救、保障三大体系，不断提高森林防火综合能力。

农林牧渔病虫害防控体系。完善农作物有害生物监测预警、植物检疫与重大疫情监控体系建设，推广病虫害绿色防控技术，组织开展专业化统防统治；完善动物疫病预防控制、监测预警、监督执法、物质保障、动物标识及疫病可追溯等五大基础系统，提高重大动植物疫病害有效预防、快速扑灭能力。加强林业有害生物预警监测、检疫御灾、防治减灾、应急反应和防治公共服务保障体系建设。建立健全水生动物疫病防控信息网络，提高水生动物疫病诊断、疫情信息处理、预警预报能力。

气象、防震、测绘和地质减灾体系。着力推进海西气象监测预警体系、多要素自动站网、预警信息发布系统建设，完善气象综合观测、预报预测和公共服务等系统。实施地震监测预警与社会服务系统工程，提升城乡综合防震减灾能力。推进城乡房屋建筑抗震加固改造工程，加快沿海石头屋危旧房改造。加强基础测绘能力建设。加强地质灾害隐患排查、风险评估和系统治理，实施"百个以上重大隐患治理、千处以上村居危险点搬迁、万个村庄群测群防体系"工程。

消防安全保障体系。强化城乡消防安全基础设施建设，确保消防站点、供水、通道等公共消防设施建设达到国家标准。加强消防宣传教育培训，整治火灾隐患，构筑社会消防安全"防火墙"工程。加快推进综合应急救援队伍建设，积极发展多种形式消防队伍，建立物资储备、应急响应和指挥调度机制，完善符合省情特点、针对性强的消防力量体系。重点加强福州、厦门、泉州等中心城市消防力量建设和装备投入，推动市县城区市政消防栓达到配备标准。启动港口消防建设，填补海上消防力量空白。

第五节 全面提升信息化水平

以三网融合、云计算、物联网为重点，加强信息基础设施建设，加快经济社会各领域信息化，推动信息化和工业化深度融合，提高“数字福建”应用水平。

一、构建新一代信息基础设施。继续实施“数字福建”工程，加快宽带通信网、数字电视网和下一代互联网共建共享、互联互通，推进“三网融合”。积极发展新一代移动通信、无线城市网络，全面提高网络技术水平和传输能力，引导建设宽带无线城市，推进城市光纤到楼入户，扩大普遍服务范围。加快农村、偏远地区宽带网络建设，全面提高宽带普及率，逐步形成惠及全民的信息网络。实施物联网、云计算工程，加大技术开发和应用力度。

二、推进经济社会信息化。加快发展电子商务，完善面向中小企业的电子商务服务，推动面向全社会的第三方公共物流平台建设。促进制造业信息化，加快信息技术在研发、生产、营销等环节的全面应用。推进基础设施信息化，提升水利、交通、能源、物流等领域管理智能化水平。实施“万村千乡上网工程”，构建三农信息服务体系。加快建设教育、文化、医疗、社区服务、社会救助等面向民生的信息服务体系。完善全省政务信息网，完善提升“金字工程”，建设应急指挥体系、海洋资源开发管理及森林资源、环境保护监测管理等重要应用系统，推进全省电子政务资源共享和业务协同，完善网上行政审批系统，拓展网上行政审批平台应用领域。加强地理、人口、金融、税收、统计等基础信息资源开发利用。加强网络信息安全保障体系建设，确保基础信息网络和重点信息系统安全。

专栏9 信息化相关概念

1. 物联网：在互联网的基础上，将用户端延伸和扩展到物品与物品之间，进行信息交换和通信的一种网络。具体指：通过射频识别（RFID）、红外感应器、全球定位系统、激光扫描仪器等信息传感设备，按约定的协议，把任何物品与互联网相连接，进行信息交换和通信，以实现智能化识别、定位、跟踪、监控和管理的网络。

2. 三网融合：电信网、广播电视网和互联网在向宽带通信网、数字电视网、下一代互联网演进过程中，其技术功能趋于一致，业务范围趋于相同，网络互联互通、资源共享，能为用户提供话音、数据和广播电视等多种服务。

3. 金字工程：我国电子政务建设指导意见（中办发［2002］17号）中确定建设的重点业务系统，例如：国家宏观经济管理系统简称“金宏工程”，金字工程即为这一类系统的总称。

4. 云计算：基于互联网的超级计算模式，通过网络以按需、易扩展的方式获得所需的计算资源与服务。它具有节约成本、按需使用资源、快速提供服务的优势，是科学、高效、动态的资源配置方式。

第十章 全面提升开放型经济发展水平

全面提升开放型经济发展水平是加快转变、跨越发展的重要途径。实施更加积极主动的大开放战略，在稳定规模中提高利用外资质量，在扩大份额中加快转变外贸发展方式，在调整结构中提升境外投资水平，在创新机制中发挥各类开发区载体作用，在拓展平台中密切闽港澳侨合作，构建内外联动、互利共赢、安全高效的开放型经济体系，加快建设外经贸强省。

第一节 着力提高利用外资质量

以重大项目为依托，强化载体建设，创新招商方式，优化外资结构，改善投资环境，实现利用外资质与量的突破。

一、优化利用外资结构。统筹产业结构升级和承接国际产业转移，密切与国际战略投资者合作，引导外资更多地投向主导产业、战略性新兴产业、现代服务业、社会事业和节能环保等重点领域。积极推进生产性服务领域扩大对外开放，逐步放宽准入限制，引进现代物流、银行、保险、证券、服务外包、会计、审计、律师、会展、医疗、教育、文化、体育等优质资源。大力发展总部经济，吸引跨国公司来闽设立地区总部、生产基地、研发中心、采购和营销中心，重点引进一批技术密集、产业链配套的龙头型和基地型外资项目，增强外资的集聚带动效应。

二、提升引资引智水平。坚持引资和引智结合，积极探索建立新型招商引资机制，引入更加灵活有效的招商方式，健全招商引资重点企业和重大项目的跟踪落实和服务机制。支持企业采取技术合作、资产并购等方式发展与国际大企业的战略合作。支持符合条件的企业到境外发行股票并上市，引导境外上市企业募集资金回闽投资。支持现有外资企业增资扩产、快速成长。继续合理有效用好各类国外优惠贷款，优化贷款投向，完善外债管理。加大先进技术和先进人才的引进力度，借鉴国际先进管理理念、制度、经验，积极融入全球创新体系。

三、拓展商贸展会载体平台功能。提升展会品位和水平，积极吸引国内外高端投资者和知名客商参加展会，增强展会的影响力和知名度，提升展会招商平台功能。创新展会活动的组织形式、管理模式、运行机制，延伸拓展展会规模和领域。推动提高中国国际投资贸易洽谈会、海峡两岸经贸交易会、中国·海峡项目成果交易会等大型综合性投资促进和贸易活动的水平和实效，打造一批在国内外具有较高影响力的展会。

第二节 加快转变外贸发展方式

继续稳定和拓展外需，促进出口贸易与进口贸易、货物贸易与服务贸易、一般贸易与加工贸易、贸易与投资的协调发展，加快形成大外贸、大企业、大品牌、大物流为主导的贸易发展新格局。

一、培育外贸竞争新优势。加强重点商品出口基地建设，推动出口行业联合发展。优化出口商品结构，以技术、品牌、营销、标准等为核心，提升出口产品档次、附加值和竞争力。鼓励具有自主知识产权的高技术产品、机电产品和高附加值劳动密集型产品出口，提高自主品牌产品、核心技术和高附加值产品出口比重。积极推进加工贸易转型升级，鼓励内外企业广泛协作，加快从组装加工向研发、设计、核心元器件制造、物流等环节拓展。大力培育优势产品的品牌价值，支持企业收购或自建国际营销网络。鼓励省内企业联合制定具有自主知识产权的技术和行业标准，积极参与各类国际技术标准制定。深度开发传统市场，积极开拓新兴市场，拓展东盟等自由贸易区市场，推进出口市场多元化。严格限制高耗能、高污染、资源性产品出口。优化进口结构，鼓励经济发展急需的先进装备技术、重要资源、关键零部件和满足不同层次需求的生活消费品进口。

二、积极发展服务贸易。深度挖掘运输、旅游、商业服务等传统优势服务贸易潜力。大力扶持通讯、金融、计算机和信息服务、专利特许、文化和咨询等高附加值服务出口。积极扩大工程承包、海洋运输、农林牧渔等优势领域劳务输出规模。以厦门、福州、泉州为主要载体，大力承接国际服务外包，加快服务贸易集聚区建设，推进中国国际信息技术(福建)产业园建设，提高服务贸易在对外贸易中的比重。力争到2015年，服务贸易总额占全省对外贸易总额的比重提高到15%以上。

三、建立健全外贸稳定增长促进机制。加强企业和产品进入国际市场的认证，建立健全进出口预警、产业损害预警、应对技术壁垒、对外投资风险防范等工作机制，发挥行业组织自律和协调职能，有效应对国际贸易摩擦。加大对具有自主品牌和自主知识产权出口商品研发、展览、境外商标注册、境外销售渠道建设、维权等方面支持力度。积极拓展跨境人民币业务。鼓励发展出口信贷，创新出口企业融资担保方式，扩大出口信用保险覆盖面。加快电子口岸、国际物流、电子商务、行业商协会等外贸公共服务项目建设，完善口岸大通关机制，扩大区域通关和直通放行覆盖范围，实现口岸通关信息化和便利化。

四、加快实施“走出去”战略。引导各类所有制企业有序到境外投资合作，推动企业开展国际化经营，支持企业参与国际市场资源、供应链和价值链整合，有效拓展海外市场，建立境外生产基地、营销平台和服务网络。开展对外直接投资、对外承包工程和跨国并购，建设境外商品集散中心和生产加工基地。有序向境外转移产能，建立境外资源开发基地，加快培育形成一批跨国公司和国际知名品牌。健全海外投资保险支持机制，建立完善的统筹内外经济调控应对机制。

第三节 推动开发区创新发展

以建设承接国际产业转移聚集区和高新技术密集区为导向，着力体制创新、科技引领和产业集聚，加快各类开发区整合、拓展和提升。

一、提高开发区集聚水平。推进园区与城镇建设互动发展，推动港区、城区联动，促进功能完善的开发园区向城市新区发展。加快国家级、省级开发区扩区和区位调整，推动符合条件的省级开发区升级为国家级开发区，鼓励省内外异地联合创办开发区。引导开发区向培育主导产业和特色产业转变，全面推行绿色招商，提高集约开发水平，建成先进制造业基地、绿色经济示范区和自主创新的重要载体。加强各类开发区的功能整合，推动扩大福州台商投资区和新设立泉州、漳州等台商投资区。扶持开发区重点公共平台建设，推动优势资源向园区集聚、重大产业项目向园区集中。

二、提升海关特殊监管区功能。加强保税港区信息化建设，推动电子通关。积极推进泉州、福州出口加工区功能拓展，并与临近的空港、海港、特殊监管区域(场所)联动发展。适时在平潭综合实验区、东山湾、泉州湾、湄洲湾等港区设立海关特殊监管区。充分发挥厦门、福州保税港区政策优势，大力拓展国际转口贸易、国际中转、商品展示、国际采购、分销和配送等业务，提高港口加工增值服务能力。

三、创新开发区体制机制。探索赋予开发区更大的经济管理权限，在投资运营模式、用人制度、收入分配、机构设置等方面采取更加特殊灵活的政策措施。鼓励沿海与山区共建开发区，办好山海开发区项目对接会。加强闽台区域合作，积极争取在我省保税港区与台湾自由贸易港区之间先行试点海关程序合作。

第四节 深化闽港闽澳合作

充分运用内地与港澳更紧密经贸关系安排机制，以优势互补为前提，以产业合作为基础，进一步提升闽港澳经济合作层次和水平。

一、持续拓展闽港合作。利用香港服务业发达的优势，积极引进资金、先进技术和管理经验，鼓励更多的香港金融机构来闽设立分支机构或投资参股，支持企业赴港上市融资。利用香港全球供应链管理中心的优势，推动有条件的企业到香港设立营销中心、运营中心，扩大对港贸易和转口贸易。加强物流业合作，建立跨境物流网络。健全旅游交流合作机制，整合两岸四地旅游资源，推动环海峡旅游圈发展。加强与香港投资促进、科技推广机构的合作，为港商来闽投资、开展两地贸易提供政策咨询、信息交流等各项服务。

二、深入推进闽澳合作。充分发挥澳门与欧盟、葡语系国家等地区的联系平台和娱乐、经贸、商务、酒店、金融等行业发展的服务平台作用，进一步提升闽澳在商务、中小企业、旅游和服务业等方面的合作层次和水平。

第五节　充分发挥华侨华人作用

充分发挥福建华侨华人众多、资金实力雄厚的优势，凝聚侨心、汇集侨智、发挥侨力、维护侨益，引导更多的华侨华人为推动我省跨越发展服务。

一、大力推动海外侨胞来闽投资兴业。充分利用各类大型经贸活动平台，加强"招商引资、招才引智、引侨促贸"力度，打造"海外侨商投资与贸易"工作品牌，吸引更多侨商来闽投资兴业，海外华侨华人专业人才、高新技术项目在闽落户。重点加强海外社团和商会的联络，完善福建海外华侨华人经贸协作网络，建立海外侨商与省内企业对接与合作的便捷通道。鼓励侨胞捐赠我省公益事业，保护侨胞捐赠热情。

二、着力加强海外联谊。加强与海外华侨华人的联络与沟通，组织参与具有重大影响的社团活动。扩大"世界福建同乡恳亲大会"、"世界闽商大会"、"世界福建青年联会"、"福建侨商投资企业协会"等影响，增强海外侨胞的凝聚力。加强华裔新生代和新华侨华人、重点社团和重点人士工作，重视拓展海外新侨区工作，培育海外友好力量。拓展与海外华文媒体的合作，扩大福建在世界的影响。

三、维护侨胞合法权益。切实维护侨商投资权益，制定完善侨商在我省投资兴业的政策措施，加强侨商投资服务。持续开展和落实归难侨的扶贫帮困工作。因地制宜、一场一策，推进华侨农场改革发展。创造条件为海外侨胞来闽旅游、探亲、学习提供便利，努力提升为侨服务水平。

专栏 10　全面提升开放型经济水平相关概念

1. 国家级和省级开发区：目前，福建省拥有 25 个国家级开发区，66 个省级开发区。其中国家级开发区为：福州经济技术开发区、福州元洪投资区、福清融侨经济技术开发区、东山经济技术开发区、漳州招商局经济技术开发区、泉州经济技术开发区、福州台商投资区、厦门海沧台商投资区、厦门集美台商投资区、厦门杏林台商投资区、福州科技园区、泉州高新技术产业开发区（江南、石狮）、厦门火炬高技术产业开发区、福州保税区、福州保税物流园区、厦门象屿保税区、厦门象屿保税物流园区、福州保税港区、厦门海沧保税港区、厦门出口加工区、福州出口加工区、福清出口加工区、泉州出口加工区、武夷山国家旅游度假区、湄州岛国家旅游度假区。

2. 海关特殊监管区：福建省现有的各类海关特殊监管区主要包括，保税区：福州（马尾）保税区、厦门（象屿）保税区；保税港区：厦门（海沧）保税港区、福州保税港区；保税物流园区：厦门（象屿）保税物流园区；出口加工区：厦门出口加工区、福州（马尾）出口加工区、泉州出口加工区。平潭综合实验区积极争取国家更特殊的海关监管政策。

3. 区港联动：发挥保税区的政策优势和港口的区位优势，将保税区的特殊政策覆盖到港区，实现区域联动、功能联动、信息联动、营运联动，拓展和提升保税区和港口的功能，形成保税区与港口良性互动发展的局面。区港联动是发展自由贸易区的国际通行模式。

4. 口岸大通关机制：人员、货物、交通工具进出国境（关）须办理的旅客检查、货物运输、仓储、检查检验、装卸、金融、配送等手续和进行操作作业的全过程，环环相扣，密切配合，目的是提高口岸工作效率。

第十一章 建设两岸交流合作先行先试区域

建设两岸交流合作先行区是加快转变、跨越发展的战略要求。以两岸签署和实施经济合作框架协议（ECFA）为契机，着力先行先试，争取闽台更多合作项目列入ECFA后续商谈及补充协议，大力推进两岸经贸合作、文化交流和人员往来，努力构建吸引力更强、功能更完备的两岸交流合作前沿平台。

第一节 建设两岸经贸合作紧密区域

以先进制造业、新型农业和现代服务业为重点，有效加强闽台产业深度合作，扩大双向投资和贸易，探索进行两岸区域合作试点，加快建立产业分工合作和互利共赢体系，促进闽台经济共同发展，构建环海峡经济圈。

一、深化农业合作。加大海峡两岸（福建）农业合作试验区、海峡两岸（三明）现代林业合作实验区建设力度，促进对台农业资金、技术、良种、设备等的引进与合作，构建两岸人员科技信息交流、现代农业生产要素引进消化、农产品销售平台。建立闽台农产品出口加工基地和台湾农业技术、新品种推广中心，加快建设厦门、漳州、三明、莆田、南平等地闽台良种引进繁育中心和示范推广基地，建立海峡两岸茶叶合作等一批闽台现代农业合作示范区。推进漳浦、漳平永福、仙游、清流等国家级台湾农民创业园建设，推动增设福清、永安、惠安等国家级台湾农民创业园。支持闽台远洋渔业合作，合作组建远洋渔业船队，建立远洋渔业合作基地。支持闽台农产品市场及台湾水果销售、水产品、花卉集散中心等物流中转基地建设，加大对台湾农产品的采购和促销力度，简化通关手续，促进贸易常态化经营。加强两岸农民合作组织交流，广泛开展闽台基层交流合作，以一乡一特色形式深化闽台乡镇对接。鼓励台湾农民来闽投资创业，给予用地审批、土地流转、贷款融资、财税等优惠政策，着力打造闽台合作新模式、新品牌。

二、推进先进制造业深度对接。积极承接台湾先进制造业，推进电子信息、石化、机械、汽车、船舶、食品、医药等产业更高层次的对接，重点推进战略性新兴产业的合作，引进台湾龙头企业，构建产业集群。对平潭综合实验区、台商投资区、古雷台湾石化产业园区等的台商投资项目实行特殊审批政策，依托湄洲湾石化基地规划和引进台湾石化下游产业集群，依托福清洪宽台湾机电园建设台湾精密机械投资示范区。完善与台湾行业协会、企业和科学园区等密切合作机制，优先保障闽台合作建设项目用地，推动台商投资企业转型升级。鼓励和支持有条件的企业到台湾投资兴业，推动建立闽台双方分工协作、优势互补的双向投资机制。

三、提升服务业合作水平。推动福州、厦门两岸金融区域性服务中心建设，促进闽台金融机构双向互设、相互参股，推进两岸金融合作，打造资本对接平台。完善闽台旅游合作机制，共建环海峡旅游圈，共推双向旅游精品线路，共同打造“海峡旅游”品牌。加强两岸电子商务合作。发挥保税港区、保税物流园区、出口加工区等海关特殊监管区域作用，加快建设两岸物流合作基地和物流配送中心，推动两岸物流信息网络相互衔接。加强与台湾科技研发、文化创意、服务外包、航运物流、商务会展、医疗养生、律师事务、中介服务等现代服务业合作，推动台湾企业来闽设立地区总部、配套基地、采购中心、物流中心和研发中心。

四、扩大闽台货物贸易规模。积极落实ECFA货物早期收获计划，扩大早收清单内商品的对台进出口规模。扶持福州、厦门成为“大陆对台贸易中心”。完善港口功能，广泛吸引境内外货源，吸引中西部地区和周边省份通过我省开展对台贸易。发挥海关特殊监管区的政策优势，加强与台湾大型物流企业、工商团体、行业协会的合作，吸引台资企业原辅材料、半成品在我省加工增值后内销或出口，推动形成台资企业加工增值转口基地，促进台湾大宗货物经由我省港口中转。

第二节　建设两岸文化交流重要基地

以促进祖地文化、民间文化交流为重点，以传承中华文化为载体，推动闽台文化全方位、宽领域交流，开展多层次、各界别互动，创建科教文化、医药卫生等领域对台交流合作基地和试验区。

一、推进文化交流合作。充分发挥“省部合作，两岸共办”优势，促进海峡论坛机制化、常态化，不断提升两岸民间交流平台功能。加快闽南文化生态保护实验区建设，推进建立客家文化、妈祖文化生态保护实验区，提升妈祖信俗、南音等人类非物质文化遗产内涵。建设海峡两岸文化产业园和文化产业合作中心，形成一批对台文化交流与合作基地；共同打造一批具有中华民族特色风格和原创性的知名文化品牌，大力推动闽台文化创意产业合作，构建两岸文化产业对接的重要基地。深入开展两岸文化对口互动，办好各类民俗文化节庆活动，精心策划组织文化项目入岛交流。推动两岸新闻媒体互设常驻机构，推进两岸出版交流试验区建设，深化闽台文学艺术、新闻出版、广播影视、体育等领域的交流合作。加强台湾文献信息积累与研究，发挥福建省台湾文献信息中心作用。加大涉台文物保护力度。开展涉台族谱资源普查，加强两岸族谱对接。深度挖掘闽台缘博物馆的两岸文化交流功能。

二、推进科技交流合作。吸引台湾科研机构和科技人员共同创建科技创新平台，鼓励闽台科研机构、企业建立技术创新联盟，加强闽台合作研发，建设科技合作基地，组织实施科技合作项目，开展联合攻关。鼓励台湾同胞在闽单独设立或与高校、企业、个人合资、合作设立科技研发机构。重视两岸科技合作服务平台建设，加强科技成果转化等方面合作，促进台湾科技成果与福建技术需求有效对接。深化闽台气象、海洋、地质、地震、水利、环保、标准、计量、认证、检验检疫等方面合作，建立两岸防灾减灾资讯共享和沟通机制。对台资企业从台湾引入新品种、新技术、新设备的科技项目，对闽台合作开发具有自主知识产权的高新技术和产品及成果转化，给予政策扶持。

三、推进教育交流合作。拓宽对台教育交流合作领域，创新闽台教育合作模式。积极推进我省高等学校与台湾知名大学合作举办教育机构。继续扩大对台招生规模，积极推动闽台两地学生互换、学历学分互认。持续选派学生赴台学习。为台湾人士子女在闽接受教育提供“绿色通道”，完善在闽就学优惠政策。办好海峡两岸大学、中小学校长论坛等活动。加强闽台青少年交流。开展台湾研究、台湾教育研究及两岸教育交流合作研究。在福州地区大学新校区和平潭综合实验区设立两岸教育合作实验园区。以海峡两岸职业教育交流合作中心为平台，推进“两岸职业教育教学资源基地”和“两岸职业教育师资培训基地”建设。实施闽台高职院校联合培养人才、合作培训师资、高职教师台湾访问学者工程等项目。支持闽台继续教育、终身教育的双向交流。

四、推进卫生交流合作。加大卫生领域对台开放，推动公共卫生、医学医疗、中医药、康复养生、养老事业等方面交流合作。鼓励台商在闽投资建设医院和相关设施，引进先进的医疗技术和管理机制。推进闽台医护人员交流合作，鼓励双方医护人员开展对疑难重症病例的医疗合作、业务交流与培训。拓宽红十字组织和慈善事业交流合作。积极搭建海峡医术论坛交流平台，办好两岸医药发展与合作论坛。

五、推进人才交流合作。加快推进闽台人才合作培训、科研、交流基地建设。制定和完善台湾人才来闽通行、人事、税收、劳动和医疗保障等规范性措施。完善在闽台湾人才评价政策和办法，开展台湾专业人才参加职称评定、资格考试和认证试点工作。加强面向台湾人才的中介服务组织建设，推动闽台人力资源服务机构互设分支机构，建设海西人力资源服务产业园。加强两岸人才信息交流，建立统一管理、为各行业服务的多层次台湾人才及其研究成果数据库。支持省内企事业单位聘用台湾优秀人才，鼓励取得大陆高校学历的台湾学生来闽就业，鼓励台湾人才来闽创业、参政议政、参与社会管理。开展闽台专家两岸行、两岸大学生创业项目对接洽谈等活动。建立闽台人才交流服务协调机制，维护台湾人才在闽合法权益。

第三节　建设两岸直接往来综合枢纽

加快建设“客货并举、多点直航、便捷通畅”的两岸综合通道，进一步拓展两岸直接往来的范围和层次，建设两岸交流交往、直接“三通”的综合枢纽和主通道。

一、构建两岸人员往来枢纽。加快完善两岸直接“三通”基础条件，提升对台开放合作整体功能。扩大口岸开放，实现闽台电子口岸互通和信息共享。试行便利两岸人员直接往来的管理办法，健全两岸人员直接往来的便捷有效管理机制。争取在两岸区域合作试点地区实施台湾车辆临时入境行驶政策。加快发展对台客滚直航运输，巩固“小三通”客运航线，推动开通福州（平潭）至基隆、厦门至高雄、湄洲岛至台中客运航线，形成福建沿海与台湾北部、南部、中部相对应的海峡快捷客运走廊。完善厦门、福州等机场两岸空中直航的设施条件，增加航线、航班，推动增设泉州、武夷山机场为两岸客运旅游包机直航航点。

二、构建两岸货物往来枢纽。整合优化对台口岸功能，加快建设面向亚太的两岸航运中心，进一步推动福州、湄洲湾、厦门港开放口岸货运直航，发展闽台海峡航运业，增开两岸间集装箱班轮航线、滚装航线和散杂货不定期航线。推动“小三通”双向行李直挂，鼓励和支持船舶所有人选择福州、厦门、湄州湾港作为船籍港。推进闽台港区对接，推动运输业、仓储业、船舶和货运代理合作。深化海峡通道工程前期研究工作，规划建设福建沿海连接台金马澎通道。

三、构建两岸信息枢纽。加快福州、厦门邮政物流中心建设，做大做强对台邮件业务。加强对台通邮基础设施建设，提升对台邮件总包交换中心功能，扩大两岸邮件运输空中直航范围。推进向台湾本岛、金门、马祖铺设海底通信缆线。进一步发挥福建作为两岸事务重要协商地的作用，推动国家有关部门、海协会、两岸协商机构及台湾行业协会来福建设立办事机构，协商两岸事务，把我省建设成为两岸事务性重要协商地。

专栏11　建设两岸交流合作先行区相关概念

1. 经济合作框架协议（ECFA）：英文为 Economic Cooperation Framework Agreement，简称 ECFA，台湾方面的繁体版本称为“海峡两岸经济合作架构协议”，是海峡两岸关系协会与财团法人海峡交流基金会在遵循平等互惠、循序渐进的原则下，达成加强海峡两岸经贸关系的意愿。协议的内容主要包括贸易与投资、经济合作、早期收获等。

2. 三通：海峡两岸直接“通邮、通商、通航”的简称，最早是由全国人大常委会在1979年元旦发表的《告台湾同胞书》中提出的。《告台湾同胞书》倡议海峡两岸应“尽快实现通航、通邮”，“以利双方同胞直接接触，互通讯息，探亲访友，旅游参观”。

3. 小三通：福建沿海地区与金门、马祖、澎湖的海上通航，开通于2001年1月2日。

图 8 闽台交流合作布局示意图

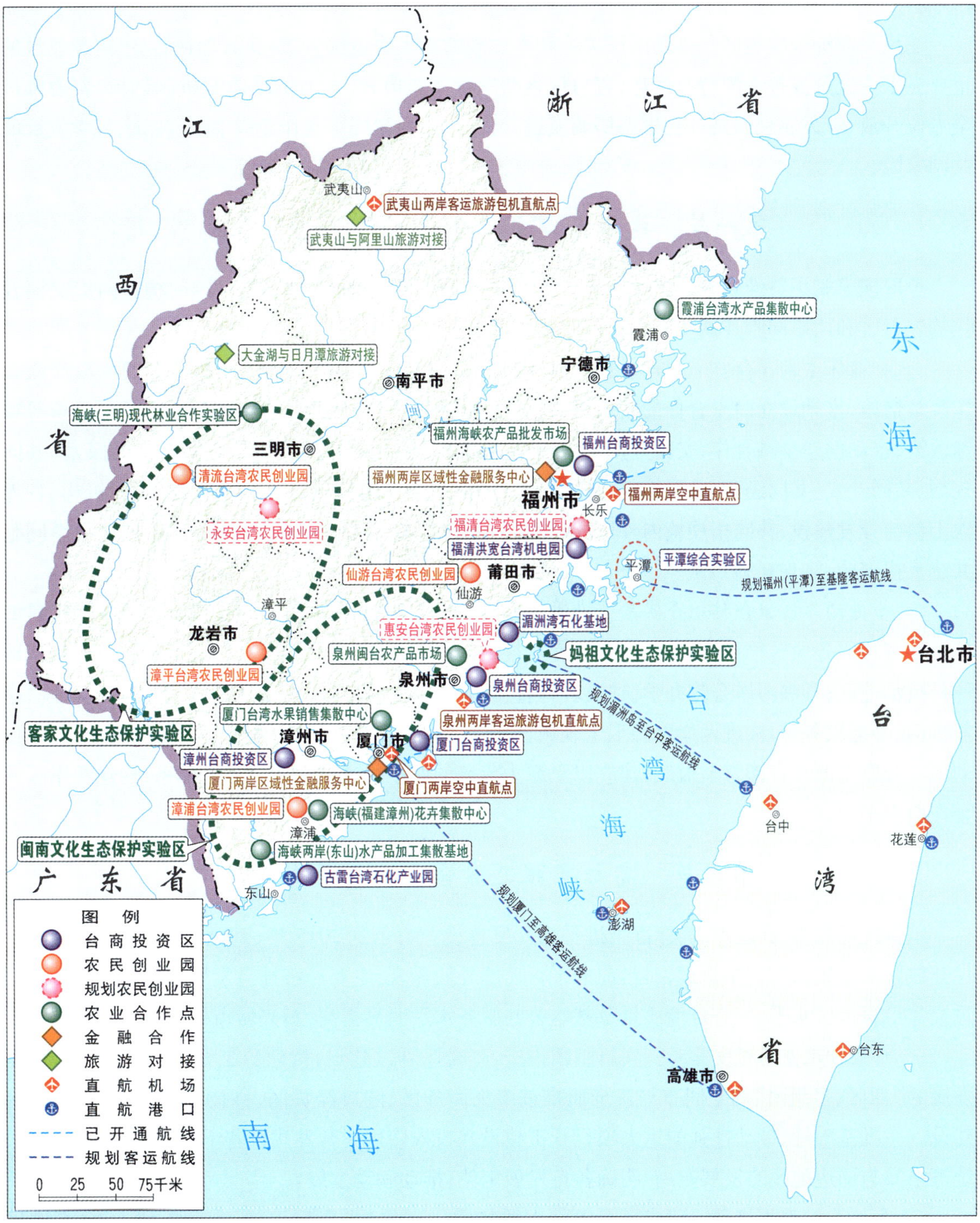

第十二章　加快平潭综合实验区开放开发

建设平潭综合实验区是推动两岸关系和平发展的重大决策部署，是我省加快转变、跨越发展的重要抓手。充分发挥平潭特有优势，着力探索两岸合作新模式，着力推动体制机制创新，着力推进全方位开放，着力实现经济社会生态协调发展，努力建设两岸同胞合作建设、先行先试、科学发展的共同家园。

第一节　建设两岸交流合作先行先试示范区

争取国家赋予特殊政策和灵活措施，促进两岸经贸文化全面对接、融合发展，构建两岸交流合作的先行区和两岸同胞共同生活的示范区。

一、积极探索两岸合作新模式。积极争取国家支持实行更灵活、更开放、更包容的两岸交流合作政策措施，推动设立两岸合作的新型海关特殊监管区域，实施旅游购物、人员往来、贸易投资等特殊政策，推动两岸金融合作，实施方便台胞就业生活的措施和财政税收优惠政策。积极探索“共同规划、共同开发、共同经营、共同管理、共同受益”的两岸合作新模式，广泛吸引台湾规划机构、各界人士参与开发建设，共同拓展境内外市场，探索台湾同胞参与社会管理的有效途径，推动两岸同胞共建幸福家园，实现互利共赢。

二、推进两岸区域合作综合实验。推进两岸贸易投资便利化，积极承接台湾新一代技术密集型产业和现代服务业转移，促进两岸产业深度对接。开展两岸科技领域合作，建设低碳技术开发基地和科技示范区；开展两岸合作办学，建设教育合作园区和文化产业合作基地；积极引进台湾医院、康复机构、养老服务等，推进两岸医药卫生领域合作。加快两岸旅游线路对接，共同打造国际旅游目的地。开辟平潭至台湾直航航线，建立以平潭为节点的两岸往来便捷综合交通体系，构建两岸区域合作前沿平台。

第二节　高标准推进综合实验区开发建设

坚持统筹规划，高起点、高标准推进平潭开发建设。力争到2015年，基础设施显著改善，全方位开放开发基础条件初步形成，对台前沿平台功能开始显现，主要经济社会发展指标增速达到或超过福建沿海地区水平，生态环境质量及基本公共服务水平明显提高，新兴城市框架初步形成。

一、形成合理空间开发格局。实行组团推进、分时序开发建设，构建分工合理、功能互补、协调发展的“四区、多组团”的空间布局。全面推进中央商务区、港口经贸区、科技文教区、旅游休闲区建设。一批基础性、带动性强的重大项目开工建设并投入使用。开发建设若干各具特色的功能岛。统筹平潭与周边地区的发展布局，明确各自发展定位，推动联动发展。

二、加快基础设施建设。建成平潭海峡大桥复桥、长(乐)平(潭)高速、合(肥)福(州)高铁平潭上岛延伸线，加快建设平潭海峡北部通道。抓紧建设金井、澳前等港区深水客货运码头，开辟至台湾海上快捷客货滚装航线。建成环岛公路，形成“一环两纵三横”的路网体系，抓紧做好岛内轻轨交通等项目前期研究，规划建设岛内智能交通管理系统。统筹岛内外水资源利用，加快实施调水工程。积极发展智能电网，开发清洁能源。高标准建设污水垃圾处理设施，做好中水回用和垃圾回收处理。加强两岸通信、互联网、电视运营商合作，努力构建服务两岸民众和岛内企业的电子商贸服务平台及智能化生活信息平台。

三、强化产业支撑。按照绿色、节能、环保的要求，推动以高新技术产业、现代服务业为主的特色产业体系建设。重点发展电子信息、高端机械装备等产业，建设两岸高新技术产业基地。积极发展精致农渔业、海产品深加工、海洋生物科技、特色船舶修造等现代海洋产业，努力打造海洋经济示范基地。优先发展观光旅游和休闲旅游业，大力发展现代物流、文化创意、金融等服务业。鼓励台湾及境内外高等院校、科研院所、企业组织设立技术创新机构，建设两岸产业技术研发服务基地。

四、构建宜居环境。大力实施植树造林，全力构筑防护林体系，加快防洪排涝等基础设施建设，建设综合防灾体系，加强海域生态保护与建设，促进海岛自然生态良性循环。坚持突出特色，高标准推进城市建设，精心设计，形成展现海岛风貌和两岸特点的城市风格。坚持以人为本，高水平统筹规划建设教育、医疗卫生、文化体育、养老等设施，加快完善基本公共服务体系，打造特色鲜明、设施先进、生态优美、生活舒适的现代化海岛城市。

第三节　创新综合实验区体制机制

积极开展经济、社会、行政等体制改革，先行实验一些重大改革措施，逐步建立充满活力、富有效率、有利于开放开发的体制机制。

一、构建全方位开放格局。积极发挥有台湾相关人士参加的平潭开放开发议事咨询机构作用，创新招商引资机制，鼓励台湾各类营建机构以各种形式参与平潭开发建设。积极引进台湾营销机构建立地区性营销总部和跨行业跨地区营销组织，共同经营推广开发建设项目。全方位拓展开放开发层次领域，创新利益共享机制，积极吸引大型央企、境外财团投资开发平潭，形成面向全球吸引大规模投资、大项目落地的开发格局。

二、建立高效的开发管理体制。理顺职责关系，强化管委会的开发责任和管理职能，科学实行大部门体制，综合设置管委会工作机构和各功能区管理机构，建立起机构精简、职能综合、结构扁平、运作高效的管理体制和运行机制。创新人才工作机制，积极引进高层次经营管理人才和专业技术人才，打造引领产业提升和科技创新的高素质专业人才队伍；整合两岸优质教育资源，构建中高职融通的职业教育体系，为产业发展提供门类齐全、数量充足、质量优良的劳动者队伍。

三、创新投融资机制。积极引进国内外金融机构设立经营机构和地方性股份制银行。鼓励利用融资租赁、信托平台、保险资金、民间资金和其他创业投资、战略投资、境外人民币债券发行等融资方式支持平潭开发建设。推动区内银行机构为境内外企业、个人开立人民币账户和新台币账户，探索设立两岸产权交易市场和台资企业兴柜市场。创新境内外联合投资开发模式。积极开展土地管理改革综合试点工作。

第十三章　优先保障和改善民生

保障和改善民生是加快转变、跨越发展的根本目的。完善就业、收入分配、社会保障、医疗卫生、住房等改善民生的制度安排，加强基本公共服务体系建设，努力使发展成果惠及全体人民，实现经济社会发展良性互动，形成人民幸福安康、社会和谐进步的良好局面。

第一节　积极扩大就业促进创业

把促进就业放在经济社会发展的优先位置，健全劳动者自主择业、市场调节就业和政府促进就业相结合的机制，努力实现充分就业。

一、实施更加积极的就业政策。营造有利于自主创业、自谋职业、灵活就业的体制机制环境。大力发展劳动密集型产业和服务业，充分发挥民营经济和中小企业扩大就业的作用，多渠道开发就业岗位。把解决大中专毕业生、农村转移劳动力、城镇就业困难人员就业问题作为政策扶持重点。全面落实农民工有关政策，促进农民工稳定就业。完善和落实鼓励自主创业政策，促进高层次高技能人才、高校毕业生、个体经营者以及有一定技能和资金的农民工等各类群体创业带动就业。建立健全政府投资和重大项目建设带动就业机制。

二、提高就业服务水平。全面推进创业型城市建设。健全面向全体劳动者的职业技能培训教育制度，加强择业观念教育，加快形成政策扶持、创业培训、创业服务“三位一体”的工作机制。建立健全以职业院校、企业和各类职业培训机构为载体的职业培训体系。建设一批以高技能培训为主的技能实训基地。对未能升学的应届初高中毕业生等新成长劳动力普遍实行劳动预备制培训。推进就业服务平台信息化建设。健全面向所有困难群体的就业援助制度，加大对困难人员和农民工，特别是新生代农民工的技能培训和再就业服务等就业帮扶力度，优先扶持帮助零就业家庭实现就业。健全劳动力输出输入地区协调机制，引导劳动力有序流动。健全统一规范灵活的人力资源市场。

三、构建和谐劳动关系。积极推进企业工资集体协商制度，企业劳动合同签订率均达 95% 以上。切实保障劳动者实现尊严和体面劳动。健全劳动关系三方协调机制，积极发挥工会和行业组织作用，促进企业和职工利益共享。全面推进劳动用工备案制度。规范劳务派遣用工。加快劳动标准体系建设，完善劳动保护机制和劳动争议处理机制，改善劳动条件，加强劳动调解仲裁，加大劳动执法力度，切实维护劳动者权益。

第二节　完善社会保障体系

坚持广覆盖、保基本、多层次、可持续的方针，加快完善社会保险、社会救助、社会福利、慈善事业相衔接的覆盖城乡居民的社会保障体系。

一、加快完善社会保险制度。实现新型农村社会养老保险制度全覆盖。企业退休人员养老金年均增长 10% 以上，完善城镇职工和居民社会养老保险制度。推进养老保险关系无障碍转移接续。发展企业年金和职业年金，提高企业职工参保率。将与企业建立稳定关系的农民工纳入城镇职工基本养老和医疗保险。完善被征地农民社会保障政策。完善失业、工伤、生育保险制度。发挥商业保险补充性作用。社会保障卡对参保对象实现全覆盖，构建城乡统筹、区域联网的社会保障公共服务平台。

二、加强城乡社会救助体系建设。加快完善以城乡低保、农村五保为基础，临时救助为补充，医疗、教育、住房、司法等专项救助相配套的综合性社会救助体系。逐步提高城乡低保标准和补助水平，完善社会救助和保障标准与物价上涨挂钩联动机制。做好低保边缘群体的基本生活保障。提高农村五保供养水平和集中供养率。全面建立和实施临时救助制度，加大对低收入家庭等困难群众的临时救助力度。完善医疗救助运行机制，逐步提高医疗救助筹资标准和救助水平，建立城乡困难居民重特大疾病救助制度。加强对受灾群众、生活无着落流浪乞讨人员的救助工作。

三、发展社会福利和慈善事业。以扶老、助残、救孤、济困为重点，提高服务特殊困难群体水平。坚持家庭、社区和福利机构相结合，逐步健全社会福利服务体系。加快社会福利服务设施建设，积极推动社会福利服务社会化。加强老年人、残疾人、孤儿福利服务。积极培育和规范慈善组织。落实并完善公益性捐赠的税收优惠政策，鼓励和支持社会各界参与发展慈善事业。

第三节　提高人民群众健康水平

按照保基本、强基层、建机制的要求，建立健全覆盖城乡居民的基本医疗保障体系，使人人拥有基本医疗保障、人人享有基本医疗卫生服务，实现全省居民主要健康指标达到全国中上水平。

一、加强公共卫生体系建设。建立健全疾病控制、卫生监督、健康教育、妇幼保健、精神卫生、应急救治、采供血等专业公共卫生服务体系。重点实施卫生监督、妇幼保健及精神卫生等专业卫生服务机构达标建设，实现全省专业公共卫生机构达到国家建设标准。全面实施国家基本公共卫生服务项目和重大公共卫生服务项目，积极防治重大传染病、慢性病、精神疾病和职业病，提高突发公共卫生事件应急处置能力。逐步建立农村医疗急救网络。继续实施降低孕产妇、婴幼儿死亡率的干预措施。完善城乡居民公共卫生服务经费保障机制。

二、提高城乡基层医疗卫生服务水平。完善以县级医院为龙头、乡镇卫生院为骨干、村卫生室为基础的农村三级医疗卫生服务体系，构建以城市社区卫生服务中心为基础、与医疗预防保健机构分工合理、密切协作的新型城市医疗卫生服务体系。确保医疗卫生资源向农村倾斜，实现全省县、乡、村三级医疗机构达标建设，加强乡镇卫生院、社区卫生服务中心内涵建设。实施“村卫生室标准化建设”工程，重点加强边远山区、海岛村卫生室建设。引导医学院校毕业生到农村定期服务，加强全科医生和医护人员培养，每所乡镇卫生院、社区卫生服务中心全科医生达3～4人，完善鼓励全科医生长期在基层服务政策。继续实施“千名医师帮扶农村基层医疗卫生机构”、“万名乡村医生培训工程”项目，建立城市医院对口帮扶基层医疗机构的长效机制。完善基层医疗卫生补偿机制。

三、推进公立医院改革。按照政事分开、管办分离的改革方向，积极稳妥推进公立医院改革，初步建立现代医院管理制度。实施医疗机构设置和床位建设规划，加强县以上医疗机构和省属医院重点项目建设，加快扩充医疗资源，千人医疗机构床位数、卫技人员数达到或超过全国平均水平。重症、传染等专科建设进一步加强，建立慢性病防治中心。积极扶持和促进中医药事业发展，实现全省中医院达到国家建设标准，医疗保障政策和基本药物政策要鼓励中医药服务的提供和使用。支持和引导社会资本举办医疗机构，加快形成多元办医格局，促进不同所有制医疗机构互相合作和有序竞争。推进公立医院与基层医疗机构分工协作机制建设，逐步建立社区分级医疗和双向转诊制度，探索建立医院、社区、家庭三级康复体系。积极实施住院医师规范化培训制度，加强高层次卫生人才培养。强化医疗质量管理和医疗服务监管。完善预防和处置医患纠纷“五位一体”长效机制。

四、完善药品供应保障机制。全面实施国家基本药物制度，基层用药目录内的药品全部纳入基本医疗保险和新农合药品报销目录并提高报销比例，严格控制非基本药物使用，加强临床用药指导和监管，合理控制医疗费用。全面实施政府主导、以省为单位的网上药品集中采购，完善全省基本药物供应配送网络，建立非营利性的药品集中采购和网上配送交易平台，提高药品配送信息化水平。严格药品生产、经营企业和使用单位的药品监管。

五、提高医疗保障水平。坚持大病住院保障为主、兼顾门诊医疗保障，健全覆盖城乡居民的基本医疗保障体系，逐步提高基本医疗保险统筹层次和保障水平，加快提升新型农村合作医疗保障水平，实现城乡居民医疗保障水平均等化。财政对城镇居民基本医疗保险和新型农村合作医疗的补助标准增长1.5倍，政策范围内的报销水平提高到60%以上。加快推进医疗保险付费方式改革。逐步实现基本医疗保险省级统筹。

六、完善全民健身服务体系。加强体育设施建设，争取80%的县(市、区)建有体育场、综合体育馆和游泳池，100%的行政村建有公共体育设施，力争人均活动体育场地面积达到1.7平方米以上。加强体育后备人才培养，力争国家高水平体育后备人才基地达到15所。完善竞技体育管理体制和运行机制，全面提升教练员素质。推进国家级体育训练基地建设，竞技体育水平继续保持全国前列。不断壮大体育产业，形成一批具有全国或国际影响力的体育产品品牌。依托体育场馆向社会提供健身休闲、竞赛表演、体育培训等服务，鼓励社会各种资本进入健身休闲业。引导和规范各类体育竞赛市场化运作，力争各设区市都有一个全国性或国际性的品牌赛事。全省体育人口比重和国民体质合格率高于全国平均水平。

专栏12　提高人民群众健康水平相关概念

1. 国家基本公共卫生服务项目：一是针对全体人群的公共卫生服务任务，包括建立居民健康档案、健康教育宣传与咨询；二是针对重点人群的公共卫生服务，包括儿童保健、孕产妇保健、老年人保健；三是针对疾病预防控制的公共卫生服务，包括为适龄儿童预防接种、传染病防治、慢性病管理、重性精神疾病管理。

2. 重大公共卫生项目：实施结核病、艾滋病等重大疾病防控和国家免疫规划、农村妇女住院分娩、全省8～15岁人群开展乙肝疫苗接种、全省所有农村育龄妇女实行孕前和孕早期免费补服叶酸、全省所有农村孕产妇住院分娩补助、贫困白内障患者开展复明手术、农村卫生改厕等重大公共卫生项目。

3. “千名医师帮扶农村基层医疗卫生机构”、“万名乡村医生培训工程”：加强农村基层医疗卫生队伍建设的举措，每年从城市三级医院、县级医院分别派驻一定数量医师对口帮扶县级医院及乡镇卫生院；每年免费培训万名乡村医生。

4. 预防和处置医患纠纷“五位一体”长效机制：是指建立以医院内部沟通调节机制、医患纠纷应急处置联动机制、医患纠纷第三方调节机制、医患责任保险机制和医疗救助机制为主要内容的预防和处置医患纠纷长效机制。

第四节　全面做好人口工作

统筹兼顾，综合施治，控制总量，提高素质，优化结构，促进人口长期均衡发展。

一、加强计划生育服务管理。坚持计划生育基本国策，促进人口长期均衡发展。健全计划生育利益导向政策体系和激励机制，并随着经济社会发展适当提高奖扶标准。倡导优生优育，全面推行免费婚检，积极开展出生缺陷一级预防工作，着力提高新生儿素质。实施“关爱女孩”行动，加强出生人口性别比失衡问题综合治理。加强人口计划生育信息化、标准化、规范化建设。

二、积极发展老龄事业。优先发展社会养老服务，增加老年产品供给，壮大老龄服务业。建立覆盖城乡的居家养老服务网络，推进有条件的地区建立15分钟社区养老服务圈。实现养老服务从基本生活照料向医疗康复、精神慰藉、法律服务、紧急援助等方面延伸。调整医疗供给结构，适应人口老龄化对医疗保健的新需求。加强农村敬老院建设，开展老年人体育活动，加大社区老年活动场所和服务设施的建设力度，实现每个市县有一个社会福利中心及老年护理院，每个乡镇有一所敬老院,鼓励社会力量投资兴办各种类型的养老服务机构。到2015年,每千名老年人拥有养老床位数达到30张以上。开发利用老年人力资源。

三、促进妇女儿童事业进步。坚持男女平等基本国策和儿童优先原则,全面实施新一轮妇女、儿童发展纲要,加快市、县妇女儿童活动中心建设,到2015年全省设区市和县(市、区)都建成一个以上具有一定规模的妇女儿童活动中心。提高妇女参与社会事务和民主管理的水平。加强妇女就业创业帮助,提高妇女参与经济发展能力,提高城镇单位从业人员中的女性比例。切实解决留守儿童教育、孤残流浪儿童救助和未成年人沉迷网络等问题。加强婴幼儿早期启蒙教育和独生子女社会行为教育。严厉打击暴力侵害妇女、拐卖妇女儿童、弃婴等违法犯罪行为,切实保障妇女儿童合法权益。

四、支持残疾人事业发展。加快完善残疾人社会保障体系和服务体系,为残疾人生活和发展提供稳定的制度保障。将残疾人普遍纳入各项社会保障制度,逐步提高低收入残疾人社会救助水平。实施“肢残助行工程”,重点实施儿童抢救性康复、托养、居家养护和“福乐家园”、“光明行动”计划。大力开展残疾人文化体育活动。全面实施城市无障碍设施建设。加大对农村残疾人生产扶助力度。

五、稳步推进农民工转为城镇居民。坚持因地制宜、分步推进,把有稳定劳动关系并在城镇居住一定年限的农民工逐步转化为城镇居民,优先解决举家迁徙农民工以及新生代农民工的落户问题。中心城市要加强和改进人口管理,继续发挥吸纳外来人口的重要作用,中小城市和小城镇要根据实际放宽落户条件。鼓励各地探索相关政策和办法。对暂时不具备落户条件的农民工,要改善公共服务,在教育、医疗、养老、劳动技能培训、住房保障等方面与城市居民统筹考虑,加强权益保护。

第五节　改善居民住房条件

坚持政府调控与市场调节相结合,加快完善住房政策体系,推进住房供需总量基本平衡、结构基本合理、房价与居民收入基本适应,实现广大群众住有所居。

一、健全住房供应体系。立足保障基本需求,推动合理消费,加快构建以政府为主提供基本保障、以市场为主满足多层次需求的住房供应体系。对城镇低收入住房困难家庭,实行廉租住房制度,政府提供基本住房保障。对中等偏下收入住房困难家庭,实行公共租赁住房制度,政府给予适当支持。努力解决城市人均建筑面积在15平方米以下的低收入家庭住房困难,并逐步向住房困难的中等偏下收入家庭和新就业职工扩大。对中、高收入家庭,实行租赁与购买商品住房相结合的制度。建立健全住房标准体系,倡导租买结合、梯度消费。

二、加强保障性住房供给和管理。强化各级政府责任,加强保障性安居工程建设,基本解决保障性住房供应不足的问题,确保完成国家下达的城镇保障性住房建设任务。多渠道筹集廉租房房源,完善廉租住房保障方式和租赁补贴制度,稳步扩大覆盖范围。大力发展公共租赁住房,使其成为保障性住房的主体。优先安排保障性住房建设用地,严格落实土地出让收益用于保障性住房建设的比例。引导社会资金参与保障性住房建设运营。扩大住房公积金制度覆盖面,加强住房公积金资金和信息安全监管。加强保障性住房管理,制定公平合理、公开透明的保障性住房配租政策和程序,严格规范准入、退出管理和租费标准。

三、促进房地产市场健康发展。进一步落实地方政府责任,把保障基本住房、稳定房价和加强市场监管纳入各地经济社会发展的工作目标，由省级人民政府负总责，市、县级人民政府负直接责任。合理确定土地供应方式和内容，建立住房建设用地稳定供应机制。健全差别化住房税收、信贷政策。加强房地产市场监测分析，合理引导自住和改善性住房需求，抑制投资投机性购房需求。加快住房信息系统建设，完善信息发布制度。

第十四章　加快建设创新型省份

加快建设创新型省份是加快转变、跨越发展的重要支撑。坚持自主创新、重点跨越、支撑发展、引领未来的方针，强化科技进步和创新引领，着力构建特色鲜明的区域创新体系。

第一节　增强自主创新能力

强化创新基础能力建设，加强政府引导，加快完善以企业为主体、市场为导向、产学研相结合的技术创新体系，推进科技、产业融合发展，提高科技对经济增长的贡献率，力争自主创新能力走在全国前列。

一、强化企业在技术创新中的主体地位。鼓励企业加大研发投入，激发中小企业创新活力，发挥企业家和科技领军人才在科技创新中的重要作用。支持企业到国内外设立、兼并和收购研发机构，积极开展多种形式的国际合作研发。推动资金、人才、技术等创新资源向企业聚集，加快培育自主知识产权的专利技术和自有品牌的企业产品，做大做强一批有影响的创新型企业和高新技术企业。加快构建一批根植产业、面向企业的产业技术创新战略联盟和技术创新服务平台。到2015年，每万人口发明专利授权数达0.6件，比2010年翻一番。

二、大力推进产学研更加紧密结合。完善高等院校和科研院所的合作共享机制，建立职责明确、评价科学、开放有序、管理规范的现代院所制度。鼓励和支持地方、企业与大学、科研院所共建产学研基地，积极引导高等院校、科研院所面向企业、面向市场需求开展技术创新活动。实施科研机构与科研人员参与创新的股权激励政策，增强科研院所与高校创新动力。

三、全面推进技术创新。把科技进步与产业结构优化升级、改善民生紧密结合起来，增强原始创新、集成创新和引进消化吸收再创新能力。加强应用基础研究，大力实施科技重大专项，突破一批产业关键共性和配套技术，促进产业技术重点跨越和产业链向两端延伸。鼓励企业引进符合国家产业技术政策的专利技术、专有技术和先进管理技术，加强技术引进的政策引导，建立有效的引进技术传导机制和评估体系，优化技术引进的质量和结构。提高技术引进消化吸收再创新整体水平。

第二节　强化创新平台建设

围绕我省主导产业、战略性新兴产业和重点产业集群共性与关键技术的重点跨越，加强各类科技创新平台建设，提升科技创新能力和公共服务水平。

一、增强平台支撑和服务能力。重点建设一批重大科技创新平台，为企业特别是中小企业提供创新服务。推进中科院海西研究院、国家级和省级科技创新平台建设。在电子信息、新材料、新能源、高端装备制造、资源与环境、现代农业、生物医药、海洋等领域，加快建设由国家级、省级重点实验室、工程实验室、工程(技术)研究中心、生产力促进中心和科技企业孵化器等技术研发载体共同组成的重大科技创新基地。打造研发基础设施、科学仪器、文献数据、自然种质等科技资源共享平台。

二、促进科技创新平台共建共享。发挥政府对公共科技资源供给的主导作用,引导和探索各类主体共建创新平台,建立市场化的约束与激励机制,充分调动高校、科研院所、企业的积极性,形成全社会参与科技创新平台建设的合力。规范平台资源共享机制,强化财政投入形成的平台资源面向科研单位、企业和社会开放服务。发挥网络作用,促进平台资源、信息、成果的有效共享。根据平台"集成、提升、共享、完善、做强"的运行要求,建立健全平台建设运行与开放服务的制度体系。

三、健全科技成果转化平台。完善科技创新和成果转化法规体系。充分发挥中国·海峡项目成果交易会的创新平台作用,完善对接机制,提高科研成果转化率,持续提升影响力,打造永不落幕的项目成果交易会。着力建设高新技术创业服务中心、科技型中小企业投融资平台、专利技术展示交易中心等科技中介服务平台。加快技术经纪服务机构发展,鼓励技术经纪人成为科技成果推介、对接、转化的重要力量。建立技术转移服务联盟等平台,为科技成果转化提供技术服务、人才支撑。引导高新区、开发区等产业园区成为科技成果转化及产业化的重要载体。

第三节 深化科技体制机制创新

加大科技创新投入,强化科技创新中的知识产权导向,促进全社会创新资源高效配置和综合集成,推动科技创新与经济社会协调发展。

一、完善科技发展机制。建立健全科技决策和宏观调控机制,促进区域内科技资源合理配置,建设创新型国家示范城市、创新型省份示范区域。探索建立科技进步目标责任制,推进多元化、多种所有制形式现代研发组织的发展。结合事业单位分类改革,加快建立现代科研院所制度。积极拓展省部会商、院省合作,完善省市县统筹协调、产学研合力攻坚的科技协作和资源配置机制,集成优势资源推进产业结构优化升级和区域科技进步。

二、健全科技创新投入机制。确保政府引导性资金投入稳定增长,全社会研发经费投入占地区生产总值比重达到全国平均水平。市、县财政科学技术经费支出占本级财政一般预算支出比例达到国家科技进步考核指标要求。健全多渠道、多元化科技投入体系,引导企业成为科研投入主体。强化支持企业创新和科研成果产业化的财税金融政策,培育和发展创业风险投资,推进知识产权质押融资,建立健全政、银、产、学、研更紧密的协作机制。

三、建立健全知识产权工作机制。全面实施知识产权战略,加强知识产权创造、运用、保护、管理。深化知识产权试点示范工作,完善知识产权参与利益分配机制,持续加强知识产权创造和运用能力。加强专利申报和保护工作,组织实施一批专利技术产业化计划项目,建设一批知识产权产业化基地,形成一批拥有自主知识产权的大企业和企业集团。提升高等院校、科研院所取得知识产权的积极性和转化率。提高知识产权保护和管理水平。健全知识产权公共服务体系,提高知识产权服务水平。新建泉州、漳州、宁德国家级专利技术展示交易中心。

专栏13 建设创新型省份相关概念

1. **科技重大专项**：旨在加强科技资源整合，集中力量解决我省国民经济和社会发展中的重大科技需求，培养有能力组织千万元项目的高层次科技领军人才和承担国家科技任务的科研团队。

2. **重大科技创新平台**：是科技创新平台的组成部分，是围绕我省某一产业，整合集成相关的国家级和省级工程技术研究中心、重点实验室等创新载体以及其他创新活动参与者，构建形成从研发、成果转化到产业化的上下游衔接、功能配套、分工协作的跨单位、跨部门、跨地区的平台联盟。

3. **自然种质**：种质资源（遗传资源）中重要的组成部分。指自然界农作物亲代传递给子代的遗传物质，往往存在于特定品种之中。如古老的地方品种、新培育的推广品种、重要的遗传材料以及野生近缘植物，都属于种质资源的范围。

第十五章 深入实施教育和人才强省战略

深入实施教育和人才强省战略是加快转变、跨越发展的根本保证。全面落实中长期人才、教育发展规划纲要，大力促进各级各类教育协调发展，强力推进人才资源开发，着力打造海西人才高地，力争教育发展主要指标进入全国前列，人才发展的主要指标超过全国平均水平。

第一节 加快推进教育改革发展

坚持优先发展、育人为本、改革创新、促进公平、提高质量、服务大局方针，明显提高财政教育投入，加快教育强省建设步伐，全面推进素质教育，提升教师整体素质，办好人民满意的教育。

一、积极发展学前教育。按照公益性和普惠性的原则，坚持"保基本、全覆盖、有质量"的要求，建立政府主导、社会参与、公办民办并举的办园体制。大力发展公办园，积极扶持民办园，重点发展农村学前教育，构建布局合理、覆盖城乡、办园规范、师资达标、保教质量合格的学前教育网络。多渠道补充幼教师资，提高师资队伍水平。遵循婴幼儿身心发展特点和规律，积极探索科学的早期教育模式。实施"公办幼儿园近期发展计划"，重点解决城区和城乡结合部"入园难"问题，提高农村学前教育普及程度，对困难家庭幼儿入园进行资助。到2012年底，全省城乡新增27万个幼儿教育学额，以基本满足120万名适龄幼儿入园需求；到2015年，全省学前三年入园率达93%。

二、巩固提高义务教育水平。进一步完善中小学布局，加快推进学校标准化、校安工程建设，均衡配置教师、设备、图书、校舍等各项资源，提高农村校、薄弱校办学水平。建立城乡一体化义务教育发展机制，提升教育信息化应用水平，实现城乡优质教育资源共享，推进城乡义务教育均衡发展。实施校长、教师交流制度。加强寄宿制学校配套项目建设。建立健全留守儿童档案和结对帮扶制度，构建学校、家庭、社会共同关心留守儿童健康成长的教育网络。推动城区中小学扩容建设，切实保障进城务工人员随迁子女平等接受义务教育，有效缓解城市大班额问题。继续完善家庭经济困难学生资助政策，提高九年义务教育巩固率，到2015年，"双高普九"人口覆盖率达100%。

三、优化发展普通高中。深入开展教学和课程改革，推进培养模式和课程设置多样化，整体提升普通高中教育教学水平。扎实开展研究性学习、社区服务和社会实践，建立创新和实践教育基地，着力提高学生综合素质，促进学生全面而富有个性的发展。鼓励有条件的普通高中开设职业教育相关选修课程，探索综合高中发展模式。到2015年，优质高中比例达到75%。

四、大力发展职业教育。建立健全政府主导、行业指导、企业参与的办学机制。把职业教育纳入产业发展规划。鼓励组建行业企业、职业院校参与的职业教育集团。坚持突出重点,以点带面,发挥示范院校的龙头带动作用。实施职业教育基础能力建设工程,建设一批行业或区域性公共实训基地,重点建设好校内实训基地,构建省、市、校职业教育实训体系。加强职业院校"双师型"教师队伍建设。实行工学结合、校企合作、顶岗实习的人才培养模式,加强技能型紧缺人才培养。加大农业和农村实用人才培养力度。完善困难学生资助政策,逐步实行中等职业教育免费制度。促进职业教育与普通教育融合,推进中等与高等职业教育贯通,到2015年,基本建立起与产业体系相适应的现代职业教育体系。

五、提高高等教育质量。推进高水平大学和重点学科建设,提升厦门大学"211工程"、"985工程",福州大学"211工程"和省重点建设高等学校建设水平。建设一批优势学科创新平台、国家重点学科和省级重点学科,新增一批博士、硕士学位点。组织实施高等教育质量提升工程,积极推进人才培养机制改革,强化实践教学,着力培养创新人才。调整优化学校学科专业结构,重视工科人才培养,重点扩大应用型、复合型、技能型人才培养规模。加大高校领军人才培养和引进力度,加强中青年教师和创新团队建设。支持高等学校与科研院所、企业共建工程技术研发机构,加大国家大学科技园的建设力度,提升高等学校自主创新和社会服务能力。探索建立"订单式"人才培养机制。促进产学研结合,推动具有自主知识产权科研成果产业化。积极支持民办高等学校健康发展。到2015年,高等教育毛入学率达40%。

六、提升特殊教育和民族教育水平。实施特殊教育提升工程,推进特殊教育学校标准化建设。完善特殊教育体系,实现特殊教育向学前和高中阶段两头延伸,扩大残疾人接受教育机会,逐步实行残疾学生高中阶段免费教育。加强对青少年的民族基本知识、民族理论政策和民族法律法规的宣传教育,积极推进民族教育工作。

七、构建终身教育体系。完善终身教育管理体制和运行机制,增强政府、社会和公民个人共同推进终身教育的合力。积极发展社区教育,推进各类学习型组织建设。充分发挥广播电视大学、自学考试等学习平台的作用,发展继续教育和远程教育。建设开放大学。重视发展老年教育,完善管理服务体制,全面建立省、市、县(市、区)、乡(街道)、村(居)五级老年学校。到2015年,全社会老年人入学率达15%以上,基本形成具有福建特色的终身教育体系。

第二节　加强人才资源建设

加快建设人才强省,坚持人才优先发展,完善多元化人才投入机制,提高人才投资效益,力争到2015年人才资本贡献率达33%,人才资源总量达到520万人,人才竞争力与经济社会发展基本相适应。

一、加强人才队伍建设。创新人才培养模式,大幅度提升各类人才的整体素质。实施高层次创业创新人才引进、海西产业人才高地建设和海西创业英才培养等计划,重点引进国内高端人才和海外高层次创新人才,造就一批国内领先水平的科学家、科技领军人才和创新团队,建设一支高素质的创业创新人才队伍。深入实施"人才发展十五大工程",培育壮大人才队伍,优化人才结构。加强院士专家、博士后工作站和留学人员创业园建设,实施人才智力引进计划。大力开发重点领域急需紧缺技术人才,到2015年经济重点领域急需紧缺专门人才达43万人以上,社会发展重点领域急需紧缺专门人才达28万人左右。继续实施政务、企业经营管理、农村实用、社会工作等人才培养引进重大工程。

二、促进人才合理流动。完善区域人才合作机制，加强城市间人才交流与人才资源服务合作。加强与长三角、珠三角的人才交流合作。发展壮大综合性、专业性、行业性人才市场，加快发展人才服务业。建立完善对口帮扶、专家服务团、科技特派员等制度，扶持欠发达地区培养引进急需紧缺人才。加强人才流动的引导，制定鼓励政策，促进人才向农村基层和欠发达地区流动。

三、营造人才脱颖而出的环境。认真落实“人才发展十大政策”，促进人才优先发展。推进人才管理方式向规范有序、公开透明、便捷高效转变。创新人才培养开发、评价发现、选拔使用、流动配置、激励保障机制，完善人才与项目、技术、资本对接机制，探索建设人才管理改革实验区。加强人力资源市场建设。营造尊重人才、鼓励创新、公开公平的人文环境。健全人才公共服务体系，完善人才引进服务机构和机制。

专栏 14　教育和人才强省相关概念

1. 双高普九：高水平、高质量普及九年义务教育。

2. “双师型”教师：同时具备教师资格和职业资格，从事职业教育工作的教师。“双师型”教师是教育教学能力和工作经验兼备的复合型人才，对提高职业教育教学水平具有重要意义。

3. 211 工程：国家于 1995 年启动，面向 21 世纪重点建设 100 所左右的高等学校和一批重点学科的工程。

4. 985 工程：根据 1998 年 5 月江泽民同志指示，教育部决定在实施“面向 21 世纪教育振兴行动计划”中，重点支持部分高等学校创建世界一流大学和高水平大学。

5. 人才资本贡献率：人才资本当期创造的价值占人力物力共同创造价值的贡献比例。

6. 人才发展十五大工程：321（设立 30 个首席科学家工作室，支持和培养 200 名具有国内领先水平的中青年科技领军人才，培养 1000 名具有省内一流水平的科技创业创新人才）高层次创业创新人才引进培养工程、闽台港澳人才交流合作工程、欠发达地区人才支持工程、党政人才素质能力提升工程、企业经营管理人才素质提升工程、专业技术人才知识更新工程、高素质教育人才培养工程、文化名家培养工程、全面健康卫生人才保障工程、旅游人才培养工程、高技能人才培养工程、现代农业人才支撑工程、社会工作人才培养工程、高校毕业生基层培养工程、人才公共服务平台建设工程。

7. 人才发展十大政策：实施促进人才投资优先保证的财税金融、产学研合作培养创新人才、有利于科技人员潜心研究和创新、人才创业扶持、引导人才向农村基层和欠发达地区流动、推进闽台人才交流合作先行先试、更加开放的人才智力引进、华侨华人和留学人才资源开发、鼓励非公有制经济组织新社会组织人才发展、促进人才发展的公共服务等政策。

第十六章　推动文化大发展大繁荣

推动文化大发展大繁荣是加快转变、跨越发展的活力源泉。充分发挥文化引导社会、教育人民、推动发展的社会功能，精心打造“十大文化工程”，增强文化软实力，加快建设文化强省，打造共有精神家园，力争精神文明建设、未成年人思想道德建设和文化产业发展成为全国示范。

第一节　提升人民群众文明素质

坚持社会主义先进文化的前进方向，加强精神文明建设，传承弘扬特色文化，增强全社会凝聚力和创造力。

一、加强精神文明建设。建设社会主义核心价值体系，加强走中国特色社会主义道路和实现中华民族伟大复兴的理想信念教育。继承和发扬古田会议精神，大力弘扬以爱国主义为核心的民族精神和以改革创新为核心的时代精神。大力弘扬主旋律,广泛宣传先进人物和先进典型,正确引导社会舆论。加强社会公德、职业道德、家庭美德和个人品德建设,提高全省人民道德水准。提倡修身律己、尊老爱幼、勤勉做事、平实做人,推动形成我为人人、人人为我的社会氛围。倡导爱国守法和敬业诚信,加强人文关怀,注重心理疏导,培育奋发进取、理性平和、开放包容的社会心态。高度重视青少年思想道德教育,净化社会文化环境,保护青少年身心健康。大力实施全民阅读工程。加强重要新闻媒体建设,重视互联网等新兴媒体健康发展。深入开展文明城市、文明行业、文明村镇、文明单位等多种形式创建活动,倡导文明健康的生活方式。

二、大力弘扬八闽特色文化。挖掘和保护特色文化资源,拓展文化品牌效应,提高影响力。重点保护发展闽南文化、客家文化、妈祖文化、闽都文化、红土地文化、海丝文化、畲族文化、朱子文化等特色文化。做好世界文化遗产、各级文物保护单位和省级以上历史文化名城、名镇、名村的保护开发,妥善保护历史文化街区。加强非物质文化遗产的保护和传承,扎实推进闽南、客家、妈祖、畲族等生态保护实验区建设。实施八闽特色文化基础设施建设工程。注重地方特色文化传承、开发与弘扬,努力培育民俗民间文化品牌。

三、推动哲学社会科学发展繁荣。加大研究和项目经费投入。加强公共智库建设,促进社科研究社会化和学术成果转化。打造若干高水平的科研团队和研究基地。创造一批在国内外学术界有一定影响的学术精品。鼓励学科体系、学术观点和科研方法创新,形成富有特色、结构合理、充满活力的学科集群。积极开展形式多样的科普主题活动,大力普及科学技术知识,加强人文社会科学馆、人文社科基地和科普基地建设,进一步落实全民素质提升计划,着力提高全民科学素质。

第二节　大力发展文化事业

坚持政府主导,以公共财政为支撑,以全民为服务对象,逐步建立完善公共文化服务体系。

一、完善城乡公共文化服务网络。推进市、县(市、区)博物馆、图书馆、美术馆、艺术馆、电影院等文化基础设施建设,继续实施农家书屋工程,到2012年农家书屋覆盖全省所有行政村。加强基层文化队伍建设。深入实施广播电视户户通、文化信息资源共享、农村电影放映、有线广播村村响、艺术扶贫、农村阅报栏和基层文化阵地建设等文化惠民工程。加快档案事业发展,实施市县级综合档案馆工程。推动海峡演艺中心、海峡文化广场、海峡数字图书馆等项目规划建设。

二、扩大公共文化产品供给。完善扶持文化事业发展的政策体系,积极发展新闻出版、广播影视、文学艺术事业。坚持项目带动,丰富城乡群众文化生活。健全乡镇出版物发行网点。重视发挥社区文化、农村文化、校园文化、企业文化、节庆文化等各类群众文化载体平台作用,开展丰富多样的文化活动。

第三节　打造全国重要文化产业基地

加强文化资源整合,促进文化与经济融合,提高文化产业规模化、集约化、专业化水平,打造全国重要文化产业基地,推动文化产业成为国民经济支柱性产业。

一、增强文化产业实力。推动文化产业结构调整,实施一批具有示范作用的重大文化产业项目。运用先进技术和现代经营方式改造传统文化产业。做大做强“十大文化产业”,重点抓好“五大文化产业工程”,加快文化产业基地和区域性特色文化产业群建设,打造一批在全国乃至世界有一定知名度的文化品牌,促进文化产业提升和发展。大力发展文化产品专业市场和文化产业要素市场，推动现代文化流通产业发展。实现居民人均文化消费支出占全部消费支出的比重高于全国平均水平，文化产业增加值保持两位数增长，占地区生产总值比重达8%以上。

二、优化文化产业布局。规划建设具有地方特色的文化产业园区。福州、厦门、泉州要统筹规划各门类文化产业发展，加快建设特色文化创意园区，率先在全省建立文化产业综合基地。漳州、莆田、三明、南平、龙岩、宁德要依托历史文化、民俗文化、红色文化等优势，培育具有地方特色的优势文化品牌和产业基地。加快推进海峡出版产业合作基地、印刷工业园、出版物物流基地、版权保护示范城市等建设。

三、培育文化龙头骨干企业。培育骨干企业和战略投资者，鼓励有实力的企业跨地区跨行业经营和重组，推进具备条件的文化企业上市，发展一批具有较强实力和竞争力的大型文化企业或集团。重点扶持一批连锁娱乐企业，争取3～5个文化娱乐企业上市，培育广播影视、新闻出版业重点文化骨干企业。努力培育1～2个具有国际竞争力的外向型文化产业。

第四节　推动文化改革创新

适应群众文化新变化新要求，推进文化创新，深化文化体制改革，为繁荣文化事业，壮大文化产业提供有力保障。

一、提升文化创新水平。鼓励创造更多文化产品、创新文化传播方式、发展新型文化业态。大力扶持体现民族特色和国家水准的文化项目和艺术院团。深入实施文化精品工程，努力打造一批文化精品力作。推动更多适应人民群众健康需求的文化产品创作、生产和传播。精心办好海峡两岸文博会、福建艺术节、全省戏剧会演、音乐舞蹈节等品牌节庆活动。促进文化与科技的进一步融合，打造文化创新平台。加强对外宣传和文化交流，创新文化“走出去”模式。

二、深化文化体制机制改革。推动公益性文化单位内部人事、收入分配和社会保障制度改革。加快经营性文化单位转企改制，建立健全现代企业制度，完善法人治理结构和内部运行机制。稳妥推进文艺院团改革，积极推进广电网络资源整合。推进新闻媒体改革，实施宣传与经营“两分开”，增强主流媒体的实力和影响力。推进国有文化企业的公司制和股份制改造，鼓励和支持民间资本进入文化产业领域，扩大文化的多元供给。完善国有文化资产管理体制。建立健全文化产业投融资体系。

三、加强文化市场管理。推进文化市场综合行政执法改革，建设统一开放竞争有序的现代文化市场。建立健全市场准入和退出机制，促进文化资本、人才、技术在更大范围内合理流动。建立健全文化市场管理信息网络。加强文化产业、行业自律。加大知识产权保护力度，严厉打击侵权盗版、非法出版、非法营销等不法活动，维护文化市场秩序。进一步净化社会文化环境，加强网络文化等建设管理，遏制淫秽色情、恐怖暴力等有害信息传播，坚决抵制庸俗、低俗、媚俗之风，形成扶正祛邪、惩恶扬善的社会风气。

专栏15　文化产业和文化工程相关概念

1. 十大文化工程：公共文化服务工程、文化精品工程、文化产业发展工程、网络文化数字化工程、文化入岛工程、文化人才培养工程、文化生态保护工程、广电监管体系工程、版权保护工程、文化体制改革创新工程。

2. 十大文化产业：文化创意业、动漫游戏业、报刊服务业、出版印刷发行业、广播影视业、演艺娱乐业、文化旅游业、文化会展业、广告业、工艺美术业。

3. 五大文化产业工程：文化产业精品、国产动漫产业、茶文化产业、影视基地建设和广告创意基地建设工程。

第十七章　大力推进生态省建设

加强生态省建设是加快转变、跨越发展的重要着力点。把建设资源节约型、环境友好型社会放在更加突出的战略位置,强化节能减排,加快发展循环经济和低碳产业,促进形成符合生态文明要求的生产方式和消费模式。

第一节　增强资源环境承载能力

坚持保护与治理并重,落实环境保护“一岗双责”制度,着力解决环境污染问题,维护生态环境安全,提高资源利用水平,促进生态良性循环。

一、加强对自然资源的保护和利用。实施水资源总量控制和定额管理,全面推行水资源生态补偿机制,完善取水许可和水资源有偿使用制度,加强工业、农业和城市节水,推进高耗水行业的节水改造和水循环利用,提高工业用水效率。严格土地管理,积极推进土地开发整理复垦,实施工业项目投资强度与用地用海指标控制制度,大力推广节地建筑技术,完善土地保护共同责任机制和耕地占补管理机制,确保耕地占补平衡,完成国家下达的耕地保有量和基本农田保护面积目标,严格林地用途管制。加强生态公益林和生物多样性保护,大力开展植树造林活动,强化森林经营,优化森林结构,实现森林面积、蓄积量双增长,新增森林面积 29 万公顷,提升森林生态功能。加强重要矿产资源的地质勘察、合理开发、保护和储备,完善矿产资源有偿使用和矿山生态环境恢复治理保证金制度。加强紧缺矿种的地质勘察、有序开发和矿山环境保护,建立重要矿产资源勘探开发后备基地。

二、加强环境综合整治。推进跨流域、跨区域生态环境协同保护,重点加强“六江两溪”水环境综合整治,县级以上集中式饮用水源地水质达标率提高到95%,加强水电开发管理和河道、海域采沙监管,鼓励发展“机制砂”;巩固提高乡镇和建制村垃圾治理成果,全面实施畜禽养殖场污染治理;集中整治城市内河、噪音和机动车污染,强化危险废物、核与辐射环境监管,90%的城市空气质量二级以上天数占全年比例提高到90%。强化已建污染治理设施的运行监管,加强工业园区和重污染行业的污染防治。强化环境日常监测监管预警,增强环境安全突发事件处置和应对能力。

三、加强生态建设。实施生态功能区划管理,对重要生态功能区、重点资源开发区和生态良好区实行分区保护,营造良好的生态安全格局。加快推进广义地质工作,增强环境地质、水文地质、工程地质服务功能。推进主要江河水源地、水库库区、严重水土流失区和生态脆弱区综合治理与水土保持生态修复,强化主要江河源头区、重要水源涵养区、饮用水源保护区、防风固沙区、重要湿地区、重要海湾和重要渔业水域等重要生态功能区强制性保护,严禁不符合功能定位的开发活动。大力推进“森林福建”建设,实施“绿色城市、绿色村镇、绿色通道、绿色屏障”工程。继续推进国家环保模范城市、国家园林城市、生态示范区、可持续发展实验区、生态文明示范基地、生态示范小流域等创建工程,加强生态市(县)、绿色社区、生态乡(镇)、生态村建设。

图9 福建省生态安全格局示意图

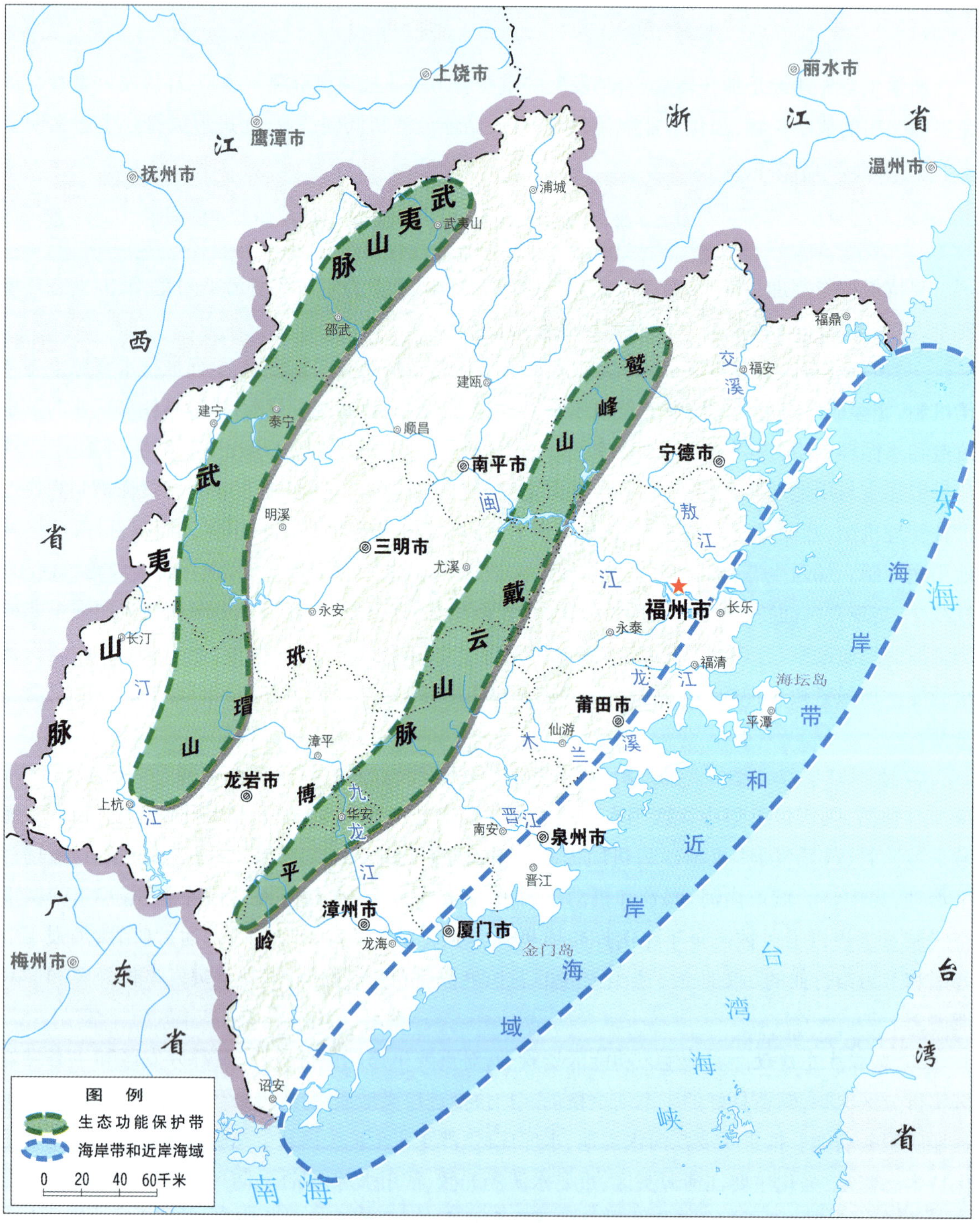

第二节 全面推进节能减排

注重源头控制，加快淘汰落后产能，有效降低能源消耗，减少污染排放，推动产业结构转型升级。

一、构建节能减排长效机制。完善节能减排目标责任制，分解落实节能减排目标任务。健全节能减排奖惩机制，继续实行差别电价、替代发电、以奖代补、区域限批等相关政策，建立和完善节能减排指标体系、监测体系和考核体系。严格执行固定资产投资项目节能评估审查和环境影响评价制度，严把节能减排源头关。将淘汰落后产能作为节能减排的重要抓手，分解淘汰落后产能的目标任务，增强激励和约束作用，促进先进产能扩张、落后产能退出。

二、深入推进节能降耗。严格执行国家产业政策，积极开发推广高效节能技术装备及产品，有效控制高耗能高排放行业低水平扩张。继续实施节能技术改造财政奖励，开展合同能源管理，推进十大重点节能工程建设。实施“节能产品惠民工程”和节能产品政府采购，促进节能产品推广应用。做好节能产品认证管理，广泛开展能效水平对标活动。加强化工、冶金、建材等高耗能行业重点用能单位节能管理，大力开展交通、建筑等领域节能工作。充分挖掘全社会节能潜力，确保完成国家下达的节能降耗目标。

三、全面加强污染减排。持续推进重点领域、重点行业、重点企业的污染减排，强化重点行业和企业跟踪监管，做好在线监测监控。加强企业减排新技术、新产品、新装备的研发引进和推广应用，全面实施火电厂脱硫、脱硝，加快钢铁企业和重点燃煤企业脱硫、脱硝改造，推行集中供热，落实工业园区污染集中治理，加强工业废水深度治理，有效控制二氧化硫、化学需氧量、氮氧化物、氨氮等主要污染物排放总量，2015 年城市（含县城）生活污水、垃圾无害化处理率分别达到 85% 以上和 90% 以上。

第三节　大力发展循环经济和低碳产业

制定完善激励政策措施，加大投入力度，积极推进清洁生产，建设资源节约技术体系和生产体系，推动经济社会走上生产发展、生活富裕、生态良好的文明发展道路。

一、大力发展循环经济。遵循“减量化、再利用、资源化”的要求，加快建设覆盖生产、流通、消费等各环节的资源循环利用体系，形成有利于循环经济发展的税收、价格、信贷、政府采购政策体系和评估考核机制。构建循环型产业体系，鼓励企业建立循环经济联合体，实现内部生产工艺间节能和物料循环利用，重点在电力、交通、建筑、冶金、化工、石化等行业推行循环型产业链和共生产业模式。加快建设以城市社区和乡村分类回收站点为基地、集散市场为枢纽、分类加工利用相衔接的再生资源回收利用体系，推动垃圾源头减量和分类收集，加强废金属、废纸、废塑料、废旧轮胎、废弃电子电器产品、废旧机电产品、废弃包装物等的回收和循环利用，加强共伴生矿及尾矿综合利用，推进工业固废和建筑废弃物综合利用，工业固体废物综合利用率达 75%。推进汽车零部件、工程机械等机电产品再制造试点。开展城市餐厨废弃物资源化利用。组织实施国家级和省级循环经济试点，强化清洁生产审核，推进循环经济示范城市、园区和企业建设。

二、建立低碳型产业结构。积极应对气候变化，大力开展植树造林活动，进一步增加森林碳汇，有效减缓温室气体排放。加速淘汰能耗高、效率低、污染重的落后工艺、技术和设备，控制碳密集型生产项目的布局。严格执行商品能效标准，限制低能效产品消费。加强低碳技术研发和产业投入，大力发展低碳产业，加快建立以低碳排放为特征的产业体系，形成低碳产业新的增长点。做好厦门国家低碳城市试点工作。

三、推广绿色低碳消费。推行政府绿色采购，倡导绿色消费、低碳消费理念，限制商品过度包装，逐步提高可循环使用产品和可再生产品的比重，在主要宾馆饭店、重点风景名胜区、旅游区大幅度减少使用一次性用品，引导全社会节约消费。强化循环式生活方式的宣传教育和政策引导，推动居民节水、节电，鼓励消费者购买使用节能节水产品、节能环保型汽车和绿色建筑。

专栏16　生态文明建设相关概念

1. **能效水平对标**：企业为提高能效水平，与国际国内同行业先进企业能效指标进行对比分析，确定标杆，通过管理和技术措施，达到标杆或更高能效水平的节能实践活动。

2. **十大重点节能工程**：燃煤工业锅炉（窑炉）改造工程；区域热电联产工程；余热余压利用工程；节约和替代石油工程；电机系统节能工程；能量系统优化工程；建筑节能工程；绿色照明工程；政府机构节能工程；节能监测和技术服务体系建设工程。

3. **清洁生产**：在工艺、产品、服务中持续地应用整合和预防的环境策略，以增加生态效益和减少对于人类和环境的危害和风险。

4. **碳汇**：从空气中清除二氧化碳的过程、活动、机制。主要指森林、海洋吸收并储存二氧化碳的多少，或者说森林、海洋吸收并储存二氧化碳的能力。

第十八章　增创体制机制新优势

改革是加快转变、跨越发展的强大动力。坚持社会主义市场经济方向，明确改革优先顺序和重点任务，尊重群众首创精神，以更大决心和勇气推进重要领域和关键环节改革取得突破。

第一节　增强市场主体活力

以优化国有经济布局结构和打破垄断为重点，进一步开放市场，引入竞争，营造各种所有制经济依法平等使用生产要素、公平参与市场竞争、同等受到法律保护的体制环境。

一、发展壮大民营经济。进一步改善民营经济发展环境，破除制约民营经济发展的体制性障碍，逐项落实支持民营经济发展的各项政策措施，切实保护民营企业的合法权益，提升民营经济占全省经济总量的比重。大力实施闽资"回归工程"，鼓励和引导民间资本参与基础产业、基础设施、战略性新兴产业、社会事业、市政公用事业、金融服务等领域，市场准入标准和优惠扶持政策要公开透明，不得对民间资本单独设置附加条件。对民营企业在投资核准、融资服务、土地使用、对外贸易和经济技术合作方面与其他所有制企业实行同等待遇。支持民营企业选择适合自身特点的企业组织制度和企业经营机制，促进产权结构多元化。鼓励和引导民营企业通过参股、控股、资产收购等多种形式，参与国有企业的改制重组。鼓励民营企业以股权、实物和知识产权等非货币方式扩大投资，支持民营企业上市融资、管理创新和品牌建设，重点扶持一批发展前景良好的成长型民营企业。实施积极的创业政策，培育各类创业主体，营造全社会支持创业、鼓励创业的良好氛围，激发社会活力和创造力。

二、支持中小企业改革发展。落实扶持中小企业发展政策措施。实施中小企业改制上市培育工程，拓展直接融资渠道。引进境内外有实力的创业投资基金，发展创业投资和融资租赁企业。综合运用资本注入、再担保风险分担、风险补偿和奖励补助等多种方式，提高担保机构对中小企业的融资担保能力。完善政府采购制度，为中小企业创造更多的参与机会。支持中小企业参与国企改制重组。鼓励中小企业向"专、精、特、新"和品牌化方向发展，形成与大企业的专业化配套，促进集聚发展。加强对中小企业经营管理者的培训,提高管理水平、创新能力和社会责任意识,建立健全法人治理结构。强化对中小企业的权益保护。

三、加快国有企业改革重组。推进国有经济战略性调整,健全国有资本有进有退、合理流动机制,加快从一般竞争性领域退出,向关系国家安全和国民经济命脉的重要行业和关键领域集中。实施跨地区、跨行业、跨所有制的合资合作和资产重组,引进战略投资者,增强省属企业核心竞争力。加快地方性公用事业、公共资源管理等垄断行业改革。建立健全国有企业和垄断行业激励约束机制。分离各级国有资产监督管理机构的社会公共管理职能和国有资产出资人职能,建设专业化出资人代表机构。探索建立公益性和竞争性国有企业分类管理体系。健全覆盖全部国有企业、分级管理的国有资本经营预算和收益分享制度,合理分配和使用国有资本收益。提高国有资本证券化率。完善国有金融资产、非经营性资产和自然资源监管体制,强化境外国有资产监管。

第二节　深化行政管理体制改革

进一步理顺政府与市场、政府与社会的关系,切实把政府职能转向提供优质公共服务、创造良好发展环境和维护社会公平正义,建设服务政府、责任政府、法治政府和廉洁政府。

一、加快转变政府职能。深化行政审批制度改革,加快推进政企分开、政事分开、政府与中介组织分开,强化政府提供基本公共服务的责任,健全投入保障机制。继续优化政府结构、行政层级、职能责任,降低行政成本,按照国家部署,推进职能有机统一的大部门制改革。探索开展公务员聘任制改革试点。稳妥推进事业单位分类改革。积极探索省直接管理县(市)体制。推进乡镇管理体制改革,加强基层政权建设。完善政府合同、购买服务、服务外包等公共服务多样化提供模式,提高公共服务水平。推进非基本公共服务市场化改革。建设学习型机关,提高政府工作人员学习力。

二、完善政府民主决策和绩效管理。建立健全公众参与、专家咨询、风险评估、合法性审查和集体讨论决定的决策程序,实行科学决策、民主决策和依法决策,推进政务公开。对涉及经济社会发展全局的重大事项,广泛征询意见,充分进行协商和协调。对专业性、技术性较强的重大事项,推行专家论证、技术咨询、决策评估。对同群众利益密切相关的重大事项,实行公示、听证等制度,扩大人民群众参与度。完善绩效评估制度,加强经济社会发展目标考核奖励,探索开展百姓幸福感和生活满意度调查评估。加强机关效能建设和管理。健全决策失误责任追究制度和纠错改正机制,强化行政问责,改进行政复议和行政诉讼,提高执行力和公信力。

三、稳步推进地方财税体制改革。按照权责一致的原则,合理划分各级政府的事权,建立财力和事权相匹配的财政体制。强化各级政府公共服务责任,增强省级财政宏观调控能力,完善省对市、县(区)财政收入增长考核奖励制度,推进省管县财政管理方式改革,建立和完善县级基本财力保障机制。优化财政支出结构,集中新增财力优先保障社会事业和民生工程,向薄弱环节和农村地区倾斜。围绕推进基本公共服务均等化和主体功能区建设,完善财政转移支付制度。继续深化部门预算、国库集中收付、收支两条线、政府采购等制度改革。建立健全预算编制、执行、监督和绩效评价有机结合的机制,强化财政监督管理。加强地方政府债务管理工作,努力防范地方财政风险。制定相关财税优惠政策,支持产业结构升级和服务业发展。大力培植财源,优化税源结构,加强税收征管。

四、深化投资体制改革。规范投资项目审批管理,推行并联审批和联合会审,简化办事程序。开展项目代办制试点,为投资者全程免费代理项目行政审批服务。进一步完善企业投资项目核准制和备案制，推行项目法人招标和代建制，强化企业的投资主体地位。推行政府投资公示制度和重大投资项目后评价制度，健全投资调控体系。

第三节 深化资源性产品价格和环保收费改革

充分发挥市场在资源配置中的基础作用，推进生产要素市场化的进程，加快建立和完善反映资源要素稀缺程度的价格形成机制。

一、完善资源性产品价格形成机制。继续推进水价改革，积极完善水利工程供水价格和城市供水价格形成机制。按照保基本、促节约的原则，积极推行居民用电、用水阶梯价格制度。理顺天然气与可替代能源价格关系。建立价、税、费、租联动机制，探索推进资源税改革，完善计征方式，将重要资源产品由从量定额征收改为从价定率征收，促进资源合理开发利用。

二、深化公共资源市场化配置改革。继续完善公共资源市场化配置制度，推进公共资源进入统一的配置平台交易。健全经营性建设用地市场化配置机制，完善工业用地招拍挂出让制度，健全土地收购储备制度和集约节约用地机制。整合全省现有产权交易机构，完善技术市场、人力资源市场。规范发展探矿权、采矿权交易市场，大力发展排污权交易市场。

三、建立健全环保收费制度。开展排污权有偿使用试点，研究建立排污权有偿使用制度。全面落实污染者付费原则，按照国家排污费征收方式改革试点要求，提高征缴率。完善污水、垃圾处理收费制度，适度提高财政补贴水平和有条件的地方污水、垃圾处理收费标准。

四、完善生态资源补偿机制。建立健全森林资源、水资源等生态补偿机制，完善流域上下游生态补偿机制，逐步加大对流域上游和引用水源保护区生态保护的支持力度，建立环境保护“以奖代补”制度，有效解决生态保护跨地区、跨行业问题，调动利益相关各方共同保护生态环境积极性。

第四节 推进厦门经济特区实施综合配套改革

以厦门经济特区扩大到全市为契机，先行试验一些重大改革措施，推进实施国家级综合配套改革，进一步发挥厦门经济特区的“窗口”、“龙头”、“排头兵”作用。

一、在转变经济发展方式上先行先试。开展国家服务业综合改革试点建设，建立健全促进现代服务业发展的体制机制。深化投融资体制改革，优化民营经济发展环境，建立社会资本广泛参与的投资机制。推进国家创新型城市试点建设，完善自主创新的体制机制，抢占战略性新兴产业制高点。推进国家低碳城市试点工作，率先实现产业发展、城市建设和生活方式低碳化。

二、在拓展两岸交流合作上先行先试。创新经贸合作机制，建设两岸经贸合作最紧密的区域，构建区域性金融服务中心。创新口岸管理体制机制，建立高效、便捷的管理机制，建设两岸直接往来最便捷的通道。整合海关特殊监管区资源，探索自由贸易港区的发展途径。采取更加灵活开放的政策，开展对台文化交流与合作，建设两岸文化交流交往最活跃的平台。创新社会管理机制，构建两岸同胞融合最温馨的家园。

三、在推动外经贸转型升级上先行突破。创新招商引资方式，加大吸引现代服务业、跨国公司力度，加快服务贸易发展，建设国家服务外包示范城市。推进进出口贸易结构转型，提升出口产品附加值。增强区域枢纽功能，加强厦漳泉龙城市联盟，密切与海西各城市及更大范围发展联动互动，强化先进要素集散交换能力。大力推进涉外经济管理体制改革，探求建立更加灵活、适应国际市场规律的经济体制模式，促进投资贸易便利化。

四、在推进和谐社会建设上先行先试。率先建立基本公共服务体系，促进基本公共服务均等化，基本建成全民社保城市。开展公立医院改革试点，健全基层社区卫生服务体系。开展国家义务教育均衡发展改革试点。率先建立统筹城乡协调发展的体制机制，合理调整收入分配关系，提高市场主导下政府执行、保障和服务能力。创新社会管理制度，建立与社会转型相适应的社区管理和公共服务体系，精神文明和生态文明建设走在全国前列。

第十九章　加强社会管理和民主法治建设

加强社会管理和民主法治建设是加快转变、跨越发展的基本要求。适应社会结构剧烈变动、利益格局深刻调整、公共需求急剧增长、思想观念重大变化的新形势，加强和创新社会管理，发展社会主义民主法治，保持社会安定有序、充满活力。

第一节　提高社会管理水平

统筹社会管理职能，整合社会管理资源，形成管理主体多元、服务方式多样、运行机制协调的社会管理体制。

一、创新社会管理机制。坚持寓管理于服务，从保障社会公平正义出发，建立健全基本公共服务体系，加快完善公共财政体制，提高基本公共服务支出比重，增强政府管理服务能力。健全社会管理格局，充分发挥多元主体在社会管理中的积极作用，发展壮大自我管理、自我服务、自我教育、自我监督的基层群众性自治组织，不断增强社会组织提供服务、反映诉求和规范行为的作用，鼓励和支持企事业单位承担社会责任。

二、提高基层社会管理能力。建立共建、共管、共享的基层社会治理结构，建设管理有序、服务完善、文明祥和的社会生活共同体。建立健全基层群众平等对话沟通机制和调动人民群众积极性的激励机制。强化乡镇、街道社会管理职能，加强社区综合服务中心建设，健全新型社区管理和服务体制，完善基层服务和管理网络。完善城市住宅小区物业管理，增强物业服务功能。加强流动人口服务管理，试行流动人口居住证制度。加强对特殊人群的帮教管理和服务，建立健全社区矫正和安置帮教工作体系。加强对社会治安问题重点地区的综合整治，健全中小学、幼儿园安全长效机制。建立社会心理健康评估和干预机制。健全社区工作者选聘、培训、评价、使用、激励机制，推进社会工作专业化、职业化。

三、加强社会组织建设。坚持培育发展和管理监督并重，促进各类社会组织规范发展，充分发挥其提供服务、反映诉求、规范行为的作用。培育扶持和依法管理社会组织，支持其参与社会管理和服务。鼓励社会力量在教育、科技、文化、卫生、体育、社会福利等领域兴办民办非企业单位。发展和规范各类基金会，完善非赢利组织税收优惠政策。实行社会组织信息公开和评估制度。引导各类社会组织完善内部治理结构。加强互联网等信息网络的建设管理，净化网络环境。

四、健全维护群众权益机制。完善党政主导，人民调解、司法调解、行政调解协调联动的“大调解”机制，统筹协调各方面利益关系，发挥部门依法处理矛盾事项职能作用，有效解决劳动争议、医疗纠纷、食品药品安全、土地征收征用、城市建设拆迁、环境保护、企业重组和破产、涉法涉诉等人民内部矛盾问题。健全完善防止建设单位和企业新发生拖欠农民工工资的长效机制。搭建多种形式的沟通平台，拓宽社情民意表达渠道，推动形成科学有效的利益协调、诉求表达、矛盾处理和权益保障机制，实施依法处理信访事项“路线图”。加强法律服务和法律援助。推行重大建设项目社会稳定风险评估。

专栏 17　处理信访事项“路线图”

依法处理信访事项按照调解、行政三级处理、法院两审终审、检察院法律监督、人大权力监督的“路线图”。属于行政部门管辖的按行政机关调查处理、复查、复核“三级终结”方向走；属于法院受理、办理的，由法院管辖。行政机关“三级终结”后仍不服，符合人民法院受理范围的案件，可告知其向人民法院提起诉讼。属于人民法院受案范围的，人民法院及时受理，经人民法院一审或二审终审产生法律效力的案件必须坚决执行。如果信访人还不服，可向人大反映，人大对反映的普遍性问题，可向司法机关、行政机关提出意见，但不直接受理、处理个案。“路线图”是《信访条例》和相关法律法规的具体化、形象化、程序化。

第二节　加强公共安全体系建设

坚持“安全第一、预防为主、综合治理”方针，全面加强安全管理，推动公共安全保障体系从被动应对型向主动防控型转变，从传统经验型向现代管理型转变。

一、提高安全生产水平。强化生产安全、交通安全、校园安全、社会安全、消防安全的管理职能和监管责任，有效防范和遏制重特大事故。全面落实安全生产“一岗双责”和企业安全生产主体责任，强化企业安全生产级别评定工作，继续深化煤矿、交通运输等重点行业领域治理整顿。严格安全生产许可制度，推广先进适用的安全技术设备。探索实施职业卫生安全许可制度，防范治理各类重大职业危害。加强安全监管监察执法能力和安全生产应急救援体系建设，提升监管监察执法水平。推动安全诚信企业、安全社区和安全保障型示范城市建设。严格安全目标考核与责任追究，确保全省安全生产保持稳定态势，力争到2015年，单位地区生产总值生产安全事故死亡率下降36%以上，工矿商贸就业人员生产安全事故死亡率下降26%以上。

二、保障食品和药品安全。严格执行产品质量标准，特别是食品和药品质量安全标准及技术规范，强化检测、监测能力建设，健全信息快速通报制度和快速反应机制，建立食品药品质量追溯制度。继续抓好“餐桌污染”治理工作，开展食品安全的监测、风险评估及预警工作，建设“食品放心工程”，保障人民群众饮食和用药安全。加快国家级产品质量检测检验中心、区域性保健食品、化妆品检测中心和疫苗供应体系建设。

三、加强饮水安全。严格执行饮用水源保护区的有关规定，加强饮用水源地环境保护重点工程建设。规范农村生产生活污水排放，切实保护农村饮用水源地。加快城市供水设施改造和维护力度，提高水质标准，严控居民生活用水二次污染。加强饮用水水源地监测体系建设。健全和完善饮用水水源突发事件应急反应机制。完善饮用水安全保障工作报告制度。确保城乡居民喝上安全、清洁、卫生的饮用水。

第三节　推进“平安福建”建设

加强社会治安综合治理，强化社会治安预警机制，营造安定稳定的治安环境、规范有序的经济环境、公平正义的法治环境、安居乐业的生活环境。

一、完善“平安福建”建设机制。围绕“四个位居前列”、“五个明显增强”、“六个有效防止”的目标要求,深入开展新一轮平安县(市、区)、平安乡村、平安社区等创建活动,深化平安企业、家庭、校园、医院、海域、交通、金融、景区、边界、文化市场等行业系统创建活动,强化责任落实机制。加大对经济欠发达地区和基层一线的支持力度,建立市场化、社会化的群防群治经费筹措保障机制。

二、构筑维护稳定的网络体系。健全维护国家安全工作体系,强化情报信息工作,落实重点防范管控措施,建设人民防线。健全经济安全运行保障工作体系,强化经济安全预警防范管理措施,整顿和规范市场经济秩序。健全矛盾纠纷预防排查化解工作体系,加强维稳"三支队伍"建设,努力实现"民转刑"和群体性事件等下降的目标。健全社会治安打防管控工作体系,加大刑事案件预警、侦破力度,加强城乡社区警务建设,切实解决治安热点、难点问题。健全社会管理工作体系,重点解决流动人口、特殊群体等问题。健全基层组织网络运行工作体系,完善综治协管员、平安中心户长的管理培训、考评奖惩机制,加快基层综治协会建设步伐。

专栏 18 推进"平安福建"建设相关概念

1. 四个位居前列:经过 5 年努力,实现"综治工作成效、综治责任制建设、公众安全感和满意率、基层综治组织网络和运行机制建设"4 个位居全国前列。

2. 五个明显增强:应对传统和非传统安全威胁、处理人民内部矛盾、优化经济法治环境、驾驭社会治安局势、动员各方力量参与社会管理的五个方面能力明显增强。

3. 六个有效防止:有效防止在全国全省造成重大社会影响的危害国家安全和社会政治稳定的事件,大规模群体性事件,群死群伤治安安全事故,突出区域性治安稳定问题,暴力恐怖犯罪、涉黑涉恶犯罪以及涉众型经济犯罪案件,执法队伍违法违纪案件。

4. 维稳"三支队伍":维稳信息员、维稳群众工作队、网络舆情引导员。

5. 民转刑:民间纠纷转化为刑事案件。

第四节 发展社会主义民主政治

坚持党的领导、人民当家作主和依法治国有机统一,发扬社会主义民主,扎实推进法治化进程。

一、加强民主建设。坚持对人民代表大会及其常委会负责并报告工作,自觉接受人大及其常委会议的监督,执行人大的决定、决议,认真办理人大代表建议、批评和意见,积极配合人大开展执法检查、人大代表视察及专项调研。重视和支持人民政协履行政治协商、民主监督和参政议政职能,就重大问题在决策前和执行中主动与政协协商,认真办理政协提案。密切与各民主党派、工商联、无党派人士的联系。发挥工会、共青团、妇联等人民团体作用。广泛征求各类咨询机构、专家学者和老同志的意见建议。丰富民主形式,保障人民依法行使民主权利,充分调动人民群众参与社会事务管理的积极性、主动性和创造性。加强基层民主建设,坚持和完善政务公开、厂务公开、村务公开,保证公民依法行使选举权、知情权、参与权和监督权。巩固和发展平等、团结、互助的社会主义民族关系,认真贯彻党的民族和宗教政策。

二、推进依法行政。积极稳妥推进行政执法体制改革,建立权责明确、行为规范、监督有效、保障有力的执法体制,严格依照法定权限和程序行使权力、履行职责,构建规范透明的法制环境。不断提升公务员依法行政的能力和水平,全面加强思想、组织和作风制度建设。发挥行政监察职能作用。加强立法工作,健全政府立法程序和工作机制,注重提高立法质量。加强政法基层基础建设,夯实政法工作基础。推进司法体制和工作机制改革,规范司法行为,促进司法公正,维护司法权威,深入推进公正廉洁执法。加强普法教育,增强公民法制意识。推进法治城市、法治县(市、区)和法治村居建设。

三、加强反腐倡廉建设。坚持标本兼治、综合治理、惩防并举、注重预防的方针，加快推进惩治腐败的同时加大教育、监督、改革、制度创新力度，更加有效地预防腐败。加强反腐倡廉长效机制建设。严格执行党风廉政建设责任制，加强领导干部廉洁自律和严格管理。建立健全决策权、执行权、监督权既相互制约又相互协调的权力结构和运行机制，严格权力运行制约和监督。开展行业协会、市场中介组织和私营企业防止腐败工作。加大查办违法案件工作力度。

第五节　积极推进军民融合式发展

紧紧围绕推动福建跨越发展和军队改革建设大局，扎实开展国防教育和双拥宣传活动，弘扬双拥光荣传统，推进全方位、多领域的军民融合，拓展双拥工作领域，提升双拥“创模”水平。

一、大力支持部队建设。抓好民兵、预备役部队建设，健全和完善人防体系，加强海防管理和军事设施保护。继续积极支持驻闽部队基础设施、训练设施、文化设施和生产生活设施建设。进一步完善拥军支前保障机制，加强各级军供站、支前物资供应站和军粮供应站建设，做好部队重大军事行动的支前保障工作。加大科技拥军力度，支持部队信息化建设。广泛开展文化拥军活动，满足部队官兵精神生活和文化需求。

二、加强国防动员建设。健全完善国防动员体系，普及全民国防教育，构建国防动员指挥信息平台。切实做好兵员、经济、人防、交通、支前等国防动员准备工作，提升国防动员和后备力量整体实力。

三、积极落实拥军优属政策。做好优抚安置工作，认真解决军转干部安置、随军家属就业、部队子女就学等问题。提高优抚对象及革命“五老”人员待遇，完善抚恤补助标准自然增长机制。做好军属慰问工作。完善“自谋职业为主、安置就业为辅、积极扶持就业”的安置政策。做好军队离退休干部的接收安置和管理服务工作。

第二十章　确保规划顺利实施

本规划经过全省人民代表大会审议批准，是未来五年我省经济社会发展的宏伟蓝图，具有法律效力。要举全省之力，确保完成规划确定的发展目标和任务。

第一节　加强政策引导

充分发挥产业、财税、投资等政策的导向作用，强化政策统筹协调，合理配置公共资源，积极引导社会资源，保障规划顺利实施。

一、加强产业政策引导。积极落实国家产业政策，制定符合我省实际的产业导向，加强信贷、土地、环保、科技等政策和产业政策的配合，促进产业结构优化升级。加强对战略性新兴产业的研发扶持。强制淘汰高消耗、高污染的落后生产能力、工艺和产品，压缩和疏导过剩产能。引导产业集聚发展，优化产业布局，引导各类生产要素向优势行业和企业集聚，向沿海、沿线、园区集中。

二、加强财税政策引导。把基本公共服务制度作为公共产品向全民提供，完善公共财政制度，优化支出结构，实施和完善税收政策，提高政府保障能力。省级财政预算支出重点用于以下优先领域:公共教育、公共卫生、公共文化等社会事业,公共交通、生态环境等公共产品和公用设施建设,社会就业、社会分配、社会保障、社会福利、社会秩序等公共制度建设。

三、加强投资政策引导。完善投资体制机制,整合政府投资资金,优化投资结构,改进投资方式,建立与规划任务相匹配的政府投资规模形成机制,确保重大工程和项目有效实施。政府投资重点投向民生和社会事业、农业农村、科技创新、生态环保、资源节约等领域和老少边穷地区。

第二节　深入实施项目带动

把实施项目带动作为推动规划实施的重要手段,加大重点建设对固定资产投资的引领作用,进一步集聚要素资源,增强经济社会发展后劲。

一、加快项目策划生成。强化项目培育,建立和完善重点项目征选平台和机制。深入实施产业调整和振兴规划,提高重大项目策划生成水平。健全完善项目储备库管理制度,增强项目发展的协调性、可持续性。每年要策划生成一批民生工程项目、一批产业升级项目和一批基础设施项目,形成"投产一批、续建一批、开工一批、储备一批"的滚动发展态势,为"十二五"固定资产投资保持较快增长提供项目支撑。

二、强化项目管理。继续推行并完善项目法人责任制、资本金制、工程项目招投标制、合同管理制、工程监理制和政府投资项目代建制,提高投资效益。完善项目的专家咨询和评估论证制度,提高项目决策的科学化、民主化水平。加强重点项目建设管理,进一步落实分级管理责任,积极推行标准化管理。严格实施重大项目稽查和审计制度,健全重点项目在线管理系统,加强项目运行情况的跟踪分析和协调制度。

三、创新项目投融资机制。采取市场化的运作方式,充分调动各类投资主体积极性,拓宽企业融资渠道,激活壮大市场主体,广泛吸纳社会资金,投向各类项目。创新政府财政性资金使用方式,优化调整支出结构,集中财力保证政府投资重大项目的资金需求。积极构建规范、高效、可持续的投融资机制。

第三节　明确实施责任

本规划明确的发展目标和任务,主要依靠发挥市场配置资源的基础性作用实现,各级政府要正确履行职责,强化执行力,营造良好实施条件和环境。

一、明确预期性目标任务的实施责任。本规划提出的预期性目标和产业发展、结构调整、城镇化、区域协调发展、提升开放型经济水平等任务,主要依靠市场主体的自主行为实现。各级政府要通过完善市场机制和利益导向机制,创造良好的政策环境、体制环境和法制环境,打破市场分割和行业垄断,维护公平竞争,不直接干预企业经营活动,不干预市场机制正常运行,激发市场主体的积极性和创造性,引导市场主体行为与政府战略意图相一致。

二、强化约束性目标任务的分解落实。本规划确定的约束性指标和公共服务领域的任务,特别是促进基本公共服务均等化的任务,是政府对人民群众的承诺,是必须履行的重要责任,要及时分解落实到有关部门、各设区市和县(市)。纲要提出的义务教育、公共就业服务、社会保障、基本医疗卫生、住房保障、人口服务、公共文化体育、扶贫解困、节能减排、公共安全等各项重点任务,要明确工作责任和进度,主要运用公共资源全力确保完成。

第四节　健全规划实施管理机制

推进规划体制改革，加快建立健全层次分明、功能清晰、统一衔接的规划体系，完善科学化、民主化、规范化的编制程序，形成责任明确、分类实施、有效监督的实施机制。

一、强化规划实施。强化本规划作为省级总体规划的统领地位，各级各类规划的编制和实施要以本规划为依据。编制一批专项规划特别是省级重点专项规划，细化落实规划明确的主要任务。实施主体功能区规划，加快落实空间开发和布局要求。完善区域规划，落实促进区域协调发展的具体任务。地方总体规划要结合实际，突出特色，做好与本规划确定的发展战略和主要目标任务的衔接，必要时要依据本规划，在地方的年度计划中对有关目标和任务做出合理调整。国民经济和社会发展年度计划要依据本规划，遵循国家宏观调控政策要求，合理确定年度发展目标，分年度落实本规划的目标和任务。

二、完善绩效评价考核体系。加快制定并完善有利于加快转变、跨越发展的绩效评价考核体系和具体考核办法，强化对结构优化、民生改善、资源节约、环境保护和基本公共服务等目标任务完成情况的综合评价考核，考核结果作为各级政府领导班子调整和领导干部选拔任用、奖励惩戒的重要依据。

三、加强监测评估。完善监测评估制度，加强监测评估能力建设，加强服务业、节能减排、劳动就业、收入分配、房地产等薄弱环节统计工作，强化对规划实施情况跟踪分析。省直有关部门要加强对规划相关领域实施情况的评估，自觉接受省人民代表大会及其常务委员会的监督检查。规划主管部门要对约束性指标和主要预期性指标完成情况进行评估，并向省政府提交规划实施年度进展情况报告，以适当方式向社会公布。在规划实施中期阶段，要组织开展全面评估，形成评估报告提交省人大常委会审议。需要对本规划进行修订时，要报省人大常委会批准。规划实施要注意接受人民政协的民主监督，广泛听取社会各界的意见。

四、加大宣传力度。采用多种形式，广泛开展“十二五”规划的宣传，让规划确定的目标任务深入人心，激发广大干部群众的创业热情，广泛动员和凝聚各方面力量积极参与规划实施，使实施规划成为全社会的自觉行动。

福建发展面临新机遇，海西建设进入新阶段。全省广大干部群众要更加紧密地团结在以胡锦涛同志为总书记的党中央周围，高举邓小平理论和“三个代表”重要思想的伟大旗帜，深入贯彻落实科学发展观，在中共福建省委的正确领导下，开拓进取，真抓实干，凝心聚力，乘势而上，全力推动福建科学发展、跨越发展，开创又好又快发展新局面，为实现“十二五”规划和全面建设小康社会的宏伟目标而努力奋斗。

厦门市国民经济和社会发展第十二个五年规划纲要

（2011 年 2 月 24 日厦门市
第十三届人民代表大会第六次会议批准）

前　　言

《厦门市国民经济和社会发展第十二个五年规划纲要》（以下简称《纲要》）根据《中共厦门市委关于制定厦门市国民经济和社会发展第十二个五年规划的建议》编制，主要阐明未来五年经济社会发展的总体要求、目标任务和政策举措，是政府依法履行职责、引导市场主体行为、制订实施各级各类规划和相关政策的重要依据，是全市人民为之共同奋斗的行动纲领。

第一章　推动厦门科学发展新跨越的关键时期

“十一五”时期是极不平凡的五年，我市深入贯彻落实科学发展观，积极融入海峡西岸经济区建设，经济社会发展取得了显著成绩。“十二五”时期，是全面推进海峡西岸经济区建设和厦门经济特区扩大到全市后的第一个五年，是我市科学发展、跨越发展的关键时期。全面加快推进厦门经济特区科学发展新跨越，凸显在全国、全省发展大局中“窗口”、“排头兵”、“龙头”作用，具有重大意义。

第一节　“十一五”发展成就

“十一五”期间，面对国内外环境的复杂变化和重大风险挑战，全市上下抢抓机遇，加快发展，较好地完成了“十一五”规划确定的主要目标任务，保持了经济社会又好又快发展的良好势头。

一、城市综合实力实现新提升

地区生产总值、财政总收入、固定资产投资、地方级财政收入、社会消费品零售总额等主要指标实现翻一番以上，地区生产总值突破2000亿元，固定资产投资突破1000亿元，财政总收入突破500亿元，三次产业结构由2005年的2∶55.6∶42.4调整为2010年的1.1∶50∶48.9。人均地区生产总值居副省级城市前列，万元生产总值能耗保持全国、全省领先水平。

二、经济结构调整取得新成效

二三产共推进效果显著，建成火炬(翔安)产业区、集美机械工业集中区、同安工业集中区等工业载体，电子、机械等支柱产业进一步集聚壮大，火炬高新区成为全省首个工业总产值超千亿元的开发区。建成软件园产业基地、现代物流园区、观音山营运中心等一批服务业集聚区，服务业年均增速比“十五”提高4个百分点、占地区生产总值比重提高6个百分点。新增16个国家级重点实验室和省级工程技术研究中心，建成35个自主创新公共服务平台，高新技术企业数量翻一番，达到524家。

三、对台交流合作实现新发展

对台先行先试前沿平台作用更加凸显，率先成为两岸包机直航点、海上直航口岸和通邮封发局，“小三通”年旅客吞吐量突破127万人次，成功举办海峡论坛，打造了“文博会”、“图交会”、“农渔业论坛”等重要交流合作平台，国家部委在厦设立对台文化、科技、农业等一批交流合作基地。厦台经贸合作取得新突破，五年累计实际利用台资28.5亿美元(含第三地)，累计对台贸易额194亿美元，厦门成为大陆最大的台湾水果入境口岸和集散地，友达、宸鸿、富邦金控、长庚医院等入驻厦门，厦门航空等一批企业赴台投资。

四、改革开放事业取得新成果

经济特区范围扩大到全市，国务院批准建设两岸区域性金融服务中心，启动了一批国家试点城市建设。厦门港整合和口岸管理一体化改革取得突破，海沧保税港区封关运作。整合重组23家国有企业集团，国有资产监管体系基本形成，国有企业经济效益和整体实力大幅度提升。公共资源配置市场化改革深入推进，中介机构信用管理模式在全国推广。实行重大开发片区和重大项目指挥部模式等快速推进机制，开展政府投资项目后评价制度，电子政务建设走在全国前列。新增境内资本市场融资额超过前15年的总和。五年累计实际利用外资76亿美元，第三产业利用外资比重超过第二产业。外贸进出口总额突破570.4亿美元，对新兴市场出口比重达到22%，比2005年提高7.3个百分点。城市联盟等区域协作机制不断完善。对外交流交往进一步扩大，国际友好城市增至15个，国际知名度进一步提升。

五、岛内外一体化呈现新格局

岛内外一体化建设全面启动，五年累计完成固定资产投资4413亿元，超过前25年总和，其中，岛外投资占全市投资的56.1%。建成“两桥一隧”、城市快速公交(BRT)一期、成功大道、福厦高铁、厦门北站、海沧港区14#-19#泊位、嵩屿港区一期等一批重大基础设施，城市快速交通网络基本形成，以港口、高铁、航空和高速公路为主体的综合交通枢纽基本确立，对外辐射和承载能力进一步增强。一批重大开发片区、社会事业项目建设快速推进，市政设施不断完善，城市发展向岛外延伸的态势初步形成，中心城市服务功能进一步提升。

六、民生保障工作跃上新水平

惠民生促和谐工作成效显著，义务教育均衡发展走在全国前列，实现城乡基本医疗卫生服务体系全覆盖，公立基层医疗机构全部实施国家基本药物制度，完成农村义务教育和公共卫生体系建设，文化体育惠民工程取得实效，建成文化艺术中心等一批重大社会事业项目。社会保障体系不断完善，基本建立“全民社保城市”的政策框架，城乡一体化医保政策体系被国家誉为“厦门模式”；保障性住房建设管理模式成为全国“蓝本”，实现低保家庭廉租住房应保尽保；五年新增就业97万人。城乡居民收入年均增长10%以上。生态环境建设持续加强，实施重大海域生态修复工程，主要污染物减排、建成区绿化覆盖率保持全国、全省领先水平。精神文明建设和“平安厦门”持续推进，连续两届获得“全国文明城市”称号，群众治安满意率居全省前列。

专栏1　“十一五”规划主要发展目标完成情况

指标名称		单　位	“十一五”规划目标	2010年完成情况
地区生产总值		亿　元	2050	2053.7
三次产业比重			0.5 : 59.5 : 40	1.1 : 50 : 48.9
工业总产值		亿　元	4880	3772
外贸进出口总额		亿美元	592	570.4
社会消费品零售总额		亿　元	501	696.6
五年累计固定资产投资		亿　元	3200	4413
五年累计实际利用外资		亿美元	60	76
港口货物吞吐量		万　吨	10000	13931
财政总收入		亿　元	450	526
地方级财政收入		亿　元	230	289.2
城镇居民人均可支配收入		元	25226	29253
农民人均纯收入		元	9558	10033
城镇登记失业率		%	4	4
万元生产总值能耗		吨标准煤	0.63	完成“十一五”国家、省下达的节能减排任务
主要污染物减排	SO_2	万吨	≤4.93	
	COD	万吨	≤4.94	

第二节　“十二五”发展环境

综合判断国际国内形势，我市发展仍处于可以大有作为的重要战略机遇期。

一、面临的机遇

从国际上看，和平、发展、合作仍是时代潮流，经济全球化深入发展，总体环境有利于我国和平发展，这为我市进一步扩大开放型经济发展和对外开放提供了广阔平台。

从国内看，我国经济社会发展长期向好的基本态势没有改变，并且已经进入以转型促发展的新阶段，这有利于我市加快发展高新技术产业和战略性新兴产业，促进产业结构优化升级，实现全面协调可持续发展。

从海峡西岸经济区建设和全省发展大局看，国家鼓励东部地区率先发展、支持加快海峡西岸经济区建设，海峡两岸经济合作进入新阶段，这有利于我市在对台工作和海峡西岸经济区建设中发挥先行先试作用，进一步成为两岸交流合作的桥梁纽带和前沿平台。

从我市情况看，“十一五”时期经济社会发展取得了重大成就，奠定了加快发展的良好基础，而且迎来了经济特区范围扩大到全市的发展新契机，这有利于我市解决区域发展不平衡问题，加快推进岛内外一体化，全面提升厦门经济特区改革开放和现代化建设水平。

二、面临的挑战

我市加快发展也面临诸多可以预见和难以预见的风险和挑战。全球产业分工、贸易格局和经济力量对比在国际金融危机后可能发生重大调整和深刻变化，各种形式的贸易保护主义抬头，将给我市外向型经济发展带来更大的挑战。国内经济社会发展中不平衡、不协调、不可持续问题依然突出，社会矛盾更加复杂，将给我市发展带来新的问题。全国重要区域发展规划相继获批，新一轮的区域改革发展竞争更加激烈，我市加快发展将面临更大的竞争压力。

总之，“十二五”时期，是我国全面建设小康社会的关键时期，也是厦门经济特区深化改革开放、加快转变经济发展方式、实现科学发展新跨越的决定性时期。我们必须正确把握厦门所处的发展阶段和时代特征，切实增强机遇意识和忧患意识，把握科学发展的规律，坚定加快发展的信心，以更加昂扬进取、奋发有为的精神状态和求真务实、真抓实干的作风，奋力推进厦门科学发展、跨越发展。

第二章　指导思想和发展目标

“十二五”时期要高举中国特色社会主义伟大旗帜，坚持以邓小平理论和“三个代表”重要思想为指导，深入贯彻落实科学发展观，紧紧抓住国家鼓励东部地区率先发展和支持加快建设海峡西岸经济区的重大战略机遇，以厦门经济特区范围扩大到全市为新起点，以科学发展为主题，以加快转变经济发展方式为主线，进一步解放思想，努力在先行先试上有更大作为，在体制机制和科技创新上有突破性进展，着力岛内外一体化，着力二三产共推进，着力内外需齐拓展，着力惠民生促和谐，着力抓党建强保障，推动经济社会又好又快发展，奋力实现科学发展新跨越，加快建设现代化国际性港口风景旅游城市和海峡西岸重要中心城市，积极推动厦漳泉大都市区建设发展，更好地发挥经济特区在改革开放中的“窗口”、“试验田”作用和推动科学发展、促进社会和谐的排头兵作用，更好地发挥厦门在福建跨越发展和海峡西岸经济区建设中的龙头带动作用，为率先实现高水平的全面小康社会打下决定性基础，为建设海峡西岸经济区和促进祖国统一大业作出新的历史性贡献，努力走在中国特色社会主义实践的前沿。

“十二五”经济社会发展目标要紧紧围绕科学发展的主题、转变经济发展方式的主线、创新驱动的支撑、保障和改善民生的目的，大力建设"创新厦门"、"宜居厦门"、"平安厦门"、"文明厦门"、"幸福厦门"，努力实现地区生产总值、财政总收入、高新技术产业产值比2010年翻一番以上，全社会固定资产投资总额、民生和社会事业投入比"十一五"翻一番以上。

——*又好又快发展实现新跨越*。在优化结构、提高效益、降低消耗的基础上，力争到2015年地区生产总值达4200亿元；人均生产总值继续保持我国东部地区先进城市行列；财政总收入和地方级财政收入分别达到1000亿元以上和550亿元以上，综合经济实力显著增强。

——*经济结构调整取得新进展*。转变经济发展方式取得实质性突破，工业经济稳步增长，经济增长的科技含量和附加值率不断提高，高新技术和新兴产业产值占规模以上工业总产值比重达60%以上，科技进步贡献率达65%，自主创新能力显著增强。万元生产总值能耗和二氧化碳排放量、主要污染物排放量进一步下降，生态环境质量保持全国领先。

——*和谐社会建设达到新水平*。和谐社会建设领先全国，人民幸福指数大幅提升。城乡居民收入水平保持我国东部地区先进城市行列，社会事业发展水平显著提升，社会保障体系进一步完善，基本建成全覆盖、可持续的基本公共服务体系。民主法制和精神文明建设取得新进展，社会和谐稳定，人民群众物质和精神文化生活更加丰富。

——*改革开放开创新局面*。国家赋予的重大先行先试政策取得新突破，在全国起示范带动作用；推进重点领域和关键环节改革，破解制约我市推动科学发展新跨越的体制机制。全方位对外开放不断拓展，对台前沿平台作用更加凸显，对外开放的竞争优势进一步增强。

——*海峡西岸重要中心城市集聚辐射能力得到新增强*。岛内外一体化格局基本形成，基本建成岛外71平方公里新城核心区，城市建成区面积超过300平方公里，城市化率达85%。五年累计固定资产投资达到8800亿元以上，城乡基础设施更加完善，城市综合实力和核心竞争力显著提升，在全国区域经济发展中有效发挥窗口示范作用，在福建跨越发展和海峡西岸经济区建设中继续发挥龙头带动作用。

专栏2 "十二五"期间经济社会发展主要目标

分类	序号	指标名称	单位	2015年目标	年均增长率	指标属性
经济发展	1	地区生产总值	亿元	4200，比2010年翻一番以上		预期性
	2	人均地区生产总值	元	保持我国东部地区先进城市行列		预期性
	3	财政总收入	亿元	1000以上	15%	预期性
	4	地方级财政收入	亿元	550以上	15%	预期性
	5	五年累计全社会固定资产投资额	亿元	8800以上	20%	预期性
	6	社会消费品零售总额	亿元	1400	16%	预期性
	7	外贸进出口总额	亿美元	1100	14%	预期性
	8	五年累计实际利用外资	亿美元	100	—	预期性
	9	城市化率	%	85	—	预期性

续表

分类	序号	指标名称	单位	2015 年目标	年均增长率	指标属性
民生发展	10	城镇登记失业率	%	4 以内		预期性
	11	城乡居民收入	元	保持我国东部地区先进城市行列		预期性
	12	千人病床数	张	5	—	预期性
	13	学前三年入园率	%	95	—	预期性
	14	基本养老保险参保人数	万人	176	—	预期性
科教发展	15	每万人大专以上学历人数	人	2000	—	预期性
	16	科技进步贡献率	%	65	—	预期性
	17	全社会科研投入占地区生产总值比重	%	4	—	预期性
	18	高新技术和新兴产业产值占规模以上工业总产值比重	%	60	—	预期性
可持续发展	19	万元生产总值能耗	吨标准煤	完成国家、省下达任务		约束性
	20	万元生产总值二氧化碳排放量下降	%	完成国家、省下达任务		约束性
	21	主要污染物排放量下降	%	完成国家、省下达任务		约束性

要实现以上目标，必须坚持的基本原则：

——*必须始终坚持科学发展*。坚持把发展作为解决一切问题的关键，紧紧把握难得的发展机遇，用好用足用活中央赋予的政策，以科学发展为主题，“好”字优先，能快则快，又好又快推动经济社会发展，进一步提升质量、壮大总量、增强后劲，奋力推进科学发展新跨越，努力实现科学发展与跨越发展的有机统一。

——*必须始终坚持转型发展*。坚持把加快转变经济发展方式贯穿于经济社会发展全过程和各领域，把经济结构战略性调整作为加快转变经济发展方式的主攻方向，坚持岛内外一体化、二三产共推进、内外需齐拓展、惠民生促和谐，在发展中促转变，在转变中谋发展，不断提高发展的质量和效益，努力实现经济平稳较快发展与经济发展方式转变的有机统一。

——*必须始终坚持创新发展*。坚持把改革开放和科技创新作为加快转变经济发展方式、推进科学发展新跨越的强大动力和重要支撑，全面深化改革开放，致力对台先行先试，进一步增强厦门经济特区发展的动力和活力。深入实施科教兴市战略和人才强市战略，加快建设国家创新型城市，努力实现制度创新、科技创新、文化创新、管理创新的有机统一。

——*必须始终坚持绿色发展*。坚持把建设资源节约型和环境友好型社会作为加快转变经济发展方式、推进科学发展新跨越的重要着力点，深入贯彻节约资源和保护环境基本国策，致力推进低碳试点城市建设，不断提高生态文明水平，促进经济发展与人口资源环境相协调，努力实现经济效益、社会效益和生态效益的有机统一。

——*必须始终坚持为民发展*。坚持把保障和改善民生作为加快转变经济发展方式的根本出发点和落脚点，更加注重以人为本，更加注重统筹协调，正确处理改革、发展、稳定的关系，加快发展各项社会事业，大力推进岛内外基本公共服务均等化，使发展成果惠及全体人民，努力实现经济发展与社会和谐的有机统一。

第三章　战略任务

根据上述指导思想、发展目标和基本原则，提出我市"十二五"期间经济社会发展十项战略任务，重点在产业发展、城市建设、民生改善和先行先试等全局性、战略性、关键性领域实现突破。

第一节　着力岛内外一体化

按照"规划一体化、基础设施建设一体化、基本公共服务一体化"的总体要求，以"全域厦门"理念和"高起点、高标准、高层次、高水平"的原则，全面拓展岛外，优化提升岛内，推动城市建设和产业发展双轮驱动，基本形成岛内外一体化、岛外各组团各具特色又相互协调的城市新格局，争取在全国率先形成城乡一体化发展的新格局。

一、构建岛内外一体化城市新框架

建立城乡统一的规划建设管理体制，完成《厦门市城市总体规划(2011～2020年)》和《厦门市土地利用总体规划(2006～2020年)》的修编。岛外重点着眼于空间拓展、产业集聚、功能完善，加快新城开发建设，打造一流的城市形象。岛内重点着眼于形象更新、产业转型、功能提升，加快旧城旧村改造、城市综合体建设和东部新城区建设，引导一般工业加速迁往岛外，提升城市功能和品位。

1. 全面拓展岛外城市发展空间。全面加快岛外新城的规划建设，充分发挥进出岛通道的连接辐射功能，以核心区建设为重点，组团式推进集美、海沧、同安、翔安等新城建设。根据岛外产业基础和发展优势，培育壮大各具特色的优势产业，促进新城建设和产业发展紧密结合，努力为新城发展提供产业支撑。加快岛内城市功能向岛外分流，引导重大产业项目、重大基础设施项目、重大社会事业项目向岛外布局，增强城市功能，带动新城发展。科学制定城镇化发展规划和社会主义新农村建设规划，全面推进汀溪、新圩、灌口、东孚等试点小城镇、新农村建设和旧村改造，加大对革命老区和偏远山区发展的支持力度，进一步改善农村生产生活条件，建设农民幸福生活的美好家园。

2. 全面优化提升岛内城市功能。遵循"保持风貌、保持特色，降低开发强度、降低建设密度，提升环境品质、提升城市功能"的原则，完善岛内城市规划，合理划定产业区、居住区、风景名胜区、历史风貌区等，强化规划引导，科学安排建设。制定实施旧城片区和城中村改造专项规划，有序推进营平片区、厦港片区等旧城保护性改建和将军祠西片区、枋湖后埔片区、何厝岭兜片区等片区提升改造。制定实施历史文物、风貌建筑保护专项规划和保护条例，做好鼓浪屿、万石山、仙岳山、环岛路等历史文物和自然景观保护，传承城市文脉，进一步提升城市品位。引导一般工业加速迁往岛外，岛内重点建设高新技术研发基地和商务营运中心区、文化创意园区、高端消费中心等现代服务业聚集区，促进产业优化升级。推进会展北片区、湖边水库片区、五缘湾片区等建设，完善科技研发、金融商务、休闲度假、高端商贸等功能，打造具有一流水准的本岛东部新城区。

二、完善岛内外一体化基础设施网络

加大岛外基础设施建设力度，加快形成组团内外交通畅通、市政设施功能完善的基础设施网络，为岛外各组团迅速聚集产业、凝聚人气奠定基础。

1. 构筑一体化的路网体系。打造市域内“半小时交通圈”。加快城市轨道交通、进出岛新通道建设，延伸城市快速干道，完善连接岛内岛外之间交通干线网，完善与过境道路的连接，贯通城市快速主干网，构建城市组团之间交通网络，加快建设岛外新城路网框架，实施岛外公路市政化改造和乡村道路工程建设。

2. 推进市政设施配套一体化。逐步把农村供水、污水、垃圾、生态建设等纳入城市建设体系，基本形成城乡一体化的供水、供电、供气联网保障体系，推进岛内外公交、路灯、园林绿化、垃圾污水、环卫保洁等市政管理、保障标准一体化。与岛外新城路网建设同步实施给排水、垃圾收集、供电供气、公交场站、园林绿化等市政设施建设，建成新城主轴区共同管沟。升级改造小城镇、新农村的市政设施薄弱区域，促进城市公共服务设施向岛外农村地区延伸，改善农村市政设施水平。

三、构建岛内外一体化的基本公共服务体系

按照“科学谋划、先易后难、积极稳妥、有序推进”的原则，推进财政、土地、治安、户籍、城管、市政、基层社区管理等公共管理体制的一体化衔接，打造全市统一的公共政策平台；按照“制度统一、标准趋同、水平均衡”的原则，加快建立岛内外一体化、城乡全覆盖的基本公共服务体系。

1. 建立一体化的社会事业服务体系。完善岛外新城和农村公共教育、公共卫生和基本医疗、公共文化和体育等设施配套，推进岛内教育、卫生、科技、文化、体育健身等优质公共服务资源向岛外和农村拓展。调整优化中小学校布局，推进一批岛外新城和农村中小学校建设，改善农村教学设备，逐步实现岛内外义务教育的办学条件、管理水平和教育质量等方面的标准统一。完善区、镇、村三级农村医疗卫生服务体系，改善农村医疗条件，健全岛内外基本医疗保险定点服务机构和突发性公共卫生事件应急组织体系。完善城乡文化体育设施，实现一区两馆（文化馆、图书馆）、一镇（街）一站（综合文化站）、一村（社区）一室（文化活动室）以及每个行政区配置“五个一”的体育设施。

2. 健全一体化的社会保障体系。统筹全市社会保障服务网点的布局和建设，完善岛外就业服务、社会福利和社会救助设施，实现公共就业服务网络覆盖率达100%。基本实现就业保障、基本养老保险、基本医疗保险、社会福利、社会救助、最低生活保障等社会保障体系岛内外一体化。

专栏3　岛内外一体化的重大片区建设

新城建设：集美新城、海沧新城（包括海沧湾、马銮湾）、同安新城（包括同安湾）、翔安新城、岛内东部新城区。

旧城改造：营平、厦港、曾厝垵、西郭、自行车厂、将军祠、农科所、枋湖、何厝岭兜、后埔等片区以及岛外海沧旧城区、杏林旧城区、集美旧城区、同安旧城区、翔安新店旧城区等。

小城镇试点建设：汀溪镇、新圩镇、灌口镇、东孚镇等。

新农村建设：岛外农村旧村改造、新村建设，老山区建设等。

第二节　着力二三产共推进

优化提升第二产业，加快发展第三产业，推进三次产业在更高层次上协调发展。加强科技创新与品牌建设，推动信息化与工业化、制造业与服务业互相融合，推动厦门制造向厦门创造提升，促进产业高端化、集约化、基地化发展，提升产业核心竞争力，壮大产业规模，打造海峡西岸强大的先进

制造业基地和最具竞争力的现代服务业集聚区。

一、做强做大支柱产业

做强做大电子、机械、航运物流、旅游会展、金融与商务、软件与信息服务业六大支柱产业，建设海峡西岸高端制造业基地、自主创新基地、区域性国际航运物流中心、金融商务中心和文化休闲旅游中心，实现产业结构优化和产业规模壮大有机结合。

1. 电子

重点发展平板显示、现代照明和太阳能光伏、计算机与通讯设备等。

平板显示。重点引进面板生产线以及上游玻璃等配套产业，做强做大产业规模，建设国家级光电显示产业集群，成为国内重要的平板显示产业生产、研发基地。

现代照明和太阳能光伏。大力提升半导体发光二极管（LED）衬底、外延、芯片、封装、照明应用及荧光粉等生产规模和技术水平，着力引导太阳能光伏电池或组件超长寿命、低成本、高效率方向发展，抢占产业制高点；引进技术与自主研发并重，以发展半导体发光二极管（LED）产业技术和应用为核心，建设现代照明产品重要生产基地。

计算机与通讯设备。巩固戴尔计算机和联想手机产业优势；推进计算机与消费性电子产品融合发展，引进集成电路设计、嵌入式软件、电子元器件、计算机外部设备等配套项目，推动射频识别与物联网技术进步，建设国内计算机与通讯设备重要研发和生产基地。

2. 机械

重点发展汽车、工程机械、输配电及控制设备、航空工业、船舶制造等。

汽车。推进工艺技术改造，提升客车产品质量；引进轿车、专用车和关键配套产品，加快新能源汽车研究开发，推动汽车产业链向纵深扩延；围绕品牌创建拓展国内外市场，打造全球大中型客车生产基地和国内汽车制造及出口基地。

工程机械。推动基础工艺、基础部件技术提升，增强关键零部件核心技术创新能力，提高产品可靠性；开展整机产品节能减排和机电一体化技术攻关，发展电动叉车、驱动系统和工程机械再制造；完善产品系列，拓展市场，培育国内重要的工程机械制造基地。

电力电器。引导配电设备领域向输电领域延伸，大力发展智能输变电设备、配电设备，培育高水平的协作配套体系。

航空工业。提升规模，建设研发中心，完善飞机维修项目，增强大型商用飞机“一站式”维修能力，拓展相关飞机零部件制造产业，进一步巩固亚洲重要的航空维修服务中心地位。

船舶制造。重点发展汽车滚装船产品为主的大型商用船、游艇设计制造、船用机电设备设计制造等，提升核心部件研发制造能力。

3. 航运物流

重点发展口岸物流、第三方物流、城际配送物流，大力拓展中转业务和内陆腹地，建设区域性国际航运物流中心和全国重要物流节点城市，形成大港口、大通道、大物流的新格局。

打造两岸海运枢纽和区域性物流中心。鼓励引导两岸航运企业增辟新航线、增加班次，加强双方海运业务对接合作，共同设立中转基地、货运站场、经营航线等。建立对台揽货（快件）货物分拨中心，设立对台邮件总包交换中心。

拓展中转业务和腹地。加大航线拓展力度，重点拓展台湾经厦门中转的国际航线，争取国际航商将更多的中转货物转移到厦门港，做大国际中转业务。建设赣州、长沙、龙岩等“陆地港”，拓展海铁联运业务，将厦门港腹地从闽粤赣十三市延伸至中西部地区，打造便捷的东南出海通道，实现区域物流联动发展。

发展第三方物流和城际配送物流。鼓励制造业和商贸业剥离物流服务，推进工业企业实行服务外包，大力发展以电子商务为依托的供应链管理、城际配送物流，建成城市公共配送网络和服务台湾地区以及闽西南地区的城际物流配送体系。

完善物流载体平台建设。实现港口无纸化通关，整合码头资源，提高港口通关效率。加快建设和完善四大物流园区，培育壮大20家营收亿元以上物流龙头企业，建设一批专业特色物流中心和与先进制造业发展相配套的专业批发市场。

4. 旅游会展

突出“海峡旅游”品牌，加快重大旅游项目开发建设，完善旅游会展服务体系，重点发展滨海旅游、文化旅游、对台旅游、高端旅游，提高旅游会展综合服务能力，建设国际知名旅游目的地，打造海峡西岸文化休闲旅游中心。

对台旅游。拓展两岸旅游合作领域，完善两岸旅游协作机制和服务保障机制，延伸对接双向旅游线路。开发提升“厦金游”等对台旅游产品，增辟两岸及国内外旅游空中航线，开辟厦门至澎湖和台湾本岛的邮轮航线，吸引动车沿线客源经厦门口岸赴台旅游，吸引台湾游客经厦门往返两岸，打造“海峡旅游”首选便捷口岸。

滨海旅游。重点发展滨海休闲、邮轮游艇、海上运动、海岛旅游。改造东渡港区泊位，扩大邮轮码头岸线，打造国际邮轮母港。开发游艇、帆船旅游产品，建设五缘湾、香山等游艇休闲度假区。培育观音山、五缘湾、同安湾滨海休闲度假旅游带，开发鳄鱼屿、火烧屿等生态海岛旅游资源。

文化旅游。加大对“闽南文化”的挖掘、整理和创新，整合厦门多元特色文化，推广南音、歌仔戏、高甲戏等非物质文化遗产，开发大型现代演艺、文化会节、厦金文化观光等特色文化旅游线路和产品。建设方特欢乐世界等若干大型参与性旅游娱乐设施。结合鼓浪屿“申遗”，打造世界级的文化遗产地和旅游目的地。

高端旅游。重点发展商务会展、医疗保健、温泉养生、体育旅游等产品。完成会展中心三期扩建工程等重大项目，培育和引进品牌展会，建设全国会展名城和海峡西岸旅游会展中心。开发温泉资源，建设五缘湾、杏林湾、汀溪等一批温泉旅游休闲度假区。建设融中医理疗、健康体检、康复疗养为一体的高端医疗园区。提升承接国际赛事的能力和水平，吸引更多大型国际赛事来厦门举办。

加强旅游会展配套能力建设。建设旅游集散中心、星级酒店、会展场馆、客服中心等基础设施，提升旅游停车场、自驾车营地等配套设施水平，完善“一区一中心”旅游咨询服务网络，规范城市公共信息图形标志。加强旅游整体宣传和推介，密切区域旅游合作，打造以厦门为中心辐射带动周边发展的旅游经济区域。

5. 金融与商务

推进两岸金融合作先行先试，集聚境内外金融机构，培育金融要素市场，汇集金融人才，完善金融服务，大力发展总部经济和高端中介服务，营造良好金融商务环境，初步建成“立足厦门、辐射海西、服务两岸”的两岸区域性金融服务中心，打造海峡西岸金融商务中心。

金融

推进厦台金融合作先行先试。进一步便利新台币兑换，争取率先在厦门建立两岸货币清算机制，开展两岸跨境贸易人民币结算业务试点，扩大两岸货币双向兑换范围。拓展对台离岸金融业务。推动金融机构双向互设、相互参股。引进台资金融配套服务机构。支持在厦门设立两岸合资的产业投资基金、创业投资基金、股权投资基金。推动厦台跨境投融资，鼓励厦门企业到台湾发行上市。

提高集聚和辐射能力。吸引境内外金融机构来厦设立总部（分支机构），将厦门作为开展对台金融交流与合作的基地。推动辖区金融机构对外进行业务拓展或设立分支机构。引导金融机构在岛外设立分支机构或营业网点，完善城乡金融布局。积极引进各类金融人才，建设结构合理、关系和谐、流动有序的金融人才支撑体系。

深化金融改革和创新。整合现有产权交易市场，将厦门产权交易中心拓展建设成为各类产权交易的统一平台，探索建立服务海峡西岸经济区非上市公司股份转让的有效途径。推动火炬高新区进入代办股份转让系统扩大试点园区。推动境内商品期货交易所在厦设立期货交割仓库。整合地方金融资源，培育具有综合竞争力的金融企业。鼓励企业多元化融资和在境内外上市，提高直接融资比重。建设全国保险改革发展试验区，开展保险领域试点试验。

商务

营运中心。大力吸引各类企业来厦设立总部机构。完善总部企业融资、上市服务协调机制，扶持总部企业做强做大。鼓励本地企业以厦门为总部向周边拓展业务，提高企业知名度。推进岛内高端商务楼宇建设，改造提升旧城商务区。建成观音山营运中心、五缘湾营运中心、沿环岛路总部经济带、杏林湾营运中心、海沧中央商务区及环东海域营运中心片区，完善营运中心公共配套服务，形成以本岛东南滨海带为主、以环杏林湾及环东海域为辅的总部企业聚集区。

中介服务。壮大法律、会计、咨询、评估、认证等中介服务业，引导中介企业向“专、精、特、新”发展。引进境内外知名中介服务机构，提升中介服务水平。鼓励知名会计师事务所等中介企业向周边辐射业务。完善中介企业信用数据库，营造诚信环境。

6. 软件与信息服务业

重点发展应用软件、集成电路设计和嵌入式软件、数字内容、信息技术服务等，积极创建“中国软件名城”。

应用软件。重点发展金融保险、医疗卫生、物流、智能电网、信息安全等行业的应用软件研发和系统解决方案服务；促进在云计算、物联网等新兴技术和新型业态的应用开发和信息服务。

集成电路设计和嵌入式软件。重点发展与本地消费电子、通信产业配套的集成电路设计和嵌入式软件，为发展智能化、自动化装备制造提供支持。

数字内容。主要发展动漫、游戏、电子学习和网络教育、电子出版和数字典藏。重点扶持原创产品。

信息技术服务。重点发展基于宽带、移动通信、互联网以及三网融合的应用开发与内容服务；加快发展移动数据及多媒体、数据中心等增值服务；鼓励离岸服务外包，大力发展在岸服务外包；继续推进电子口岸、易通卡、公共交通信息平台等推广应用。

专栏4 支柱产业重大项目

电子：
平板显示面板项目、平板显示玻璃项目、厦门天马TFT项目等；
外延芯片、太阳能电池及组件、逆变器和蓄电池等配套项目等。
机械：
金龙轿车、厦工专用车、厦工关键液压零部件项目等。
航运物流：
象屿保税物流园区二期，航空港工业与物流园区，厦深铁路前场物流园，粮食批发市场，厦门汽车物流中心，海峡（厦门）国际钢铁物流中心，海峡电子生产资料批发市场等。
物流集聚区：厦门现代物流园区、海沧物流园区、前场物流园区、刘五店物流园区等。
旅游会展：
国际邮轮母港一期（东渡港区0#-4#泊位改造）、香山国际游艇俱乐部、中奥游艇俱乐部、海翔国际帆船中心、五缘湾游艇帆船国际展销中心、鳄鱼屿度假休闲岛、中洲岛方特欢乐世界与梦幻王国主题公园、观音山主题游乐园、洪山旅游、五缘湾高端医疗园区、杏林湾温泉度假区、同安汀溪温泉度假区、翔安东山和内垵温泉旅游区，环东海域度假酒店群、会展三期等。
金融商务：
观音山营运中心、五缘湾营运中心、杏林湾营运中心、新站营运中心、海沧中央商务区（CBD）等。
软件与信息服务业：
厦门科技创新园、中国移动手机动漫基地、中国电信动漫运营中心、中国数码港厦门产业基地等。

二、重点培育战略性新兴产业

重点培育新一代信息技术、生物与新医药、新材料、节能环保、海洋高新产业、文化创意等战略性新兴产业，培育新的先导性、支柱性产业。

1. *提升新兴产业核心竞争力*。加快建立战略性新兴产业公共技术服务平台，争取更多项目纳入国家重大专项，与国内一流的科研院所、大专院校、行业骨干企业开展产学研合作，推进产业核心关键技术攻关和标准化建设。充分发挥中国·海峡项目成果交易会平台作用，加快项目成果转化，推动战略性新兴产业取得突破性发展。

2. *打造新兴产业集聚基地*。以引进大项目、培育大基地为导向，充分发挥火炬高新技术开发区、厦门科技创新园、厦门软件园产业基地、国家专利产业化（厦门）试点基地和国家动画基地、国家软件和集成电路设计国际人才培训基地等载体作用，吸引资金、技术、人才等向优势企业、产业园区和基地集中，打造一批创新能力强、创业环境好、特色突出的战略性新兴产业示范基地。

3. *加大政策扶持力度*。统筹财政扶持资金，全面落实自主创新税收激励政策，支持企业开展技术创新和技术改造。设立战略性新兴产业创业投资引导资金，引导社会资本投向战略性新兴产业。鼓励金融机构加大对战略性新兴产业的信贷支持力度，建立适应战略性新兴产业发展特点的信贷管理和贷款评审制度。支持企业积极利用多层次资本市场，通过发行股票、债券等方式融资，实施并购重组，促进战略性新兴产业加快发展。

专栏5 战略性新兴产业发展重点和重大项目

新一代信息技术产业：
发展重点：新一代移动通信、下一代互联网的核心设备和智能终端的研发、生产；“三网”融合、射频识别和物联网技术开发及其在城市管理、交通组织、医疗、市民服务等领域应用终端产品研发、生产；云计算技术及服务；高端软件和集成电路设计；以服务外包为主的软件技术服务等。

续表

生物与新医药产业： **发展重点：**基因工程药物、诊断试剂、疫苗、海洋生物医药、现代中药、新药创制等。 **重大项目：**厦门生物产业基地等。 **新材料产业：** **发展重点：**新能源电池材料、太阳能电池、特种金属材料、化工轻纺新材料、改性高分子材料、稀土材料和新型建筑材料等。 **重大项目：**厦门新材料研究院和产业化基地。 **节能环保产业：** **发展重点：**高效节能装备、节能照明产品、废水膜治理回用、固体废弃物回收利用、生活垃圾资源化处理、空气和污水防治成套设备等。 **文化创意产业：** **发展重点：**工业设计、广告设计、软件设计、时尚设计、建筑设计等创意设计；影视剧本创作、影视拍摄、后期制作、展示传播、衍生品开发等影视产业；网络传媒、数字视听等数字内容与新闻媒体产业；原创艺术、古玩与艺术品、演艺娱乐等艺术产业。 **重大项目：**华强文化科技产业基地、园博园影视基地、龙山文化创意园、湖里文创园、翔安香山文化影视基地等。 **海洋高新产业：** **发展重点：**海洋生物资源利用、海水综合利用、海洋精细化工、海洋能源利用、游艇及海洋装备产业等。 **重大项目：**厦门国家海洋研究中心、海洋生物功能性产物产业化中试转化平台等。

三、改造提升优势特色产业

加快技术装备更新、工艺优化和新产品开发，促进一般简单加工向产业高端环节提升，增强品牌创新能力，提高产品附加值和竞争力，促进食品加工、纺织服装、化工等优势特色产业转型升级。加快建设现代大型综合购物中心，改造提升传统商业街区，鼓励发展网上展示、交易、服务等新型业态，完善生鲜超市、便利店等便民服务设施，鼓励发展家庭服务业，建设满足多元化需求的房地产市场，促进商贸、社区服务、房地产等服务业转型升级。

四、培育壮大产业集群（产业链）和大企业集团

加快建设国家级新型工业化产业示范基地，建设专业化园区和公共服务平台，推进优质大型产业项目、龙头项目和配套项目向专业园区集聚，打造富有竞争力的产业集群（产业链）。支持企业加强科技创新，扩大品牌效应，鼓励制造业向现代服务业延伸，培育和发展一批以厦门为总部、跨区域发展的大型连锁企业集团。培育壮大平板显示、汽车及工程机械、现代照明和太阳能光伏、航运物流、旅游会展、金融商务等一批重点产业集群（产业链），加快培育形成一批龙头企业和骨干企业。力争五年内形成若干个500亿元乃至1000亿元以上工业产值的产业集群（产业链），打造若干个500亿元乃至1000亿元以上年销售（营业）收入的大企业集团。

五、大力发展海洋经济

1. 壮大海洋优势产业。充分利用海洋、港湾资源和海洋科技力量的优势，重点发展港口航运物流，建设国际航运物流中心；着力培育发展海洋生物医药、邮轮游艇、海洋环保、海水综合利用、海洋能源利用、游艇及海洋装备设计研发制造等海洋新兴产业，加快建设现代化海洋产业开发基地；挖掘海上景观、海洋文化资源潜力，拓展滨海文化旅游，打造海洋经济强市。

2. 推进海洋科技创新。主要依托国家海洋三所、厦门大学、集美大学等高校和科研院所，推进

海洋科技创新,加强海洋产业中试平台和工程中心建设,建成厦门国家海洋研究中心。开展海洋产业重大关键共性技术研发应用,促进海洋科技成果转化和产业化。推进在厦海洋科技力量整合,鼓励海洋企业建立技术研发机构。

3. 提升海洋管理水平。统筹推进海岸、海岛、近海、远海开发,合理规划沿海滩涂开发,推进无居民海岛保护性开发,依法开展围海造地,促进海岸线和海洋资源合理利用。加快海洋生态系统修复,实施海堤开口,开展海滨沙滩修复,建设红树林湿地公园。强化海洋生态环境保护,依法开展海洋执法监察。

六、优化发展现代都市农业

在工业化、城镇化深入发展中同步推进农业现代化。坚持"两头在厦、中间在外"的发展思路,重点发展高优种苗业、农副产品加工业和休闲农业。积极推进台湾高优农产品种苗的引进、培育和推广,建设对台农业新技术、新品种引进合作交流基地和一批现代农业科技示范园区,以优良品种、先进适用技术改造提升传统农业。扶持发展重点农业龙头企业,支持企业走科技、品牌新路,引导到周边地区建设生产基地,以周边农产品为原料发展农副产品精深加工和营销配送,提升农业产业化水平。引导农民因地制宜发展"一村一品",扶持发展农业专业合作社,提高农业生产组织化程度。大力发展休闲农业和生态农业,建设一批各具特色的生态休闲农业基地。积极实施"菜篮子"、"米袋子"工程,保障城乡农副产品有效供给。

专栏6　现代都市农业重大项目和龙头企业

现代农业示范园区:同安现代农业科技示范园、海峡现代农业研究院、现代农业科研基地等。
重点农业产业化龙头企业:银鹭集团、惠尔康集团、银祥集团、如意集团、中绿集团、中盛粮油、中禾实业、同安源水、厦商农产品集团等。
重点高优种苗业:花卉、水果、蔬菜、林木、水产。

第三节　着力内外需齐拓展

充分利用国际国内两个市场、两种资源,加快外经贸增长方式转变,努力扩大消费需求,优化投资结构,加强区域协作,推动经济发展方式向内需与外需并重、消费与投资并重转变,全面提升开放型经济发展水平。

一、努力扩大内需

贯彻落实扩大内需战略,着力开拓国内市场,加强投资与消费的有机结合,扩大居民消费需求。

1. 大力拓展消费需求

增强消费能力。重点是提高居民收入水平,增加消费需求。合理调整收入分配关系,努力提高居民收入在国民收入分配中的比重、劳动报酬在初次分配中的比重,建立健全职工工资决定机制、正常增长机制和支付保障机制。鼓励增加居民经营性收入和财产性收入,稳定居民收入预期。实施农民创业转型工程,引导农民自主创业,多渠道增收。进一步完善社会保障制度,提升公共服务保障水平,改善居民消费预期。

培育消费市场。加快推进区域性消费购物中心建设。把握高铁、城际轨道、高速公路等便捷交通网络带来的巨大商机,打造特色商业街,加快岛外商圈建设,引进国际品牌,大力发展高端百货。完善旅游服务设施,丰富旅游产品,拓展对台旅游,增强旅游对扩大消费的拉动作用。加快发展现代流通,鼓励商业模式创新,大力推进电子商务、网络购物等新型业态,引导企业构建电子营销网络平台,打造电子商务中心城市。举办各类节庆促销活动,促进商业、旅游、文化结合。促进消费需求与保障改善民生紧密结合,营造良好消费环境,健全消费市场秩序,保护消费者合法权益。改善农村消费环境,完善农村市场流通体系,拓展农村消费市场。

专栏7　促进消费的重点项目和重大工程

综合购物中心:厦门特易购购物中心、湖里万达城市广场等。
特色商业街:思明电子数码街、筼筜路咖啡休闲文化街、海沧油画街、翔安大嶝闽台美食街等。
岛外大型商业设施:厦门圣果院商业中心、国贸商城、新站国际商贸城、新站南广场商业综合体、大嶝对台小额商品交易市场改扩建等。
重大工程:厦门购物嘉年华、厦门购物节、家电下乡、家电以旧换新、万村千乡市场工程等。

2. 持续扩大和优化投资

着力优化投资结构。以投资结构调整促进产业转型升级、消费空间拓展和城市功能布局优化。推进投资重心转向岛外,投资重点向民生、社会事业、科技创新、环境保护和资源节约等领域倾斜,进一步提高岛外投资、产业投资、民生投资比重。加大对内对外招商力度,吸引中央企业、省属企业和知名民营企业来厦投资,积极引导和促进闽商回归,大力提高社会资本投资比重,推动形成政府投资引导、市场主导、企业投资为主体的多元化投资格局。

持续扩大投资规模。发挥投资对产业升级、增加就业、改善民生、提升城市功能的重要作用,进一步拓宽项目来源,提高项目投资规模和技术水平,促进投资持续稳定增长,形成一批新增长点、就业点和财税点,有效拉动经济增长和促进经济结构全面调整,增强跨越发展的稳定性、协调性和可持续性。

创新投资促进机制。深化投融资体制机制改革,进一步开放投资领域,降低准入门槛,完善和落实鼓励社会资本投资、创业投资的政策措施,切实扩大社会资本投资。建立健全重大项目策划生成、储备管理、滚动发展、协调推进制度,破解招商引资、征地拆迁、项目落地等环节中影响投资的体制机制。加强投资软环境建设,建立高效服务机制,努力创造公平、公正、规范发展的市场环境,营造良好投资环境。

二、全方位提升对外开放水平

继续稳定和拓展外需,加快转变对外贸易增长方式,实施互利共赢的开放战略,提高利用外资的实效,不断扩大外向型经济优势。

1. 转变对外贸易增长方式。保持我市外贸份额继续占据全省一半左右。优化出口结构,培育自主出口品牌,提高科技含量和附加值高的机电产品、高新技术产品出口比重;巩固传统出口市场,开拓新兴市场;实施重点出口企业战略,形成一批竞争力较强的大型出口企业。积极拓展进口,力争成为若干大宗商品进口的集散地和分拨地;鼓励先进技术、关键设备及零部件进口,促进进出口贸易均衡发展。实施“走出去”战略，鼓励有条件的企业并购海外知名品牌和营销网络，在全球范围内开展资源、供应链和价值链整合，在更广领域和更高层次上参与国际竞争与合作。大力发展服务贸易，建立一批国际服务外包基地，建设国家服务外包示范城市。加强外贸服务促进体系建设，健全贸易预警和摩擦应对机制，营造促进外贸可持续发展的良好环境。

2. 提升利用外资水平。理顺招商机制，完善快速评审、协调和决策的工作机制，发挥专业招商队伍优势，创新招商引资奖励和考核制度，促进片区招商、以商引商和产业链龙头企业招商。拓宽招商渠道，发挥海外华侨华人社团、协会和闽商作用，加强日常联络和项目推介，加强与国内外知名投资咨询中介机构的联系与合作。优化利用外资结构，加强招商选资，着力引进一批带动性强、具有支撑作用的先进制造业和现代服务业项目。推动引资引智相结合，注重引进世界先进技术、管理经验和智力资源，鼓励外资以参股、并购等方式参与我市企业的改组改造和兼并重组，鼓励外商投资设立创业投资企业。充分发挥对台前沿优势，加大对台资的招商力度。

3. 充分发挥海关特殊监管区作用。加强海关特殊监管区域建设、运作和资源整合，不断创新和聚集保税区、保税物流园区、保税港区等各类海关特殊监管区域的政策功能优势，积极推进保税加工、保税物流业发展，大力发展国际中转、配送、采购、转口贸易和加工制造等业务，探索实施更加开放和优惠的政策，逐步实现自由贸易港区的功能。加强与台湾高雄、台中等自由贸易港区对接运作，推进深度合作。

4. 深化与港澳侨合作。支持在厦的港澳加工贸易企业转型升级，发展现代服务业和先进制造业。加强与港澳服务业领域的合作，引进港澳资金、技术和管理，提升现代服务业水平。推动厦门企业到香港上市融资，鼓励企业到香港设立营销中心、运营中心。充分发挥侨乡优势，拓展与海外华侨华人的联谊交流，大力吸引海外侨胞来厦投资，参与厦门经济社会建设。积极推进国际友城工作，推动更多外国领事机构落户厦门。积极拓展各领域对外交流合作，大力提升城市国际化程度。

三、提升区域协作水平

1. 推进厦漳泉大都市区建设。主动融入厦漳泉大都市区建设，对接经济社会发展规划、城市建设规划，推进形成更加紧密的区域合作机制，促进城市联盟和同城化发展。充分发挥厦门经济特区政策和资源优势，主动参与和推进区域产业分工协作，主动为周边地区做好航运物流、旅游、金融、信息、科研等方面服务，推动形成优势互补、合作共赢的区域产业发展格局。主动衔接区域重大基础设施建设，加快城际轨道交通建设，促进厦漳泉大都市区的港口、机场、信息网络等重大基础设施共建共享，完善生态补偿机制，共同推进九龙江流域生态保护。

2. 加强海西城市群协作。密切闽西南五市、闽粤赣十三地市经济协作和技术、人才合作。推进与海峡西岸经济区 20 个城市间的互动合作，加快产业对接，强化要素聚集，推进区域经济一体化发展步伐，在做大做强海峡西岸经济区城市群、产业群、港口群中主动发挥作用。继续推进山海协作，实现优势互补，促进共同发展。

3. 深入开展跨省区域协作。加强与长三角、珠三角等经济发达地区的经济联系与合作，成为连接两大区域的黄金通道。发挥沿海港口优势，积极发展公铁海空等多式联运，积极开拓腹地，努力成为海峡西岸经济区服务内陆地区的对外开放综合通道。引导企业参与中西部等具有后发优势地区的资源开发和基础设施建设等，拓宽企业发展空间。

4. 实施对口帮扶。认真落实中央和省下达的对口帮扶和对口支援任务，提高工作实效与水平，努力实现优势互补、共同发展。拓宽对口帮扶渠道，建设一批示范项目，改善受援地区群众基本生活条件，促进特色产业发展，增强受援地区自我发展能力。

第四节 打造对台交流合作前沿平台

发挥经济特区对台交流合作先行先试作用，围绕提升两岸交流合作水平，率先先行先试，力争对台交流合作取得新突破、创造新经验，建设两岸交流合作先行区。

一、建设两岸经贸合作紧密区域

全面深化厦台经贸合作，建设两岸货物贸易的重要枢纽和产业对接集中区。率先落实两岸经济合作框架协议（ECFA）货物早期收获计划、早收清单，推动更多厦台交流合作内容列入后续协议，在促进厦台贸易投资的便利化政策、台湾服务业市场准入等方面先行试验。扩大厦台货物贸易，做大做强涉台贸易市场。继续办好台商投资区，推进台商投资区扩区和功能整合，增强对接台湾产业转移的载体功能，推进厦台在先进制造业、新兴产业、现代服务业和现代农业等方面对接。深化厦台金融合作，建设两岸区域性金融服务中心。加强厦台旅游会展合作，建立紧密合作机制，构建两岸旅游会展合作的主枢纽。推动两岸双向投资，鼓励和支持有条件的厦门企业到台湾投资、融资，促进形成两岸经济优势互补、共同发展的新格局。

二、建设两岸直接往来综合枢纽

进一步拓展两岸直接往来的范围和层次，提高两岸直接往来管理和服务水平，建设两岸直接往来的综合枢纽和“黄金通道”。争取率先试行更加便利两岸直接往来的措施，促进两岸人员、物资、信息流动。加强口岸大通关机制建设，推动厦台口岸的互联互通和信息共享，建立高效便捷的口岸管理机制。做好做大“小三通”，充分利用厦金通道，适时增加航班、增投运力，开通夜航等，吸引更多大陆居民和台湾民众循“小三通”往来两岸。做优做强“大三通”，进一步增辟航线、增加航班，建设两岸海空运输综合枢纽。建设对台邮件中转地。

三、建设两岸交流交往重要基地

创新厦台交流合作机制，采取更加灵活开放的政策措施，全面提升厦台之间各领域交流合作的实效和水平，办好海峡论坛，建设两岸交流交往最活跃的平台。以闽南文化为纽带，开展全方位、多层次、宽领域的文化交流合作，进一步拓展厦台文化交流活动的渠道和规模，打造海峡两岸文化产业对接与交流的平台。充分发挥现有对台科技、农业、新闻出版、会计等交流合作基地作用，全面推进厦台之间科技、教育、医疗卫生、体育等领域的交流合作。争取国家有关部委、两岸协商机构及台湾行业协会等来厦设立办事机构，建设两岸事务重要协商地。

四、建设两岸同胞融合示范区

充分发挥“五缘”优势，构建两岸同胞共同的美好家园。建立健全涉台法规规章，依法保护台胞的正当权益，为台胞投资兴业、交流交往提供法律保障。进一步做好在厦台胞的服务工作，放宽在厦台胞的工作和定居条件，对台胞在厦置产置业、就学就业、居住生活等实行市民待遇。鼓励常住厦门台胞融入社区生活，参与社区服务。支持在厦台商、台湾专业人士和优秀人才依法参选担任人大代表或政协委员，加入群团组织，参评“五一劳动奖章”和“劳动模范”等。密切厦金合作，促进共同发展。完善涉台突发事件协作处理机制，妥善处理涉台突发事件。探索建立厦台司法互助机制，共同打击罪犯。充分利用中华民族传统节日的纽带作用，发挥两岸民间信仰和民风习俗相同的优势，举办两岸各类民俗文化活动，进一步促进两岸民众交流和情感融合。

专栏8　对台先行先试的任务和具体内容

领域	任务	具体内容
建设两岸经贸合作紧密区域	打造厦门湾两岸产业对接集中区	创新台商投资区投资管理方式，进一步办好海沧、杏林、集美三个国家级台商投资区。 深入推进厦台产业对接与整合。 积极参与两岸产业“搭桥”计划。
	做大做强涉台贸易市场	做大做强厦门台湾水果销售集散中心、大嶝对台小额商品交易市场和闽台中心渔港等。
	加强厦台旅游合作	整合优化旅游资源，共推双向旅游线路，争取率先实施赴金、赴台自由行。
	加强厦台会展合作	鼓励厦台加强会展合作，共同办会办展。
建设两岸直接往来综合枢纽	口岸大通关机制建设	推动厦门电子口岸率先与台湾口岸互联互通和信息共享。
	做好做大“小三通”	拓展厦金航线功能，提升服务品质，增创价格优势，打造无缝对接。 加大宣传推介，吸引更多大陆居民和台湾民众循“小三通”往来两岸。
	做优做强“大三通”	拓展海空客货运直航、海上客货运滚装业务。 争取开辟两岸海上邮轮航线，建设海峡邮轮母港。
	建设对台邮件中转地	建设对台邮包交换中心，打造两岸邮件往来的主要中转地和集散地。
建设两岸交流交往重要基地	构建两岸民间交流重要平台	全力办好海峡论坛，积极举办各类涉台重大活动。
	建设两岸事务重要协商地	争取国家有关部委、两岸协商机构及台湾行业协会来厦设立办事机构。
	打造海峡两岸文化交流合作平台	建设闽南文化生态保护区和厦门海峡两岸文化创意产业园区。 继续办好海峡两岸图书交易会和海峡两岸（厦门）文化产业博览交易会等品牌活动。 打造两岸教育交流合作基地。
建设两岸同胞融合示范区	密切厦金合作	建设厦金海底通信光缆工程等基础设施，实现厦金直接通信和同区同资费。 鼓励厦门企业参与金门旅游服务等领域的投资建设。 联手维护厦金海域安全。
	完善涉台突发事件处理机制	密切海上通航和救援合作，建立厦台海上救援协作机制。 建立台湾海峡防灾减灾体系。 建立厦台司法互助机制。
	维护台湾同胞的正当权益	建立健全涉台法规规章，依法保护台湾同胞的正当权益。

第五节　构建海峡西岸体制机制创新试验区

以厦门经济特区范围扩大到全市为新起点，进一步发挥在体制机制创新方面的试验区作用，全面推进各项改革试点，加快重点领域和关键环节改革步伐，积极争取设立国家综合配套改革试验区，增创体制机制新优势。

一、构建有利于转变经济发展方式的体制机制

以开展改革试点为平台和抓手,全面推进服务业综合改革等试点建设,重点在财政体制、投融资体制、价格和国有企业等领域深化改革,建立促进转变经济发展方式的长效机制。改革财政体制和运行机制,深化预算管理制度改革,适时调整和完善市、区财政体制,进一步建立适应经济特区一体化发展要求和有利于转变发展方式的公共财政体系。深化投资体制改革,创新投资管理机制,进一步鼓励和引导社会资本进入市政公用、社会事业等领域,建立社会资本广泛参与的投资机制。创新融资方式,拓宽融资渠道,完善多层次的资本市场。深化价格改革,建立反映市场供求关系、资源稀缺程度和环境损害成本的资源价格形成机制。加快国有企业改革,完善监管体制,优化国有经济布局和结构,有效发挥国有企业在推进厦门科学发展新跨越中的重要作用。完善市场监管体制,推进社会信用体系建设,进一步规范市场经济秩序。

二、构建有利于社会和谐的体制机制

以建立健全基本公共服务体系的保障机制为重点,加快推进社会领域改革。强化政府承担基本公共服务的职责,创新公共服务供给模式,实现提供主体和提供方式多元化。推进事业单位分类改革。深化教育体制改革,建立城乡一体化义务教育发展机制,建设现代学校制度。加快推进医药卫生体制改革,基本完成公立医院试点改革,建立新型医疗模式,建立健全覆盖城乡的基本医疗服务和公共卫生服务体系。深化文化体制改革,建立政府主导与发挥市场作用有机统一的文化事业和文化产业发展机制。创新社区管理体制,构建社区公共资源共享机制,建立与经济发展相适应的社区管理体系。推进依法治市,稳妥推进司法体制和工作机制改革,维护社会公平正义,促进社会和谐稳定。

三、构建城乡区域协调发展的体制机制

加快构建有利于岛内外一体化和统筹城乡发展的体制机制。统一岛内外政策,打造全市统一的公共政策平台。统一岛内外管理体制,推进城市建设、执法、规划等管理一体化衔接,建立健全岛内外一体化发展的管理体制。深入推进统筹城乡综合配套改革,以"村改居"社区为重点,大力推进农村集体资产股份制改革。创新土地利用制度。开展村级综合改革试验,完善农村基层治理机制,实现"村改居"社区管理体制与城市社区对接。加快推进省级小城镇综合配套改革试点,将试点镇建设成为统筹城乡发展综合配套改革的先行区。

四、构建与市场经济体制相适应的行政体制

以建设法治政府和服务型政府为目标,加快转变政府职能,深化行政管理体制改革。推进政企分开、政事分开、政府与市场中介组织分开,充分发挥市场配置资源的基础性作用。按照精简统一效能的原则和决策执行监督相协调的要求,优化行政结构,积极探索职能有机统一的大部门制改革。大力推进行业协会改革发展。深化行政审批制度改革,推进行政审批制度化、标准化、信息化。推行现代行政管理方式,加快电子政务建设。深化公共资源市场化配置改革。健全科学决策、民主决策、依法决策机制,增强公共政策制定透明度和公众参与度,推进政务公开。加强机关效能建设和管理,完善政府绩效评估制度。强化行政问责制,改进行政复议和行政诉讼,提高政府执行力和

公信力。创新公务员管理制度。

专栏9 重大改革安排

领域	改革任务	具体内容
构建有利于转变经济发展方式的体制机制	财政体制改革	调整和完善市区财政体制。深化预算管理制度改革，推行政府部门预算公开制度。完善财政国库集中支付制度，强化财政监管和绩效评价。
	投融资体制改革	合理界定政府投资范围，简化社会投资审批手续，减少社会投资项目核准事项。进一步放开社会投资领域，鼓励和支持社会资本进入基础设施、公用事业、社会事业等领域。 推动企业境内外上市融资和再融资。大力发展融资性服务机构。完善创业风险投资机制。
	价格改革	完善政府定价机制。完善公用公益事业价格形成机制。健全完善价格调控机制。
	国有企业改革	整合优化企业国有资产。建立和完善国有资本经营预算，完善国有企业收入分配制度。进一步理顺国有资产监管体制。推进国有企业改制上市。
	市场监管体制改革	完善建设工程招投标机制，规范中介组织行为。建立统一的信用信息共享平台。
构建有利于社会和谐的体制机制	公共服务供给机制改革	鼓励和引导社会主体提供基本公共服务。建立和完善政府购买服务的制度。推进非基本公共服务提供主体多元化。
	事业单位分类改革	按照政事分开、事企分开、管办分离的要求，推进科技、教育、文化、卫生、体育等事业单位分类改革。
	教育体制改革	开展义务教育均衡发展改革试点。创新学校管理体制，改革人才培养体制，推进招生考试制度改革。深化公办学校办学体制改革，探索多样化民办教育发展模式。
	文化体制改革	加快新闻出版、国有文艺院团及文化管理体制改革，推进经营性文化单位转企改制。深化公益性文化单位内部改革。
	医药卫生体制改革	加快推进公立医院改革试点。进一步完善国家基本药物制度。加快推进多元化的办医格局，鼓励社会资本进入医疗服务领域。
构建城乡区域协调发展的体制机制	建立健全岛内外一体化体制机制	全面梳理岛内外公共政策，推进岛内外公共政策一体化。推进城市建设、城市执法、交通、市政、规划和社会事业体制改革与创新。
	农村集体资产股份制改革	清理农村集体资金、资产、资源，明晰农村集体资产产权归属，积极推进农村集体资产的股份量化，大力发展农村社区股份合作经济。
	土地利用制度改革	开展城乡建设用地增减挂钩试点。建立农村集体建设用地流转机制。建立健全规范完善的土地承包经营权流转机制。整治空心村，引导农村住宅建设按规划向中心村集中，建立宅基地整理和利用新机制。
	村级综合改革试验	实行村级事务管理服务职能与村级集体资产经营管理职能分离。推动村级事务管理向城镇社区管理转变。
构建与市场经济体制相适应的行政管理体制	审批制度改革	优化审批流程，规范审批程序。建设高效便民的行政服务中心。
	公共资源市场化配置改革	进一步规范运作，拓宽配置领域，提高配置效益。完善大宗货物政府采购制度。
	行业协会改革	推进政府部门与行业协会在人、财、物和职能上分开，改革调整现有的行业协会，培育和发展一批有影响、有实力的行业协会。
	公务员管理制度改革	完善竞争上岗和公开选拔制度，在专业性较强的特殊岗位试行公务员职位聘任制。

第六节　完善中心城市现代基础设施体系

围绕建设海峡西岸重要中心城市，进一步提高港口集散能力，构建海陆空立体交通运输体系，改善城市交通环境，完善水电气供应保障以及防灾减灾体系，提高管理城市水平，增强城市承载能力和综合服务功能。

一、建设综合交通枢纽城市

1. 提升海港和空港枢纽中心地位。加快厦门漳州港区一体化建设，整合港区资源，优化港口布局，完善通关条件，增强港区整体优势；继续实施深水航道疏浚工程，建设嵩屿、海沧港区等集装箱泊位，完善口岸配套设施，推进航运交易市场建设；增辟航线，增开航班，完善航运服务功能，发展以集装箱运输为主、散杂货运输为辅的航运业务，力争到2015年港口货物吞吐量突破2亿吨、集装箱吞吐量突破1000万标箱，形成国际集装箱中转中心，打造海峡西岸航运物流中心和国际航运枢纽港。完成厦门高崎机场三期扩建，力争动工建设翔安国际机场，大力发展航空客货运服务，实现年旅客吞吐量2300万人次、货邮吞吐量达30万吨，打造东南沿海重要的国际干线机场和区域性航空枢纽港。完善港口集疏运体系建设，全面拓展陆空、海空、海陆等多式联运。

2. 加强对外交通通道建设。全面融入海峡西岸交通网络，打造东南沿海铁路交通综合枢纽和全国重要公路主枢纽城市，构筑厦漳泉同城化快速通道，形成闽西南"1小时交通圈"。完成龙厦、厦深高速铁路建设，启动福建沿海货运铁路专线、厦漳泉城际轨道交通建设，建设大运力快捷铁路运输通道，完成火车站改扩建、前场特大型货场等大型客货运枢纽建设。完成厦成、厦安高速公路、厦漳跨海大桥建设，规划建设对台和对外区域通道，实施国、省干线改造工程，完善各区综合性公路客货运枢纽，形成与对外交通的良好接驳，实现客运"零距离换乘"和货运"无缝对接"。

3. 构筑便捷的城市交通圈。继续完善市政交通路网构架，构建大运力公交体系，形成市域内"半小时生活圈"。建设进岛新通道，以三纵二横进出岛快速干道为依托，打造纵横相间扇状城市组团快速路网框架。加强各组团与城市快速路网及城市主干道的连接，加密组团内支线，完善方格网状组团内交通支路网络体系。规划岛内外各组团间城市轨道交通线网，力争建成3条轨道交通线路。

二、增强城市公共设施保障能力

1. 提高市政基础设施保障能力。加强九龙江北溪、石兜水库和汀溪水库的水源保护工作，提高原水预警能力。建成莲花水库，开工建设枋洋水利枢纽等水源工程，尽快形成"一江四库"的水源格局。完成集美北部水厂等四个水厂扩建工程以及本岛至翔安输水管网，打造多源化环状供水体系，提高供水供应保障能力。新建扩建一批污水厂，完善城乡污水处理设施，加大污水管网建设，实现城市污水集中处理率达到95%以上。继续完善东部固体废弃物处理中心、海沧(西部)垃圾处理基地建设，加强垃圾收集、中转体系建设，生活垃圾无害化处理率达到96%以上。完善500千伏等高压变输电体系，加大岛外各区变电站布点力度，初步形成"岛内双链拉手，岛外三片环网，进岛四个通道"供电框架，加强电网设备自动化并提高分布式电源接入条件，增强供电可靠性；完善输配电网络，加快推进智能电网建设，实施重要节点和区域架空线入地。衔接国家西气东输三线进入厦门，建设天然气应急储备体系，连接集美、翔安两门站高压供气系统，增强供气保障能力，建设集美门站至同安调压站高压管线，扩大供气规模，建设一批天然气汽车加气站，拓展天然气用途。

2. 完善城乡防灾减灾体系。完善海域、高层建筑消防设施，提高消防应急反应能力。完善避震场所和疏散通道体系建设，提高城乡综合抗震防灾能力。结合城市景观、路堤交通、生态护岸、水资源开发利用，完善岛外新城沿海护堤及其防潮排涝系统。加强农村水利基础设施建设，综合治理东西溪、深青溪、瑶山溪、后溪、九溪、过芸溪等，进行汀溪水库群的综合整治，实现水利工程与生态环境建设有机结合。

3. 建设智慧城市。加强统筹规划和共建共享，实施网络改造及光纤入户，开展骨干网升级改造，建设基于宽带、无线通信、三网融合的信息化应用综合服务平台。加强应急通信能力建设，提升通信保障应急水平。加强对台直接通信设施建设，完成厦金海底通信光缆铺设，积极推动厦漳泉城市群通信一体化，构建海峡西岸经济区重要的区域性信息枢纽。

三、提升城市管理水平

1. 改善交通通行环境。进一步提高智能交通管理水平，加强城市交通综合管理和交通引导工程建设，推行文明行车，倡导公交或非机动交通工具出行，缓解交通压力。建设一批人行通道，优化红绿灯信号及视频引导系统。规划建设一批停车楼和地下停车库，鼓励机关企事业单位以及居住区停车场地向公众开放，加强小区停车管理，合理安排公共占道临时泊位，增加停车场地数量。

2. 加强市政管理。完成市、区两级城市管理数字化系统平台建设，加强城乡规划实施和项目建设监督和执法。加强城乡道路、水、电、通信、有线电视、路灯、园林绿化等市政设施的管理，推进建管分离，逐步实施养护作业市场化。加强内湖、海岸线排水体系安全管理。完善重大公共设施项目的运营机制，探索建立项目服务外包方式。

专栏 10　中心城市建设的重大基础设施项目

海港：厦门港主航道扩建三期、刘五店航道一期、厦门港海沧航道扩建三期，海沧港区泊位、刘五店南部港区散杂货泊位、东渡港区现代码头泊位、嵩屿港区二期岸壁工程等。

空港：高崎机场扩建三期、翔安国际机场。

对外交通通道：厦深高速铁路、福建沿海货运铁路专线、厦漳泉城际轨道交通，厦成高速公路、厦安高速公路、厦漳跨海大桥建设，国道324改线和省道206改造，后溪长途客运站、枋湖客运中心、海沧客运站、新阳客运站、翔安客运中心和同安客运中心等一级公路客运综合枢纽，海沧、前场、刘五店、现代四大物流园区和同安等一级公路货运综合枢纽等。

城市交通：黄厝、高林、海沧新阳西、同安梧侣、翔安新店等一批公交场站；海翔大道、第二东西通道、环岛干道、滨海大道、翔安南路等城市高快速路；城市交通改善工程。

轨道交通：共3条线85公里。

市政建设：集美北部水厂、海沧水厂、汀溪水厂扩建等工程；新建澳头污水厂，扩建翔安、集美污水厂，搬迁海沧污水厂，新建汀溪、新圩、莲花、五显、洪塘、大嶝等污水处理站；西部（海沧）垃圾焚烧发电厂、后坑生活垃圾分类处理厂、东部生活垃圾分类处理厂、餐厨垃圾处理厂等。

水源工程及流域治理：莲花水库、长泰枋洋水利枢纽等水源工程，石兜水库除险加固及输水工程、北溪引水左干渠改造二期、本岛与翔安供水管网互通工程；东溪、九溪等流域整治。

第七节　推进低碳生态城市建设

实施生态人居工程，强化节能减排，发展循环经济，积极应对气候变化，加强生态环境保护，提升生态文明水平，严格落实节能减排目标责任制，继续保持单位生产总值能耗、碳排放强度、主要污染物排放量等指标居全国、全省领先，建设资源节约型、环境友好型社会，打造“宜居厦门”。

一、着力推动低碳发展

加快建设国家低碳试点城市，把低碳发展理念融入经济社会发展全局，统筹推进产业发展、城市建设、生活方式低碳化，突出对台合作交流，突出体制机制创新，促进节能降耗和碳排放强度持续下降，建成厦门特色的国家低碳示范城市。到2015年，万元生产总值能耗、万元生产总值二氧化碳排放量控制在国家、省下达的目标内。

1. 持续推进产业发展低碳化。突出结构减排，加强与台湾低碳产业和技术的合作，构建以低排放为特征的产业体系。加快发展现代服务业，促进第三产业发展提速、比重提高、水平提升；优化工业结构，发展低耗能产业，加强重点领域、重点行业、重点企业的节能减排工作，推进电力、化工、建材、纺织等节能改造；规划建设一批低碳示范工业区、现代服务业聚集区。推广节能技术，实施“金太阳”示范工程，推进余热余压利用、电机系统节能、节约替代石油等重点节能工程建设，推广合同能源管理、分布式能源管理等节能新机制。

2. 持续推进城市建设低碳化。组团式开展城市建设，合理布局城市功能，争取实现大部分居民在组团内就地就近工作、生活，整合优化城市空间资源，合理开发利用城市地下空间，建设紧凑型城市。在岛外新城公建设施建设中优先采用节能模式，规划建设公共交通系统、慢行交通系统以及配套设施等，建设低碳新城。推广使用节能建筑材料和新技术，加大可再生能源规模化应用，全面推广精装修房，推行建筑节能“绿色评级”，提高建筑节能标准。实行投资项目节能评估审查。完善城市信息通信网络建设，完成国家“十城万盏”LED试点城市和国家“十城千辆”节能与新能源汽车应用示范城市工作，加强智能交通系统建设，实现城市管理低碳化。

3. 持续推进居民生活方式低碳化。倡导低碳生活方式，完善生活垃圾、污水处理体系建设，规划建设一批低碳示范社区，引导居民在装修、家电使用、垃圾分类、购物等日常生活中做好节能减排。鼓励绿色出行，优先发展城市公共交通，推广节能环保型汽车，2015年居民绿色出行率达60%以上。加大低碳理念和节能减排宣传，培养居民适度消费和可持续消费的意识，形成低碳生活方式。

4. 完善资源综合利用和循环利用体系。大力发展循环经济，完善多层次的资源循环利用系统。开展废气、废水、固体废物等生产废弃物回收加工利用，促进建筑废弃物资源化利用，完善垃圾分类收集处理综合利用体系，实施污水排放和就地回用结合，构筑资源再生利用体系。积极推行清洁生产技术，鼓励企业使用消耗少、低污染的工艺、设备、能源和原材料。全面推进节能节水节材和节约集约利用土地。健全资源综合利用企业认定管理制度，探索建立低碳产品标识、认证制度。

二、提升生态环境质量

加强生态保护和生态建设，实施“蓝天、碧水、绿色、宁静、洁净”等重点环保工程，不断提升人居环境质量，巩固和提升国家环保模范城市创建水平，保持厦门生态文明水平居全国前列，基本建成生态文明示范区。

1. 促进主要污染物减排。加强污染源监控和治理，完成国家、省下达的主要污染物减排任务。拓展减排领域，将农业污染源和机动车尾气污染控制纳入主要污染物减排体系。加强生产生活污水治理，提高工业用水回收利用率，提高电力等行业脱硫效率，实施脱硝治理，全面推行零排放生态养殖，加强机动车尾气治理，提高机动车准入标准，实施机动车环保检验标志管理。

2. 加强污染整治与生态修复。结合河道清障、截污、治污、清淤、堤防建设等，实施重点水域、重要河流水体污染整治和生态修复工程，全面改善地表水环境质量。因地制宜开展农村污染连片整治，推进工业区周边农村污水治理。全面实施海域环境综合整治，改善近岸海域水环境质量，实施海漂垃圾污染整治，减少海洋养殖污染。

3. 强化环境保护与治理。进一步健全环境监管体制，加大环境保护和污染防治力度，加强城市环境综合治理。建立饮用水源地生态补偿机制，加强饮用水源地污染整治与生态建设，确保饮用水源安全。加强重点工业行业、风险污染源、危险废物、放射源等监管，确保环境安全。加强工业粉尘、建筑工地、道路扬尘和有机废气治理，减少无组织排放。推进安静小区建设，强化噪声、油烟污染监管，营造和谐安静的生活环境。

4. 提升人居环境质量。积极创建国家森林城市和国家生态园林城市，突出林相改造和公园、绿地建设，提升城市园林绿化水平，大力实施中心城区绿化工程、生态风景林工程、绿色景观生态长廊工程、绿色村庄工程、森林生态休闲工程、绿色海岸工程等，加大社区公园建设力度，完善社区生态公共绿地体系。到2015年森林覆盖率达42.9%，建成区绿化覆盖率达42%，新建各类公园50个以上，市民步行15分钟即可享受公园休闲便利。

专栏11　低碳生态城市建设重大项目

低碳城市：国家"金太阳示范工程"、两岸搭桥项目（LED路灯示范项目）、低碳产业示范园区、东部固废填埋场气体再利用项目、国家"十城万盏"半导体照明示范工程、大型公共建筑能耗监测平台建设、绿色建筑示范工程、城市慢行交通系统、"十城千辆"节能与新能源汽车应用示范项目等。

环境保护与生态建设：主要污染物减排工程、饮用水源污染防治工程、农村污染连片整治工程，海域整治和生态修复工程、流域综合整治工程、中心城区绿化工程、生态风景林工程、绿色通道工程、绿色海岸工程、绿色村庄工程、岛外生态园林工程、社区公园建设工程等。

第八节　实施科教兴市和人才强市战略

加大自主创新力度，优先发展教育，推进人才强市，基本建成创新体系完善、创新人才荟萃、创业投资活跃、综合环境优良的国家创新型城市，打造"创新厦门"。

一、打造海峡西岸自主创新基地

加快推进国家创新型城市试点，强化科技创新的引领和支撑作用，完善创新机制，集聚创新要素，激发创新活力，到2015年高新技术产业产值翻一番以上，全市科技研发投入占地区生产总值4%，努力建设海峡西岸区域性研发中心和自主创新高地。

1. 强化企业创新主体地位。加大对企业自主研发、自主品牌、自主知识产权的支持力度，创新科技投融资体系，促进企业产品创新、管理创新、技术创新和质量创新，全面提升知识产权创造、运用、保护和管理能力。支持企业建立工程（技术）研究中心、工程实验室、企业技术中心、博士后工作站、中试基地等，鼓励企业通过本土化研发升级技术创新能力。

2. 做大产业创新平台。积极推进火炬高新区"一区多园"和各类孵化基地的建设，着力建设一批国家级、省级重点实验室和公共技术服务平台、公共科技检测服务平台，支持拓展功能和服务范围。积极推进国家知识产权工作示范城市和知识产权产业化基地建设。争取到2015年，建成50个科技创新公共平台和30个科技园区、专业孵化器。

3. 提升核心技术攻关能力。围绕我市产业发展重点，依托厦门创业园、软件园、中国科学院厦门城市环境研究所、产业技术研究院、厦门大学国家大学科技园等成果转化创新基地，进行基础技术、应用技术、高新技术和一些关键、共性技术的研究。吸引国内外科研机构、跨国公司在厦门开设分支机构和研发中心，深入产学研合作，深化"院地合作"工程、"市校同发展"工程和"对台科技交流合作"工程，着力建设一批具有国内外一流水平的科研机构及其研究中心、重点实验室等创新基地，打造对台科技创新交流合作基地。鼓励和支持企业、科研机构、高校参与国家重大自主创新计划，承担国家重大科技专项和重大科技攻关研究任务，提升自主创新能力。

二、加快推进教育现代化

坚持"优先发展、育人为本、促进公平、提高质量、服务发展"方针，全面实施教育优先工程，努力办好人民满意的教育，教育发展主要指标进入全国领先水平。

1. 推进公共教育高质量均衡发展。推进义务教育向学前一年延伸，率先实行十年义务教育。实现城区每2万人口不少于1所、每个镇不少于2所公办幼儿园，规范和扶持民办幼儿园，学前三年入园率达95%。逐步统一城乡义务教育学校的办学经费、师资力量、设备配置和质量评价标准。调整优化中小学校布局，完善新城和重大片区配套学校建设，推动城区学校扩容，保障进城务工人员随迁子女平等接受义务教育，实现城乡义务教育完全免费。优质多样化发展高中教育，深入推进高中课程改革和培养模式创新，普通高中全部达到省二级以上达标校标准。构建完备的特殊教育体系，推动特殊教育向学前和高中两头延伸。提高教师队伍素质。通过信息化手段促进优质教育资源共享，提升公共教育整体水平。强化教育经费保障，确保教育财政拨款增长明显高于财政经常性收入增长。

2. 加快构建现代化教育体系。大力发展职业教育，以就业为导向，加快职业教育专业结构调整，重视培养高素质劳动者和技能型紧缺人才，逐步实行中等职业教育免费制度。提高高等教育质量，建立与产业发展相适应的高等职业教育专业学科体系，增强教育服务经济社会发展能力。完善集美、翔安、曾厝垵三大文教区建设与配套，支持在厦省部属院校发展与建设，形成区域特色的高校集群。拓展对外教育交流与合作，提升教育开放水平。鼓励引导社会力量兴办教育，支持民办教育健康发展。加快发展继续教育，组建开放大学，办好各级各类老年教育，整合社区、企业、学校等各种社会教育资源，应用现代信息技术建设面向全体社会成员的继续教育服务平台，健全终身教育体系，建设学习型社会。

三、深入实施人才强市战略

树立人才是第一资源的观念，认真实施国家、省、市人才规划纲要，确立人才优先发展战略布局，进一步完善人才政策体系，优化人才环境，形成具有厦门特色和国际竞争力的人才优势，力争人才发展主要指标处于全国领先水平，打造"海峡西岸人才创业港"。

1. 建设高素质人才队伍。深入实施"九大人才工程"，培育壮大人才队伍，优化人才结构。实施"双百计划"，重点引进海内外高层次创新创业人才和领军型创新创业团队。发挥现有人才的作用，培养、引进重点产业集群（产业链）和社会发展重点领域急需紧缺专门人才。加强科技人员继续教育，加大实用型技工的培训力度，全面提高人才队伍创新能力。统筹推进党政、企业经营管理、专业技术、高技能、农村实用、社会工作等人才队伍建设。

2. 营造良好人才环境。围绕我市重点产业的发展，实行“人才+项目”的培养、引才模式，探索建立与国际人才管理体系接轨的人才管理改革试验区。创新人才培养开发、评价发现、选拔任用、流动配置、激励保障机制。落实“人才发展五大政策”，促进人才优先发展，引导人才向岛外地区流动。推进人才管理方式向规范有序、公开透明、便捷高效转变。强化人才服务保障，积极营造人才辈出、人尽其才、才尽其用的良好环境。

专栏 12　科教兴市和人才强市的重大工程和项目

科技创新：

1. 科技创新公共服务平台：建成 50 个科技创新公共平台，主要有：厦门汽车电子孵化器与研发平台、海西半导体照明国际认证服务平台、厦门生物医药孵化器三期——闽台诊断产品创新创业园、海峡中医药合作发展中心科研联盟平台、厦门工业设计中心等。

2. 科技创新载体：建成 30 个科技园区和专业孵化器，主要有：厦门国家海洋研究中心、厦门科技创新园、厦门生物产业基地等。

优先发展教育：

3. 七大教育推进工程：学前教育推进工程、教育服务产业发展工程、学习型城市建设工程、教师专业发展工程、教育国际化及对台教育交流合作建设工程、教育信息化建设工程、青少年身心健康工程。

4. 五大教育改革试点：推进义务教育均衡发展试点、社会主义核心价值体系融入中小学教育全过程试点、创新人才培养新模式试点、民办教育综合改革试点、学前早期教育试点。

5. 重大教育发展项目：厦门大学翔安校区、华侨大学厦门校区二、三期、城市职业学院集美轻工分院、福建化工学校和集美大学老校区改造提升工程，厦门理工学院三期、厦门工艺美术学院二期、南洋学院二期、华天涉外职业技术学院二期、软件职业技术学院二期、技师学院二期、海洋学院二期、演艺学院翔安校区、中小学校舍安全工程、中小学校新建或扩容、公办幼儿园建设等。

人才强市：

6. “双百计划”：引进 100 名海外高层次人才和 300 名领军型创业人才。

7. 九大人才发展工程：创业创新人才聚集工程、岛内外一体化人才推进工程、产业人才支撑工程、两岸人才特区建设工程、青年英才培育工程、社会事业人才优化工程、高技能人才振兴工程、企业经营管理人才素质提升工程、社会工作人才开发工程。

8. 五大人才发展政策：人才投资优先保证的财税金融政策、人才创业创新扶持政策、吸引人才到岛外工作创业政策、两岸人才特区政策、人才流动政策。

第九节　着力惠民生促和谐

坚持保基本、广覆盖、可持续的原则，加快推进岛内外、城乡和群体间基本公共服务均等化，基本公共服务整体水平位居全国前列，社会更加和谐稳定，人民生活质量和水平不断提高，打造“幸福厦门”。

一、促进和谐充分就业

全面实施就业促进工程，多渠道多方式开发就业岗位，扩大社会就业，促进创业带动就业，力争年均新增城镇就业人数 18 万人，城镇登记失业率控制在 4% 以内，建设“充分就业城市”和创业型城市。提高就业服务水平，健全覆盖城乡、统一规范的公共就业服务体系，重视高校毕业生、农村转移劳动力、城镇就业困难人员就业问题，有效解决被征地农民和退养上岸渔民的生产生活出路问题，完善零就业家庭等困难群体的就业援助制度。加强职业技能培训，建立和完善技工教育和职业培训体系运行机制，着力提高城乡各类劳动者创业就业能力。建立企业和职工利益共享机制，维护劳动者合法权益，保障劳动者体面劳动，构建和谐劳动关系。

二、基本建成全民社保城市

全面实施全民社保工程，进一步健全覆盖城乡居民的社会保障体系，缩小各类参保人群保障水平差距；缩小城乡居民基本医疗保险的筹资标准差距，将符合条件的农村基层医疗卫生服务机构纳入到基本医疗保险定点范围，方便参保人员就近就医；进一步发挥失业保险、工伤保险、生育保险的保障作用。加强财政转移支付力度，实现岛内外城镇最低生活保障标准的统一，缩小城乡最低生活保障标准差距，提高低收入者的收入水平。完善困难群体动态生活补贴机制。

三、初步建立基本住房保障型城市

在全国率先建立多层次、全覆盖的社会保障性住房体系。全面实施公共租赁住房政策，进一步完善保障性安居工程政策体系，基本建立外来务工人员住房保障制度，根据经济社会发展调整收入、住房面积等准入控制标准，扩大住房保障覆盖面。通过新建、改建、置换、收购等方式多渠道提供各类保障性安居房，基本实现低收入住房困难家庭应保尽保，中低收入家庭、新就业职工住房困难问题得到有效解决，工业集中区及周边外来产业工人的住房困难问题得到妥善解决。

四、推进社会福利普惠

重点提高老年人、残疾人和孤儿等特殊群体的保障水平，推进福利服务向普惠型发展，努力建设服务对象公众化、服务主体多元化、服务内容多样化的新型福利体系。完善市、区综合功能的养老和福利机构设施，实现每个区至少有 1 所社会福利中心，完善残疾人托养机构体系，新建一批社区居家养老服务中心（站）；健全以居家养老为基础、社区服务为依托、机构养老为补充的养老服务体系，实现城乡社区居家养老服务网络全覆盖；进一步健全社会救助制度，鼓励和引导社会力量参与社会救济救助，在岛外建设市第二救助管理站，实现救助资源布局均衡。

五、提升人民群众健康水平

大力发展医疗卫生事业，努力实现城乡基本医疗卫生保障服务和城乡居民主要健康指数基本达到发达国家水平。优化医疗资源配置，加强岛外综合性医院建设，实现每个区至少有 1 所三级综合医院。增强公共卫生服务能力，缩小岛内外公共卫生服务经费标准差距，全面落实基本公共卫生服务项目，做好爱国卫生、重大传染病防控、慢性病社区防治、妇幼保健等工作，拓展提升市民健康信息系统。提高基层诊疗服务水平，每个街道至少标准化配置 1 所社区卫生服务中心；实施以全科医生为重点的基层医疗卫生队伍建设，提高基层技术人员的业务素质。认真实施国家基本药物制度，规范医疗行为，合理控制医药费用，解决好群众看病难、看病贵问题；强化医疗质量管理，实施“名院、名科、名医”战略，鼓励和引导社会力量兴办医疗机构，发展高端医疗服务业，建设海峡西岸经济区重要医疗卫生中心。完善全民健身服务体系，在岛内外均衡配置公共体育资源，增加市级大型体育场馆，完善社区体育设施，组织开展群众性体育活动，全面创建“健康城市”。

专栏13 改善民生重大项目

社会保障：

各类保障性安居房建设、翔安区社会福利中心、同安区社会福利中心、市第二救助管理站。

医疗卫生：

中山医院内科综合病房楼、市第一医院东侧上古街停车场、翔安医院、五缘湾医疗中心、中山医院湖里分院迁建、厦门眼科中心扩建工程、口腔医院、厦门新站配套医院、环东海域配套医院、市第二医院三期扩建、市中医院中医康复楼、市仙岳医院二期扩建、市第三医院三期扩建等。

公共文化体育：

集美新城文化公建群(包括图书馆、科技馆、艺术中心、书城)、同安滨海新城文化中心和运动训练中心、翔安新城综合体育馆和体育场、海沧体育中心和游泳跳水馆、闽南戏曲艺术剧院、市体育中心场馆改造、厦门大剧院、博物馆等。

第十节 增强城市文化软实力

大力弘扬特区文化精神，全面提升城市文化品位，提升文明城市建设水平，加强文化对外交流，提高城市国际化水平，增强城市文化软实力。

一、提升文明城市建设水平

全面实施文明品牌工程，健全文明城市创建长效机制，打造“文明厦门”。

1. 深化文明城市创建。以建设社会主义核心价值体系为根本，切实加强公民思想道德建设，扎实推进创建文明城市、文明行业、文明村镇活动，建立健全志愿服务体系，大力发展志愿服务，努力提高公民文明素质和社会文明程度，不断巩固和发展文明城市创建成果，力争在全国文明城市考评中持续保持前列。

2. 推进未成年人思想道德建设。加强改进未成年人思想道德建设，完善学校、家庭、社会“三位一体”教育网络，做好未成年人心理健康工作，推进未成年人心理健康辅导站、乡村少年宫等项目实施，营造有利于未成年人健康成长的良好社会文化环境，在全国未成年人思想道德建设工作考评中保持先进。确保妇女儿童发展纲要顺利实施，重视少儿图书馆、儿童主题公园等设施建设。

二、推进文化事业和产业大发展大繁荣

完善公共文化服务体系，加快文化产业发展，努力提升城市文化竞争力和综合实力，打造海峡两岸文化合作交流的重要基地，建设具有鲜明特色的国际知名文化城市。

1. 增强公共文化产品供给能力。大力发展公益性文化事业，继续实施文化惠民工程，进一步完善扶持文化事业发展的政策环境，建设一批大型公共文化体育设施，基本建成覆盖城乡、惠及全民的公共文化体系。开展国家数字图书馆进社区活动，完善区级公共文化设施，实现镇(街)、村(社区)综合文化站、文化活动室全覆盖，实现农村有线广播“村村响”，完成农村有线数字电视整体转换工程。增加对公共文化产品生产和群众性文化活动的投入，加强基层文化队伍建设，广泛开展群众性文化活动，推动公共文化设施向社会免费开放。加大闽南文化生态保护区和各级文物保护单位的保护、建设力度，保护和传承传统文化，打造特色文化品牌。加强文化传播能力建设，做强做大主流新闻媒体，加强新兴媒体建设、运用和管理，加强文化对外交流，重视哲学社会科学发展，加大对哲学社会科学投入，完成第二轮地方志编修。

2. 做强做大文化产业。实施重大文化产业项目带动战略,强化文化创意支撑和科技创新支撑,不断提高文化产业增加值占地区生产总值的比重,推动文化产业成为国民经济支柱性产业。重点发展影视动画、创意设计、文化旅游、数字内容与新媒体、工艺美术、演艺娱乐、古玩与艺术品、印刷出版等产业,完善原创研发、生产制作、产权交易、咨询服务、产品营销等产业链,促进关联行业集群发展。高标准建设一批新兴、专业化的文化产业园区和聚集区,推动老工业区厂房、仓储用房、传统商业街等存量房产、土地资源进行创意改造,吸引国内外知名的文化企业总部以及研发中心、采购中心、营销中心等文化创意高端环节入驻。加强品牌培植力度,做好品牌营销,培育壮大一批大型文化企业和企业集团。深度对接台湾文化产业,加强厦台在动漫网游、影视、创意设计等方面的产业合作,建设两岸文化产业合作园区,培育两岸文化交流合作新品牌,打造海峡两岸文化产业合作示范区。

3. 深化文化体制机制改革。构建政府主导与发挥市场作用有机统一的文化事业和文化产业发展机制,加快新闻出版、国有文艺院团及文化管理体制改革,推进经营性文化单位转企改制,激发文化工作者的创造力。促进文化与科技、旅游、资本的进一步融合,创新文化生产和传播方式,发展新型文化业态,建立健全鼓励和扶持文化创新的政策体系。鼓励创作更多文化精品,完善文化管理体制和运行机制,加强国有文化资产管理,构建统一开放竞争有序的现代文化市场体系。

三、提升社会管理水平

全面实施平安创建工程,完善公共安全体系,加强社会治安综合治理,加强民主法制建设,全面提升社会管理水平,打造“平安厦门”。

1. 创新社会管理。建立健全党委领导、政府负责、社会协同、公众参与的社会管理格局,完善基层管理和服务体系,形成社会管理和服务合力,提高社会管理效能。加强社区管理和基层自治组织建设,统一规划、布局社区服务设施,构建跨部门的社区资源共享平台,推动社会管理重心和服务资源下移。规范和扶持社会组织发展,创新社会组织管理模式,拓展社会组织发展空间。推动社会管理信息化、系统化,强化流动人口、特殊人群以及城中村、出租屋的服务与管理。做好人口与计划生育工作,坚持计划生育基本国策,稳定低生育水平,统筹解决人口问题,促进人的全面发展。

2. 完善公共安全体系建设。坚持防灾减灾并重、治标治本兼顾、政府社会协同,建立健全突发公共事件的预警体系、应急救援和社会动员机制,进一步提升风险防范和危机管理能力。健全和落实各项安全生产制度与监管体制,强化食品药品安全监督管理,完善气象、地质、地震等防灾减灾体系,加强人民防空体系建设,增强城市公共安全保障能力。

3. 深化社会和谐稳定建设。加强社会治安综合治理,健全社会治安综合治理领导责任制和“一票否决”制度,完善治安防控体系和长效机制,加强城乡社区警务、群防群治、治安监控等工作,深入开展平安创建活动,抓好社会治安重点区域综合治理,依法打击各种违法犯罪活动,持续提升人民群众的安全感。完善社会矛盾疏解机制,建立健全利益协调、诉求表达、矛盾调处和权益保障机制,妥善处理各类信访事件,依法清理消化涉法涉诉案件和执行积案,积极预防和消除各种不稳定因素。严格执行重大决策、重大项目社会稳定风险评估机制,努力从源头上预防和减少各种影响社会稳定的问题发生。

4. 加强民主法制建设。全面推进依法行政,加快建设法治政府,做好经济特区范围扩大到全市后的法律法规梳理和创新，用足用好特区立法权，加强地方立法工作，规范行政执法行为，强化行政监督，推进司法公正，深化普法教育，为经济和社会发展提供良好的法治环境。发展社会主义民主法治，依法向人民代表大会及其常委会负责并报告工作，自觉接受人大法律监督和工作监督，执行人大决定、决议，认真办理人大代表议案，积极配合人大开展执法监督、视察和调研；重视和支持人民政协履行政治协商、民主监督和参政议政职能，就重大问题在决策前和执行中主动与政协协商，认真办理政协提案，密切与各民主党派、工商联、无党派人士的联系。

5. *充分发挥社会各界作用*。建立完善激励保障机制，充分发挥市、区、镇（街）、村（居）各个层次的主动性、积极性和创造性。加强军政、军民团结和国防动员建设，做好民族与宗教工作，拓展侨务工作，发挥好工会、共青团、妇联等人民团体作用，进一步凝聚海内外各界人士的智慧和力量，营造推动科学发展、跨越发展的良好环境。

第四章　优化城市空间布局

按照岛内外一体化和“高起点、高标准、高层次、高水平”要求，拓展城市发展空间，提升中心城市功能，促进产业与城市建设布局有机融合，着力构建多组团环湾发展的城市新格局空间形态，形成人口、经济、环境资源相协调，功能优化、布局合理、开发有序，适宜创业和人居的现代化城市发展格局。

第一节　提升岛内城市功能

按照“保持风貌、保持特色、降低开发强度、降低建设密度、提升环境品质、提升城市功能”的要求，促进岛内形象更新、产业转型、功能提升，合理控制、疏导人口容量和密度。同时，拓展本岛东部发展区域，提升城市整体品质和竞争力。

一、功能定位

现代（高端）服务业和高新技术研发中心。

二、产业导向

重点发展金融与商务、旅游会展、文化创意、现代物流、高端商贸以及高新技术研发产业等。

三、优化和拓展重点

1. 优化城市功能。逐步完成二、三产空间资源置换和优化，引导一般工业、大型批发市场、一般商贸和部分企事业单位等向岛外转移，带动生产要素和人口向岛外转移。重点推进湖里老工业区、龙山工业区以及思明光电园区内未开发用地等功能置换。

2. 优化提升旧城区功能。重点有：营平片区、厦港片区、人民体育场片区、曾厝垵片区、将军祠西片区、自行车厂片区、枋湖片区、何厝岭兜片区、西郭片区、湖滨二里片区、火车站南北广场片区等。

3. 拓展本岛东部新城区。主要有：会展北片区、观音山片区、软件园片区、湖边水库片区、五缘湾片区和五通高林片区等。

第二节 拓展岛外发展空间

着眼空间拓展、产业集聚、功能完善，组团式拓展岛外城市发展空间，承接本岛人口和功能转移，扩大城市规模，打造新增长极。同时，衔接厦漳泉同城化，合理布局区域功能，提升中心城市辐射带动能力。

一、集美组团

1. 功能定位

陆路交通枢纽及物流基地、以机械为主的先进制造业基地、文教区。

2. 产业发展导向

重点发展工程机械、汽车、物流、文化休闲旅游等。

3. 重点拓展区域

重点拓展西亭核心区、北站片区；重点整合延伸集美工业集中区周边土地，进一步拓展工业发展空间，为汽车和工程机械产业链重大项目布局创造条件，引导相关企业向园区集中。

二、海沧组团

1. 功能定位

国际航运物流中心、生物与新医药产业基地、临港产业基地。

2. 产业发展导向

重点发展以国际中转为主的航运物流业、生物与新医药以及临港相关产业等。

3. 重点拓展区域

重点拓展海沧湾新城、马銮湾片区和第一农场；重点调整海沧南部工业区，整合海沧旧村。

三、同安组团

1. 功能定位

以轻工食品为主的优势特色制造业基地、滨海温泉文化旅游中心、城市主要生态屏障区。

2. 产业发展导向

重点发展食品加工、纺织服装、现代照明和太阳能光伏、滨海温泉文化旅游、都市型农业等。

3. 重点拓展区域

重点拓展环东海域滨海新城、凤南片区、洪塘片区和城东片区；重点改造提升同安旧城，整合村镇。

四、翔安组团

1. 功能定位

航空新城、对台先行试验区、以平板显示为主的高新技术产业基地、文教区。

2. 产业导向

重点发展平板显示、现代照明和太阳能光伏、对台商贸旅游、都市型农业等。

3. 重点拓展区域

重点拓展翔安新城核心区、大嶝航空城、火炬(翔安)产业园区、翔安低碳产业园区、内厝光电产业园、新圩银鹭工业园区和东坑湾片区。

第三节 依法保护生态空间

依法强制保护水源地及其涵养区域、自然保护区、森林公园、生态走廊、城市绿楔、滩涂湿地以及海域等,构建环境友好型生态空间。

一、水源保护区

重点是汀溪水库群水源保护区、石兜—坂头水库水源保护区、莲花水库水源保护区。

二、城市生态绿楔区

重点是蔡尖尾山绿楔、海沧—集美绿楔、灌口—后溪绿楔、天马山绿楔、大同—西柯市政绿廊、翔安北部市政绿廊、翔安九溪绿楔、万石山植物园等。

三、海洋生态保护区

重点是以中华白海豚保护区、文昌鱼保护区、白鹭保护区等为基础的珍稀海洋物种国家级自然保护区,下潭尾等湿地公园,海岸线生态与景观整治以及无居民岛保护与生态修复。

第五章 规划实施保障

有效实施本纲要是今后五年我市加快经济发展方式转变、推进科学发展、跨越发展的重要保证,要举全市之力,确保完成纲要确定的发展目标和任务。

第一节 加强政策引导

围绕纲要提出的目标和战略任务,充分发挥产业、财税、投资等政策的导向作用,调整完善政策,促进发展目标的实现。

一、加强产业政策引导

贯彻落实国家产业政策和行业规划,根据我市产业发展重点和方向,制定产业政策目录和相关政策,扶持发展科技含量高、市场潜力大的产业,鼓励企业自主创新,引导各类生产要素向优势行业和企业集聚。

二、加强财税政策引导

进一步建立健全公共财政体系,优化财政支出结构,财政资金优先向公共产品和公共服务倾斜。贯彻和落实促进资源节约型和环境友好型社会建设、促进科技发展和增强自主创新能力,以及有利于重点产业健康发展的税收政策。

三、加强投资政策引导

完善政府投资管理体制，优化投资结构，确保重大工程和项目有效实施。政府重点投向推进岛内外一体化建设的基础设施、优势产业、公益性事业等；鼓励和引导市场主体投资兴建符合国家产业政策和我市产业发展实际、技术含量高的新兴产业项目和高端制造业项目。严禁不符合产业政策和产业布局的低水平重复建设项目。

第二节　强化项目带动

深入实施项目带动战略，用项目落实规划，发挥重大项目建设对经济社会发展的促进和拉动作用，为"十二五"时期发展提供强力支撑。

一、加快项目策划生成

强化项目开发培育，完善重点项目征选平台和机制。围绕产业集群（产业链）缺失环节、新兴产业培育和改善民生策划项目。健全完善项目储备库，每年策划生成一批民生工程项目、一批产业升级项目和一批基础设施项目，形成策划一批、引进一批、实施一批、储备一批的滚动发展态势。

二、强化项目管理

规范前期工作程序，提高工作深度。继续推行并完善项目法人责任制、资本金制、工程项目招投标制、合同管理制、工程监理制和政府投资项目代建制，提高投资效益。完善项目的专家咨询和评估论证制度，严格实施重大项目稽查和审计制度，强化项目执行情况的跟踪、分析和协调制度，加强重点项目建设管理，完善项目推进责任制、效能考核以及督办督察制度。

三、创新项目投融资机制

明确鼓励社会资金参与的领域、允许的参与方式和参与程度，灵活运用投资补助、贴息、价格、利率、税收等多种手段，在重大基础设施建设等方面引入建设—经营—移交（BOT）、建设—移交（BT）等模式，引导社会投资。创新政府财政性资金使用方式，优化调整支出结构，集中财力保证政府投资重大项目的资金需求。积极构建规范、高效、可持续的投融资机制。

第三节　明确实施责任

正确履行政府职责，强化要素资源保障，有效引导社会资源，合理配置公共资源，全力推动任务完成。

一、明确预期性目标任务的实施责任

本纲要提出的预期性目标主要通过完善市场机制和利益导向机制，引导市场主体的自主行为来实现。政府要积极创造良好的政策环境、体制环境和法制环境，引导市场主体的行为方向与政府战略意图相一致，并维护公平竞争。

二、强化约束性目标任务的分解落实

本纲要确定的约束性指标要分解落实到各区和各有关部门，并纳入经济社会发展综合评价和

绩效考核体系。纲要提出的公共服务、社会保障、节能减排等目标任务是政府履行职责的重点，要落实责任、明确进度，运用公共资源全力确保完成。

第四节 健全管理机制

完善规划实施管理、评估、监督等制度，确保规划目标如期实现。

一、完善规划体系

完善总体规划、专项规划、区级规划等规划体系，各级各类规划的编制和实施要以本纲要为依据。做好规划之间的相互衔接，努力实现总体目标一致、空间配置协调、时序安排统一，不断提高规划管理和实施成效。

二、加强监测评估

加强对纲要实施的监测和跟踪分析，做好纲要实施中期评估。纲要实施中环境发生重大变化或其他重要原因，需要对纲要进行调整，应依法报市人大常委会审议批准。建立有效的社会公众监督机制，定期向社会公众发布实施信息，自觉接受社会监督。在纲要实施完成后，及时进行总结评估，为编制下一个五年规划提供基础。

三、做好规划宣传

充分利用各种媒体，多形式、多角度地宣传“十二五”规划，使本规划确定的目标任务深入人心，在全社会形成关心规划、自觉参与和监督规划实施的浓厚氛围。

厦门科学发展新跨越蓝图已经绘就，岛内外一体化建设前景喜人。全市广大干部群众要更加紧密地团结在以胡锦涛同志为总书记的党中央周围，在市委的正确领导下，进一步解放思想、大胆实践、把握机遇、乘势而上，为全面实现规划目标而努力奋斗，为推动厦门科学发展、跨越发展而努力奋斗！

附件 名词解释

1. 保障性住房建设管理模式成为全国“蓝本”（第一章第一节）。是指原建设部部长汪光焘同志于2006年9月带领调研组专门到厦门调研社会保障性住房工作，形成调研报告上报国务院，国务院通过政务情况交流将该调研报告向全国转发，中央各大媒体先后对厦门保障性住房建设管理经验进行报道，其中，中国新闻周刊于2007年9月刊登了《厦门市保障性住房体系可能成为房改新政蓝本》，自此，有了“厦门蓝本”的说法。

2. 全民社保（第一章第一节）。是指基本养老保险、基本医疗保险、最低生活保障等三项制度覆盖到全体市民，社会保障覆盖率达95%以上，人人能享有各自所需要的社会保险，使老有所养、病有所医、困有所助，是从职工到全体市民的保障“兜底”制度。

3. 城乡一体化医保政策体系被国家誉为“厦门模式”（第一章第一节）。是指2008年9月，国家人力资源和社会保障部在厦门召开全国医疗保险经验交流座谈会。会上人力资源和社会保障部重点推介了厦门在市级统筹、城乡统筹、门诊医疗费统筹上的主要经验和做法，誉称为医保的“厦门模式”。

4. 城乡一体化基本医疗保险制度（第一章第一节）。是指从 2007 年起，我市按照城乡一体化“同城同权”的基本原则，逐步打破了原来制度分散、管理分立、基金分块的城乡二元结构基本医疗保险制度，逐步实现了城乡医疗保险制度在管理体制、经办机制、医疗待遇、基金管理等方面的一体化。

5. 基本公共服务均等化（第二章）。是指基本公共服务的价值取向和结果状态，包含两层含义：一是全体公民都能公平可及地获得政府提供的一定标准之上的基本公共服务，强调的核心是机会和效果均等，而不是简单的平均化和无差异化；二是均等化水平要与经济社会发展相适应，同步提升。实现基本公共服务均等化是党的十七大报告作出的重大战略决策，中央关于“十二五”规划建议明确提出要推进基本公共服务均等化。

6. 共同管沟（第三章第一节）。也称市政综合管廊，是指设置于地面以下，用于容纳多种公共设施管线及其附属设施（包括延伸至地面的附属设施）的构筑物。纳入综合管廊的管线包括电力、通讯（含有线电视和监控线路）、燃气、供水、排水、中水、交通信号等。和传统的市政管线“埋入式”建设方法相比，共同管沟具有避免道路反复开挖、充分利用地下空间资源、便于管网维修管理和美化城市景观等优点。

7. 一区两馆、一镇一站、一村一室（第三章第一节）。是指中央《关于进一步加强农村文化建设的意见》（中办发[2005]27 号）、《关于加强公共文化服务体系建设的若干意见》（中办发[2007]21 号）提出的公共文化建设要求。“一区两馆”是指每个县（区）都要有图书馆、文化馆；“一镇（街）一站”是指每个镇（街）都要有文化站（文化中心），“一村一室”是指每个村（居）都要有文化活动室。

8. “五个一”体育设施（第三章第一节）。是指建设一个青少年校外活动中心、一个标准体育场、一个标准游泳馆、一个综合体育馆、一个体育公园（或健身广场），是省政府办公厅《关于印发福建省青少年校外体育活动中心建设方案的通知》（闽政办[2010]112 号）和市委、市政府《关于进一步推进体育事业发展的若干意见》（厦委发[2009]5 号）提出的要求。

9. 嵌入式软件（第三章第二节）。嵌入在硬件中的操作系统和开发工具软件，它在产业中的关联关系体现为芯片设计制造→嵌入式系统软件→嵌入式电子设备开发、制造。

10. 第三方物流（第三章第二节）。是指接受客户委托为其提供专项或全面的物流系统设计以及系统运营的物流服务模式。

11. 海铁联运（第三章第二节）。是海运和铁路两种运输方式的联合运输，通常是指内陆地区货物由火车运到港口后再装上船舶运出，或是货物由船舶运输到达港口后再由火车运到内陆地区。

12. 供应链管理（第三章第二节）。是指对供应链涉及的全部活动进行计划、组织、协调与控制。供应链是指生产及流通过程中，为了将产品或服务交付给最终用户，由上游与下游企业共同建立的需求链状网。

13. 国际邮轮母港（第三章第二节）。是指邮轮的出发港，一般也是邮轮的终点港。是为邮轮提供全面服务，进行给养补充、工作人员轮换、邮轮维护与修理的基地型码头。母港码头一般拥有港站楼，登船、供油、供水、供电、排污系统设施和配套齐全、大容量的后方补给库房，同时具备供货、客运、工作三个独立交通通道，互不交错。

14. 离岸金融（第三章第二节）。设在某国（或地区）境内但与该国（或地区）金融制度无甚联系，且不受该国金融法规管制的金融机构所进行的资金融通活动。

15. 智能电网（第三章第二节）指一个完全自动化的供电网络，其中的每一个用户和节点都得到了实时监控，并保证了从发电、输电、变电、配电到用户端之间每个环节的电能和信息的双向流动。

16. 云计算（第三章第二节）。云计算（Cloud Computing）是分布式计算（Distributed Computing）、并行计算（Parallel Computing）和网格计算（Grid Computing）的发展，是这些计算机科学概念的商业实现。狭义的云计算是指 IT 基础设施的交付和使用模式，指通过网络以按需、易扩展的方式获得所需的资源（硬件、平台、软件）。这种特性被形象地称为像用水用电一样使用 IT 基础设施。广义的云计算是指服务的交付和使用模式，指通过网络以按需、易扩展的方式获得所需的服务。

17. 物联网（第三章第二节）。是指通过射频识别（RFID）、红外感应器、全球定位系统、激光扫描器等信息传感设备，按照约定的协议，把任何物品与互联网相连接，进行信息交换和通信，以实现智能化识别、定位、跟踪、监控和管理的一种网络概念。

18. 离岸服务外包（第三章第二节）。是指外包转移方（外包商）与其外包承接方（供应商）来自不同的国家，外包工作跨国完成。

19. 在岸服务外包（第三章第二节）。是指外包转移方（外包商）与其外包承接方（供应商）来自同一个国家，外包工作在国内完成。

20. 专、精、特、新（第二章第二节）。“专”是指企业要向专业化方向发展，实现专业化经营、专业化服务；“精”是指企业服务质量做到精益求精，实施精品战略；“特”是指企业要提供特色服务，做到人无我有，人有我特；“新”是指企业要充分利用高新技术，创新服务模式。

21. 战略性新兴产业（第三章第二节）。是指以重大技术突破和重大发展需求为基础，对经济社会全局和长远发展具有重大引领带动作用，知识技术密集、物质资源消耗少、成长潜力大、综合效益好的产业。

22. 新一代信息技术（第三章第二节）。是国家加快培育和发展的七大战略性新兴产业之一，主要包含新一代通信网络、物联网、三网融合、集成电路、新型显示和高端软件等。涵盖三个层次：一是电子核心基础产业，软件、集成电路和新型显示产业；二是现代信息网络产业，下一代移动通信产业和物联网、三网融合带动的相关产业；三是强调应用，指现代信息服务产业，如云计算、软件服务等基于网络的应用。

23. 文化创意产业（第三章第二节）。是指那些发展动力源自个人创意、技巧及才华，通过对知识产权的开发和运用，具有创造财富和就业机会的行业。其内涵在于：以传统文化产业为基础，以创新为核心，以高科技手段为支撑，以文化艺术与经济的全面结合为特征的新兴文化产业，主要包括创意设计、数字出版、数字媒体、动漫游戏等门类。

24. 海洋经济（第三章第二节）。是指开发、利用和保护海洋的各类产业活动，以及与之相关活动的总和。

25. 服务外包（第三章第三节）。是指企业将价值链中原本由自身提供的具有基础性的、共性的、非核心的 IT 业务和基于 IT 的业务流程剥离出来后，外包给企业外部专业服务提供商来完成的经济活动。因此，服务外包应该是基于信息网络技术的，其服务性工作（包括业务和业务流程）通过计算机操作完成，并采用现代通信手段进行交付，使企业通过重组价值链、优化资源配置，降低成本并增强企业核心竞争力。

26. 海关特殊监管区(第三章第三节)。是指经国务院批准,设立在中华人民共和国关境内,以保税为基本功能,实施视同境内关外的进出口税收政策和连接国内国际两个市场的各类配套政策,由海关实施封闭监管的特定功能区。我国设立的海关特殊监管区域主要有保税区、出口加工区、保税港区、保税物流园区、综合保税区、珠澳跨境工业园区、中哈霍尔果斯国际边境合作中心(配套区)等。

27. 自由贸易港区(第三章第三节)。自由贸易港区是自由贸易区(Free Trade Zone)的一种存在形式。世界上有不少自由贸易区设在港区内,从地域范围看即为自由贸易港区。它是一种特定的港口或港区概念,以减免关税和自由出入等优惠待遇为手段,以求达到一定经济目的的一种特定地区。其主要特征是:(1)位处大港,具备区位优势;(2)隔离封闭,围网圈围;(3)境内关外,除特殊情况外,海关不实施惯常的监管制度;(4)功能多样化,在自由贸易港区内可以进行转口贸易、出口贸易、商品展示及产品加工,最重要的是实现物流的整合,提高了效率;(5)享受税收、金融、货物及人员进出等政策上的优惠等。

28. 一江四库(第三章第六节)"一江"指九龙江;"四库"指汀溪水库、莲花水库、坂头—石兜水库、湖边水库。

29. 三纵二横进出岛快速干道(第三章第六节)。"三纵"指疏港路—长岸路—杏林大桥—集灌路、成功大道—厦门大桥—田厝连接线、环岛干道(云顶路)—集美大桥;"二横"指海沧大桥—仙岳路—翔安隧道、第二东西通道。

30. "岛内双链拉手,岛外三片环网,进岛四个通道"供电框架(第三章第六节)。**岛内双链拉手**是指厦门岛内远景由四个通道共八回220千伏线路供电,一二通道双回链接东渡、围里等四座变电站,三四通道双回链接厦禾、湖边等四座变电站,形成两组链式环网。**岛外三片环网**是指厦门岛外海沧、集美和同安、翔安片区分别依托500千伏海沧变和嵩屿电厂、500千伏厦门变、500千伏厦东变(规划)和东部燃气电厂形成三片环网结构电网。**进岛四个通道**是指一通道经高崎海域送电到本岛北部、二三通道分别经火烧屿、猴屿送电到本岛西部、四通道(在建)经翔安海底隧道送电到本岛东部。

31. 碳排放强度(第三章第七节)。是指创造每万元地区生产总值的二氧化碳排放量。

32. 国家低碳试点城市(第三章第七节)。是指为积极应对气候变化,有效控制温室气体排放,2010年7月国家发展改革委《关于开展低碳省区和低碳城市试点工作的通知》(发改气候[2010]1587号),确定在广东、辽宁、湖北、陕西、云南五省和天津、重庆、深圳、厦门、杭州、南昌、贵阳、保定八市开展低碳省区和低碳城市试点工作,努力建设以低碳排放为特征的产业体系和消费模式,积累对不同地区和行业分类指导的工作经验,加强示范推广,推动落实我国控制温室气体排放行动目标。

33. 合同能源管理(第三章第七节)。是指发达国家普遍推行的、运用市场手段促进节能的服务机制。节能服务公司与用户签订能源管理合同,为用户提供节能诊断、融资、改造等服务,并以节能效益分享方式回收投资和获得合理利润,进而降低用能单位节能改造的资金和技术风险,充分调动用能单位节能改造的积极性,是行之有效的节能措施。

34. 分布式能源管理(第三章第七节)。由下列发电系统组成,这些系统能够在消费地点或很近的地方发电:(1)高效的利用发电产生的废能—生产热和电;(2)现场端的可再生能源系统;(3)

包括利用现场废气、废热以及多余压差来发电的能源循环利用系统。这些系统归为分布式能源系统,而不考虑这些项目的规模、燃料或技术,及该系统是否联网等条件。

35. 零排放生态养殖(第三章第七节)。是指养殖废水在经过沼气池厌氧处理的基础上,通过配套农田、山地、果林,并种植林、果、竹、牧草和其他农作物消纳粪便和污水,粪便、沼液、沼渣、沼气综合利用率达到100%为零排放。

36. 绿色出行率(第三章第七节)。是指辖区内使用公共交通(公共汽车、轨道交通等)、步行、自行车等交通出行总人次占出行总人次的比例。

37. 专业孵化器(第三章第八节)。是指以专业技术领域为划分孵化对象界限标准的孵化器,如生物医药孵化器、软件孵化器、新材料孵化器、光机电孵化器和制造业孵化器等。孵化器是指对创业企业提供通用技术平台和专业技术服务的机构,该机构除了本身能够提供一个可通用的基础性技术平台外,更多的是作为一个资源的整合者,政府、大学、科研机构、企业等机构的实验设备、科技数据、科技文献、科技成果、科技人才等资源连接起来,使各种社会资源形成互补与合作,提高整个社会资源的使用效率。

38. "院地合作"工程、"市校同发展"工程和"对台科技交流合作"工程(第三章第八节)。"院地合作"工程是指高等院校、科研院所等科研机构与地方政府合作,共同开展高新技术项目研究;"市校同发展"工程是指高等院校在专业设置等方面与地方政府经济发展相结合,实现地方政府与高等院校共同发展;"对台科技交流合作"工程是指我市将按照国家科技部批复的《国家级对台科技合作与交流基地建设实施方案》(国科函外〔2010〕188号)的要求,加快对台科技合作与交流基地的建设实施,积极先行先试,深入开展对台科技合作与交流工作。

39. 海峡西岸人才创业港(第三章第八节)。是《厦门市中长期人才发展规划纲要(2010～2020年)》提出的目标,是指以创业人才高聚集、创业环境高优化、创业机制高活力、创业产出高效益、创业价值高体现为内容,人才向往、聚集并充分发挥潜能、实现价值的创业成业之地。

40. 充分就业城市(第三章第九节)。是指本市行政区划内所有具备劳动能力且有就业意愿的法定劳动年龄人口,无论居住在城镇还是农村,在法定劳动时间内,通过一种或一种以上就业行为取得合法收入,年均达到或超过本市最低工资标准(农村就业人员收入达到或超过上年度人均纯收入的50%)的劳动年龄人口占全部就业和失业人口的96%以上,且能够建立起实现城乡充分就业的自我调节机制。一个城市达到充分就业是一种状态,这种状态随着城市经济、政治、文化、社会的发展不断得到改善。

41. 健康城市(第三章第九节)。是世界卫生组织(WHO)在20世纪80年代面对城市化问题给人类健康带来挑战而倡导的一项全球性行动战略,是指从城市规划、建设到管理各个方面都以人的健康为中心,保障广大市民健康生活和工作,成为人类社会发展所必需的健康人群、健康环境和健康社会有机结合的发展整体。2007年底全国爱国卫生运动委员会在全国范围内正式启动了建设健康城市、区(镇)活动。

42. 农村广播电视"村村响"(第三章第九节)。是指通过进一步完善农村广播影视公共服务体系,将中央、省、市的广播节目通过有线网络传输到行政村、自然村,提高广播节目覆盖率。同时,为区、镇和行政村提供有线广播发布平台,使党的方针、政策及时传递给农村广大群众。

江西省国民经济和社会发展第十二个五年规划纲要

（2011 年 2 月 18 日江西省
第十一届人民代表大会第四次会议通过）

江西省国民经济和社会发展第十二个五年（2011～2015 年）规划纲要是根据《中共江西省委关于制定全省国民经济和社会发展第十二个五年规划的建议》编制的，主要阐明省委、省政府战略意图，明确政府工作重点，引导市场主体行为，是未来五年我省经济社会发展的宏伟蓝图，是全省上下共同的行动纲领，是编制未来五年其他各级各类规划、实施重大工程项目的重要依据。

第一篇　加快转变经济发展方式　在新的起点上实现科学发展、进位赶超、绿色崛起

“十二五”时期，是我省推进鄱阳湖生态经济区建设的重要时期，是加快转变经济发展方式的攻坚时期，是全面建设小康社会的关键时期，必须紧紧抓住和用好可以大有作为的重要战略机遇期，在新的起点上实现科学发展、进位赶超、绿色崛起。

第一章　发展基础

“十一五”时期，在党中央、国务院的正确领导下，全省上下坚持以科学发展观为指导，齐心协力，沉着应对，顽强拼搏，扎实工作，成功战胜历史罕见的低温雨雪冰冻灾害、特大洪涝灾害，成功应对国际金融危机严重冲击，成功推动鄱阳湖生态经济区建设上升为国家战略，改革开放和社会主义现代化建设取得了新的巨大成

就,"十一五"规划确定的主要目标和任务全面完成。

——经济总量实现新跨越。实现全省生产总值五年翻一番,财政总收入、社会消费品零售总额、金融机构存贷款余额四年翻一番,全社会固定资产投资、工业增加值三年翻一番,出口总额两年翻一番。2010 年,全省生产总值达到 9435 亿元,年均增长 13.2%;财政总收入达到 1226 亿元,年均增长 23.5%;全社会固定资产投资达到 8775 亿元,年均增长 30.9%;社会消费品零售总额达到 2933 亿元,年均增长 18.9%。

——经济结构继续优化。三次产业比例调整为 12.8∶55.0∶32.2。农业基础地位更加巩固,农村面貌发生重大变化,传统农业向现代农业加速转变,粮食总产量突破 400 亿斤。工业主导型的经济增长格局加速形成,工业化率提高到 46.2%。服务业繁荣发展。城镇化加速推进,城乡区域协调发展,城镇化率提高到 44.8%。

——社会事业全面进步。科技创新能力增强,研究与试验发展经费支出占全省生产总值比重达到 1.0%,科技进步对经济增长的贡献率达到 50.1%。九年义务教育全面普及,职业教育快速发展,高等教育稳步进入大众化阶段,民办教育不断壮大。公共卫生服务体系不断完善,城乡医疗卫生条件逐步改善。计划生育、文化体育、民主法制和精神文明建设切实加强,社会更加和谐稳定。

——改革开放深入推进。国有工业企业改革取得重大突破,农垦、粮食、农业、林业、交通、水利、商贸流通等七类国企改革扎实推进,医药卫生体制、投资、财税、金融、价格、林权制度、政府机构等改革步伐加快。对外开放进一步扩大,出口总额达到 134.2 亿美元,利用外商直接投资达到 51.8 亿美元,利用省外 5000 万元以上项目实际进资 1927 亿元。

——基础设施显著改善。综合交通立体化、网络化、快速化、现代化进程加快,高速公路通车里程突破 3000 公里,高速铁路建设实现零的突破,民航旅客吞吐量突破 500 万人次。能源保障能力全面提升,以核能、风能、太阳能为重点的新能源开发取得重大突破,统调电力装机容量达到 1349 万千瓦。农业基础设施、信息通信设施继续完善,水利安全保障进一步强化。

城乡居民生活水平进一步提高。民生工程大力推进,社会就业更加充分,社会保障覆盖面逐步扩大,城乡基本医疗保险制度和最低生活保障制度实现全覆盖,新型农村社会养老保险试点工作顺利启动。城市保障性住房建设和棚户区改造扎实推进,农村危房改造试点工作进展顺利。城乡居民收入大幅增加,城镇居民人均可支配收入达到 15481 元,农民人均纯收入达到 5789 元。

——资源环境承载能力不断增强。生态环境质量继续位居全国前列,森林覆盖率达到 63.1%,全省主要河流监测断面 I～III 类水质达到 80.3%,11 个设区市城市空气质量达到国家二级标准,城镇生活污水集中处理率和生活垃圾无害化处理率分别达到 67.8%、51.6%。万元生产总值能耗累计下降 20%,二氧化硫和化学需氧量排放量分别累计下降 7%、5%。

过去的五年,是我省综合实力迅速提高的五年,是发展后劲显著增强的五年,是城乡面貌深刻变化的五年,是人民群众得到更多实惠的五年。回顾过去五年的发展历程,最根本的是深入贯彻落实科学发展观,牢牢抓住发展不足这个主要矛盾,不断激发和调动全省人民的积极性、主动性、创造性,在发展理念上,坚持以人为本、和谐发展、可持续发展,把广大人民的根本利益作为一切工作的出发点和落脚点;在发展视野上,坚持跳出江西看江西,把江西置于全国乃至全球的发展格局中去谋划;在发展举措上,坚定不移实施重大项目带动战略,坚定不移加快推进新型工业化和城镇化,坚定不移深化改革开放,坚定不移推动鄱阳湖生态经济区建设。展望未来,我省经济社会发展已经站在一个更高的历史起点上!

“十一五”规划主要指标完成情况表

指　　标	2005 年	2010 年规划目标	2010 年	
			完成值	较“十五”完成情况
1. 全省生产总值（亿元）	4056.8	8000	9435	年均增长 13.2%，净增 5378.2 亿元
2. 人均生产总值（美元）	1152	2000	3133	年均增长 12.4%，净增 1981 美元
3. 财政总收入（亿元）	426	856	1226	年均增长 23.5%，净增 800 亿元
4. 全社会固定资产投资总额（亿元）	2169	4816	8775	年均增长 30.9%，净增 6606 亿元
5. 外商直接投资（亿美元）	24.2	39	51.8	年均增长 16.4%，净增 27.6 亿美元
6. 出口总额（亿美元）	24.4	49	134.2	年均增长 40.6%，净增 109.8 亿美元
7. 社会消费品零售总额（亿元）	1244.9	2277	2933	年均增长 18.9%，净增 1688.1 亿元
8. 五年新增城镇就业（万人）		230	235	年均新增 47 万人
9. 居民消费价格总指数（%）	101.7	103		价格总水平基本稳定
10. 城镇居民人均可支配收入（元）	8620	13000	15481	净增 6861 元
11. 农民人均纯收入（元）	3266	4600	5789	净增 2523 元
12. 年末总人口（万人）	4311.2	4500	4467.6	净增 156.4 万人
13. 万元生产总值综合能耗（吨标准煤）	1.06	0.85		累计下降 20%
14. 二氧化硫排放量（万吨）	61.3	57	57	累计削减 7%
15. 化学需氧量（万吨）	45.7	43.4	43.4	累计削减 5%
16. 工业增加值占生产总值比重（%）	35.9	40	46.2	提高 10.3 个百分点
17. 科技进步对经济增长的贡献率（%）	45.6	50	50.1	提高 4.5 个百分点
18. 研究与试验发展经费支出占全省生产总值比重（%）	0.71	1.2	1.0	提高 0.29 个百分点
19. 高等教育毛入学率（%）	20.5	25	25.5	提高 5 个百分点
20. 高中阶段教育毛入学率（%）	60	75	76	提高 16 个百分点
21. 广播人口综合覆盖率（%）	93.22	99	96.5	提高 3.28 个百分点
22. 电视人口综合覆盖率（%）	95.38	99	97.8	提高 2.42 个百分点
23. 城镇登记失业率（%）	3.48	4.5	3.31	下降 0.17 个百分点
24. 城镇化率（%）	37.1	45	44.8	提高 7.7 个百分点
25. 基本养老保险参保人数（万人）	387.43	550	609	净增 221.57 万人
26. 新型农村合作医疗覆盖率（%）	12.5	80	100	提高 87.5 个百分点
27. 城镇生活污水集中处理率（%）	13.55	60	67.8	提高 54.25 个百分点
28. 城镇生活垃圾无害化处理率（%）	24.29	70	51.6	提高 27.31 个百分点
29. 森林覆盖率（%）	60.05	63	63.1	提高 3.05 个百分点
30. 耕地保有量（万亩）	4300	4300	4300	保持在稳定水平

第二章　发展背景

当前和今后一个时期，和平、发展、合作仍然是时代潮流，经济全球化继续深入发展，国内外产业转移步伐加快，为我省扩大开放、加快发展提供了更为有利的外部环境；科技创新孕育新突破，新一轮产业革命正在兴起，为我省发挥后发优势、实现跨越发展创造了新条件；工业化、城镇化快速推进，国内需求进一步扩大，消费结构加快升级，为我省经济持续快速发展提供了强大动力和广阔空间；鄱阳湖生态经济区建设上升为国家战略，为进一步提升我省战略地位，更多争取国家支持，促进产业和要素集聚创造了历史性机遇；更为重要的是，经过五年来的努力，一批重大基础设施和产业项目相继建成，全省上下形成了心齐气顺、干事创业、竞相发展的浓厚氛围，初步探索出了一条科学发展、绿色崛起的路子，为加快发展奠定了更为坚实的物质基础和思想基础。这一切，为“十二五”时期实现又好又快发展提供了重要支撑。同时，必须清醒认识我们面临的严峻挑战。一方面，受国际金融危机影响，全球经济增长模式正在深度调整，国内经济增长条件和动力发生深刻变化，区域间竞争更趋激烈。另一方面，我省经济欠发达地位没有根本改变，面临加快发展和加速转型的双重压力；资源环境约束不断强化、要素成本进入上升期，产业结构调整升级的内在要求更加迫切；社会结构深刻变动，社会矛盾明显增多，统筹城乡发展的任务更加繁重，社会建设和管理面临许多新课题。

总体而言，当前和今后一个时期，机遇与挑战并存，机遇大于挑战，我们仍处于可以大有作为的重要战略机遇期。全省上下务必统一思想，坚定信心，抓住机遇，开拓进取，始终坚持科学发展不动摇，坚持加快发展不松劲，坚持正确的发展思路不摇摆，加快转变发展方式，创新发展模式，破解发展难题，奋力推进科学发展、进位赶超、绿色崛起。

第三章 指导思想

“十二五”时期全省经济社会发展的指导思想是：高举中国特色社会主义伟大旗帜，以邓小平理论和“三个代表”重要思想为指导，深入贯彻落实科学发展观，适应国内外形势新变化，顺应人民群众过上更好生活新期待，以科学发展为主题，以加快转变经济发展方式为主线，以改革开放为强动力，以保障和改善民生为根本出发点和落脚点，以鄱阳湖生态经济区建设为龙头，加速推进新型工业化，加速推进城镇化，加速推进农业现代化，着力提高生态文明水平，着力提高社会文明程度，着力提高人民群众幸福指数，努力实现科学发展、进位赶超、绿色崛起的宏伟目标。

围绕上述指导思想，在实际工作中要坚持“五个有机统一”：

——坚持加快发展与加速转型有机统一。发展不足、经济总量较小仍然是我省的主要矛盾，做大经济总量、实现进位赶超是“十二五”时期的首要任务。必须坚持在发展中促转变，在转变中谋发展，在扩总量、上水平与转方式、调结构的有机统一中赢得主动、抢占先机。

——坚持经济增长与生态文明有机统一。坚持既要金山银山、更要绿水青山的发展理念，在保护生态中加快发展，在加快经济发展中建设生态文明，努力探索经济与生态协调发展的新模式，把鄱阳湖生态经济区建设成为全国经济与生态协调发展、人与自然和谐相处的示范区。

——坚持扩大内需与对外开放有机统一。准确把握经济发展的阶段性特征，坚定不移实施重大项目带动战略，着力构建扩大内需的长效机制。同时，坚定不移实施大开放主战略，大力承接产业转移，进一步提高开放型经济发展水平，促进经济增长依靠投资、消费和出口协调拉动。

——坚持做大总量与改善民生有机统一。坚持发展为了人民、发展依靠人民、发展成果由人民群众共享，在促进经济又好又快发展的同时，更加注重处理好公平与效率的关系，更加注重改善民生，更加注重社会建设，更好地让广大人民群众共享改革发展的成果。

——坚持改革攻坚与和谐稳定有机统一。“十二五”时期，既是改革攻坚期，也是矛盾凸显期。既要坚持社会主义市场经济的改革方向不动摇，加快改革攻坚步伐，构建有利于科学发展的体制机制；又要正确把握改革力度和节奏，充分考虑社会可承受程度，统筹协调各方面利益关系，以稳定促改革，以改革促和谐。

第四章　主要目标

全省经济社会发展的总体目标是：经济总量跨越万亿元台阶并向两万亿元迈进，主要经济指标在全国的位次前移，欠发达地区的地位显著改变，为全面建成小康社会打下具有决定性意义的基础。

——经济总量跨上新台阶。全省生产总值年均增长11%以上，按当年价格计算，到2015年达到18000亿元、在执行中力争20000亿元，按当年价格和汇率计算，预期人均生产总值达到6000美元；财政总收入年均增长16%以上，达到2600亿元、力争3000亿元；全社会固定资产投资年均增长20%以上，五年累计超过80000亿元；社会消费品零售总额年均增长16%，达到6200亿元；出口总额年均增长15%，达到270亿美元；外商直接投资年均增长10%，达到83.5亿美元。

——结构调整取得重大进展。非农产业比重达到90%以上，城镇化率达到52.8%，居民消费率达到38%，研究与试验发展经费支出占全省生产总值比重达到1.5%。城乡区域发展协调性增强，经济增长的科技含量进一步提高。

——改革开放取得重大突破。先行先试取得显著成效，财税金融、要素价格、垄断行业等重要领域和关键环节改革取得明显进展，政府职能加快转变，政府公信力和行政效率进一步提高。全方位、宽领域、多层次的大开放格局进一步完善，开放型经济对经济增长的贡献率显著上升。

——城乡居民收入大幅增加。努力实现居民收入增长和经济发展基本同步、劳动报酬增长和劳动生产率提高同步，力争城乡居民收入年均增长11%，城镇居民人均可支配收入超过26000元，农民人均纯收入超过10000元。低收入者收入明显增加，中等收入群体持续扩大，贫困人口显著减少，收入差距扩大趋势得到有效遏制。

——社会建设全面加强。全省总人口控制在4650万人以内。五年新增城镇就业人数235万人。城镇登记失业率控制在4.5%以内。九年义务教育巩固率达到93%，高中阶段教育毛入学率达到87%。主要劳动年龄人口平均受教育年限达到10年以上。城镇基本养老保险参保人数达到770万人左右，新型农村社会养老保险实现制度全覆盖，城乡三项医疗保险参保率达到95%；城镇保障性安居工程建设稳步推进。亿元生产总值生产安全事故死亡率下降36%。文化大省建设初见成效。民主法制不断加强，社会文明程度明显提高，社会管理制度日益完善，社会更加和谐稳定。

——资源节约和环境保护扎实推进。耕地保有量稳定在4300万亩以上。非化石能源占一次能源消费比重提高到10%。全省主要河流监测断面Ⅰ～Ⅲ类水质稳定在82%左右。单位工业增加值用水量、单位生产总值能耗分别累计下降30%、16%，单位生产总值二氧化碳排放量、主要污染物排放量控制在国家下达的目标范围内。农业灌溉用水有效利用系数达到0.5以上，城镇生活污水集中处理率、城镇生活垃圾无害化处理率分别提高到85%、80%以上。森林覆盖率稳定在63%以上，森林蓄积量达到5亿立方米。

——鄱阳湖生态经济区建设实现阶段性目标。“十二大生态经济工程”①鄱阳湖水质稳定在III类，湿地得到有效保护，流域综合管理能力大幅提升，空气质量达到国家二级标准。区域生态产业和生态城镇体系初步建立，人均生产总值达到全国平均水平，基本公共服务主要指标达到或超过全国平均水平，提前基本实现全面建成小康社会的目标。

“十二五”时期经济社会发展主要指标

类别	指标	2010年	2015年	年均增长(%)	属性
经济发展	全省生产总值(亿元)	9435	18000	11以上	预期性
	人均生产总值(美元)	3133	6000	10.5	预期性
	财政总收入(亿元)	1226	2600	16以上	预期性
	全社会固定资产投资(亿元)	8775	21000	20以上	预期性
	社会消费品零售总额(亿元)	2933	6200	16	预期性
	出口总额(亿美元)	134.2	270	15	预期性
	外商直接投资(亿美元)	51.8	83.5	10	预期性
经济结构	非农产业比重(%)	87.2	90以上	[2.8以上]	预期性
	居民消费率(%)	36	38	[2]	预期性
	城镇化率(%)	44.8	52.8	[8]	预期性
	研究与试验发展经费支出占全省生产总值比重(%)	1.0	1.5	[0.5]	预期性
社会民生	全省总人口(万人)	4467.6	4650	0.78	约束性
	城镇居民人均可支配收入(元)	15481	26000	11	预期性
	农民人均纯收入(元)	5789	10000	11	预期性
	城镇登记失业率(%)	3.31	4.5	[1.19]	预期性
	城镇新增就业人数(万人)	[230]	[235]	—	预期性
	九年义务教育巩固率(%)	90.5	93	[2.5]	约束性
	高中阶段教育毛入学率(%)	76	87	[11]	预期性
	主要劳动年龄人口平均受教育年限(年)	8.9	10	[1.1]	预期性
	亿元生产总值生产安全事故死亡率(%)	0.20	0.13	-8.5	约束性
	城镇基本养老保险参保人数(万人)	609	770左右	[161]	约束性
	城乡三项基本医疗保险参保率(%)	—	95	—	约束性
	城镇保障性安居工程建设(万套)	25.49	国家下达的控制指标		约束性

① 十二大生态经济工程：指彭泽核电工程、万安核电工程、鄱阳湖水利枢纽工程、峡江水利枢纽工程、天然气入赣工程、特高压和智能电网工程、“一大四小”造林绿化工程、长江暨鄱阳湖源头生态保护工程、“五河一湖”水治理工程、城镇生活污水处理工程、工业园区污水处理工程、农村清洁工程。

续表

类别	指　　标		2010 年	2015 年	年均增长(%)	属性
资源环境	耕地保有量(万亩)		4300	4300	持续稳定	约束性
	农业灌溉用水有效利用系数		0.45	0.5 以上	[0.5]	预期性
	森林覆盖率(%)		63.1	63 以上	持续稳定	约束性
	森林蓄积量(亿立方米)		4.45	5	[0.55]	约束性
	非化石能源占一次能源消费比重(%)		4.7	10	[5.3]	约束性
	全省主要河流监测断面 I～III 类水质比重(%)		80.3	82 左右	[1.7]	约束性
	单位工业增加值用水量降低(%)		—	[30]	[30]	约束性
	单位生产总值能耗累计下降(%)		[20]	[16]	[16]	约束性
	单位生产总值二氧化碳排放量累计下降(%)		—	国家下达的控制目标		约束性
	主要污染物排放量累计下降(%)	化学需氧量	[5]	国家下达的控制目标		约束性
		二氧化硫	[7]			
		氨氮	—			
		氮氧化物	—			
	城镇生活污水集中处理率(%)		67.8	85 以上	[17.2]	约束性
	城镇生活垃圾无害化处理率(%)		51.6	80 以上	[28.4]	约束性

注:全省生产总值、人均生产总值绝对数为当年价格,年均增长按不变价格计算;人均生产总值按 6.8∶1的汇率折算;[ ]内为五年累计数;城乡三项医疗保险指城镇职工基本医疗保险、城镇居民基本医疗保险、新型农村合作医疗。

第二篇　加速推进农业现代化
建设社会主义新农村

坚持工业反哺农业、城市支持农村和多予少取放活的方针,夯实农业农村发展基础,加大强农惠农力度,建设农民幸福生活的美好家园。

第一章　发展现代农业

积极运用现代科技改造农业、现代手段装备农业、现代经营形式发展农业,不断提高农业综合生产能力、抗风险能力和市场竞争能力。

第一节　增强粮食安全保障能力

稳定播种面积,重点提高单产,注重品质改善,优化生产布局,强化我省粮食主产区地位,实施新增百亿斤优质稻谷生产能力工程,五年新增粮食产量 50 亿斤。严格保护耕地,加快推进农村土地整理复垦和综合整治工程,实施造地增粮富民工程。加强农田水利设施和田间工程建设,大规模改造中低产田，实施沃土工程、植保工程、良种工程和测土配方施肥工程，建设一批旱涝保收高标准粮田。强化粮食生产扶持政策，健全粮食最低收购价格制度，加大粮食主产区投入和利益补偿。加强粮食物流、储备和应急保障设施建设。

第二节 大力推进农业产业化经营

推进生产经营规模化、农业技术集成化、劳动过程机械化、农业服务多元化。实施农产品品牌战略，加快农业产业化示范区建设，提高农产品精深加工比例，增强龙头企业带动能力，搞活农产品流通，促进农业生产经营专业化、标准化、规模化、集约化。实施科教强农战略，增加农业科技投入，健全公益性农业技术推广体系，加快农业重点领域的科技集成创新、成果转化和推广运用。加快推进水稻生产机械化，积极引导和推动经济作物、园艺作物生产机械化，大力提高农业机械化水平。加快构建公益性服务和经营性服务相结合、专项服务和综合服务相协调的新型农业社会化服务体系，支持供销合作社、农民专业合作组织、农村经纪人、农村金融组织、龙头企业等提供多种形式的生产经营性服务。强化生产、储运、销售等环节全程监管，提高农产品质量安全水平。建设农业高科技示范园区、农业标准化示范区。

第三节 调整优化农业结构

以市场需求为导向、科技创新为手段、质量效益为目标，科学规划产业布局，构建优势突出和特色鲜明的产业带。鼓励和支持优势地区集中发展棉花、油料、茶叶、中药材等经济作物，推进蔬菜、水果、食用菌、花卉、薯类等产品集约化、设施化生产。在生态环境可承载条件下，大力推进畜牧业标准化规模养殖，建立健全生产、加工、市场营销体系，提高畜牧业综合生产能力。推进优势水产区域化布局和渔业产业化经营，巩固发展以"四大家鱼"为主的常规渔业，加快发展鳗鱼、虾蟹、鮰鱼、珍珠、龟鳖等特色渔业，建设供港淡水鱼养殖区。发挥森林资源优势，加快油茶、毛竹、森林食品与药材、生物质能源林及野生动植物繁育利用等特色产业发展。

专栏1 农业重大建设工程

新增百亿斤优质稻谷生产能力工程：重点实施标准农田建设工程、沃土工程、良种推广工程、高产创建示范工程、防灾减灾工程、农机化工程、水源和灌溉工程、鄱阳湖水利枢纽工程、农业保障服务工程等10大工程，"十二五"期间改造中低产田1600万亩、改善和新增灌溉面积1000万亩、新增耕地40万亩，全省粮食播种面积稳定在5600万亩，粮食综合生产能力达到450亿斤。

造地增粮富民工程：新开发复垦宜耕未利用土地40万亩，新增有效耕地面积30万亩；整理耕地70万亩，新增有效耕地面积2万亩。

农村土地整治示范工程：整治农村土地230万亩，其中建设基本农田180万亩，新增耕地20万亩，提高粮食产能5.5亿斤。

千万亩高产油茶基地建设工程：新造油茶林500万亩，改造低产油茶林600万亩；完善良种繁育基地，良种穗条生产能力7000万支，良种苗木生产能力1.5亿株；茶油产量20万吨，打造10个油茶产业科技园。

新增百万吨优质油料建设工程：建设高标准优质油菜基地500万亩、花生基地150万亩、芝麻基地50万亩，配套建设良种繁育、测土配方施肥、绿色植保等服务体系，建设油菜产业化经营示范区。油料综合生产能力达到210万吨，产油76万吨。

新增两百万吨优质畜禽产品开发工程：建设30个重点县"一片两线"优质生猪养殖基地、赣江优质水禽带、环鄱阳湖水禽优势区以及赣中南、赣北优质肉牛基地和赣中、赣南、赣西优质奶源基地，实施良种繁育体系工程、生态养殖及清洁生产工程和饲料饲草开发工程。

现代渔业"双百工程"：改造标准化池塘水产健康养殖基地100万亩，新增水产品100万吨，改、扩建40个年苗繁殖能力达5亿尾以上苗种繁殖场，建设75个县级水生动物防疫站、200个水产健康养殖示范场。

续表

百万亩江西绿茶标准化基地建设工程:依托赣东北、赣西北、赣南、赣中等茶叶主产区,加快建设有机生态标准化茶园基地、良种繁育体系、茶叶采后处理加工及市场体系。 **百万亩高标准蔬菜基地建设工程**:依托乐平、永丰、高安、临川、上栗、永修等62个蔬菜生产优势县,改造无公害标准化蔬菜基地,建设蔬菜集约化育苗场,提高采后处理及加工能力。 **千万亩果业产业化工程**:重点建设优质高产生态标准化果园基地、良种繁育体系、水果采后处理及加工、病虫防控体系,力争2015年全省水果面积达到900万亩以上,产量达450万吨以上。 **百万亩优质棉基地工程**:重点推广高产高效集成技术,完善棉田水利设施,建立棉花高产核心区,完善杂交抗虫棉制种基地建设,扩大主栽优质棉种推广比重,普及双杂双移栽二熟免耕高效耕种150万亩。 **千万亩丰产竹林培育工程**:建设丰产竹林基地1000万亩,其中改造低产竹林800万亩,新造笋用竹200万亩;完善毛竹主产区基础设施建设,发展竹材精深加工。 **农业产业化示范区建设工程**:培育10个年产值超过50亿元的农业产业化示范区,全省规模以上农产品加工型企业达到5000家,年销售收入达到5000亿元,农产品综合加工率达到70%,农产品加工产值与农业产值比例达到1.5∶1。 **休闲农业示范工程**:重点培育20个休闲农业与乡村旅游示范强县、20个休闲农业示范园区(基地)、200个示范企业(点),加强休闲农业服务和推广体系建设。

第二章　改善农村生产生活条件

围绕推进城乡发展一体化,推动城市基础设施向农村延伸、城市公共服务向农村覆盖、城市现代文明向农村辐射,加快社会主义新农村建设。

第一节　优化乡镇村庄布局

按照因地制宜、切实可行的原则,尊重村民意愿,体现地方和农村特色,结合农村、国有林场、农场和垦区危旧房改造,科学规划乡镇村庄,合理安排乡镇建设、村落分布、产业聚集、农田保护、生态涵养等空间布局,统筹农村生产生活服务设施和公共事业建设。加快中心镇、中心村发展,整治空心村,积极稳妥引导农民适当集中居住。探索村镇联动、联村整片推进模式,实现联村整片建社区,完善社区功能。加强古村落、古民居、古树名木的保护和开发。

第二节　加强农村基础设施建设

大力推进农村水利基本建设,加快大中型灌区、排灌泵站配套改造,完善农村小微型水利设施。强化农业气象服务体系和农村气象灾害防御体系建设,增强气象对农业服务能力,加强应急抗旱水源工程建设。推进农村集中供水,实施"千吨万人"①工程,确保农村饮水安全。实施新一轮农村电网升级改造工程,大力发展沼气、秸秆利用、小水电、风能、太阳能等可再生能源,在小水电丰富的山区实施小水电代燃料工程,推进水电新农村电气化县建设,形成清洁、经济的农村能源体系。完善农村公路网络,实施渡改桥工程,新建一批乡镇客运站和候车亭。

① "千吨万人"工程:指单项工程超过万人或供水规模在千吨以上的项目。

第三节 提升农村环境质量

继续推进以“六改四普及”①为主的村庄整治建设，进一步实施农村清洁工程，改善农村卫生条件和人居环境。减少农业生产中化学投入品的使用量和农业废弃物的产生量，加大畜禽和水产养殖污染防治力度。开展农村垃圾无害化集中处理，因地制宜探索科学合理、经济便利的多种垃圾处理模式。开展创建森林乡镇和森林村庄活动，净化、美化、绿化村容村貌，初步构建农田林网体系，形成“村在林中、林在村中”的农村生态美景。

专栏2 农村基础设施和环境整治工程

农村饮水安全工程：因地制宜采取集中供水、城市供水管网向农村延伸等方式，全面解决1179万农村居民安全饮水问题。

农村供电工程：实施新一轮农村电网改造升级工程，加快无电地区电力建设，支持条件适宜地区发展大型沼气发电和小水电，推广光伏发电、小风力发电、微水电等小型电源。

农村沼气工程：建设户用沼气、小型沼气工程、大中型沼气工程，新增户用沼气用户47万户、小型沼气工程3360处、大中型沼气工程870处。

农村安居工程：在现有试点地区，完成农村困难家庭危房改造35万户。在国有农场和垦区改造职工危房21.5万户，在国有林场改造危旧房4.38万户。

农村清洁工程：建设人畜粪便、农作物秸秆和生活污水等有机废弃物处理利用工程，建设农用残膜、农业投入品包装物和生活垃圾等无机废弃物收集转运工程，配套开展村庄硬化绿化。

农村信息通信工程：乡乡建立信息服务站和数据库，行政村建立信息点和农产品信息栏，20户以上自然村通宽带，农村电话普及率和农业信息入户率均超过50%。

地震安全农居工程：建设全省地震安全农居技术信息服务网络，编制农居类型的地震安全技术图集，对5000名农村工匠进行专业技能培训，建设50000户地震安全农居。

第三章 促进农民收入大幅增加

完善强农惠农政策，拓宽农民增收渠道，促进农民收入持续较快增长。

第一节 拓宽农民增收渠道

健全农产品价格保护制度，发展特色高效农业、休闲农业和农村服务业，鼓励农民优化种养结构，增加农民经营性收入。扩大以工代赈规模，推动农民工与城镇就业人员同工同酬，增加农民工资性收入。完善粮食直补、良种补贴、农资综合补贴、农机具购置补贴和农业保险保费补贴等农业补贴制度，提高农村社会保障水平和扶贫标准，增加农民转移性收入。搞好农村土地确权、登记、颁证工作，完善土地承包经营权和农村宅基地流转机制，确保农民分享土地增值收益，拓宽租金、股金、红利等收入增长渠道，增加农民财产性收入。

第二节 优化农村富余劳动力创业就业环境

积极引导农村富余劳动力有序转移就业，鼓励就地就近转移就业，继续做好跨省劳务输出及跟

① 六改四普及：指改水、改厕、改路、改房、改栏、改环境，普及沼气、有线电视、太阳能热水器、电话及宽带。

踪服务工作。加强农民工职业技能培训,稳步扩大培训范围,落实培训补贴政策,增强农民转移就业能力。拓展农村富余劳动力进城务工经商渠道,改善务工经商环境,维护合法权益。

第三节　减少贫困人口

坚持开发式扶贫,鼓励发展特色经济,提升贫困地区自我发展能力。整合各类扶贫资金渠道,加大财政转移支付和金融支持力度。以整村推进和生存条件恶劣地区贫困人口易地搬迁扶贫为重点,实施扶贫开发攻坚工程。深入开展部门单位定点扶贫,积极引导社会各界参与扶贫。注重教育扶贫,阻断贫困代际传递。

第四章　深化农村改革

坚持和完善农村基本经营制度,现有农村土地承包关系保持稳定并长久不变。在依法自愿有偿和加强服务的基础上,积极培育土地承包经营权流转市场,引导规范土地承包经营权有序流转。完善城乡平等的要素交换关系,促进土地增值收益和农村存款主要用于农业农村。深化农村信用社改革,改善农村金融服务,发展农村小型金融组织和小额信贷,鼓励和支持农民互助保险和互助信用合作。完善集体林权制度配套改革,推进国有林场改革。深化国有水利工程管理体制改革,推进小型水利工程产权制度改革,建立和完善水权制度,充分运用市场机制优化配置水资源。

第三篇　加速推进新型工业化
构建现代产业体系

大力改造提升传统产业,超常规发展战略性新兴产业,推进服务业规模化、品牌化、网络化经营,构建特色突出、布局合理、技术先进、清洁安全、附加值高、吸纳就业能力强的现代产业体系。

第一章　促进产业集群集约发展

促进生产要素向龙头企业集聚、向主导产业集聚、向工业园区集聚,打造一批特色鲜明、优势明显、竞争力强的产业集群,形成企业集中布局、产业集聚发展、资源集约利用的发展格局。

第一节　优化产业区域布局

按照区域主体功能定位,综合能源资源、环境容量、市场空间等因素,优化重点产业生产力布局,构建分工合理、主业突出、比较优势充分发挥的产业区域布局。实施城市工业布局调整工程,推动资源型城市转型,促进城市工业布局和城镇规划相协调。以产业链条为纽带,以产业园区为载体,培育一批专业特色鲜明、品牌形象突出、服务平台完备的产业集群。南昌、九江、景德镇等赣北地区重点发展汽车、航空、光伏、优质钢材、光电、家电、化工、陶瓷、建材、电子信息、食品加工、纺织服装、生物和新医药、服务外包等产业；新余、宜春、萍乡等赣西地区重点发展冶金、光伏、锂电、医药、陶瓷、纺织服装、机械电子、竹木加工、烟花爆竹、食品加工等产业；赣州、吉安、抚州等赣中南地区重点发展稀有金属加工、电子信息、通讯终端、生物制药、食品加工、纺织服装、新能源、化工建材和机械制造等产业；上饶、鹰潭等赣东北地区重点发展铜材加工、光伏、建材、食品、中医药、绿色照明、光学、水工、精密机械等产业。

专栏3　城市工业布局调整工程

企业“退城进郊”工程：对制约城市空间发展的城中企业，有序实施“退城进郊”。重点推进洪都航空搬迁工程、中国商飞第二试飞基地工程等。

企业转型升级搬迁工程：对影响城市环境、易燃易爆等威胁城市安全的城中企业，引导产业转型、易地搬迁改造。重点推进南昌樵舍新型重化工产业基地建设、城市化工企业改造搬迁工程等。

企业整体搬迁工程：对原材料、产品运输量大、物流成本高的城中企业，通过整体搬迁，降低企业成本，提高企业竞争力，改善城市交通状况。重点推进城市钢厂整体搬迁工程等。

第二节　提升工业园区发展水平

提高工业园区容积率、投资强度和单位面积产出规模，推进园区土地集约化经营。加强政策引导，推动质量兴园，培育主导产业和特色产业，增强产业协作配套能力，降低商务成本，提升竞争力。提升工业园区服务水平，以市场为导向，以企业为主体，加快研发、市场、物流、质量检测、人才公寓等公共服务平台建设，完善园区服务体系，为企业提供上市融资、信用担保、管理咨询、产品检测、市场开拓、人才培训等服务。支持有条件的工业园区扩区升级，培育一批主营业务收入超千亿、过五百亿元的园区。

第三节　培育特色产业基地

依托地方优势资源和产业基础，以中小企业为主体，推动食品、节能照明、家具、陶瓷、服装、箱包、制鞋、眼镜、有色金属、医疗器械等特色产业集群发展，努力培育一批主营业务收入超百亿元的省级特色产业基地。强化规划引导，促进资源有效配置和集约利用。加快基础设施建设，增强特色产业转移承接能力。完善产业政策，扶持特色产业基地发展。

第二章　改造提升传统产业

加快运用高新技术和先进适用技术、现代管理技术改造提升传统产业，推进兼并重组，提高企业技术装备水平和市场竞争能力。

第一节　调整产业结构

继续实施重点产业调整和振兴规划，以有色金属、钢铁、汽车、船舶、石化、轻工、纺织、装备制造、建材等行业为重点，加快传统产业结构调整。有色金属产业以发展精深加工为重点，培育优势特色板块，提高资源保障能力，提升规模和水平。钢铁产业以技术改造、企业重组、优化布局、淘汰落后为重点,实施城市钢铁企业重组搬迁改造。汽车产业加强自主创新,培育自主品牌,加快汽车整车产品升级换代,增强零部件配套能力,开发推广新能源汽车。船舶工业充分利用长江"黄金水道"和鄱阳湖水域条件,建设船舶制造基地,发展船用配套工业,拓展船舶产品领域。石化产业注重大型化、集约化、精细化、系列化,实施油品质量提升工程,扩大石油化工规模,培育盐化产业优势,加快精细化工发展。轻工业培育一批市场认同度高的骨干企业和名优产品,做强食品工业,做大家电产业,调整造纸产业,提升陶瓷工业,壮大制鞋、工艺美术、节能照明产业。纺织工业以技术创新为突破口,提升纺织印染行业工艺水平,推动化纤行业产品升级,实施服装行业品牌战略,扩大产业用纺织品生产规模。装备制造业突出技术进步,提高机械装备水平,发展高效节能电工电器产品,开发工程机械设备。建材行业着力发展高档建筑陶瓷,提高新型干法水泥比重,加快发展玻璃纤维、结构陶瓷等高附加值产品。

第二节 促进技术进步

加强信息技术、生物技术、现代管理技术、节能降耗技术与制造业的融合,推广应用新技术、新工艺、新装备、新材料,推动企业技术进步,促进产业升级。构建一批企业技术中心、行业技术中心、工程研究中心、重点实验室、国家质检中心等研发平台,支撑产业技术进步。提升传统技术装备水平、生产工艺水平和产品质量水平,培育一批拥有自主知识产权、核心技术和市场竞争力强的知名品牌产品,推动工业增长由主要依靠增加物质资源消耗向主要依靠科技进步、管理创新转变,提高企业劳动生产率、人均创利率、资金利润率、资源能源利用率,重点企业"四率"水平明显高于全国同行业平均水平。

第三节 优化企业组织结构

实施大企业、大集团战略,通过裂变扩张、上市嫁接、合资合作、兼并重组等多种手段和途径,培育一批带动力强、关联度大的龙头企业,新增一批超百亿元企业,力争江铜集团销售收入达到2千亿元,进入世界500强,新钢集团、赛维LDK实现销售收入1000亿元,九江石化、江铃集团、江钨控股、省煤炭集团、江钨有限公司等5家以上企业达到500亿元。继续加大中小企业发展支持力度,健全信用担保体系,拓宽融资渠道,发展一批"专、优、特、精"中小型企业。增强中小企业与大型企业的产业配套、分工协作,促进大中小企业协调发展。

专栏4 重点传统产业发展导向

铜产业:依托江西铜业等骨干企业,发展铜材精深加工,围绕电子行业用铜、家用电器行业用铜、电力电气行业用铜、交通运输行业用铜、建筑行业用铜等五个方向延伸产业链。

钨产业:在控制钨精矿生产总量和钨冶炼产品能力的基础上,做精钨粉及碳化钨粉产品,发展亚微、超细硬质合金,硬质合金涂层加工工具,硬质合金硬面材料等深加工产品,建立硬质合金废料综合回收体系。

稀土产业:推进企业兼并重组,控制矿山开采、分离冶炼规模,在稀土永磁材料、稀土发光材料、稀土储氢材料、中重稀土合金、稀土新材料等五大领域,开发稀土深加工及应用产品。

钢铁产业:利用九江港口优势,结合城市钢铁企业的搬迁改造,推进企业重组,淘汰落后产能,建设九江沿江千万吨级优质钢铁基地。支持发展高强度汽车用钢、船板、高强度弹簧钢等高附加值产品。

石化产业:实施九江石化油品质量升级改造工程,完善二次加工配套设施建设,力争形成千万吨原油加工能力。大力发展氯碱、有机氯等高附加值的盐深加工产品,延伸下游产业链。加快发展有机硅、白炭黑、功能性涂料等产品,大力开发水处理剂、精细无机化学品。

续表

汽车产业:推进配套零部件的发展,进一步做大做强节能高效发动机、传动系统、悬挂系统等零部件产业,支持K系列发动机项目产业化。支持江铃轻型载货车、皮卡、陆风SUV车升级换代,加快昌河节能小排量系列车型开发生产。扩大江铃汽车(轻卡、全顺商务车、天鹿客车、陆风SUV车、风华、风尚轿车、新能源汽车)、昌河乘用车(利亚纳、北斗星)以及萍乡客车、上饶客车市场销售,力争江铃形成70万辆、昌河形成60万辆整车生产能力。 **建材产业**:实施20亿平方米高档建筑陶瓷工程,进一步提升高安和丰城建筑陶瓷基地生产规模和产品档次;依托省部共建景德镇国家陶瓷科技城,大力开发日用陶瓷、艺术陶瓷、建筑卫生陶瓷;支持建设日产熟料4000吨及以上的新型干法生产线,提高新型干法水泥比重,推广原燃材料预均化技术、生料均化技术、高效节能粉磨技术、高效集尘技术、低温余热发电技术等先进适用技术。 **食品产业**:加快品牌整合,扩大“金圣”、“庐山”等卷烟品牌市场份额和产品单箱利税率;提高“四特”等白酒产品市场占有率,稳定发展啤酒生产,鼓励发展保健酒和果酒;依托龙头企业发展肉制品、大米、畜禽、甜叶菊等农产品深加工及副产品综合利用,利用南丰蜜橘、赣南脐橙等农产品资源大力发展果蔬加工业。大力开展油茶精深加工,研发茶油新产品,延伸产业链,提高油茶产业附加值,扩大江西油茶的知名度;加大茶产业品牌整合力度,提升加工工艺,提高江西绿茶知名度。 **船舶产业**:充分发挥我省船舶工业现有中小船舶制造的基础优势,做精做强2万吨以下船舶产品,重点发展多用途散货船、1000标箱集装船、化学品船、成品油船、中高档游艇、赛艇等技术含量与附加值高的船舶产品。

第三章　超常规发展战略性新兴产业

坚持有所为、有所不为,统筹产业布局,突破核心技术,促进裂变扩张,培育引领支撑未来发展的先导性、支柱性产业。

第一节　推动重点领域跨越发展

大力发展新能源、新材料、新动力汽车、民用航空、生物医药等战略性新兴产业。延伸光伏产业链,重点发展高纯硅料、硅片、电池、组件、光伏应用系统及配套产品,推进光伏发电示范建设,打造具有突出比较优势的支柱产业。利用硅衬底等自主创新技术,促进半导体照明技术推广应用,打造国家半导体照明产业基地。重点发展稀土、高精铜材、优特钢材、硬质合金等金属新材料以及高技术陶瓷、工业陶瓷、有机硅等化工产品,形成较完整的产业链,全面推进新材料产业发展。以纯电动汽车、插电式混合动力汽车为重点,积极研发生产公交型、商务型、乘用型等新能源汽车,研发生产新型动力电池,强化协作配套,加强示范推广,推动新动力汽车产业跨越发展。依托南昌航空产业国家高技术产业基地,逐步形成由主干产业、分支产业和配套产业构成的航空产业体系,构建在全国具有重要地位的民用航空优势产业。以生物医药、生物农业、生物制造及生物能源为重点,加快建设南昌生物产业国家高技术产业基地,培育壮大生物产业集群。依托核电、高铁、地铁、直升机、环保等重大建设工程,引进先进技术和战略合作者,发展现代装备制造和相关配套产业。

第二节　实施产业创新发展工程

围绕掌握产业核心关键技术、促进产业规模化发展,充分发挥重大科技专项的引领支撑作用,依托龙头企业和产业基地,统筹技术研发、产业化、标准制定、市场应用等环节,推动新兴产业跨越发展。实施新兴产业特色基地培育工程,加快南昌LED产业城、赣州钨和稀土产业基地、宜春锂电新能源产业基地、吉安风能核能及节能技术产业基地、上饶光学精密仪器生产基地、萍乡工业陶瓷产业基地、景德镇陶瓷科技城、新余国家新能源科技城以及共青数字生态城等建设，培育一批战略性新兴产业示范基地和园区。实施创新型企业培育工程，加强资本运作，优化资源配置，完善配套政策，打造一批创新型战略性新兴产业。实施关键技术突破工程，充分利用全球创新资源和知识产权制度，组织实施战略性新兴产业重大专项，推进一批关键核心技术产业化。

第三节　加强政策支持和引导

整合现有政策资源和资金渠道，建立稳定的政府投入增长机制，设立战略性新兴产业发展专项资金，重点支持自主创新平台、关键技术研发和重大产业化项目建设，引导社会资本投向初创期、成长期创新型企业。建立多元化的投融资体系，引导金融机构加大投放力度，积极培育、引进投资基金，鼓励中小企业在中小板、创业板上市，支持大型企业在国内主板和海外上市，支持企业通过发行债务融资工具等各类金融创新产品筹措资金。分行业制定相关政策和技术标准，加大市场准入、示范应用、政府采购、财税补贴等方面支持力度。

专栏5　战略性新兴产业重大工程

光伏产业基地建设工程：重点实施万吨级高纯硅料工程、太阳能电池及组件规模化工程、薄膜电池产业化工程、太阳能发电示范工程、光伏配套工程，到2015年，高纯硅料达到4万吨、太阳能电池及组件产能达到1万兆瓦、太阳能光伏发电装机达到200兆瓦。

有机硅产业工程：依托星火有机硅产业基地，重点推进中国蓝星集团年产40万吨有机硅一体化项目、星火有机硅30万吨扩建项目，到2015年形成100万吨有机硅单体生产能力，打造世界最大的有机硅生产基地。

新动力汽车产业工程：依托江铃集团、昌河汽车、上饶客车、安源客车、芦溪中科光伏、江特锂电、赣锋锂业、孚能科技等企业，推进校企合作，加强自主创新，促进转型升级，到2015年，混合动力、纯电动汽车产销量达到3万辆、锂离子单体动力电池产能达到10亿安时。

航空产业基地建设工程：推进南昌航空产业国家高技术产业基地和景德镇直升机研发生产基地建设，加快建设南昌航空工业城和景德镇、九江直升机产业园，形成大型商用客机大部件研发与生产能力，扩大教练机、通用机、直升机、无人机及航空转包生产规模，提升航空设备、材料、零配件加工配套能力及试飞、维修、培训等保障能力，到2015年，年产各类民用直升机200架、先进教练机200架、通用飞机100架、无人机200架、大飞机大部件50架份。

生物产业工程：重点实施中药现代化工程、药物创新工程、生物医学工程、生物农业工程、微生物制造工程，到2015年，产业规模进入全国先进行列，位居中部地区前列，现代中药保持国内领先地位。

半导体照明产业工程：围绕完善半导体产业链，重点发展半导体照明材料、芯片、封装、应用、配套关联产业，实施"硅衬底发光二极管材料与器件"产业化项目、液晶显示背光源用高亮度片式半导体照明产业化、半导体照明外延芯片、半导体器件产业化和光电LED氮化镓纳米线外延片及芯片生产等重大工程项目，到2015年，形成半导体照明外延片100万平方英寸、芯片500亿粒、器件300亿只的生产能力。

电子信息工程：重点实施液晶显示屏及部件工程，手机整机及零部件工程，片式、陶瓷等新型电子元器件工程，测量、医用等光机电一体机工程，笔记本及零配件工程，光盘等光电存储设备工程，电话等通讯设备工程、应用软件工程、节能环保家电工程。

第四章　加快发展现代服务业

大力发展旅游产业，优先发展生产性服务业，拓展提升生活性服务业，加快发展新兴服务业，促进服务业拓宽领域、扩大规模、优化结构、提升层次。

第一节 大力发展旅游业

围绕“红色摇篮·绿色家园·观光度假休闲旅游胜地”总体定位，加快资源、要素整合，挖掘文化内涵，健全旅游标准体系，促进旅游体制机制创新，实施景区设施提升工程，大力提升旅游业发展层次，构建赣北鄱阳湖生态旅游区、赣中南红色经典旅游圈和赣西绿色精粹旅游圈。加快旅游商品研发产销体系建设，着力培育名牌旅游商品，促进旅游商品产业化发展。扩大旅游产业对外开放，着力培育一批具有全方位服务功能和较强竞争力的旅游集团。全面开拓旅游市场，完善旅游产业体系，提高旅游综合效益，努力把我省建设成为红色旅游强省、生态旅游和乡村旅游名省、旅游产业大省。

第二节 优先发展生产性服务业

银行业。完善以商业银行为主导、多类型银行金融机构构成的现代银行业体系，支持地方金融机构跨区经营，支持城市商业银行、农村商业银行引进战略投资者、改制重组上市。大力发展村镇银行、贷款公司、农村资金互助社等新型农村金融组织。鼓励国内外银行来赣设立机构，积极组建鄱阳湖银行，加强金融基础设施建设，建设南昌、赣州区域性金融中心。健全信用担保体系，规范发展政府投融资平台和大型财务公司，创新金融产品，改进服务方式，完善金融监管，强化审慎管理。

证券业。大力发展多层次资本市场，推进省内企业主板、中小板、创业板和境外上市融资，支持符合条件的企业发行债券融资，提高直接融资比重。支持发展“新三板”市场，引进培育证券、基金、期货经营机构。加快发展农产品期货市场，建立非上市公司股权交易市场。积极发展创业投资、风险投资和产业投资基金。

保险业。建立和完善各类保险制度，拓展城乡保险业务，建立银保互动的良性机制。支持保险公司扩大险种，积极引进专业保险公司来赣设立分支机构。

现代物流业。加快物流园区和物流基地建设，依托南昌打造全国性物流枢纽，依托其他中心城市打造区域性物流中心。积极发展综合性物流、专业性物流和特色物流，推进制造业企业物流业务外包。推动城市公共配送中心和社区物流网点建设。提高流通领域现代物流运行质量和效益，大力发展第三方物流、农村现代物流、冷链物流和绿色物流。

商务服务业。大力发展财务类、法律类、资讯类、市场交易类中介服务业，积极发展会展服务业，支持发展大型租赁服务业。抓紧推进行业标准化、规范化建设。

第三节 拓展提升生活性服务业

商贸服务业。改造提升商贸流通业，积极推广新型流通方式，加快流通领域电子商务发展。合理调整城乡商业网点结构和布局，进一步推进万村千乡市场工程，扩大连锁经营，支持便利店、中小超市等社区商业发展；继续发展壮大餐饮服务业，弘扬赣菜文化，培育和引进一批特色餐饮企业。

房地产业。立足保障基本需求、推动合理消费，加快构建以政府为主提供基本保障、以市场为主满足多层次需求的住房供应体系。优化住房供给结构，合理引导住房消费，满足多元化市场需求，完善房地产市场体系，促进房地产业健康可持续发展。

社区服务业。坚持公益性和盈利性相结合，建立健全社会福利、社会保障和经营性服务相结合的居民服务网络体系，积极发展社区卫生服务、为老服务、家政服务、就业服务和文化科普服务。

第四节　积极培育新兴服务业

服务外包产业。加快发展信息技术外包，做大做强业务流程外包，积极开展知识流程外包。大力推进南昌市服务外包示范城市建设。

节能环保服务业。围绕节能环保、资源循环利用，大力发展专业化信息咨询、技术支持及工程服务，加快完善技术产品交易链和原料产品绿色供应链服务，拓展节能服务市场。

生命健康产业。大力发展专业保健、心理咨询、美容整形、基因工程等服务生命健康的特色医疗产业。强化行业管理，制定技术规范，推进专业按摩、中药保健等行业和家庭情感、青少年、企业职工等心理健康咨询产业规范发展。

地理信息服务产业。拓展地理信息服务与应用领域，大力发展车载导航、移动定位等服务，建立结构优化、布局合理、市场有序的地理信息服务产业体系。

第五节　完善政策支持和体制环境

建立公平、规范、透明的市场准入制度，鼓励和引导社会资金投向服务业，实现投资主体多元化。打破部门分割和地区封锁，建立统一、开放、竞争、有序的服务市场体系。支持发展总部经济、楼宇经济、会展经济，探索适合新型服务业态发展的市场管理办法。实现鼓励类服务业用电、用水、用气、用热与工业同价。扩大服务业用地供给，工业企业退出的土地优先用于发展服务业，对鼓励类服务业在供地安排上给予倾斜。加大对劳动密集、技术先进、节能减排、便民利民等方面服务业的税收优惠力度。拓宽服务企业融资渠道，健全融资担保体系。扩大政府采购服务产品范围。建立健全服务业标准体系。支持景德镇开展国家服务业综合改革试点。

专栏6　现代服务业重大工程

重点景区（点）质量提升设施建设工程：加强重点旅游景区（点）基础设施和公共服务设施建设，100个重点旅游景区（点）的公共服务能力得到普遍提升。

红色旅游重点景区二期建设工程：开发建设闽浙皖赣革命根据地、东固革命根据地、98抗洪精神教育基地、南方红军三年游击战、秋收起义等红色旅游经典景区。

地方文化旅游建设工程：以赣鄱文化为中心，以各地方历史文化、民俗风情为主要内容，建设一批充分体现各地方文化的旅游基础设施和公共服务设施。

文化创意产业工程：推进景德镇陶瓷文化创意产业服务创新示范区建设，打造景德镇陶瓷艺术创意基地、南昌综合型创意产业基地及传统书画艺术基地、共青城奥特莱斯现代服务产业基地、赣州民间工艺创意基地、萍乡网络游戏与动漫基地、抚州传统工艺基地和油画艺术创意产业园、《牡丹亭》影视创意基地，使我省成为全国乃至全球文化创意产业重要的产品原创基地、企业孵化基地、人才培养基地、国内外文化创意和服务外包转移的重要承接地。

物联网建设工程：加快建设现代物流公共信息平台，构建物联网应用基础框架，开展物联网应用技术研发，争取在无线传感网络（WSN）、无线射频识别（即电子标签，RFID）和应用支撑平台（中间件）等关键技术方面达到国内先进水平，积极参与相关国家标准的制定，在智能水利、智能交通、绿色农业、生态感知、能源感知、环境保护、生态旅游、智慧医疗、公共安全等领域实施物联网应用示范工程。

物流服务大通道建设工程：以区域性中心城市为中心，实施一批物流中心、物流园项目，形成赣北（南昌、九江）、赣东北（上饶、景德镇）、赣东南（鹰潭、抚州）、赣中南（赣州、吉安）、赣西（新余、宜春、萍乡）五大物流服务大通道，构建支撑中部地区物流发展、服务全国的现代物流体系。

第四篇 加速推进城镇化 统筹区域协调发展

实施城镇化和主体功能区战略，统筹城乡规划、产业布局、基础设施和公共服务，逐步形成区域经济优势互补、主体功能定位清晰、国土空间高效利用、人与自然和谐相处的区域发展格局。

第一章 推进形成主体功能区

按照经济合理布局的要求，根据不同区域资源环境承载能力，明确开发方向，完善开发政策，规范开发秩序，控制开发强度，优化国土空间开发格局，促进人口、经济与资源环境相协调。

第一节 优化国土空间开发格局

统筹谋划人口分布、经济布局、国土利用和城镇化格局，引导人口、经济向适宜开发区域集聚，保护农业和生态发展空间，构建高效、协调、可持续的国土空间开发格局。对资源承载能力较强、集聚人口和经济条件较好的城市化地区，实行重点开发。对影响全局生态安全的重点生态功能区和发展农业条件好的农产品主产区，限制大规模、高强度的工业化城镇化开发。对依法设立的各级各类自然文化资源保护区和其他需要特殊保护的区域，依法禁止开发。

第二节 实施分类管理的区域政策

按照区域主体功能定位，配套完善财政、投资、产业、土地、环境等政策。逐年加大对重点生态功能区的均衡性转移支付力度，增强基本公共服务和生态环境保护能力。实行按主体功能区安排与按领域安排相结合的政府投资政策，按主体功能区安排的投资主要用于支持重点生态功能区和农产品主产区的发展，按领域安排的投资要符合各区域的主体功能定位和发展方向。修改完善现行产业指导目录，明确不同主体功能区的鼓励、限制和禁止类产业。实行差别化的土地管理政策，科学确定各类用地规模，严格土地用途管制。对不同主体功能区实行不同的污染物排放总量控制和环境标准。

第三节 完善评价考核办法

研究制定各类主体功能区开发强度、环境容量等约束性指标并分解落实。开展市县空间规划试点。建立覆盖全省、统一协调、更新及时的国土空间动态监测管理系统。按照不同区域的主体功能定位，实行各有侧重的绩效考核。对重点开发的城市化地区，综合评价经济增长、产业结构、质量效益、节能减排、环境保护和吸纳人口等。对限制开发的农产品主产区和重点生态功能区，分别实行农业发展优先和生态保护优先的绩效评价，不考核生产总值、工业等指标。对禁止开发的自然文化资源保护区，全面评价自然文化资源原真性和完整性保护情况。

第二章 促进区域协调发展

按照统筹规划、合理布局、完善功能、以大带小的原则，优化城市布局，完善城镇体系，形成以点带轴、以轴促面的城镇集群发展格局。

第一节 培育壮大城市群

以鄱阳湖为核心，以沪昆和京九线为主轴，密切中心城市和沿线城镇之间的联系与协作，加快发展鄱阳湖生态城市群，着力培育以信江河谷城镇群、赣西城镇群为重点的沿沪昆线城镇密集带和以吉泰城镇群、赣南城镇群为重点的沿京九线城镇密集带。

鄱阳湖生态城市群。以南昌为核心，以九江、景德镇、鹰潭、新余和抚州等中心城市为重要节点，强化中心城市、特别是南昌的集聚和辐射功能，建设南昌鄱阳湖生态经济区先导区，加快昌九工业走廊发展，构建南昌一小时经济圈，形成城市功能互补、空间布局优化、产业配套协作、内部联系紧密的鄱阳湖生态城市群。

信江河谷城镇群。以上饶中心城区为核心，以信江河谷重点县城为支撑，逐步形成信江河谷城镇群。

赣西城镇群。以新余、宜春、萍乡为复合中心，以城市间重点县城为节点，构建赣西城镇群。

赣南城镇群。以赣州中心城区为核心，以瑞金、龙南为节点，加快章贡、赣县、南康一体化进程，构建赣南城镇群。

吉泰城镇群。以吉安中心城区为核心，以泰和、吉水为两翼，以吉泰走廊为轴线，构建吉泰城镇群。

建立健全跨行政区划协调机制，加快城市群的规划、市场、产业、基础设施、公共服务、社会管理一体化进程，推动金融、通信和交通同城化，促进城市群功能互补和产业协作，实现大中小城市和小城镇协调发展。

第二节 提升中心城市辐射能力

以加快产业集群和人口集聚为重点，做大做强中心城市，提高要素集聚、科技创新、文化引领和综合服务功能，加快建设南昌超大城市，积极培育九江、赣州、上饶特大城市，全面建成景德镇、萍乡、新余、鹰潭、宜春、吉安、抚州大城市。

南昌：全面建设更高水平的现代区域经济中心城市和现代文明花园英雄城市，打造鄱阳湖生态经济区核心增长极、全国性综合交通枢纽、区域性现代服务业中心城市、全国低碳经济发展示范城市。

九江：发挥通江达海的区位优势，加快南昌九江一体化进程，建设赣北区域中心城市、长江中下游及京九沿线综合交通枢纽和著名的工业、商贸、港口与旅游城市。

景德镇：建设世界瓷都、中国直升机研发生产基地、国家重要的高新技术产业基地和文化生态旅游城市，打造赣东北中心城市。

鹰潭：加快融入南昌一小时经济圈，建设绿色世界铜都、中国丹霞·道教文化旅游城市、全国区域性物流节点城市。

新余:建设国家新能源科技城,加快融入南昌一小时经济圈,打造全省循环经济示范基地、统筹城乡发展先行区,建设国家光伏产业基地、金属材料高新技术特色产业基地和动力与储能电池产业基地。

抚州:加快南昌抚州一体化进程,主动融入海西经济区,打造南昌和闽台地区后花园,建设优质农产品生产加工集散区、新型能源开发利用试验区、临川文化生态旅游观光休闲区。

上饶:全面对接长三角、海西经济区,建设光伏和锂电池新能源基地、有色金属工业基地、全国光学产业基地、新能源汽车基地,打造全国旅游强市和赣浙闽皖四省交界区域中心城市。

宜春:打造区域性综合交通枢纽,建设全省低碳产业示范基地、国家锂电新能源产业基地、中国宜居城市、全国知名养生休闲度假胜地。

萍乡:全面对接长株潭城市群,打造全国资源型城市转型的示范区、全省重要的新型工业化城市、以旅游商贸文化为重点的消费型城市、湘赣边际重要的区域中心城市。

吉安:建设全省重要的绿色农产品基地和能源基地、国家级电子信息产业基地、国际知名的旅游观光休闲基地,打造区域性综合交通枢纽、赣中区域性中心城市。

赣州:全面对接珠三角、海西经济区,打造全国重要的钨产业、稀土产业战略基地和世界最大的优质脐橙生产基地,建设省域次中心城市、赣粤闽湘四省通衢的特大型、区域性、现代化中心城市和区域性综合交通枢纽。

第三节 推动县域经济超常规发展

把发展县域经济作为统筹城乡、加快崛起的重要抓手,促进县域发挥各自优势,壮大经济实力,实现跨越发展,有条件的县市要加快向“全国百强县市”、“中部二十强县市”目标迈进。强化县城的中心聚集能力,完善市政功能,促进人口集聚,逐步形成一批规模适度、设施配套、经济发展、环境优美、各具特色的新型中小城市。因地制宜地发展特色“块状经济”,提升县域产业竞争力。创新融资手段,鼓励和引导各类资金加大对县域发展的投入。大力实施示范镇建设工程,充分发挥其对全省小城镇建设的引领、带动作用。进一步扩大县、乡两级的经济管理权限,增强经济发展活力、行政协调能力和城乡统筹实力。

第四节 扶持革命老区、民族地区和贫困地区发展

加强基础设施建设,强化生态保护和修复,提高公共服务水平,切实改善生产生活条件。制定实施扶持革命老区发展的政策措施,实施中央苏区振兴战略,支持中央苏区县连片开发。贯彻落实扶持民族地区发展的政策。实施集中连片特殊困难地区开发攻坚工程,大幅度减少绝对贫困人口。对老少穷地区中央安排的公益性建设项目,逐步减少或取消市县两级配套资金。

第三章 有序推进城镇化

加快产业和人口集聚,创新城镇化管理模式和体制机制,提高城镇建设和管理水平,促进城镇健康发展。

第一节　加快人口集聚

积极稳妥推进全省户籍制度改革，坚持因地制宜、分步推进，放宽大中小城市和城镇落户条件，建立城乡统一的户口登记管理制度，加快农民工市民化进程，把有稳定劳动关系并在城镇居住一定年限的农民工及其家属逐步转为城镇居民，优先解决举家迁徙农民工以及新生代农民工的落户问题，鼓励各地根据实际探索相关政策和办法。对暂时不具备落户条件的农民工，要改善公共服务，加强权益保护。坚持以流入地全日制公办中小学为主，保障进城务工人员随迁子女平等接受义务教育。将与企业建立稳定劳动关系的农民工纳入城镇职工基本养老和医疗保险。增加对农民工技能培训和再就业服务。多渠道多形式改善农民工居住条件，鼓励将符合条件的农民工纳入城镇住房保障体系。

第二节　提高承载能力

完善城市功能和公共设施体系，提升城市品位，优化人居环境。加强城镇基础设施建设，完善城镇公共服务体系，增强城镇综合承载能力。推动产业和城市融合发展，统筹规划工业园区、商贸园区、居民社区和中小学校，增强特色产业和人口集聚能力。坚持公交优先，解决城市交通拥堵问题。优化城市空间结构，探索行政区划体制创新，有序拓展城镇框架，合理确定人口规模，把握开发节奏、时序和强度，综合治理城市病。

第三节　加强城镇管理

创新城市管理体制，坚持事、责、权、利相统一，推动城市管理重心向街道（镇）、社区下移，向新城区延伸，逐步完善统一领导、分级负责、条块结合、以块为主的城市管理体制。注重以人为本、节地节能、生态环保、安全实用、突出特色、适度超前，科学编制城市规划，强化规划约束力。推进园林城市、生态城市、森林城市创建，加强城镇历史文化保护，提升城市品位和形象。把旧城改造与新城

专栏7　城镇化重点工程

百城供水工程：新建、扩建、改造取水、净水设施和输水管网，在中心城市和人口较多的县城建设应急备用水源工程。5年新增供水生产能力240万吨/日，扩建和改造供水管网3200公里。

城镇电（光）缆下地工程：逐步将设区城市主干道电（光）缆全部移入地下，新建道路电（光）缆设施全部入地建设，美化市容市貌，改善城市景观，提升城市品位。

城市道路通达工程：重点建设设区市中心城区出城通道、新建和改造连接功能片区主干道路、打通断头道路，道路面积2500万平方米以上。实施公交优先战略，设立公交专用道，增设公交车站，提高公交出行比重，改善城市通勤能力。

城市燃气工程：5年新增设市城市和县城供气能力180万立方米/日，扩建和改造管网2800公里。

城镇排水管网工程：5年新建改建排水管网2100公里，新建雨水管网900公里。

示范镇建设工程：重点推进进贤县李渡镇等26个示范镇和8个民族乡圩镇建设，加大政策扶持，发挥引领示范作用。

数字城市建设工程：建成统一、权威、标准的城市地理信息公共服务平台，实现地理信息与城市经济社会、自然资源和人文历史的互通互联与整合集成应用，为城市各部门提供在线地理信息服务。

南昌轨道交通工程：1号线工程全长28.325公里，设地下车站23座；2号线工程全长23.3公里，设地下车站20座。

城市防震减灾工程：开展对南昌、赣州、九江等大中城市地震活动断层探察和地震应急避难场所的建设。

城市人民防空工程：5年新增地下人防工程550万平方米，重点抓好城市地下停车场、地下人行过街道建设，缓解大中城市交通拥堵问题。

建设结合起来，加快城市棚户区、危旧房、“城中村”和城乡结合部改造。建立和完善数字化城市管理模式，健全动态监测、及时发现、快速处置机制，提高城市信息化、精细化、长效化管理水平。加强城市交通建设和管理，增强城市防灾减灾能力。

第五篇 加强基础设施建设 提高发展保障能力

坚持统筹布局、适度超前、安全环保、集约用地，加快推进以“两核两控”①为重点的基础设施建设，提高网络化和现代化水平，不断增强基础设施对经济社会发展的保障能力。

第一章 建设全国重要综合交通枢纽

适应高速公路时代、高速铁路时代、高速航空时代的要求，以提高路网密度、提升线路等级为重点，推进陆、水、空各种交通方式一体化协调发展，构建安全畅通、便捷高效的综合交通运输体系。

第一节 提升公路网络功能

加快高速公路网建设，实施新增2000公里高速公路工程和高速公路扩容扩建工程，构建以“三纵四横”②为主骨架，五条环线、两条联络线、十八条地方加密线组成的高速公路网。实施4000公里国省道改造工程，国省道干线公路基本达到二级以上标准，完善提升“十纵十横”③干线公路网，建立健全公路应急保障体系。因地制宜推进城区主通道及出城通道、中心城市轨道交通、城市组团快速通道、大运量地面公交系统建设。加强旅游公路建设，规划并实施环鄱阳湖道路建设工程。在行政村实现通水泥（油）路的基础上，进一步提高农村公路通达深度和通畅水平，扩大覆盖面。到2015年，实现公路总里程突破18万公里，高速公路通车里程超过5000公里，基本实现县县通高速，形成省会到设区市4小时、到周边省会城市6至8小时的快速通道。

第二节 加快铁路网建设

完善联港出海、连接东西、贯通南北、安全便捷的铁路通道网络。重点建设客运专线、城际铁路和重要站场，加快建设干线铁路电气化改造和支专线，形成对接长三角、珠三角、海峡西岸、武汉都

---

① 两核两控：“两核”指彭泽核电站、万安核电站；“两控”指鄱阳湖水利枢纽工程、峡江水利枢纽工程。

② “三纵四横”主骨架公路网：“三纵”指济广、福银、大广三条高速公路的江西段；“四横”指杭瑞、沪昆、泉南、厦蓉四条高速公路的江西段。

③ “十纵十横”干线公路网：“十纵”指婺源—广丰、浮梁—乐平—铅山、景德镇—鹰潭—瑞金—寻乌、鄱阳—抚州—瑞金、九江—南昌—吉安—赣州—龙南、虬津—南昌—抚州—资溪、武宁—高安—广昌、靖安—新余—永丰—安远、修水—宜春—永新、上栗—萍乡—永新—大余十条南北走向公路；“十横”指德兴—景德镇—九江—修水、德兴—南昌—铜鼓、玉山—上饶—鹰潭—南昌—宜春—湘东、南城—抚州—新余—湘东、黎川—乐安—吉安—莲花、广昌—永丰—吉安—井冈山、石城—兴国—井冈山、瑞金—赣州—大余、会昌—信丰、寻乌—全南十条东西走向公路。

市圈、长株潭城市群、皖江经济带的快速通道，构建便捷、大能力出海通道，逐步完善“五纵五横”①铁路网。到2015年，铁路营运里程超过5000公里，高速铁路超过2000公里，基本实现县县通铁路，形成省会到各设区市2小时、到周边省会城市3小时、进京5小时的快速通道。

第三节　增强航空综合功能

逐步形成以南昌国际航空港为龙头的“一干七支”②机场布局，建成宜春明月山机场和上饶三清山机场，扩建井冈山机场和赣州机场，改造九江马回岭机场，积极推进赣东南机场的前期工作。加快机场配套保障能力建设，探索建立航空应急救援、航空旅游、工农业生产等多元服务的通用航空作业体系。依托南昌昌北国际机场，建设航空产业园。

第四节　提高港航通行能力

实施长江干流九江段、鄱阳湖、赣江、信江500公里高等级航道整治工程，提高航道技术等级，改善通航条件。建设九江、南昌港口枢纽及五河干流重要港口，完善重要港口疏港通道和其他配套设施，形成联系紧密、运行高效、通江达海的内河运输体系。到2015年，III级9以上航道达到790公里，高等级航道达标率74%，港口货物吞吐能力达到2亿吨，集装箱吞吐能力60万标箱。推进赣粤运河前期研究，加快九江港和南昌港一体化进程。

第五节　促进综合运输服务一体化

推进客运“零距离”换乘、货物“无缝化”对接，实现城际和城市公交运输方式一体化衔接，建设布局合理、内外畅通、功能完善、衔接高效的综合交通枢纽，增强枢纽对客流、货流的吸纳能力和对

专栏8　交通建设重点工程

铁路：建成杭长客专、合福客专、昌吉赣客专、武九客专、向莆铁路、九景衢铁路、鹰梅铁路、衡茶吉铁路、赣韶铁路、皖赣铁路新双线、六安至景德镇铁路、九江至池州城际铁路、皖赣铁路电气化改造和赣龙铁路扩能改造等工程。开工建设赣州至深圳客专、合九客专、咸宁至宜春至井冈山铁路、宜丰至新余至吉安铁路、井冈山至赣州铁路、衡茶吉铁路东延工程等，做好岳阳至九江铁路前期规划研究工作。

公路：建成南昌至德兴、永修至武宁、南昌至奉新、上饶至武夷山、瑞金至寻乌、隘岭至瑞金、赣州至崇义、吉安至莲花、龙南至赣粤界、九江长江公路大桥、良禾口（赣皖界）至桃墅岭、奉新至铜鼓、德兴至上饶、厦坪至睦村、寻乌至全南、抚州至吉安、广昌至船顶隘、九江绕城、都昌（经星子）至昌九高速、资溪（经金溪）至抚州、南昌南外环、莲花至萍乡、吉安绕城、兴国至赣县、万载至宜春、昌樟和昌九高速扩建等工程。

水运：建成赣江石虎塘航电枢纽、赣江（南昌～湖口）II级航道整治工程、赣江（石虎塘～神岗山）III级航道整治工程、信江渠化航道整治工程；建设赣江永泰航电枢纽、信江八字嘴航运枢纽。九江港重点建设城西港区、湖口港区。南昌港重点建设国际集装箱码头扩能工程、龙头岗综合码头、樵舍港区、昌东港区。

民航：建成宜春明月山机场（4C级）、上饶三清山机场（4C级）支线机场，扩建井冈山机场和赣州机场，改造九江马回岭机场，推进新建赣东南机场的前期工作，研究一批通用机场。

重要枢纽：建设南昌综合交通枢纽，建成南昌、九江、赣州、吉安、宜春、新余国家级公路枢纽工程，建设南昌港口综合交通物流园，建设南昌、鹰潭、九江、赣州、景德镇和上饶等铁路枢纽工程。

---

① “五纵五横”铁路网：“五纵”指京九、咸宁—宜春（新余）—井冈山（吉安）—赣州、阜阳—景德镇—鹰潭—汕头、向莆、合福五条南北走向铁路的江西段；“五横”指沪昆、武汉—九江—南京、九江—景德镇—衢州、衡阳—井冈山—南城—武夷山、韶关—赣州—龙岩五条东西走向铁路的江西段。

② “一干七支”机场布局：“一干”指南昌昌北国际机场；“七支”指景德镇、九江、赣州、井冈山、宜春、上饶和赣东南七个支线机场。

周边地区的辐射能力。加快大型厂矿企业、工业园区、物流园区的联络线建设。积极推广应用先进装备技术，提高交通运输信息化水平。优化运输组织，创新服务方式，加强安全管理，保障运输安全。

第二章　增强能源支撑能力

坚持适度超前、因地制宜、以电为主、多能互补，统筹利用省内外资源，增强能源供应能力，加快能源结构调整，构建安全、稳定、经济、清洁的现代能源产业体系。

第一节　优化发展传统能源

推进常规火电“上大压小”工程，淘汰和改造低效率、高能耗、高排放的现役机组，建设一批高效环保机组，优化火电结构和布局。高效开发利用水电资源，促进小水电健康有序发展。加大省内煤炭资源勘查开采力度，鼓励省内企业到省外、境外勘察开发煤炭资源，建设储配煤基地和煤炭运输通道，有效保障煤炭供应。有计划、有重点建设热电联产和分布式能源。到2015年，全省统调电力装机容量达到2000万千瓦，电力供应能力力争达到3000万千瓦。

第二节　积极发展新能源

加快推进核电建设，基本完成彭泽帽子山核电站一期工程，配套建设洪屏抽水蓄能电站，积极开展万安核电站前期工作，力争“十二五”后期开工建设。大力发展风电，重点开发鄱阳湖区域风能资源，积极发掘九岭山、武功山等高山风电场潜力。适度发展太阳能发电，多元化利用生物质能，因地制宜发展农村能源，积极开发地热能。到2015年，核电装机容量达到250万千瓦、风电装机容量达到80万千瓦、太阳能发电装机容量达到15万千瓦。

专栏9　能源建设重大工程

火电：建成景德镇电厂1×60万千瓦级机组、九江电厂四期1×60万千瓦级机组、贵溪电厂三期1×60万千瓦级机组、安源电厂2×60万千瓦级机组等一批上大压小火电项目，力争新开工常规火电600万千瓦。

核电：建设彭泽帽子山核电站一期工程2×125万千瓦机组，力争开工万安烟家山核电站一期工程2×125万千瓦机组。

水电：建成峡江水电站4×9万千瓦机组、洪屏抽水蓄能电站4×30万千瓦机组、石虎塘水电6×2万千瓦机组和井冈山水电13.8万千瓦机组等水电项目。

电网：建成上高锦江等500千伏变电站7座，扩建梦山等500千伏变电站4座；建成井冈山茨坪等220千伏变电站62座、开关站2座；扩建王舍等220千伏变电站25座。

石油管道：建设兰郑长成品油管道江西支线，樟树—抚州—鹰潭—上饶和樟树—吉安—赣州成品油管道。

分布式电站和热电联产项目：建设九江城东港区等一批分布式能源站项目，建设新干、樟树盐化工基地及南昌和上饶等一批热电联产机组。

天然气管道：建设省天然气管网一期工程支线项目和省天然气管网二期工程，建成辐射所有设区市中心城区的省内城际输气管道及沿线县城供气管道，配套建设天然气储备设施及压缩天然气(CNG)加气母站。

新能源：建成老爷庙4.95万千瓦机组以及皂湖、吉山、蒋公岭和九岭山等一批环鄱阳湖区域和高山风场，建设一批绿色能源示范县。

煤炭：开工建设新余市花鼓山矿区梅山南西井、萍乡矿区白源北井、莲花矿区小江井、丰城矿区泉港—南神岭井。建设九江、南昌、萍乡储配煤基地。

第三节　完善能源输送网络

加快建设特高压电网，完善500千伏电网主网架，扩大220千伏电网覆盖面，推动新一轮农网改造升级。加快与川气东送、西气东输二线配套的1000公里省天然气管道建设，建成辐射设区市中心城区的城际输气管道及沿线县城供气管道，配套建设天然气储备设施、压缩天然气（CNG）加气母站。提高成品油管道运输能力，完善成品油管道运输工程及配套设施。到2015年，建成覆盖全省的以特高压及500千伏电网为主网架、各级电网协调发展的坚强智能电网，城市天然气管网覆盖率达到60%，力争实现设区市中心城区成品油管道全覆盖。

第三章　强化水利安全保障

统筹兼顾防洪与抗旱、生产与生活、开发与保护、当前与长远，把水利作为基础设施建设的优先领域，建立水利投入稳定增长机制，实行最严格的水资源管理制度，突出加强薄弱环节建设，大力发展民生水利，加快构建调控有力、配置合理的现代化水利保障体系，确保防洪安全、饮水安全、粮食安全和生态安全。

第一节　健全防洪减灾体系

抓紧建设一批流域防洪控制性水利枢纽工程，不断提高调蓄洪水能力，力争开工建设鄱阳湖水利枢纽工程，建成峡江水利枢纽工程，新建浯溪口等一批大中型水库。完成规划内病险水库、大中型病险水闸除险加固，加快小型病险水库除险加固步伐，尽快消除水库安全隐患。提高鄱阳湖和“五河”主要圩堤防洪能力，基本完成重点中小河流和江河主要支流重要河段治理，实施万亩以上堤防达标工程。加强城镇防洪排涝设施建设，提高设防中心城镇防洪能力。推进蓄滞洪区安全建设，实施五河尾闾疏浚、大中型灌区续建配套、抗旱水源和节水改造工程，加快大中型排涝泵站建设和改造。加强防洪抗旱非工程措施建设，建立洪水风险管理体系，加强水文测站建设，完善防汛抗旱指挥系统和洪水预警预报系统，全面完成山洪灾害易发地区预警预报系统建设。

第二节　优化水资源配置

逐步建立用水总量控制制度和用水效率控制制度，强化水资源统一调度，保障生活、生产和生态环境用水安全。加强城乡水资源统一管理，对城乡供水、水资源综合利用、水环境治理和防洪排涝等实行统筹规划、协调实施，促进水资源优化配置。加强水源工程建设，提高水资源时空调控能力，加快推进灌区续建配套与节水改造、中心城市应急水源和缺水地区中型水库水源工程，开工建设新余白梅等骨干水源工程。建设重点区域人工影响天气作业基地，显著提高雨水、洪水等非常规水源利用，开展雨水集蓄利用工程建设。基本建成水资源合理配置和高效利用体系，到2015年，新增总供水能力约35亿立方米。

专栏 10 水利建设重大工程

重大水利枢纽工程:积极推进鄱阳湖水利枢纽工程进程,工程集生态环境保护、水资源综合利用、水利血防等效益于一体,以“调枯不控洪”的方式实现对鄱阳湖枯期水位的控制,以达到湖区灌溉、供水、生态环境保护、航运、水利血防、旅游、水景观等工程建设效益。建成峡江水利枢纽工程,工程以防洪、发电为主,兼有航运、灌溉、养殖等功能,水库总库容 11.87 亿 m^3,防洪库容 6.0 亿 m^3;电站装机容量 360MW;灌区控灌面积 32.95 万亩。建成浯溪口水利枢纽工程,工程以防洪为主,兼顾供水、发电等,防洪库容 2.96 亿 m^3,总库容 4.27 亿 m^3;电站装机容量 30MW。

防洪减灾工程:实施万公里标准堤防和蓄滞洪区建设,实施鄱阳湖和“五河”重点河段防洪整治工程、五河尾闾疏浚工程以及纳入全国规划的 222 条中小河流治理工程,完善城镇防洪体系。

大型灌区续建配套与节水改造工程:续建廖坊灌区,改造赣抚平原灌区、潦河灌区、柘林灌区、袁惠渠灌区、南车灌区、锦北灌区、七一灌区、鄱湖灌区、丰东灌区、袁北灌区、章江灌区、饶丰灌区、白云山灌区、貊皮岭灌区、万安灌区、药湖灌区、东谷灌区、共库灌区,改善灌溉面积 191.11 万亩,新增节水灌溉面积 311.2 万亩。

病险水库、水闸除险加固工程:全面完成国家规划内 666 座小(1)型病险水库、省规划内 6000 座小(2)型病险水库应急工程,实施国家规划内 141 座大中型病险水闸除险加固工程,使其防洪标准和工程安全状况达到国家标准,实现水库、水闸安全运行。

气象防灾减灾综合保障工程:建设全省气象灾害监测预警与应急响应系统、省市县三级公共气象服务网络,气象信息覆盖率在 95% 以上,公众满意率在 90% 以上,气象灾害损失占 GDP 的比例下降到 3% 以下。建设气候变化综合观测网、鄱阳湖气候与生态遥感监测中心、气候变化监测评估中心。建设赣州飞机人工增雨作业基地、3 个人工增雨重点作业区。对 93 个基层气象台站探测环境和基础设施进行改造。

第四章 健全信息通信网络

突破区域、部门、行业界限,合理布局传输通道,整合资源,加快信息通信基础网络建设,加强信息通信安全保障,大力推进电子政务、电子商务和物联网的发展,推动经济社会信息化。

第一节 加强通信基础设施建设

加快建设新一代移动通信网、下一代互联网和数字广播电视网,形成超高速、大容量、高智能国家干线传输网络。部署光纤宽带网络建设,推进宽带信息网“最后一公里”和宽带互联网建设,加快有线电视广播网络数字化整体转换和双向化改造,大力推进光纤入户。重点实施鄱阳湖生态经济区智慧工程、政务网“乡乡通”、“信息通信村村通”和“信息下乡”等工程。完善邮政基础设施,实施“村邮户箱”工程,实现全省乡镇邮政服务网点全覆盖。加快推进电信网、广播电视网和互联网“三网”融合。加快应急广播体系建设。

第二节 提高经济社会信息化水平

加快建设重点领域、重点单位公共信息资源库和业务系统,有序推进金字系列信息系统建设,加快党委系统信息化建设,构建全省涉密电子政务内网平台。完善网络行政审批、信息公开、网上信访、电子监察和审计体系。积极推进电子商务基础平台及服务系统建设,建立“信用江西”企业及个人信用认证系统,加强数字认证(CA)系统应用,保障电子商务安全。完善网上一体化支付平台,畅通交易渠道。大力实施农村信息化工程,加强农村综合信息服务平台建设,促进信息通信网络向农村延伸,完善农村信息服务站(点)建设,提高农情、农资、市场信息和灾情预报服务水平。稳步推进全省物联网发展和应用,建设物联网应用示范工程。开展地理省情监测服务。

第三节 保障网络与信息安全

健全网络与信息安全法律法规,完善信息安全标准体系和认证认可体系,实施通信网络和信息系统安全等级保护、风险评估等制度。强化信息安全监控,开展安全可控关键软硬件应用试点示范和推广,加强网络与信息安全基础设施、安全应急体系和应急技术手段建设,保障信息通信基础网络和重点信息系统安全。

专栏 11 信息化建设重大工程

社会保障一卡通工程:以省政务信息网为平台,以金保工程二期为基础,以"一卡通"为目标,按照"部门职能不变、上下左右兼容、政府补贴进卡、全省乡镇通用"的总体要求,推进财政、卫生、民政、社保等领域跨区域信息共享、协同办理和有效衔接,实现全省参保人员"人手一卡、一卡多用、全国通用"。

全省自然资源和地理空间基础信息库工程:以省政务信息网为依托,有效整合、充分利用我省各种自然资源和地理空间基础信息,采用一个主中心、多个分中心,分布式与集中式相结合模式建设,实现为党政领导、管理部门、企业和社会公众提供科学决策、应急指挥、经济调节、市场监管、社会管理、公共服务、资源环境监察等信息服务。

全省公共资源交易系统工程:以省政务信息网为依托,按照统一交易流程、统一交易软件、集中进场交易、共享评标专家、全程电子监察的原则,开发标准统一、功能完备、技术先进、安全高效的全省公共资源交易系统,承载各级政务部门的工程招标、政府采购、土地出让、产权交易等业务。为企业和社会提供在线申请、在线咨询、结果反馈、政策查询等高效、便捷、安全公共服务。

鄱阳湖生态经济区智慧工程:以 3G、宽带网为基础,以物联网、云计算等平台为依托,推广 40 余项智能化应用,为鄱阳湖生态经济区构建生态环保、交通运输、低碳产业、社会运行四大智能化体系,辐射带动 11 个设区市和共青城共 12 个无线化、数字化、信息化、智能化的"智慧城市群"建设。

第三代移动通信网络(3G)建设工程:推进 3G 网络建设,全面提升 3G 网络质量,加快 3G 的演进升级,实现 3G 网络覆盖至所有行政村。

光纤宽带网络建设工程:以光纤宽带为重点,加快信息网络的宽带化升级,基本实现城市光纤到楼入户,农村光纤到行政村。

通信传输骨干网建设工程:新建南昌至杭州、至合肥、至广州,赣州至厦门 4 个波分复用传输系统;扩容南昌至杭州、至惠州、至武汉、至福州、至长沙、至合肥、至深圳、至九江,九江至芜湖 9 个波分复用传输系统;新建萍乡至长沙、赣州至厦门 2 条光缆传输线路。

第六篇 促进经济生态融合 提升生态文明水平

牢固树立绿色、低碳发展理念,促进经济与生态相融合、人与自然相协调,加快建设资源节约型、环境友好型社会。

第一章 提升生态保障水平

以保护优先和自然修复为主,充分利用山、水、林、湿地等生态要素,有效组合各种自然资源和绿色空间,构建城乡一体化、点线面结合、和谐优美的生态环境体系。

第一节 建设生态屏障

深入推进造林绿化“一大四小”①工程，实施退耕还林、生态公益林及天然阔叶林保护、防护林体系建设、易灾地区生物措施治理等重大工程。改善林分结构，提高森林质量，明显提升森林涵养水源、保持水土、防风固沙、释氧固碳能力。强化江河源头区、水源涵养区、饮用水源区、防风固沙区、水土保持区和渔业水域等重要生态功能区的保护和建设，突出抓好易灾地区生态环境综合治理，依法保护各级自然保护区、风景名胜区、森林公园、湿地公园、自然文化遗产地、地质公园，形成点面结合、功能互补的各类生态区域。

第二节 加强生态治理

以鄱阳湖湿地为核心，以国家级、省级湿地保护区和湿地公园为重点，采取自然修复与工程治理相结合的方式，加强湿地生态系统的保护和恢复。继续实施山江湖工程，推进可持续发展实验区建设。统筹鄱阳湖流域上下游、干支流的生态建设和环境保护，开展生态补偿试点，实施长江暨鄱阳湖流域源头水资源保护工程，控制水库水体养殖污染，切实保护“一湖清水”。开展乡村河堤治理、丘陵山区地质灾害隐患点治理、以流域为单元的生态综合治理，实施生态移民搬迁工程、地质灾害避灾搬迁工程和矿山地质环境治理恢复工程。搞好森林资源管护，加强森林防火和有害生物防治。强化自然保护区监管，加大生物物种资源保护和管理力度，加强生物安全管理。

专栏 12 生态文明建设重大工程

鄱阳湖流域生态环境保护工程：重点实施长江暨鄱阳湖源头水资源生态保护工程、五河源头综合治理工程、鄱阳湖流域造林绿化“一大四小”工程、湿地保护与恢复工程、水土保持生态建设工程、鄱阳湖流域水源涵养林建设与保护工程、鄱阳湖流域工业污染源和农业面源污染控制工程。

鄱阳湖湿地保护与恢复工程：重点建设湿地示范保护区、湿地保护区，建设湿地公园，恢复湿地植被 50 万亩以上，治理五河入湖口湿地 30 万亩。

鄱阳湖流域气象灾害应急示范工程：增设 11 部 X 波段移动天气雷达和 4210 个六要素自动站。升级气象信息网络系统，建立和完善中尺度数值预报、短时临近预报等业务系统。建设 1 个应急指挥中心，11 个分中心。提升分行业、分灾种气象灾害应急保障能力，减缓对资源、环境、生态的压力。

山江湖工程：开展鄱阳湖第二次综合科学考察，建设鄱阳湖国家重点实验室及鄱阳湖低碳技术研究院，建设鄱阳湖流域天地一体化的环境动态监测体系及“数字鄱阳湖”，着力打造 15 个山江湖可持续发展实验区及 5 个国家级可持续发展实验区，建成 50 个山江湖试验示范基地。

小流域综合治理工程：采取生物和工程措施相结合，综合治理 500 个小流域，治理崩岗 9500 座（处），治理坡耕地 330 平方公里，共治理水土流失面积 1 万平方公里。

地质灾害防治工程：加强威胁 30 人以上的重要地质灾害隐患点的防治，治理 742 处重要地质灾害隐患点，并对其中 558 处重要地质灾害隐患点威胁的 66200 人实施移民搬迁。

矿区地质环境治理和生态恢复工程：治理 5000 口废弃矿井，治理 54 处矿山地质环境重点区域，开展萍乡、赣州等矿区生态修复及废弃资源综合利用。

生态移民工程：将居住在生存条件恶劣、受自然灾害威胁及生活极其贫困的深山区、库区、地质灾害区及自然保护区的人口实施搬迁工程，建设移民住房 5 万户、建筑面积 500 万平方米。

种质资源库建设工程：收集保存江西和长江中下游地区有代表性与典型性的种质资源，以植物为主，兼顾生物种质资源，为野生生物种质资源的保护、研究、开发及合理利用提供技术支撑和决策依据。

---

① “一大四小”工程：“一大”指的是到 2010 年全省森林覆盖率达到 63%；“四小”指的是县城和市府所在地的绿化，乡镇政府所在地的绿化，农村自然村的绿化，基础设施、工业园区和矿山裸露地的绿化。

第二章　大力发展循环经济

按照减量化、再利用、资源化原则，以提高资源产出效率为目标，加强政策引导和协调管理，构建覆盖全社会的资源循环利用体系。

第一节　创建循环型生产方式

以冶金、化工、建材、造纸、印染、制药等行业为重点，推进清洁生产，开发应用源头减量、循环利用、再制造、零排放和产业链接技术，加强共伴生矿及尾矿综合利用。积极创建生态工业园区和循环经济工业园区，优化企业结构和布局，鼓励企业间通过资源共享、废弃物利用等途径发展循环经济，实现废物交换利用、能量梯级利用、废水循环利用和污染物集中处理。推进建筑、道路和农林等废弃物资源化利用，鼓励农业立体种植、养殖，大力推广生态养殖模式和轮作复种、间套作等耕作方式，支持林纸一体化生产。

第二节　倡导绿色消费模式

鼓励消费者购买使用节能节水产品、节能环保型汽车和节能省地型住宅，减少使用一次性用品，抵制过度包装。推进政府绿色采购，逐步提高节能节水产品和再生利用产品比重。加强宣传教育，强化垃圾分类投放意识与行为，推动形成绿色生活方式和消费模式。实施绿色标识认证制度。

第三节　健全资源回收利用体系

建立健全城市社区和乡村回收站点、分拣中心、集散市场"三位一体"的回收网络，提升再生资源回收规模化水平。加快完善再制造旧件逆向物流回收体系，推进再制造产业发展。建立健全垃圾分类回收制度，合理配置垃圾分类回收设施，完善分类回收、密闭运输、集中处理体系，推进餐厨废弃物等垃圾资源化利用和无害化处理。培育一批可再生资源专业回收、处理、利用企业，促进资源再生利用产业化。

专栏13　循环经济重点工程

资源综合利用：实施粉煤灰、煤矸石、工业副产石膏、建筑废物、公路垃圾等大宗固体废弃物资源化利用工程，支持有色金属、黑色金属、煤炭、石灰石等矿产共伴生矿和尾矿资源综合开发利用，推动秸秆、废弃木料等农林废弃物综合利用，打造一批资源综合利用示范基地。

城市矿产示范基地：推进萍乡、鹰潭、新余、龙南、丰城等一批"城市矿产"示范基地建设，实现废旧金属、废弃电子器件、废纸、废塑料等再生资源的循环、规模和高效利用。

循环化、生态化改造：在重点园区或产业集聚区进行循环化、生态化改造，完善产业配套，延伸产业链。各级各类园区均建成省级生态园区，创建10个以上国家级生态园，分三批建成200个以上省级循环经济示范单位。

再制造产业化：依托现有工业园区、产业基地，建设若干国家和省级再制造产业集聚区，培育一批汽车零部件、电机、照明产品等再制造示范企业，实现再制造的规模化、产业化发展。

餐厨废弃物资源化：率先在南昌、九江、赣州等中心城市建设一批餐厨废弃物资源化利用设施，逐步向其他城市推广，实现餐厨废弃物资源化和无害化处理。

资源循环利用技术示范推广：推进产学研结合，建设若干重大循环经济共性、关键技术专用和成套设备生产、应用示范项目与服务平台，提升循环经济技术水平和支撑能力。

第四节 完善政策技术支持

完善法律法规，加强规划指导、财税金融等政策支持，落实生产者责任延伸制度和再生产品标识制度，建立完善全省循环经济统计评价制度，推进生产、流通、消费各环节循环经济发展。推广循环经济典型模式，促进萍乡、景德镇等资源型城市转型和南昌、新余、九江等老工业基地振兴，推进萍乡市、永修云山经济开发区、江铜集团、华春集团等单位国家循环经济试点建设。

第三章 加大环境保护力度

坚持预防为主、综合治理，以解决危害群众健康和影响可持续发展的突出环境问题为重点，强化污染物减排，防范环境风险，加强环境监管，明显改善环境质量。

第一节 控制污染物排放

实施化学需氧量、氨氮、二氧化硫和氮氧化物总量控制。执行严格的饮用水源地保护制度，继续推进重点流域环境管理和水污染防治，加强对"五河一湖"和东江源头等主要江河湖泊的排污管制，防治地下水污染。大力推进火电、钢铁、有色、建材等行业二氧化硫和氮氧化物治理，强化脱硫脱硝设施稳定运行。推行燃煤电厂脱硝，开展非电行业脱硝示范，防治机动车尾气污染，加强颗粒物污染防治，有效控制城市噪声污染。建立健全区域大气污染联防联控机制，控制区域复合型大气污染和酸雨。继续实施城镇生活污水处理设施和配套管网建设，分阶段集中建设全省工业园区、有条件的特色产业基地、重点企业污水处理设施，大力开展城乡垃圾无害化处理。

第二节 加强环境风险防范

科学划定环境风险重点防控区域。加强重金属污染综合治理，以鄱阳湖流域为重点，开展重金属污染治理与修复试点示范。加大持久性有机物、危险废物、危险化学品污染防治力度。提高核安全管理能力，确保核与辐射安全。推动重大环境隐患治理。加强对重大环境风险源的动态监测与

专栏 14 环境治理重点工程

污水处理设施建设工程：在县县建有城镇生活污水处理设施的基础上，完善污水收集管网，基本实现工业园区都建有达标运行的污水处理设施，城镇生活污水处理率达到85%以上，工业废水实现达标排放。

垃圾处理设施建设工程：推进城乡生活垃圾无害化处理设施建设，完善垃圾收集网络，"五河"和东江源头保护区及鄱阳湖周边乡镇垃圾全部实现无害化处理，城镇生活垃圾无害化处理率达到80%以上。

脱硫脱硝工程：新建燃煤机组全部配套建设脱硫、脱硝装置，现有单机容量30万千瓦及以上的燃煤机组实行脱硝改造，推进非电行业二氧化硫治理和脱硝示范。

重金属污染治理及土壤修复工程：加强铅、汞、镉、铬和类金属砷等重金属污染治理，对重金属排放企业进行清洁生产改造，实施稀土、钨尾矿综合治理造地工程，开展受污染土壤、场地、水体和底泥等污染治理与修复试点示范工程。

尾矿库风险治理工程：关闭取缔非法和不具备安全生产条件、严重污染环境的尾矿库，对遗留污染物造成的土壤污染进行治理与生态修复。

环境监控体系建设工程：建设鄱阳湖生态环境监控中心，在全省县城建设空气质量自动监测站，在全省主要河流的县界断面、主要饮用水源地建设水质自动监测站，完善重点污染源自动在线监控网络，在重点污染源自动在线监控网络中增加氮氧化物和氨氮在线监控设施。

风险控制，提高环境与健康风险评估能力。

第三节 强化环境保护监管

健全环境保护法律法规及标准体系，加强环境监测、预警和应急能力建设。完善环境保护科技和经济政策，建立健全污染者付费制度。加强环境监管能力建设，严格环保准入门槛，依法开展环境影响评价。严格落实环境保护目标责任制，健全重大环境事件和污染事故责任追究制度。加强执法监督，建立环保社会约束和监督机制。

第四章 加强能源资源集约利用

落实节约优先战略，全面实行资源利用总量控制、供需双向调节、差别化管理，推进全社会的节能、节水、节地、节材，大力提升资源综合利用水平。

第一节 强化节能降耗

完善节能法规，制定并严格执行能耗限额和产品能效标准，完善固定资产投资项目节能评估和审查制度。控制高耗能、高排放产业过快增长，突出抓好工业、建筑、交通、公共机构等重点领域节能，加强重点用能单位节能管理。健全节能市场化机制，加快推行合同能源管理和电力需求侧管理，实行能效标识制度、节能产品认证制度、节能产品政府强制采购和财政补贴制度。开展企业节能低碳行动，全面推进绿色建筑行动，深入开展节能降耗全民行动，创建一批示范性节能公共机构。加强节能能力建设，力争“十二五”期间节能量达到1000万吨以上标煤。加强节能目标责任考核，完善奖惩制度。

第二节 加强水资源节约

完善水资源管理制度，推进节水型社会建设，支持国家级节水型社会试点城市建设。严格用水总量控制，强化取水许可、水资源论证和水资源有偿使用管理，加强水权制度建设。加快重点行业节水技术改造，大力推广管道输水、膜下滴灌等高效节水灌溉技术，建立健全工农业用水水权转换机制。加强城市节约用水，强化用水定额管理，加快中水回用设施建设，大力推广应用节水型器具。实施地下水监测工程，严格控制地下水开采。

第三节 推进土地集约利用

合理配置土地资源，强化规划和年度计划管控，严格用途管制，加强建设用地控制指标执行力。集约节约利用土地，整理农村废弃宅基地，大力发展节地型建筑，盘活存量建设用地。鼓励深度开发利用地上地下空间，落实用地节地责任和考核。

第四节 促进矿产资源合理开发

加强重要矿产资源勘查力度，实施矿产资源保障工程，提升资源保障能力。合理利用矿产资源，促进省内资源向优势龙头企业集聚。坚持开发和保护并重，规范能源和矿产资源开采管理，严格控制特定矿种开采总量,推广先进适用的开采技术和工艺设备,提高开采回采率、选矿回收率和综合利用率。加强市场准入管理和矿业权市场建设,完善矿产资源有偿使用和矿山环境恢复治理保证金制度。加强矿产资源和地质环境保护执法监察,坚决制止乱挖滥采。支持赣州开展稀土矿产资源储备和筹建赣粤闽碳交易中心。

专栏 15 资源节约重点工程

重点节能改造工程: 继续实施锅炉(窑炉)改造、热电联产、余热余压利用、节约和替代石油、电机系统节能、能量系统优化、建筑节能、交通运输节能、绿色照明等节能改造项目,推动企业加大节能改造力度。

节能产品惠民工程: 加大高效节能家电、汽车、船舶、照明产品等推广力度,鼓励各级财政实行再次补贴,高效节能产品市场占有率达到30%以上。

重大节能技术示范和产业化工程: 支持余热余压利用、高效机电产品等重大、关键节能技术产品示范项目,推动重大节能产品产业化生产和应用,提高高效节能技术产品的国有化率。

合同能源管理推广工程: 加大省级财税政策支持力度,鼓励节能服务公司采用合同能源管理方式为用能单位实施节能改造,扶持壮大节能服务产业。

节能能力建设工程: 在能源计量、统计和节能监测、监察、预测预警等方面,全面加强队伍、装备、信息化等能力水平,基本形成高效、协调的节能管理体系。

矿产资源保障工程: 加强紧缺和优势矿产资源勘查,五年内找到5个以上大型规模、10个以上中型规模的矿床,新增资源/储量:铜300万~500万吨,钨40万~60万吨,金100~200吨,离子型稀土40万~60万吨,铀2万吨,铁矿石4亿~6亿吨,原煤4亿~6亿吨,锂10万吨,形成一批重要矿产资源开发后备基地,逐步建立长期稳定、经济安全的矿产资源供给体系。

第五章 积极应对气候变化

坚持减缓和适应并重,充分发挥技术进步作用,完善体制机制和政策保障体系,提高应对气候变化能力。

第一节 控制温室气体排放

综合运用节约能源、提高能效、增加森林碳汇以及调整产业结构和能源结构等多种手段,大幅降低化石能源消耗强度和二氧化碳排放强度。加大低碳技术和低碳产品的研发、示范、推广,减少工业、交通、建筑等领域温室气体排放。探索建立低碳产品标准、标识和认证制度,逐步建立碳排放市场,开展低碳城市和低碳县(市、区)试点,积极推进清洁发展机制(CDM)项目建设。

第二节 增强适应气候变化能力

完善多灾种的监测预警应急机制、多部门参与的决策协调机制、全社会广泛参与的行动机制,加强对极端天气和气候事件的监测预警,预防和减少灾害损失。推广适应性技术,提高农业、林业、水资源等重点领域适应气候变化的能力。在生产力布局、基础设施和重大项目评估和建设中,充分考虑气候变化因素。积极开展国际交流与合作,在科学研究、技术创新和能力建设等方面开展务实合作。

第七篇　实施科教兴赣和人才强省战略 增强创新竞争力

全面落实中长期科技、教育、人才规划纲要，着力增强科技创新能力，推动教育改革发展，提升人才整体素质，建设创新型江西。

第一章　提升科技创新能力

坚持自主创新、重点跨越、支撑发展、引领未来的方针，把科技进步和创新作为转变经济发展方式的重要支撑，实施科技创新“六个一”①工程，推进科技成果向现实生产力转化。

第一节　健全区域创新体系

加快建立以企业为主体、以市场为导向、产学研结合，涵盖科技创新、传播和应用全过程的技术创新体系。推进科研院所资源优化整合和兼并重组，推动自然科学和社会科学联盟，发挥社会科学在区域创新体系中的积极作用。强化企业技术创新主体地位，促进企业真正成为研发投入、创新活动和成果应用的主体。加大政府对科技资源的引导力度，建设一批高新技术产业特色基地，组建一批产业技术创新战略联盟，培育一批科技创新型试点企业，发展一批科技知识产权中介服务机构，打造一批科技创新团队，造就一批科技创新领军人才。建立健全军民科技资源共享、互动合作的协调机制，促进军民融合技术的发展和广泛应用。

第二节　建设科技创新平台

鼓励和支持企业以多种方式与科研院所、高等院校联合建立科技创新机构，在光伏、航空制造、LED 材料与芯片、现代农业、生物、新材料、资源综合利用等领域，建设一批国家级和省级重点实验室、工程(技术)研究中心、企业技术中心和博士后科研站。加快建设自然科技资源保护与利用平台、大型科学仪器协作共用平台、实验动物生产与共享服务平台以及科技文献信息、技术标准信息和科学数据共享平台。积极搭建科技自主创新服务平台，大力发挥科技团体在科技评价、科学普及、科技奖励中的积极作用。

第三节　促进重点领域突破

围绕发展战略性新兴产业，选择一批具有较强带动作用和战略影响的重大产业开展集中技术攻关，力争在光伏、风能核能、民用航空、新动力汽车、半导体照明等领域实现突破。围绕加快传统

① “六个一”工程：指主攻 10 个优势高新技术产业、培育 100 个创新型企业、实施 100 项重大高新技术成果产业化项目、建设 10 个国家级研发平台、办好 10 个国家级高新技术产业特色基地、组建 100 个优势科技创新团队。

产业改造升级,推动原始创新、集成创新和引进消化吸收再创新,掌握一批具有自主知识产权的共性和关键性技术,着力在产业链的关键环节和高、终端领域取得突破。围绕保障粮食(食物)安全、提高农产品质量,加快农业科技创新,强化技术集成,突破农业关键技术。围绕资源节约和环境保护,推动新能源、节能降耗、清洁生产、污染防治、资源综合利用和生态环境保护技术实现新突破。围绕提高群众健康水平,努力在血吸虫病、心脑血管病、癌症、乙型肝炎和老年性疾病等防治技术上取得新突破。

第四节 完善政策支持体系

完善鼓励技术创新和科技成果产业化的政策法规,推动技术创新源头与需求终端对接、科技创新链与产业链联动,引导创新资源聚集。加大政府对基础研究投入,保持财政科技经费投入稳定增长。全面落实企业研发投入加计扣除、研发设备加速折旧、所得税减免等激励政策,完善和落实自主创新产品政府采购及首购政策。完善知识产权法律法规,实行知识产权质押等鼓励创新的金融政策,大力实施标准化战略,优先采用和推广具有自主知识产权的技术标准,加强知识产权的创造、运用、保护和管理。建立健全技术产权交易市场。完善科技评价奖励制度。

专栏 16 科技创新重大工程

科技创新研发平台工程:新建5个国家级、80个省级(企业)重点实验室或工程技术研究中心,进一步提高科技创新能力。
科技创新型企业培育工程:分"试点、省级、国家级"三个层次,抓好150个省级创新型试点企业(含农业龙头企业),培育100个省级、10个以上国家级创新型企业。
科普能力建设工程:创建20个国家级、60个省级科普教育基地,推进科普视频网络服务,提高全民科学素质,增强科普服务能力。
公共检测重点工程:实施质量兴省战略,建设江西省质监检测基地,建设10个鄱阳湖生态经济区检测技术平台、14个国家级质检中心、100个质量监督检验检测所以及116个省、市、县三级食品生产监督所。

第二章 推进教育改革发展

按照优先发展、育人为本、改革创新、促进公平、提高质量的要求,推动各级各类教育全面发展,办好人民满意的教育。

第一节 优先发展教育

坚持把教育摆在优先发展的战略地位,切实保证经济社会发展规划优先安排教育发展、财政资金优先保障教育投入、公共资源优先满足教育需要。提倡教育家办学,提高教师地位,加强师德师风建设。健全以政府投入为主、多渠道筹集教育经费的体制,大幅度增加教育投入,确保2012年财政性教育经费支出占全省生产总值比例达到4%,并稳定增长。充分调动全社会关心支持教育积极性,共同担负起培育下一代的责任,为青少年健康成长创造良好环境。

第二节　提高教育质量

坚持德育为先、能力为重，全面实施素质教育，促进学生德智体美全面发展。积极发展学前教育，重点提高农村学前教育普及程度。巩固提高九年义务教育普及成果，推进城乡义务教育均衡发展。加快普及高中阶段教育，推动普通高中办学方式和育人方式多样化、个性化发展。大力发展职业教育，鼓励校企合作办学、集团化办学，推进职业教育园区建设，逐步实行中等职业教育免费制度，建设一批规范化、特色化、品牌化的示范学校。全面提高高等教育质量，提升高等学校创新能力和科研水平，加强经济社会发展急需学科和专业建设，加快培养实用型专业人才。积极发展继续教育，加快构建终身教育体系。切实办好特殊教育。到2015年，全省学前三年毛入园率达到60%，义务教育巩固率达到93%，高中阶段教育毛入学率达到87%，高等教育毛入学率达到36%。

第三节　促进教育公平

统筹教育资源，公共教育资源重点向农村、贫困地区倾斜。加快义务教育阶段学校标准化建设，基本消除薄弱学校，全力推进城镇新区教育园区建设，基本满足进城务工人员随迁子女的就读需求，解决好城镇学生的“大班额”分流问题。在县级行政区域内实行城乡中小学教师编制和工资待遇同一标准，推动教师、校长有序交流，实现义务教育均衡发展。发挥优质普通高中招生名额合理分配的导向作用，着力解决择校问题。健全各级各类学校困难学生资助体系，帮助家庭经济困难学生完成学业。

第四节　创新教育管理体制机制

创新教育管理体制，改革教学内容、教学方法、质量评价标准，积极探索公共教育资源共享机制

专栏17　教育发展重点工程

义务教育学校标准化建设工程：全省完善10000所义务教育学校校舍安全、装备条件和体育设施，力争基本达到国家标准。

幼儿园建设工程：建设2000所幼儿园，重点支持农村地区幼儿园达标建设，进一步改善城市（县区）公办幼儿园办学条件，扩大城市（县区）公办幼儿园招生规模。

中等职业学校基础能力建设工程：建设200所培训能力强、就业率高、辐射范围大的中等职业教育示范学校。

普通高中优质资源扩充工程：支持200所普通高中改善办学条件，使全省普通高中整体办学条件得到明显改善，办学水平得到有效提升，优质资源比例上升到70%以上。

高等学校质量提升工程：进一步改善100所高等学校的办学条件，提高20余所本科院校、20余所高职院校的创新能力和办学水平，加强50个重点学科，30个重点实验室、工程研究中心建设。

城镇新区教育园区建设工程：建设100个城镇新区教育园区，解决约30万进城农村学生的就读需求和现有城镇30多万学生的“大班额”分流问题。

特殊教育学校建设工程：新建36所标准化特殊教育学校，改扩建64所特殊教育学校。

教师专业发展工程：建设100个县级教师学习与资源中心；实施2000名幼儿教师和1000名幼儿园园长培训计划；培育8000名“双师型”骨干教师；在30个高水平特色重点学科设立“井冈学者”特聘教授岗位。

素质教育推进工程：建设11个设区市青少年学生校外实践基地，完善99个县级青少年校外活动场所；支持500所大中小学校建设示范性心理咨询室；实施中小学生课外文体活动工程示范区建设计划；建设1万个农村学校劳动实践场所。

教育信息化建设工程：实施教育省域网、城域网工程；支持高校数字化校园和中等职业学校校园网建设；加快实施“班班通”工程；在全省建设500所涵盖各级各类学校在内的教育信息化骨干示范学校。

和推进城乡教育均等化的有效途径。加快考试招生制度改革，逐步实现分类考试、综合评价、多元录取。建立健全政府主导、行业指导、企业参与的职业教育办学体制机制，推进校企合作制度化。改革高等教育管理方式，建立健全现代大学制度，积极探索省部（行业）共建模式、构建高校产学研联盟长效机制。改善民办教育发展政策环境，完善支持民办教育的具体政策，支持民办学校创新体制机制和育人模式，依法加强民办教育管理。加强农村教师队伍建设，完善农村边远地区教师特殊岗位津贴制度，推进农村教师周转宿舍建设。

第三章 造就高素质人才队伍

坚持党管人才原则，以开发高层次创新型科技人才和经济社会发展重点领域人才为重点，加快构建区域性人才高地。

第一节 健全人才培养体系

建立健全多层次人才培养培训体系，加大现有人才的培养和再教育力度。加强党政人才队伍建设，实施党政人才素质能力提升工程，开展大规模干部教育培训，加大优秀年轻干部培养力度。加强企业经营管理人才队伍建设，加强企业家培养和开发工作，实施创新型企业家建设工程，完善定期派出去锻炼培训、请进来传帮带等培养措施。加强专业技术人才队伍建设，以高层次人才和紧缺人才为重点，组织实施赣鄱英才555工程、科技创新人才和团队建设工程、青年俊才开发工程，培养一批高水平学科带头人和战略科学家，造就一批中青年高级专家，集聚一批经济社会重点领域紧缺人才。加强高技能人才队伍建设，以提升职业素质和职业技能为核心，以技师和高级技师为重点，组织实施高技能人才振兴工程，加快高技能人才公共实训基地和培训基地建设，建设一支门类齐全、技艺精湛的高技能人才队伍。加强农村实用人才队伍建设，以农村实用人才带头人和农村生产经营型人才为重点，组织实施农村实用人才创业培训工程，努力培养一批生产型、经营型、技能带动型、技术服务型和社会服务型农村实用人才。加强社会工作人才队伍建设，以中高级社会工作人才为重点，组织实施社会工作人才队伍建设工程，建设一支社会管理和服务能力专业化、职业化的社会工作人才队伍。到2015年，全省人才资源总量达到550万人左右。

第二节 创新人才工作机制

坚持学习与实践相结合，培养和使用相结合，推进大教育、大培训，建立以经济发展需要和社会需求为导向、以提高思想道德素质和创新能力为核心的人才培养开发机制。构建以科学合理的人才评价标准、完善准确的人才评价指标、严密规范的人才评价程序、简便适用的人才评价方法为主要内容的人才评价发现机制。健全党政人才公开选拔、竞争上岗制度，完善国有企业领导人员选拔任用制度，深化事业单位人事制度改革，形成有利于各类人才脱颖而出的选人用人机制。完善人才流动配置机制，逐步打破人才流动限制，建立和完善柔性引才机制，引导人才向农村基层、经济领域和重点产业流动。建立健全人才激励保障机制，使各级各类人才的待遇和保障水平与工作业绩紧密联系，充分体现人才价值，充分激发人才活力、维护人才合法权益。

第三节 优化人才发展环境

建立健全有利于人才发展的政策体系，切实落实培养高层次人才和创新团队、鼓励引导人才向农村基层和边远地区流动、吸引海内外高层次人才来赣创新创业等方面的政策措施。着力优化服务环境，加强人才公共服务产品开发，完善全省高级人才信息库，提高人才管理和服务水平，建立健全专业化、信息化、产业化、国际化的人才市场服务体系。努力优化创新创业环境，强化技术支持、技能培训、金融扶持，提高创新创业成功率。优化人才发展社会环境，深入宣传科学人才观，大力培育创新创业文化，强化“创业光荣、创新可贵、创造无价”的舆论导向，推进人才诚信档案体系建设。

专栏 18 人才队伍建设重大工程

赣鄱英才 555 工程：引进并重点支持 500 名左右能突破关键技术、发展高新产业、带动新兴学科的海内外高层次人才来赣创新创业；选拔 500 名左右有较强技术研发和经营管理能力，敢于创业、勇于创新的高层次创业创新人才进行重点扶持培养；柔性引进 500 名左右具有国际先进水平、国内顶尖水平的高端人才为江西科学发展服务。

科技创新人才及团队建设工程：实施院士后备人才、科技经营型创新人才、主要学科学术和技术带头人、青年科学家培养计划和优势科技创新团队建设计划，到 2015 年，培育 10 名院士后备人才、15 名科技经营复合型人才、50 名学科带头人、100 名青年科学家、100 个优势科技创新团队。

创新型企业家建设工程：对 200 名左右企业高级经营管理人员进行全面培（轮）训，培养造就若干引领江西企业跻身中国企业 500 强的优秀企业家。

高技能人才振兴工程：实施紧缺技能人才培养、青年高技能人才培养、首席技师、技能大师工作室和技工院校实训基地建设计划，每年确定 10 个左右紧缺职业（工种），培养 5000 名紧缺技师、高级技师。

农村实用人才创业培训工程：对 45 岁以下优秀农村实用人才，采取集中授课、实地视察以及案例启发等形式进行培训，每年培训 2 万名；以省市县乡农业技术推广服务机构的业务骨干为主要对象，建立健全农技指导队伍体系，每年培训 1000 名创业指导员。

宣传思想文化系统优秀拔尖人才工程：到 2015 年，重点培养 100 名理论、新闻、出版、广播影视、文艺和文化经营管理、文化专门技术优秀人才，重点扶持 30 名文艺新闻界领军人物和骨干力量。

青年俊才开发工程：每年在省内高校及我省考入名校的大学生、研究生中选拔一批拔尖青年进行定向跟踪培养，依托省内外干部培训机构、高水平大学和科研机构建立青年俊才培养基地，每年分类培训 1000 名青年拔尖人才。

社会工作人才队伍建设工程：加大对社会工作人才的培养和引进，到 2015 年，全省取得社会工作资格证人员总量达到 1.2 万人，社会工作人才总量达到 6.8 万人。

第八篇 保障和改善民生 促进社会和谐稳定

坚持民生优先，坚持公平正义，坚持共建共享，着力解决影响社会和谐稳定的源头性、基础性、根本性问题，加快基本公共服务均等化进程，维护社会和谐稳定。

第一章 提高社会就业水平

坚持把促进就业放在更加突出的位置，强化政府促进社会就业的公共服务职能，以创业带就业，以就业促创业，千方百计提高社会就业水平。

第一节 实施更加积极的就业政策

大力发展劳动密集型产业、服务业和小型微型企业，注重发挥非公有制经济在扩大就业中的重要作用，多渠道开发就业岗位，千方百计扩大就业规模，形成经济增长与扩大就业相互促进的发展模式。加大对城镇就业困难人员和农民工群体就业的帮扶力度，加强对高校毕业生、退役军人的就业指导和服务，开发公益性岗位，帮助零就业家庭就业。完善税费减免、财政贴息、岗位补贴、培训补贴、社会保险补贴、技能鉴定补贴等就业扶持政策。进一步完善小额担保贷款政策措施，扩大扶持对象范围，促进各类群体以创业带动就业。

第二节 增强公共就业服务能力

建立功能完善、城乡统一的公共就业服务体系，为城乡劳动者免费提供就业信息、就业咨询、职业介绍等服务。积极开展多层次、多形式的职业技能培训，免费为下岗失业人员、农民工、新成长劳动力提供基本职业技能培训和技能鉴定，对未能继续升学的应届初高中毕业生开展劳动预备制培训。足额提取并合理使用企业职工教育培训经费，鼓励企业开展职工岗位技能培训。加强创业培训，将临近毕业的大学生、新成长劳动力及有创业愿望的城乡劳动者纳入培训范围。

第三节 构建和谐劳动关系

加强人力资源市场监管、劳动保护和劳动调解仲裁，加大劳动保障监察执法力度，完善劳动争议处理机制，做好国企改制、关闭破产等失业人员以及农民工的就业和劳动保障工作，切实维护劳动者合法权益。全面推行劳动合同制度，不断扩大集体合同覆盖面。健全协调劳动关系三方机制，充分发挥政府、工会和企业作用，努力形成企业和职工利益共享机制，建立和谐劳动关系。

第二章 构建合理的收入分配格局

按照国家统一部署，调整政府、企业、居民的收入分配关系，初次分配和再分配都要处理好效率和公平的关系，再分配更加注重公平，不断提高居民收入在国民收入分配中的比重、劳动报酬在初次分配中的比重，努力扭转收入差距扩大趋势。

第一节 完善工资正常增长和支付保障机制

完善最低工资标准调整机制，力争绝大多数地区最低工资标准达到当地城镇从业人员平均工资的40%以上。完善工资指导线、人力资源市场工资指导价位和行业人工成本信息等企业工资宏观指导体系，建立企业薪酬调查和信息发布制度。健全工资集体协商制度。完善工资支付监控和工资保证金制度。完善公务员工资制度，深化事业单位收入分配制度改革。

第二节 推进垄断行业和国有企业收入分配改革

加强对垄断行业工资总额和工资水平的双重调控，完善工资总额预算管理，缩小垄断行业工资水平和社会平均工资差距。建立健全根据经营绩效、风险和责任确定薪酬的制度，严格规范国有企业、国有控股金融机构经营管理人员特别是高层管理人员的收入。严格控制职务消费。建立国有资本经营预算制度，扩大国有资本收益上交范围，提高上交比例，统一纳入公共财政。

第三节 规范收入分配秩序

严格执法力度，建立健全收入分配统筹协调机制，推进收入分配体系合理化、规范化和有序化。保护合法收入，整顿不合理收入，调节过高收入，取缔非法收入，着力提高低收入者收入水平，创造条件增加居民财产性收入，尽快扭转收入差距扩大的趋势。

第三章 完善社会保障体系

坚持广覆盖、保基本、多层次、可持续的方针，健全和完善社会保障制度，逐步提高社会保障标准，努力实现人人享有基本生活保障。

第一节 健全社会保险制度

以基本养老、基本医疗、失业、工伤、生育保险和最低生活保障制度为重点，不断扩大社会保障覆盖面，逐步提高社会保障待遇标准，努力实现人人享有基本生活保障。按照国家统一部署，实现基础养老金全国统筹和养老保险关系跨省转移接续，制定并实施城镇居民社会养老保险制度。完善城镇职工基本养老保险省级统筹，全面实现城镇基本医疗保险市级统筹，巩固城镇职工、城镇居民基本医疗保险成果，实现新型农村社会养老保险制度全覆盖，同步推进城镇职工生育保险全覆盖，完善国有企业老工伤人员伤残待遇政策。加强城乡养老保险、医疗保险对接。逐步做实养老保险个人账户，积极推进机关、事业单位养老保险制度改革，发展企业年金和职业年金。发挥商业保险补充性作用。继续通过划拨国有资产、扩大彩票发行等渠道充实社会保障基金。

第二节 建设保障性住房

合理确定住房保障方式和保障标准，针对不同收入群体和保障对象，实施分层次住房保障。以解决低收入住房困难家庭为重点，加快廉租房和经济适用房建设，健全廉租房租赁补贴发放制度。以解决中等偏下收入住房困难家庭为重点，加快公共租赁房和限价商品房建设。加强保障性住房管理，健全准入和退出机制。

第三节 完善社会救助体系

完善城乡居民最低生活保障制度和农村五保供养制度，做到应保尽保。完善临时救助制度。建立健全城乡医疗救助制度，实现城乡医疗救助与基本医疗保险、基本医疗保险定点医疗机构的医疗费用同步结算。完善城市生活无着落流浪乞讨人员特别是流浪未成年人的救助制度。加强优抚安置服务，提高优抚对象生活、医疗、住房等综合保障水平。健全灾害突发等救灾制度，提高救灾应急处置能力。

第四节 发展社会福利事业

逐步拓展社会福利的保障范围，发展以扶老、助残、救孤、济困为重点的社会福利事业，推动社会福利由补缺型向适度普惠型转变。坚持家庭、社区和福利机构相结合，逐步健全服务对象公众化、服务主体多元化、服务内容多样化的新型福利服务体系。着力改善城市“三无”老人、孤残人员的生活。建立孤儿保障制度，制定和落实孤儿养育标准，完善孤儿、无人抚养儿童等困境儿童的福利政策，切实维护其基本权益。继续实施法律援助，鼓励社会慈善、社会捐助。

专栏 19 重大民生建设工程

保障性住房建设工程：建设廉租房、公共租赁房、经济适用房及改造各类棚户区和危旧房 110 万套(户)，改造农村危房 30 万户。加大吉安、赣州等老红军后代及家属住房保障建设。

劳动就业和社会保障公共服务设施建设工程：新建和改造 100 个县(市、区)级就业社会保障综合服务中心、1530 个乡镇(街道)人力资源社会保障综合服务中心。

社会养老服务体系建设工程：建设城镇社区居家养老(日间照料)服务中心 1500 个，农村居家养老(日间照料)服务中心 4500 个，实施 100 个老年养护院、老年公寓和老年综合福利院标准化建设工程，新建 100 所县级光荣院，新建和改造农村敬老院 1500 所，共新增床位 10 万张，公办养老机构床位数达到 27 万张。

社区综合服务中心(站)建设工程：建设 100 个街道社区服务中心和 500 个社区服务站，建筑面积 30 万平方米。

综合减灾备灾建设工程：实施救灾减灾技术装备标准化工程，建设 93 座标准化救灾物资储备库、112 个救灾减灾指挥中心、创建 3900 个国家级和省级综合减灾示范社区。

防震保安建设工程：建设“两核两控”重大工程专用地震台网、省级地震烈度速报网与预测预警中心、17 个测震台等。

儿童福利服务体系建设工程：继续实施“儿童福利机构建设蓝天计划”，新建和改建 40 所县级儿童福利院。

救助管理站基础设施建设工程：实施 80 个救助管理站(流浪未成人保护中心)服务用房建设工程。

残疾人康复和托养设施建设工程：建设省、市、县级残疾人综合性康复机构和 10 个设区市、100 个县级托养服务设施。

优抚安置服务设施建设工程：新建江西康宁医院(省荣军医院)、省荣军康复中心、南昌军供站，改造全省 13 个军供站，维修改造县级革命烈士纪念建筑物。

殡葬服务体系建设工程：全省 80% 殡葬设施设备达到国家环保节能标准，建设 1.2 万处农村公益性骨灰安放设施，使 80% 的乡村建有农村公益性墓地或骨灰安放设施。完成基本殡葬服务的火化殡仪馆公益改造，基本实行公益性运营，全面实现基本殡葬公共服务均等化。

扶贫攻坚工程：实施 3400 个贫困村的整村推进扶贫，并安排一个定点扶贫单位帮扶。继续在 41 个比照西部政策县实施易地搬迁扶贫工程，每年搬迁 5 万人。

第四章 提高医疗卫生保障水平

按照保基本、强基层、建机制的要求，深化医药卫生体制改革，把基本医疗卫生制度作为公共产品向全民提供，实现人人享有基本医疗卫生服务。

第一节 全面加强公共卫生

加强疾病预防控制、健康教育、妇幼保健、精神卫生、应急救治、采供血、卫生监督等专业公共卫生服务网络建设。积极预防重大传染病、慢性病、职业病、血吸虫病和精神疾病，提高突发公共卫生事件处置能力。扩大健康宣传，普及健康知识，提高健康水平。扩大国家基本公共卫生服务项目，逐步在全省统一建立居民健康档案。

第二节 健全医疗卫生服务体系

优化医疗卫生资源配置，新增医疗资源向城市社区和农村倾斜。建立健全农村三级医疗卫生服务体系，实现县县有标准化综合医院，乡乡有规范化卫生院，村村有合格卫生室。完善城市社区卫生服务网络，实现每个社区有规范化社区卫生服务中心。加强以全科医生为重点的基层医疗卫生队伍建设，完善鼓励全科医生长期在基层服务政策。加强区域医疗中心建设。加快构建各级医疗机构分级诊疗、双向转诊制度，鼓励城市医院和基层医疗机构建立长期稳定对口支援机制。

第三节 提高基本医疗保障水平

健全基本医疗保障体系，进一步完善城镇职工和城镇居民基本医疗保险、新型农村合作医疗制度。逐步提高城镇职工和居民医保、“新农合”筹资标准和保障水平，提高基金使用水平。建立基本医疗保险基金风险防范机制，强化支付使用监管，完善定点医疗机构和定点零售药店管理制度，防止医药费用虚高现象。加快实现医疗保险关系转移接续和医疗费用异地就医结算。

第四节 推进医疗体制改革

推动公立医院改革，鼓励社会资本兴办医疗机构，优先选择具有办医经验、社会信誉好的非公立医疗机构参与公立医院改制，初步建立现代医院管理制度。加大政府投入，调整医疗服务价格，逐步取消药品加成。加强医疗机构管理，提高医疗服务质量。建立完善以国家基本药物制度为基础的药品供应保障体系。基层医疗卫生机构全面实施国家基本药物制度，其他医疗卫生机构逐步实现全面配备、优先使用基本药物。改革药品和医疗服务价格形成机制，规范和整顿药品生产流通秩序。坚持中西医并重，发展中医医疗和预防保健服务，推进中医药继承与创新。

专栏 20 重大卫生建设工程

二甲医院标准化建设工程：建设 100 所标准化二甲医院，实现县县建有一所二甲医院，保障群众不出县就能获得高质量的医疗服务。

职业病防治体系建设工程：建设 100 所职业病诊断机构，实现所有设区市拥有职业病诊断机构，县县建立功能比较完善的职业病防治技术服务和监管体系。

妇幼保健机构建设工程：建设 100 所妇幼保健机构，实现县县妇幼保健机构具备妇幼保健、生殖保健的条件。

卫生监督体系建设工程：建设 100 所卫生监督机构，县级以上卫生监督机构达到建设标准。

第五章 促进人口长期均衡发展

全面做好人口工作，控制人口总量，提高人口素质，优化人口结构，引导人口有序流动，促进人口长期均衡发展，建设人口均衡型社会。

第一节 提高计划生育服务水平

坚持计划生育基本国策,稳定低生育水平,逐步完善生育政策。完善农村计划生育家庭奖励扶助和计划生育家庭特别扶助制度。不断推进城乡育龄妇女基本生殖保健服务均等化,综合治理出生人口性别比偏高问题,努力实现出生人口性别比低于全国平均水平。大力实施优生促进工程,做好健康教育、优生咨询、高危人群指导、孕前筛查等服务工作。加强流动人口计划生育服务管理,加强全员人口信息数据库“金人工程”建设。

第二节 积极应对人口老龄化

建立健全以居家为基础、社区为依托、机构为支撑的养老服务体系。优先发展社会养老服务,拓展养老服务领域,实现养老服务从基本生活照料向医疗康复、精神慰藉、法律服务、紧急援助等方面延伸。培育壮大老龄服务事业和产业,建立养老服务补贴制度和高龄津贴制度,鼓励和支持社会资本兴办养老服务机构。加强公益性养老服务设施建设,增加老年人活动场所和便利化设施。注重开发老年人力资源。

第三节 促进妇女儿童事业全面发展

坚持男女平等基本国策和儿童优先原则,认真实施妇女儿童发展规划,切实保障妇女合法权益,做好关心下一代工作,加强未成年人保护,推动公共政策、公共产品和公共服务向妇女儿童倾斜。严厉打击各种侵害妇女儿童的违法犯罪行为,预防和制止家庭暴力,为受害妇女儿童提供紧急庇护、矛盾调适和心理疏导等服务。加强婴幼儿早期启蒙、留守儿童和独生子女社会行为教育。

第四节 支持残疾人事业发展

健全残疾人社会保障体系和服务体系,为残疾人生活和发展提供稳定的制度性保障。实施重点康复、托养工程和“阳光家园”计划,推进基层残疾人康复中心、辅助器具供应服务中心建设,保障残疾人“人人享有康复服务”。大力开展残疾人就业服务和职业培训,鼓励用人单位录用残疾人,加大农村残疾人生产扶助力度。推进公共场所、公共交通、公共机构、贫困残疾人家庭等区域无障碍设施建设。丰富残疾人文化体育生活。

专栏21 人口发展重点工程

人口计划生育服务体系建设工程:健全省、市、县、乡四级人口计划生育服务体系,新建省级生殖保健服务中心,新建或改扩建11个设区市、50个县、300个乡镇计划生育服务中心(站所)。

人口计划生育技术服务装备建设工程:重点为全省100个县级人口计划生育服务中心(站所)添置孕前优生健康检查设备,为全省500个中心乡镇计划生育服务站各配备1台流动服务车及相关设备。

人口宏观管理与决策信息系统工程:完善人口信息共享、动态监测和科学预测机制,在业务执行、信息采集、决策支持、信息服务等4个方面建设8类应用系统,建成与国家配套覆盖全省、实时更新的江西全员人口信息数据库。

留守儿童示范服务建设工程:在全省农村留守儿童比较集中的地区建设100所省级留守儿童示范服务中心,帮助留守儿童解决心理、学习、营养、安全等问题。

第六章　健全维护群众权益机制

拓宽社情民意表达渠道，加大社会矛盾调解力度，健全党和政府主导的维护群众权益机制。

第一节　拓宽社情民意表达渠道

建立健全方式多样、畅通高效的诉求表达机制。完善公共决策的社会公示制度、公共听证制度和专家咨询论证制度，扩大公众参与程度。完善信访制度，注重民意收集与信息反馈，落实领导干部接待群众来访、处理群众信访制度。充分发挥互联网通达民情社意新渠道作用，积极主动回应社会关切。

第二节　完善社会矛盾排查调处机制

加快建立行政决策风险评估机制和决策纠错机制。完善化解社会矛盾的领导协调、排查预警、疏导转化、调解处置机制。完善人民调解、行政调解、司法调解联动的工作体系，整合基层政法、综治、维稳、信访等力量，建立调处化解矛盾纠纷的综合平台，规范群众诉求表达、利益协调、权益保障渠道，有效防范和化解劳资纠纷、征地拆迁、环境污染、食品药品安全、企业重组和破产等引发的社会矛盾。完善群众工作制度，依靠基层党政组织、行业管理组织、群众自治组织，充分发挥工会、共青团、妇联、红十字会的作用，共同维护群众权益，积极化解社会矛盾。

第七章　加强公共安全体系建设

适应公共安全形势变化的新特点，推动建立主动防控与应急处置相结合、传统方法与现代手段相结合的公共安全体系。

第一节　保障食品药品安全

完善食品药品安全标准。建立食品药品质量追溯制度，形成来源可追溯、去向可查证、责任可追究的安全责任链。健全食品药品安全应急体系，强化快速通报和快速反应机制。加强食品药品安全风险评估、预警和监管执法。加强检验检测、认证检查和不良反应监测等药品安全技术支撑能力建设。加强基层快速检测能力建设。强化基本药物监管，确保基本药物质量安全。

第二节　严格安全生产管理

加强安全监管监察，严格安全目标考核与责任追究。完善安全技术标准体系，严格安全许可。实行重大隐患治理逐级挂牌督办和整改效果评价制度，深化煤矿、交通运输等领域安全专项治理。健全协调联动机制，严厉打击非法违法生产经营。防范粉尘与高毒物质等重大职业危害。规范发展安全专业技术服务机构，加强对中小企业安全技术援助和服务。加强安全宣传教育与培训。

第三节 提高应急管理能力

坚持预防与应急并重、常态与非常态结合的原则,建立健全统一指挥、结构合理、反应灵敏、保障有力、运转高效的突发事件和群体性事件应急体系,提高危机管理和抗风险管理能力。建立应急管理信息共享机制,完善应急预案体系,健全应急管理组织机构,强化基层应急管理能力。加强应急队伍建设,建立以专业队伍为基本力量,以公安、武警、军队为骨干和突击力量,以专家队伍、企事业单位专兼职队伍和志愿者队伍为辅助力量的应急队伍体系。建立健全应急物资储备体系,加强管理,优化布局和方式,统筹安排实物储备和能力储备。完善特大灾害救援机制。

第四节 健全社会治安防控体系

坚持打防结合、预防为主、专群结合、依靠群众的方针,完善社会治安防控体系,加强城乡社区警务、群防群治等基层基础建设,广泛开展平安创建活动,加强社会治安综合治理。依托视频监控"天网"工程,增强公共安全管理和治安整体防控效能。加强特殊人群安置、救助、帮教、管理和医疗工作,加大重点地区、社会治安薄弱环节整治力度。加强情报信息、防范控制和快速处置能力,增强公共安全和社会治安保障能力。严密防范、依法打击各种违法犯罪活动,完善经常性严打机制,切实保障人民生命财产安全。严密防范、依法打击境外敌对势力的渗透破坏活动,保障国家安全和社会政治稳定。加强虚拟社会管理,完善与现实防控网相衔接的虚拟社会综合防控体系。

专栏 22 公共安全重点建设工程

食品药品监管体系建设工程:构建覆盖市、县、区的基本药物质量安全监管平台。县县建有规范化食品药品快速检验室,在 133 个街道、2600 个居委会建设食品药品安全协管站。

食品药品远程监管系统工程:构建省、市、县、乡四级监管机构网络平台。完成 110 家基本药物生产企业、500 家大中型获证食品生产企业、350 家经营企业电子监管码的赋码入网等工作。在全省 200 家药品生产企业、24440 家药品经营企业、44 家药品连锁企业安装使用远程监控系统。

安全监管监察能力建设工程:省、市、县(市、区)三级安全监管监察部门业务用房等基础设施建设达标率分别达到 100%、80%、70%,执法装备配备基本达到国家规定标准。

高危行业重大隐患排查治理工程:全省高危行业(尾矿库、煤矿、危险化学品、烟花爆竹等)得到有效治理。

安全生产应急救援体系建设工程:完成 7 支省级矿山救护队伍的技术装备配备和更新投资,在 5 个化工产业集中区域建立危险化学品骨干救援队伍,初步完善 11 个设区市安全生产应急救援指挥平台和重大危险源监测监控等安全生产应急救援信息技术保障系统。

安全生产技术支撑体系建设工程:建设省、市级安全技术支撑体系,完成 34 个专业中心实验室建设并配备相关仪器设备。

第八章 加强和创新社会管理

按照建设党委领导、政府负责、社会协同、公众参与的社会管理格局的要求,推进城乡社区建设,健全基层管理和服务体系,提高社会管理能力,促进社会和谐稳定。

第一节 健全社区服务体系

把社区建设作为社会管理的重要基础，建设完善一批集党建、劳动保障、社会救助、卫生和计划生育、社区治安、法律服务、文化、教育、体育和便民利民等多项功能为一体的城市社区服务中心（站、点）和农村村级社区服务中心。加快政府公共服务、居民互助服务、市场提供服务相衔接的社区服务体系建设。大力开展社区志愿服务活动，推行社区志愿者注册登记制度。实施流动人口居住证制度。

第二节 加强社会组织建设

推动更多的公共资源和领域向社会组织开放，逐步取消社会组织登记管理机关和业务主管部门双重管理制度，适度放宽经济类、公益类社团和基金会的设立，简化农村专业经济协会、社区社会组织的登记程序。加强社会组织监管，完善法律监督、政府监督、社会监督、自我监督相结合的监管体系，加强登记、备案、监督的协同管理，实行社会组织信息公开和评估制度，完善社会组织内部治理结构。建立健全常态监管机制，把新经济组织和新社会组织纳入依法有序管理。

第三节 发展民主健全法制

坚持和完善人民代表大会制度、中国共产党领导的政治协商制度和基层群众自治制度，发挥人民政协作用，支持人民政协履行政治协商、民主监督和参政议政职能。支持工会、共青团、妇联、红十字会等人民社会团体依照法律和各自章程开展工作，参与社会管理和公共服务，维护群众合法权益。切实做好民族、宗教、侨务和对台工作。加强普法教育，提高全民法律素质。全面推进依法行政、公正廉洁执法，支持人民法院、人民检察院依法独立行使审判权、检察权。加强武装警察部队建设，推进国防动员建设。完善民兵预备役制度，深入开展“双拥”活动，巩固和发展军政军民团结。

专栏23 社会安全保障系统建设工程

政法信息网络建设工程：建立完善各政法部门的信息系统和资源共享平台，实现全省范围内政法系统的信息资源共享和互联互通。在此基础上建设“天网”工程和维稳情报信息预警系统。

政法业务用房建设工程：完善省、市、县、乡各级政法系统业务用房建设，主要包括79个法院审判法庭、79个检察院专业技术和办案用房、128个公安机关业务用房、15个国安机关业务用房、113个司法机关业务用房等。

政法监管场所建设工程：按照国家监狱布局调整总体方案，继续加大对监管场所的投入，建设77个公安看守所、82个公安拘留所、11个公安强制戒毒所、14个监狱、7个劳教强制隔离戒毒所等。

政法教育设施建设工程：完善建设国家法官学院江西分院、江西司法警官职业学院、省公安厅警察训练中心、11个设区市法制学校、12个刑释解教人员帮教安置基地等。

社会安全保障配套设施：完善建设11个设区市青少年维权保护中心、1452个乡镇（街道）和谐平安联创中心等。

第九篇　建设文化大省　提升文化软实力

坚持社会主义先进文化前进方向，丰富文化生活，繁荣文化事业，发展文化产业，提升文化实力，建设文化大省，增强江西人自信心、自豪感和凝聚力。

第一章　构筑精神家园

用中国特色社会主义共同理想凝聚力量，用社会主义荣辱观引领风尚，为实现科学发展、进位赶超、绿色崛起提供强大的思想保证和精神动力。

第一节　传承和弘扬赣鄱文化

大力弘扬以井冈山精神为代表的红色文化，培育发展崇尚自然、追求和谐的绿色文化，充分挖掘历史悠久、底蕴深厚的古色文化，进一步增强赣鄱文化的竞争力、吸引力和感召力。加强对江西文化文物和非物质文化遗产保护，做好赣鄱文化资源的研究、整理和传承工作，加快建设以江西客家博物院为核心的客家文化生态保护实验区。加强与港澳台地区文化交流，发展与东南亚文化交流，促进与欧美地区文化交流，扩大赣鄱文化国际影响力。

第二节　营造干事创业浓厚氛围

不断加强走中国特色社会主义道路和实现中华民族伟大复兴的理想信念教育，大力弘扬以爱国主义为核心的民族精神和以改革创新为核心的时代精神，深入推进解放思想学习教育活动，努力增强机遇意识、忧患意识和进取意识，以思想大解放促进事业大发展。在全社会形成鼓励干事、激励创业、褒奖成功、宽容失败的浓厚氛围，激励广大干部群众爱祖国、爱江西、爱家乡，以真干事为使命、以会干事为责任、以干成事为光荣，把全部心思倾注在干事创业、造福人民上，把全部的本领施展在抓发展、促和谐上。

第三节　培育良好社会风尚

加强社会公德、职业道德、家庭美德、个人品德教育。注重人文关怀，强化心理疏导，培育奋发进取、理性平和、开放包容的社会心态。大力普及科学知识，传播科学方法，反对封建迷信，提升全民素质。深入开展文明城市、文明村镇、文明行业等精神文明创建活动，倡导文明健康的生活方式。发挥模范人物典型带动作用，引导人民知荣辱、讲正气、尽义务，形成良好的社会风尚。

第二章 大力发展文化体育事业

坚持把发展公益性文化体育事业作为保障人民基本文化权益的主要途径，完善公共文化服务体系，广泛开展群众性文化体育活动，丰富人民群众精神文化生活。

第一节 推动文化事业大发展大繁荣

贴近时代、贴近基层、贴近群众、贴近生活，挖掘江西特色文化资源，创作更多思想深刻、艺术精湛、群众喜闻乐见的文化精品。坚持公益性、基本性、均等性、便利性，完善覆盖城乡、惠及全民的公共文化服务体系。建设一批集艺术性、标志性、实用性于一体的重大公共文化设施，实现设区市均有达到国家标准的图书馆、文化馆、博物馆和艺术剧院，县县均有达到国家二级以上标准的图书馆、文化馆和地方剧团，乡乡建有综合文化站或社区文化活动中心，村村建有文化活动室或农家书屋，户户通广播电视。继续开展农村文化三下乡活动。

第二节 开展群众性文化体育活动

推进全民阅读活动，实施文化惠民工程，推动公共博物馆、纪念馆、美术馆、文化馆、图书馆、青少年宫、科技馆、群众艺术馆、基层文化活动中心免费开放。开展群众喜闻乐见的公益性文化活动，丰富和活跃群众精神生活。打造鄱阳湖论坛、鄱阳湖国际生态文化节、环鄱阳湖国际自行车赛等文化体育活动品牌，提升红歌会品牌价值，增强公共文化的吸引力和影响力。支持群众体育活动和竞赛，扶持健身俱乐部和健身站点建设，加快培养社会体育指导员，开展国民体质监测，实施县级体育

专栏 24 文化事业重点工程

全省设区市和县级文化场馆建设工程：通过实施设区市图书馆、文化馆、博物馆和县级文化场馆建设工程，完成 20 个设区市图书馆、文化馆、博物馆和 80 个县级文化场馆的改扩建任务，完成 100 个县级图书馆、文化馆的维修和设备购置。

综合档案馆建设工程：80% 的设区市综合档案馆达到国家一级标准。完成 57 个县级综合档案馆新建（含改造），建筑面积 168531 平方米，50% 的县级综合档案馆达到国家二级标准。

全省文化和自然遗产保护工程：通过实施国家文化和自然遗产地、历史文化名城名镇名村、抢救性文物保护设施建设工程，使我省列入世界遗产名录及预备清单的自然遗产地以及国家重要大遗址、国家级历史文化名城名镇名村、全国重点文物保护单位和省级文物保护单位得到有效保护。

省级文化设施建设工程：江西艺术中心二期工程，建设文化遗产中心、文化创意大厦和演职员公寓等；省图书馆扩建工程，建设阅览楼、古籍特藏楼、多功能报告厅等。

全省农家书屋工程：建设农家书屋 10498 个，使农家书屋总数达到 17333 个，覆盖全省所有行政村。

全省基层公共文化设施建设工程：全省乡镇综合文化站全部配备设备，公共文化设施覆盖全省 80% 行政村和 50% 社区。

全省文化信息资源共享工程：增加村级文化共享工程服务点设备，完成全部基层社区文化共享工程服务点建设和 500 个城乡基层公共电子阅览室建设。

全省县级体育健身场馆建设工程：重点加强 100 个县级全民健身活动中心（田径场、健身运动场、综合健身馆）建设，全省人均体育设施面积和县级体育健身场馆的基础设施条件得到明显改观。

全省农民体育健身工程：建设 1100 个乡镇的灯光球场、门球场和健身场；建设 6200 个行政村的水泥篮球场、乒乓球台，实现 80% 的乡镇，50% 行政村建有公共体育健身设施。

省奥林匹克体育中心二期建设工程：建成网球馆、田径训练馆、运动员公寓及相关配套附属设施。

全省 20 户以下已通电自然村广播电视"村村通"工程：全面完成全省 24252 个 20 户以下已通电自然村实施广播电视"村村通"工程，实现全省广播电视"户户通"。

健身场馆建设工程、农民体育健身工程,体育设施全面向社会开放。提高竞技运动水平,实现全民健身与竞技体育协调发展。

第三章　加快发展文化产业

顺应群众期待,满足市场需求,体现江西特色,提高质量效益,繁荣文化市场,推动文化产业成为我省国民经济的支柱性产业。

第一节　优化文化产业布局

以文化产业园为依托,结合地方特色和资源优势,重点发展演艺娱乐业、广播影视、出版发行、印刷复制、动漫、版权、陶瓷文化产业。推动文化产业集群发展,促进各种资源合理配置和产业分工,建设若干跨区域文化产品物流中心,打造一批文化产业示范基地。实施重大项目带动战略,建设江西国际影视文化城、江西电视台数字电视节目制作中心和华夏艺术谷文化产业园,集中力量重点支持一批市场前景好、发展潜力大的文化产业项目,培育一批特色文化产业品牌。

第二节　培育文化产业市场

培育文化消费市场,发展新型文化业态,加大文化产品供给,提升文化消费力。深化公益性文化事业单位改革,支持经营性文化单位转企改制、兼并重组。推广政府购买、集中配送等公共文化产品提供方式,引导社会力量有序参与公共文化服务。以省出版集团公司、江西日报传媒集团为龙头,培养若干家实力雄厚、具有市场竞争力的文化企业集团。推动文化企业建立现代企业制度,提高规模化、集约化经营水平。加大版权保护力度,促进文化自主创新。建立文化产业投资基金,设立省级荣誉制度,表彰有杰出贡献的文化工作者,加快培养一批文化领军人物和创作团队。鼓励非公有资本投资文化产业。

第三节　壮大文化产业实力

大力发展文化创意、影视制作、出版发行、印刷制作、广告、文化会展、数字内容和动漫等文化产业。文化创意产业重点发展文化科技、音乐制作、艺术创作、动漫游戏等产业,拉动相关服务业和制造业发展。影视制作业重点提升影片、电视剧和电视节目的艺术水准,扩大市场占有率。出版业在继续加快发展传统纸质形态出版物的同时,重点发展数字出版产业。出版物发行业重点开展跨地区、跨行业、跨所有制经营,提高整体实力和竞争力。印刷复制业重点发展绿色印刷、按需印刷、数字印刷。动漫产业重点打造深受观众喜爱的动漫形象和品牌,延长动漫产业链,开发衍生产品,成为文化产业的重要增长点。力争文化产业增加值年均增长15%。

第十篇　深化重要领域和关键环节改革　完善社会主义市场经济体制

全面深化各项改革，搞好顶层设计和总体规划，明确优先顺序和重点任务，争取在重要领域和关键环节取得新突破，为促进经济社会又好又快发展提供持久动力。

第一章　深化行政管理体制改革

围绕建设有限政府、服务政府、责任政府、法治政府、廉洁政府，进一步转变职能，理顺政府关系，提高行政效能。

第一节　转变政府职能

深入推进政企分开、政资分开、政事分开、政府与市场中介组织分开，促进政府职能进一步转变，提高政府经济调节和市场监管水平，强化社会管理和公共服务职能。依法减少和规范行政审批，推进行政审批法制化、制度化和信息化建设，建立重大项目审批绿色通道，提高政府行政效率，加强后续监管。创新适应鄱阳湖生态经济区建设的管理体制和机制，推进扩权强县、省直管县、兴乡强镇试点改革。完善重大事项决策机制，建立健全公众参与、专家咨询、风险评估、合法性审查和集体讨论决定相结合的行政决策机制，提高科学决策、民主决策和依法决策水平。增强公共政策制定透明度和公众参与度，全面推进政务公开，加强行政问责，改进行政复议和行政诉讼，提高政府公信力。深入开展民主评议行风活动。

第二节　深化投资体制改革

围绕加快转变经济发展方式，形成投资增长内生机制，促进投资平稳较快增长。强化企业投资主体地位，改善政府投资方式，鼓励和引导民间投资健康发展，提高投资项目监督管理水平。继续开展工程建设领域突出问题专项治理。加强投资领域法制建设，适时出台规范政府投资行为的管理办法，界定政府投资范围，提高投资决策的科学化、民主化水平。推行政府投资公益性项目代建制。

第三节　推进财税体制改革

完善财权与事权相匹配的财政体制，建立规范透明的转移支付、县级基本财力保障和财政收入丰歉调节机制。健全国有资本经营预算制度，严格预算管理，构建地方政府性债务管理新机制。深入推进部门预算、专项资金整合、国库集中收付、政府采购、绩效评价等方面改革。逐步健全地方税体系，运用好中央赋予省级政府的税收管理权限，不断壮大地方税源。

第四节 完善资源性产品价格形成机制

建立和完善充分反映资源稀缺程度、促进资源节约和综合利用的资源型产品价格形成机制。继续推进水价改革，工业和服务业用水逐步实行超额累进加价制度，合理调整城市居民生活用水价格，推进农业水价综合改革。积极推进电价改革，推行大用户电力直接交易试点，规范输配电价形成机制，改革销售电价分类结构，建立分类别综合趸售电价管理制度。按照保基本、促节约的原则，大力推进居民用电、用水阶梯价格制度。建立合理的天然气价格形成机制，理顺天然气与可替代能源价格关系。

第二章 完善基本经济制度

坚持公有制为主体、多种所有制经济共同发展的基本经济制度，营造各种所有制经济依法平等使用生产要素、公平参与市场竞争、同等受到法律保护的体制环境。

第一节 推进国有企业改革和发展

加快国有经济战略性调整，推动国有资本向基础性、资源性和先导性产业集中。在全省国有工业企业改革取得重大突破的基础上，进一步深化国有企业产权制度改革，通过引进战略投资者、股权转让、兼并重组、上市融资、减持上市公司股份等方式，促进资产证券化和产权多元化，实现国有经济战略性重组，构建以转型升级的资源能源优势产业为龙头、以战略性新兴产业和高端服务业为两翼的省属国有经济新格局。全面完成农垦、粮食、农业、水利、林业、商贸、交通七大系统的国有企业改革。健全国有资产管理体制、监管方式、业绩考核和责任追究制度，进一步规范国有企业改制和国有资产转让。

第二节 大力发展非公有制经济

鼓励和支持民间资本进入公共事业、基础设施、社会事业、金融服务等行业和领域。鼓励和引导非公有制企业通过参股、控股、资产收购等多种形式，参与国有企业改制重组。全面落实促进非公有制经济发展的政策措施，改善政府监管方式，加大对非公有制经济的指导协调和支持服务力度，加强对民间投资的金融服务，切实保护非公有制企业的合法权益，促进非公有制经济快速健康发展。

第三节 建立健全现代市场体系

进一步建立健全现代市场体系，统筹发展商品市场和要素市场、批发市场和零售市场、现货市场和期货市场、城镇市场和农村市场。加快社会信用体系建设，完善行业、企业和个人征信系统，促进政府信用信息共享，培育信用服务市场，建立守信激励、失信惩戒机制。推进市场竞争主体平等化、市场竞争要素多元化、市场竞争秩序规范化、市场流通格局现代化，充分发挥市场配置资源的基础性作用。

第三章 开展先行先试改革试点

以建设鄱阳湖生态经济区为契机，用足用好用活国家赋予的先行先试权，创造更多的发展权利、更广阔的发展空间。

第一节 推进生态文明区域经济体系试点

开展绿色国民经济核算方法试点，开展环境污染、生态破坏成本以及水、湿地、森林等资源价值等方面的核算试点，探索将发展过程中的资源消耗、环境损失和生态效益纳入经济社会发展评价体系。开展排污费改环境税试点，开征污染排放税、污染产品税、生态资源税。推进生态补偿试点，探索生态合作、产业共建、财政支援、异地开发、生态资源交易等多种生态补偿方式。

第二节 建立资源环境产权交易机制

深化资源环境有偿使用制度改革，引入市场机制，建立健全矿业权和排污权有偿取得和转让制度。规范发展探矿权、采矿权交易市场，大力发展水权、林权、碳汇、排污权交易市场，促进资源环境产权有序流转和公开、公平、公正交易。

第十一篇 优化发展环境 扩大开放合作

统筹利用国际国内两个市场、两种资源，在更大广度、更深程度、更高层次上扩大对外开放，加快融入经济全球化和区域经济一体化，不断提高开放型经济发展水平，构建对外开放新格局。

第一章 提升对外开放新优势

推进与国际经济、与港澳台、与沿海地区的对接和融合，加快资本集聚、资源利用、市场开拓、技术引进的国际化进程，提升开放型经济的层次和水平。

第一节 全力抓好招商引资工作

依托"十大平台"①，创新招商方式和投资促进机制，以产业链招商为重点，鼓励和引导国内外资金投向先进制造业、高新技术产业、现代服务业、现代农业、新能源和节能环保产业等领域。鼓励外资以参股、并购等方式参与省内企业改组改造和兼并重组。加强与中央企业、世界500强企业和

① "十大平台"：指北京新兴产业对接会、香港招商活动周、泛珠经贸洽谈会、赣台经贸合作研讨会、世界低碳与生态经济大会、景德镇国际陶瓷博览会、日韩重点产业推介会、东盟博览会产业推介会、樟树药交会、赣商大会。

境内外知名大企业的沟通对接，着力提高招商引资洽谈项目的签约率、落户率、进资率、开工率。坚持引资与"引智"相结合，积极引进国外技术创新机制、现代管理经验和高素质人才，鼓励大型企业在我省设立地区总部、研发中心、采购中心、培训基地等各类功能性机构，加快推进省内企业和科研院所与国外、省外公司建立技术合作战略联盟。

第二节　促进对外贸易转型升级

坚持出口市场多元化和以质取胜战略，确保对外贸易稳定增长。巩固欧美、亚洲等传统出口市场，开拓东盟、南美、非洲等新兴市场。优化出口商品结构，稳定劳动密集型产品、资源深加工产品等传统优势产品出口，扩大机电、光伏、汽车、直升机及飞机零部件、钨和稀土深加工等产品出口，延长加工贸易增值链，提高出口产品技术含量。加快发展服务贸易，逐步提高服务贸易比重。优化进口贸易结构，鼓励进口紧缺资源、先进装备和关键零部件，鼓励引进国外先进技术和现代服务业态。

第三节　加快实施"走出去"战略

按照政策引导和企事业自主原则，通过市场规则推进各类所有制企业通过多种渠道、多种方式有序参与境外投资合作。重点推动优势产业、骨干企业开发境外资源，建设生产加工基地，建立国际营销网络，开展科研开发、兼并收购。发挥资源加工型企业的优势，开发利用海外能源矿产资源。发挥农产品种植和加工的优势，开发利用海外农业资源。发挥各类勘探单位的技术优势，引导与骨干企业合作参与海外矿产资源勘探和开发。发展大型承包工程企业，承揽国际工程设计、施工项目。有序开展对外劳务合作业务，提升劳务合作技术含量。

第二章　优化对外开放环境

把进一步优化投资环境作为扩大对外开放的关键环节，完善制度，稳定政策，提高效率，降低成本，打造平台，全力营造稳定透明、公平公正的硬环境和软环境。

第一节　优化政务环境

根据国家涉外经济法律法规，完善相关政策措施，形成稳定透明的管理体制和公平可预见的政策环境。切实落实并完善相关政策措施，规范经营性收费，减少行政事业性收费，进一步提高行政审批效率，加快推进网上审批。深入推进优化投资环境活动。认真做好客商投诉处理工作，依法保护客商的合法权益。继续加强对重大项目的跟踪服务、调度推进力度。努力使江西的投资创业环境对内具有凝聚力、对外具有吸引力、在中部地区乃至全国最优。

第二节　开展多元合作

建立多层次开放平台，推进多领域合作交流。巩固提高世界低碳与生态技术博览会、江西（香港）招商引资活动周、赣台经贸合作研讨会、中国景德镇国际陶瓷博览会、中国"五会"经贸恳谈会、赣商大会等招商平台的层次和水平。加强国际生态合作。在维护生态安全、应对全球气候变化、发展低碳技术和绿色经济等重大领域广泛开展交流。融入长三角、珠三角、海西经济区，对接武汉城市圈、长株潭城市群、皖江城市带,推进援疆、援藏、援川对口帮扶和经济协作。

第三节 提升服务能力

加快工业园区、出口加工区、保税区、物流园区等平台建设,提高产业配套能力,降低商务成本,打造承接产业转移的新优势。完善口岸布局,开辟口岸通道,增加铁路、公路、水路口岸作业区,推进九江城西保税港区建设,促进铁公水空多式联运,构建现代立体口岸开放体系。完善电子口岸建设,畅通协调机制,全面实现跨部门、跨企业口岸工作数据并网运行,提升通关能力。改善外汇服务和管理方式,推进跨境贸易人民币结算,促进贸易便利化、外商投资和境外投资便利化。

第十二篇 完善实施机制 实现规划蓝图

本规划经过江西省第十一届四次人民代表大会审议批准后,具有法律效力。要举全省之力,集全民之智,充分调动最广大人民群众的积极性、主动性和创造性,确保实现未来五年发展的宏伟蓝图。

第一章 建立健全规划实施机制

综合运用经济法律和必要的行政手段,充分发挥市场配置资源的基础性作用,有效配置公共资源,合理引导社会资源,推动规划顺利实施,保障规划目标和任务的完成。

本规划确定的预期性指标和产业发展、结构调整等任务,主要依靠市场主体自主推进。各级政府要努力创造良好的体制、政策和法制环境,充分调动市场主体的积极性和创造性,引导市场主体行为与政府战略意图相一致。

本规划提出的约束性指标和公共服务领域的任务,要纳入各地各部门经济社会发展综合评价和绩效考核体系。约束性指标要分解落实到相关部门和单位,其中耕地保有量、单位生产总值能耗和二氧化碳排放、主要污染物排放等指标,要分解落实到各设区市。公共服务特别是促进基本公共服务均等化的任务,要明确工作责任和进度,主要运用公共资源全力完成。

围绕本规划确定的目标和任务,切实加强经济社会发展政策的统筹协调,注重政策目标与政策工具、短期政策与长期政策、年度计划与中长期规划的衔接配套。依据公共财政服从和服务于公共政策的原则,合理配置公共资源,优化公共财政支出结构,确保公共财政资源重点投向农业农村、民生和社会事业、科技创新、生态环保等领域。

完善规划监测评估制度,加强对规划实施情况的跟踪分析,自觉接受省人民代表大会及其常务委员会的监督检查。省直有关部门要对重点领域的突出问题适时开展专题评估。在本规划实施的中期阶段,省政府组织开展全面评估,中期评估报告提交省人大常委会审议。经中期评估需要对纲要进行修订时,报请省人大常委会批准。

第二章 强化规划协调管理

建立健全以国民经济和社会发展总体规划为统领，以主体功能区规划为基础，以专项规划、区域规划、城市规划和土地利用规划为支撑，形成各类规划定位清晰、功能互补、统一衔接的规划体系，健全责任明确、分类实施、有效监督的实施机制。

总体规划统领全省经济社会发展全局，是编制其他各类规划的依据。专项规划是本规划在特定领域的延伸和细化，主要明确特定领域的发展方向、发展目标、工作重点和政策措施。各设区市人民政府依据省级规划纲要，组织编制和实施本行政区的经济社会发展规划，既要确保省级规划在本行政区的落实，又要结合自身实际，突出特色。

切实加强各专项规划、市县规划与总体规划的衔接，市县规划要在约束性目标、空间功能定位和重大基础设施建设等方面与总体规划相衔接；专项规划要在发展目标、空间布局、重大项目建设等方面与总体规划相衔接。

切实加强总体规划与土地利用规划和城市规划之间的衔接配合，土地利用规划和城市规划以总体规划为依据，要将总体规划确定的目标、任务和要求进行具体落实，突出建设性、控制性，确保在总体要求上方向一致，在空间配置上相互协调，在时序安排上科学有序，不断提高规划的管理水平和实施成效。

加强年度计划与本规划的衔接，年度计划要逐年落实本规划提出的发展目标和重点任务，对约束性指标应当设置年度目标。年度计划报告要分析本规划的实施情况，特别是约束性指标的进展完成情况。

第三章 加强重大项目实施

突出重大项目对规划实施的支撑作用，抓好项目的研究、储备、论证、调度和建设，建立省、市、县三级项目库，实行动态管理、滚动推进。建立预算管理和投资管理协调统一、相互促进的联动机制，进一步完善以规划定项目、以项目定资金的长效机制，对规划所列的重大项目，特别是事关经济社会发展全局的重要基础设施、民生社会项目，政府要组织推动实施，在制定年度计划和财政预算时，落实建设资金，纳入财政预算；对有收益的公益性项目，要制定优惠政策，开展招商引资，采用多种融资方式吸纳社会资金参与建设；竞争性的产业项目，坚持以企业为主体，以市场为导向，政府提供服务。

“十二五”宏伟蓝图已经绘就，全省广大干部群众要更加紧密团结在以胡锦涛为总书记的党中央周围，高举中国特色社会主义伟大旗帜，在中共江西省委的正确领导下，把握新机遇，迎接新挑战，创造新业绩，全力推进鄱阳湖生态经济区建设，实现科学发展、进位赶超、绿色崛起！

山东省国民经济和社会发展第十二个五年规划纲要

（2011年2月17日山东省
第十一届人民代表大会第四次会议批准）

山东省国民经济和社会发展第十二个五年规划纲要（2011～2015年）根据中共中央和中共山东省委《关于制定国民经济和社会发展第十二个五年规划的建议》制定，主要阐明政府战略意图，明确政府工作重点，引导市场主体行为，是未来五年我省经济社会发展的宏伟蓝图，是全省人民共同的行动纲领。

第一篇　发展背景和发展目标

“十二五”时期是我省全面建设小康社会、实现富民强省新跨越的关键时期，是深化改革开放、加快转变经济发展方式的攻坚时期，必须继续抓住和用好重要战略机遇期，进一步推动科学发展、和谐发展、率先发展，加快建设经济文化强省。

第一章　发展成就

“十一五”以来，全省上下坚持以科学发展观为指导，贯彻落实党中央、国务院一系列大政方针和省委、省政府的战略部署，积极作为、科学务实、重点突破、攻坚破难，保持了经济社会平稳较快发展，主要任务目标顺利完成。面向未来，我省的发展站上了更新更高的平台。

综合实力跃上新台阶。2010年地区生产总值达到39416.2亿元，“十一五”年均增长13.1%，人均地区生产总值突破6000美元。地方财政收入达到2749.3亿元，年均增长20.7%。全社会固定资产投资五年累计完成8.1万亿元，年均增长

22.5%。实现社会消费品零售总额累计达到5.3万亿元,年均增长18.9%。

图1-1 “十一五”期间地区生产总值和地方财政收入(单位:亿元)

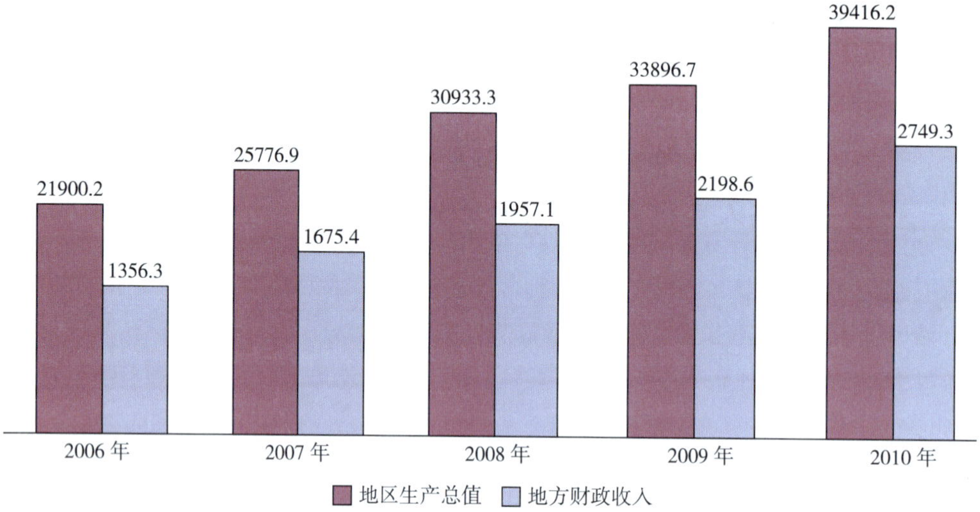

图1-2 “十一五”期间全社会固定资产投资和社会消费品零售总额(单位:亿元)

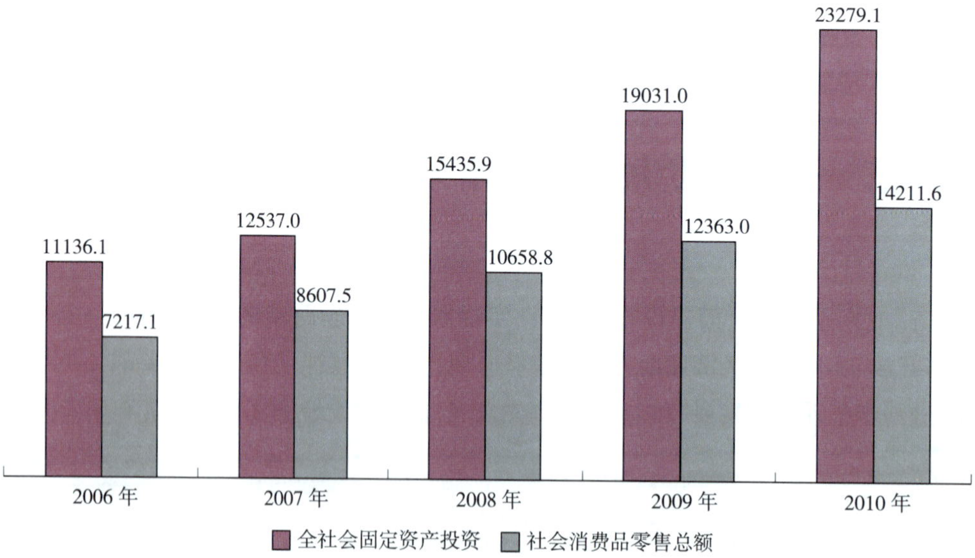

产业结构调整取得新进展。农业连续8年增产,粮食总产达到4335.7万吨。制造业强省建设成效显著,规模以上工业完成增加值2万亿元以上。服务业规模和质量逐步提升,增加值达到14429亿元。三次产业比例调整为9.1∶54.3∶36.6。

图 1－3 “十一五”末三次产业比重

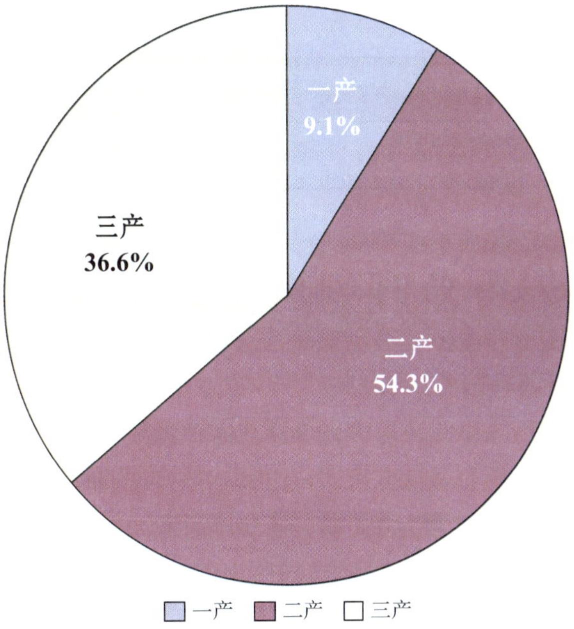

可持续发展取得新成效。耕地总量实现动态平衡，保有量超过 1 亿亩，有效灌溉面积达到 7464 万亩，工业用水重复利用率达到 75%，万元生产总值能耗、二氧化硫和化学需氧量排放累计分别下降 22.1%、20% 和 18%，完成国家下达的“十一五”节能减排任务，以能源资源过度消耗、环境污染为代价的增长方式得到有效遏制。

创新型省份建设取得新突破。拥有中科院 3 个研究所、26 个国家工程技术研究中心、21 个国家级重点实验室和工程实验室，29 个国家质检中心，国家综合性新药研发技术大平台、海洋科学综合考察船、国家深海基地等重大科学工程落户山东。拥有国家级企业技术中心 100 家，居全国首位。高新技术产业实现产值年均增长超过 30%。

协调发展呈现新亮点。国务院批复实施《黄河三角洲高效生态经济区发展规划》和《山东半岛蓝色经济区发展规划》，胶东半岛高端产业聚集区和日照钢铁精品基地建设扎实推进，省会经济加快发展，突破菏泽成效明显。城乡面貌显著改善，城镇化率达到 49%，实现村村通电、通电话、通汽车，通自来水率达到 90%。

改革开放形成新局面。多种所有制经济共同发展的格局基本形成，非公有制经济占地区生产总值比重达到 54%。资本市场逐步完善，直接融资额五年累计达到 2900 亿元。工业反哺农业、城市支持农村的机制不断完善，财政对“三农”累计投入 4718 亿元，年均增长 36.1%。政府职能转变的步伐加快，教育、文化、医药卫生、社会保障、收入分配等领域体制改革力度加大。全方位、多层次、宽领域的开放格局基本形成，已与国外建立友好城市 168 对、友好合作关系城市 165 对，进出口总额累计 7036 亿美元，年均增长 19.6%，实际利用外商直接投资累计 463.9 亿美元。

图1－4　非公有制经济占地区生产总值比重

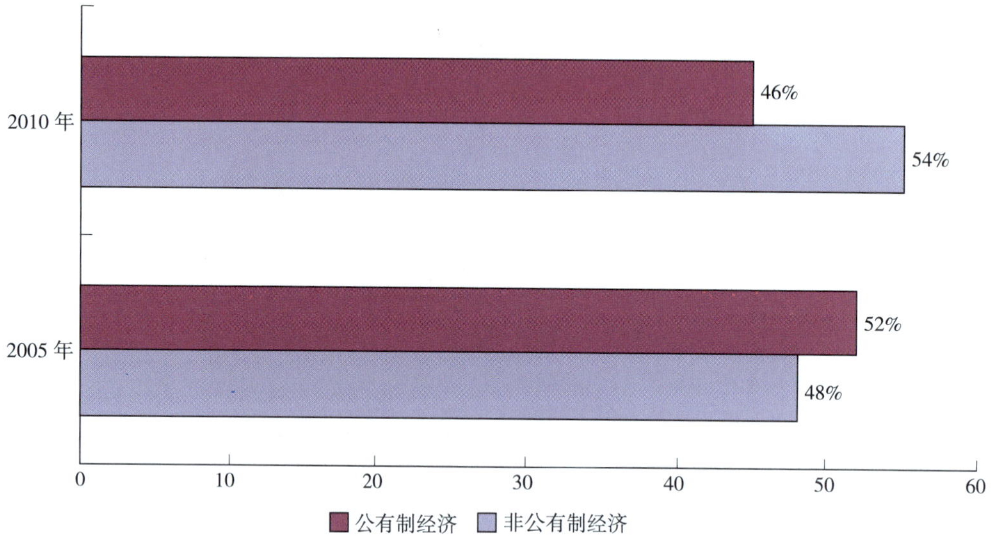

民生建设得到新加强。保障和改善民生力度持续加大，财政对民生投入累计7004.5亿元。各级各类教育发展加快、结构优化，高等教育毛入学率提高6个百分点以上，高中阶段教育职普比达到1:1。城乡医疗卫生条件进一步改善，城市社区卫生服务覆盖率98.7%，新型农村合作医疗参合率99.6%。人均期望寿命达到76岁。五级公共文化服务网络基本形成，成功举办了奥帆赛、残奥帆赛和第十一届全运会。累计新增城镇就业553万人，转移农村劳动力715.9万人，实现城镇家庭就业动态消零。社会保障覆盖面逐步扩大，城镇居民人均可支配收入、农民人均纯收入分别达到19946元和6990元，年均分别增长10.5%和8.7%。

图1－5　"十一五"城乡居民收入(单位:元)

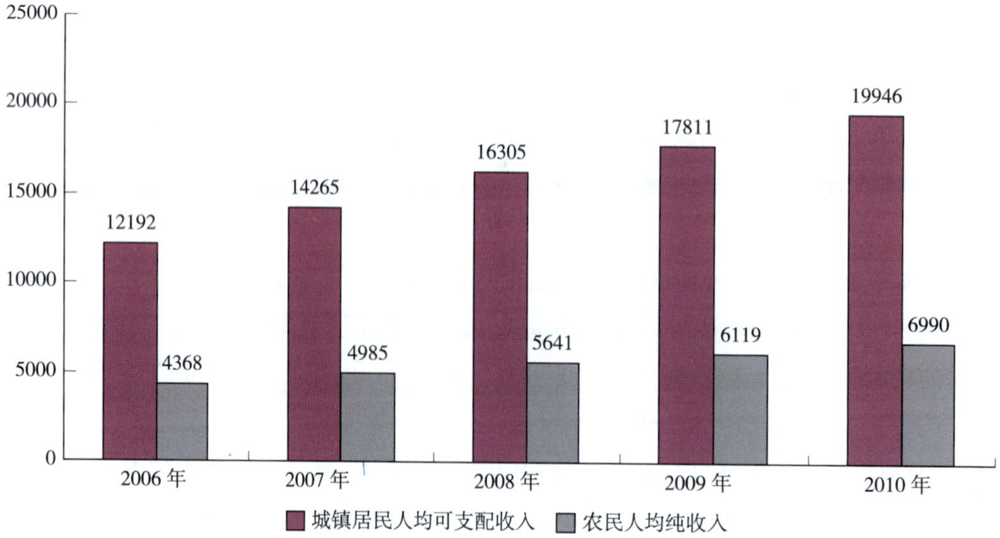

表1 “十一五”规划主要指标完成情况

	指标	2005年	规划目标		实现情况		属性
			2010年	年均增长	2010年	年均增长	
1	地区生产总值(亿元)	18366.9	30000	10%	39416.2	13.1%	预期性
2	人均地区生产总值(美元)	2447	>3900		>6000		预期性
3	三次产业比例	10.7:57:32.3	8:55:37		9.1:54.3:36.6		预期性
4	地方财政收入(亿元)	1073.1	2000	14%	2749.3	20.7%	预期性
5	固定资产投资总额(亿元)	10541.9		18%	23279.1	22.5%	预期性
6	社会消费品零售总额(亿元)	6166.9	11000	13%	14211.6	18.9%	预期性
7	进出口总额(亿美元)	768.9	1500	15%	1889.5	19.6%	预期性
8	外商直接投资(亿美元)	89.7		[400]	91.7	[463.9]	预期性
9	居民消费价格指数涨幅(%)	1.7		4%左右	2.9	2.7	预期性
10	单位地区生产总值能耗降低(%)			[22]		[22.1]	约束性
11	主要污染物排放总量减少(%) 二氧化硫			[20]		[20]	约束性
	主要污染物排放总量减少(%) 化学需氧量			[18]		[18]	
12	工业用水重复利用率(%)		75		75		约束性
13	森林覆盖率(%)	20.68(2007年)	22		22.8		约束性
14	耕地保有量(亿亩)	1.1	1.1		1.1		约束性
15	研究与试验发展经费支出占地区生产总值比重(%)	1	2		1.5		预期性
16	高新技术产业产值占规模以上工业总产值比重(%)	24.1	35		35.2		预期性
17	城镇化率(%)	45	50		49		预期性
18	高等教育毛入学率(%)	19.2	26		26		预期性
19	城镇居民人均可支配收入(元)	10745	15000	7%	19946	10.5%	预期性
20	农民人均纯收入(元)	3931	5500	7%	6990	8.7%	预期性
21	城镇登记失业率(%)	3.35	<4		3.36		预期性
22	五年城镇新增就业(万人)	106		[600]	115.3	[553]	预期性
	五年转移农村劳动力(万人)	169.2		[600]	129.4	[715.9]	
23	城镇参加基本养老保险人数(万人)	1053	1200		1770.9		约束性
24	新型农村合作医疗参保率(%)		95		99.6		约束性
25	总人口(万人)	9248	<9600	<6‰		<6‰	约束性

注:地区生产总值和城乡居民收入绝对数按当年价格计算,速度按可比价格计算,[]表示五年累计数。

我省“十一五”经济社会发展的成功实践，为“十二五”及今后的发展积累了丰富的经验。一是坚持科学务实谋发展，聚精会神搞建设，积极应对国际金融危机挑战，加快转变经济发展方式，抓住机遇推动经济不断迈上新台阶。二是坚持更加关注民生，把改善人民生活作为全面建设小康社会的出发点和落脚点，让人民群众共享改革发展成果。三是坚持全面、协调、可持续发展的要求，着力扩大消费需求，推进节能减排和生态建设，实施区域重点突破，全面提升经济发展的质量和效益。四是坚持深化改革、扩大开放，为经济社会发展不断注入新的活力和动力。五是坚持经济建设与文化建设紧密结合，相互促进，增强经济社会发展的软实力。

面向未来，在前进道路上我省仍然存在一些深层次的矛盾和问题，主要是经济发展方式转变不快，结构性矛盾突出，服务业发展相对滞后，城乡区域发展不协调；经济发展的质量和效益不高，人均经济指标水平偏低；经济增长的资源环境约束强化，节能减排压力较大；科技创新能力不够强，人才支撑能力不足；制约科学发展的体制机制障碍依然较多，对外开放水平不高；保障和改善民生任务繁重，公共服务水平亟待提高。全省必须增强机遇意识和忧患意识，既要珍惜机遇、抓住机遇、用好机遇，又要认清挑战、应对挑战、战胜挑战，更加奋发有为地推动经济社会又好又快发展。

第二章　发展环境

“十二五”期间，我省经济社会发展总体上仍处于重要战略机遇期，有基础有条件继续走在全国前列，但国内外发展环境错综复杂，不确定不稳定因素增多，转变发展方式的外部压力加大、内在要求迫切，加快转方式、调结构，实现由大到强的历史跨越，是经济社会发展的重大战略任务。

从国际环境看，和平、发展、合作仍是时代潮流，世界多极化、经济全球化深入发展，科技创新孕育新突破，国际环境总体上有利于我国和平发展。同时，国际金融危机影响深远，世界经济增长速度减缓，全球需求结构出现明显变化，围绕市场、资源、人才、技术、标准等的竞争更加激烈，气候变化以及能源资源安全、粮食安全等全球性问题更加突出，各种形式的保护主义抬头，我国发展的外部环境更趋复杂，对统筹国内国际两个大局带来新的压力和考验。

从国内环境看，我国发展仍处于可以大有作为的重要战略机遇期，工业化、信息化、城镇化、市场化、国际化深入发展，社会主义市场经济体制更加完善，综合国力大幅提升，政府宏观调控能力明显提高，经济结构转型加快，社会保障体系逐步健全，社会大局保持稳定，加快转变经济发展方式成为未来的主导趋势，完全有条件推动经济社会发展和综合国力再上新台阶。各省市加快发展特色经济区，培育新的经济增长点，区域竞争与合作格局加速调整，区域间产业梯度转移的趋势更加明显。

从山东发展看，“十二五”及今后一个时期，我省经济社会发展将开启以科学发展为主题、向富民强省目标迈进的新征程，具备了加快由经济大省向经济强省、由文化资源大省向文化强省跨越的有利条件。一是具备良好的政策环境。党中央、国务院把加快经济发展方式转变作为深入贯彻落实科学发展观的重要目标和战略举措，省委、省政府制定实施了一系列转方式、调结构、保增长、惠民生的政策措施，为经济社会发展提供了有力的政策保障。二是具备较好的经济基础。我省资源比较丰富，经济已具相当规模，产业体系日益完备，支撑能力不断增强，改革稳步向纵深推进，全方位开放格局已经形成，为转方式、调结构提供了良好的经济条件和体制机制保障。三是具备广阔的发展空间。我省已经进入加快全面建成小康社会的历史新阶段，国内外市场前景广阔，经济发展回旋余地大。山东半岛蓝色经济区和黄河三角洲高效生态经济区建设加快推进，重点区域带动战略深入实施，极大地拓展了发展空间。同时，展望未来也面临诸多挑战，主要是传统增长模式难以持续，结构调整任务繁重，社会建设面临诸多难题，改革攻坚面临深层次矛盾。综合分析，我省经济社会平稳较快发展的态势将持续较长一个时期，有条件加快经济文化强省建设的步伐。

第三章　发展目标

指导思想：

高举中国特色社会主义伟大旗帜，以邓小平理论和“三个代表”重要思想为指导，深入贯彻落实科学发展观，紧紧围绕科学发展主题，牢牢把握加快转变经济发展方式主线，坚定不移地以富民强省为目标，深化改革开放，保障和改善民生，努力建设经济文化强省，促进经济长期平稳较快发展和社会和谐稳定，为率先全面建成小康社会打下具有决定性意义的基础。

指导原则：

坚持结构调整。把经济结构战略性调整作为加快转变经济发展方式的主攻方向，构建扩大内需长效机制，放大消费拉动作用，调整优化投资结构，促进经济增长向依靠消费、投资、出口协调拉动转变。提高农业现代化水平，大力发展现代产业体系，推动服务业跨越发展，促进经济增长向依靠第一、第二、第三产业协同带动转变。

坚持创新驱动。把科技进步和创新作为加快转变经济发展方式的重要支撑，深入实施科教兴鲁和人才强省战略，充分发挥科技第一生产力和人才第一资源作用，提高教育现代化水平，增强自主创新能力，打造高端人才聚集地，推动发展向主要依靠科技进步、劳动者素质提高、管理创新转变，加快建设创新型省份。

坚持统筹兼顾。把统筹兼顾作为加快转变经济发展方式的根本方法，统筹经济与社会、海洋与陆地、城市与农村、东部与中西部、当前与长远，加快实施重点区域带动战略，积极稳妥推进城镇化，加快推进社会主义新农村建设，促进区域良性互动、协调发展，提高发展的全面性、协调性、可持续性。

坚持民生优先。把保障和改善民生作为加快转变经济发展方式的根本出发点和落脚点，把促进就业放在经济社会发展优先位置，加快发展各项社会事业，推进基本公共服务均等化，加大收入分配调节力度，坚定不移走共同富裕道路，实现富民与强省的有机统一，共建共享和谐社会。

坚持绿色发展。把建设资源节约型和环境友好型社会作为加快转变经济发展方式的重要着力点，加强资源节约和管理，加大节能减排和环境保护力度，加强生态保护和防灾减灾体系建设，发展循环经济，推广低碳技术，加快生态省建设，促进经济社会发展与人口资源环境相协调，提高生态文明水平，增强可持续发展能力，营造美好家园。

坚持改革开放。把改革开放作为加快转变经济发展方式的强大动力，以更大决心和勇气全面推进各领域改革，破除发展障碍，化解发展难题，加快构建有利于科学发展的体制机制。实施互利共赢的开放战略，增强发展的融合性和开放度，更高水平参与国际分工，积极推动国内区域合作，以开放促发展、促改革、促创新。

推动和实现我省经济社会的科学发展,必须坚持"一线三点"的工作思路,在各项工作中体现强省建设的内在要求,在发展中促转变、在转变中谋发展,着力提升经济社会发展质量,逐步提高人民生活水平,不断取得经济文化强省建设的新成就。

发展目标:

综合竞争力显著提升。地区生产总值年均增长9%,到2015年三次产业比例调整为7∶48∶45,地方财政收入年均增长14%左右,全社会固定资产投资年均增长15%左右,社会消费品零售总额年均增长15%以上,经济结构战略性调整取得重大进展。

图3－1 "十二五"末三次产业比重

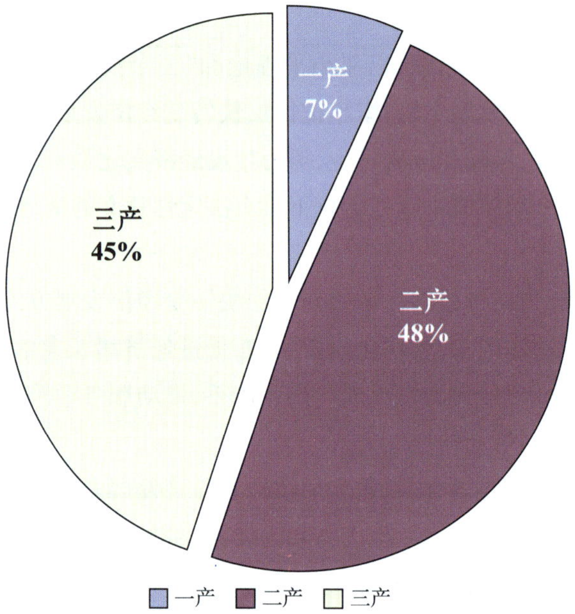

城乡区域协调发展。全省城镇化水平达到55%以上,力争新农村建设达到全国先进水平,海陆资源互补、产业互动、布局互联,海洋经济占地区生产总值的比重达到23%,东部率先发展、中部加快崛起、西部实现跨越,形成区域协调发展新格局。

图3－2 城镇化率

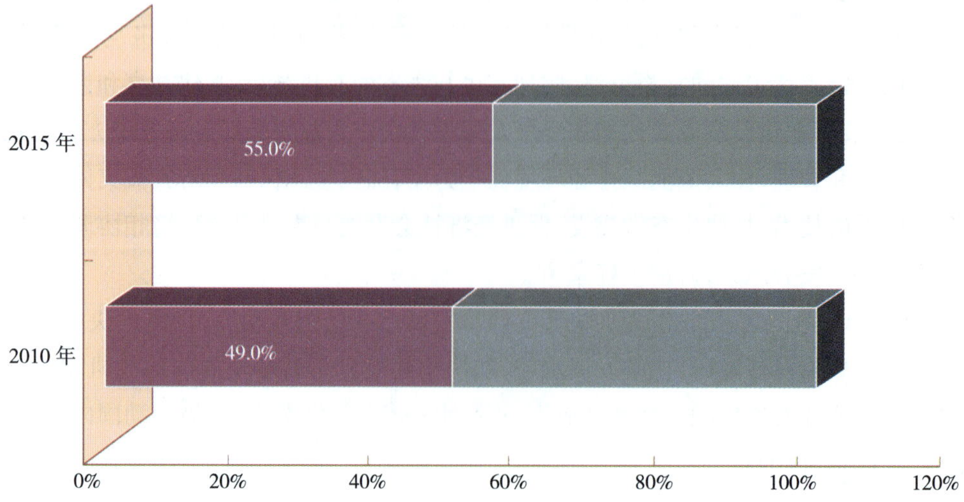

社会建设明显加强。教育质量和结构不断提升,公共文化服务体系基本形成,城乡医疗卫生服务体系健全完善,社会主义核心价值体系深入人心,全社会文明程度大幅度提高。社会管理制度不断完善,平安山东建设深入推进,社会更加和谐稳定。

生态环境优美宜居。确保完成国家下达的节能减排约束性目标,单位地区生产总值能耗和二氧化碳排放大幅下降,主要污染物排放总量显著减少,森林覆盖率达到25%,生态环境质量不断提升,人居环境显著改善,展现生态山东、绿色山东的新形象。

人民生活殷实富裕。城镇居民人均可支配收入和农民人均纯收入年均增长10%,争取农民收入实现更高增幅,逐步扭转收入差距扩大的趋势,城镇登记失业率控制在4%以内,人均期望寿命力争达到77岁,价格总水平保持基本稳定,基本公共服务均等化程度明显提高。

图3-3 城乡居民收入(单位:元)

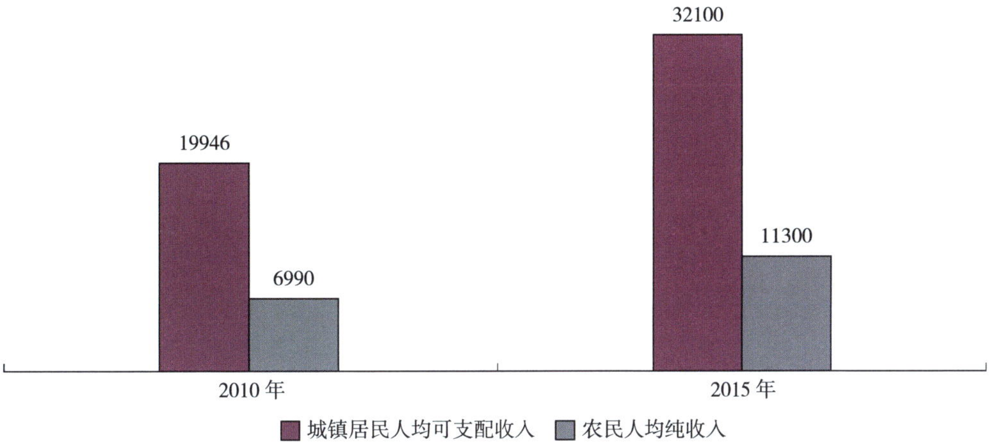

经过全省人民共同努力奋斗,使我省转变经济发展方式取得实质性进展,经济文化强省建设步伐明显加快,综合实力、国际竞争力和可持续发展能力显著增强,人民富裕文明程度普遍提高,全面建成小康社会的基础更加牢固。

表2 "十二五"时期经济社会发展主要指标

类别	指　标	2010年	2015年	年均增长(%)	属性
经济发展	地区生产总值(亿元)	39416.2	60000	9	预期性
	服务业增加值比重(%)	36.6	>45	>[8.4]	预期性
	城镇化率(%)	49	>55	>[6]	预期性
科技教育	九年义务教育巩固率(%)	95	97	[2]	约束性
	高中阶段教育毛入学率(%)	>95	97	[2]	预期性
	研究与试验发展经费支出占地区生产总值比重(%)	1.5	>2.2	>[0.7]	预期性
	每万人口发明专利授权数(件)	0.4	0.8	[0.4]	预期性

续表

类别	指　　标	2010 年	2015 年	年均增长(%)	属性
环境资源	耕地保有量(亿亩)	1.1	1.1		约束性
	单位工业增加值用水量降低(%)			完成国家分解任务	约束性
	农业灌溉用水有效利用系数	0.59	0.63	[0.04]	预期性
	非化石能源占一次能源消费比重(%)	<1	6		
	单位地区生产总值能源消耗降低(%)				约束性
	单位地区生产总值二氧化碳排放降低(%)			完成国家分解任务	约束性
	主要污染物排放减少(%)				约束性
	森林增长　森林覆盖率(%)	22.8	25	[2.2]	约束性
	森林增长　森林蓄积量(亿立方米)	0.94	1.1	[0.16]	
人民生活	城镇居民人均可支配收入(元)	19946	32100	10	预期性
	农民人均纯收入(元)	6990	11300	10	预期性
	城镇登记失业率(%)	3.36	<4		预期性
	城镇净增就业人数(万人)			>[500]	预期性
	城镇参加基本养老保险人数(万人)	1770.9	1900	[129.1]	约束性
	城乡三项基本医疗保险参保率(%)	97	98	[1]	约束性
	城镇保障性安居工程建设(万套)			完成国家分解任务	约束性
	总人口(万人)			<6‰	约束性

注:地区生产总值和城乡居民收入绝对数按 2010 年价格计算,速度按可比价格计算;[ ]内为五年累计数;主要污染物指化学需氧量、氨氮、二氧化硫、氮氧化物;城乡三项基本医疗保险指城镇职工基本医疗保险、城镇居民基本医疗保险、新型农村合作医疗。

第二篇　区域统筹和发展布局

构建产业布局合理、区域发展协调、人口聚集加快、城镇体系完善的发展格局。突出重点区域带动,推进区域协调发展;突出大城市集聚辐射,推进城乡一体化发展;突出提高国土空间利用效率,推进各具特色的主体功能区优势互补错位发展。

第四章　经济布局

深入实施重点区域带动战略,支持特色经济区加快发展,加快区域一体化进程,促进区域经济相互融合联动发展。

加快打造山东半岛蓝色经济区。全面落实胡锦涛总书记关于打造和建设好山东半岛蓝色经济区的重要指示,精心组织实施国家海洋经济发展试点,加快实施国家批复的《山东半岛蓝色经济区发展规划》,打造具有国际先进水平的海洋经济改革发展示范区和我国东部沿海地区重要的经济增长极。胶东半岛高端产业聚集区是山东半岛蓝色经济区的主体力量，要发挥全省优质资源富集地带的优势，放大青岛龙头带动效应，着力提高自主创新能力，努力建成国内一流、国际先进的技术密集、知识密集、人才密集、金融密集、服务密集的高端产业聚集区。

专栏1　山东半岛蓝色经济区

以全省15.95万平方公里海域和沿海7市51个县(市、区)所属的6.4万平方公里陆域为主体规划区，提升胶东半岛高端海洋产业集聚区核心地位，壮大黄河三角洲高效生态海洋产业集聚区和鲁南临港产业集聚区两个增长极，构筑海岸、近海和远海三条开发保护带，培育青岛-潍坊-日照、烟台-威海、东营-滨州三个城镇组团，形成“一核、两极、三带、三组团”的总体开发框架。省内其他地区为联动区，构筑陆海统筹、一体化发展格局。

加快建设黄河三角洲高效生态经济区。积极推进实施国家批复的《黄河三角洲高效生态经济区发展规划》，按照高效、生态、创新的原则，以资源高效利用和改善生态环境为主线，加快构筑现代产业体系和生态保护体系，扩大对内对外开放，提高核心竞争力和综合实力，建设全国重要的高效生态经济示范区、全国重要的特色产业基地、全国重要的后备土地资源开发区和环渤海重要的增长区域。

专栏2　黄河三角洲高效生态经济区

包括东营市、滨州市，潍坊市的寒亭区、寿光市、昌邑市，德州市的乐陵市、庆云县，淄博市的高青县和烟台市的莱州市，共19个县(市、区)，陆地面积2.65万平方公里，依托东营、滨州、潍坊港和烟台港莱州港区，加快建设东营、滨州、潍坊北部、莱州四大临港产业区，形成西起乐陵、东至莱州的环渤海南岸经济集聚带。

加快建设省会城市群经济圈。以加快省会建设发展为龙头，带动周边地区一体化发展。强化济南核心地位，加快城市扩容，改善城市面貌，提升城市功能，增强辐射带动作用，做大做强省会经济、总部经济和服务经济，培育和发挥教育科研、金融服务、高新技术、商贸物流、文化旅游等综合优势。发挥区域高速公路、铁路和规划建设的城际轨道通达便捷的优势，加强周边中心城市分工协助和优势互补，实现各类资源高效优化配置，建成发展活力充足、产业素质较高、服务功能强大、生态环境优美、社会文明和谐的经济圈。

专栏3　省会城市群经济圈

包括济南、淄博、泰安、莱芜、德州、聊城、滨州7市，行政区划面积5.2万平方公里，依托中心城市和重要交通干线，构建完善以济南城区为中心，以70公里为半径周边区域为节点的紧密圈层，以150公里为半径六市为节点的协作圈层，以济南为核心，提升德济泰高铁产业带和淄济聊交通走廊产业带“十”字形主轴，构建北翼德滨、东翼滨淄莱、西南翼聊泰莱三条环形发展轴线，形成“一核两轴三环”增长格局。

加快建设鲁南经济带。以鲁南临港产业集聚区为龙头，充分发挥港口资源、自然资源、区位等优势，加快日照钢铁精品基地建设，把鲁南建成全国重要的能源和精细化工、优质建材、机械制造、商贸物流、文化旅游、优质农产品生产加工基地，增强区域可持续发展能力，形成山东经济发展的重要增长极。

专栏4 鲁南经济带

包括日照、临沂、枣庄、济宁、菏泽5市，面积5.05万平方公里。以日照、临沂为主体，建设临港经济区；以济宁、枣庄为主体，繁荣发展运河经济；以菏泽为主体，推动欠发达地区跨越式发展，打造鲁苏豫皖四省交界地区科学发展高地。

第五章 城乡布局

积极稳妥推进城镇化，加快建设社会主义新农村，构建以城市群为主体，大中小城市和小城镇科学布局，城乡互促共进，区域协调发展的城镇体系，推动城乡规划一体化、基础设施建设一体化、公共服务一体化，促进公共资源在城乡之间均衡配置、生产要素在城乡之间合理流动。

*发展壮大中心城市。*适度拓展济南、青岛两大中心城市规模，增强综合承载力和服务功能，更好地发挥集聚和辐射带动作用。合理扩大其他区域中心城市容量，加快要素集聚，增强城市承载能力。积极发展城市群，以区域经济发展布局为基础，以资源整合为重点，加强城市间规划对接、产业合作和发展融合，推进资源共用、设施共建、环境共治、成果共享。到2015年，全省17市建成区人口全部达到50万人以上，其中超100万的城市16个，济南、青岛分别达到400万人和450万人。

*大力发展县级市、县城和重点镇。*量大面广的中小城镇是落实城乡统筹发展的重要着力点。县级市和县城，要强化城镇规划龙头作用，加快产业集约、要素集聚、人口集中，积极稳妥推进撤乡设镇、乡镇改街办，提高承载能力，向中等城市发展。改革城镇管理体制，实施扩权强镇，强化社会管理和服务功能，支持一批经济强镇、区域重镇和文化旅游名镇加快膨胀规模，向小城市发展。到2015年，全省建成20万～50万人的中等城市35个，3万～20万人的小城市133个。

*规范有序建设农村社区和中心村。*推进农村基础设施城镇化、居住管理社区化、生活方式市民化，建设农民幸福生活的美好家园。坚持群众自愿、因地制宜、量力而行、依法推进，在切实保障农民权益的前提下，以城边村、园区周边村、经济强村为重点，建设新型农村社区，改造空心村，建设特色村，积极稳妥引导农民适当集中居住，实行城乡基础设施统一规划布局，积极推进城市公用设施向乡镇和农村社区延伸。到2015年，实现农村社区建设服务全覆盖，完成8000个村庄整体改造。

*加快发展县域经济。*把发展县域经济作为统筹城乡发展的重要支撑点和着力点，积极调整产业布局和资源配置方式，因地制宜地发展都市辐射型、外向经济型、资源加工型、龙头企业带动型等特色经济。加强城镇建设与产业布局的配套衔接，推动规模结构合理化、产业发展集群化、土地利用集约化和城镇面貌特色化，促进产业向园区集中、要素向城镇集中、居住向社区集中，增强吸纳人口、带动经济发展、推进城乡一体化进程的能力。积极引导农村人口就近有序转移，对有稳定劳动关系并在城镇居住的农民工特别是新生代农民工，逐步取消暂住证，实行居住证制度，促进转化为城市居民，并享有与当地居民同等权益。完善支持县域经济发展的政策措施，研究制定新一轮县域经济综合考评制度，进一步扩大县级和强镇的自主权、决策权及经济管理权限，加快推进省管县财

政体制改革，加大对县域的转移支付，推动县级、乡镇综合改革。

专栏5　2015年17市建成区人口规模

400万人以上城市2个：青岛（450）、济南（400）。
200万人以上城市2个：淄博（270）、临沂（220）。
100万人以上城市12个：烟台（170）、潍坊（180）、济宁（140）、泰安（110）、枣庄（105）、东营（100）、威海（100）、日照（110）、滨州（100）、聊城（100）、菏泽（100）、德州（100）。
50万人以上城市1个：莱芜（50）。

第六章　空间布局

依据资源环境承载能力、开发密度和发展潜力，调整优化空间结构，提高空间利用效率。全省国土空间按开发内容分为城市、农村和生态三类区域，按开发方式分为优化开发、重点开发、限制开发和禁止开发四类区域。

城市地区。包括城市、建制镇的现有建成区和拓展区、经济集中开发区，是集聚经济和人口的重要区域，面积占全省国土总面积的40%，作为推进工业化、城镇化的国土空间。工业向园区集聚，人口居住向城镇集中，对城市重污染企业限时限点淘汰或改造搬迁。

农村地区。包括农村居住区和农业地区，面积占全省国土总面积的40%，作为发展农业生产、建设农村居民点和乡村道路及其他基础设施的国土空间。严格保护基本农田，发展现代农业，建设宜居村庄。

生态地区。包括生态经济区和水源涵养区、水土保持区、生物多样性维护区，面积占全省国土总面积的20%。以海岸带和鲁中南山区为骨架，生态类限制开发区域为主体，点状分布的禁止开发区域为组成部分，作为构筑生态安全屏障的国土空间。适度发展特色生态经济，禁止从事不符合生态功能定位的各类开发建设活动。

推进集约开发和空间均衡。胶东半岛城市群、黄河三角洲高效生态经济区和济南淄博主城区为优化开发区域，建立转变发展方式优先的绩效评价体系，全面优化提升经济社会发展的结构、素质和质量，成为带动全省经济社会发展的龙头、重要的创新区域和规模最大的人口经济密集区。济南都市圈、鲁南经济带、全省重点城镇拓展区和各类经济园区，为重点开发区域，实行工业化和城镇化水平优先的绩效评价，加快形成现代产业体系，健全现代城镇体系，促进人口加速集聚，完善基础设施网络，保护生态环境，成为支撑未来全省经济持续增长的重要增长极。农业地区和生态地区分别实行农业发展优先和生态保护优先的绩效评价，实行点状开发，保护大片耕地和开敞生态空间，引导人口集中布局到中心城镇。世界文化自然遗产以及国家级和省级自然保护区、风景名胜区、森林公园和地质公园等，为禁止开发区域，要依据法律法规和相关规划实施强制性保护，严格控制人为因素对自然生态的干扰，引导人口逐步有序转移。

图6－1　山东省城市、农村和生态空间布局图

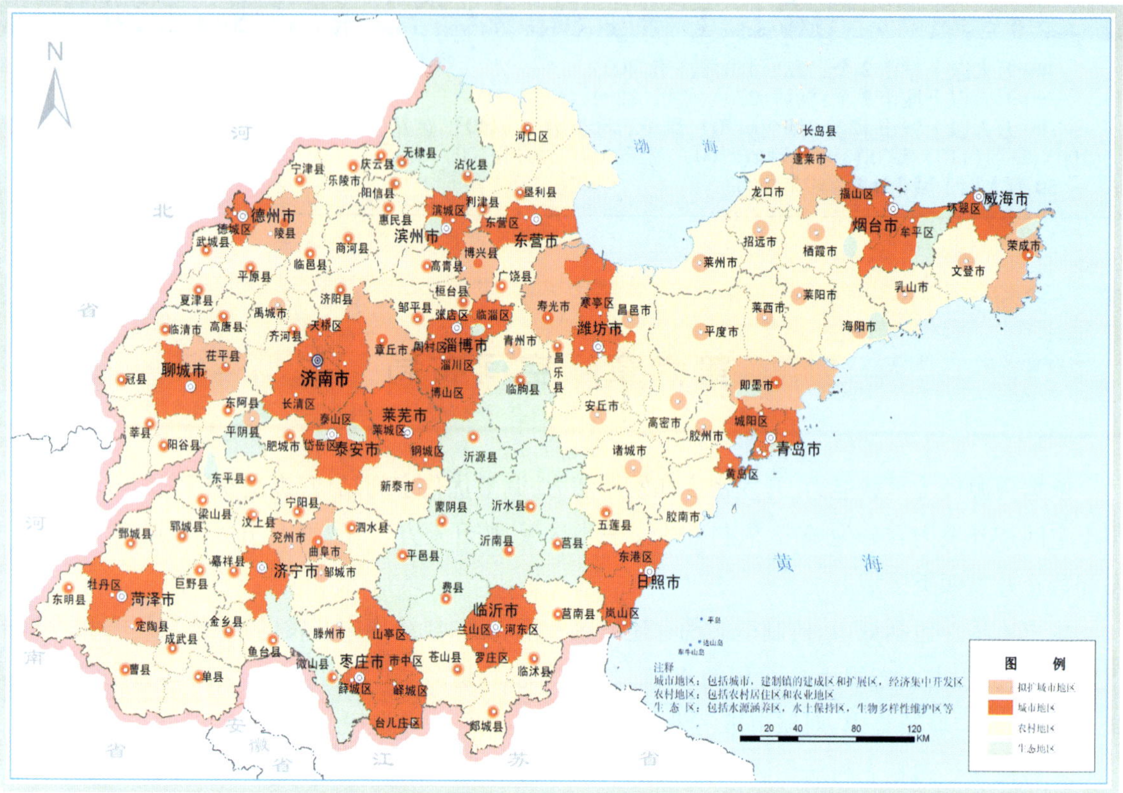

第三篇　结构调整和转型升级

实施高端高质高效产业发展战略，牢固树立经济发展的效益导向，促进结构调整与财源建设有机结合，推动三次产业融合发展，加快建设结构优化、技术先进、清洁安全、附加值高、吸纳就业能力强的现代产业体系。

第七章　农业提升

以增加农民收入和农产品有效供给为核心，以优化结构、提升层次为重点，以落实强农惠农政策为保障，进一步增强农业综合生产能力，加快十大产业体系建设，构建高产、优质、高效、生态、安全的农业现代化发展格局。

提升粮食综合生产能力。按照稳定播种面积、优化品种结构、提高单产、增加效益的要求，构建供给稳定、储备充足、调控有力、运转高效的粮食安全保障体系。全面实施千亿斤粮食生产能力规

划，加快73个国家级粮食大县产能建设。加大农业综合开发力度，以中低产田改造提升为重点，大力提高耕地质量，支持农田节水排灌、土地整治提升、土壤改良提质、机耕道路完善和旱作农业示范工程，五年建设高产稳产粮田1000万亩。加强粮食储备能力和物流设施建设，五年新增粮食仓储库容500万吨。

提升农业生产综合效益。发展壮大九大特色优势产业，推动专业化分工、规模化生产、集约化经营，加快农业结构调整步伐。放大典型示范带动作用，支持生产要素向种养大户集中、优质品种向生产基地集中、优势产业向优势区域集中，建设一批特色农产品生产基地和优势农产品产业区带。实施新一轮菜篮子工程，加快发展高效设施农业，提升外向型农业发展水平。到2015年，蔬菜、渔业、畜牧、果业、苗木花卉等产业产值占农林牧渔业总产值的比重提高到85%以上，对农民增收贡献1500元以上。

提升农业装备规模和质量。适应农业集约、规模、高效发展的趋势，加快推进农业技术集成化、劳动过程机械化、生产经营信息化。加大农机购置补贴力度，加快实施农机创新示范工程，创新农机服务模式，支持发展一批新型农机服务组织，加快先进适用机械推广应用，促进主要农产品由生产环节机械化向全过程机械化发展。到2015年，全省农机总动力达到1.4亿千瓦，农机化水平达到85%以上。

提升农业生产标准化水平。适应绿色消费、生态环保、安全健康的市场需求，着力扩大优质、生态、安全农副产品供给。加快制定和完善农产品质量标准和安全标准，积极推行农产品原产地标识制度和终端产品认证制度。加强农业投入品监管和产地环境整治，推进标准化生产示范基地和绿色控害技术综合运用示范基地建设，完善动植物疫病防治体系。加快建立和完善与国际接轨的农产品质量检测和检疫体系网络，全面提高农产品质量安全水平和市场竞争力。

提升农业产业化层次。以促进农业生产工厂化、管理企业化、组织规模化为重点，继续实施农业龙头企业带动工程，支持龙头企业提高层次、扩大规模，推进上下游产品加工的联合与协作。突出资源优势和特色品牌导向，引导带动农业生产提高层次、争创名牌、增值增效和节约资源。以农民组织化推进农业产业化，支持农民以生产要素参股龙头企业，鼓励农村经济能人牵头建立各种类型的专业合作组织，建立各类公司、合作组织和广大农户紧密合作机制，形成以产权为纽带、风险共担、利益共享的经济共同体。

第八章　工业优化

以实现工业由大变强为核心，以增强自主创新能力、提高产业集中度和节能减排水平为重点，深入推进产业调整振兴，推动传统产业改造升级、战略性新兴产业加快发展、产业集聚集约发展，构建以高端产业、高端产品、高端技术为主体的现代制造业体系。

第一节　提升发展传统产业

按照创新驱动、优化结构、提升水平、绿色发展的要求，做大做强装备制造业，调整优化原材料产业，改造提升消费品工业，以增量优化带动存量调整，以先进产能取代落后产能，加快实施工业转方式调结构1000个重点技改项目，全面提升产业整体素质。力争2015年，支柱产业和骨干企业的关键技术、装备达到国内先进水平,大中型企业科技活动经费占销售收入的比重普遍提高到3%以上,山东名牌产品和驰名商标分别达到2100个、230件。

推进重点产业结构调整。装备制造行业要坚持发展整机与提高基础配套水平相结合,关键技术创新和系统集成相结合,重点发展汽车和船舶及零部件、海洋工程装备、能源技术装备、行业专用设备、电工电器等产业,提高重点装备自主化水平。冶金行业要控制总量,优化品种结构,研制发展深加工产品和新型材料,提高资源综合利用水平。石化行业要积极探索原料多元化发展新途径,重点发展炼化一体化、临港石化工业和精细化工,严格限制低端污染化工项目建设。建材行业要以节水、节能、节材为方向,发展资源综合利用型、环境友好型新型建材系列产品。轻纺行业要突出绿色环保、质量安全,加快产品和技术更新换代,做强产业链终端,实施品牌战略和差异化战略,拓展国内外细分市场。

提升企业技术装备管理水平。以增强市场竞争能力为重点,大力实施质量强省和品牌带动战略。推动企业技术进步,加快新技术、新材料、新工艺、新装备的推广应用,积极发展工业设计产业,注重终端产品开发生产,加强市场营销体系建设,打造国内外市场知名品牌,推动研发设计、生产流通、企业管理、人力资源开发等环节的信息化改造,加快新信息与先进制造集成技术的深度应用。

专栏6　传统产业改造升级重点工程

装备制造业,建设济南、烟台、青岛、潍坊整车生产基地,日照汽车发动机生产基地,聊城、临沂、威海、淄博等新能源汽车生产基地,泰安、东营特种车生产基地,青岛、烟台、威海、日照等造修船基地,济宁、临沂、潍坊工程机械生产基地,济南、滕州、德州机床生产基地,济南、烟台、威海、泰安、滨州、德州核电、风电及新能源装备生产基地,济南、淄博等机电装备生产基地,东营石油装备生产基地,泰安、成武输变电设备生产基地。

原材料产业,2015年日照钢铁精品基地形成2000万吨的综合产能,建设聊城有色金属深加工基地。加强与央企的战略合作,把青岛、淄博、东营、滨州、菏泽等建成全国重要的大型石油化工基地,把枣庄、烟台、济宁、菏泽建成现代精细化工产业基地,把潍坊建成海化石化盐化一体化生产基地。建设淄博、枣庄、临沂、泰安、菏泽等新型建材基地。

消费品工业,建设青岛、潍坊、滨州、济宁、淄博、德州、菏泽等纺织服装基地,青岛、烟台等家电生产基地。

第二节　培育发展战略性新兴产业

坚持高端引领,强化政策支持,立足我省优势领域,以重大建设项目为载体,以掌握核心关键技术为突破口,以强化人才培养引进为支撑,重点发展新能源、新材料、新信息、新医药、海洋开发等五大产业,加快形成先导性、支柱性产业。到2015年,战略性新兴产业增加值占地区生产总值的比重达到10%。

新能源及节能环保产业。重点发展以太阳能、风能、核能、地热能、生物质能等为主的新能源综合利用及装备制造,以电动汽车、混合动力汽车为主的新能源汽车,以节能机电设备、建筑节能为主的节能设备,以化工、造纸、发酵工业为主的清洁生产装备,以水处理及循环利用、固体废弃物处理利用、废气处理为主的环保及资源综合利用装备。

新材料产业。依托创新型龙头企业,以高技术含量、高附加值、资源节约、绿色环保为方向,重点发展高端氟硅材料、高性能特种纤维、高性能新型合成橡胶、新型海洋工程材料和特种高分子材料等产业。推进实施一批重大产业化项目,迅速膨胀产业规模,打造知名品牌,多元化开拓国内外市场。

新一代信息技术产业。支持济南国家信息通信创新园、国家软件基地和青岛国家电子信息产业基地建设，培育一批重点骨干企业和名牌产品。重点发展光电子核心器件、新型平板显示、集成电路、高端软件、高端服务器、超级计算、云计算、物联网、信息安全和信息服务产品，支持发展汽车电子、船舶电子、电力电子、医疗电子、工业控制等应用电子产业。

新医药及生物产业。重点发展以生物技术药、化学创新药、现代中药、海洋药物、生物医药工程为主的新医药产业，以主要农作物、畜禽水产和蔬菜水果花卉育种为主的生物育种产业，以微生物制造、生物基材料为主的生物制造产业，支持德州、青岛生物产业国家高技术产业基地做大做强，建成全国重要的新医药及生物产业集群。

海洋开发及高端装备制造产业。重点发展以海洋油气装备、海上作业及救捞工程、海洋资源调查等为主的海洋资源勘探与开发，以海况预测预报、海底通信及现代海洋观测为主的数字海洋及动态管理，以海水淡化工程和海水提取溴、镁等为主的海水综合利用，以特种船舶、通用飞机、高速动车组、轨道交通、智能制造等为主的高端装备制造。

专栏7　战略性新兴产业重点项目

新能源及节能环保产业，重点建设海阳、荣成石岛湾两个核电基地，台海玛努尔核电装备，建设鲁北、渤中、莱州湾等大型海上风电场，济南北车集团、文登现代重工、威海银河等风电设备，皇明光热利用、力诺光伏利用、晟朗光伏发电、华瀚光伏发电、巨皇光伏发电、舜亦光伏电池、汉能光伏电池、孚日薄膜太阳能电池、烟台、威海、枣庄、淄博、泰安锂离子电池等新能源利用项目，北汽福田、中通客车、时风集团、威海广泰、五征集团、唐骏欧铃等新能源汽车项目，联电济宁、青岛燎原等LED项目，景津压滤机等环保设备制造项目。

新材料产业，重点建设拓展、华溢碳纤维，烟台万华和华鲁恒升聚氨酯，烟台氨纶芳纶产业化、淄博氟硅新材料和异氰酸脂产业化、龙口南山轨道交通新型合金、莱芜粉末冶金产业化、菏泽镁合金产业化、济宁如意嵌入式复合纺纱产业化、枣庄焊宝无铅电子焊料国产化、瑞丰甲基锡热稳定剂产业化等项目。

新一代信息技术产业，重点建设歌尔光电基地、浪潮集团LED外延和芯片、高端容错服务器产业化、济南光电子产业园二期、英特力光通信工业园、淄博IC卡芯片及RFID电子标签、烟台航空航天科技园、睿创红外热像仪、威海北洋光纤传感器及RFID产业化、山东华芯DRAM芯片设计和制造等项目。

新医药及生物产业，重点建设烟台国际生物科技园、威高医疗器械、济南新药孵化基地、鲁抗立科、泰邦生物产业园、东阿阿胶工业园、东营新发药业、辰欣工业园、菏泽生物医药谷、瑞阳抗生素类新药等一批生物医药项目，欣和微生物发酵工业园、菱花工业园、九州农药微生物产业化、鲁信金禾生化、莱阳翰霖生物、保龄宝功能糖等一批生物制造项目，鲁研育种、登海育种等一批生物育种项目。

"十二五"期间，续建和新建总投资10亿元以上的战略性新兴产业重点项目40余个，总投资超过2000亿元。

第三节　推动产业集中集约集聚发展

强化龙头带动，推动产业集群发展，提升园区经济水平，增强配套能力，形成规模优势，提高产业集中度、产业分工层次和整体竞争力。

发展壮大产业集群。支持拥有自主知识产权、核心竞争力强的大企业集团加快发展，引导中小企业向"专、精、特、新"方向发展，打造特色鲜明的细分行业龙头，形成一批以龙头企业为引领、产业产品为链条、中小企业紧密配套的优势产业集群。到2015年，全省主营业务收入过500亿元的企业集团达到30户，销售收入过100亿元的产业集群达到200个，优质产品生产基地达到80个。

加快园区转型提升。以集约化、专业化、高端化和绿色发展为方向，引导生产要素和区域重点产业集聚发展，吸引最新科技成果在园区转化，以大企业带动产业壮大和基地建设，集中推进清洁生产、节能减排和污染治理。建设创新型园区，成为带动区域经济发展的主导区、调整产业结构的先行区和率先转变经济发展方式的示范区。建立园区分类考核体系和升级淘汰机制，支持具备条件的园区合理扩区和调整区位，探索跨区域合作开发新模式。

促进企业兼并重组。坚持市场化运作，发挥企业主体作用，完善配套政策，推动优势企业实施强强联合、跨地区兼并重组、境外并购和投资合作。鼓励国有企业通过经营权和资产转让、联合并购等方式实现兼并重组。加快推动钢铁、化工、煤炭、黄金、港口等重点行业的重组，促进环保型重化工产业向沿海布局。

专栏8　园区经济提升

全省经国务院、省政府批准设立的省级以上开发区共171个。其中，国家级22个，省级149个。国家级开发区包括青岛、威海、潍坊、淄博、济南、济宁、烟台7个高新技术产业开发区，青岛、烟台、威海、东营、日照、潍坊滨海、临沂、邹平8个经济技术开发区，青岛前湾保税港区、烟台保税港区以及青岛、青岛西海岸、威海、济南、潍坊5个出口加工区。支持更多符合条件的省级开发区积极争取进入国家级开发区行列。

支持发展淄博现代化工产业园、新华国际医药工业园、滕州中俄高技术产业示范园、文登南海工业园、淄博东岳氟硅材料产业园、鲁津红云高新技术产业园、信发循环经济产业园、鲁西化工循环经济产业园、祥光生态工业园、济宁碳素工业园、郓城精细化工循环经济示范园、烟台绿环循环经济产业园、牟平低碳环保产业园等一批特色园区和千亿级产业基地。

第九章　服务业跨越

以市场化、产业化、社会化、国际化为方向，以实现跨越发展为目标，加快体制机制创新，大力发展面向生产、面向生活、面向农村的服务业，加快重点城区、重点园区、重点企业和重点项目“四大载体”建设，促进服务业拓宽领域、扩大规模、优化结构、提升层次，区域中心城市要尽快形成服务经济为主的产业结构，力争2015年全省服务业增加值占地区生产总值的比重提高到45%以上，从业人员比重达到40%以上。

第一节　优先发展生产性服务业

围绕社会化服务、专业化分工，降低流通和服务成本，提高生产经营效率，支持发展龙头企业和集聚区，促进生产性服务业与先进制造业、现代农业融合发展。

金融保险业。优化金融生态环境，构建银行业、证券业、保险业一体化发展的金融体系。支持恒丰银行、齐鲁证券、泰山财产保险等地方金融企业扩大规模，提升实力。支持城市商业银行引进战略投资者，稳步推进跨区经营。支持济南打造区域金融中心，发挥青岛金融服务优势，增强区域中心城市金融服务功能。大力引进国内外金融企业来鲁设立地区总部和功能机构，鼓励支持分公司改制为独立法人。规范各类融资平台建设，发展产业基金、担保公司和大型财务公司等金融企业，打造金融控股公司。积极推进资本市场发展，加速产业资本化、资产证券化，完善发展全省性股权交易市场。推进金融产品创新，稳步开展动产质押，引导企业进入全国银行间货币市场和债券市场。支持发展各类保险机构，扩大覆盖面，丰富大众服务品种，拓展资产保险市场，提升保险信用。依法科学监管，防范化解风险，维护金融稳定。

现代物流业。完善物流基础设施，支持建设大型物流园区，加快提升物流业专业化、信息化、社会化和规模化服务水平。以济南、青岛全国性物流节点城市和一批区域节点城市为重点，建设重要物流通道、大型物流设施和物流信息网络平台，规划布局一批产业集聚、功能集成、经营集约的现代物流园区，积极发展综合性物流、专业性物流、行业性物流和特色物流，加强社会应急性物流体系建设，促进城乡物流一体化发展。推进制造业企业物流业务外包，培育一批以第三方物流为主的大型物流企业，鼓励集团化发展、连锁化经营、智能化管理。支持提升物流服务科技含量，推广应用可视化与货物跟踪、电子结算等物流新技术，实现由仓储运输配送的有形服务向提升空间时间利用价值的无形服务转变。

信息服务业。推动信息化与工业化深度融合，加快经济社会各领域信息化，推进"数字山东"建设。加强新一代移动通信、下一代互联网、数字电视、卫星通信等网络设施建设，实现通信、广播电视和互联网"三网融合"，形成超高速、大容量、高智能干线传输网络。大力发展软件服务业、信息传输服务业、信息内容服务业和信息服务外包，全面提高信息化水平。推进建设标准统一、互联互通、安全可靠的电子政务网络平台，建立覆盖全省的政务协同办公系统、公共信用信息系统、突发公共事件预警信息发布与应急指挥系统。推进建设集居民消费、公共服务、企业经营于一体的电子商务平台，建立健全信用、认证、标准、支付等支撑体系，支持发展网上银行、远程教育、远程医疗、网上购物、网上娱乐等新兴服务业态。推进建设公共信息服务平台，建立完善基础性、应用型和公共型数据库，加强基础测绘和地理空间信息基础框架建设。推进物联网研发应用，支持济南、青岛等城市建设物联网基地，努力建设"智慧山东"。加强信息网络监测、管控能力建设，确保基础信息网络和重要信息系统安全。到2015年，因特网用户数达到2500万户，数字有线电视入户率达到90%。

商务服务业。适应社会化分工和产业发展的需要，支持发展各类专业化服务机构。着力发展会计和审计等财务类、律师和公证等法律类、信息和咨询等咨询类、代理和经纪等市场交易类中介服务业，积极推进行业标准化、规范化建设。加快推进各类公务、商务、学术等会展服务社会化，以各类国际、国家、省级博览会平台为重点，发挥各地特色优势，积极发展会展服务业，深化交流合作、扩大知名度，筹办好2014年世界园艺博览会。以工程机械、生产流水线、汽车、船舶、航空等融资租赁服务为重点，支持发展大型租赁公司，开展多种租赁业务，完善法规和税收政策，规范租赁市场。

节能环保服务业。围绕节能环保、资源循环利用等方面，大力发展专业化信息咨询、技术支持及工程服务，加快完善技术产品交易链和原料产品绿色供应链服务，积极培育集科研、设计、制造、工程于一体的大型专业化节能服务公司和环境工程公司。积极推行合同能源管理，鼓励发展节能诊断、能源审计等第三方节能业务，拓展节能服务市场。探索建立碳排放权、节能量和能耗指标交易中心，利用市场化手段和金融创新方式，调节环境能源领域相关权益人的利益，促进全省降低污染排放。

服务外包产业。大力发展信息技术外包，做大做强业务流程外包，积极开展知识流程外包。加快培育和开拓在岸外包市场，积极拓展日韩、欧美离岸外包市场。积极引进海外高层次人才，加快培养适用人才，培植壮大一批服务外包企业。发展外包业务集群，加快建设国际服务外包产业园区，探索建立服务外包海关特殊监管区。推动济南、青岛建成国内一流服务外包示范城市，支持区域中心城市建设特色服务外包产业聚集区，形成"双核多点、特色发展"的区域布局。到2015年，全省离岸服务外包额达到35亿美元。

第二节 加快发展生活性服务业

以提高服务科技含量、规范服务标准和提升服务质量为目标,全面发展生活性服务业,更好地满足城乡居民消费扩大和消费升级的需求。

旅游业。整合区域优势旅游文化资源,支持旅游基础设施建设,提升胶东半岛沿海旅游休闲度假连绵带,做强济南泰安曲阜山水圣人旅游区、淄博齐文化旅游区和以潍坊为中心的民俗文化、"中国龙城"旅游区,加快发展沿运河、沿黄旅游带和以沂蒙为核心的红色旅游区。实施"好客山东"旅游品牌创建工程,强化旅游品牌营销推介,加快发展旅游中心城市和大型休闲度假酒店集群,建设长岛国际休闲度假岛、荣成好运角旅游区等一批具有带动示范作用的重点项目。大力拓展旅游新兴业态,着力开发文化修学、宗教文化、温泉度假、邮轮游艇、自驾车营地、低碳旅游、生态养生、特色运动、葡萄酒旅游等高端产品,延伸旅游产业链条,提高旅游资源利用效率和管理服务水平。组建一批有市场竞争优势的旅游企业集团,旅游开发与文化提升相促进,产业增效与传承文明相结合,打造全国文化旅游产业发展高地。

批零住宿餐饮业。推进商业结构和业态调整,形成区域性商品集散中心、价格形成中心和辐射国内外市场的知名品牌,发展一批跨行业跨地区经营的大型连锁龙头企业。积极运用计算机、无线射频、条形码、商业智能等现代技术,提高流通业信息化、集约化程度,提升城市商业服务功能,创新完善农村流通体系。推行住宿餐饮标准化服务、规范化管理,促进连锁化、网络化、集团化发展。扶持"老字号"发展,推进鲁菜传承创新,培育提升品牌,支持发展中式快餐连锁业,促进家庭餐饮服务社会化。

房地产业。加快完善市场机制和政府保障机制,促进房地产市场平稳健康发展,努力增加有效供给,合理引导住房消费,满足多元化市场需求。科学编制城市发展规划,合理布局商业地产开发。支持房地产开发和建筑骨干企业做大做强,培育在全国具有较强竞争力的大型综合性企业集团和知名品牌。提高房地产规划设计与施工建设水平,强化建设质量、内在品质和安全保障。加快房地产交易综合服务平台建设,加强房地产市场监管与调控,规范房地产市场秩序。建立健全城市土地市场配置机制和科学的土地价格形成机制,加大对闲置土地的处置力度,提高土地利用效率。

社区及家庭服务业。以街道办事处、社区服务中心为依托,以专业化企业为主体,以满足居民服务消费需求为目标,加强智能呼叫中心系统、社区管理安保系统、实体服务系统建设,支持便民利民社区服务设施和各类网点建设,建立完善社区服务网络平台。实行政策扶持与规范管理相结合,加快培育家庭服务市场,重点发展家政服务、养老托幼、社区照料、病患陪护等基本服务,鼓励发展家庭教育、心理咨询、母婴护理、家庭用品配送等特色服务。

第三节 积极发展农村服务业

以公共服务机构为依托,合作组织为基础,龙头企业为骨干,构建覆盖全程、综合配套、便捷高效的农村社会化服务体系。

农村金融服务体系。以农业银行、农村信用社为主体,建立政策性农业投资公司、专业化农业担保公司和农业发展基金为主要形式的投融资新机制。支持城市商业银行加快设立县域分支机构,加快农村商业银行试点步伐,支持符合条件的市县联社组建农村合作银行,积极发展村镇银行和农村小额贷款公司,多渠道增加农业和农村投入。

农业科技服务体系。引进培养农业科技领军人才,发展农业产学研联盟,加强农业重点实验室、工程技术(研究)中心和科技创新平台建设,创建良种繁育体系,加快农业农村信息化试点省建设。积极发展多元化、社会化农技推广服务组织,加强农村科普培训,大力提升农业科技创新、成果转化和应用推广水平。建立农村气象灾害防御体系,启动农村防雷示范工程。

农村物流服务体系。支持重点农产品批发市场建设和升级改造,支持大型涉农企业建设农产品物流设施,支持供销社、商贸、邮政、农资生产等企业向农村延伸经营服务,支持农产品生产基地与大型龙头企业、大型连锁超市、工厂、学校等对接。大力发展物流配送、连锁超市、电子商务等现代流通方式,深入实施"万村千乡市场"、"双百市场"和"农超对接"等系列惠民工程,推进工业品、农业生产资料下乡和农产品进城。

农村社区服务体系。结合农村社区和新农村建设,整合各类服务资源,发展餐饮、休闲娱乐、幼儿园、喜庆、殡仪、心理咨询等服务业,提高农民生活质量。

专栏9　服务业发展重点项目

新建和扩建总投资10亿元以上的服务业重点项目733个,计划总投资17880亿元。其中:金融保险、现代物流、科技信息、商务服务等生产性服务业项目278个,计划总投资6844亿元;批零餐饮、旅游、房地产、养老服务等生活性服务业项目403个,计划总投资9913亿元;其他公共服务业项目52个,计划总投资1123亿元。

第十章　海洋经济

全面落实国务院批复的《山东半岛蓝色经济区发展规划》,以做大做强海洋经济为主线,深入实施科教兴海战略,培育现代海洋产业体系,全面提高海洋开发、控制和综合管理能力,构筑海陆统筹、一体化发展的新格局,力争海洋经济占地区生产总值比重年均提高1个百分点以上。

全力推进山东半岛蓝色经济区改革发展试点。紧紧抓住山东列入国家海洋经济发展试点地区的重要战略机遇,围绕科学开发海洋资源、构建现代海洋产业体系、加强海洋生态文明建设、打造国家海洋科教人才中心、提升开放型海洋经济发展水平、完善海洋综合管理体制等重点领域,先行先试,拓展发展空间、创新发展政策和体制机制,率先转变发展方式,为全国海洋经济科学发展探索模式、积累经验、提供示范。

积极发展海洋高技术产业。充分发挥海洋科技教育资源优势,加强海洋基础科学研究和海洋核心技术产品研发,依托海洋优势产业、各类经济园区和重点企业,加快科技成果转化和产业化步伐,形成一批辐射带动能力强的海洋高技术产业集群,增强海洋经济核心竞争力。到2015年,把山东半岛蓝色经济区建成具有国际先进水平的海洋生物、海洋装备制造、海洋化工产业基地和全国重要的海洋工程建筑、海洋新能源和海水淡化产业基地。

大力发展现代海洋服务业。积极发展近海和远洋运输,加快推进水陆联运、河海联运,构建现代综合海洋运输体系。整合港航资源,提升港口综合服务和管理水平,提高港口集疏运能力。依托保税港区、出口加工区和开放口岸,建设一批现代物流园区和大宗商品集散地,支持集海运、陆运于一体的大型综合运输企业做大做强,形成以海带陆、内外互动的现代物流发展格局。积极推进海洋文化、体育和海洋旅游相融合，建设海洋特色文化产业园，开发海洋旅游精品路线和高端旅游产品，形成海滨、海滩、海岛、近海、远海等多层次、立体式海洋旅游体系，打造全国最大的休闲度假半岛、国际知名的海滨旅游胜地。推进发展海洋信息服务、海洋监测与管理、大洋勘探与开发等新兴海洋产业。

加快发展现代海洋渔业。推进实施渔业资源修复、鱼塘标准化生态整理、海外渔业基地等"双十"工程，重点发展水产养殖、渔业增殖、远洋渔业、水产品精深加工和休闲渔业，建设国家级海洋牧场示范区，建成全国重要的海水养殖优良种质研发中心、生态化养殖示范区、渔业对外贸易区和海洋生物资源种质库。

专栏 10　海洋高技术产业

海洋生物产业，重点发展海洋药物、海洋功能性食品和化妆品、海洋生物新材料、海水养殖优质种苗等系列产品。

海洋装备制造业，重点发展造修船、游艇和邮轮制造、海洋油气开发装备、临港机械装备、海洋电力装备、海水淡化装备、环保设备等产业，建设国家海洋设备检测中心。

海洋能源矿产业，加强海洋能发电技术研究，建设海洋能源利用示范项目。规划建设国家重要的海洋油气、矿产开发和加工基地。

海洋工程建筑业，推进实施海上石油钻井平台、港口深入航道、防波堤、跨海隧道、海底线路管道和设备安装等重大海洋工程。

第四篇　基础设施和支撑保障

突出薄弱环节，着力优化结构，提升能源、交通、水利、市政等基础设施网络化、现代化水平，打造适度超前、功能完善、配套协调、高效安全的基础设施支撑保障体系。

第十一章　能源建设

充分利用国内、国外两种资源和两个市场，以调整能源布局结构和供给结构为主线，以节能减排和提高效率为重点，提高技术装备水平和智能化水平，推动能源生产和利用方式变革，构建完善安全、稳定、经济、清洁的现代能源产业体系，保障能源安全。到 2015 年，煤炭产量继续控制在 1.5 亿吨左右，原油产量持续稳定在2700 万吨，电力可用装机容量由目前的 6317 万千瓦增加到 1.12 亿千瓦，其中接纳省外来电 1600 万千瓦以上。

优化发展燃煤火电。推进"上大压小"电源项目建设，加快淘汰落后机组。择优建设重点燃煤火电项目，在济宁、枣庄、菏泽等煤炭丰富地区，建设大型坑口电厂及综合利用电厂；在外煤入鲁的聊城、德州、莱芜、临沂、泰安等地区，建设高效路口电厂；在沿海地区充分利用港口优势和海水资源，合理布局大型高效燃煤电厂。支持在大中城市建设 30 万千瓦及以上热电联产机组，在热负荷集中且稳定的工业园区建设背压型供热机组。2015 年，全省燃煤火电所占比重由目前的 92% 下降到 71%。

大力发展新能源。建设东部沿海地区核电产业带，推进海阳核电一期、二期工程和荣成高温气冷堆示范项目建设，加快荣成石岛湾先进大型压水堆示范项目前期工作和沿海第四核电项目的规划选址工作。积极推进风电开发,重点建设东营、滨州、烟台、潍坊、威海、青岛等地区大型陆地风电场,积极开发滩涂、潮间带及近海海上风电,科学有序开发山区风电项目。加快发展太阳能热利用,重点发展节地型光伏发电,支持德州、济南、青岛、烟台、济宁、潍坊、泰安、日照、菏泽等建设太阳能利用设备制造基地,支持德州创建国家新能源示范城市。在可再生资源丰富地区,积极发展地热能、海洋能、生物质能、抽水蓄能等新能源,鼓励垃圾、秸秆发电。到 2015 年,新能源装机总容量 1400 万千瓦,占省内电力总装机比重达到 14%。

建设能源基地。加强煤炭资源勘探,开拓省外资源市场,控制省内资源开发强度,大力开发和推广洁净煤、煤气化和煤液化技术,发展煤炭深加工,重点搞好巨野和济宁矿区外围开发,加快曹县煤田资源勘探,做好黄河北矿区开发论证和条件适宜矿井建设前期准备,建立省内大型煤炭集散基地。鼓励省内企业通过联合开发等途径,加快在省外建立稳定的煤炭供应基地。稳定省内石油产量,鼓励企业积极参与国外石油勘探开发,建立较为稳定的海外供应基地,力争每年省内新增探明石油地质储量 1 亿吨。推进与中石油、中石化、中海油的深度合作,加快建立石油储备体系,重点推进黄岛二期、烟台港模块式国家石油储备基地建设,争取在烟台、日照建设原油储备基地。

图 11－1　山东省"十二五"能源建设布局示意图

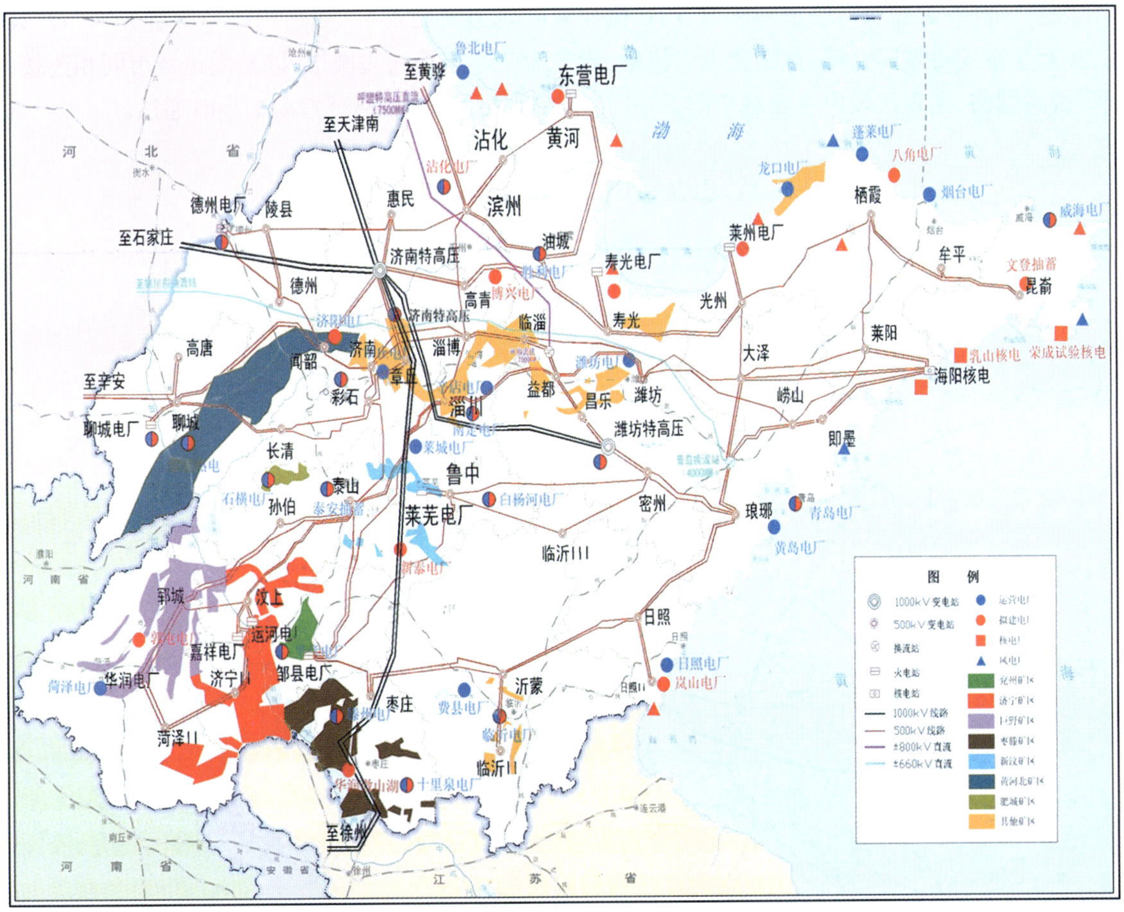

强化能源输送保障。加快发展坚强智能电网,积极推进特高压电网建设,实施好"外电入鲁"战略,优化发展输电网,侧重发展配电网,改造提升农村电网,提高供电的安全可靠水平。到 2015

年,500 千伏输电线路达到 9668 公里,220 千伏输电线路达到 2.75 万公里。加快石油及成品油输送管网建设,到 2015 年原油年输送能力达到 1.4 亿吨,成品油年输送能力 3000 万吨。进一步完善全省天然气主管网,形成鲁中、鲁西南和胶东半岛三个供气环网,实现 96% 的县区连通天然气管网。加快输煤通道建设,解决煤炭运输瓶颈。

第十二章　交通建设

按照布局优化、通道顺畅、效能提高的原则,统筹各种运输方式发展,构建路网完善、港航协调、衔接高效、管理智能的现代综合交通运输体系。

铁路建设。进一步完善主干线铁路运输网络,积极推进客货线路分离,尽快形成“四纵四横”的铁路运输格局。加快京沪高铁、山西中南部铁路通道、德大、龙烟、枣临、邯济复线等在建项目建设进度,构建纵贯南北、横贯东西的主网框架。加快建设石济客专、青荣城际、青日连等铁路,积极争取规划建设济青六线和京九客运专线山东段,构建快速客运通道。加快菏泽至兰考段等相关支线、联络线建设步伐,优化完善区域路网结构。到 2015 年,铁路营业里程由目前的 3840 公里增加到 6100 公里,复线率达到 60%,电气化率达到 98%,高速铁路营业里程 358 公里。围绕山东半岛蓝色经济区和省会城市群经济圈建设,加快构建城际轨道交通系统,利用和建设石济客专、青荣城际、济南至泰安等城际铁路,规划建设以济南、青岛为中心连接周边城市,以及周边城市间相连接的城际铁路网络,实现区域内主要城市间 1 小时～1.5 小时通达,济南至青岛 2 小时通达。

图 12－1　山东省“十二五”铁路建设布局示意图

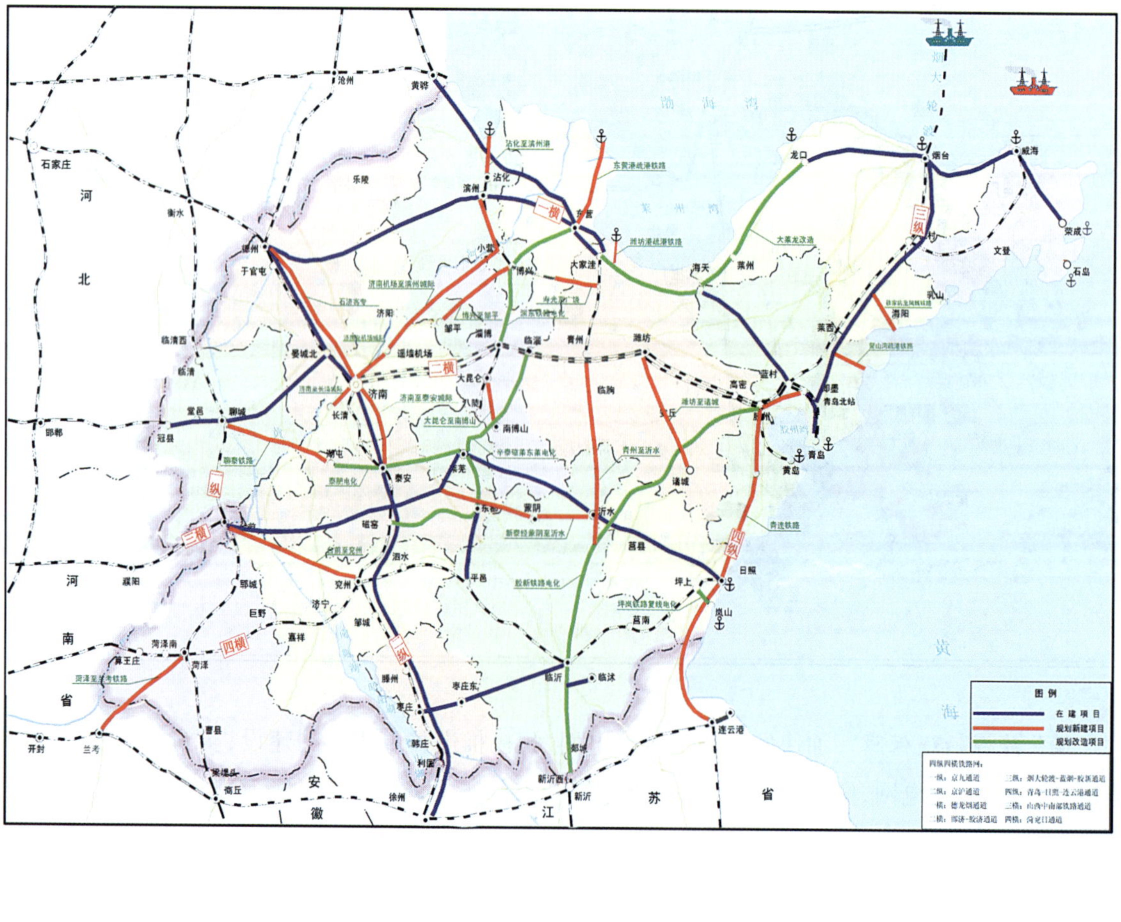

公路建设。完善提升“五纵四横一环八连”高速公路网，加快一般公路改造升级，基本形成现代化的高速公路网、畅通的干线公路网和便捷的农村公路网。围绕推进区域交通一体化，加快一批国高网、省际间通道、区域高速公路和疏港通道项目建设，集中实施千公里生态示范滨海大通道建设工程，加快普通国省道升级改造，不断提高农村公路等级水平和通达能力。到2015年，公路通车里程由23万公里增加到24.5万公里，高速公路通车里程由4285公里增加到6000公里，完成一般国省道升级改造4000公里，新增农村公路12000公里。

专栏11　公路建设重点工程

重点建设长深线青州至临沭段、高青至广饶段，青兰线泰安至聊城，荣乌线荣成至文登段、威海至文登段等国高网项目，适时开展京沪、青银高速公路扩容改造。

建设滨州至德州、乐陵至济南、德州至聊城、济南至徐州、高唐至临清、岚山至菏泽省际高速通道。

建设济南-滨州-东营、烟台至海阳、龙口至青岛、潍坊至日照、文登至莱阳等重点区域高速公路网项目。

建设青岛、烟台、日照、滨州等疏港公路。

积极推进渤海海峡跨海通道前期论证。

港口建设。以改造提升为重点，优化港口布局，加快资源整合，完善主体功能，建设现代港口管理体系。重点建设青岛、日照、烟台三大主要港口，加强黄河三角洲地区港口基础设施建设，形成以青岛港、日照港和烟台港为主体，威海、东营、潍坊、滨州等港口为主要组成部分，布局合理、分工明确、优势互补的现代化港口群。依托京杭运河黄金水道，统筹港口、航道、船闸建设，扩能升级，提升航道综合通过能力。到2015年，沿海港口吞吐量突破10亿吨，内河港口吞吐量达到1亿吨，打造东北亚国际航运综合枢纽和国际物流中心。

专栏12　港口建设重点工程

继续完善集装箱、煤炭、原油、矿石、客滚五大运输系统，加大青岛董家口港区、烟台西港区、日照岚山港区、威海新港区等开发力度，重点建设沿海港口大型矿石、油品等专业化泊位，东营、潍坊、滨州、莱州等港深水码头，航道、防波堤、锚地等公用基础设施。规划建设长岛—蓬莱连陆工程。

实施京杭运河东平湖至济宁段航道工程、济宁至台儿庄段升级改造等主航道工程，建设洙水河、新万福河、泉河、大清河、郓城新河等地区重要航道，适时开展京杭运河黄河以北聊城和德州段、小清河、徒骇河复航工程和京杭运河“穿黄工程”的前期论证。

航空建设。以优化机场布局、完善空运网络、增强吞吐能力为重点，形成干线和支线分工协调、航线网络层次分明的航空运输体系。加快济南机场扩建，迁建青岛机场，开工建设烟台、日照、聊城等新机场，推进济宁、东营、威海等机场改造和潍坊机场迁建论证工作。提升干线机场功能，优化加密航线，增强与国内外重点城市的通航能力和辐射带动能力。提高支线机场中转连接能力，扩大航空服务范围，构建中枢辐射式支线运输网络。到2015年全省开通航空航线达到280条。

统筹规划各类运输方式基础设施建设，在重点港口、机场、京沪高铁停靠站和重要交通运输节点，建设集多种运输方式于一体的综合运输枢纽。加快构建铁路网络、公路干线网络、城市轨道交通、城际铁路、航空运输、水运网络等有机衔接、优势互补、立体高效的现代综合交通体系，实现快速便捷的客货运输。

图 12－2 山东省港口、机场布局示意图

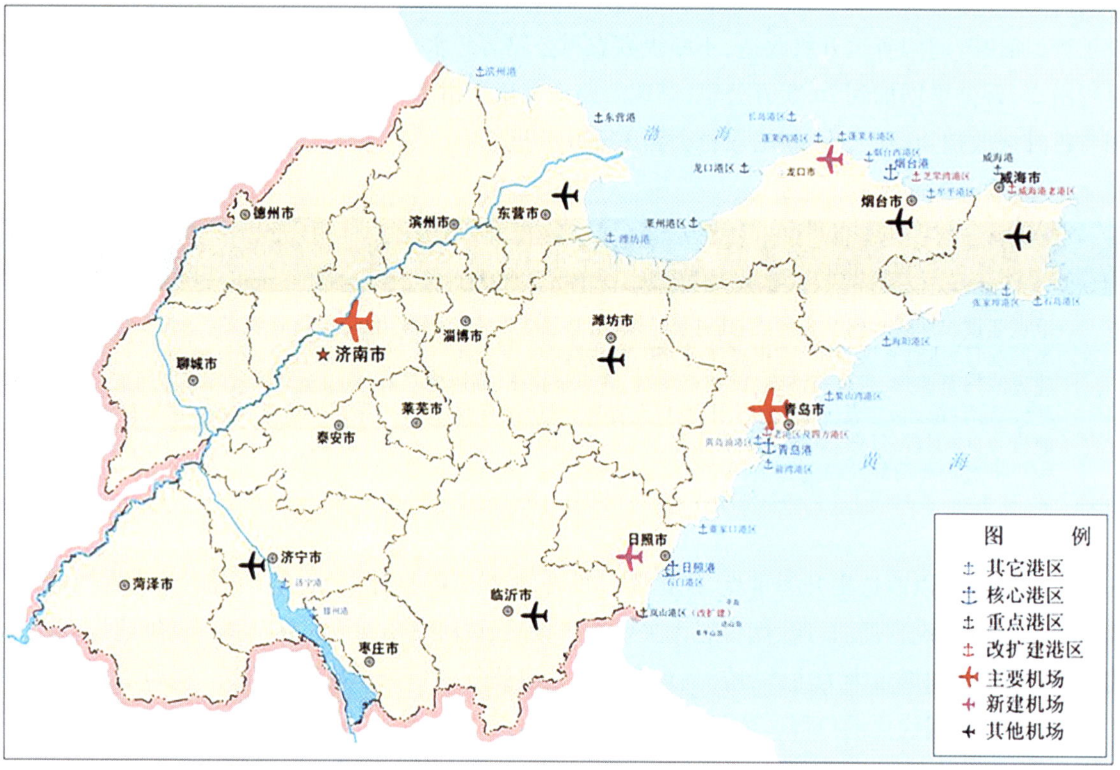

第十三章 水利建设

以提高水利保障能力为重点，推进现代水利示范省建设，加强水利工程设施建设，统筹利用客水、地表水和地下水，构建完善综合水利保障体系，努力实现水资源的可持续利用。到 2015 年，新增供水能力 20 亿立方米，节水 10 亿立方米，基本满足城乡用水、工农业用水和环境用水需要。

水资源开发利用体系。建成南水北调东线一期和胶东调水干线及配套工程，实施引黄济青改扩建工程，建设全省"T"字形输水骨架和部分区域输水配水网。推进沂沭泗汶流域洪水利用前期工作，争取尽早开工建设，提高洪水资源化利用水平。新建、改建一批平原水库、地下水库、山区水库和河道拦蓄工程。建设一批集中供水工程，全面解决农村饮水安全问题。建设一批海水淡化处理基地，推进海水淡化产业化。加强人工影响天气，开发利用空中水资源。

水灾害防御体系。继续实施以标准化堤防为重点的黄河防洪工程建设，实施进一步治淮工程，加快河道重点河段、重要支流河道和蓄滞洪区、黄河滩区的综合治理。加强沿海地区海堤建设，新建改造海堤 870 公里。全面提升大、中型及重点小型病险水库除险加固质量和水平，依托流域、区域骨干工程构建城乡防洪屏障。到 2015 年，重点水系和城乡防洪标准有效提高。

城乡水资源管理体系。实行最严格的水资源管理制度，统筹管理和科学调度生活、工业、农业、生态用水，推进区域用水总量控制和用水结构调整。全面实施取水许可证与水资源论证制度，严格

饮用水源地管理保护，基本实现地下水采补平衡。加快建设全省水资源监测与控制骨干网络，实现对各类供水工程、地下水源地水量和水功能区的全面监测。建立健全城乡突发性水事件应急机制，有效提升应急保障能力。

第十四章 市政建设

适应城市规模扩张的趋势，加强基础设施规划建设，理顺管理体制，提高城市公共管理水平，构建完善综合市政服务体系，大幅度增强城市综合承载能力，营造良好居住发展环境。

*加强城市交通基础设施建设。*统筹规划新区建设和旧城改造，重点提升既有交通设施通过能力，解决城市拥堵的突出问题。区域中心主干道、主要通道交叉口，规划建设高架、综合立交、城市环线等市内快速通道，配套完善次干道、附道等各种道路建设。优先发展公共交通，优化道路网络与公交线路网络，济南要尽快形成城市快速轨道交通基本框架，青岛要加快地铁建设，烟台要加快推进城市轨道交通前期工作，其他大中城市要预留快速交通、立交等建设空间。加快公交专用道、公交车站、公交停车场建设，建立高效智能的车辆调度系统、快捷准确的信息反馈系统和安全及时的救援救助系统。围绕城市交通枢纽、主要换乘站点、会展商务场所、购物休闲娱乐中心、大型公共服务设施、机关学校、居住小区等布局，加强配套停车场建设。

*加强城市公用设施建设。*统筹提升城市供排水、供热、供气等公用设施档次，加快实施旧管网改造，突出抓好新管网建设，提高覆盖率、集中供应率和设施利用效益。完善供电网络，健全电量分配和供电预警保障机制，确保安全用电。新建一批生活污水和垃圾处理设施，加快升级改造和管网配套，提高处理率。加强地下供水供热供气管线、高压电线、通讯电缆等各类管线的统一规划，推进地下公共管沟统一建设、统一管理、统一使用。深化城市市政公用事业改革，引入市场机制，推行特许经营制度。高标准规划建设商业中心、特色街区、社区服务设施和各类网点，新建居民住宅区按建筑面积的7%配套建设商贸设施。

*加强城市安全保障设施建设。*建立健全消防、防洪、防雷、抗震和人防等城市综合防灾体系，加强大型安全保障骨干工程和信息系统建设，增强城市消防、恶性交通事故处理、危险品处置、雷电灾害防治和防洪排涝等应急反应能力。建立健全城市基础设施和地下管线信息系统，实行信息化档案管理，提高科学管理能力。

第五篇 科教兴鲁和人才强省

大力提高科技创新能力，加快教育改革发展，发挥人才资源优势，推动发展向主要依靠科技进步、劳动者素质提高和管理创新转变，为加快转变经济发展方式、建设经济文化强省奠定坚实科技和人力资源基础。

第十五章 科技创新

坚持自主创新、重点跨越、支撑发展、引领未来的方针，着力解决制约经济社会发展的重大科技问题，大力推进科技成果向现实生产力转化，努力抢占未来科技竞争制高点。到2015年全社会研究与试验经费支出占地区生产总值的比重达到2.2%以上。

加强重要领域和关键技术研发。优化整合区域创新资源，集中力量，加大投入，力争取得一批具有国际先进水平的科研成果。围绕支持发展战略性新兴产业，选择一批重大科技专项进行集中攻关，力争在大规模集成电路、高性能特种纤维、半导体照明、新能源汽车、太阳能光热利用、生物医药、新一代信息网络技术等领域实现重大突破。围绕改造提升传统产业，加大核心元器件、关键工艺、系统集成和技术装备等领域的研发利用，着力在产业链终端和高端领域实现突破。围绕发展现代农业和保障人民健康，支持良种培育、丰产栽培、健康养殖、农产品精深加工、疫病防控等领域的研发、推广和应用，着力推进农业科技创新取得新突破。围绕打造山东半岛蓝色经济区，重点在海洋工程装备、海洋资源开发、海水综合利用、海洋环保技术、海底作业等领域的关键和核心技术上实现突破。力争到2015年，开发重大高新技术产品600个。

加快科技创新平台建设。推动创新型城市建设，促进创新要素的集聚，培育区域创新高地。支持济南、青岛、烟台建设国家创新型城市，支持济南、青岛、淄博、烟台、潍坊、泰安、威海、临沂、德州、菏泽等建设国家级高技术产业基地，支持黄河三角洲等国家可持续发展实验区建设。强化与国家各部委和中国科学院、中国工程院、中国科技大学等知名院校的创新联动，积极推动中科院在山东建立分院，争取更多的国家级创新平台落户山东。依托我省有实力的重点企业、高等院校和科研单位，强化外引内联、合作共建、整合提升，在重要行业和关键领域，建设一批省级创新平台。完善创新平台运行管理体系，建立健全大型科研设备、科技文献、检测检验、科技信息开放共享共用制度，强化公共服务功能，放大重大创新平台龙头作用，带动我省原始创新和产业集成创新。

推进科技成果产业化。加快建立政府引导和投入激励机制，完善以企业为主体、市场为导向、产学研相结合的技术创新体系。支持重点企业建立境内外技术研发机构，鼓励企业与高校、科研院所共建技术创新战略联盟，支持高校增设一批工科专业和实训基地，鼓励国外大企业在我省设立研发中心和产业化基地。支持大学科技园、高新技术园区、滨州国家农业科技园区等各类科技成果中试基地、转化孵化基地建设。加快推进高新区“二次创业”步伐，力争更多的高新区进入国家级高新区行列，建设50个高技术产业基地。

第十六章 教育优先

按照优先发展、育人为本、改革创新、促进公平、提高质量的要求，大幅度增加教育投入，全面实施素质教育，推进实现教育现代化，努力建设教育强省、人力资源强省。

高质量普及基础教育。巩固提高九年义务教育水平，以农村为重点推进学校标准化建设和办学条件均等化，推动城乡义务教育均衡发展。鼓励有条件的地方逐步实施学前教育和高中教育免

费制度，建立政府主导、社会参与、公办民办并举的城乡学前教育办学体制，提高高中阶段教育质量和普及水平。加强特殊教育和民族教育。全面落实城乡家庭经济困难学生资助政策，保证进城务工人员随迁子女平等接受义务教育。2015 年所有义务教育阶段学校全部达到基本办学标准，全省学前三年毛入园率达到 75%，高中阶段毛入学率达到 97%。

大力发展职业教育。以成才途径多元化和促进就业为导向，鼓励全社会力量兴办职业教育。建立中等职业教育、专科职业教育、应用型本科教育、专业学位研究生为主体的现代职业教育体系。建立职前和职后教育相互融合、学历和非学历教育协调发展、灵活开放的继续教育制度。鼓励发展校企联合的技能人才培养模式，支持行业企业举办和参与职业教育，大力推进职业教育集团建设，加快职业教育实训基地建设，打造一批规范化、特色化、品牌化的示范学校。积极发展创业和再就业培训教育，构建终身教育服务平台，推动学习型社会建设。到 2015 年，中等职业教育在校生和高等职业教育在校生分别达到 159 万人、89 万人，从业人员继续教育年参与率提高到 60%。

全面提升高等教育质量。实施高等教育内涵提升计划，优化高校学科与专业结构和布局，稳步发展本科教育，适度扩大研究生教育规模，支持欠发达地区高等教育发展。着力提高教学质量，促进高等学校特色发展，重点建设若干所国内一流的高水平大学，推进山东大学青岛校区规划建设，有序发展区域重点院校，大力吸引海内外高校在我省设立分校区，支持高等院校与国际知名院校合作办学。创新高层次人才培养模式，推进研究生培养机制改革，支持有条件的院校学科、科研院所和大型企业申办博士学位授予单位或博士后工作站。大力支持和规范民办高等教育发展，提高高等教育的普及化程度，2015 年高等教育毛入学率提高到 40%。

深化教育体制机制改革。坚持教育公益性和普惠性，改革教育管理体制，形成以政府办学为主体、全社会积极参与、公办和民办教育共同发展的办学格局。推进政校分开、管办分离，建设依法办学、自主管理、民主监督、社会参与的现代学校制度，积极倡导教育家办学，减少和规范对学校的行政审批和直接干预。大力发展民办教育，落实民办学校、学生、教师与公办学校的平等法律地位，规范教育收费。加强师德师风建设，提高教师业务水平。以全面发展和人人成才为核心，对教学内容方式、考试招生制度、质量评价体系进行系统改革，支持高等学校探索学分互认和学生跨校选课等灵活办学模式，着力提高学生的学习能力、实践能力、创新能力。推进教育对外开放，培养国际化人才，提升教育国际服务水平。实行教育资源向农村地区和贫困地区倾斜，加快缩小城乡、区域教育发展差距。健全国家奖学金、助学金制度，加大对家庭经济困难学生资助力度。

第十七章　人才发展

坚持服务发展、人才优先、以用为本、创新机制、高端引领、整体开发的指导方针，建立健全多元化人才培养机制，加大人力资本投资，打造“人才山东”品牌，统筹推进各类人才队伍建设。

加强人才队伍建设。以建设高端人才聚集地和优质劳动力资源富集地带为目标，以高层次、高技能人才为重点，培养造就规模宏大、结构优化、布局合理、素质优良的人才队伍，进入人才强省前列。围绕提升领导水平和执政能力，实施党政人才素质能力提升工程、万名公务员公共管理培训工程，培养造就一支能够担当重任、奋发有为的领导干部队伍和廉洁勤政、务实高效、高素质专业化的公务员队伍。围绕提升经营管理水平和企业竞争力，实施优秀企业经营管理人才培养工程，培养造就一支市场拓展能力和社会责任感强的企业家和职业经理人队伍。围绕提升自主创新能力，深化提升泰山学者建设工程、引进海外人才"万人计划"、创新团队建设工程，实施一批专业技术人才建设工程，培养造就一支在全国有影响力、比较优势明显的学科带头人和专业技术领军人才队伍。围绕提升职业素质和职业技能，重点提高高级工、技师和高级技师比重，培养造就一支门类齐全、技艺精湛、满足制造业强省建设和现代服务业发展需要的高技能人才队伍。围绕提升"三农"科技素质和致富创业能力，深入推进新农村人才资源开发"绿色行动"，充分发挥"乡村之星"示范带动作用，培养造就一支以实用人才带头人和生产经营型人才为重点的农村人才队伍。围绕构建社会主义和谐社会，加快建设一支由广大城乡基层组织党员干部、社区工作者、专业社会工作人员以及社会服务志愿者为主体的社会工作人才队伍。力争到2015年，全省人才资源总量由目前的975万人增加到1380万人，高技能人才达到200万人。

调整优化人才结构。以重点区域带动战略为依托，加快人才开发一体化进程，全方位推进跨区域的人才开发交流与合作。围绕高效生态农业、先进制造业、现代服务业和教育、卫生、文化、宣传等经济社会发展重点领域，打造特色产业人才培育基地。支持重点发展区域、欠发达地区引进急需人才。实施非公经济组织人才工作推进工程，强化对民营经济的人才支撑。依托留学人员创业园、博士后科研流动站和工作站等高层次人才载体，凝聚和培养创新创业人才。到2015年，主要劳动年龄人口受过高等教育的比例达到19%，每万劳动力中研发人员达到43人/年。

创新人才机制。坚持党管人才原则，建立科学决策、协调高效的人才工作运行机制。深化干部人事制度改革，建立以岗位职责要求为基础，以品德、能力和业绩为导向，科学化、社会化的人才选拔任用、评价发现和激励机制，形成促进各类人才干事创业和发展的长效机制。深化专业技术人员职称制度改革，建立科学有效的评聘制度。加快构建统一规范、更加开放的人才市场体系，建立健全专业人才、技能人才的职业资格制度和科学化、社会化的人才评价发现制度。倡导和推行人才柔性流动，完善人才户口迁徙制度和居住证制度，加强人才公共服务平台建设，完善人才公共服务体系，促进人才合理流动。进一步完善人才开发的投入机制，切实发挥人才投入效益。

专栏13 科技、教育、人才重点工程

科技：建设青岛海洋科学与技术国家实验室、中集海洋工程研究院、国家综合性新药研究开发技术平台、省级新药研发单元技术平台、船舶设计研究院、千万亿次超级计算中心、山东量子科学技术研究院量子保密通信试验网及研发平台、信息通信研究院、鲁南煤化工研究院、黄河三角洲可持续发展研究院和国家深海基地等50个国家级创新平台，建设200个省级技术创新平台。

教育：全省中小学校舍安全工程，中等职业教育基础能力建设工程，高等院校新校区完善工程和内涵提升工程。

人才：引进海外人才"万人计划"，泰山学者建设工程，高技能人才发展计划，现代农业人才支撑计划，"和谐使者"建设工程。

第六篇 文化繁荣和创新发展

坚持社会主义先进文化前进方向，全面提升文化的引领力、凝聚力、竞争力和创新力，促进文化事业和文化产业协调发展，大力提高全民文明素质，争创文化新优势，用新的理念推动文化大发展大繁荣。

第十八章　文化建设

以建设文化强省和增强文化软实力为目标，发挥文化资源富集优势，转变文化发展方式，创新文化发展模式，加强文化载体和设施建设，推动经济文化融合发展。

*构建公共文化服务体系。*坚持以政府为主导、以基层为重点，以公益性、基本性、均等性、便利性为原则，加快构建覆盖城乡、惠及全民的公共文化服务体系。精心筹办第十届中国艺术节，规划建设省科技馆新馆等一批省级重大文化设施，市、县、乡镇和村文化设施要全部达到国家标准。实施广播电视村村通、文化信息资源共享、农村电影放映、农家书屋建设等文化惠民工程，积极推动公共博物馆、纪念馆、图书馆和科技馆免费开放。加强文物、非物质文化遗产和自然文化遗产保护，稳步推进中华文化标志城规划建设，加快孔子博物馆、孔子学院总部国际青少年研修基地建设，全面完成世行山东孔孟文化遗产保护地项目，努力打造国家级鲁南文化经济示范区。

*壮大文化产业实力。*科学开发利用文化资源，全面提升文化创意水平，提高文化产业发展质量和效益。以数字技术、光电技术和信息网络技术为支撑，支持发展一批新兴文化创意产业。促进文化与经济相互渗透高度融合，重点支持发展100个文化产业项目，打造10个年产值过百亿元的文化产业园区，规划建设一批创意产业基地，优先培植一批主业突出、实力雄厚的旗舰式大型文化产业集团。加快培育重点文化产业品牌，形成以孔子文化为核心的齐鲁文化品牌体系，大力实施精品工程，丰富繁荣城乡文化市场。创新文化“走出去”模式，推进文化贸易和文化交流有机结合，积极拓展国际文化市场，扩大齐鲁文化的国际影响力，承办好第22届国际历史科学大会。到2015年，力争文化产业增加值翻两番，成为国民经济支柱性产业。

*加快文化改革创新。*创新文化体制机制，继续深化出版发行、影视制作等领域的改革，积极推进重点新闻网刊、非时政类报刊改革和电台电视台制播分离改革，稳步推进一般性文艺院团改革。创新文化传播方式，重视互联网等新兴媒体建设、运用、管理，加强重要新闻媒体建设，把握正确舆论导向，提高传播能力。创新文化投融资体制，发挥省文化产业投资基金作用，对重点领域文化企业进行股权投资，提升文化骨干企业整体竞争力。创新文化市场管理模式，实施文化市场综合执法规范建设工程，有效打击各类盗版侵权、假冒伪劣、低级趣味等扰乱市场秩序的违法违规行为。

第十九章　文明山东

充分发挥文化引导社会、教育人民、推动发展的功能，弘扬中华文化、齐鲁文化、和谐文化，提高全民文明素质，营造诚实守信的社会环境，加快建设文明山东。

*建设社会主义核心价值体系。*加强理想信念教育，切实把社会主义核心价值体系融入国民教育和精神文明建设全过程，用中国特色社会主义共同理想凝聚力量，用以爱国主义为核心的民族精神和以改革创新为核心的时代精神鼓舞斗志，用社会主义荣辱观引领风尚。繁荣发展哲学社会科

学，推进学科体系、学术观点、科研方法创新，鼓励哲学社会科学界发挥思想库作用，推动哲学社会科学优秀成果和人才走向世界。

培育社会主义文明风尚。弘扬和培育忠诚守信、勤劳勇敢、务实拼搏、开放创新的新时期山东精神，倡导爱国守法、敬业诚信、创业创新创优，构建传承中华传统美德、符合精神文明要求、适应时代发展的社会主义道德和行为规范。深入推进社会公德、职业道德、家庭美德、个人品德建设，实施公民思想道德建设工程，深化拓展文明城市、文明村镇、文明单位、文明行业等群众性精神文明创建活动，广泛开展志愿服务。加强科普教育，提高全民科学素质。引导人们知荣辱、讲正气、尽义务，培育奋发进取、理性平和、开放包容的社会心态，推动形成我为人人、人人为我的社会氛围。净化社会文化环境，保护青少年身心健康。关心支持国防和军队建设，密切军政军民团结，深化双拥共建，加强后备力量建设，完善国防动员体系。

加快建设"诚信山东"。深入开展诚信宣传教育，大力弘扬诚实守信行为准则，加快完善政府信用体系、产品质量诚信体系、企业诚信体系和个人信用体系，营造良好社会诚信环境。推进政务诚信，建设阳光政府，健全政府失信责任追究和惩罚制度。推进商务诚信，建立完善企业联合征信机制和信用激励约束惩戒机制，推动经营者恪守商业道德、维护市场秩序、抵制商业贿赂，深入开展百城万店无假货和满意消费惠万家活动。推进个人诚信，加强公民信用道德建设，加快从业经历、信贷消费、不良记录等个人信用征集，建立社会约束管理机制。支持信用管理行业发展，加强信用市场监管，依法规范信用信息征集、披露和使用，积极开展资信评估服务，建立健全信用评估体系。

第七篇 和谐社会和公共服务

全面落实以人为本的发展观，以扩大供给、提升质量、促进公平、提高效率为主线，以实现基本公共服务均等化为目标，更加注重推进经济社会协调发展，着力保障和改善民生，促进社会和谐进步。

第二十章 民生保障

逐步完善符合国情省情、比较完整、覆盖城乡、可持续的基本公共服务体系，提高政府保障能力，提升公共服务水平，改善人民生活质量。

实施扩大就业战略。坚持劳动者自主择业、市场调节就业和政府促进就业的方针，把扩大稳定就业作为宏观调控和政府绩效考核的优先目标，完善就业机制，创新就业模式，优化就业结构，拓宽就业、择业、创业渠道。加快发展劳动密集型产业、服务业、民营经济和中小企业，充分发挥投资和重大项目的带动效应，完善困难群体就业援助制度，有效促进新成长劳动力、高校毕业生、失业人员、失地农民就业和再就业。加快建立统筹城乡的就业服务体系，加强就业和社会保障信息网络建设，促进劳动者在规范的市场环境下自主择业。落实税费减免、小额担保贷款、财政补贴等各项扶持政策，鼓励自谋职业和自主创业，以创业带动就业。发挥政府、企业、工会和工商联作用，形成企业和职工利益共享机制，建立和谐劳动关系。重点做好国企改制、关闭破产等失业人员以及农民工的劳动保障工作，切实保护劳动者合法权益。实施政府资助的就业再就业培训工程，力争城镇新增劳动力、失业人员和农村转移劳动力都能得到职业技能培训。力争每年城镇新增就业 100 万人以上、新增转移农村劳动力 120 万人以上。

建立公平的收入分配格局。强化对收入分配关系的调节，努力提高居民收入在国民收入分配中的比重，提高劳动报酬在初次分配中的比重，推动城乡居民收入普遍较快增加，争取农民收入增幅更高一些，逐步提高企业最低工资标准水平和城乡居民最低生活保障标准。建立劳动报酬决定机制、正常增长机制和支付保障机制，全面推行以工资集体协商为重点的集体合同制度。创造条件增加居民财产性收入，推动中等收入群体持续扩大。规范分配秩序，加快落实个人所得税制度，加大税收征管力度，有效调节过高收入，健全法制和加大反腐败力度，取缔非法收入。

健全和完善城乡社会保障体系。提高城乡居民收入占再分配的比重，坚持广覆盖、保基本、多层次、可持续的方针，以社会保险、社会救助、社会福利为基础，以基本养老、基本医疗、最低生活保障制度为重点，加快完善社会保障体系。提高社会保险统筹层次，促进包括农民工在内的养老、医疗、失业等保险关系跨区域转移接续。全面推进个人缴费、集体补助、政府补贴相结合的新型农村社会养老保险制度。巩固完善城镇基本医疗保险制度和新型农村合作医疗制度，加强制度衔接，提高保障能力，力争实现人人享受基本医疗保障。鼓励支持社会慈善、社会捐助、志愿服务、法律援助等社会救助，提高城乡困难群众医疗、教育等专项救助水平和农村五保供养标准，完善临时救助制度。拓展社会福利的保障范围，发展以扶老、助残、救孤、济困为重点的社会福利事业。到 2015 年，城乡三项医疗保险参保率达到 98%，农村新型社会养老保险实现全覆盖。

推进保障性住房建设。强化各级政府责任，加大保障性住房供给，努力满足城镇中低收入家庭、新就业职工和进城务工人员的基本住房需求。大力发展公共租赁住房，使其成为保障性住房的主体。多渠道筹集廉租房房源，完善租赁补贴制度，稳步扩大覆盖范围。高质量完成棚户区改造，多渠道改善农民工居住条件，推进农村困难家庭危房改造。

加强人口和计划生育工作。坚持计划生育基本国策和稳定低生育水平，统筹解决人口问题，促进人的全面发展。完善人口目标管理责任制，重点加强农村、城市流动人口、城乡结合地区的计划生育管理。改善出生人口素质和结构，普及优生优育知识，遏制出生人口性别比偏高的趋势。全面落实男女平等基本国策和儿童优先原则，贯彻实施妇女儿童发展规划，加强妇女儿童活动中心等阵地和基础设施建设，切实保障妇女儿童合法权益。实施健康老龄化战略，加强社会化养老服务体系和设施建设，发展老龄服务事业和银色经济。建立健全残疾人教育、就业、社会保障服务体系，加强为残疾人服务的设施建设。“十二五”期间，年均人口自然增长率控制在 6‰。

第二十一章　卫生体育

以全民健康为目标，以满足健康需求、提高身体素质为出发点，深入推进卫生、体育体制机制改革，健全和完善服务体系，不断提高全民健康水平和生活质量。

推进医疗体制改革创新。在坚持公益性的基础上推进公立医院改革，把维护人民健康权益放在首位，创新体制机制，扩大医疗资源供给，提高医疗救治水平。坚持公立医院主导地位，支持名医、名专科、名医院与社会力量合资合作，大力支持社会资本兴办面向市场不同消费群体的医疗卫生机构，放宽准入门槛，在医保定点、科研立项、服务准入等方面一视同仁，多渠道增加医疗资源，鼓励发展特色医疗和生命健康产业，形成多元化、多层次、多形式办医格局。加强医疗服务质量管理和服务监督，提升医疗水平，改善就医环境，控制医疗费用，健全完善医患沟通评价制度，构建和谐医患关系。

完善城乡医疗服务体系。优化医疗卫生资源配置，新增卫生资源重点向城市社区和农村倾斜，加快健全以县级医院为龙头、乡镇卫生院和村卫生室为基础的农村服务网络，完善以社区为基础的城市新型服务体系，形成基层医疗卫生机构和大医院功能区分合理、协作配合、相互转诊的服务体系。落实完善城市医疗对口支援农村、城市医生到农村服务等制度和政策，加强乡村医生队伍建设和执业准入管理，初步建立以全科医生为重点的基层人才培养培训制度。

完善城乡公共卫生服务体系。加强疾病预防控制、传染病救治、卫生监督体系建设和突发事件卫生应急能力建设，落实基本和重大公共卫生服务项目，实施以人力支持和技术帮扶为主要内容的“卫生强基”工程，完善基层公共卫生机构补偿机制，逐步建立统一的居民健康档案，促进基本公共卫生服务均等化。大力发展现代中药产业，加强国家和省中医临床研究基地建设，充分发挥中医药在疾病预防控制、医疗服务、康复保健和应对突发公共卫生事件中的积极作用。

完善国家基本药物制度。在基本建立基本药物制度的基础上，完善供应保障和配备使用政策，从制度和体制上规范医疗机构用药行为，促进基本药物价格合理下降，提高群众基本用药的可及性、安全性和有效性。以实施国家基本药物制度为突破口，深入推进基层医疗卫生机构管理体制、人事制度、分配制度等综合改革，形成规范长效运行机制，增强发展活力，回归公益性。

大力发展体育事业。以增强全民体质为出发点，贯彻落实《全民健身条例》，加大政府对公益性健身场地投入力度，实施城市社区和农村社区健身工程，支持鼓励社会资本投资兴办经营性体育设施，形成功能完善、层次分明、布局合理的全民健身设施网络。完善国民体质监测网络，加强社会体育指导员队伍建设，推动群众体育向广度和深度发展。采取有效措施，提高竞技体育整体实力。推进竞技体育训练体制、机制改革，加大政府对优秀运动队和各级体校的建设力度，支持企业和个人投资股份制俱乐部和专业化中介公司，促进竞赛主体多元化。积极发展健身服务、竞赛表演、体育彩票和体育用品市场，打造知名企业和品牌，鼓励开办各类连锁店、健身俱乐部和体育休闲会所，努力提高体育消费在居民日常消费中的比例，满足群众对高质量、多层次、个性化体育健身需求。

第二十二章　社会管理

加强社会管理的法律、体制和能力建设，健全党委领导、政府负责、社会协同、公众参与的社会管理格局，促进社会公平正义，维护社会和谐稳定。

加强民主法制建设。坚持和完善人民代表大会制度、中国共产党领导的多党合作和政治协商制度，发挥工会、共青团、妇联等人民团体作用。发展社会主义民主政治，保障人民知情权、参与权、表达权、监督权。积极推进依法治省，提高立法质量，强化执法监督，确保司法公正，加强普法教育，切实维护公民合法权益。完善法律援助保障体系。加强廉政建设，强化对权力运行的监督和制约。促进民族团结、宗教和谐，做好侨务和对台工作。加强国家安全和保密工作。

加强和创新社会管理。整合社会管理资源,提升社会管理水平,加强社会综合治理,深入推进"平安山东"建设。强化社会预警、社会动员和稳定保障体系建设,提高突发公共事件应急处置能力。完善安全生产监管体系,落实政府、部门监管职责和企业安全生产主体地位,提升企业本质安全水平。加强食品药品监管基础设施建设,逐步建立食品药品安全预警机制,实施食品药品放心工程和监管执法能力建设工程,确保公众饮食用药安全。加强综治维稳体制建设,健全覆盖城乡、打防控一体化的社会治安管理体系,严密防范、依法打击各种违法犯罪活动。加强基层综治组织、群防群治组织和综治信息化建设,依法规范引导新经济组织和新社会组织健康发展,加强网络虚拟社会建设管理,强化流动人口和特殊群体服务管理。完善人民调解、行政调解、司法调解等相互衔接的工作体系,建立社会稳定风险评估、社会利益协调和社会矛盾纠纷调处机制,加强改善信访工作,畅通诉求渠道,积极预防和妥善处置群体性突发事件。

第八篇　生态文明和资源环境

坚持节约资源和保护环境的基本国策,牢固树立绿色、低碳发展理念,大力推进资源节约型、环境友好型社会建设,转变资源开发利用方式,发展循环经济、高效生态经济,走生产发展、生活富裕、生态良好的文明发展道路。

第二十三章　生态建设

加强生态保护和修复。以构建生态安全屏障为重点,统筹海陆生态建设,推进水系生态建设系列工程,加强近海海域、岛屿滩涂、山区丘陵,南四湖、东平湖、黄河三角洲、黄河故道、骨干河道和入海河口,以及湿地、草地、重要水源地和涵养区等自然生态系统的建设、修复与保护,强化水土流失、破损山体、采空塌陷、工业污染土地、海(咸)水入侵、地下水漏斗区、荒山及沙荒地等生态脆弱区和退化区的保护、恢复和治理,实施黄河三角洲国家级自然保护区湿地修复工程,将黄河口、莱州湾、胶州湾等区域列入国家生态建设示范工程,建立一批自然保护区、重要生态功能保护区、生态示范区、森林公园、湿地公园、地质公园和风景名胜区,维持和恢复生态服务功能,维护和发展生物多样性。规划建设小清河综合治理工程,力争恢复防洪除涝、供水、生态、航运、旅游等功能,再造黄金水道、生态长廊。

加强绿色山东建设。加快实施水系绿化、荒山绿化、城乡绿化、绿色通道、沿海防护林、沂蒙山区及沿黄河防护林、农田防护林、围村林等重点工程,构建沿海、沿湖、沿河、沿路、沿南水北调及胶东输水干线、沿省界线等生态带,增加森林碳汇。科学发展经济林、用材林和林木经济,加强森林、湿地有害生物防控和林木种质资源及濒危物种保护。

加强优良生态环境建设。倡导全社会确立"生态产品"理念,注重生态建设与生态产业发展相结合,加强城乡环境综合整治。以美化、绿化、净化、亮化为重点,改善城市面貌,以改水、改厕、改路为重点,整治村镇环境,建设一批生态示范园区、清洁生产基地和高标准生态市县。启动环境产权改革，建立完善水权、林权、排污权等交易制度，按照“谁开发谁保护、谁受益谁补偿”的原则，完善环境资源有偿使用和生态补偿机制，探索建立黄河三角洲生态环境补偿机制试点实验区。积极应对气候变化，有效开发利用气候资源，加快培育以低碳技术为特征的工业、建筑和交通体系，形成清洁生产、节约资源、集约高效的发展模式。到2015年，新增造林面积1000万亩以上，治理水土流失1万平方公里，国家级自然保护区全部达到规范化建设要求，建成30个生态县(市、区)。

第二十四章 环境保护

建立完善环境保护的体制机制。以法律法规、经济政策、环保科技、行政监管和环境文化为支撑，以总量控制、结构减排、水气污染治理和生态省建设为重点，完善污染减排目标管理责任制，把资源环境承载力作为经济发展的重要依据。实行严格的污染物排放控制标准，完善污染物排放总量控制、排污许可和环境影响评价制度，建立生态补偿、污染损害赔偿和环境税收政策机制，推进污染防治设施专业化、市场化。

大力推进结构性减排。加快调整经济结构、产业结构和生产结构，大幅度提高服务业占地区生产总值比重和新能源占能源消费比重，加强行业综合治理，加大淘汰落后产能力度，加速高消耗、高污染企业退出市场，通过优化结构，从根本上实现总量减排。进一步拓宽工程减排领域，支持节能环保技术开发和产业发展。逐步提高工业污染物排放、城市生活污水处理等收费标准，推进排污权交易试点。实行政府绿色采购，鼓励社会绿色消费。

加强环境保护和综合治理。加强污染专项整治，实施化学需氧量、氨氮、二氧化硫和氮氧化物排放总量控制。实行严格的饮用水源地保护制度，全面构建“治、用、保”流域治污体系，加大海洋、船舶、码头及养殖污染治理力度。到2015年，主要河流、湖泊和水库水质消除劣V类，主要水源地水质全部达标，全省城市和县城污水集中处理率达到90%。深入推进火电、钢铁、有色、化工等行业二氧化硫治理，推行燃煤电厂脱硝，开展非电行业脱硝示范，鼓励使用节能环保型交通工具，加大机动车尾气治理力度，加强颗粒物污染控制，力争到2015年，全省17城市大气环境质量改善20%以上。建立健全固体废物管理制度和管理网络，推进规模化畜禽、渔业养殖的垃圾集中处理，有效控制农业面源污染。力争2015年，垃圾无害化处理率达到96%。

加快构建环境安全体系。科学划定环境风险重点防控区域，加强重金属污染综合治理，加大持久性有机物、危险废物、危险化学品污染治理力度，提高核安全管理能力和水平，加快建立全省核电辐射环境监测系统。强化管理减排措施，建设完备的环境监测预警体系和环境监督执法体系，建立环境风险、气象、地质灾害评估和环境隐患排查机制，强化水气环境、生态环境、城乡环境和重点污染源等监测预警应急能力，全面加强地质灾害防治。

第二十五章 资源节约

落实节约优先战略，研究开发资源节约集约使用技术，稳妥推进资源环境价格改革，完善资源有偿使用制度，全面实行资源利用总量控制、供需双向调节和差别化管理，提高资源利用效率，推动全社会形成节约能源资源和保护生态环境的生活方式和消费模式,构建节约型社会。

节约用地。认真落实《山东省土地利用总体规划》,实行最严格的耕地保护制度,全面落实保护耕地的各项措施。建立土地节约集约利用机制,提高单位土地投资强度和产出效益,实行行业用地定额标准和投资强度控制标准。按照人口容量规划城镇建设规模,提高建筑容积率,严禁盲目扩张。把土地整理复垦开发与城乡建设用地增减挂钩有机结合,整体推进田、水、路、林、村一体化的土地综合整治工程。按照国家和省制定的建设项目用地控制标准供地,完善建设用地招拍挂出让制度,非经营性用地要建立公开供地机制。集约集中用海,加强岸线、海岛、海湾、滩涂保护,探索高涂用海管理办法。建制镇以上规划区建设工程全部禁止使用实心黏土砖。

节约能源。实施能源消费总量控制,强化低碳理念,逐步实现能源结构、生产方式及生活消费低碳化。广泛推进太阳能、生物质能、地热及浅层地温能等新能源利用,推进太阳能光热利用与建筑一体化。限制高能耗产业发展,严格执行差别电价制度,加快重大节能技术产业化,推进重点耗能行业和年能耗2000吨标准煤以上企业的节能降耗,在各类工业园区推广热电联产和余热余压余气利用。大力推进建筑节能,城市、县城新建民用建筑节能标准执行率达到98%以上。制定能源计量行政法规和技术法规,完善节能产品检测体系。强化企业节能管理创新,完善能源管理师制度,构建能源管理体系。贯彻能源效率标准,对家电产品和照明产品实施强制性能效标识管理,鼓励推广使用高效节能产品。

节约用水。强化全社会节水意识,提高水资源的综合利用效率。加快发展节水型农业,实施大中型灌区续建配套与节水改造工程,加快农田水利重点县精细高效田间灌排系统建设,实施一批节水推广项目,新增节水灌溉面积500万亩,实现农业用水总量负增长。逐步降低高耗水行业比重,减少结构性耗水。积极发展替代水源,搞好海水、微咸水、矿坑排水的综合利用。推进城市分质供水、一水多用和污水再生利用,加快建立和完善水价市场形成机制和有效的水费计收方式,强制推行中水系统。到2015年,农业灌溉用水有效利用系数提高到0.63,农业需水量占全省总需水量的比例下降为65%,城市回用水利用率达到30%以上。

节约原材料。强化对重要矿产资源及原材料的节约利用,全面推行矿产资源储量动态监督和开采总量调控,大力提高勘探、选矿、冶炼和深加工技术,鼓励开采国内短缺矿产,限制开采供过于求矿产,保值限采优势矿产,整顿和规范开发秩序,严禁乱采乱挖行为。支持资源型地区和企业拉长资源产业链条,促进资源深度开发利用。推行产品生态设计,加强重点行业原材料消耗管理,加快推广节约材料的技术工艺,鼓励使用新材料、再生材料,积极推广金属、木材、水泥等材料的节约代用材料。

第二十六章　循环经济

加快构建循环经济体系。以提高资源产出效率为目标,按照“减量化、资源化、再利用”原则,以企业为主体,政府推动、市场引导、公众参与相结合,实现企业、园区、社会三个层面循环经济的互动发展。通过企业生态设计和清洁生产,推进企业内部循环。通过行业之间的循环链建设和园区生态化改造,推进行业、园区层面的循环。通过生态社区和生态城市创建,推行绿色消费和废旧物资再利用,推进社会大循环。

推动循环经济示范工程建设。制定和实施循环经济发展规划，围绕资源节约、环境保护、资源综合利用、清洁生产、产业链接等技术开发应用等重点领域，总结推广30个循环经济发展模式，建设一批示范工程，组织实施100个重大项目，大力推广100家循环经济试点经验，建立30个生态工业园区，积极发展机动车零部件、工程机械、矿山设备、轮胎、机床等再制造产业。

大力推进再生资源综合利用。充分挖掘废弃物资源价值，使废旧产品、废弃物成为重要资源来源渠道，节约原材物料，节省加工成本，减少环境污染。建立“城市矿产”示范基地，推进再生资源的循环利用、规模利用和高附加值利用。加大财税、金融、投资、土地等政策支持力度，建立完善推进再生资源回收利用的各项法律法规和指导目录，强化监督检查。支持发展一批符合环保要求的专业回收拆解分拣中心，构建覆盖城乡、多品种的再生资源分类回收网络体系，再生资源主要品种回收率达到80%以上。强化生产者责任延伸，促进原材料企业废旧资源利用，逐步提高钢铁、建材、汽车、家电、轻工等行业再生资源利用率。

第九篇　体制创新和扩大开放

适应国内外经济结构深刻调整、发展方式加快转变的新要求，推进制度建设和体制创新，全方位高水平扩大对外开放，抓改革强动力，以创新求突破，靠开放增活力。

第二十七章　改革深化

围绕充分发挥市场配置资源的基础性作用，提高改革决策的科学性，增强改革措施的协调性，推进重点领域和关键环节的改革取得新突破，加快形成有利于科学发展、和谐发展、率先发展的体制机制。

深化行政管理体制改革。全面推进依法行政，进一步转变政府职能，提高经济调节和市场监管水平，强化社会管理和公共服务职能，努力建设服务政府、责任政府、法治政府。加快健全覆盖全民的基本公共服务体系，提高义务教育、公共医疗卫生、就业服务、社会保障、公共文化体育等公共服务水平，推进城乡区域间基本公共服务均等化。改进公共服务供给方式，采用政府购买服务、授权特许经营、优惠政策支持等方式，有效动员和综合利用社会资源提供公共服务，形成政府主导、市场引导和社会参与的公共服务供给机制。深化政府机构改革，优化组织体系和运行机制，探索省直接管理县（市）的体制，推进扩权强镇试点，提高行政效率。按照政事分开、事企分开和管办分离原则，积极稳妥推进事业单位分类改革。

深化财税体制改革。在合理界定事权基础上，按照财力与事权相匹配的要求，进一步理顺省以下各级政府间财政收入分配关系，完善省直管县财政体制改革，规范省财政转移支付制度，建立县级基本财力保障机制，提高县级政府提供公共服务能力。推进预算制度改革，全面建立国有资本经营预算，细化预算编制，强化预算约束，增强预算编制的完整性和透明度。健全地方税收体系，强化调控功能。调整财政支出结构，提高基本公共服务支出比重，重点向城乡低收入者、困难群体、欠发达地区和生态地区等倾斜。扩大省市财政对社会事业、农村民生工程、保障性住房、自主创新、生态建设等重点领域的投入。完善税收征管制度,规范税式支出和非税收入管理,放大财税制度的引导调节效应,依法对促进科技进步、能源资源节约和环境保护的重点行业给予政策支持。

深化所有制结构改革。坚持和完善基本经济制度,破除行政垄断,放宽市场准入,增强发展活力,加快形成多种所有制经济公平竞争、互促互进、共同发展的良好格局。普遍建立以股份制改造为核心的现代企业制度,实现国有企业产权多元化。健全国有资产管理体制、监管方式、业绩考核和责任追究制度,完善国有企业收益上缴和使用办法,依法规范国有企业改制和国有产权转让。全面落实促进民营经济加快发展的一系列政策,引导促进民营经济加快发展方式转变。加大在税收优惠、政府采购、信贷担保、用地保障和行政服务等方面的支持力度,鼓励和引导民营资本投资服务业,参股地方金融机构和金融组织,参与发展文化、教育、体育、医疗、社会福利事业,扩大进入基础设施、土地整治和矿产开发、市政公用事业、国防科技工业、政策性住房建设等领域。鼓励和支持民营企业参与国有、集体企业的改制重组。建立健全鼓励和扩大民间投资的综合服务体系,完善支持中小企业发展的信用担保制度、风险基金制度和创业基金制度。力争非公有制经济比重每年提高2个百分点以上。

深化农村经济制度改革。加快制定实施"三农"投入条例,把各级财政资金、基本建设投资、新增建设用地有偿使用费、耕地占用税等用于"三农"的比例及增长机制法制化,地方财政收入的新增部分重点用于农村和农民。在坚持农地农用和耕地红线前提下,允许农民依法自愿有偿转让土地承包经营权,发展多种形式的规模经营。积极稳妥推进农村土地综合整治工程,推动农村建设用地集中集约利用。健全征地补偿机制,使农民更多地分享土地增值收益,妥善解决失地农民就业、住房、社会保障等问题。推进农村产权制度改革,对农村集体各类资源性、经营性资产进行确权、登记和颁证,推进农村集体资产股份制改造,发展农村社区股份合作和集体资产股份合作,增加村(农村社区)集体经营性收入和农民财产性收入。完善城乡平等的要素互换关系,探索建立大宗农产品收储制度。落实村级组织运转经费保障政策,健全村党组织领导的充满活力的村民自治机制,建立村级公益事业建设的有效机制。

全面推进综合配套体制改革。围绕解决全局性、深层次、体制性矛盾和问题,加快推进市、县、镇和开发区综合配套改革试点。积极发挥基层创新精神,在统筹城乡发展、"两型"社会建设、高效生态经济、农村土地管理等领域,先行先试,实现重点突破,创新发展模式。根据不同改革领域和环节的特点,区别不同层级改革主体,在财政、金融、税收、土地等方面分别予以倾斜和支持。总结推广各具特色、全面系统的改革经验和模式,为全省转变发展方式、破解发展难题提供有益借鉴,推动全省改革深化和科学发展。

第二十八章　开放提升

深入实施互利共赢的对外开放战略,进一步提高开放型经济水平,在全球范围整合资源布局产业链,增强国际竞争力和抗风险能力,积极创造参与国际合作和竞争新优势。

提高对外贸易质量和效益。优化出口贸易结构,重点培育100个优势产品出口基地,推动出口产品向高技术含量、高附加值、高效益转变,多元化拓展国际市场。推进加工贸易转型升级,引导加工贸易向研发、营销和售后服务等领域延伸，严格限制"两高一资"加工贸易，支持科技兴贸创新基地和加工贸易转型升级示范区建设。提高旅游、海运、工程建筑等传统服务贸易比重，重点发展金融保险、信息服务等资本、技术和知识密集型服务贸易。优化进口贸易结构，扩大关键装备、国内短缺的重要能源和资源性产品进口，鼓励省内企业引进国外先进技术装备和现代服务业态，限制高能耗、高污染产品进口，严防疫病疫情传入。"十二五"期间，全省货物贸易年均增长10%，服务贸易年均增长15%。

增强利用外资战略效应。进一步扩大招商引资，坚持择优选资，全面提升利用外资的质量、效益和水平。坚持利用外资与结构调整相结合，积极吸引跨国公司及全球行业领先企业战略投资，引导外资投向高端制造业、高新技术产业、战略性新兴产业和现代服务业，带动高端产业加快整合集聚。扩大利用国外贷款规模，重点投向农村生态环境、民生工程、公共服务等政府主导领域。坚持引资与"引智"相结合，积极引进国外技术创新机制、现代管理经验和高素质人才，鼓励跨国公司在我省设立地区总部、研发中心、培训基地、采购中心等各类功能性机构，加快推进省内企业和科研院所与外国公司建立技术合作战略联盟。坚持利用外资与区域经济协调发展相结合，促进东部地区利用外资结构优化升级，逐步由产业制造转向研发创新，支持中西部地区加快完善承接产业转移的基础和环境，增强引资和配套能力。"十二五"期间，全省利用外资年均增长9%，服务业利用外资比重力争达到40%左右。

拓展对外经贸合作。加快与日韩在基础设施、产业发展、资金融通、科技创新、人才培养、投资贸易便利化等方面的对接融合，建立"中日韩循环经济示范基地"，开展中韩海陆联运汽车直达运输，启动中韩跨国海上轮渡和海底隧道建设前期工作，探索与韩国建立港口联盟，加强中日韩出入境贸易、原产地认证、食品安全及相关领域互信互认合作，建立半岛蓝色经济区与日韩间电子商务认证体系、网上支付体系和物流配送体系。创设中国国际海洋节，定期举办海洋经济文化国际博览会和蓝色经济高峰论坛。加强与新加坡和港澳台等地区的经贸合作，推进日照国际海洋城建设。

提升开发园区发展水平。强化开放引领，吸引国际资本和优质资源向园区集聚，进一步提升产业层次，增强承载带动功能，在转方式调结构、创新体制机制和实施重点区域带动战略中实现率先突破。支持符合条件的地方设立保税港区、综合保税区、出口加工区、保税物流中心等海关特殊监管区域。支持青岛前湾保税港区和烟台保税港区建设，完善保税仓储、国际中转、国际配送、国际采购等功能，加快向自由贸易港区转型。支持符合条件的出口加工区升级为综合保税区。

优化"走出去"战略布局。创新对外投资和合作方式，推进生产要素走出国门。支持有实力的企业跨国经营，战略并购国外企业、专利、品牌、研发机构和营销网络，在全球范围内布局产业链和供应链。支持有条件的园区和企业加强境外重要资源合作开发，建立稳定的资源储备供应基地。提升国家级境外经贸合作园区水平，建设煤电铝、纸浆造纸、纺织服装、电子家电、轮胎橡胶、钢铁焦化、农机等境外产业园区。有效利用国外技术和智力资源壮大研发力量，建立欧洲、北美、日本三大研发中心，推动产业转型升级，带动相关产品和服务出口。加强境外基础设施建设合作，优化工程市场布局，规范发展对外劳务合作。"十二五"期间，境外直接投资年均增长20%以上。

第十篇　政策保障和规划实施

严格落实政府职责，切实提高服务效能，配套完善政策措施，引导市场主体行为，营造良好发展环境，强化保障机制，全面推进规划实施，确保“十二五”时期任务目标顺利实现。

第二十九章　扩大消费

完善消费政策，拓展消费热点，努力扩大居民消费需求。适应居民多样化和个性化的需求，多渠道扩大信息通讯、文化教育、医疗卫生、休闲旅游、汽车售赁、房产物业、家政保洁、电子商务、快递配送等提升生活品质的服务供给。开拓农村消费市场，加快农村基础设施和流通网络体系建设，扩大家电等耐用消费品、汽车农机具等大型生产设备和钢筋水泥等生产消费资料下乡范围，逐步提高补贴标准，继续实行农村住房建设与危旧房改造支持政策，促进农村消费升级。倡导低碳消费，鼓励和引导居民使用生态环保节能产品，在全社会形成科学消费、绿色消费的全新生活方式。改善消费环境，健全征信体系和消费贷款抵押担保体系，增加银企联合消费信贷品种，促进信贷消费，加强市场监管，健全消费者权益保护组织体系，完善保护消费者权益的法律法规体系，创造放心的市场消费环境。到2015年，居民消费率提高到35%以上。

第三十章　优化投资

保持投资适度增长，着力优化投融资结构，以投资结构优化带动产业结构升级和发展方式转变。“十二五”期间现代服务业投资年均增速不低于25%，战略性新兴产业不低于25%，“三农”不低于20%，社会民生不低于25%。加强投资调控力度，建立健全以产业政策为导向，以规划为依据，以土地、环保、金融、财政、税收等手段密切配合的投资宏观调控体系，对不符合产业政策、限期淘汰、违规建设的“两高一资”企业，综合运用经济、法律和必要的行政手段，采取强制性措施推进整改。引导全社会资金投向政府鼓励项目和符合国家产业政策的领域。推进多元化投资和多渠道融资，提高各级财政性投入及政策性贷款投资效益，支持民间资本扩大投资，推动符合条件的企业在境内外资本市场直接融资。放开城市建设投融资市场、经营市场和工程建设市场，盘活城市资产。健全政府投资管理体制，实行政府投资项目公示制度，严格重大招投标工程规范化管理，实施严格的项目建设监管、评估和责任追究制度，实施政府投资项目代建制管理。继续加大利用外资力度，积极吸引省外投资。

第三十一章　营造环境

构建支持创新的政策环境。强化市场配置科技资源的基础性作用，完善科技投入机制，加大政府对社会公益性技术和产业共性技术攻关的投入，确保科技投入增长高于经常性财政收入增长，逐步扩大省级创业投资引导资金规模，建立一批面向新兴产业的创业投资基金。实行支持创新的财税、金融和政府采购政策，放大自主创新激励机制的作用，支持引导企业加大技术开发和引进技术消化吸收的投入，支持有条件的创新企业在国内中小板、国内外创业板上市融资，支持引导社会资金参与科技开发。强化保护创新源动力，深入实施知识产权战略，加大知识产权保护执法力度。加强创新人才及创新团队的培育和引进，积极吸引海外高层次人才到我省创新创业。

优化服务业发展环境。实行公开、公平、公正的市场准入制度，鼓励和支持各类社会资本进入法律法规未禁止的服务行业和领域，积极引入社会资本和竞争机制，破除市场竞争性行业垄断经营的局面，降低服务业企业市场准入门槛，简化程序和审批手续。提高政府引导资金的规模和比重，实施聚集能力强、辐射作用大的增值、增绿、增效、惠民系列项目。制定实施优惠政策，支持企业主辅业务分离，鼓励支持大型工业企业和民营企业投资服务业领域，引导社会资金投入服务业关键领域和薄弱环节。打破行业、部门和行政区域垄断，积极推进教育、文化、医疗、体育等服务业领域开放，加快增加社会事业服务供给，解决看病难、上学难等一系列突出的社会矛盾和问题。加快推进事业单位改革和服务业综合改革试点，探索服务业扩大对外开放、加快发展的新机制。大力引进和培养服务业发展所需要的各类人才，以高素质人才推动高水平发展，增强服务业发展的智力支撑。进一步规范政府部门管理行为，改进监管方式方法，加快落实服务业与工业用电、用水、用热基本同价等各项扶持政策，规范服务价格和服务收费，建立和完善服务产品标准化体系、诚实守信的信用体系和科学监管体系，形成有利于服务业发展的市场环境。

改善民营经济发展环境。适应民间投资加大、民营资产扩张、在国民经济中比重和作用提高的新形势，落实民营经济平等准入、公平待遇。创新政府对民营经济的管理体制，由放任自由向依法规范转变，由偏重管制向帮扶引导转变，由检查收费向促进发展转变。支持民营企业合规经营、持续发展、积极履行社会责任，引导民营企业采用现代管理模式和理念，加强科技创新和品牌创建，加快转型升级，增强参与市场竞争、增加就业、发展经济的活力和竞争力。

完善对外开放环境。建立完善支持"引进来"和"走出去"的基础保障机制和政策促进体系，加快形成经济全球化条件下参与国际经济合作和竞争的新优势。营造开放透明的法律环境，以进一步扩大市场准入范围和优化外资结构为重点，完善吸收外资法规，增加决策透明度，规范行政行为，及时发布发展规划、产业政策、准入标准、行业动态等信息，推进投资环境透明化和便利化。营造公平竞争的市场环境，广泛开展国际合作条件下的开放式创新，依法设立的外商投资企业同国内企业享受一视同仁的平等国民待遇，适用同样的原产地规则和鼓励自主创新政策。营造稳定有序的经营环境，进一步完善市场体系，消除市场壁垒，维护市场秩序，保护投资者利益，促进各类市场主体做强做大。健全外商投诉求助和处理督办机制，提高行政服务效率。完善外贸协作、监测和预警机制，发挥外贸企业、行业协会、法律咨询等中介机构的作用，建设外贸商务服务平台，增强规避贸易风险、解决贸易争端、确保贸易安全的能力。加强出口信用保险服务，健全海外投资保险支持机制。

完善支持企业“走出去”的促进保障机制，加快发展境外投资服务机构，建立便捷高效的境内服务体系和安全及时的境外服务体系。

第三十二章　区域协调

健全区域一体化发展机制，以交通一体化为先导，产业和市场一体化为核心，人才科技一体化为保障，推进资源要素共享、基础设施共建、生态环境共治，完善统一市场，实现资源优化配置。扩大与周边国家、周边地区的交流与合作，展示友好山东开明开放的大省形象。发挥紧邻日韩的地缘优势，积极参与推进中日韩自由贸易区建设。充分利用内地与香港更紧密经贸关系安排机制，密切与港澳地区经贸活动，完善鲁台交流与经贸合作机制。加强与环渤海经济区、长江三角洲、中原城市群等区域经济合作，积极参与西部大开发，推进区域产业、交通、水利、能源、生态环境等重点领域共建共赢。全力以赴做好援藏援疆等对口支援工作。健全区域间合作机制，加强跨区域统筹规划，建立统一协调调度机制和定期联席会议制度，推动资源共享、优势互补，实现本地特色发展与区域之间协作发展互动并进。健全区域扶持机制，加强对区域发展的龙头、中心、重要支撑点的政策支持，推动枣庄、东营、济宁等资源型城市加快转型步伐，加大对农业地区和生态地区的财政转移支付力度，继续加大对欠发达地区、革命老区、山区库区、黄河滩区及废弃展区扶持力度，制定实施扶持革命老区发展的政策措施，提高公共服务水平，切实改善生产生活条件，在项目建设、资金投入、民生保障等方面向少数民族和民族地区倾斜，交通、能源、水利等基础设施和农村教育、文化、卫生建设重心继续实行“西移”。

第三十三章　实施机制

推进规划体制改革，健全规划体系，明确经济社会发展规划在各类规划中的主导地位，提高规划管理水平和实施效率。完善衔接协调机制，专项和区域规划要符合本级和上级总体规划，下级规划要服从上级规划，确保在总体要求上方向一致，在空间配置上相互协调，在时序安排上科学有序。完善动态实施机制，通过年度计划分解落实主要目标和重点建设任务，建立科学的中期评估制度，形成有效的分类分时实施机制。正确履行政府职责，省直各部门要按照职责分工，制定具体政策措施，合理配置公共资源，有效引导社会资源，保障规划有效实施。改革考核评价机制，建立完善政府职责事项和约束性指标落实目标责任制，建立健全重大项目推进机制，明确进度、明确要求、明确责任，确保各项指标、重大项目和重大工程的实施。建立规划实施督促检查机制，实行年度巡查报告制度、规划中期评估评价制度，根据发展实际，按程序对规划进行必要调整。健全政府与企业、公众的沟通机制，推进规划实施信息公开，加强社会监督。

全省人民要紧密团结在以胡锦涛同志为总书记的党中央周围，高举中国特色社会主义伟大旗帜，团结一致，万众一心，奋勇进取，扎实工作，不断开创山东科学发展新局面，为实现“十二五”规划的目标任务而努力奋斗！

济南市国民经济和社会发展第十二个五年规划纲要

（2011 年 2 月 25 日济南市
第十四届人民代表大会第四次会议审议通过）

济南市国民经济和社会发展第十二个五年（2011～2015 年）规划纲要，根据中共中央、中共山东省委和中共济南市委《关于制定国民经济和社会发展第十二个五年规划的建议》编制，主要阐明政府战略意图，明确政府工作重点，引导市场主体行为，是未来五年我市经济社会发展的宏伟蓝图，是全市人民共同的行动纲领。

第一篇　发展基础和面临形势

第一章　发展基础

“十一五”时期，是济南发展史上很不寻常、很不平凡的五年。面对国际金融危机的严峻考验和筹办十一届全运会的重大任务，市委、市政府团结带领全市人民，坚持以邓小平理论和“三个代表”重要思想为指导，深入贯彻落实科学发展观，按照“维护省城稳定、发展省会经济、建设美丽泉城”的总体思路，解放思想、提升境界，攻坚破难、锐意进取，努力拓展城市发展空间，打造现代产业体系，经济社会各领域取得了令人瞩目的重大成就，圆满完成了“十一五”规划确定的主要目标任务。这一时期，是我市经济发展质量最好、城市面貌变化最大、人民得到实惠最多的时期。

经济综合实力显著增强。坚持发展第一要务，强化内需拉动，成功抵御了国际金融危机的冲击，国民经济持续快速增长，经济实力大幅提升。到 2010 年，全市生产总值达到 3910. 8 亿元，五年平均增长 13. 9%。地方财政一般预算收入达到 266. 1 亿元，是 2005 年的 2. 5 倍，年均增长 20. 2%。全社会固定资产投资五年累计完成7226.6亿元，是“十五”时期的2.6倍，年均增长18%。社会消费品零售总额达到1725.5亿元，年均增长16.4%。

专栏1 “十一五”规划主要指标完成情况

指标	2005年实际	“十一五”规划	年均增长（%）	2010年完成	年均增长（%）
地区生产总值（亿元）	1846.3	3500	13	3910.8	13.9
地方财政一般预算收入（亿元）	106	210	15	266.1	20.2
全社会固定资产投资（亿元）	857	累计7200	18	累计7226.6	18
社会消费品零售总额（亿元）	807.9	1550	14	1725.5	16.4
实际到账外资（亿美元）	5.4	累计45	20	累计37.5	
出口（亿美元）	17.8	36	15	40.6	17.9
三次产业比例	7.3∶45.9∶46.8	4.5∶50∶45.5		5.5∶41.9∶52.6	
现代服务业占服务业增加值比重（%）	41.8	52		44.6	
高新技术产业产值占规模以上工业总产值比重（%）	30.1	40		41.5	
城市居民人均可支配收入（元）	13578		8	25321	13.3
农民人均纯收入（元）	4812		8	8903	13.1
城镇登记失业率（%）	3.9	<4		<4	
年末户籍总人口（万人）	597.4	640		604.1	
人口自然增长率（‰）	3.5	5		2.78	
城市化率（%）	56	65		65	
森林覆盖率（%）	24.2	28		30	
万元生产总值能耗（吨标准煤）	1.28	0.998	累计降低22%		
二氧化硫排放量（万吨）	9.73	8.67	累计下降10.9%		
化学需氧量排放量（万吨）	5.92	4.86	累计下降18%		

注：2010年社会消费品零售总额指标统计口径作了调整。

*经济发展方式加快转变。*坚持转方式、调结构、促发展相结合，经济素质和综合竞争力显著提升。产业结构调整取得重要进展，三次产业比例由7.3∶45.9∶46.8调整为5.5∶41.9∶52.6。粮食生产连续八年丰收，蔬菜、畜牧、苗木花卉等产业加快发展，建设特色品牌基地34个、都市农业园区43个，规模以上农业龙头企业由170家发展到350家。工业强市战略深入实施，全市工业增加值达到1352.4亿元，年均增长13.4%，培育形成汽车、电子信息、机械装备三个千亿产业，新能源、生物医药、新材料等新兴产业年均增长25%以上。入选全国首批服务业综合改革试点区域，服务业增加值达到2058.2亿元，年均增长15.8%，现代服务业占服务业增加值的比重达到44.6%，提高2.8个百分点。科技综合实力显著增强，入选国家创新型城市和中国软件名城创建试点，国家信息通信国际创新园、国家综合性新药研发技术大平台和国家创新药物孵化基地、综合性国家高技术产业基地等相继落户，市级以上企业技术中心达到204家、工程技术研究中心150家，分别增加110家和133家。高新技术产业产值占规模以上工业总产值比重达到41.5%，提高11.4个百分点。节能减排深入推进，关停小火电机组40.2万千瓦，淘汰立窑水泥熟料产能240万吨，单位生产总值能耗下降和二氧化硫、化学需氧量排放量削减顺利完成“十一五”任务目标。

城市功能形象明显改善。抓住筹办十一届全运会的重大机遇，累计投入2000亿元，强力推进城市规划建设管理，城市知名度、美誉度显著提升。城市规划体系逐步完善，中心城区实现控制性规划全覆盖。东部新区、西部新区、滨河新区规划建设和老城区改造提升全面启动，奥体中心、园博园投入使用，小清河综合治理一期、大明湖扩建改造、护城河通航全面竣工，恒隆广场、万达广场、普利广场等一批城市综合体项目和地标性建筑加快建设。市区泉群保持常年喷涌，古城区、商埠区得到有效保护，城市特色更加凸显。综合交通体系进一步健全，绕城高速北环线、济菏高速、青银高速、济阳黄河大桥、建邦黄河大桥建成通车，京沪高速铁路济南段、西客站枢纽工程顺利推进，城市快速轨道交通和济南都市圈城际铁路规划建设启动，北园大街、二环东路等城市道路建设改造完成，城市公交基础设施建设加快推进，成为全国首个BRT成网运行城市。市政基础设施更加完善，供电能力提高70%，城市燃气普及率、集中供热普及率、供水普及率、污水处理率分别提高到98%、50.8%、97.5%和85%。实施兴济河等市区河道综合整治和腊山分洪等防汛工程建设，城市防洪除涝能力显著提升。生态市建设加快推进，整治破损山体108座，全市森林覆盖率达到30%，建成区绿化覆盖率达到37%。依法拆除违法违章建筑507万平方米，主干道路、城市出入口、居民小区实现全面整治。城市管理体制逐步理顺，数字化、精细化管理水平进一步提高。

改革开放步伐加快推进。坚持深化改革，积极扩大开放，经济社会发展的动力和活力不断增强。国企改革进展顺利，大中型国有企业实行了规范的公司制改革，绝大部分国有中小企业进行了多种形式的改制，非公有制经济比重提高到42.6%。资本市场加快发展，新增上市企业9家，市域上市公司达到26家、股票28只，融资总额496亿元。新一轮政府机构改革完成，12345市民服务热线开通运行，服务型政府建设取得新的进展。行政审批制度改革深入推进，市级行政审批事项由436项清理合并为94项，行政效能进一步提高。供水、燃气、污水处理市场化改革进展顺利，公共资源交易管理进一步规范，公共资源交易中心正式启用。农村综合改革逐步深化，土地承包经营权流转加快，集体林权制度改革全面推开，综合配套改革、集体产权制度改革试点等工作积极推进。开放型经济水平显著提高。招商引资成效显著，累计招商引资3677亿元，其中实际到账外资37.5亿美元，新引进世界500强企业16家。外贸增长方式加快转变，2010年出口达到40.6亿美元，年均增长17.9%，机电产品、高新技术产品所占比重不断提高。服务外包发展势头强劲，2010年离岸服务外包执行额达到2.3亿美元。国际经济技术合作步伐加快，累计完成对外承包和劳务合作营业额52.3亿美元。经济合作和对口支援工作扎实推进，圆满完成援川、援藏和帮扶菏泽成武县等任务。

城乡区域发展更趋协调。坚持城乡统筹，大力推进城市化进程，初步形成中心城市、次中心城市、中心镇、一般镇四级城镇体系，全市城市化率由56%提高到65%。加大支农惠农政策力度，市级财政累计“三农”支出65.9亿元，是“十五”时期的3倍。新农村建设“十大行动”顺利实施，集中支持了38个中心镇建设，新建农村住房16.4万户、改造危房2.6万户，新建改造乡镇文化站60个、农家书屋3400家、卫生院46个，建设标准化农家店3600个、农村户用沼气18.4万户，实施了卧虎山水库除险加固、邢家渡灌区续建配套和节水改造、农村饮水安全等一批重点水利工程，基本实现村村通柏油（水泥）路、通客车、通有线电视，自来水入村率达到95%以上、入户率达到83%。县域经济加快发展，占全市生产总值的比重达到53%。举全市之力建设高新区，2010年高新区生产总值达到276.8亿元，是2005年的3.5倍。举全市之力实施帮扶，商河县经济实力、城乡面貌取得重大突破。

社会民生建设全面加强。坚持把惠民生放在首位，大力发展各项社会事业，人民群众切身利益得到有效保障。城市居民人均可支配收入和农民人均纯收入分别达到25321元和8903元，年均增长13.3%和13.1%,农村绝对贫困人口基本消除。城镇新增就业67.8万人,农业富余劳动力转移就业88.8万人次,城镇登记失业率控制在4%以内,劳动者合法权益保障机制进一步健全。基本养老、医疗、失业、工伤、生育保险覆盖面进一步扩大,保障水平明显提高,新型农村养老保险试点工作顺利推进,城乡低保覆盖人口达到13.9万人。住房保障体系初步建立,惠及18.3万人的棚户区改造全面推进,实施38个集中片区和34个零星片区棚户区改造,开工建设安置房290万平方米,筹建廉租住房6074套,向7339户家庭发放廉租住房补贴6110万元,启动6个公共租赁住房项目建设。优质教育资源布局优化,素质教育全面推广,高中阶段教育实现普及。启动实施"泉城学者"建设工程和"5150引才计划",高层次人才引进工作实现突破,人才队伍建设得到加强,各类人才总量达120万人。医药卫生体制改革稳步推进,国家基本药物制度顺利实施,公共卫生服务不断加强。低生育水平保持稳定,人口自然增长率控制在2.78‰,八个县(市)区被评为全国人口计划生育优质服务先进县区。繁荣发展文化事业和文化产业,创作推出《天下泉城》等一批优秀作品。成功举办了一届高水平、有特色的全运盛会,取得精神文明和竞赛成绩双丰收。举办了第七届中国国际园林花卉博览会和首届中国非物质文化遗产博览会,广电出版、档案史志、外事侨务、民族宗教、社会科学、妇女儿童、老龄、残疾人等各项事业都有了新的发展,荣获全国民族团结进步模范集体"三连冠"。依法治市和平安、文明创建活动成效卓著,防震减灾综合能力跃居全国前列,涌现出泉城义工等一批先进群体,城市公共文明程度大幅提升,社会保持和谐稳定。军政、军民关系更加融洽,获得全国双拥模范城"六连冠"。市级财政投入151亿元,连续三年为民办实事33件。

五年来,全市经济社会许多领域取得了历史性突破,制定实施了一系列事关发展全局的重大战略举措,形成了凝心聚力促发展的广泛共识,积累了一些值得长期坚持的宝贵经验。一是坚持深入贯彻落实科学发展观。牢牢把握发展第一要务,着力转变发展理念、破解发展难题、创新发展模式,把转方式、调结构与促发展紧密结合起来,在保持经济平稳较快发展中不断提升发展的整体素质。二是坚持解放思想、提升境界。深入开展解放思想大讨论活动,坚决克服自满自足思想、畏难发愁情绪和懒惰漂浮作风,牢固树立强烈的省会意识、责任意识、争先意识,充分发挥主观能动作用,着力创新思路、优化环境、改善服务,以思想境界大提升推动各项事业大发展。三是坚持以人为本、民生优先。加快推进以改善民生为重点的社会建设,切实解决就业、社保、住房等群众切身利益问题,全力为民解难题、办实事,积极推进基本公共服务均等化,让人民群众更好地分享改革发展的成果,努力创造经得起实践、群众和历史检验的长效政绩。四是坚持城市建设与经济社会发展相结合。牢固树立抓城市建设就是促发展、惠民生的思想,坚持新区开发建设与老城改造提升并举、做强城市功能与做靓城市形象并重,着力拓展发展空间、提升功能品位,为培育现代产业、发展社会事业、保障改善民生提供强大平台。五是坚持用改革创新的办法解决发展中的问题。注重发扬改革创新精神,在推动发展方式转变、健全行政管理体制、完善综合评价体系等方面加大改革创新力度,着力构建有利于科学发展的体制机制,为经济社会发展提供强大动力。

第二章　面临形势

"十二五"时期,我市发展仍处于重要战略机遇期,发展空间广阔、动力充足,但国内外形势错综复杂、不确定不稳定因素较多,经济社会发展面临新的形势和任务。

*经济社会发展的阶段性特征。*一是经济发展进入转型升级期。工业化进入后期阶段，推动经济增长更多地依赖内需拉动、创新驱动和现代服务业带动，成为促进经济长期平稳较快发展的关键所在。二是城市建设进入跨越提升期。顺应城市化快速发展趋势，依托一批城市综合体和基础性、枢纽性重大设施，全面加快新区建设和老城提升，大规模拓展城市发展空间、大力度改善城市形象品位、大幅度提升农村发展水平，成为新型城市化的推进重点。三是社会事业进入全面突破期。进一步深化改革、加大投入，从整体上推进社会建设，不断满足人民群众多样化、多层次的公共服务需求，努力增进人民幸福，促进社会和谐稳定，成为社会各界关注的焦点。

*面临的重要机遇。*一是国际国内经济复苏向好。经济全球化深入发展，世界经济政治格局出现新变化，科技创新孕育新突破，国际环境总体有利。国内经济社会发展的基本面和长期向好的态势没有改变，工业化、城市化的快速发展，蕴含着巨大的市场需求和发展空间，将为经济社会发展提供强大动力。二是转变经济发展方式加快推进。为提高发展的全面性、协调性、可持续性，国家确定以加快转变经济发展方式为主线，并将围绕扩大内需、发展现代产业体系、促进区域协调发展等重点任务，进一步加大政策措施推进力度，有利于我市加快发展转型，努力抢占未来发展的制高点。三是体制机制加快创新。国家创新型城市试点、中国软件名城试点、国家服务业综合改革试点、综合性国家高技术产业基地建设等重大创新活动的开展，有助于我市发挥科教人才和省会综合优势，进一步增强发展动力和活力。四是重大基础设施加快建设。京沪高速铁路、济南都市圈城际铁路等一批重大设施的建设，将推动我市进入高铁时代，显著提升城市的规模和能级，进一步优化发展环境，为经济社会发展提供重要推动力。五是区域经济一体化加速推进。随着山东半岛蓝色经济区、黄河三角洲高效生态经济区、省会城市群经济圈等全省重点区域带动战略的推进实施，区域联动发展格局加快形成，我市作为中心城市的优势更加突出，经济发展的空间和腹地将进一步拓宽。六是筹办全国性和国际性重大活动。2013 年第十届中国艺术节在我市举办，有助于进一步增强城市承载功能、提升城市品位、扩大城市知名度，加快文化及相关产业发展，推动我市进入新一轮建设发展期。2015 年第 22 届国际历史科学大会在我市举办，将进一步增强我市国际影响力。

*面对的主要挑战。*一是国际环境更趋复杂。国际金融危机影响深远，世界经济进入增速减缓和结构转型双重特征并存时期，围绕能源、人才等战略性资源的竞争更加激烈，各种形式的贸易保护主义抬头，世界经济增长存在较大不确定性。二是综合实力有待提高。与先进城市相比，经济实力还不够强，有效破解长期以来存在的投入不足、经济外向度不高等突出问题，进一步增强发展动力，需要付出很大的努力。三是经济结构性矛盾仍较突出。资源能源消耗型产业仍占较大比重，省会科技人才优势还没有得到充分发挥，城乡区域发展仍不协调，结构调整的任务更显紧迫。四是资源环境制约加剧。资源、能源约束日益明显，城市建设、产业发展与环境保护和生态建设的矛盾加剧，节能减排和环境治理面临更多考验。五是社会建设任务繁重。加快社会事业建设，推进基本公共服务均等化，还需进一步加大工作力度。正处于社会转型期，群众利益诉求、意见表达及价值判断呈现多元化特征，各种社会矛盾日益凸显，加强社会管理面临更大压力。六是区域竞争更加激烈。全国、全省区域发展规划加快推进，国内同类城市发展步伐加快，增强我市竞争优势、建设区域性中心城市面临较大挑战。

面对新的形势和任务，全市上下必须牢牢把握发展第一要务，切实增强机遇意识和忧患意识，进一步解放思想、提升境界，科学把握发展规律，主动适应环境变化，有效化解各种矛盾，努力化挑战为机遇、变压力为动力，更加奋发有为地推进省会现代化建设。

第二篇 指导思想和发展目标

第三章 指导思想

“十二五”时期的指导思想是，高举中国特色社会主义伟大旗帜，以邓小平理论和“三个代表”重要思想为指导，深入贯彻落实科学发展观，坚持以科学发展为主题，牢牢把握加快转变经济发展方式这一主线，紧紧围绕“拓展城市发展空间、打造现代产业体系”两大重点，加快推进经济转型、城市转型、社会转型“三个转型”，大力实施新型城市化、新型工业化、创新驱动和富民惠民四大战略，着力实现优化经济结构、加快社会建设、提升城市品位、保护生态环境、深化改革开放五大突破，努力打造实力济南、魅力济南、宜居济南，全面建设更高水平的小康社会，建成与山东经济文化强省相适应的现代化省会城市。要坚持以下基本原则：

坚持率先发展。把保持经济平稳较快增长作为加快转变经济发展方式的首要目标，正确处理转方式与促发展的关系，在保持合理发展速度的同时，率先在转变发展方式、完善体制机制、突破资源瓶颈、构建和谐社会等方面实现突破，努力在区域发展中发挥示范带动作用。

坚持转型发展。把经济结构战略性调整作为加快转变经济发展方式的主攻方向，构建扩大内需长效机制，着力优化需求结构，加快形成消费、投资、出口协调拉动经济增长新格局；推动三次产业良性互动、融合发展，促进经济增长向依靠第一、第二、第三产业协同带动转变；坚持统筹发展，加快推进社会主义新农村建设，促进城乡区域协调发展。

坚持创新发展。把科技进步和创新作为加快转变经济发展方式的重要支撑，深入实施科教兴市和人才强市战略，提高教育现代化水平，增强自主创新能力，建设区域性人才高地，推动经济社会发展向主要依靠科技进步、劳动者素质提高和管理创新转变，加快建设国家创新型城市。

坚持民生优先。把保障和改善民生作为加快转变经济发展方式的根本出发点和落脚点，完善保障和改善民生的制度安排，加快发展各项社会事业，着力扩大公共服务，促进社会公平，推进基本公共服务均等化，使发展成果惠及全体人民，实现富民和强市的有机统一。

坚持绿色发展。把建设资源节约型和环境友好型社会作为加快转变经济发展方式的重要着力点，立足资源环境承载能力谋发展，强化全社会节能环保意识，发展循环经济，推广低碳技术，实现绿色增长，建设生态城市，促进经济社会发展与人口资源环境相协调，增强可持续发展能力。

坚持改革开放。把深化改革扩大开放作为加快转变经济发展方式的强大动力，全面推进重点领域和关键环节改革，加快构建充满活力、富有效率、更加开放、有利于科学发展的体制机制；实施互利共赢的开放战略，积极参与国际分工与国内区域合作，以开放促改革、促发展。

第四章 发展目标

综合实力显著增强。国民经济继续保持平稳较快增长，全市生产总值达到6600亿元，年均增长11%，人均生产总值达到14000美元。地方财政一般预算收入达到490亿元，年均增长13%。社会消费品零售总额达到3450亿元，年均增长15%。固定资产投资五年累计14600亿元，年均增长15%。

经济结构调整优化。居民消费率稳步提高，投资结构继续优化。先进制造业、现代服务业、现代农业加快发展，三次产业比例调整为4∶38∶58，初步形成现代产业体系。对外贸易稳步增长，外贸出口达到70亿美元，年均增长12%，实际到账外资五年累计70亿美元。民营经济加快发展，非公有制经济比重达到50%以上。

创新型城市基本建成。自主创新能力显著提升，科技进步贡献率达到65%，研究与试验发展经费占生产总值比重达到2.65%，高新技术产业产值占规模以上工业总产值比重达到52%，争取新增国家级企业技术中心、实验室、工程（技术）研究中心15个。制度创新取得突破，社会主义市场经济体制更加完善。

城市功能跨越提升。新区开发、老城提升全面突破，中心城建成区面积达到400平方公里、人口410万人。现代化基础设施体系基本形成，城市功能形象品位显著提升。正常降水条件下泉群保持持续喷涌，泉城特色更加凸显。城乡一体化发展步伐加快，城市化率提高到75%，县域经济比重达到56%。

生态环境优美宜居。节能减排继续推进，单位生产总值能耗、二氧化碳排放和主要污染物排放进一步下降，基本形成节约能源资源和保护生态环境的产业结构、增长方式、消费模式。生态建设继续加强，人居环境明显改善，全市森林覆盖率达到35%，建成区绿化覆盖率达到40%。

社会发展更加和谐。人民生活更加富裕，城市居民人均可支配收入和农民人均纯收入分别达到43000元和15000元，年均增长11%。就业和社会保障水平显著提高，基本实现全民享有社会保障。社会事业发展加快，教育、卫生、文化、体育等公共服务体系更加完善。平安创建扎实推进，市民综合素质和社会文明程度大幅提升。

专栏2 “十二五”规划指标

类别	序号	指标名称	单位	2010年完成	2015年完成	年均增长（%）	属性
经济增长	1	生产总值	亿元	3910.8	6600	11	预期性
	2	人均生产总值	美元	8700	14000	10	预期性
	3	规模以上工业增加值	亿元		2200	11	预期性
	4	地方财政一般预算收入	亿元	266.1	490	13	预期性
	5	固定资产投资	亿元	五年累计7226.6	五年累计14600	15	预期性
	6	社会消费品零售总额	亿元	1725.5	3450	15	预期性
	7	实际到账外资	亿美元	五年累计37.5	五年累计70	10	预期性
	8	出口	亿美元	40.6	70	12	预期性
	9	金融机构本外币存款余额	亿元	7601.9	15000	14	预期性
	10	金融机构本外币贷款余额	亿元	7035	13000	13	预期性

续表

类别	序号	指标名称	单位	2010年完成	2015年完成	年均增长（%）	属性
结构调整	11	三次产业增加值比例		5.5∶41.9∶52.6	4∶38∶58		预期性
	12	三次产业从业人员比例		25∶33∶42	23∶30∶47		预期性
	13	现代服务业占服务业增加值比重	%	44.6	48		预期性
	14	居民消费率	%	31	35		预期性
	15	非公有制经济比重	%	42.6	50		预期性
	16	县域经济比重	%	53	56		预期性
	17	文化产业增加值占生产总值比重	%	3.5	5		预期性
自主创新	18	研究与试验发展经费支出占生产总值比重	%	2	2.65		预期性
	19	高新技术产业产值占规模以上工业总产值比重	%	41.5	52		预期性
	20	科技进步贡献率	%	55	65		预期性
	21	每万人口发明专利授权数	个	1.9	3		预期性
城市建设	22	城市化率	%	65	75		预期性
	23	建成区面积	平方公里	347	400		预期性
	24	建成区人口	万人	340	410		预期性
	25	城市建成区绿化覆盖率	%	37	40		预期性
	26	城市人均道路面积	平方米	10.4	13.2		预期性
	27	城市集中供热普及率	%	50.8	55		预期性
	28	城市管道燃气普及率	%	63	80		预期性
资源环境	29	单位生产总值能源消耗	吨标煤		国家、省下达指标		约束性
	30	单位生产总值二氧化碳排放降低	%		国家、省下达指标		约束性
	31	万元工业增加值用水量	立方米	18.5	16.3		约束性
	32	灌溉用水利用系数		0.52	0.58		预期性
	33	城市污水处理率	%	85	90		约束性
	34	城市生活垃圾无害化处理率	%	95	99		约束性
	35	耕地保有量	公顷	366251	366000		约束性
	36	基本农田保护面积	公顷	320018	320000		约束性
	37	二氧化硫排放量	万吨		国家、省下达指标		约束性
	38	化学需氧量排放量	万吨		国家、省下达指标		约束性
	39	氨氮排放量	万吨		国家、省下达指标		约束性
	40	氮氧化物排放量	万吨		国家、省下达指标		约束性
	41	森林覆盖率	%	30	35		约束性

续表

类别	序号	指标名称	单位	2010年完成	2015年完成	年均增长（%）	属性
民生改善	42	户籍总人口	万人	604.1	620		预期性
	43	人口自然增长率	‰	2.78	<5		预期性
	44	人均期望寿命	岁	75	79		预期性
	45	城镇新增就业人数	万人		累计50		预期性
	46	新增农业富余劳动力转移就业	万人		累计26		预期性
	47	城镇登记失业率	%	<4	<4		预期性
	48	城镇参加基本养老保险人数	万人	149	185	4.4	约束性
	49	城镇参加基本医疗保险人数	万人	254.5	295	3	约束性
	50	新型农村社会养老保险参保人数	万人	93	230	20	约束性
	51	15岁及以上人口平均受教育年限	年	10	12		预期性
	52	千人医疗机构床位数	床	5.3	5.8		预期性
	53	城市居民人均可支配收入	元	25321	43000	11	预期性
	54	农民人均纯收入	元	8903	15000	11	预期性
	55	居民消费价格指数	%	102	<104		预期性
	56	城市居民人均住宅建筑面积	平方米	29.7	36.5		预期性
	57	农村居民人均生活用房面积	平方米	40.2	45		预期性
	58	城市万人拥有公共交通营运车辆	标台	15	20		预期性

第三篇　加快推进新型城市化

把新型城市化作为推动省会科学发展、跨越发展的强大动力，统筹城乡区域协调发展，推动形成主体功能区，促进经济发展与人口资源环境相协调，努力走出一条集约发展、协调发展、组群发展和具有济南特色的新型城市化道路。

第五章　拓展城市发展空间

坚持走集约化大城市发展道路，加快规模扩张和功能提升，着力构建"一城三区"中心城发展格局，进一步增强区域带动能力，努力建设现代化大都市。

第一节　优化提升老城区

以释放发展空间、重塑功能形象为重点，统筹地上、地下空间利用，提高立体化发展水平，精心打造功能布局合理、空间利用高效、服务经济发达的现代化中心城区。突出总部经济功能，重点发展信息服务、金融商务、文化旅游和现代商贸等产业,进一步优化空间布局,推进古城区、商埠区、魏家庄济南金融商务中心区、山大路科技商务区、洪楼商贸区、二环东路金融商务区、兴隆片区、九曲片区等重点片区规划建设。加快泉城路、纬十二路、阳光新路、二环南路、二环东路、二环西路等市区主要道路两侧地区的开发建设和堤口路、八里桥、道德街、七里山等片区的改造,提升集聚发展水平和综合服务功能。集中力量抓好宝华街官扎营片区、北大槐树片区、南辛片区、后屯苗圃片区等棚户区、城中村和危旧简易楼改造,有序推进污染环境、能耗较高、发展空间受限的工业企业搬迁改造,加快盘活闲置存量土地,开辟新的发展空间,推动老城区焕发新的活力。

第二节　加快建设三大新区

西部新区。依托高铁枢纽、文化教育资源和生态湿地优势,重点发展高端商务金融、商业会展、文化创意和旅游休闲业,加快建设西部新城核心区,打造经十西路城市发展轴,积极推进西部新城、济西湿地生态区、长清片区三大片区开发,形成“一心、一轴、三片”空间发展格局,建设功能布局合理、综合配套完善的开放、高效、绿色的现代化新城区,打造高端服务业集聚新高地和经济增长新引擎。西部新城核心区,重点建设场站一体化工程、省会文化艺术中心、会展中心、商务中心等设施,大力发展交易、展览、文化、总部、商业、交通枢纽等功能,完善居住、商业、市政交通等配套设施,打造齐鲁新门户、泉城新商埠、城市新中心。经十西路城市发展轴,统筹发展现代服务业和先进制造业,打造形成融经济、社会、交通、生态、景观、居住等功能于一体的城市主体发展带。西部新城片区,西客站组团依托核心区建设,重点发展商贸金融、商业服务等产业;峨眉组团重点推进担山屯物流园区建设,配套完善研发和商务功能;腊山和党家组团以创意科研、生态居住、都市工业等为重点,增强对西部新区的服务功能。济西湿地生态区,以济西国家湿地公园为核心,突出生态修复、生态隔离、湿地休闲游赏、民俗观光、田园风情体验等功能,形成全市重要的生态功能区。长清片区,大学科技园组团重点推进中心区建设和园博园后续利用,发展教育服务、文化创意、研发设计等产业;文昌组团重点完善居住、商业、办公等设施,拓展文化娱乐、体育休闲、旅游等功能,提升城区品质;经济开发区重点加快完善以机械装备制造为核心的产业体系,形成产业集聚区,同时依托农高区积极发展兽药研发、食品加工、花卉种苗等产业。

东部新区。以高新技术产业、高端制造业、战略性新兴产业和现代服务业为主导,加快推进奥体文博、贤文、汉峪、长岭山、雪山、唐冶、孙村、章锦、彩石、两河十大片区开发建设,打造全国重要的高新技术产业示范区和全省高新技术产业领军地区,形成产业特色鲜明、配套设施完善的现代化新城区。奥体文博片区,重点是突出文化博览、体育休闲、商务办公、金融服务等功能,加快奥体东部商业商务服务区、城市公共服务中心等的规划建设,配套完善生活居住和公共服务设施,建成带动东部新区发展的龙头。贤文和汉峪片区,重点是强化信息服务、科技研发、产业孵化、商务金融、会议展览等功能,加快推进国家信息通信国际创新园、齐鲁服务外包城、汉峪总部经济区建设,完善配套设施、提升服务功能,打造成为全国一流的信息产业集聚区。长岭山和雪山片区,重点是突出产业研发、商务办公、生活居住等功能,着力塑造经十路沿线景观,打造环境优美、生态宜居的城市新区。唐冶片区,重点是突出行政办公、商贸金融、文化体育、居住休闲等功能,加快唐冶新区文化中心等项目建设,打造东部城区公共服务中心和全市现代服务业发展新的增长极。孙村和两河片区,重点是以发展电子信息、汽车、电力设备、生物医药等产业为主导功能,加快推进高新区孙村新区建设,完善生活和公共服务配套设施,同时向北延伸发展钢材加工、商贸物流等产业,建设孙村铁路物流中心，打造带动全市先进制造业和高新技术产业发展的高端产业集聚区。章锦片区，以出口加工区规划建设为重点，着力推进半导体照明产业集聚区、保税物流园区和重大新药孵化基地建设，打造集出口加工贸易、高端电子信息、重大新药孵化为一体的外向型高端产业集聚区。彩石片区，重点是强化新能源产业发展、教育科研、生态休闲等功能，着力推进太阳能产业基地、职业教育集聚区、彩石居住区等建设。

滨河新区。结合小清河综合治理工程，着力构建小清河生态发展轴，加快推进北湖城市副中心和济泺路、华山、新东站、美里湖四大片区开发建设，形成“一轴、一心、四区”开发格局，打造新的城市发展带、景观旅游带、生活休闲带。小清河生态发展轴，积极实施补源工程，开通小清河水上游览线路，积极推进与泉城特色标志区相连通，沿河发展娱乐休闲产业和“夜经济”，打造泉城水上游览特色品牌。北湖城市副中心，重点是突出商务办公、商业金融、休闲旅游、文化体育等功能，加快建设徐李、水杨等高品质大型综合社区，改造提升现有家居、建材等专业批发市场，强化生态景观建设，形成城市空间结构的重要节点。济泺路片区，重点是强化商贸批发、居住休闲、都市工业、现代物流等功能，加快建设集居住、商业、商务办公、休闲娱乐于一体的泺口居住社区，改造提升济泺路两侧商贸组团，提高药山工业园发展质量，发展无污染、低能耗、高附加值的科技型都市工业。华山片区，重点是强化生态旅游、现代物流、商业居住等功能，加快华山历史文化公园开发建设，建成市区东部生态屏障、市民休闲游憩新区和全市重要的商贸物流集聚区。新东站片区，依托石济客专济南新东站，重点建设以交通集散、商业服务等功能为主的站前商务区，加强王舍人组团公共服务设施、都市型工业园区、综合居住区建设，积极发展片区北部生态观光农业。美里湖片区，重点搞好大魏农副产品及汽配物流园区、槐荫工业园区、吴家堡旅游休闲及居住区建设，发展智能小家电、机电一体化等都市型工业以及主要面向工业企业的物流产业，建设民营科技企业孵化基地、科技创新基地和专业性物流中心。

专栏3　中心城市“一城三区”发展格局

老城区。东至二环东路、西至二环西路、南至南部山体、北至北园大街—无影山中路，总用地范围170平方公里，发展成为全市行政管理、商业金融、教育科研、医疗卫生、文化体育、休闲旅游、生活居住中心，泉城特色和历史文化名城保护的核心。

西部新区。二环西路以西地区，西、北至黄河，南至崮山一带山体，总用地范围438平方公里，建设成为总部经济、金融服务、文化创意、商务会展、旅游休闲等服务经济集聚区，开放、高效、绿色的现代化新城区，全市重要的生态功能区。

东部新区。二环东路以东，北至工业北路—胶济铁路、东至东巨野河、南至南部山体，总用地范围290平方公里，建设成为高新技术产业、高端制造业、战略性新兴产业和商务会展、行政办公、文化体育等现代服务业集聚区，全国重要的高新技术产业示范区和全省高新技术产业领军地区，产业特色鲜明、配套设施完善的现代化新城区。

滨河新区。东至绕城高速东环线，西至济南西编组站，南至小清河、北园大街及工业北路，北至黄河南岸，总用地范围158平方公里，建设成为以休闲旅游、商务办公、商业居住、商贸物流为主导功能的宜业、宜居、宜游的城市新区。

第三节　积极推进北跨发展

加快基础设施和公共服务设施建设。坚持基础设施和公共服务先行，推动中心城基础设施和公共服务设施跨河延伸。新建长清黄河大桥、济齐黄河大桥、石济客专黄河公铁特大桥、泺口黄河隧道等，基本形成“九桥一隧”的过河通道体系。大力发展跨河公共交通，进一步强化中心城市与黄河北地区的联系。推进黄河北地区交通、电力、供水、燃气、热力和污水、垃圾处理设施建设,加强公共绿地和生态隔离带建设,逐步完善文化教育、医疗卫生、商业服务、环境保护等服务设施,进一步强化北跨发展支撑条件。集中抓好鹊山龙湖、济阳澄波湖规划建设,积极推进商河温泉国际基地建设,强化商务居住、休闲度假、生态观光等功能。加快推进济南现代农业科技示范园建设,突出温泉农业、生态观光农业和农业科技推广示范特色。推动村庄迁并整合,加快小城镇建设,增强服务黄河北地区发展的能力。

积极打造产业拓展区。依托黄河北地区区位交通、能源条件和现有产业基础,规划建设产业拓展区,打造产业发展新平台。在黄河沿岸地区规划建设北跨起步区,积极发展环境友好型生态工业,完善商贸、物流、生活居住等配套功能,构筑北跨发展的桥头堡。抓好济南新材料产业基地建设,发展环境友好型生态工业。推进济北开发区、商河经济开发区及城区产业园建设发展,进一步完善基础设施,强化载体功能,积极承接产业转移,打造全市重要的传统产业基地。

第四节 推进城市综合体开发建设

按照功能复合、空间集约、设施先进、特色鲜明的原则,坚持高起点规划、高水平建设、大力度推进,紧密结合中心城市发展定位,突出产业发展和多业态联动,加快建设泉城路商业中心区、奥体文博中心区、西部新城核心区等16个城市综合体,为提升城市功能、优化空间形态、繁荣城区经济提供强大载体。提高规划策划水平,优化景观设计,融入文化、商业、金融、科技等元素,提升建设品质。完善城市综合体建设配套政策和协调推进机制,加强相关配套设施建设,提高管理运行水平,加快打造一批代表省会形象和品位的地标性建筑。

专栏4 重点城市综合体

"十二五"时期,重点建设16个城市综合体,规划总用地40平方公里,可开发总建筑面积约7000万平方米。

泉城路商业中心地区。位于泉城路以南、舜井街两侧,规划总用地0.31平方公里,主导功能为商业金融、商务办公、文化娱乐。

泉城广场南侧地区。位于泺源大街南侧、趵南路以东、朝山街以西,规划总用地0.16平方公里,主导功能为商业金融、酒店服务。

经四纬一地区。位于经四路两侧,纬二路以东、筐市街以西,规划总用地0.62平方公里,主导功能为商务办公、商业服务、居住。

经十纬十二地区。位于经十路两侧,规划总用地0.55平方公里,主导功能为商业服务、商务金融、休闲娱乐。

山大路地区。位于山大南路与和平路之间、山大路两侧,规划总用地0.7平方公里,主导功能为电子商务、科技研发、商业服务。

二环东路地区。位于二环东路沿线全福立交桥、花园路、解放路周边地区,规划总用地1.9平方公里,主导功能为商业金融、商务办公、教育科研。

奥体文博中心区。位于奥体周边、旅游路与新泺路之间,规划总用地4.4平方公里,主导功能为文化博览、体育休闲、商务办公、商业金融。

唐冶新区中心区。位于东绕城以东、经十东路与世纪大道之间,规划总用地3平方公里,主导功能为行政办公、商业金融、文化体育。

汉峪总部经济区。位于高新区经十路两侧、舜华路以东、刘智远路以西,规划总用地0.87平方公里,主导功能为经济总部、商务办公、商业服务、居住。

高新外包会展区。位于经十路与工业南路之间,会展中心、齐鲁软件园周边,规划总用地1.7平方公里,主导功能为服务外包、科研教育、会议博览。

西部新城核心区。位于京沪高铁西客站以东,规划总用地5.96平方公里,主导功能为交通枢纽、总部经济、金融服务、文化娱乐、商业服务、会议展览。

大学科技园中心区。位于大学路两侧,西起海棠路、南起园博园、东北至紫薇路,规划总用地4.91平方公里,主导功能为教育科研、旅游休闲、商业服务。

续表

滨河新区核心区。位于北湖周边，规划总用地1.8平方公里，主导功能为商业金融、商务办公、文化传媒、体育休闲。 **王舍人新东站地区**。位于王舍人片区东北，规划总用地3.72平方公里，主导功能为交通枢纽、商务办公、商业金融。 **华山片区**。位于二环东路以东、小清河以北，规划总用地5.6平方公里，主导功能为历史文化、旅游休闲、商业商务、居住生活。 **泺口地区**。位于济泺路两侧，北外环以南、津浦铁路以北，规划总用地规模2.1平方公里，主导功能为商业服务、商务办公、居住生活。

第六章　提升城市功能形象

加快城市建设改造和内涵提升，着力完善承载功能，提升城市品位，强化规划管理，全面塑造现代化省会城市新形象。

第一节　强化综合交通枢纽功能

按照系统化、网络化、现代化标准，统筹区域、市域和城市交通发展，加快形成布局合理、衔接高效、管理智能的综合交通体系。

完善对外交通网络。铁路，进一步优化济南铁路枢纽，加快济南都市圈城际铁路、城际铁路联络线、石济客运专线、德大铁路、聊泰铁路等重大项目建设，积极推进济南至郑州客运专线前期工作，逐步形成以京沪高速铁路、胶济客运专线、石济客运专线组成的客运环线和黄河北货运线、京沪线、胶济线等组成的货运环线，构筑客内货外、客货分线的运输格局。公路，加快济商高速、青兰高速、济莱高速二期、济南—滨州—东营高速公路等项目建设，实施国、省道建设改造，初步形成“一环九射”的高速公路网和“八纵六横五射四连”的干线公路格局，到2015年干线路网规模达到1600公里。航空，抓好济南国际机场航站区扩建工程，进一步完善机场配套设施，积极开辟新的航线，加快建设国内一流空港，到2015年旅客吞吐量达到1500万人次。

专栏5　“十二五”时期全市公路路网布局
高速公路。到2015年，形成“一环九射”的高速公路网。 一环（市中心区外环线）。由济南绕城高速公路东南线、京台高速、济聊高速、青银高速组成的高速公路环线。 九射。济南—青岛高速公路、济南—青岛南线高速公路、济南—枣庄高速公路、济南—广州高速公路、济南—聊城高速公路、济南—石家庄高速公路（青银线）、济南—德州高速公路、济南—天津高速公路、济南—东营高速公路。 **干线公路**。形成“八纵六横五射四连”的干线公路网。 八纵。S242、S243、S244、S248、G104、S239、G105、G220。 六横。S316、S249、S321、G308、G309、S327。 五射。S101、S102、S103、S104、S105。 四连。机场连接线、济商高速连接线、S327线济南至临朐公路、G308 G309 G104连接线。

提高市域交通通达性。强化城市交通与市域交通的衔接，加快中心城市与县（市）城之间的快

速通道建设，提升县（市）城与城镇之间联络通道的道路等级，加强城镇之间以及城镇与农村地区之间的连接通道建设，完善市域交通网络。加快西客站、石济客专济南新东站等客运枢纽及站场建设，推进章丘“区域交通运输现代化、城乡交通一体化”示范区建设，积极推进客运交通公交化。加强城市与旅游景点、产业园区等的公共交通联系，构建城乡公交一体化网络。

推进市区交通便捷化。按照网络化、立体化要求，完善中心城区路网结构，积极推进北园大街西延、二环西路、二环南路等城市道路建设，加快形成比较完善的快速路系统，继续实施主次干道建设改造，进一步拓展支路网，加强道路“微循环”，着力缓解城市交通拥堵矛盾，力争人均道路面积达到13.2平方米。推进城市快速轨道交通规划建设，尽快开工建设50公里轨道交通线路，初步构建城市轨道交通的基本框架。优先发展城市公共交通，积极争办“公交都市”，优化和完善公交线网，建成“五横七纵”BRT网络，城市万人拥有公交车辆达到20标台，公交专用道总里程力争达到500公里，城市公共交通客运量占总出行量的比重达到30%以上。加强多种交通方式相互衔接，加快公交换乘枢纽和停车系统建设。加快公交主要客流走廊首末站、集散点、景区与自行车交通方式的接驳换乘，切实解决公交出行“最后一公里”问题。注重完善步行、自行车等慢行系统建设，新建一批行人过街设施，加强停车场规划、建设和管理。提高城市交通综合管理水平，建立路网综合地理信息系统，加快发展城市智能交通。

第二节　提高公用设施保障能力

坚持超前规划和统筹实施的原则，大力提升城市供电、供水、供气、供热等公用设施档次，提高公用设施服务覆盖率和集中供应率。

供电。继续加强城乡电网改造，加快实施1000千伏济南特高压输变电工程、1000千伏济南特高压变配出工程、500千伏彩石和章丘输变电工程等项目，尽快形成以1000千伏变电站为支撑，500千伏、220千伏为骨干网架，110千伏、35千伏为高压配电网的供电格局，全面提升供电安全可靠性。加快实施大唐、歌美飒、华润、天润、中海油等风力发电项目，积极推进一批生物质能发电项目。“十二五”时期，全市新增供电能力3500兆瓦，到2015年全市供电能力达到8080兆瓦。

供水。坚持以地表水为主、地下水综合调度，充分利用黄河水，合理使用长江水，适度开采地下水，提高城市水源保障能力。加快济西二期、东部水厂建设，完成鹊华、玉清等水厂工艺改造，积极推进加压站及配套管网建设改造，全面完成老城区低压片区和二次供水设施改造，加快户表计量工程进度，促进城市供水管网升级。完善供水应急机制和水质监测预警体系，提高供水可靠性。积极推进县城、乡镇供水设施建设，保障居民用水需求。

供气。继续加大天然气气源引进力度，加快气源接收门站和储备调峰气源基地建设，提高燃气保障能力，扩大供应范围。迁建草山岭液化石油气储罐基地，加快市区内现有瓶组站并网，逐步置换焦炉燃气用户，形成以天然气为主，液化石油气、焦炉煤气等气源为辅的供气格局。推进压缩天然气加气母站及配套子站建设，适度建设液化天然气加气站。优化燃气管网布局，提高管网运行效率，新建城区燃气管道400公里，改造老化管网200公里，到2015年城市管道燃气普及率达到80%。

供热。科学规划市域热源服务供给范围，以大型燃煤热电厂为主热源，配合建设调峰热源，完善位置偏远、管网敷设困难地区热源设施，加快形成多热源联网的供热体系。积极推进济西热电联产、长清供热工程等项目建设，加快实施北郊、明湖、金鸡岭、丁字山等热源厂改造提升工程，尽快启动新区热源厂建设,推进华电章丘电厂三期热电联产项目前期工作,提高供热能力和覆盖范围。继续实施老城区供热管网“汽改水”改造,加强新区供热管网规划建设。加快实施既有建筑供热计量改造,逐步推广热计量收费。到2015年,城市集中供热普及率由50.8%提高到55%。

第三节 完善城市安全保障体系

建立由灾害监测预警系统、救灾指挥系统、减灾行动系统组成的综合防灾减灾体系,全面提升城市防灾减灾能力,保障城市安全运行。

加强防洪能力建设。完善洪水管理、防汛调度和决策指挥管理,健全“南部缓蓄、中部分洪、北部疏泄”的城市排水防洪系统。大力推进市域骨干河道及小流域治理,加快实施南部山体截洪、主要排洪河道综合整治和山洪灾害防治,提高河道蓄洪分洪能力。继续实施城区河道综合整治、道路及低洼地区排水改造,建成小清河综合治理工程,加快建设华山湖和小李家蓄滞洪区工程,全面提高城市防汛排洪除涝能力。建设居住小区、大型公共建筑、广场、公共绿地等雨水收集利用设施,加快推进雨水收集利用。到2015年,重点水系防洪标准有效提高,城乡防洪能力显著增强。

加强防灾能力建设。高标准建设和改造消防、防震、气象等设施,完善防灾减灾应急预案,提高突发性事件处置能力,确保城市安全运行。建设完善消防设施,建立多层次消防站网。进一步完善地震监测体系,强化抗震设防管理,健全应急救援体系,建立资源共享、信息集成的应急指挥系统,提高地震监测预报、震灾预防和紧急救援能力。加强气象防灾减灾应急预警体系建设,增强气象服务保障功能。加强地质灾害易发区监控和防治,严防发生重大地质灾害。

统筹地下空间资源利用。进一步完善人民防空设施,形成完整的人防体系。结合城市新区开发和主干道综合改造,大力推广采用综合管沟。加强综合管沟与人防设施、地下停车场、轨道交通站点的联系和衔接,加强地下空间的集约化利用,提高市政管网的运行质量与管理效率,增强城市应对突发事件能力,保护“城市生命线”。建立完整的城市地下空间资源数据库,健全城市基础设施和地下管线信息系统,确保地下空间资源利用的合理性与科学性。

第四节 加强城市形象建设

保护和发扬泉城特色。正确处理开发与保护、继承与创新的关系,突出“泉城”、“历史文化名城”两大名片,着力打造“山、泉、湖、河、城”有机融合的山水园林城市和特色魅力城市。抓好泉水涵养区和泉脉保护,减少城市地面硬化面积和地下水开采,建立地下水信息预测预报系统,大力实施地下水保护行动计划,努力保持正常降水年份泉水持续喷涌。加快推进泉水综合利用,实施直饮水工程,逐步满足市民饮用优质地下水的需求。积极推进泉水“申遗”,加快编制名泉保护规划。加快提升泉城特色标志区,搞好泉水景观设计与管理维护,努力重现古城区“家家泉水、户户垂杨”的城市风貌。抓好历史文物、民风民俗、自然和人文景观的挖掘、保护和合理利用。按照修旧如旧的原则,搞好古城区保护改造。维护商埠区历史风貌,保护典型街坊和特色建筑,推动商埠区加快复兴。加强大明湖、千佛山、龙洞等风景名胜区和黄河风景区的保护开发。

抓好城市景观建设。深入推进国家生态园林城市建设,改造提升全市性综合公园,增加区域性综合公园、社区公园、专类公园数量,加强防护绿地、附属绿地建设,保护性开发建设城郊山体绿地、郊野公园等,增加市民公共休闲空间,满足500米服务半径要求。加强主次道路沿线以及旅游景点、商业中心和街区等重要场所周边环境综合整治和建设,拆除破旧质差建筑,改造临街建筑立面,增加绿化节点和开敞空间，打造城市亮点。加快实现主次干道架空线路落地，继续推进城市亮化工程建设，拓展破损山体治理范围，严格规范户外广告牌匾布设和户外经营行为，加大道路通行秩序整治力度。继续大力整治违法违章建设，推行建筑渣土密闭化、规范化运输。改善居住小区、城中村和城乡结合部、铁路沿线、城市出入口和主干道两侧等重点区域环境质量，提高市政设施维护和环境卫生管理水平，努力营造整洁、优美、和谐的人居环境。

加强城市规划管理。创新城市规划理念，提升城市统筹规划水平，做好地理信息系统的更新、开发与应用服务，加快形成定位清晰、功能互补、统一衔接、全面协调的城市规划体系。完善城乡规划管理政策体系，进一步放开规划设计市场，大力推行“阳光规划”，有效扩大公众参与，合理简化审批程序，健全规划实施监督机制，切实维护规划的权威性、严肃性和连续性。加强邮政局所、报刊亭、信报箱等建设，构建布局合理、功能齐全、覆盖城乡的邮政服务网络平台。坚持建管同步、建管并重，深化城市管理体制改革，建立科学有序、协调高效的城市管理体制和运行机制。合理划分市、区两级城市管理职责和权限，注重发挥街道、社区作用，积极推进管理重心下移，倡导全民参与城市管理。创新城市管理手段，加快数字化城管系统建设，实现网络化、精细化管理。坚持依法管理城市，加快完善政策法规体系，健全长效管理机制，切实加强城市管理执法队伍建设。

第五节　有序推进房地产开发

切实发挥房地产开发在扩张城市规模、支撑产业发展、改善居住条件等方面的作用，进一步加强和改善房地产市场调控，稳定市场预期，推动房地产业健康发展。

优化房地产开发结构。调整住房供应结构，重点发展中低价位普通商品住房、限价商品住房和各类保障性住房，适度发展中高档商品房，形成各种价位档次住房供给的合理配置。结合旧城改造和新区建设，合理确定房地产建设的地域分布、规格标准、发展目标和管理运作方式，科学安排开发时序。以改善人居环境为目标，努力提升地产开发品质，加强社区服务、商业网点和污水处理、垃圾收集等设施配套。做大做强商业地产，按照布局合理、功能明晰的原则，加快建成一批特色楼宇群。大力培育和引进一批大型房地产企业，壮大房地产开发规模和实力。

规范房地产市场秩序。落实国家、省一系列房地产市场调控措施，完善差别化信贷、税收等调控政策体系，合理引导住房消费需求。切实加强房地产市场监管，改进房地产开发用地管理，完善开发经营管理机制，加强房地产信贷风险管理，建立有效的房地产预警预报机制，保持房地产价格平稳运行。进一步完善城市房屋征收拆迁法规和拆迁困难群体保障制度，依法促进和谐拆迁。强化住房工程质量安全监管，规范房地产物业管理，提高整体服务水平。以城市住房信息系统建设为重点，以房屋登记数据为基础，建立住房信息系统网络和基础数据库。进一步规范房地产交易市场，形成租、售市场联动发展的房地产市场体系。

培育房地产新的经济增长点。加快住宅产业化进程，逐年加大 CSI 住宅建设量，实现住宅建造的工业化，提高住宅品质，延长使用寿命。依托济南经济开发区住宅产业基地建设，发展住宅产业集群，打造全国住宅部品部件集散地，做大做强住宅工业，培育新的经济增长点。加强基础技术和关键性技术研究，制定实施优惠扶持政策，大力建设节能省地型住宅。大力推行住宅部品认证、淘汰制度，加快住宅技术、部品的更新换代步伐。完善商品住宅性能评定制度，在适用、安全、耐久、环境、经济五个方面提升新建居住区综合品质。

第六节　加快发展建筑业

坚持以市场为导向，扩大规模、调整结构、提升素质、加大监管，提升建筑业综合竞争力和产业带动能力，增强对城市建设发展的支撑保障功能。

提升建筑业整体素质。推动企业规模扩张和联合重组，尽快形成一批经营规模大、综合实力和融资能力强的企业集团。调整建筑企业等级规模结构，提高资质等级，占据高端市场，力争更多企业晋升国家特级资质。实施大市场战略，以重点工程和高技术含量工程为主导，巩固省内市场，拓展省外市场，开拓海外市场。实施精品工程战略，争创鲁班奖、泰山杯。

转变建筑业发展方式。推行工程总承包建设方式，积极开展工程项目总承包和项目管理业务，引导和支持中小型建筑企业向专业化、技术型方向发展。加强建筑业科技创新，大力推广新型墙体材料、建筑节能技术及产品。大力倡导绿色施工理念，广泛应用符合清洁生产理念的施工方案、工艺和新技术。加强智能化住宅体系及智能化建筑的研究，建立施工信息资料平台，提高行业信息化水平。

完善建筑市场监管体系。严格执行工程建设强制性标准，落实施工安全生产责任制，提高工程质量安全监管水平。建立健全质量信用和质量保险制度，确保主体结构质量，改善使用功能质量，提高工程观感质量。改革和完善市场准入清出制度，加强建筑企业和从业人员管理，改进建筑市场监管方式。强化有形建筑市场建设管理，完善招标投标制度，加强执法检查工作，形成统一开放、竞争有序的建筑市场环境。

第七章　推进城乡一体化发展

坚持以工促农、以城带乡、城乡统筹的原则，在工业化、城镇化深入发展中同步推进农业现代化，着力优化城乡区域发展布局，提升县域经济实力，加快社会主义新农村建设，努力实现城乡经济社会协调发展。

第一节　优化城镇发展格局

构建四级城镇体系。按照统筹城乡、以强带弱、轴线集聚、网络发展的原则，以中心城市为核心，形成中心城市—次中心城市—中心镇——般镇等级层次分明、规模序列完善、职能分工互补、空间布局合理的城镇发展网络。

加快发展次中心城市。大力发展章丘、济阳、平阴、商河四个次中心城市，科学确定开发建设时序，稳步推动城区扩容，加强基础设施建设，提高公共服务水平，加快建设成为功能完善、富有特色、繁荣宜居的省会卫星城市。章丘、济阳重点做好与中心城市的对接，分担中心城市部分功能；平阴、商河着力提升区域辐射能力，带动县域加快发展。力争到2015年，章丘、济阳、平阴、商河城区人口分别达到50万人、22万人、16万人和16万人。

积极培育小城镇。充分发挥小城镇在统筹城乡发展中的重要作用，因地制宜、突出特色、完善功能、打造精品，培育发展各具特色的工业强镇、商贸重镇、旅游名镇，促进全市小城镇加快发展。按照人口集中、产业集聚、要素集约、功能集成的思路，推进乡镇撤并整合。实施扩权强镇，强化社会管理和服务功能，支持刁镇等中心镇加快规模膨胀，向小城市发展。“十二五”时期，培育形成10个镇区人口3万人以上的小城镇。

第二节　发展壮大县域经济

坚定不移地实施工业强县战略，积极推进产业、基础设施和生产要素向县域转移延伸，加快县域工业化进程，努力形成一批优势明显、特色突出、支撑有力的产业集群，推动县域经济跨越发展。

强化工业园区载体功能。积极引导县域工业向园区集中，加快形成一批特色鲜明的产业集聚园区，到2015年10个省级以上开发区工业增加值占全市规模以上工业的比重提高到45%。继续举全市之力支持高新区跨越发展，加快形成汽车、电子信息等高端产业集聚区，努力打造高新技术产业高地、现代化新城区和世界知名的服务外包基地，力争到2015年主营业务收入达到2000亿元。积极推动明水经济开发区创建国家级开发区，重点培育重型汽车及关键部件、家电电机、氟材料、食品饮料四大优势产业，加快建设全市重要的先进制造业基地，力争主营业务收入达到1600亿元。济南经济开发区重点结合西部新区开发，努力打造全省重要的机械装备产业基地。临港经济开发区重点依托临近空港优势，继续搞好欧洲工业园建设，发展航空维修和物流、汽车零部件、精密机械等。平阴工业园重点按照“一园多区”布局，培育机械制造、水泥建材、医药化工、食品加工产业集群，发展玛钢管件、碳素制品、清洁能源、阿胶玫瑰加工等特色产业。济北经济开发区和商河经济开发区要充分发挥济南北跨重要承载地的功能，积极为全市重点产业发展搞好配套，建成全市重要的新兴工业基地。济北经济开发区重点是做大做强食品饮料、机械制造、电子信息、纺织服装四大主导产业，加快新医药、新材料等新兴产业发展；商河经济开发区重点是与城区产业园开发相结合，发展玻璃制品、新能源、机械制造、纺织服装、食品加工等产业。

大力发展特色农业和服务业。充分发挥农业资源优势，调整优化县域农业结构，加快建设章丘大葱、平阴玫瑰、济阳设施蔬菜、商河大蒜和地热花卉、长清灵岩茶、槐荫吴家堡有机大米、南部山区林果等名优特色农产品基地，大力发展农副产品加工业，积极培植龙头企业，形成龙头带动、特色鲜明、竞争力强的农副产品生产、加工体系。加快发展县域服务业，依托县城和小城镇，建设一批贸易集散地和农业信息、技术服务中心。发挥旅游资源丰富的优势，抓好南部山区生态休闲、长清宗教文化、平阴阿胶古城、济阳农业观光、商河温泉度假等特色旅游项目。

完善县区发展激励机制。按照责权统一、重心下移的原则，扩大县区自主权、决策权和经济管理权限，进一步下放审批权限。加强规划引导和政策支持，继续推动市内工业转移，有组织地将发展空间受限、不宜在市区发展的工业企业向县域转移。加大财政支持力度，增加对困难县的转移支付，增强县级统筹支出能力。改善对县域的金融服务，扩大对县域的信贷投放，提高金融网点覆盖面，支持发展村镇银行、专业贷款公司、农民资金互助社等农村金融组织。改进建设用地管理，对土地集约利用程度高的县区，在符合规划的前提下，适当增加建设用地指标分配。加大对欠发达地区的支持力度，继续支持商河县加快发展。

第三节　提升新农村建设水平

坚持工业反哺农业、城市支持农村和多予少取放活方针，扎实推进加快农民增收、山区生态建设、重点城镇提升、新型社保覆盖、基础建设强化、产业体系振兴、乡村文明创建等统筹城乡发展七大工程，争取新农村建设实现新的突破，努力建设农民幸福生活的美好家园。

加强农村基础设施建设。以农村道路、农业节水、河流治理、清洁能源、环境整治、住房改造等为重点，集中实施一批事关农村发展的基础性工程，进一步改善农村生产生活条件。加强农村路网建设和公路改造，加快推进城乡交通一体化。健全农村饮水安全工程建管运营机制，加大政府投入力度，加快自来水入户建设，全面实现农村安全饮水。推进农村户用沼气、规模化养殖场沼气建设，大力推广太阳能热水器。继续推进农村电网建设和户表改造，加强农村信息化建设，实现户户通广播电视，乡镇中心小学和初中拥有多媒体网络教室。加强邮政"三农"服务站建设，完善邮政农资配送服务体系。大力实施农村环境综合整治工程，加快垃圾处理设施和无害化处理场建设，推进农村垃圾集中收集和处理。用足用好城乡建设用地增减挂钩政策，加强农村住房建设与危房改造，加快农村新型社区建设步伐，积极引导农民向社区集中、产业向园区集中、土地向规模经营集中。

提升农村公共服务水平。以促进城乡基本公共服务均等化为目标，健全符合农村实际、城乡有效衔接的农村公共服务制度，积极实施一批惠民实事工程，逐步提高农村公共服务供给总量和水平。千方百计拓宽农民增收渠道，深入挖掘农业内部增收潜力，稳步提高工资性收入，增加财产性收入和转移性收入，鼓励支持农民创业增收。加快推进新型农村社会养老保险制度建设，实现在全市农村全覆盖。逐步实行城乡统一的中小学办学条件标准和教师编制标准，促进城乡教育均衡发展。深入开展乡村文明创建活动，加快推进公共文化体育服务设施向农村延伸，提高农村文化体育服务能力。加强农村公共卫生服务体系建设，继续抓好乡镇卫生院和村卫生室建设改造，不断提高新农合筹资标准，建立农村居民健康档案，逐步构建城乡一体的居民基本医疗保险体系。完善农村劳动力就业培训服务体系，积极推进农村中等职业免费教育，加快培养新型农民。

加大农业和农村投入。全面落实中央一系列强农惠农政策，建立完善财政对新农村建设投入的增长机制，依法确保各级财政每年对农业总投入的增长幅度高于财政经常性收入的增长幅度。充分发挥财政资金的引导和扶持作用，为新农村建设提供财力保障。加大财政转移支付力度，扩大镇级财权。拓宽新农村建设投入渠道，鼓励社会资金参与新农村建设。

第八章 保护发展南部山区

坚持在保护中发展、在发展中保护，紧紧围绕生态改善和生态富民两大目标，突出抓好提升生态功能、发展特色经济和完善公共服务三个重点，着力加强规划引导、政策支持、投入拉动、开发管制四项举措，加快建设生态环境良好、绿色产业兴旺、人民生活安康的生态功能区和兼具丰富文化内涵、独特山水景观的风景名胜区。

建设生态功能保护区。以强化水源涵养、气候调节、生态休闲、区域发展和生态保育功能为重点，加快推进生态环境保护与整治，着力打造省级生态功能保护区。加强生态保护和恢复，实施南部山区营造林工程和水土保持生态建设工程，通过恢复植被、退耕还林、发展水源涵养林和水土保持林，最大限度增加植被覆盖面积，进一步提高水源涵养能力，到2015年南部山区森林覆盖率达到60%以上，丘陵区森林覆盖率达到42%以上。坚持治山治水相结合、下游治理和上游治理相结合、生物措施和工程措施相结合，重点抓好锦阳川、锦绣川、锦云川等小流域治理，确保水源地范围内70%以上的小流域基本得到治理和保护。切实加强平阴大寨山省级自然保护区、历城柳埠市级自然保护区及章丘胡山、长清大峰山等省级森林公园的强制性保护，严格控制人为因素对自然生态的干扰。严格矿山管理，合理控制矿产资源开采总量，确保破损山体治理率达到60%以上。加强污染治理，全面实施生活污染、工业污染、化肥农药污染、畜禽养殖污染综合整治，推进污水处理设施和垃圾转运站建设。

打造生态型产业体系。依托生态环境资源条件，以生态型经济为发展方向，大力发展生态农业和生态旅游业，带动南部山区加快发展。抓好优质果品、蔬菜、花卉、中药材生产，适度发展食草型畜牧业和特种养殖业，加快培育一批无公害、绿色、有机农产品基地。整合、保护和合理开发利用旅游资源，丰富旅游景观，打造精品线路，完善综合配套，规范开发秩序，努力建设成为全省知名的生态休闲旅游区。培育和扶持农业示范园区、特色农庄建设，大力发展观光休闲农业，加强对农家乐的改造提升和管理。兼顾环境容量和保护性发展需要，以低消耗、无污染、可持续为发展方向，适度发展农副产品加工业，着力规范房地产开发。逐步提高产业发展的生态门槛，严格限制发展超越生态承载能力的产业，禁止发展破坏水源涵养、破坏水土保持、破坏生态资源以及过度消耗资源、污染生态环境的产业。

严格实施规划管制。完善南部山区保护与发展规划，合理界定禁止建设区、限制建设区和适宜建设区范围，严格按规划实施保护、促进发展。制定地方性法规，逐步把南部山区保护与发展纳入法制化、规范化管理轨道。推动村庄迁并整合，积极引导人口向城镇驻地和中心村集中。加强镇村建设规划管理，进一步建立健全相关制度，拆除违规建设项目，严格审批各类新建项目，着力规范建设秩序。切实加强对自然保护区、历史文化保护区、文物保护单位和风景名胜区的保护。

完善政策支持体系。制定以产业政策为核心，生态补偿、生态移民、转移支付、工程造林、环境保护、富民发展、绩效评价与考核等相配套的政策体系。逐年加大对“三农”、就业与社会保障、教育、卫生等领域的投入，在环保专项资金安排上给予适当倾斜。建立多元化投融资机制，采取政府引导、社会投入、市场运作的方式，鼓励国内外企业、社会和民间资金参与南部山区保护与开发。

第九章　推动省会城市群经济圈联动发展

按照省委、省政府的决策部署，加强与淄博、泰安、莱芜、德州、聊城、滨州等周边城市的互融对接，合力建设联系紧密、优势互补、一体发展的省会城市群经济圈。

推动一体化发展。大力推进规划、产业、基础设施、生态环境、社会事业、市场建设一体化进程，加快实现规划建设对接和融合联动，形成“同城效应”。加强规划衔接，编制省会城市群经济圈发展专项规划，建立严格的规划落实机制。充分发挥省会综合优势，加快打造区域产业高地和研发基地，鼓励重点企业跨地区延伸产业链条，提高区域配套能力，形成布局合理、错位发展、密切协作的区域产业体系。推进基础设施一体化，打造区域便捷交通体系，尽快开工建设济南都市圈城际铁路，形成以济南为中心、连接周边各市的放射状城际交通网络，实现半小时快速通达。加快信息通信一体化，建成以济南为中心、各城市互通互联的信息通信网络。推动社会事业一体化，促进区域科教文卫资源共享，加快构筑区域人才培训平台，逐步实现社会保障区域内统筹。加强小清河、徒骇河等跨界河流水污染联合防治，加强自然保护区、重要水源涵养区、湿地生态功能区等重要区域和生态敏感区的生态建设与保护，提高区域生态安全保障能力。完善区域共同市场，推动金融机构跨地区开展业务，推动建立区域性产业投资基金、中小企业贷款担保基金和产权交易市场，建立区域农副产品电子商务平台，尽快实现人力资源、技术、土地等要素市场的整合。

加强区域交流合作。深入贯彻全省重点区域带动战略，主动呼应山东半岛蓝色经济区、黄河三角洲高效生态经济区和鲁南经济带的开发建设，努力推动区域分工协作、优势互补、共同发展。全面加强与长三角、京津冀、黄河中下游地区以及东北亚等地区的经济交流与合作，积极吸引国内优势产业、技术、人才向我市集聚，增强我市经济发展活力。扎实做好对口援藏、援疆、扶贫协作重庆武隆县等工作。

第四篇　打造现代产业体系

以高端高质高效为主攻方向，着力做优一产、做强二产、做大三产，推动三次产业良性互动、融合发展，加快形成服务经济主体带动、高新技术产业和先进制造业强力支撑、现代农业突破发展的高层次产业结构，构建"54321"产业发展格局。

第十章　建设五大区域性服务业中心

围绕把服务业打造成为我市的首位经济，积极推进国家服务业综合改革试点，推动生产性服务业集聚化发展、生活性服务业便利化发展，加快建设信息服务、商贸物流、金融服务、文化旅游、商务会展五大区域性服务业中心，率先形成以服务经济为主的产业结构。

第一节　信息服务中心

基本建成"数字泉城"。进一步完善信息基础设施，积极推进城市管理、政府业务、公共服务、企业管理数字化建设。以实现通信网、数字电视网和互联网的"三网融合"为目标，加快第三代移动通信网、下一代互联网、新一代宽带无线通信网建设，全面推进有线电视网络向下一代广播电视网升级，扩大农村地区信息网络覆盖范围，实现光纤主干网覆盖全市、第三代移动通信网覆盖全市、城市无线宽带网覆盖市内五区三个"全覆盖"。加强信息基础设施集约化建设和规范化管理，完善无线电管理基础设施，整合信息通信管线资源，加强信息安全防御体系建设。着力推进电子政务和政府网站建设，完善基础数据库，支持信息的交换与共享，积极深化电子政务应用。加快推进社会事业信息化建设，实施信息化社区示范工程，初步形成交通出行、休闲娱乐、消费购物、文化教育、医疗保健等便民信息服务体系。

创建"中国软件名城"。实施产业集群发展战略，扶持壮大国家软件产业基地、服务外包基地、集成电路研发设计与生产基地、国家动漫网络游戏产业基地、中日 IT 桥梁工程师交流示范基地等五大产业基地，建设以齐鲁软件园为核心的软件研发、生产和服务核心区，以山大路科技商务区和历下软件园为依托的软件应用孵化区，以齐鲁软件学院和大学科技园为基础的软件人才教育培训区，以长清软件园为重点的数字创意示范区，以高新区孙村新区、济南经济开发区、明水经济开发区、济北经济开发区、槐荫工业园区等园区为重点的软件技术成果转化区，着力打造"一城五区"软件城发展布局。依托齐鲁软件园和浪潮、中创等骨干企业,大力发展应用于汽车、装备制造、航空航天及节能环保等领域的工业软件,加大符合开放标准的嵌入式软件开发平台、操作系统和应用软件研发力度,大力发展电子政务、金融、能源、交通、教育、企业管理等行业应用软件,积极承接面向国际市场的软件服务外包业务,打造软件产业链条,提高市场份额,增强软件产业整体竞争力。力争到2015年,全市软件和信息服务业实现销售收入1700亿元,年均增长25%以上。

大力发展信息服务。积极发展数字内容产业,鼓励企业提高技术创新能力,努力打造完整的产业链,形成集研发、制作、运营、出版和国际认证培训于一体的数字内容产业发展格局,培植一批具有自主知识产权的动漫游戏品牌。加快发展网络增值服务业,积极开发基于新一代移动通信网络的可视电话、手机视频、移动办公、移动商务等移动通信增值服务业务,大力发展移动多媒体广播电视、网络电视、手机电视、双向数字电视以及以互动电视为平台的娱乐和商务服务等融合性新业务。做大做强信息技术服务业,积极推动系统集成、工程监理、项目咨询、安全评测、网络数据中心、信息系统运维外包等行业发展。积极推进电子商务,建立区域性电子商务平台,加快构建电子商务网络支付和信用体系,培育一批重点骨干企业。

第二节 商贸物流中心

改造提升商贸流通业。大力发展连锁经营、特许经营、仓储式商场、大型综合购物中心等新兴业态,促进商贸流通业转型升级。鼓励知名商贸餐饮企业规模化发展,引进知名批发零售企业,做强特色商贸餐饮品牌,打造一批实力雄厚、竞争力较强的龙头企业。完善城乡商贸流通网络体系,调整优化城乡商业网点结构和布局,着力打造泉城路现代都市级商业核心区,构建西市场、花园路、北园大街、山大路、英雄山等特色商圈,加强县(市)城商业中心和商务集聚区建设,积极推进商业示范社区创建,加快农村商贸流通综合服务网络发展,积极发展农村连锁经营和配送服务,促进农商、农超产销衔接。着力扩展济南商圈半径,努力建设全国性商贸流通中心城市。

做大做强现代物流业。充分发挥国家级物流节点城市功能,依托航空、铁路、公路枢纽优势和城市路网布局,建设快速便捷的多方式联运通道及系统,构建城市配送、区域物流和国际物流三个层次的物流网络体系。加快盖家沟、担山屯、郭店等重点物流园区以及空港、邢村等物流中心和县区级物流节点的规划建设和改造提升。积极培育新的增长点,加快发展商贸物流、制造业主导产业链物流和保税物流、航空物流。大力培植第三方、第四方物流和集团型物流企业,培育引进一批具有较强核心竞争力的物流主体。完善现代化物流公共信息技术平台,全面推广集装单元、射频识别、货物跟踪、自动分拣、立体仓库、冷链等各类物流新技术,提升专业化、信息化水平。到2015年,物流成本占全市生产总值的比重下降到14%左右。

第三节 金融服务中心

健全金融体系。充分发挥区域金融总部聚集地的优势,做大做强现有金融机构,积极引进国内外银行、证券、保险、信托、期货、基金、融资租赁、货币经纪、财务公司等各类金融企业设立区域总部或分支机构,构建多元化、多层次的金融组织体系、服务体系和市场体系,培育形成发达的货币市场、资本市场、保险市场、期货市场和外汇市场,成为区域性金融机构聚集中心、金融管理中心、资金结算中心、金融交易中心和金融后台服务中心。大力培育金融要素市场,健全多层次资本市场体系,积极推动企业上市融资,力争新增境内外挂牌或上市企业10家以上,把高新区建设成为全国代办股份转让试点园区。推进产权交易市场建设，谋划设立股权交易所，积极发展股权投资市场，大力发展黄金交易市场，加快发展企业债券市场，拓宽企业直接融资渠道。到2015年，金融业增加值占服务业增加值的比重达到15%以上，建成金融产业发达、金融竞争力强的金融强市和区域性金融中心城市。

创新金融服务。支持金融机构创新运行机制、组织模式、服务产品和技术手段，增强金融业核心竞争力。大力发展新型金融机构，支持大型企业在济设立财务公司，鼓励有资质和能力的企业组建融资租赁公司，加快发展汽车金融、汽车保险、消费金融等新型业态。着力发展金融后台服务业务，支持金融监管部门和金融机构建立结算中心、金融市场交易中心、银行卡中心、数据处理中心和研发中心。鼓励商业银行积极开发中间业务市场，扩大资金拆借、票据和外汇业务。支持发展新型农村金融组织，尽快实现小额贷款公司县(市)区全覆盖。

优化金融生态环境。积极推动金融产业集聚发展，加快打造济南金融商务中心区及东部金融新区、西客站金融后台服务区、高新区企业上市示范区、章丘市农村金融改革实验区等金融功能区。加强金融业监测分析，完善金融市场监管，有效控制和防范各种金融风险，保障金融安全。完善中小企业融资担保体系，支持、引导金融机构加大对中小企业的融资服务力度。支持组建地方性金融控股公司，积极推动建立服务于地方的中小型金融机构。提高金融机构与企业之间以及相关金融机构之间的业务总量，实现金融业与地方经济发展良性互动。

第四节　文化旅游中心

优化文化旅游发展格局。依托产业基础和资源禀赋优势，积极推动文化旅游产业集聚发展。加快省会文化艺术中心、华山历史文化公园、兴隆文化片区、北湖文化片区等新城市文化空间的开发，改造提升明府城历史文化街区、商埠区、英雄山文化市场等现有文化产业(街)区，强化老工业区、老厂房、老建筑文化载体功能，深入挖掘文化内涵，培育一批具有孵化器功能和公共服务功能的创意产业园、动漫产业基地、文化行业培训基地、文化产品展示交易中心等，力争建设30个规模大、层次高、集聚效应明显的文化产业重点园区。深度整合泉水、文化、生态、休闲等旅游资源，构建以泉文化为主题的中央游憩区以及黄河旅游发展带、东部历史文化与名人旅游区、南部山水休闲旅游区、西部宗教文化旅游区、北部乡村休闲与温泉休闲区“一核一带四区”的旅游发展总体格局，建成区域性旅游目的地、旅游集散地和旅游客源地。

突出泉水文化旅游特色。强化规划策划和政策扶持，加大对泉水资源的保护开发和宣传推介，塑造“好客山东、泉城济南”和“天下泉城”的文化旅游品牌和城市名片。精心做好泉城特色标志区建设，系统整合和保护提升四大泉群、三大名胜及千年古城，打造国家5A级“天下第一泉”景区。做好名泉的保护开发，深入挖掘人文底蕴，规划设计一批以泉水为主题的公园、广场和街景，强化休闲、娱乐、购物功能，开发以“名泉游”、“船游泉城”、“步游泉城”为核心的泉文化旅游产品系列。加强市区河道综合整治，构建护城河、大明湖、小清河、华山湖相连互通的水上观览线路。探索泉水文化与数字信息技术的深度结合，注重用现代科技和数字技术集中展现“山、泉、湖、河、城”浑然一体的城市风貌，积极推进以多维技术为载体的动态的泉水文化博物馆建设。加强“天下泉城”文化旅游品牌的推广，构建宣传网络，改进营销方式，策划举办“泉水文化节”等旅游节庆和演艺活动，打造“天下泉城”世界级旅游目的地。

争创中国最佳旅游城市。加快中国非物质文化遗产园、世博山东馆、鹊山龙湖、五峰山旅游度假区、商河温泉小镇、平阴阿胶古城、济阳澄波湖休闲旅游度假区等一批文化品位高、影响力大的旅游综合体和精品项目建设，大力发展工业旅游、农业观光、生态休闲、修学游等特色旅游项目，不断丰富旅游产品。完善旅游产业体系，开发特色旅游商品，发展旅游夜生活，繁荣旅游演艺市场，促进吃住行游购娱相关产业发展。完善旅游管理体制，构建部门协调、融合发展的政府主导型旅游发展模式，整合各种社会资源，实现旅游产业要素和区域空间的协调发展。依托交通枢纽和游客聚集地统一规划建设旅游集散中心，加快城市周边及市区旅游目的地引导系统建设，完善旅游信息平台，构建个性化、便捷化和多元化的旅游信息服务体系。实施旅游标准化、规范化管理，推进导游培训和旅游人才队伍建设，加大旅游执法力度，提升旅游公共服务水平。加大整合重组力度，鼓励强强联合，培育大型旅游企业集团，形成发展合力。大力推进旅游国际化和区域一体化进程，积极推进济南都市圈旅游资源整合，全力开拓旅游客源市场。

第五节　商务会展中心

大力发展商务服务业。以专业化、社会化和市场化为方向，着力发展会计、审计、证券、保险等财务类服务业，律师、公证、仲裁等法律类服务业，信息、咨询、评估等咨询类服务业，代理、经纪、拍卖、担保等市场交易类服务业，逐步形成种类齐全、分布广泛、功能完善的现代商务服务体系。推动商务企业集团化发展，引进国际知名机构，形成一批全国知名的商务服务企业。规划建设东部和西部新区大型商务服务集聚区，同时依托现有商务楼宇平台，聚集发展各类商务服务业，建成规范有序、辐射力强的现代化商务服务中心。

加快建设会展名城。依托文博会、信博会、非物质文化遗产博览会等平台，优化整合全市会展资源，加快发展具有产业和区域特色的会展业，高起点策划一批自主品牌的展会和博览会，大力引进国内外知名品牌展会，积极开发网络会展平台，打造知名网络会展品牌，实现会展国际化、专业化、品牌化和信息化。加强会展基础设施建设，推进西客站大型会展中心的建设和运营，提升济南园博园国际会展中心展会功能，完善济南国际会展中心和舜耕会展中心配套服务功能，增强承办大型展会的能力。健全会展运营管理体制，大力培育、整合、引进一批大型会展企业集团，提升会展业整体水平。

大力发展总部经济。完善综合配套政策，积极引进跨国公司和国内大企业地区总部，做大做强本土总部，构建以现代服务业、先进制造业、现代农业和科技研发为主的总部经济体系，培育一批区位优势突出、定位清晰、特色鲜明的总部集聚区，加快建设区域性总部经济集聚中心。

专栏6　拟规划建设的30个重点服务业园区

济南金融商务中心区、西客站金融后台服务区、齐鲁软件园、齐鲁动漫产业基地、长清动漫产业基地、齐鲁外包城、山大路科技商务区、中润世纪城总部企业基地、盖家沟物流园区、零点物流港、济南航空物流产业园、山东瀚迪物流园、园博园文化创意产业园、齐鲁文化产业园、高新技术创业服务中心、腊山智能经济区、药山服务外包基地、济南国际会展博览园、省会文化会展中心区、奥体中心体育产业集聚区、百脉泉休闲旅游集聚区、银座新天地文化产业基地、鹊山龙湖休闲旅游集聚区、商河温泉服务业基地、泉城路商业街、中国家居之都、七里堡农产品批发市场、银座商务中心、西客站站前商务综合体、平阴商品集散基地

第十一章 培育四大战略性新兴产业

以突破制约产业发展的核心关键技术为主攻方向，加大政策扶持和资金投入，加强技术创新，重点加快培育新信息、新能源及节能环保、新医药及生物和高端装备制造等战略性新兴产业，实现跨越发展。

第一节 新信息产业

依托国家信息通信国际创新园、齐鲁软件园等载体，加强新一代信息技术的研发应用，逐步完善产业链，形成新信息产业集群。

积极发展物联网和云计算相关产业。物联网重点发展芯片设计、嵌入式软件、智能传感器、信息安全、综合信息管理系统等技术，推动物联网在农业、医疗、现代物流、城市管理等领域的应用。云计算重点研发生产具有自主知识产权的容错服务器、高端多路服务器和海量存储系统等云基础装备和云计算操作系统；推动浪潮云海战略发展，在电子政务、工业设计、现代服务业和中小企业服务等领域实施云计算示范工程，带动新兴信息服务业的发展。

加快发展新一代网络通信产业。推动新一代移动通信、下一代互联网核心设备和智能终端的研发及产业化，大力推进三网融合和基于第三代移动通信系统、光纤宽带网络、交互式数字电视的应用模式创新，带动相关产业快速发展。

做大做强高端软件、集成电路等核心基础产业。加快实施国家“核高基”重大专项，积极推进中间件产品和信息安全软件产业化，提高开源软件、面向服务的基础平台、构件库等支撑软件发展水平，加快具有自主知识产权的三维 CAD 等工业软件研发应用，增强高端软件产业核心竞争力。依托国家集成电路设计及产业化基地，加快推进集成电路重点项目建设，形成设计、制造、封装、测试完整的集成电路产业链。加快光电子产业园建设，推进高端外延片、芯片和衬底材料研究开发及产业化，建成全国最大的碳化硅衬底材料和 LED、LD 外延片研发生产基地，构建芯片生产、封装、应用等完整的 LED 产业链。

第二节 新能源及节能环保产业

以提高技术与装备、产品和服务水平为重点，大力发展太阳能、风能、生物质能等新能源产业和节能环保产业，努力建设具有较强竞争力的新能源和节能环保产业基地。

强化太阳能产业优势地位。提升太阳能热利用水平，重点发展高效太阳能真空集热管、高温集热金属管、太阳能热水器零部件等产品，推进太阳能中高温供热系统以及太阳房、太阳能温室产业化，积极研发光热发电和系统集成技术，大力推广普及太阳能一体化建筑、太阳能集中供热水工程，建设太阳能采暖和制冷示范工程，完善“石英砂开采—高硼硅玻管—真空集热管—太阳能热水器—工程应用”产业链，形成新兴太阳能光热产品研发生产基地。加快太阳能光伏产业发展，大力发展光伏晶硅材料、晶硅太阳能电池、薄膜太阳能电池、太阳能电池组件、光伏发电控制系统、LED 太阳能灯具等产品，积极推广太阳能光伏发电装置，加快建设太阳能光伏发电示范电站。

加快发展风能、生物质能等产业。以北车风电产业园为依托，积极引进、消化吸收风电设备新技术,加强风电机组及配套设备的制造能力,形成500套风力发电机组和1000套叶片的产能,推动风电装备产业集约化发展。加快建立生物质能技术研发平台,推进非粮生物燃料技术研发及产业化,重点发展以秸秆、植物油皂角和废弃油脂为原料的生物柴油、燃料乙醇等产品,支持发展生物质能装备和城市垃圾发电。积极研发推广地源、空气源、污水源热泵技术,合理扩大地热资源利用领域,大力发展热泵空调、无机超导热管和地热测评软件等地热应用产品。

大力发展节能环保产业。以提高节能环保效果为目标,重点发展输配电网无功补偿装置、非晶合金变压器、生物质循环流化床锅炉、节能监测设备等节能装备产品,积极发展废水处理、环保脱硫磨机、沼气利用装置、垃圾焚烧锅炉等污染防治装备,加快发展发动机再制造、硒鼓再制造、脱硫石膏干燥机、再生涤纶短纤维等资源综合利用装备和产品。大力发展节能环保服务业,积极推行合同能源管理,推进节能环保技术研发、评价咨询、工程设计、工程建设、运营管理等的市场化、规范化和社会化发展,培植工程总包型龙头企业。培育和规范再生资源回收产业,建立废旧商品回收利用体系。

积极培育新能源汽车产业。以插电式混合动力汽车和纯电动汽车为重点,发展整车、汽车零部件以及检测和管理系统。推进重汽2000台新能源汽车生产基地、久兆5000吨磷酸铁锂正极材料和2万套磷酸铁锂离子动力电池研发生产基地等项目建设,推动青年、吉利新能源车辆生产项目落户,扩大宝雅低速电动车生产规模,加快"十城千辆"试点城市建设,培育国家新能源汽车产业基地。

第三节　新医药及生物产业

大力培育具有市场竞争力的新产品和优势企业,加快建设以生物医药为重点,生物农业、生物制造协调发展的新医药及生物产业基地。

发展壮大生物医药产业。以高新区为载体,加快建设国家综合性新药研发技术大平台和国家创新药物孵化基地,实施重大新药创制国家科技重大专项,打造形成国家级生物医药研发和孵化基地。重点发展生物制药、现代中药、化学原料药及制剂产业,加快防治肿瘤、心脑血管疾病、神经系统疾病、免疫系统疾病、传染病等重大疾病创新药物研发及产业化,大力开发控缓释、靶向、透皮吸收的新剂型、新产品,积极发展单克隆抗体、细胞因子等重组药物和预防疾病的基因工程疫苗以及体外生物诊断检测产品。充分利用和借鉴现代科学技术,改造中药传统工艺,推进中药理论和生产现代化,加强中药品牌建设,大力发展规模化制药企业,构筑中药高科技创新平台。支持发展生物医药研发服务外包,在全球范围内承接各类药物研发业务。

培育生物农业和生物制造产业。生物农业,重点发展生物育种和绿色农用生物制品产业。加强转基因技术、动物克隆技术、胚胎移植技术等能够明显增产和改善品质的现代生物育种技术的研究和应用,推进动植物良种产业化,促进农业结构调整,提高农业综合生产效益。大力发展生物农药、生物饲料及饲料添加剂、生物肥料、植物生长调节剂、动物疫苗、诊断试剂、生物兽药等绿色农用生物制品,推进动植物生物反应器的产业化开发,促进高效绿色农业的发展。生物制造,以微生物制造和生物基材料两大领域为重点,围绕农副产品深加工和农业废弃物综合利用,加快微生物发酵、催化剂、工业酶制剂、天然产物有效成分分离提取等高技术产业化,开发生产一批功能性、保健性、绿色环保食品、食品添加剂和生物基材料,推动L—阿拉伯糖等优势产品实现规模化生产。

第四节 高端装备制造业

以高端智能装备为重点，依托优势骨干企业，加快推进装备制造业信息化，研究现代设计技术、先进加工技术、先进制造模式等技术，提高大型成套装备生产能力，促进装备制造业加快升级。实施国家“高档数控机床与基础制造装备”重大专项，加快大型、精密、高速数控机床的研发，促进数控机床专业化、大型化发展。提升重型数控冲压生产线成线、成套供应能力，开发新一代伺服压力机，优化大吨位重型系列多工位机械压力机，完善全自动开卷剪切落料生产线，提高机械手、机器人设计生产水平，推动数控龙门落地镗铣床、五轴联动加工中心向高速、高效、高智能化技术方向发展。支持发展具有国际水平的高速精密数控车床、加工中心、数控专机三大系列产品。推进车铣复合中心、绿色成套铸造设备、钢结构数控加工设备、重型模锻设备、高精度数控外圆磨床等高端装备的产业化，形成新的增长点。

第十二章 发展壮大三大主导产业

按照建设重大项目、壮大核心企业、构建产业链条、培育产业集群的思路，大力发展汽车、电子信息制造、机械装备三大优势产业，做强上游研发设计和下游总装、销售服务等高端环节，提升产业核心竞争力。

第一节 汽车产业

坚持整车发展与零部件升级并举，着力构建协作配套体系，建设国内最大的重型汽车研发生产基地和具有较强竞争优势的轿车、摩托车生产基地。到2015年，汽车产业主营业务收入达到2500亿元。

提高整车生产水平。推进重型载货车产能扩大和产品升级，提升国际竞争力，跻身世界先进重卡行列。新上重汽集团年产30万辆轻卡项目，形成卡车系列产品。积极发展中高档和经济型轿车产品，加快吉利、青年等轿车基地建设，不断完善提升生产装备水平，壮大轿车产业规模。大力发展大中型豪华客车，重点发展低底板公交客车和混合动力、超级电容、天然气客车。加快建设济南轻骑摩托车工业园，积极研发新型摩托车发动机，大力发展宽领域、多系列、规模化摩托车产品。

延伸汽车产业链条。加快发展汽车零部件产业，支持重汽集团开发具有国际先进水平的大功率发动机，打造全国重要的重型汽车发动机生产基地；加快推进吉利汽车配套产业园建设，不断提高汽车零部件系统化、模块化配套能力；做大平阴汽车摩托车零部件产业基地。积极发展各类专用车，重点发展高等级公路运输车辆，扩大集装箱运输车、厢式冷藏运输车、公路维护车生产规模，研发生产市政作业、医疗卫生、军用车等特种车和专用车，提高产品附加值和技术含量。

第二节 电子信息制造业

以计算机整机及外围设备、网络通信设备、元器件、工业电子和消费电子等为重点，打造具有国内一流水平的电子信息制造业集群。到2015年，电子信息制造业主营业务收入达到1000亿元。

做大信息装备制造业。支持浪潮科技园、浪潮工业园建设以及高效能服务器和存储技术国家重点实验室技术改造，壮大服务器、特种计算机产业规模，建设全国一流的服务器及计算机外围设备生产基地。加快网络设备、通讯设备、专用电子设备研发及产业化，重点发展第三代及后续移动通信系统和终端设备。以省级电子信息产业园为依托，加快功率半导体器件、显示器件、发光器件、电力电子器件、高性能电池、新型传感器、高频声表面波器件等新型元器件的研发和产业化。鼓励采用绿色环保工艺，支持发展环保型电子元器件，推进新型元器件与整机产业互动发展。

积极发展工业电子和消费电子。重点支持汽车电子、电力电子、医疗电子、机床电子、工业控制、智能机器人等产品和系统的开发及行业应用标准制定，推进信息技术与传统工业相结合，提高工业自动化、智能化、网络化水平。广泛运用信息技术改造家电产业，逐步扩大大屏幕、壁挂式、数字化液晶电视生产规模，建设国内重要的高档彩电生产基地；加快数字电视机顶盒、数字多媒体终端产业化进程，发展壮大智能家电产业。大力发展小家电和智能测量仪器产品，扩大市场规模。

第三节　机械装备业

着力提高研发设计、核心部件配套、加工制造和系统集成水平，努力建设具有核心技术研发能力、产品竞争力强的机械装备制造业基地。到2015年，机械装备业主营业务收入达到2100亿元。

做强优势装备产品。加快产品升级和结构调整，进一步增强机床、电力设备、内燃机、轨道交通装备等产品优势地位。机床，重点发展大型压力机、数控机床，推动机床行业向成套、成线、系统化和光机电一体化方向发展，加快建设国内一流的大型压力机及数控机床生产基地。电力设备，加快研发500千伏以上特大型电力变压器，提升输变电设备整套制造水平；加快鲁能工业园建设，提升电力设备及电工电气产品整体水平；促进电站锅炉、汽轮机、发电机三大设备联动发展，实现单一生产向市场成套供货和工程总承包方向转变。内燃机，重点发展中大功率、中高速内燃机及其延伸产品，增强大功率陆用柴油机国内领先优势，加快济柴140/260发动机产能提升和320发动机研发制造，争创国际内燃机知名品牌。轨道交通装备，适应铁路货运高速化重载化发展要求，扩大铁路重载货车、专用货车、特种货车生产规模，提升客货车配件研发生产能力，建成全国重要的铁路货车生产基地。

大力发展特色机械产品。加快发展品种齐全、功能先进的微机控制机电一体化试验设备、数字化逆变焊机、仪器仪表、电子衡器等系列产品，大力发展矿山设备、工程机械、建筑机械、起重设备、液压升降设备、压力容器、玛钢管件、环保机械、精密气动元件、风机、电机等重点产品，提高生产规模和技术水平。

增强协作加工配套能力。按照社会化协作分工要求，以专业化规模生产和降低综合成本为目标，延伸发展机械加工产业链，提高本地化配套水平。大力发展铸造、锻压、焊接基础件制造，加快模具行业发展，建设配套产业基地。培育和引进一批专业配套加工企业，扩大核心零部件生产加工规模和模块化供货能力。

第十三章　改造提升两大传统工业

实施传统产业改造升级工程，加快用高新技术和先进适用技术改造提升原材料和消费品工业，推进设计研发信息化、生产装备数字化、生产过程智能化和经营管理网络化，优化产业和产品结构，提升产业发展水平。

原材料工业。重点改造提升钢铁、石化、建材等原材料工业，淘汰落后产能，优化产业布局，推动产业升级。钢铁，积极推进济钢集团战略性调整，重点发展厚板、热轧薄板、冷轧薄板、镀锌板、彩涂板等产品，加快高强度、高韧性特厚板材开发，推进配套汽车产业专用钢板生产，形成完整的汽车、船舶用钢系列产品，建设精品钢材基地；发展优质球墨铸铁产品，打造提升全国优质铸造生铁基地；加快济钢绿色产业园循环示范区建设，大力发展非钢产业。石化，提高炼化加工能力，延伸产业链，建设重质基础油、光亮油生产基地，力争中石化济南分公司炼化加工能力达到年产800万吨；巩固提升氟化工优势地位，重点发展氟聚合物、氟材料、氟精细化学品等高端氟材料；积极开发有机化工新材料，重点发展呋喃树脂、一碳化学及延伸加工产品；加快钛白粉和铬酸酐的技术改造，提高产品工艺装备、产品技术水平和国际竞争力；调整优化煤化工、化肥等行业产品结构。建材，积极发展低能耗高性能水泥、新型墙体材料、化学建材等建筑材料和延伸加工产品，推广利用粉煤灰、磷石膏、农作物秸秆纤维等工农业废弃物和黄河泥沙制作的新型建材制品。

消费品工业。重点发展食品、纺织、印刷、家具等消费品工业，开发生产高附加值产品，延伸产业链条，构建安全、绿色、低碳的现代消费品工业体系。食品，充分利用烟草、饮料、乳制品、休闲食品等产业优势，大力发展深加工食品、绿色食品、营养食品和方便休闲保健食品，促进规模化、规范化发展。纺织，优化纺织服装产品结构，重点发展仿真面料、新型功能性面料等高附加值产品，积极发展中高档服装。印刷，加快节能低耗、多功能包装材料及包装产品开发，重点发展快速安全印刷、铝箔印刷、食品药品净化印刷、不干胶印刷、柔版印刷、丝网印刷等工艺技术。家具，重点发展软体家具、实木家具、板式家具、整体厨房，建成集家具研发、生产、展销、配套服务于一体的家具产业集聚地。

专栏7　拟重点培植的20家过百亿元工业企业

中国重型汽车集团有限公司、济南钢铁股份有限公司、中石化济南分公司、浪潮集团有限公司、山东鲁能集团有限公司、济南青年汽车有限公司、济南吉利汽车有限公司、力诺集团股份有限公司、山东中烟工业公司济南卷烟厂、齐鲁制药有限公司、济南轨道交通装备有限责任公司、山东山水水泥集团有限公司、济南圣泉集团股份有限公司、山东明水大化集团、济南柴油机股份公司、中国兵器装备集团公司摩托车工业园、九阳股份有限公司、山东红帆能源科技有限公司、晟朗能源科技有限公司、山东海缔斯电梯制造有限公司

专栏8　“十二五”工业空间布局

根据区域资源环境承载能力和现有发展基础，引导产业有序转移和集聚发展，增强园区支撑作用，强化增长极，构筑发展带，打造集聚区，推动全市工业东西延伸、跨河发展，引导产业相对集聚，加快形成东部、西部和北部三大工业发展区。

东部工业区。以高新区为核心，沿世纪大道向东经孙村片区至明水开发区，形成汽车、电子信息、机械装备、生物医药、食品饮料等产业区；沿经十路向东至历城区，形成太阳能产业发展带；依托临港开发区和济南航空产业园，加快形成临空特色产业区。

西部工业区。由经十路向西至济南经济开发区、归德工业园和平阴工业园，形成机械装备、电子信息、水泥建材、清洁能源、纺织服装和农副产品深加工等产业区。

北部工业区。依托黄河北部地区，重点发展化工产业园、济北开发区、商河经济开发区三大片区，建成精细化工、食品饮料、纺织服装、新能源等特色产业基地。

第十四章　大力发展现代都市农业

以服务城市、繁荣农村、提升农业和富裕农民为目标，实施农业现代化战略，大力发展高产、优质、高效、生态、安全农业，促进农业生产经营专业化、标准化、规模化和集约化，构建都市型、城郊型现代农业产业体系。

调整优化农业结构。以落实国家新增千亿斤粮食产能规划为契机，实施济南市增产6亿斤粮食生产能力建设规划，全力确保粮食安全。积极推进农业结构优化升级，大力实施蔬菜、种苗、畜牧、林果四大产业振兴规划，积极发展精品渔业，大力培育生态观光型、体验参与型、特色精品型、高科技设施型等现代农业发展模式。统筹推进新一轮“菜篮子”工程建设，提高“菜篮子”产品生产供应能力，保障产品质量。优化农业空间布局，加快构筑绕城高速公路两侧都市农业圈、南部山区生态观光农业带、中部平原特色精品农业带、黄河北设施高效农业带“一圈三带”四大农业区域板块，形成区域特色鲜明的省会现代农业新框架。

推进农业产业化经营。加大农业招商引资力度，积极支持各类资本参与农产品加工、贮藏、保鲜、运输和销售，重点扶持一批效益好、潜力大、带动力强的龙头企业，培育一批知名度高的农产品品牌。鼓励和引导龙头企业通过订单生产、保护价收购、股份合作和利润返还等多种方式与基地、农户建立稳定的产销协作关系和利益联结机制。健全农业社会化服务体系，积极引导农民专业合作社和专业协会发展。加大奖励补助力度，鼓励农民按照依法自愿有偿原则，积极推进农村土地承包经营权流转，发展适度规模经营。加强对农业园区、农业企业用地扶持，鼓励支持农业龙头企业在园区、基地就地加工，促进农民就近就地就业。搞活农产品流通，推进农产品批发市场改造升级，创建农产品质量安全放心批发市场，加快区域性农产品物流中心和农家店标准化建设。到2015年，打造特色品牌基地50个，建设都市农业园区200家，新增规模以上农业龙头企业150家，扶持市级示范性农民专业合作社500家。

完善现代农业发展支撑体系。推进农业科技进步，健全农业科技推广体系，加强市农科院及重点实验室建设发展。加快中低产田改造，加强农业综合开发、基本农田整治、土壤改良和田间配套设施建设，推进土地开发整理复垦。全面加强水利建设，完成玉符河、绣江河等17条骨干河道治理，继续推进中小型病险水库除险加固，完成中型水闸除险加固工程，实施节水示范工程，加快邢家渡、绣惠渠等大中型灌区续建配套与节水改造，搞好抗旱水源工程建设，完善农村小微型水利设施，加快推进小型农田水利重点县建设，进一步改善农业生产条件。切实加强动植物防疫和农产品质量安全监管体系建设，全力推进农业标准化生产，提高农产品质量安全水平。加强农业农村信息化建设，大力发展农业机械化和设施农业，继续加大扶贫开发力度。

第五篇　建设国家创新型城市

坚持健全创新体系、聚集创新资源、突出效率效益、着眼引领示范的指导方针，着力提升自主创新能力，营造创新友好环境，实现创新驱动发展，率先基本建成国家创新型城市。

第十五章　完善区域创新体系

充分发挥创新资源优势，推动创新要素集聚，加快形成知识创新、技术创新、服务创新相互促进、特色鲜明的省会区域创新体系。

健全技术创新体系。强化企业创新主体地位，实施创新型企业培育工程，积极引导人才、技术、资金等创新要素向企业聚集，推动企业成为技术创新需求、研发投入、技术创新活动和创新成果应用的主体，到2015年培育100家拥有自主知识产权核心技术和持续创新能力的创新型企业。深度整合企业、院所和高校科技创新资源，建立健全合作投入、人才培养和流动、利益分配等机制，围绕优势产业和战略性新兴产业加快建立一批产业技术创新战略联盟，实施标志性产学研工程项目100个，推动相关产业实现重大技术突破。

构建知识创新体系。充分发挥驻济高校、科研机构的原始创新优势和人才培育优势，促进科技和人才等创新资源的高效整合，构建开放流动协作的知识创新体系。加强高水平高校和研究机构建设，积极吸引国内外知名科研机构设立分支机构，扶持建设一批重点学科、科研基地，形成一批一流的科技团队和学科带头人，增强知识创新能力。支持高校和科研院所加强基础研究和前沿技术研究，面向我市优势产业开展关键技术和共性技术研究、应用基础研究和高技术应用研究，取得一批重大科研成果。完善国际科技合作机制，广泛吸收全球创新资源，跨越提升科技创新水平。

完善创新服务体系。以市场化为导向，进一步健全科技咨询、科技评估、技术经纪等科技中介服务机构，形成完善的科技中介服务网络，为技术成果转化提供通畅有效的渠道。加强科技创新创业服务平台建设，打造一批生产力促进中心、产学研中试基地、公共技术服务平台、科技企业孵化器，新建产学研中试基地50处，建成各级生产力促进机构40个以上。按照整合资源、统一规划、共享共用的原则，建立和完善科技基础条件平台共享机制，加强大型科学仪器、科技文献、专利、标准、检测检验等科技资源共享平台建设，提高科技资源利用率。

第十六章　构筑自主创新高地

把推进自主创新作为建设国家创新型城市的关键环节，提高原始创新、集成创新和引进消化吸收再创新能力，建设区域性科技创新中心，为经济社会发展提供技术支撑。

建设综合性国家高技术产业基地。推进山东信息通信研究院、省重大新药创制中心、高性能计算中心、量子技术研究院等重大源头创新平台建设，推动战略性新兴产业跨越式发展。加快企业技术平台建设，重点支持企业自建或与高校、科研院所合作共建企业技术中心、工程技术研究中心、重点实验室、博士后工作站等技术研究开发机构，到2015年达500家以上。强化高新技术产业园区创新载体作用，推进齐鲁软件园、创业服务中心、留学生创业园、大学科技园、出口加工区等特色园区建设，增强科研服务、成果转化、企业孵化和产业承载功能。以重大科技合作项目为纽带，建设一批国际科技合作基地。

加强关键领域科技攻关。鼓励科研单位、重点企业积极承担国家、省重大科技专项、重要计划和项目，制定和实施一批市级科技计划项目，着力突破一批增强企业核心竞争力的重大技术、关键技术、共性技术，取得一批具有自主知识产权的科技成果。支持下一代互联网和物联网、云计算技术研究，提高新信息技术水平。突破关键材料、技术和装备研发，促进制造业水平提升。加快突破节能和清洁能源、可再生能源等低碳技术瓶颈，为建设低碳城市提供有效技术手段。到2015年，在经济社会关键领域重点突破100项关键技术。

专栏9 "十二五"重大科技专项支持领域

重大专项立足我市特色和优势，定位于培育新信息、新能源及节能环保、新医药及生物、高端装备制造等战略性新兴产业发展急需的关键共性技术研发攻关，全面提升科技支撑能力，保障创新型城市建设目标的实现。通过重大科技专项，培育一批具有自主知识产权的高技术产业群，带动产业结构优化升级；攻克一批具有全局性、带动性的关键共性技术，并通过工程示范和推广应用，保障经济社会可持续发展，改善人民生活质量；掌握一批关系国计民生的核心技术，提升相关领域整体技术水平。重点领域如下：

1. 新信息技术研究与开发
2. 新能源及节能环保技术研究与开发
3. 新医药及生物技术研究与开发
4. 高端装备制造技术研究与开发
5. 新材料技术研究与开发
6. 现代服务业关键共性支撑技术研发
7. 民生等其他领域关键技术研究与开发

第十七章 优化科技创新环境

加强政策引导，完善工作机制，加大科技投入，促进科技成果转化，营造良好的科技创新环境。

创新科技体制。深入推进创建国家创新型城市建设试点，建立科学合理的评价考核体系和工作机制。深化管理体制改革，完善重大科技项目招投标制度和专家评审制度，加强科技计划项目的全过程管理，落实追踪问效制度。深化科研院所改革，整合全市社会公益类科技力量，建立现代科研院所制度，提高科研水平；推进开发型科研院所建立现代企业制度，成为具备较强自主创新能力的高新技术企业。

拓宽科技投入渠道。以政府投入为引导，企业投入为主体，直接和间接融资为支撑，加快建立多元化、多渠道科技投入体系。进一步完善政府科技投入增长机制，逐年提高全社会研发投入占生产总值的比重，确保科技经费增长幅度高于财政经常性收入的增长幅度。鼓励和引导金融资本、民间资本进入高新技术投资领域，加强创业投资和风险投资体系建设，完善激励政策体系，降低科技投入风险，提高投资回报率。

完善创新政策体系。贯彻落实国家和省关于推动自主创新的各项政策，加大创新政策导向作用，通过财政引导和产权激励等政策，推动重点领域重大关键技术的研发。完善政府资源配置和公共服务向自主创新主体倾斜的配套制度，提高政府采购中本市创新产品和服务的比重，支持符合全市经济发展方向、具有良好产业基础和发展前景的科技成果产业化。

建设知识产权强市。制订和实施完整的知识产权战略，完善有利于自主知识产权产出、转化的政策法规体系，建立健全知识产权激励机制，进一步提升企业运用知识产权的能力与水平，切实加强知识产权保护。继续实施专利、品牌、商标、标准战略，鼓励企业争创更多知名品牌、驰名商标和国家标准。到2015年，万人专利申请量达30件，创建省级以上名牌、著名商标年均分别达30个以上，高新技术产品中拥有自主知识产权的比重达65%以上。

第十八章　推进人才强市建设

坚持服务发展、人才优先、以用为本、创新机制、高端引领、整体开发的指导方针，深入实施人才强市战略，贯彻落实中长期人才发展规划纲要，进一步加大人才培养、引进和使用力度，优化人才资源配置，形成一支规模宏大、结构合理、素质优良的人才队伍，打造区域性人才高地。

*聚集高层次创新科技型人才。*围绕经济社会发展重点领域，有计划地引进和培养一批能带来重大经济效益和社会效益的高层次人才。组织实施“5150引才计划”和“百千万海内外人才引进工程”，面向海内外引进150名高端领军人才，1千名专业素养较高的创新人才和拥有自主知识产权的创业人才，1万名各行业紧缺适用的创新创业人才。深化提升“泉城学者”建设工程，吸引一大批高层次人才和团队服务经济社会发展。实施创新团队建设工程，培育形成10个具有冲击国际一流水平、创新能力突出的创新团队，30个学术技术水平处于国内前沿、在省内具有突出地位的创新团队。

*统筹各类人才队伍建设。*坚持培养和引进并重、就业和创业并举的人才政策，创新人才培养引进方式，抓好各类人才队伍建设。以提高执政能力为核心，着力建成一支善于推动科学发展的高素质党政人才队伍。以提高企业现代化经营管理水平为核心，实施泉城企业家培养提升工程和创业人才扶持工程，培养造就一支具有战略开拓、市场竞争和现代管理能力，熟悉国际国内市场的企业经营管理人才队伍，到2015年企业经营管理人才总量达到40万人。以提高专业技术水平和自主创新能力为核心，以高层次紧缺急需人才为重点，打造一支自主创新能力强、结构分布合理的专业技术人才队伍，到2015年专业技术人才总量达到80万人以上。以职业技能建设为核心，实施高技能人才提升工程，努力造就一支门类齐全、技术精湛、结构合理的高技能人才队伍，到2015年高技能人才达到32万人。以提升新农村建设能力为核心，实施现代农业人才开发工程，着力打造一支适应我市现代农业发展和新农村建设要求的技术型、经营型、服务型农村实用人才队伍，到2015年农村实用人才总量达到15万人。适应经济社会发展和构建社会主义和谐社会的需要，实施社会工作人才发展工程，着力建设一支专业素质高、服务能力强的社会工作人才队伍。全面加强教育、政法、文化、卫生、体育、公共安全、防灾救灾等社会领域人才开发，形成一支专业水平高、职业道德好、服务能力强的社会发展重点领域人才队伍。

*建立人才发展的支撑保障体系。*完善党管人才工作格局，建立健全政府宏观管理、市场有效配置、单位自主用人、人才自主择业的体制机制。推动人才管理部门职能转变，着力构建注重实际、覆盖广泛的人才培养开发机制，建立公开平等、竞争择优的人才选用机制，构建充分发挥市场配置作用的人才流动机制，建立体现人才价值、维护人才权益的人才激励保障机制。加快完善形成层次分明、具有济南特色的人才政策体系，制定实施人才投资优先保证的财税政策、产学研合作的人才培养政策、人才创业扶持政策、更加开放的人才国际化政策、省会人才整体开发政策等，消除人才发展

壁垒,激发人才创造活力,努力打造具有比较优势的人才发展环境。加强人才载体建设,规划建设一批集成商务办公、创业服务、融资支持等功能的高层次人才创新创业基地,加快建设接轨国际能够集成居住、医疗、教育等功能的国际社区和集成孵化、创业、生活等功能的留学回国人员创业园。建立完善统一规范灵活的人力资源市场,积极推进人才服务大厦建设,健全人才公共服务体系,提高服务水平。

第六篇　全面深化改革开放

适应国内外经济结构深刻调整、发展方式加快转变的新形势和新要求,加快创新体制机制,扩大对外开放,进一步增强经济社会发展的活力和动力。

第十九章　大力推进改革创新

积极推进重点领域和关键环节改革,加快形成充满活力、富有效率、更加开放、有利于科学发展的体制机制。

第一节　加快行政管理体制改革

切实转变政府职能。强化社会管理和公共服务职能,推动政企分开、政资分开、政事分开、政府与中介机构分开,减少政府对微观经济活动的干预,加快建设法治政府和服务型政府。继续优化政府结构、行政层级、职能责任,降低行政成本。继续深化行政审批制度改革,减少和规范行政审批事项,提高审批效能和集中度。进一步发挥12345市民服务热线功能,健全网络平台的信息公开、网上办事、调研咨询和督查落实等运行机制,提高政务公开水平。建立公共权力协调与制衡机制,完善行政权力阳光运行机制。加强公共资源交易服务中心建设,为政府采购、重大工程招投标、土地交易、产权交易等提供统一的交易平台。

健全科学决策机制。全面推行依法行政,努力提高各个领域的法治化水平,制定和完善有利于经济发展方式转变的地方性法规和规章。完善重大事项集体研究、专家咨询、社会公示和听证等制度,建立健全公共政策效果评估和行政问责机制,提高决策的科学化、民主化水平和公众参与度。

深化财政体制改革。完善公共财政体制,落实好省直管县财政体制改革试点。切实加强财源建设,优化结构、提升质量,提高财政收入占生产总值的比重、税收收入占财政收入的比重。优化财政支出结构,提高财政公共支出比重。继续推进实施综合预算、国库集中收付、政府采购等预算制度改革,完善市、县政府间分配关系,建立健全与转变经济发展方式相适应的公共财政体系。

加快投资体制改革。积极推进投资主体多元化、筹资渠道多样化、投资决策科学化、投资管理规范化、中介服务社会化、经营运作市场化,加快建立新型投融资体制。严格规范政府投资范围和行为,创新资金使用方式,更多运用贷款贴息、以奖代补、风险投资引导等方式,充分发挥财政资金的引导作用。规范政府投资项目决策程序,完善监管体系,改进实施方式,加强概预算管理,提高政府投资效益。深化项目审批制度改革，加快落实企业投资自主权，完善企业投资项目核准备案管理。

推进事业单位改革。按照政事分开、事企分开和管办分离的要求，以教育、卫生、科研等领域为重点，积极稳妥推进事业单位改革。实施统筹规划、分类指导，主要承担行政职能的，逐步转为行政机构或将其行政职能划归行政机构；主要从事生产经营活动的，逐步改制为企业；主要从事公益服务的，强化公益属性，改革管理体制和运行机制。进一步落实事业单位法人自主权，探索多种形式的事业单位法人治理结构。

第二节 优化所有制结构

加快推进国企改革。继续加速国有经济布局的战略性调整，实现国有资本从一般竞争性行业退出，推动国有资本向优势产业、支柱产业和特色产业集中，全面提高国有资产质量，不断增强国有经济的影响力和带动力。引导外资、外地优势企业、民营企业参与国有企业产权制度改革，优化组织结构和法人治理结构，改善股本结构，发展混合所有制经济。

健全国有资产监管体系。按照“权利、义务和责任相统一，管资产和管人、管事相结合”的原则，健全完善国有经营性资产统一监管的体制机制和国有资本经营预算制度，实现国有资产保值增值。进一步整合国有资本营运机构，增强资产经营责任，落实对权属企业的重大决策权、资产收益权和选择经营者等职能责任。维护企业法人财产权，落实企业权利，为企业发展提供更宽松的空间。

支持非公有制经济发展。进一步消除影响发展的体制性障碍和政策性因素，放宽市场准入条件和经营范围，形成多种所有制经济公平参与的竞争格局。制定和落实鼓励和促进民间投资的政策措施，营造公平竞争的市场环境。完善金融、税收、信用担保、技术创新等政策，改善行政执法和司法环境，加强和改进对非公有制企业的服务和监管。到2015年，非公有制经济比重达到50%以上。

第三节 深化农村综合改革

推进产权制度改革。稳定和完善农村基本经营制度，在确保现有土地承包关系保持稳定并长久不变的基础上，加强土地承包经营权流转、管理和服务，发展多种形式的适度规模经营。健全严格规范的农村土地管理制度，推进农村集体土地所有权、宅基地使用权、集体建设用地使用权等确权登记颁证工作。深化征地制度改革，完善征地程序，建立科学合理的征地补偿机制，解决好被征地农民就业、住房、社会保障问题。全面推进集体林权制度改革，逐步形成集体林业的良性发展机制。开展农村集体产权制度改革，对农村集体所有各类资源性、经营性资产实行股份制改造，发展农村集体资产股份合作、农村社区股份合作，增加农民财产性收入。整合农村基层监督力量，建立独立于村“两委”之外的村务监督委员会。

完善劳动力自由流动制度。稳步推进户籍制度改革，探索建立居住证制度，引导农村人口向城镇有序转移。实行城乡统一的就业政策、就业服务、劳动用工管理制度，建立健全城乡一体的劳动力市场和就业培训、岗位开发、劳务输出工作机制，鼓励和引导农民向城镇和非农产业有序转移。完善保障农民工权益的制度体系，促进农民工特别是新生代农民工进城定居、转业创业，并在社会保障、子女教育、住房等方面享受与当地居民同等的权益。

创新农村金融服务体系。放宽农村金融机构准入政策，规范发展村镇银行、小额贷款公司、农村资金互助社等多种形式的新型农村金融机构，鼓励发展小额信贷和微型贷款，鼓励开展农村联保贷款。扩大农民抵押贷款担保物范围，探索赋予农民承包地、宅基地抵押权的实现方式，引导更多信贷资金和社会资金投向农村。加快发展政策性农业保险，扩大农业保险范围，建立农业再保险和巨灾风险分散机制。

第四节　加强市场体系建设

深化资源要素改革。规范土地市场，严格确定划拨用地范围，规范经营性用地供给制度，扩大集体土地使用权流转试点范围，逐步将土地租赁市场纳入管理范围。深化劳动力市场化改革，使劳动力价格真实反映劳动力成本。推进资本市场建设，建立利用资本市场专业服务平台，加大对拟融资企业的政策扶持，健全资本市场融资激励机制。加快培育人力资源、技术等其他要素市场，进一步发挥其在加快转变经济发展方式中的推动作用。推进电力、油气、矿产品、水等资源类产品价格和环保收费改革，切实发挥价格在提高能源资源使用效率、控制污染排放和调整经济结构中的杠杆作用。建立健全资源环境产权交易机制，规范发展探矿权、采矿权交易市场，推进排污权、碳排放权交易试点，促进资源环境产权有序流转和公开、公平、公正交易。

加强商品市场建设。以推进商品批发市场改造升级为切入点，结合老城改造和新区开发，进一步优化生产资料、工业消费品、日用消费品、农产品等各类批发市场布局，构建布局合理、功能齐全、现代化水平较高的商品批发市场体系。加强茶叶、果品、蔬菜、海鲜、服装、汽配、建材等重点批发市场的整合改造提升，增强综合服务功能，提高集聚辐射能力，培育一批兼具物流配送、加工交易、产品展示、价格形成、信息发布功能的现代化商品交易市场。

规范市场秩序。打破行业分割和垄断，创新专营性公共服务产业的管理体制。完善市场价格形成机制，健全价格决策听证制度，加强价格监管，维护市场价格秩序。规范发展各类能够有效承接政府职能的行业协会、商会等社会中介组织，充分发挥桥梁纽带作用。加强政府市场监管职能，完善市场监管手段，建立健全行政执法、行业自律、舆论监督和群众参与的市场监管体系。加大市场执法力度，严厉打击各种扰乱市场经济秩序的行为，切实维护公平竞争和交易安全。

健全社会信用体系。以政府信用为先导、企业信用为重点、个人信用为基础，加快推进社会信用体系建设。逐步放开信用服务市场，培育一批具有社会公信力的信用服务中介机构。完善征信体系，建立健全信用信息共享机制和守信与失信奖惩机制，积极开展诚信建设活动，营造诚实守信的社会环境。

第二十章　提升开放型经济水平

实施更加积极主动的开放战略，加快外贸、外资、外经发展方式转变，扩大对内对外开放，着力构建宽领域、高层次、全方位的开放型经济体系。

第一节　加快外贸转型升级

调整优化对外贸易结构，构建多元化格局，提高外贸质量和效益，增强国际竞争力和抗风险能力。

优化出口产品结构。大力实施科技兴贸、以质取胜和出口品牌战略,促进加工贸易优化升级,提高出口产品质量、档次和附加值,逐步提高自主知识产权、自主品牌、自主营销和高技术含量、高附加值、高效益产品出口比重。加快推动加工贸易向上游研发设计、中游集约发展、下游营销服务延伸,加强产业配套,延伸产业链条。支持传统优势产品出口,引导软件企业扩大技术含量高的系统软件和支撑软件产品出口份额。实施农产品出口促进计划,提高出口农产品的附加值。严格控制高耗能、高污染产品出口。积极推进出口加工区保税区及陆路口岸建设,优化出口通关流程,引导企业入驻,形成集聚效应。

着力发展服务贸易。深度挖掘传统服务贸易潜力,加快培育金融、保险、动漫、文化、中介、通信和信息服务产业,提升服务贸易比重。加快发展服务外包产业,重点发展信息技术外包和业务流程外包,积极承接离岸服务外包业务,着力发展风险管理、金融分析、科研开发等技术含量高、附加值大的服务外包。加快人才培养体系建设,打造一批服务外包人才培训基地。高标准建设服务外包园区,推进服务外包产业集聚发展。

壮大外贸经营主体。培植壮大重汽、浪潮、玫德等骨干出口主体,积极扶持中小企业和民营企业出口。鼓励有条件的企业在海外注册商标,提高我市产品在国际市场上的知名度和竞争力。积极探索应对国际市场策略,健全外贸监控体系,建立外贸预警机制、产业损害预警机制和反技术壁垒工作机制。做好反倾销、反补贴等的起诉和应诉工作,建立健全以政府为后盾、企业为主体、行业协会为依托的贸易摩擦应对机制,提高处置国际贸易争端的能力。

大力拓展出口市场。继续巩固日韩、东南亚等传统市场,深度拓展欧美市场,开发南美、非洲、东欧等新兴市场。加强与港澳台经贸合作,引导企业用好广交会等对外贸易平台。

积极发展进口贸易。利用进口贴息等政策手段,扩大先进技术、关键设备、零部件、国内短缺物资进口,促进我市生产能力和生产工艺水平、产品质量提升,推进我市产业结构调整升级。

第二节 提高招商引资质量

围绕优势产业和发展方向,突出重点领域,强化载体建设,健全工作机制,努力提高招商引资的规模和质量。

拓宽招商引资渠道。积极承接国际国内产业转移,着力引进一批龙头型、基地型大项目。通过增资扩股、收购兼并等方式,深入推进大企业与世界500强企业的合资合作。以跨国公司为重点,引进国际知名企业设立地区总部、制造基地、研发中心、采购中心和服务外包基地。积极推进BOT、TOT等融资方式,鼓励外资以资产并购、股权并购等方式参与城市基础设施建设经营。鼓励有条件的企业通过境外上市、国际风险投资、国际融资等方式,加大对国际金融资本的利用。积极争取国外政府贷款和国际金融组织优惠贷款。

创新招商引资方式。突出抓好产业链招商,围绕汽车、电子信息、新能源、现代服务业和现代农业等重点产业发展,积极吸引一批上下游配套企业,推动本地企业与外来资本的产业链融合。强化企业招商引资主体地位,力促现有龙头企业增资扩股、以商引商、以外引外。通过请进来、走出去、举办投资洽谈会、网上招商、委托中介机构招商等多种形式,加快招商引资市场化、专业化步伐。加快招商引资向招商选资转变,推进具有品牌、管理、网络、技术优势的外资企业与本地企业开展多种形式的合资合作,形成“以外带内、以内促外”的发展格局。

健全招商引资机制。树立全市一盘棋的大引资观念，整合招商引资资源，加强信息平台建设，完善组织机制，形成整体合力。完善招商引资工作规章制度，健全调度考核评价机制、重大项目协调推进机制、招商引资人才培养使用机制和项目引进奖励机制。健全外商投诉求助和督办体系，营造公平公正的法治环境。大力培育符合市场经济发展要求的涉外中介组织，强化行业协会和商会的服务、协调和自律职能。

第三节　扩大对外合作交流

坚持实施“走出去”战略，培育一批有国际竞争力的本土跨国公司和自主品牌，拓展对外开放合作领域，提高参与国际经济合作与区域协同发展的层次和水平。

大力推进境外投资。鼓励企业采用签订长期供货合同、租让、权益分成、服务合同、投资入股、合资合作经营、跨国并购等多种形式，收购国际品牌、营销网络、研发中心和矿产资源，扩大境外投资规模，培植一批骨干企业。建立健全对外投资的服务体系和监管体系，建立安全预警机制、风险防范机制和突发事件应急处理机制。“十二五”期间，境外投资中方协议投资额年均增长 15%。

积极开展对外工程承包和外派劳务。围绕交通、电力等基础设施建设，拓展工程承包合作领域。推动三箭、四建等实力较强的工程承包企业在有潜力的国家、地区设立办事机构，稳定和拉动海外市场需求。制定外派劳务企业综合绩效评估管理办法，完善外派劳务人员投诉协调处理机制和境外劳务纠纷应急处理机制，维护外派劳务市场健康发展和劳务人员合法权益。鼓励发展高学历和技能型劳务，提升外派劳务层次和水平。

开展全方位国际交流合作。拓宽服务业开放领域，推进金融、现代物流、科技信息、文化旅游、房地产和商务服务等现代服务产业扩大开放。进一步扩大对外文化交流，提高城市国际知名度。以提升自主创新能力为目标，加快引进国外先进技术和国际智力资源。进一步扩大国际教育合作，提高中外合作办学水平。积极开展政府及民间医疗卫生对外交流，引进先进医疗技术和设备。继续加强外事工作，提高与国外友好城市合作的广度和深度，拓宽对外交流渠道。

第七篇　建设生态文明城市

树立绿色、低碳发展理念，继续强化节能减排和生态建设，加快构建资源节约、环境友好的生产方式和消费模式，努力打造水清、天蓝、树绿、气爽的生态文明城市。

第二十一章　加强能源资源节约和管理

坚持节约优先，加快转变能源资源开发利用方式，全面实行资源利用总量控制、供需双向调节、差别化管理，明显提高资源利用效率。

大力推进节能降耗。继续实施重点节能工程，集中抓好钢铁、水泥、电力、化工等重点行业以及建筑、交通、公共机构等重点领域节能。加快推进企业节能改造，严格执行高耗能、高污染工艺、设备及生产能力等限期淘汰制度，加快淘汰落后产能。大力发展节能建筑，全面执行新建居住建筑节能65%、新建公共建筑节能50%的设计标准，完成600万平方米既有居住建筑节能改造任务，创建国家可再生能源建筑应用示范城市。实施绿色照明示范工程，扩大LED、节能与新能源汽车等节能产品和技术的推广应用。加大太阳能、风能、生物质能等可再生能源的开发利用力度，优化能源利用结构。健全节能市场化机制，加快推行合同能源管理和电力需求侧管理，完善能效标识制度、节能产品认证制度和节能产品政府强制采购制度。突出源头控制，制订完善并严格执行主要耗能产品能耗限额和产品能耗标准，加强固定资产投资项目节能评估和审查。完善节能目标责任考核办法，全面落实问责制和“一票否决”制。强化企业主体责任，强制实行能源审计和清洁生产审核，继续实施节能奖励。加强节能宣传教育，提高全民节能意识。

提高水资源利用效率。全面落实最严格的水资源管理制度，建立用水总量、用水效率、水功能区限制纳污三条红线，加强地下水位、工程可供水量、重点水功能区限制纳污预警管理，落实建设项目水资源论证和取水许可制度。实行分类管理、合理利用，统筹使用地表水，严禁超采、滥采地下水，优先保证城乡居民生活用水。改造城镇供水管网，降低漏失率。推进污水再生利用和雨洪水利用，在公共建筑、住宅小区、机关学校、工商企业大力推广中水回用。推广节水技术，提高工业用水的使用效率，到2015年，万元工业增加值用水量降低到16.3立方米以下。建立合理的水价调控机制，广泛开展节水型城市创建活动，抓好章丘、平阴等节水型社会试点。改善农业灌溉技术和灌溉设施，推广旱作节水品种和栽培技术。

集约利用土地资源。建立可持续用地机制，坚持土地利用总体规划控制引导，强化年度用地计划管理，严格控制土地供应总量，合理调整土地供应结构。切实保护耕地和基本农田，确保全市耕地保有量36.6万公顷、基本农田保护面积32万公顷。统筹安排建设用地，优先保障先进制造业、战略性新兴产业、生产性服务业、保障性住房等土地供应，加强禁止和限制建设区域土地利用管制。强化土地集约高效利用，加快城市地上地下空间综合开发和利用，实行项目用地定额标准和投资强度控制标准，建立集约利用考评机制。

积极推进材料节约。制定材料消耗核算标准，推行产品生态设计，加强重点行业原材料消耗管理，推广节约材料的技术工艺。鼓励使用高性能、低材耗、可再生循环利用新材料，减少一次性用品使用。

规范矿产资源开发。促进矿产资源的有序开发、综合利用和分类管理，优化矿业布局，推行现代化开采工艺，提高矿产资源开采回采率、选矿回收率和综合利用率。加强市场准入管理，完善矿产资源有偿使用和矿山环境恢复治理保证金制度。加强矿产资源和地质环境保护执法监察，坚决制止乱挖滥采。

第二十二章　大力发展循环经济

按照减量化、再利用、资源化原则，以提高资源产出效率为目标，推进生产、流通、消费各环节循环经济发展，逐步建立全社会资源循环利用体系。

推行循环型生产方式。加快推行清洁生产，从源头上减少废弃物的产生和排放。在重点行业、领域和产业园区开展循环经济试点，通过企业整体改造，推广循环经济发展模式，构建环境友好型产业群。以济钢、山水等企业为重点，建成一批国家级、省级循环经济示范企业，实现“资源—废料—原料”多次利用的良性循环。扎实推进农业循环经济，推广复合立体、动植物共生等先进模式，大幅度提高秸秆综合利用的工业化、规模化、产业化水平，推进农膜、禽畜粪便等循环利用。推动产业循环式组合，构筑纵向延伸、横向耦合、链接循环的产业体系。

促进废弃物循环利用。以共生伴生矿产资源、工业“三废”、废旧再生资源、建筑废弃物等为重点，实施一批重大资源综合利用项目。加强共伴生矿产及尾矿综合利用，提高资源综合利用水平。充分发挥建材、冶金、电力等行业对废弃物的消化功能，积极推进大宗工业废弃物和建筑、道路废物以及农林废物资源化利用，引导企业加大对生产过程中产生的废渣、废水、废气、余压余热等的回收利用力度。健全资源循环利用回收体系，加快建设城市社区和乡村回收站点、集散市场、分类分拣“三位一体”的回收网络，推进再生资源规模化利用。依托复强动力、富美科技等企业，加快再制造产业发展。逐步推进生活垃圾的分类收集和分类处置，加强餐厨废弃物等垃圾资源化利用和无害化处理。

推广绿色消费模式。倡导文明、节约、绿色、低碳消费理念，推动形成与国情、市情相符的绿色生活方式和消费模式。鼓励消费者购买使用节能节水产品、节能环保型汽车和节能省地型住宅，减少使用一次性用品，抑制不合理消费。推行政府绿色采购，逐步提高节能节水产品和再生利用产品比重。

健全政策促进体系。综合运用财税、投资、信贷、价格等政策手段，建立促进循环经济发展的有效机制。制定并逐步完善循环经济的地方性法规体系，依法加强对资源综合利用的监督管理，合理调整资源价格及污水、垃圾处理费，完善税收优惠政策，吸引社会投资投向资源消耗少、科技含量高的产业。支持循环经济共性和关键技术的研究开发，加快推广应用新技术、新工艺、新设备，建立循环经济技术咨询服务体系。

第二十三章　加大环境保护力度

坚持预防为主、综合治理，积极推进污染控制从末端治理向源头控制转变，继续削减主要污染物排放总量，促进环境质量持续改善。

推进大气污染防治。着力消除结构性污染，严控“两高”行业低水平重复建设。加快建设一批煤改气、煤改电等清洁能源替代项目，优化能源消费结构。加大工业企业废气治理力度，实施济钢、黄台电厂等重点企业脱硫设施再提高工程。推行建筑、市政工程和拆迁施工封闭作业、密闭运输，创建扬尘污染控制区，加强机动车排气污染综合防治，切实改善大气质量。

改善水环境质量。加大饮用水源地保护力度，保障城乡居民饮水安全。加快建设改造一批城乡污水集中处理设施，配套完善污水收集管网，提升污水处理水平。实施河道截污和重污染河段底泥疏浚工程，确保达标排放。加强跨区域水环境保护与合作，协调解决跨界污染。

加强固体废物污染治理。完善垃圾收集转运设施，加强生活垃圾综合处理设施建设，建成第二生活垃圾综合处理厂，尽快启动新的市级垃圾综合处理厂选址建设，提高县城垃圾集中处理能力和水平。加快推进工业固体废弃物综合利用，搭建全市统一的交换信息平台。进一步做好危险废物、医疗垃圾处置管理，规范管理建筑垃圾运输处置。到 2015 年，城市生活垃圾无害化处理率、工业固体废物处置利用率达到 95%，城市危险废物安全处理处置率、医疗废物集中处置率达到 100%。

严控声、光、辐射污染。严格控制噪声源，建设环境噪声达标区，增创安静居住小区，设置交通隔声屏障，加强对重点噪声敏感建筑物的保护。规范夜景亮化照明，适度限制新建建筑大面积使用玻璃幕墙，有效控制光污染。全面加强辐射环境管理，防止放射性环境污染，确保放射源使用单位周围环境辐射水平控制在天然本底范围内。

加大农村污染治理力度。统筹城乡污染防治，防止城市污染向农村地区转移。加强农村饮用水源保护，着力提高农业面源污染控制能力，因地制宜开展农村污水、垃圾处理设施建设，规范畜禽养殖业污染防治，加快推进秸秆综合利用。到 2015 年，农村生活垃圾无害化处理率达到 50% 以上，规模化畜禽养殖场污水处理率达到 85%。

健全环境监管体系。实行严格的环保准入，依法开展环境影响评价，建立规划环评与项目环评联动机制。加强环境监测、预警和应急能力建设，加大环境执法力度，加强环境监测系统和重点污染源在线监控网络。严格落实环境保护目标责任制，继续将主要污染物排放总量削减指标纳入各级政府目标责任制，积极推进化学需氧量、二氧化硫、氨氮、氮氧化物总量减排。健全环境污染事故责任追究制度，建立环保社会约束和监督机制。

第二十四章 改善生态环境

坚持保护优先和自然修复为主，加大生态保护和建设力度，促进生态修复，形成多样化、高品质的生态系统。

优化生态功能区布局。根据区域生态环境要素、生态环境敏感性与生态功能空间分异规律，以及地域、人类活动强度等，规划形成南部山区生态功能区、中心城城市生态功能区、山前平原农业生态功能区、黄河沿岸湿地保育生态功能区和北部平原农林生态功能区五个生态功能区。明确各功能分区主导功能，合理调整发展模式和发展重点，促进经济社会与生态环境协调发展。

专栏 10 济南市生态功能区

南部山区生态功能区。主要包括历下区、市中区、历城区、章丘市南部、长清区大部分区域及平阴县中部丘陵区域，面积约 3200 平方公里。主导生态功能为市域生态屏障和中心城区水源涵养地。

中心城城市生态功能区。向东至章丘市，向北跨黄河至天桥区大桥、桑梓店和济阳县崔寨，南面和西面压缩在南控"红线"和长清区规划建成区边沿。总面积约 1000 平方公里，主导生态功能为生活服务。

山前平原农业生态功能区。南部为山前平原，北部为黄河冲积带，面积约 900 平方公里，主导生态功能为生产服务。

黄河沿岸湿地保育生态功能区。处于黄河两岸 1～10 公里宽度范围，面积约 580 平方公里，主导生态功能为生态服务。

北部平原农林生态功能区。除天桥区大桥、桑梓店和济阳县崔寨以外的市域黄河以北地区，面积约 2100 平方公里，主导生态功能为生产服务。

加快建设森林泉城。以创建国家森林城市为契机，实施城镇绿化提升、南部山区营造林、北部平原风沙治理、水系生态绿化、湿地恢复与保护、破损山体治理、绿色通道、森林公园与自然保护区、现代林业示范园区建设、林业产业化推进十大工程,建成山、泉、湖、河、城与森林相融合的森林泉城。到2015年,新增有林地面积100万亩,全市森林覆盖率达到35%以上,城市建成区绿化覆盖率、绿地率、人均公共绿地面积分别达到40%、35%和10.2平方米以上。

专栏11　创建国家森林城市"十大工程"

城镇绿化提升工程。提高绿化标准和养护质量标准,不断扩大城镇绿化面积,确保建成区增加公共绿地3.8万亩,绿化覆盖率达40%以上,绿地率达35%以上;县城绿化覆盖率达35%以上,绿地率达33%以上;通过围村林、村镇绿化和景观节点建设,全面提升村镇绿化水平。

南部山区营造林工程。荒山绿化32万亩,疏林地补植5万亩,中幼林抚育48万亩。

北部平原风沙治理工程。重点风沙区治理造林10万亩,新建农田林网47万亩,完善农田林网19万亩。

水系生态绿化工程。水系宜林地造林18万亩。

湿地恢复与保护工程。恢复和保护平阴玫瑰湖、商河大沙河、天桥鹊山龙湖、济西湿地、济阳澄波湖、华山水景园、遥墙莲藕景观园7处湿地,新建章丘白云湖、三川湿地和黄河湿地生态功能保护区3处湿地自然保护区。

破损山体治理工程。治理30座破损山体,治理面积0.34万亩。

绿色通道工程。国道、省道、县道、乡道每侧分别绿化20米、15米、10米、5米,高速公路每侧绿化30～50米,铁路地界外每侧绿化20米,道路绿化率达到80%以上。

森林公园与自然保护区建设工程。建设和提升森林公园34处,经营面积41万亩,加快建设平阴大寨山省级自然保护区,争取将历城柳埠市级自然保护区晋升为省级自然保护区,新建长清大峰山和历城黑峪2处森林生态类型市级自然保护区。

现代林业示范园区建设工程。建设市级现代林业示范园1处,规划面积1.1万亩,规划标准化经济林基地30处、特色林果示范园50处。

林业产业化推进工程。实现退耕还林20万亩,建设苗木花卉基地4万亩,发展林下经济面积15万亩,新增规模以上林产品加工企业120家。

加强水系生态建设。遵循生态优先、有序推进、统筹兼顾、多元投入的原则,构建"一片、两带、三河、四区、五湖"区域布局,实施水系造林绿化、水系湿地保护与修复、水系水土保持、水系环境综合治理等六大工程,改善水系生态环境,确保水系生态安全。以济西湿地、鹊山龙湖、章丘白云湖、平阴玫瑰湖等湿地为重点,规划建设一批国家和省级湿地公园。到2015年,全市水土流失治理率达到84%以上,湿地保护率达到65%以上。

健全生态补偿机制。按照分级负责和谁开发谁保护、谁受益谁补偿的原则,逐步健全政府引导、市场推动、多元投入、社会参与的生态建设投入机制。设立生态补偿专项资金,加大对生态脆弱地区的转移支付力度。积极探索市场化生态补偿机制,鼓励和引导开发地区对保护地区、生态受益地区对生态保护地区的生态补偿。

专栏12　水系生态环境区域布局

一片。南部山区3200平方公里生态保护区。

两带。南水北调干线生态保护带、黄河生态保护带。

三河。小清河、徒骇河、德惠新河三条大型河道生态保护带。

四区。邢家渡、田山、陈孟圈、胡家岸四大引黄供水灌溉保护区。

五湖。大明湖、白云湖、鹊山龙湖、玉清湖、玫瑰湖五大湖泊湿地生态保护区。

专栏 13 水系生态建设"六大工程"

水系造林绿化工程。通过植树造林、退耕还林、封山育林，构建绿色廊道和生态保护体系，提升水系生态保护功能。新建、完善农田林网化面积 112.6 万亩，新增造林面积 49.8 万亩，其中荒山绿化 27.5 万亩，保护带造林 22.3 万亩。

水系湿地保护与修复工程。重点恢复保护平阴玫瑰湖、黄河大沙河、天桥鹊山龙湖、济西湿地、济阳澄波湖、华山水景园、遥墙莲藕景观园 7 处湿地，建设白云湖、三川湿地、黄河湿地功能保护区 3 处湿地自然保护区，加快建设湿地公园。

水系水土保持工程。重点加强南部山区小流域治理和平原风沙源治理，合理保护和利用水土资源。10 年时间治理水土流失面积 800 万平方公里，治理河道干流 15 条、生态清洁型小流域 10 条，开展生态水系补水工程建设。

水系农业面源污染控制工程。完善水系农业面源污染监测设施，调整水系流域保护范围内种植业产业结构，合理布局畜禽养殖业，推广绿色植保和专业化统防统治技术。建设农业面源污染监测站 25 个、大中型沼气工程 100 处，发展农村户用沼气 5 万户，秸秆综合利用率达 95% 以上。

水系破损山体治理工程。对主要河流、调水干线两侧，湖泊、水库、湿地周边生态保护区域内的破损山体，采取绿化修复等综合措施加强治理，改善生态地质环境，恢复地质地貌景观。治理破损山体 30 座。

水系环境综合治理工程。强化工业点源综合治理，加快行业结构调整，完善城镇污水设施和中水截蓄导用工程建设，实施人工湿地水质净化工程，加大雨洪水资源开发利用，对地下水漏斗区实施回灌补源，大力发展低碳生物能源。完成重点工业点源治理项目 3 项，小流域污染综合治理 18 项。

第八篇 促进社会和谐稳定

坚持民生优先、共建共享的原则，着力解决影响社会和谐稳定的源头性、基础性、根本性问题，加强公共服务，完善社会管理，促进公平正义，加快构建和谐社会。

第二十五章 着力保障和改善民生

以推进城乡、区域、群体间基本公共服务均等化为目标，努力拓宽公共服务领域，扩大公共服务供给总量，改进公共服务供给方式，加快构建民生改善八大体系。

第一节 努力完善就业促进体系

拓展社会就业空间。把促进就业放在经济社会发展优先位置，实施更加积极的就业政策，加强政府引导，完善市场就业机制，努力扩大就业规模、优化就业结构。建立健全产业发展规划、重大投资项目就业影响评估跟踪制度，推动增加就业与经济发展的良性互动。积极发展就业容量大的劳动密集型产业和各类服务业，加快发展就业渠道广、层次多的中小企业和民营经济，鼓励企业稳定和增加就业岗位。加大就业扶持资金投入，增加公益性就业岗位。大力支持自主创业、自谋职业，降低创业门槛，加快创业指导服务平台和创业孵化、示范、实训基地建设，促进以创业带动就业。

强化公共就业服务。建立健全就业扶持政策体系，全面落实税费减免、财政投入、三支一扶、社保补贴、创业补贴等政策。建立健全覆盖全市的公共就业服务网络，加强各级公共就业服务设施建设，继续打造就业援助月、春风行动、高校毕业生就业服务月等公共就业服务品牌。加强职业技能培训,实施全民技能提升计划,大力开展劳动预备制培训、企业岗前培训和个人就业前培训。建立完善就业援助制度,重点做好高校毕业生、城镇就业困难人员、农村转移劳动力以及退役军人等群体的就业指导和服务。推进就业统计制度改革,加强对就业、失业状况的动态监测。实行失业预警、预防和调节,建立失业保险与促进就业联动机制。

统筹促进城乡就业。建立以市场为导向、城乡统筹的就业工作机制,完善劳动力市场网络,促进劳动力资源合理有效配置。改善农村劳动者进城就业环境,大力推进农村劳动力转移就业,积极做好被征地农民的就业工作。健全就业目标考核体系、再就业工作目标责任制,促进城乡劳动力充分就业、平等就业。"十二五"时期,城镇新增就业岗位不少于50万个,城镇登记失业率控制在4%以内,新增农业富余劳动力转移就业26万人。

构建和谐劳动关系。深入贯彻劳动合同法,逐步形成主体清晰、程序规范、方式多样、实效明显的多层次劳动关系调整机制。建立健全用工备案和职工名册制度,实现劳动合同备案与社会保险登记充分联动。发挥政府、工会和企业三方协商机制作用,努力形成企业和职工利益共享机制。加强劳动执法,建立劳动监察、信访和劳动人事争议调解配套联动、齐抓共管、互相协调、综合执法的维权体系,畅通职工维权渠道。引导企业树立依法经营理念,规范用工行为,最大限度改善劳动条件,切实保障劳动者合法权益。

第二节　加快建立富民增收体系

健全收入增长机制。坚持按劳分配为主体、多种分配方式并存、各种生产要素按贡献参与分配的基本制度,努力实现城乡居民收入增长与经济增长同步、劳动报酬提高与劳动生产率提高同步。健全扩大就业增加劳动收入的发展环境和制度条件,促进机会公平。建立完善有利于提高劳动报酬的职工工资决定机制、正常增长机制和支付保障机制,全面推行劳动合同制度和工资集体协商制度,完善最低工资保障制度,加大对拖欠工资的惩处力度,保障职工工资正常增长和支付。大力增加城乡居民财产性收入,提高财产性收入在居民收入中的比重。完善公务员工资制度,深化事业单位收入分配改革。

调整收入分配格局。落实国家调整国民收入分配格局的政策措施,努力提高居民收入在国民收入分配中的比重,提高劳动报酬在初次分配中的比重。加强税收、财政对收入分配的调节作用,完善调控和监管措施,有效调节过高收入,努力扭转城乡、区域、行业和社会成员之间收入差距扩大的趋势。逐步提高扶贫标准和最低工资标准,实施低收入群体增收计划,着力提高收入水平。不断扩大中等收入群体比重,形成橄榄型收入分配格局。坚决取缔非法收入,形成公开透明、公正合理的收入分配秩序。

第三节　健全城乡社会保障体系

坚持广覆盖、保基本、多层次、可持续方针,以社会保险、社会救助、社会福利为基础,以基本养老、基本医疗、最低生活保障制度为重点,以慈善事业、商业保险、单位补充保险为补充,加快完善覆盖城乡居民的社会保障体系。

社会保险。扩大城镇社会保险覆盖面,重点做好外商投资企业、民营企业、餐饮服务行业的社保扩面和监督检查。完善社保基金保障机制,加快实现城镇基本医疗保险、工伤保险市级统筹,逐步提高企业退休人员基本养老金和失业人员保险金标准。深化社会保险管理改革,加快推进跨统筹地区养老保险和医疗保险关系转移接续、医疗保险费用异地结算、机关事业单位养老保险制度改革和社保资金多元化筹措。建立完善由新型农村社会养老保险、新型农村合作医疗和最低生活保障等组成的农村社会保障体系，不断提高农村社会保障水平。到2015年，城镇基本养老保险、城镇基本医疗保险、失业保险、工伤保险和生育保险参保人数分别达到185万人、295万人、105万人、140万人和76万人。加强社会保险基础设施建设，理顺社会保险经办工作体系，加快建设新的社会保障中心，完善社会保障信息网络管理，逐步实现社会保险“一卡通”。

社会救助。以资源整合、信息共享、便捷高效、全面覆盖、公开公正为目标，积极推进阳光民生救助体系建设，完善覆盖城乡困难群众的社会救助体系。建立城乡低保标准自然增长机制，稳步提高低保标准和补助水平，全面实现动态管理下的应保尽保。健全财政供养制度，建立农村五保供养标准自然增长机制，五保对象集中供养率稳定在70%以上。完善医疗、失业、住房、教育、司法等专项救助和自然灾害应急救助制度，提高救助水平。

社会福利和慈善事业。积极推进社会福利社会化，增加基础性、示范性社会福利机构公共财政投入，鼓励社会力量和外资以多种形式兴办社会福利事业，提高综合服务水平。实行多样化的孤残儿童养育方式和残疾人社区康复方式，继续实施明天计划、重生行动、齐鲁福彩助残行动，提高孤残、贫困未成年人及城乡低保残疾人员的福利保障水平。规范福利彩票发行和管理，管好用好福彩公益金，确保福彩事业健康发展。完善经常性社会捐助服务网络和爱心慈善救助网络，规范培育各类城乡慈善组织，广泛开展慈善公益活动，促进慈善事业发展。

第四节　优先发展现代教育体系

深入贯彻中长期教育改革和发展规划纲要，坚持优先发展、育人为本、改革创新、促进公平、提高质量的方针，办好人民满意的教育，提高教育现代化水平，促进教育全面协调可持续发展。

巩固发展基础教育。全面实施素质教育，普及学前至高中阶段教育。建立政府主导、社会参与、公办民办并举的学前教育办学体制，实施幼儿园标准化建设工程，实现每个乡镇、街道至少拥有1所公办中心幼儿园，每个行政村拥有1所基本满足需要的幼儿园。高质量巩固普及九年义务教育，小学和初中适龄儿童入学率保持在100%，适龄残疾儿童入学率、外来务工子女入学率达到100%。全面普及高中阶段教育，加快普通高中内涵均衡发展，公办普通高中全部达到省级规范化学校标准。加强改进德育工作，完善促进学生德、智、体、美全面发展的科学评价机制。积极稳妥推进基础教育课程改革，切实减轻学生课业负担，全面提高教育质量。注重培养学生的创新能力、实践能力和社会责任感，加快青少年校外教育阵地建设，免费向青少年学生开放社会教育场所，规范各种社会补习机构和教辅市场。重视0～3岁婴幼儿教育，促进特殊教育、民族教育与义务教育同步发展。加强教师队伍建设，继续实施“名师工程”，建立中小学教师培养和合理流动机制。加强学生法制教育，健全校园安全管理网络，切实维护校园安全。

大力发展职业教育。围绕培养现代化建设急需的各类职业和技能人才，健全以公办学校为主导、各种社会力量参与的办学体制，建立多形式、多层次职业教育体系。加强职业教育实训基地建设，建成2个全市综合性实训基地、6个区域性实训基地、23个专业性实训基地。实施示范性职业院校建设计划，支持济南职业学院建设国家骨干高等职业院校，支持济南工程职业技术学院建设山东省示范高等职业院校，加快推进济南市技师学院新校区建设，创建5所国家级示范中等职业学校，带动全市职业院校总体水平提升。完善职业院校专业教师培训制度和专业技能型教师引进机制，提高职业教育师资水平。合理调整专业布局和结构，着力打造一批满足产业发展需要的示范性专业和精品课程。创新职业教育办学模式，大力实施集团化、园区化办学，积极推行工学结合、校企合作、顶岗实习等方式。大力发展成人教育，建立跨部门协调机制，健全职工教育、社区市民教育和社会教育培训工作体系，关注弱势群体的继续教育，构建终身教育体系。

积极发展高等教育。充分发挥省会城市高等教育资源优势，全面提升办学层次和发展水平。加强市属高校建设，组建专科层次的济南幼儿师范高等专科学校和济南护理职业学院，推动山东协和职业学院等升格为本科院校。支持驻济高校发展，完善长清、章丘等大学集聚区教辅设施建设，改善高校办学条件，落实济南与山东大学全面战略合作框架协议以及济南大学服务济南行动计划对接工作协议和人才培养合作协议。鼓励社会资本投资高等教育尤其是高等职业教育，发展远程教育，完善自学考试制度，开展形式多样、适合不同人群的高等教育。积极推进驻济高校与国内外著名高校合作办学，创建一批重点学科、重点实验室、精品课程、实验教学示范中心和产学研成果转化基地。

促进教育均衡发展。优化城乡、区域教育资源配置，逐步统一城乡生均教育经费标准、教师编制标准和办学条件标准。优化教育设施空间布局，加强和规范新建居住区配套中小学、幼儿园建设。全面推进中小学办学条件标准化建设工程、中小学和幼儿园校舍安全工程，切实改善办学条件。健全学生资助政策体系，继续实施农村困难家庭学生接受义务教育扶持工程，完善进城务工人员子女接受义务教育工作机制，妥善解决农村“留守儿童”教育问题，实施残疾儿童少年免费教育，保障弱势群体学生受教育权利。完善教育经费投入保障机制，确保各级财政教育拨款增长明显高于财政经常性收入增长，保证教师工资和学生人均公用经费逐步增长，增加各级财政学前教育投入，科学实施教育投入绩效评价机制。

第五节　健全公共文化服务体系

完善公共文化设施网络。围绕承办第十届中国艺术节，集中建设大剧院、图书馆、美术馆、群众艺术馆、博物馆、方志馆、档案馆、济南电影城和济南书城等一批标志性文化设施，着力打造彰显省会品位形象的省会城市文化展现平台。加强基层文化设施建设，提升县城文化设施水平，加大社区文化中心、农村文化设施建设力度，推进文化信息资源共享工程基层站点规范化建设，实现乡镇有综合文化站、村有文化大院、社区有文化中心的基层文化设施布局。逐步推动文化馆、美术馆、科技馆、纪念馆和基层群众文化体育设施免费开放。

提高文化服务保障能力。按照公益性、基本性、均等性、便利性的要求，以政府为主导、以公共财政为支撑、以基层特别是农村和社区为重点，加快建立覆盖城乡的公共文化服务体系。落实和完善文化经济政策，加大文化设施公共财政支持力度，逐步增加文化事业发展经费投入。坚持把社会效益放在首位，扶持公益性文化事业发展。繁荣发展群众文化，继续实施文化惠民工程，建立农村电影放映工程、农家书屋等长效运行机制。规范发展文化市场，有效打击盗版侵权、低级趣味等扰乱市场秩序的行为。健全人才培养和管理机制，加强基层文化队伍建设。加强新闻媒体建设，综合运用现代传媒技术，提高新闻媒体生产传播效率和主流媒体覆盖率。重视互联网等新兴媒体建设、运用、管理，把握正确舆论导向，提高传播能力。加快档案事业发展，积极推进档案基础设施建设，完善档案公共服务功能。加强依法修志，组织好史志续修和年鉴编纂工作。加快创建社会文化先进县，争取更多的县（市）区进入全国、全省先进县行列。

加快发展体育事业。加强全运场馆的维护与运营管理，积极申办全国性和国际性高水平体育赛事，鼓励开展多种经营，提高体育场馆自我补偿和自我更新能力。继续推进综合体育设施建设，完善提升大型体育比赛场馆和专项训练基地，规划建设一批体育公园、中小型全民健身活动中心和户外体育健身广场，建成城区15分钟健身圈。大力开展全民健身运动，创建具有济南特色的全民健身品牌项目，常年参加体育锻炼的人口达到50%以上，组织参加全省全民健身运动会。规范各类体育协会社团发展，健全国民体质监测网络。提高竞技体育水平，总体实力继续保持在全省前列，做好我市运动员参加第三十届奥运会、十七届亚运会、十二届全运会的跟踪培养和服务工作，办好全市第五届、六届青少年运动会。培育开拓体育市场，积极发展体育产业，稳步推进体彩事业。

第六节 完善公共卫生服务体系

深化医药卫生体制改革。健全覆盖城乡居民的基本医疗保障体系，逐步提高基本医疗保障水平，不断提高新农合、城镇居民基本医疗保险的政府补助标准。着力加强基本医疗保障基金管理，提高基金使用效益。改进医疗保障服务，妥善解决参加新农合农民统筹区域内自主选择定点医疗机构就医、异地安置退休人员异地就医结算机制、流动就业人员医保关系跨地区跨制度转移接续等问题。加快实施基本公共卫生服务和重大公共卫生服务项目，基本公共卫生服务政府人均投入不低于60元，促进基本公共卫生服务均等化。推进国家基本药物制度实施工作，加强基本药物供应保障和质量安全监管。推进基层医疗卫生机构综合改革，加强基层医疗卫生机构软硬件建设。推进公立医院管理体制和运行机制改革，鼓励社会资本兴办医疗机构，形成多元化办医格局。

加快公共卫生事业发展。建立完善政府卫生投入机制，逐步加大政府卫生投入。落实区域卫生规划，优化卫生资源配置，推进市中心医院、三院、四院、五院、九院、五官医疗中心、国际医院等新扩建项目建设。重视发挥中医药和民族医药作用，推进市中医医院、民族医院项目建设。大力加强农村卫生工作，支持县级医院、乡镇卫生院和村卫生室建设。全面落实扩大国家免疫规划工作，儿童免疫规划疫苗接种率保持在95%以上。提升疾病预防控制能力，完善突发公共卫生事件应急机制，高效处置突发公共卫生事件，确保不发生重大传染病暴发流行。加快形成高层次、结构合理、比例协调的卫生科技人才梯队，培养和造就50名左右优秀中青年医学专家，全面加快农村卫生人才培养步伐。强化卫生科技平台建设，加大科技成果推广、引进和转化力度。加强医疗机构监管，提高医疗服务质量，确保医疗服务安全。

第七节 积极构建人口服务体系

促进人口长期均衡发展。坚持计划生育基本国策，稳定低生育水平，统筹解决人口数量、素质、结构和分布问题。保持人口平稳优质增长，人口出生率控制在12‰以内，自然增长率控制在5‰以内，人均期望寿命达到79岁。积极推行优生优育，继续深入开展“双进、双建”、关爱女孩行动等主题宣传教育活动，倡导新型婚育观念，提高生殖健康水平，遏制出生人口性别比偏高趋势。加强婚检、孕检，建立出生缺陷“三级预防”体系，提高出生人口素质，婴儿死亡率控制在5.2‰以内。加强计划生育服务网络建设，实现城乡育龄群众人人享有与经济发展水平相适应的计划生育基本项目免费服务。加快人口信息共享平台建设，实现部门间人口信息资源共享。健全人口管理机制，完善市、区、街道、社区四级人口管理网络，加强对流动人口的管理和服务。

加强城乡养老服务。积极应对人口老龄化，加快提升城乡养老服务水平。按照政策引导、政府扶持、社会兴办、市场推动的原则,加快养老基础设施建设,建成市养老服务中心,规范"星光老年之家"管理和监督,实现街道(乡镇)建有养老服务中心,社区(村)建有养老服务站或托老所,每个县建设一处社会福利服务中心,形成以居家养老为主体、社区服务为依托、机构养老为辅助、覆盖全体老年人的养老服务保障体系。全面完成全市敬老院建设工作,80%以上达到省一级标准。维护保障老年人权益,全面落实各项老年政策法规,建立健全老年法律服务网络。发展老年文化体育设施,整合完善老年教育资源。积极发展老龄产业,健全鼓励老年人参与经济社会发展活动机制。加大宣传引导,营造全社会尊老敬老良好氛围。

促进妇女儿童全面发展。全面落实男女平等基本国策和儿童优先的原则,贯彻实施妇女儿童发展规划,优化妇女儿童生存发展环境,完善政策法规,提供资源保障,加强妇女儿童活动阵地等基础设施建设,切实保障妇女合法权益,加强未成年人保护。促进妇女就业创业,提高妇女参与经济发展和社会管理能力。严厉打击暴力侵害妇女、拐卖妇女儿童、弃婴等违法犯罪行为,切实解决留守儿童教育、孤残流浪儿童救助等问题,加强婴幼儿早期启蒙教育和独生子女社会行为教育。

支持残疾人事业发展。健全残疾人社会保障体系和服务体系,为残疾人生活和发展提供稳定的制度性保障。推进无障碍设施建设,加强残疾人康复服务,开展残疾人就业服务和职业培训,加大对农村残疾人生产扶助力度,开展残疾人群众性文化体育活动,保障残疾人平等参与社会生活、共享社会文明成果。

第八节　着力健全住房保障体系

加强住房保障制度建设。着力解决城市中低收入家庭住房困难,加快建立廉租住房、公共租赁住房、棚户区改造安置房等多层次住房保障制度体系。逐步提高住房保障水平,进一步扩大住房保障覆盖面,提高保障标准,到2015年基本建立起多层次、全方位、广覆盖的保障体系。健全保障性住房建设管理,加强政府投资保障性住房资金管理,落实用地供应、税费减免等优惠政策,完善保障性住房准入和退出机制,建立规范完善的后期管理机制,推行专业化服务与使用监管相结合的物业服务模式,确保保障性住房资源效益最大化。

提高保障性住房供给能力。实施保障性住房建设规划,健全住房保障工作机制,加快构建以公共租赁房为主要方向、实物配租为重点、集资建房和棚改安置房同步推进、租金补贴和租金核减"托底"的保障性住房供应格局。通过政府组织建设、配建和企业、园区自建等多种方式,建设公共租赁住房和廉租住房550万平方米、10万套。按照应保尽保原则,向符合条件的家庭发放租金补贴。通过企业职工集资建房、棚户区改造安置房等途径,有效改善居民住房条件。加大城区危旧简易楼房改造力度,加快实施城中村改造,基本完成中心城区城中村改造任务。

第二十六章　加强和创新社会管理

健全社会管理体制,提高社会管理水平,加快构建党委领导、政府负责、社会协同、公众参与的社会管理格局。

第一节　创新社会管理模式

加强社区建设。把社区建设作为社会管理的重要基础,在全市打造300个和谐社区样本和

100个精品社区。完善社区配套设施，加强社区绿色开敞空间建设，打造“社区十分钟生活服务圈”。健全新型社区管理和服务体制，推进社会管理重心向基层转移，着力加强和改进社区的组织建设、队伍建设、制度建设、设施建设，积极发挥社区在人口管理、促进就业、维护治安、居家养老、邻里关系、基层文化、科普教育和医疗服务等方面的基础性作用。大力推进家庭服务业加快发展，基本形成以知名度高、信誉好的家庭服务企业为骨干，服务门类齐全，服务质量和管理水平较高的多层次家庭社会化服务体系。扎实推进社区矫正工作，加强对特殊人群、新经济组织、新社会组织的有序管理。加强对网络虚拟社会的管理，建立健全综合管理机制。发挥驻区单位的共驻共建作用，深入开展社区志愿者活动，努力构建和谐社区。

完善社会组织。坚持培育发展与管理监督并重，大力促进行业组织、志愿团体、社会中介组织等各种社会组织健康有序发展，鼓励和支持其依法自主参与社会管理，积极发挥提供公共服务、反映利益诉求、规范行为规则、化解纠纷矛盾的作用。

保障群众权益。建立健全广大群众参与社会管理的有效机制，扩大公民有序政治参与，依法保障公民的知情权、参与权、表达权、监督权。统筹协调各方面利益关系，健全党和政府主导的维护群众权益机制，推进社会矛盾的化解，完善人民调解、行政调解、司法调解三调联动的大调解工作体系，整合各方面力量，建立调处化解矛盾纠纷综合平台。强化社会矛盾的源头预防和治理，畅通和规范群众诉求表达、利益协调、权益保障渠道。坚持社会稳定风险评估机制和责任倒查制度，健全完善稳定工作激励约束机制，建立社会心理疏导援助机制，加强和改进信访工作，正确处理人民内部矛盾，把各种不稳定因素化解在基层和萌芽状态。

第二节　加强民主法制建设

发展社会主义民主政治。支持各级人大及其常委会依法履行职能，加强立法和监督工作，发挥人大代表的作用。支持各级政协围绕团结和民主两大主题履行职能，提高参政议政实效。巩固和壮大最广泛的爱国统一战线，加强同各民主党派、工商联和无党派人士的团结合作，更好地发挥工会、共青团、妇联等人民团体的桥梁纽带作用。构建和发展和谐民族宗教关系，加强民族团结进步教育，扎实做好侨务工作。加强基层民主建设，健全基层管理和服务体系，加强和改进基层党组织工作，完善村民自治、城市居民自治和企事业单位民主管理制度，形成社会管理和服务合力。深入开展国防教育，健全国民经济动员体系。继续做好“双拥”共建和优抚安置工作，密切军政军民团结。

大力推进依法治市。贯彻依法治国基本方略，推进科学立法、民主立法，健全完善地方性法规体系。严格落实执法责任追究制度，规范执法行为，促进公平执法。进一步规范司法行为，加强司法监督，维护司法公正。完善法律服务体系，做好法律援助工作。深入开展普法教育，增强全社会法治意识。深入推进廉政文化建设，加大从源头上预防和治理腐败的力度，强化审计监督、社会监督，建立健全教育、制度、监督并重的惩治和预防腐败体系。抓好廉政风险的防控，认真排查重点领域和关键环节等方面的风险点，积极推进科技防腐工作。

第三节　扎实推进平安创建

完善应急管理机制。按照预防与应急兼顾、预防为主，常态与非常态结合、非常态为主的原则，有效应对自然灾害、事故灾难、公共卫生、社会安全等突发性公共事件，提高危机管理和抗风险能力，建立各级政府统一指挥、反应灵敏、协调有序、运转高效的应急管理机制。建立和完善应急处置体系，积极预防和妥善处置群体性事件。

维护社会公共安全。制定完善食品药品安全地方性法规，加强食品药品监管基础设施和执法装备建设，增强检验检测能力，实施食品药品放心工程和监管执法能力提升工程，全面推行食品药品数字监管，确保人民饮食用药安全。健全社会治安防控体系，加大对城中村、城乡结合部等重点地区的排查整治力度，加强基层基础和社会治安群防群治队伍建设，有效防范和严厉打击各类违法犯罪活动，维护良好的社会治安秩序。坚持安全发展，突出重点领域和重点行业管理，全面推进安全生产标准化和安全文化建设，完善法规标准体系、技术支撑体系和应急救援体系，提高安全监管和执法能力，有效遏制重特大安全事故。

第二十七章　提升城市文化软实力

以承办第十届中国艺术节和第22届国际历史科学大会为契机，大力实施文化强市战略，提升文化引领力、竞争力和创新力。

打造泉城文化品牌。挖掘泉水文化、黄河文化、名士文化、大舜文化等济南独特自然禀赋和历史文化资源，精心打造泉城特色标志区、商埠区等泉城特色文化展现平台，整合文学戏剧、传统手工艺、地域民俗等泉文化资源，开发、培育、壮大一批特色文化品牌。加强城市历史文化的保护、继承和弘扬，做好非物质文化遗产的普查、抢救和保护，传承发展商河鼓子秧歌等传统艺术品牌，发掘文物古迹、历史人物、特色建筑等人文资源，着力构建特色人文城市品牌。着力突出演艺文化品牌，以市杂技团、儿童艺术剧院等优势艺术团体为依托，打造精品演艺剧目；以市曲艺团、晨光茶社、茗曲阁、明湖居为依托，打造大众休闲曲艺品牌；以省、市电视剧制作中心为依托，创作一批精品电视剧目。创新节庆文化活动品牌，继续办好山东省文化产业博览会、济南国际幽默艺术周、曲山艺海震江湖等节庆会展活动。积极打造集邮文化品牌，强化集邮产品的文化载体功能。实施重大文化产业项目带动，打造一批具有较高知名度和美誉度的文化企业品牌、文化产品品牌、区域特色品牌，建立文化产业品牌评价和激励机制。加强对外宣传和文化交流，增强泉城文化品牌的国际竞争力和影响力。

发展壮大文化产业。坚持经济效益与社会效益相统一，积极整合优势文化资源，培育多元化市场主体，发展多样化市场运营模式，促进文化产业升级，推动文化产业成为支柱产业。加快发展报刊出版、广播电视、音像出版等现代传媒业，健全现代营销体系。积极推动平面设计、动漫画设计、工艺美术、影视制作、文化应用软件开发、建筑与工业设计等创意设计业发展，打造“齐鲁创意设计之都”。促进动漫产业“产、学、研、服”一体化发展，加大核心技术研发，打造国家级动漫游戏产业基地。构建精干高效的演出项目组织运营体系，探讨建立文化产业投融资平台，发展新型娱乐业态，积极发展广告、艺术品等其他文化产业。健全文化产品和文化要素市场，着力构建统一、开放、竞争、有序的现代文化市场体系。落实财政、税收、工商、土地等优惠政策，拓宽企业融资渠道，不断提升文化企业市场竞争力。

推进文化改革创新。深化文化体制改革，加快国有经营性文化单位转企改制，建立健全现代企业制度，扎实推进公益性文化单位改革，创新文化宏观管理体制，积极引导文化中介服务机构发展，增强文化发展的生机和活力。进一步放宽文化市场准入条件，着力推动社会资本和外资投资文化领域，引进建设一批具有产业拉动作用和示范效应、有利于完善文化产业链的重大文化产业项目，带动文化产业结构优化升级，增强全市文化产业发展后劲。鼓励大型文化企业整合重组，推动跨区域、跨行业经营，优先培植10个主业突出的龙头文化企业，重点培育30个成长性好、竞争力强的骨干文化企业，加快发展一批“专、精、特、新”的中小文化企业。适应群众文化需求新变化、新发展，弘扬主旋律，倡导多样化，满足不同层次的社会需求。实施文化精品工程，创新精品创作管理体制和运作机制，推动形成规划一批、创作一批、储备一批的文化精品创作新格局，推出一批具有“山东气派、泉城风格”的优秀文化艺术作品。繁荣发展哲学社会科学，实施哲学社会科学创新工程，推进学科体系、学术观点、科研方法创新。充分发挥哲学社会科学界思想库作用，提高研究成果的学术性和应用性，推动哲学社会科学优秀成果和人才走向世界。加强科普教育，弘扬科学精神，倡导勇于创新、敢为人先、鼓励竞争、容忍失败的创新文化氛围，增强全社会的创新意识和创新观念。

提高市民文明素质。积极推进社会主义核心价值体系大众化、普及化，弘扬以爱国主义为核心的民族精神和以改革创新为核心的时代精神，倡导爱国守法和敬业诚信，加强现代公民素质教育，构建传承中华传统美德、符合社会主义精神文明要求、适应社会主义市场经济的道德和行为规范。深入推进社会公德、职业道德、家庭美德、个人品德建设，不断拓展群众性精神文明创建活动，广泛开展志愿服务。加强人文关怀，注重心理疏导，培育奋发进取、理性平和、开放包容的社会心态。提倡修身律己、尊老爱幼、勤勉做事、平实做人，推动形成我为人人、人人为我的社会氛围。强化职业操守，支持创新创业，鼓励劳动致富，发扬团队精神。净化社会文化环境，保护青少年身心健康。弘扬“诚信、创新、和谐”的济南精神，提升市民省会首善意识和国际视野，增强城市自豪感、归属感、认同感。综合运用教育、法律、行政、舆论手段，引导人们知荣辱、讲正气、尽义务，形成扶正祛邪、惩恶扬善的社会风气。

第九篇　切实保障规划实施

围绕规划确定的目标任务，严格落实政府职责，健全支撑保障体系，全面推进规划实施。

第二十八章　构建内需主导增长机制

着力优化需求结构，增强发展动力，促进投资结构优化、消费需求增长，加快形成消费、投资、出口协调拉动经济增长新格局。

努力扩大消费需求。建立扩大消费需求的长效机制，释放城乡居民消费潜力。加大财税、金融、产业等政策扶持力度，千方百计增加就业创业机会，提高城乡居民收入水平，增强居民消费能力。提高政府支出用于改善民生和社会事业的比重，扩大社会保障覆盖面，建立健全均衡发展的社会事业体系和城乡共享的公用设施体系，稳定居民消费预期。

积极培育消费热点。突出发展新兴服务业态，扶持壮大汽车消费、信息通讯、教育培训、文化娱乐、休闲旅游、体育健身、家政服务、电子商务等新兴热点行业，规范引导高端消费，促进消费结构升级。加强规划和政策引导，繁荣发展“夜经济”，积极培育城市特色商业街区，完善社区商业服务网络，努力扩大城市消费。落实促进农村消费的政策措施，继续推进“万村千乡市场”、“农超对接”和“下乡产品流通网络”工程，加快完善农村基础设施和流通网络体系，培育新的消费热点。实施商业消费、旅游消费、会展消费等联动发展，积极吸引外来消费。

大力改善消费环境。规范市场秩序、稳定消费心理、保障消费权益，推动潜在消费意愿转化为现实消费需求。加强市场监管，规范商品和服务消费市场秩序，抓好重点行业价格监管，打击价格垄断行为，健全价格应急机制。加强消费信息和咨询服务，引导消费者合理消费。完善消费产品质量标准体系建设，健全产品质量检测体系。构建征信体系和消费信贷服务体系，开发银企联合消费信贷产品，扩大信用消费规模。健全保护消费者权益的法律法规体系和消费者满意度评价体系，完善消费者诉求反馈机制，构建放心、安心、舒心的和谐消费环境。

调整优化投资结构。发挥投资对扩大内需的重要作用，保持投资合理增长，优化资金投向，提高质量效益，增强投资拉动作用。充分运用规划、产业政策、土地要素配置和环境标准等手段，加大战略性新兴产业、主导产业、现代服务业、自主创新、新型城市化、生态环保、社会民生、农业农村等重要领域和薄弱环节的投入，坚决制止资源消耗大、污染重、效益低以及低水平重复建设项目。优化政府投资结构，加强基础性、环保型和公共服务型项目的开发建设。积极创造条件扩大产业项目投资，加大对科技含量高、带动作用大、有利于产业升级的高新技术产业和先进制造业项目的扶持力度。鼓励企业采用厂房加层、翻建等多种措施，加大技术改造投入。

第二十九章　着力优化发展环境

把优化发展环境放在重要位置，切实提高政府服务水平，完善公共政策体系，为加快转变经济发展方式提供有力保障。

营造务实高效的政务环境。引导广大干部进一步解放思想，提升境界，牢固树立省会意识、大局意识、开放意识和服务意识，增强行政机关工作人员改进作风、优化服务的自觉性。强化行政审批服务中心集中公开审批职能，减少审批环节，优化办事流程，压缩审批时限，严格实行服务承诺、首问负责、一次性告知、限时办结等工作制度，提高办事效率。切实规范行政执法行为，严格控制涉企检查，清理规范涉企评比达标表彰活动。加强行政事业性收费管理，严禁乱收费、乱摊派、乱罚款等行为。

营造公正开明的政策环境。组织落实好现有的政策措施，积极出台更多惠及企业的政策措施，为企业发展提供政策支撑。落实和完善促进民营经济发展的政策措施，确保在市场准入、土地使用、财税扶持、政府采购、技术研发等方面与公有制企业享受同等待遇。落实和完善促进大企业发展的政策措施，着力培植一批重点骨干企业集团。落实和完善促进中小企业发展的政策措施，加强中小企业服务体系建设，加大财税支持和金融服务力度，着力缓解中小企业融资难问题。落实和完善加快服务业发展的政策措施，认真执行服务业与工业用水、电、气、热同价政策，放宽市场准入，加强用地保障。加大对重点外商企业的服务力度，落实有关政策，提高办事效率，促进快速发展。

营造良好发展氛围。加强优化发展环境工作的组织领导，完善党委领导、政府主抓、纪检监察机关组织协调、部门各负其责、群众和社会各界积极参与的工作机制。继续深入开展创建文明单位、文明行业等各类创建活动，倡导文明新风，形成善待投资者、崇尚创业者的良好社会风尚。加强法制环境建设，严查严办弄权勒索、知法犯法、徇私枉法等干扰和破坏经济发展环境的行为，积极为企业提供法律服务和援助。整顿和规范市场经济秩序，严厉打击制售假冒伪劣商品、偷税骗税、金融诈骗和侵犯知识产权等干扰破坏经济秩序的犯罪活动，保护各类市场主体的合法权益。

第三十章 强化重大项目支撑

围绕支撑经济社会发展，重点推进城市提升、产业振兴、民生改善、生态建设“四大千亿”工程，规划建设重大项目350项，“十二五”投资1万亿元。其中城市提升工程68项，“十二五”投资4100亿元，重点围绕拓展城市发展空间，实施综合交通、能源供给、供水设施、城市安全、城市综合体等项目；产业振兴工程170项，“十二五”投资2800亿元，重点围绕打造现代产业体系，实施现代服务业、战略性新兴产业、先进制造业、现代农业等项目；民生改善工程50项，“十二五”投资2100亿元，重点围绕保障和改善民生，实施住房保障、文化体育、卫生教育、社会服务设施等项目；生态建设工程62项，“十二五”投资1000亿元，重点围绕建设资源节约、环境友好型城市，实施森林泉城建设、资源综合利用、污染治理、泉城特色保护和环境整治等项目。

为确保重大项目顺利实施，及时发挥投资效益，必须进一步健全重大项目推进机制。加快重大项目前期工作进度，加大前期投入，加强项目策划包装、论证审批等工作，完善项目生成培育机制。科学编制年度重大项目建设计划，分解落实任务目标，健全领导负责、市县协同推进机制，协调解决土地、资金、拆迁等项目建设条件，确保项目梯次有序推进。强化项目全过程管理，建立健全重大项目咨询评估制度、专家评议制度、社会公示制度和政府投资项目决策追究制度、重大项目稽察特派员制度、全过程跟踪审计制度、后评价制度，提高项目管理和建设水平。

第三十一章 提高要素保障能力

按照统筹兼顾、突出重点、开源节流、促进循环的原则，着力强化水资源、土地、能源、资金等要素的供给能力，优化资源配置，保障经济社会发展需要。

水资源。预计到2015年，全市总需水量接近18亿立方米，全市常年平均水资源总量仅17.5亿立方米，其中可利用的仅11.6亿立方米，水资源短缺已成为制约经济社会发展的主要瓶颈，必须多渠道扩大水资源供给规模，合理配置水资源，进一步提升水资源承载能力。加强城乡水源建设，尤其是城市供水后备水源建设，合理开发利用本地水资源，增加黄河水、长江水调引量，实施水系联网工程，实现主客水、多水源联合优化调度。完善水土流失综合防治与河湖生态修复保护体系，继续搞好平原、山区水库等建设改造，加大重要水库水资源保护，对地下水漏斗区实施回灌补源。改造提升制水工艺，提高输水保障能力，确保饮用水安全优质。实施水利信息化建设工程，完善防汛抗旱减灾决策支持系统、地表水及地下水监测监控预警系统。

土地。预计到2015年，全市建设用地总量将控制在15.3万公顷左右，现有建设用地总量已达

14.5万公顷,建设用地指标不足、耕地占补平衡等问题依然突出。在严格控制建设用地总量的前提下,按照区别对待、有保有压的原则,严格控制新增用地,重点挖潜存量用地,努力提高节约集约利用水平。合理调整土地供应结构,老城区以内部挖潜、优化用地结构为主,重点保障城市综合体和各项基础设施用地;适当加大新区开发用地供应,优先保障市政基础设施、公共设施用地需求;保障县城和中心镇用地需求,为县区发展提供有力支撑。用足用好城乡建设用地增减挂钩等政策,努力增加建设用地有效供给。加大城镇闲置和低效土地的管理和挖潜,有序推进土地整理复垦开发,加快开发城市地下空间,提高土地使用效率。

能源。预计到2015年,全市能源年消费量达5000万吨标准煤左右,比目前增加约1200万吨标准煤,在扎实推进节能降耗的基础上,必须提高能源储备和调度能力,扎实增强能源保障。电力,落实国家"西电东送"战略,积极推进"外电入鲁"步伐,大幅提高电网受电能力;加快新能源开发利用,优化电力供应结构;继续推进城乡电网改造,全面提升供电安全可靠性。石油和燃气,加快济南炼油厂等企业技术改造步伐,提高成品油供应能力,继续加大天然气气源引进力度,争取中石油、中石化更多的管道天然气气源。煤炭,稳步推进本地煤炭资源开发,积极开拓国内煤炭货源,确保发展需要。

资金。预计"十二五"时期,固定资产投资将达1.46万亿元。要努力拓宽融资渠道,提高资金融通能力。加大招商引资力度,占投资比重保持在50%以上。加快整合重组现有政府投融资类平台,完善组织架构和运行机制,加大向上争取力度和地方财力投入,着力拓宽重大基础设施、生态建设、社会事业、自主创新等领域项目融资渠道。加强与金融机构的战略性合作,开展多种形式的银企、银政合作活动,扩大银行贷款规模。充分利用资本市场,扩大直接融资规模。积极运用BOT、BT、融资租赁、资产证券化、特许经营等多种形式,形成多元化融资格局。

第三十二章　创新规划实施机制

抓好规划目标和任务的落实。对本规划提出的预期性指标和产业发展、结构调整等任务,要通过完善市场机制和利益导向机制,创造良好的政策环境、体制环境和法制环境,激发市场主体的积极性和创造性,引导市场主体行为实现规划战略意图;对本规划确定的约束性指标和公共服务领域的任务,要分解落实到有关部门和各县(市)区,对于公共服务特别是促进基本公共服务均等化的任务,要明确工作责任和进度,主要运用公共资源全力完成。完善绩效评价考核体系,加快制定并完善有利于推动科学发展、加快转变经济发展方式的绩效评价考核体系和具体考核办法,强化对结构优化、民生改善、资源节约、环境保护和基本公共服务等目标任务完成情况的综合评价考核,考核结果作为各级政府领导班子调整和干部选拔任用、奖励惩戒的重要依据。

强化规划监测评估。完善监测评估制度,加强服务业、节能减排、劳动就业、收入分配、房地产等薄弱环节统计工作,强化规划实施情况跟踪分析。市政府有关部门要加强对规划相关领域实施情况的评估,接受市人民代表大会及其常委会的监督检查。规划主管部门要对约束性指标和主要预期性指标完成情况进行评估,并向市政府提交规划实施年度进展情况报告,以适当方式向社会公布。在规划实施的中期阶段,由市政府组织开展全面评估,并将中期评估报告提交市人大常委会审议。需要对规划进行修订时,要报市人大常委会批准。

加强规划协调管理。积极推进规划立法，加快建立经济社会发展规划编制和实施的法制体系，完善科学化、民主化、规范化的编制程序，健全责任明确、分类实施、有效监管的实施机制。以国民经济和社会发展总体规划为统领，推进城市总体规划、土地利用规划和经济社会发展规划的相互融合，加强区域规划、专项规划和总体规划的衔接和协调，形成各类规划定位清晰、功能互补、统一衔接的规划体系。市政府有关部门要围绕经济社会发展的关键领域和薄弱环节，组织编制一批专项规划，细化落实本规划提出的主要任务。各县（市）区要结合本地实际，做好县（市）区规划与本规划的协调，特别要加强约束性指标的衔接。加强年度计划与本规划的衔接，年度计划报告要分析本规划的实施进展情况，特别是约束性指标的完成情况。采取多种形式，加强对规划的宣传工作，统一思想、形成共识，使实施规划成为全社会的自觉行动。

全面实现“十二五”规划确定的战略目标，为提前基本实现现代化奠定坚实基础，是时代赋予我们的光荣使命。全市上下要更加紧密地团结在以胡锦涛同志为总书记的党中央周围，高举中国特色社会主义伟大旗帜，深入贯彻落实科学发展观，在山东省委、省政府和济南市委的坚强领导下，解放思想、开拓创新，凝心聚力、攻坚克难，努力推动省会现代化建设在新起点上实现新的跨越！

青岛市国民经济和社会发展第十二个五年规划纲要

（2011 年 2 月 26 日青岛市
第十四届人民代表大会第四次会议批准）

青岛市国民经济和社会发展第十二个五年（2011～2015 年）规划纲要根据《中共青岛市委关于制定青岛市国民经济和社会发展第十二个五年规划的建议》编制。主要阐明我市发展战略意图，明确政府工作重点，引导市场主体行为，是各级政府和部门依法履行职责、编制实施年度计划和制定各项政策措施的重要依据，是未来五年我市经济社会发展的宏伟蓝图，是全市人民共同的行动纲领。

第一篇　发展目标

第一章　发展环境

第一节　发展基础

“十一五”时期是我市发展极不平凡的五年。面对严峻复杂的发展环境，市委、市政府带领全市人民，深入贯彻落实科学发展观，确立并实施了“环湾保护、拥湾发展”战略，成功举办了“有特色、高水平”的奥帆赛和残奥帆赛，积极应对国际金融危机冲击，保持了经济社会平稳较快发展，“十一五”规划主要目标和任务胜利完成，富强文明和谐的现代化国际城市建设取得巨大成就。

经济发展跃上新台阶。2010 年生产总值达到 5666.2 亿元，年均增长 13.8%。地方财政一般预算收入达到 452.6 亿元，是 2005 年的 2.6 倍。现代服务业发展显著加快，先进制造业不断壮大，三次产业比例调整为 4.9：48.7：46.4，服务业比重比 2005 年提高了 4.8 个百分点。自主创新能力进一步增强，高新技术产业产值比重达到47%。五年累计固定资产投资突破1万亿元,超过改革开放以来至"十五"末27年投资总和。

城市建设步伐加快。七区统筹稳步实施,高新区胶州湾北部园区、董家口港区等重点区域建设全面展开,老城区企业搬迁和旧城改造有序推进,城市发展空间得到优化拓展。对未来发展影响深远的一批重大项目开工建设,海湾大桥、海底隧道即将建成通车,城市地铁、铁路客运北站、青荣城际铁路、海青铁路建设全面推进,青岛港跻身世界十大港口之列,成为全国综合交通枢纽之一。

生态环境建设成效显著。全面完成节能减排目标任务。国家循环经济试点工作顺利推进,成为国家可再生能源建筑应用示范城市。启动环湾流域治理工程,加强城区河道综合整治和胶州湾生态湿地保护,全市森林覆盖率、建成区绿化覆盖率明显提高,成为全国绿化模范城市,市区空气质量优良率保持在91%以上。成功获得2014年世界园艺博览会承办权。

改革开放深入推进。国有经济行业分布缩减到48个,民营经济占全市生产总值比重超过50%。行政审批制度改革、医药卫生体制改革不断深化,文化广电新闻出版改革全面展开,农村综合配套改革试点和集体林权改革有序推进,各类要素市场建设取得重要进展。青岛保税港区和西海岸出口加工区封关运营,利用外资水平和质量不断提高,五年累计完成进出口总额达2324.6亿美元。

社会事业全面发展。财政对社会民生建设投入大幅增加,奥帆基地、体育中心、大剧院、国医堂、妇女儿童医院、中国海洋大学东部校区等重大项目建成,教育、卫生、体育、人口和计划生育等社会事业蓬勃发展。文化建设持续加强,城市文明程度进一步提高。防灾减灾和应急体系逐步完善,平安青岛创建和"双拥"共建活动深入开展,和谐社会建设成效显著。提前高质量完成援川重建任务。

人民生活持续改善。大规模建设保障性住房,解决了4万户低收入居民住房困难。城市居民人均可支配收入和农民人均纯收入达到24998元和10550元,分别是2005年的1.9倍和1.8倍。消费结构升级加快,居民消费水平进一步提高。城镇居民基本医疗保险实现全覆盖,新型农村合作医疗参合率稳定在99%以上。惠及全市人民的就业、养老、医疗、住房等多层次保障体系初步形成。

"十一五"时期的巨大成就,是党中央、国务院和省委、省政府科学决策、正确领导的结果;是全市人民团结奋斗、攻坚克难的结果;是深化改革开放,不断增强城市发展活力和动力的结果。这五年,谱写了青岛发展的辉煌篇章,为建设富强文明和谐的现代化国际城市、率先全面建成小康社会,奠定了坚实的基础。面向未来,青岛已经站在一个新的更高起点上。

第二节 面临形势

"十二五"时期,青岛将经受工业化、信息化、城镇化、国际化新一轮浪潮的深刻洗礼,既面临难得的历史机遇,也面对诸多风险和挑战。

从国际看,和平、发展、合作仍是时代潮流。世界多极化、经济全球化深入发展,世界经济政治格局出现新变化,科技创新孕育新突破。同时,国际金融危机影响深远,世界经济增长速度减缓,全球需求结构出现明显变化,围绕市场、资源、人才、技术、标准的竞争更加激烈,气候变化、能源资源安全、粮食安全等全球性问题更加突出,各种形式的保护主义抬头,发展的外部环境更趋复杂。

从国内看，我国发展仍处于可以大有作为的重要战略机遇期。工业化、城镇化提供持续发展动力，内需增长空间广阔。坚持科学发展，转变经济发展方式将推动我国经济社会领域深刻变革。国家部署若干区域发展战略，长三角、珠三角、天津滨海、辽宁沿海等区域加快发展，在全国范围形成开放竞争新格局。

从青岛看，经过改革开放以来长期快速发展，特别是“十一五”取得的巨大成就，形成了雄厚的本土优势，具备实现新的历史性跨越的坚实基础。山东半岛蓝色经济区建设上升为国家战略，为我市发挥海洋科研优势，实现科学发展提供了新的历史机遇。一批重大现代服务业、先进制造业、战略性新兴产业项目投资建设，为我市产业结构优化升级，提升核心竞争力提供了有力支撑。举办2014年世界园艺博览会，将为青岛全面展示良好城市形象，提高国际知名度提供新的契机。我市成为国家创新型城市和三网融合城市等试点，有利于通过制度创新集聚创新能量，激发发展活力。大桥、隧道、地铁、铁路、港口等重大基础设施建成使用和新国际机场建设，城市大框架全面展开，城镇化进程加快推进，为我市发展提供了广阔空间和持续动力。

同时，“十二五”时期制约我市经济社会全面转入科学发展轨道的困难和矛盾依然较多。一是提升城市核心竞争力的压力较大。人才和资源环境约束突出，城市自主创新能力亟待提高，产业结构优化升级需进一步加快。二是提高城镇化水平压力较大。支撑城镇化发展的县域经济不强，城市承载力与城市规模快速扩张的矛盾显现，公共资源分布不够均衡，城乡协调发展和城市管理机制亟待创新。三是实现改革开放新突破压力较大。建设服务型政府、调整国有经济布局和完善收入分配制度等改革任务十分繁重。粗放型外贸发展方式亟待转变。四是民生改善和社会保障压力较大。人口老龄化趋势明显，长期形成的城乡居民收入水平与城市地位、实力还不相称。公共服务和社会管理能力需进一步提升。

面对新的发展机遇和挑战，必须增强机遇意识、忧患意识和责任意识，全面分析和正确把握发展的外部环境和我市市情，更加奋发有为地把全面建设富强文明和谐的现代化国际城市进程推向前进。

第二章　指导思想和发展目标

第一节　指导思想

高举中国特色社会主义伟大旗帜，以邓小平理论和“三个代表”重要思想为指导，深入贯彻落实科学发展观，以科学发展为主题，以加快转变经济发展方式为主线，以经济结构战略性调整为主攻方向，以科技进步和创新为重要支撑，以保障和改善民生为出发点和落脚点，以建设资源节约型、环境友好型社会为重要着力点，以改革开放为强大动力，按照世界眼光、国际标准，发挥本土优势，深入实施“环湾保护、拥湾发展”战略，向富强文明和谐的现代化国际城市迈进。

基本要求是：

——坚持率先发展。把发展作为第一要务，进一步提升城市综合实力和核心竞争力，在推动产业转型升级、深化体制机制改革、提升开放型经济水平、提高自主创新能力、化解资源环境约束方面走在全省、全国前列。

——坚持绿色发展。把建设资源节约型、环境友好型社会作为重要着力点，立足资源环境承载能力谋发展，完善能源资源节约和生态环境保护制度，发展循环经济，推广低碳技术，实现经济效益与生态效益的有机统一。

——坚持创新发展。把科技进步和创新作为重要支撑，深入实施自主创新和人才强市战略，推进科技创新、文化创新、体制创新、管理创新，实现主要依靠科技进步、劳动者素质提高和管理创新推动发展。

——坚持开放发展。把提高开放水平作为抢占发展战略制高点的重要捷径，立足港口优势、产业优势、开放优势和海洋科研优势，加强与半岛城市群、环渤海经济圈、东北亚经济圈和欧美地区交流协作，提升国内外影响力和竞争力。

——坚持和谐发展。把保障和改善民生作为根本出发点和落脚点，加快城乡统筹发展，不断提高城乡居民收入和社会保障水平，推进基本公共服务均等化，完善社会管理体制，促进社会和谐稳定，建设宜居青岛，打造幸福城市。

第二节 发展目标

城市综合实力显著增强，城市功能全面提升，统筹城乡区域发展取得重大突破，资源节约型、环境友好型社会建设取得实质性进展，以改善民生为重点的社会建设得到全面加强，创新青岛、文化青岛、和谐青岛、开放青岛、宜居青岛，建设取得明显成效，率先全面建成小康社会。

经济实力再上新台阶。全市生产总值年均增长11%，2015年争取达到10000亿元，人均生产总值达到10万元。地方财政一般预算收入力争达到1000亿元。形成以服务经济为主的产业结构，服务业增加值占生产总值比重达到57%。

城市功能得到新提升。环湾型城市发展格局更加完善，中心城区协调发展，北部新城区初具规模。全市港口集装箱吞吐量争取达到1800万标准箱。航空旅客吞吐量达到1800万人次，青岛新机场开工建设。城市地铁顺利运营。智慧城市建设取得明显成效。现代化、国际化特征更加明显，国际性区域经济中心城市地位进一步强化。

城乡统筹形成新格局。城乡一体化发展体制机制基本建立，基本公共服务均等化水平明显提高。五市城区、重点组团和重点中心镇规模显著扩大，新型城镇化进程加快，城镇化率达到75%左右。县域经济实力显著增强，占全市经济比重达到55%。

生态建设取得新成效。主要污染物排放总量明显减少，能源消耗强度和二氧化碳排放强度持续降低，循环经济向纵深发展。全市河流水质功能区达标率力争达到90%，22条主要污染控制河流水质全部达到常见鱼类生长要求，胶州湾整体水质达到良好水平。市区环境空气质量稳定达到国家环境空气质量二级标准。林木蓄积量达到1082万立方米。建成区绿地率达到40%，初步建成绿色生态城区。

社会事业进入新阶段。文化青岛建设成效显著，文化要素加快聚集和彰显，区域性文化中心城市地位明显提升。科技力量显著增强。高等教育毛入学率达到50%以上，新增劳动力平均受教育年限达到14年。万人拥有医疗床位数达到50张，全民健身活动广泛开展，居民平均期望寿命82岁以上。

民生改善达到新水平。城市居民人均可支配收入和农民人均纯收入年均增长11%以上。五年城镇新增就业人数75万人，城镇登记失业率控制在4%以内。市区低收入居民住房困难基本解决,农村保障性住房建设加快推进。覆盖城乡的基本公共服务体系得到完善,社会保障水平进一步提高。城乡居民的供热、供水、供气、公共交通等条件进一步改善。公共安全保障得到加强,社会保持和谐稳定。

专栏1 "十二五"时期经济社会发展的主要指标

类别	序号	指 标	单位	属性	2010年	2015年
经济发展	1	全市生产总值	亿元	预期性	5666.2	10000
		全市生产总值年均增长	%	预期性	13.8	11
	2	地方财政一般预算收入	亿元	预期性	452.6	1000
	3	服务业增加值比重	%	预期性	46.4	57
	4	外贸进出口总额(不含中央、省公司)	亿美元	预期性	561.5	950
科技教育	5	研究与试验发展经费支出占生产总值比重	%	预期性	2.1	2.5
	6	高新技术产业产值占规模以上工业总产值比重	%	预期性	47	50
	7	财政预算内教育经费占财政支出比重	%	预期性	16	20
	8	全市人才资源总量	万人	预期性	120	155
城市功能	9	集装箱吞吐量	万标准箱	预期性	1201	1800
	10	航空旅客吞吐量	万人	预期性	1110	1800
	11	常住人口总量	万人	预期性	871	950
	12	城镇化率	%	预期性	66	75
资源环境	13	单位生产总值能源消耗降低	%	约束性	22 *	—
	14	单位生产总值二氧化碳排放降低	%	约束性	—	—
	15	化学需氧量排放总量减少	%	约束性	18 *	—
	16	氨氮排放总量减少	%	约束性	—	—
	17	二氧化硫排放总量减少	%	约束性	26.9 *	—
	18	氮氧化物排放总量减少	%	约束性	—	—
	19	建成区绿地率	%	预期性	38.4	40
	20	森林覆盖率	%	预期性	36.9	40
人民生活	21	城镇基本养老保险参保缴费人数	万人	约束性	185	215
	22	万人拥有医疗床位数	张	约束性	41	50
	23	城镇保障性住房建设套数	万套	约束性	6.1 *	10 *
	24	城镇登记失业率	%	预期性	4	4
	25	城镇新增就业人数	万人	预期性	109 *	75 *
	26	城市居民人均可支配收入年均增长	%	预期性	14.1	11
	27	农民人均纯收入年均增长	%	预期性	12.7	11

注:带 * 指标为五年累计数,单位生产总值能源消耗降低和二氧化碳排放降低、化学需氧量排放总量减少、氨氮排放总量减少、二氧化硫排放总量减少、氮氧化物排放总量减少按照省分解指标执行。

第二篇　空间布局

第三章　城市发展布局

立足提升全市城镇化水平，优化整合全市域国土空间资源，以环胶州湾区域为核心，以组团布局为主要形态，形成各组团布局有机衔接、功能定位清晰的网络化城市空间结构，构建“环湾型、组团式、多层次”的大城市发展新格局。全市人口规模950万，城镇化率达到75%左右。

第一节　统筹发展中心城区

突破影响七区统筹发展的体制障碍，实现城市规划、基础设施、城市管理、社会事业、民生保障等方面的统筹融合。完善城市功能设计，合理布局公共资源，总体提升城市承载力和服务水平，缩小东西差距和南北差距。中心城区人口规模达到450万左右，成为全市行政、文化、现代服务业和高端制造业中心。适时推进即墨、胶州、胶南纳入中心城区，扩大中心城区规模，打造环湾型城市框架。

重点发展崂山、黄岛、城阳。以实现全域城镇化为目标，加快高新技术产业、现代服务业、临港产业、临空经济发展，带动农村城镇化进程。统筹建成区与农村社区规划建设，协调推进旧城旧村改造和新城区建设，完善配套设施，优化城市空间形态，建设生态、宜居的现代化新城区。

优化提升市南、市北、四方、李沧。提升金融、商贸、总部经济、文化创意等现代服务功能，加快改善城市环境，深入挖掘发展潜力。基础设施和公共服务设施建设向北部倾斜，完善北部服务功能。重视保护和利用好老街区和老建筑，加快特色街区建设。突出建筑文化特色，传承历史文脉，整体提升城市品位，彰显城市魅力。

加快建设高新区。以高新区胶州湾北部园区为核心，加快红岛组团建设，推进与城阳、胶州等周边区域统筹发展。高新区基本建成智能交通网、热冷电气水网、全光通讯网等现代化基础设施，配套建设教育、文化、卫生、体育等公共服务设施，完善综合服务功能。集聚创新资源，建设城市创新中心和科技商务中心，成为全市战略性新兴产业高地。初步建成经济高速增长、生态环境优良、社会事业发达的第三代生态科技新城。

推进重要节点建设。加快市南国际航运服务区、市北小港湾、四方滨海新区、李沧交通商务区、城阳国际航空城、黄岛北部城区等环湾节点建设。谋划发展潜力大、带动能力强的新片区建设，重点推进市北啤酒文化休闲商务区、四方城市新都心、李沧生态商住区、城阳中央休闲区、崂山科技城、黄岛国际生态智慧城建设，增强中心城区功能。以办好2014年世界园艺博览会为契机，完善周边区域基础设施，提升服务功能，带动北部城区发展。

"十二五"中心城区重点发展区域示意图

第二节 壮大发展五市

立足全市域统筹发展，加快五市城区、重点组团和重点中心镇建设，通过便捷交通网实现与中心城区有机连接，成为推进城镇化、承接农村人口转移的主要载体。

做大做强五市城区。以提升城市承载力为重点，协调推进新城区建设与旧城区改造，统筹公共服务设施布局，科学配置教育、医疗、文体、商业服务等综合性公共设施。加强交通网络建设，建设覆盖城乡、快速便捷的区域性交通枢纽。鼓励人口向五市城区集中，胶州、胶南、即墨城区人口规模分别达到60万左右，平度、莱西城区人口规模达到45万左右，成为产业先进、人才集聚、功能完善、生态宜居、各具特色的现代化中等城市。

加快重点组团建设。对产业发展潜力较大、环境承载力较好、人口集聚条件优的区域进行组团式开发，逐步承担起城市建设、人口管理、公共服务等职能，促进剩余劳动力本地居住就业。

——少海组团。依托胶州湾产业新区建设，统筹胶州少海新城和胶州湾产业新区发展，并逐步融入中心城区。加快建设景观住宅、度假旅游、城市商业、生态湿地带等功能区，打造现代服务业和高端制造业协调发展的滨海新城。

——董家口组团。依托董家口港区开发建设，统筹董家口港区、临港产业区发展，整合泊里等

“十二五”城市发展布局示意图

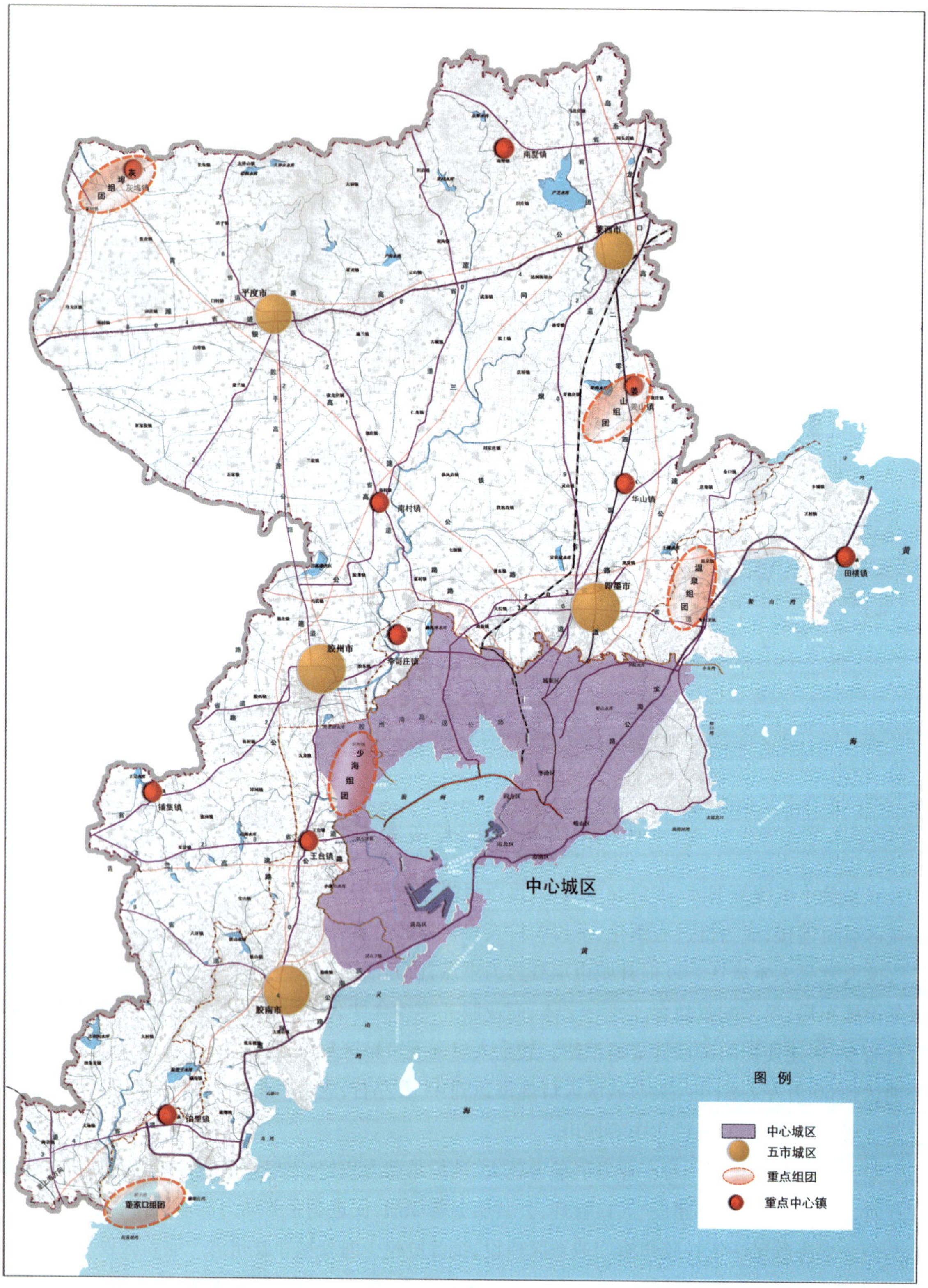

周边镇，通过发展港口物流、海洋科技、石化、冶金、装备制造等产业，带动胶南南部快速发展，打造现代化蓝色新港城。

——温泉组团。依托即墨东部会展、科研、旅游度假等大项目，发挥山、海、泉特色，统筹规划温泉镇、鳌山卫镇和周边区域，打造国家海洋科技创新基地、山东半岛高端会议中心、商务会展中心和旅游度假中心，全面提升综合服务功能，集聚形成温泉新城。

——姜山组团。依托姜山轻工业功能区建设，统筹姜山镇和李权庄镇发展，加快推进配套基础设施建设，重点发展轻工制造业，带动人口集中，集聚形成姜山新城。

——新河组团。依托新河化学工业功能区和周边便捷交通网、蓝烟铁路灰埠站，统筹新河镇和灰埠镇发展，重点发展精细化工、商贸物流、农业机械等产业，成为区域物流、信息流中心，集聚形成新河新城。

推动重点中心镇向小城市发展。科学调整建制镇布局，积极稳妥进行规模调整。重点发展王台镇、泊里镇、李哥庄镇、铺集镇、田横镇、华山镇、灰埠镇、南村镇、姜山镇和南墅镇，努力建设成为产业比较发达、功能比较完善、特色比较鲜明、辐射带动力强的小城市，成为连接大城市，辐射农村的重要节点，镇驻地人口规模5万～10万。

第三节　加快推进城镇化

以中心城区为依托，以五市城区、重点组团和重点中心镇为重点，加快形成大中小城市协调发展的城市群，全面提升城镇综合承载力，走经济高效、文化繁荣、社会和谐、资源节约、环境友好的新型城镇化道路。加快户籍、住房、就业、社会保障等方面的制度创新。统筹中心城区户口迁移，全面放开县域内户口迁移，放宽农民工在五市和城镇落户条件，促进符合条件的农业转移人口在城镇落户，享有与当地城镇居民同等权益。

第四章　产业发展布局

按照环湾高端集聚、县域壮大升级、多区带动发展的思路，推动产业资源整合和优化配置，环湾重点布局高端产业，五市加快新型工业化进程，依托各类工业园区和服务业集聚区带动周边区域集聚发展。

第一节　环湾高端集聚

环胶州湾区域，主要由胶州湾东海岸现代服务业核心区、北部高端产业集聚区和西海岸经济新区三大板块组成。转移升级传统制造业，集聚发展现代服务业和高端制造业，构筑现代产业高地。

东海岸现代服务业核心区，包括市南区、市北区、四方区、李沧区和崂山区，重点布局旅游、商贸、会展、金融、文化创意、科技与信息服务、总部经济等现代服务业，进一步提升城市综合功能。

北部高端产业集聚区，包括高新区、城阳区、青岛出口加工区、胶州市东部，重点布局半导体显示照明、汽车机车、新材料、节能环保、生物医药、海洋科技等高端制造业和战略性新兴产业。高新区集聚政策和资源优势，汇集国内外高端人才和创新要素，重点培育电子信息、生物与医药、高端装备制造、节能环保、综合服务业。

西海岸经济新区，包括青岛经济技术开发区、前湾保税港区、西海岸出口加工区和胶南、胶州部分区域，统筹产业规划，整合放大各功能区政策优势，重点布局汽车船舶、海洋工程等装备制造业和石化、家电电子产业，着力发展港口物流、旅游、金融等现代服务业，建设成为体制机制创新、政策优势突出、示范带动作用大的经济新区。

第二节 县域壮大升级

强化区域分工和协调机制，发挥县域比较优势，加快五市新型工业化进程，高起点承接环湾区域的产业转移，加快核心项目与配套体系的引进建设，构建以先进制造业为骨干、各具特色的产业体系。

平度，加强与潍坊、烟台等周边区域经济联系，加快新型工业化进程，壮大制造业产业体系，打造生态化工基地。提升电子家电、机械铸造、汽车配件等产业层次，壮大新材料、节能环保等新兴产业。发展精致农业观光旅游，整合大泽山、天柱山等旅游资源，形成生态健康和文化旅游新亮点。积极发展特色农业。

莱西，发挥胶东半岛地理中心优势，打造胶东半岛重要的轻工业基地、陆路物流集散中心和生态旅游休闲度假中心，建设现代化生态型湖滨城市。重点发展橡胶轮胎、纺织服装、家电电子、农副产品加工、环保设备、再生资源回收利用等产业。整合姜山湿地、大青山等旅游资源，发展生态旅游、休闲度假产业。

胶州，加强与高新区、黄岛区产业协调，突出发展高端装备制造、半导体照明显示、机械装备、木器家具、纺织染整等产业。大力发展物流、商贸业，建设半岛最大的钢材、五金建材、装饰材料交易市场。发挥中国秧歌节带动作用，带动文化旅游产业发展。

胶南，重点发展航运物流、装备制造、钢铁石化、纺织机械、海洋生物、家电电子等产业，建设以董家口港产业区、临港经济开发区为平台的临港工业综合体。整合山、海、岛、湾等资源优势，建设以滨海公路沿线重要节点为平台的国家级滨海旅游度假区。

即墨，沿滨海公路，以温泉镇、鳌山卫镇为核心，培育旅游度假、会展商务、海洋科研教育、软件服务外包等高端服务业，打造旅游休闲产业带；沿烟青一级路，发展汽车及零部件、纺织服装、机械制造等产业，打造现代制造产业带；依托鳌山湾港区开发建设，大力发展核电装备和船舶制造业，打造临港产业带。

第三节 多区带动发展

发挥各类园区基础设施配套和产业集聚优势，促进产业项目向园区集中，实现集约化、规模化发展。依托全市重点工业园区和服务业集聚区，带动区域经济突破提升。

工业园区。以增强产业综合配套能力为重点，整合提升现有14个国家级和省级工业园区，提高投资强度、土地集约利用率和资源能源利用效率。加快胶南董家口重化工业、平度新河生态化工、胶州洋河装备制造工业、莱西姜山轻工业、即墨龙泉汽车及零部件工业、即墨女岛船舶工业等6个工业功能区和10个重点中心镇产业园区建设。规划建设一批新的战略性新兴产业功能区，促进战略性新兴产业集聚壮大。

服务业集聚区。进一步提升现有集聚区功能，加快培育发展市南奥帆文化旅游、市南国际航运服务、李沧百果山园艺旅游、李沧交通商务、市北中央商务、浮山商贸、四方欢乐滨海城、崂山金融商务、城阳空港商务、红岛文化创意、高新区科技服务、唐岛湾总部经济、凤凰岛文化创意、温泉旅游会展、南泉物流、董家口物流、灵山湾旅游度假、莱西姜山湖湿地生态旅游、平度茶山旅游度假、胶州湾国际物流、胶州西部商贸等集聚区。

"十二五"产业发展布局示意图

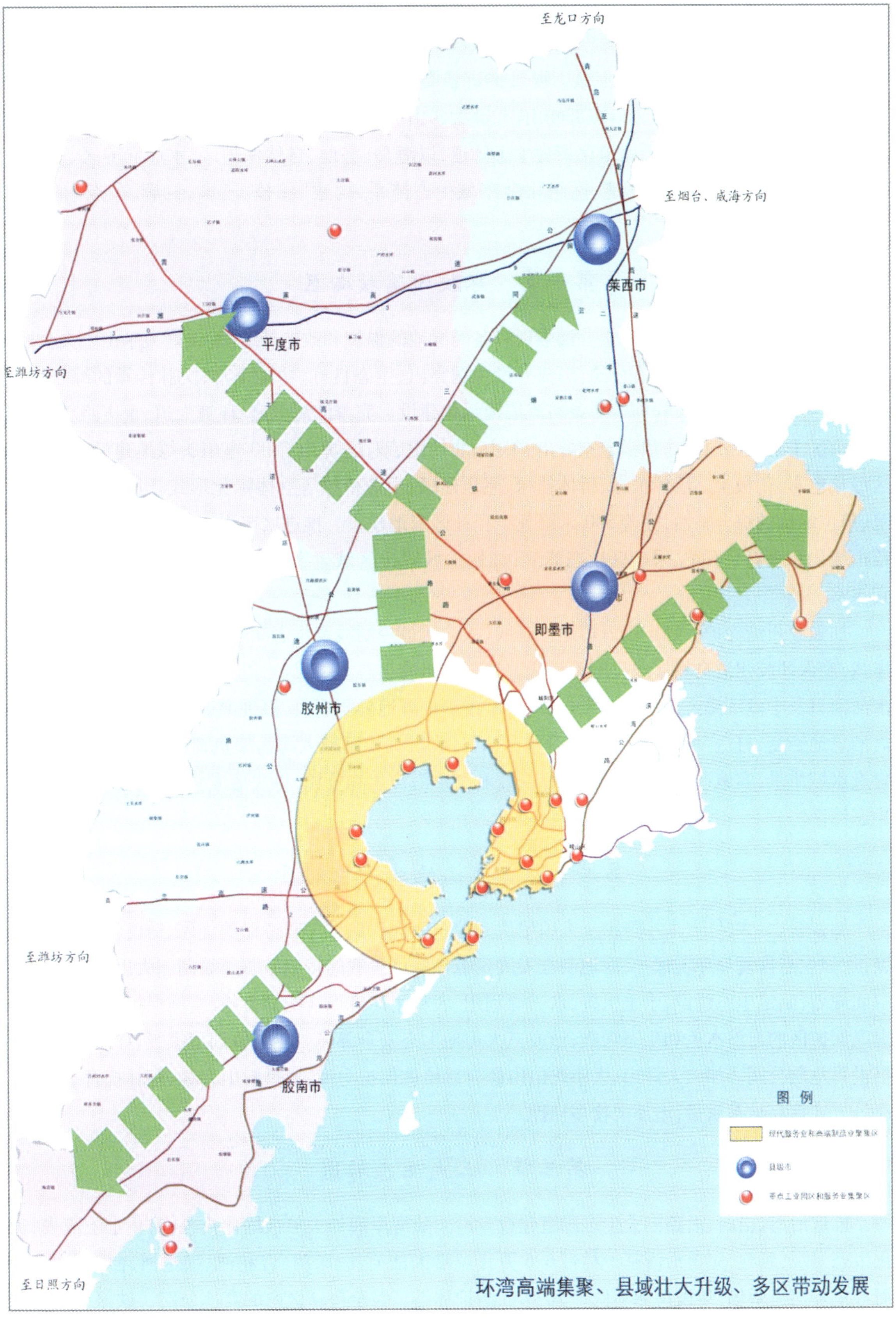

第五章　生态建设布局

围绕建设宜居城市，实施“十绿工程”，推进各类生态功能区建设和保护，加强城市园林绿化，形成以环胶州湾区域为核心，以东部崂山、北部大泽山、南部大小珠山生态控制区为生态屏障，以沿海基干林带、沿河绿化带、沿路绿化带为生态廊道，以海岛、湿地、自然保护区、水库涵养区、风景名胜区等为补充的多层次、多功能、网络化全市域生态体系，构建“一核、三区、三廊、多点”的生态网架。

第一节　环胶州湾核心区

提升中心城区生态环境质量。加强现有各类绿地的保护和改造升级，建设好太平山中央公园、百果山世园会展区、浮山生态公园，形成一批主题突出、生态良好、功能完善、文脉传承的综合性重点公园。推进李村河、大村河等9条河流滨河绿化建设。完善滨海大道、环湾大道、重庆路、黑龙江路等市区主要道路绿化。加强金家岭山、午山、北岭山、双山、虎山等20座山头绿地建设。丰富城区绿化色彩，积极推广墙体披绿、桥体挂绿、屋顶建绿、山坡植绿等立体绿化形式。加强居住区、庭院、单位绿地的综合整治，完善500米服务半径社区绿地建设。推进城市周边及主要道路两侧宜林荒山绿化和废弃采石坑、采矿区生态修复，加快主城周边区域生态隔离区建设。建成区绿地率达到40%。

加强胶州湾保护。划定围海填地控制线、入湾河道控制线及生态间隔区，保护胶州湾自然生态岸线，确保环胶州湾自然岸线比例不降低。加强胶州湾生态湿地保护，以大沽河河口、洋河河口、墨水河河口及李沧滨海公园海域为重点，加快推进城市湿地公园建设，促进湿地生物多样性保护及水禽栖息地恢复，打造“城市绿肾”。综合整治入海河流，大幅削减入海污染负荷，改善胶州湾各河口附近水域质量，实施近海生态恢复工程，恢复和增殖海洋生物资源，尽快形成林水相拥、生物丰茂的生态湾区。

第二节　三大山地生态控制区

加强崂山、大泽山、大小珠山三大山地生态控制区保护建设。坚持保护优先、适度开发、点状发展，加强生态修复和环境保护，因地制宜发展资源环境可承载的特色旅游。编制三大山地生态建设空间规划，制定生态建设、水土保持、水资源利用、农林生产等综合配套措施，实施保护和治理工程，提高保护区的自然本色和生态功能，形成三大山地生态安全屏障。崂山争创国家级自然保护区，申报世界地质公园。加大大泽山、大小珠山山体自然植被保护力度，通过封山育林、森林抚育、林相改造等方式提高植被质量，增加生物多样性。

第三节　三大生态廊道

推进沿海、沿河、沿路三大生态廊道建设。沿大陆海岸线加大植被绿化投入，防止水土流失，美化生态景观，新建、完善沿海基干林带6.6万亩。沿大沽河、胶莱河、吉利河、墨水河、白沙河、白马河等主要河流两侧，建设每侧不低于50米的防护林带。对全市辖区内的高速公路、铁路等主要干

“十二五”生态建设布局示意图

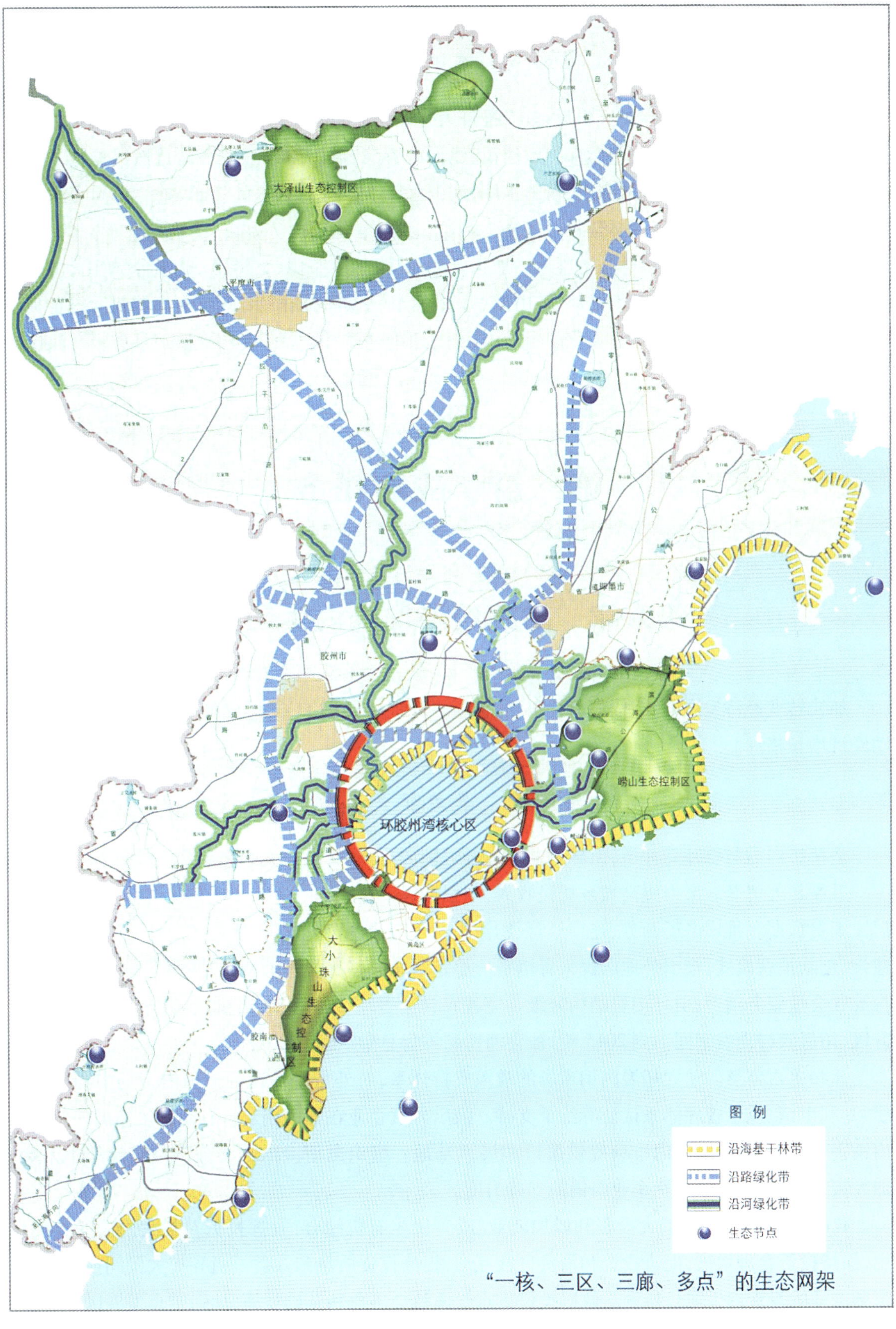

道两侧进行绿化和综合治理，新建、完善高标准通道林带1000公里；对国道、省道等主要道路两侧的绿化、农田进行路、田、林综合治理，新建、完善农田林网100万亩，构建林茂粮丰的农田防护网络。

第四节 各类生态节点

加强海岛保护和海洋保护区建设，重点推进大公岛海洋岛屿生态系统自然保护区、灵山岛自然保护区、文昌鱼水生野生动物自然保护区建设，建设海青湾、灵山湾等湿地水鸟自然保护区。强化对产芝水库、尹府水库、棘洪滩水库、崂山水库、铁山水库、吉利河水库、陡崖子水库、山洲水库等重要水源地保护，加强库区涵养林建设。实施“绿山”工程，绿化荒山7万亩，实现消灭荒山的目标。建设一批森林生态景观和森林旅游胜地。加强青岛海滨、平度茶山、大泽山、琅琊台、鹤山、田横岛等风景区保护。加强胶州湾、大沽河、姜山湖、海青湾、新河滨海、淄阳水库、红石崖错水河等各类湿地保护，建设湿地自然保护区。强化即墨马山国家级自然保护区、胶州艾山地质遗址省级自然保护区等管理。

第三篇 战略任务

第六章 增强经济增长内生动力

加快转变经济发展方式，依靠科技引领、创新驱动促进经济增长，形成消费、投资、出口协调拉动经济增长格局。

第一节 着力扩大内需

坚持扩内需与稳外需并举，引导企业努力开辟国内市场，着力扩大居民消费。

引导扩大消费。努力提高城乡居民收入，增强居民消费能力。进一步完善社会保障体系，改善居民消费预期。推广电子商务、连锁经营、物流配送等现代经营方式，发展社区商业，加快消费载体建设，创新消费模式，吸引外地居民来青消费。稳定汽车和住房合理消费，拓展信息、文化、教育、体育等社会性服务消费，引导消费结构升级。完善农村消费环境，促进农用机械、家电等商品普及与升级，拓展农村消费空间。到2015年，社会消费品零售总额达到4000亿元。

开拓国内市场。建立拓展内销市场的政策支持体系，对外贸企业在开拓国内市场中的商标注册、专利申请、质量管理体系认证等给予支持。鼓励外贸企业在国内创建自有品牌。拓展外贸商品内销平台，为企业开辟国内市场提供窗口和展示基地。组织邀请境内大型采购商在青集中采购。加大银行、信用保险对外贸企业内销的支持力度。

优化投资结构。把扩大投资和增加就业、改善民生有机结合，发挥投资对扩大内需的重要作用，保持投资合理增长，促进投资和消费良性互动，提高投资质量和效益。引导扩大民间投资，形成市场主导的投资内生增长机制。政府投资重点投向社会事业和基础设施，加强重点发展区域、先进

制造业基地、现代服务业基地、高端产业集聚区建设。

第二节 强化自主创新

围绕建设国家创新型城市，深入开展国家技术创新工程试点工作，建立以企业为主体、市场为导向、产学研相结合的技术创新体系，全市研发经费占生产总值的比重达到2.5%。

建设重大科技创新平台。引进建设国家级独立科研机构、重点实验室、企业技术中心、工程技术研究中心和国际科技合作机构，凝聚创新要素，吸纳国内外创新资源。建设国家级科技孵化器、科技研发服务中心、工业技术研究院、科技中介服务机构，完善技术创新服务体系。支持高新区创建国家创新型科技园区。引导和组织企业、高等院校和科研机构共建企业研发平台，加强关键技术研发和成果转化。

培育壮大创新型企业。健全促进企业技术创新的政策措施，推动创新要素向企业集聚。开展创新型企业试点，做好高新技术企业认定与服务工作，实施技术创新重点项目计划，鼓励企业加大研发投入，支持企业参与国内外创新竞争、主导或参与技术标准制定、重大创新工程实施，培育一批自主创新大企业和科技型中小企业。

实施重大科技攻关项目。研究制定产业发展技术路线图，组织实施重大科技专项，积极参与国家科技支撑、高技术研究发展等科技计划，突破产业发展技术瓶颈。在主导产业和战略性新兴产业相关领域开展100项关键技术攻关研究。加快培育国家级产业技术创新战略联盟，加强产业关键共性技术研发，重点构建50个产业技术创新战略联盟。

专栏2 自主创新重点工程

科技创新平台。建设青岛海洋科学与技术国家实验室、国家深海基地、中科院青岛分院、中科院光电院青岛光电工程技术研究中心、中科院青岛产业技术创新与育成中心、工业技术研究院、数字化家电国家重点实验室、高速列车国家工程技术研究中心、数字化橡胶轮胎装备国际科技合作研发中心、海洋仪器装备国际合作研发中心等。

科技创新服务平台。建设青岛国家大学科技园、橡胶谷、市研发服务中心综合服务平台、集成电路公共支撑服务平台、中科院中试基地、高新区科技企业加速器、高新区创业服务中心等。

产业技术创新战略联盟。构建智能交通、高速列车、新型显示、数字家电、行业基础软件、半导体照明、海洋药物及生物制品等创新战略联盟。

创新型企业。扶持培育300家创新型企业，其中5～10家具备国际竞争力，90～95家具备国内竞争力，200家具备区域竞争力。

科技攻关。攻克数字终端设备、无线射频、家用设备网络融合、数字化服务平台、数字化轮胎成套装备、新能源特种汽车、高附加值船舶、自升式钻井船建造、半导体照明、3.0兆瓦以上风电设备制造等关键技术。

优化区域创新环境。增加财政资金对研发投入，统筹科技资金使用，重点支持技术创新工程。吸引社会资金发展创业投资基金。支持金融机构和融资性担保机构联合开展知识产权质押、股权质押、动产质押等新型质押贷款。支持有条件的高新技术企业上市融资和发行企业债券。深入实施知识产权战略，强化知识产权保护，培育知识产权中介机构，健全知识产权评估交易机制，完善知识产权服务体系。

第三节 壮大民营经济

进一步改善城乡居民创业环境，推进中小企业转型升级，壮大民营经济发展规模，力争民营经济增加值占全市经济比重达到60%以上。

推进中小企业转型升级。深入实施“中小企业专、精、特、新行动计划”和“中小企业成长工程”，完善相关支撑体系和育成机制。做好民营企业出资人新一代的培养工作。鼓励民营中小企业与大企业协作配套，在优势产业领域形成企业集群。支持民营企业加快技术改造，提高技术创新能力。鼓励民营企业通过并购、合资、上市等形式做大做强，形成一批销售收入过50亿的民营企业。

改善民营经济发展环境。按照非禁即入原则，放宽民间投资准入领域，畅通市场准入通道。落实财政和税收优惠政策，优先扶持科技型、创新型民营企业和微小型企业发展。支持符合条件的民营企业产品和服务进入政府采购目录。加强民营企业公共服务平台建设，进一步完善共性关键技术服务体系、人才培育体系和市场开拓服务体系。降低创业门槛，为民营企业设立、生产经营等提供便捷服务。

加大金融对民营经济支持力度。促进融资性担保公司健康快速发展，加快再担保机制建设。鼓励支持民营及中小企业通过集合发债、私募基金、风险投资、股票上市、金融租赁等多渠道融资。培育、规范民间投资中介组织，鼓励银行建立中小企业信贷专营服务机构，发展村镇银行、小额贷款公司等新型金融机构和组织，提升服务能力和水平。

第四节 促进绿色发展

坚持绿色增长，树立低碳发展理念，全面建设资源节约型、环境友好型社会。

加强重点领域节能。推进工业节能，推广合同能源管理，加强钢铁、石化、玻璃、橡胶等重点用能企业节能目标管理和考核，推广先进燃煤发电、冷热电联产联供等技术，提高能源利用效率。推进建筑节能，推广太阳能与建筑一体化技术，扩大地热能、海洋能等可再生能源在建筑领域的应用，加快既有建筑节能改造，新竣工建筑全部达到节能建筑标准。推进交通节能，鼓励使用节能环保型车辆和新能源汽车，积极推进天然气在专业运营车辆、船舶中的应用，构建低碳交通模式。完善节能减排标准化体系，建设国家城市能源计量中心青岛分中心、能源计量管理平台，提升能源计量水平。

发展循环经济。全面推行清洁生产，继续推进循环经济重点工程，创建环境友好型企业和工业园区。建设新天地静脉产业园国家“城市矿产”示范基地，打造全国一流的循环经济产业园。培育壮大一批废旧汽车、废旧家电、废旧塑料、建筑废弃物回收利用等重点静脉产业企业和汽车零部件、轮胎翻新等再制造企业，构建完善再生资源回收利用网络体系。开发应用源头减量、循环利用、再制造、零排放和产业链接技术。

加强低碳技术研发和应用。加快燃煤高效发电、二氧化碳捕获与封存、高性能电力存储、超高效热力泵等技术研发和引进，形成多元化的低碳技术体系。加强气候资源开发利用。瞄准世界先进水平，规划建设高新区国家低碳经济实验区。推行“绿色居家准则”，强化节能环保产品的认证和检测，在全社会倡导绿色低碳生活方式。

专栏3 中德生态园

按照“生态优先、集约发展、智能低碳”的原则，中德两国政府在青岛合作建设中德生态园，吸引国际节能环保、高端制造、现代服务等高端产业和国内外知名研发机构集聚，建设生态产业和科研基地，打造国际一流的生态智能区和生态文明示范区。

第七章　打造蓝色经济区

全面落实山东半岛蓝色经济区发展规划，坚持陆海统筹，突出体制创新和科技进步，大力培育海洋优势产业，打造我国科学开发海洋资源、走向深海的桥头堡。基本建成我国海洋经济科学发展的先行区、山东半岛蓝色经济区的核心区、海洋自主研发和高端产业的聚集区、海洋生态环境保护的示范区。

第一节　全面推进蓝色经济区改革发展试点

创新海陆统筹管理模式，探索建立海洋综合管理机制，推行海上综合执法，加强海上执法、海洋维权能力建设。建立海岸带统筹利用决策机制，探索海岛可持续利用模式。规划建设青岛西海岸经济新区，逐步统筹西海岸经济社会事务的管理体制和机制，创新开发区、保税港区、出口加工区等各类园区管理体制。建设中日韩区域经济合作试验区，在海洋产业合作、投资贸易便利化、跨国交通物流、电子口岸互联互通等方面先行先试。积极推进金融改革创新，创设蓝色经济发展基金，支持城市商业银行等地方金融机构发展壮大，做出特色。

第二节　优化蓝色经济发展布局

构筑“一带、五区、多支撑点”的蓝色经济区建设发展总体格局。培育形成以环胶州湾区域为中心、以胶州湾东西两翼为新增长极的蓝色经济聚集带。推动董家口港口及临港产业区、胶州湾西海岸经济区、高新区胶州湾北部园区、胶州湾东海岸现代服务业区、鳌山海洋科技创新及产业发展示范区五个功能带动区建设，成为带动全市蓝色经济区建设的强大引擎。建设一批现代渔业、滨海商务旅游度假、港口物流、现代装备制造、海岛保护与可持续利用、海洋资源综合利用与能源开发、科普教育等各具特色的聚集区，推动产业集中布局、集约发展，形成蓝色经济区建设的多点支撑。

第三节　提升海洋科技水平

建立海洋科技资源综合利用机制，建设青岛海洋科学与技术国家实验室、国家深海基地、海洋科学基础数据库、科考船等共享平台。建设国家海洋科技成果交易中心和全国海洋科技成果推广中心，打造国家海洋科技成果产业化基地。建设国际一流的海洋生物研发和产业中心、青岛国家海洋设备检测中心、国家海水养殖优良种质研发中心。加强近海应用技术创新，实施海洋科技创新重大专项，突破海水综合利用、海洋化工与新材料、海洋生物医药、船舶与海洋工程、海洋可再生能源、海洋信息服务等一批海洋高端产业发展关键技术。加强海洋基础科学研究，在海洋资源、环境和灾害预防等研究领域，在全国乃至世界保持领先地位。提高深海应用技术自主研发能力，打造面向深海科技研发、深海资源探查、深海装备研试的国家级平台。

第四节　培育壮大海洋产业

制定完善海洋产业发展规划，培育形成高素质的海洋产业体系。转变渔业发展方式，提升水产苗种、海水养殖、远洋捕捞、水产品加工和休闲渔业发展水平，建成现代渔业发展的示范区。壮大海洋船舶、海洋化工、海洋装备制造、海洋工程等现有支柱海洋产业，培育发展海洋生物、海洋新材料、海水综合利用、海洋矿产与新能源利用等新兴海洋产业。加快发展港口物流、滨海旅游、邮轮经济、蓝色金融、海洋科技教育及服务、海洋文化体育等涉海服务业。

第五节　保护海洋生态环境

综合整治海洋环境污染，实施入海污染物排放总量控制制度，加强港口、航运污染防治，严格涉海建设项目的环境影响评价。推行渔业生态系统管理，加强渔业生态环境保护，规划建设人工渔礁，恢复和增殖海洋生物资源。实施河口生态恢复工程，逐步恢复和重构海岸带生态环境。加强盐田资源保护与开发利用。推进海洋环境、海洋气象观测预报体系和能力建设，实施青岛近海海洋气象监测和灾害预报预警工程，建立突发性海洋环境污染事故应急响应系统，做好溢油、赤潮、浒苔、风暴潮、海啸、海冰等海洋突发事件的监测预报，提升应急处置能力。

第八章　推进产业结构优化升级

加快产业结构调整，提高产业核心竞争力，构建以现代服务业为主体，先进制造业为支撑，战略性新兴产业为引领，现代农业为基础的新型产业体系。

第一节　实现服务业跨越发展

加快服务业结构调整，全面发展生产性服务业、生活性服务业和新兴服务业，推动旅游业、金融业、物流业成为支柱产业，打造东北亚重要的区域性服务业中心城市。服务业增加值占全市生产总值比重达到57%，服务业新增就业占全部新增就业70%以上。

集聚发展生产性服务业。重点发展金融、物流、科技和信息服务、中介服务等生产性服务业，促进服务业与制造业融合互动。

金融业。围绕建设区域性金融中心，重点发展蓝色金融、绿色金融、高端金融、普惠金融和外向金融。做大做强地方法人金融机构，引进特色突出、功能互补的各类金融机构，加快发展小额贷款公司、融资担保公司，扶持发展消费金融、金融租赁、财务公司、汽车金融、货币经纪等，适时组建金融控股公司。建设区域性产权交易市场、期货市场、票据市场、黄金市场，设立和引进产业投资、创业投资、私募股权投资等各类投资基金，发展非上市公司股权场外交易。开展金融创新业务试点，建设区域性财富管理中心，加强蓝色金融创新，发展涉外金融业务。深化区域金融合作，构建跨区域的金融服务网络，提升金融辐射功能。

物流业。围绕建设全国性物流节点城市，重点发展口岸物流、以第三方物流为主体的产业物流和以电子商务为支撑的城市配送物流。加快区域性物流基地建设，推进物流园区、专业物流中心和分拨中心高效结合。构建覆盖山东半岛、连接东北亚区域重点城市的物流信息网络，形成多式联运无缝衔接的物流体系。鼓励发展物流电子商务。大力引进国内外知名物流企业，支持本地企业跨区域整合。加快发展保税物流、第五航权、第四方物流等新业态。

科技和信息服务业。建设市级研发服务中心等科技创新服务平台。推动三网融合、智能感知、物联网、云计算等技术的开发应用。完善电子商务支撑环境，争创国家电子商务示范城市。发展面向农村的远程农业科技、远程教育、远程医疗等信息服务。建立产品质量、食品安全、社区服务等公共服务信息平台。

中介服务业。发展会计、法律、评估、认证、经纪等中介服务，培育融资担保、融资租赁、信用服务等新型服务，建设各类交易平台。建设国家质检中心基地，完善检验检测服务支撑体系。加快形成符合国际惯例、满足区域发展需要的现代中介服务体系。

提升发展生活性服务业。重点发展旅游、商贸流通、房地产、家庭服务等生活性服务业，努力改善民生质量，引导和促进消费。

旅游业。建设国际海滨旅游度假中心和国际海上体育运动中心，推动我市由旅游大市向旅游强市转变。重点发展度假旅游、海上旅游、邮轮旅游、文化旅游、乡村和特色渔村旅游、会展节庆旅游、体育健身旅游、购物和餐饮旅游，构筑多元化旅游产品体系。建设旅游公共服务平台、散客中心、海上旅游集散中心、旅游导识、旅游公厕和停车场等基础设施。推进中国游艇产业基地建设，开辟海上旅游航线。争取开展国家旅游综合改革试点，争创全国旅游标准化示范城市。加强旅游公共资源管理，坚持公共资源的公众性。理顺崂山风景区旅游经营管理体制，统一规划周边旅游资源，形成崂山旅游新格局。

商贸流通业。重点培育现代商贸服务集聚区，加快建设交通枢纽型商业中心，培育发展特色市场群。大力发展品牌连锁经营、电子商务等新型营销方式，应用信息化技术和电子商务模式改造提升专业市场。丰富社区商业服务，发展零售、餐饮和现代生活服务类连锁门店，形成居民“8 分钟消费圈”。瞄准国内外高端消费人群，引导发展区域特色奢侈品市场。

房地产业。完善市场机制和政府保障机制，优化住房供应结构，合理引导住房消费。保持合理的房地产投资开发规模，促进房地产市场平稳健康发展。建立健全城市土地市场配置机制和科学的土地价格形成机制。加强房地产市场监管和调控，建立规范的物业管理制度。培育在全国具有较强竞争力的房地产龙头企业和知名品牌。

家庭服务业。重点发展家政服务、社区服务、养老服务、家庭教育、婴幼儿看护和病患陪护，满足家庭的基本需求和特色需求。鼓励各类资本投资创办家庭服务企业，培育家庭服务市场，推动家庭服务业的市场化、产业化和社会化。加强对家庭服务从业人员的就业服务和职业技能培训。

壮大发展新兴服务业。重点发展总部经济、服务外包、文化创意、会展经济等新兴服务业，推进生产需求和消费需求升级。

总部经济。加快发展开放型总部经济，推动金融、研发、航运、商务等领域高端要素集聚，培育投资决策中心、行政管理中心、科技研发中心、金融信贷中心、财务结算中心、营销分拨中心。发展配套服务完善的总部经济集聚区。大力引进国际组织分支机构、国内外大企业区域总部。

服务外包产业。巩固扩大日韩市场份额，拓展欧美市场，积极发展在岸外包。重点承接嵌入式软件、物流、海洋科技研发、动漫影视、呼叫中心等外包业务。大力引进知名外包企业，加快崂山东元软件园等服务外包项目建设。

文化创意产业。重点发展工业设计、建筑和广告设计、动漫游戏、影视传媒、出版策划、文艺创作等行业，打造新型文化创意产业集群。加强数字技术、数字内容、网络技术等核心技术研发，提高文化创意产业附加值。培育特色文化创意企业和品牌，建设全国重要文化创意产业基地。

会展业。优化全市会展业发展布局，完善青岛国际会展中心展览和会议功能，加快建设温泉国际会展度假城。积极培育会展业市场主体，扶植一批具有竞争力的会展公司，培育一批具有自主知识产权的高端会议品牌、大型知名展览等会展品牌，做强海洋类展会。高水平举办2014年世界园艺博览会，把世园会主题园区及周边区域打造成绿色休闲城市的标志区。

做强服务业发展载体。加快服务业集聚区建设，集聚区实现增加值占全部服务业比重40%以上。推进总投资6000亿元的500个市级服务业重点项目建设。大力扶持服务业领军企业，20家企业进入全国服务业企业500强，20家跨国服务业企业地区性总部落户我市。加快培育服务业知名品牌，新培育30个省级以上服务名牌、45件省级以上著名商标。

完善服务业发展环境。开展国家服务业综合改革试点，深化重点领域改革。营造公平、规范、透明的市场准入环境，探索有利于新型业态发展的监管制度，调整税费和土地、电、水、气、热等要素价格政策。促进制造业分离发展生产性服务业，鼓励支持制造业企业向服务型制造转型。统筹使用服务业各类财政资金，吸引和扩大社会资本投入。在物流、旅游、商务等领域构筑一批公共服务平台。争取国家级现代服务业标准化试点。完善服务业统计体系，将服务业纳入全市综合考核评价体系。

专栏4　服务业发展重点

旅游业。推进国际啤酒城改造、港中旅海泉湾度假城、唐岛湾游艇会所、银海海上旅游集散中心、李沧华侨城、胶南小珠山、平度大泽山旅游开发等项目。规划建设邮轮母港和高端邮轮停靠港。

金融业。建设崂山金融商务区、燕儿岛路国际金融港、高新区科技金融集聚区。争取青岛银行上市，组建青岛农村商业银行。

物流业。推进胶州湾国际物流园、城阳综合物流园、李沧城市物流配送基地、董家口物流园、即墨南泉物流园等重点园区建设。

商贸流通业。建设浮山商贸区、乾豪国际广场、崂山新商圈、李沧万达商业综合体、即墨奥特莱斯等。实施“万村千乡”、“农超对接”、“双百市场”工程。

会展业。办好2014年世界园艺博览会、青岛国际啤酒节、中国国际消费电子博览会、中国（青岛）国际时装周、中国国际海洋博览会等展会。建设国际会展中心四期等项目。

服务外包产业。推进中国国际（青岛）服务外包产业园、榉林山服务外包产业基地等园区建设。

科技和信息服务业。完善海洋、地质、生物等领域科技信息共享体系。推动普加智能搜索引擎、世纪互联青岛数据中心等项目建设。

第二节　培育发展战略性新兴产业

加强政策支持和规划引导，强化核心关键技术研发，重点培育和发展新一代信息技术、生物、高端装备制造、新材料、节能环保、新能源和新能源汽车等产业，加快形成先导性和支柱性产业，战略性新兴产业增加值占全市生产总值比重力争达到15%左右。

新一代信息技术产业。加快推进三网融合和两化融合，着力推动新一代移动通信、下一代互联网核心设备和智能设备的研发及产业化，推广生产装备智能化、质量控制信息化在企业中的应用。促进物联网、云计算的开发应用，重点发展基于民生、蓝色经济和政务领域的物联网，扶持云服务平台建设。加快发展集成电路、新型元器件、新型显示、高端软件等核心基础产业。提升软件服务、网络增值服务等信息服务能力，加快重要基础设施智能化改造。

生物产业。着力做强海洋生物医药产业，重点研发生物技术药物、新型疫苗、化学试剂和现代中药等创新药物，加快先进医疗设备、医用材料等研发和产业化。大力发展生物农业，示范推广优质高产良种培育技术、克隆育种技术、高端优质海水养殖品种的规模化繁育及病害防治技术。推进生物制造关键技术开发和示范应用，在高值化及精细化海藻化工产品、海洋食品及保健品深度开发方面加快突破。

高端装备制造产业。大力发展高速轨道交通装备，加快提升动车组核心部件的设计、制造技术，突破系统集成设计、交流传动、网络信息控制等技术，重点发展350公里及以上高速动车组、城际动车组、新型城市轨道交通车辆，打造轨道客车产业基地。加快发展海洋工程装备，在导管架平台和深水钻井船、海上浮式生产储油船、漂浮筒式平台等装备研发方面实现突破。积极开发高端智能装备，推进智能机器人、数字化橡胶装备的研究和产业化。规划建设航空产业园，重点发展轻型、中型直升机组装。

新材料产业。重点发展高品质特殊钢、新型合金材料、工程材料等先进结构材料，高性能新型合成橡胶材料、环境友好型功能纤维材料、海洋高分子材料等新型高分子材料。加快突破锂离子动力电池、太阳能薄膜电池等新能源材料研发应用。大力开发新型海洋工程材料，推广海上桥梁和码头钢铁设施、输油管线等海洋钢结构涂料。开展纳米、超导、智能等共性基础材料研究。

节能环保产业。发展新型环保技术装备，重点推进大气污染自动监测及治理系统、海洋环境监测设备的研发及生物环保技术应用。发展高效节能技术装备，重点开发LED生产装备和节能型照明产品。加快资源循环利用关键共性技术研发和产业化示范，提高资源综合利用水平和再制造产业化水平。在海水淡化、膜工业生产、海水脱硫等领域示范推广自主关键技术设备。积极推进市场化节能环保服务体系建设。

新能源产业。提高风电技术装备水平，研发制造大容量风电装备，有序推进风电规模化发展。发展太阳能光热、光伏产业，促进太阳能家用发电、光伏电池组件等设备的推广应用。加快开发利用生物质能，着力发展垃圾发电、秸秆发电、生物质能沼气工程等关键设备。大力开发海洋可再生能源，研发以海上风力、潮汐、波浪、海流为重点的海洋能发电关键设备。加快建设适应新能源发展的智能电网及运行体系。

新能源汽车产业。依托国内外大企业，引进新能源汽车动力电池、驱动电机和电子控制领域关键技术，加快产业化进程。推进插电式混合动力汽车、纯电动汽车等新能源汽车整车生产。大力推进高能效、低排放节能汽车发展。

强化推进措施。加强战略性新兴产业关键核心技术和前沿技术研究，促进研发服务、信息服务、技术交易、科技成果转化等高技术服务业发展。加大产业化示范工程实施力度，培育一批创新能力强、创业环境好、特色突出、集聚发展的战略性新兴产业示范基地，组织实施一批重大应用示范工程，培育一批具有国际影响力的行业龙头企业。加强新能源并网及储能等市场应用基础设施建设。加快建立有利于产业发展的行业标准和重要产品技术标准体系，优化市场准入的审批管理程序。

完善政策机制。建立健全战略性新兴产业组织领导和统筹协调机制。研究设立战略性新兴产业发展专项资金，促进金融机构加大信贷支持力度，大力发展创业投资和股权投资基金，加强土地、人才等政策扶持。大力推进战略性新兴产业在高层次参与区域以及国际分工与合作。编制实施战略性新兴产业发展规划及专项规划，开展产业统计监测调查和区市考核，推动战略性新兴产业健康快速发展。

专栏 5　战略性新兴产业培育重点

新一代信息技术。加快国家(青岛)通信产业园、海信网络智能交通控制系统研发生产基地、新加坡亚星信息产业园、中航科技产业园、高新区阳光新媒体产业园、优通 3G 移动通讯基站天线等项目建设。

生物。建设崂山区生物产业园、高新区蓝色生物医药产业园、康原生物制药产业园奥克生物干细胞产业化、明月海藻废渣生产基肥等项目。

高端装备制造。推进中石油海洋工程青岛海工基地、南车青岛四方高速列车产业化基地、武船麦克德莫特海洋工程、中船 712 所船舶电力推进、重型锻造操作机和工业机器人等项目。

新材料。建设新华锦石墨产业园,推进中远佐敦涂料、伊科思异戊橡胶新材料等项目。

节能环保。推进新天地静脉产业园、海诺水务膜产业化基地、奥旭科技环保工业园、燎原 LED 大功率功能性照明灯具、三泰膜工业等项目建设。

新能源。建设皇明太阳能产业园、崂山新能源产业园、即墨太阳能光伏产业园,推进胶州和莱西生物柴油、庄明核电及重型容器锻件制造、中科盛创大功率蒸发冷却风电设备等项目建设。

新能源汽车。推进海霸新能源电动汽车及核心零部件、上汽五菱新能源汽车等项目。

第三节　改造提升制造业

加快信息化与工业化融合,延长制造业产业链,向园区集聚、向品牌化转变,实现优势产业高端化发展、传统产业集约化发展,打造世界级优势产业集群。

高端发展优势产业。按照"大项目—产业链—产业集群—产业基地"升级路线,瞄准产业未来发展方向,着力提升龙头企业自主创新能力,促进家电电子、石化化工、汽车船舶产业在集群化发展基础上,实现产业升级并向产业链高端演进。

家电电子。以三网融合、4C 融合、节能环保为方向,重点发展网络化数字家电、平板显示、数字视听、移动多媒体等产品,着力突破制约转型升级的关键技术和关键器件,提高核心零部件配套率,打造国内外领先的家电电子研发制造基地。

石化化工。坚持大型化、高端化、集约化、系列化,发展石油化工、高端橡胶轮胎、精细化工、化工新材料和专用化学品五大行业,推进青岛炼化 1200 万吨炼油、100 万吨乙烯工程。原油一次加工能力达到 3000 万吨,橡胶轮胎产能 6000 万套,打造国内重要的综合化工基地。

汽车船舶。重点发展特种车、专用车、中重型卡车、轻型卡车、交叉型乘用车、电动客车、改装车和汽车关键零部件。推进上汽通用五菱新增 20 万辆产能提升工程。重点发展大型油轮、散货船、大型集装箱船、高档游艇、液化天然气船、极地破冰科学考察船、江海直达多用途船等高附加值船舶,完善船舶配套体系,加快船舶研发机构引进,打造现代化船舶制造基地。

集约发展传统产业。运用信息技术、高新技术改造提升传统工艺装备和生产方式,提升纺织服装、食品饮料、机械钢铁产业技术水平,淘汰落后产能,实现集约化发展。

纺织服装。提高产品设计,完善营销网络,重点开发新型医疗卫生、环保过滤、建筑交通、汽车内饰等领域产业用纺织品,推进差别化纤维、新型生物质纤维的开发及产业化,加快发展高技术含量、高附加值面料产品,提高面辅料生产配套能力,培育中高档西装、女装、针织服装、衬衫等名牌产品,建成国内重要的纺织服装时尚创意中心、营销中心、品牌展示中心和总部基地。

食品饮料。提高精深加工能力、产品附加值和质量安全水平,重点发展粮油、果蔬、畜禽、水产和啤酒饮料五大行业,巩固农产品加工出口优势地位。

机械钢铁。实施大项目投资拉动,大企业带动,通过资产重组、技术进步,调整产品结构,增强高端产品竞争力,打造输配电设备、电线电缆、大型工程机械、能源发电设备、钢结构、高档钢材、数控专用机械产品基地。

促进制造业向园区聚集。整合各类工业园区,细化园区主导产业定位,对现有园区从招商政策、土地规划、产业配套、基础设施、环境保护等方面统筹优化,提高园区集约集聚发展水平。完善园区开发投融资机制,加快基础设施建设。突出园区产业特色,加大定向招商力度。进一步提高我市优势主导制造业的本地配套率,提高配套档次和水平。推进老城区化工、橡胶、冶金等大企业向工业功能区转移,加快实施海湾集团、青钢集团搬迁,全面完成110户老城区企业搬迁改造任务。引导县域镇村企业向重点工业园区和重点中心镇产业园区集聚。

增强制造业综合竞争力。着力提高信息技术在制造业领域应用水平,培育10个信息化与工业化融合示范园区,两化融合工作走在全国前列。以价值链高端为发展方向,建设先进制造业持续升级的研发体系,引导大型工业企业从生产型制造转向以研发设计、品牌营销为特征的服务型制造。推进质量兴市战略、品牌战略,培育拥有核心技术和自主知识产权的知名品牌。实施标准化战略,鼓励企业主导或参与国际、国家、行业标准的制订,推进重点产业形成标准联盟,建设"标准城市"。促进工业设计发展。

第四节 大力发展现代农业

加快转变农业发展方式,加大现代农业投入力度,构建高产、优质、高效、生态、安全的现代农业产业体系,促进农业生产经营专业化、标准化、规模化、集约化,实现农业向生产、生活、生态等综合功能转型。

优化农业产业结构。重点发展粮油、蔬菜、渔业、畜牧、果茶、苗木花卉六大产业和休闲农业,建设一批全省乃至全国最高水平的设施农业基地、规模农业基地、特色农业基地和农副产品加工出口基地。落实国家新增千亿斤粮食生产能力规划,实施粮食产能提升工程,提高粮食综合生产能力。推进百万亩花生示范区建设,建成全国重要的花生出口基地和良种繁育基地。优化蔬菜种植布局和结构,完成百万亩果茶示范区建设,建设北方重要的苗木花卉生产区和产品集散交易中心。推进畜牧养殖标准化基地建设。调整渔业养殖结构,抓好优势主导品种,加快标准化基地建设,发展远洋捕捞。积极拓展农业功能,发展观光旅游、文化科普、体验参与、休闲度假等特色产业。

提升现代农业设施装备水平。加强水利基础设施建设,推进中小河道治理,建设一批中小型农田水利工程和抗旱水源工程,大面积推广节水灌溉,提高灌溉质量,增强农业抗旱排涝能力,农业灌溉用水有效利用系数达到0.63。重点推进粮食作物生产机械化,统筹推动经济作物、园艺作物、设施农业和农副产品初加工的生产机械化,主要农作物耕种收综合机械化水平达到85%。大力发展设施农业,设施蔬菜种植面积达到80万亩。提升渔业装备水平,加快国家级中心渔港和一级渔港建设,改造、扩容、升级传统渔港。加强农村气象灾害防御体系和基础设施建设。

推进农业产业化规模化经营。大力发展农民专业合作社,加强示范社和规范化建设,探索合作社功能拓展和联合机制。培育大型龙头企业,完善"龙头企业+专业合作社+农户"的农业产业化组织机制。在依法自愿有偿和加强服务基础上,完善土地承包经营权流转市场,引导土地向种田大户、合作组织、龙头企业集中,积极发展家庭农场。全市农村土地适度规模经营总面积占耕地面积的比重达到30%以上。抓好农业品牌建设,大力发展无公害农产品、绿色食品、有机农产品和国家地理标志农产品。继续推进"一镇一业"、"一村一品"强农富民工程。

提高现代农业科技支撑能力。强化农业科研力量,推进产学研合作。加快培育、引进、试验、推广一批优良品种,全市主要农作物良种覆盖率、猪鸡牛主要畜禽良种覆盖率达到100%,水产良种覆盖率达到80%。推进农作物病虫害专业化统防统治,实行良种良法配套。扩大测土配方施肥规模,推广保护性耕作技术。健全公益性基层农业技术推广体系,发展多元化、社会化农业技术推广服务组织。加强农村实用人才培养和基层农技人员培训,加强基层动植物疫病防控和农产品质量监管。

健全农产品市场体系。加大农产品批发市场升级改造力度,鼓励引入网络交易、仓单经营等营销方式,吸引周边区域农产品进场交易。支持大型涉农企业投资建设农产品物流设施,推进区域性农产品物流中心建设,发展农产品冷链物流。积极推行农超对接、农批对接、场厂挂钩等新型流通模式。发展农业节会经济,办好青岛国际农产品交易会。

专栏6 现代农业重点工程

粮食产能提升工程。新建高标准粮田50万亩,改造中低产田50万亩。

百万亩优质花生示范区建设。实现花生良种的全部更新换代,推进花生基地、加工企业和花生产品交易集散地建设。

百万亩优质果茶示范区建设。建立绿色高档果品和优质茶叶生产示范基地,培育特色果品品牌和崂山茶、胶南茶等茶叶品牌。

畜禽养殖“千场百区”工程。围绕生猪、奶牛、肉鸡、蛋鸡等传统产业和高档肉牛、肉兔、肉鸭等新兴产业,建设1000个标准化规模养殖场,搬迁改造100处标准化养殖小区。

九大渔业工程。推进池塘改造、生态养殖、渔港建设、资源养护、水产养殖种业优化、新兴产业推进、渔船更新改造、科技创新及新型渔民培训、平安渔业工程。

第九章 提升完善城市功能

着眼提升城市承载力和国际地位,加快重大交通及市政基础设施建设,提高城市管理水平,基本形成功能性、枢纽型、网络化基础设施体系和社会化城市管理新体系。

第一节 建设国际航运枢纽

全面开发建设董家口港区,调整完善胶州湾港区功能,有序推进鳌山湾港区开发,提升口岸服务功能,打造国际航运枢纽,港口吞吐量达到4.5亿吨,集装箱吞吐量争取达到1800万标准箱。

加快港口基础设施建设。重点建设董家口港区,新增港口通过能力9000万吨。加快建设港区基础设施、口岸查验监管设施及生活服务配套设施,建成董家口港区中石化液化天然气接收站工程和青岛港集团大型矿石、鲁能通用码头工程等项目,争取国家批准董家口口岸对外开放。强化物流中转枢纽功能,建成以铁矿石为主的大型散杂货交易平台、以石油交割库为主的大型能源中心、以液化天然气为主导的现代清洁能源基地,打造国家大宗干散货集散中心、重要的能源储运中心、交易中心。进一步完善胶州湾港区功能,建成前湾港区航道扩建工程、集装箱码头四期等项目,前湾港建设成以国际集装箱干线运输为主的大型国际化深水港区;高标准建设老港区国际客运旅游中心设施,建成符合现代国际邮轮城要求的核心功能区。积极推进鳌山湾港区开发建设前期工作。统筹规划陆岛交通建设。

推进口岸跨区域合作。延伸青岛口岸服务功能,建立与沿黄流域各口岸间的全面合作机制,加强与腹地货主企业战略联盟。支持青岛港口企业联合船公司对内地无水港和周边支线港进行投资建设,开展集装箱中转业务。充分发挥胶州铁路集装箱中心站集散作用,大力发展海铁联运,构建多式联运物流网络,强化口岸集疏运枢纽功能。加强与烟台、威海、日照等周边港口的战略合作,形成山东半岛港口群的综合竞争力。

提升口岸服务功能。积极引进大型航运企业,支持航运经纪、航运保险、航运融资、航运咨询等现代航运服务要素的聚集发展。建设青岛口岸国际航运服务中心,整合口岸信息资源,打造集口岸通关执法管理及相关物流商务服务为一体的大通关信息平台。加快电子口岸建设,推进物流企业与电子口岸联网,建设口岸通关与物流信息"一站式"公共服务窗口。优化通关流程,提高口岸部门服务效率。

第二节 打造区域性国际航空枢纽

积极开辟国际航线,加快青岛新机场规划建设,全面提升青岛空港运营效率和国内外影响力,航空旅客吞吐量达到1800万人次,货邮吞吐量达到27万吨。

建设青岛新机场。按照国际标准,全力推进青岛新机场建设,大力发展飞机维修改装、空港物流、航空培训、空港商务商业等航空产业,努力形成服务半岛、辐射全省及周边省市的区域枢纽机场和特色高端产业集聚区,培育面向日韩地区的门户功能,打造现代化国际航空城。

拓展国际航线。加大政策优惠力度,重点培育和扶持基地航空公司落户,新增国际航线特别是直飞欧美航线。利用青岛空港区位优势和航线资源,大力发展面向日韩的中转航线,吸引内地城市客货来青集散。着力培育空运货源基地,在沿黄流域经济腹地城市设立"异地货站",延伸空港物流产业链。引进国际知名航空物流公司,建设区域分拨中心。

第三节 构建便捷陆域交通网络

全面推进现代公路网络、环湾型城市快速路网、半岛城际铁路和疏港铁路建设,建成完善的陆域综合交通网。

完善现代路网体系。完成龙口—青岛高速公路建设,加强中心城区与县域间路网建设,加快省道209升级改造和西部南北大通道等工程,超前规划新机场周边公路交通体系,构建以高速公路和一级公路为骨干,其他公路为补充的市域公路网络体系。完成"四环两跨"的环湾路网,加快市区快速路、重要主次干道建设及未贯通道路打通,继续改造超期服役道路,构建中心城区南北顺畅、东西贯通的一体化快速路路网骨架。完成世界园艺博览会、铁路北客站周边道路建设,完善港口集疏运道路建设。地铁一期建成通车,地铁二期完成轨道铺设,地铁三期力争开工建设,完成轨道交通线网规划修编和新一轮轨道交通建设规划编制。实现地铁、铁路、公路、机场等重要节点的有机衔接,争取零距离换乘和无缝对接。积极谋划胶州湾第二条海底隧道建设。大力实施公交优先发展战略,统筹交通一体化管理,结合海湾大桥、海底隧道开通和地铁建设,延伸和优化公交线网,实现中心城区公交全覆盖和与近郊重点中心镇的有机衔接。重点发展节能环保型公交车,规划建设汽车加气站、充电站,提高新能源使用比重。加大政府投资建设力度,鼓励社会投资建设经营公共停车场,挖掘各类停车资源,努力缓解停车难问题。加快推进重要路段过街设施、无障碍设施建设。建设完善城市交通安全管理系统。

提升铁路运输枢纽地位。建成铁路客运北站、青荣城际铁路、海青铁路，争取建设青岛—平度—莱州铁路，推进半岛城际公交化。建成青连铁路，完成胶新铁路电气化工程复线改造，密切与长三角经济圈的联系。加快董家口疏港铁路建设，积极做好青岛至太原高速铁路济青段前期工作，密切与沿黄流域联系。根据鳌山湾建设需求，推进鳌山湾疏港铁路建设。

专栏7　现代路网重点工程

“四环两跨”环湾路网。“四环”，即双积路、国道204、正阳路及延伸线、胶州湾高速公路；“两跨”，即青岛海湾大桥，海底隧道。完成海湾大桥、海底隧道、环湾大道、双积公路、滨河路续建工程和正阳路改造、江山路快速路、海湾大桥青岛端接线二期等工程。

中心城区快速路网。完成重庆路快速路、杭鞍快速路二期、东西快速路三期、新疆路高架快速路、前湾港疏港高架二期等工程。

城区主次干路网。完成福州路、金水路、温州路、南京路、太原路等主干路拓宽改造，逐步实施瑞昌路、长沙路、安顺路、周口路、唐山路等打通工程。

重点区域路网。完善铁路客运北站站前路网体系，完成世园大道、九水东路等世界园艺博览会周边道路工程。

“十二五”中心城区路网规划示意图

市区轨道交通线路示意图

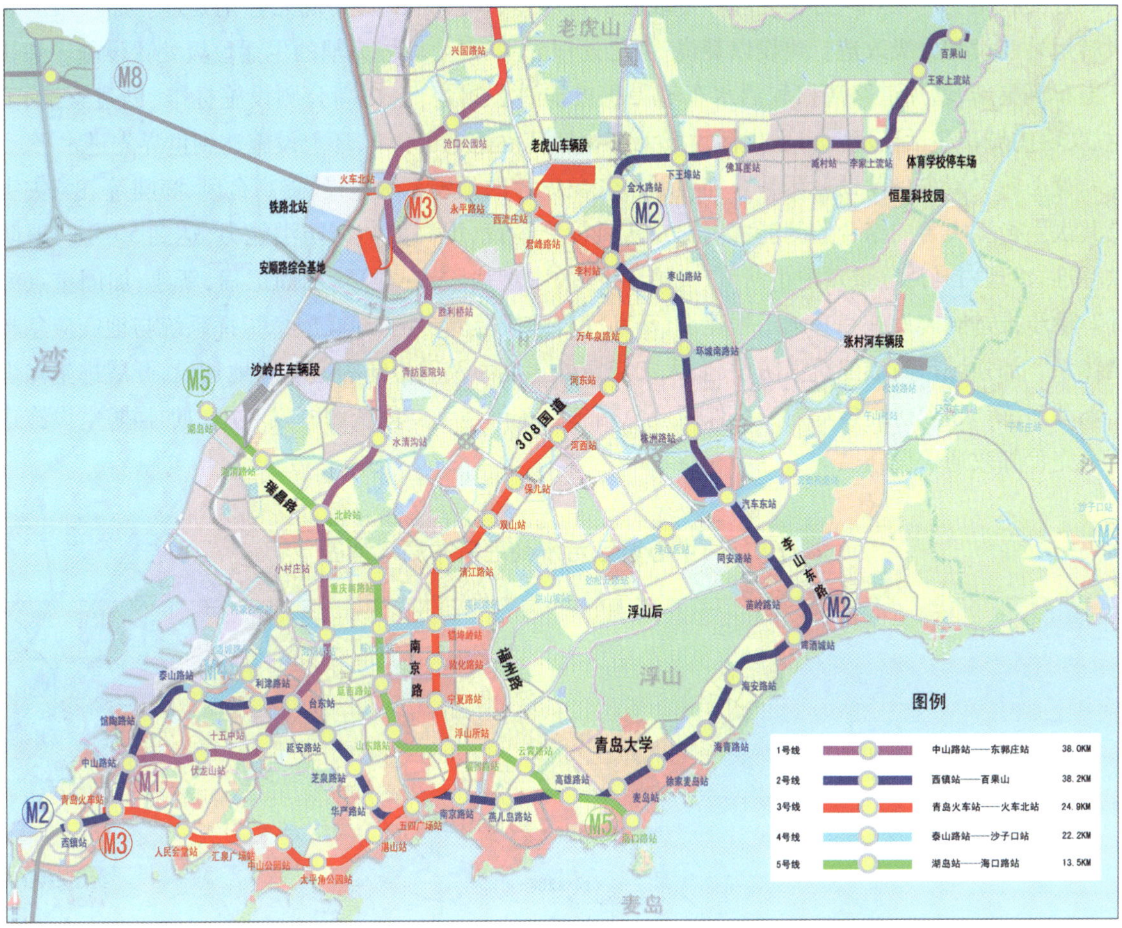

第四节　建设完善市政公用基础设施

全面提高市政公用行业管理和服务水平，构建高起点、可持续、管理规范、服务优良的“大市政公用”综合保障格局，完善防灾减灾保障设施，建成功能完善、国内领先的城市公用基础设施体系。

加强供排水设施建设。实施近郊水库向市区调水工程，新建、扩建、改造输水管道和供水厂。整合完善现有供水厂及输配水设施，建立市区统一的供水调配、运行管理体系和水质实时监测系统，提高供水安全保障能力，供水普及率保持100%。进一步完善城市污水收集、输送、处理系统，新建、扩建、升级改造污水厂，入胶州湾污水处理厂达到一级A排放标准，其他污水处理厂达到一级B排放标准。市区污水集中处理率达到95%以上，位居全国副省级城市前列。积极推进再生水厂和配套管网建设。加快低标排水设施改造。

构筑集约联网的供热、供气设施体系。积极发展区域三联供，扩大清洁能源利用，加快热源和配套管网建设，构筑以热电联产为主体、区域锅炉房为辅助、洁净能源为补充、供热管网“环网”、“联网”运行的城市供热体系，市区集中供热普及率达到85%以上。加快供热企业整合，提高规模化、集约化程度。建设环胶州湾及至五市天然气高压管网，实现天然气统一接收、统一分销，构建以管道天然气为主，瓶装液化石油气为补充的城市燃气体系。建设天然气应急调峰气源，推进燃气管网地理信息系统建设，完成灰口铸铁管改造，保障管网稳定运行。市区管道燃气气化率达到90%。

提高环卫设施水平。遵循“减量化、资源化、无害化”原则，完善生活垃圾收集运输体系，逐步实现分类收集、分类运输、分类处理。建成餐厨垃圾专门处理设施，实现无害化处理。加快市区垃圾转运站建设和升级改造。建设以焚烧、生化处理为主，卫生填埋为辅的生活垃圾处置设施。加快环卫车辆更新，增加道路清扫和洒水车辆。积极推进公厕建设，提高公厕设施标准，创建整洁、卫生、文明的城市生活环境。市区生活垃圾无害化处理率达到100%，环卫设施达到世界先进水平。

健全防灾减灾保障设施体系。加强城市气象灾害的预警系统建设，提高台风、海啸等气象灾害及其次生衍生灾害的综合监测能力。加快防洪设施建设，提高大沽河防洪能力，达到50年一遇防洪标准，治理白马河等重点中小河流，实施54座大中型病险水闸除险加固工程，新建、加固重点海堤。稳步推进防震设施和基础工程建设，不断完善地震监测台网、地震应急指挥系统与地震应急救援体系。加强城市高层建筑消防设施、火灾应急处置能力及城市防灾避险绿地建设，开展逃生知识培训和演练。超前研究核辐射安全保障应急措施。统筹地下空间资源开发利用。加强防空设施建设。完善邮政通信设施。

“十二五”中心城区污水处理厂布局示意图

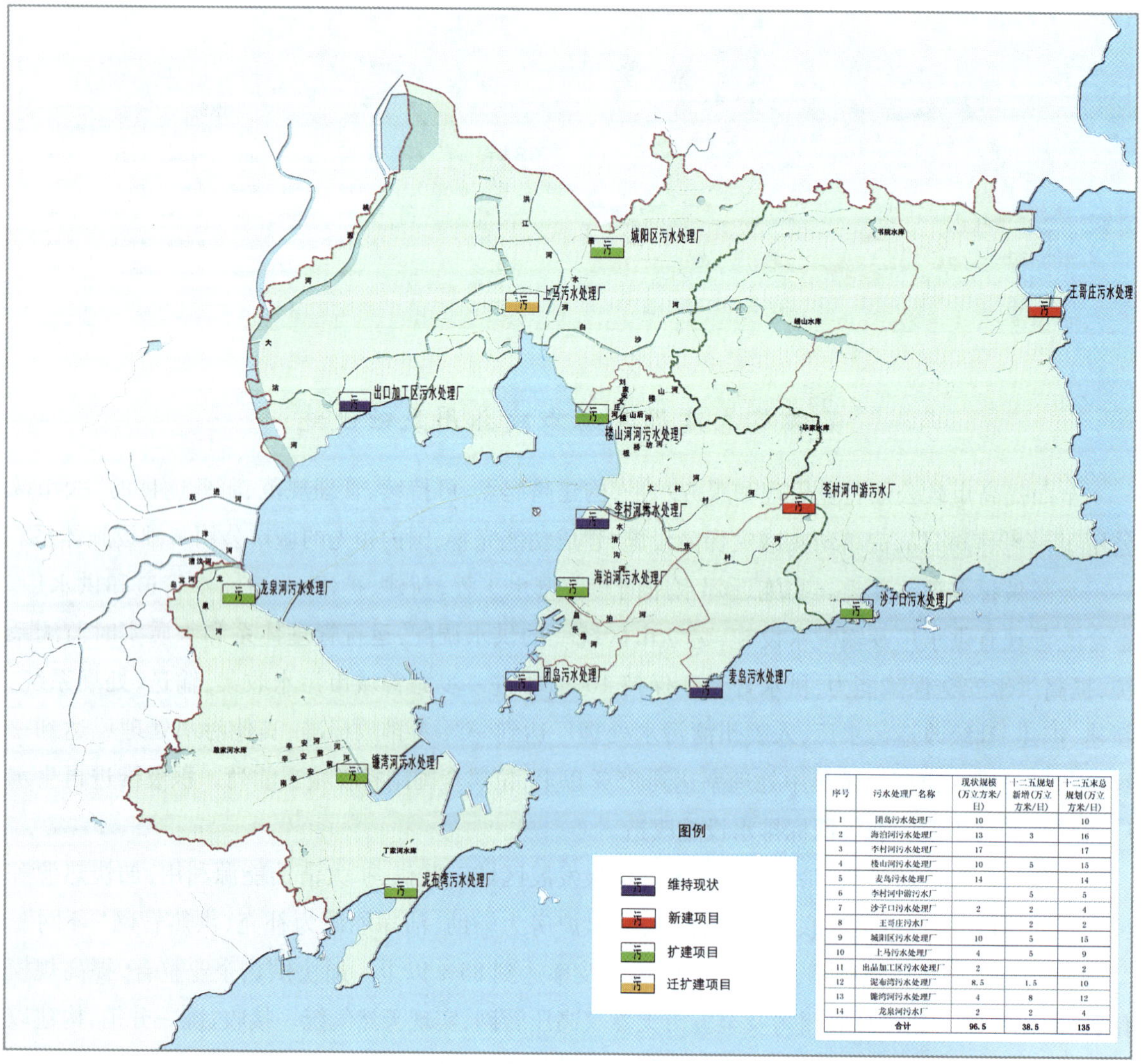

序号	污水处理厂名称	现状规模(万立方米/日)	十二五规划新增(万立方米/日)	十二五末总规划(万立方米/日)
1	团岛污水处理厂	10		10
2	海泊河污水处理厂	13	3	16
3	李村河污水处理厂	17		17
4	楼山河污水处理厂	10	5	15
5	麦岛污水处理厂	14		14
6	李村河中游污水厂		5	5
7	沙子口污水处理厂	2	2	4
8	王哥庄污水厂		2	2
9	城阳区污水处理厂	10	5	15
10	上马污水处理厂	4	5	9
11	出品加工区污水处理厂	2		2
12	泥布湾污水处理厂	8.5	1.5	10
13	镰湾河污水处理厂	4	8	12
14	龙泉河污水厂	2	2	4
	合计	96.5	38.5	135

专栏 8　市政公用设施重点工程

供排水设施。实施红石崖水厂、青岛北部水厂建设和江家庄水厂扩建工程,完善李沧区东部、四方区东部、浮山新区、崂山区北部等区域输配水设施。加大供水管网建设和改造力度。续建海泊河污水处理厂,实施李村河上游、王哥庄、高新区污水厂和城阳区污水处理厂二期工程,扩建沙子口、楼山河、龙泉河、泥布湾、镰湾河污水厂,实施污泥焚烧工程,推进排水管网建设。

供热、供气设施。实施东亿供热中心、水清沟热电厂、后海热电厂、铁路红宇供热站扩建和李沧东热电厂续建工程,徐家东山供热站等热源建设及配套管网工程,推进调峰锅炉房建设及蒸汽管网改造、供热分户计量等工程。建设天然气汽车加气站等供气工程。

环卫设施。完善生活垃圾收集体系,推进生活垃圾收集站工程,完成太原路垃圾中转站迁建和崂山垃圾中转站工程,新建、改建社区小型垃圾转运站。推进小涧西生活垃圾填埋场二期、焚烧发电二期工程建设。实施餐厨垃圾处理厂和城肥处理厂迁建工程。

防灾减灾设施。实施大沽河、白马河、郊区路域河道等防洪设施工程,近海海洋气象监测和灾害预报预警工程、气象灾害监测预报预警服务系统等气象工程,推进地震监测预报系统、地震基础设施、震害防御系统、地震应急指挥系统、救援装备及物资储备系统等防震减灾工程建设。

第五节　提高城市管理水平

深化城市管理体制改革,强化城市管理的法制化、人性化和属地化,构建网格化、精细化、社会化城市管理新体系。

构建新型城市管理格局。强化“两级政府、三级管理、四级网络”的管理体制,增强城市管理的整体协同性、区域统筹性、城乡一体性。强化属地管理,推动管理重心下移,加快向镇(街)、社区延伸,加强建制镇城市管理机构建设,全市城市社区管理专业维护作业队伍覆盖率达到100%。明确城市管理设施和公共空间的责任主体,理顺管理事权。提升数字化城市管理水平。

健全规范管理的长效机制。强化城市管理立法工作,建立专业执法和综合执法相结合的执法体系,大力推进城管标准化建设。提高执法队伍素质,倡导文明执法,实现由“突击整改、专项整治”向“综合治理、长效管理”的转变。加强执法装备的配备和更新。完善城市管理考核机制和社会评价机制,建立健全执法监督体系和快速反应机制,促进城市管理高效运行。

加强城市综合管理。加强重点区域控制性详规编制,保持和延续城市历史风貌,合理确定建筑形式、高度、色调和风格,规划好天际线,控制好绿线、紫线。加强违法建筑、门头广告、灯光亮化、占路经营等规范管理。加强市区铁路两侧和环湾大道、大桥接线两侧环境整治。着力缓解交通拥堵,规划建设新一代智能交通管理系统,实施道路“畅通”工程,加强城市交通的高峰调流、科学疏导。积极发展中小学校车服务系统,鼓励单位开行班车。提高市政设施养护管理水平和机械化维护率。增强掘路施工计划性,规范现场管理。规范地名、路名管理。

第十章　促进城乡协调发展

围绕社会主义新农村建设,打破城乡壁垒,推进城乡规划布局、产业发展、基础设施、环境治理、公共服务一体化,工业化、城镇化和农业现代化协调发展,实现城乡居民共享改革发展成果。

第一节　优化城乡规划布局

坚持规划先行,科学合理安排县域城镇建设、农田保护、产业聚集、村落分布、生态涵养等空间布局，形成城乡一体、配套衔接的规划体系。

推进镇村规划。完善城乡规划体系，将镇村规划纳入城乡规划体系，编制完成城镇体系规划，统筹城乡规划控制与引导。进一步完善重点镇布局规划，编制完成新城和重点中心镇规划，明确各镇的规模结构和功能定位。编制村庄布点规划，合理规划村庄住宅建设、产业发展、基础设施、公共服务设施等用地。

建立健全城乡统一的建设用地市场。统筹城乡土地管理使用，积极稳妥推进农村土地整治，探索农村集体建设用地流转机制，完善被征地农民社会保障办法，做到先保后征。认真落实城乡集体建设用地增减挂钩制度，逐步实现农村集体用地在范围内异地使用。

第二节 加快县域经济发展

承接市区产业转移，促进县域产业结构调整，增强产业竞争力，大幅提升县域经济实力。

壮大优化县域产业。引导大项目和老城区搬迁企业向县域工业园区集聚，配套引进发展上下游关联企业。加大政策扶持力度，推进平度、莱西新型工业化进程。加快培育即墨通济纺织服装、胶南隐珠手推车、胶南王台纺织机械、胶州钢结构、莱西姜山橡胶轮胎和新材料、平度新河化工等特色产业基地，向百亿元规模升级。完善县域服务业体系，发展与新型城镇、新型农村社区、工业园区相配套的物流、中介、科技、信息、文化娱乐、教育医疗、社区服务等服务业。加大县域旅游资源综合开发力度，发展生态、健身、民俗文化和农家乐、渔家乐等度假式乡村休闲旅游。同步推进村庄改造、农民住房景观化改造与乡村旅游区建设，创建旅游特色村和旅游强镇。推进农村流通网络建设，大力发展现代流通方式，支持商贸、邮政等企业向农村延伸服务。

健全现代农村金融体系。鼓励增加涉农信贷投放，促进县域内新吸收存款主要用于当地发放贷款。推动各类金融机构加快增设县域分支机构，积极培育新型农村金融机构和组织。探索建立服务三农的融资担保体系。拓展农村抵押担保范围，积极开展林权、海域使用权、设施农业使用权等抵押贷款。建设农村信用工程，提高农村小额贷款覆盖面。完善政策性农业保险，逐步扩大试点范围。

第三节 加强农村基础设施建设

坚持联网对接、共建共享，加快城市交通、供水、供电、信息网络等基础设施向农村延伸。

加强县域交通基础设施建设。继续改善农村公路质量，落实和加强县乡道路及村村通道路的监管维护措施，推进胶南东西大通道等干线农村公路和重点工业功能区周边公路建设，加强通村公路、干线公路、高速公路的配套协调，提升农村公路网化水平。实现平度、胶州、莱西与潍坊、烟台等周边地区连接公路的标准统一。加快公交服务向郊区延伸覆盖，推进农村客运线路公交化，形成城乡公交相互衔接、方便快捷的城乡客运网络。

加快镇村公用设施建设。加大财政支持力度，加强水源地和水厂建设，加快镇村供水老管网改造，推进镇村集中连片供水，规模化集中供水人口占农村居住人口的95%以上。开展水质定期检测，提高供水质量标准，全面解决农村安全饮水问题。实施新一轮农村电网改造升级工程，镇村基本实现电气化。大力发展镇村管道天然气，推广农村可再生能源技术，规范发展农村大中型沼气设施。推动宽带互联网络向农村延伸，建设统一的村级管理和服务信息网络平台，完善农村信息服务体系。

第四节　改善农村生态环境

全面开展农村环境综合整治，建立“五化”长效管理机制，加强农村环卫设施建设，改善农村居民生活环境质量。

加强农村生活污染防治。因地制宜推进镇建成区（中心村）生活污水治理工作，完成重点中心镇污水处理系统建设。将村镇垃圾收集点、转运站、公厕、再生资源回收利用站点等纳入城乡建设规划，推进环卫设施和回收利用站点建设与管理。逐步将城区环卫管理模式延伸到农村地区，加大各级财政支持力度，推行“户集、村收、镇运、县处理”的垃圾无害化处理方式。大力推进农村厕所改造，落实以奖促治政策，稳步推进农村环境综合整治。

有效控制农业面源污染。推进畜禽养殖业污染治理，推广畜禽清洁养殖技术。加强农药化肥污染控制，防止禁用农资进入农业生产环节。引进、试验和推广精准施药技术、新型施药器械和以生物制剂为主的新型农药品种，扩大生物肥料、生物农药覆盖面。

第五节　强化农村公共服务

加快公共服务向农村覆盖，实现城乡之间基本公共服务制度的衔接和统一，促进基本公共服务均等化。

推动城乡教育均衡协调发展。加快推进农村中小学标准化建设，完成薄弱学校改造，均衡县域义务教育师资配置，缩小城乡之间和校际之间办学条件差距。切实解决好农村留守儿童教育问题。加强县级职教中心和涉农专业建设。把发展学前教育纳入新农村建设规划，增加农村公办幼儿园，推进农村幼儿园标准化建设。统筹建立农村成人教育网络，促进农科教结合，增强服务三农的能力。加大农村教师培训力度，完善农村教师补充机制，推进城乡教师双向交流。

促进农村医疗卫生事业发展。加快建设以基本医疗和公共卫生服务为基础的农村医疗卫生服务网络。完善城乡医疗机构对口支援的长效机制。转变镇卫生院服务职能，从以基本医疗为主转向健康管理为主，逐步向社区卫生服务中心模式转变，逐步实施镇村医疗卫生机构一体化管理。巩固和发展新型农村合作医疗制度，逐步提高财政补助标准和人均筹资水平，健全农村困难群众重大疾病医疗救助制度。

加快改善农民住房条件。合理确定农民集中居住点的数量、布局、范围和用地规模，尊重农民意愿，引导农民逐步向城镇和农村新型社区集中居住。加快实施农民经济适用房建设、农村危旧房改造和村庄集中改造三大工程。完善农村宅基地管理机制，全面梳理宅基地使用权属，依法保障农户宅基地用益物权。

完善农村社会救助、社会福利体系。加大财政补助力度，完善农村居民最低生活保障制度，建立最低生活保障标准增长机制。全面落实农村五保供养政策，确保供养水平不低于所在区（市）农村居民平均生活水平。完善农村社会福利服务制度，改善农村社会福利设施条件。统筹城乡优抚安置政策，大力发展面向农村的公益慈善事业。

第十一章　着力保障和改善民生

坚持民生优先，建立健全覆盖城乡可持续的基本公共服务体系，不断提高政府保障能力，增强人民群众的幸福感。

第一节 增强公共就业服务能力

实施积极的就业政策，完善城乡统一的公共就业服务体系，建设国家级创业型城市，年新增城乡就业25万人，城镇登记失业率控制在4%以内。

着力扩大就业规模。通过保持经济平稳较快增长特别是发展服务业，不断扩大就业容量。出台鼓励中小企业、劳动密集型企业吸纳就业政策。鼓励多种形式灵活就业，扶持自谋职业、自雇就业。健全职业技能培训制度，完善政府购买培训成果机制和培训模式。

健全公共就业服务体系。完善统一规范灵活的人力资源市场，推进就业信息全市统一联网，为劳动者实行免费服务。发挥政府、工会和企业作用，努力形成企业和职工利益共享机制，建立和谐的劳动关系。完善劳动争议处理机制，加大劳动保障监察执法力度，切实维护劳动者权益。健全失业监测预警和调控制度。

实施全民创业工程。以创业富民为目标，落实完善鼓励自主创业政策，支持科技创业、青年创业、二次创业、妇女创业、残疾人创业，打造“无障碍创业绿色通道”，年扶持创业1万人，创建最具创业创新发展活力城市。做好创业项目归集、推介展示和指导服务，加强创业辅导培训。扶持创业科技孵化器、专业创业园区、大学创业园等创业载体建设。加强创业司法援助和维权。

促进重点群体就业。完善税费减免、岗位补贴、培训补贴、社会保险补贴、技能鉴定补贴等政策，促进高校毕业生、农村转移劳动力、城镇就业困难人员就业。加强高校毕业生就业指导和创业扶持，推进企事业单位见习基地建设，本市高校毕业生就业率达到85%以上。实行农村转移劳动力订单式培训，鼓励支持农民工就近就业和返乡创业，年农村劳动力转移就业10万人。开展就业困难人员就业援助行动，鼓励企业接纳就业困难人员，支持就业困难人员在社区就业。做好退役军人就业工作。

第二节 提高城乡居民收入

合理调整收入分配关系，拓宽增收渠道，努力实现城乡居民收入增长与经济增长同步、劳动报酬提高与劳动生产率提高同步，城乡居民收入年均分别增长11%以上。

调整收入分配格局。努力提高居民收入在国民收入分配中的比重、劳动报酬在初次分配中的比重，着力提高低收入者的收入水平，扩大中等收入者比重。完善最低工资和工资指导线制度，积极稳妥扩大工资集体协商覆盖面。建立企业工资正常增长机制和支付保障机制，促进城镇在岗职工工资持续增长，确保工资按时足额发放。健全以税收、社会保障、转移支付为主要手段的再分配调节机制，创造条件增加居民财产性收入。规范国有企业高管人员的收入分配。完善公务员工资制度，深化事业单位收入分配制度改革。

促进农民增收。鼓励农民优化种养结构，发展特色高效农业、休闲农业、乡村旅游和农村服务业，巩固提高经营性收入。努力实现农民工与城镇就业人员同工同酬，引导富余劳动力向非农产业和城镇转移就业，增加工资性收入。完善补贴方式，加大对种粮农民的直接补贴力度，发展政策性农业保险，增加转移性收入。推进农村产权制度改革，提高征地补偿标准，完善农村宅基地制度，允许农民以各种形式流转土地承包经营权，切实增加财产性收入。

第三节 办好适应时代要求的教育

按照优先发展、育人为本、改革创新、促进公平、提高质量的要求，实施教育强市战略，率先基本实现教育现代化。全市财政预算内教育经费占财政支出20%，高水平普及十五年基础教育，新增劳动力平均受教育年限达到14年。

提高基础教育整体水平。坚持学前教育公益性和普惠性，大力发展公办幼儿园，加大对民办幼儿园的扶持，支持街道、农村集体举办幼儿园，落实幼儿教师地位和待遇，形成政府主导、公办为主、社会参与的幼儿园办园体制。推进义务教育均衡发展，合理配置公共教育资源，重点向农村倾斜，提高义务教育公平满意度。扩大义务教育段免费项目。加强中小学标准化建设，提高学校基础设施、教育技术装备和信息化水平，七区90%、五市60%以上的中小学通过现代化学校验收。高中教育形成特色、优质、多元的发展格局。保障进城务工人员随迁子女平等接受义务教育。

大力发展职业教育。优化职业教育专业结构和布局，加大"双师"型教师的培养和引进力度，提高职业教育质量，加快技能型人才培养。推进学历证书和职业资格证书"双证书"制度，提高技能型人才的社会地位和待遇，形成"行行出状元"的社会氛围。推进青岛职教园区和实训基地建设。统筹中等与高等职业教育协调发展，适度扩大三二连读和五年制高职的招生计划。支持青岛职业技术学院国家示范二期和青岛技术博物馆建设。

推动高等教育内涵发展。鼓励驻青高校引进高层次人才，推进重点高校和重点学科建设，全面提高高等教育质量，高等教育步入普及化阶段，毛入学率达到50%以上。以提高人才培养质量和推进产学研用合作为重点，选择若干学科专业推进市校共建。支持中国海洋大学"985工程"建设，完成山东大学青岛校区建设。

深化教育教学改革。坚持德育为先、能力为重，全面推进素质教育，改革教学内容、教学方法、质量评价、考试招生制度，促进学生德智体美全面发展。建立以提高质量为导向的管理制度和工作机制，促进管办评分离，推进现代学校制度建设。扩大教育开放，加强与国内外知名高校的合作。鼓励和引导社会力量兴办教育。加强师德师风建设，提高校长和教师专业化水平，营造尊师重教的社会氛围，鼓励优秀人才终身从教。支持特殊教育发展。发展继续教育、社区教育、远程教育，建设全民学习、终身学习的学习型社会。

第四节 提升医疗卫生服务水平

按照保基本、强基层、建机制的要求，加大财政投入，全力推进健康城市建设，每万人口拥有医疗床位50张、执业医师30人、注册护士40人，率先建立覆盖城乡居民的基本医疗卫生制度。

健全公共卫生服务体系。健全疾病预防控制、健康教育、妇幼保健、精神卫生、应急救治、采供血、卫生监督等专业公共卫生服务网络，积极防治重大传染病、慢性病、职业病、地方病和精神疾病，加强与基层医疗卫生机构之间的资源共享，提高突发公共卫生事件处置能力。提高人均公共卫生经费标准，扩大基本和重大公共卫生服务免费项目。全面推行公共场所禁烟。开设12320热线，普及健康知识，倡导健康文明的生活方式。孕产妇死亡率控制在10/10万以内，婴儿死亡率控制在5‰以内，居民预期寿命达到82岁以上。

健全医疗卫生服务体系。完善以区域性医疗中心为龙头、特色专科骨干医院为补充、基层医疗卫生机构为基础的医疗卫生服务体系。实施“953”工程①,推进国家和省级重点学科建设,17个区域性医疗中心全部达到三级医院水平,着重提升五市医疗水平和规模,形成半小时医院服务圈。实施卫生强基工程,新增医疗卫生资源重点向农村和城市社区倾斜,改善基层卫生机构设施条件,形成基层“一刻钟健康服务圈”。推进人才培养与引进工程,加强高端人才和基层全科医生队伍建设,完善优秀人才长期在基层服务的政策。构建各级医疗机构分级诊疗、双向转诊制度,形成市区医疗中心和基层医疗机构分工协作格局。

健全基本医疗保障体系。完善城镇职工基本医疗保险、城镇居民基本医疗保险、新型农村合作医疗制度和城乡医疗救助制度,实现城镇职工医保和新农合市级统筹。逐步减轻居民个人医药费用负担,大幅提高城镇居民医保和新农合的筹资标准,住院费用报销比例达到70%,逐步提高门诊报销比例,新农合最高支付限额提高到农民年人均纯收入的8倍以上。健全医疗保险关系转移接续和异地就医结算机制。

深化医药卫生体制改革。积极稳妥推动公立医院改革,完善运行机制、补偿机制和评价体系,实行绩效工资制度。坚持公立医院的公益性,提升医疗服务水平,提高群众满意度。完善以基本药物制度为基础的药品供应保障体系,基本药物全部纳入医保药物报销目录,逐步提高公立医院基本药物使用比例。建立政府主导的多元卫生投入机制,鼓励社会资本举办医疗机构,加快现代医疗服务业发展,满足居民多层次、多元化医疗服务需求。坚持中西医并重,支持中医药事业发展。

第五节 健全社会保障体系

完善以社会保险、社会救助、社会福利为基础,以基本养老、基本医疗、最低生活保障制度为重点的社会保障体系,实现社会保障制度全覆盖,五项社会保险市级统筹。

完善社会保险制度。不断扩大养老保险覆盖范围,完善城镇职工和城乡居民基本养老保险制度,逐步推进城乡养老保障制度有效衔接。城镇职工基本养老保险参保缴费人数达到195万人,城乡居民基本养老保险适龄参保率达到85%以上,60周岁及以上人员全部享受社会养老保险待遇。扩大基本医疗保险保障范围和工伤、失业、生育保险制度的覆盖面。稳步提高企业离退休人员基本养老金水平。完善基金管办分离制度,加强社会保险基金征缴和监管。

加强社会救助和社会福利服务体系建设。完善最低生活保障制度,稳步提高城乡低保标准,做好低保边缘群体的基本生活保障。鼓励支持慈善捐助、志愿服务、法律援助等社会救助,提高教育、医疗、就业等专项救助和农村五保供养水平,完善临时救助制度。建立低保对象中80岁以上老年人、重病患者等特困家庭的特殊生活补助制度。以扶老、助残、救孤、济困为重点,推动社会福利由补缺型向适度普惠型转变。推广免费海葬等绿色殡葬。发挥红十字会、福彩公益金作用,推动公益慈善事业健康发展。

深化社会保障制度改革。稳步提高财政性社会保障支出占财政支出的比重,重点向农民、农民工、被征地农民、城市无业人员和城乡残疾人等特殊困难人群倾斜。做实养老保险个人账户,增强基金抗风险能力。推动机关事业单位养老保险制度改革。实现企业养老保险与城乡居民养老保险合理转换。加强社会保障信息网络建设,推进社会保障卡应用。探索建立个人终身社会保障号,推

---

① “953”工程:提升市立医院、海慈医疗集团等9所三级医院能力,升级改造城阳、平度等5所区市医院,搬迁建设市精神卫生中心等3所医院。

进社会保障关系跨地区转移接续。

第六节　推进保障性住房建设

完善以公共租赁住房为主体的保障性住房供应体系，基本解决低收入①住房困难家庭住房问题，逐步改善中低收入②住房困难家庭的住房条件。

加大保障性住房建设力度。增加财政资金对保障性住房建设和管理投入。通过新建、改建、购置等方式多渠道筹集保障性住房。优先保证保障性住房用地供应，坚持和完善保障性住房配建制度，市区住宅建设用地原则上均应按一定比例配建保障性住房、限价商品住房。严格保障性住房开发建设单位的资格准入，优化户型布局设计，提升住房综合品质和配套水平。

逐步扩大住房保障覆盖范围。通过筹建公共租赁住房（含廉租住房）、经济适用住房以及旧城区、城中村改造等方式，解决市区5万户低收入家庭的住房困难。通过限价商品住房，改善约5万户中等收入家庭的住房条件。逐步改善和解决新就业职工、引进人才和在我市有稳定职业并居住一定年限的外来务工人员等群体的住房。

加快推进旧城区、城中村改造。坚持政府主导、市场运作、群众参与，采取就近整合、项目捆绑的方式集中连片统筹规划建设，优先改造规模大、条件差、群众要求迫切的地块，逐步改造零星分散的地块，到2015年全面完成建成区城中村改造任务。继续加强旧住宅区和老楼院功能完善和环境整治。

第七节　全面做好人口工作

提高人口素质，优化人口结构，积极应对人口老龄化，促进人口长期均衡发展。

加强计划生育服务。坚持计划生育基本国策，完善计划生育家庭扶助、“少生快富”工程、特别扶助制度和城镇独生子女父母年老奖励制度，加强社会抚养费征收管理，千方百计稳定适度低生育水平，年均人口自然增长率不超过4.5‰，全市户籍总人口控制在830万以内。加大出生缺陷预防干预力度，做好优生咨询、孕前筛查、营养素补充等服务，推进优生优育。做好流动人口计划生育服务管理。加强人口发展战略研究。

营造关爱老年人的社会环境。完善覆盖城乡老年人的社会保障体系、养老服务体系、精神关爱体系，加快老龄产业发展，推进老龄信息服务平台建设，建设国家级老年友好型城市。加强公益性养老服务设施建设，鼓励社会力量兴办养老服务机构，积极发展面向高龄失能失智老人的护理型医养结合养老机构，每个社区设立老年人照料中心，构建以居家为基础、社区为依托、机构为支撑的养老服务体系，加强农村敬老院建设。发展老年教育、文化和体育事业，办好各类老年学校，加强各级老年活动中心建设，拓展社区老年服务功能。保障老年人合法权益。逐步提高老年人优待标准。

切实维护妇女儿童和残疾人权益。坚持男女平等基本国策和儿童优先原则，全面实施新一轮妇女、儿童发展纲要，保障妇女合法权益，加强未成年人保护。促进妇女平等就业创业，提高妇女参与经济发展和社会管理能力。切实解决留守儿童、孤残流浪儿童救助等问题。加强婴幼儿早期启

---

① 低收入：人均可支配收入线标准以下，即家庭人均月收入低于1864元（按2009年城市居民人均可支配收入计算）。

② 中低收入：人均可支配收入线1.5倍以下，即家庭人均月收入低于2796元。

蒙教育和独生子女社会行为教育。健全残疾人社会保障和服务体系，倡导和鼓励社会各界关心、支持和参与残疾人事业，加强残疾人康复、教育、托养、就业工作。推进无障碍建设。

专栏9 社会民生重点工程

教育事业。推进市青少年综合素质教育实践基地、校舍安全工程，加快青岛二中分校、青岛实验中学建设。完成综合性职业教育园区、40个校内实训基地和30个综合性、开放式专业实训基地建设。加快山东大学青岛校区、哈尔滨工程大学产学研基地、青岛远洋船员职业学院、青岛远程教育中心建设。选址建设青岛盲校。

卫生事业。推进市第三人民医院迁建、市妇女儿童医院二期、市公共卫生中心迁建、市精神卫生中心迁建、公共卫生体系标准化、卫生信息网络等工程建设。

民政事业。实施市殡仪馆搬迁，改扩建市社会福利院、市优抚医院和市儿童福利院，推进市救灾物资仓储中心和民政信息化工程建设。

人口计生。建设市级孕前优生健康检查教育基地。建立完善市全员人口信息综合数据库、人口综合管理与决策支持平台和数字移动智能平台。

老龄和残疾人事业。建立完善青岛市老年人口信息库，建设青岛市老年活动中心、市失能失智老年人长期照护中心和市级残疾人综合服务中心。

第十二章 促进社会和谐稳定

加强和创新社会管理，推进公共安全和民主法制建设，让城乡居民生活得更加安全、更有尊严。

第一节 加强和创新社会管理

以社会和谐稳定为目标，加大社会矛盾调解力度，健全党委领导、政府负责、社会协同、公众参与的社会管理格局。

创新社会管理体制。坚持多方参与、共同治理，统筹兼顾、动态协调的原则，完善社会管理格局。发挥党委的领导核心作用，强化政府社会管理职能。发挥群众性自治组织、各类社会组织和企事业单位协同作用，动员和组织公民依法参与社会管理，形成社会管理和服务合力。发挥工商联桥梁纽带作用，引导非公有制经济健康发展。推进社会管理重心向基层组织转移，加强和改进基层党组织工作，完善村民自治、社区自治制度，提高城乡社区自治和服务功能。统筹网络虚拟社会与现实社会管理，加强网络和舆情引导，构建和谐虚拟社会。加强流动人口和闲散青少年服务管理。

建立完善维护群众权益机制。拓宽社情民意表达渠道。完善公共决策的社会公示制度、公众听证制度和专家咨询制度，扩大公众参与程度。完善信访制度，注重民意收集与信息反馈。充分发挥互联网通达社情民意的作用，高度重视和主动回应社会热点问题。完善社会矛盾调解机制。落实重大工程项目建设、重大政策制定和重要决策事项的风险评估制度。加强人民调解、行政调解、司法调解联动，整合各方面力量，有效防范和化解社会矛盾。依靠基层党政组织、行业管理组织、群众自治组织，充分发挥工会、共青团、妇联的作用，共同维护群众权益。

推进城乡社区建设。健全党组织领导的社区居民自治制度，推进居民依法管理社区公共事务和公益事业。积极培育社区服务性、公益性、互助性社会组织，发挥业主委员会、物业管理机构、驻区单位的作用，加强社区专职工作者和志愿者队伍建设，发展社区便民服务。加强社区配套设施建设。坚持地域相近、规模适度、有利于整合利用公共资源的原则,按照多村一社区、中心村建社区服务中心的思路,加快农村社区化进程,推进公共服务向农村延伸。积极创建全国和谐社区建设示范区。

规范发展社会组织。坚持培育发展和管理监督并重,推动社会组织健康有序发展,发挥其提供服务、反映诉求、规范行为的作用。推动行业协会、商会改革和发展,强化行业自律,发挥沟通企业与政府的作用,促进市场主体有序竞争。培育发展公益性社会组织,动员社会力量设立公益性社会团体和民办非企业单位。加强社会组织监督,建立社会组织信息公开制度,提高自律性和诚信度。逐步扩大政府向社会组织购买服务范围。

第二节　推进公共安全建设

坚持把保护人民生命财产安全放在第一位,深化平安青岛建设,加大公共安全投入,提高社会公共安全管理水平。

保障食品药品安全。完善食品药品安全监管机构体制和应急体系。依法强化农产品种养殖、食品生产加工、流通和消费环节的全覆盖、无缝隙、常态化监管,建立健全食品安全保障体系,食品抽检合格率达到98%以上,努力建成全国食品最安全城市。加强药品的源头监控和市场监管,保障公众用药安全。完成国家口岸药品检验所改造。

严格安全生产管理。强化企业安全生产主体责任,实行网格化监管。建立道路交通、建筑施工、危险化学品、非煤矿山、特种设备和人员密集场所消防等安全整治的长效机制。不断完善安全生产法规和技术标准体系、监督管理体系、技术支撑体系和宣传教育培训体系。加大安全生产目标考核,严格追究安全生产事故责任,坚决遏制重特大事故发生。全市亿元生产总值生产安全事故死亡率下降35%,道路交通万车死亡率下降20%。

健全突发事件应急体系。完善分类管理、分级负责、条块结合、属地为主的应急管理体系,加快形成政府统筹协调、社会共同参与的"大应急"工作格局,加强应急队伍建设,有效应对自然灾害、事故灾难、公共卫生、社会安全事件。加大应急装备投入和宣教培训力度,不断提高公众危机防范自救意识和应急综合救援能力。加强粮食等应急储备,建立生活必需品储备体系。加强海上溢油应急能力建设。

加强社会治安综合治理。坚持打防结合、预防为主、专群结合、依靠群众的方针,完善社会治安防控体系,分步建设覆盖城乡的社会治安动态视频监控网络,加强城乡社区警务、群防群治等基层建设,形成社会各方面力量参与的治安防控大格局,不断提升城市安全度和公众安全感。依法严厉打击严重刑事犯罪活动,加强重点地区社会治安综合治理,扫除黄赌毒等社会丑恶现象。强化对特殊人群帮教管理工作,积极开展社区矫正。完善政法保障机制,加强公安派出所、司法所、人民法庭、综治维稳中心等基层建设。健全社会稳定和执法办案稳定风险评估机制。建立反走私综合治理长效机制。加强国家安全人民防线、防恐反恐建设和反邪教斗争。

第三节　促进民主法制建设

加强社会主义民主法制建设,更好保障人民合法权益,维护社会公平正义。

发展社会主义民主。认真落实市人大及其常委会的各项决议、决定,重视发挥人民政协政治协商、民主监督、参政议政的重要作用,密切与各民主党派、工商联、无党派人士的联系,支持工会、共青团、妇联等人民团体开展工作。继续做好民族、宗教、外事、侨务和对台工作。加强基层民主建设，依法实行民主选举、民主决策、民主管理、民主监督，保障人民的知情权、参与权、表达权、监督权。加强党管武装和民兵预备役建设。

建设法治社会。建立和完善地方立法前、立法后评估和定期清理制度，提高地方立法质量。加强政府法律事务工作，完善执法责任追究制度，提高依法行政水平。创新和完善行政复议和应诉工作机制，依法解决行政纠纷，加快建设法治政府。推行阳光执法，加强法律监督，规范执法行为，推进公正廉洁执法，提高司法公信力。加强法制宣传教育，完善法律服务体系，切实做好对弱势群体的法律援助工作。

加强廉政建设。坚持标本兼治、综合治理、惩防并举、注重预防的方针，加快推进惩治和预防腐败体系建设。深化党性党风党纪教育，严格执行党风廉政建设责任制。充分发挥监察、审计部门的作用，加强对行政权力运行的监督。严厉查办各类腐败案件。深入推行岗位廉政风险防控，建立思想、制度、科技相结合的防控机制。

专栏10　平安青岛重点工程

公安基础设施。适时启动市公安局指挥中心、警官培训中心、出入境管理局办公楼迁建和特警支队办公营房扩建。加强平安青岛信息网络系统和平台建设，建立完善道路交通智能化系统和社会治安动态监控系统。

司法建设。推进青岛监狱、北墅监狱扩容建设。

应急体系。推进应急宣教培训基地建设和应急指挥平台后续建设。

质量技术监督。建立完善检验检测体系和能源计量体系，推进国家质检中心基地建设。

第十三章　加快建设文化青岛

深入挖掘城市文化内涵，统筹文化发展布局，坚持文化创新，提高公共文化服务能力，以文化繁荣促进经济发展。文化发展主要指标和文化综合竞争力居全国同类城市前列，成为国内外有重要影响力的区域性文化中心城市。

第一节　塑造城市文明形象

广泛开展群众性精神文明创建和公民道德实践活动，倡导爱国守法和敬业诚信，提高城市文明程度和市民素质。

建立城市价值体系。巩固和发展健康向上的主流意识形态，促进社会主义核心价值体系的大众化、普及化，激发全体市民的创业激情和创新活力，营造和谐向上的社会氛围。以“文明赢得尊重”为主题，实施以“弘扬仁爱之心、树立诚信之心、倡导孝敬之心、增强责任之心”为主要内容的“四心工程”，加强社会公德、职业道德、家庭美德、个人品德建设，广泛组织《青岛市市民文明公约》和《青岛市市民“八要八不要”行为规范》宣传实践活动。加强科学普及工作，弘扬科学精神。加强人文关怀，注重心理疏导，开展志愿服务，培育奋发进取、理性平和、开放包容的社会心态。净化社会文化环境，保护青少年身心健康。推进学科体系、学术观点、科研方法创新，繁荣发展哲学社会科学。

推进文明城市创建。坚持城市公共文明指数日常测评和结果定期公布,大力推进文明素质提升、市容环境清洁、窗口服务达标、交通秩序畅通、社会文化环境净化“五大行动”。深入实施“育农、乐农、靓农”和农村精神文明建设“四个一”工程①,不断拓展群众性精神文明创建活动。提倡公民健康生活方式。加强国防动员工作,深入开展双拥共建,密切军政、军民关系。

提高城市文化品质。组织创作一批群众喜闻乐见的文艺作品,推出一批思想性、艺术性、观赏性俱佳,在全国有一定影响力的精品力作。瞄准国际水平,办好青岛国际啤酒节、青岛国际帆船周、中国国际海洋节、中国秧歌节、中国国际小提琴比赛等重大文化节庆活动和文化赛事,做好第十届中国艺术节分会场的筹备工作。加大对青岛交响乐团的扶持力度。加强国内外文化交流,引进国内外优秀文艺作品和高品位艺术表演,争创联合国创意城市联盟“音乐之都”。积极挖掘文物资源,加强历史遗迹、历史建筑、历史文化街区的保护和研究,传承和弘扬胶州秧歌等非物质文化遗产。推进公共档案馆和数字档案共享平台建设,实施社会记忆工程,强化档案资源建设。大力发展博物馆事业。加强史志等地情研究和成果利用。

第二节 繁荣发展文化事业

坚持政府主导,加大公益性文化事业投入力度,率先建成覆盖城乡的公共文化服务体系。

完善公共文化设施。重点建设市文化中心等一批特色鲜明、功能完备的城市标志性文化设施,加强区(市)文化中心建设和基层文化设施配套,新建扩建一批专业演出场所,完善老年人和青少年文化活动场所。发挥现有公共文化基础设施的作用,提高各类公共文化设施的使用效率。全市公共图书馆、档案馆、文化馆、美术馆均达到国家一级馆标准,城市中每万人拥有公共文化服务机构数、乡镇综合文化设施覆盖率等指标位居全国前列,形成城区“15 分钟文化服务圈”。

提高公共文化服务能力。发挥公益性文化单位在公共文化服务中的骨干作用,推广政府购买公益文化产品和服务,保障广大群众特别是低收入和特殊群体的基本文化权益。落实“益民书屋 3+2”工程②、农村电影放映“2131 工程”③等文化惠民政策,开展各种形式的公益性文化活动和文化下乡活动。继续实施文化信息资源共享工程,推动文化资源向基层和农村倾斜。推进和完善图书馆总分馆制,公共图书馆、文化馆和博物馆实行免费开放。

推动广播电视、新闻出版业发展。加强报刊品牌建设,提高青岛新闻网、青岛传媒网等重点新闻网站的发展实力和舆论影响力,牢牢把握正确的舆论导向。推进广播电视频道(频率)专业化、精品化发展,建设青岛网络电视台及高清频道。加强城镇影院建设。完善大型书城、特色书店、社区便民书店布局,积极开发数字出版业务,提高传统出版和数字出版的综合传播能力。

第三节 大力发展文化产业

推进文化与历史、经济、海洋、科技、旅游深度融合,加快区域性特色文化产业集群建设,大力发

---

① 农村精神文明建设“四个一”工程:在农村建设一条文明示范街、一个宣传栏、一支宣传队、一个未成年人活动场所。

② “益民书屋 3+2 工程”:面向农村农民的农家书屋建设、面向城市居民的“社区书屋”建设、面向进城务工经商人员的“新市民书屋”建设和适用图书出版、推进全民阅读活动。

③ 农村电影放映“2131 工程”:在 21 世纪农村要实现一月一村放映一场电影。

展新兴文化业态，提升文化创意水平，文化产业增加值占全市生产总值的比重达到10%以上。

壮大文化主导产业。优化文化产业结构，重点扶持影视传媒、演艺、新闻出版等核心层文化产业，大力发展文化创意、动漫游戏等外围层文化产业，提高文化产业规模化、集约化和专业化水平。保护、开发和利用好海洋文化资源，着力培育滨海文化旅游休闲、海洋民俗、海洋节庆、海洋演艺、海洋工艺品等海洋文化产业，形成特色鲜明、优势明显的海洋文化产业体系。

发展新兴文化业态。实施“创意青岛”计划，充分运用现代科技手段改造传统文化产业，积极发展以数字、网络等高新技术为支撑的新兴文化业态。促进移动传媒、网络传媒等新媒体的发展，鼓励开发移动文化信息服务、数字娱乐产品等增值业务。发展与数字创意有关的网络游戏、在线娱乐、电脑特技、软件设计、数字节目制作、户外新媒体等新兴业态，不断增强文化产品的科技含量和附加值，争创国家级数字出版基地和版权交易中心。

培育文化产业主体。培育文化领域战略投资者，增强青岛日报报业集团、青岛出版集团等国有文化企业的活力和竞争力，支持发展“专、精、特、新”中小文化企业，形成十大文化龙头企业（集团）和100家重点文化企业。实施重大项目带动战略，引进一批科技含量高的文化产业项目，建设一批文化产业园区和基地。培育具有较高知名度和美誉度的文化产品、文化企业和文化产业品牌，支持具有青岛特色的文学艺术、影视剧、出版物、音乐舞蹈等文化产品和服务出口，推动文化“走出去”。

健全文化市场体系。加强图书报刊、电子音像、演出娱乐、动漫游戏、影视剧、工艺美术品等文化产品市场建设，培育资本、人才、信息、技术、版权等文化生产要素市场，新建一批特色文化街区，开拓农村文化市场，促进文化产品和生产要素的合理流动。发展出版物连锁经营、物流配送、电子商务、电影院线等现代文化流通方式，构建覆盖广泛、贯通城乡的文化产品流通网络。加快发展各类文化中介机构和行业组织，提高文化产品和服务的市场化程度和专业化水平。调整文化消费结构，创造新的文化消费热点，通过“电影周”“读书月”“演出季”“文化年”等多种形式，倡导和促进演艺、影视、图书、书画和旅游消费，引导居民消费从物质领域向文化精神领域转变。

深化文化体制改革。健全文化宏观管理体制，继续推进政企分开、政事分开、政资分开、政府与中介组织分开，管办分离。加强文化市场综合执法，建设“文化环保”城市。创新国有文化资产管理方式。完善法人治理结构，深化青岛出版集团、青岛日报报业集团、市广播电视台改革，建立现代企业制度。推进文艺院团转企改制，组建青岛演艺集团，培育合格市场主体。继续深化公益性文化单位改革。鼓励民间资本参与国有经营性文化单位的改制，兴办各类非企业文化机构。组建青岛市文化产业发展公司，扶持有条件的文化企业上市。

第四节 建设体育强市

坚持普及与提高相结合，促进群众体育、竞技体育、体育产业快速协调发展。

构建全民健身服务体系。着力培养各类各级社会体育指导员，广泛开展各种全民健身活动，推动公共体育场地设施向社会开放。完善各级全民健身设施网络。各区（市）建有一个中型全民健身活动中心、一个体育公园或健身广场；城市街道配置一个小型全民健身活动中心，镇配置一个户外体育健身广场；社区配置一个多功能健身点，行政村、新建居民小区至少有一处健身场地设施。加强国民体质监测体系建设，关注青少年身体素质和老年人体育健身服务。加强体育社团和体育俱乐部建设。

提高竞技体育水平。强化竞技体育优势项目，大力培养和输送一批高水平体育后备人才，力争在奥运会取得佳绩。加快市体育中心二期、市足球训练中心建设,实施市体校二期、高新区皮划赛艇水上训练基地、市军体校射击及自行车项目迁建等重点工程,提高体育场馆设施利用率。完善帆船运动基础设施,开展帆船普及活动。

大力发展体育产业。制定体育产业扶持政策,加强体育市场监管。重点发展健身休闲、竞技表演、体育彩票、体育用品生产及销售等产业,完善体育培训、体育中介等配套服务。积极引进国内外高水平体育赛事,发展帆船、航海等海上运动及产业,打造国际海上体育运动中心。

专栏11 文化重点工程

重点公共文化设施。推进包括演艺大厦、现代美术馆、图书大厦等在内的市文化中心,市图书馆新馆、市科技馆、市档案馆新馆等一批标志性文化设施建设,新建改造青岛剧院、楼山剧院、四方剧院、浮山剧院等一批专业演出场所。

基层文化设施。提升区(市)文化馆、图书馆、博物馆建设水平,镇(街)建设和完善服务功能齐全的综合文化站,村庄和社区建设不少于150平方米、具备基本文化服务功能的文化活动室(中心)。建设1600个农家书屋。

文化产业项目。推进华强文化科技产业基地、城阳宏广动漫产业基地、凤凰国际影视文化产业园、出版物交易中心、中国电影交易中心、港中旅演艺中心、少海文化休闲旅游区、莱西姜山湿地文化旅游区、啤酒文化休闲商务区、海云庵民俗文化街、红星印刷科技与文化创意产业园、青岛数字电影文化博览园等项目。

第十四章 深化重点领域改革

加大改革攻坚力度,以更大的决心和勇气努力突破影响科学发展的体制障碍,着力培育行政效率高、资源配置优、企业活力强、发展动力足的体制新优势。

第一节 建设服务型政府

进一步转变政府职能,提高政府公信力,努力建设忧民所忧、乐民所乐的服务政府,务实高效、廉洁勤政的责任政府,依法行政、公正严明的法治政府。

切实转变政府职能。强化社会管理和公共服务职能,提升经济调节和市场监管水平。深化市、区(市)两级政府机构改革,完善职能有机统一的大部门体制,将执行、服务、监管等职责重心下移到区(市)。深化投资体制改革,进一步落实企业投资自主权。创新公务员管理制度,完善激励约束机制。建立符合科学发展要求的政绩考核体系。

完善行政权力运行机制。优化行政权力的运行流程,扩大重要行政权力网络化运行的范围,健全电子监察体系。进一步规范行政审批管理,推行集中审批和联合审批。深化公共资源交易统一监管体制改革,推进市、区(市)一体化。推进行政权力的规范透明运行,建成使用全市统一的行政执法、审批、监督、服务信息化平台。完善政府投资项目科学决策机制,探索政府资金市场化运营模式。

创新政府服务方式。建设完善的网上政府公共服务体系。行政审批服务大厅实现"一站式服务",加快各级政务服务体系建设。依法扩大政务公开范围,形成完善的政府信息公开组织、制度、内容和服务体系,进一步加强对行政权力运行过程和结果的监督,完善政府新闻发布会制度。创新公众参与形式，拓宽参与渠道，继续开展“三民①”、“网络在线问政”等活动，进一步扩大公众评价比重。强化政府回应责任，建立高效准确的回应机制。推进政府检测机构体制改革与资源整合。

推进事业单位分类改革。按照政事分开、事企分开和管办分离的原则，行使行政管理职能的监督管理类事业单位转为行政机构，稳妥推进开发经营类事业单位转制为企业。推进公益类事业单位财政经费供给方式改革，对符合公共财政承担的职能和事项实行“以事定费”。建立健全事业单位法人治理结构，加快事业单位人事制度改革，逐步取消行政级别，全面推行岗位管理以及相配套的人员聘用、工资分配和社会保障制度。

第二节　深化国有经济改革

继续调整国有经济布局和结构，加大改革重组力度，促进资本集中优化，资产集约经营，资源有效集聚，加强和完善国有经济监管，增创我市国有企业科学发展新优势。

推进国有企业改革重组。通过兼并、重组、联合等多种形式，加快引入战略投资者，推进国有企业股份制改造和大企业产权多元化改革，加快资产资本化、资本证券化进程，进一步完善法人治理结构和内部运行机制。全面完成国有资产经营公司改革重组。加强政府投资公司建设，完善治理结构和运营机制。深化公用事业等垄断行业改革，加快引入竞争机制。

优化国有经济布局。加强资本运营，完善国有资本进退有序、合理流动的机制，促进资本集中优化。实施政策倾斜，促进资源要素向优势企业集聚。推动国有资本向城市基础设施和公共服务领域、向战略性新兴产业和产业链高端集中，市属经营性国有资产重点布局到约25个行业。

创新完善国有资产监管。完善落实出资人制度，发挥引领作用和服务功能，进一步完善国有资产管理体制机制。健全国有资本经营预算和收益收缴制度，加强国有资产投资监管、财务监管和风险防控体系建设，完善经营业绩考核与薪酬管理制度，健全重大决策失误追究制度，实现国有资产保值增值。加强文化、教育、卫生等领域国有资产监督管理。

第三节　完善现代市场体系

培育各类要素市场，完善资源性产品的价格形成机制，推进行业协会改革发展，更好地发挥市场配置资源的基础性作用。

改革资源价格形成机制。加快建立完善反映市场供求关系、资源稀缺程度、环境损害成本的资源价格形成机制。逐步理顺水、气、热等公用领域产品价格，全面推行城市污水、生活垃圾及医疗废物处理收费制度，探索建立水权、排污权等交易制度。逐步建立完善环境资源有偿使用和补偿机制。对政府定价事项实行专家评审、价格听证，提高科学化、透明化、公平化程度。

发展要素市场。健全土地、资本、劳动力、技术、信息等要素市场。加快多层次资本市场体系建设，显著提高直接融资比重。建立健全技术商品交易活动规则，推动科技成果转化。打破行业垄断和地区封锁，完善建筑勘察设计、规划设计市场招投标制度。创新市场监管模式，健全行政执法与司法相衔接的监管机制。清理和修订阻碍要素合理流动的法规政策，完善社会信用体系。

---

① 三民：向市民报告、听市民意见、请市民评议。

培育行业协会。制定行业协会发展的扶持政策，鼓励和支持支柱行业、新兴产业和开放度较高的领域组建行业协会。推进行业协会与行政事业单位分离。提高专职人员素质，加强行业协会能力建设。推进政府购买行业协会服务。加快行业协会管理体制改革。

第四节　深化财政体制改革

围绕基本公共服务均等化，完善公共财政体系，强化财政预算约束，加快健全有利于科学发展的财税体制、运行机制和管理制度。

调整财政支出结构。建立支持转方式调结构的财源建设体系，整合财政专项资金，提高资金配置效率。逐步推进财政支出由经济建设转向社会建设和生态建设，向民生、公共事业、公益性基础设施和公共安全领域倾斜，增强政府公共产品和公共服务的供给能力。

健全财力与事权匹配的财政体制。合理配置各级政府财力，加强各级政府提供基本公共服务的财力保障。建立规范的一般性转移支付制度，保障区（市）基本支出需要。完善县镇财政管理体制，逐步构建覆盖城乡的公共财政体系。

优化政府理财机制。深化预算编制管理改革，将政府性收支纳入全口径预算管理。完善财政支出管理机制，加强审计对财政资金的监管，推进机关事业单位财务管理制度改革。进一步完善政府采购制度，规范采购程序和管理。深化非税收入制度改革，实现非税收入收支彻底脱钩，形成非税收入“国家所有、政府调控、财政管理”的格局。

第五节　推进改革试点工作

支持改革试点先行先试，努力打造体制机制最具活力、辐射能力最强的改革开放先导区，发挥示范带动作用。

开发区省级综合配套改革。完成开发区省级综合配套改革试点，率先开展海陆统筹机制创新，建立“多区港联动”运行模式，完善“大通关”运作机制，优化政务和服务环境。深化投融资体制改革，率先转变政府投资方式，推进金融创新，深化行政管理体制改革，开展行政执法综合改革试点。支持开发区成为国家级综合配套改革试点。

高新区体制机制创新。推进高新区科技投融资体制改革，开展知识产权质押、非上市公司代办股份转让、科技保险等金融创新，完善以投资平台、担保平台、信用平台为支撑的投融资服务体系。创新激励分配机制、产业促进机制。构建精简高效的行政管理体制。

小城镇发展改革试点。推进国家级小城镇和市级小城镇发展改革试点，争取第三批国家级试点。完善城镇规划，培育特色产业，加强政府公共服务能力建设，探索集体建设用地和城镇金融服务改革。继续推进农村集体资产处置试点。

第十五章　全面提升开放水平

顺应对外开放新形势，实施更加积极主动的开放战略，不断拓展新的开放领域，加强区域合作交流，以开放促发展、促改革、促创新。

第一节　转变外贸发展方式

促进外贸发展从数量规模扩张向质量效益提升转变,从成本优势向综合优势转变,外贸进出口总额达到950亿美元。

调整对外贸易结构。实施科技兴贸战略,做大做强一般贸易,推动加工贸易转型升级。实施目标市场质量、安全、环保、技术等标准,提高传统优势出口产品科技含量和附加值,扩大机电产品、高新技术产品出口比重,培育一批具有自主知识产权和国际竞争力的出口产品品牌。提高加工贸易国内增值率,促进产业链由生产制造向研发设计和物流配送两端延伸。巩固欧美、日韩传统市场,大力开拓中东、非洲、俄罗斯、南美等新兴市场,深度挖掘东盟市场潜力,形成多元国际市场结构。壮大民营出口企业,培育一批亿美元级出口企业和集群优势明显的出口基地。优化进口结构,积极扩大先进技术、关键设备以及短缺能源、资源、原材料进口。

大力发展服务贸易。扩大运输、旅游、劳务等传统服务贸易规模,加快软件和信息服务、金融保险、文化等新兴服务贸易发展速度,建设服务贸易发展示范区和聚集区,服务贸易额达到100亿美元左右。大力发展服务外包产业,加快服务外包园区规划建设,提升产业配套水平,进入国内服务外包一线城市行列。加强对国际知名服务外包企业的定向招商,扶持和培育本土成长型服务外包企业。

完善对外贸易环境。建设对外贸易领域专业数据库,完善外贸服务平台、贸易摩擦预警系统和WTO/TBT① 青岛通报咨询中心功能,发挥政府和协会服务作用,引导企业有效规避贸易风险,增强应对贸易争端能力。构建对外贸易知识产权保护体系,强化出口产品品牌与商标海外保护。加强行业自律,规范贸易秩序。

第二节　提高利用外资水平

积极有效利用外资,着力引进国外先进技术、管理经验和高素质人才,利用外资质量和规模保持稳定增长。

提高外资引进质量。深入实施定向招商,加大产业链招商力度,加强对知名跨国公司的引进,引导外资更多的投向战略性新兴产业和现代服务业,鼓励跨国公司在我市设立区域总部、采购中心、培训中心。拓展各类经济功能区作用,完善配套条件,发挥聚集和示范效应,成为高水平吸引外资、提升产业国际竞争力的重要载体。坚持引资、引智和引技并重,大力引进研发机构、关键技术和关键设备,鼓励外资参与科技研究合作项目,促进利用外资与自主创新相融合。

创新外资利用方式。引导外资以参股、并购、再投资等方式参与我市企业改组改造和兼并重组。推动外资企业在我市设立创投公司等投资机构。支持企业境外上市,有效利用境外资本市场。吸引外资金融机构在我市设立离岸业务分部,开展离岸金融业务。继续有效利用国际金融组织和外国政府贷款。

第三节　加强区域合作交流

着眼于全球范围配置资源和要素,加快培育大型跨国企业,拓展国内外经济合作的广度和深

① WTO/TBT:世界贸易组织贸易技术壁垒协议。

度，实现互利共赢。

加快保税港区向自由贸易港区转型。积极参与自由贸易区战略，开展泛黄海中日韩次区域间的“功能性合作”。做强做优保税港区国际物流、国际贸易、交易市场、保税加工等传统产业，大力拓展港口作业、航运服务、企业总部、研发、检测及售后服务维修等叠加产业，开展国际中转、配送、保税仓储和集拼分拆、采购、商品展示、转口贸易等物流增值服务，形成完整的口岸物流服务链条，打造全市现代物流示范基地。创新市场功能和交易模式，积极发展期货和远期现货交易，增强橡胶交易市场服务功能，扩大交易品种，进一步拓展橡胶市场国际期货业务，建成全国最大棉花、矿权交易市场，初步形成棉花、橡胶等大宗商品的国际交易和定价中心之一。积极争取启运港退税等试点政策。规划建设保税港区功能配套区。建设董家口保税物流园区。

实施“走出去”战略。鼓励和引导企业到境外设立生产基地和研发中心，收购品牌和销售网络，从事能源资源合作开发。支持服务业企业到境外设立分支机构，开展贸易分销、物流、航运、服务外包、旅游等业务。建立健全对外投资服务体系，培育一批具有国际竞争力的跨国公司和知名品牌。建立一批境外工业园区、农业合作开发基地、能源资源供应基地。壮大一批大型承包工程企业，积极承揽附加值高、影响力大的对外工程项目。支持对外劳务合作企业大力发展中高端外派劳务业务。

加强国内外区域合作。提高政府管理、社会服务、城市设施、科教文化、生活居住、市民观念的国际化程度，积极开展与国际友好城市的交流与合作，建立良好的民间对外交往关系。加强对台工作，促进青台经贸、文化、教育等领域交流合作。加大国内招商力度，提升招商引资水平，积极引进国内知名大企业、大院大所和科技含量高、带动性强的大项目。建立区域经济合作利益共享机制，培育合理流动的生产要素市场，构建区域经济合作平台，进一步拓宽区域经济合作领域。积极参与山东半岛一体化发展，增强集聚辐射能力。做好援藏、援贵州、援三峡、援菏泽等对口支援工作。积极参与西部大开发，加强与西部地区的经济合作交流。

第四篇　支撑保障

第十六章　增强支撑保障能力

适应经济增长、产业结构调整和城市发展的需要，优化资源配置，确保各项目标和战略任务的完成。

第一节　人才支撑

坚持服务发展、人才优先、以用为本、创新机制、高端引领、整体开发的指导方针，建设海洋科技教育、现代服务业和战略性新兴产业三大人才集聚区，努力打造国际化区域性人才高地，全市人才资源总量达到155万人。

加强人才培养。以高层次、高技能人才为重点，统筹抓好党政人才、企业经营管理人才、专业技术人才、高技能人才、农村实用人才、社会工作人才等各类人才队伍建设。依托科技创新平台和重点学科,突出培养创新型科技人才,造就一批国际水准的科技领军人才、技能大师和高水平创新团队。吸引国内著名高校和培训机构在我市设立分校或分支机构,选送优秀公务员、优秀企业经营管理人员、学术和技术带头人到国内外培训、开展科技合作与学术交流。重点扶持、跟踪培养一批青年人才,重视创新精神和实践能力的培养。

加快人才引进。完善人才信息定期发布制度,优先引进一批能够突破关键技术、发展新兴产业、培养创新能力的高层次急需人才和教育、文化、卫生等社会领域的专业拔尖人才。组织举办各种类型的海外招才引智活动,完善海外人才准入、管理和待遇制度,鼓励国外专家、海外华人和留学人员来青工作或服务,加快人才国际化进程。加强留学人员创业园、博士后工作站和流动站实验室等人才载体建设,吸引和聚集潜力型创新创业人才。充分发挥柔性引才机制的作用,鼓励支持国内外各类优秀人才进行咨询讲学、技术指导、项目合作或从事其他专业服务。调动和保护现有人才的积极性,避免人才的流失、闲置和浪费。

创新人才发展机制。继续深化干部人事制度改革,建立健全以品德、能力和业绩为导向的人才选拔任用、考核评价机制,形成人才辈出、人尽其才的良好局面。实施富有活力的人才激励保障政策,努力营造激励创新的工作环境、公开平等的市场环境、和谐舒适的生活环境、高效便捷的服务环境和尊重人才的舆论环境,最大限度地调动各类人才的积极性、主动性和创造性。注重人才结构调整,引导各类人才在全市不同区域、不同行业、不同所有制之间合理有序流动。

第二节 环境支撑

把环境保护放在更加突出的位置,大力加强环境治理,严格实施环境监管,保障经济社会实现可持续发展。

继续实施污染减排。扩大污染减排范围,将氨氮和氮氧化物纳入减排和总量控制体系,把结构减排放在更加突出位置,继续强化工程减排和管理减排。提高产业环境准入门槛,严格控制"两高一资"项目,加快淘汰落后产能。加快污水处理厂及其配套管网的建设,提高城市污水处理能力和处理标准,配置脱氮除磷工艺。继续推进燃煤锅炉、烧结机脱硫设施建设和升级改造,烟气脱硫设施稳定运行。在电力、供热等行业推行低氮燃烧技术,积极推进烟气脱硝技术改造。充分利用污染减排的协同效应,控制二氧化碳等温室气体排放。全市化学需氧量、氨氮排放总量均比2010年削减12%,二氧化硫、氮氧化物排放总量均比2010年削减18%。

水污染防治。加强崂山水库、产芝水库、大沽河等重点饮用水源地环境保护,实行严格的饮用水水源保护区制度,确保水源安全。全面加强胶州湾环境保护,对入湾污染物实施总量控制,加快环湾区域内污染企业的搬迁。以李村河、大沽河等10个流域污染综合整治为重点,全面推进流域污染治理工作。对重点河流采取拦坝蓄水、建设人工湿地等措施,推进河道生态修复。完善流域污染治理工作推进机制,建立生态补偿机制和跨界河流断面水质交接制度。集中式饮用水源地水质达标率达到100%,胶州湾水质功能区达标率达到90%。

大气污染防治。以可吸入颗粒物、二氧化硫和氮氧化物污染控制为重点,加强对燃煤、机动车、扬尘的复合型大气污染防治。全面提升机动车污染控制水平,强化机动车合格标志制度和检测维修制度,淘汰老旧黄标车。推动车用燃油标准升级,对储油库、油罐车、加油站进行油气回收治理。加强挥发性有机物、臭氧和细颗粒物污染防控,减少灰霾天气发生。城市空气质量优良天数稳定达到330天以上。

固体废弃物污染防治。加强工业固体废弃物综合利用，重点推进粉煤灰、白泥、钢渣等废弃资源的回收与资源化利用项目建设。加强对生活垃圾、建筑垃圾、电子废物、医疗废物和危险废物的监督管理，提高固体废物无害化处置与资源化利用水平。加强重金属、土壤污染治理。工业固体废物综合利用率、危险废物处置处理率分别达到99%和100%。

环境监督管理。强化环境与发展综合决策，推进规划的环境影响评价，从决策源头防止环境污染和生态破坏。完善和理顺环境监测体制，全面推进污染源自动监测，实现市、县两级监测和监察能力建设全面达标。健全环境安全应急管理机构和应急处置队伍，完善环境应急预案，建设环境污染事件应急指挥系统，构建环境安全防控体系。强化执法监督，健全重大环境事件和污染事故责任追究制度。加强核与辐射安全管理。提高财政预算中环保投入比例，制定有利于企业环境保护投资的税费政策。重点污染源自动在线监控率、排污许可执行率均达到100%。

专栏12　环境保护建设重点

水污染防治。实施海泊河、李村河、娄山河、墨水河、大沽河等10个重点流域综合整治和生态修复工程。实施环胶州湾区域工业企业污染治理再提高工程。

大气污染防治。实施华电青岛发电有限公司发电机组脱硝和青钢集团烧结机烟气脱硫。电力、供热等行业开展低氮燃烧。全市淘汰约8万辆老旧黄标车。

固体废弃物污染防治。建设再生资源分拣中心、废汽车拆解线，开展污染土壤修复工程试点。

环境监管。全市400家重点企业开展清洁生产工作。完善环境质量监测和污染源监督监测网络。

第三节　水源支撑

预计2015年城市日需水量198万立方米，本地水源日供水缺口95万立方米。“十二五”期间，构建“南北贯通、蓄引结合、库河相连、主客联调、海淡互补”的城市水源配置工程网体系，通过本地水源工程建设挖潜和客水资源引进，增加日供水能力89万立方米；通过海水淡化、再生水利用等工程建设，增加日供水能力30万立方米左右，满足用水需求。

本地水源工程建设。新建沐官岛水库，充分挖掘大沽河水源潜力。实施棘洪滩水库、产芝水库、尹府水库、大沽河水源地、吉利河水库、沐官岛水库等水源输配工程建设。

客水资源引进。实施引黄济青改建工程，增加长江水、黄河水日供水能力。新建新河水库，调蓄引江水量和周边客水。

海水淡化、再生水利用。扩大海水淡化规模，建设淡化海水并入市区供水管网工程，扩大海水直接利用范围和规模。加大污水处理和配套管网建设力度，提高再生水利用率。开展人工增雨(雪)作业，有效开发利用空中云水资源。积极推广节水措施，建设节水工程，加强水资源高效利用。

应急水源保障。开展大沽河地下水环境修复工作，规划建设大沽河地下水源地，作为我市主要应急备用水源地，制定城市供水水源地安全保障应急预案，为极端情况下城市供水提供保证。

“十二五”城市供水水源及配置工程示意图

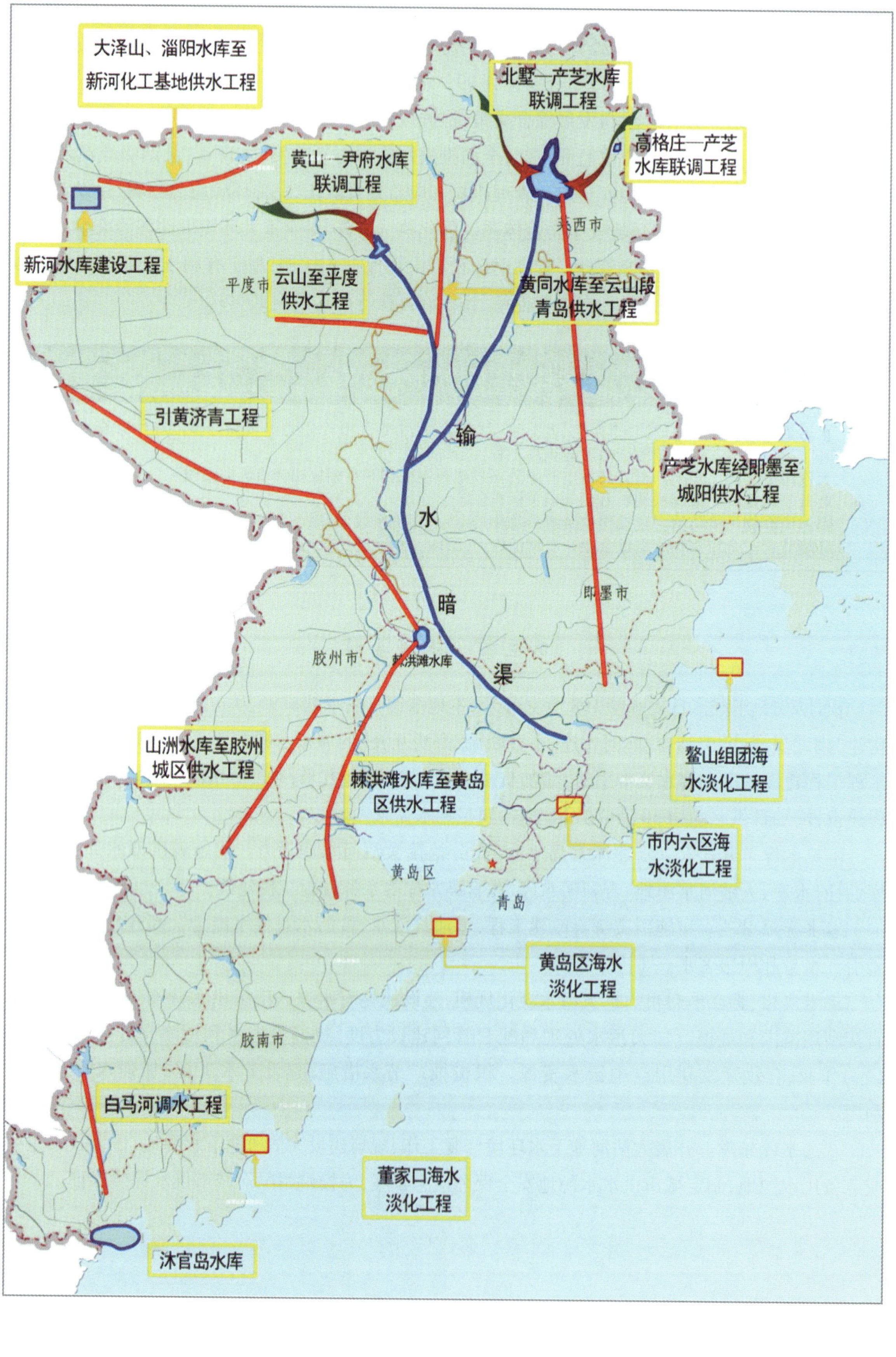
大泽山、淄阳水库至
新河化工基地供水工程
北墅—产芝水库
联调工程
高格庄—产芝
水库联调工程
黄山—尹府水库
联调工程
新河水库建设工程
莱西市
平度市
云山至平度
供水工程
黄同水库至云山段
青岛供水工程
引黄济青工程
输
水
暗
渠
产芝水库经即墨至
城阳供水工程
即墨市
胶州市
棘洪滩水库
山洲水库至胶州
城区供水工程
棘洪滩水库至黄岛
区供水工程
鳌山组团海
水淡化工程
市内六区海
水淡化工程
黄岛区
青岛
黄岛区海水
淡化工程
胶南市
白马河调水工程
董家口海水
淡化工程
沐官岛水库

专栏 13 水源重点工程

水库建设工程。争取开工建设沐官岛水库。
水源配置工程。建设棘洪滩水库—黄岛区供水、白马河调水、山洲水库—胶州城区供水、大泽山、淄阳水库—新河化工基地供水、北墅水库—产芝水库联调、产芝水库—即墨—城阳调水、黄同水库—云山段青岛供水接管点调水、高格庄水库—产芝水库联调、黄山水库—尹府水库联调、云山—平度城区供水等工程。
客水调引工程。实施引黄济青改建工程。新建新河水库。
海水淡化工程。建设 10 万立方米/日青岛百发海水淡化厂。
再生水利用工程。结合污水厂配套建设再生水工程。

第四节 能源支撑

以提高能源供应能力和优化能源结构为核心，加快能源基础设施建设，积极发展清洁能源、可再生能源，建立能源多元化供应体系和安全预警应急储备体系。

电力。加强 500 千伏、220 千伏等级骨干网建设，提高青岛电网的供电可靠性。做好智能电网试点和规划工作，完成国家智能电网建设试点项目。加快华电青岛发电有限公司三期扩建等项目建设，2015 年网供能力达到 900 万千瓦。

燃气。实施多气源并举战略，加大中石化管输天然气供应量，引进中石油等上游天然气，推进中石化山东液化天然气项目，建设应急备用气源，增强应急保障能力。2015 年全市天然气供应量达到 16.7 亿立方米。

新能源。以风能为重点，推进可再生能源开发利用，风电装机容量达到 600 兆瓦。加快发展垃圾焚烧发电、秸秆发电等新能源项目，提高新能源比重，改善能源结构。2015 年可再生能源实现替代常规能源 120 万吨标准煤。

专栏 14 能源重点工程

电力。建设即墨 500 千伏变电站，扩建崂山 500 千伏变电站。建设华电青岛发电公司三期扩建和大唐胶州、大唐胶南、华能董家口等热电联产项目。
燃气。建设中石化山东液化天然气、中石油泰—青—威天然气管线项目。
新能源。推进大唐即墨海上风电、华电即墨海上风电、大唐胶南六汪风电、华能即墨丰城风电、国电电力胶南子罗风电、大唐平度风电等风能项目，小涧西生活垃圾焚烧发电二期、青岛西海岸秸秆直燃发电等生物质能项目建设。

第五节 土地支撑

“十二五”期间，全市新增建设用地需求约 20 万亩，规划新增可用建设用地约 13 万亩，通过加大建设用地集约利用、内涵挖潜，形成供给能力约 7 万亩，基本满足建设需要。

严格耕地和基本农田保护，2015 年耕地保有量 752 万亩。调整土地利用结构，以供给调节城乡建设用地总规模，保证项目建设需要。积极利用城乡建设用地增减挂钩政策，在提高社会保障水平、改善农民居住条件基础上，对旧村庄开展综合整治，复垦部分腾空的农村建设用地和未利用地，通过置换方式新增建设用地 5 万亩。盘活存量建设用地，提高现有工业用地利用率和产出率，挖掘旧城区、城乡结合部和五市城镇用地潜力，增加土地供应约 2 万亩。统筹各业建设用地，提高投资强度，推动土地利用方式由粗放型向集约型转变。合理调整盐田规划，科学有序开发利用盐田资源。

第六节 信息化支撑

抓住建设国家三网融合试点城市和两化融合试验区战略机遇，加快信息化基础设施建设，全面提升城市智能化水平。

加强网络信息设施建设。争取建成亚太新直达海底光缆（APG）工程，形成完备的有线、无线基础网络。实现新一代宽带通信网络全覆盖，建设区域性国际信息通信枢纽。进一步整合人口、空间地理、环境监测等基础数据库，提高信息资源利用率。互联网普及率超过75%，无线宽带人口覆盖率达到90%左右，率先建成无线城市。依托我市产业和基础设施优势，打造三网融合产品研发生产基地和业务推广与应用示范基地。加快发展新一代移动通信，推广下一代高速无线服务长期演进技术（LTE）应用。建立数据备份和灾难恢复体系，确保基础信息网络和重要信息系统安全。

提高经济社会信息化水平。大力推动两化融合战略，提高企业信息化水平。推动物联网技术广泛应用。推进电子商务在现代服务业中的应用，逐步完善电子商务安全支付体系和现代物流体系。集中建设电子政务共享平台，扩大信息化统筹整合范围，全面推行政府业务管理的数字化、网络化。建立行政服务中心一体化信息系统。扩大市民一卡通、企业一证通应用范围。推广数字媒体、数字教育、数字医疗、数字社区、数字档案等信息化服务，加快农业农村综合信息服务体系建设。

第十七章 健全规划实施机制

健全以本规划为统领的规划体系，完善科学、民主、规范的编制程序，健全责任明确、分类实施、有效监督的实施机制。

第一节 完善衔接协调机制

加强专项规划、区市规划与本规划的发展战略、主要目标和重点任务的协调，特别是约束性指标的衔接。下级规划要服从上级规划。专项规划要细化落实本规划提出的主要任务，形成落实本规划的重要支撑。年度计划要逐年落实本规划提出的发展目标和重点任务。年度计划报告要分析本规划的实施进展情况，特别是约束性指标的完成情况。

第二节 完善监督考核体系

严格遵守规划的强制性规定，在制定政策、审批或者核准投资项目、安排政府投资时，不得违反规划的限制性、禁止性规定。规划中确定的约束性指标、公共服务领域的任务、重大项目，纳入区市、部门经济社会发展综合评价和绩效考核体系，由督查考核部门层层分解落实，跟踪督查。

第三节 完善监测评估制度

加强对规划实施情况跟踪分析，自觉接受市人民代表大会及其常务委员会的监督检查。规划实施的中期阶段，组织开展全面评估，中期评估报告提交市人大常委会审议。根据评估结果对本规划进行调整修订。对实际运行情况明显偏离并难以完成的规划指标,应及时提出修订方案,报市人大常委会批准。

全市人民要紧密团结在以胡锦涛同志为总书记的党中央周围,高举中国特色社会主义伟大旗帜,深入贯彻落实科学发展观,在市委、市政府的正确领导下,解放思想,开拓进取,凝心聚力,扎实工作,为实现国民经济和社会发展第十二个五年规划目标、夺取全面建设小康社会新胜利而努力奋斗!

河南省国民经济和社会发展第十二个五年规划纲要

（2011 年 1 月 23 日河南省
第十一届人民代表大会第四次会议批准）

序　　言

《河南省国民经济和社会发展第十二个五年规划纲要》根据《中共河南省委关于制定全省国民经济和社会发展第十二个五年规划的建议》和《中原经济区建设纲要（试行）》编制，主要阐明政府战略意图，明确发展重点，引导市场主体行为，是政府履行经济调节、市场监管、社会管理和公共服务职责的重要依据，是今后五年我省经济社会发展的宏伟蓝图和全省人民共同奋斗的行动纲领。

第一篇　建设中原经济区，加快中原崛起和河南振兴

第一章　现实基础和发展环境

第一节　“十一五”发展成就

过去的五年是极不平凡的五年，是我们经受考验、奋发有为、成效显著的五年。在党中央、国务院的正确领导下，省委、省政府团结带领全省人民，以邓小平理论和“三个代表”重要思想为指导，深入贯彻落实科学发展观，坚持“四个重在”（重在持续、重在提升、重在统筹、重在为民），牢牢把握发展第一要务，立足省情，抢抓机遇，

认真贯彻中央一系列重大决策部署，妥善应对各种复杂局面，有效化解国际金融危机带来的不利影响，推进经济大省向经济强省跨越、文化资源大省向文化强省跨越，加快“一个载体、三个体系”（以产业集聚区为载体，现代产业体系、现代城镇体系、自主创新体系）建设，着力推进经济结构战略性调整，着力深化改革、扩大开放，着力构建和谐社会，积极探索不以牺牲农业和粮食、生态和环境为代价的“三化”（工业化、城镇化、农业现代化）协调科学发展的路子，胜利完成了“十一五”规划确定的主要目标任务，成功实现了由传统农业大省向全国重要的经济大省、新兴工业大省和有影响的文化大省的历史性转变，全省经济社会发展呈现出好的趋势、好的态势、好的气势。

综合经济实力跨上新台阶。连续五年保持了较高的增长速度和增长质量，主要经济指标年均增速均高于全国平均水平。初步统计，2010 年全省生产总值达到 22700 亿元，比“十五”末翻了一番，五年年均增长 12.8%；人均生产总值由 1000 美元增加到 3500 美元，高于中部地区平均水平。财政总收入达到 2293.3 亿元，是“十五”末的 2.4 倍，年均增长 18.8%；其中地方财政一般预算收入达到 1381 亿元，年均增长 20.8%。累计完成固定资产投资 54600 亿元，比“十五”翻了两番，年均增长 30%；社会消费品零售总额达到 7900 亿元，年均增长 18.5%。

产业结构调整迈出新步伐。农业基础地位得到加强，粮食生产核心区建设全面展开，粮食产量连续五年稳定在 500 亿公斤以上，每年向省外输出粮食及制成品 200 亿公斤以上，为保障国家粮食安全、服务全国大局做出了重要贡献；畜牧和果蔬、花卉等特色高效农业快速发展。工业结构进一步优化，装备制造业营业收入占工业比重提高到 17%，原材料工业精深加工水平和行业集中度明显提升，食品工业营业收入五年增加了 2.2 倍，高新技术产业规模五年翻一番以上。服务业发展明显提速，现代物流体系建设加快推进，文化产业增加值五年翻一番以上，旅游总收入突破 2000 亿元，金融业快速发展。自主创新能力不断提高，新增两个国家级高新技术开发区，新增国家级重点实验室和研发中心 35 家；专利授权量五年累计 4.73 万件，比“十五”末增长 3.4 倍。节能减排成效明显，累计关停小火电 978 万千瓦，淘汰水泥、电解铝、钢铁、铁合金等落后产能分别为 5833 万吨、37 万吨、620 万吨、22 万吨，一批节能减排重点工程建成运行，累计新增节能能力 1300 万吨标准煤。万元生产总值能耗累计下降 20%，化学需氧量和二氧化硫排放总量分别下降 13.8% 和 17.6%，全面完成国家下达我省的节能减排任务。

城镇化发展呈现新局面。全省城镇化率预计达到 39.5%，比“十五”末提高近 9 个百分点，是历史上城镇化进程最快的时期。中原城市群的柱石作用进一步增强，郑汴一体化深入发展，一批城市新区规划建设加快推进，中心城市之间快速通达能力明显提升，城际联系日益紧密。城市承载能力不断提升，县城以上城市五年新增建成区面积 800 平方公里，城区人口超过 10 万人的县（市）达到 69 个。郑州地铁 1 号线、2 号线开工建设，在全国率先实现县县建成污水处理厂和垃圾处理场，城市服务功能进一步完善。县域经济实力不断壮大，产业集聚区建设取得明显成效，新农村建设扎实推进，基石作用进一步显现。

基础设施建设实现新突破。综合交通体系建设全面展开，公路网络进一步完善，高速公路网络基本形成，高速公路通车里程突破 5000 公里；铁路建设全面提速，郑西客运专线建成通车，石武客运专线、晋豫鲁铁路通道河南段和郑焦、郑开、郑州至机场等城际铁路加快建设；航空枢纽建设加速推进，郑州机场航站楼改扩建工程建成投用，服务保障能力进一步提升。综合能源基地建设扎实推进，发电装机容量突破 5000 万千瓦，电网薄弱环节得到改善，输配能力进一步增强；西气东输二线河南段建成通气，油气长输管道突破 6000 公里，炼油能力达到 1000 万吨；南阳核电项目纳入国家规划，风电等新能源工程建设明显加快。水利建设全面加强，南水北调中线工程河南段全面实施，一批重点水利工程相继建成，400座病险水库除险加固基本完成，有效灌溉面积达到7650万亩，防洪抗灾能力稳步提高。国土资源开发保护得到加强，林业生态省建设全面推进，森林面积达到5270万亩。农村道路、安全饮水、沼气等基础设施和教育、医疗卫生等公共服务设施明显改善。

*改革开放取得新进展。*国有工业企业基本实现产权多元化，企业战略重组和煤炭等重要矿产资源整合取得突破性进展，河南煤化集团、中平能化集团等一批大型国有企业集团成功组建。非公有制经济加快发展，占全省经济总量的比重提高8个百分点左右。政府机构和事业单位改革稳步推进，行政审批事项大幅度缩减。要素市场体系不断完善，省、市、县三级政府投融资体系初步建立，中小企业担保机构不断壮大，五年新增上市公司45家。医药卫生体制改革全面启动，在全省60%的县（市、区）实施了国家基本药物制度。农村综合改革和科技、文化、教育、交通、电力等领域改革取得积极进展。开放型经济快速发展，中部地区第一个综合保税区落户郑州，大招商活动成绩斐然，成功引进富士康等一批重大产业转移项目，与央企的战略合作不断深化，预计进出口总额累计达到713亿美元，是"十五"的2.8倍；累计利用省外境外资金突破1万亿元，实际利用外资是"十五"的5.8倍。

*和谐社会建设取得新成效。*各级财政累计投入2016.8亿元，连续五年为群众办好"十项民生工程"。居民收入稳步提高，预计农民人均纯收入和城镇居民人均可支配收入年均分别实际增长9.9%和9.6%，分别高出"十五"4.9个百分点和0.1个百分点。就业规模持续扩大，预计五年城镇新增就业和转移农业劳动力累计分别达到648.4万人和806万人。社会保障体系逐步健全，新型农村合作医疗、农村低保、城镇居民基本医疗保险制度全面建立，新型农村养老保险试点顺利推进，城镇职工基本养老和城镇居民低保标准稳步提高。城镇居民居住条件明显改善，五年新建保障性住房28万套，完成棚户区改造937万平方米。各级各类教育规模不断扩大，全面实现免费义务教育，职业教育在校生达到189.3万人，高中阶段教育和高等教育毛入学率预计分别达到89.08%和23.7%。人口自然增长率控制在5‰左右。文化强省建设成效显著，中原文化影响力进一步增强。广播电视、新闻出版、体育等社会事业全面进步，建成了河南省艺术中心、河南省广播电视发射塔、中国文字博物馆等一批标志性文化工程。精神文明和民主法制建设全面推进，社会大局保持稳定。

总体上看，"十一五"期间是我省经济发展总体持续、综合实力再上台阶的五年，是经济结构加快调整、发展方式加快转变的五年，是粮食产量连创新高、农业基础不断巩固的五年，是基础设施建设加快、支撑保障能力明显增强的五年，是城乡面貌显著改变、河南形象明显提升的五年，是社会事业全面进步、人民群众得到更多实惠的五年。特别是我省持续、延伸、深化和拓展中原崛起战略，提出了建设中原经济区、加快中原崛起和河南振兴的总体战略，在全省形成广泛共识，加快建设中原经济区的势头正在显现，团结奋斗、干事创业的氛围日益浓厚。经过五年的发展，全省经济社会发展站在了新的更高的平台上，进入了蓄势崛起的新阶段。

专栏1 “十一五”规划主要发展目标完成情况

指标属性		指标名称	“十一五”规划目标		“十一五”完成情况	
			2010年	年均增长(%)	2010年	年均增长(%)
预期性指标	1	地区生产总值(亿元)	17000	10	22700	12.8
	2	人均生产总值(元)	18100		23450	
	3	财政一般预算收入(亿元)	900	11	1381	20.8
	4	全社会固定资产投资(亿元)	8810 累计33950	15	16500 累计54600	30.4
	5	五年城镇新增就业人数(万人)	累计450		累计648.4	
	6	五年转移农业劳动力(万人)	累计750		累计806	
	7	城镇登记失业率(%)	5以内		3.38	
	8	二、三产业增加值比重(%)	87		86	
	9	二、三产业就业比重(%)	50以上		55	
	10	非公有制经济增加值比重(%)	60以上		60.5	
	11	畜牧业产值占农业总产值比重(%)	45		35	
	12	城镇化率(%)	40左右		39.5	
	13	研究与开发经费占生产总值比重(%)	1.5		0.95	
	14	国民平均受教育年限(年)	9		9	
	15	高中阶段毛入学率(%)	80		89.08	
	16	高等教育毛入学率(%)	23		23.7	
	17	农业灌溉用水有效利用系数	0.52		0.57	
	18	工业固体废物综合利用率(%)	70		73.8	
	19	外贸进出口总额(亿美元)	160		177.9	
	20	实际利用外商投资(亿美元)	累计110	15	累计199.8	38.4
	21	城镇居民人均可支配收入(元)	12735	8	15900	9.6
	22	农村居民人均纯收入(元)	3840	6	5500	9.9
约束性指标	23	城镇职工基本养老保险覆盖人数(万人)	880		1057	
	24	新型农村合作医疗参合率(%)	90		96.5	
	25	年末总人口(万人)	10100	6.5‰	10018	5.07‰
	26	耕地保有量(万公顷)	775.82		791.47	
	27	万元生产总值能耗(吨标煤,2005年价格)		累计-20		累计-20
	28	万元工业增加值用水量(立方米)	66		49	
	29	二氧化硫和化学需氧量排放总量减少(%)		累计-14 累计-10.8		累计-17.6 累计-13.8
	30	林木覆盖率(%)	26		28.47	

注:1. 生产总值和人均生产总值规划目标为2005年价格,2010年数字为当年价,年均增速按可比价格计算。
2. 城镇居民人均可支配收入和农民人均纯收入规划目标为2005年价格,2010年数字为当年价,年均增速为扣除价格因素实际增长。
3. 畜牧业产值占农业总产值比重指标,由于国家2007年畜牧业普查大幅调低了畜牧业产值,当年畜牧业产值占农业总值比重仅34.2%,低于2005年40%的基数,致使目标值未能实现。

第二节 “十二五”面临的机遇与挑战

“十二五”时期是我省必须紧紧抓住并可以大有作为的重要战略机遇期，是加快中原崛起、河南振兴和全面建设小康社会的关键时期，是深化改革开放、加快转变经济发展方式的攻坚时期。今后五年，国际国内环境继续发生深刻变化，我省经济社会发展呈现新的阶段性特征，既面临难得的发展机遇，也面临诸多风险挑战，总体上机遇大于挑战。

面临的重要机遇和有利条件：一是随着区域经济格局调整，东部地区产业大规模向内地转移，我省市场、区位、资源、劳动力等方面优势进一步凸显，有利于我省更好地借助外力实现跨越式发展。经济全球化深入发展，科技创新孕育新突破，有利于我省发挥后发优势，抢抓产业升级和科技创新机遇，提升发展层次。二是国家坚持扩大内需的战略方针，全面实施促进中部地区崛起战略，有利于我省充分挖掘内需潜力，拓展发展空间。三是我省综合实力进一步提升，基础条件明显改善，工业化、城镇化进程加速推进，产业结构和消费结构加快升级，市场经济体制不断完善，对外开放继续向全方位、多层次、宽领域拓展，有利于我省增强经济发展内生动力和发展活力。四是中原经济区建设全面展开，我省在国家发展大局中定位更加明晰、地位更加重要，一大批重大项目进入国家规划，有利于我省更多地争取国家政策支持，培育区域竞争新优势。五是全省上下思想统一、精神振奋，加快发展、科学发展的意愿更加强烈，有利于激发创业创新潜能，汇聚强大合力，促进又好又快发展。

面临的重大挑战和突出矛盾：一是世界经济增速减缓，国际形势更趋复杂，国内区域竞争日趋激烈，资金、土地等要素约束趋紧，保持平稳较快发展、缩小与全国差距、走在中部地区前列的难度增加。二是结构性矛盾突出，一产比重偏高，三产比重过低，工业结构中能源原材料工业比重过大，处于产业链前端和价值链的低端，经济增长的质量和效益不高，资源环境瓶颈制约加剧，加快转变经济发展方式的要求十分紧迫。三是城乡统筹难度较大，城镇化发展滞后，农业基础依然薄弱，防灾、抗灾、减灾能力不强，人口多、底子薄、基础弱、发展不平衡的基本省情没有变，统筹城乡协调发展任重道远。四是改善民生难度巨大，人均发展水平和人均公共服务水平低的状况没有变，扩大就业任务繁重，各种社会矛盾增多，经济社会发展中的薄弱环节仍需加强。

面对复杂多变的发展环境和更为艰巨的改革发展任务，必须进一步增强机遇意识、发展意识和忧患意识、攻坚意识，准确把握形势、发挥自身优势，着力破解“钱从哪里来、人往哪里去、民生怎么办、粮食怎么保”四道难题，加快转变经济发展方式，推动经济发展转向内需主导、外需拓展、“三化”协调、创新驱动的轨道上来，开创科学发展新局面。

第二章 总体要求

第一节 指导思想

《中共河南省委关于制定全省国民经济和社会发展第十二个五年规划的建议》提出“十二五”期间我省经济社会发展的指导思想是：高举中国特色社会主义伟大旗帜，以邓小平理论和“三个代表”重要思想为指导，深入贯彻落实科学发展观，以科学发展为主题，以加快转变经济发展方式为主线，以建设中原经济区、加快中原崛起和河南振兴为总体战略，以富民强省为中心任务，坚持重在持续、重在提升、重在统筹、重在为民的实践要领，着力扩大内需，着力调整结构，着力改革开放，着力改善民生，促进经济又好又快发展和社会和谐稳定，为全面建成小康社会打下具有决定性意义的基础。

贯彻上述指导思想，要重点把握以下几个方面：

——*以科学发展为主题*。坚持发展是硬道理的本质要求，把发展作为解决一切问题的关键，突出发展第一要务、第一要义，努力保持经济平稳较快发展。落实“四个重在”实践要领，持续科学发展的思路、举措和进程，在发展中调整、在发展中提升、在发展中转变、在发展中增效，提升发展层次、质量和效益。全面加强社会建设，做到发展为了人民、发展依靠人民、发展成果由人民共享，努力实现以人为本、全面协调可持续的科学发展。

——*以加快转变经济发展方式为主线*。把经济结构战略性调整作为主攻方向，把科技进步和创新作为重要支撑，把保障和改善民生作为根本出发点和落脚点，把建设资源节约型、环境友好型社会作为重要着力点，把改革开放作为强大动力，加快构建“一个载体、三个体系”，促进经济发展由投资拉动为主向投资与消费、出口拉动并重转变，由传统工业推动为主向三次产业协调推动转变，由物质资源消耗型向创新驱动型转变，由粗放型向集约型转变。

——*以建设中原经济区、加快中原崛起和河南振兴为总体战略*。按照增创粮食生产新优势、构筑“三化”协调新格局、实现改革开放新突破、取得转型发展新跨越、开创和谐社会建设新局面的总体目标，围绕全国“三化”协调发展示范区、全国重要的经济增长板块、全国综合交通枢纽和物流中心、华夏历史文明重要传承区“四大战略定位”，以解决“三农”问题为出发点和着力点，统筹推进新型工业化、新型城镇化和农业现代化，持续探索不以牺牲农业和粮食、生态和环境为代价的“三化”协调科学发展的路子。进一步解放思想、抢抓机遇、创新体制、扩大开放，优化战略布局，强化战略支撑，融入全局、发挥优势、准确定位、互动联动，加快建设科学发展、统筹协调、开放创新、和谐繁荣的中原经济区。力争五年彰显优势，到 2015 年，全省主要人均经济指标超过中部地区平均水平，进一步缩小与全国平均水平的差距，成为支撑中部崛起的重要区域，在密切东中西联系、服务全国大局中发挥更大作用。

——*以富民强省为中心任务*。突出富民优先、强省为要，把增加城乡居民收入作为根本着力点，把促进基本公共服务均等化作为重要基础，把创业创新作为实现途径，从最广大人民的根本利益出发，在经济发展中提高居民收入水平，在人的全面发展中推动经济社会又好又快发展，全面增强经济发展内生动力，提高综合实力、竞争力和抵御风险能力，实现富民与强省的有机统一。

第二节　战略重点

贯穿主题主线，实施总体战略，推进富民强省，“十二五”时期需要突出抓好的战略重点是：

——*着力扩大内需*。全面贯彻落实国家扩大内需的战略方针，积极扩大消费需求，建立扩大消费需求的长效机制，通过积极稳妥推进城镇化、实施就业优先战略、深化收入分配制度改革、健全社会保障体系和营造良好的消费环境，增强居民消费预期，促进消费结构升级，进一步释放城乡居民消费潜力；持续扩大投资规模，优化投资结构，积极寻求投资与消费的结合点，促进投资、消费良性互动，同时积极发展对外贸易，努力保持经济平稳较快发展。

——*着力调整结构*。大力推进产业结构、城乡结构、区域结构、需求结构、要素投入结构全方位调整，加强自主创新能力建设和人力资源开发，推进资源节约型和环境友好型社会建设，提高经济发展质量和效益，提升经济整体素质和综合竞争力。

——着力改革开放。围绕完善社会主义市场经济体制，加快推进重点领域和关键环节改革，建立健全有利于转变经济发展方式、促进科学发展的体制机制，充分发挥市场配置资源的基础性作用；更加积极主动地实施开放带动主战略，深入推进开放招商活动，积极承接产业转移，扩大对外贸易规模并提升水平，以开放促发展、促转变、促创新，构筑内陆开放高地。

——着力改善民生。加快公共服务体系建设和社会事业发展，持续实施民生工程，在就业、社会保障和教育、医疗、生态、环境、社会建设等领域，坚持每年办好一批事关人民切身利益的实事，提高公共服务产品供给能力，使发展成果更大程度地惠及民生。

第三节 战略布局

按照区域自然条件、资源环境承载能力、经济社会发展基础，落实促进中部地区崛起规划和主体功能区战略，强化主体功能分区，统筹安排城镇建设、产业集聚、农田保护、生态涵养等空间布局，协调推进中原城市群与粮食生产核心区、生态功能区建设，以空间布局的优化推动“三化”协调科学发展。

——构建以中原城市群为重点的城市化战略格局。主动融入国家城镇化战略格局和促进中部地区崛起规划明确的沿京广、沿陇海经济带，按照向心布局、集群发展、统筹协调的要求，以城市新区、产业集聚区为载体，加快产业集聚和人口集聚，提升郑州全国区域性中心城市地位，增强其他地区性中心城市综合承载能力，构建以陆桥通道和京广通道为发展轴，以轴线城市为依托、其他城市为重要组成部分的城市化战略格局。加强城市群内各类城市功能互补和产业分工，推动交通一体、产业链接、服务共享、生态共建，促进大中小城市协调发展，建设经济联系紧密、城市层级分明、体系结构合理、具有国际竞争力的开放型城市群，增强对中原经济区发展的辐射带动能力。

——构建以粮食生产核心区为重点的农业战略格局。依托黄淮海平原、南阳盆地和豫北豫西山前平原产粮大县（市、区），实施农业综合开发，推进高标准农田建设，加快农业科技进步，提高粮食综合生产能力，形成规模效益明显的粮食主要生产区，发展现代农业，引导农产品加工、流通、储运企业向主产区集聚，建设集中连片、高产稳产的国家优质商品粮生产基地。

——构建以“四区两带”为重点的生态功能格局。以山脉、丘陵、水系为骨干，依托山、林、河、田等资源要素，推进建设桐柏大别山地生态区、伏牛山地生态区、太行生态区、平原生态涵养区，构建横跨东西的黄河滩区生态涵养带和纵贯南北的南水北调中线生态走廊，形成“四区两带”的区域生态格局。

第三章 发展目标

经过五年的奋斗，综合经济实力显著增强，转变经济发展方式取得实质性进展，中原经济区优势得到彰显，富民强省迈出坚实步伐，全面建设小康社会、实现中原崛起和河南振兴的基础更加牢固。主要指标是：

——经济发展水平明显提升。在优化结构、提高效益和降低能耗的基础上，努力实现“两高一低”，主要经济指标年均增速高于全国平均水平、力争高于中部地区平均水平，人口自然增长率继续低于全国平均水平。全省生产总值年均增长9%以上，人均生产总值达到38000元，与全国平均水平的差距进一步缩小。

——经济结构明显优化。产业结构、城乡结构、需求结构、要素投入结构调整取得重大进展，“三化”发展的协调性不断增强，生态环境质量显著提高。财政总收入超过3700亿元，与地区生产总值增长相适应；服务业比重提高5个百分点左右；城镇化率达到48%左右；单位生产总值能耗、二氧化碳排放量、主要污染物排放量控制在国家下达的指标内。

——城乡居民收入明显增加。努力实现居民收入增长和经济发展同步、劳动报酬增长和劳动生产率提高同步，城乡居民收入年均增长9%左右，农民人均纯收入力争达到全国平均水平，城镇居民人均可支配收入与全国平均水平差距进一步缩小，人民生活质量和水平不断提高。

——社会建设明显加强。就业岗位持续增加，覆盖城乡居民的社会保障体系逐步完善，基本公共服务均等化程度提高，民主法制更加健全，人民权益得到切实保障，社会管理制度趋于完善，社会更加和谐稳定。

——改革开放明显推进。重要领域和关键环节的改革取得突破，政府职能加快转变，开放型经济快速发展，进出口总额、实际利用外商投资年均分别增长20%，五年累计分别比“十一五”时期增加1.2倍左右和1.8倍左右。

专栏2 “十二五”期间主要发展目标

	指标名称	单位	2010年	2015年目标	年均增长(%)	指标属性	类别
一、经济发展							
1	地区生产总值	亿元	22700		9以上	预期性	国家
2	人均生产总值	元	23450	38000		预期性	
3	全社会固定资产投资	亿元	16450		15	预期性	
4	财政总收入 其中：地方财政一般预算收入	亿元	2293 1381	3700 2250	10以上	预期性	
5	外贸进出口总额	亿美元	177.9 累计713	450 累计1610	20	预期性	
6	实际利用外商投资	亿美元	62.4 累计199.8	155 累计560	20	预期性	
二、转型升级和自主创新							
7	服务业增加值比重	%	28.1	33以上		预期性	国家
8	城镇化率	%	39.5	48左右		预期性	国家
9	研究与开发经费支出占生产总值比重	%	0.95	1.6左右		预期性	国家
10	每万人发明专利拥有量	件/万人	0.4	1		预期性	国家
三、生态建设和环境保护							
11	耕地保有量	万公顷	791.47	791.47		约束性	国家
12	万元工业增加值用水量	立方米	49	34.3	累计-30	约束性	国家
13	农业灌溉用水有效利用系数		0.57	0.6		预期性	国家

续表

指标名称			单位	2010 年	2015 年目标	年均增长(%)	指标属性	类别
14	非化石能源占一次能源消费比重		%	3.8	5		约束性	国家
15	万元生产总值能耗(2005 年价)		吨标准煤			累计-16	约束性	国家
16	万元生产总值二氧化碳排放量(2005 年价)		吨			累计-17	约束性	国家
17	主要污染物排放减少	化学需氧量	%			按国家下达目标确定	约束性	国家
		二氧化硫	%					
		氨氮	%					
		氮氧化物	%					
18	森林增长	森林覆盖率	%	22.19		按国家下达目标确定	约束性	国家
		森林蓄积量	亿立方米	1.29				
四、社会发展和改善民生								
19	全省总人口		万人	10018	10379	7.1‰以内	约束性	国家
20	城镇登记失业率		%	3.38	5 以内		预期性	国家
21	五年城镇净增就业人数		万人	累计 648	累计 500		预期性	国家
22	城镇参加基本养老保险人数		万人	1057	2100		约束性	国家
23	城乡三项医疗保险参保率		%	96.59	97		约束性	国家
24	城镇保障性安居工程建设		万套		累计 200 以上		约束性	国家
25	农民人均纯收入		元	5500	8460	9 左右	预期性	国家
26	城镇居民人均可支配收入		元	15900	24460	9 左右	预期性	国家
27	九年义务教育巩固率		%		94		约束性	国家
28	高等教育毛入学率		%	23.7	36.5		预期性	

注:1. 城镇参加基本养老保险人数 2010 年数据统计口径仅包括城镇职工,2015 年数据统计口径包括城镇职工和城镇居民。
2. 城乡三项医疗保险参保率,包括城镇职工基本医疗保险、城镇居民基本医疗保险、新型农村合作医疗。
3. 约束性目标待与国家衔接后,以国家确定的目标为准。

第二篇 加快新型工业化,构建现代产业体系

把推进新型工业化、构建现代产业体系作为“三化”协调科学发展的核心,作为建设中原经济区的重要支撑,坚持发挥比较优势与后发优势相结合、做大总量与优化结构相结合、增创制造业新优势与促进服务业大发展相结合,推进工业化与信息化深度融合,强化产业集聚区载体功能,加快培育优势产业集群和品牌,做强做大战略支撑产业,积极发展战略新兴产业,构建结构优化、技术先进、清洁安全、附加值高、吸纳就业能力强的现代产业体系。

第一章 推动工业转型升级

坚持走新型工业化道路，按照高端、高质、高效的方向，着眼于抢占未来制高点与增强产业竞争力，突出自主创新、承接转移、集约集聚、改造提升和龙头带动，抓增量、调结构、增后劲，发展壮大高成长性产业，改造提升传统优势产业，积极培育先导产业，建设现代装备制造业和消费品工业主导地位更加突出、原材料工业竞争力显著提高的全国重要的先进制造业基地。2015 年全省工业增加值突破 2 万亿元，形成 10 个以上超千亿的产业集群和 100 家以上超百亿的企业集团。

第一节 发展壮大高成长性产业

适应消费结构升级和城镇化进程加快的新要求，大力发展市场空间大、增长速度快、转移趋势明显的汽车、电子信息、装备制造、食品、轻工、建材等六大高成长性产业，选择竞争力最强、成长性最好、关联度最高、支撑条件最优和见效最快的领域，依托产业集聚区和骨干企业，加快承接产业链式转移，着力培育新的经济增长点，成为推动全省经济增长的主要动力。到 2015 年，装备制造、食品产业主营业务收入分别超过 2 万亿元，轻工、建材产业分别超过万亿元，汽车、电子信息产业分别超过 5000 亿元，六大高成长性产业占全省工业的比重达到 65% 左右。

汽车产业。扩大整车规模，积极发展专用车，以整带零、以零促整，推动整车与零部件的集聚发展和互动发展。依托郑汴新区，加快百万辆汽车基地建设，推进郑州日产公司、郑州海马公司、郑州宇通公司、开封奇瑞公司、恒天重工公司等骨干企业壮大规模，积极引进国内优势汽车企业建设生产基地，加快新车型开发，推动汽车零部件产业园建设，形成经济型轿车、轻型商用车、中高端客车和中重卡车四大系列优势产品，发展成为中西部汽车制造和服务贸易中心。大力发展专用车，扩大冷藏车、工程养护车、特种运输车等优势专用汽车生产规模，依托有条件的市推动汽车零部件集群化发展。力争 2015 年全省整车生产能力超过 200 万辆。

电子信息产业。积极承接产业转移，龙头引领、配套协同、集群发展，培育壮大信息家电、半导体照明、新型显示、下一代网络技术及服务等产业，努力把电子信息产业发展成为全省新的支柱产业，使我省成为中西部重要的电子信息产业承接地。加快实施智能手机、笔记本电脑、数码播放器、半导体照明、光纤交换机、安全芯片等关键技术开发和产业化项目，重点支持富士康 IT 产业园建设，提升配套能力，引导有条件的地区积极承接产业转移，加快建设一批特色产业园区，推动形成以郑州、漯河、鹤壁、南阳市为重点的产业集聚发展格局。

装备制造业。增强自主创新、服务增值、先进制造和产业配套四大能力，壮大整机产品规模，推动基础部件和配套产品集群化发展，加快建设现代装备制造基地。依托许昌、平顶山市，加快中原电气谷建设，实施智能电网产业园、高压开关产业园等一批重大项目，巩固提升超特高压开关和电力二次设备自主化设计和成套化水平，力争 2015 年主营业务收入达到 1500 亿元，建设具有世界先进水平的电力装备研发和制造基地。壮大提升洛阳动力谷实力，扩大重型装备、现代农机、工程机械、大功率柴油机、精密轴承等产品竞争优势，力争到 2015 年主营业务收入达到 1500 亿元，建设全国重要的大型动力装备制造基地。加快南车集团洛阳轨道车辆项目建设，壮大站台设备、盾构设备、施工设备等关键装备规模，构建轨道交通装备产业链，发展成为全国重要的轨道交通车辆装备基地。加快建设煤矿机械、起重机械、防爆电气、空分装备、数控机床、矿山安全装备等特色装备制造基地，形成一批主营收入超500亿元的产业集群和一批具有国际竞争力的大型企业集团。

食品工业。强化原料基地、产品开发、冷链物流、安全检测等关键环节建设，积极引进龙头企业和产业资本，推动食品工业和现代物流业互动融合，促进优质原料基地和加工制造一体化发展。加快实施千万吨绿色食品深加工工程，提升面制品、肉制品、乳品果蔬饮料三大主导产业优势，推进主食工业化，做大休闲食品、调味品等成长性产业，提高烟酒品牌影响力。培育壮大双汇集团等10大全产业链龙头企业，加快漯河中国食品名城和郑州综合食品产业基地建设，引导农产品深加工企业在农产品主产区集中布局，加快发展特色食品产业，形成一批超500亿元的食品产业集群，把我省发展成为食品工业强省。

轻工产业。大力发展现代家居和劳动密集型产品，吸引行业龙头企业和沿海产业链整体转移，加快推进格力电器产业园、美国纬伦制鞋基地等一批重大项目建设，培育壮大郑州家电、周口制鞋等一批特色产业集群，发展形成一批龙头企业、优势品牌和产业基地，形成家用电器、家具厨卫、皮革皮具、包装印刷、塑料制品等五个千亿元产业。

建材工业。抢抓城镇化加快推进机遇，大力发展节能、环保和绿色建筑材料，积极引进沿海家居建材龙头企业，加快发展中高端建筑陶瓷、卫生洁具陶瓷、化学建材、高档石材、石膏轻质复合板等新型建筑材料，壮大节能玻璃、优质耐火材料等优势产品规模，培育安阳和鹤壁陶瓷、焦作塑料建材等特色产业集群，建设我国重要的建筑陶瓷产业基地。淘汰日产1000吨以下干法旋转窑水泥生产线，突出发展水泥制品，推动企业整合重组，提高水泥产业集中度。

第二节　改造提升传统优势产业

突破产业发展瓶颈制约，优化产品结构，改进工艺技术，延伸产业链条，推进重组整合、精深加工、降本提效，培育产业发展新优势，推动化工、钢铁、有色、纺织等传统优势产业，在优化调整中加快发展、在发展壮大中增创优势，建设全国重要的精品原材料工业基地和新兴服装产业基地。到2015年，化工、有色、钢铁、纺织等传统优势产业主营业务收入超过2.2万亿元。

化工产业。发挥煤盐资源综合优势，发展高端石化产品，促进煤化工、盐化工、石油化工融合发展和上下游一体化发展，加快现代化工基地建设。突破现代煤化工关键技术，实施百万吨煤制烯烃及乙二醇工程，积极发展煤化工深加工产品，形成多元化和精细化的产品结构，把甲醇产能优势转化为甲醇深加工产业优势，建设豫北、义马和永城现代煤化工基地。提高盐化工规模化深加工水平，实施百万吨聚氯乙烯、百万吨尼龙化工工程，积极发展聚氯乙烯型材、工程塑料等精深加工产品，拉长盐化工产业链条，建设平漯、焦济、濮阳、南阳盐化工基地和平顶山尼龙化工基地。推进洛阳石化新增千万吨炼化和商丘千万吨炼化项目建设，积极发展PX(对二甲苯)、PTA(对苯二甲酸)、聚酯及其深加工产业链。

有色工业。发挥铝工业产业基础优势，推动煤电铝产业链深度融合和铝加工集群发展，弥补能源成本劣势，建设国内领先的铝深加工基地。依托电解铝骨干企业，推进大型自备机组建设，参股煤炭企业，突破高水平铝合金和高端铝加工技术瓶颈，发展轨道交通、电子、汽车等领域高端铝加工产品，形成完整的煤电铝一体化产业链。大力引进国内外深加工企业，推动铝加工企业集聚发展，培育电解铝、铝合金和铝加工衔接配套的产业集群。高起点发展镁合金板带材、高精度铜板、专用铜管、钛板带及换热器等深加工产品，提高钨钼加工和铅锌合金比重，加快济源铅锌加工、鹤壁镁加工和洛阳钨钼钛特色产业基地建设。

钢铁工业。加快骨干企业与国内大型钢铁集团的战略重组，弥补原材料供应短板，推动钢铁企业与下游用户合作组建产业联盟，实现生产型企业向生产服务型企业转变，提高区域市场占有率。推动骨干钢铁企业装备大型化、工艺现代化改造，突出精品化和差异化，重点发展高强度建筑和机械用钢，扩大专用宽厚板、优质棒线材、汽车用钢、精密钢管等优钢系列品种，加快建设安阳优质钢和舞钢宽厚板基地，形成"高、特、专、精、深"产品为主导的产品结构。

纺织工业。强化设计创意、品牌塑造、营销网络、产业配套，突破织、染等瓶颈制约，壮大服装、面料和家用纺织品规模。突出郑州纺织服装产业基地建设，引进一批优势服装品牌，培育一批全国知名的自主服装品牌，建设成为区域性服装设计中心、展示中心和销售中心。大力承接中高档面料和服装产业转移，重点推进品牌服装产业园建设，培育一批超百亿元特色产业集群。推动有条件的纺织产业密集区建设高水平印染项目，完善上下游产业链。提升棉纺织产品结构，扩大高品质纱线产品比重，增加纯棉针织品、服装及装饰面料的品种和规模。扩大粘胶、氨纶和差别化、功能化纤维规模，积极发展医卫、汽车和工程用纺织品。

第三节　积极培育先导产业

把握科技和产业发展新方向，实施产业创新发展专项，推进产业创新联盟建设，突破关键技术瓶颈，强力推进产业化，促进生产要素向优势领域集聚，跟踪市场和技术发展趋势，大力培育新能源汽车、生物、新能源、新材料和节能环保产业，抢占未来发展制高点，培育支撑我省未来发展新的支柱产业。到2015年，先导产业主营业务收入突破5000亿元。

新能源汽车产业。以示范运营促发展，培育动力电池及材料产业链，提升核心零部件配套能力，推动混合动力、纯电动客车和电动乘用车产业化，发展高能效、低排放节能汽车。建设郑州电动汽车整车、新乡和三门峡整车及电源、洛阳动力电源系统等特色产业园区，开展郑州、新乡等市的公共交通电动汽车示范线路运营，重点实施锂离子动力电池、电动汽车动力总成系统等关键技术开发及产业化项目，力争在动力电池领域率先突破。

生物产业。加快新型疫苗和诊断试剂、化学创新药物、现代中药、生物育种、生物制造等产业发展，建设全国重要的生物产业基地。加快郑州生物国家高技术产业基地以及新乡、焦作、周口、驻马店、南阳省级生物高技术产业基地建设，重点实施干细胞与再生医学工程、新型疫苗及高端血液制品、重大疾病快速诊断试剂、重大疾病防治新药、动植物新品种选育、生物基材料等关键技术开发和产业化项目，扩大竞争优势。

新能源产业。巩固提升多晶硅产业优势，积极开发利用太阳能，推进生物质能源、风电及核电设备产业化，扩大新能源产业规模。加快突破纤维乙醇产业化技术，建设南阳新能源国家高技术产业基地，依托骨干企业和有条件的地区，建设多晶硅及太阳能电池、风电装备等特色产业园区。重点实施万吨级多晶硅、百兆瓦级薄膜及晶硅太阳能电池、万吨级纤维乙醇、生物柴油、风电、核电关键部件及控制系统等关键技术开发及产业化项目。

新材料产业。适应新兴产业发展和传统产业升级需要，加快发展高强轻型合金、工程塑料等先进结构材料，大力发展超硬材料、特种玻璃等新型功能材料，积极开发芳纶、碳纤维等高性能纤维及复合材料，加快生物医用、纳米等前沿新技术材料的研发。加快建设洛阳新材料国家高技术产业基地以及鹤壁镁合金、郑州和许昌超硬材料等特色产业园区。重点实施钼钨合金、钛合金、特种玻璃、功能陶瓷、特种纤维、二氧化碳全降解塑料等关键技术开发及产业化项目。

节能环保产业。大力发展电解槽不停电检修、低温余热发电、高效电机、大型水泥窑处理生活垃圾、新型含氮废水处理等高效节能环保技术、成套装备和产品。提升有色金属、电力、造纸、医药等行业工业废弃物的综合利用水平。推进节能环保服务体系建设,积极发展合同能源管理、环保咨询等节能环保服务业。

加强对先导产业的政策支持和引导。加大政府投入,带动社会资金投向处于创业早中期的创新型企业。鼓励金融机构加大信贷支持力度。落实鼓励创新、引导投资和消费的税收支持政策。支持新产品应用的配套基础设施建设,为培育和拓展市场需求创造良好环境。

第四节　促进工业化与信息化融合

实施制造业信息化示范工程,加快信息技术在研发、设计、生产、管理、营销等环节的应用,推动工业化与信息化深度融合。支持行业龙头企业联合高校、科研院所以及软件服务企业,组建行业信息化创新联盟,开发、推广行业关键信息技术标准和产品。推进信息技术与工业产品的融合,发展嵌入式电子产品,提升工业装备和产品的数字化、智能化水平。加快信息技术在工业设计研发中的应用,推动产品设计研发网络化、协同化、虚拟化、个性化。加快信息技术在工业生产制造领域的应用,推动生产制造的敏捷化、柔性化、智能化。加快信息技术与企业经营管理的融合,推动管理业务精细化、组织结构扁平化、决策科学化。大力推动企业销售服务电子化,引导企业建立营销管理系统,提升产业链上下游企业信息化水平。在重点产业集聚区、专业园区,建设一批网络协同制造、生产服务外包异地监控、技术交流和应用培训等公共信息技术服务平台,为中小企业提供信息化服务。提升企业信息化应用水平,到2015年,全省70%以上的中小型企业和100%的大型企业开展电子商务应用,企业网上采购商品和服务的比重显著提升。

第五节　推进老工业基地调整改造和资源型城市可持续发展

充分发挥老工业基地和资源型城市在推动产业转型升级、促进区域协调发展中的重要作用,抓住国家统筹推进全国老工业基地调整改造的政策机遇,推动郑州、洛阳、开封、平顶山、安阳、新乡和南阳等市加快调整优化产业结构,改造提升传统产业,培育壮大新兴产业,增强城市综合竞争力。继续支持焦作、灵宝等国家资源枯竭城市加快转型,积极推动濮阳、鹤壁等资源型城市可持续发展,建立完善资源开发补偿和接续替代产业发展机制,大力发展先进制造业和现代服务业,加快产业转型升级,提高可持续发展能力。

专栏3　工业转型升级工程

围绕建设全国重要的先进制造业基地,重点实施“3422”产业转型升级工程,即着力提升高成长性产业、传统优势产业和先导产业竞争优势,规划4000个左右1亿元以上重大项目,总投资超过2.5万亿元,着力培育20类高加工度产品,引领支撑工业强省建设。

高成长性产业。规划建设2200个重大项目,重点发展汽车整车、汽车零部件、大型成套装备、超特高压电气装备、工程施工机械、现代农机、精密基础部件、绿色食品、家用电子电器、高档纸及包装印刷、家具厨卫用品、皮革皮具、塑料制品和节能环保建材,新增10万台套成套装备、20万台大中马力农机、120万辆汽车、400万吨高低温肉制品、150万吨速冻米面制品、350万吨果蔬饮料、1000万台家用电器等生产能力。

续表

传统优势产业。规划建设800个重大项目，重点发展甲醇制烯烃和乙二醇、石油深加工、聚氯乙烯深加工、高端石化产品、高效化肥、有色金属深加工、优钢特材、品牌服装和精品面料，新增200万吨煤制烯烃和乙二醇、1000万吨炼油、100万吨乙烯、100万吨聚氯乙烯及加工、300万吨中高端铝加工、7亿件品牌服装等生产能力。 先导产业。以动力电池及材料、新型疫苗和诊断试剂、生物育种、多晶硅及太阳能电池、新型功能材料、生物质能源等领域为重点，实施产业创新发展专项，投资3000亿元，实施800个重大项目，突破20项产业关键核心技术，打造50个重大产业创新平台，建设20个特色产业园区，培育100家优势骨干企业，提升先导产业竞争力，抢占未来发展制高点。

第二章　全面加快服务业发展

把推动服务业大发展作为产业结构优化升级的战略重点，以重点项目、龙头企业、特色园区为抓手，以改善政策和体制环境为保障，促进服务业总量扩张、结构优化、水平提升，提高服务业增加值在生产总值中的比重和服务业从业人员在全社会从业人员中的比重。

第一节　加快发展服务业支柱产业

现代物流业。加快郑州国际物流中心建设，基本建成新加坡物流园区、航空港物流园等功能园区；建成郑州新郑综合保税区，拓展完善保税物流功能，大力发展国际物流；建设完善一批运输枢纽场站、物流通道、口岸通关等基础设施，构建与国际接轨的物流服务体系，建设内陆“无水港”，初步形成立足中原、面向全国、连通世界的现代物流中心。大力发展食品冷链、医药、钢铁、汽车、家电、纺织服装、邮政、粮食、花卉、建材等行业物流，推进物流业与制造业、现代农业联动发展。加快物流园区、区域分拨中心及配送网络建设，建成物流公共信息服务平台，逐步形成以郑州为枢纽、各物流节点城市为支撑的区域一体化物流发展格局。引进国内外大型物流企业建设地区总部和区域分拨中心，支持本土物流龙头企业构建全国性物流网络。推广物流先进技术、标准和营运模式，加快运输型、仓储型等传统物流业态改造升级，培育50家规模较大、业态先进的重点物流企业，引领带动物流业发展。到2015年，全省物流业增加值占生产总值的比重提高到5%左右。

旅游业。推动文化和旅游融合发展，实施大板块、大品牌、大集团战略，整合旅游资源，着力构建新型旅游产业链。突出培育文化体验、都市休闲、山地度假和乡村游憩四大旅游产品板块，加快建设世界知名、全国一流的旅游目的地。整合提升洛阳、开封、安阳、郑州古都大遗址群和根亲、功夫、禅修等文化体验功能，打造文化河南旅游品牌和新型文化体验游产业链。结合城市新区建设、旧城改造、企业搬迁，开发建设集购物、美食、娱乐、健身等功能于一体的城市综合体和特色街区，建成一批城市休闲旅游功能区，建设宜居宜游城市。依托南太行、伏牛山、桐柏—大别山等山水资源，积极引进战略投资者，开展产品开发、品牌塑造、市场营销、管理运营等方面的深度合作，建设一批山地休闲度假区。实施“百村万户”旅游富民工程，突出特色，一村一品，大力发展乡村生活体验、生态农业观光游。积极发展红色旅游、黄河文化生态游，着力培育自助游、商务游、养生游等旅游新业态。加强旅游基础设施和公共服务体系建设，完善主要景区旅游通道，建设航空、高铁、高速公路与主要景区高效对接的旅游交通网络，提升景区通行、停车、住宿、餐饮、娱乐、购物等综合服务能力。建成省旅游服务中心。加强与国内外龙头旅游企业的战略合作，强化优势互补，推进区域合作，建设覆盖全国、连接海外的旅游营销网络。积极培育大型旅游企业集团，支持骨干旅游企业上市融资。力争到2015年全省接待海内外游客人数突破4亿人次，旅游业总收入翻一番。

金融业。完善金融机构、金融市场和金融产品体系，增强金融服务功能，建设郑州区域性金融中心。推进地方及涉农金融领域改革创新，构建与中原经济区建设相适应的现代金融服务体系。大力发展地方金融机构，支持城市商业银行开展战略合作和跨省、跨市经营，推进农村信用社改组为农村商业银行或合作银行，鼓励有条件的地方以县为单位设立社区银行，发展农村小型金融组织和小额信贷产品，新增农村新型金融机构120家以上。积极吸引境内外金融机构来豫发展，争取设立分支机构20家以上。完善国有商业银行和股份制银行网点布局，在市和经济发达县（市）设立分支机构30家以上。进一步扩大债券发行规模，继续实施上市后备企业培育工程，支持企业扩大直接融资。争取设立地方保险法人机构，做大做强中原证券公司，支持中原信托公司、百瑞信托公司发展，壮大投资集团、交投集团等投融资平台，推动设立产业投资基金和创业投资机构，完善担保体系，发展融资租赁、财务公司。构建多层次金融市场体系，支持郑州商品交易所增加交易品种、扩大交易规模，积极支持产权交易市场发展。进一步优化金融生态环境。到2015年，全省金融业实现增加值1300亿元，直接融资规模翻一番以上。

房地产业。完善住房政策体系，加强土地、财税、金融等政策调节，推进房地产业平稳健康发展。调整优化住房供给结构，鼓励发展中小户型、中低价位普通商品房，大规模增加保障性住房。合理引导住房需求，努力满足自住和改善性住房需求。积极发展房地产二级市场和房屋租赁市场，完善房地产开发服务和物业服务体系。结合城市新区、产业集聚区建设，大力发展商业地产和工业地产。引导房地产企业开发中小城市和县城房地产市场。规范房地产市场秩序，抑制炒作投机行为。

第二节 积极发展新兴服务业

拓展服务业发展领域，培育发展一批潜力大、成长性好的新兴服务业。大力发展信息服务业，支持网络增值服务、信息安全、数字内容和软件服务外包、电子商务等产业发展，加快建设郑州软件服务外包基地和物联网产业基地。大力发展科技研发、技术交易、信息咨询等服务产业，推动科技、创意企业孵化园区建设。积极发展会展业，打造食品、医药、汽车、机械装备、花卉等知名会展品牌，完善配套服务，拉长产业链条，提升郑州全国区域性会展中心地位。大力发展中介服务、家庭服务、养老服务和健康产业，不断提高社会化、专业化、产业化发展水平。

第三节 改造提升传统服务业

创新经营模式，发展新兴业态，推进商贸、餐饮、住宿等传统服务业改造升级。优化商业网络布局，重点建设50个中心城区商圈和特色商业街区，积极发展社区商业网点。支持城市农贸市场生鲜品超市化改造，建设完善覆盖农村的连锁商业网点。加快新建或改造一批跨区域大型综合性及特色农产品批发市场。鼓励知名自主品牌和老字号商业、餐饮、住宿企业连锁扩张。大力发展客运服务业，发挥网络枢纽优势，提升增值效益。

第四节 优化服务业发展环境

进一步放宽服务业市场准入，建立公平、规范、透明的市场环境。完善土地、税收、投融资等扶持政策，实行服务业用电、用水、用气、用热与工业同价，加大劳动密集、技术先进、节能减排、便民利民等服务业税收优惠力度。发挥财政资金导向作用，支持服务业关键领域和重点行业发展。深化服务领域体制改革和机制创新，加快工业企业内部服务业剥离改革，推动服务业企业战略重组，培育一批具有较强竞争力的企业集团和知名品牌。加大服务业企业上市培育力度，支持符合条件的企业尽快上市。大力承接国外和沿海服务产业转移，吸引世界服务业500强企业来豫设立地区总部、研发中心、采购中心、营销中心等，推动本土企业融入国际服务产业链。建立完善吸引、留住和用好服务业人才的长效机制，增强我省服务业发展智力支撑能力。

专栏4 服务业重大工程项目

物流业：重点建设新加坡物流园区、航空港物流园区、商丘豫东综合物流园区、周口水运港口物流园区等大型综合物流园区和双汇冷链物流中心、郑州雨润农副产品全球采购中心、华润爱生医药冷链物流园、国药控股河南物流中心、美的物流园、格力电器物流配送中心、中南邮政物流集散中心、华丰钢铁物流园区、中国（郑州）国际汽车后市场、郑州花卉综合物流园、鹤壁煤炭储配园等40个食品冷链、医药、家电、邮政快递、钢铁、汽车、花卉、煤炭等专业物流园区及分拨中心。建成省物流公共信息服务平台。到2015年，形成8～10个业务收入超100亿元的大型物流园区。

文化旅游业：重点建设嵩山天地之中文化旅游城、龙门文化旅游园、殷墟大遗址文化产业园、宋都古城产业园、中华姓氏文化园、沿黄风情文化产业带、芒砀山汉文化产业园、轩辕圣境黄帝故里文化产业园、焦作太极拳文化旅游产业园等文化体验游项目；宝天曼、白云山、老君山、鸡公山、云台山、尧山及大佛文化旅游景区等山地度假项目；航空运动体验游；华强文化科技产业基地、志高文化科技动漫产业园、环球美食城、花木之都旅游生态园等都市休闲游项目；以乡村生活体验、农业采摘、生态观光等为主要内容的300个乡村休憩游项目。

第三章 发展壮大建筑业

健全建筑市场监管体系，进一步规范建筑市场秩序，促进建筑业快速健康发展。优化建筑业产业结构，重点发展交通、市政、化工、冶金、电力等工程类建筑企业，积极发展建筑节能、建筑智能化、钢结构、装饰、消防、防腐等新兴专业建筑企业。鼓励骨干企业提高环保、基础设施、大型公共建筑等专业施工能力，拓展地铁、桥梁、隧道、重化工等高端市场。加快产权制度改革，培育壮大一批具备工程总承包能力的大型建筑企业。引导中小型建筑企业加快向技术公司、专业公司转变。推动建筑业创新应用新技术、新工艺、新设备和新材料，不断提高建筑业核心竞争力。推进建筑业质量、品牌和标准化建设，加强人才队伍建设。鼓励建筑企业走出去，开拓国内外市场。

第三篇 加快新型城镇化，构建现代城镇体系

把加快新型城镇化作为“三化”协调科学发展的引领，作为建设中原经济区的关键性、全局性战略举措，以中心城市和县城为重点，以新型农村社区建设为城乡统筹的结合点、城乡一体化的切入点，全面推进城乡建设，加快产业和人口向城镇集聚，强化中原城市群的支撑带动能力，构建现代城镇体系，走出一条全面开放、城乡统筹、经济高效、资源节约、环境友好、社会和谐的新型城镇化道路。

第一章 优化城镇化布局

完善城乡开发空间布局，加快构建国家区域性中心城市、地区中心城市、中小城市、中心镇和新型农村社区协调发展、互促共进的五级城乡体系，形成以城带乡、城乡统筹的城镇化新格局。增强郑州全国区域性中心城市功能。坚持集群、组团式发展，构筑城市组团与中心城区的便捷交通联系，推动形成以中心城市为核心、周边小城市和中心镇为依托的城镇集群。提升中小城市和县城规划建设标准，提高综合承载能力，吸纳农村人口就近转移。把小城镇作为城乡统筹发展的重要节点，按照合理布局、适度发展的原则，因地制宜发展中心镇，支持已经形成一定产业和人口规模、基础条件好的中心镇发展成为小城市，其他乡镇逐步发展成为服务周边农村生产生活的社区中心。积极稳妥推进新型农村社区建设，促进城乡一体化发展。“十二五”期间新增城镇人口 900 万人以上，其中中心城市和县城占 80% 左右。

第二章 加快中原城市群发展

深入实施中心城市带动战略，将 18 个中心城市纳入中原城市群，提升整体竞争力和辐射带动能力，建成沿陇海经济带的核心区域和全国重要的城镇密集区、先进制造业基地、农产品生产加工基地及综合交通运输枢纽。

强化郑州的龙头带动作用。加快新区建设和老城区改造，促进组团式发展，带动产业和人口集聚，提高郑州城市首位度，增强对全省经济发展的辐射带动作用。高标准改善交通条件，完善基础设施，改善人居环境，提高城市品质，增强高端要素集聚、科技创新、文化引领能力。建立健全城市创新体系，建设高端产业集聚的国家创新型城市。大力发展汽车、装备等先进制造业和电子信息产业，加快发展物流、金融、会展、创意等现代服务业，建设区域性金融中心和全国重要的国际物流中心。坚持航空、铁路、公路枢纽一体化发展，加快完善通信网络体系和信息服务体系，建设国家综合交通枢纽和通信枢纽，进一步凸显对中原经济区的综合服务功能。到 2015 年生产总值占全省的比重达到 20%，中心城区建成区人口达到 400 万人以上，成为全省发展的重心。深入推进郑汴一体化，加强体制机制创新，推动两市电信、金融等公共服务对接，实现电话号码区号统一、银行服务同城，形成资源共享、功能互补的一体化发展新格局。依托高速铁路、高速公路干线和城际轨道交通、城际快速客运通道、城际快速货运通道，在郑州至开封、洛阳、新乡、许昌之间，形成“两干三城”快速交通网，实现郑州与周边城市联动发展。

提升沿陇海和沿京广发展轴经济实力。依托陆桥通道，强化郑州、洛阳、开封的重要支撑作用。发展壮大郑汴洛工业走廊，做大做强能源原材料、现代装备制造、高新技术、汽车、石化等支柱产业。强化商丘、三门峡等城市的支撑作用。依托京广通道，增强安阳、鹤壁、新乡、许昌、漯河、平顶山、驻马店、信阳等城市的支撑作用，大力发展装备制造业、高技术产业、钢铁、食品和劳动密集型产业，构建沟通南北的发展轴。

推动其他城市加快发展。支持其他中心城市充分利用自身优势，积极承接产业转移，加快城市产业特色化发展，建设一批特色产业基地，增强城市经济实力，增强在区域经济发展中的承接、辐射带动、传导作用。发挥濮阳、周口、南阳、焦作、济源等连接周边的重要作用，依托出省通道，拓展对外联系。提升商丘、周口等在淮海经济协作区中的地位，增强南阳在豫鄂陕交界地区、三门峡在黄河金三角地区、信阳在鄂豫皖交界地带的影响力，凸显安阳、濮阳、焦作、济源等在晋冀鲁豫毗邻地区的作用，密切区域合作，实现优势互补、相互促进、联动发展。力争到2015年，中心城市全部进入大城市行列，基础条件好的成为特大城市。

第三章　完善城市功能

顺应城镇化快速发展的需要，进一步加强城镇基础设施和公共服务设施建设，完善城市功能，拓展发展空间，优化人居环境，形成城市特色，建设复合型、紧凑型、生态型城市和宜居城市。

加强城市交通建设。高水平、高标准编制城市综合交通规划。提高城市道路建设标准，完善城区路网，打通主要交通阻塞点和断头路。实施郑州、洛阳等中心城市畅通工程。推进中心城市交通换乘枢纽建设，加强公共停车场建设和管理，鼓励大中城市开发利用地下空间，规划建设地下停车设施。优先发展城市公共交通，积极发展地面快速公交系统，加大公交车辆和配套设施建设投入，提高公共交通占机动化出行分担比率。加快郑州、洛阳城市轨道交通建设，支持其他符合条件的中心城市规划建设轨道交通。

加强城镇市政设施建设。建成南水北调中线工程受水区43个城市供水配套工程，基本完成中心城市现有城区老化管网改造，基本实现省定重点镇集中供水设施全覆盖。加快城市新区、产业集聚区配套电网建设和老城区电网改造，推进有条件的城市实施电网入地工程。支持市及经济较发达的县级中心城市建设大型热电联产机组，同步规划建设供热管网。加快城市燃气管网建设，提高县城以上城市燃气普及率。加强地下管网建设与管理，推进新建、改建、扩建城市道路配套建设市政消防栓和地下公共管沟。加快城市积水点改造，加强城市防洪、消防、抗震、人民防空等公共安全设施和无障碍设施建设。

加强城市生态设施建设。加快城镇污水管网建设，进一步扩大收水范围；实施城镇污水处理扩能增效及升级改造工程，在城市新区、产业集聚区和重点人口大镇再建设一批污水处理设施；积极推进市中水回用和污泥处置设施建设，到2015年污水处理厂污泥全部实现无害化处置。加快垃圾无害化处理设施建设，推动现有生活垃圾处理场的扩容改造，全面完成县城以上垃圾处理场渗滤液处理设施建设，进一步完善乡镇垃圾收集收运体系，逐步推行垃圾分类处理。在有条件的市，利用大型水泥生产线开展垃圾焚烧试点。加强城市生态水系和城市防洪体系建设，鼓励有条件的市、县（市）结合中水回用建设人工湿地。在中心城区外围结合城市防护林建设，规划建设一批生态绿地。

加快公共服务设施和保障性住房建设。加大城镇教育投入，优先保障依据城镇规划布局调整的中小学建设用地。城市新区开发、老城区改造与居民区同步规划建设一批中小学校，改善办学条件，确保满足城镇居民和进城农民工子女入学需求。完善医疗卫生、文化等城市公共服务设施布局。多渠道筹措保障性住房建设资金，加快廉租住房、经济适用住房、公共租赁住房等各类保障性住房建设，积极推进城市和国有工矿棚户区改造，逐步解决城市低收入家庭住房保障问题。2012

年年底前基本完成市集中连片城市棚户区改造。"十二五"期间新建保障性住房200万套以上。

提升城市建设管理水平。以现有建成区内城中村、旧住宅小区和旧商业中心(街区)改造为重点,五年内完成大中城市现有建成区内城中村改造。按照复合型、紧凑型城市及组团式集群发展的理念,高标准、高水平编制各类规划,严格规划实施管理,发挥规划的引导和调控作用。加强城镇历史文脉、风景名胜和地址遗迹等资源保护,突出特色,提升品位。整合城市各级、各类公共服务和应急指挥资源,尽快建成一流的数字化管理和应急指挥平台,提高城市数字化管理水平,下大力气解决交通拥堵、空气噪声污染等"城市病"问题,实现城市管理向规范化、精细化、高效化转变。

专栏5 城镇基础设施工程项目

城市新区基础设施:力争到2015年年底,全省城市新区完成道路供排水等基础设施建设投资2500亿元左右。

城市综合交通设施:加快城市快速路、主干路、立体过街通道建设,完善立体交通体系;加快换乘枢纽、公交港湾、停车场等城市静态交通设施建设;大力发展城市公共交通,着力构建以公共交通为主体,多层次、多类型城市综合公共交通体系。五年预计完成投资2000亿元以上。

城镇供水设施:全部建成南水北调中线工程受水区43个城市供水配套工程,推进现有供水设施的升级改造。五年预计完成投资250亿元左右。

城市供热、供气管网:加快燃气管网建设改造,鼓励发展热电联产集中供热,同步规划建设供热管网。五年预计完成投资200亿元以上。

城镇生活污水处理设施及雨水设施:加快污水处理设施建设、扩容、升级改造,完善污水收集网络;全面推进市建设中水回用和污泥处置与综合利用设施建设;加快城市雨水系统建设与改造。五年预计完成投资500亿元左右。

城镇垃圾处理设施:加快生活垃圾无害化处理设施建设,推进已建成的生活垃圾无害化处理场的扩容改造,完成县城以上垃圾处理场渗滤液处理设施建设,有序推进垃圾焚烧处理;完善乡镇垃圾收集收运体系。五年预计完成投资100亿元左右。

城市生态设施:实施城市河道治理和生态修复工程,推进工矿废弃地和煤矿塌陷区改造,加快城市绿地、风景林地及生态林带建设。结合中水回用建设人工湿地。五年预计完成投资100亿元左右。

城市轨道交通:大力推进郑州城市轨道交通线网建设,建成郑州地铁1号线和2号线,开工建设洛阳城市轻轨,五年预计完成投资200亿元以上。

第四章 加快建设城市新区

把建设复合型城市新区作为推进城乡建设加快城镇化进程的重要突破口,按照"三次产业复合发展,功能复合构建,'三化'协调推进,城乡一体发展"的要求,突出经济、人居、生态复合功能,不断健全公共服务体系,完善城市功能,发展壮大主导产业,推动城市新区布局组团化、功能现代化、产业高端化,把城市新区建设成为现代产业集聚区、现代复合型功能区、城乡统筹改革发展先行区、环境优美宜居区、对外开放示范区和区域服务中心。

加快郑汴新区建设。实施郑汴新区总体规划,加快郑东新区、航空港区、白沙、九龙以及汴西等组团建设,完成龙湖地区、龙子湖高校区和白沙职教园区等开发建设,建成郑州东站综合交通枢纽、航空港交通枢纽和郑州新郑综合保税区;创新体制机制,推动先进制造业和现代服务业加快发展,加快重大基础设施建设,提升对全省及周边地区的服务能力。到2015年,郑汴新区生产总值达到1500亿元左右,人口达到270万人。

推进洛阳新区建设。依托产业集聚区,重点发展以动力机械、大型成套装备、新能源装备和精品新材料为主的先进制造业和文化旅游、物流等现代服务业，增强综合承载能力，带动人口向新区集聚，到2015年，洛阳新区生产总值达到600亿元以上，人口达到110万人。加快推进焦作、平原、许昌、漯河、南阳等新区建设，支持其他符合条件的市规划建设城市新区，完善基础设施和公共服务设施，创新体制机制，推进城乡统筹改革试验，积极承接产业转移，培育特色主导产业，带动人口集聚，形成区域新的增长极，成为承接人口转移的主要载体和新型城市化的样板。

第五章 加快发展产业集聚区

按照“企业（项目）集中布局、产业集群发展、资源集约利用、功能集合构建、促进农村人口向城市转移”的要求，强力推进产业集聚区建设。进一步推动要素资源集中配置，完善投融资、中小企业贷款担保和土地整理储备平台，着力提高基础设施、公共服务、产业支撑和集聚发展四大保障能力。力争到2015年全省产业集聚区从业人员达到240万人以上、主营业务收入超过4万亿元，建成一批功能定位明晰、竞争优势突出、资源高效利用、产城互动发展的产业集聚区。

培育壮大产业集群。围绕主导产业定位，重点引进关联度高、辐射力大、带动力强的龙头型、基地型项目，促进同类和关联企业、项目高效聚集，带动配套企业发展，发展各具特色的产业集群。做大做强装备制造、汽车零部件、食品、铝精深加工等一批具有比较优势的产业集群，提升产业竞争力。强力推进培育电子信息、生物医药、绿色电池、光伏等一批新兴产业集群，发挥示范引领作用，推动产业转型升级。积极承接服装、家电、制鞋、陶瓷、家具、玩具、五金等劳动密集型产业集群式转移，提高吸纳就业能力。加快发展生产性服务业，促进制造业与服务业融合发展。力争到2015年培育形成10个主营业务收入超千亿元、100个超百亿元的特色产业集群。

推动产城互动发展。统筹现有城区与产业集聚区功能布局，推动城区基础设施向产业集聚区延伸，加快完善配套产业集聚区道路、水、电、气、通信等基础设施，以城市功能完善促进产业集聚，以产业集聚增强吸纳农村转移人口的能力，促进城乡统筹发展。通过迁村并点推进产业集聚区内村庄向城镇社区转化，完善户籍、就业、社保、教育、医疗等配套政策，力争到2013年产业集聚区农业人口全部转变为城镇居民，率先实现城乡一体化。

推进集约节约发展。提高产业集聚区投资强度和产出效益，确保市建成区内产业集聚区不低于国家级开发区、县（市）域内产业集聚区不低于省级开发区的投资强度标准。加快多层标准厂房建设，建立完善产业集聚区土地集约利用考核评价体系，实行评价结果与下年度土地利用指标直接挂钩，创建一批国土资源节约集约示范集聚区。切实加强环境保护，严格节能环保准入门槛，关闭淘汰落后工艺技术装备和环保不达标企业，在具备条件的产业集聚区全部建成污水处理厂和垃圾处理厂。合理布局、以热定产，支持产业集聚区建设热电联产机组，积极推进清洁生产，创建一批环境友好型产业集聚区。

推动创新发展。进一步完善政策支持体系，提高产业集聚区要素聚集、自我积累和自主发展能力。强化管理体制创新，支持在产业集聚区先行先试各项改革，扩大县域产业集聚区管理权限，形成统筹、高效、富有活力的管理体制。鼓励产业集聚区按市场机制建立多元化融资渠道，支持公共部门与民营企业合作，加快产业集聚区开发建设。采取综合考核、竞赛晋级、政策挂钩、动态调整的管理模式，促进产业集聚区科学发展。

第六章 大力发展县域经济

以县级市市区、县城为主要载体，以扩大招商引资、承接产业转移、培育产业集群为主攻方向，统筹城区与产业集聚区发展，加快县域工业化、城镇化步伐，不断增强承接中心城市辐射和带动乡村发展的能力。落实主体功能区战略，坚持分类指导，统筹重点开发县(市)工业和城镇发展布局，在保障农业和生态发展空间基础上适度扩大建设用地规模，促进经济和人口向县城集聚；加大农产品主产县(市)农业综合生产能力建设投入，推动农业的规模化和产业化，以县城为重点推进城镇建设和工业发展；支持生态功能主体县加强生态建设，按照点状开发、面上保护的原则，因地制宜发展特色产业，加快县城发展。力争到2015年一半以上的县(市)培育形成一个超百亿元的特色主导产业，1/3以上的县城人口规模超20万。

第七章 完善城镇化发展的体制机制

加快破除城乡分割的体制障碍，建立健全与城镇化健康发展相适应的户籍管理、土地管理和投融资制度，推动城镇化快速发展。

完善户籍管理制度。加快城镇户籍制度改革，以把符合落户条件的农业转移人口逐步转化为城市居民为重点，全部放开县城以下中小城市户籍限制。积极创造条件放开中等以上城市户籍限制，同步解决进城务工人员的就业、安居、子女就学、社会保障问题。鼓励将符合条件的农民工纳入城镇住房保障体系，逐步使进城落户农民真正变成市民，享有平等权益。整户转为城市居民的农村居民，允许其继续保留承包地、宅基地及农房的收益权或使用权，做好农村社保与城市社保的衔接转换。鼓励进城农民将土地承包经营权、宅基地采取转包、租赁、互换、转让等方式进行流转。

创新城市建设融资机制。加大各级财政投入力度，支持有条件的市、县(市、区)设立城镇建设投资开发公司，注入优质资产，提高融资能力。鼓励符合条件的投融资平台采取发行企业债券、信托计划产品、上市融资等形式筹措建设资金。探索建立公益性基础设施和商业性基础设施开发相结合的长效机制。积极引入市场机制，探索实行城市基础设施特许经营制度，吸引社会资本参与城市基础设施建设。

第四篇 推进农业现代化，加快社会主义新农村建设

把推进农业现代化、稳定提高农业综合生产能力作为“三化”协调科学发展的基础，作为中原经济区建设的重要任务，以粮为基，统筹“三农”，推动全局，加快转变农业发展方式，构建现代农业产业体系，在工业化、城镇化深入发展中加快推进农业现代化，提高农民收入和农民生活水平，建设

农民幸福生活的美好家园。

第一章 大力发展现代农业

稳定提高粮食综合生产能力，深入推进农业结构调整，积极发展高产、优质、高效、生态、安全农业，运用现代科技、物质装备和管理技术改造提升传统农业，提高农业生产经营专业化、标准化、规模化、集约化水平。

第一节 切实抓好粮食生产核心区建设

加快河南粮食生产核心区建设，认真组织实施《全国新增1000亿斤粮食生产能力规划》，稳定粮食播种面积，优化品种结构，提高单产和品质，确保全省粮食播种面积稳定在1.45亿亩以上，力争粮食综合生产能力到“十二五”末达到600亿公斤。在粮食主产区的95个县(市、区)，实施水利设施、基本农田、防灾减灾、农业科技创新、农业技术推广、农业生态、粮食物流、农业机械化等八大工程，大规模建设旱涝保收高标准农田，改造中低产田1000万亩，建设高产稳产田1000万亩，实施土地整理1000万亩，全省有效灌溉面积达到7850万亩，以建设“吨粮田”为目标力争每个主产县(市、区)建设1～2个万亩高产示范方。加快推进农业机械化，促进农机农艺融合，农业机械化综合作业率达到75%，秋粮机械化收获水平达到50%。完善粮食生产支持政策，探索建立有利于粮食稳定增长的长效机制。

第二节 深入推进农业结构调整

围绕提高农业效益，增加农民收入，大力发展畜牧业、果蔬花卉园艺业。到2015年，畜牧、花卉、蔬菜、林果和水产五个产业的产值占农业总产值的比重达到70%以上。大力发展农产品精深加工，延伸农业产业链条，提高农业产业化经营水平。

大力发展现代畜牧业。优化畜禽养殖结构和生产布局，重点提高生猪产业竞争力，扩大奶牛、肉牛等优势产品的规模。大力发展优质安全畜禽产品生产基地和加工企业集群。巩固提高京广铁路沿线、南阳盆地和豫东平原的传统生猪产区生产能力，扩大豫西、豫南浅山丘陵区的生猪养殖规模。支持建设良种肉牛规模养殖场，重点发展豫西南和豫东平原两大肉牛基地。继续抓好沿黄地区和豫东、豫西南“一带两片”奶业基地建设，鼓励发展牧场式生态养殖。大力发展豫北、豫东肉禽和豫南水禽生产基地，重点发展集约化规模养殖场。实施畜禽良种繁育推广工程、标准化规模养殖场改造工程和动物防疫体系、无规定动物疫病区、畜产品质量监测检验和追溯体系建设项目，提高畜产品质量安全水平和市场竞争力。加快发展饲料产业，把郑汴饲料主产区打造成全国高科技饲料生产基地。到2015年，畜牧业产值占农业总产值的比重达到40%以上，把我省建设成为全国优质畜产品生产核心区。

加快发展特色高效农业。积极推进花卉、蔬菜、水果等园艺产品设施化生产。充分发挥花卉苗木产业的先导作用，扩大花卉种植规模，建设郑州、许昌、洛阳、豫东开封商丘、豫南南阳信阳、豫北濮阳安阳六大花卉核心产区。重点扶持30个花卉产业强县，加快发展高档花卉和鲜切花生产，壮大观赏苗木产业，支持省农科院建设花卉研发平台，创新开发我省传统名花切花，力争到2015年全省花卉苗木种植面积达到250万亩。建设郑州航空港区花卉综合物流园区和八大区域性花卉交易中心，扩大花卉外销规模。切实抓好“菜篮子”工程，实行菜地最低保有量制度，在优势区域和重要交通干线沿线地区建设2600万亩标准化蔬菜种植基地，重点在中心城市周边地区建设蔬菜生产基地，完善蔬菜冷链物流网络，提高“菜篮子”保障能力。加快发展花生、芝麻等优质特色油料作物，建设2400万亩优质油料生产基地。积极发展优质茶产业，重点打造大别桐柏和伏牛丹江两大茶产业基地，做大做强绿茶产业，大力开发红茶新产品，培育豫茶名牌产品和名牌企业。加快推进林果业发展，建设豫西、豫南高标准林果种植基地和沿黄速生丰产用材林基地，支持发展生物质能源林，建成1000万亩速生丰产用材林基地和800万亩标准化林果种植基地，大力开发林果加工产品。实施水产良种工程，积极发展特色高效水产新品种。建设400万亩道地中药材种植基地，培育一批中药材加工龙头企业。鼓励各地因地制宜发展优质棉花、烟草、食用菌、蚕丝等特色农产品，培育一批特色高效农业示范区。

*积极发展绿色农业和生物农业。*大力发展节水、节地、节肥、节药、节能农业，推进畜禽粪便、农作物秸秆和林业剩余物的资源化利用，逐步建立“植物生产—动物转化—微生物还原”的农业循环系统。以生物育种、生物肥料、生物农药等绿色农用品制造为重点方向，加大生物农业技术研发力度，建设国家级生物农业产业基地。大力发展现代种业，组建种子产业技术创新战略联盟，加快良种繁育和新品种开发，深化种业科技体制改革，培育具有国内顶尖水平的种业企业，提高种业集聚发展水平。

*构建以工促农的新格局。*加快推进农村分工分业，以农产品精深加工企业为龙头，以农业生产基地为依托，大力发展设施农业和农产品加工业、流通业，建设一批具有地方特色和比较优势、技术含量高的农产品加工产业集群和专业园区，推进农业产业化经营，不断提高农业比较效益。

第三节　大力发展新型农业经营主体

推广龙头企业主导、中小企业集群发展、合作组织和种养大户联动发展等农业经营组织模式，提高农民组织化程度。加快发展农业产业化龙头企业，鼓励建设全产业链企业集团，积极吸引国内外龙头企业在我省建立生产加工基地和总部或区域性总部。加快发展农业合作经济和股份合作经济组织，提高各类农民专业合作社对农户的辐射带动能力。建立农业产业化示范区，力争“十二五”末年营业收入超亿元的龙头企业达到600家以上、超十亿元的龙头企业达到50家以上、百亿元的龙头企业达到5家以上，各类产业化组织带动农户数占全省农户的比重提高到60%。积极培养农村科技骨干和实用人才，继续实施农民培训“阳光工程”和“雨露计划”，争取五年免费培训260万人次。

第四节　完善现代农业服务体系

加强农业科技创新和推广能力建设，完善现代农业产业技术体系。集合农业科研院所力量，加强高效栽培、疫病防控、农业节水等领域的科技集成创新，五年培育小麦、玉米主导新品种各5～6个，完成主要农作物品种更新换代一次。加强粮食主产县的植保、测土配方施肥、水利技术推广、基层农技推广体系项目建设。加强农产品质量安全体系建设，严格落实产地准出、市场准入、质量追溯、召回退出等监管制度，建立农产品质量安全突发事件应急处置机制。建设农业市场信息监测预警等应用系统，建立和完善省、市、县、乡四级农业信息和气象信息服务平台，提高农业信息和气象信息“落地入户”水平。加强农产品流通体系建设,加快建设流通成本低、运行效率高的农产品营销网络。加强气象灾害监测预警,强化气象防灾减灾体系建设,积极开发空中云水资源,提升气象防灾服务能力。

第二章　扎实推进新农村建设

加大农村基础设施建设和环境综合整治力度,提高农村公共服务水平,不断改善农村生产生活条件和村容村貌,扎实推进社会主义新农村建设。

第一节　加强农村基础设施建设

进一步加大农村基础设施建设投入。加快农村安全饮水工程建设,力争到2015年全面解决农村饮水安全问题,提高农村自来水普及率。加强农村公路建设,提高建设标准,加快县乡路及配套大中桥建设,进一步完善通村公路网,实现“乡乡联、县县畅”。大力发展农村沼气,扩大集中供气规模。积极发展太阳能、小水电、生物质能等可再生能源。完成新一轮农村电网改造升级,实施农田机井通电工程。

第二节　提高农村公共服务水平

积极推动基本公共服务资源向农村倾斜。巩固提高农村义务教育水平,重点发展农村中等职业教育,推进教育资源均等化。实施广播电视村村通、文化信息资源共享等农村文化惠民工程。巩固和发展新型农村合作医疗制度,提高筹资标准和保障水平。健全农村医疗救助制度,完善农村三级医疗卫生服务网络。推广建设农村社区服务中心,统筹农村便民服务设施建设。

第三节　分类指导新农村建设

坚持规划先行、就业为本、农民自愿、量力而行,因地制宜,分类指导,推进社会主义新农村建设。加强乡镇村庄规划管理,合理安排乡镇建设、农田保护、产业集聚、村落分布、生态涵养等空间布局,统筹基础设施、服务设施和公益事业建设。在城市郊区、产业集聚区和城市新区,加快推进村庄整合,通过城市和产业辐射带动,建设新型居住社区。在人口密度较大、经济较发达地方,促进城市基础设施向农村延伸,加快中心村镇建设,积极稳妥地推进农村社区建设。在经济相对落后地区,有步骤地推进中心村镇建设,引导农村居民向中心村镇集聚。加强农村危房改造。加快推动垃圾集中处理,开展农村环境集中连片整治,改善农村人居环境。完成354个新农村示范村建设。

第四节　加大扶贫开发力度

加大扶贫投入,逐步提高扶贫标准,加快解决集中连片、特殊困难地区的贫困问题。因地制宜地实行整村推进扶贫开发,加强以工代赈,改善贫困地区基础设施条件,提高贫困地区自我发展能力。对偏远山区、生态脆弱区和自然条件恶劣地区的贫困村,有序开展易地搬迁扶贫。促进农村最低生活保障制度与扶贫开发政策有效衔接。加大对革命老区县、贫困县、比照西部大开发政策县的扶持力度,在交通、教育、民生、生态、产业发展等方面给予倾斜支持。五年力争完成5000个左右扶贫开发重点村的整村推进建设任务，再解决500万农村贫困人口脱贫致富问题。

专栏6 农村基础设施工程项目

农村安全饮水工程：解决2999.7万农村居民和630.3万农村中小学在校师生的饮水安全问题，力争将自来水普及率提高到80%左右。

农村公路建设工程：提高农村公路的建设标准，加快县乡路及配套大中桥，进一步完善通村公路网，实现“乡乡联、县县畅”。

农村沼气建设工程：在适宜地区新发展农村户用沼气100万户，建设大中型沼气示范工程1000处，建设养殖小区沼气工程示范点1000处。

农村电网改造工程：2012年完成新一轮农村电网改造升级，实施农田机井通电工程。

农村危房改造工程：完成现有37万户危房改造任务及国有林场职工危房改造5866户。

农村清洁工程：推行农村垃圾集中收集处理模式和分散式污水处理模式，改善农村人居环境。

第三章 完善农村发展体制机制

推进农村土地流转改革。在稳定完善农村基本经营制度的前提下，积极探索多种土地流转形式，发展适度规模经营。加强土地权属管理，对农村集体土地所有权、宅基地使用权和集体建设用地使用权进行确权登记。加快城乡统一土地市场建设，稳步推进农村集体建设用地使用制度改革，促进集体经营性建设用地使用权流转。加快建立农村土地承包经营纠纷调解仲裁机制，探索建立农村土地交易所，重点解决土地流转中的信息对接、价格评估、利益保障等问题。建立农村产权交易所，探索农村资产资本化的有效途径。严格界定公益性和经营性建设用地，完善征地补偿安置机制，逐步实现农村建设用地与国有建设用地同权同价。

完善农业投入保障机制。以落实强农惠农政策为重点，健全“三农”投入稳定增长机制，加大财政投入力度，确保用于农业的投入总量和增量均有提高。完善城乡平等的要素交换关系，促进土地增值收益和农村存款主要用于农业农村。加大对农业大县的奖励补助和转移支付力度，使其人均财力接近全省县级平均水平。鼓励县级整合使用涉农资金，提高资金使用效率。建立健全农村金融服务体系，开发新型农村金融产品，扩大农村信贷规模。鼓励和引导社会资本投向现代农业和新农村建设。

创新农业风险防范机制。按照政府引导、政策支持、市场运作、农民自愿的原则，构建多元化的新型农业保险体系，增加农业保险费补贴的品种并扩大覆盖范围，提高农业生产抗风险能力。引导龙头企业资助农户参加农业保险。

继续深化农村综合改革。探索建立新形势下农村公益事业建设的有效机制，协调推进集体林权和国有林区林权制度、供销社和农垦体制改革。加快水利体制改革，完善水资源管理体制，促进水资源优化配置，加快水利工程建设和管理体制改革，继续推进水价改革。继续深化乡镇机构改革、省直管县财政管理体制改革和乡村债务清理化解等农村综合改革。积极推进信阳农村综合改革发展试验区和新乡统筹城乡发展试验区建设，鼓励各地积极探索解决“三农”问题的新途径。

第五篇　坚持科教兴豫和人才强省，构建自主创新体系

深入实施科教兴豫和人才强省战略，着力构建要素完备、配置高效、协调发展、充满活力的自主创新体系，加快建设创新型河南，为建设中原经济区提供坚强支撑。

第一章　大力推进自主创新

以企业为主体，以研发中心为载体，以重大科技专项、技术创新工程为抓手，依托高新技术产业开发区、产业集聚区，构建产业技术创新联盟，加大研发投入，优化创新环境，加强自主品牌建设，全面提升自主创新能力。

第一节　培育壮大创新主体

强化企业创新主体地位，实施企业创新能力培育工程，综合运用财税政策、产业政策等，鼓励企业加大研发投入，引导社会资源和创新要素向企业集聚，加大政府科技资源对企业的支持力度，培育一批拥有自主创新能力和自主知识产权的“双自”企业。鼓励优势科研机构重组兼并中小型科研单位，支持有条件的转制科研机构上市，形成一批科技研发、应用推广与产业化经营紧密结合的现代科研院所，提高集成创新和引进消化吸收再创新能力。支持科研机构加强基础研究和应用基础研究。进一步推动军工与民用科研机构的开放共享与双向服务。支持郑州大学、河南大学等高校加强研发能力建设。

第二节　构建自主创新载体

坚持提高质量与扩大总量并重，依托骨干企业，加快建设国家级、省级企业研发中心，壮大企业创新平台，支撑创新成果在企业的工程化开发及产业化。建设一批国家、国家地方联合及省级工程（技术）研究中心、重点实验室、工程实验室等行业创新平台，实施开放式运作，提升行业创新能力。建设和发展一批大型科学仪器设备、自然种质资源、科技文献资源、科学数据、公共检索、公共检测技术等科技基础条件平台，促进创新资源共享，提高创新效率。“十二五”期间，重点支持有色、化工、装备、种业等领域创建一批国家级研发平台。到2015年，新建省级以上企业技术中心400个，工程研究中心50个，工程技术研究中心200个，重点实验室50个、工程实验室50个，质检中心110个，科技基础条件平台30个。

第三节　推进重点领域自主创新

实施重大科技专项，着力突破制约国民经济和社会发展的重大技术瓶颈问题，集中力量研发、推广应用100项重大关键、核心技术，形成竞争新优势。以技术突破带动煤化工、有色、钢铁企业加

快技术创新和产品结构调整，培育一批有重大影响的自主品牌，促进传统优势产业改造升级。围绕现代农业、装备制造、新材料、新能源、电子信息、生物医药、生态环保等重点领域，加快掌握一批重要的自主知识产权和标准，促进高成长性产业和先导产业加快发展。

专栏7 重大科技专项和自主创新重点任务

现代农业领域：重点开发、推广、应用高产高效栽培、重大病虫害防治、禽畜重大疫病防控等15项设施农业、循环农业、精准农业关键技术。

高成长性产业领域：重点开发、推广、应用特高压输变电装备、应用电子信息、轨道交通装备、调理低温肉制品、新型墙体节能材料等20项关键生产工艺技术。

传统优势产业：重点开发、推广煤制烯烃、煤制乙二醇、聚甲醛、高精度铝板带箔、轨道交通、客车和3C产品用高端铝材、冷轧取向硅钢、胶原蛋白纤维等15项关键技术。

先导产业领域：重点开发、推广新能源汽车、动力锂离子电池、治疗性乙肝疫苗、杂交小麦关键制种、名优花卉新品种选育及产业化、高效低衰薄膜太阳能电池、兆瓦级风力发电成套装备、精密超硬材料及制品、钛合金等20项关键技术。

现代服务业领域：重点开发、推广、应用物流信息平台、数字地图、三维动画、电子银行等10项关键技术。

基础产业领域：重点开发、推广、应用低热值褐煤提质、煤层气资源开发利用、公路维护、交通运输智能化、水利工程等10项新工艺、新装备。

民生领域：重点开发、推广、应用食品安全、防灾减灾、重大非传染性疾病防治等10项新工艺、新装备。

第四节 打造区域创新中心

积极推进郑州、洛阳国家创新型城市建设，形成区域创新中心，发挥对全省自主创新的引领和示范作用。加快郑州、洛阳、安阳、南阳国家高新技术产业开发区建设，支持省级高新技术产业开发区创建、升级，积极发展创业孵化器，建设高水平的成果转化中心，促进高新技术企业集聚发展。明确标准、强化引领，加快建设一批创新型产业集聚区。

第五节 发展产业技术创新联盟

深入推进产学研合作，发展各类技术创新合作组织，积极建立企业、科研院所和高校共同参与的技术创新战略联盟。推动新能源汽车、风力发电装备、精密超硬材料、轨道交通装备、耐火材料、物联网等产业技术创新联盟的深度合作，在新型疫苗、光伏、生物能源、半导体照明产品、智能电网装备、现代中药、矿山装备、电解铝高效节能、小麦等优势产业领域建设一批产业技术创新联盟，开展联合攻关和联动创新。强化与北京、上海等创新资源密集区域的技术合作，吸引中国科学院、中国工程院和省外高校、科研院所、企业在我省建立成果转移中心或研发、成果转化基地，提高创新起点，缩短创新周期。

第六节 优化创新发展环境

加大政府科技投入，完善财政创新投入稳定增长机制，设立创业投资引导资金，支持发展创业投资基金。全面落实企业研发激励政策，完善和落实政府采购及首购政策。实施知识产权质押等鼓励创新的金融政策。创新技术产权交易模式和运作机制，建立和完善知识产权交易市场。引导科技企业孵化器、生产力促进中心等服务机构专业化、规模化、社会化发展，提供信息咨询服务，健全知识产权和技术评估、担保服务体系，加快技术成果转移和转化。加强科学技术推广应用，完善科普基础设施，提高全民科学素质。加强知识产权创造、运用、保护和管理，推动核心技术专利化和标准化。

第二章　提高教育现代化水平

按照优先发展、育人为本、改革创新、促进公平、提高质量的方针，深化教育改革，全面推进素质教育，优化教育结构，统筹各级各类教育协调发展，提升教育现代化水平。

第一节　提高基础教育水平

强化政府对义务教育的保障责任，高水平、高质量普及九年义务教育，促进教育公平。统筹城乡均衡配置教师、设备、图书、校舍等资源，县域内城乡中小学教师编制和工资待遇实行同一标准，推行县域内教师和校长交流制度，积极开展学区制试点。结合城乡中小学布局调整，推进实施中小学校舍安全工程，“十二五”期间实现全省中小学校安全达标。实施农村初中校舍改造二期工程，基本满足农村初中学生的寄宿需要。实施城镇义务教育学校扩容改造工程，使城镇薄弱学校办学条件达到省定办学条件基本标准。加强中小学教师队伍建设，继续实施农村义务教育学校教师特设岗位及教师全员培训计划，建设教师周转房，改善农村教师生活条件。到2015年，九年义务教育巩固率提高到94%。

加快发展学前教育，重视发展普通高中和特殊教育。坚持政府主导、社会参与、公办民办并举，大力发展公办幼儿园，鼓励社会力量办园，建立覆盖城乡、布局合理的学前教育体系，到2015年基本普及学前一年教育。深入推进普通高中课程改革，支持办学体制多样化，扩大优质普通高中教育资源，巩固提高高中阶段教育普及水平。加强特殊教育学校建设，实现市和30万人口以上、残疾儿童较多的县（市）都有一所独立设置的特殊教育学校，逐步实行残疾学生高中阶段免费教育，保障残障学生受教育权利。

专栏8　义务教育学校标准化建设

中小学校舍安全改造：到2013年，完成2197万平方米校舍改造（加固900万平方米，重建1297万平方米）。其中，2011年前重点解决全省地震重点监视防御区、七度以上地震高烈度区内危险校舍和其他地区急需改造的D级危房。

农村初中校舍改造二期：支持农村初中校舍改造一期工程未覆盖且留守儿童超万人的县，建设初中学生宿舍、食堂等生活设施，改善农村初中学生寄宿条件。

城镇义务教育学校扩容改造：从2010年起，每年改造300所中小学，用三年左右的时间，基本消除城镇义务教育薄弱学校。

第二节　大力发展职业教育

深化省部合作，加快国家职业教育改革试验区建设，支持职业教育规模化、集团化、特色化、品牌化发展，把我省建成全国重要的职业教育基地。深入推进职业教育攻坚，加强职业教育基础能力建设，推进职业教育资源整合和布局调整，建设100所示范性中职学校、11所示范性高职学校、100所优质特色中职学校和200个职业教育实训基地，基本建成郑州、开封、周口、南阳、鹤壁等职业教育园区。加快调整职业教育专业结构，扩大战略支撑产业和战略性新兴产业急需专业技能人才培养规模，鼓励学校突出自身优势，兴办特色学校、特色专业，实现差异化发展。普遍推行工学结合、校企合作、顶岗实习的办学模式，大力开展订单培养、定向培养、定岗培养，吸引大型企业、重点企业参股职业教育，形成一批校企合作、优势突出的职教集团。加强“双师型”教师队伍建设，完善职业教育毕业生“双证书”制度。完善落实支持职业教育发展政策，逐步实行中等职业教育免费制度。到2015年，中、高等职业教育在校生规模分别达到210万人和104万人，其中中等职业教育在校生占高中阶段比例达到53%。

第三节 优化发展高等教育

以提高质量为重点，以高层次人才培养为核心，加大高等教育层次、学科和专业结构调整力度，加快提升高等教育整体水平。适度扩大高等教育规模，到2015年，普通高校在校生达到185万人。进一步优化高等教育学科专业结构，重点发展现代农业、先进制造业及物流、城市规划、设计创意、文化传媒、金融等现代服务业急需专业。实施高等学校教学质量与教学改革工程、研究生教育创新计划，五年累计培养研究生以上学历人数达到5万人。加快高水平大学建设，继续推进郑州大学“211工程”建设，积极争取国家支持按照“985工程”标准建设优势学科创新平台；强化河南大学省部共建，努力实现优势学科高层次突破和跨越式发展；加大对河南农业大学、河南工业大学、华北水利水电学院等省部共建高校支持力度；鼓励河南科技大学、河南理工大学、河南财经政法大学、河南师范大学等省内其他骨干高校准确定位、办出特色，使整体水平或若干学科、专业进入国内先进行列。完善高校功能，加快在建新校区建设，建成郑东新区龙子湖高校区。鼓励和引导其他市发展提升高等教育。加强高校毕业生就业创业指导服务体系建设。加大高等教育对外开放力度，引进国内外优质教育资源，扩大与国内外知名高校、科研院所的学科共建、合作办学、科研交流，提升高等教育科研能力和整体办学实力。

第四节 完善继续教育体系

大力开展成人教育和岗位培训，构建学历与非学历教育并重的社会化、多元化、开放式继续教育体系。健全面向全体劳动者的职业培训制度，开展就业技能培训、岗位技能提升培训和创业培训。大力发展现代远程教育，充分利用各级各类学校、科研机构、文化馆、图书馆、博物馆等公共资源开展继续教育。重视发展老年教育。广泛开展学习型机关、学习型企业、学习型社区创建活动，积极构建学习型社会。

第五节 深化教育改革

全面推进素质教育，坚持德育为先、能力为重，深化教学内容、方法和评价制度改革，促进学生德智体美全面发展，增强学生创业和创新能力。改革教学质量评价机制，严格教师资质管理，完善教师绩效考核机制，加强师德师风建设，提高校长和教师专业化水平。创新教育投入机制，大幅度增加教育投入，到2012年完成国家财政性教育经费支出占生产总值比例4%的分解任务，保证教育财政拨款增长明显高于财政经常性收入增长，保证教师工资和学生人均公用经费逐步增长。创新财政教育拨款机制，探索财政投入按学生数量、毕业生质量拨款的新方式，采用民办公助、以奖代补等形式鼓励支持教育发展。健全国家资助制度，扶助家庭经济困难学生完成学业。进一步完善和规范高校筹资机制，逐步化解高校债务问题。大力发展民办教育，完善财政、税收、金融、收费、土地等优惠政策，保障民办学校公平待遇，鼓励和引导社会力量出资办学。加快建立现代学校制度，推进政校分开、管办分离，取消行政级别和行政化管理模式，落实和扩大学校办学自主权。

第三章　实施人才强省战略

坚持人才资源优先开发、人才结构优先调整、人才投资优先保证、人才制度优先创新，实施重大人才工程，大力开发经济社会发展急需紧缺专门人才，推动我省由人口大省向人才大省转变。

*壮大人才队伍。*突出抓好创新型科技人才和重点领域急需专门人才队伍建设，实施高层次创新型科技人才队伍建设工程、产业集聚区人才开发工程、粮食生产核心区建设人才支撑工程、中原崛起百千万海外人才引进工程、技能人才振兴工程、创业人才推进工程、教育名师名家培育工程、全民健康卫生人才保障工程和现代服务业人才培养开发工程。统筹抓好党政人才、经营管理人才、专业技术人才、高技能人才、农村实用人才、社会工作人才和宣传思想文化人才队伍建设。努力培养造就数以千万计的技能型人才，数以百万计的专门技术人才，数以十万计的创新科技人才和数以万计的高端人才。

*改革创新人才发展体制机制。*建立科学化、社会化的人才评价发现机制，注重以实践和贡献评价人才。推动教育培训机构与用人单位有机衔接、联合培训开发，实现人才培养与有效使用有机统一。坚持“五重五不简单”，深化党政领导干部选拔任用制度改革，探索试行聘任制公务员管理制度，全面推行事业单位公开招聘、竞聘上岗制度。建成省委党校新校区。推进人才市场体系建设，大力发展人才服务业，逐步消除人才流动中的障碍。完善各类人才薪酬制度，健全以政府奖励为导向、用人单位和社会力量奖励为主体的人才奖励体系。进一步加大对人才开发的投入，优化人才发展环境。加大人才引进力度，吸引更多国内外高层次人才。

第六篇　加强基础设施建设，增强支撑保障能力

围绕中原经济区建设，坚持基础设施先行，继续加强交通、能源、水利、信息等基础设施建设，建成完善的高速公路网，基本完善的铁路网，坚强智能的现代化电网，保障有力的水利网，互联互通的信息网，初步形成郑州国际航空枢纽基本框架，构建适度超前的现代化基础产业和基础设施体系。

第一章　加快现代综合交通运输体系建设

以综合枢纽建设和交通网络化为重点，加快铁路、民航、公路、水运、管道、邮政及城市交通建设，充分发挥各种运输方式的整体优势和组合效率，形成以郑州为中心、地区性枢纽为节点，多种交通方式高效衔接、紧密联系、功能互补的现代综合交通运输体系，提升我省在全国综合交通运输大

通道中的地位和作用。

第一节 强化综合交通枢纽建设

按照客运“零距离换乘”、货运“无缝衔接”理念，加快郑州东站、郑州新郑国际机场和郑州火车站三大客运综合枢纽建设改造。完善提升郑州铁路集装箱中心站、郑州北编组站、郑州东货运站功能，推进郑州国家干线公路物流港、郑州铁路集装箱中心站二期工程建设。加强与沿海港口和各大枢纽对接，把郑州建成基础设施完备、配套设施健全，多种交通方式高效衔接、内捷外畅的国家重要的综合交通枢纽。结合铁路、机场、公路建设，改造洛阳、南阳、商丘、信阳、安阳、三门峡等一批地区性综合交通枢纽，形成与郑州联动发展的综合交通枢纽体系。

第二节 加快铁路建设

加快客运专线、城际铁路、大能力运输通道建设，构建覆盖区域、辐射周边、服务全国的铁路网，到 2015 年，全省铁路运营里程达到 6400 公里，新增客运专线 1100 公里、城际铁路 500 公里。建成石家庄至武汉、郑州至徐州客运专线，形成“十字型”客运通道。开工建设郑州至重庆、商丘至杭州、郑州经鹤壁经濮阳至济南客运专线，启动郑州至太原客运专线前期工作。加快全省城际铁路网建设，建成郑州至焦作、至开封、至新郑机场以及新郑机场至许昌、至登封至洛阳城际铁路和云台山支线，开工建设郑州至新乡、许昌至平顶山、焦作至济源至洛阳、焦作至晋城城际铁路，形成以郑州为中心、客运专线和城际铁路为纽带，通达开封、洛阳、许昌、新乡、焦作、漯河、平顶山、济源等市的半小时交通圈，通达其他中心城市的一小时交通圈，连接周边省会城市的高效便捷的交通格局，基本实现所有市通快速铁路（客运专线或城际铁路）。建成晋豫鲁铁路、运城至三门峡至十堰、新月四线、兰考至菏泽、新密经商丘至永城等铁路，完成宁西、漯阜、孟平等铁路复线电气化改造，开工建设商丘至周口至驻马店至南阳铁路，适时启动三门峡至平顶山、禹州至亳州至江苏洋口港等铁路前期工作，力争早日开工建设，形成“四纵五横”大能力运输通道格局。

第三节 大力发展民用航空

继续实施民航优先发展战略。强力推进郑州国际航空枢纽建设，建成郑州机场第二跑道、第二航站楼、综合交通换乘中心等重大工程，配套建设海关、边防、检验检疫等口岸设施。支持现有基地航空公司做强做大，积极引进有实力的基地航空公司。加大客货运航线开发力度，着力培育日本、韩国、澳大利亚、东南亚、欧美等国际航线，打造“郑州中转”服务品牌，到 2015 年，郑州新郑国际机场年旅客、货邮吞吐量分别达到 2000 万人次和 28 万吨，初步建成具有一定影响力的国内航线中转换乘中心和国际货运集散中心。改造洛阳、南阳机场，努力扩大运输规模。建成商丘、明港军民合用机场，推进豫北、鲁山机场建设，构建以郑州新郑国际机场为中心，洛阳、南阳、商丘、明港、豫北、鲁山等机场为辅助，以干带支、干支协调、客货并举的全省民航机场体系。以飞行训练、航空运动、旅游、航测航拍等领域为重点，加快通用航空发展。

第四节 完善公路网络

全面打通出省通道，完善网络结构，提升互联互通能力，基本形成功能完善、结构优化、内联外通、畅通中原的公路网络。到 2015 年，全省公路通车总里程达到 25 万公里。以豫西地区高速公路及跨省通道为重点，继续加快高速公路建设，提前五年建成规划的高速公路网；完成京港澳、连霍高速河南段拓宽改造，适时对其他高速公路拥挤路段进行改扩建。打通焦作至桐柏至随州、运城至三门峡至淅川至十堰、郑州至卢氏、郑州至民权、武陟至西峡等跨省及区间通道；建成郑州机场至少林寺、洛阳至栾川等联络线。支持境内没有高速公路或县城距高速公路较远的县（市）建设县城至最近高速公路的快速通道。到2015年，全省高速公路通车里程达到6600公里以上，21条跨省通道全部打通，实现所有县城20分钟以内上高速，形成完善的高速公路网。结合全省现代城镇体系规划和产业集聚区布局，改造国省干线公路，扩容改造107、310等重要国道，将其他国省道交通拥挤路段升级为一级公路，对穿越城区路段实施绕城改造；积极推进郑州至许昌等城际快速通道建设；加强国防战备公路和沿南太行等旅游通道建设。围绕新农村建设，继续改造农村公路，重点推进农村公路骨干路网中的县乡公路和配套大中桥改造；结合土地整理修建田间道路，进一步完善通村公路网。适应农民改善出行条件的要求，提高农村公路建设标准，五年新建和改造农村公路4万公里、桥梁15万延米，逐步解决有路无桥、宽路窄桥和危桥问题，实现“乡乡联、县县畅”，实现行政村村村通客运班车。加强公路运输场站建设，加快9个国家公路运输枢纽城市场站建设，新建、改造一批市、县（市）运输场站。

第五节　加快水运、管道及邮政建设

积极发展水运，加快淮河、沙颍河、涡河、沱浍河航运开发，建成淮河息县至淮滨至望岗段、沙颍河漯河至周口段及涡河、沱浍河航运开发工程，开工建设沙颍河平顶山至漯河段航运开发工程、周口至省界段升级改造工程，推进贾鲁河综合治理及航运开发，到2015年，全省内河航道里程达到1600公里以上，形成四条直达华东地区的水上通道。加快油气管道建设，形成布局合理的管道运输网络，五年新增油气长输管道5000公里左右。完善邮政基础设施，全面完成空白乡镇邮政局所、村邮站建设，推进快递区域分拨中心和快速干线网络建设，提升邮政服务水平。

第六节　提高交通管理服务水平

深化交通建管体制改革。建立有效的综合交通调控与协调机制，推进综合交通体系建设。加快干线公路养护市场化改革，探索建立专业养护和群众养护相结合、灵活多样的农村公路管理养护机制。完善运输市场准入、退出和监管制度，促进形成统一开放、公平竞争、规范有序的运输市场。

进一步拓宽融资渠道。充分发挥省铁路投资公司、交通投资集团、收费还贷高速公路管理中心和国土资源开发投资管理中心等省级融资平台的作用，支持铁路、民航、公路等重大交通设施建设。积极利用产业基金、保险资金、长期票据以及BOT（建设—经营—移交）、BT（建设—移交）等融资方式，多渠道筹措交通建设资金。鼓励各市充分发挥本级投融资平台的作用，参与交通项目建设。吸引社会资本参与铁路、机场、港口、公路服务区等经营性或具有盈利能力的交通基础设施建设。

提升交通运输效率及服务水平。推进城乡客运一体化、货运物流化，促进运输产品多样化、精细化和个性化。建立统一协调的综合交通安全保障和应急反应机制，完善交通拥堵和事故紧急疏导救援体系。建立健全综合运输管理和公共信息平台，逐步实现信息资源互联共享，提高管理效能和服务水平。实现全省超限站四级联网、站点全程监控，建立超限超载运输长效治理机制。鼓励交通运输企业功能整合和服务延伸，加快向现代物流企业转型。推进高速公路不停车收费系统建设，提高高速公路管理服务水平。

大力发展绿色交通。推进交通运输装备现代化，加快淘汰技术落后、效能低下的运输装备。优先发展公共交通。推动新能源车辆的开发应用，推进绿色交通运输体系建设，大力发展低碳交通，促进交通与生态环境协调发展。

第二章 加强现代能源供应保障能力建设

适应能源供求格局的新变化和转变发展方式的新要求，突出保障省内能源供应，着力优化能源结构和布局，提高能源开发利用效率，构建安全、稳定、经济、清洁的现代能源产业体系，建设全国重要的综合能源基地。

第一节 促进煤炭集约发展

优化煤炭开发布局，以大中型现代化矿井建设为重点，稳定焦作、鹤壁、义马、永城矿区产量，高效开发郑州、平顶山矿区，增强煤炭保障能力，煤炭产能稳定在2.2亿吨左右。深入推进煤炭资源整合和企业兼并重组，合理配置后备资源，培育壮大骨干煤炭企业，形成1～2个亿吨级产能的大型煤炭企业集团，提高煤炭产业集中度。加强煤矿安全技术改造和产业升级，提升采掘机械化和自动化水平，大力推进煤层气开发和瓦斯综合治理，建立煤炭安全生产长效机制，增强抗灾能力。加强省内煤炭资源勘查，实施煤炭企业走出去战略，增加后备资源储量。支持大型电煤储配中心建设。

第二节 持续增强电力保障能力

立足本省保障、兼顾省际调剂，促进电源电网协调发展。强力推进核电建设，开工南阳核电，加快信阳、洛阳、平顶山等核电前期工作。合理布局热电，努力满足城镇和产业集聚区用热需求。继续围绕南太行、豫南煤炭矿区及陇海铁路等重要输煤通道，以现有电源扩建为主，布局高效清洁的大型燃煤电站。适度发展抽水蓄能和燃气电站。鼓励煤电联营和一体化发展，支持骨干煤炭企业开展电源建设。加强主网架和城市电网建设，强化省际联络，全面完成新一轮农村电网升级改造，发展智能电网，形成以1000千伏特高压电网为支撑的500千伏骨干网架，实现市市220千伏双环网和县县110千伏多电源供电，建设坚强、保障、兼顾的现代化电网。加快电力市场化改革，理顺农电管理体制，推进大用户直供电工作，实现城乡各类用电同网同价。深入开展节能发电调度，优化电力资源配置。

第三节 加快油气开发利用

加强油气资源勘探，努力稳定原油产量。完善油品输配网络，提高成品油供应能力。优先发展管道燃气，积极利用煤层气及液化天然气、压缩天然气等燃气资源。依托国家西气东输实施“气化河南”工程，加快构建燃气干网，配套完善支线管网和城市储气设施，建设中原油田和叶县地下储气库，新增天然气年供气量80亿立方米以上，实现95%以上县（市）城区及部分镇（乡）用上管道气，城市居民燃气普及率达到85%以上。合理布局、有序发展加气站。规范燃气基础设施建设，完善运营管理体制。

第四节　大力发展新能源和可再生能源

大力发展太阳能光电、光热利用，以产业集聚区和城市新区为重点，积极实施太阳能屋顶计划和金太阳示范工程，推广太阳能热水器。积极开发利用生物质能，建设南阳国家生物质能源示范区。加快风能和地热能等资源开发。积极发展分布式能源。推进绿色能源示范县建设，构建农村绿色能源体系。到2015年，非化石能源占一次能源消费比重提高到5%左右。

专栏9　重大能源保障工程

电源：争取开工建设南阳百万千瓦级核电工程，建设配套调峰电站，继续实施"上大压小"，建设一批大型火电和热电联产项目，到2015年，全省发电装机达到7200万千瓦以上。

电网：实施千亿元电网建设工程，五年新增110千伏以上电网线路14500公里，变电容量12100万千伏安。

煤炭：实施百亿吨煤炭资源勘查工程，新增精查储量50亿吨，建成大中型矿井4000万吨。

油气：实施炼油、地下储气库、成品油储备工程，建设西气东输三线、四线（河南段）及省内配套支线等油气管道项目，五年新增油气长输管道5000公里左右。

新能源和可再生能源：实施光伏、风能、沼气等可再生能源发电工程，五年新增可再生能源发电装机120万千瓦、生物液体燃料产能100万吨。

第三章　加强信息化支撑能力建设

推进电信网、广播电视网、互联网"三网融合"，发展物联网，提升基础信息网络性能，建设重大应用网络平台及信息系统，促进网络资源共享和互联互通，健全信息安全保障体系，建设"数字河南"。

提高基础信息网络业务承载能力。实施宽带提速工程，形成城镇"百兆到户、千兆进楼、百万兆出口"的网络覆盖，推进农村"光纤到村"。实施移动通信网络升级工程，基本建成有效覆盖全省城乡的第三代移动通信网，跟进部署第四代移动通信网络，建设新一代高速无线接入网。实施有线电视网络优化工程，完成全省有线电视数字化整体转换和双向改造。推动"感知中原"物联网工程建设，加快传感网与电信网、广播电视网、互联网的融合发展。

加快建设重大应用网络平台。建设城市高速信息网络平台，大幅度提高网络接入标准，便捷获取"三网融合"应用服务。推进无线城市建设，率先在郑州、洛阳等中心城市搭建城市管理、应急保障、定位测控、生产调度、公众服务等方面的无线网络应用服务平台。加快建设全省统一的电子政务网络平台，推进政府信息资源共享和行政效率提升，实现90%的行政许可和公共服务在线办理。完善地理空间信息公共服务平台。

大力推动重大信息系统建设。加快建设数字图书馆、数字博物馆、居民健康电子档案、社保"一卡通"、市政公用服务"一卡通"、智能交通、应急指挥、数字医院、数字旅游等一批重大信息系统，初步实现医疗卫生、劳动保障、交通出行、水电气等服务信息网上公开和网上咨询、网上投诉等，居民在工作、生活、学习等方面享受到便捷、经济、优质的信息化服务。建设完善人口、宏观经济、自然资源和空间地理、法人代码等基础信息数据库，促进税收、金融等基础信息资源的开发和应用。

健全网络信息安全保障体系。落实信息安全等级保护、涉密信息系统分级保护和风险评估制度，建立网络信任、容灾备份等体系，建设计算机病毒防治、应急处置、安全通报中心等，提高网络信息安全综合防护能力。

第四章 加强水利基础设施建设

把水利作为基础设施建设的优先领域，坚持兴利除害并重，大力发展民生水利，加大水利基础设施建设力度，形成由南水北调中线工程干渠和受水配套工程、水库、河道、灌区及城市生态水系组成的复合型、多功能的水利网络体系。

加强防洪控制工程建设。加快推进重大洪水控制工程、中小河流治理和中小水库除险加固、蓄滞洪区等防洪工程建设，提高防洪减灾能力，形成较为完善的防洪体系。建成河口村水库，开工建设出山店水库，加快前坪水库前期工作，完成268座小Ⅰ型以上病险水库除险加固，提高水库的防洪蓄水能力。搞好黄河堤防建设和滩区综合开发。完成淮河干流堤防标准化建设，完成淮河流域滞洪区及海河流域7处滞洪区一期工程建设，基本完成淮河滩区移民迁建。加强山洪地质灾害防治，完成山洪灾害易发区预警预报系统建设。

加快灌排体系建设。继续实施38处大型灌区和重点中型灌区续建配套与节水改造。开工建设赵口二期和小浪底南、北岸灌区，完成淮河流域重点平原洼地治理，完善渠系配套，构建较为完善的灌排体系。

加快水源工程建设。全面建成南水北调中线工程河南段及沿线城市受水工程，全面完成南水北调移民工作。充分利用国家分配引黄水量，新修一批引黄调蓄工程。建设一批规模合理、标准适度的抗旱应急水源工程，建立应对特大干旱和突发水安全事件的水源储备制度。构建较为完善的供水网络及城市生态水系。

加快水生态环境工程建设。实施水土保持、地表水污染治理、地下水保护、城市水源地保护、入河排污口综合整治等工程；全面推进城市河道治理和生态修复工程建设，力争到2015年完成县城以上的城区河道综合治理。逐步建立良好的水环境生态体系。

第七篇 加强资源节约和环境保护，加快生态省建设

树立绿色、低碳发展理念，全面推进节能减排，健全激励约束机制，建设资源节约型和环境友好型社会，构建保障需求、高效利用、可持续发展的资源环境支撑体系，提高中原经济区生态文明水平。

第一章 加强资源节约和管理

坚持节约优先，积极实行供需双向调节、差别化管理，提高资源利用效率，提升各类资源保障

水平。

大力推进节能降耗，合理控制能源消费总量。实施工业节能综合改造、建筑节能、低碳交通、公共机构节能、重大节能技术装备产业化示范、节能产品惠民、节能服务体系建设、节能能力建设等八大重点节能工程。加快淘汰电力、煤炭、建材、钢铁、有色、化工、造纸、发酵等高耗能、高排放行业落后产能，对能耗高、污染重、技术落后的工艺、设备及产品实行强制性淘汰制度。推广先进节能技术、设备和产品。落实固定资产投资项目节能评估制度，加强节能监察执法能力建设，健全节能统计监测考核体系，强化节能目标责任考核。

加强土地开发管理，促进土地合理高效利用。实行最严格的耕地保护和最严格的节约集约用地制度。健全土地整治机制，构建节约集约用地机制，强化监督管理机制。实施南水北调渠首及沿线、豫东等土地整治重大工程，积极盘活城市存量建设用地，清理处置闲置建设用地。积极探索农村宅基地有偿退出机制。健全节约土地标准，加强用地节地责任和考核。

加强水资源保护和合理利用，优化水资源配置。实行用水总量控制和定额管理，推进水资源梯级利用和循环利用，推广节水型设备和器具，建设节水型社会。推广节水灌溉技术，农业灌溉水有效利用系数提高到0.6。强力推进工业节水技术改造，提高中水回用率和工业用水重复利用率，万元工业增加值用水量累计下降30%以上。有序开采地下水资源，全面关闭各类违规建设的自备井。

加强矿产资源勘查开发，提高资源保障能力。深入推进矿产资源整合和开发秩序整顿。加强金属材料、木材、水泥等材料的节约代用。

专栏10　节能重点工程

工业节能综合改造：对高耗能设备和落后工艺实施节能改造，到2015年，全部完成低效的锅炉、窑炉、电机、变压器等更新改造，主要耗能设备能效指标达到国内先进水平。

建筑节能：建设绿色建筑示范项目，到2012年，全面完成居住及公共建筑集中采暖按供热表计量收费改造任务；到2015年，完成既有建筑节能改造面积1000万平方米。

公共机构节能：到2015年，完成市级以上公共机构建筑及主要耗能设施节能改造，建立公共机构用水、用电、采暖、空调和设备用能等监测平台。

低碳交通：推广清洁燃料汽车、混合动力汽车和纯电动汽车，淘汰排放和油耗超标的机动车。

重大节能技术装备产业化示范：开展低热值余气发电、高效热电联产、节能型矿用磨机、新型墙材加工等研发和示范，实施煤炭清洁高效利用示范项目。

节能产品惠民：推广10类能效等级Ⅱ级以上高效节能产品，以及高效照明产品和节能、新能源汽车，到2015年，高效节能空调市场占有率达到80%以上，全部淘汰低效照明灯具。

节能服务体系建设：支持开展以合同能源管理为主要方式的节能诊断、融资、改造和运营管理等服务，到2015年，形成20家年营业收入超1亿元的专业节能服务公司、5家年营业收入超5亿元的综合性节能服务公司。

节能能力建设：加强市级以上节能监察、监测机构能力建设，完善全省能源利用监测信息平台，对年综合能耗1万吨标准煤以上重点用能单位实行能源利用状况实时监测。

第二章　大力发展循环经济

按照减量化、再利用、资源化原则，减量化优先，以提高资源产出效率为目标，加快发展资源循环利用产业，壮大循环经济规模，建设全国工农业复合型循环经济示范省。抓好资源开发、资源消耗、废弃物产生、再生资源利用和社会消费等五个关键环节，实施八大循环经济重点工程，重点打造有色、煤炭、非金属矿、农业和再生资源等领域五大循环产业链。按照循环经济要求，规划、建设和改造各类产业园区，加强土地集约利用、能量梯级利用、资源综合利用、废水循环利用和污染物集中处理。建成100个循环经济示范企业、20个示范园区和10个示范城镇，建设安阳安西、鹤壁宝山、邓州等一批特色循环经济试验区。加强资源综合利用和再生利用，构建以城市社区和乡村站点回收为基础、集散市场为枢纽、分类加工利用为目的的再生资源循环利用体系。规范发展再制造产业，加强再制造产品流通和监管体系建设。完善循环经济法规和标准体系，健全循环经济财税、价格、投融资政策，创新循环经济发展模式。

专栏11 循环经济重点工程

尾矿、共伴生矿综合利用：依托大型矿业集团，建设尾矿、中低品位矿、共伴生矿、难选冶矿、煤层气、油页岩及其他稀贵伴生资源的综合利用项目，到2015年，矿产资源总回收率达到35%以上。

工业固废资源化利用：以大宗工业废弃物综合利用为重点，利用粉煤灰、煤矸石、脱硫石膏、电石渣、冶金废渣、化工废渣等生产新型建材产品，到2015年，工业固体废弃物综合利用率达到75%以上。

“城市矿产”综合开发利用：建设30个废旧电子电器、废旧办公设备、废金属、废塑料等处理基地和20个报废汽车、大型机电设备回收拆解中心。支持长葛市大周镇、博爱县产业集聚区等创建国家级“城市矿产”示范基地。

再制造示范：重点支持汽车发动机、变速箱、发电机、汽车轮毂等零部件再制造，建设2～3个汽车零部件再制造基地。开展工程机械、机床、矿山机械和办公用品等再制造试点。

农业废弃物资源化利用：重点支持利用秸秆生产饲料、肥料，依托畜禽养殖集中区和大型养殖基地建设大中型沼气和有机肥工程，到2015年，秸秆综合利用率达到85%以上，畜禽粪便资源化率达到95%以上。

循环型服务业示范：在宾馆、餐饮、旅游、物流等领域开展循环型服务业试点，建设一批再利用、资源化示范项目。

产业园区循环化改造：依托产业集聚区，创建50个以上绿色生态循环型产业园区。

重大循环经济技术示范：依托采掘、工业、农业、建筑等领域重点工程和重点项目，开展大宗固废、生活垃圾、建筑垃圾、污泥、农林废弃物等综合利用技术开发和示范，建设一批服务平台。

第三章 加强环境保护

切实保护生态环境，努力保障发展需求，实现环境容量高效利用。以解决饮用水不安全和空气、土壤污染等损害群众健康的突出环境问题为重点，严格主要污染物总量控制，严格环境执法、管理，推进环境友好型社会建设。

*实施工业污染全防全治。*健全化工业污染源头预防、过程控制、末端治理、回收利用的全防全治体系，推进重点排污企业深度治理，全面推行清洁生产。建立更加严格的环境准入制度和重污染企业退出机制，对造纸、皮革、发酵、化工等重点行业实行污染物排放总量控制。以区域大气污染防治和高污染行业为重点，推进大气污染联防联治。推进火电行业脱硫设施稳定运行，全面完成钢铁、有色、建材、化工等行业脱硫设施建设。加大火电、钢铁、化工、水泥等行业企业氮氧化物污染防治，完成30万千瓦以上火电机组脱硝改造。加强铅、汞、铬等重金属、危险废物、固体废物污染治理，加快处理设施建设，建成省危险废物处置中心和南阳危险废物处置中心。

*加强城市污染防治。*优先保护集中式饮用水源地，确保群众饮水安全。加强城区内工业企业环境监管，对环境影响较大的企业实施关停、搬迁或转产。推进城市大气污染综合整治，提高城市

建成区内工业烟尘、粉尘的排放控制标准,全面实施国家第四阶段机动车排放标准,积极防治城市灰霾污染,确保省辖市空气质量好于Ⅱ级标准天数在292天以上。加强城市声光污染治理。推进城市餐饮业厨余垃圾安全处理。

加强农村农业环境保护。以"生态乡镇、生态村"创建为主要抓手,开展农村环境综合整治,提高农村环境质量。加快重点乡镇污水处理设施建设,积极推进农村分散式污水处理设施建设。加快推进农村生活垃圾"户分类、村收集、乡运输、县处理",因地制宜建设农村垃圾处理设施。规模化畜禽养殖企业全部配套建设污染治理设施。开展农村环境监测试点工作,初步建立农村环境监测体系。实施农业面源污染治理示范工程,全面推广测土配方施肥。严禁焚烧秸秆。

严格环境管理。落实环境目标责任,严格环境目标考核。健全环境法规和标准体系。严格环境执法,加大环境违法违规成本约束和处罚力度,严厉打击各类环境违法行为。完善全省环境自动监控系统,建立健全环境应急监管体系,完成环境监管标准化建设。全面推行排污许可证制度,开展排污权有偿使用和交易。健全水环境断面考核制度。加大污水处理费、垃圾处理费征收力度,提高城市污水垃圾处理设施运行效率。实施差别电价、差别水价,提高重污染落后产能企业信贷风险等级。加强环境宣传教育。

第四章　加强生态建设

加快建设生态省,推进桐柏大别山地生态区、伏牛山地生态区、太行生态区、平原生态涵养区建设,构建沿黄河、南水北调中线生态走廊,形成"四区两带"的区域生态格局。

积极推进南水北调渠首生态经济示范区建设,加强丹江口库区水污染防治和水土保持工作,确保南水北调中线输水水质。加强淮河源头、大别山等重要生态功能区保护和管理,增强涵养水源、保持水土能力。实施千里河道治理工程,推进贾鲁河郑州段、惠济河开封段、卫河河南段、北汝河平顶山许昌段等重点河段综合治理。统筹水资源利用与生态环境保护,保证河流生态基流,促进水环境休养生息。实施湿地保护工程,开展退耕还泽,恢复湿地植被和水禽栖息地。加强各类自然保护区生态保护和建设,保护生物多样性。深入推进林业生态省建设,巩固天然林保护、退耕还林等成果,严格林地保护管理,全面加快山区生态体系、农田防护林体系、防沙治沙、生态廊道、森林抚育改造等省级重点生态工程建设,五年新增森林730万亩,森林覆盖率达到23.61%。实施矿区生态恢复治理工程,推进矿区农田复耕、新村建设、生态恢复同步。加快建立生态补偿机制,加大重要生态功能区生态补偿财政转移支付力度。

专栏12　环境保护和生态建设工程

1. 环境保护工程。

(1)水污染深度治理:重点实施213家企业废水深度治理、中水回用、清洁生产等工程建设。

(2)大气污染防治:重点实施41家现役燃煤机组脱硫脱销除尘改造,57家燃煤电厂脱硝除尘改造,113家冶金、焦化、水泥、建材重点企业废气脱硫脱硝除尘改造。

(3)固体废弃物污染防治:重点对47家企业工业固废污染治理及资源化综合利用,续建驻马店市、扩建安阳市、新建固始县医疗废物集中处置中心。

续表

(4)重金属污染防治:重点实施重金属污染防治项目128个,开展废水综合治理、废气烟尘净化、废渣无害化处置和重金属污染土壤植物修复。
(5)土壤污染防治和修复:重点实施9个土壤修复治理试点工程。
(6)千里河道治理:实施贾鲁河、双洎河、惠济河、涡河、清溴河、黑河、沁河、伊河、洛河等16条河流河道清淤、截污、人工湿地、河道生态净化、生态修复等综合整治工程。
(7)农村环境综合整治:重点实施2000个村庄环境综合整治、3000个生态文明村创建、500个省级生态乡镇创建等。
2. 生态建设工程。
(1)林业生态:实施天然林保护、退耕还林、长江防护林、太行山绿化等国家和省级林业重点工程,造林1300万亩,实施森林抚育改造1600万亩,新增固定二氧化碳能力723万吨。
(2)黄河生态涵养带建设:全面实施沿黄滩地生态修复保护,逐步实施退耕、退牧,扩大湿地保护面积,构建沿黄生态涵养带。
(3)矿区生态环境恢复治理:实施矿区损毁土地农田复耕、矿区新村规划建设、生态重建"三位一体"综合治理工程32个,整治规模15000公顷。
(4)水土保持和生态修复:实施淮河上游、漳卫河上游、伊洛河两岸、丹江口库区等重点水土流失防治区的水土保持工程,完成坡耕地改造29.3万亩、生态修复1600平方公里。

第五章 积极应对气候变化

坚持减缓和适应并重,充分发挥技术进步的作用,完善体制机制和政策体系,提高应对气候变化能力。综合运用调整产业结构和能源结构、节约能源和提高能效、增加森林碳汇等多种手段,有效控制温室气体排放。加快节能环保、低碳能源、再制造等绿色产业发展,积极培育以低碳为特征的新经济增长点,构建低碳型工业、建筑、能源和交通体系。加强植树造林,采取保护性耕作,增加森林和农田碳汇。鼓励开发清洁发展机制项目。推行绿色税收、绿色信贷和绿色保险,扩大政府绿色采购,构建有利于绿色发展的政策体系。完善温室气体排放管理体制和机制,加快碳排放权交易市场建设。建立完善温室气体排放统计监测制度。支持适应气候变化特别是应对极端气候事件能力建设,科学防范和应对极端天气与气候灾害及其衍生灾害。加快建立地质灾害易发区调查评价体系、监测预警体系、防治体系、应急体系。加大重点区域地质灾害治理力度,完善防灾减灾基础设施,加强救援队伍建设,提高物资保障水平。开展自然灾害风险评估,科学安排危险区域的群众和生产生活设施的合理避让。

第八篇 推进文化大发展大繁荣,建设文化强省

坚持社会主义先进文化发展方向,以不断满足人民群众日益增长的精神文化需求为根本出发点,充分发挥中原文化独特优势,提升中原文化软实力,建设华夏历史文明重要传承区。

第一章 提高公民文明素质

建设社会主义核心价值体系，加强理想信念教育，倡导爱国守法和敬业诚信，构建符合传统美德和时代要求的道德和行为规范。大力弘扬愚公移山精神、焦裕禄精神、红旗渠精神和新时期河南人的"三平"精神，积极宣传和维护"普普通通、踏踏实实、不畏艰难、侠肝义胆"的河南人形象。深入推进社会公德、职业道德、家庭美德、个人品德建设，不断拓展群众性精神文明创建活动，广泛开展志愿服务。提倡科学精神和人文关怀，培育奋发进取、理性平和、开放包容的社会心态。提倡修身律己、尊老爱幼、勤勉做事、平实做人，推动形成我为人人、人人为我的社会氛围。强化职业操守，支持创新创业，鼓励劳动致富，发扬团队精神。净化社会文化环境，保护青少年身心健康。综合运用教育、法律、行政、舆论等手段，引导人们知荣辱、讲正气、尽义务，形成扶正祛邪、惩恶扬善的社会风气。

第二章 繁荣发展文化事业

坚持以政府为主导，以农村和城市社区为重点，不断加大投入力度，加强公共文化基础设施建设，到2015年，基本建立覆盖城乡的公共文化服务体系。探索公办民助、省市共建、社会捐助、资产置换等多种投融资方式，积极推进中原文化艺术学院、省图书馆新馆、省博物院二期等重大文化工程建设。完成省直文艺院团排练剧场新建改造工程。加强市级图书馆、博物馆、文化馆和城市社区文化活动中心建设改造。加快县级档案馆建设。推进文化惠民工程建设，加强农村和社区文化服务，推动公益性文化设施免费开放，促进文化服务向基层延伸。加强文化设施运营管理和文化人才队伍建设，保障文化单位和文化设施正常有效运转。健全政府对公益性文化活动的资助政策，鼓励社会力量投资、捐助文化事业和文化活动。实施文化精品工程，推出一批思想性、艺术性、观赏性有机结合的精神文化产品。加强重要新闻媒体建设，开办河南网络电视台。繁荣发展哲学社会科学。弘扬河南特色优秀文化，扩大文学"豫军"在全国的影响，努力振兴豫剧、曲剧、越调等传统剧种，抢救和保护地方特色小剧种，发展歌舞剧、交响乐等现代艺术。

第三章 大力发展文化产业

整合文化资源，完善产业链条，培育龙头企业和知名品牌，加快扩张规模和提升层次，推动文化产业成为国民经济支柱性产业。做大做强广播影视、出版传媒等优势产业，支持骨干企业发展壮大，推动广播影视集团化经营，加快河南出版产业基地、河南高清数字网络电视城、中原数字出版产业基地等重大项目建设，支持网络广播电视、移动多媒体广播电视、数字和网络出版物发展，开发生产一批特色鲜明、影响力强的文化产品，加快中原出版传媒集团、河南日报报业集团、河南有线电视网络集团等企业上市步伐。大力发展动漫游戏、文化创意等新兴产业，推进中视新科等动漫产业基地做大做强，建成动漫产业公共技术服务平台，开通少儿动漫频道，支持本土动漫、影视制作企业发展，加大国内外知名企业引进力度。支持会展创意、设计创意、旅游创意等产业发展，建设一批知名度高和影响力强的特色创意园区。积极发展特色文化产业，挖掘传统文化，融合现代元素，加快推进重点文化产业园区建设，支持发展一批历史文化街区、特色文化村镇，建设形成一批省级、国家级文化产业示范园区。到2015年，全省实施重大文化产业项目500个，文化产业增加值占生产总值的比重提高到5%左右。

第四章 提升中原文化影响力

深入挖掘和弘扬中原文化兼容并蓄、刚柔相济、革故鼎新、生生不息的深厚底蕴，发挥文化遗产丰富的优势，突出根文化、姓氏文化、汉字文化等中原文化的传承弘扬，办好黄帝故里拜祖大典活动，通过市场化融资、产业化运作模式，实施黄帝故里文化园等重大文化项目建设，支持中华根亲文化圣地建设，打造以“根文化”为重点的中原文化品牌。加强对郑州商城、隋唐和汉魏洛阳城、安阳殷墟、开封宋都古城等大遗址和历史文化名城（镇、村）的保护，支持洛阳龙门石窟、安阳殷墟、登封“天地之中”历史建筑群等世界文化遗产保护开发，推动太极拳申报世界非物质文化遗产工作，做好非物质文化遗产保护与传承。实施功夫文化、禅修文化展示传播工程，依托海外孔子学院建立少林、太极功夫文化推广机构，开展对外文化交流合作，推动中原文化走向世界。

第五章 促进文化体制创新

稳步推进公益性文化事业单位改革，创新公共文化服务运行机制。以培育壮大文化市场主体为核心，推动文艺院团、电影院线、报刊出版等领域改革，完成经营性文化事业单位转企改制，支持社会力量兴办各类文化经营实体，实现文化市场主体多元化。推动文化企业优化重组，打破行业和行政区域界限，支持河南日报报业集团、中原出版传媒集团、河南有线电视网络集团等企业跨区域、跨行业发展，鼓励不同业态的媒体之间重组合作，打造资产超百亿元的具有较强影响力的大型传媒集团。扎实推进开封、登封等10个文化改革发展试验区建设。加强文化投融资平台建设，深化与国家开发银行和其他战略投资者合作，推动设立文化产业投资基金。创新文化生产和传播方式，解放和发展文化生产力，增强文化发展活力。

第九篇 保障和改善民生，建设和谐中原

着力构建均等化、广覆盖、可持续的基本公共服务体系，加强社会管理能力建设，创新社会管理机制，为中原经济区建设创造和谐稳定的社会环境。

第一章 千方百计扩大就业

坚持把扩大就业放在经济社会发展的优先位置，将促进产业发展和扩大就业相结合，创造平等就业机会，努力实现充分就业。

实施更加积极的就业政策。大力发展服务业、劳动密集型产业，采取信贷、税收优惠政策扶持小型企业发展，多形式、多渠道开发就业岗位。建立健全重大项目建设带动就业机制。完善税费减免、岗位补贴、培训补贴、社会保险补贴、技能鉴定补贴等政策，鼓励企业吸纳更多劳动者就业。深入推进全民创业，完善和落实小额担保贷款、财政贴息、场地安排等鼓励自主创业政策，健全创业服务体系，力争五年开展创业培训50万人次。鼓励外出务工人员返乡创业。

做好重点群体就业工作。加强高校毕业生就业服务和政策扶持，畅通大学生到城乡基层、中小企业和自主创业的就业渠道。在大力发展劳务输出的同时，加快产业集聚区、专业园区建设，发展农村二、三产业，推动农副产品加工业向产区集中布局，促进农村劳动力就地就近就业，力争五年累计转移农业劳动力500万人。做好城镇就业困难人员、退役军人就业工作，强化就业服务和援助，实施公益性岗位安置计划，力争每年开发10万个左右公益性岗位。

大力开展劳动技能培训。健全面向全体劳动者的职业培训制度，紧密围绕我省产业结构调整和承接产业转移需要，以培养高素质产业技能人才为重点，大规模开展职业技能培训，全面提升劳动者就业、创业能力。对下岗失业人员、农民工等开展免费实用技能培训，对未能升学的应届初高中毕业生等新成长劳动力普遍实行劳动预备制培训。实施全民技能振兴工程，到2013年，全省完成农村劳动力转移就业技能培训1000万人次、企业在岗职工技能提升培训200万人次、失业人员转岗职业技能培训150万人次，新培养技师、高级技师10万人。

加强公共就业服务。健全统一、规范、灵活的人力资源市场，加强县、乡基层就业服务设施建设，建成覆盖城乡的公共就业服务体系。完善劳动就业监测体系，健全失业监测预警制度。全面推行劳动合同制度，加强劳动定额标准管理，加强劳动争议调解仲裁，加强劳动保障监察执法，切实维护劳动者权益。发挥政府、工会和企业的作用，努力形成企业和职工利益共享机制，构建和谐劳动关系。

第二章 促进居民收入普遍较快增长

大力促进农民增收。拓宽农民增收渠道，着力构建农民增收的长效机制。鼓励农民调整优化种养结构，努力提高农业劳动生产率和综合效益，增加农民经营性收入。大力发展劳务经济，加强劳务输出大县与用工城市、用工企业的合作协作，强化岗位需求、专业技能标准等信息沟通，积极发展定向培训、定岗培训、技能等级培训，提高专业型、技术型劳务输出比重，培育区域劳务品牌，提高农民工资性收入。完善支农惠农政策，扩大和提高涉农补贴范围和标准，增加农民转移性收入。探索农村土地承包经营权和宅基地使用权财产化的形式，提高农民财产性收入。

不断提高城镇居民收入。完善和落实职工工资决定机制、正常增长机制和支付保障机制，逐步提高最低工资标准。完善工资指导线制度，建立企业薪酬调查和定期发布制度，积极稳妥扩大工资集体协商覆盖范围。完善公务员工资正常调整机制。完善符合事业单位特点、体现岗位绩效和分级分类管理的事业单位工资分配制度。扩大居民投资渠道，努力增加居民财产性收入。加大社会保障投入，较大幅度提高居民转移性收入。

积极推进收入分配制度改革。坚持和完善按劳分配为主体、多种分配方式并存，初次分配与再分配调节并重的分配制度，努力提高居民收入在国民收入分配中的比重、劳动报酬在初次分配中的比重，加快形成合理有序的国民收入分配格局。健全资本、技术、管理等要素参与分配制度。深化垄断行业和国有企业收入分配改革，严格规范经营管理人员特别是高层管理人员的收入。规范收入分配秩序，有效调节过高收入，取缔非法收入，努力提高城乡中低收入居民收入，逐步扭转收入差距扩大趋势。

第三章 健全社会保障体系

坚持广覆盖、保基本、多层次、可持续方针，加快推进覆盖城乡居民的社会保障体系建设。

扩大社会保障覆盖范围。重点做好非公有制经济从业人员、农民工、灵活就业人员参保工作，实现应保尽保。实现新型农村社会养老保险制度全覆盖，完善实施城镇职工和居民养老保险制度，积极配合做好基础养老金全国统筹工作。以最低生活保障为基础，实现城乡社会救助全覆盖。以扶老、助残、救孤、济困为重点，逐步拓展社会福利保障范围，推动社会福利由补缺型向适度普惠型转变，逐步提高福利水平。大力发展慈善事业。

提高社会保障水平。加大公共财政对社会保障的投入，多渠道充实社会保障基金，逐步做实个人账户。健全企业退休人员基本养老金、失业保险金标准正常增长机制。健全低保标准动态调整机制，合理提高低保标准和补助水平。加强城乡低保与最低工资、失业保险和扶贫政策的衔接平衡。提高农村五保供养水平。加强优抚安置工作。健全灾害突发等临时救助制度。加强社会保险基金监管，建立健全社会保险基金预决算制度，实现基金保值增值。

完善社会保障体制机制。完善各项社会保险关系跨区域转移接续政策。全面推进医疗、失业、工伤、生育保险市级统筹，建立完善省级调剂制度。推动机关事业单位养老保险制度改革。发展企业年金、职业年金，发挥商业保险的补充作用。完善落实被征地农民补偿机制和社会保障制度。

第四章 提高全民健康水平

按照“保基本、强基层、建机制”的要求，深化医药卫生体制改革，建立覆盖城乡居民的基本医疗卫生制度，积极发展体育事业，提高全民身体素质和健康水平。

第一节 提高医疗卫生服务水平

完善公共卫生服务体系。健全疾病预防控制、应急指挥救治、妇幼保健、采供血、精神卫生、食品安全与卫生监督等专业公共卫生服务网络。逐步提高人均公共卫生经费标准，免费提供国家基本公共卫生和重大公众卫生服务项目。落实综合防治措施，严格控制艾滋病、结核病、乙肝等重大传染性疾病传播，不断强化对慢性非传染性疾病、地方病、职业病的防控，提高突发重大公共卫生事件处置能力。逐步建立农村医疗急救网络。

完善医疗服务体系。全面推进县级医院、中心乡镇卫生院、村卫生室的标准化建设，使每个县至少有1所县级医院和3～5所中心乡镇卫生院达到标准化水平，每个行政村都有标准化村卫生室。加快城市社区卫生服务中心（站）建设，完善服务功能，使省辖市、县级市每个街道办事处拥有1所集公共卫生、基本医疗功能为一体的社区卫生服务中心。争取国家在我省布局建设国家区域性医疗中心，建成河南省医疗中心、省人民医院分院、郑大一附院郑东新区医院、洛阳正骨医院郑州医院等一批重大医疗项目，推进省辖市综合医院和专科医院建设。加快构建大医院与基层医疗卫生机构的分工协作机制，逐步建立分级医疗和双向转诊制度。加强以全科医生为重点的基层医疗卫生队伍建设，完善鼓励全科医生长期在基层服务政策，提高基层医疗卫生服务的能力和水平。大力发展中医药事业，加强中医专科和人才建设，将符合条件的中医医疗机构纳入基本医疗保险定点机构范围，将符合条件的中医诊疗项目、中药品种和医疗机构中药制剂纳入报销范围。

完善医疗保障体系。进一步提高城镇职工、城镇居民医疗保险和新农合的参保（合）率，逐步提高城镇居民医保和新农合的筹资标准及保障水平，提高城镇职工医保、城镇居民医保和新农合的支付限额，实现新农合和城镇基本医疗保险市级统筹。完善新农合和城镇基本医疗保险关系跨地区转移接续和异地就医结算制度。鼓励有条件的地方实行统一的城乡居民基本医疗保障制度。积极发展商业健康保险。

健全药品供应保障体系。在政府举办的基层医疗卫生机构全面实施国家基本药物制度，逐步实现其他医疗机构和社会零售药店全部配备和优先使用基本药物。提高基本药物实际报销水平。深化药品价格形成机制改革。规范药品生产、流通秩序，加强药物质量监管，保障用药安全。

改革医疗卫生机构管理体制和运行机制。加快推进医疗卫生机构属地化和全行业管理，推进现有医疗卫生资源的整合和优化配置。按照政事分开、管办分开、医药分开、营利性与非营利性分开的方向，稳步推进公立医院管理体制和运行机制改革，初步建立现代医院管理制度。完善公立医院质量评价制度，加强预算收支和绩效考核管理。探索多种有效方式逐步改革以药补医机制。完善社会办医政策，鼓励和引导社会资本举办各类医疗机构，参与公立医院改制重组。加强医药卫生信息系统建设，推广电子病历，实现与公共卫生、医疗保障、应急救治、社区卫生及居民健康档案之间的信息交换与共享，积极发展远程医疗。

第二节　积极发展体育事业

以农村乡镇和城市社区为重点，加强城乡基本公共体育和全民健身设施的规划和建设，进一步开放体育场馆和学校体育场地，广泛开展全民健身运动。建设河南省网球中心、河南省体育中心二期工程等体育场馆。发展竞技体育优势项目，培育高水平体育后备人才。积极承接和举办重大体育赛事，办好第七届全国农民运动会。

第五章　全面加强人口工作

坚持计划生育基本国策，完善计划生育、优生优育、性别平等、人口迁移和社会保障等人口发展政策法规体系，健全利益导向机制，落实目标管理责任制，做好重点地区和重点人群的计划生育工作，强化公共服务，稳定低生育水平。加强出生人口性别比失衡综合治理，促进人口长期均衡发展。加强计划生育基层服务体系建设，实施优生促进工程和生殖健康促进计划，加大出生缺陷干预力度，提高出生人口素质。加强中原经济区人口发展战略研究，科学引导人口流动和分布，统筹解决人口问题，构建人口均衡型社会。

坚持男女平等基本国策，实施妇女发展规划，切实保障妇女平等就学、就业、社会保障和参与社会事务权利。加强未成年人保护，实施儿童发展规划，坚持儿童优先，依法保障儿童生存权、发展权、受保护权和参与权，促进儿童事业全面发展。

积极应对人口老龄化，加快建立以家庭为主导、社区为依托、机构为支撑的养老服务体系。加大对公益性养老机构的投入，加强基本养老服务设施建设，引导非营利组织参与经营管理，推动养老服务的社会化、专业化和标准化。

支持残疾人事业发展，健全残疾人康复和托养服务设施，加强残疾人社会保障，推进残疾人无障碍设施建设，创造残疾人平等参与社会生活的条件。

第六章 维护公共安全

创建安全河南。完善安全生产相关法规，落实安全生产责任制，深入开展各领域安全专项治理整顿，建立安全生产长效机制。大力实施煤矿安全技改工程，加快建设井下避险设施。全面完成尾矿库治理。规范发展安全技术服务机构，加强对中小企业的安全技术援助和服务。实施安全素质提升工程，全面提高全民安全素质、从业人员安全技能、监管监察人员执法水平。完善安全生产法规、监督管理机构及技术装备、宣传教育培训、应急救援、信息管理、资金投入等六大支撑体系。力争“十二五”期间亿元生产总值死亡率下降30%，工矿商贸十万从业人员死亡率下降30%，全省安全生产形势持续稳定好转。

建设平安河南。建立健全科学的利益协调机制、诉求表达机制、矛盾排查化解机制和权益保障机制，完善群众工作体系，加强和改进信访工作，正确处理人民内部矛盾。构建人民调解、行政调解、司法调解衔接联动的工作体系，整合各方面力量，建立调处化解矛盾纠纷综合平台，把各种不稳定因素化解在基层和萌芽状态。建立社情民意调查分析机制，完善社会稳定风险评估机制。完善社会治安防控体系，全面完成警务体制机制改革，强化社会治安综合治理，推进城乡技防建设，加快中小学、幼儿园安全防范设施建设，建立完善公共安全预防预警和应急体系，不断提高应对公共突发事件和各种风险的能力。完善平安建设责任制和维护稳定工作考核评价体系，广泛开展平安创建活动。

切实抓好质量技术监督和食品药品安全监管。继续实施质量兴省战略，提高质量技术监督管理水平。完善相关法规，依法加强对食品药品生产流通的全程监管，加强检验检测、认证检查和不良反应监测等药品安全技术支撑能力建设，完善信息披露制度和快速反应机制，强化质量追溯和责任追究，严厉打击假冒伪劣等危害人民安全的违法行为，保证人民群众健康安全。

第七章 加强和创新社会管理

按照健全党委领导、政府负责、社会协同、公众参与的社会管理格局要求，加强社会管理法规、体制、能力建设，构建常态化的社会管理机制。加强和改进基层党组织工作，健全基层社会管理和服务体系，加快社会服务管理综合信息系统建设。实施城乡社区服务能力提升计划，合理规划城乡社区布局，加快社区中心（站）建设，强化城乡社区服务功能。加强特殊人群帮教管理和服务工作，全面推行社区矫正。加强流动人口管理，建立以居住登记和居住证为核心的“一证通”制度。强化网络虚拟社会管理。加强社会工作者队伍建设，鼓励和扶持各类社会组织健康有序发展。加强诚信体系建设，规范信用信息的采集、使用和管理，建立健全守信受益、失信惩戒的信用管理制度，开展诚信建设活动，营造诚实守信的社会环境。

第十篇 深化体制改革，增强经济社会发展动力

坚持市场化改革方向，全面推进各项改革，努力在重要领域和关键环节取得突破，建立有利于转变经济发展方式、促进科学发展的体制机制，为建设中原经济区提供体制保障。

第一章 深化行政管理体制改革

深化行政审批制度改革。进一步减少和规范政府行政审批事项。继续优化政府结构、行政层级、职能责任，降低行政成本。健全科学决策、民主决策和依法决策机制，增强公共政策制定透明度和公众参与度，推行政府绩效管理和行政问责制，改进行政复议和行政诉讼，加快建设服务政府、责任政府、法治政府和廉洁政府。

开展省直管县改革试点。赋予试点县政府行使省辖市政府的经济社会管理权限，完善财政省直管体制，理顺工商、税务、质监、国土资源、环保等垂直管理部门的条块关系，探索建立与省直管县相适应的干部管理体制。启动经济发达镇行政管理体制改革试点工作，通过委托、授权、机构延伸等方式，赋予其部分县级经济社会管理权限。

全面推进事业单位分类改革。将主要承担行政职能的逐步将其行政职能划归行政机构或转为行政机构，将主要从事生产经营活动的逐步转制为企业，主要从事公益服务的继续保留事业单位序列。规范公益性事业单位行为，建立健全法人治理结构，实现公益目标最大化。加快社会中介组织改革，消除中介机构行政化倾向，优化结构布局。改革基本公共服务提供方式，引入竞争机制，扩大购买服务，实现提供主体和方式多元化。推进非基本公共服务市场化改革，增强多层次供给能力，满足群众多样化需求。

第二章 深化国有企业改革

推进国有经济战略性调整。健全国有资本有进有退、合理流动机制,引导国有资本从一般竞争性行业退出,有选择地向战略性新兴产业、融资性非金融机构、现代服务业等领域发展。积极引入世界和中国500强企业、行业优势企业等战略投资者,以省管企业为重点,实施开放型重组、专业化重组、资源型重组、产业链重组,在煤炭、有色、钢铁、化工、装备等优势行业和领域,打造一批资产规模超1000亿的大型企业集团。抓住国家建立完善军民结合、寓军于民武器装备科研生产体系的机遇,积极推进军工企业加快改制步伐,大力发展军民结合产业。

深化国有企业股份制改革。健全权责统一、运转协调、制衡有效的法人治理结构,完善董事会科学决策、经理层高效执行、监事会有力监督的运行机制,落实董事会集体决策及个人责任可追溯的决策制度。

完善国有资产监管体制。坚持政企分开、政资分开,实现社会公共管理职能与出资人职能分开。健全国有资本经营预算和收益分享制度,加强业绩考核、激励和约束等制度建设,实现国有资产保值增值。

第三章 大力发展非公有制经济

进一步消除制约非公有制经济发展的体制性障碍和政策性因素,营造依法平等使用生产要素、公平参与市场竞争、同等受到法律保护的体制环境。落实完善促进民间投资的政策措施,放宽市场准入,打破行业壁垒,充分发挥多种金融工具服务民间投资的作用,拓宽民间投融资渠道。鼓励支持非公有制企业通过多种方式进入基础设施、市政公用事业、政策性住房、社会事业和金融服务等领域。建立健全企业信用体系和中小企业信用担保体系,健全非公有制企业项目对接、筹资融资、市场开拓、技术支持、对外合作、人才培训等服务体系,帮助解决发展中遇到的困难和问题。推动中小企业与大企业建立稳定的分工合作关系。支持非公有制企业参与国有企业改制,鼓励非公有制企业开展生产、技术、资本的联合、重组,扶持培育一批竞争力强的大企业集团。积极引导民营企业依法经营,诚实守信,维护职工的合法权益。

第四章 推进财税体制改革

积极构建有利于转变经济发展方式的财税体制。在合理界定事权基础上,按照财力与事权相匹配的要求,进一步理顺各级政府间财政分配关系。健全统一规范透明的财政转移支付制度,加强县级政府提供基本公共服务的财力保障能力。完善预算编制和执行管理制度,强化政府性基金预算管理,深化部门预算、国库集中收付、政府采购和收支两条线管理制度改革,健全科学完整、结构优化、有机衔接、公开透明的政府预算体系。优化财政支出结构,严格控制一般性支出,保障“三农”、科技、教育、社会保障、改善民生等重点支出，加大对结构调整和产业升级的支持力度，完善财政支持农村金融体系发展和促进中小企业融资的长效机制。按照国家统一部署，稳步推进税制改革，逐步健全地方税体系。

第五章　深化资源性产品价格和要素市场改革

理顺煤、电、油、气、水、矿产等资源类产品价格关系，完善重要商品、服务、要素价格形成机制。开展竞价上网试点，鼓励大用户与发电企业协商确定电价。积极推行居民用电、用水、用气阶梯价格改革。理顺天然气与可替代能源的比价关系。按照“污染者付费”原则，提高排污费征收标准和征收率。深化收费制度改革，规范行政事业性收费，加强经营服务性收费监管。完善价格听证制度。

完善要素市场体系，健全土地、资本、劳动力、技术、产权、信息等要素市场，建立完善金融资产、环境权益产品等要素交易市场，更好地发挥市场配置资源的基础性作用。建设大市场、搞活大流通、发展大贸易，形成管理有效、运转协调、运行顺畅的现代市场体系。整顿和规范市场经济秩序，严厉打击制假售假、商业欺诈等违法犯罪行为。

第十一篇　扩大对外开放，建设内陆开放高地

更加积极主动地实施开放带动主战略，加快形成全方位、多层次、宽领域对外开放新格局，努力打造内陆开放新高地，以开放促发展、促改革、促创新，增强中原经济区建设的动力和活力。

第一章　提高利用外资水平

深入开展大招商活动，坚持招商主体以企业为主、联络渠道以商(协)会为主、引导服务以市县为主，境外招商地域亚洲为先、亚洲招商港台为先、各类客商华商为先，提高招商引资实效。到2015年，力争引进世界500强企业突破100家，建成外商直接投资专业园区10个以上，五年累计利用外资达到560亿美元。

优化利用外资结构。鼓励外资投向先进制造业、高新技术产业、现代农业及物流、旅游、医疗、金融、教育、科技、文化产业等服务业，积极吸引跨国公司在豫设立地区总部、研发中心、采购中心、结算中心等功能性机构，鼓励在豫投资的跨国公司增资扩股、扩大投资规模。

创新招商方式。突出请进来招商、产业集聚区招商、专业对口招商，引导外商在具备条件的开发区和产业集聚区设立专业园区。办好重大招商活动，提高招商针对性。鼓励外资以并购方式参与企业改组改造和兼并重组，积极引进境外风险投资基金。

强化招商服务。全面推行外资项目无偿代理制、重大项目总协调人制、跟踪责任制、进度考核

制、定期通报制，提高实际资金到位率、项目开工率、合同履约率。支持符合条件的外商投资企业在境内公开发行股票、企业债券和中期票据，拓宽外资企业融资渠道。积极争取国家在我省开展跨境贸易人民币结算试点，推进外商投资便利化。进一步优化投资环境，加大外商投诉处理力度，切实维护外来投资者的合法利益，营造良好的亲商、重商、爱商、安商社会氛围。

*积极高效利用国外优惠贷款。*优化贷款投向，重点支持节能环保、生态建设、公用基础设施建设、新农村建设等。

第二章 积极承接产业转移

把积极承接产业转移作为壮大产业规模、培育产业发展新优势、构建现代产业体系的战略性举措，充分发挥劳动力、市场、土地、能源等优势，推动形成全球劳动密集型产业新的集聚地。

*因地制宜承接发展优势特色产业。*积极开展以商招商、驻地招商、专业招商、委托招商、集群招商，承接、改造和发展纺织、服装、鞋业、玩具、家电等劳动密集型产业，充分发挥其吸纳就业的作用。依托丰富的农产品资源，积极引进龙头企业和产业资本，承接发展农产品加工业、生态农业和旅游观光农业。引进优质资本和先进技术，加快企业兼并重组，发展壮大装备制造业。发挥郑州新郑综合保税区、出口加工区、国家级高新技术产业开发区和经济技术开发区的示范带动作用，承接发展电子信息、新材料、新能源等战略性新兴产业。将资源承载能力、生态环境容量作为承接产业转移的重要依据，严禁国家明令淘汰的落后生产能力和高耗能、高排放等不符合国家产业政策的项目转入，避免低水平简单复制。

*促进承接产业集中布局。*把城市新区和产业集聚区作为承接产业转移的重要载体和平台，引导转移产业和项目向园区集聚，形成各具特色的产业集群。发挥园区已有重点企业、骨干企业的带动作用，吸引产业链条整体转移和关联产业协同转移，提升产业配套能力，促进专业化分工和社会化协作。深化与中央企业的战略合作，促进央企扩大投资规模，建设区域总部、研发中心、营销中心和生产基地。

*改善承接产业转移环境。*把承接产业转移的着力点由过多依靠提供优惠政策转向完善基础设施、加强公共服务平台建设、增强配套能力、营造良好环境上来。完善承接产业转移的体制机制，鼓励产业集聚区通过委托管理、投资合作等多种形式与东部沿海地区合作共建产业园区，积极探索承接产业转移新模式，实现优势互补、互利共赢。推动建立城际间产业转移统筹协调机制、重大承接项目促进服务机制，充分发挥行业协会、商会的桥梁和纽带作用，搭建产业转移促进平台。支持有条件的地方设立承接产业转移示范区，充分发挥其典型示范和辐射带动作用。

第三章 推动对外贸易跨越发展

*扩大对外贸易规模并提升水平。*转变外贸发展方式，巩固传统市场，开拓新兴市场，优化进出口商品结构，实施科技兴贸战略和机电产品出口推进计划，重点支持高新技术产品、机电产品出口，扩大劳动密集型产品、优势和特色农产品出口。加快培育一批具有国际竞争力的龙头企业和产业

集群,突出抓好出口产业基地建设,加大财政投入力度,支持出口产业基地公共平台建设、自主创新和品牌建设等。积极承接沿海地区加工贸易产业转移,培育和建设一批加工贸易梯度转移重点承接地,形成若干加工贸易重点集聚区,提高加工贸易占全省进出口总额的比重。大力发展服务贸易,重点支持郑州、洛阳等服务外包基地建设。鼓励进口我省急需的成套设备、关键零部件、资源和原材料。支持企业积极应对国际贸易摩擦。到2015年,全省进出口总额达到450亿美元以上,形成5个以上国家级出口基地、30个省级出口基地,基地出口额占全省出口额比重达到60%以上。

加强海关特殊监管区域(场所)和口岸大通关建设。加快建设郑州新郑综合保税区,支持河南保税物流中心加快发展,实施郑州出口加工区扩区,支持洛阳等地争取设立一批出口加工区,完善保税加工、产品研发、产品展示和国际中转、国际分拨配送、国际采购、国际转口贸易等各项功能。加强郑州铁路口岸、郑州新郑国际机场航空口岸建设,推进与综合保税区、出口加工区、保税物流中心等联动发展,建设郑州内陆“无水港”和国际航空港。完善洛阳航空口岸功能,建设安阳、商丘、漯河、南阳、周口、焦作等一批口岸作业区,构建联接沿海开放口岸、辐射中西部地区的现代口岸体系。加快电子口岸建设,提高报关、报检和查验、监管电子信息化水平。开展与沿海港口及边境口岸的战略合作,推动公、铁、空、海等多式联运发展。

第四章 积极实施“走出去”战略

创新境外投资和经济技术合作方式,增强我省利用海外资源、市场和先进技术的能力。鼓励有实力的企业采取直接投资和并购等方式开展跨国经营,在研发、生产、销售等方面拓展业务,加快培育我省跨国公司和国际知名品牌。支持有条件的企业利用境外资源和市场,在境外建立紧缺矿产和油气资源开发基地、农业生产基地、产品加工制造基地及物流、营销网络,鼓励电力、水泥、钢铁、纺织、有色等行业的优势企业到境外投资办厂,带动产品、设备和劳务输出,拓展企业国际发展空间。加强政策引导,建立境外投资安全监测体系,防范境外投资风险。利用财政、政策性银行、基金投资公司的优惠政策,加大对骨干企业“走出去”的融资投资支持力度。扩大对外工程承包规模,推动相关企业从分包向总承包发展,由工程承包向资本运营和直接投资发展。大力发展对外劳务合作,壮大外派劳务基地,加强涉外职业技术培训和劳务市场管理。

第五章 加强区域合作

全面加强与晋东南、冀南、鲁西南、皖西北等周边地区的合作,力争在交通、资源开发、市场、旅游、生态、产业等领域发展对接、联动方面率先突破,构建中原经济区合作区,形成内部融合、联动周边、贯通东西的发展态势。加强与长江中游经济带的合作,形成南北呼应、促进中部地区崛起的两大支撑。大力拓展面向东部沿海地区的经济联系,加强与长三角、山东半岛、江苏沿海、京津冀等经济区的合作,推动与青岛、连云港、日照、天津等沿海港口合作,加快形成铁路、公路、水路协调发展的综合运输大通道。积极响应国家西部大开发的战略部署,加强物流、旅游、资源开发等合作,密切与关中—天水经济区的经济联系,做好对口支援新疆哈密、重庆巴南等工作。推进面向南部泛珠三角地区的经济联系，加强与成渝、北部湾、海峡西岸等经济区的经济技术交流与合作，促进优势互补、联动发展。

第十二篇　完善保障措施，实现发展蓝图

第一章　加强民主法制建设

坚持党的领导、人民当家作主和依法治国有机统一，发展社会主义民主政治，保障人民的知情权、参与权、表达权、监督权。坚持和完善人民代表大会、中国共产党领导的多党合作和政治协商制度，巩固最广泛的爱国统一战线。扩大基层民主，完善村（居）民自治和企事业民主管理制度。发挥工会、共青团、妇联等人民团体的桥梁纽带作用。巩固和发展平等团结互助的民族关系，推动少数民族和民族聚居地区加快发展。做好宗教、侨务和对台工作。深入实施依法治省，坚持立、改、废并重，创新立法工作机制，不断完善地方性法规。全面推进依法行政、公正执法，建立法治政府。建立政法机关协同办案系统，加强司法监督，促进司法公正，提高司法公信力。实施"六五"普法依法治理规划，加强法制宣传教育，建立健全法律援助体系。深入开展反腐倡廉建设，建立健全惩治和预防腐败体系，注重从源头上预防和治理腐败。充分发挥新闻舆论和社会公众的监督作用。

第二章　加强服务型政府建设

推进政府职能转变。积极推进政府从全能政府、管制型政府向有限政府、服务型政府转变，健全政府职责体系，提高经济调节和市场监管水平，强化政府的社会管理和公共服务职能。不断提高政府公共服务水平和公信力。完善部门配合协调机制，形成行政合力。

转变工作作风。牢固树立宗旨意识、开拓创新意识，弘扬求真务实、艰苦奋斗作风。自觉遵循规律，全面改进思想作风、学风、工作作风、领导作风和生活作风。坚持解放思想、实事求是，一切从实际出发，按客观规律办事，创造性开展工作。加强调查研究，坚持求实求效、真抓实干，努力做到"严、细、深、实、快"。

提高行政效能。完善以首问负责制、限时办结制、责任追究制为重点的行政效能制度体系，健全促进科学发展的绩效考核评价机制。推行现代行政管理方式，降低管理成本，提高工作效率。完善政务公开制度、听证会制度和重大决策前的专家论证、群众评议制度。

提高公务员素质。加强学习型机关建设，强化公务员学习培训和实践锻炼，增强公务员履行岗位职责、服务发展、依法行政、做好群众工作的本领，努力建设一支政治坚定、业务精湛、作风过硬、人民满意的公务员队伍。

第三章　实施项目带动

贯彻“三具两基一抓手”的工作要求，把实施项目带动贯穿于经济社会发展的全过程，把经济、政治、社会、文化等各方面工作尽可能转化为具体项目和工作方案，以项目带动要素集聚、服务提升、作风改进、工作落实。提升运作水平，以更高的站位和更宽的视野，优先谋划实施事关经济社会发展全局、技术含量高、经济效益好、带动能力强的重大项目，以项目带动落实战略布局，促进投资增长，增强经济综合实力和发展后劲。发挥财政性投资导向作用，优化要素资源配置，确保规划项目顺利实施。加强项目储备，推进更多的项目进入国家规划布局，完善和落实重点项目协调推进机制，形成规划期内投产一批、续建一批、新建一批的滚动发展格局。

第四章　增强土地和环境保障能力

合理高效配置土地资源，增强土地保障能力。引导城乡用地结构调整和布局优化，建设用地指标优先保障城乡发展特别是重点项目用地需求。强化住宅用地计划管理，确保各类保障性住房用地。推进土地节约集约利用，严格执行投资强度、容积率、建筑密度等集约用地指标和多层标准厂房建设标准。加大土地挖潜力度，坚决执行土地闲置超时收回政策，杜绝土地闲置浪费现象。进一步增强对土地的集中调控能力，探索建立新增耕地指标、集体建设用地整理结余指标有偿调剂制度和城乡建设用地增减挂钩、土地增值收益返还农村土地整治区域的机制。设立耕复垦开发资金，创新易地补耕模式，拓展土地来源。

加强环境容量控制，提高环境容量保障能力。科学测算环境容量基数，严格建设项目总量核定，最大限度争取和优先保障重大项目环境总量指标。加大结构调整力度，严格行业准入，从严把关“两高一资”（高耗能、高污染、资源性）项目。深挖减排潜力，加快实施一批减排重大工程，加强重点污染减排项目运行监管，提高减排效能。全面推行排污许可证制度，开展排污权有偿使用和交易，保障经济发展必需的总量指标和污染减排目标的完成。

第五章　完善规划实施机制

建立健全规划编制、组织实施和评估检查长效机制和规范化工作程序，强化规划的宏观指导和约束作用，确保规划顺利实施。

本《纲要》提出的预期性指标和产业发展、结构调整等任务，主要依靠市场主体的自主行为实现。各级政府通过完善市场机制和利益导向机制，创造良好的政策环境、体制环境和法制环境，打破市场分割和行业垄断，激发市场主体的积极性和创造性，引导市场主体行为与政府战略意图相一致。

本《纲要》确定的约束性指标和公共服务领域的任务，是政府对人民群众的承诺。约束性指标分解落实到有关部门，其中耕地保有量、单位国内生产总值能耗和二氧化碳排放、主要污染物排放等指标分解落实到各市，并将全部约束性指标纳入各市、各部门经济社会发展综合评价和绩效考核范围。公共服务特别是促进基本公共服务均等化的任务，明确工作责任和进度，主要运用公共资源全力完成。

加强规划协调管理。抓好省政府确定的重点专项规划编制工作，以编制和实施专项规划、区域规划具体落实本《纲要》提出的发展目标任务，将专项规划作为政府审批核准重大项目、安排政府投资和财政支出预算、制定特定领域相关政策的依据。加强年度计划与五年规划的衔接，把《纲要》提出的战略目标、重大任务等分解落实到各年度具体发展政策措施和发展建设项目。搞好地方规划与本《纲要》明确的发展战略、主要目标和重点任务的协调，特别是要加强约束性指标的衔接。

完善规划实施评估和考核机制。加快制定并完善有利于推动科学发展、加快转变经济发展方式的绩效考核评价体系和具体考核办法，强化考核结果运用。完善监测评估制度，加强监测评估能力建设，强化对规划实施情况的跟踪分析，搞好《纲要》中期评估，自觉接受省人大及其常委会的监督检查。

完善统计制度。加强对服务业、节能减排、劳动就业、收入分配、房地产等薄弱环节的统计工作，为监测评估和政策制定提供基础。

加强对规划的宣传力度。借助各种传媒手段宣传介绍规划，让规划确定的方针政策和发展蓝图深入人心，激发广大干部群众的创业热情，动员和组织社会各方力量积极参与规划实施，使实施规划成为全社会的自觉行动。

中原经济区建设的宏伟蓝图已经绘就，中原崛起、河南振兴大有希望。全省广大干部群众要更加紧密地团结在以胡锦涛同志为总书记的党中央周围，高举中国特色社会主义伟大旗帜，深入贯彻落实科学发展观，在省委正确领导下，以更加振奋的精神、更加开阔的视野、更加务实的作风，把握新机遇，迎接新挑战，创造新业绩，全面推进中原经济区建设，为夺取全面建设小康社会新胜利，谱写中原崛起、河南振兴新篇章而努力奋斗。

湖北省经济和社会发展第十二个五年规划纲要

（2011 年 2 月 27 日湖北省
第十一届人民代表大会第四次会议通过）

湖北省经济和社会发展第十二个五年（2011～2015 年）规划纲要，根据《中共湖北省委关于制定湖北省经济和社会发展第十二个五年规划的建议》编制，主要阐明全省战略意图，明确政府工作重点，引导市场主体行为，是未来五年全省经济和社会发展的宏伟蓝图，是推动湖北科学发展、跨越式发展的行动纲领。

第一篇　开创湖北科学发展新局面

第一章　“十一五”发展的巨大成就

“十一五”时期是极不平凡的五年。在党中央、国务院的正确领导下，省委、省政府带领全省人民深入贯彻落实科学发展观，抢抓促进中部地区崛起的重大战略机遇，提出并实施“两圈一带”总体战略，全面启动“两型”社会建设，成功应对国际金融危机冲击和各种严重自然灾害影响，实现了经济社会又好又快发展，“十一五”规划的主要目标任务全面完成，是改革开放以来我省经济社会发展最快、基础设施建设力度最大、人民群众受益最多、改革开放最有成效、综合实力提升最明显的时期之一，多项指标增幅创历史新高，为全省“十二五”时期实现跨越式发展打下了坚实基础。

一、综合经济实力再上新台阶

“十一五”时期，全省生产总值年均增长 13.9%，比规划目标高 3.9 个百分点，改革开放以来首次明显高于全国平均水平。三次产业结构趋向合理。一、二、三产业比重为13.6∶49.1∶37.3。农业综合生产能力增强。全省粮食连续7年增产，油菜和淡水产品产量连续15年保持全国第一。农产品加工业发展迅速。销售收入过10亿元的农业产业化龙头企业达25家，农产品加工产值与农业总产值之比达到1.25∶1。新型工业化进程加快。重点产业调整和振兴取得重大进展，汽车、钢铁、石化、电子信息、纺织、食品、装备制造等7个产业的销售收入先后跨过千亿元规模，规模以上工业企业达1.58万家，完成增加值6136.5亿元。光纤光缆、光通信器件、激光器、维生素、生物农药、电动汽车等高科技领域技术实力居全国领先地位，高新技术产业增加值占全省生产总值的比重达到10.8%。建筑业发展迅猛，进入全国第一方阵。服务业发展提速，增加值年均增长13.8%以上，现代物流、金融、旅游、信息、文化等服务业快速发展，武汉成为国家首批服务外包示范城市。消费水平不断提高，结构升级加快。2010年全省社会消费品零售总额达到6719.4亿元，年均增长17.7%。农村消费年均增长率比城市高1.1个百分点。地方一般预算收入年均增长21.9%。县域经济快速发展，占全省生产总值的比重达到56.2%，民营经济成为县域经济的主体。

二、基础设施建设取得新突破

全社会固定资产投资保持强劲增长势头。五年投资总额累计达3.2万亿元，年均增长29.6%，超规划目标1.1万亿元，其中用于基础设施建设的固定资产投资达8846亿元，是“十五”时期的2.7倍。铁路、公路、航道港口、机场建设步伐加快，综合交通枢纽地位进一步提升。武广、武合客运专线的开通使湖北在全国较早进入高铁时代，武汉成为首批全国综合交通枢纽试点城市。五年新增铁路营运里程1295公里，总里程达到3319公里；新增高速公路里程突破2000公里，总里程达到3673公里，上升到全国第六位。城市轻轨、城际铁路、地铁等现代先进快捷交通设施投入使用或开工建设。武汉天河机场二期改扩建工程完工，三期顺利启动，年客流量达到1200万人次。汉江崔家营航电枢纽建成投入运营，汉江航道整治工程顺利推进，引江济汉通航工程全面开工，武汉新港、黄石、宜昌、荆州等港口建设进展顺利。火电、水电和风电、核电、太阳能等能源建设全面推进，五年新增发电装机1250万千瓦。三峡工程初步设计建设任务全面完成，南水北调中线兴隆枢纽、引江济汉工程全面启动。

三、社会事业取得新进展

就业和收入水平进一步提高。五年新增城镇就业人数352.25万人，城镇登记失业率控制在4.18%；城镇居民人均可支配收入和农村居民人均纯收入分别达到16058元和5832.3元，年均分别增长12.8%和13.5%。全省贫困人口减少200万人。社会保障体系进一步完善。全省城镇职工五项社会保险参保人数达到3009万人，新型农村合作医疗参合率达到97%，新型农村社会养老保险试点顺利实施。覆盖全省的社会救助体系基本形成，有效保障了城乡困难群众的基本生活。低收入家庭住房难问题得到有效缓解。“十一五”时期新增廉租住房保障42.2万户，经济适用住房保障17万户，农村危房改造19.39万户，扶贫搬迁5.39万户。教育事业发展出现可喜变化。实现了由重点解决“上学难”向重点提高教育质量的转变，城乡免费义务教育政策全面落实，职业教育加快发展，高等教育毛入学率达到30%以上。科技实力得到进一步加强。在校大学生和研究生、国家重点实验室、国家级工程（技术）研究中心、省部级以上科技成果数和科技人员总量继续位居全国前列，专利拥有量大幅增加，东湖新技术开发区获批建设全国第二家自主创新示范区。人口增长趋于合理，人口自然增长率控制在5‰以内。文化事业和文化产业加快发展。广播影视、新闻出版、文学艺术和哲学社会科学取得新成就，省博物馆在全国率先免费开放，成功承办“八艺节”，全省广播电视综合覆盖率均达到98%。城乡医疗卫生服务体系逐步完善，全省23个血吸虫重疫区人畜感染率降至3%以下，有效预防和处置了各类突发公共卫生事件。竞技体育实力得到加强，群众性体育活动蓬勃开展。

四、生态文明建设开创新局面

大力发展循环经济，依法淘汰落后产能，单位生产总值能耗下降20%以上；提前一年完成主要污染物总量减排任务，设市城市及县城生活污水处理率、生活垃圾无害化处理率不断提高。主要污染物排污权交易和神农架生态补偿试点正式启动，退耕还林、湿地保护、石漠化治理、天然林保护和低效林改造工程顺利实施，森林覆盖率达到38.46%。水环境不断改善，大东湖生态水网工程和洪湖、梁子湖生态保护工程等进展顺利。全省生态环境得到明显改善。资源枯竭型城市转型顺利推进。低碳生产生活方式逐步推行。

五、改革开放迈出新步伐

武汉城市圈获批国家级“两型”社会建设综合配套改革试验区。国家批复的“56531”改革方案顺利实施。70多个国家部委（单位）与我省签订了部省合作共建协议（备忘录）。政府机构改革全面完成。农村综合配套改革不断深入，农村公益性服务“以钱养事”新机制基本建立，集体林权制度、水利管理体制、城中（郊）村集体资产产权制度、农村金融等改革稳步推进，仙洪新农村试验区建设、鄂州城乡一体化试点取得阶段性成果。大型国有企业基本完成混合所有制改革任务，国有中小企业改制面达到95%，新增境内上市公司12家，境外上市公司5家。医药卫生体制改革稳步推进，科技、教育、文化体制改革不断深化。对外开放水平进一步提高。五年实现进出口总额889亿美元，年均增长21.9%；累计实际利用外资201亿美元，年均增长12.2%，80多家世界500强企业投资湖北。新增国家级开发区4个。东西湖B型保税物流中心封关运行，武汉东湖综合保税区建设顺利推进。在全球55个国家和地区设立经营机构，对外直接投资总额达5.9亿美元。对外交往不断扩大，美国、韩国等国家相继在汉设立领事馆。

六、和谐湖北建设取得新成效

城乡社区建设取得明显进展，城市社区建设走在全国前列，社区自我管理能力进一步提高。食品、药品安全监督管理不断加强，安全生产事故数量连续五年下降。社会治安综合治理成效明显，社会服务与管理不断创新，社会治安防控体系建设进一步强化，社会矛盾得到及时化解，一批影响稳定的突出问题得到有效解决，确保了全省社会稳定。民主法制建设、精神文明建设、支持国防和军队建设继续加强。“法治湖北”、“平安湖北”、“文明湖北”等建设取得明显成效。

“十一五”成就的取得，是省委、省政府正确领导的结果，是全省人民团结奋斗的结果。在总结经济社会发展成绩的同时，必须清醒地看到，开放不够、发展不够仍然是我省的最大实际，发展不平衡、不协调、不可持续的问题依然突出，一些深层次矛盾和问题尚未从根本上解决。一是经济结构性矛盾仍然突出，农业基础依然薄弱，农业产业化水平不高，自主创新能力不强，工业品市场占有率不高,第三产业特别是现代服务业发展相对滞后。二是经济增长的资源环境瓶颈制约进一步凸显,节能减排和生态环境保护任务艰巨。三是社会发展相对滞后,公共服务供给不足,解决社会矛盾、维护社会稳定的压力较大。四是制约科学发展的体制机制障碍依然较多。

回顾和总结过去,全省经济社会发展站在了新的历史起点上。展望和面向未来,我们坚定信心,抢抓发展机遇,更新发展观念,创新发展模式,转变发展方式,破解发展难题,必将推动全省经济社会实现跨越式发展。

专栏1 “十一五”规划主要发展目标完成情况

序号	指标	单位	“十一五”规划目标	2010 年	“十一五”年均增长(%)	属性
1	全省生产总值(2005 年价格)	亿元	10610	15806	13.9	预期性
2	人均生产总值(2005 年价格)	元	18161	27585		预期性
3	服务业增加值比重	%	43.3	37.3		预期性
4	服务业就业比重	%	35.8	33		预期性
5	研究与试验发展经费支出占生产总值比重提高	%	[0.5]	[0.34]		预期性
6	城镇化率	%	48.8	47		预期性
7	总人口	万人	6215 以内	6186		约束性
8	单位生产总值能源消耗	吨标煤	1.21	1.21		约束性
9	单位工业增加值用水量	立方米	229	203		约束性
10	农业灌溉用水有效利用系数		0.48	0.4755		预期性
11	工业固体废物综合利用率	%	75	75		预期性
12	耕地保有量	万公顷	436.28	465.8		约束性
13	主要污染物排放总量减少	万吨	化学需氧量:58.5 二氧化硫:66.1	化学需氧量:57.28 二氧化硫:63.73		约束性
14	森林覆盖率	%	34	38.46		约束性
15	15 岁及以上人口平均受教育年限	年	9 以上	9 以上		预期性
16	城镇基本养老保险覆盖人数	万人	1024	1039		约束性
17	新型农村合作医疗以县为单位覆盖率	%	100	100		约束性
18	五年城镇新增就业岗位	万个	[350 左右]	[352.25]		预期性
19	五年转移农业劳动力	万人	[400 以上]	[429]		预期性
20	城镇登记失业率	%	4.5 左右	4.18		预期性
21	城镇居民人均可支配收入(2005 年价格)	元	12910	16058	12.8	预期性
22	农村居民人均纯收入(2005 年价格)	元	4145	5832.3	13.5	预期性

注:带[ ]为五年累计数

第二章　跨越式发展的新机遇

“十二五”时期，我国发展仍处于可以大有作为的重要战略机遇期，经济社会发展长期向好的基本态势不会改变，有利于我省抢抓机遇，加快发展。国家实施扩大内需战略，新型工业化、新型城镇化进程加快，为我省发展提供了强大动力；国际及沿海发达地区资本和产业加快向内陆地区转移，新一轮技术创新加速推进，为促进我省要素集聚和产业发展提供了有利条件；国家大力实施促进中部地区崛起和西部大开发战略，加快建设“三基地一枢纽”，着力构建“两纵两横”经济带，为我省加快经济社会发展提供了重大契机；长江经济带开放开发、“三峡后续工作规划”、“南水北调工程生态补偿”、武汉城市圈“两型”社会综合配套改革、武汉市综合交通枢纽试点城市、东湖国家自主创新示范区等国家战略实施和重大项目建设，为我省经济社会发展提供了有力支撑。

在充分认识和分析发展机遇的同时，也要清醒地看到，我省“十二五”时期经济社会发展将面临新的挑战。世界经济格局深度调整，投资和贸易保护主义进一步抬头，发展的外部环境更趋复杂；沿海发达地区结构调整和产业升级步伐明显加快，在新一轮经济增长中占据有利地位，周边省市经济发展势头强劲，我省面临前所未有的竞争压力，必须增强忧患意识。

纵观国际国内形势，未来五年，全省经济社会发展既面临难得机遇，也面临严峻挑战，但总体上机遇大于挑战。“十二五”时期我省将迈入科学发展、跨越式发展的新阶段。

一、跨越式发展战略机遇期

我省既有后发地区资源丰富、环境容量较大和生产要素成本较低的优势，又有发达地区的工业基础和交通优势，还有突出的科教人才优势，正处于积蓄能量的释放期、爬坡过坎的发力期和潜在优势的转化期。国际国内的发展格局深度调整，各种机遇的叠加，将进一步凸显我省的综合优势，“十二五”时期将是我省大有作为、实现跨越式发展的重要战略机遇期和发展黄金期。

二、新型工业化加速发展期

“十二五”时期我省将呈现制造业和服务业共同发展、高新技术产业和战略性新兴产业竞相发展的态势，以科技含量高、经济效益好、资源消耗低、环境污染少、人力资源优势得到充分发挥为特征的新型工业化加速推进，将成为推动我省快速协调发展的主导力量。

三、城镇化加速推进期

加速推进城镇化是完成全面建设小康社会目标的重要途径，也是扩大内需的着力点。我省城镇化水平相对较低，发展空间较大，具有加速城镇化的巨大潜力和强大动力。在国家政策推动和人民过上幸福生活新期待的驱动下，“十二五”时期是加快实现小康社会的关键期，更是推进城镇化的加速期。

四、产业结构加速优化升级期

“后国际金融危机时期”，粗放型增长模式将难以为继，产业结构调整迫在眉睫。大力培育发展战略性新兴产业、锲而不舍地推进先进制造业、不失时机地加快发展现代服务业、富有特色地发展现代农业，将成为我省产业结构调整的主攻方向。

五、经济社会协调发展期

“十二五”时期，全省人民群众对劳动就业、社会保障、社会稳定和公共服务等有更多新期待，在努力实现全省经济跨越式发展的同时，满足人民群众日益增长的物质文化需求，提供更加优质的公共服务、更加丰富的精神文化产品、更加完善的社会管理、更加安全的生活环境，将是各级政府的重要任务。

六、体制机制创新突破期

“十二五”时期，改革将进入攻坚阶段。加快推进体制机制创新，实行综合配套改革，化解重点领域和关键环节中的深层次矛盾，构建有利于科学发展的体制机制，将为实现跨越式发展提供强大动力。

第三章 指导思想和主要目标

一、指导思想

高举中国特色社会主义伟大旗帜，以邓小平理论和“三个代表”重要思想为指导，深入贯彻落实科学发展观，全面贯彻落实党的十七大和十七届四中、五中全会精神，以科学发展为主题，以加快转变经济发展方式为主线，以推进新型工业化、新型城镇化和农业现代化为重点，以解放思想、改革开放创新为动力，以提高城乡人民生活水平为根本出发点和落脚点，推进经济社会跨越式发展，加快构建促进中部地区崛起的重要战略支点，为全面建成小康社会打下具有决定性意义的基础。

科学发展是解决湖北所有问题的关键，加快转变经济发展方式是推动湖北科学发展的必由之路。在当今湖北，坚持科学发展的根本体现就是推进跨越式发展。开创湖北科学发展新局面，必须按照中央的统一部署，一手抓发展，一手抓转型，好中求快，能快则快，坚持在发展中促转变，在转变中谋发展，突出以下宏观导向：

——坚持跨越式发展。在扩大经济总量的同时，不断提升综合竞争力和可持续发展能力，推动经济增长真正建立在结构优化、质量提高、效益改善的基础上，努力实现全面协调可持续发展，实现科学发展和跨越式发展的有机统一。

——坚持转型发展。把加快转变经济发展方式贯穿于经济社会发展全过程和各领域，加快创新发展模式，把发展转换到消费投资出口相协调、内需外需“双轮”驱动的轨道，转换到科技引领、创新驱动的轨道，转换到民生优先、共建共享的轨道，推进以调整结构为核心的经济发展转型，实现科学发展与转型发展的有机统一。

——坚持城乡区域协调发展。坚持工业反哺农业、城市支持农村和多予少取放活的方针，建立健全以工促农、以城带乡的长效机制，使城乡居民平等参与现代化进程、共享改革发展成果。充分发挥各区域比较优势，加快推进形成主体功能区，积极完善区域政策，大力推动区域合作，加快县域经济发展，实现城乡区域特色发展与协调发展的有机统一。

——坚持创新发展。把科技进步和创新作为加快转变经济发展方式的重要支撑，把创新精神贯穿于发展的全过程，体现在经济社会发展各方面。大力推进科技、文化创新，大力推进体制机制创新，坚持科教人才优先发展，加快建设创新型湖北，实现体制机制创新与科技创新的有机统一。

——坚持绿色发展。紧紧围绕“生态立省”，把建设生态文明与推进新型工业化、新型城镇化有机结合起来，把建设资源节约型、环境友好型社会作为可持续发展的根本举措，依据资源环境承载能力谋发展，大力推广低碳技术，加大绿色投资，倡导绿色消费，促进绿色增长，实现经济效益与生态效益的有机统一。

——坚持和谐发展。坚持以人为本，加强社会建设，创新社会管理，把保障和改善民生贯穿于经济社会发展的始终，把发展的出发点和落脚点真正体现在富民、惠民、安民上，加快推进基本公共服务均等化，使发展成果惠及全体人民，不断提高人民生活水平、生活质量和幸福指数，实现经济发展与社会和谐的有机统一。

二、主要目标

——经济平稳较快发展。在优化结构、提高效益、降低消耗和保护环境的基础上，全省生产总值年均增长10%以上，经济总量跨上新台阶；人均生产总值年均增长10%左右，突破6000美元；地方一般预算收入年均增长14.6%；价格总水平保持基本稳定，经济增长质量和效益明显提高。

——产业结构优化升级。推动电子信息、汽车、石化、装备制造、食品5大产业年主营业务收入跨越5000亿元，新兴产业产值力争突破万亿元，高新技术产业增加值占生产总值的比重提高到15%。三次产业增加值比重调整为10∶47∶43，现代产业体系建设取得显著成效。

——城乡区域协调发展。充分发挥武汉、襄阳、宜昌“一主两副”中心城市的辐射带动作用，在全省形成以武汉为龙头、湖北长江经济带为主轴、武汉城市圈和鄂西生态文化旅游圈为两轮的“一线串珠、双轮驱动”的区域发展新格局。城镇化率提高到52%以上，社会主义新农村建设扎实推进，基本形成城市带动农村，城乡协调互动发展新格局。

——“两型”社会建设加快。以武汉城市圈“两型”社会综合配套改革试验区建设为重点，大力发展循环经济和低碳产业，加强环境保护，促进生态修复。全省单位生产总值能源消耗比“十一五”期末降低16%，主要污染物排放总量比“十一五”期末明显减少，单位生产总值二氧化碳排放降低17%，重点水域水质进一步改善。

——保障和改善民生成效显著。覆盖城乡居民的基本公共服务体系逐步完善，社会保障体系进一步健全。保障性住房建设稳步推进；科技强省、教育强省、文化强省、体育强省建设取得突破性进展，城乡居民的精神文化生活更加丰富多彩，城镇登记失业率控制在5%以内，全省城镇居民人均可支配收入和农村居民人均纯收入分别年均增长10%；民主法治更加健全，社会服务和管理水平明显提升，社会公平与正义得到有效维护；人民群众最关心、最直接、最现实的利益问题得到有效解决。

——体制机制创新和科技创新取得新突破。重点领域和关键环节的体制机制创新取得明显进展，政府职能加快转变，基本形成有利于科学发展的体制机制。自主创新能力不断增强，努力建设知识产权强省。全省研究与试验发展经费支出占生产总值的比重达到2.0%以上，每万人口发明专利拥有量显著增加。科技成果转化率明显提高。各类人才资源总量达到790万人。

——构建促进中部地区崛起重要战略支点取得明显进展。加快建设中部乃至全国重要的先进制造业基地、高新技术产业基地（自主创新示范基地）、优质农产品生产加工基地、现代物流基地和综合交通运输枢纽，建成中部地区经济要素富集、充满创新活力的区域、中部地区发展现代服务业的重要平台和促进中部地区崛起的重要增长极，在科学发展、社会和谐、改革创新等方面走在中部地区前列，自主创新示范功能、对外开放服务功能、"两型"社会建设引领功能明显增强，为促进中部地区崛起作出更大贡献。

专栏2 "十二五"时期全省经济社会发展的主要指标

指标			单位	2010年	"十二五"规划目标	年均增长（%）	属性
经济发展							
1	全省生产总值		亿元	15806	25456	10以上	预期性
2	城镇化率		%	47	52以上		预期性
3	服务业增加值比重		%	37.3	43		预期性
4	三次产业结构比重 *		—	13.6∶49.1∶37.3	10∶47∶43		预期性
5	全社会固定资产投资 *		亿元	[32000]	[80000左右]	15以上	预期性
6	社会消费品零售总额 *		亿元	6719.4	13476		预期性
7	服务业就业比重 *		%	33	36左右		预期性
8	地方一般预算收入 *		亿元	1011.2	2000		预期性
科技教育							
9	九年义务教育巩固率		%		96.9		约束性
10	高中阶段教育毛入学率		%		95		预期性
11	研究与试验发展经费支出占生产总值比重		%	1.64	2.0以上		预期性
12	每万人口发明专利拥有量		件/万人	0.7	1.5		预期性
13	高新技术产业增加值占生产总值比重 *		%	10.8	15		预期性
资源环境							
14	耕地保有量		万公顷	464.2	464.2	[0]	约束性
15	单位工业增加值用水量降低		%			[30]	约束性
16	农业灌溉用水有效利用系数		—	0.4755	0.51		预期性
17	非化石能源占一次能源消费比重		%	15	15		约束性
18	单位生产总值能源消耗降低		吨标煤/万元	1.21	1.02	[16]	约束性
19	单位生产总值二氧化碳排放降低		%			[17]	约束性
20	主要污染物排放减少	化学需氧量	万吨	57.28		[7.4]▲	约束性
		二氧化硫	万吨	63.73		[8.3]▲	
		氨氮	万吨			[10.2]▲	
		氮氧化物	万吨			[7.5]▲	
21	森林增长	森林覆盖率	%	38.46	41.2		约束性
		森林蓄积量	亿立方米	2.87	3.3以上		
人民生活							
22	总人口		万人	6186	6400以内		约束性
23	城镇保障性安居工程建设		万套	34	[100]		约束性

续表

指　标		单位	2010 年	“十二五”规划目标	年均增长（%）	属性
24	城镇登记失业率	%	4.18	5 以内		预期性
25	城镇新增就业人数	万人	[352.25]	[300]		预期性
26	城镇参加基本养老保险人数	万人	1039	1154		约束性
27	城乡三项基本医疗保险参保率	%		95		约束性
28	城镇居民人均可支配收入	元	16058	25860	10	预期性
29	农村居民人均纯收入	元	5832.3	9390	10	预期性
30	文化产业增加值占生产总值比重 *	%		6 左右		预期性

注:1. 全省生产总值和城乡居民收入绝对数按 2010 年价格计算,速度按可比价计算。
2. [ ]内为五年累计数;▲为与国家正在衔接的指标暂定数值;城乡三项基本医疗保险指城镇职工基本医疗保险、城镇居民基本医疗保险、新型农村合作医疗。
3. * 为省定指标(7 个),其他为国定指标(23 个)。

专栏 3　规划指标的属性

本规划确定的发展目标充分体现了两方面的要求:一是体现党的十七大提出的发展新要求。深入贯彻落实科学发展观,继续解放思想,坚持改革开放,推动科学发展,促进社会和谐,为全面建设小康社会而奋斗。二是体现人民群众过上更好生活新期待的要求。满足人民群众日益增长的物质文化需求,提供更加丰富的精神文化产品、更加优质的公共服务、更加完善的社会管理、更加安全的生活环境。其中量化指标分为预期性和约束性两类。

预期性指标是表明政府期望发展的方向,主要靠市场主体自主行为来实现的指标,政府主要创造良好的宏观环境、制度环境和市场环境,并通过适时调整宏观调控方向和力度,综合运用经济政策引导社会资源配置,努力实现的目标。

约束性指标是在预期性基础上进一步强化了全省战略意图的指标,是省政府在公共服务和涉及公众利益领域对市州、直管市、神农架林区政府和省直有关部门提出的工作要求。政府主要通过合理配置公共资源和有效运用行政力量,确保实现的目标。

第二篇　全面实施“两圈一带”总体战略

“两圈一带”战略是湖北推动科学发展的载体,是加快转变经济发展方式的抓手。大力实施“两圈一带”总体战略,优化空间布局,着力推进新型工业化、新型城镇化和农业现代化,促进区域联动协调发展。

第四章　武汉城市圈“两型”社会综合配套改革试验区建设

按照国家批复的《关于武汉城市圈资源节约型和环境友好型社会建设综合配套改革试验总体

方案》要求，着力构建要素富集、产业集聚、资源节约的活力城市圈，通达、通畅、智能的快捷城市圈，绿色、宜居、和谐的生态城市圈。发挥武汉龙头作用，明确各城市发展定位，增强耦合度，发挥集成效应，提高核心竞争力，实现武汉城市圈率先崛起，努力在“两型”社会建设方面走在全国前列，引领和带动全省体制机制创新和“两型”社会建设。圈域生产总值占全省62%以上，经济增长速度、单位生产总值能耗降低幅度、主要污染物排放量减少幅度均高于全省平均水平，城镇化率达到58%以上。

一、加快体制机制创新

大力推进九大体制机制创新，努力在重点领域和关键环节取得先行先试示范效应。创新资源节约体制机制，推进资源品价格改革，完善差别能源价格体系，开展绿色电价试点，实施居民阶梯电价制度，健全节能减排激励约束机制，推进城市水务改革，实施居民阶梯水价制度，建立节约用水机制。创新环境保护体制机制，扩大排污权交易，探索碳交易，实施排污许可证制度，完善环境保护的市场机制，探索跨区域水生态保护与修复新模式。创新科技体制机制，积极开展股权激励试点，促进科技成果转化，深化科技金融改革创新。创新产业结构优化升级体制机制，建立促进产业链条延伸、产业集群发展和优化区域产业布局的引导与协调机制，探索开发区发展新模式。创新土地资源节约集约利用体制机制，扩大“迁村腾地”试点，加快构建农村土地流转交易平台，健全农村土地承包经营权流转市场，探索农村集体建设用地合理流转新机制。创新统筹城乡发展体制机制，探索建立城乡一体的公共服务体系，促进基本公共服务均等化。深化财税金融、对内对外开放、行政管理等领域配套改革，充分利用部省合作共建平台，在相关领域创新体制机制，积极争取国家支持，形成推动改革试验的强大合力。

二、加快推进圈域一体化

加快推进产业发展与一体化布局。进一步优化圈域产业分工与空间布局。鼓励武汉发展总部经济，向周边八市转移一般加工业。八市因地制宜选择产业发展方向和重点，加强相互间协作，并积极承接武汉产业转移和辐射。鼓励武汉、黄石等国家级开发区与周边市开展“区外园”合作。积极推进鄂州葛店经济开发区与东湖新技术开发区、武汉化工新城融合发展，支持武汉、孝感临空经济区协作融合发展。加快推进圈域产业结构优化升级和产业集群发展，增强产业竞争力和可持续发展能力。

加快推进城镇化与城乡建设一体化。以“一核一带三区”为重点，加快推进圈域城镇建设。进一步增强龙头城市的辐射带动作用，加快发展大中城市，推进小城镇特别是中心镇、重点镇建设。以城际铁路建设为契机，大力推进“一站一城(镇)”建设，开展“扩权强镇”试点。积极推进中心村建设。基本形成城乡建设一体化格局。

加快推进区域市场一体化。推进城乡商品市场、要素市场等一体化建设。鼓励商业连锁经营企业下乡进村，推动圈域城乡市场共同繁荣。基本建成以武汉为中心的圈域一小时高效物流服务圈。

加快推进交通与通信建设一体化。构建三大综合交通圈，完善七条综合交通通道，打造六大综合交通枢纽，基本形成武汉至八市区“一小时交通圈”，武汉至圈域县(市)“一至两小时交通圈”。建设“资源共享、集约高效”的综合交通通信系统，基本形成以武汉通信枢纽和城市圈发达的通信网络为依托的综合交通信息化平台。分步实施圈域区号统一,加快通信一体化进程。

加快推进生态建设与环境保护一体化。统筹规划安排圈域生态建设,加强梁子湖等跨行政区域的湖泊、河流水生态环境保护,推进圈域大气联防联控。严格控制各类污染,提高城乡环境质量。建设圈域地震安全保障工程。突出平原水网景观、丘陵山地自然生态及滨江滨湖特色,构建"碧水、蓝天、青山、美城"的生态格局。

加快推进基本公共服务均等化与社会事业一体化。着力推动人才项目对接、教育共建联动、科技互动促进、卫生资源整合、社会保障统筹及旅游、文化、体育资源共享等专项建设,推进形成圈域各类社会事业联合体。缩小区域间基本公共服务差距,实现社会事业总体发展水平走在中部前列。

三、推进重点示范区建设

大力推进以"改革先行、创新密集、'两型'社会集中展示、同城化发展引领"为特色的武汉城市圈"两型"社会建设鄂州先行示范区、以水生态修复与治理为特色的大东湖"两型"社会示范区、以水生态保护与有效利用为特色的大梁子湖生态旅游示范区、以跨区域重化工产业循环发展为特色的青(山)阳(逻)鄂(州)大循环经济示范区、以科技创新为特色的东湖国家自主创新示范区,以及武汉东西湖综合性示范区、咸宁华中低碳产业示范区、孝感临空经济示范区、黄冈临港经济示范区和黄石、潜江资源枯竭型城市转型示范区等建设。

第五章　鄂西生态文化旅游圈建设

充分发挥生态文化资源优势,以旅游业为引擎,将鄂西生态文化旅游圈(以下简称"鄂西圈")建设成为生态观光、休闲度假、民俗体验、科考探险等综合性旅游圈,生态保护良好、生态旅游发达等生态文明圈,炎帝神农文化、楚文化、三国文化、土家苗族民俗文化、山水文化、宗教文化等特色文化圈,推动圈域经济社会全面发展,在物质文明、精神文明、生态文明协调发展方面走在全国前列,促进全省生态文化旅游的快速发展。森林覆盖率达到46%;文化产业增加值占圈域生产总值的比重达到5%;实现年游客接待量1.4亿人次以上,旅游总收入占全省40%以上;圈域生产总值力争达到1万亿元。

一、加强基础设施建设

综合交通网总里程达到13万公里(不含空中航线、城市内道路),基本形成便捷通畅、高效安全的交通网络。重要景区基本通达二级以上公路。加强圈域城市、旅游名镇名村、景区的污水和垃圾处理设施建设。统筹建设水、电、气和通信基础设施,配套建设旅游宾馆酒店、旅游码头、游客集散中心、生态停车场、星级厕所等相关设施。建设"鄂西圈"公众服务平台。

二、推动生态文化旅游建设

加强水资源和水环境保护,实施生态林业工程。加强文化遗产保护和文化传承,丰富圈域旅游业发展的文化内涵。以"一江两山"为龙头,重点建设特色鲜明、优势突出的三大旅游主题板块、十大旅游区、十条精品线路,建成环"一江两山"交通沿线生态景观工程等十二大重点工程。加强旅游名城强县名镇（村）的建设，积极推进大洪山旅游区、清江画廊旅游区等跨行政区域资源整合。培育一批各具特色、充满活力的生态文化旅游市场主体，打造若干集民俗风情、地域文化、传统与现代元素于一体的经典演艺剧目。

专栏 4 “鄂西圈”十大旅游区

1. 三峡大坝—平湖半岛旅游区
2. 武当山—太极湖旅游区
3. 神农架旅游区
4. 襄阳古隆中—鱼梁洲旅游区
5. 荆州古城旅游区
6. 洪湖岸边是家乡—石首天鹅洲旅游区
7. 清江画廊旅游区
8. 明显陵—漳河旅游区
9. 炎帝神农故里—大洪山旅游区
10. 恩施腾龙洞—大峡谷旅游区

三、推动圈域经济社会快速发展

制定并实施促进“鄂西圈”产业优化发展的政策。以发展生态文化旅游为切入点，加快相关产业的发展。重点加快旅游商品、宾馆酒店业、特色餐饮业、商贸会展业、特色养老、体育休闲、旅游地产等关联产业的发展。继续发挥电力、汽车、化工、建材、生物医药、特色农业等产业优势，着力构建“襄十随”汽车产业带、“宜荆（门）”电力化工产业带、“荆荆襄随”现代农业产业带与“宜恩神十”特色生态产业带，促进产业结构不断优化。充分发挥襄阳、宜昌两个副中心城市的带动作用，促进圈域八市（州、林区）错位发展、特色发展和协调发展。

第六章 湖北长江经济带新一轮开放开发

充分发挥长江“黄金水道”的综合优势，努力建设“三带一枢纽”，加强沿江开放开发省际合作，将湖北长江经济带建设成为促进“两圈”互动和推动全省经济社会协调发展的空间主轴、促进中部地区崛起的重要增长极和全国水资源可持续利用典型示范区。湖北长江经济带生产总值占全省60%以上，城镇化率达到59%，全面完成主要污染物减排任务。加快湖北汉江流域综合开发，促进汉江流域与“两圈”相融合、与湖北长江经济带新一轮开放开发相呼应，构建全省经济发展新的支撑点和增长极，实现江汉平原振兴崛起。

一、加快建设长江中游综合交通运输枢纽

重点完善水运设施，积极推进港口与航道建设，大幅提升长江干线航道的通航能力，完善干支直达的水运网络。支持江海直达运输，加快发展标准化、专业化运输船舶。积极建设长江中游现代港口体系，着力打造武汉长江中游航运中心。加快建设沿江高等级公路、铁路，完善沿江通道布局。着力构建江汉平原腹地综合交通网络。建设一批过江通道，提高南北贯通能力。加强港口集疏运

体系建设,进一步提升港口的辐射带动能力。基本建成中部地区功能最完善、辐射面最广的综合交通运输枢纽。

二、着力建设现代产业密集带

坚持以“水”兴带,着力构建以水资源为支撑的现代产业体系。优先发展涉水产业。积极发展以冶金、石化、汽车、船舶、装备制造等为主体的先进制造业,以电子信息、生物、新能源、新材料、节能环保等产业为支撑的高新技术产业;依托长江“黄金水道”,发展以现代物流和文化旅游等为重点的现代服务业,以高产优质水稻、名优特淡水产品等为主的农业生产与农产品加工业。建设各城市功能定位与分工明确的产业园区,构建沿江区域间产业发展的良性互动机制。

三、着力建设新型城镇连绵带

围绕“一核六点”布局沿江城镇体系。充分发挥武汉核心作用和宜昌、荆州、黄石、鄂州、黄冈、咸宁等重要节点城市的聚集和扩散功能。协调推进“以港兴城”战略,着力提升沿江地区城镇化水平,力争带域内20个县(市、区)生产总值均超过200亿元。加快发展大城市,培育发展2～3个城区人口过百万的大城市。重点发展中小城市,提升鄂州、黄冈及咸宁城市化水平,着力扩大洪湖、赤壁、石首等中小城市的经济规模和城市规模。大力发展沿江重点镇和中心镇,强化产业支撑,完善城镇功能,促进城镇化和新农村建设良性互动。

四、着力建设生态文明示范带

坚持开发与保护相结合,重点加强水资源、岸线资源的合理开发利用与土地资源的节约集约利用。加强河道治理,维持河势稳定。加大生态保护和污染防治力度,保护重要与敏感生态功能区,加强长江防护林体系建设。大力发展循环经济,努力实现区域绿色增长,使带域经济社会与生态环境步入协调发展的轨道。

五、加快湖北汉江流域综合开发

加快现代水利工程与航运建设。重点建设水利综合开发工程。加快实施南水北调兴隆水利枢纽、引江济汉工程、部分闸站改造、局部航道整治等汉江中下游四项治理工程;加快推进引江补汉神农溪调水工程、碾盘山水利枢纽工程前期工作。建设现代航运体系。加快推进汉江航运枢纽建设,形成环绕江汉平原的长江—江汉运河—汉江810公里高等级航道圈,建设功能完善、专业化和高效率的汉江港口体系。壮大产业规模,提升产业综合竞争力。提高汉江流域农业综合生产能力。重点开展土地整理、低丘岗地改造、滩涂开发、村庄整治等,增加耕地面积。实施“移土培肥”工程(丹江口库区),推进旱涝保收高标准农田建设,提高粮食生产能力。加大旅游业开发力度。重点打造精品旅游线路,着力建设集文化考察、生态观光、休闲度假和购物娱乐等多功能于一体的综合性旅游目的地,成为鄂西生态文化旅游圈的重要支撑。加快城镇化进程。构建以汉江为纽带,以武汉、襄阳、十堰三个城镇密集区为支撑,以中小城市为节点,三条城镇发展主轴和五条城镇发展辅轴相联结的汉江流域沿江沿线特色城镇带。加强生态环境保护。重点建设丹江口库区水源涵养与水质保护生态功能区、汉江中游水源涵养与水土保持生态功能区、江汉平原农田防护和用材林功能区。

第三篇 加快构建现代产业体系

坚持走新型工业化道路,加快科技创新步伐,加快建立布局合理、结构优化、技术先进、清洁安全、附加值高、吸纳就业能力强的现代产业体系,不断提高产业核心竞争力。

第七章 高新技术产业和战略性新兴产业

进一步发挥湖北科教优势,促进各类要素资源向高新技术企业、产业和园区集聚,加快发展电子信息、生物、新材料等高新技术产业,壮大产业规模、拓宽发展领域、提升竞争水平,努力实现跨越式发展,不断提高高新技术产业在全省经济中的比重,发挥支撑引领作用。加快培育和发展新一代信息技术、高端装备制造、新材料、生物、节能环保、新能源、新能源汽车等战略性新兴产业,将战略性新兴产业发展成为先导性、支柱性产业,总体发展水平走在中西部前列,部分领域进入全国先进行列。

一、新一代信息技术产业

重点发展光电子信息、下一代网络、应用电子等产业。光电子信息产业。加快超高速率、超大容量、超长距离光通信传输设备的研发和产业化。大力发展光通信专业元器件和组件,加快电子元器件产品升级。培育新型显示、集成电路等核心基础产业。下一代网络产业。加强下一代互联网和“三网融合”关键技术、关键设备、关键软件、业务应用的研发和产业化发展,引导现有网络向IPV6过渡。加快新一代宽带无线通信产品的研发、制造和示范应用。突破物联网核心关键技术,扩大物联网推广应用,推动物联网及相关产业发展。应用电子产业。扩大新型消费电子产品生产规模,打造半导体照明完整产业链,提高新型电力电子器件的研发和生产能力,积极发展汽车电子产业和高效绿色新型电池产品。

二、高端装备制造产业

重点发展高档数控装备及系统、激光加工设备、数字化船舶制造与海洋工程装备、航空航天设备等产业,着力提高装备设计、制造和集成能力,促进制造业技术自主化、制造柔性化、设备成套化、服务网络化。

三、新材料产业

重点发展电子新材料、生物及环保材料、化工新材料、新型建筑材料等产业,依托现有产业基础,以量大面广和重大基础设施急需的功能材料、结构材料、复合材料为突破口,大幅提高新材料产业的自主发展能力。以武汉、襄阳、宜昌、黄石等为重点,打造新材料产业集聚区。

四、生物产业

重点发展生物医药、生物农业、生物制造等产业，培育一批骨干企业和优势产品。生物医药。大力促进生物技术药物、新型疫苗和诊断试剂、原料药及中间体发展，提高现代中药与天然药物发展水平，加快生物医学工程产品的研发和产业化。生物农业。加快研发和推广生物育种核心技术；推进生物农药、生物肥料、生物兽药及生物饲料等绿色农用生物产品的产业化发展和推广应用。生物制造。围绕微生物制造和生物基材料等领域，加强生物技术在工业领域的应用，提高酶工程、发酵工程等生物技术水平及应用能力。

五、节能环保产业

围绕钢铁、石化、火电、建材等行业，重点发展为节约资源、保护环境提供物质基础和技术装备保障以及服务的节能产业、资源循环利用产业和环境治理产业。节能产业。加快节能关键技术装备的研发，着力形成一批拥有自主知识产权的核心技术、装备和产品，支持节能电机、节能窑炉、节能水泵、节能灯、高压变频器、软启动等节能产品的研发和生产。资源循环利用产业。加快固体废弃物、城市生活垃圾和农业废弃物等循环利用技术与装备的研发和推广应用，支持格林美等一批资源循环利用企业加快发展。环境治理产业。重点研发和生产水污染治理、大气污染治理和固体废弃物处理等方面的关键技术和装备。

六、新能源产业

重点推进核电、太阳能、生物质能源、风电等新能源开发应用进程。核电产业。依托核电项目建设，逐步形成核电研发设计、装备制造、工程建设、运行维护、技术服务等完整的核电产业链。太阳能产业。加快光伏组件、逆变器、控制系统、系统集成等技术开发，提高光伏产业核心技术、关键设备和关键部件自主创新能力和太阳能产业化水平。推广应用太阳能热水系统，加快推进太阳能建筑一体化。生物质能源产业。积极推进非粮生物燃料产业发展。支持秸秆焚烧发电、秸秆气化、垃圾焚烧发电项目建设，加快生物质焚烧发电设备的研发和生产，进一步开展大型养殖场、污水处理厂沼气发电试点。风能产业。适度加快风电建设，鼓励企业投资先进风能装备。

七、新能源汽车产业

重点抓好插电式混合动力汽车、纯电动汽车和电动汽车关键零部件发展。支持东风日产建设纯电动轿车研发基地，支持襄阳建立国家新能源汽车产业化综合示范区。混合动力汽车。加快发展各类中、高档插电式混合动力客车及东风自主品牌、东风本田的插电式混合动力轿车。纯电动汽车。加快发展广泛用于城市环卫、城建、邮政、旅游等行业的纯电动汽车。实现可快速更换电池组纯电动公交车的批量生产。推广以慢充电和分散式充电为主的充电方式，着力改进电池技术，加快充电基础设施建设。电动汽车零部件。加快电动汽车电控系统、电池、电机等关键零部件的开发和产业化。重点发展电动汽车及新能源汽车的发动机、零部件等。

专栏5 战略性新兴产业"五大工程"

——**关键技术培育工程**。研究制订新兴产业技术路线图，明确发展路径。着力推进国家科技重大专项在鄂的实施，集成实施省科技计划项目，加快突破一批关键核心技术。建立一批新兴产业技术创新战略联盟。

——**产业化推进工程**。在七大新兴产业领域，瞄准产业发展的主流和方向，加快把新一代网络、应用电子、信息服务、化工新材料、生物医药、新能源装备、节能环保设备等培育成为新的千亿级产业。抓紧实施一批重大产业化项目。

——**产业集群集聚工程**。着力抓好武汉综合性国家高技术产业基地和光电子、生物产业、信息产业三个专业性国家高技术产业基地建设，提高集约发展水平。加快布局若干各具特色的省级新兴产业特色基地（园区），在新兴产业重点领域新认定一批省级产业集群。

——**应用示范工程**。进一步扩大"光纤到户"试点范围，扩大开展新能源汽车推广示范工程，推动建设半导体照明应用示范城市，加快推进城镇污水垃圾处理设施建设。

——**创业投资引导工程**。扩大省级创业投资引导基金规模，争取国家支持，引导社会资本投入，设立新兴产业创业投资基金，培养壮大本土创业投资管理团队，为培育新兴产业开辟新的融资渠道。

第八章　制造业

加快推进信息化与工业化融合，提升产业层次和技术水平；全面实施质量兴省战略，加强工业创新体系建设和质量、品牌、标准建设，抓紧建设一批国家级产品质量检验检测中心，加快关键技术研发突破和工程服务水平提升，促进制造业向价值链两端延伸；优化产业布局，引导产业向园区集中，增强重点地区产业集聚能力；加快轻工业发展，优化轻重工业结构；加大淘汰落后产能力度，大力发展循环经济和低碳产业，突破资源环境约束，切实提高资源综合利用率和节能降耗水平；打造一批掌握关键核心技术，拥有自主知识产权和自有品牌，资源消耗低的行业领军企业。

一、汽车产业

进一步提升整车生产规模，支持重点企业完善自主研发体系，优化整车产品结构，着力发展自主品牌乘用车和专用车，加快新能源汽车的研发和产业化。提高汽车零部件配套能力、产业集中度和科技创新水平，向专业化、系列化、模块化方向发展。完善和创新汽车市场服务体系，努力打造汽车研发—零部件生产—整车制造—汽车服务的完整产业链。

乘用车和商用车。推进东风汽车公司等重点企业提升自主研发能力，着力发展低排放、低油耗汽车和自主品牌乘用车，加大混合动力汽车、纯电动汽车和清洁燃料汽车的研发力度，形成生产规模，提高市场份额。加快东风乘用车二期工程、东风本田二厂、神龙三厂、东风有限襄阳工厂扩能、东风渝安十堰扩能、东风商用车十堰扩能、东风股份制造二公司A08客车、东风天翼新能源客车研发与产业化等项目建设，形成260万辆整车生产能力，其中乘用车160万辆。

专用车。重点发展高速公路运输、工程施工、市政作业等特种运输车辆和油田、国防建设需要的各类专用汽车，形成专用汽车30万辆以上综合生产能力。

零部件。鼓励零部件企业进行产品结构调整和技术创新。突破性发展节能发动机、自动变速箱等关键总成，重点发展轿车零部件，建成关键零部件基地，逐步实现与整车生产企业同步研发、同步生产、同步供货，全面提高配套能力和水平，积极融入全球采购体系。培育形成5家以上大型汽车零部件企业集团，配套能力达到200万辆份。

汽车服务。高起点、高标准发展集汽车展示、租赁、保险、技术培训、消费信贷、检测检验、售后服务、报废回收、生产性物流、二手车交易和汽车文化于一体的汽车服务产业体系，引导汽车制造业向生产性服务业延伸。

二、石化产业

优化产业布局和资源配置，促进化工行业向园区化、规模化和集约化方向发展，加强化工园区和研发基地建设，着力提高精细化工、清洁生产和节能降耗水平。突破性发展石油化工和有机化工原料行业，加快形成乙烯产业链，进一步壮大提升磷、盐化工，大力发展精细化工。

石油化工。围绕武汉石化、荆门石化基地，实施油品质量升级和扩能改造工程，扩大“炼化一体化”规模，建立石油化工园区。加快武汉 80 万吨乙烯工程及配套项目建设，大力发展三大合成材料和有机精细化工，积极发展橡胶加工。

磷、盐化工。以宜昌、襄阳、荆门、孝感为中心稳步发展磷化工产业，加强中低品位磷矿采选及利用、窑法磷酸工业化生产和磷石膏、磷渣、黄磷尾气综合利用等技术的开发与应用，重点推广硫酸生产余热回收等技术，支持骨干磷肥企业兼并重组，提高产业集中度，加快发展高浓度磷复肥。以荆州、潜江、天门、应城、云梦等地为重点发展盐化工，支持荆州勘查开发凹陷深层富钾卤水资源。以磷、盐化工与石油化工的一体化为方向，发展和延伸有机磷、有机氯和有机氨系列产品和下游产业链。

精细化工。大力发展精细化工，不断提高产品精细化率和附加值。鼓励优势农药企业实施跨地区整合，实现原药、制剂生产上下游一体化，发展高效低毒低残留农药。积极发展电子级磷酸及磷酸盐、磷酸铁锂等磷精细化工产品。推广应用催化、分离、聚合物改性等精细化工技术，大力发展环保型涂料、染料和染料中间体、添加剂、胶粘剂、表面活性剂、水处理剂等精细化工产品。

三、冶金工业

加强科技创新，促进工艺流程、技术装备的整体优化升级。加快淘汰落后产能，推进节能减排技术应用。加快新产品研发，大力发展钢铁、有色金属深加工。加强国内外矿产资源的合作开发和废旧钢铁、有色金属回收利用，增强资源保障能力。

冶金资源开发。支持武钢、新冶钢、大冶有色在国内外投资探矿采矿，建立长期稳定的资源供应渠道；加快资源勘查和深部探矿进度，对鄂西高磷铁矿等省内低品位伴生矿，加大选矿技术工艺研发投入，尽早实现工业化生产。加快国家级钒钛资源开发利用产业基地建设。

钢材深加工。以产品结构调整升级为目标，以产业链延展和价值链提升为重点，支持武钢、新冶钢瞄准国内外高端市场，不断提升钢铁冶炼和轧钢技术水平，重点发展高磁感取向硅钢、高牌号无取向硅钢、高速铁路用钢、高档汽车用钢、高品质特殊无缝钢管、优质齿轮钢、轴承钢、模具钢等产品。根据经济发展的新需求，开发风电设备、大型工程装备制造、大飞机、海运船舶和军工用钢。加快武汉桥梁施工装备研发生产基地和宜昌、黄石、鄂州、阳逻、团风等地的钢材深加工基地建设，大力发展镀锌板、镀锡板、彩涂板、桥梁及建筑钢构件、钢帘线、钢绞线以及金属制品。全省钢材深加工总产量达到2000 万吨。

有色金属深加工。支持铜、铝冶炼企业加强技术升级及节能改造，支持有色金属深加工企业大力发展用于电子信息、轨道交通、电缆电网、轿车、飞机的高性能和高精度板、带、箔等精深加工产品。

四、装备制造业

着力引进战略投资者和提高自主创新能力，突破一批关键共性技术，培育一批龙头企业和特色产业集群，提高本地配套水平，提高重大装备系统集成能力，扩大中高端市场份额，全面提升市场竞争力，努力把我省建设成技术自主化、制造集约化、设备成套化、服务网络化的全国重要先进装备制造业基地。

大型、精密、高速数控加工成套装备及数控系统。提高产品数控化率和集成化水平，重点发展重型机床、大型数控板料加工机械、大型数控插齿机、大型冷热连轧、涂镀板成套设备及其数控系统和关键功能部件。支持建设大型铸锻基地及加工中心，提高大型铸锻件和精密铸造的本地化配套水平。完善增值服务体系，加强供应链管理，提升成套集成水平，形成产业链。

节能环保装备。加强引进技术消化吸收和自主研发，提升电站锅炉、碱回收锅炉、烟气脱硫设备等核心产品质量，加快发展大型清洁高效发电装备，提高太阳能光伏发电、大型风力发电、核能发电等新能源利用设备生产能力。

激光装备。发挥激光研发优势，重点发展激光精微加工设备、电子产品生产设备、医疗用光电子产品，积极发展功率半导体器件、集成电路、电子元件、电真空器件，提高电子设备整机装配专用设备的制造能力。大力发展大功率激光器及激光加工设备、中小功率激光精微加工设备、高速铁轨表面合金化激光熔覆设备、激光全息防伪材料等。

石油及海洋工程装备。依托江汉石油管理局第四机械厂、武船、中船重工710所等龙头企业发展石油装备，重点是为海洋石油钻采工程配套的动力控制及深海传动系统、多点锚泊定位系统、深海钻井平台升降系统、海洋环境监测数据传输系统等关键系统和配套，提升海洋工程装备技术水平。加快发展大型石油钻机、新型钻井平台等海洋工程装备。

轨道交通及航天装备。依托三江航天、中铁科工集团、航宇公司等龙头企业，积极发展大飞机部件、发动机零部件、机载设备、盾构机、轨道工程机械、轨道交通车辆、高速列车配套设备等装备。

五、纺织产业

加快技术改造和产业升级步伐，巩固提升棉纺行业优势。加强印染产业基地建设。努力开拓国内外市场，积极承接产业转移，加大自主品牌培育力度，大力发展服装、产业用和家用纺织品。

纺织服装。支持棉纺织业向“三无一精”方向发展，大力推广各种新型、高效、节能纺织设备和“嵌入式纺纱技术”等新型纺织技术的应用，引导和支持企业采用高新技术和先进适用技术加快改造升级步伐。积极开发和生产各种新型纤维、功能纤维纱线和交织织物，高档色纺纱线、色织和长丝织物，符合生态、资源综合利用与环保要求的特种天然纤维纱线和交织织物，减少对棉纤维的依赖。积极推广废旧纤维回收利用。大力发展苎麻纺织和茧丝绸业，建设全国一流麻纺织和桑蚕生产及丝绸加工基地。加快承接沿海服装生产能力转移，提高服装设计生产的信息化和装备水平。大力培育服装自主品牌，打造全国重要的服装生产加工和出口基地。

印染和化纤。大力推行印染业集中供气和污染治理。积极推广应用先进工艺设备，开发各种新型面料和功能性面料染整技术，切实提升我省服装面辅料配套和后整理能力。依托武汉80万吨乙烯工程，积极策划建设下游化纤产品项目，支持湖北化纤、博拉经纬等企业扩能改造，提高差别化纤维开发能力，加快新型纤维开发应用，改善纺织原料结构。

产业用和家用纺织品。加快推进产业用纺织新产品的开发和产业化,满足医疗、交通、建筑、新能源、农业、环保和水利等新领域的需求。支持多种工艺无纺布的开发及应用,提升产品层次,拓宽应用领域。大力发展新型医用纺织材料及制品的开发应用,加快建设全国重要的医用纺织品生产和研发基地。大力发展家用纺织品,提高产品档次,做大产业规模。

六、轻工业

推动轻工业持续快速发展,培育一批在国内外有竞争力的骨干企业和知名品牌,重点发展食品、林浆纸一体化、消费类电子产品、塑料及包装。

食品饮料。以适应食品饮料产品消费方便化、多样化、特色化的需求为目标,确保产品营养、安全,提高绿色食品、有机食品、特色食品、功能食品比重,大力推进产品原产地认证工作。加大技术改造和创新力度,积极采用生物技术和工程化食品技术,提高产品加工制造的精细化率和农副产品的转化率,构建"种养殖基地—加工—制造—包装配套—市场"一体化的产业链条。积极承接产业转移。加强自主品牌培育,增强产业综合竞争力。

造纸工业。重点推进林浆纸一体化工程建设,依托湖北丰富的林木资源和水资源,加快建设造纸制浆配套原料林。鼓励发展竹浆造纸,科学利用非木纤维资源,严格控制禾草浆造纸。加强废纸回收和利用。努力提高行业技术装备水平,重点推广高质量、低定量、低消耗、低排放和低污染的造纸生产技术。大力发展中高档纸及纸制品生产。加快发展包装用纸、生活用纸、办公用纸、餐饮用纸等纸品。推动纸及纸制品行业集聚发展,打造全国重要的制浆造纸及纸制品生产基地。

消费类电子产品。对电冰箱、空调器、洗衣机、冷柜压缩机等产品及关键部件生产线进行升级改造。大力发展省内自主品牌家电,提升东贝压缩机等产品的规模。完善海尔、美的、格力、TCL家电工业园零部件配套体系。积极研究和推广应用家电智能化和智能识别技术。

塑料及包装。以80万吨乙烯工程建设为契机,积极组织好汽车塑料配套项目。支持绿色塑料管型材生产企业通过技术改造扩大规模,推进降解塑料的研发、无氟替代技术应用及相关项目建设。围绕食品、家电、医药、日用化工等行业的发展需要,大力发展塑料、纸、玻璃、陶瓷及金属包装制品。

七、船舶工业

整合研发设计和制造资源,在民用船舶领域推广船舶高技术,加快数字化造船等先进技术的应用,提高全省船舶工业装备水平和制造能力。大力发展具有自主知识产权的海洋工作船、化学品船等特种船舶,加强江海直达船、长江标准船型、游艇及豪华游艇的建造能力。加快船舶配套产业体系建设,大力发展甲板机械、舱室机械、中低速柴油机曲轴、大功率低速柴油机等船用配套产品,提高船用配套产品质量。鼓励企业大力开拓国际市场,加快融入全球采购、制造、销售、研发体系。

八、建材工业

优化工艺流程,改造技术装备,提升产品性能,努力实现由低端产品为主向高端化升级转变,由原材料制造业向加工制品业转变,由"两高一资"(高污染、高能耗、资源性)产业向"两型"产业转变。大力发展高档新型建材,重点发展新型干法水泥及建筑工程服务、节能环保及资源综合利用的新型建筑材料、高档浮法玻璃。

新型干法水泥及建筑工程服务。在控制总量、有序发展的前提下，发展日产4000吨以上规模、能够实现完全自动化和清洁生产的新型干法水泥生产装置，淘汰立窑等落后水泥生产工艺。加快推广水泥生产线配套余热发电系统和水泥窑无害化协同处置固体废弃物技术，积极开发应用大型节能装备和消纳工业废渣新技术。鼓励发展大坝、油井、道路等特种水泥和高强水泥。支持水泥生产企业由产品生产向应用服务拓展，成为建筑工程问题系统解决方案的供应商和服务商。支持华新集团、葛洲坝集团在省内外进行战略投资和资产重组，从竞争走向竞争性合作，进一步做大做强，成为国内外知名的大企业和水泥行业的排头兵。

节能环保及资源综合利用的新型建筑材料。以满足建筑业的发展需求为重点，从产品设计、原材料替代、工艺改造入手，提高技术水平和资源能源的综合利用率，大力发展新型绿色环保建材，重点支持石膏建材、保温隔热复合墙体材料、高档节能陶瓷系列产品、再生胶凝材料等新型建筑材料。依托化工原料优势，进一步拓展化学建材的深加工领域，扩大新型防水密封材料、绿色环保装饰装修材料等产品的品种和规模。

高档浮法玻璃。积极推进原片玻璃产业向建筑节能、汽车工业、电子信息、新能源产业延伸，大力发展LOW—E玻璃、中空玻璃、导电玻璃、太阳能玻璃以及超白压延、超白浮法等材料复合、功能复合的玻璃制品。淘汰普通平板玻璃生产线。

九、推进信息化与工业化深度融合

围绕企业、行业、区域层面选准切入点，开展融合试点。深入推进信息技术行业应用，为各行业信息化改造和优化升级提供关键技术和整体解决方案。在钢铁、石化、医药等流程性行业，以制造执行系统、在线监测和分析系统为重点，加快实施专项改造，不断提高自动化、柔性化、智能化、网络化水平。努力使重点行业和骨干企业信息化应用达到先进水平。围绕研发设计、过程控制、企业管理、物流库存、人力资源开发等环节推进工业技术研发信息化和产品数字化、生产流通过程自动化、企业管理信息化，提升产品的科技含量和附加值。

第九章　建筑业

积极调整优化建筑业产业结构和建筑企业经营结构，充分发挥湖北在路桥、水利、电力等方面设计与施工建设的优势，拓展经营范围，推进建筑工程总承包，做大做强建筑业。支持具备条件的总承包企业申报交通、水利、电力、市政、通信等资质，形成综合施工能力，引导建筑企业向市政建设、园林绿化、路桥工程等领域进一步拓展。推动行业资源整合，鼓励和支持骨干企业通过兼并重组，逐步形成具有综合施工能力的大型企业集团；引导中小型建筑企业做专做精，培育一批具有专业承包、劳务承包等特色优势的专业企业。大力推进建筑业技术进步，加强安全管理，提高施工质量，实施“精品工程”战略；鼓励和支持新技术、新材料、新工艺、新设备的开发应用，提高建筑业经济效益。支持企业实施“大市场”和“走出去”战略，积极扩大省外及中东、非洲等境外市场份额。建筑业年产值达到7000亿元以上。

第十章　现代农业

在工业化、城镇化深入发展中同步推进农业现代化。加快转变农业发展方式，突出特色、规模、品牌、效益四个主攻方向，积极发展高产、优质、高效、生态、安全农业，进一步提升农业综合生产能力、抗风险能力、市场竞争能力和农业产业化水平，促进农民持续增收。农业增加值年均增长4%以上。

一、提高农业综合生产能力

进一步提高46个粮食主产县，重点是33个列入《全国新增1000亿斤粮食生产能力规划（2009～2020年）》县（市、区）的粮食生产能力。加大油料、棉花、畜牧、水产等基地建设力度。粮食、棉花、油料、肉类和水产品产量分别达到2400万吨、50万吨、330万吨、500万吨和420万吨。提高资源保障能力。实施农村土地整理和新一轮沃土工程，确保基本农田面积不减少、质量不下降、用途不改变。以汉江中下游等为重点，大力改造中低产田，把粮食主产县的基本农田建成旱涝保收高标准农田。适度提高耕地复种指数，不断提高土地产出率。稳定水产养殖面积。提高基础设施保障能力。大力实施灌区续建配套工程，加强以农田水利设施为重点的田间工程建设；强化农业气象、病虫害监测预警、动植物疫病防治等基础设施建设。实施精养鱼池改造工程，提高集约化养殖水平。提高科技和人才支撑能力。推进农业技术集成化，力争取得一批重大科研成果。健全农业科技创新服务体系，提高农业科技成果转化率。推进科技进村入户。农业科技贡献率每年提高1个百分点。加强基层农业科技队伍建设和人员培训。加大种子工程实施力度，提高种业竞争力，充分发挥良种的基础和先导作用。推广测土配方施肥、轻简化栽培等先进实用技术和高产高效模式。提高物质装备支撑能力。推进劳动过程机械化，农业机械总动力达到3950万千瓦，农业生产综合机械化水平提高到65%，农机装备水平显著提高。加快发展设施农业。增强农业生产、抗旱排涝、人畜饮水等电力供应保障能力。开展龙感湖农场、五三农场等省级现代农业综合开发示范区试点。

二、调整优化农业结构

农业产业结构。稳步发展粮棉油生产，提高果茶、蚕桑、中药材等经济作物在种植业中的比重和畜禽、水产养殖业在农业中的比重。养殖业比重提高到50%以上。农产品结构。进一步提高水稻、小麦、油料等优质率。发展粳稻生产，在适宜区域发展中稻再生稻。积极发展蔬菜、水果、茶叶、花卉等特色农产品。着力推进健康养殖，加快发展优质三元猪、特色家禽和优质水产品等。农业区域布局结构。推进形成以江汉平原综合农业发展区、鄂北岗地旱作农业发展区、鄂西山区林特发展区为主体，以江汉平原优质水稻产业带、双低油菜产业带，汉江流域优质小麦产业带，江汉平原优质棉花产业带，鄂西山区优质林特产业带，江汉平原及鄂东水产养殖带，江汉平原和鄂北岗地生猪产业带等七大优势产业带为支撑的“三区七带”农业区域布局结构。

图1 “三区七带”农业区域布局结构

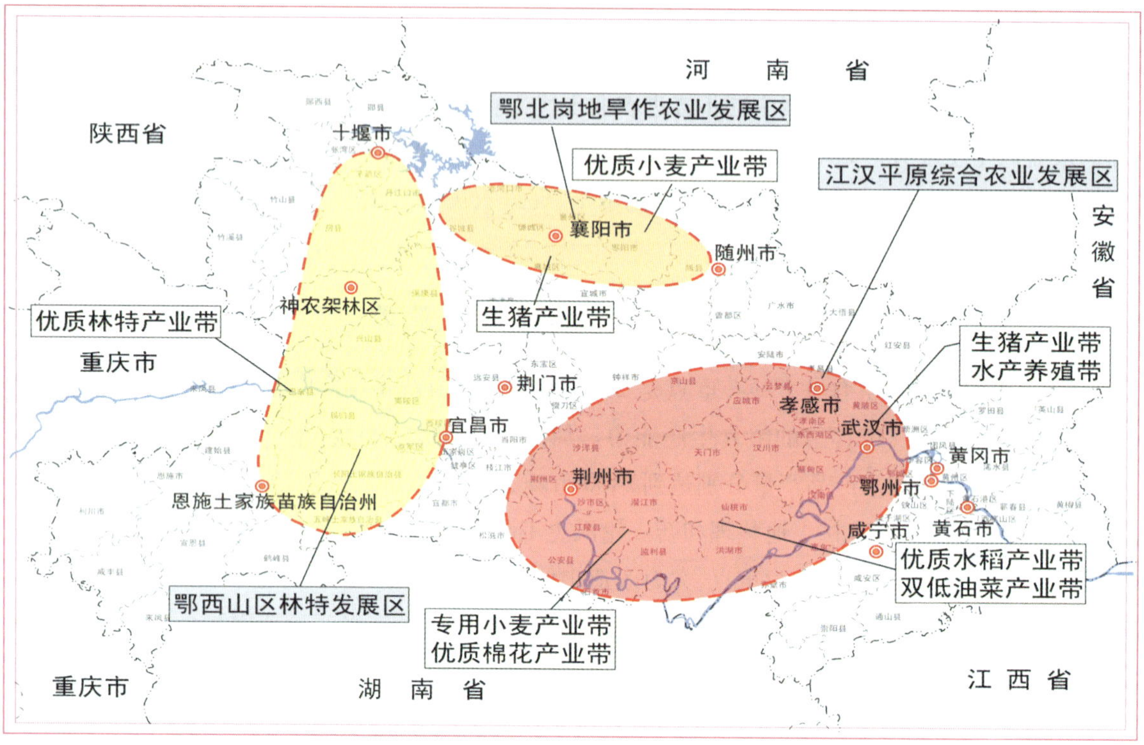

三、提升以农产品加工为重点的农业产业化水平

以提高农产品加工转化增值能力为重点，推动农业产业化总体水平进入全国前列。加快优势特色农产品板块基地建设。按照专业化、标准化、规模化、集约化要求，继续推动水稻、双低油菜、柑橘、棉花、生猪、禽蛋、水产品、茶叶等八大优势特色农产品板块基地建设。大力实施“四个一批”工程，显著提高农产品加工转化增值能力。围绕优势特色产业，推动企业联合重组，培育壮大一批龙头企业，形成一批在全国有影响力的知名品牌。发展壮大一批农产品加工园区，形成一批农产品加工转化大县，重点发展粮油、畜禽、林特、水产、棉麻、果蔬及茶叶等六大农产品加工业，农产品加工产值达到6000亿元，与农业总产值之比提高到1.5∶1。完善农业产业化利益联结机制。引导龙头企业与农户、合作社通过设立风险基金、利润返还、股份合作等方式，形成多种形式的联合与合作。

专栏6　农产品加工“四个一批”工程

——**形成一批有很强带动力的农产品加工龙头企业**。销售收入过10亿元的龙头企业达到50家以上，过30亿元的达到10家以上，过100亿元的达到4家以上。

——**形成一批在全国有影响的知名品牌**。农产品加工业中国名牌和中国驰名商标数量分别达到20个以上。

——**形成一批农产品加工园区**。大力推动龙头企业向园区集中，加快产业集群发展，力争农产品加工业产值50亿元以上的加工园区达到16个以上。

——**形成一批农产品加工大县**。农产品加工业产值100亿元以上的县（市、区）达到10个以上。

四、提升农产品质量安全水平

提高农业生产的标准化水平。制定并实施严格的产地准出、市场准入标准。依靠龙头企业和农民专业合作社促进农业标准化生产。分品种、分地域逐步建立农产品质量可追溯制度。大力发展品牌农业。加大绿色食品、无公害农产品和有机食品认证及管理工作力度,加强农产品地理标志认定保护。培育一批国家级、省级名牌农产品。加强农产品质量安全监管。建立健全省、市、县三级农产品质量安全监管机构和质量安全检测体系。建立农产品生产企业自律性检测网络。加强检测人员和监管人员的培训与管理。开展放心农资下乡活动,防止违禁投入品和假冒伪劣产品进入农村市场,并加大查处力度。

五、提高农民经营组织化程度

贯彻落实《农民专业合作社法》,完善扶持农民专业合作社发展的政策,实施"五大工程",提高农民经营的组织化程度。

专栏7　农民专业合作社"五大工程"建设

——**农民专业合作社推进工程**。农民专业合作社达到15000家,入社农户数量达到30万户。

——**农民专业合作社示范工程**。重点加强对农产品流通、科技推广、农产品加工等不同类型的农民专业合作社的指导,逐步培育具有代表性的示范社。指导建设省级农民专业合作社示范社500个。

——**农民专业合作社人才培训工程**。全面推行省、市、县三级人才培训制度,力争每个合作社每年有一人参加培训,力争全省培训合作社专门人才3.5万人次。

——**农民专业合作社"农超对接"工程**。力争30%的农民专业合作社产品能够实现社超对接、社企对接,并逐步建立从产地到零售终端的鲜活农产品供应链系统。

——**农民专业合作社品牌培育工程**。力争全省30%的农民专业合作社获得无公害农产品、绿色食品、有机食品认证,创建一批具有农产品知名商标、著名商标和驰名商标的农民专业合作社,形成一批具有国内广泛影响力的农民专业合作社产品品牌。

六、建立健全农业服务体系

以先进适用技术推广、植保机防、农机作业、动物疫防、农户科学储粮等为重点,加强乡镇农技服务中心基础设施和人才队伍建设,推广"管理在县、服务在乡(镇)"的服务运行模式。建立健全农产品市场流通体系。推进农资连锁配送为农服务工程。围绕推进生产经营信息化,加强"金农"工程和"12316"惠农信息服务平台建设,在线及时为广大农民提供政策咨询、市场信息服务等。

第十一章　服务业

把推动服务业发展作为产业结构优化升级的战略重点,加快发展现代服务业,改造提升传统服务业。以开展服务业综合配套改革试点、企业分离试点和创建现代服务业发展示范园区为抓手,在全省构建生产性服务业体系完备、生活性服务业丰富繁荣、新兴服务业优势突出的服务业发展新格局。加快形成旅游、文化、金融、商务等4个增加值过千亿元的现代服务产业,现代物流业增加值力争突破两千亿元,创建省级现代服务业发展示范园区60家以上。服务业增加值迈上万亿元新台阶。

一、突破性发展生产性服务业

重点发展关联性强、拉动作用大的金融、现代物流、信息、商务等服务业。打造武鄂黄(石)冶金建材、武随襄十汽车、武荆(门)宜化工纺织三条生产性服务业功能带,引导资源要素集聚,带动产业优化升级。

现代物流业。围绕将湖北建成中部乃至全国重要现代物流基地的战略目标,建设武汉城市圈物流圈、鄂西物流圈和长江物流带,强化生产物流,延伸商贸物流,积极发展冷链物流,加快发展第三方综合物流。培育物流骨干企业,力争建设国家5A级物流企业5～6家,4A级10～15家,3A级25～30家。着力将武汉打造成全国重要的物流中心,加快建设宜昌三峡现代物流中心等区域性物流中心和其他地区性物流节点城市,基本形成口岸物流、行业物流和城市配送物流相结合的现代物流体系。围绕建设武汉东湖综合保税区,支持襄阳、宜昌、黄石等争取建立保税物流中心,推进口岸物流发展;围绕汽车、钢铁、石化等优势产业,推进物流与制造业的联动发展;围绕优势农产品生产加工,加快发展大宗商品和农村物流,完善粮食等重要农产品储备;围绕完善城市功能,促进城市配送物流发展。加强转运设施建设,合理布局物流园区,加快推进武汉江北新港、宜昌港区、三峡、十堰等铁路物流基地建设。加快物流公共信息平台建设。探索利用物联网技术对物流环节进行全流程管理的模式。积极培育物流人才。推进物流标准化建设。

金融业。围绕建设中部地区金融机构聚集区,推进金融一体化建设。加快发展湖北银行、汉口银行、农村信用社、农村合作银行、农村商业银行、交银国际、长江证券、合众人寿、长江保险等本土金融机构,培育农村金融机构,引导和支持在武汉新设和迁入国际国内金融机构总部、地区总部、分支机构。重点打造汉口建设大道、武昌中南路金融产业及金融总部聚集区和武汉光谷金融港,将武汉打造成全国金融后台服务中心,建设武汉区域金融中心。加快多层次资本市场体系建设,提高直接融资比重。培育优质后备上市资源,支持和鼓励企业上市融资,推动上市公司并购重组。积极发展债券市场。鼓励产权交易市场和场外交易市场发展,支持金融机构开展知识产权质押、股权质押、金融租赁、信用贷款等产品创新,推进东湖新技术开发区进行代办股份转让系统试点。争取相关期货交易所在我省设立稻谷、玉米、钢材等期货品种的现货交割仓库。拓宽保险服务领域,积极发展财产保险、人身保险、责任保险、再保险和保险中介市场。大力发展产业、创业、股权等各类投资基金。积极开展跨境贸易人民币结算试点,争取国家批准武汉离岸金融业务试点。加快社会信用体系建设,优化金融生态环境。

信息服务业。以软件、信息传输和数字内容等领域为重点,加快信息服务业发展。做大做强软件业,重点发展国产数据库等优势软件产品,大力发展嵌入式软件产品,加快发展软件及服务外包,培育壮大核心骨干企业,加大引导软件企业提供SaaS(软件即服务)等模式服务应用聚合平台和技术服务平台的推广应用力度,重点打造光谷软件园等软件产业聚集区。加快发展信息传输和数字内容产业,着力培育3G应用、移动搜索等通信和网络增值服务,积极发展电子商务和面向市场的云计算服务。加快推进数字湖北地理空间框架建设,提高基础测绘保障水平,发展地理空间信息产业。

商务服务业。按照依法规范、鼓励发展、加强自律的原则,加快发展法律仲裁、会计税务、咨询评估、工程设计、文化创意、会展等商务服务业，充分发挥桥梁和纽带作用，不断提高服务机构的社会公信力。规范发展行业协会和商会，积极推进政会分开、分类管理，健全自律机制，培育一批按市场规范运作、在行业中具有广泛代表性、与国际接轨的行业协会。加快汉口王家墩中央商务区建设。大力发展现代会展业，打造武汉国际博览中心、国际会展中心、科技会展中心等会展产业平台，做精做强具有产业和地方特色的常设性会展，培育会展业品牌。积极发展广告业，整合媒体广告资源，培育一批大型广告企业，打击虚假广告。大力发展金融、会计鉴证、法律服务业。促进科技、认证、投资、决策等咨询机构向"专精特优"方向发展。加快发展人力资源中介服务，打造区域性人力资源信息平台。支持市场交易类中介服务的发展，打造武汉、襄阳、宜昌等特色交易类中介聚集区。

二、积极发展生活性服务业

规范市场秩序，创造良好环境，把发展服务业与改善民生结合起来，促进商贸、旅游、文化、体育、房地产、家庭等生活性服务业的繁荣发展。

商贸餐饮业。运用现代经营方式和信息技术改造提升餐饮业，鼓励餐饮龙头企业通过连锁经营、特许加盟等方式整合现有资源，不断拓展经营领域，实现品牌化、规模化发展。规范现有批发零售市场，促进有形市场的升级改造。大力发展网络购物、专业配送等新型流通业态，探索中小型消费品市场向专业商场、主题购物中心和品牌展销中心等转型。鼓励武商、中百、中商、湖北新合作、富迪等企业不断扩张规模，形成一批年销售收入超过200亿元的大型商贸企业，打造全国知名品牌。推动武汉核心商圈及汉口北市场群等综合性批发市场建设，辐射带动其他大中城市商贸集群的发展，基本形成覆盖全省的城乡商贸流通网络。继续推进农村市场建设，在全省80%的行政村、所有乡镇建立和改造标准化"农家店"，形成以城区店为龙头、乡镇店为骨干、村级店为基础的农村流通网络，逐步实现消费品、农资、药品、图书同网流通。开展农产品现代流通综合试点。在农产品生产地和集散地扶持发展一批辐射面广、带动力强的全国性和跨区域农产品批发市场。

房地产业。以优化结构、改善供给、规范市场为重点，有序发展房地产业，促进住房合理消费。稳步发展住宅地产市场，完善住宅供应结构，严格控制大户型商品房和高档商品房建设，增加保障性住房和普通商品住房的有效供给。积极有序发展商业、工业、旅游地产等，加快发展大中型城市商业地产，为现代高端商务和专业服务提供载体；加快推进中小城市房地产市场发展。引进专业性强的地产企业开发工业园区。发展房地产中介服务，完善住房二、三级市场，发展住房租赁市场，加快房地产市场信息系统建设，建立完善房地产综合信息发布制度及监测体系，加强房地产市场监管和监测。加强现代物业管理，提高市场化程度和服务水平。

家庭服务业。重点发展养老服务、社区服务、家政服务和病患陪护，因地制宜发展家庭用品配送等，鼓励创办家庭服务企业，推进公益性信息服务平台建设。健全养老服务，逐步形成以居家养老为基础、社区养老为依托、机构养老为补充的社会养老服务体系。实施社区服务体系建设工程，统筹社区内家庭服务业发展。积极发展家庭护理、家庭教育、清洁卫生、幼儿服务等家政服务，大力实施"巾帼家政服务员培训工程"，做大做强一批规模较大的家政服务企业。

体育产业。积极发展体育健身休闲、体育竞赛表演、体育培训服务、体育中介服务等，促进体育产业与群众体育、竞技体育协调发展。

三、培育壮大新兴服务业

运用信息技术和现代经营理念，拓宽服务业领域，支持市场潜力大、产业基础好、具有科教优势的动漫、服务外包、通用航空等新兴服务业的发展。

动漫产业。支持动漫企业自主研发具有知识产权的漫画、动画等，开发动漫衍生产品，延长动漫产业链。加快发展江通动画、武汉新技术开发区动漫等动漫产业园。

服务外包产业。大力发展现代物流、金融后台服务、科技研发、劳务服务、商贸营销等在岸服务外包。积极发展离岸服务外包。依托钢铁、汽车、船舶等产业基础和科研资源优势，发展知识流程外包、业务流程外包和信息技术外包。以东湖新技术开发区为核心，将武汉打造成中部最大的服务外包基地。

通用航空服务业。加快襄阳、荆门等通用航空产业基地建设，积极发展通用航空综合保障服务、航空旅游休闲产业等，加快襄阳通用航空综合保障服务园、荆门航空旅游生态和农用航空产业园等建设。

四、营造服务业加快发展的政策环境

建立公平、规范、透明的市场准入制度，鼓励和引导社会资金投向服务业，实现投资主体多元化。推进机关事业单位后勤服务社会化改革。实行服务业用电、用水、用气、用热与工业同价。扩大服务业用地供给，对鼓励类服务业在供地安排上给予倾斜。加大对劳动密集、技术先进、节能减排、便民利民等方面服务业的支持力度。扩大政府采购服务产品范围。

五、推进服务业与第一、第二产业的融合

加快三次产业融合的步伐，实现服务业和第一、第二产业之间的相互融合与协调发展。

推进服务业与第一产业的融合。重点围绕农业产前、产中、产后的需求，加快构建和完善以生产销售服务、科技服务、信息服务和金融服务等为重点的农业社会化服务体系。

推进服务业与第二产业的融合。推进工业企业分离发展服务业，积极开展企业分离试点，将企业的研发、设计、物流等生产性服务业剥离出来，促进企业专业化分工，降低企业的运营成本。促进服务业与第二产业在更高层次的融合，推进科技服务业向制造业前期研发、设计等领域渗透；推进金融、信息等服务业向制造业融资、管理等领域渗透；推进现代物流、商贸、商务、创意设计等服务业向制造业产品销售、售后服务、信息反馈等领域渗透。

第十二章　旅游业

充分发挥旅游业在服务业中的引擎和龙头作用，整合旅游资源，加强旅游策划，挖掘文化内涵，做大做强旅游产业，把旅游业培育成战略性支柱产业，努力建设旅游经济强省。培育3～5家国内知名的大型旅游企业集团，5家以上旅行社进入全国"百强"行列。4A级以上旅游景区达到100家以上，其中5A级旅游景区达到10家以上。旅游总收入达到3000亿元。

一、加强旅游基础设施建设

优先改善交通条件，构建以航空、铁路干线、城际铁路、高速公路、骨干航道为主骨架，旅游公路、旅游航道及旅游站场为补充的现代综合旅游交通网络。依托武汉综合交通运输枢纽的优势，开通直达主要客源地的国际国内航线，增开武汉至省内各重要旅游城市的客运专列，建设武汉高铁旅游服务中心。依托长江黄金水道，形成若干条水上黄金旅游线路。实现所有景区均与道路状况良好的旅游公路连接，旅游集散地、目的地开通至区域内主要景点的旅游客运专线。加快建设和完善旅游集散地和景区的宾馆酒店、停车场、供水、供电、污水垃圾处理等基础设施。

二、打造旅游精品名牌

实施精品名牌战略，加快旅游核心景区和旅游基地建设，加强旅游线路集成，建成国际知名、国内一流的旅游目的地。鄂西生态文化旅游圈突出生态和文化优势，重点打造以长江三峡、武当山、神农架、清江和荆楚文化为依托的大型旅游综合体。武汉城市圈围绕都市旅游、生态休闲旅游、文化旅游和红色旅游，加快建设大别山游憩带、鄂东—鄂南水体和山地游憩带，积极发展以鄂东禅宗文化为主的宗教旅游、以矿冶文化为主的工业旅游，大力发展温泉旅游和绿色森林旅游。武汉依托高铁优势，以东湖风景区为核心，以大黄鹤楼风景区、省博物馆、首义园、木兰生态旅游区等为重点，发展大都市休闲旅游。大力发展红色旅游，重点打造武汉、黄冈大别山、孝感大悟等国家重点红色旅游经典景区，武昌中央农民运动讲习所、红安革命烈士陵园等景点，武汉—麻城—红安等国家红色旅游精品线路。推进文化与旅游的融合，充分发挥我省舞台艺术精品突出的优势，整合和推出观赏性、互动性强的精品剧目和情景艺术。实施“一县一品”文化品牌建设工程，大力发展特色文化旅游。保护利用民俗文化资源，加快发展民俗文化旅游。积极创建特色鲜明的旅游城市、强县和名镇名村名街，围绕“吃、住、行、游、购、娱”等旅游要素，提高旅游产品组合能力。加强与外省市的合作，与重庆联手打造长江三峡无障碍旅游区，与安徽、河南联手打造大别山全国重要红色旅游基地，与广东、湖南等联手打造高铁旅游示范区。

三、壮大旅游市场主体

放宽旅游市场准入限制，鼓励各类资本公平参与旅游业发展。做大做强旅游企业，支持旅游企业兼并重组，鼓励和引导有条件的企业面向资本市场融资，力争2～3家上市。推动旅游企业联合经营，促进中小旅游企业向“专精特新”方向发展。积极引进国内外战略投资者和知名品牌，发展中外合资和外商独资旅行社。支持有条件的旅游企业“走出去”，实行跨地区、跨国境连锁经营。

四、加强旅游人才队伍建设

有效整合和利用全省旅游教育资源，办好中国旅游研究院武汉分院。积极支持旅游院系学科发展，培养各类旅游人才。引进旅游高端人才，优化旅游人才结构。加强旅游从业人员专业培训，每年培训一千名旅游职业经理人、一万名导游和领队、十万名各类旅游职业技术员工。建立和完善旅游职业资格和职称制度，健全职业技能鉴定体系，培育职业经理人市场。

五、创新旅游发展体制和机制

加快推进县级旅游管理体制改革、旅游景区体制改革和旅游产业发展综合改革试点。依法推进旅游景区所有权、管理权、经营权分离。建立大旅游发展机制，整合各类旅游资源，形成大旅游、大产业、大市场的发展格局。

六、营造良好发展环境

打破行政和行业壁垒，鼓励各类企业跨行业、跨地区、跨所有制发展旅游业。简化通关手续，争取口岸升级和落地签证，为海外游客提供便利。优化监管环境，建立相关部门与旅游部门联动检查执法机制。改进旅游公共服务，提升旅游服务质量，推进旅游业标准化建设，支持咸宁以大力发展温泉旅游为切入点开展全国旅游标准化试点。

第四篇　统筹城乡发展

以体制机制创新为突破口，走新型城镇化和新农村建设“双轮”驱动发展道路，建立以工促农、以城带乡长效机制，加快推进城乡一体化。

第十三章　城镇化建设

按照新型城镇化要求，推动全省城镇由偏重规模扩张向规模扩张和功能提升并重转变，由偏重经济发展向注重经济、社会和生态协调发展转变，由偏重城市发展向注重城乡统筹发展转变。

一、推进人口城镇化

按照自愿、有序、分类、统筹、稳健的原则，逐步推动人口城镇化。深化户籍制度改革，加快落实放宽中小城市、小城镇特别是县城和中心镇落户条件的政策。解决农民工在城镇的就业和生活问题，实现在劳动报酬、子女就学、住房租购以及医疗、失业、养老等社会保障方面与城镇居民享有同等待遇，稳步推进农民工市民化。转移农村人口300万人，其中特大和大城市吸纳90万人，中小城市和县城吸纳130万人，中心镇和其他小城镇吸纳80万人。全省城镇化率达到52%以上。

二、优化城镇空间布局

坚持以武汉为全省主中心城市，襄阳、宜昌为省域副中心城市的“一主两副”总体格局，按照“大小多少”、“三个层次”的城镇化发展思路，把武汉城市圈和“宜荆荆”、“襄十随”城市群做大做强，把具有一定规模的中小城市（县城）、中心镇做多，逐步归并和减少村镇数量，缩小城乡人均住宅占地规模，形成以武汉城市圈为核心，以城市群和中小城市为支撑，以湖北长江经济带为纽带，具有区域竞争力的城镇空间布局结构。特大城市和大城市由6个增至15个左右，中小城市由40个增至50个左右，3万人口以上的建制镇由46个增至100个左右。

图2 城镇空间布局示意图

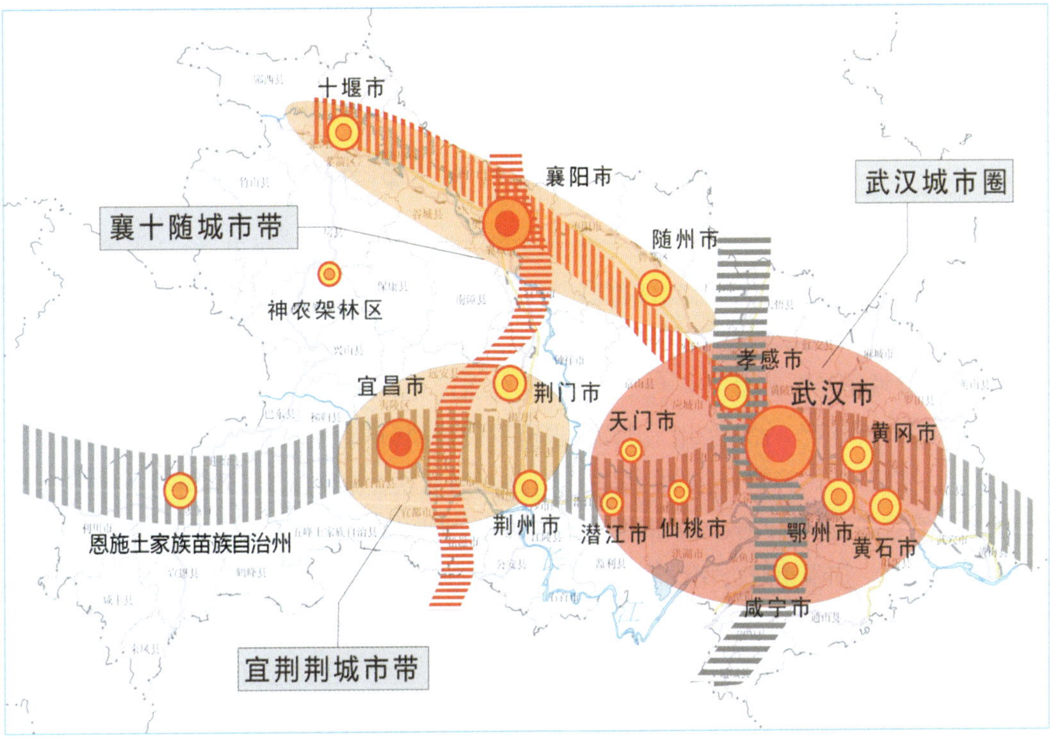

三、支持城市圈和城市群加快发展

做强武汉城市圈。支持武汉市发展成为全国性的具有更强竞争力的特大城市。发挥武汉市中部地区中心城市的带动作用，推动武汉城市圈大力构建区域统筹规划体系、产业统筹布局体系、设施统筹建设体系和市场统筹共建体系，推进圈域一体化进程，努力形成功能互补的高端产业聚集区、布局合理的城市连绵区、改革开放的先行区、城乡统筹和"两型"社会建设示范区。

做大"宜荆荆"、"襄十随"城市群。支持襄阳、宜昌两个省域副中心城市扩大规模，完善功能，增强区域辐射力和竞争力，发展成为"襄十随"、"宜荆荆"城市群的核心城市；按照新型城镇化要求，优化城市群城镇布局，科学整合资源，走集群发展道路，提高综合实力，发挥其对鄂西北和鄂西南区域的辐射作用，带动区域发展。支持城市群现有设区中等城市依托中心城区，完善城市功能，打造优势产业，壮大经济实力，形成大城市规模。

四、加快县域城镇发展

加快县城发展。加快发展县域经济，提升县城综合承载能力，逐步成为农村人口转移的主要载体。20个发展基础较好的县(市)率先将县城发展成为人口聚集能力强、功能完善的中等城市；20个发展基础较差的县加快完善县城基础设施，扩大县城规模，提升经济实力，逐步发展成为小城市。其他县级市县城按照资源状况、发展基础和环境容量，通过扩容提质，突出特色，创造由小城市向中等城市过渡的条件。

大力培育中心镇和特色镇。优先支持县域中心镇发展，集中打造特色资源镇，增强公共服务和居住功能，成为接纳农村人口转移的重要节点。每个县建成1～3个综合实力突出、布局合理、规模适度、功能较完善、特色明显的中心镇或特色镇。选择100个重点中心镇，实施扩权强镇，增强产业集聚能力，建设成为经济强镇或县域副中心。选择一批镇区人口在5万人以上、产业支撑力强、镇区建设发展较快的建制镇作为镇级市建设试点。以历史文化名镇、旅游名镇创建和资源开发等为契机，集中打造100个生态文化旅游特色镇。力争3～5个镇入选全国千强镇。

五、提升城镇综合承载力

培育壮大城镇支柱产业，加快城镇社会事业建设，推进交通、通讯、供电、给排水等城镇基础设施建设和网络化发展，提升城镇综合承载能力和聚集能力。产业发展。挖掘自然资源和产业基础优势，强力推进新型工业化、农业产业化和服务业现代化，形成大中小城市和小城镇合理分工的产业发展格局，增强城镇经济实力。城市交通。坚持公交优先战略，大力发展城市公共交通。积极倡导自行车、新能源环保汽车等绿色出行方式。根据发展需要，推动大城市环线建设，因地制宜发展快速公交系统，实现地铁、轻轨、高架桥、快速出口路互通互联。推动城市公共交通监控中心和公共出行信息服务系统建设。合理规划城市道路和停车场，增加城市主干道公共交通港湾式停靠站设置比例。公用设施。加强市政公用设施建设和管网设施养护管理工作，提高城镇电力、给排水、供气、垃圾处理设施等保障水平和运行效率。设市城市及县城生活污水处理率达到90%以上，生活垃圾无害化处理率达到85%以上。社会事业。加强科技、教育、卫生、文化、体育、人口计生、社会福利等基础性公共服务设施建设，创造健康、文明、和谐的环境，提高城镇居民生活水平。环境建设。优化城市能源利用结构。努力提高城市园林绿化水平。深入开展城镇环境综合治理。严格实施建筑节能强制性标准。全省城镇建成区人均公共绿地面积达到11平方米以上。城镇管理。强化规划约束力，引导城镇有序发展；建立健全城镇大型公共基础服务设施安全监管体系，完善应急救援机制，确保各类设施安全运营；加强城镇历史文化遗产保护和管理，提升城镇历史文化内涵。

第十四章 新农村建设

坚持工业反哺农业、城市支持农村和多予少取放活方针，总结推广仙洪以及88个试点乡镇新农村建设等的经验，加大强农、惠农力度，进一步改善农村生产、生活条件，提高农业现代化水平和农民生活水平，建设农民幸福生活的美好家园。

一、促进农民持续增收

挖掘农业增收潜力，增加非农产业收入，完善增收减负政策，促进农民持续增收。挖掘农业增收潜力。引导农民优化种养结构，积极发展品种优良、特色明显、附加值高的优势农产品和比较效益高的养殖、园艺业。发展休闲观光农业、乡村旅游等，使农民在农业功能拓展中获得更多收益。增加非农产业收入。发展就业容量大的劳动密集型产业和服务业，为农民创造更多的非农就业岗位，努力实现农村富余劳动力就地就近或异地转移就业。引导农产品加工业在产区布局，加快发展包装、冷链物流等，使农民在农业产业链延伸中获得更多收益，不断提高农民工资性收入占比。结合新农村建设，实施好以工代赈，增加农民劳务收入。增加财产性收入。完善土地承包经营权权能,依法保障农民对承包土地的占有、使用、收益等权利;完善农村宅基地制度,依法保障农户宅基地用益物权;拓宽租金、股金、红利等财产性收入增长(收)渠道。发展壮大村级集体经济。加强村办企业等村级集体资产经营管理。结合国土整治、低丘岗地改造等,积极兴办一批农业项目。鼓励符合规划、依法取得的非农建设用地以使用权入股、租赁等形式参与企业经营。落实惠农增收政策。进一步落实好国家各项涉农补贴政策。落实农产品价格保护制度和重点粮食品种最低收购价,加强猪肉价格调控,保持价格合理水平。稳定农用生产资料价格。

二、改善农村面貌

加强村庄建设规划和管理,明显改善农村面貌。加强农村基础设施建设。继续推进农村公路建设,全面提高通达率、通畅率和管理养护水平。继续推进农村安全饮水工程建设,条件适宜的地方推进集中式供水,全面解决农村地区安全饮水问题。加快发展沼气等农村可再生能源。继续实施小水电代燃料工程。实施新一轮农村电网改造升级工程。提高农村宽带信息网络覆盖面和使用率。加强农村环境保护。实施农村环保"四个两"示范工程,大力推进农村环境综合整治。引导农民科学使用化肥、农药、农膜,支持规模化养殖场(区)配套建设大中型沼气工程,有效控制农业面源污染。加强四湖流域以水污染防治为重点的环境综合治理,争取启动四湖流域农业面源污染控制示范区建设,开展农村生态示范创建活动。推进农村新型社区和中心村建设。推进行政村、自然村合理集并,在小城镇和农村地区,每年建成200个左右农村新社区或中心村,实现市郊和建制镇周边村庄农村新社区建设全覆盖,建成1000个示范宜居村庄。

三、培养新型农民

加强农村劳动力培训,发展农村文化教育事业,加快培养有文化、懂技术、会经营、能创业的新型农民,推进农村党员"双带工程",培养致富带头人。加强劳动力技能培训。不断扩大农村中等职业教育免费的覆盖面。大力实施"阳光工程",开展新型农民科技培训,提高农民科技素质和就地、就近就业创业的技能;继续实施"农村劳动力技能就业计划"、"雨露计划"等农村劳动力转移培训工程。发展农村文化事业。加强农村文化设施建设,实现乡镇有文化站、村有文化室。支持农村业余文化体育队伍建设,鼓励农民开展群众性文化体育活动。积极培育农村文化专业户、中心户、示范户。引导和鼓励城市文化工作者下乡。开展创建"文明村镇"和"文明户"活动,引导农民形成健康、文明的生活方式。

四、增加农业和农村投入

构建政府引导、农民主体、信贷支持、社会参与的多元化投入格局。按照"三个高于"的要求,持续增加公共财政投入总量,扩大覆盖范围,强化村级组织公共服务职能。保障农民承包地用益物权,调动农民增加土地投入的积极性。深化农村金融体制改革,引导更多信贷资金投向"三农";加快发展政策性农业保险,增加农业保险费补贴的品种并扩大覆盖范围。按照"谁投资、谁受益、谁负责"的原则,鼓励社会资金投向农业基础设施等领域。加大涉农资金整合力度,提高资金使用效益。

第十五章　推进城乡一体化

总结鄂州城乡一体化试点经验，支持仙桃市、洪湖市、监利县、宜都市、大冶市、掇刀区等县（市、区）开展城乡一体化扩大试点，支持竹（竹山、竹溪）房（房县）城镇带等城乡一体化试验区建设，带动全省城乡朝着"六个一体化"方向发展。城乡规划一体化。树立全域规划理念，逐步建立城乡衔接的规划体系。产业发展一体化。以工业理念提升农业产业化水平，以特色农业的发展促进二、三产业的升级，以现代服务业的发展推动三次产业的融合，形成城乡三次产业相互促进、联动发展的格局。基础设施建设一体化。建立覆盖城乡、有效衔接的基础设施建设和管理体制，逐步推进城市基础设施向农村延伸联网。基本公共服务一体化。建立健全覆盖城乡居民的基本公共服务体系，提高城乡基本公共服务均等化水平。城乡市场一体化。加快建立城乡一体的商贸和要素市场体系，推动农产品进城、工业品下乡和城乡要素自由流动、高效配置。社会管理一体化。探索建立城乡相互衔接的户籍管理、劳动就业、社会保障和教育管理等制度，破除城乡分割的体制障碍。

第五篇　促进区域协调发展

根据资源环境承载能力，推进形成主体功能区布局。加快县域经济、开发区发展，加大对革命老区、少数民族地区、贫困地区的扶持力度，加快资源枯竭型城市转型发展，振兴老工业基地城市。

第十六章　推进形成主体功能区

根据资源环境承载能力，在全省推进形成不同国土空间主体功能更加突出、人口经济资源环境更加协调、空间布局更加清晰的区域协调发展新格局。

一、重点开发区域

增强产业创新和集聚能力，重点发展先进制造业、现代服务业。充分利用好现有空间，改善人居环境，提高聚集人口的能力，承接重点生态功能区、农产品主产区和禁止开发区域的人口转移，以产业集聚带动人口集聚，以人口集聚进一步推动产业集聚，成为全省乃至全国重要的人口和经济密集区。

优先支持武汉做大做强，巩固提升中部地区中心城市地位和作用，增强辐射带动能力，把武汉建设成为全国重要的先进制造业中心、现代服务业中心和综合高技术产业基地、综合交通枢纽基地，努力建设全国"两型"社会建设综合配套改革试验区和自主创新示范区，争取建设国家中心城市。加强襄阳、宜昌两个省域副中心城市建设，将其建设成为鄂西南和鄂西北地区经济社会发展的核心增长极，推动鄂西生态文化旅游圈加快发展的引擎。支持襄阳建设成为鄂西北及汉江流域的区域性中心城市，城市人口规模达到200万人，建成区面积达到200平方公里，打造全国重要的汽车及零部件生产基地、新能源汽车产业基地、航空航天产业基地、优质农产品生产加工基地、区域性综合交通枢纽和物流基地，区域性旅游集散地和目的地、国家历史文化名城。支持宜昌建设成为鄂西南及长江中上游的区域性中心城市，城市人口规模达到200万人，建成区面积达到200平方公里，打造沿江经济走廊，建成世界水电旅游名城，全国最大的磷化工产业基地，中部地区重要的生物产业基地、光伏产业基地以及全省重要的食品饮料基地，区域性交通物流枢纽。

支持黄石、鄂州等市重点发展生物医药、装备制造等先进制造业，改造提升钢铁、有色、建材等传统优势产业，建成全省重要的先进制造业基地，大力发展物流、旅游等现代服务业，增强综合实力。支持黄冈、孝感、咸宁等市发挥特色资源优势，发展电子信息等高新技术产业，纺织服装、食品饮料等劳动密集型产业和旅游等特色产业，依托武汉发展配套产业，加快工业化、城镇化进程，建成区域性物流基地和全省重要的农产品生产基地及新型能源基地。支持仙桃、潜江、天门等市大力发展现代农业和物流、文化旅游等现代服务业，加快发展化工、纺织、食品等产业，推进工业化和城镇化，建成武汉城市圈先进制造业协作配套基地和农产品生产、加工基地。

支持十堰、随州等市发展整车(专用)汽车及零部件、物流、旅游等产业，建成全国重要的汽车产业集聚区、中国卡车之都、中国专用车之都、特色农产品出口基地、区域性现代服务中心、生态经济试验区和生态文化旅游中心。支持荆州、荆门等市发展化工、机械制造、汽车零部件、纺织服装、商贸物流和农产品加工，建成全省乃至全国重要的石油化工、纺织服装、农产品加工基地，重要的旅游目的地。认真落实国家西部大开发政策和民族地区发展政策，加快恩施州的交通建设和特色产业发展，推进生态文明建设。

二、重点生态功能区

以修复生态、保护环境、提供生态产品为首要任务，增强水源涵养、水土保持、维护生物多样性等提供生态产品的能力，加强污染防治力度，维持生态系统平衡和稳定，保障全省生态安全。在不损害生态功能的前提下，因地制宜发展资源环境可承载的适宜产业，保持一定的经济增长速度和财政自给能力，引导超载人口逐步有序转移。健全公共服务体系，改善教育、医疗、文化等设施条件，提高公共服务供给能力和水平。严格控制开发强度，逐步减少农村居民点占用的空间，禁止成片蔓延式扩张，腾出更多空间用于生态系统的保护和良性循环。支持神农架林区加强生态环境保护，不断增强提供生态产品的能力，积极、适度发展旅游业。

三、农产品主产区

坚持以种养业为主体，调整农林牧副渔结构，在提高优质粮棉油产能的基础上，突出发展水产、畜牧、林特等优势产业。进一步提高耕地质量，优化布局结构，改善生产条件，提高产业化水平，逐步提高农业效益和竞争力，建立以粮、棉、油、生猪、水产、家禽等为重点的综合农业发展区，使之成为全国重要的优质农产品生产加工基地和商品粮基地。严格控制农村居民点占用的空间，除城关镇外原则上不再新建各类开发区和工业园区。

四、禁止开发区域

自然保护区、地质公园、森林公园、风景名胜区和世界文化自然遗产等点状分布的禁止开发区域，依据法律法规和相关规划实施强制性保护，严格控制人为因素对自然生态的干扰，严禁不符合主体功能定位的开发活动，引导人口逐步有序转移，实现污染物“零排放”，提高环境质量，使之成为保护自然文化资源的重点地区，点状分布的重要生态功能区，生物多样性和珍稀动植物基因保护地。

第十七章　县域经济

坚持“一主三化”方针，走各具特色的县域发展道路，着力推进新型工业化、新型城镇化和农业产业化，推动县域经济发展新跨越。加强产业园区建设，重点完善园区基础设施功能和配套服务体系，提高园区产业发展承载能力，把园区建设成为推动县域经济发展的重要平台。围绕优势特色产业，优化配置资源，大力培育带动力强、市场占有率高的领军企业，形成一批特色鲜明、集中度高、关联性强、市场占有率高、竞争优势明显的产业集群；根据区域特点和城镇功能定位，发展一批具有地方优势和特色的县域工业重镇、商贸重镇、旅游重镇。坚持开放先导战略，大力开展招商引资，积极承接产业转移。大力培育市场主体，增强县域发展活力。积极推进科技创新，促进产业优化升级。创新体制机制，加大政策扶持力度，改善发展环境，促进县域经济又好又快发展。县域生产总值占全省生产总值比重达到60%以上，实现一批县（市、区）进入“中部百强县（市）”、力争1～2个县（市、区）跻身“全国百强县（市）”。

第十八章　革命老区、少数民族地区、贫困地区

坚持开发式扶贫方针，围绕基本消除绝对贫困现象的目标，加快革命老区、少数民族地区、贫困地区、三峡和丹江口库区及移民安置区等特殊类型地区发展。以整村推进和片区综合开发为平台，整合各类社会资源，加强基础设施和基本公共服务体系建设，大力发展公益事业，推进基本公共服务均等化。继续实施产业扶贫、搬迁扶贫、民族特色民居改造、劳动力转移培训和党员干部帮扶贫困户等工程，大力发展特色产业，着力改善群众生产生活条件，提高基本素质，增强贫困人口自我发展能力。

对农村贫困人口全面实施扶贫政策，实现农村低保制度与扶贫开发政策有效衔接。对《湖北省主体功能区规划》中明确的禁止开发及限制开发地区、生存条件恶劣地区、地质灾害严重地区的贫困人口，实施易地扶贫搬迁。对武陵山区、秦巴山区、大别山区、幕阜山区等重点贫困山区和革命老区，有步骤地推进扶贫开发综合项目区建设。动员社会力量参与扶贫开发和老区建设，促进贫困地区经济社会发展。继续开展脱贫奔小康县（市）试点，支持建设湖北“大别山革命老区经济社会发展试验区”，整合区域资源，统筹发展，创新机制，整体推进。

继续支持恩施州及其他比照享受西部大开发政策的县（市），充分利用西部大开发政策加快发展。对恩施土家族苗族自治州、五峰、长阳土家族自治县等少数民族聚集区，继续实施少数民族地区“616”对口支援工程，开展散居少数民族乡镇“1+1”对口帮扶活动，加强少数民族特色村寨保护与发展工程建设，大力推进湖北“武陵山少数民族经济社会发展试验区”建设，加快民族地区特色

产业发展。继续加大对三峡、丹江口等库区政策扶持力度，深入开展对口支援三峡库区移民工作，妥善解决库区移民问题。切实做好援疆、援藏对口帮扶工作。

第十九章　开发区

按照“布局集中、产业集聚、用地集约、生态环保、特色发展、体制创新”的总体要求，加快开发区管理体制创新，促进开发区产业集聚发展，推动形成各具特色的开发区。重点推进国家级开发区向新型工业化、特色产业化、现代服务业和城市化相结合的国内一流综合功能开发区转变；市（州）省级开发区向现代制造业集聚区转变；县（市、区）省级开发区向特色产业聚集区转变，将开发区建设成为经济发展的带动区，现代制造业、高新技术产业和现代服务业的集中区、吸引外资的集聚区、循环经济的示范区、城市发展新区，带动和促进全省产业合理布局和结构优化。力争全省开发区规模以上工业增加值达到6000亿元，6～8个开发区税收收入过100亿元。

进一步增强武汉东湖新技术开发区、武汉经济技术开发区、武汉吴家山经济技术开发区、黄石经济技术开发区、襄阳经济技术开发区、襄阳高新技术产业开发区、宜昌高新技术产业开发区等国家级开发区的辐射带动能力，重点加快东湖新技术开发区与葛店开发区共建国家医药产业基地。加强各类园区资源整合重组，通过“区中园”、“区外园”等形式，推动省内开发区之间的合作共建、互赢发展。着力培育形成几个新的国家级开发区，积极承接央企和沿海产业集团式、集群式转移。

第二十章　资源枯竭型城市转型发展

加快黄石、大冶、潜江、钟祥等国家资源枯竭型试点城市的转型发展。积极探索税收、土地等方面体制机制创新，建立资源开发补偿机制和衰退产业援助机制，形成可持续发展长效机制；培育壮大接续替代产业，增强可持续发展能力；加强环境整治和生态保护，建设宜居城市；着力解决就业等突出社会问题，建立劳动力转移援助机制，完善社会保险和救助制度；加强资源勘查和矿业权管理，增强资源保障能力；加强产业转型技术和人力资源支撑平台建设，促进资源枯竭城市传统支柱产业形成完整的产业链，接续替代产业形成规模。基本解决资源枯竭带来的突出矛盾和问题，历史遗留的沉陷区和棚户区得到治理，矿区和城市生态环境明显改善，经济社会步入可持续发展轨道。支持黄石市创建全国资源型城市转型示范城市。

落实国家支持老工业基地城市振兴的政策，支持武汉、黄石、十堰、襄阳、宜昌、荆州、荆门、鄂州等老工业基地城市加快培育优势产业，发展壮大骨干企业，形成一批具有国际竞争力的大公司和企业集团，加快由原材料工业向装备制造业和高新技术产业的升级改造，形成辐射周边乃至中西部的新型工业基地。

第六篇　加强基础设施和基础产业建设

优先发展综合交通运输，强化水利基础设施建设，加快信息基础设施建设，优化发展能源产业，进一步提高支撑保障能力，促进全省经济社会又好又快发展。

第二十一章　综合交通运输

按照适度超前原则，统筹各种运输方式协调发展，构建便捷、通畅、高效、安全的综合运输体系，基本形成全国性铁路路网中心、全国高速公路网重要枢纽、长江中游航运中心，努力建成全国第四门户机场。

一、加强铁路建设

重点完善客运专线网，延伸城际铁路网，强化区域干线网，扩大路网覆盖面。加快推进石武高铁、汉宜铁路和武汉至孝感、咸宁、黄石、黄冈等四条城际铁路工程建设进度，打通京广高铁、沪汉蓉快速客运通道，形成城际铁路骨干网。开工建设荆州—岳阳、三门峡—宜昌、黔江—张家界—常德湖北段、长荆线—仙桃、天门—潜江—监利铁路，武汉—九江、郑州—万州客运专线湖北段（及宜昌至巴东客运联络线），宁西增建二线湖北段及武汉—仙桃—潜江、武汉—天门、天河机场—黄陂城际铁路等项目；抓好武汉—西安、北京—九龙湖北段客运专线，岳阳—九江、安康—张家界湖北段等铁路项目立项及前期工作；做好咸宁—宜春、麻城—六安、随州—麻城—安庆等铁路项目前期研究；加快黄家湖公铁两用长江大桥规划研究，适时建设武汉枢纽第三过江通道。全省铁路营运总里程达4500公里以上，建成以武汉为中心的“四纵三横”铁路骨干网络，形成武汉至长三角、珠三角、京津、成渝等全国重要经济区域3～4小时快速客运交通圈，基本消除区域货物运输紧张状况。

二、健全公路网络

加快完善布局合理、功能明晰的公路网络，实现骨架干线高速化、次干线快速化、支线密集化。稳步推进高速公路建设，基本形成承东启西、接南纳北的“七纵五横三环”7069公里的高速公路网，力争实现县县通高速公路。进一步加大普通国省干线改造力度，主要省际通道、重要经济区的过境路段、部分高速公路连接线以及与主要港口、机场、铁路枢纽的连接通道达到一级公路标准，建制乡镇通国省道及二级以上公路。进一步完善农村公路网，着力加强断头路、循环路及农、林、渔场公路建设，全面实现“村村通”。全省公路总里程达到20.5万公里。

三、加快发展航运

全力建设武汉长江中游航运中心。加强长江、汉江高等级航道整治，提升航道通行能力，重点畅通长江中游，渠化整治汉江，打通江汉运河。加快武汉新港、宜昌亿吨级组合港、鄂东组合港、荆州组合港、襄阳港五大港口及三峡航运翻坝中转中心等综合运输枢纽的建设，构建布局合理、功能完善的现代港口体系。全省港口吞吐能力达到3亿吨，集装箱吞吐能力达到400万标箱以上。推进长江干线、三峡库区船型标准化，加快发展集装箱及煤炭、矿石、石油化工、汽车滚装等大型化、专业化运输船舶。

四、构建民航发展新格局

重点加快武汉天河机场三期工程建设，建成神农架机场，力争建成武当山机场，改扩建宜昌、恩施、襄阳机场，筹划改造和新建荆门、赤壁等通用机场，积极开展黄冈、荆州、随州机场建设前期工作，形成分工合理、功能互补、干支协调的民用机场新格局。建设以机场为龙头的综合交通中心。大力发展通用航空和临空经济。尽早开通武汉至巴黎、东京等国际航线，积极拓展武汉至周边中心城市空中快线，提升武汉天河机场的枢纽地位。全省航空客运年吞吐能力达到4300万人次，货运年吞吐能力达到46万吨。

五、增强邮政服务能力

基本完成全省空白乡镇邮政所、行政村村邮站和城镇居民楼信报箱的建设，行政村全部实现通邮。大力发展快递服务，推动快递服务与电子商务协同发展。建设一批快件处理中心和集散中心，争取将武汉建设成为全国性的快递运输航空枢纽。

六、完善管道布局

积极争取国家建设布局骨干油气管道工程，加快省级重点天然气管网工程建设，形成“三纵四横”的天然气基干管网和遍布全省的省级支干线、支线管网，基本形成原油、成品油规模化管道运输。全省80%以上的县级城镇建成较完善的城市燃气管网。争取全省油气管道（干线、支干线、支线）总里程达8000公里以上。

七、打造综合交通运输体系

转变交通发展方式，积极发展绿色交通，着力构建现代综合交通运输体系。优化运输结构，实现各种运输方式协调互补发展。按照客运零距离换乘、货运无缝化衔接的要求，加强各类运输方式间的联系与融合，优化场站布局，完善港口与陆域的集疏运条件，不断强化公交优先、衔接协调的城市交通设施。提高整体通行效能，积极建设“五纵三横”综合运输通道。提升交通枢纽功能，以节点城市为依托构建完善的综合交通枢纽体系。适应运输需求，全面提升运输服务能力。优化运输组织，创新服务方式，推进客票一体联程、货物多式联运。加强安全管理，保障运输安全。加快交通信息化进程，建设智能交通系统，在武汉城市圈开展ETC技术的推广应用。

专栏8　综合交通枢纽布局方案

全国性综合交通枢纽：武汉
区域性综合交通枢纽：黄鄂黄、宜昌、襄阳、荆州、孝感、十堰、恩施、仙潜天、荆门、咸宁、随州、麻城
地区性综合交通枢纽：通城、黄梅、京山、房县、来凤、利川、大悟、枣阳等

图3 "五纵三横"综合运输通道示意图

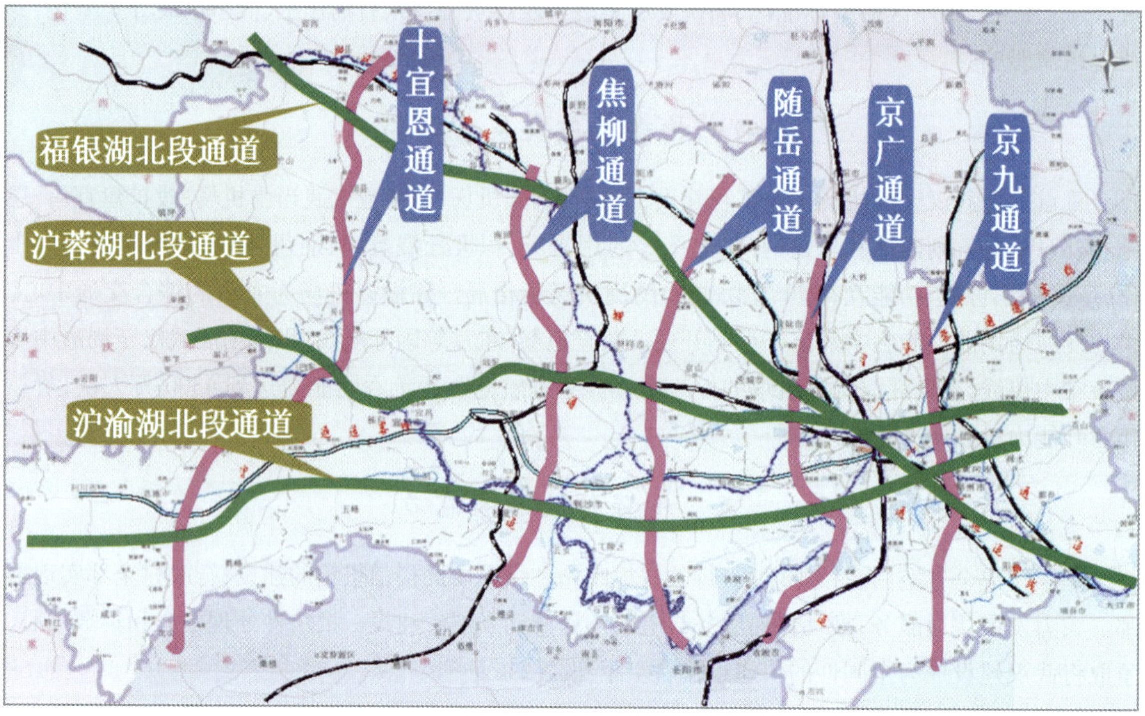

专栏9 "五纵三横"综合运输通道

纵一:京九综合运输大通道。由京九铁路湖北段,京九客运专线湖北段,大(庆)广(州)高速公路湖北段,106国道等组成。

纵二:京广综合运输大通道。由京广铁路湖北段,京广客运专线湖北段,武咸城际铁路,京港澳高速公路湖北段,武汉城市圈环线高速公路孝感、仙桃、洪湖段,咸宁—通山、通山—界上高速公路,107国道,武汉天河机场等组成。

纵三:随岳综合运输大通道。由宁西增建二线随州段和长荆线天门—仙桃、长荆线天门—潜江—监利铁路,随岳高速公路等组成。

纵四:焦柳综合运输大通道。由焦柳铁路湖北段,荆岳铁路,二(连浩特)广(州)高速公路湖北段,207国道,襄阳机场等组成。

纵五:十宜恩综合运输大通道。由三门峡—宜昌铁路,郧县—十堰、十堰—房县、保康—宜昌、恩施—来凤、恩施—奉节、宣恩—黔江、谷城—孟楼高速公路,209国道,恩施机场、宜昌机场、神农架机场、武当山机场等组成。

横一:福银综合运输大通道。由襄渝、汉丹、武九(江)铁路,武九(江)客运专线,武汉—襄阳—十堰—西安铁路,武黄(石)、武黄(冈)、汉孝城际铁路,福银高速公路湖北段和麻竹、谷竹、十白高速公路,316国道,汉江航运等组成。

横二:沪蓉综合运输大通道。由郑渝铁路湖北段、长江埠—荆门铁路和武汉—天门城际铁路,武荆(门)、宜巴高速公路等组成。

横三:沪渝综合运输大通道。由宜万、汉宜、利渝铁路,武汉—仙桃—潜江城际铁路,沪渝、杭瑞高速公路湖北段,荆州江南、洪湖—监利高速公路,武汉城市圈环线高速公路黄石—咸宁段及棋盘洲长江公路大桥,318国道,长江航运等组成。

第二十二章 水利基础设施

继续加强水利基础设施建设，完善防洪减灾体系，提高水旱灾害防御能力，推进传统水利向现代水利转变，以水资源的合理利用促进经济社会的可持续发展。

一、强化防洪减灾体系

始终把防洪保安放在突出位置，继续推进长江、汉江综合治理，基本解决防洪减灾体系薄弱环节的突出问题，防御洪涝和山洪地质灾害的能力显著增强。完成荆江大堤综合整治工程、洞庭湖区四河堤防工程、汉江中下游堤防及长江、汉江主要支流堤防建设，加强洪湖分蓄洪区东分块蓄洪工程、杜家台分蓄洪区和荆江地区蓄滞洪区续建配套工程、华阳河分蓄洪区西隔堤加固工程建设。加快实施大中型和重点小型病险水库的除险加固，加快重点中小河流治理，加强重点城市、湖泊防洪工程建设。加强雨情、汛情、旱情监测预报系统建设，提高防汛抗旱应急能力。深入开展山洪地质灾害调查评价和预警系统建设，实施山洪灾害防治工程建设。

二、完善排涝灌溉工程体系

加快大中型骨干灌排泵站更新改造，加强灌排渠系配套及清淤整治，提高排水效益，加强渍害中低产田改造。强化灌溉工程建设，继续推进大中型灌区续建配套与节水改造骨干工程建设，大力推进农田水利基本建设，着力加强粮食主产区小型水利基础设施建设。加强抗旱工程建设，着力解决工程性缺水问题，重点加强干旱易发区的抗旱应急水源及配套设施建设。

三、加强民生和生态水利工程建设

继续实施农村安全饮水工程，加快城市饮用水水源地安全保障工程建设。加强三峡库区、丹江口库区、大别山南麓、清江流域、汉江上中游、幕阜山区、桐柏山区等地区水土保持，力争五年完成水土流失治理面积9500平方公里。实施地下水监测工程，严格控制地下水开采。加强重点河湖水生态修复与保护工程建设，力争使武汉江湖连通工程、黄石磁湖和大冶湖、鄂州洋澜湖、咸宁淦河、孝感澴东、十堰泗河等河湖水生态建设项目取得阶段性成果。

第二十三章 信息基础设施

加快信息基础设施建设，努力提高信息技术的公共服务能力与应用水平，建设“数字湖北”和“智慧武汉”，基本建成覆盖全省、多网融合、安全可靠的综合信息基础设施。

一、有效配置和优化完善网络资源

以武汉为中心，以襄阳、宜昌为支点，加快光纤宽带互联网、第三代移动通信网络建设和广播电视网络的数字化改造升级。顺应网络融合的发展趋势，推动网络资源的整合利用、综合利用、共建共享,推进"三网融合"试点。优化网络布局,建成各地、各类信息网络互联互通的骨干传输网,发挥有线、无线、卫星、光电等技术和网络优势,大力发展融数据、图像、声音等于一体的数字化、宽带化、综合化接入网。加大农村网络建设力度,形成覆盖全省城乡的交互式、多功能信息传输网。以3G系统建设为重点,以龙头企业为牵引,加快建设全省无线数字共网平台,建成技术领先、功能齐全、覆盖全省及各行各业的现代化无线应用和管理网络。支持武汉市开展"智慧城市"试点。

二、完善信息资源开发利用体系与信息安全保障体系

完善基础信息资源目录体系和交换体系,实现基础数据的整合与共享。加强信息安全预警和应急处理,实行重要信息系统和安全保密设施同步规划、同步建设、同步使用,保障基础信息网络和重要信息系统安全,全面提高信息安全防护能力。

第二十四章　能源产业

坚持节约能源优先,优化能源结构,大力发展核电,优化发展火电,有序开发水电,加快发展新能源,合理消费煤炭,积极引进省外能源,增强能源储备能力,构建安全、经济、清洁的现代能源产业体系。

一、积极发展电力

逐步提高电能在能源消费中的比例。力争发电总装机达到3980万千瓦(不含三峡电站)。

大力发展核电。力争咸宁核电项目"十二五"末基本建成,开工建设浠水核电项目,在鄂东负荷中心以外地区开展第三个核电项目前期工作。

优化发展火电。在负荷中心和电源支撑薄弱的地区,建设一定容量高效、清洁、环保的大型火电机组。根据国家煤运通道规划建设情况,适时启动路口电站前期工作。在大中型城市与热负荷集中的工业园区,建设一批热电联产项目,试点建设分布式能源。继续抓好落后小火电机组的淘汰工作。鼓励对现有30万千瓦级机组进行供热改造。火电装机达到2445万千瓦。

整合利用水电资源。重点抓好汉江梯级开发和潘口、江坪河、淋溪河、龙背湾、姚家坪、孤山等水电站项目建设。对流域电站进行资产整合,实行梯级调度。适时配合核电项目建设一定容量的抽水蓄能水电机组。综合改造部分利用率低、存在环境安全隐患的水电项目。积极争取提高湖北三峡分电比例。水电装机达到1415万千瓦(不含三峡电站)。

加快发展新能源。在生物质能源丰富地区,建成一批规模化秸秆、稻壳等农林副产品发电项目,建设好武汉、黄石、襄阳、孝感、宜昌等大中型城市垃圾焚烧发电项目,抓好一批沼气发电项目建设。推广太阳能光伏建筑一体化发电。实施一批风电建设项目。争取新能源发电装机达到120万千瓦。

建设现代化坚强智能电网。加强输配电能力建设,提高省外电力输入和地方承接能力。建设晋东南—南阳—荆门第二通道及荆门—武汉特高压通道,大幅提高"襄十随"电网通道适应能力。基本形成"宜荆荆"电网依托荆门、荆州特高压站分区供电的格局。逐渐形成鄂东电网依托特高压交直流、核电集中供电的格局。加强与周边省市电网的联络线建设,形成1000千伏等级双回路为主高等级大容量的联络格局。加强智能电网发展研究,提高电网优化配置电力的能力。

二、合理消费煤炭

坚持合理消费煤炭的原则,抑制煤炭消费过快增长。加大煤炭资源勘查力度,抓好煤矿整合改造。提高劣质煤综合利用率。在内蒙古、山西等煤炭资源富集区建设煤炭供应基地,加强运煤通道建设,提高煤炭供应保障能力。探索输煤输电并举的省外能源输入新模式。

三、保障油气供给

对武汉石化、荆门石化两大炼油厂进行扩能改造,对"仪长"原油管线进行扩能或新建沿江输油管道,确保两大炼油厂生产需要。完善"兰郑长"成品油管道等输油管道分输网络管线,提高成品油供应能力。积极鼓励乙醇替代成品油,建设燃料乙醇生产基地。多渠道争取天然气资源,加快天然气基础设施建设,制定全省天然气应急预案。加快储气调峰设施建设和城市天然气利用等相关工作,保障全省天然气用气安全。

四、加强能源储备

加强能源储备,保障能源安全。争取国家在我省建设国家级石油、煤炭、天然气储备基地,布点煤炭交易(集散)中心,建立华中电力交易中心。抓好武汉、宜昌等煤炭储备配送物流中心建设。支持云应地区和潜江建设国家石油战略储备库和天然气地下储气库。加强能源区域合作,积极参与开发利用省外能源资源。

第七篇　实施科教兴鄂和人才强省战略

发挥科教优势,集聚创新要素,激发创新活力,进一步增强自主创新能力。全面推进教育强省建设。培养造就各类人才,建设人才强省。

第二十五章　自主创新

全面贯彻国家"自主创新,重点跨越,支撑发展,引领未来"的指导方针,以增强自主创新能力为核心,以应用技术的自主研发和先进技术的自主应用为重点,着力培育壮大创新主体,加强技术创新体系建设;以战略性新兴产业、支柱产业、农业为重点,突破产业关键共性技术,提高产业技术水平,增强核心竞争力;大力推进创新型湖北建设,完善落实鼓励创新的政策法规,优化创新环境,释放科技生产力,为全省经济结构调整和发展方式转变提供重要支撑。全省研究与试验发展经费支出占生产总值比重达到2.0%以上,进入全国前列,每万人口发明专利拥有量达到1.5件。

一、加快技术创新体系建设

建立健全以企业为主体、以市场为导向、产学研相结合的技术创新体系。积极培育创新主体,制定企业梯队培养规划。鼓励和引导行业龙头企业增加科技投入,积极应用创新成果,引领行业自主创新;扶持一批创新型企业和高新技术企业,培育一批拥有关键核心技术的自主品牌;实施科技型中小企业成长路线图计划专项行动,着力培育科技型中小企业。完善产学研合作的利益机制,鼓励和支持企业与高校、科研院所共建实验室或研发机构,开展多种形式的合作,建立一批产学研结合的产业技术创新战略联盟等新型创新组织,鼓励技术等创新要素向企业聚集。

二、加强产业共性关键技术研发与转化

围绕光电子信息、新材料、新能源、高端制造、生物医药、节能环保及冶金、汽车、化工、建材等重点产业,加强产业关键核心技术研发,加快推进战略性新兴产业和支柱产业的技术创新。加强农业科技创新,在动植物新品种培育,农作物高效低耗种植技术,农产品精深加工,畜禽、水产高效低耗、环境友好养殖技术等重点领域突破一批关键技术。围绕提高人民生活质量和改善生活环境,在生态环境、人口与健康、特色矿产资源、公共安全等领域,加强民生科技领域共性关键技术研发。加强农业、能源、信息、机械制造、化工材料等领域应用基础研究,推进基础研究与产业技术需求的结合,提高应用基础研究水平。实施重大产业发展科技专项和应用示范工程,推进重大科技成果产业化。

三、加强科技基础设施和创新平台建设

加快建设一批国家和省级重大科技基础设施和创新平台,推进开放共享和高效利用。积极推进国家(重点)实验室建设,在硅酸盐建筑材料、电磁科学、生物地质、大地测量等领域建设高水平国家重点实验室。加快建设和完善产业公共技术研发服务、科技投融资、创新创业服务等平台。鼓励和引导行业龙头企业建立省级工程技术(研究)中心、工程实验室和企业技术中心。建设湖北省科技馆新馆。

四、完善科技创新支持政策

保持财政科技经费投入稳定增长,深化科研经费管理制度改革。全面落实企业研发投入加计扣除、研发设备加速折旧、所得税减免等激励政策,完善和落实政府采购及首购政策。实施知识产权质押等鼓励创新的金融政策。建立健全技术产权交易市场。实施知识产权战略,加强知识产权的创造、运用、保护和管理。优先采用和推广具有自主知识产权的技术标准。完善科技成果评价奖励制度。支持襄阳、宜昌等争取国家创新型城市试点。

五、推进东湖国家自主创新示范区建设

全面落实国务院批复要求,以提升自主创新能力为核心,以体制机制创新为动力,以培养、集聚创新人才为关键,以加快科技创新资源整合和高新技术产业集群发展为重点,省市共建、先行先试,大力推进东湖国家自主创新示范区建设,不断探索创新发展的新机制、新路径、新模式。率先形成更具活力、更有利于创新发展的体制机制,培育集聚一批优秀创新人才特别是产业领军人才,研发和转化一批国际领先的科技成果,做强做大一批具有全球影响力的创新型企业,培育一批国际国内知名品牌,全面提高东湖新技术开发区自主创新能力和辐射带动能力,打造享誉世界的"中国东湖·世界光谷",为把东湖新技术开发区建成为全国高新技术产业开发区的排头兵、世界一流的高科技园区奠定坚实基础。

第二十六章　教　育

全面贯彻党的教育方针，保障全省人民依法享有受教育的权利，办好人民群众满意的教育。按照优先发展、育人为本、改革创新、促进公平、提高质量、服务社会的要求，推动教育事业科学发展，基本建成教育强省。全面推进素质教育，遵循教育规律和学生身心发展规律，坚持德育为先、能力为重，促进学生德智体美全面发展。新增劳动力平均受教育年限达到13.9年。

一、积极发展学前教育

加大政府统筹力度，把发展学前教育纳入城镇、新农村建设规划，建立健全政府主导、社会参与、公办民办并举的办园体制。重点发展农村学前教育，全省乡镇中心幼儿园达到示范性幼儿园标准。加强学前教育师资队伍建设。推进城乡幼儿园规范化、标准化建设，加强学前教育办园管理。

二、巩固提高义务教育质量和水平

大力推进义务教育均衡发展，实施"义务教育学校标准化建设工程"、"义务教育教学质量提高工程"、"义务教育学校教师队伍建设工程"、"义务教育学生关爱工程"、"中小学校舍安全工程"，健全督导评估机制。缩小校际差距，优化农村教育布局和结构。切实减轻中小学生课业负担。

三、加快普及高中阶段教育

保持普通高中和中等职业教育规模大体相当。全面提高普通高中学生综合素质，增加优质高中教育资源，促进普通高中高质量、多样化、特色化发展。解决好贫困家庭高中生上学难的问题。高中阶段教育毛入学率达到95%。

四、大力发展职业教育

围绕产业结构优化升级，建立与经济社会发展相适应、中等和高等职业教育协调发展、具有湖北特色的现代职业教育体系。以政府统筹、校企合作、集团化办学为重点，探索政府主导、行业指导、企业参与的办学体制机制，深入推进校企合作。稳定形成100所左右中等职业学校、50所左右高等职业院校与一批企业合作开展一体化办学。建设好10所左右国家级示范性（骨干）高等职业院校、15所左右省级示范性（特色）高等职业院校、40所国家级示范性中等职业学校、100所省级示范性中等职业学校。重点支持建设职业教育园区。加强职业教育基础能力建设，重点建设100个国家级实训基地。加快发展面向农村的职业教育，建成100所劳动预备制培训示范学校。加强服刑人员、劳教（强戒）人员职业技术教育。提升职业教育质量和服务经济社会发展的能力。提高职业院校学生创业就业能力。

五、全面提高高等教育质量

增强高等教育的办学实力和竞争力，优化高等教育结构，形成具有特色和活力的现代高等教育体系。继续实施"湖北省高等学校教学改革与质量提高工程"，深化部属高校与省属院校、示范性高职院校与民办高职院校的对口支持合作。重点建设30个左右“大学生创业示范基地”、200个左右校内外“大学生实习实践基地”、20个左右“研究生教育创新基地”、20个左右“高校自主创新重点基地”,每年组织1000名左右高校青年教师深入企业服务。支持在鄂部委属高校建设10个左右一流学科,支持省属高校重点建设50个左右重点一级学科。确定100个左右本科和高职专业点,组织高校与行业、企业联合培养我省战略性新兴产业所需人才。提高人才培养质量,提升科学研究水平,提高自主创新能力,增强高等教育的服务和辐射能力。重点支持武汉大学、华中科技大学争创世界高水平大学。积极支持其他部委属高校争创国际知名、特色鲜明的高水平大学。加大省属高校建设力度,重点建设若干所具有较高办学水平和鲜明学科特色的国内知名高水平大学,支持具有行业背景的高校进一步增强学科特色和优势,提升省属高校整体实力、办学水平和在全国高校中的地位、竞争力。加大地方高职院校建设力度。加强民办高校和独立学院教学基本建设,规范办学行为,引导其健康发展。推动部省高校合作,促进教育资源共享。

六、加快发展继续教育

加大终身教育机构网点的布局和建设力度,建设规模合理、实用性强的老年人学习活动场所,努力构建覆盖全省人民群众的终身学习支撑平台,开通具有便利性、多样性、开放性的继续教育通道,构建灵活开放的终身教育体系,建设人人学习、终身学习的学习型社会。

七、支持特殊教育和民族地区教育发展

完善特殊教育体系,健全保障机制,切实保障残疾少年儿童的受教育权利。完成72所市、县特殊教育学校新建和改扩建。支持发展民族教育。促进民族地区各级各类教育协调发展。做好对少数民族地区教育对口支持工作,加强我省内地西藏班、新疆班的教育教学和管理,提高人才培养的质量和水平。开展民族团结教育。

八、深化教育体制改革

创新人才培养体制、教育管理体制、办学体制,改革教学内容、教学方法、质量评价、考试招生制度。按照国家部署,开展“统筹推进义务教育均衡发展”、“探索职业教育公益性实现途径”和“高等教育综合改革”等改革试点。扩大教育开放,提升教育辐射力和国际化水平。推进部省共建武汉城市圈教育综合改革国家试验区建设和教育改革试验。

九、建设高素质教师队伍

加强师德师风建设,实施“楚天中小学教师校长卓越工程”,对优秀教师、校长进行重点培养,提高教师业务水平。鼓励优秀人才终身从教。依法保障教师合法权益,提高教师地位和待遇。完善教师管理制度。实施“农村教师资助行动计划”,选派2万名大学毕业生到农村乡镇学校任教。从城镇学校选派一大批具有较强管理能力、较高教育教学水平的校长、教师到乡镇中小学校任职任教。实施“农村教师素质提高工程”,免费培训10万名农村教师和校长。完善“楚天技能名师”制度,加强职业院校“双师型”教师队伍建设。加大“楚天学者”计划实施力度,加强高等学校高层次人才队伍建设。

十、促进教育公平

合理配置公共教育资源,重点向农村地区、贫困地区、民族地区倾斜,加快缩小教育差距。健全

教育资助制度,扶助家庭经济困难学生完成学业。采取重点带一般、示范带普通、部属院校支援地方院校、发达地区支援山区和欠发达地区等方式,广泛开展教育共建联动和对口支持。实施"城镇教师援助农村教育行动计划",组织2.5万名城镇教师到农村支教,推进5000名城乡中小学校长双向交流任职。促进城乡之间、区域之间、校际之间教育均衡发展,实现教育机会公平。

十一、增加教育投入

依法建立健全并落实财政性教育投入稳定增长机制。拓宽教育经费筹措渠道,健全和完善以政府为主的教育多元投入体制。优化财政支出结构,优先保障教育。保证教育财政拨款增长明显高于财政经常性收入增长,并使按在校生人数平均的教育费用逐步增长,保证教师工资和学生人均公用经费逐步增长。鼓励引导社会力量兴办教育。

第二十七章　人　才

坚持党管人才原则,加快推进人才强省战略。坚持服务发展、人才优先、创新机制、激发活力、以用为本、人尽其才、突出重点、整体推进的指导方针,以人才资源能力建设为核心,以人才结构调整为主线,以人才发展体制机制改革和政策创新为动力,以重大人才工程建设为抓手,以高层次和高技能人才为重点,统筹推进全省经济社会发展需要的各类人才队伍建设。为全面建设小康社会和构建促进中部地区崛起重要战略支点提供强有力的人才保证和智力支持。建立健全政府宏观管理、市场有效配置、单位自主用人、人才自主择业的体制机制,形成多元化投入格局,明显提高人力资本投资比重。营造尊重人才的社会环境、平等公开和竞争择优的制度环境,促进优秀人才脱颖而出。推动人才事业全面发展。在中部地区率先建成人才强省,进入全国人才强省行列。人才资源总量达到790万人。

一、统筹推进各类人才队伍建设

党政人才队伍。按照加强党的执政能力建设和先进性建设的要求,深化干部人事制度改革,以领导干部为重点,造就善于治省(市、县)理政的领导人才,建设政治坚定、勇于创新、勤政廉洁、求真务实、善于推动科学发展的高素质党政人才队伍。企业经营管理人才队伍。适应全省产业结构优化升级和实施"走出去"战略的需要,以提高现代经营管理水平和企业国际、国内竞争力为核心,以企业家和职业经理人为重点,加快推进企业经营管理人才职业化、市场化、专业化和国际化,培养造就具有全球战略眼光、市场开拓精神、管理创新能力和社会责任感的优秀企业家和高水平企业经营管理人才队伍。专业技术人才队伍。适应社会主义现代化建设的需要,以提高专业水平和创新能力为核心,以高层次人才和紧缺人才为重点,实施专业技术人才知识更新工程,打造高素质专业技术人才队伍。高技能人才队伍。适应走新型工业化道路和全省产业结构优化升级的要求,以提升职业素质和职业技能为核心,着力提高职业培训和职业鉴定质量,以技师和高级技师为重点,大力实施高技能人才振兴计划,形成门类齐全、技艺精湛的高技能人才队伍。农村实用人才队伍。围绕发展现代农业和建设社会主义新农村,以提高科技素质、职业技能和经营能力为核心,以农村实用人才带头人和农村生产经营型人才为重点,着力打造服务农村经济社会发展、数量充足的农村实用人才队伍。社会工作人才队伍。适应构建和谐湖北的需要，以人才培养和岗位开发为基础，以中高级社会工作人才为重点，培养造就职业化、专业化的社会工作人才队伍。

二、推动人才结构战略性调整

健全政府、社会、用人单位和个人多元人才投入机制，加大人才发展的投入，提高人才投资效益。建立人才发展专项资金，鼓励有条件的企业建立人才发展基金。创新人才培养模式，突出创新精神和创新能力培养，大幅度提升各类人才的整体素质。建立健全科学的创新型人才评价、使用、激励、流动机制，加快创新型人才培育、流动与共享。充分发挥市场配置人才资源的基础性作用，促进全省人才结构与经济社会发展相协调。

三、突出培养造就创新型科技人才和紧缺人才

组织实施十三大人才工程(计划)。围绕提高自主创新能力，建设国家海外高层次人才创新创业基地和综合服务平台，改善高层次人才创新创业环境和生活环境，吸引一批国际领军人才。依托国家和省人才培养计划，建立和完善从基础教育到专业培训的梯级创新型人才资源储备。加大重点领域急需紧缺专门人才培养力度，建立完善鼓励科技人才面向经济社会发展创新创业的考核评价机制，引导各类科技人才更加注重研发成果对经济社会发展的实际贡献，适应全省发展现代产业体系和构建和谐湖北的需要，造就一批高层次科技领军人才、工程师和高水平创新团队，注重培养造就一线创新人才和青年科技人才。支持我省科学家有组织、有计划、有准备地参与国际科技组织的管理工作，培养我省国际科技人才。通过“华创会”等引智平台引进一批能够突破关键技术，发展高新产业、带动新兴学科发展的紧缺型海外高层次人才和外国经济技术专家及文教专家，为提高我省自主创新能力提供更加有力的人才支撑。

专栏10　十三大人才工程(计划)

1. 创新创业领军人才开发工程
2. 高端人才引领培养计划
3. “123”企业家培育计划
4. 科技人才向经济发展一线集聚工程
5. 名师、名医和文化名家造就工程
6. 急需紧缺专业技术人才培养工程
7. “金蓝领”开发工程
8. 现代农业人才支撑计划
9. 现代服务业人才培养工程
10. 海内外人才回归、引进工程
11. 贫困地区和革命老区人才支持计划
12. 高等学校毕业生基层创业计划
13. 人才公共服务平台建设工程

四、创新人才体制机制

实施有利于促进科教、人才优势转化的十大政策，创新人才培养开发、评价发现、选拔任用、流动配置、激励保障机制，营造充满活力、富有效率、更加开放的人才制度环境。消除人才流动的体制性障碍。建立工资报酬与贡献挂钩的分配机制，鼓励知识、技术、管理等要素参与分配。坚持自主

培养开发与引进国内外人才并举，开辟人才引进绿色通道，积极引进海外高层次人才和外省市人才。用事业留人、待遇留人、感情留人，为人才充分发挥才干创造良好的环境和条件。积极利用国内外教育培训资源培养人才。创新人才评价机制，改变院校、院所人才评价中过于注重论文的状态，增加人才服务经济社会发展效果的比重。

专栏11　促进科教、人才优势转化的十大政策

1. 促进人才投资优先保证的财税金融政策
2. 产学研合作培养创新人才政策
3. 引导人才向农村基层和艰苦地区流动政策
4. 人才就业创业扶持政策
5. 有利于科技人员潜心研究和创新的政策
6. 推进党政人才、企业经营管理人才、专业技术人才合理流动政策
7. 更加开放的人才政策
8. 鼓励非公有制经济组织和新社会组织人才发展政策
9. 引导用人单位加强人才开发的政策
10. 知识产权保护政策

第八篇　保障和改善民生

把保障和改善民生作为经济社会发展的出发点和落脚点，促进就业增收，加强公共服务，完善社会保障，努力让全省人民群众共享改革发展成果。

第二十八章　创业就业

坚持"劳动者自主择业、市场调节就业和政府促进就业相结合"的方针，把充分就业作为经济社会发展的优先目标，鼓励自主创业，创造平等就业机会，建立经济发展与扩大就业良性互动的长效机制。

一、创造就业岗位

保持经济平稳较快增长，调整产业结构，大力发展就业容量大的服务业和劳动密集型产业，支持中小企业和非公有制企业发展，加快城镇化进程，多渠道多层次开发就业岗位。建立健全政府投资和重大项目带动就业机制。广开就业门路，鼓励劳动者自谋职业和灵活就业，不断扩大就业规模，促进充分就业。

二、鼓励创业带动就业

按照政府促进、社会支持、市场导向、自主创业的原则，以培育创业主体、拓展创业空间、强化创

业服务、弘扬创业精神为重点，加强创业基地建设，加大政策支持和服务保障力度，促进城乡各类劳动者自主创业带动就业。

三、改善就业服务

加快建设统一、规范、灵活的人力资源市场，建立完善覆盖城乡的就业服务体系，实现就业信息全省联网，并与国家网相连接，为劳动者提供就业指导、信息咨询、风险评估、创业融资、市场拓展、企业孵化等公共服务。

四、提高就业技能

建立以职业院校为骨干、社会各类培训机构共同参与的社会化职业教育培训体系。加强公共就业实训基地建设，统筹推进就业岗前培训、在岗培训、再就业培训和创业培训，全面提高劳动者就业能力和技能水平。以新成长劳动力和农村转移劳动力为重点，加强面向全体劳动者的职业技能培训。健全劳动预备制度，对有就业要求和培训愿望的初高中毕业生实行预备制培训。鼓励企业开展职工岗位技能培训。健全面向全体劳动者的职业培训制度。

五、加强就业扶持

强化政府职责，重点做好高校毕业生、农村转移劳动力、城镇就业困难人员和退役军人就业工作。鼓励和引导高校毕业生到基层、中小企业和非公有制企业就业，鼓励科研机构等吸纳高校毕业生就业。健全就业援助制度，多渠道开发公益性就业岗位，形成及时有效帮助困难群体和零就业家庭就业的长效机制。维护劳动者合法权益，构建和谐劳动关系，让劳动者实现体面劳动。

第二十九章　收入分配

坚持和完善按劳分配为主体、多种分配方式并存，初次分配与再分配调节并重的分配制度。初次分配和再分配都要处理好效率和公平的关系，再分配更加注重公平。以优化分配格局和缩小收入分配差距为重点，健全调节机制，逐步形成中等收入者占多数的收入分配格局。力争城乡居民收入普遍较快增长，贫困人口显著减少，人民生活质量和水平不断提高。

一、加快调整收入分配格局

按照兼顾效益和更加注重公平的原则，积极调整政府、企业和居民之间的收入分配关系，规范收入分配秩序，加强收入分配体系建设，积极推动相关体制改革。努力实现居民收入增长与经济发展同步，劳动报酬增长与劳动生产率提高同步，明显提高居民收入在收入分配中的比重和劳动报酬在初次分配中的比重。

二、不断完善收入分配制度

建立劳动报酬正常增长和支付保障机制。健全最低工资标准调整机制，努力实现调整幅度与经济增长及物价水平协调同步。完善工资指导线、人力资源市场工资指导价位和行业人工成本信息发布等制度，大力推行企业工资集体协商制度，加强对企业工资支付的监管。根据国家部署，积极推进公务员工资制度改革，加快建立健全体现岗位绩效和分级分类管理的事业单位收入分配制度，合理调整机关、事业单位人员收入水平。逐步提高村（社区）干部、大学生村官等基层工作人员的收入水平。

三、加大收入分配调节力度

加强税收对收入分配的调节作用。妥善处理好公平与效率的关系，努力扭转城乡、区域、行业和社会成员之间收入差距扩大的趋势。改革完善国有企业工资总额管理办法，规范国有和国有控股企业负责人薪酬管理。按照国家部署，加强对垄断行业工资总额和平均工资水平的双重调控，缩小垄断行业工资水平与社会平均工资差距。有效调节过高收入，持续扩大中等收入者比重，着力提高低收入者收入，保护合法收入，取缔非法收入。坚决遏制并逐步缩小不合理的工资收入差距。创造条件增加居民财产性收入。继续加大对“三农”的支持，完善农业补贴和价格支持政策，不断增加农民收入。

第三十章　社会保障

坚持“广覆盖、保基本、多层次、可持续”的方针，加快建设覆盖城乡居民的社会保障体系。努力扩大社会保障覆盖面，稳步提高社会保障标准、统筹层次和保障水平。全省城镇职工基本养老保险参保人数达到1154万人，城乡三项基本医疗保险参保率达到95%。

一、扩大社会保险覆盖范围

基本建立覆盖城乡的社会保险制度，逐步将符合条件的各类群体纳入相应的社会保险。进一步完善城镇企业职工基本养老保险省级统筹，实现医疗、失业、工伤和生育保险市级统筹。加强社会保障信息网络建设，实现社会保障一卡通。推动机关事业单位养老保险制度改革。实现新型农村社会养老保险制度全覆盖，对城镇居民的养老保障作出制度安排。积极探索建立财政补贴和个人缴费相结合的村、社区干部基本养老保险办法。

二、提高社会福利水平

积极发展社会福利事业，探索建立机构福利服务、公共福利服务和公益福利服务相结合的新型福利服务体系。建立基本养老服务体系，积极发展城乡社区各类居家养老服务，鼓励和支持社会资本以多种形式兴办养老服务机构、投资建设服务设施。加大老年公寓等养老阵地建设力度，城乡养老机构床位数达到老年人口的3%。大力倡导和发展慈善事业，积极拓展社会互动渠道，不断提升社会福利水平，形成适度普惠的新型社会福利事业发展格局。

三、完善社会救助体系

完善城乡一体化社会救助体系，实现城乡社会救助全覆盖，有效保障困难群众基本生活，进一步完善最低生活保障制度，稳步提高农村五保供养水平。逐步建立完善教育、医疗、司法、康复、住房、就业等专项救助制度。健全突发性灾害等临时救助制度。加强孤儿和流浪人员救助机构设施建设。大力倡导义工、志愿者服务。完善红十字会救灾应急体系，增强救助实力，充分发挥红十字会在人道工作领域的助手作用。积极开展法律援助和心理疏导咨询。

第三十一章　医疗卫生

按照“保基本、强基层、建机制”的要求，积极推进全省医药卫生体制改革。建立健全公共卫生服务体系、医疗服务体系、医疗保障体系、药品供应体系，形成四位一体、覆盖城乡的基本医疗卫生制度，优先满足群众基本医疗卫生需求。强化政府责任，加大财政投入，鼓励社会参与，改革和完善医疗卫生管理体制和运行机制，加快医疗卫生事业发展。全面实施“健康湖北”行动计划，支持武汉市建设中部地区医疗中心。全省人民群众医疗卫生保健水平和主要健康指标达到国内先进水平。

一、加快建立覆盖城乡的公共卫生服务体系

努力保障公共卫生服务经费。加强疾病预防控制、健康教育、妇幼保健、精神卫生防治、应急救治、卫生监督、职业病防治等公共卫生服务体系建设。完善基层医疗卫生服务网络的公共卫生服务功能。积极预防血吸虫病、艾滋病、结核病等重大传染病和慢性病、职业病、地方病、精神疾病。落实国家免疫规划。促进城乡基本公共卫生服务逐步均等化。以老年人、妇女儿童、重大疾病人群为重点，实施白内障患者免费复明手术、农村孕产妇免费补服叶酸、贫困孕产妇分娩补助、农村妇女“两癌”免费筛查、国家免疫规划疫苗免费接种、新生儿出生缺陷免费筛查和部分出生缺陷儿免费治疗等项目，落实艾滋病人“四免一关怀”政策、结核病人免费基本药物治疗政策、重性精神病人治疗减免政策等。

二、进一步健全医疗服务体系

完善以社区卫生服务为基础的新型城市医疗卫生服务体系。充分发挥城市医院在危重急症和疑难病症的诊疗、医学教育和科研、指导和培训基层卫生人员等方面的骨干作用。巩固和完善农村三级医疗卫生服务体系。积极推进公立医院改革，改革公立医院运行机制，完善法人治理结构，加强医院临床路径和成本效益管理，加强医德医风建设。改革公立医院和基层医疗卫生机构补偿机制。鼓励社会资本投资兴办民营医疗机构。加强医疗服务管理和医疗质量监管。推进医疗资源共享，进一步优化诊疗流程，实行同级医疗机构检查结果互认。实施以全科医生培养为重点的基层卫生人才培养工程。加强高层次卫生人才队伍建设。加强卫生业务信息平台建设，构建重大传染病疫情和突发公共卫生事件监测、医疗救治、卫生监督执法和突发公共卫生事件应急指挥与决策四大信息系统。构建卫生信息支撑平台，加强卫生信息标准化、规范化建设，推广“一张智卡”（“一卡通”），立足“两个基础”（电子健康档案、电子病历），建立“三级平台”（省、市、县三级健康信息数据中心）。

三、巩固完善城乡医疗保障体系

健全覆盖城乡居民的基本医疗保障体系，扩大基本医疗保障覆盖面，提高基本医疗保障水平。加

强基本医疗保障制度间的衔接，缩小城乡、地区间保障水平的差距，逐步实现城乡基本医疗保险制度框架基本统一。规范基本医疗保险基金管理。完善城乡医疗救助制度。健全和完善医疗保障信息、服务网络，实现医保关系顺畅转移接续和异地就医即时结算。提高基本医疗保障管理服务水平。

四、建立和完善药品供应保障体系

实施基本药物制度。全省所有政府举办的基层医疗卫生机构全部配备使用基本药物，实行零差率销售，其他医疗机构按规定使用基本药物。加强基本药物监管，规范基本药物招标配送，保障基本药物的质量和供应。落实基本药物医保报销政策，确保基本药物和省级增补的非目录药品全部纳入医保报销范围，报销比例明显高于非基本药物。

五、支持中医药事业发展

推进中医药继承与创新，加快省中医院国家中医临床研究基地建设，加强市县和基层中医服务体系建设。加强中药材基地、中药材市场建设，加快发展中药产业，推进中医、中药同步发展，努力建设中医药强省。

第三十二章　住房保障

坚持政府调控和市场调节相结合，推进住房供需总量基本平衡、结构基本合理、房价与居民收入基本适应，实现广大群众住有所居。加快保障性安居工程建设，通过建机制，做到保基本、促公平、可持续。建立健全以廉租住房、公共租赁住房为主体的住房保障体系，增加中低收入居民住房供给，逐步解决城镇低收入和中低收入家庭的住房困难问题，逐步改善城镇居民基本居住条件。改造农村特困家庭危房。全省保障性住房达到居民住房总量的15%，人均住房建筑面积16平方米以下的低收入住房困难家庭基本得到保障。

*加大廉租住房保障力度。*加快廉租住房建设，完善租赁补贴和实物配租制度，多渠道增加廉租住房房源，稳步扩大廉租住房覆盖范围。*积极发展公共租赁住房建设。*政府在资金、土地、财税、信贷等方面加大政策支持力度。积极发挥市场机制作用，引导社会资金参与保障性住房建设营运。*完善经济适用住房制度。*加强经济适用住房管理，制定公平合理、公开透明的住房配租政策和程序。保证建设质量、规范准入审核、加强交易管理、完善监督机制。*加快推进棚户区改造。*加大城市和国有工矿棚户区、林区垦区棚户区危房改造力度，切实改善居民居住条件。*扎实推进农村特困家庭危房改造。*利用农村特困家庭危房改造专项资金、福利彩票公益金、财政扶贫资金以及农户自筹资金，结合扶贫搬迁，全面实施农村特困家庭危房改造工程。

第九篇　建设资源节约型和环境友好型社会

坚持节约资源和保护环境的基本国策，大力发展循环经济和低碳技术，强化节能减排，加大以水资源为重点的环境保护力度，加快构建资源节约、环境友好的生产方式和消费模式，不断提升生态文明水平。

第三十三章 资源节约利用

坚持节约优先，节约集约利用国土资源，全面实行资源利用总量控制、供需双向调节、差别化管理，增强全社会节约意识。

一、节约能源

合理控制能源消费总量，提高能源利用效率。调整优化能源结构，非化石能源消费占一次能源消费的比重高于全国平均水平。全面推进工业、交通、建筑、商用民用、农村和公共机构等重点领域的节能。积极开展百家企业节能低碳行动，抓好重点耗能行业和企业节能管理。以节油、节电为重点，加快建设节能型综合交通运输体系。大力开展绿色建筑行动，发展节能、省地、环保型建筑，新建公共建筑和居住建筑严格执行节能设计标准。强化节能目标责任考核，健全节能市场化机制，加快推行电力需求侧管理和合同能源管理，实施能效标识制度，完善节能产品认证制度和节能产品政府强制采购制度。制订完善并严格执行主要耗能产品能耗限额和产品能效标准，加强固定资产投资项目节能评估审查。深入开展节能减排全民行动，实现社会节能常态化。

专栏12 重点节能工程

节能技术改造工程：组织实施工业锅炉（窑炉）、电机系统、热电联产、能量系统优化、既有建筑、交通运输、绿色照明等重点节能技术改造项目。

节能产品惠民工程：组织实施国家节能家电、办公设备、汽车、电机等节能产品惠民工程。

节能技术示范推广工程：加大重大节能技术研发攻关力度，增强节能产品设计和创新能力。组织实施一批重大节能技术产业化示范项目，促进节能技术推广应用。

合同能源管理推广工程：加大合同能源管理推广力度，落实促进节能服务产业发展的各项政策，扶持壮大节能服务产业。

节能能力建设工程：充实各级政府和各用能单位的节能管理和监察队伍，加强能源计量、统计、监测体系及其信息网络化建设。

二、节约水资源

实行严格的水资源管理制度，实施用水总量控制和定额管理，建立节水型社会。加大农业节水力度，加强节水灌溉示范工程建设，大力推广渠道防渗、喷灌、微灌、低压管道输水等高效节水技术，及先进的节水灌溉制度和农田沟渠整治等传统节水措施。加强工业用水管理，推进电力、钢铁、纺织、石化等高耗水行业节水管理，推广使用工业污水处理后回用、回收利用冷却水、城市污水综合回用等节水技术、装备和产品。建立节水机制，推广中水回用。完善差别水价形成机制。推广使用节水器具。增强全社会节水意识。

三、节约集约利用土地资源

坚持保护耕地的基本国策，实行最严格的耕地保护制度和节约用地制度，严格用途管制，提高土地节约集约利用水平。加大耕地保护力度,从严控制各类建设占用耕地,实行耕地先补后占。严格落实耕地保护责任制,实行基本农田有偿保护制度。统筹安排各类建设用地,合理确定新增建设用地规模、结构、时序,盘活存量建设用地,鼓励深度开发利用地上地下空间。发展农村集中型住宅,探索集体所有建设用地使用权流转,提高农村建设用地利用效率。积极发展城市节地型住宅和公共建筑。开展土地整理和复垦。五年新增建设用地面积、建设占用耕地面积分别控制在10.23万公顷和6.40万公顷以内。

四、节约原材料

加强重点行业、企业原材料消耗管理,提高原材料利用率。强化矿产资源节约利用,综合利用铁、铜、磷等国家紧缺矿产和我省优势矿产,重点加强有色金属、贵金属、稀有稀散元素矿等共伴生矿产资源的综合开发利用,确定不同尾矿及固体废物的开发利用方向,显著提高矿产资源开采回采率、选矿回收率和综合利用率。节约木材、建筑材料,延长材料使用寿命,鼓励使用新材料、再生材料。规范并减少一次性用品生产和使用,限制过度包装。

第三十四章　循环经济

以提高资源产出效率为目标,从生产、流通、消费各个环节入手,大力发展循环经济,全面开展循环经济示范行动。

一、构建循环型产业体系

选择农业及在全省经济发展中总量份额大、资源与能源消耗大、废弃物与污染物排放较多的电力、钢铁、磷化工、建材、装备制造等产业,着力构建循环型产业体系。

推进企业循环式生产。积极推行生态设计,全面加强清洁生产方面重大技术的研发和推广应用,建设一批清洁生产企业,实现能源梯级利用和资源循环利用。

促进园区和区域内产业循环式组合。按照循环经济要求规划、建设和改造各类产业园区,实现土地集约利用、废物交换利用、能量梯级利用、废水循环利用和污染物集中处理。推广青(山)阳(逻)鄂(州)跨区域循环经济发展模式,荆门市、谷城县等区域循环经济发展模式,武汉东西湖区农业循环经济、宜昌开发区磷化工循环经济等园区循环经济发展模式。在园区和区域内实现不同企业或产业间副产品、能源和废弃物的循环利用。

促进资源循环式利用。鼓励开发应用源头减量、循环利用、再制造、零排放等技术,综合利用工业废弃物,循环利用农林废弃物,逐步形成产业内部及产业之间相互耦合的物质循环,构建纵向闭合、横向联系的循环型产业体系。

二、构建再生资源循环利用体系

加强再生资源回收网络建设,建成一批再生资源集散交易市场和综合加工利用中心,构建以城市社区和乡村分类回收站点为基础、集散市场为枢纽、分类加工利用为目的“三位一体”的再生资源循环利用体系,形成分拣、拆解、加工、资源化利用和无害化处理等完整产业链条。

专栏13 循环经济重点工程

资源综合利用工程:支持共伴生矿产资源、煤矸石、粉煤灰、工业副产石膏、冶炼和化工废渣、尾矿、废石、建筑废弃物等大宗固体废弃物以及秸秆、废弃木材综合利用。培育一批资源综合利用示范基地。

"城市矿产"示范基地建设工程:建设3~5个技术先进、管理规范、利用规模化、辐射作用强的国家级和省级"城市矿产"示范基地,实现废旧金属、废弃电器电子、废弃电池、废纸、废塑料等资源再生利用、规模利用和高值利用。

再制造产业化工程:建设若干个国家级和省级再制造产业聚集区,培育一批汽车零部件、工程机械、矿山机械、机床、办公用品等再制造示范企业,实现再制造的规模化、产业化发展。

餐厨废弃物资源化利用工程:在全省选取5~8个城市建设一批科技含量高、经济效益好的餐厨废弃物资源化利用设施,实现餐厨废弃物的资源化和无害化处理。

产业园区循环化改造工程:在重点循环经济园区和产业集聚区实施循环化改造工程。

资源循环利用技术示范推广工程:依托省市内骨干企业和科研院所,建设若干重大循环经济共性、关键技术专用和成套设备生产应用示范项目和服务平台。

三、培育绿色消费体系

推广绿色标识产品,扩大绿色消费市场。推行政府绿色采购,逐步提高节能节水产品和再生利用产品比重。增强绿色消费意识,倡导理性消费与清洁消费,注重从源头减少废弃物。

四、创新促进循环经济发展的体制机制

严格市场准入,实施清洁生产审核制度。建立健全循环经济评价考核制度。实施生产者责任延伸制度。继续完善、落实资源综合利用的税收优惠政策,加大循环经济重大科技攻关项目的财政支持力度,充分运用价格调节机制,促进资源节约。加快运作武汉循环经济产业投资基金,支持循环经济产业发展。

第三十五章 生态建设

以构建"生态湖北"为目标,坚持保护优先和自然恢复为主,提升生态环境质量,维护生态平衡,保障生态安全。

一、建设功能完备的森林生态系统

加强天然林保护、退耕还林和植树造林力度,积极推进以封山育林为重点的山区绿化,以农田水网为重点的平原绿化,以绿色通道为重点的沿路、沿河、沿湖绿化美化。实施华中林业生态屏障、三峡库区和丹江口库区森林生态、沿江防护林、碳汇林业示范等重点工程建设,继续实施天然林保护二期工程,不断提升生态承载能力。

二、强化生物多样性保护

加强自然保护区建设,大力开展野生动植物保护。重点建设神农架、星斗山、石首麋鹿、后河等国家级自然保护区,九峰山、玉泉寺等国家森林公园,龙感湖等国家级湿地自然保护区。抓好湖泊生态湿地、神农架大九湖亚高山湿地恢复与保护等重点工程建设。加强野生动物疫源疫病和入侵

生物的监测防控，有效保护生物多样性。

三、加强生态治理

实施矿区林地改良与造林、封育补植、矿区生态恢复和矿区道路绿化等工程，加快矿区林地修复和植被恢复。保护和培育天然植被，开展人工造林，抓好石漠化综合治理工程，逐步改善岩溶地区石漠化生态环境。大力推进沙化土地和沙滩造林，实施防沙治沙建设工程，改善沙区生态环境。

四、地质灾害防治

加快建立和完善地质灾害调查评价体系、监测预警体系、应急救援体系、综合防治体系。加大泥石流、滑坡、地面塌陷等地质灾害治理力度，有效防治三峡库区等重点区域的地质灾害。建设地震烈度速报系统，开展重点地区活断层探测和地震小区划，进一步提高地震监测能力。

图4　生态建设空间布局

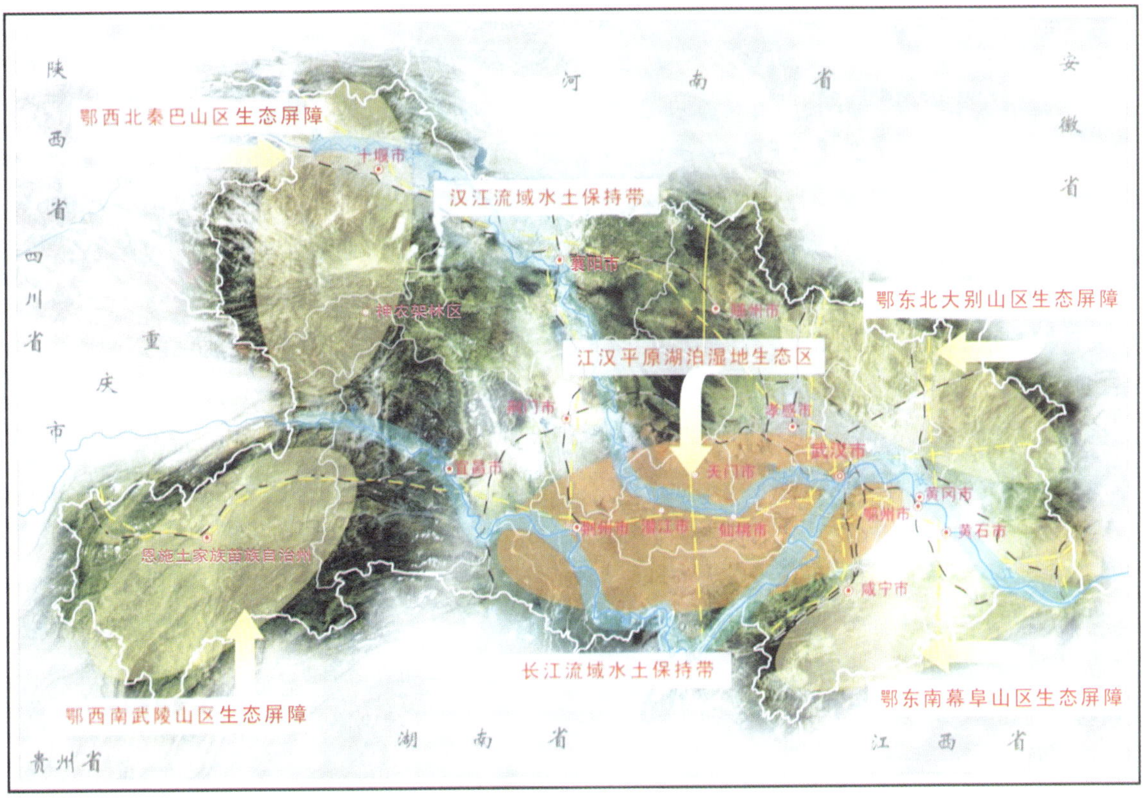

五、优化生态建设空间布局

推进形成以鄂东北大别山区、鄂西北秦巴山区、鄂西南武陵山区、鄂东南幕阜山区为生态屏障，以长江、汉江两个流域水土保持带为骨架，以江汉平原湖泊湿地生态区及其他生态地区为重要支撑，以点状分布的各类保护区为重要组成部分的生态建设空间布局。

六、建立和完善生态补偿机制

完善生态资源有偿使用制度，推行资源型企业可持续发展准备金制度，完善生态补偿考核指标体系和资金筹措机制。探索转移支付、对口支援、专项补贴、生态移民、异地开发等多样化的生态补偿方式，在梁子湖、汉江中下游、清江等流域以及神农架等区域开展生态补偿试点，逐步在饮用水水源地、自然保护区、重要生态功能区、矿产资源开发和流域水环境保护等方面实行生态补偿。

第三十六章　环境保护

以解决危害群众健康和影响可持续发展的突出环境问题为重点，严格实行污染物达标排放和总量控制，加强综合治理，明显改善环境质量。

一、强化污染物减排和治理

以水污染防治为重点，加强大气、危险废物、土壤、核与辐射等方面的污染防治，强化化学需氧量、氨氮、二氧化硫、氮氧化物等主要污染物减排。

水污染防治。全面推行流域水污染治理行政首长负责制，按照“一湖（库）一策”的要求，加强“三库”（三峡库区、丹江口库区、漳河库区）、“三江”（长江、汉江、清江）、“三湖”（洪湖、梁子湖、东湖）等重点区域水环境治理，编制实施武汉城市圈“碧水工程”规划，继续实施重点湖泊保护治理工程，促进水生态修复。全省地表水环境质量总体保持稳定，重点流域水环境质量持续改善。实行严格的饮用水水源地保护制度，开展跨界水质断面考核。进一步完善重点工业企业污染防控体系，严格执行污染物排放标准，削减造纸、化工、印染等行业化学需氧量、氨氮等污染物的排放量，工业废水排放达标率达到98%以上。提档升级城市环保基础设施，完善污水收集管网，强化污水处理厂污泥安全处置，重点流域城镇污水处理厂中增设脱氮除磷工艺。

大气和噪声污染防治。以改善城市环境质量为重点，全面加强大气污染防治。推进火电、钢铁、有色、化工等行业二氧化硫治理，大力开展烟气脱硫脱硝工程建设，新、扩、改建机组必须配套烟气脱硝设施，强化脱硫脱硝设施稳定运行。提升机动车污染控制水平，有效控制机动车尾气排放。实施城市清洁空气行动计划，加强对工业烟尘、粉尘、城市扬尘和有毒有害空气污染物排放的控制。有效控制区域复合型大气污染。地级以上城市空气质量二级以上比例达到80%以上。严格控制噪声污染。

固体废物及化学品污染防治。加强危险废物全过程管理，安全处置工业危险废物、医疗废物、电子垃圾等。综合利用和处置工业固体废物，工业固体废物综合利用率达到80%以上。综合整治简易垃圾处理或堆放的设施与场所，强化生活垃圾填埋场、焚烧处理厂的运行管理，提高生活垃圾处理水平。建立和完善有毒化学品进出口环境管理登记、风险评价等制度，有效防治新化学物质及危险化学品污染。

土壤及重金属污染防治。加大持久性有机物污染防治力度，推广应用重金属污染、有机污染、复合污染场地土壤修复技术，改善土壤环境质量，减少对地下水和周边生态环境的影响。开展重金属、危险废物污染场地治理和修复试点示范。

核与辐射防治。健全核与辐射环境管理体系，建立全省辐射环境监测网络。实施历史遗留放射性污染防治行动计划，有效解决退役放射源污染。加强核与辐射安全防护研究和技术开发，有效防御放射性和电磁辐射危害。

二、加强环境监管

实行严格的环保准入和污染物排放标准，强化环境影响评价。加快建设大气、水质、噪声自动监测预警系统。严格落实环境保护目标责任制，加强环境执法监管能力建设，健全重大环境事件和污染事故责任追究制度，建立环保社会约束和监督机制。建立长效机制，防范环境风险，加强对重大环境风险源的动态监控与风险预警及控制。

第三十七章　应对气候变化

坚持减缓与适应并重的原则，有效控制温室气体排放，适应气候变化影响，不断提高应对气候变化和防御自然灾害的能力。

一、有效控制温室气体排放

大力发展低碳产业，在工业、交通、建筑等重点领域逐步实现低碳化，优化能源消费结构，有效控制二氧化碳、甲烷、氧化亚氮等温室气体的排放。建立完善温室气体排放数据统计和管理体系。加强气候变化科学研究，加快低碳技术研发和应用。开展低碳试点，探索低碳企业、低碳园区、低碳社区、低碳城市的发展模式和有效运行机制。

二、增加森林碳汇

大力开展植树造林，加强林业重点生态工程建设，研究选育具有较高二氧化碳吸收率和速生短轮伐期的新品种，增强森林固碳能力。

三、加快适应气候变化

加强农业、水资源、生态系统、人类健康等领域适应气候变化特别是应对极端气候事件的能力。选育抗逆性强的农作物优良品种，增强农业适应气候变化的能力。开展气候变化地方环境与健康行动研究。加强气象灾害监测网络建设，建立健全防御极端天气事件的预警预报体系，增强处置气象灾害的能力。开展适应气候变化重点示范区建设。

四、增强公众应对气候变化意识

加强应对气候变化的宣传、教育和培训，树立低碳生活理念，推广使用低碳产品，倡导低碳绿色生活方式和消费模式。

第十篇　推动文化大发展大繁荣

坚持社会主义先进文化的前进方向，坚持文化事业和文化产业协调发展，以改革创新为动力，以满足人民群众不断增长的精神文化需求为出发点和落脚点，进一步解放和发展文化生产力，不断提升全省文化软实力，努力建设文化强省。

第三十八章　提升文化软实力

把握文化发展规律，加快文化体制机制改革创新，充分发挥文化引导社会、教育人民、推动发展的功能，创新文化生产和传播方式，增强文化发展活力，建设全省人民共有共享的精神家园，增强凝聚力和创造力。

一、提高全省人民群众文明素质

加强社会主义核心价值体系建设。结合国情省情，深入开展理想信念教育。加强爱国主义、集体主义、社会主义教育，加强民主法制教育、廉政文化教育和国防教育，大力培育和弘扬湖北人文精神。

全面加强公民道德建设。贯彻落实《公民思想道德建设实施纲要》，广泛开展普德、立德、行德、评德、颂德活动，将思想道德建设延伸到非公有制经济组织、新社会组织，覆盖到社会各个领域、各个层面。广泛开展社会主义荣辱观学习实践活动，培育先进典型，宣传道德模范，加强社会公德、职业道德、家庭美德和个人品德建设。建立和完善学校、家庭、社会三结合的教育网络，动员社会各方面共同做好青少年思想道德教育工作。

深入推进"文明湖北"建设。不断拓展群众性精神文明创建活动，提升公民文明素质和城乡文明程度。加强志愿服务队伍建设。弘扬科学精神，加强人文关怀，培育奋发进取、理性平和、开放包容的社会心态。提倡修身律己、尊老爱幼、男女平等、勤勉做事、平实做人，推动形成我为人人、人人为我、人人为社会的良好氛围。强化职业操守，鼓励劳动致富，发扬团队精神。净化社会文化环境，保护青少年身心健康。综合运用教育、法律、行政、舆论手段，引导全省人民群众知荣辱、讲正气、尽义务，形成扶正祛邪、惩恶扬善的社会风气。

二、繁荣发展哲学社会科学

加强哲学社会科学理论研究，着力提高服务决策、服务发展的能力和水平，推进湖北哲学社会科学力量的优化整合，推进学科体系、学术观点、科研方法创新，实现由社科大省向社科强省的跨越。

三、推进文化创新

适应群众文化需求新变化，深化文化体制改革，弘扬主旋律，提倡多样化，使精神文化产品和社会文化生活更加丰富多彩。

深化公益性文化事业单位改革。合理界定现有文化事业单位性质和功能，突出公益属性，强化服务功能。积极推进内部人事、收入分配和社会保障制度改革，推行全员聘用制度和岗位管理制度，引入竞争激励机制，激发内在活力，提高服务水平。

加快经营性文化单位转企改制步伐。通过深化改革，打造大型出版发行企业；推动国有院团转企改制，吸纳社会资金参与股份制改造，组建综合性演艺集团公司；加快电影院线建设，大力发展农村数字院线。推进新闻媒体改革，突出抓好宣传与经营两分开。抓好非时政类报刊和重点新闻网站的转企改制，不断提高市场竞争力。

完善文化市场体系。大力发展文化产品、服务和要素市场，努力健全文化行业组织，加快发展文化中介机构和文化经纪人，发展现代流通组织形式，形成统一开放、竞争有序的现代文化市场体系。大力培育和发展文化产权交易市场、出版物流市场、图书批发市场、演艺娱乐市场和文化经营拍卖公司等。办好华中图书交易会、中国（武汉）期刊交易博览会等多种形式的文化产业博览交易会，建设具有地区影响力的文化会展中心。

创新文化管理方式。整合有关部门文化行政管理职能，规范行政许可行为，清理、减少文化行政审批事项。加快推进文化市场综合执法改革，整合现有文化市场执法队伍，不断提高文化市场执法能力和监管能力。积极探索新形势下国有文化资产管理新途径，加强有效监管，实现国有文化资产保值增值。

四、打造文艺精品

大力推进文艺精品创作生产。建立重大文化产品创作生产项目科学策划、论证、筛选和扶持机制。以精神文明建设“五个一工程”、“湖北出版政府奖”和“屈原文艺奖”为主要抓手，充分利用湖北特色文化资源，抓好影视剧、长篇小说、动漫、舞台剧、广播剧、歌曲的精品生产，大力支持文学、戏剧、音乐、美术、杂技等优势文艺门类发展。整合资源，拓展领域，延伸链条，推出50项具备国家水准、反映时代精神、体现湖北特色、深受群众欢迎的重点文艺精品。鼓励文艺工作者深入实际、深入生活、深入群众，多出思想深刻、艺术精湛、群众喜闻乐见的文化精品力作。

切实加强文艺精品推广营销。充分利用各类媒体，提高优秀文艺作品的知名度和影响力。加强市场营销，组织好文艺精品的首发、首映、首演及展演、展播、展映、展出活动，提高优秀作品的市场占有率，加快文艺精品的产业化、普及化、市场化步伐。

第三十九章　文化事业

始终把社会效益放在首位，扶持公益性文化事业，加强文化遗产保护，基本建成公共文化服务体系。

一、加强公共文化设施建设和管理利用

以农村基层为重点，继续实施文化惠民工程。加强省市重要新闻媒体建设，重视互联网等新兴媒体建设、运用、管理，把握正确舆论导向，提高传播能力。对全省公共文化设施进行普查，科学规划，整合资源，最大限度地发挥公共文化设施的作用。建设好省广播电视基地、省图书馆新馆、省博物馆扩建、荆楚文苑、湖北戏剧牡丹园、省民族文化宫等重要文化工程，加大市州图书馆、博物馆（包括土家族博物馆）、文化馆的建设力度。加强社区文化中心、文化活动室、县市数字影院等基层文化阵地建设，继续实施好广播电视村村通地面无线数字电视全覆盖、基层文化阵地建设、文化信息资源共享、农村电影放映、农家书屋等重点工程，实施县级公共图书馆、文化馆建设工程，全省县（市、区）公共图书馆、文化馆和乡镇综合文化站力争全部达到国家标准。加强网络文化建设。积极建设数字电视阅读、数字图书馆等网络公共文化服务载体。利用农村党员干部现代远程教育网络推进农村文化建设。鼓励社会资金投入公共文化服务设施建设，引导农民和社区居民自办文化设施。全面实施国家中西部县级综合档案馆建设规划，提高全省综合档案馆的设施保障水平和社会服务功能。

二、开展公益性文化服务

按照公益性、基本性、便利性、均等性原则，以政府为主导，以公共财政为支撑，以公益性文化事业单位为骨干，以基层为重点，鼓励社会积极参与，创新公共文化服务方式，努力保障人民群众的基本文化权益。做好社会优秀文化、学术成果的积累和传承工作。加强基层文化队伍建设。探索建立高等院校、省市文化单位对口支援县（市、区）繁荣发展基层文化的机制。继续配送和利用好流动舞台车、图书车、电影放映车。积极开展送戏、送书、送电影下乡等活动，大力发展繁荣乡村文化、社区文化、家庭文化、企业文化、校园文化、广场文化等。鼓励和支持各地开展各具特色、丰富多彩的群众文化活动。全省公共图书馆、博物馆以及纪念馆、烈士陵园等爱国主义教育基地向社会免费开放。完善政府信息公开查阅场所建设，实现档案信息资源共享共用，充分发挥档案信息存史、资政、育人的作用。

三、保护利用文化遗产

坚持“保护为主、抢救第一、合理利用、加强管理”的原则，重视优秀历史文化的研究与发掘，加大对世界文化遗产和历史文化名城、名镇、名街、名村及各级文物保护单位的保护和利用。在推进旧城改造和市政建设过程中，突出城市文化内涵，切实保护优秀历史文化建筑、遗址、革命旧址、党史遗址及文物。加强三峡工程湖北库区、南水北调中线工程丹江口库区文物保护，重点实施荆州片区国家大遗址保护示范项目，建设好辛亥革命武昌起义纪念馆、中山舰旅游区、盘龙城、龙湾、石家河遗址保护等工程。抢救保护非物质文化遗产，加大数字化保护力度，健全省、市、县三级非物质文化遗产名录体系和代表性传承人保护机制，建设一批非物质文化遗产保护区和传习所。做好文化典籍整理工作。支持少数民族文化传承与发展。保护楚剧、黄梅戏、荆州花鼓戏等地方剧种，推动我省地方戏曲繁荣发展。

第四十章　文化产业

坚持政府引导、市场推动,鼓励和引导非公有制经济进入文化产业,培育骨干文化企业和战略投资者,发展新型文化业态,增强多元化供给能力,满足多样化社会需求,繁荣文化市场,推动文化产业成为全省支柱产业。文化产业增加值占生产总值的比重达到6%左右。

一、积极发展重点文化产业和新型文化业态

加快建设一批重大文化产业项目。着力发展文化创意、影视制作、电影放映、出版发行、印刷复制、广告、演艺娱乐、古玩收藏与艺术品业、文化会展、动漫游戏等重点产业,加快发展数字出版、数字传输、新型文化装备制造等新兴产业,支持发展数字多媒体广播、手机出版、手机广播电视等,开发移动文化信息服务、数字娱乐产品等增值服务,为各种便携显示终端提供内容服务。充分利用我省科教文化富集和通讯发达的优势,加快推动文化与经济、科技、旅游、教育等方面的融合与互动,不断催生新型文化业态,拓展文化产业空间,推动文化产业升级。

二、做大做强文化企业

大力推动长江出版传媒集团有限公司、湖北日报传媒集团、湖北省广电总台、知音传媒集团等整合重组省内相关资源,鼓励和支持到省外开展兼并、联合和重组,尽快壮大规模、提高集约化水平,加快湖北演出娱乐院线组建,推动相关产业链发展。大力推动全省广电网络整合,加快组建全省一网、模数转换、双向互动、统一运营的广播电视网络公司。支持湖北省电影发行放映总公司做大做强。推进投资主体多元化,引导、扶持民营文化企业加快发展。加快长江出版、楚天传媒、知音传媒、楚天数字有线等文化企业上市进程。加强文化交流,创新文化“走出去”模式,扶持和发展外向型文化企业。增强全省文化竞争力和影响力。

三、加快文化产业园区和基地建设

统筹规划文化产业园区和基地建设,集聚产业,突出特色,建设好楚天传媒创意产业园、知音文化产业园、汉阳造文化创意产业园、光谷创意产业园、武当山太极湖文化产业园、环梁子湖创意产业园、曹禺文化产业园、武汉·国家文化产业基地(武汉·中国文谷)、华中国家数字出版基地、湖北长江出版生产流通基地、龙潭书院荆楚文化传承基地等一批具有品牌和规模效应的文化产业园区和基地,发展具有地域和民族特色的文化产业集群。

第十一篇　深化改革与扩大开放

进一步解放思想,围绕完善社会主义市场经济体制进行制度创新,解决湖北发展中的实际问题,为发展提供强大动力。大力实施开放先导战略,以开放促发展、促改革、促创新。

第四十一章　体制机制创新

坚持社会主义市场经济的改革方向，以更大决心和勇气全面推进各领域改革，着力提高改革决策的科学性、增强改革措施的协调性，尊重群众首创精神，积极稳妥地推进重点领域和关键环节的改革，加快构建充满活力、富有效率、更加开放、有利于科学发展的体制机制。

一、推进国有经济战略性调整

加快国有经济发展，优化国有经济布局和结构。健全国有资本有进有退、合理流动机制，推动国有资本从一般竞争性领域退出，向具有比较优势的先进制造业、能源冶金业、现代服务业、基础设施等重要行业和关键领域集中，增强国有经济的活力、影响力、控制力，发挥国有经济对经济社会发展的引领支撑作用。加快国有企业股份制改革，完善公司法人治理结构，加快建立现代企业制度。积极推进国有企业的战略性重组，培育一批具有国际竞争力的特大型企业集团。完善国有资产管理体制。按照国家部署，深化电力、电信、盐业、邮政、铁路等垄断行业和市政公用事业改革。

二、深化农村经济体制改革

坚持和完善农村基本经营制度。稳步推进土地承包经营权流转和土地适度规模经营。探索农村集体产权制度改革，继续推进以"城中村、城郊村、园中村"为重点的集体产权创新试点。有序推进农村土地管理制度改革。完善城乡平等的要素交换关系，促进土地增值收益和新增农村存款主要用于农业农村。深化农村信用社改革，支持以县为单位完善法人治理结构，加快组建农村商业银行，整体推进城区农村信用联社改为区域性商业银行。支持农业银行、农村信用社、邮政储蓄银行等银行业金融机构延伸农村服务链条，创新金融产品和服务方式，增加涉农信贷投放。积极推广农村小额信用贷款，培育和发展村镇银行、小额贷款公司、农村资金互助社等新型农村金融机构。大力发展农村政策性担保业务。争取建立生猪、淡水产品期货交易市场。深化农村综合改革，探索建立新形势下农村公益事业建设的有效机制，巩固和完善"以钱养事"新机制。深化国有农场和国有农牧渔良种场改革，推进集体林权和国有林区林权制度改革。

三、推进行政管理体制改革

加快转变政府职能。健全政府责任体系，切实把政府职能转向提供优质公共服务、维护社会公平正义和创造良好发展环境上来。深化行政审批制度改革，探索实行集中审批机制。加强行政服务体系建设，加快建设服务型政府。全面推进依法行政。大力推进"以责任为核心的法治政府"建设，依法"确责、履责、问责"，提高政府依法行政能力和水平。健全科学决策、民主决策、依法决策机制，推进政务公开，增强公共政策制定的透明度和公众参与度。加强和改进立法工作，健全行政执法体制和程序，完善行政复议和行政诉讼制度。加强行政问责制，健全责任追究制度和纠错改正机制。健全对行政权力的监督制度。认真实施《湖北省法治政府建设指标体系(试行)》。推进政府机构和事业单位改革。继续优化政府结构、行政层级、职能责任，逐步建立职能有机统一的大部门体制，健全部门间协调配合机制。深化"省直管县"改革，进一步扩大县级政府经济社会管理权限。大力推进乡镇管理体制改革,加强基层政权建设。积极稳妥推进事业单位分类改革。深化投资体制改革。建立市场引导投资、企业自主决策、银行独立审贷、融资方式多样、中介服务规范、宏观调控有效的新型投资体制。明确界定政府投资范围,提高政府投资效益,全面推行非经营性政府投资项目代建制。进一步落实企业投资自主权,规范国有企业投资行为,鼓励扩大民间投资。在清理规范的基础上,加强全省投融资平台建设,提升投融资效能。建立健全投资调控和监管体系。

四、加快财税体制改革

积极构建有利于转变经济发展方式的财税体制。健全公共财政体系。调整和完善财政管理体制,理顺省以下政府间收入分配关系,增强基层政府财政保障能力,提升基本公共服务均等化水平。加快形成覆盖政府所有收支、完整统一的公共预算体系。继续深化财政国库管理制度改革。完善政府采购制度。深化地方政府债务管理体制改革。争取资源税、环境税在武汉城市圈率先试点。

五、深化金融体制改革

完善金融管理体制。推进地方金融机构改革,鼓励社会资金投资入股地方金融企业,实现投资主体多元化。提高银行业、证券业、保险业竞争力。鼓励发展贷款公司、基金管理公司、信用担保、风险投资、信托、租赁、资产管理等非银行金融机构。加快多层次资本市场体系建设。加强中小企业信用担保体系建设,完善中小企业金融服务体系。推进金融机构在省内设立全国性或区域性金融后台运行与服务机构。加强和改进金融监管,防范和化解金融风险。

六、推进资源性产品价格改革

按照国家部署,重点推进水、电、油、气、矿产等资源类产品价格改革,完善重要商品、服务、要素价格形成机制。建立统一、开放、竞争、有序的资源市场体系,促进资源产权和产品自由流动。

第四十二章　对内对外开放

坚持敢开放、真开放、先开放、全开放,强化服务、优化环境,抓住国际国内资本和产业转移的机遇,加大招商引资力度,扩大利用外资规模,提高利用外资质量,努力增加出口,合理扩大进口,把扩大开放与产业结构优化升级结合起来,构建对内对外开放新格局,努力使我省对外开放走在中西部地区前列。

一、扩大利用外资规模和提高利用外资质量

创新招商引资方式,扩大利用外资规模,争取实际使用外商直接投资达到53亿美元。围绕我省优势产业、战略性新兴产业,策划一批促进产业升级、完善产业配套的招商引资项目,引导外资更多投向先进制造业、高新技术产业和现代服务业等重点领域。争取在武汉设立更多领事馆,支持和鼓励跨国公司和国内大型企业集团在我省设立地区总部、研发中心、区域性采购中心等机构,加大与中央直属企业的对接力度。大力推广"以民引外"等利用外资新模式,规范和引导外资并购和增资扩股。继续争取和利用国际金融组织贷款、外国政府贷款和国际商业贷款。充分发挥各级各类

开发区在吸引外资中的先导作用。注重引资与引智相结合，加大智力、人才和技术引进工作力度，借鉴国际先进管理理念、制度、经验，促进体制创新和科技创新。建立科学的外商投资环境考核和监督管理体系，进一步改善投资环境。

二、扩大出口和优化外贸结构

实施科技兴贸和品牌兴贸战略，积极扩大出口，促进外贸发展转型升级，进出口总额达到450亿美元。推进市场多元化战略，大力开拓国际和地区性市场。巩固欧美、日韩以及港澳地区等传统市场，大力拓展俄罗斯、巴西、印度、非洲国家等新兴市场。建立多种形式的国际市场开拓机制，利用电子商务推进国际贸易，组建境外营销中心，支持我省企业开拓国际市场。实施扩大出口重大工程。实施农产品出口“1515”工程和机电、高新技术产品出口“2112”工程，培植一批规模大、层次高的出口龙头企业，形成带动作用强、体现各地特色和优势的出口产业集群。培育发展中小外贸企业，不断提升出口竞争力。优化进出口商品结构。大力支持自主品牌和自主知识产权产品出口。进一步支持船舶、汽车及零部件等机电产品，通信、消费电子、精细化工等高附加值产品、高新技术产品出口，不断提高农产品、纺织服装等传统出口产品的附加值。鼓励企业进口先进设备、关键技术，以及原材料和能源等战略性资源。优化贸易方式结构。推动加工贸易转型升级，由单一加工环节向上下游产业链延伸。大力发展服务贸易，进一步推动文化、软件等产品出口，促进服务贸易与货物贸易协同发展。加强大通关建设。加强口岸设施、电子口岸建设，加快构建一体化口岸服务体系。整合口岸资源，推动运输、集散型口岸向综合服务型口岸发展，将武汉打造成为中部进出口货物集散地。积极探索建立与大通关要求相适应的通关模式，加强区域通关合作，简化和规范转关运输监管，提高通关效率。加强应对贸易摩擦工作。健全出口预警、进口监测、反倾销应诉、产业损害调查体系，提高反倾销应对能力。积极应对国际贸易争端和摩擦。

三、大力实施“走出去”战略

按照市场导向和企业自主决策原则，引导和支持各类所有制企业有序到境外投资合作，积极参与全球化竞争，稳妥推进战略资源的全球化配置。鼓励具有比较优势的企业行业积极参与国际能源、矿产资源和农业开发合作，拓宽“走出去”渠道。提高对外承包工程的规模和水平，培育一批具有较强国际竞争力的大型海外承包工程企业集团。加强以海员外派为主的综合劳务基地建设，逐步构建外派劳务招募、培训、输送、跟踪服务的网络体系，提高外派人员素质。推动资源开发、工程承包、劳务输出“走出去”。切实维护我省企业和外派人员在海外的合法权益，防范各类风险。

四、加强国内区域间经济交流与合作

加大承接产业转移力度，积极承接低污染、低消耗、高效益产业的转移。建立省际合作协调机制，加强与周边省市的紧密型经济协作。充分利用中博会、中部论坛等合作机制，与中部各省开展更充分、更广泛的合作，实现共同崛起。联合沿江省市，推进长江上中下游地区规划、市场、产业对接，深化鄂沪战略合作。加强与高铁沿线区域合作，推动鄂湘粤三省和武汉城市圈、长株潭城市群、珠江三角洲的融合与互动，发展武汉—广州高铁在鄂境内沿线经济带。积极参与西部大开发。充分利用鄂商大会平台，实施“鄂商回归工程”，提升国内经济合作水平。

第四十三章　发展民营经济

充分发挥民营经济在促进经济发展、调整产业结构、繁荣城乡市场、扩大就业等方面的重要作用。民营经济增加值占全省生产总值的比重提高到55%左右。

一、拓宽投资领域和范围

认真贯彻落实《国务院关于鼓励和引导民间投资健康发展的若干意见》，鼓励和引导民间资本进入法律法规未明确禁止准入的行业和领域，市场准入标准和优惠扶持政策公开透明，不得对民间资本单独设置附加条件。鼓励和引导民间资本重组联合和参与国有企业改革，鼓励民营企业参与产业结构调整。

二、提升发展水平

鼓励和支持民营企业增加研发投入，加强技术创新，促进科技成果转化，推动转型发展，实现二次创业。引导民营企业加快建立现代企业制度，完善公司法人治理结构，培育壮大一批市场竞争能力强、辐射带动作用明显的民营企业。鼓励和支持民营企业争创著名商标、驰名商标，运用商标策略扩大市场占有率。鼓励和支持民营企业积极“走出去”，参与国际经济技术合作。

三、加大政策支持和引导力度

加大财政、税收支持力度，有条件的市县设立扶持中小企业的专项资金。减免部分行政事业性和经营性收费，实行鼓励和扶持的价格政策，依法依规保障民营企业项目用地。创新对民营企业的金融服务，拓宽直接融资渠道，推进一批创新型、成长型民营企业上市融资。鼓励和支持多个民营企业联合或以产业集群、工业园区企业打包方式发行集合票据、集合债券、集合信托融资。依法保护民营企业的合法权益。加强和改进对民营企业的监管。

四、加快服务体系建设

加快社会服务体系建设。整合社会服务资源，积极建设创业辅导、融资担保、技术创新、信用评价、人才培训、信息咨询、法律咨询、协会商会等八大服务体系。积极为民营企业创业提供公共服务。加快民营企业创业基地建设。大力实施以创业辅导、创业孵化、跟踪服务为主要内容的“创业促进工程”，鼓励各类人员创业兴业。发挥行业协会和商会的作用。鼓励、支持民营企业依法组建行业自律性协会和商会。

第四十四章　培育市场主体

实施“市场主体增量行动”，优化市场准入环境，支持各类市场主体做多、做大。继续搞好“大企业直通车”服务，鼓励、支持企业兼并重组，培育具有核心竞争力的大企业、大集团。坚持推进

“中小企业成长工程”，加强政策扶持，支持中小企业创业示范基地、公共服务和融资担保服务平台建设，推进中小企业快速成长。大力实施“全民创业工程”，完善鼓励创业的政策措施，维护创业者的合法权益，鼓励外出人员带资金、技术、信息回乡创业，吸引和带动民间资本向生产领域聚集。培育企业家队伍。提高企业家素质，培养和造就一支知法守法、诚实守信、勇于开拓、善于经营管理的民营企业家队伍。

第十二篇　建设和谐湖北

加强民主法制和民主政治建设。全面做好人口和计划生育工作。加强社会管理，促进社会和谐稳定。

第四十五章　民主法制与民主政治建设

扩大社会主义民主，健全社会主义法制，深入贯彻落实《法治湖北建设纲要》，建设法治湖北。

一、发展社会主义民主政治

坚持和完善人民代表大会制度、中国共产党领导的多党合作和政治协商制度、民族区域自治制度和基层群众自治制度。健全民主制度，依法实行民主选举、民主决策、民主管理、民主监督，保障人民的知情权、参与权、表达权和监督权。巩固和壮大最广泛的爱国统一战线，全面贯彻执行党的民族政策、宗教政策和侨务政策。

二、加强法制建设

全面推进依法治省。坚持民主立法、科学立法，提高立法质量。加强司法监督，促进公正司法，维护社会公平正义，维护社会主义法制统一、尊严和权威。深化法制宣传，积极弘扬法治精神。

三、深入推进党风廉政建设

加强廉政风险防控，完善惩治和预防腐败体系。强化领导干部经济责任审计，加大问责力度，严格权力运行制约和监督，加大查办违纪违法案件工作力度。

第四十六章　人口和计划生育工作

坚持计划生育基本国策，统筹解决人口问题，促进人口与经济社会、资源环境相协调。

一、计划生育

全面加强人口和计划生育工作，逐步完善政策，继续稳定低生育水平。加强生育文明建设，实施“关爱女孩行动”，综合治理出生人口性别比偏高问题。加强流动人口计划生育服务管理。提高生殖健康水平，提升基层计划生育技术服务能力，实施优生促进工程，改善出生人口素质。落实计划生育利益导向政策，在各项惠民政策中体现对计划生育家庭的优先优惠。

二、积极应对人口老龄化

统筹发展城乡老龄事业，完善老年社会保障体系，实现老有所养、老有所医、老有所学、老有所乐。加快养老服务体系建设，培育壮大养老服务产业。拓展养老服务领域，实现养老服务从基本生活照料向医疗健康、精神慰藉、法律服务、紧急援助等方面延伸。保障老年人权益，重视和支持老年人参与经济社会发展。

三、保障妇女儿童合法权益

坚持男女平等基本国策，保障妇女平等享有公共卫生服务、教育、就业、社会保障、参与决策和管理等权利。坚持儿童优先原则，不断提高儿童身心健康、受教育和享有社会福利水平，加大对留守流动流浪等弱势儿童群体的救助和保护力度，促进儿童参与社会实践和公益活动。完善妇女儿童法规体系，优化妇女儿童发展的社会环境。加强各级妇女儿童活动中心（场所）建设和利用。

四、发展残疾人事业

健全残疾人社会保障体系和服务体系，发展残疾人社会福利事业，保障残疾人基本生活。加强残疾人托养服务机构和专业康复机构建设，构建残疾预防体系。加强残疾人就学、就业服务和职业培训，繁荣残疾人文化体育事业，促进残疾人全面发展。推进无障碍建设。完善残疾人法律法规体系，依法维护残疾人合法权益。倡导理解、尊重、关心、帮助残疾人的良好社会风尚。

第四十七章　体育事业

大力开展全民健身运动，增强全省人民群众体质。加大群众性体育设施、公共体育场馆建设力度，完善竞技体育设施建设。重点建设奥林匹克体育中心（二期）等工程，支持武汉体育学院发展。健全和完善市、县综合性体育场（馆）等设施。不断提高全省街道、乡镇、村（社区）公共体育场地、设施覆盖率。加强体育后备人才队伍建设，健全训练网络，形成年龄结构合理的运动员梯队。巩固和扩大竞技体育的优势项目，提高竞技运动水平，努力建设体育强省。

第四十八章　社会管理

加强社会管理能力建设，创新社会管理体制，进一步完善党委领导、政府负责、社会协同、公众参与的社会管理格局,促进社会和谐发展。

一、提高政府服务型管理能力

建立健全基本公共服务体系。把建立健全基本公共服务体系、促进基本公共服务均等化作为社会管理的重要基础,保障公民基本权益和社会公平,从源头上预防和减少社会矛盾。大力推进电子政务建设,实现全省电子政务内网省、市、县三级覆盖和外网省、市、县、乡四级各部门覆盖。创新公共服务供给方式。改革基本公共服务提供方式,引入竞争机制,扩大购买服务,实现提供主体和提供方式多元化。推进非基本公共服务市场化改革,增强多层次供给能力。

二、公共安全体系建设

加强安全生产,把预防重特大事故作为社会管理的重中之重,建立健全安全生产长效机制。加强安全监管基础设施、装备及技术支撑体系建设,建设省级安全生产技术支撑中心,实施安全生产四项工程,推进安全生产信息化建设,严格安全准入,全面推进企业安全生产标准化,加强安全生产先进适用技术和新装备、新工艺、新标准的推广应用。建立安全生产责任体系,严格安全生产目标考核和责任追究。建立重大隐患治理激励约束机制,强化隐患治理。亿元生产总值生产安全事故死亡率下降36%。

建立健全社会应急管理机制,有效应对洪涝、干旱、地震等自然灾害、事故灾难、公共卫生、社会安全等突发公共事件,提高危机管理和抗风险能力。增设和改造森林防火、煤矿等方面的安全设施和应急装备。完善防灾减灾社会动员机制,加强宣传教育,增强防灾减灾意识,开展应急救护培训,提高公众应急避险和自救互救能力。提高质量管理水平,加快推进标准化、计量、质量监管和质量诚信体系建设,重点建设国家级和省级区域综合共享检测平台。加强监管能力建设,提高食品、药品、餐饮卫生监管水平,支持建设湖北食品保健品化妆品质量安全监督检测中心、湖北生物制品检定所、湖北新药评审中心、医疗器械国家区域性检测中心、湖北商品质量监督管理站。增强全社会消防安全意识,提高高层建筑等消防装备能力,切实做好消防工作。加强社会治安综合治理,深入开展平安湖北建设。建立健全适应经济社会发展的打防控一体化的社会治安防控体系。加强政法公安信息化建设,推进城乡社区警务、群防群治队伍等基层基础建设。依法严厉打击各种犯罪活动,持续开展重点整治。加强法院、检察院、公安、国家安全、司法等相关设施建设,调整监狱布局。加强反恐能力及装备建设。

三、社会协调与管理

加强城乡社区建设。全面开展城市社区建设,积极推进农村社区建设,健全新型社区管理和服务体制,完善社区自治结构,拓展社区服务职能,实现社区公共服务站全覆盖。加强农村基层党员群众服务中心建设。加强社会组织建设。鼓励和支持各类社会组织依法自主参与社会管理,放开服务类社会组织准入,逐步推广政府向社会组织购买服务。完善社会组织监督机制。建立“枢纽型”社会组织,发挥好工会、共青团、妇联等组织的龙头引领作用。加强非公有制经济组织、新社会组织的专职党群工作者队伍建设。健全维护群众权益机制。完善社会稳定风险评估机制,切实维护群众合法权益。健全人民调解、行政调解、司法调解联动的“大调解”工作格局。建立专业性行业性调解组织,构建“第三方”调解机制。加强基层综治维稳中心建设,建立县、乡镇(街道)、社区

(村)化解矛盾纠纷综合平台。加强信访工作,健全信访联席会议制度,积极开展以群众工作统揽信访工作的试点。畅通和规范群众诉求表达、利益协调、权益保障渠道。加强对各类社会人群的服务管理。以促进农民工融入城镇为重点,探索推行流动人口居住证制度,为流动人口提供优质服务,加强规范化管理。加强对易肇事肇祸精神病人、吸毒人员等特殊人群服务管理场所建设。加强对劳教释放人员、失足青少年等人群的帮教。加强对网络虚拟社会的管理。健全网络媒体信息管理机制,规范新兴媒体管理。加强社会管理的信息化建设。建立社会服务管理综合信息网络平台,实行整体联动、资源共享。

第四十九章　国防动员与双拥工作

坚持平战结合、军民结合、寓军于民的方针,完善国防动员配套法规制度和组织领导机构,建立健全与国防安全需要相适应、与经济社会发展相协调、与突发事件应急机制相衔接的国防动员体系。深化国防教育,增强国防观念。注重军民融合式发展,坚持基础设施建设贯彻国防需求,抓好国民经济动员、军品科研生产和维修保障动员、人民防空、交通战备、科技动员、信息动员和医疗卫生动员等工作,增强国防动员能力。深入推进民兵预备役部队建设和改革,加强军事训练,改善装备保障。加强全省武警部队装备和信息化建设,切实提高部队遂行多样化任务能力。积极支持军民两用技术开发和军民结合服务平台建设,加强财政金融引导,推动军民结合产业化发展。加强"双拥"工作,落实优抚安置政策,做好军转、军休干部安置管理和随军家属就业工作,加大退役士兵安置改革力度,密切军政军民团结。

第十三篇　规划实施与保障机制

建立投资拉动、消费驱动、出口助推、要素供给稳定、政策保障有力、发展环境良好、实施过程有序的规划实施和保障机制,确保各项规划任务顺利推进和各项规划目标如期实现。

第五十章　保持投资增长力度

着力改善投资环境,不断优化投资结构,扩大投资规模,实施一批重大项目,推动全省经济社会又好又快发展。

一、发挥投资对经济社会发展的拉动作用

围绕"扩大内需、强化基础、调整结构、改善民生",深化投资管理体制改革,鼓励和引导民间投资,不断扩大投资规模,力争全省固定资产投资总规模达到8万亿元左右,年均增长15%以上,支撑全省经济社会跨越式发展。进一步规范政府投资,财政预算内投资重点投向保障性安居工程、

"三农"建设和城镇化、社会事业和公共服务体系、欠发达地区经济社会发展和基础设施建设、节能减排和生态环境建设、自主创新能力建设和结构调整等六大重点领域。

二、实施重大工程

围绕全省经济社会发展战略重点,实施一批事关湖北全局和长远发展的重大工程和重点项目,增强发展后劲和可持续发展能力,改善人民生活的基础条件。

"十二五"规划项目库中,亿元以上重大项目7980项,总投资8.52万亿元,其中,"十一五"结转在建项目2902个,新开工项目1772个,前期和策划储备项目3306个。

按行业类别划分。围绕优化投资结构,重点安排先进制造业、现代服务业、基础设施、生态环境、农业水利和社会发展等六大类项目。

表1 各行业项目投资

项目	项数	投资(万亿元)	占总投资%
先进制造业	2187	2.29	26.88
现代服务业	2070	1.77	20.77
基础设施	2013	2.62	30.75
生态环境	668	0.63	7.39
农业水利	557	0.65	7.63
社会发展	485	0.56	6.58
合计	7980	8.52	100

图5 各行业项目个数

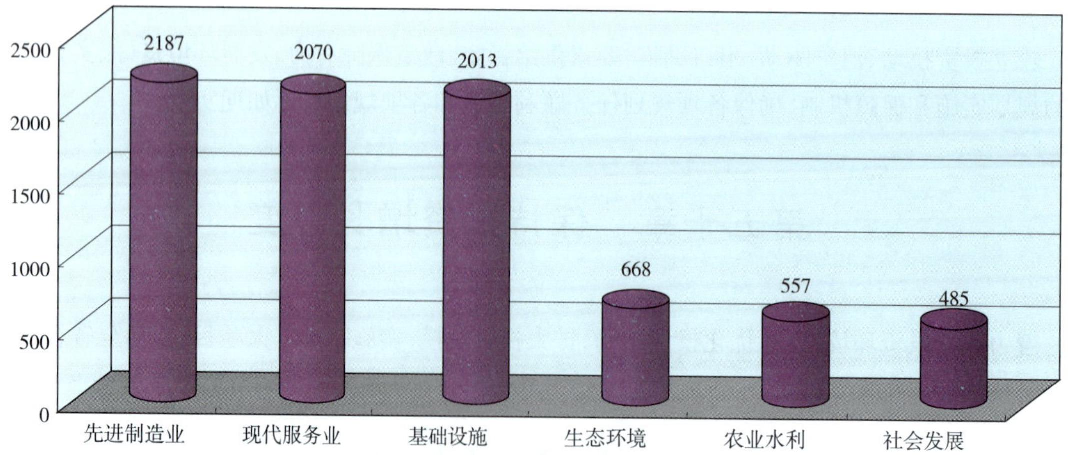

按项目行业类别划分项目项数分布图

图6　各行业项目占比

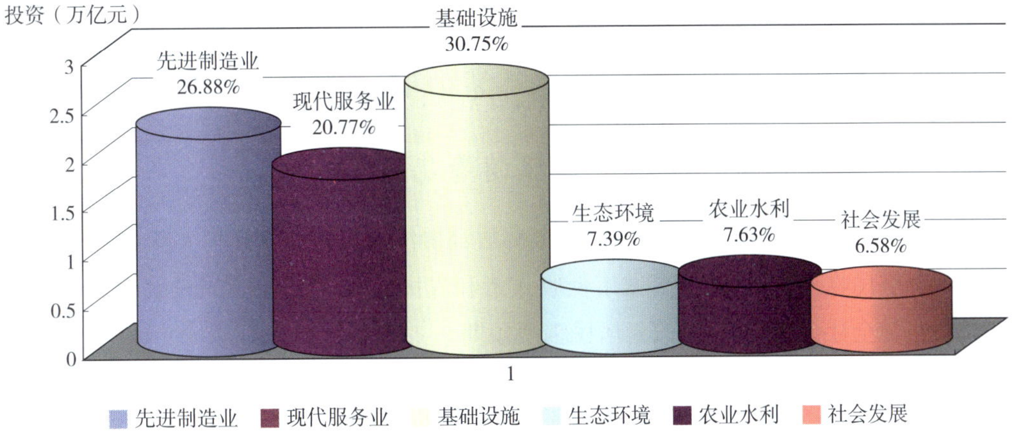

按项目行业划分投资比重表

按投资规模划分。投资过100亿元的项目155个，总投资2.81万亿元；投资在50～100亿元之间的项目325个，总投资1.76万亿元；投资在10～50亿元之间的项目1323个，总投资2.29万亿元；投资在10亿元以下的项目6177个，总投资1.66万亿元。

表2　按投资规模划分的重大项目

项目	个数	投资（万亿元）	占总投资的%
投资过100亿元	155	2.81	33
投资在50～100亿元之间	325	1.76	21
投资在10～50亿元之间	1323	2.29	27
投资在10亿元以下	6177	1.66	19
合计	7980	8.52	100

图7　按投资规模划分的重大项目

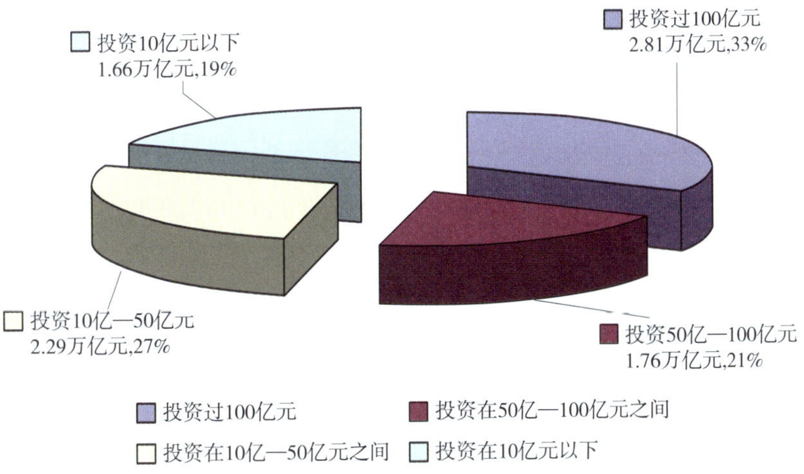

按项目投资规模划分项目分布图

第五十一章　扩大消费需求

坚持扩大内需的方针，增强消费能力，优化消费结构，改善消费环境，不断扩大消费需求。

一、增强消费能力

将扩大消费需求与改善民生紧密结合，不断释放消费潜力。千方百计扩大就业，夯实居民消费基础；增加城乡居民收入，特别是提高城市低收入者和农民收入，实施扶持“三农”政策，增强城乡居民消费能力；健全社会保障体系，改善居民消费预期。

二、优化消费结构

培育消费热点，引导消费结构升级。进一步普及通讯工具、电脑等，鼓励节能环保型汽车进入家庭，合理引导居民自住和改善性购房需求，促进健身、文化、教育、旅游、培训和家政等服务消费和休闲消费。鼓励消费产品和服务创新，积极发展网络购物、电视购物等新型消费。积极倡导文明、节约、绿色、低碳消费模式。

三、改善消费环境

完善城乡流通体系。优化城市商业网点布局，加快物流配送体系建设，积极推进电子商务发展。继续实施“网点进社区、服务进家庭”等工程，完善便民商贸服务设施，扩大社区居民消费。加强农村水、电、路、网等硬件基础设施建设。大力实施“万村千乡市场工程”、“以村级综合服务社为终端的新农村现代流通服务网络建设工程”等，扩大农村消费。不断完善改善民生、节能环保等扩大消费的相关政策。建立健全消费法规标准，加强市场监测和应急保障系统建设，规范市场秩序。完善信用体系，发展消费信贷。畅通消费投诉渠道，及时化解消费纠纷，依法查处侵害消费者合法权益行为，切实保护消费者权益。

第五十二章　强化政策支撑

强化财税、投资、金融、产业和物价等政策支撑，确保规划纲要目标任务的顺利完成。

一、财税政策

建立健全财政资金绩效评价制度，不断提高财政资金使用效益。在省级财政支出方面，加大对重点领域的财政保障力度，公共财政向农村、保障和改善民生、生态环保、困难地区和困难群众等倾斜。进一步完善财政转移支付制度，不断缩小区域间基本公共服务水平的差距。

规范政府收入来源渠道，改进税收管理手段，提高税源控管水平，建立税收收入稳定增长的长效机制。根据税收管理权限，最大限度地为弱势群体减轻税收负担。加强非税收入管理，规范土地出让收入制度。强化税收政策的产业导向功能，综合运用优惠税率、加速折旧、税前扣除等多种方式,引导资金和生产要素合理流动。

二、投资政策

坚持区别对待、分类指导,加大农村、贫困地区和少数民族地区的投资力度。严格执行投资项目用地、节能、环保、安全等准入标准,有效遏制盲目扩张和重复建设。把扩大投资与调整产业结构、改善民生、加强基础设施建设、生态环境保护等结合起来,创造最终需求。鼓励扩大民间投资,放宽市场准入,规范国有企业投资行为,注重提高经济效益和社会效益。加强和规范各级政府融资平台的建设与管理,防范投资风险。

三、金融政策

积极调整信贷结构。支持重点产业调整振兴,抑制部分行业产能过剩,支持新兴产业发展,支持"三农"、中小企业、县域经济和民营经济发展,支持节能减排,发展低碳金融。支持企业扩大直接融资规模。认真落实企业上市"直通车"制度,进一步简化程序,对上市后备企业在改制、资产重组、上市辅导和申报等方面给予积极支持。鼓励上市公司进行市场化并购重组。进一步优化上市公司并购重组外部环境,优先支持符合国家产业政策、有利于行业整合和结构优化的并购重组,推动部分改制上市公司整体上市。扩大企业债券融资。积极培育发债主体,建立备选企业库,做好宣传和推介工作。加快发展产业投资和创业投资基金。争取国家支持产业优化升级,发展循环经济,设立产业投资基金和新兴产业创业投资基金。重点在解决中小企业融资、涉农保险等方面开展创新业务。设立鄂商回归引导专项资金。

四、产业政策

按照促进产业结构优化升级的要求,增强对全省产业发展、招商引资、土地利用、财税金融等相关政策的统筹协调。贯彻实施国家产业政策,适时修订完善湖北省支持鼓励和限制产业实施目录。按照提升自主创新能力的要求,加强对高新技术产业和战略性新兴产业的扶持。加强对垄断性行业的监管,形成竞争性市场结构。实行严格技术标准和排放标准,控制"两高一资"产业生产能力盲目扩张,大幅降低企业单位能耗水平。按照引导产业集群发展、资源合理配置原则,优化产业空间布局。

五、物价政策

提高价格调控能力,保持物价稳定。加强价格监测分析和预警能力建设,设立价格调节基金。健全粮食、能源等重要商品储备制度,完善储备吞吐和进出口调节机制,防止价格波动过大。建立和完善物价上涨与低收入群众生活补贴联动机制,确保低收入群体基本生活水平稳定,保持社会和谐。完善农产品和农资价格政策。加强对粮食市场的价格调控,进一步完善最低收购价政策,努力保持粮食价格在合理水平上的基本稳定,保护农民种粮积极性。深化资源环境价格改革。合理运用价格杠杆,正确反映资源稀缺程度和损害环境成本,完善环境保护和资源补偿收费政策。规范收费政策,加强价格监管。组织开展涉农和涉企价格、房地产价格、资源性产品价格和环保收费、医药价格、教育收费和邮政铁路资费等方面的专项检查。建立成本监审、价格政策、监督检查三位一体的政府价格监管机制。完善服务价格政策。不断完善经营性服务、中介服务、旅游、电信资费等行业服务价格政策，规范服务价格，促进现代服务业健康发展。

第五十三章　破解生产要素制约

破解能源、资金、土地、环境、人力资源等生产要素瓶颈制约，为经济社会实现跨越式发展提供要素保障。

一、能源方面

破解能源要素制约，坚持从偏重保障供给为主转变到科学调控能源生产和消费总量，以能源的消费调控促进经济发展；从严重依赖煤炭资源向应用绿色、多元、低碳化能源转变；从各能源品种单一供给向多种能源互补与系统融合协调转变。坚持节能优先。调整能源结构。降低燃煤火电比重，基本稳定水电，增加核电，发展生物质能发电、太阳能光伏、风能发电等新能源。保障能源供给。提高煤炭输入能力，鼓励用煤企业采取与外省煤企联营等多种方式提高煤炭供应保障能力。加大省外天然气、石油、电力输入力度。健全能源储备体系。合理引导能源消费。加强对高耗能企业的节能技术改造，对高耗能行业实行差别电价。推进合同能源管理、绿色电力交易。

二、资金方面

破解资金要素制约，着力优化资金来源结构，加快从省内筹资为主向吸引省外投资转变，从自筹资金为主向市场融资转变，从善于利用传统投融资模式向综合利用各种现代金融工具转变。拓宽投资领域，激活民间投资。加大政策落实力度，鼓励和引导民间资本创业兴业。发展资本市场。扩大债券融资、上市融资等直接融资渠道和比重。协调银企关系，加大信贷融资。积极探索金融机构服务“三农”和中小企业的新途径。创新引资机制，积极利用外资。继续大力引进外资，发挥外资企业在技术、人才、管理方面的重要作用。积极策划项目，做好项目前期准备和汇报衔接工作，争取更多的国家资金。

三、土地方面

破解建设用地要素制约，积极开展建设用地增减“三挂钩”试点。在保持城乡、地区建设用地总量平衡的前提下，实行城乡之间用地增减规模挂钩、城乡之间人地挂钩和地区之间人地挂钩政策。提高闲置低效用地的利用效率。采取依法无偿收回、改变用途、等价置换、临时使用、纳入政府土地储备等多种途径，处置闲置土地，严禁囤积土地。加强土地集约利用引导和调控。依规确定城市新区建筑密度和容积率，合理确定农村居民点的数量、布局和建设用地的规模，严格控制开发区范围，提高土地利用率。加强土地复垦和整理。对部分利用不合理、不充分和废弃闲置的农村集体建设用地、工矿用地进行整理复垦，促进土地节约集约利用。

四、环境方面

破解环境要素制约，采取有力措施，形成节约能源资源和保护生态环境的产业结构、发展方式、消费模式。在总体战略上，将环境保护纳入经济社会发展全局，促进可持续发展。在产业发展上，坚持减量化、再利用、资源化的循环经济原则，减量化优先。严控增量，实施严格的产业准入政策。优化存量，促进产业结构优化升级。削减总量，加快淘汰落后产能。在环境管理上，运用综合手段，促进环境资源的合理利用。完善政府主导机制，严格执行节能减排目标责任制。完善市场引导机制，逐步建立环境产权制度。综合运用价格、税收、财政、金融等经济杠杆，有效促进节能减排。

五、人力资源方面

破解人力资源要素制约，坚持"就业优先"原则，增加就业岗位。大力发展劳动密集型产业，加强区域间劳务合作，推动农村富余劳动力转移。实施更加积极的就业政策，不断扩大就业总量。完善和落实鼓励创业的各项扶持政策。改善劳动力供给状况。加强职业技能培训，提高劳动者技能水平和就业能力。全面推进各类高层次人才队伍建设。完善公共就业服务体系。消除城乡就业二元差异。创造城乡劳动者平等就业的社会环境。

第五十四章　优化发展环境

不断加大环境创优工作力度，把湖北建设成为全国经济发展软环境最优的地区之一。

一、营造廉洁高效的政务环境

继续推进政府执行力和能力建设，加强廉洁政府建设。实施公务员能力席位标准，建立岗位职责规范。深化政务公开，推进行政权力运行程序化和公开透明。清理、精简行政审批事项。提高行政效率，提升政府服务水平。实施重点项目建设"绿色通道"等制度。

二、营造诚实守信的社会环境

建立健全以道德为支撑、产权为基础、法律为保障的社会信用制度，努力建设"信用湖北"。加强市场诚信体系建设，加快建设企业和个人信用服务体系，建立信用监督和守信激励、失信惩戒机制。建设诚信政府，提高政府公信力。加强全民诚信教育，增强全社会信用意识。

三、营造鼓励创业的人文环境

牢固树立跨越式发展的意识，努力形成想发展、议发展、齐心协力促发展的合力。大力宣传"产业第一，尊重企业家"，强化创业有功、致富光荣的观念，鼓励创新、宽容失败，积极推动全民创业。

四、营造公平竞争的市场环境

进一步打破行政垄断和地区封锁，完善要素和商品市场，促进要素和商品自由流动。完善市场监管体系，构建市场长效监管机制。依法监管市场，维护企业合法权益，严厉查处侵犯知识产权和制售假冒伪劣商品行为。坚决打击不正当竞争行为。完善公共资源配置、公共资产交易、公共产品生产领域的市场运行机制，打造统一规范的公共资源交易平台。

五、营造规范有序的法治环境

加强法规建设，制定和完善规范市场主体和市场行为、改善和加强地方经济调控的法律法规。强化行政监督、审计监督，依法维护和整治经营秩序。

第五十五章 实施机制

建立健全规划协调、分类实施、评估修订机制，保障规划顺利实施。

一、目标任务分解

分解落实规划目标任务。本规划确定的主要目标和任务，要分解落实到各市州和省直有关部门。其中，约束性指标具有法律效力，单位生产总值能源消耗降低、主要污染物排放量减少等约束性指标要分解落实到各市州。

完善绩效评价考核体系。加快制定并完善有利于推动科学发展、加快转变经济发展方式的绩效评价考核体系和具体考核办法，强化对结构优化、民生改善、资源节约、环境保护和基本公共服务等目标任务完成情况的综合评价考核，考核结果作为各级领导班子调整和领导干部选拔任用、奖励惩戒的重要依据。约束性指标要纳入相关市州和部门经济社会发展综合评价和绩效考核，强化约束性指标对转变经济发展方式的促进作用。

二、协调机制

加强规划协调。加强总体规划与专项规划、区域规划在总体要求、发展目标、发展重点及重大项目布局等方面的衔接。加强本规划与主体功能区规划、城乡建设规划、土地利用规划之间的衔接配合，确保在总体要求上方向一致，在空间配置上相互协调。加强本规划与国家规划纲要、促进中部地区崛起规划及周边省份规划的协调。

加强政策协调。统筹协调政策目标和政策手段，搞好财政、投资、产业、土地、农业、人口、民族、环境、应对气候变化等政策和绩效考核间的配合，防止政策部门化。加强统计监测。统筹协调长期发展与短期发展，改革体制、制定政策、安排投资、确定发展速度充分考虑可持续性，政策措施要有利于维护跨越式发展大局和解决长期性发展难题。

三、分类实施机制

本规划提出的预期性指标和产业发展、结构调整等任务，主要依靠市场主体的自主行为实现。各级政府要通过完善市场机制和利益导向机制，创造良好的政策环境、体制环境和法制环境，打破市场分割和行业垄断，激发市场主体的积极性和创造性，引导市场主体行为与全省战略意图相一致。

本规划确定的约束性指标和公共服务领域的任务，是政府对人民群众的承诺。公共服务特别是促进基本公共服务均等化的任务，要明确工作责任和进度，主要运用公共资源全力完成。

本规划确定的改革任务，是政府的重要职责，必须放在政府工作的重要位置。要加强对改革的总体指导和统筹协调，将改革任务分解落实到有关部门和市州，不失时机地加以推进。

四、评估修订机制

规划编制部门要在规划实施过程中适时组织开展对规划实施情况的评估。

完善规划实施监督机制。进一步加强对规划实施的监督，注重经济和社会发展年度计划与“十二五”规划的衔接，推进规划实施信息公开，健全政府与企业、公众的信息沟通与反馈机制，促进规划实施。

实施规划中期评估制度。本规划实施的中期阶段，要对规划实施情况进行中期评估。经中期评估需要修订本规划时，报省人民代表大会常务委员会批准。

武汉市国民经济和社会发展第十二个五年规划纲要

（2011年2月17日武汉市
第十二届人民代表大会第七次会议批准）

武汉市国民经济和社会发展第十二个五年（2011～2015年）规划纲要根据《中共武汉市委关于制定全市国民经济和社会发展第十二个五年规划的建议》编制，是"十二五"时期我市深入贯彻落实科学发展观、加快转变经济发展方式、全面建设小康社会的总体规划，主要阐明"十二五"时期武汉经济社会发展的战略目标和发展任务，明确政府工作重点，引导市场主体行为，是指导今后五年经济社会发展的行动纲领。

第一章 发展基础和发展环境

一、"十一五"时期经济社会发展取得巨大成就

"十一五"时期是武汉产业大发展、改革大推进、城市大建设，经济社会发生新的历史性变化的五年，是为新阶段实现新跨越积蓄力量、奠定基础的五年。全市人民以邓小平理论和"三个代表"重要思想为指导，深入贯彻落实科学发展观，抢抓战略发展机遇，妥善应对国际金融危机、冰雪及洪涝灾害等多种风险和挑战，胜利完成"十一五"规划确定的主要目标和任务，社会主义经济建设、政治建设、文化建设、社会建设和生态文明建设取得重大进展，谱写了武汉发展新篇章。

综合经济实力提档进位。地区生产总值连续突破3000、4000、5000亿元，2010年达到5515.76亿元。全口径财政收入1416亿元，地方一般预算收入390亿元，全社会固定资产投资3753亿元，社会消费品零售总额2523亿元。先进制造业、现代服务业和现代都市农业协调发展，产业结构不断优化。三次产业比重更趋合理，由"十五"末的4.8∶45.4∶49.8调整到3.1∶45.9∶51。钢铁、汽车、电子信息、装备制造等支柱产业规模不断壮大，远城区新型工业化加快推进。集成电路、新型显

示、节能环保、新能源、新一代移动通信、生物、激光、新动力汽车、软件及服务外包、动漫、地球空间信息、数控机床、新材料等15个新兴产业振兴方案着手实施。以金融、现代物流、信息服务为代表的现代服务业加快发展。高新技术产业快速发展，自主创新能力明显增强，“武汉·中国光谷”品牌效应和产业集聚度不断提升，“十一五”时期，高新技术产业产值年均增长26.2%。2010年，研究与试验发展经费支出占地区生产总值比重达到2.4%。

城市建设高速推进。坚持规划先导、建管并重，城市空间布局和功能分区不断优化，《武汉市城市总体规划(2010～2020年)》、《武汉市土地利用总体规划(2006～2020年)》获国务院批复。基础设施体系不断完善。铁路枢纽、武汉新港、航空枢纽、高速快速路网、轨道交通等重点项目加快建设，全国综合交通枢纽地位进一步凸显。武汉至广州客运专线开通，我市进入高铁时代。7条高速出口公路基本建成，城际铁路开工建设。市内交通整治力度加大。给排水、电力、燃气、邮政、环卫等市政设施服务功能进一步提升。城市信息基础设施加快建设，获批国家“三网融合”试点城市。东湖新技术开发区、武汉经济技术开发区、武汉化学工业区完成相应区域的托管工作，吴家山经济技术开发区获批国家级开发区。武昌、青山、洪山三区“插花地”历史问题妥善解决，城中村、棚户区和旧城改造步伐加快。市容环境达标街道、市民满意路、文明建设工地创建加快推进。新农村建设成效明显，农村道路、饮水等基础设施逐步完善。

生态环境保护取得突破。污水处理设施加快建设，“清水入湖”工程积极推进，中心城区湖泊基本实现截污。大东湖生态水网构建工程启动实施，汉阳“六湖连通”工程进展顺利，主要湖泊、河流等水体水质恶化趋势得到有效控制。城市绿化水平全面提升，获批国家森林城市和国家园林城市。空气清洁工程全方位推进。垃圾收运处理工程进展顺利，2010年，城市生活垃圾无害化处理率85%。东西湖、青山国家级循环经济示范区建设顺利推进。节能减排工作全面展开，万元地区生产总值能耗、主要污染物排放量削减均实现规划目标。绿色消费、绿色照明、绿色建筑、绿色出行等成为时尚，两型社区、机关、学校、村镇等创建活动积极推进，两型社会沿江集中展示区初具规模。

改革开放深入推进。武汉城市圈获批全国两型社会建设综合配套改革试验区，东湖新技术开发区被国务院批准为全国第二个国家自主创新示范区，国务院明确将武汉定位为“我国中部地区的中心城市”，标志着武汉的发展上升为国家战略。行政审批制度进一步规范，城市管理体制日趋完善，行政效能明显提高。国有企业改制全面完成，战略重组进程加快，集体企业改制工作全面推进。民营经济发展环境不断改善。资源节约、环境保护新机制逐步建立，土地集约节约利用机制更加完善。区域金融中心建设加快推进，金融后台服务中心和外包服务中心初现雏形，汉口银行实现跨区域经营，武汉农村商业银行完成改制组建，武汉农村综合产权交易所创建。对外对内开放的质量和水平逐步提高，招商引资方式不断创新。在中部率先对台直航、率先获批保税物流中心，81家世界500强企业在汉发展，经济外向度不断提高。

和谐社会建设成效显著。“社区建设883行动计划”和农村“家园建设行动计划”深入实施，城乡居民生活水平和质量进一步提高。2010年，城镇居民人均可支配收入和农村居民人均纯收入分别达到20806元和8295元。全民创业加快推进，城镇登记失业率4.1%。覆盖城乡的社会保障体系加快建立，社会保障水平进一步提高，新型农村合作医疗参合率达到99%，城镇职工基本养老保险覆盖人数达到310万人，城乡低保实现应保尽保，保障性住房建设加快。“四城同创”深入开展，“六城会”、“八艺节”成功举办，科技、教育、文化、卫生、体育等社会事业蓬勃发展，公共服务逐步趋向均等化。社会公共安全水平进一步提高，成为全国社会治安综合治理优秀城市。民主法制和精

神文明建设取得新进展，“平安武汉”建设卓有成效，社会和谐稳定。

专栏1 “十一五”规划主要指标实现情况

序号	指标		规划目标		实现情况	
			2010年	年均增长(%)	2010年	年均增长(%)
1	全市生产总值(亿元)		4200	>12.0	5515.76	14.8
2	全口径财政收入(亿元)		—	>14.9	1416	29.5
3	全社会固定资产投资(亿元)		—	>14.0	3753	29
4	人均生产总值(元)		42000	—	>58000	—
5	城镇新增就业(万人)		(60)	—	(70.52)	—
6	转移农业劳动力(万人)		(30)	—	(33.82)	—
7	城镇登记失业率(%)		<5	—	4.1	—
8	服务业增加值比重提高(百分点)		—	(1.4)	—	(1.4)
9	服务业就业比重提高(百分点)		—	(4.4)	—	(1.2)
10	R&D经费支出占生产总值比例(%)		2.4	—	2.4	—
11	*万元生产总值能耗(吨标煤)		比“十五”末降低20%	-4.4	五年累计降低21.97%	-4.8
12	万元工业增加值用水量(立方米)		122	-4.3	101	(-54.7)
13	农业灌溉用水有效利用系数		0.65	—	0.53	—
14	工业固体废物处置利用率(%)		>90	—	96.3	—
15	城镇化率(%)		>65	—	70.5	—
16	市民人均受教育年限(年)		11	—	11.23	—
17	*城镇职工基本养老保险覆盖人数(万人)		>190	—	310	—
18	*新型农村合作医疗参合率(%)		>90	—	99	—
19	*人口出生率(‰)		<10	—	9.39	—
20	*耕地保有量(万公顷)		33.56	—	33.83	—
21	*主要污染物排放总量减少(%)	化学需氧量	比“十五”末减少5%	—	(12.08)	—
		二氧化硫		—	(15.43)	—
22	森林覆盖率(%)		25	—	26.63	—
23	城镇居民人均可支配收入(元)		17500	10.0	20806	13.9
24	农村居民人均纯收入(元)		6700	8.0～10.0	8295	13.8

注：带*指标为“十一五”约束性指标；带( )指标值为五年累计数。

二、“十二五”时期经济社会发展面临的机遇和挑战

“十二五”时期是全面建设小康社会的关键时期，是深化改革开放、加快转变经济发展方式的攻坚时期。我市既面临国家战略叠加等发展机遇，也面临复杂多变的国内外宏观环境和激烈的区域竞争。总体来说，机遇大于挑战，将迎来历史上又一个难得的重要战略机遇期。

国家扩大内需的战略方针进一步贯彻落实。国家推进经济发展方式转变，着力扩大内需特别

是扩大消费需求，居民消费将加快升级，国内市场将更加广阔，有利于我市加快吸引国内外产业投资，将国内市场优势转化为经济发展优势，推进进位争先，重振武汉雄风。

国家中部崛起战略实施力度逐步加大。国家《促进中部地区崛起规划》进入整体实施阶段，省委、省政府大力实施“两圈一带”战略，有利于我市加快建设一批枢纽型、功能性、网络化基础设施项目，积极承接国内外产业转移，充分发挥中部崛起的战略支点作用，进一步提升城市综合竞争力。

东湖国家自主创新示范区建设步伐加快。建设东湖国家自主创新示范区，有利于创新资源的聚集、创新成果的转化、创新人才的成长，发展以战略性新兴产业为先导的高新技术产业，完善以企业为主体的技术创新体系，加快产业结构优化升级。

国家两型社会建设综合配套改革试验深入推进。武汉城市圈成为国家两型社会建设综合配套改革试验区，享有先行先试权，有利于我市加大改革创新力度，消除体制机制障碍，在全国率先走出一条有别于传统的新型工业化、新型城镇化发展道路，发挥示范和带动作用。

“十二五”时期，武汉也面临一些挑战，主要是：产业结构不优、自主创新能力不强的问题依然存在，经济增长的资源环境约束加剧，转变经济发展方式的任务十分艰巨；远城区工业化、城镇化发展相对滞后，农村公共服务水平总体较低，促进农民持续增收的压力仍然较大；旧城改造任务十分艰巨，交通拥堵、空气质量等问题较为突出，城市规范化、精细化管理水平亟待提高；部分群众生活还比较困难，就业、社保、医疗、住房等民生问题有待进一步解决；城市国际化水平不高，城市文明程度有待进一步提升；服务型政府和法治政府建设还存在一些不足和薄弱环节，政府的社会管理和公共服务职能有待进一步加强。

加快武汉发展，必须增强机遇意识、发展意识、责任意识、忧患意识，牢牢抓住战略机遇，积极应对新的挑战，立足新起点，实现新跨越，努力开创武汉经济社会发展新局面。

第二章 指导思想和发展目标

一、指导思想

“十二五”时期，武汉经济社会发展的指导思想是：高举中国特色社会主义伟大旗帜，以邓小平理论和“三个代表”重要思想为指导，深入贯彻落实科学发展观，适应国内外形势新变化，顺应人民群众过上更好生活新期待，以科学发展为主题，以加快转变经济发展方式为主线，突出创新驱动、跨越发展，促进经济长期平稳较快发展和社会和谐稳定，增强中心城市功能，提高市民生活幸福指数，实现在中部地区率先崛起。

依据以上指导思想，“十二五”时期必须坚持以下基本原则：

坚持把积极承担国家发展战略作为加快转变经济发展方式的重要任务。大力推进东湖国家自主创新示范区和两型社会建设综合配套改革试验区建设，探索具有全国示范意义的创新发展和可持续发展成功经验，努力在新一轮城市发展中获取竞争新优势。

坚持把经济结构战略性调整作为加快转变经济发展方式的主攻方向。培育发展战略性新兴产业，利用先进技术改造提升制造业和服务业，提高农业现代化水平，推动产业结构优化升级。加快生产方式、消费模式的良性转型，推动形成消费、投资、出口协同拉动增长的发展格局。

坚持把科技进步和创新作为加快转变经济发展方式的重要支撑。充分发挥科教和人才优势，实施科教兴市、人才强市战略，深入推进创新型城市建设，支持创新创业，切实把全市经济社会发展建立在科学技术进步和全民创新素质不断提高的基础之上。

坚持把保障和改善民生作为加快转变经济发展方式的根本出发点和落脚点。始终注重维护好、实现好、发展好人民群众的根本利益，集中民智、汇聚民力、关注民生、维护民利，大力实施民生工程，努力建设人民幸福城市。

坚持把改革开放作为加快转变经济发展方式的强大动力。大力弘扬“勇立潮头、敢为人先、崇尚文明、兼收并蓄”的武汉精神，永葆思想解放活力，激发广大干部群众干事创业的热情和潜能，以改革开放推动经济发展方式转变，促进又好又快发展。

二、发展目标

“十二五”时期，武汉经济社会发展的总体目标是：着力打造全国重要的先进制造业中心、现代服务业中心和综合性国家高技术产业基地、全国性综合交通枢纽基地，加快建设全国两型社会综合配套改革试验区和国家自主创新示范区，巩固提升中部地区中心城市地位和作用，努力建设国家中心城市，全面完成小康社会建设的目标任务，为把武汉建成现代化国际性城市奠定坚实基础。

上述目标突出体现在以下九个方面：

——基本构成具有比较优势的现代产业体系。形成以战略性新兴产业为先导，先进制造业和现代服务业为支撑的现代产业体系，经济实力再上新台阶。地区生产总值超过1万亿元，人均生产总值超过10万元，社会消费品零售总额5000亿元以上。地方一般预算收入超过960亿元，综合经济实力显著增强。形成电子信息、汽车、装备制造、钢铁、石油化工、食品等六个千亿产业集群。高新技术产业产值年均增长23%以上。以服务经济为主的产业结构初步形成，服务业增加值占地区生产总值的52%。注重顶层设计、示范突破，促进信息技术在制造业和服务业等领域的全方位应用，形成智慧城市雏形。

——基本构成国家自主创新示范区创新体系框架。东湖国家自主创新示范区的主阵地和示范带动作用充分发挥，聚集一批优秀创新人才特别是产业领军人才，形成一批具有全球影响力的创新型企业，培育一批具有自主知识产权的国际知名品牌，初步建成世界一流的高科技园区。全市区域创新体系基本形成，国家创新型试点城市建设加快，研究与试验发展经费支出占地区生产总值比重达到3%，科技进步贡献率达到60%以上。武汉成为全国重要的科技创新中心和具有国际竞争优势的综合性国家高技术产业基地。

——基本建成全国两型社会典型示范区。树立绿色、低碳发展理念，实现重点领域和关键环节改革的率先突破，循环经济突破性发展，资源利用效率显著提高，生态环境明显改善，一批两型社会建设示范工程和集中展示区建成，两型社会建设推进机制、管理体制、政策法规体系比较完善，为2020年基本建成具有武汉特色的两型社会打下坚实的基础。初步建成“绿色江城”、宜居武汉，努力创建国家卫生城市、国家环保模范城市和国家生态园林城市，滨江滨湖城市特色更加鲜明，单位地区生产总值能耗、单位地区生产总值二氧化碳排放、主要污染物排放总量继续减少。

——基本建成全国性综合交通枢纽。成为全国高铁网络的主要枢纽城市，与全国主要大城市实现高速客运专线直接相连，全国铁路四大主枢纽地位进一步巩固和增强。长江中游航运中心初步建成，成为中部地区的“水上门户”。天河机场成为辐射全国、面向国际的大型航空枢纽和航空物流中心。基本建成“九客七货”的公路主枢纽和“环形+放射”的高速快速路网，公路网总里程

13000 公里，武汉成为全国高速公路主骨架网络节点。

——基本建成中心城区快速交通体系。公共交通优先发展，地面公交线网和停车换乘系统不断优化，城乡居民出行条件明显改善。中心城区轨道交通骨干网络初步形成并向远城区延伸。加快建设过长江、汉江通道，贯通一环、基本建成二环、完善三环、建设四环，城市环线、快速路网基本形成。提高交通运行服务水平和交通引导组织能力，二环线以内点到点车行时间基本不超过 30 分钟。

——基本完成城市空间布局调整。产业发展与居住新城建设、人口分布与社会事业发展加快融合，地上空间与地下空间开发不断协调，城市功能性开发、综合配套水平和现代化综合管理水平明显提高。主城区基本控制在三环线以内，重点沿两江四岸开发建设，二环线以内城中村、中心城区危旧房和棚户区改造全面完成。远城区各集中规划建设一座中等城市规模的新城，重点沿轨道交通、快速路开发建设，基本形成“1+6”（主城+新城组群）和“主城区为核、多轴多心”的城市空间总体构架。

——基本建立统筹城乡发展的体制机制。城乡共建、协调发展的体制机制进一步完善，远城区新型工业化、农业现代化和新型城镇化水平迅速提高。全市工业布局向远城区转移，沿三环线至外环线区域形成环城工业带。现代都市农业结构和布局优化，新一轮“菜篮子”工程建设惠及广大市民，农业抗风险能力和可持续发展能力增强。新型城镇化与新型工业化同步推进、相互促进，城乡一体化发展加快，城镇化水平提高到 77%。

——基本形成比较完善的社会公共服务体系。覆盖城乡居民的公共服务体系和社会保障体系不断完善。文化事业、文化产业繁荣发展。城市文明程度和市民素质进一步提高。社会保障水平在全国副省级城市中处于中上水平。人民群众获得更优质、多样、公平的受教育机会，人人享有卫生保健服务，就业岗位持续增加，努力实现城乡居民收入增长与经济发展同步。全市常住人口预期 1050 万人左右，人口自然增长率控制在 5‰以内，城镇登记失业率控制在 5% 以内，加快建设城镇保障性安居工程，城镇职工和城镇居民基本医疗保险、新型农村合作医疗和社会养老保险的参保实现全覆盖。

——基本形成武汉城市圈“五个一体化”。4 条城际铁路建成运行，武汉新港建设取得突破，城市圈内高速公路网基本建成，形成一体化综合交通网络。初步形成双向有序转移、配套协作更加紧密的一体化产业体系。基本形成区域一体化的金融、商品、技术、劳动力和旅游市场体系。科技、教育、文化、卫生等社会资源实现共享，生态建设和环境保护跨区域协作机制基本形成。在全省经济社会发展中的龙头作用进一步增强。

专栏 2 “十二五”时期经济社会发展主要指标

类别	序号	指标名称		2010 年	2015 年	年均增长（%）	属性
经济发展	1	地区生产总值（亿元）		5515.76	>10000	>12	预期性
	2	服务业增加值比重（%）		51	52	—	预期性
	3	城镇化率（户籍人口，%）		70.5	77	—	预期性
	4	* 全社会固定资产投资（亿元）		3753	>7437	>16	预期性
	5	* 财政收入（亿元）	全口径财政收入	1416	>2500	>13	预期性
			地方一般预算收入	390	>960	>19	

续表

类别	序号	指标名称		2010年	2015年	年均增长(%)	属性
科技教育	6	九年义务教育巩固率(%)		96.01	98	—	约束性
	7	高中阶段教育毛入学率(%)		88.94	95	—	预期性
	8	研究与试验发展经费支出占地区生产总值比重(%)		2.4	3	—	预期性
	9	每万人口发明专利拥有量(件)		5	9	12	预期性
	10	*高新技术产业增加值占地区生产总值比重(%)		16.0	>27	—	预期性
资源环境	11	耕地保有量(万公顷)		33.83	33.83	—	约束性
	12	农业灌溉用水有效利用系数		0.53	0.58	—	预期性
	13	单位工业增加值用水量降低(%)		〔54.7〕	完成省下达的目标		约束性
	14	单位地区生产总值能源消耗降低(%)		〔21.97〕			约束性
	15	单位地区生产总值二氧化碳排放降低(%)		—			约束性
	16	主要污染物排放总量减少(%)	化学需氧量	〔10〕以上			约束性
			氨氮				
			二氧化硫				
			氮氧化物				
	17	森林增长	森林覆盖率(%)	26.63	28	—	约束性
			森林蓄积量(万立方米)	632	700	—	
人民生活	18	总人口(户籍人口,万人)		836.73	887	—	预期性
	19	城镇登记失业率(%)		4.1	<5	—	预期性
	20	城镇净增就业人数(万人)		〔70.52〕	〔75〕	—	预期性
	21	城镇参加基本养老保险人数(万人)		310	344	—	约束性
	22	城乡三项基本医疗保险参保率(%)	城镇职工基本医疗保险	97	全覆盖		约束性
			城镇居民基本医疗保险	97			
			新型农村合作医疗	99			
	23	城镇保障性安居工程建设(万套)		5.86	完成省下达的目标		约束性
	24	城镇居民人均可支配收入(元)		20806	与经济发展同步		预期性
	25	农村居民人均纯收入(元)		8295			预期性
	26	*新型农村社会养老保险参保率(%)		35.7	全覆盖		预期性

注:1.〔〕内为五年累计数。2. 带*号的4项指标是根据我市实际设置的指标。3. 不带*号的22项指标是与国家"十二五"规划纲要(草案)衔接的指标。4. 约束性指标10项,预期性指标16项。5. 2010年基期数为初步统计数,最终数据以省核定数为准。6. 2015年全社会固定资产投资目标数按新的统计口径计算。

第三章　建设国家示范区,提升武汉战略地位

着力履行国家战略使命,积极融入国家战略布局,全面推进东湖国家自主创新示范区建设和两型社会建设综合配套改革试验,在承担国家发展战略中重振武汉雄风,努力建设国家中心城市。

一、建设东湖国家自主创新示范区

围绕基本构成国家自主创新示范区创新体系框架，全面提高东湖新技术开发区自主创新能力、辐射带动能力和国际竞争能力，全面完成国家赋予的作为国家队参与全球科技竞争的重要历史使命。

确立“国际领先、世界一流”战略定位。高标准规划和建设，聚集一批国际化的高端领军人才，培育一批国际化的企业家，研发和转化一批国际领先的科技成果，做强做大一批高新技术企业，努力使东湖新技术开发区成为科技创新的领航区、高端产业的聚集区、改革开放的先行区、生态文明的示范区，全面打造享誉世界的“中国东湖·世界光谷”。

推进示范区自主创新。用足用活用好先行先试权，不断推动体制机制创新，大胆进行科技金融创新，积极推进股权激励、政府采购等试点，加快推进科技成果转化，支持新兴产业组织参与国家重大科技项目，积极开展非上市股份有限公司进入证券公司代办股份转让系统进行股权交易试点。高效运作“官产学研用”新机制，实施“百家企业自主创新试点工程”，支持企业成为技术创新主体。加强与国内外高技术园区的交流合作，充分发挥自主创新示范区在资金、项目、人才、知识产权、信息等资源方面的吸附功能和带动效应。

加快示范区建设和发展。以形成创新带动发展的增长模式为目标，壮大战略性新兴产业和高新技术产业，在光电子信息、生物、能源环保、高端装备制造、高技术服务业等领域培育特大型龙头企业和产业集群。加快实施武汉未来科技城、中华科技产业园、光谷生物城、光谷金融港、新能源环保产业园、地球空间信息产业基地、光谷动漫产业基地等园区建设，不断培育新的增长点，建设全球重要的光电子信息产业集群和全国领先的生物产业基地、节能环保产业基地，辐射全国的新能源装备制造基地。到2015年，企业总收入突破10000亿元。

二、建设全国两型社会典型示范区

围绕基本建立两型社会建设体制机制，准确把握国家推进两型社会建设综合配套改革试验的战略要求，探索有别于传统模式的新型工业化、新型城镇化发展新路，切实履行好全国示范责任。

确立“探索两化、先行先试”战略定位。深入实施两型社会建设五年行动计划。以新型工业化和新型城镇化为战略目标，以发展循环经济为突破口，以构建符合两型社会要求的产业体系为核心内容，以生态环境保护和绿色低碳发展为基本要求，以体制机制创新为关键环节，以深入开展两型创建活动为有效途径，以创建武汉两型社会建设模式为重要标志，加快建设符合两型社会要求的生产方式、消费模式和体制机制，基本形成具有武汉特色的循环经济发展模式，使武汉成为两型理论的发源地、体制创新的示范区、改革模式的输出地。

推进两型社会建设重点工程。深入推进循环经济、节能减排、环境保护、智慧城市、生态农村等重大工程。重点实施再生资源产业化利用、工程机械再制造、热能综合利用、工业固废综合利用、低碳建筑示范、半导体照明、医疗垃圾处理、建筑垃圾消纳与资源化处理、废旧家电和家具回收处理、水污染源头控制、重点污染区域土壤修复、农村空气质量监测、畜牧业集约化等重大项目。

打造两型社会建设重点示范区。探索制定引领全国的两型社会建设标准，深入推进两型社会建设集中创建活动，加快东湖生态旅游风景区、汉口江滩、武昌江滩、汉正街、四新生态新城、青阳鄂大循环经济示范区等两型社会重点示范区建设，集中展示两型社会城市建设示范、城市功能提升示范、两型产业园区建设示范等。发挥典型示范带动效应，全面推进各领域两型重点示范区建设。每个区打造1～2个两型重点示范区。

创新两型社会建设体制机制。创新土地集约节约利用体制机制，推进产业集聚发展，形成有利于节约用地的市场环境和长效机制。创新两型社会建设财税金融体制，建立多元化投融资体系，优化金融生态环境，强化财税金融服务和支撑。创新拓展开放平台，营造有利于承接高端产业转移的体制环境，形成促进两型产业发展的出口结构。创新公共服务和行政管理体制机制，为两型社会建设提供制度保障和公共服务平台。创新资源节约利用和生态环境保护体制机制，完善相关市场机制、价格机制、补偿机制、激励约束机制。

三、努力建设国家中心城市

准确把握建设国家中心城市的战略要求，立足中部、服务全国、面向世界，最大限度地吸引、集聚全国资源要素，着力引领中部地区参与国际经济竞争，加快建设区域对外开放门户，切实发挥武汉作为国家中心城市在全国的集聚、辐射、带动功能。

构建中部崛起战略支点。增强现代装备制造和高技术产业基地功能，不断提升综合交通枢纽地位，提高城市资源集聚和辐射带动能力，带动以武汉城市圈为重点的“两圈一带”协调发展，促进中部地区经济发展，成为在经济、政治、文化、社会和对外交往等方面具有全国性重要影响力的国家中心城市，重振武汉雄风，努力实现由中部地区中心城市向国家中心城市提升。

发挥引领示范功能。发挥科教人才优势，全面推进自主创新，在发展战略性新兴产业方面取得突破性进展，加快推进国家创新型城市试点。发挥改革创新优势，力争在重要领域和关键环节不断取得突破，加快建设国家两型社会建设综合配套改革试验区。发挥区位交通优势，加快高铁客运专线、铁路枢纽、航空港、航运中心等重大项目建设，完善铁路、高速公路、干线公路、民航、长江黄金水道、油气管道等交通运输体系，加快建设全国性综合交通枢纽。

发挥集聚辐射功能。发挥产业基础优势，做大做强优势支柱产业和高新技术产业，推动老工业基地向高端制造业基地转型，加快建设全国重要的先进制造业中心。发挥市场辐射优势，突破性发展现代服务业，推动传统商贸重镇向高端服务业中心转型，加快建设辐射全国的市场体系和物流体系，建设全国重要的现代服务业中心。

第四章　加快产业转型升级，构建现代产业体系

围绕基本构成具有比较优势的现代产业体系，推进支柱产业高端化、高新技术产业化、战略性新兴产业规模化，促进产业结构优化升级，提高产业核心竞争力，加快发展战略性新兴产业、先进制造业和现代服务业。

一、培育发展战略性新兴产业

以重大技术突破和重大发展需求为基础，以新一代信息技术、节能环保、新能源、生物、高端装备制造、新材料、新能源汽车等为重点，加快建设世界一流的综合性国家高技术产业基地。到2015年，全市高新技术产业产值7500亿元，战略性新兴产业产值5400亿元。

新一代信息技术产业。重点发展新一代移动通信、新型显示器件、地球空间信息、软件及服务外包等产业，培育物联网、云计算、三网融合、网络增值服务等新型产业，打造区域性信息服务及服务外包基地。到2015年，新一代信息技术产业产值1600亿元。

节能环保产业。以高效节能、清洁能源技术与装备、大气污染治理、水污染治理等为重点，以工程总承包带动成套装备制造为主要途径，建设国内技术领先、中部地区规模最大的节能环保产业基地。到2015年，节能环保产业产值700亿元。

新能源产业。以光伏、生物质能、风电装备等为重点，促进新能源产业规模化发展，积极推进核能应用技术的研究与推广，提高传统能源清洁化利用水平。到2015年，新能源产业产值550亿元。

生物产业。依托生物领域国家实验室集中、研发实力雄厚的优势，推进生物制造关键技术开发、示范与应用，打造生物技术创新中心。重点发展生物医药和生物农业，建设国家生物产业基地。到2015年，生物产业产值400亿元。

高端装备制造产业。重点发展激光装备、先进运输装备、新型电力电气设备、特种专用装备等产业。到2015年，高端装备制造产业产值420亿元。

新材料产业。重点发展新型金属材料、先进化工材料、纳米材料、新能源材料、信息材料、生物材料等高性能新材料。到2015年，新材料产业产值1350亿元。

新能源汽车产业。重点开发电动汽车、混合动力汽车、清洁燃料汽车，着力突破汽车动力电池、驱动电机和电子控制领域关键核心技术。到2015年，新能源汽车产业产值380亿元。

二、提升发展先进制造业

深入实施工业强市战略和“工业倍增计划”，以千亿产业和百亿企业为重点，加快技术改造步伐，促进新兴产业与传统产业的结合，做大做强支柱产业，发展优势产业，加快建设全国重要的先进制造业中心。到2015年，工业总产值15000亿元。

电子信息产业。重点发展光通信、消费电子、高端器件和集成器件、集成电路等领域，加快富士康武汉科技园、中芯国际武汉芯片等一批重大项目建设，打造全国重要光通信设备供应基地、国内大型消费电子产品生产基地、国家光电子产业基地、全国重要的集成电路设计和生产基地。到2015年，电子信息产业产值3000亿元以上。

汽车产业。重点提高整车生产规模，加快汽车零部件和服务体系发展，提高汽车产业链配套能力。推进东风本田二厂、神龙三厂、东风自主品牌乘用车等项目建设。大力发展关键零部件制造。加快发展汽车服务业。到2015年，形成150万辆整车生产能力，汽车产业产值3000亿元以上。

装备制造业。重点发展船舶及配套、机车车辆、电气装备、数控机床、冶金装备等领域，打造具有国际水平的船舶建造及修造基地，国内最大的铁路货车、机车装备和大型工程装备研发制造基地，国内一流的电气装备、数控机床、冶金装备研发生产基地。到2015年，装备制造业产值2000亿元以上。

钢铁产业。重点发展钢铁深加工产业，建成全国冷轧硅钢片、汽车板和高性能结构钢等精品钢材生产基地。引导船舶、家电、机械、桥梁工程等本地用钢重点企业与武钢开展战略合作，支持武钢创建世界一流的钢铁企业。到2015年，钢铁产业产值1200亿元。

石油化工产业。以80万吨乙烯等重大项目和武石化等重点骨干企业为支撑，重点发展高附加值石油化工、盐化工和精细化工产品，延伸石化产品深加工和新材料化工配套产业链，打造中部地区石油和化学工业生产基地。到2015年，石油化工产业产值1000亿元。

食品加工产业。重点发展啤酒、软饮料、植物油、乳制品、肉禽加工、调味品、方便食品等食品加工产业，推进湖北中烟搬迁改造等重大项目建设，促进食品加工企业创品牌、上规模。到2015年，食品加工产业产值2000亿元以上。

加快发展其他优势产业。纺织服装产业重点发展高档针织内衣、时尚休闲服饰等产品。轻工家电产业重点发展空调、冷柜、热水器、厨具、小家电等系列产品。建材产业重点发展新型墙体材料、新型和绿色环保装饰装修材料、无机非金属新材料等产品。

专栏3 工业倍增计划

到2015年，实现工业总产值15000亿元，力争突破16000亿元，工业增加值达到4200亿元，力争达到4500亿元。重点实施六大工程：

——**“千亿产业百亿企业”工程**。电子信息、汽车产业产值超过3000亿元，装备制造、食品产业超过2000亿元，钢铁、石化产业超过1000亿元，百亿元企业20户以上。

——**新兴产业培育工程**。新兴产业产值占工业总产值比重由“十一五”末的26%提高到“十二五”末的35%以上。

——**“千亿投资百亿项目”工程**。全市工业投资增长1.7倍，“十二五”期间累计达到8000亿元，力争突破1万亿元。

——**“千亿板块百亿园区”工程**。东湖新技术开发区、武汉经济技术开发区产值超过3500亿元，吴家山经济技术开发区超过2000亿元，武汉化学工业区和青山、蔡甸、江夏、黄陂、新洲超过1000亿元，30个工业园区超过100亿元。

——**中小企业民营经济壮大工程**。培育壮大市场主体，促进中小企业和民营经济总量上规模、结构上档次、管理上台阶。规模以上工业企业户数增加1倍，各类小企业增加10万户。

——**绿色制造工程**。强化节能减排、推进清洁生产、发展循环经济和淘汰落后产能，推进绿色制造，实现转型发展。

三、突破性发展现代服务业

把推动服务业大发展作为产业结构优化升级的战略重点，拓宽领域，增强功能，优化结构，大力发展高端生产性服务业和新型生活性服务业，建设全国重要的现代服务业中心。到2015年，服务业增加值5200亿元以上。

重点发展现代物流业。打造全国重要的物流中心。积极引进和培育大型第三方物流企业和企业集团。建设铁水公空多式联运、高效衔接的物流快捷运输网络。完善城市物流配送体系，提高区域中心分拨功能和配送服务水平。整合现代物流综合信息平台，提高物流信息化水平。加快建设阳逻港物流园、天河空港物流园、东西湖保税物流园、东湖新技术开发区物流园和武汉经济技术开发区物流园等综合型物流园区。到2015年，现代物流业增加值1200亿元。

重点发展金融业。打造区域性金融中心。加快引进和培育各类金融机构，支持汉口银行、武汉农村商业银行等金融机构做大做强。推进武汉光谷金融港建设，加快建设全国性金融后台服务中心和金融外包服务中心。加强金融产品和金融服务创新。重点推进建设大道—新华路“金十字”地区、中南路—中北路地区和东湖新技术开发区金融集聚区建设。到2015年，金融业增加值800亿元。

重点发展文化创意产业。打造区域性文化创意基地，构建中部创意之都。重点发展创意设计、文艺创作、文艺演出、影视制作、出版发行、文化旅游、文博会展、动漫游戏、数字传媒等文化创意产业，扶持江通动画等重点企业加快发展、做大做强，打造有较强影响力的创意产业集团。积极发展科技服务业。依托在汉的一批设计院所和龙头企业，加快工业设计、工程总包等工程咨询产业群发展，树立国际品牌，打造工程设计之都。到2015年，文化创意产业增加值1200亿元。

提升发展现代商贸业。巩固提升全国性商贸中心功能，促进商贸业高端化发展。推进中心商圈、特色商业街、轨道交通商业带及远城区商业中心建设。加快新型业态和集成服务发展，大力推进连锁经营、电子商务等现代流通方式。加快大型居住区的配套商业建设。积极实施"万村千乡"市场工程试点，加快农村现代流通网络建设。优化专业市场布局，加快汉正街等传统批发市场的转型升级。到2015年，现代商贸业增加值1300亿元。

加快发展会展与商务服务业。打造中国会展名城，建设一流商务城市。培育一批知名会展品牌和商务服务品牌。继续办好中博会、机博会、光博会、农博会、食博会、华创会和汉交会等品牌会展，建设全国重要的会展中心。重点发展法律咨询、会计审计、认证认可、信用评估、人力资源服务等中介服务业。到2015年，会展与商务服务业增加值300亿元。

加快发展旅游业。打造国际国内旅游重要目的地和集散地。以大黄鹤楼风景区、东湖生态旅游风景区等为重点，多元化开发旅游产品，完善旅游公共服务体系，塑造"精彩武汉，魅力江城"旅游形象。以武汉进入高铁时代为契机，推进交通、住宿、餐饮等旅游相关配套建设。加强与周边地区合作，打造区域一体化旅游市场。加强旅游市场治理整顿，提高服务质量。到2015年，旅游总收入1600亿元，接待旅游者人数1.2亿人次。

积极发展家庭服务业。建立惠及城乡居民的家庭服务体系。重点发展家政服务、社区服务、养老服务、维修服务、物业管理等业态，因地制宜发展家庭用品配送、家庭教育等新业态，积极发展面向农村尤其是中小城镇的家庭服务。

健康发展房地产业。完善房地产市场体系和政策体系，合理引导住房需求。增加普通商品住房供给，加快保障性住房建设。加强市场监管，规范房地产市场秩序，抑制投机需求，促进房地产业平稳健康发展。到2015年，房地产业增加值500亿元。

壮大提升建筑业。增强建筑业综合竞争力和产业带动能力。壮大建筑业规模，拓展市政、交通、水利、电力等专业工程领域，突出建桥产业，打造"中国建桥之都"。优化建筑业结构，形成由总承包、专业承包和劳务分包等组成的承包体系和由勘察、设计、监理等组成的工程咨询服务体系。强化建筑龙头企业带动，鼓励武汉大桥局、中建三局等大型建筑企业兼并重组科研、设计、施工等企业，培育经营规模大、综合实力强的企业集团。推进建筑业技术进步，提高建筑业的设计、施工和技术装备水平。以境外工程承包和劳务合作为突破口，大力开拓境外市场。严格工程质量和建筑生产安全管理。

第五章　提升城市功能，建设智慧城市

围绕提高城市建设和管理现代化水平，全面完善交通和市政设施网络，加快推进以数字化、网络化、智能化为特征的智慧武汉建设，基本建成全国性综合交通枢纽，基本建成中心城区快速

交通体系。

一、建设全国性综合交通枢纽

满足快速增长、多元化、人性化的交通需求，增强对外交通辐射能力，不断强化全国综合交通枢纽地位。加快完善城市道路系统、轨道交通系统，发展智能交通，打造畅通武汉。

完善对外综合交通体系。加快推进枢纽型、功能性、网络化重大交通基础设施建设，大力发展水水联运、水陆联运、公铁联运、空陆联运等多式联运，推进全市铁、水、公、空多种运输方式高效连接，着力构筑“铁、水、公、空、管”一体化综合交通体系。

——铁路。巩固强化武汉作为全国铁路四大路网主枢纽、六大客运中心、集装箱运输中心和四大机车客车检修基地的地位。完善武汉、汉口、武昌三大客运站配套设施，新建汉阳客运站，提升武汉北、大花岭、舵落口三大货运站功能，形成“两纵两横”特大铁路枢纽。推进武汉至西安等高速铁路客运专线网络建设。建成武汉至孝感、黄石、黄冈、咸宁等城市的城际铁路网。

——公路。推进四环线等高速快速路系统建设，优化站点布局，完善公路客、货主枢纽交通衔接。加快国家、省级高速路武汉段建设和干线公路升级改造，提高进出主城和过境快速通行能力。到2015年，公路网密度达到160公里/百平方公里以上，高速公路网密度达到8公里/百平方公里以上。

——水运。巩固提高长江中游航运中心地位，加快武汉新港阳逻、白浒山等集装箱港区和纱帽、金口、军山等港口建设，提升港口吞吐能力。加强长江、汉江武汉段航道整治疏浚。到2015年，武汉新港货物吞吐能力突破2亿吨，集装箱吞吐能力达到260万标箱。

——航空。加快天河机场三期工程及配套设施建设，提高航空服务水平，增开国际国内航班，打造国内枢纽机场和重要的国际空港。开展第二机场选址工作。有序推进低空空域管理改革，促进通用航空市场快速成长。到2015年，旅客吞吐能力达到3800万人次，货邮吞吐能力超过44万吨。

——油气管道。建设新型管道运输系统和贮存设施，确保能源安全稳定供给。完善优化现有管网设施，建设武汉天然气高压外环线。加快中石油西气东输二线武汉段建设，建成中石油兰（州）郑（州）长（沙）成品油管道武汉段。

完善市内交通系统。加强城市道路、过江交通和轨道交通建设，推进市内各种交通运输方式无缝对接，形成畅通有序、多模式一体化的城市交通体系。

——过江交通。建成二七路长江大桥、鹦鹉洲长江大桥和江汉六桥，开工建设杨泗港长江大桥、三阳路长江隧道、江汉七桥。完成轨道2号线、4号线、8号线等过长江工程，轨道3号线过汉江工程。加强长江一桥、长江二桥、青岛路隧道等过长江通道的衔接路网和配套设施建设。到2015年，主城区建设和形成12条过长江通道、10条过汉江通道。

——轨道交通。建成轨道1号线延长线、2号线一期及其延长线、3号线一期、4号线一期和二期、8号线一期工程，开工建设轨道6号线一期和7号线一期工程，启动轨道5号线前期工作。加快远城区轨道交通建设。到2015年，基本形成覆盖三镇、城乡一体的轨道交通骨架网络，主城区轨道交通通车里程140公里，各远城区与主城区基本实现轨道交通相连。

专栏4　武汉市城市快速轨道交通建设规划(2017年)

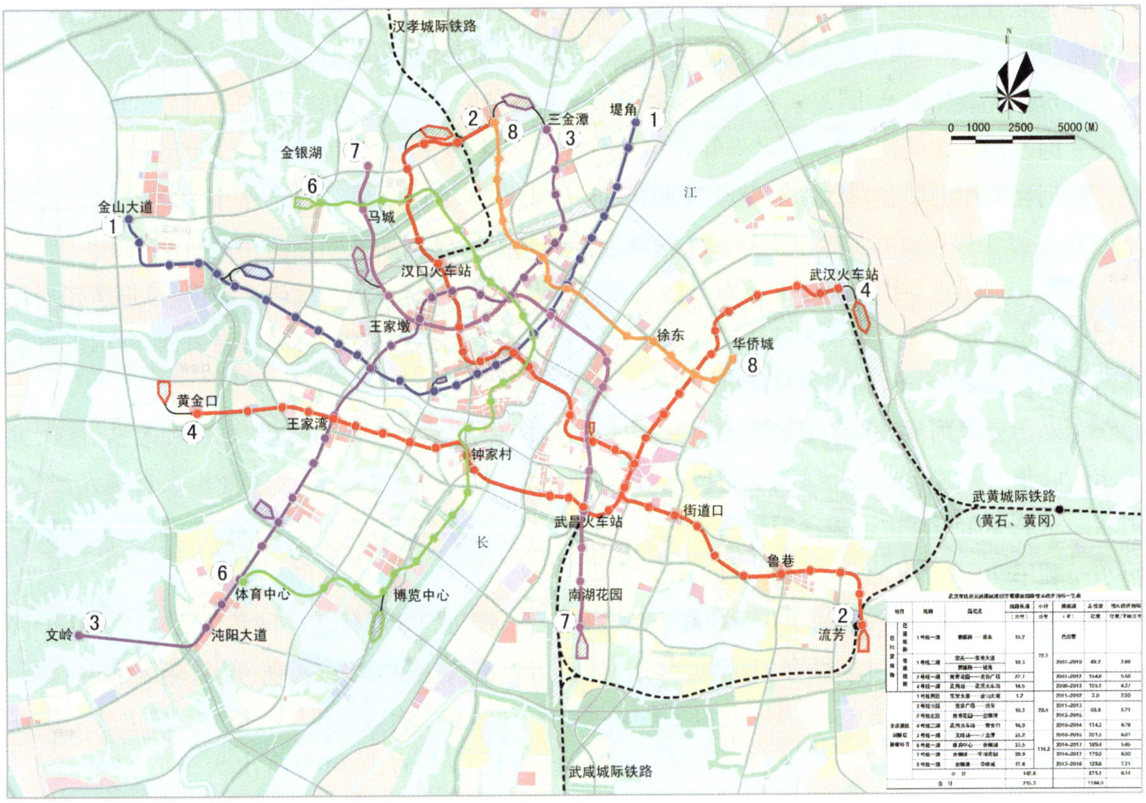

——道路交通。建设完善城市环线路网,强化提升放射线,加快建设快速路、主干路、次干路,完善微循环路网。加强重要交通节点建设。到2015年,主城区城市等级道路长度2431公里,路网平均运行车速30公里/小时。

——自行车和步行交通。改善自行车和步行交通环境,推动出行方式转变。完善自行车专用道路网络,优化自行车租赁网点布局。加强人行天桥、地下通道等设施建设,在主要街道建立无障碍步行系统。建成100处人行立体过街设施。

——静态交通。增加公共停车泊位数,提供与停车需求相匹配的停车设施。严格执行新建项目的停车配建要求,逐步提高配建泊位比例。加快建设公交枢纽站、公交首末站、车辆保养场及加油(气)站等设施。到2015年,主城区建成公共停车场300处以上,公共停车泊位新增8.5万个。

*优先发展公共交通。*加快建设快速公共交通系统,优化线网,提高线网密度和站点覆盖率,确保公共交通路权优先。配合轨道交通建设,加强换乘衔接,初步形成以综合交通枢纽为节点,大运量快速公共交通为骨干,常规公共交通为基础,出租车、轮渡、公共自行车等多种方式协调发展的安全、舒适、便捷、价廉、绿色的公共交通体系。到2015年,市民公共交通出行比例40%。

*提升交通管理和服务水平。*实行以公共交通为导向的城市开发模式,促进交通需求合理分布。综合运用机动车单双号管理等措施,加强交通需求管理。实施电子不停车收费系统(ETC)工程,合理调整交通需求,倡导绿色方式出行。构建智能化、开放式交通管理系统,完善出行诱导和车辆行驶导航服务。进一步加强交通安全管理,完善快速处置和应急救援机制。完善工程建设交通影响评价,严格控制占道施工,持续开展路边停车、非法营运等重点整治。

二、完善市政设施网络

高起点规划、高标准建设城乡市政基础设施,完善给排水、电力、燃气、邮政、环卫等市政基础设施网络,建立健全能源供应保障长效机制,增强市政设施服务能力。

给水。完善城乡给水设施,扩大城乡集中给水服务范围,建立多源联网、安全可靠的给水系统。加快管网改造和建设,形成以给水干管和区域加压站为主体,主次管网合理配置的分区输配水系统。规划启动中心城区直饮水工程。到2015年,城市供水出厂水质综合合格率100%,管网漏失率控制在15%以内。农村饮水出厂水质综合合格率100%,管网漏失率控制在18%以内。

排水。加强重要排水设施的更新改造及配套建设,加大旧城排水系统改造力度,推进新拓展地区同步建设排水系统。形成水系排涝与城区排渍相互协调的排水系统,提高应对大雨、暴雨的排涝排渍能力。到2015年,新增抽排能力161立方米/秒。

污水。建设雨污分流的城镇污水收集和处理系统,加快污水处理厂新建、扩建和改造升级,推进污水收集管网建设和雨污分流管道改造,提高污水处理厂运行效率,彻底改变污水直接入江、入湖状况。到2015年,中心城区城市污水集中处理率93%以上,管网收集率85%。远城区主要集镇污水处理率70%,管网收集率50%以上。

电力。推进荆门至武汉1000千伏高压输变电工程,加快500千伏双环网和负荷中心500千伏变电站建设,提高供电可靠性和安全性。完善城市220千伏主网建设,实现分层、分区供电。新、改、扩建相关110千伏配电和10千伏以下供电网络。对部分影响城市建设的输、配、供电架空线逐步实施入地改造。推进阳逻煤炭储备基地、阳逻电厂四期工程、青山热电厂"上大压小"工程建设,启动关山热电厂燃机扩建等一批热电联产项目。适度发展天然气分布式能源系统,不断提高电力自给率。

燃气。提高燃气供给、应急保障水平,形成以天然气和液化石油气为主、人工煤气为辅的燃气供应系统。以军山、五里界、罗汉寺和安山分输站为接入点,积极争取和引进其他气源,实现天然气供应方式的多元化和来源的多渠道化。加快建设液化天然气储备基地。

邮政。加快邮件处理中心、邮政物流中心、邮件转运站、基层邮政局所等邮政设施建设,打造国际邮件和速递邮件处理中心、国家邮航辅助中心、中部地区最大的邮件集散中心,提高邮政服务水平,强化武汉邮区中心局在中部地区的中心地位。

环卫。加快垃圾处理场建设,完善垃圾收运系统,新建一批大型垃圾转运设施,配套建设一批中小型垃圾转运站。以餐厨垃圾、建筑垃圾为重点,推进垃圾分类收集与处理。科学设置环卫公共设施,提高环卫作业机械化水平。到2015年,主城区生活垃圾无害化处理率100%,远城区生活垃圾无害化处理率85%以上。

综合管沟管廊。妥善解决城市管网多头建设问题,在新建道路、桥梁、隧道等市政基础设施时,同步实施给水、排水、燃气、热力、通信、供电等城市管网建设,逐步将现有城市各类管网改造集中到统一的综合管沟管廊中,实行统一规划、统一建设、统筹规范、有序管理。

三、加强城市信息化建设

加强信息基础设施建设,整合信息资源,完善信息化顶层设计,健全信息安全保障体系,努力建设智慧城市。

推进数字武汉建设。提升城市基础测绘保障和服务能力，进一步充实和更新基础地理信息数据库，完善数字武汉地理空间框架。深化“三网融合”、下一代广播电视网试点工作，推进通信网、互联网、数字电视网等信息网络全覆盖，提升服务功能，促进融合应用，实现资源共享、互联互通。

实施光城计划。加快宽带网络建设，利用武汉光纤光缆产业优势，积极推进光纤到楼，大力发展光纤到户，扩大远城区宽带网络覆盖范围，建设智能楼宇、智慧家庭。进一步增加无线网络覆盖点，实现机场、车站、学校、大型商场等公共空间无线网全覆盖。

加强电子政务建设。加强“中国武汉”门户网站建设，进一步完善武汉电子政务外网、电子政务专网，加强全市协同办公系统、网上行政审批信息平台、视频会议等电子政务骨干应用系统建设。依托武汉市民之家等重点工程，完善电子政务和电子社区工程，促进政府公共服务和社区服务信息化，加快建立政府与市民网上互动机制。推进移动电子政务建设。

加快企业信息化。推广、深化信息技术在各行各业的应用，实现信息化对企业生产等环节的渗透，积极推进中小企业信息化。加强产品、技术标准化建设，加强信用环境建设，支持第三方电子商务平台建设和发展，提高企业电子交易水平。

推进物联网建设。引进和运用物联网、云计算等信息技术，实施智能交通、智能电网、智能安防设施、智能环境监测、数字化医疗等物联网示范工程。实现车联网全覆盖。拓展“武汉通”应用功能，基本覆盖居民衣食住行的小额消费，促进与身份信息管理互联。

四、提升城市管理水平

坚持以人为本、建管并重、安全为先，注重依法和长效管理，推进人性化服务、网格化覆盖、智能化应用、精细化管理，不断提高城市现代化综合管理水平。

完善城乡规划管理和协调体制。建立完善城乡规划公示制度和利益相关人参与制度，进一步增强城乡规划的科学性、约束力。加强城市分区规划和控制性详细规划、修建性详细规划的编制和实施管理，强化城市“五线”管理，确保城市总体规划、土地利用总体规划顺利实施。

推进城市精细化管理。健全“市区联动、以区为主、条块结合、齐抓共管”的大城管工作机制。建立数字化城市管理系统，完善网格化管理模式，提高城市管理效能。强化城市管理公共服务职能，促进城管执法规范化，提高依法管理城市水平。加强违法建设控管，综合治理违法占道，规范建筑垃圾管理，规范户外广告招牌设置，加强窗口部位市容环境整治。

加强城市公共安全建设。加强公共安全预防体系建设，增强防灾减灾能力。加快完善河道、堤防、湖泊水库、排渍排涝、分蓄洪区“五位一体”的防洪工程体系、管理维护体系和应急保障体系。加强天气气候、生态环境监测，提高灾害性天气气候预测预报准确率和应对水平，增强环境预警与应急能力。重视城市地质安全。加强城市震害防御和应急系统建设。加强消防设施建设和管理。逐步完善城市防空体系。

第六章　统筹城乡发展，建设社会主义新农村

围绕基本建立统筹城乡发展的体制机制，以农业增效、农民增收为核心，推进城乡基本公共服务和基础设施一体化，夯实农业农村发展基础，提高农业产业化水平、农村现代化水平和农民生活

水平,建设农民幸福生活的美好家园。

一、积极发展现代都市农业

围绕大城市郊区农业的特点,以服务城市、改善生态和增加农民收入为宗旨,以提高农业产业化水平为关键环节,实施新一轮"菜篮子"工程。

深化农业结构调整。推进优势特色种养业基地建设,重点发展蔬菜、食用菌、名特优水产、苗木花卉、林果茶等高产、高质、高效农产品,适度发展畜禽生态养殖基地,培育农产品名优品牌。建设100万亩蔬菜基地,优势特色农产品产值占农业总产值比重提高到85%。重点发展蔬菜、水产品、肉制品、禽类制品、乳制品、饲料等农产品加工业。综合开发农业的观光休闲、生态保护等多种功能,加快发展乡村休闲旅游产业。大力发展循环农业,促进农业资源循环高效利用。

提高农业产业化水平。积极培植农产品加工龙头企业,鼓励发展农村专业合作社,推广龙头企业+专业合作社+农户的产业带动型农业经营模式。加强农产品加工园区建设,引导加工企业向园区集中。探索土地股份合作社、家庭农场等经营模式,推进农业适度规模发展。支持农业装备提档升级。

加强农业和水利设施建设。加快大中型灌区续建配套与节水改造、中小型泵站更新改造和病险水库除险加固,加强大中型排涝泵站进水港区和中小流域综合治理。健全农田水利基础设施管理长效机制。推进集中连片,建设标准化高产农田。加强田间渠系、土地整治、土壤改良、机耕路和农田林网等工程建设。积极推广钢架大棚、智能温室等设施农业。

构建新型农业社会化服务体系。健全农业科技支撑服务体系、动植物疫病防控体系、农产品质量安全监管体系、农业信息服务体系、农村市场流通体系。加强农业科技攻关,促进农业科技成果转化和应用,提高农民科技文化素质,建设一批有影响的良种繁育基地。加快农产品专业市场建设,建立新型、高效的农产品营销网络。

二、全面改善农村面貌

按照"新农村、新农民、新社区、新生活"的要求,整体推进新农村建设,改善农村居住环境,提升农民生活水准。

加强农村基础设施建设。加快推进远城区干道和农村通塆公路建设,进一步完善农村路网,加快公共交通向远城区延伸。完善农村安全饮水工程。实施新一轮农村电网改造升级工程。加快农村电话、数字电视、互联网等信息设施建设。建立健全农村道路、安全饮水等基础设施管理长效机制。

推进农村环境综合整治。加强农村土壤、饮用水源、生活垃圾等污染防治,强化畜禽养殖、水产养殖和种植业污染治理,防治农业农村面源污染。严格控制工业污染向农村地区转移。加快建设城镇污水处理及管网设施建设。建立远城区"村收集、镇转运、区处理"的生活垃圾收运处理系统。

加快建设农村新社区。完善村庄规划,优化农村居民点布局,整乡推进新农村建设。积极推进村塆集并,加强中心村建设。促进农民向中心村、中心镇集中。按照城市社区服务理念建设农村新社区,推进生产生活服务和社会事务向新型农村社区集中,不断提高农村居民的生活品质。

三、提升农村公共服务水平

优先发展农村教育、文化、卫生等各项社会事业,建立公共服务向农村延伸的新机制,推进城乡公共服务一体化发展。

推进城乡教育均衡发展。完善农村义务教育免费政策和经费保障机制,继续做好“三免一补”,提高农村义务教育质量和均衡发展水平。加快推进城乡教育资源整合,加强农村师资队伍建设,合理调整农村学校布局,大力改善农村办学条件。推进农村中等职业教育免费进程。

繁荣农村文体事业。加强农村文化基础设施建设,不断完善乡镇文化站、村文化大院和农家书屋配套设施建设。打造农村“一乡一品”文体活动,推广“农村文化中心户”模式,不断丰富农村居民文化生活。加强农村体育设施建设,广泛开展农村体育健身活动。

发展农村医疗卫生事业。不断改善农村医疗卫生条件,完成乡镇卫生院体制改革工作,完成村级卫生室标准化建设。强化农村人口计划生育优质服务,稳定低生育水平,优化出生人口结构。加强农村疾病预防控制体系建设,逐步形成全覆盖的农村疾病预防控制网络。

完善农村就业和社会保障体系。实施农村劳动力素质培训工程,加强失地农民和富余劳动力职业技能培训。做好被征地农民社会保障工作。着力优化农民就业创业环境,建立乡(街)劳动求职意向库、用工信息库,强化劳动用工信息发布,依法保障进城就业农民工的各项权益。

四、深化农村体制改革

推进城乡体制机制创新,深化城乡一体化改革试点,加快形成城乡经济社会一体化发展的制度环境,促进公共资源在城乡之间均衡配置,生产要素在城乡之间自由流动,不断增强农业农村发展活力。

推进农村产权制度改革。完善市、区、乡三级农村综合产权交易市场体系,以农村土地承包经营权、农村集体经济组织“四荒地”使用权、林地使用权和林木所有权、农业类知识产权等为重点,积极开展农民和农村集体拥有的各类用益物权交易。稳妥推进农村集体产权制度创新试点,依法保障农民对集体资产的管理权和收益权。

发展农村金融服务。提高农村金融服务水平,完善农村金融服务体系。鼓励金融机构开展农村金融业务,规范发展村镇银行、小额贷款公司等多种形式的新型农村金融机构。扩大农民抵押贷款担保物范围,探索赋予农民承包地、宅基地抵押权的实现方式。加快发展政策性农业保险,探索建立农业再保险和重灾风险分散机制。完善农业信贷担保风险财政补贴制度,健全农业担保体系。

加强农村社会管理。积极探索新农村建设管理体制。推进村级组织活动场所建设,完善基层民主管理和民主监督制度,加强村务公开,健全农村“一事一议”制度,推行村务管理民主听证制度,提高农村新型社区自治程度。积极推进农村社会化服务体系建设,逐步建立区、街、社区(村)三级农村综合便民体系。

拓展农民增收渠道。积极发展休闲观光农业、庭院经济和林果经济,增加农民生产经营收入。大力发展农产品加工,促进农村劳动力转移就业,妥善解决新生代农民工就业等问题,增加农民工资性收入。发挥农村综合产权交易市场作用,盘活农村土地等资源,增加农民财产性收入。进一步加大财政转移支付力度,落实各项强农惠农政策,不断增加农民转移性收入。搭建创业平台,吸引更多成功人士回乡创业,以创业带就业促增收。

加大对“三农”投入。健全“三农”投入稳定增长机制,完善和强化农业支持保护制度,继续实行对农民的各项直接补贴政策,扩大补贴范围,加大补贴力度,完善补贴方式。适时建立耕地保护基金。改革政府支农投资管理方式,提高资金使用效率。引导和鼓励农村集体、企业和农户积极参与农村公益性基础设施建设，建立多元化农村基础建设投入机制。

第七章 完善区域功能，优化城乡总体布局

围绕基本完成城市空间布局调整，优化国土开发格局，明确区域发展特色，强化城市功能区的支撑作用，促进主城与新城、中心城区与远城区协调发展，形成符合主体功能区要求的空间布局和功能分区。

专栏5 城镇体系规划图

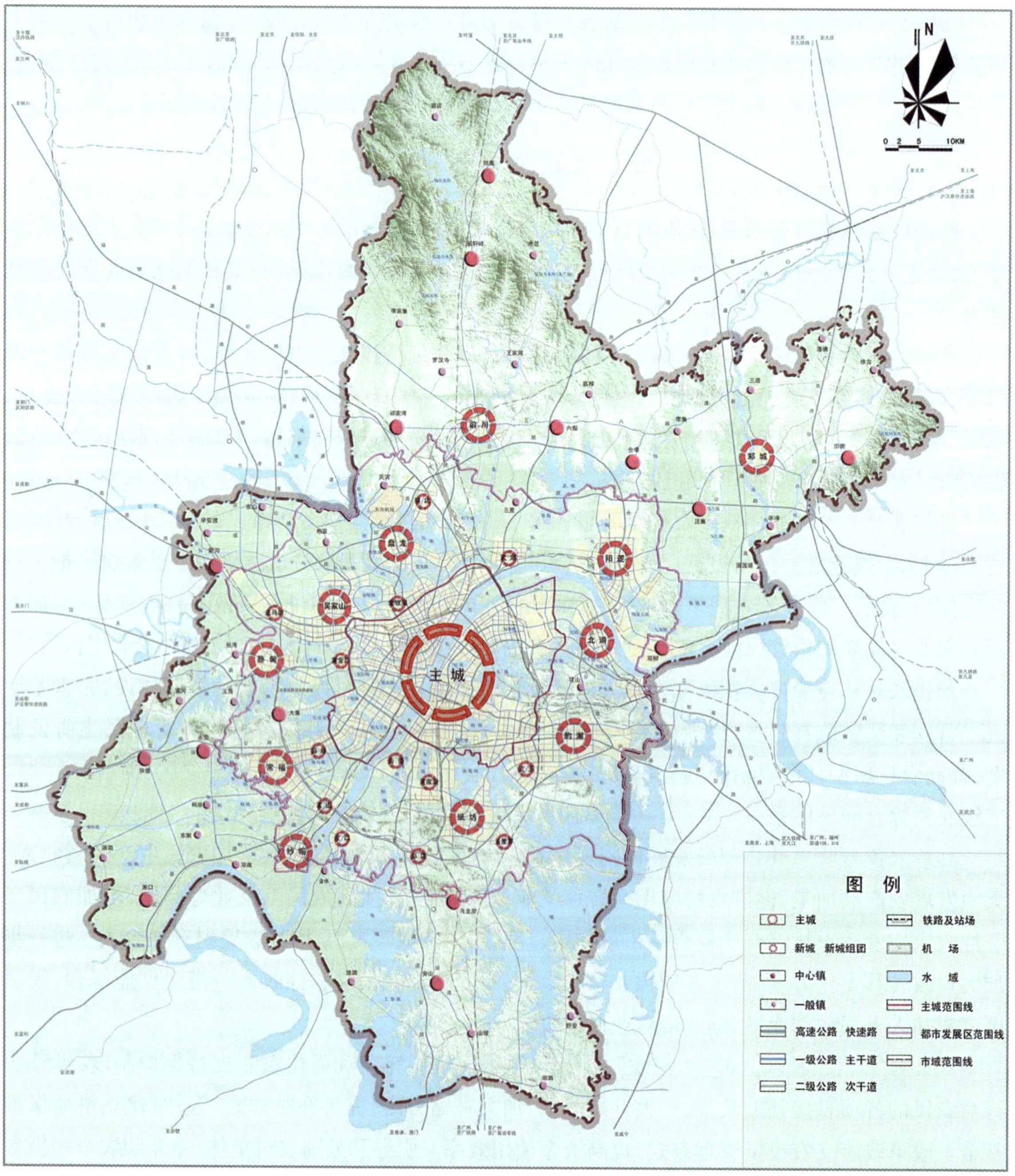

一、有序推进空间开发

严格控制主城用地,积极促进新城发展,完善各级城镇功能,明确主体功能区划分,构建"主城+新城组群"、"主城区为核、多轴多心"的总体空间布局。

优化开发主城区。延续圈层发展、组团布局的空间发展格局,增强主城区综合服务功能和现代化、国际化水平,成为传承历史文脉、彰显城市魅力、发展服务经济的主要承载区。发挥三环线及沿线绿化隔离带等的空间隔离作用,防止主城区面积过度扩张。有序推进旧城风貌区、旧工业区、旧居民区、城乡结合部更新改造,有序引导人口外迁。

重点开发新城组群。依托城市快速路、骨架性主干路和轨道交通组成的复合型交通走廊,加快构筑由主城区向外沿阳逻、豹澥、纸坊、常福、汉江、盘龙等方向的城镇空间发展轴,形成东部、东南、南部、西南、西部和北部等6大新城组群。推进新增建设用地向重点发展区域倾斜,形成以先进制造业和现代物流业为发展重点,商业、医疗、文化、教育等综合配套完善的产业新城,有效承接主城疏解的人口和功能。

调整优化城镇布局。以主城区为核心,新城组群为重点,中心镇和一般镇为基础,形成多层次、网络状的城镇体系。加强对远城区空间和产业发展的规划引导,建设一批重点城镇,完善城乡一体的基础设施,提升城镇综合功能和承载能力,调整优化建设用地结构,加快推进新型城镇化。

落实主体功能区战略。按照优化开发、重点开发、限制开发和禁止开发四类主体功能区要求,统筹考虑全市人口分布、经济布局、土地利用和城镇化格局,突出区域主导功能,规范空间开发秩序,加强分类指导,形成发展导向明确、要素配置均衡、空间集约集聚的发展格局。

加强城市地下空间综合开发利用。完善城市地下空间开发管理政策,有序开发利用地下空间。建设完善地下交通、市政设施、综合防灾等公共设施系统。优先考虑在繁华商业区、交通枢纽站场和城市主要公共活动中心等区域,建设功能协调、使用便捷的地下空间体系。

二、引导产业合理布局

调整完善财政、投资、产业、土地、环境保护等相关政策,加大基础设施集中配套建设力度,调整优化产业空间布局。

推进先进制造业集聚化布局。加快推进远城区新型工业化,形成"环城工业带+四大产业集聚区"的布局。在沿三环线至外环线区域建设由重点产业集群、工业园区和功能组团构成的环城工业带。打造光电子信息及生物产业集聚区(东湖新技术开发区—洪山—江夏)、汽车及机电产业集聚区(武汉经济技术开发区—蔡甸—汉南)、钢铁化工及装备制造业集聚区(青山—武汉化学工业区—阳逻)、食品轻工产业集聚区(吴家山经济技术开发区—黄金口—黄陂)等四大产业集聚区。

引导现代服务业差异化布局。强化现代服务业发展布局的统筹协调和空间引导。中心城区加快形成以服务经济为主的产业结构,开发区和远城区加快现代服务业发展。依托重大基础性、功能性设施和区域优势产业,按照重点集聚、改造提升、开发培育等差异化布局导向,促进各具特色、功能鲜明的服务业集聚区竞相发展。推进江汉区国家服务业发展综合改革试点。

形成都市农业特色化布局。外环线以外的农业发展区域,按照发展高产、优质、高效、生态、安全农业的要求,推进优势特色农产品区域化布局、规模化建设、标准化生产、产业化经营。加快发展设施农业,建设一批布局合理、清洁环保的蔬菜基地,引导加工、流通、储运设施建设向优势产区集聚。外环线以内的农业发展区域，注重发挥农业投资的整体功能和效益，提高土地产出率和资源利用率，重点发展生态、休闲等服务型农业。

三、加快区级经济发展

立足不同区域的发展基础和区情特色，合理确定区域发展定位，逐步形成各区错位发展、统筹发展、协调发展的格局。

江岸区。重点发展金融保险、信息服务、文化旅游等产业，加快建设汉口沿江商务区、后湖新城、黄埔新城，打造特色街区品牌，建设现代服务业强区。

江汉区。重点发展金融、现代商贸、现代物流等产业，加快建设王家墩商务区，积极推进国家服务业综合改革试点区和省级金融服务业示范区建设，成为现代服务业发展示范区。

硚口区。重点发展新型商贸、现代物流、金融服务等产业，加快建设汉正街商贸旅游区、汉江商务带，打造现代商贸优势区和都市产业创新区。

汉阳区。重点发展会展、旅游、商贸等产业，加快建设四新生态新城、五里墩商圈、“汉阳造”文化创意产业集聚区，打造中部地区生产性服务中心、文化旅游中心。

武昌区。重点发展金融保险、文化创意、商贸旅游等产业，加快推进武昌古城、武昌滨江商务区建设，打造武汉江南金融商务中心和历史文化名城区。

青山区。重点发展钢铁、石油化工、船舶等产业，以发展循环经济、服务高铁经济为特色，加快建设国家节能环保科技产业园、滨江生态商务区，建设国家循环经济示范区。

洪山区。重点发展高新技术、创意等产业，加快建设杨春湖城市副中心、青菱产业集聚区和天兴洲生态绿洲，建设国家科技进步示范区和彰显科教人文优势的生态魅力城区。

东西湖区。重点发展食品制造、机电制造、现代物流等产业，加快建设武汉吴家山经济开发区、国家级循环经济示范区和全国赛马体彩中心。

汉南区。重点发展汽车零部件为主导的机电、新材料、新能源、生物医药和食品产业，加快建设纱帽产业新城，以城乡一体化改革试验为突破口，建设城乡一体化示范区。

江夏区。重点发展先进装备制造、光电子信息、生物医药等产业，加快建设纸坊新城、金口港区、郑店物流产业园和梁子湖旅游风景区，建设武汉南部生态新区。

蔡甸区。重点发展通讯电子、机械汽配、轻纺日化等产业，加快建设后官湖生态宜居新城、常福产业新城、健康产业基地，成为宜居宜业新城区。

黄陂区。重点发展先进制造、商贸物流、生态旅游等产业，加快建设武汉临空经济区、汉口北商贸物流枢纽区、木兰生态旅游区，建设宜居创业优质区和生态旅游样板区。

新洲区。重点发展钢材深加工、船舶与机械装备制造等产业，加快建设阳逻港口工业新城、邾城商贸文化宜居区和道观生态旅游休闲区，建设长江中游港口枢纽、武汉东部生态新区。

四、加强功能区开发建设

充分发挥国家级开发区的核心支撑作用，进一步完善功能区开发建设管理体制，集中资源，重点推进基础条件好、环境承载力强、带动作用大的功能区建设。

武汉经济技术开发区。壮大汽车整车及零部件、电子电器产业规模，发展新能源汽车、新材料、高端装备制造等战略性新兴产业，着力打造“武汉·中国车城”、中部地区低碳经济示范区，加快建设国家新型工业化产业示范基地。

吴家山经济技术开发区。创新利用外资方式，优化利用外资结构，致力于发展高新技术产业和高附加值服务业，努力建成武汉乃至中部地区最大的食品加工、进出口物流和高科技机电产品加工基地。

东湖生态旅游风景区。加大生态环境保护和旅游资源开发利用力度，完善景区旅游配套设施系统，进入国家5A级风景区行列，成为国内一流的休闲旅游胜地，打造具有国际影响、国内著名的生态旅游品牌。

武汉化学工业区。加快推进80万吨乙烯工程及配套项目，构建新型化工产业集群，加快建设北湖组团、建设组团，打造中部地区石油化工生产基地、产品供应中心和长江中游重要的化工物流基地。

武汉新港。围绕"亿吨大港、千万标箱"远景目标，以长江黄金水道为纽带，以阳逻、白浒山等为重点，建设集现代航运物流、综合保税服务、临港产业开发和新城区为一体的现代港、国际港、枢纽港，打造长江中游航运中心。

专栏6　其他城市功能区

重点功能区。两江四岸城市核心区加快建设辐射中部地区的区域性中心、城市景观中心和旧城风貌特色中心。充分发挥历史底蕴深厚、景观环境突出的优势，更新改造长江、汉江滨江已开发地区，加快开发二七、青山、杨泗港等新的滨江区域，植入高端服务功能。

特色功能区。王家墩商务区加快建设成为综合性商务区。四新生态新城建设成为全国重要的会展中心。杨春湖综合交通枢纽区建设成为武汉高铁经济聚集区。汉正街商贸旅游区整体改造、转型升级为中部地区重要的商品展示和旅游购物中心。花山生态新城打造成为绿色智能化环保型生态城。后官湖生态宜居新城建设成为生态休闲旅游区。武汉南部经济带建设成为以江夏现代机电装备制造产业基地为特色，具有区域带动能力的新增长极。汉口北商贸物流枢纽区建设成为全市商贸物流核心区和我国中西部商贸物流枢纽中心。天兴洲生态新区打造特点鲜明的长江江心旅游目的地。

新兴功能区。着眼于培育支撑城市发展的新增长点。加快区域资源整合，支持大黄鹤楼地区建设成为国家级风景名胜景区。研究启动南岸嘴地区开发建设。支持青阳鄂大循环经济示范区成为国家级循环经济高技术开发区。

第八章　彰显滨江滨湖特色，建设生态宜居城市

围绕基本建成生态宜居武汉，积极发展低碳经济和循环经济，推进生态环境与城市发展相互促进、资源节约与可再生资源开发利用并举，进一步凸显城市滨水生态特色。

一、大力发展循环经济

按照减量化、再利用、资源化的原则，全面提高资源循环利用效率，探索建立不同层面、各具特色的循环经济体系，着力构建政府推动、市场驱动、社会参与的循环经济发展新机制。

强化资源节约管理。实行有限开发、有序开发、有偿开发，加强对各种资源的保护和管理。实行最严格的水资源管理制度，控制用水总量、用水效率和排污总量。提高土地资源利用效率，按照严控增量、盘活存量、有保有压、集约高效的原则，严格控制新增建设用地规模。加强重点行业原材

料消耗管理，积极采用节材工艺和节材技术，降低消耗，提高利用率。

促进资源综合利用。推进全国再生资源回收体系试点城市创建，搭建城市矿产资源信息及交易平台，建立健全覆盖全社会的物资回收再利用网络体系，推进资源再生利用产业化。加强工业固体废物综合利用。到2015年，工业用水重复利用率达到88%，工业固体废物处置利用率达到98%。

建设循环经济示范区。加快以青山区、阳逻开发区和武汉化学工业区等为主体的大循环经济示范区建设，探索钢铁、电力、石化、建材、环保等循环经济产业链发展新模式，全力打造重化工产业集聚、节能环保产业集聚、跨区域循环的全国两型社会建设典型示范区。推进东西湖国家级循环经济示范区建设，完善生产、流通、消费各环节循环经济发展。提升各类开发区和工业园区循环经济发展水平，继续创建一批循环经济示范企业，开发应用源头减量、循环利用、再制造、零排放和产业链接技术，推广循环经济典型模式。

二、扎实推进节能减排

建立健全有利于节能减排的长效发展机制，逐步建立与我市经济发展水平相适应的绿色发展模式，促进经济社会可持续发展。

有效控制温室气体排放。大幅降低能源消耗和二氧化碳排放强度，抑制高耗能产业过快增长，提高能源利用效率。调整能源消费结构，增加非化石能源占一次能源消费比重。提高森林覆盖率，增加森林蓄积量，增强固碳能力。推进在线监测，建立完善温室气体排放和节能减排统计、监测、监察和考核体系。加快低碳技术研发和应用，探索建立碳排放控制和交易机制，努力扩大主要污染物排放权交易、企业环境污染责任保险和绿色信贷试点规模。

创新节能减排工作机制。认真落实国家对高耗能、高污染、高排放行业的产业政策，严格执行新建项目节能评估审查、环境影响评价制度和项目审批核准程序。完善节能减排投入机制，通过贷款贴息、以奖代补等方式引导社会资金投入。积极推广合同能源管理等节能减排新机制。探索建立生态环境补偿机制和生产者责任延伸制度。强化节能减排目标责任制和问责制。倡导绿色消费，加快构建全社会共同推进节能减排的工作机制和约束激励机制。

积极推进清洁生产。鼓励企业开展自愿性清洁生产审核，推进强制性清洁生产审核，深入开展能效对标活动。制定发布重点行业清洁生产标准和评价指标体系，将清洁生产评价纳入环评、排污许可、排污申报、限期治理等制度及工作程序中，通过采用可再生能源及原料、高效节能工艺技术，提升企业清洁生产水平。

强化重点领域节能减排。继续做好工业领域节能减排，严格执行国家产业政策和环保标准，淘汰落后生产能力，支持企业通过技术改造提高节能减排水平。加快完善建筑节能监督体系、技术体系和政策法规，推广应用新型墙体材料、建筑节能材料，推动城市绿色建筑的设计、建造及使用。大力发展绿色交通，深入推进“十城千辆”试点，提高公交车使用清洁能源的比例。进一步推进公共机构节能，加快节约型机关建设。深入推进“十城万盏”试点，全面实施城市节电工程，积极开展用户电能效率评价，实施节能改造。

三、切实加强环境保护

坚持预防为主、综合治理的方针，强化从源头防治污染和保护生态，切实解决严重危害人民群众健康安全的环境污染问题，努力创建国家环保模范城市。

加强环境监督管理。加强规划和建设项目环境管理，将主要污染物排放总量控制指标等环境保护目标分解到区和有关部门。加强重点区域环境综合整治，实施严格的环境准入和退出政策，实行环保一票否决。深入实施“碧水蓝天”工程。健全环境监管体制，严格污染物排放标准，加强水体、大气、噪声、固体废物、土壤、辐射、光等污染防治的监测网络建设，推行重大环境事件和污染事故责任追究制度。健全环境经济政策，完善环境管理地方法规，推进污染者付费制度。加大环境保护执法力度，鼓励社会公众参与并监督环境保护。

加强水污染防治。积极推进污染源头控制，加强工业企业水污染防治和生活污水治理，加快推动城市污水处理厂和污水收集管网工程、分散式生活污水处理设施工程建设。强化主要河流和湖泊的排污管制，全面实施污水全收集、全处理工程，基本消除城市水体黑臭现象。科学划定集中式饮用水水源保护区，建立饮用水水质自动监测系统和水源突发性事件预警系统。

加强大气环境整治。大力实施清洁空气工程，严格控制燃煤污染。建立健全工业污染防控体系，严格重点行业污染物总量控制，加强重点企业污染治理和技术改造。加强重点地区空气环境整治。加大机动车尾气污染综合整治力度。严格控制渣土运输和扬尘污染。加强餐饮油烟环境监管。到2015年，全市空气环境质量优良天数保持在310天以上。

加强固体废物污染防治。推进固体废物源头削减和循环利用，加快处理处置设施建设，提高垃圾无害化处理率。妥善处置危险废物和医疗废物，强化对危险化学品的监管，加强重金属污染治理。积极推进废旧电子、电器的社会收集网络和加工利用园区建设。

加强噪声污染治理。严格工业噪声污染源监督管理，加强中心城区建设项目土方施工、结构施工阶段的噪声控制。加强商业网点、娱乐场所等主要生活噪声源的监督管理。控制交通噪声污染，推广应用低噪路面材料，建设完善隔声屏障等噪声控制设施，加强绿化降噪。到2015年，环境噪声功能区达标率95%。

四、保护和修复生态

围绕构建合理的生态框架，着力推进山、水、林自然生态环境建设与保护，彰显城市滨江滨湖特色，努力建设国家生态园林城市。

构建生态框架体系。整合山体、河流、湖泊、湿地、森林等生态要素，加强生态保护修复，加快构建“两轴两环、六楔入城”的生态框架。突出风景区、自然保护区、重要湿地、森林公园、农业生态区及郊野公园的生态保育和建设。强化自然山体的保护和绿化，重点推进公路、铁路沿线及重要景区可视范围内毁损山体的生态修复。强化道路林带、农田林网、江河湖泊岸林等绿化工程建设，形成山水相互融合、绿地均衡分布的生态体系。

完善园林绿地系统。着力构建点、线、面相结合的园林绿地系统，实现道路林荫化、城区园林化、市郊林网化。积极推进黄鹤楼等风景名胜区、市区江湖港渠公园绿地建设，推进两江四岸江滩开发及绿化，建成一批全市性和区域性公园、居住区公园和街头游园。提高内环线和二环线附近低密度区内的绿地率，建设一批由中心城区向外辐射的城市绿道。实施三环线绿化隔离带建设，在城市外围和重要交通干道两侧，控制一定宽度防护绿地。到2015年，建成区绿化覆盖率40%，人均公园绿地10平方米。

保护修复水生态系统和湿地生态系统。推进水生态系统保护与修复工作，深入实施“清水入湖”工程，加快推动大东湖生态水网构建、汉阳“六湖连通”水生态修复工程，推动南湖、沙湖、黄孝河等水体保护与水环境综合治理。做好中心城区湖泊岸线生态固稳改造工作，建设环湖绿道，全面完成中心城区湖泊“一湖一景”改造。加强远城区梁子湖、沉湖、涨渡湖、府河等重要湿地的生态修复，提升湿地的生态功能。

专栏7　都市发展区绿地系统规划图

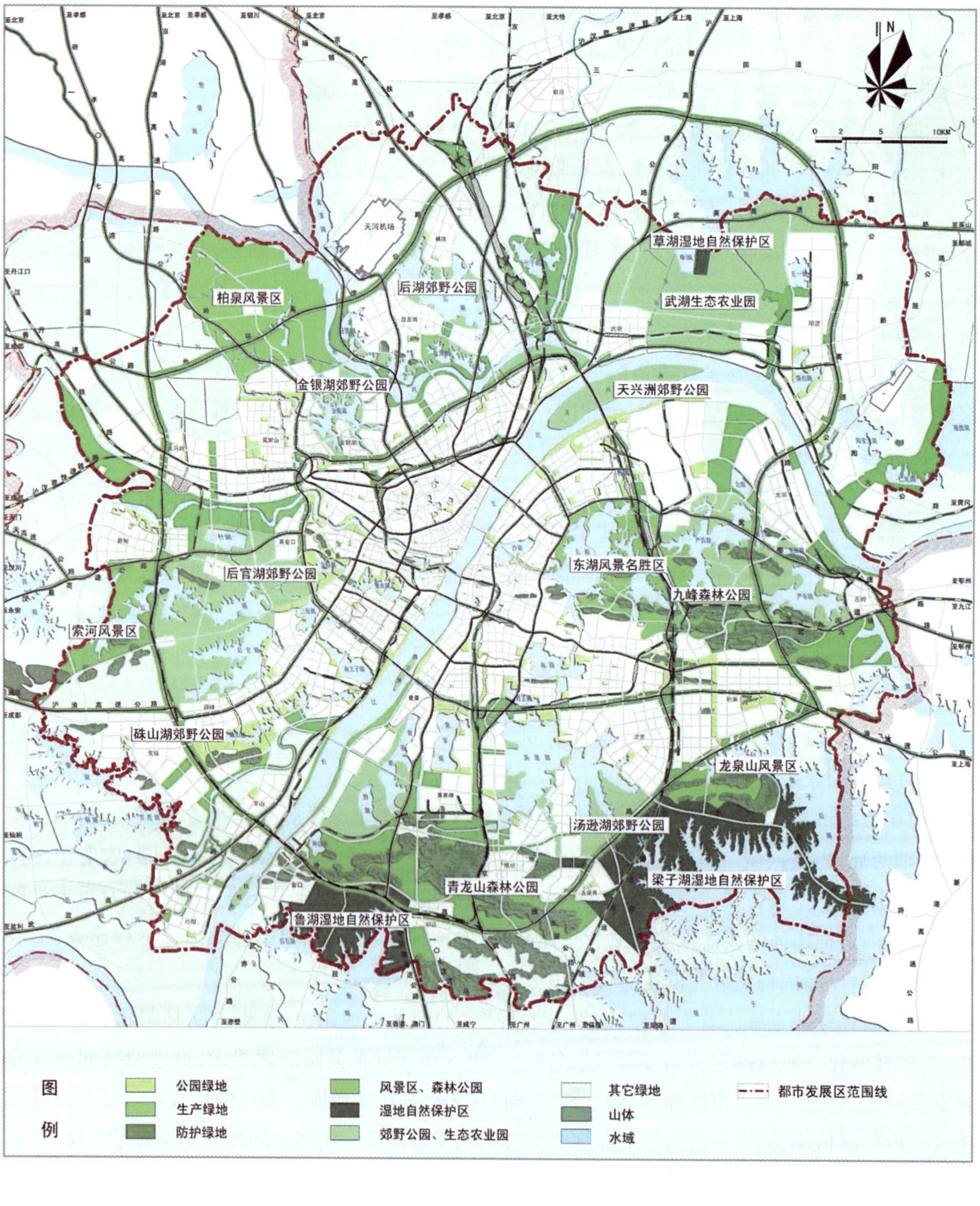

第九章　实施科教兴市，打造人才强市

围绕发挥科教优势、构筑高端人才聚集区，坚持科技引领、教育优先、人才支撑，建立健全科技、教育、人才三位一体工作体系，为推动科学发展、加快转变经济发展方式奠定坚实的科技和人力资源基础。

一、增强科技创新能力

进一步提升科技综合实力和竞争力，推动发展方式由要素驱动向创新驱动转变，建设全国重要的高新技术研发中心和产业化基地。

完善技术创新体系。建立健全以企业为主体、以市场为导向、产学研结合的技术创新体系。深入实施民营科技企业"百星工程"，激发企业创新活力，形成一批国家级和省市级创新型企业。引导产业链上的企业加强上下游技术和关联技术的合作，联手打造产业技术标准。增强科研院所和高校创新动力，强化基础性、前沿性技术和共性技术研究。支持国家实验室、国家重点实验室、国家工程实验室、国家工程（技术）研究中心等加强自主创新基础能力建设。重点实施100项原始创新技术的攻关、100项关键技术的突破、100所一流水平的研发机构建设工程。到2015年，国家重点实验室达到20个，国家工程（技术）研究中心达到25个，国家级企业技术中心达到20个。

加速推进科技产业化。加快建立多种形式的产业技术创新联盟，促进科技成果转化。加强产学研合作的配对信息服务，推广产学研结合的新机制和新模式。面向优势产业和支柱产业的技术创新需求，组织制定产业技术路线图，开展关键、共性技术联合攻关，建立长期、稳定、制度化的产学研利益共同体。实施一批重大科技专项和产业专项。

二、优化科技创新环境

完善科技创新体制机制、科技政策服务链和科技中介服务体系。加强科学技术普及教育，全面提高市民科学素质。

推进科技金融创新。支持发展天使投资、风险投资、创业投资等基金，推进产权制度改革和股权激励政策试点，完善知识产权入股制度、技术创新人员持股制度、经营管理者持股经营制度。实施政府首购自主创新产品制度，加大政府采购对自主创新产品的支持力度。

实施知识产权战略。强化企业在知识产权创造和运用中的主体地位。加强知识产权创造、运用、保护和管理，切实维护科技成果发明人权益。健全科技成果交易市场体系，推进知识产权质押贷款，加快发展知识产权交易、专利代理等中介服务机构。

提升科技创新服务水平。加大政府对科技的投入，加强科技公共服务平台建设。健全科技创新孵化体系和中介服务体系，完善科技成果评价奖励制度。重点加强高新技术创业服务中心、创业基地、生产力促进中心等各类孵化器建设。推进专业化的科技创新服务，加强面向高新技术产业的创新服务，重点发展技术集成、产品设计、工艺配套等共性技术服务。

三、推进教育改革创新

推进素质教育，增强教育发展活力，促进教育公平，办人民满意的教育。

全面实施素质教育。坚持德育为先、能力为重，促进学生德智体美全面发展。支持个性发展、多样化成才，创新改革教学内容、方法、手段。构建符合素质教育的课程体系，深化义务教育课程改革，推进普通高中课程改革工作。减轻中小学生课业负担，重视学生体育艺术教育和社会实践。完善中等学校考试招生制度，完善初中就近免试入学具体办法，改进高中阶段学校考试招生方法。改革教育质量评价制度，做好综合素质评价。

深化教育体制改革。加快推进教育综合配套改革试点，创新教育管理体制、办学体制、投入体制和人事制度。建设现代学校管理运行机制，推进政校分开、管办评分离，完善学校内部治理结构，激发学校办学活力。坚持教育公益性原则，健全主体多元、形式多样的办学体制。增加教育投入，鼓励引导社会力量兴办教育，形成以政府办学为主体、全社会积极参与、公办教育和民办教育共同发展的格局。制定促进民办教育发展的政策措施，支持发展一批优质民办学校。深化教师人事制度改革，实施中小学岗位设置管理，完善教师职务聘任制，推进教师评价制度改革，探索名师交流制，均衡配置教师资源。

四、构建现代教育体系

巩固发挥教育品牌优势，提高国民受教育水平，提供更加丰富的优质教育，建立完备的终身教育体系，率先基本实现教育现代化，教育总体水平保持在国内先进行列。到2015年，新增劳动力平均受教育年限14年以上。

推动基础教育均衡优质发展。基本普及学前教育，加强幼儿园特别是农村幼儿园建设，全市学前教育三年毛入园率85%以上。深入实施义务教育均衡发展行动计划，努力实现义务教育发展水平整体提升和高位均衡。全面普及高中阶段教育，优化普通高中结构和布局，推进高中教育优质发展，优质高中在校生所占比例达到80%以上。合理配置公共教育资源，加快缩小城乡教育差距，促进教育公平。积极发展各类特殊教育、民族教育、工读教育。

大力发展职业教育。深入推进国家职业教育改革试验区建设，打造全国重要的职业技能型人才培养培训基地。整合职业教育资源，建设一批规模化、特色化的示范职业学校、重点实训基地。推进职业教育集团化、品牌化发展。组建东湖新技术开发区职教园区、武汉经济技术开发区职教园区和汉口职教园区。推进合作办学，实行订单式培养。

提升高等教育质量。优化高等教育结构，合理控制在校学生规模。支持在汉部属高校建设国际一流学府。推进市属高校与部属院校合作办学，提升武汉高等教育在全国的竞争优势。提升江汉大学综合办学实力，支持武汉商业服务学院、武汉软件工程职业学院、武汉城市职业学院、武汉生物工程学院等加快发展。到2015年，高等教育毛入学率50%以上。

建立终身教育体系。积极发展多种形式的成人教育、继续教育和社区教育，加快形成广覆盖、多形式、多层次、开放式的终身教育网络，建设全民学习、终身学习的学习型社会。积极创建国家级社区教育示范区，重点建设市级标准化社区学校，建设社区教育专兼职队伍和志愿者队伍。

提高教育信息化水平。建设覆盖全市各中小学、幼儿园的城域网、局域网和校园网，形成以办公自动化、计算机辅助教学、班班通、远程教育系统、信息化服务平台、网络管理平台等为支撑的现代数字校园。加速推广新教育媒体和技术的运用。

五、建设高素质人才队伍

加强人才资源能力建设，坚持引进与培养并重，扩大人才队伍规模，完善人才结构，提升人才素质。到2015年,全市人才总量达到220万人。

突出培养重点人才。加快实施企业优秀管理人才、青年英才、急需紧缺专业技术人才、高技能人才、现代都市农业人才、社会事业名人等人才培养计划。围绕重点企业、重大工程项目和重大技术攻关课题,加快建设一批高层次创新人才培养基地,重点培养一批具有重大影响力的自主创新领军人才和高水平创新团队,着力培育追求卓越、奋发进取的企业家队伍。建立一批高技能人才培养示范基地,以两型社会建设和先进制造业、现代服务业、战略性新兴产业等领域为重点,大力开发紧缺专门人才,建设一支门类齐全、技艺精湛的高技能人才队伍。

加大人才引进力度。发挥重大人才工程的引领作用,重点实施"黄鹤英才计划"、"3551人才计划"等人才工程。制定完善吸引人才的政策措施,推进100套名人居、1000套精英社区住房、10000套人才公寓等人才安居工程建设,集聚各类优秀人才。实施扶持人才创新创业的优惠政策,搭建各类适合人才施展才能的平台,让高端人才引得进、留得住。加强留学归国人员创业园区和孵化基地建设,设立海外人才工作站,引进和培育一批国际人才中介服务机构。建立海外高层次人才特聘专家制度,有针对性地引进优秀海外留学人员和外籍高层次人才。

六、提高人才使用效能

更新用人观念,围绕用好用活人才和提高人才效能,加快人才发展体制机制改革和政策创新,构筑充满活力、富有效率、更加开放的人才发展环境,激发各类人才创造活力。

创新人才使用机制。健全人才培养开发、评价发现、选拔任用、流动配置、激励保障等工作机制。引导形成以业绩和能力为导向的社会化人才评价标准。健全人才激励机制,推行以知识、技术、专利、成果等要素参与收益分配的政策,提高关键岗位业务骨干人才收入,改进和完善武汉杰出人才奖励制度。规范人才市场管理,建立开放灵活的人才流动机制。

完善人才服务体系。推行党委、政府人才工作目标责任制,切实改进人才管理方式。建设城乡一体化的人才公共服务体系,健全人事代理、社会保险代理、企业用工登记、人事档案管理、劳动人事争议调解仲裁、就业服务等公共服务平台,大力开发公共服务产品,满足人才多样化需求。促进人才服务社会化发展,创新人才公共服务提供方式,建立政府购买公共服务制度。推进人才公共服务标准化建设,制定人才公共服务产品标准化管理办法。

第十章　推进文化强市,提升文化竞争力

围绕实施文化强市战略,坚持社会主义先进文化前进方向,推进文化创新,推动文化事业和文化产业共同发展,打造武汉文化品牌,推动文化大发展、大繁荣,不断增强中部地区文化中心功能。

一、建设社会主义精神文明

扎实开展精神文明创建活动,积极推进文明城市建设,不断提高市民思想道德素质,增强全市经济社会发展的凝聚力和创造力。

建设社会主义核心价值体系。加强马克思主义理论研究和建设,广泛开展中国特色社会主义理论体系宣传普及活动,深入学习贯彻落实科学发展观,繁荣发展哲学社会科学,为全面建设小康

社会提供强有力的思想保障和精神动力。在全社会倡导正确的价值导向，弘扬和培育以爱国主义为核心的民族精神和以改革创新为核心的时代精神，树立社会主义荣辱观，广泛开展"千万市民学英模"活动。进一步健全学校、家庭、社区"三结合"的教育网络，加强和改进大学生思想政治教育和未成年人思想道德建设。加强舆论引导，突出抓好互联网等新兴媒体的建设、运用与管理，营造健康向上的社会氛围。

建设文明城市。围绕创建全国文明城市，深入开展群众性精神文明创建活动，着力塑造现代城市的文明环境和精神风貌。推进文明城区、文明村镇、文明行业和文明单位创建，提高城乡居民文明素质。以"讲文明、树新风"为重点，开展文明礼仪教育，推进城乡居民文明行为基本知识的普训和轮训。开展"做文明有礼的武汉人"宣传实践活动，弘扬优秀的社会公德、职业道德、家庭道德和个人品德。弘扬志愿服务精神，广泛开展社会志愿服务活动。开展不文明行为集中整治和专项整治，着力形成全社会重信誉、讲规范、守道德的文明和谐氛围。

二、推进文化创新

促进文化体制改革与经济体制、行政管理体制等其他领域的改革相互配套、相互衔接，形成富有活力的文化管理体制和文化产品生产经营机制。

改革文化体制。加快经营性文化单位转企改制步伐，稳步推进市直文艺院团改革，深化公益性文化单位改革，激发发展活力，提高服务水平。加强国有文化资产管理，实现国有文化资产的保值增值。推进文化综合管理，完善文化市场综合执法体系，强化文化行政管理的政策调节、市场监管、社会管理和公共服务职能。

繁荣文化创作。打造汉派文化精品。保持文学、戏剧、曲艺、杂技、音乐、美术、影视剧等方面的优势，创作一批在群众中有市场、在全国有影响的优秀文艺作品。充分发挥琴台大剧院等剧场作用，巩固全国舞台艺术强势地位。做大做强武汉广电总台、长江日报报业集团等新闻媒体，优化结构，促进发展。加强优秀作品、名牌栏目策划，出版一批体现地域特点、具有文化先导性、学术创新性的图书和影视作品。精心策划和运作优秀作品的上演、播映、评论及出版，完善重点作品论证、投入、效益评估机制。加强优秀文艺创作人才队伍建设，形成汉派文化名人群体。

三、繁荣文化事业

坚持把发展公益性文化事业作为保障人民基本文化权益的主要途径，加快构建覆盖全社会的公共文化服务体系，满足城乡居民基本文化需求。

完善公共文化设施。以大型公共文化设施为骨干，以社区和乡镇基层文化设施为基础，加快建立覆盖城乡的公共文化设施网络。集中力量建设长江传媒大厦、武汉中心书城、武汉市文学艺术工作者之家等一批文化设施。优化基层图书馆、文化馆（站、室）及远城区影城、书店等文化设施布局。推进文化信息资源共享工程，促进公共文化设施共建共享、互联互通。

创新文化服务方式。促进公共文化服务方式多元化、社会化，构建优质高效、普遍均等的公共文化服务体系。采用政府购买、补贴等方式，向基层、低收入和特殊群众提供免费文化服务，努力推动公共文化服务职能向社区和农村延伸。大力发展图书、档案、文物、科普等社会公益事业。积极引导社会力量参与公共文化服务，支持民办公益性文化机构发展。

丰富群众文化活动。广泛开展公益性群众文化活动，丰富城乡居民文化生活。继续开展文化下乡、武汉之夏、群众文化艺术节、江滩大舞台等全市性品牌文化活动。继续办好“名家论坛”、全民读书月等读者服务活动。丰富拓展社区文化、企业文化、农村文化、校园文化、军营文化的形式和内容。规范发展网络文化。鼓励营业性文娱场所开设公益活动专场。形成若干群众文化品牌和特色文化圈。

扩大文化对外交流。巩固武汉区域性对外文化交流中心地位,加强友城文化交流。办好武汉国际渡江节、国际旅游节、国际杂技节等大型节庆活动。支持武汉专业艺术院团、文博单位、社会文化单位以及艺术教育机构走出国门,参与国际交流合作。引进高水平境外艺术表演团体来我市演出,积极吸收借鉴世界各国优秀文化成果。

大力发展体育事业。建设健康武汉。建立完善市、区、街(乡)、社区(村)四级全民健身组织网络,逐步实现体育基本公共服务普及化。完善城乡社区公共体育设施,广泛开展多种多样的群众体育健身活动。构建和完善优秀体育后备人才培养和输送体系,促进竞技体育持续发展。

四、发展文化产业

充分发挥文化资源和人才优势,积极推进文化发展方式转变,优化文化产业结构,培育文化市场主体,扩大文化消费。

优化文化产业结构。培育和引进一批骨干文化企业和战略投资者,鼓励和引导非公有制经济进入文化产业领域,促进文化产品和生产要素合理流动。发展新型文化业态,运用高科技手段促进文化产业升级,形成一批具有较强竞争力的产业集群,大力推动对外文化贸易,加快把文化产业发展成为先导性、战略性、支柱性产业。

培育现代文化市场体系。培育市民文化消费观念,拓展农村文化市场和以网络为载体的新兴文化市场。重点培育图书报刊、电子音像制品、演出娱乐、影视剧、文物收藏品和工艺美术等文化产品市场,发展文化要素市场。建立文化产权交易体系,健全文化产业投融资体系。探索建立武汉文化产业发展投资基金。

推进文化产业园区建设。大力建设集创意设计、生产配送、展示销售、培训交流、旅游观光等于一体的文化产业园区,实现要素集聚和集约经营。推进文化展示区建设,弘扬武汉特色文化。加快长江传媒产业园、武汉出版文化产业园、光谷创意产业基地、洪山创意大道等一批文化产业园区建设,力争建成中国“文谷”。

五、保护历史文化名城

加强对地域特色文化和非物质文化遗产的挖掘和保护。彰显历史文化名城文化底蕴,丰富武汉文化内涵,提升武汉文化品位。

加强历史名胜保护。完善历史文化名城、历史文化街区、历史文化名村保护规划,落实城市紫线管理规定,强化对各级各类文物、优秀历史建筑、遗址及历史风貌区的保护。积极参与国家重点建设工程的考古发掘工作,做好地下文物调查、勘探和抢救性发掘、修复及移交工作。加强革命旧址保护,推进党史纪念馆建设。加快推进辛亥革命博物馆及遗迹遗址、中山舰文化旅游区、盘龙城遗址等重大文物保护工程建设。修复提升武昌古城,加快首义文化区建设,办好辛亥武昌首义 100 周年纪念活动。加强汉口租界、汉阳知音故里等重点历史风貌区的保护和改造,加强重点地区工业文化遗产的保护,构建历史与文化融合、文化与景观和谐的城市风貌。

弘扬非物质文化遗产。充分挖掘武汉的城市特点和地域文化特色,打造武汉文化品牌。保护和利用白云黄鹤、知音琴台、辛亥首义等历史文化遗产,构建主题特色文化。加强对汉剧、楚剧、湖北大鼓、楚乐、汉绣等具有地方特色的传统民间艺术的抢救、保护和合理利用,加强对代表性传承人及传承机制的保护。健全非物质文化遗产保护的政策法规,出台相关扶持政策,完善国家、省、市、区四级非物质文化遗产保护项目名录管理体系,推进非物质文化遗产收藏展示中心建设。

第十一章　推进综合配套改革,增强城市发展动力

围绕争创体制机制新优势,坚持先行先试、大胆探索,深入推进两型社会建设综合配套改革试验,聚焦重点领域和关键环节,全力推进综合性制度创新,为科学发展提供有力保障。

一、深化行政管理体制改革

按照建设服务型政府、责任政府、法治政府和廉洁政府的要求,建立权责一致、分工合理、决策科学、执行顺畅、监督有力的行政管理体制,创造公开、公平、公正的发展环境。

加快政府职能转变。发挥市场在资源配置中的基础性作用,减少政府对微观经济活动的干预,加快建设法治政府和服务型政府。更好发挥公民和社会组织在社会公共事务管理中的作用,深化行业协会、社会中介组织改革,加快构建适应市场经济发展的规范化运行机制,承接政府转移的职能。

深化行政审批制度改革。建立实施分类行政审批制度。继续取消和调整行政审批事项,优化行政审批流程,推广行政审批和政府服务“零收费”。创新审批方式,实施网上审批和并联审批,开展审批听证,促进审批提速。整合现有市直部门审批职能,完善行政审批电子监察系统。推进武汉市民之家建设,加快建立市级行政服务平台。到 2015 年,实现 90% 以上的政府行政许可网上办理。

进一步健全决策机制。完善两级政府三级管理体制,加强政务服务中心建设,完善服务中心功能,构建综合政务服务平台。健全科学决策、民主决策、依法决策机制。推进政务公开,加强电子政务建设。全面推进依法行政,完善行政执法责任制,加强行政问责制,改进行政复议和行政诉讼。完善政府绩效评估制度,提高政府公信力。

继续推进政府机构改革。围绕职能转变和理顺职责关系,深化政府机构改革,优化政府组织结构,完善行政运行机制。以建立健全城市综合管理体制为突破口,探索实行职能有机统一的大部门体制。进一步理顺市场监管体制,整合执法监管力量,解决多头执法、重复执法问题。分类推进事业单位改革,加快建立适应市场经济发展的事业单位管理体制。继续深化街道、乡镇机构改革,加强基层政权建设。

二、推进所有制改革

继续推进所有制结构调整,推动国有企业资源整合,提高国有资产运营效率,促进民营经济加快发展,不断增强市场主体的综合实力和竞争力。到 2015 年,全市非公有制经济增加值占地区生产总值比重 55% 以上。

深化国有企业改革。推进国有资本有进有退的战略性调整，推进出资企业产权多元化改造，推进企业法人治理结构完善。努力构建产权多元化的利益融合机制、进退有序的资本配置机制、市场化的选人用人机制、科学有效的资本监管机制、规范透明的职工权益保障机制。按照"整合资源、分类经营、有序收缩、重点扩张"的思路，增强国有企业核心竞争力，推动国有资本向优势产业、高新技术产业、战略性新兴产业和公共服务领域集聚，充分发挥国有资本的引领、支撑和创新示范功能。全面完成集体企业改制工作。

突破性发展民营经济。大力推进全民创业，健全促进民营经济发展的政策法规、保障体系和信用环境，为企业公平竞争创造有利条件。依托特色工业园区和专业市场群，帮助民营企业积极进行市场拓展及对外交流与合作。完善民营企业金融服务，推进中小企业担保体系建设，积极发展小额贷款公司，大力实施"中小企业改制上市培育工程"。加快中小企业和民营经济社会服务体系建设。推进民营企业产权制度改革，加快建立现代企业制度。将民营经济和民营企业发展纳入市、区绩效管理工作范围。

三、建立健全现代市场体系

打破市场垄断、行政壁垒和地区封锁，加快形成统一、开放、竞争、有序的市场体系。规范发展各类中介组织，推进社会信用体系建设。整顿和规范市场秩序，加大执法力度，切实维护公平竞争和交易安全。

规范土地市场。完善经营性用地"招拍挂"制度，严格划拨用地范围，规范协议出让用地供给制度。进一步完善土地储备制度，健全城乡统一的土地市场和运行机制。按照《国有土地上房屋征收与补偿条例》等有关法律和法规，将征收房屋的各项建设活动纳入国民经济和社会发展年度计划，依法推进国有土地上房屋征收与补偿工作。探索农用地转用和土地征用制度改革，保障被征地农民权益。完善农村宅基地使用制度，探索建立农村宅基地有偿使用机制。规范农村土地流转市场，逐步扩大集体土地使用权流转范围。

加强资本市场建设。加快引进、培育和发展各类银行和非银行金融机构。设立产业投资基金、创业投资引导基金和私募股权投资基金，大力发展基金市场。发行中小企业集合债券、集合信托，创新发债方式，拓展债券市场。发展壮大期货公司，推进期货市场发展。以光谷联合产权交易所为主，建立知识产权交易所、技术交易所，积极开展股权交易试点，打造区域性的综合产权交易中心。建立区域性票据交易市场。

探索建立环境产权制度。深化资源性产品价格改革，充分发挥市场机制在资源价格形成中的基础作用，使资源性产品价格反映市场供求关系、稀缺程度及环境损害成本，促进经济发展方式转变。稳步推进水价、污水处理费、垃圾处理费、环保收费等改革。

完善人力资源市场。建立统一的人才和劳动力信息发布平台，及时准确向社会提供人才和劳动力市场的各类信息，实现人力资源信息共享。完善人才和劳动力资源、就业岗位资源、培训资源互通互用的共享机制，开展劳务合作，加强人才和劳动力流动的组织服务。

完善技术市场。依托产权交易平台，打造技术产权交易市场和技术服务体系，实现技术服务的市场化、产业化。扩大技术市场的影响力，增强科学技术成果的流动性，将资源优势转化为产业发展优势。搭建特色科技服务平台，为企业科技创新提供服务。

加强信用体系建设。以政府信用为先导，企业信用为重点，个人信用为基础，推进社会信用体系建设，形成以道德为支撑，产权为基础，法律为保障的社会信用制度。规范信用信息的采集、使用和管理，培育和发展一批具有社会公信力的信用服务中介机构。加快信用数据库建设，完善征信体系。建立健全守信与失信奖惩机制。加强社会诚信教育，提高全体市民信用意识。在党政机关、窗口行业和社会组织中开展诚信建设活动，营造诚实守信的社会环境。

四、加快财税和投资体制改革

完善公共财政体系，加强政府投资管理，提高政府投资效益。进一步落实企业投资自主权，促进投资市场成长，运用市场化运作办法配置政府控制的资源。

完善预算管理制度。实行全口径预算管理，完善公共财政预算，细化政府性基金预算，健全国有资本经营预算，在完善社会保险基金预算基础上研究编制社会保障预算，建立健全有机衔接的政府预算体系。建立预算编制、执行、监督相互分离和制衡的机制，强化预算支出约束和预算执行监督，建立健全完善的预算公开机制，提高预算规范性，增强预算透明度。

完善地方财政转移支付制度。健全财力与事权相匹配的体制，科学配置市级、区级政府的财力，增强政府提供公共服务、加强社会管理的能力，推进基本公共服务均等化。明确市对区财政转移支付目标，完善转移支付办法，建立转移支付资金使用与管理的绩效评价机制。

深化政府采购制度改革。强化和实施依法采购，扩大政府采购范围，确保应采尽采。坚持预算约束，进一步提高政府采购效率和质量。推进政府采购流程标准化，提高监管水平。

推进财税体制创新。积极争取资源税、环境税试点。完善重点税源监控、开发分析预警、欠税清缴管理、税收分析平台和收入考核体系。规范执法管理、纳税服务，夯实税收基础。

完善投资体制机制。加强项目科学决策，建立健全重大项目公示制度、投资项目后评价制度，进一步规范投资决策行为。不断拓宽民间投资领域和范围，加强对民间投资的服务、指导和规范管理。深化投资要素配置市场化改革，引导土地、资源、环境容量等投资要素合理配置。

加强政府债务监管。继续推进政府债务偿债支出预算编制工作，加强债务资产营运和收益管理，探索政府债务预算管理模式。严格债务资金举借程序，严格监管债务资金使用，严格进行债务资金绩效评价。完善债务风险预警分析体系，加快建立政府债务监控、管理信息网络平台，及时预警并采取措施化解政府债务风险。

第十二章　扩大对外开放，提高国际化水平

围绕提升城市国际化水平，坚持互利共赢，实行更加积极主动的开放战略，以开放促发展、促改革、促创新，加快融入国际分工体系，积极承接国内外产业转移，不断拓展新的开放领域和空间，发展开放型经济。

一、调整对外贸易结构

深入实施科技兴贸和品牌兴贸战略，提高自主品牌、自主知识产权、高新技术产品的出口比重，延伸加工贸易产业价值链，大力发展服务贸易，加快外贸增长方式转变。“十二五”期间，外贸出口额年均增长15%。

优化出口产品结构。推进国家汽车及零部件出口基地、船舶出口基地、服务外包基地、武汉出口加工区等建设，支持光电子、新型显示、船舶及船用机械、激光、数控机床、硅钢产品、生物医药、化工等具有国际竞争优势的产品出口。促进加工贸易产业转型升级，提高产品附加值，提升武汉在国际产业分工中的地位。推进出口市场多元化，积极开拓新兴国际市场。

开展跨国服务外包。推动武汉离岸服务外包实现战略突破，发展在岸市场，拓展国际服务外包市场。巩固和扩大空间信息技术、信息安全、制造业信息化等应用软件领域在全国的领先优势。开展国际信息及软件研发、汽车研发、工业设计、创意文化等外包业务。规划建设一批服务外包产业示范集聚园区，增强承接能力，扩大产业规模，建设面向全球的服务外包交付中心，打造全国服务外包示范城市。

二、提高利用外资水平

不断改善投资环境，加大招商引资力度，积极承接国际产业转移。拓宽利用外资渠道，优化利用外资结构，创新利用外资方式。“十二五”期间，实际利用外资年均增长12%。

提高利用外资质量。围绕我市支柱产业与战略性新兴产业发展，大力引进具有重大带动作用的大项目、大企业。围绕先进技术、关键设备和管理经验，着力引进跨国公司的高科技含量、高附加值、高产业关联度的投资项目。围绕总部经济发展，积极引进跨国大企业、大财团来汉投资，设立区域总部、研发中心、营销中心。拓宽招商引资领域，引导外资投向现代服务业、基础设施和生态环境等领域。

创新外资引进方式。开展委托招商、网络招商，推动企业招商。推进具有品牌、管理、网络、技术优势的外资企业与本土企业开展多种形式的合资合作，推动优势企业与跨国公司建立战略联盟。在保护企业自有知识产权和维护职工合法权益的基础上，鼓励外资通过并购等方式参与企业改革、改组、改造。鼓励企业通过境外上市、国际风险投资、国际融资等方式，加大对国际金融资本的利用。

优化城市国际化环境。积极营造国际化的投资、创业、工作和人居环境。加快建设国际化社区、学校和医疗服务设施，改善外籍人士生活、工作环境。建立政府英文网站，以中英文及时公布涉外投资贸易政策。建立全市统一的中英双语咨询电子服务系统。建设国际化的中介服务体系。增加武汉电台、武汉电视台英语节目。规范公共场所英文标识，增加政府窗口部门和公共服务单位的外语服务内容。推进口岸大通关建设，加强口岸基础设施和电子口岸建设，大力发展口岸物流，加快武汉东湖综合保税区建设。

三、大力实施“走出去”战略

坚持“引进来”与“走出去”相结合，引导各类企业开展跨国投资和国际化经营，不断拓展合作领域和层次，提高武汉国际影响力。

积极参与国际市场竞争。鼓励具有国际竞争优势的企业贴近资源产地和市场需求地开展多种形式投资。支持一批具备较强国际竞争力的企业以并购、租赁、设立境外贸易网点和研发中心等方式，走向国际市场。通过企业在海外的成功运作和经营，增强国际知名度，培育国际品牌。支持优势企业发挥品牌、技术、资金优势，不断扩大境外承包工程规模。拓宽外派劳务渠道，以工程承包带动多层次劳务合作，提高科技劳务的比重。

加强国际经济技术合作交流。利用各类国际合作机制，鼓励企业、研究机构与国外企业、科研机构合作，支持企业管理人员、科技人员出国培训和参与国际经济技术交流。深化循环经济、低碳经济领域的国际合作与交流，积极引进国际绿色基金。加强与国际友城的联系，大力推进文化、科技、经贸、教育等领域的国际合作交流。

四、加强对内开放合作

拓展对内开放合作的广度和深度，努力提高国内市场份额。加快融入省内“两圈一带”开放开发，发挥龙头带动作用，促进区域协调发展。

主动承接沿海地区产业转移。创新合作体制机制，用足用活中部崛起的相关政策，优化发展环境，提升承接沿海地区产业转移和外来投资的能力。积极开展与国内各省市的招商经贸活动，重点推进与长三角、珠三角、环渤海地区的合作交流，重点吸引国内500强企业在汉设立生产基地、研发中心和地区总部。精心策划招商项目，强化市场主导、政府协调和企业主体，有效开展汉港经贸洽谈会、武汉台湾周等大型招商活动。

推进“两圈一带”开放开发。基本形成武汉城市圈“五个一体化”，加强在产业转移与集聚、市场体系建设、重大基础设施建设、环境污染防治、资源开发等方面的协商与合作，探索建立区域共建共管机制。积极促进湖北省长江经济带综合交通网络、沿江港口、能源和环保等基础设施的统一规划，统筹建设。

深化区域交流与合作。深化与长株潭城市群、中原城市群、昌九城市带的合作互动。加强基础设施对接和产业合作，共同推进长江中游城市群建设，促进长江中游地区经济社会协调发展。坚持优势互补、利益共享、合作双赢，鼓励区域合作方式创新，加快产业互动步伐，举办一批有影响的经贸洽谈活动，共同搭建区域合作平台，共同兴办一批有效益的联合协作项目，共同培育和发展一批区域性的大市场。

加强对口援建帮扶。加大对我市革命老区、贫困地区扶持力度，加强基础设施和公共服务体系建设，实现整体脱贫致富。全力做好西藏、新疆的对口援建和其他地区的对口帮扶。继续做好对口支援三峡库区和省内贫困地区的工作。继续做好移民安置工作，确保其安居乐业。

第十三章　发展社会事业，建设人民幸福城市

围绕基本形成比较完善的社会公共服务体系，着力构建和谐幸福武汉。更加注重保障和改善民生，系统推进民生幸福工程，促进社会公平正义，使全市人民共享改革发展成果，增强广大市民的幸福感。

一、努力扩大就业规模

把扩大就业放在经济社会发展更加突出的位置，实施更加积极的就业政策，建设成为创新创业最活跃的城市之一。

努力拓展就业空间。广泛开展全民创业，不断完善以创业带动就业的政策体系和工作机制，努力创建创业型城市。发展劳动密集型产业，多渠道开发就业岗位。鼓励发展非公有制经济吸纳就

业,鼓励灵活就业,推动充分就业。加强政策支持和就业指导,深入实施就业援助工程,着力解决高校毕业生、农村转移劳动力、城镇就业困难人员就业问题。不断完善公共就业服务体系,完善政策咨询、信息发布、职业介绍、培训与创业服务等功能。开展公益性技能培训,提升劳动者就业能力。“十二五”时期,城镇净增就业75万人。

构建和谐劳动关系。推动建立规范有序、公正均衡、互利共赢、和谐稳定的新型劳动关系,让广大劳动群众体面劳动、尊严生活。全面实行劳动合同制度,扩大集体合同制度覆盖面,各类企业劳动合同签订率98%。建立企业薪酬调查和信息发布制度,完善和落实最低工资标准制度,构建企业和职工利益共享机制,推进工资集体协商,完善工资支付监控制度。加强劳动关系三方协商机制建设,加强仲裁组织体系建设,建立多渠道的争议调解机制。实现劳动保障监察全覆盖,规范执法行为,提高监察执法效率。

二、合理调节收入分配

兼顾效率与公平,努力实现居民收入增长与经济发展同步、劳动报酬增长和劳动生产率提高同步,不断提高人民生活质量和水平。

提高城乡居民收入。严格执行并适时调整最低工资标准,建立企业职工工资正常增长和支付保障机制,完善事业单位绩效工资制度。优化居民收入结构,创造条件增加居民财产性收入。挖掘农民增收潜力,努力实现农民工与城镇就业人员同工同酬,着力解决农民和农民工收入增长较慢问题。

逐步缩小收入差距。深化收入分配制度改革,努力提高居民收入在国民收入分配中的比重、劳动报酬在初次分配中的比重。积极发挥税收、捐助等对社会收入和财富的调节功能,着力提高低收入者收入水平,逐步扩大中等收入者比重,有效调节过高收入,努力扭转城乡、行业和社会成员间收入差距扩大趋势。完善最低收入保障制度,健全转移支付功能。加大对农民、低收入者和弱势群体的保护、保障及援助力度,建立行业收入预警机制,加强对垄断性、高收入行业的工资管理和个税征管。

三、完善社会保障体系

坚持广覆盖、保基本、多层次、可持续方针,健全与经济发展水平相适应的社会保障体系,加大社会保障“一卡通”建设力度,实现社会保障全覆盖,提高社会保障水平。

统筹城乡养老保障。建立健全覆盖全体市民的养老保险制度,逐步提高社会养老保险待遇。全面完成新型农村社会养老保险制度建设,完善城镇居民养老保险制度,加强各项养老保障制度之间的有效衔接,逐渐缩小城乡养老保障差距。坚持社会统筹与个人账户相结合的城镇企业职工基本养老保险制度,促进基金现收现付制向部分积累制转变,建立健全统一规范的基本养老金正常调整机制。改革完善企业职工基本养老金计发办法,贯彻落实基本养老保险省级统筹和跨省关系转移接续工作。发展企业年金和职业年金。

健全医疗保障体系。加快实现全民医保,逐步提高基本医疗保障水平。推进城镇职工基本医疗保险、城镇居民基本医疗保险和新型农村合作医疗的有序衔接。积极探索基本医疗保险市级统筹。按照国家医疗保险异地就医和转移接续政策,出台具体操作办法并组织实施。巩固和完善居民医保门诊统筹制度,逐步完善基本医疗保险住院医疗费用结算办法。

完善失业、工伤、生育保险制度。扩展失业保障范围,适时提高失业保险待遇和统筹层次。建立工伤保险待遇水平正常调整机制,推进灵活就业、双重劳动关系、非全日制用工、农民工参加工伤保险,基本解决老工伤问题,建立工伤预防机制。合理调整生育保险定、限额标准,适时扩大部分诊疗项目和基金支付范围。"十二五"时期,失业保险新增35万人,工伤保险新增35万人,生育保险新增49万人。

完善城乡社会救助体系。进一步健全以城乡低保为基础,以医疗救助等专项制度为配套,以临时救助为补充的城乡一体化社会救助体系,全面实现动态管理下的按标施保、应保尽保。建立健全社会互助制度、农村五保户供养制度、农村特困户救助制度和流浪乞讨人员救助制度。完善专项救助制度与基础性救助制度、紧急性救助制度以及社会保险制度的衔接配套措施,通过鼓励社会捐赠等途径实现筹资来源的多元化。

促进社会福利、慈善事业和商业保险发展。建立健全以公办社会福利机构为基础、其他所有制社会福利机构为骨干、社区福利服务为依托的社会福利服务体系。健全重点优抚对象抚恤补助标准自然增长机制。增强公众慈善意识,鼓励各类组织和个人开展、参与社会慈善、社会捐赠、群众互助等社会扶助活动,创新完善慈善资金募集方法和途径,加强社会捐赠管理,规范慈善资金的使用。提高全民保险意识,鼓励保险公司发展个人、团体养老和健康等保险业务,参与大额医疗费用商业补充医疗保险和企业年金业务,发展各类意外伤害保险。

完善住房保障体系。扩大住房保障覆盖面,加快构建和完善多层次住房保障体系,基本解决城镇低收入住房困难家庭的住房问题,着力解决新就业职工和外来务工人员的基本住房保障问题。扩大廉租住房保障面,大力发展公共租赁住房,合理控制经济适用住房规模,适当发展限价安置房,逐步推进住房保障体系向产权式和租赁式保障并重转化。加快危旧房和棚户区改造,基本完成在册危房和部分新增危房改造。"十二五"期间,保障性住房建筑面积新增1000万平方米,棚户区改造建筑总量265万平方米,城镇居民人均住房建筑面积达到35平方米。

四、发展医疗卫生事业

按照保基本、强基层、建机制的要求,深化医药卫生体制改革,把基本医疗卫生服务作为公共产品向全民提供,优先满足群众基本医疗卫生需求,提高医疗水平和服务质量。

完善公共卫生和基本医疗服务体系。全面加强公共卫生服务体系建设,建成以市级为核心、区为枢纽、街(乡)为依托、社区(村)为基础的四级公共卫生服务网络,促进城乡居民逐步享有均等化的基本公共卫生服务。优化医疗卫生服务布局,形成基层医疗卫生机构和高等级医院功能区分合理、协作配合、互相转诊的服务体系。完善社区卫生服务体系,打造"15分钟社区卫生服务圈",逐步建立覆盖全市社区居民的"家庭医生制度"。建立健全农村医疗卫生服务网络。坚持基本医疗的公益性方向,推进公立医院改革试点,鼓励社会资本兴办医疗卫生机构,健全基层医疗卫生机构补偿机制。稳步实施国家基本药物制度,初步建立基本药物供应保障体系。完善公共卫生信息系统,建立和完善重大公共卫生事件应急机制。积极防治重大传染病、慢性病、职业病、地方病和精神疾病。

加快建设中部医疗服务中心。培育国内领先的知名医院,推进综合性医院和特色专科医院相互促进,形成国内一流品牌医院群。建设器官移植、心血管疾病、神经血管疾病、骨科和烧伤创伤外科、肿瘤、皮肤病、糖尿病等中部地区临床医疗服务中心。推进智能化医疗卫生信息网络工程,加快推广电子病历等数字化医疗服务。发挥中医药特色优势,加强中医药继承和科研工作,扶持和促进中医药事业发展。优化医疗服务环境,提升医疗服务质量,控制医疗费用,健全医疗质量控制网络,加强医德医风建设,改善医患关系。

五、全面做好人口工作

科学实施人口管理,探索建立符合特大城市特点、统筹解决人口问题的体制机制。控制人口总量与提升人口素质、改善人口结构并举,促进人口与经济社会协调可持续发展。

加强人口和计划生育工作。坚持计划生育基本国策,稳定人口低生育水平。加强流动人口计划生育服务和管理。综合治理出生人口性别比失衡,继续推进"关爱女孩"行动,严厉打击非法鉴定胎儿性别和非法选择性别人工终止妊娠行为。普及优生优育知识,实行免费婚检,完善出生缺陷干预工作,提高出生人口素质。到2015年,人均期望寿命78.88岁。

积极应对人口老龄化。弘扬敬老风尚,营造老有所养、老有所医、老有所为、老有所学、老有所教、老有所乐的社会氛围。发展社会养老服务,加强各类养老机构管理,完善以居家养老为基础、社区养老为依托、机构养老为骨干、各类服务机构协调发展、多种服务形式相互补充的社会化养老服务体系。构建"10分钟养老服务圈",实施爱心护理工程,加强医疗救助、家庭病床等养老服务设施建设。

保障妇女儿童和青少年权益。坚持男女平等基本国策,依法保障妇女平等获得就学、就业、社会保障、婚姻财产、参与国家和社会事务等方面的权益。坚持儿童优先,改善未成年人学习和成长环境,满足青少年自主发展和参与经济社会生活的需求,提升青少年身心健康水平、科学素养水平和创新实践能力。加大对留守儿童等弱势儿童群体的社会保障力度,切实维护儿童和青少年的合法权益。

关爱帮助残疾人。健全以社会救助为底线,社会保险为基础,特殊福利为补充,重点保障与特殊扶助相结合的残疾人社会保障体系。建立以康复、就业、扶贫、托养、无障碍等为主要内容,市、区、街道(乡镇)、社区(村)有效衔接的残疾人服务体系。加强残疾人托养中心等服务设施建设,继续营造和优化扶残助残的社会环境。

加快推进农民工市民化。深化户籍制度改革,建立健全适合武汉特点的人口管理模式,促进长期在汉生活工作并具备一定条件的外来务工人员尽快融入武汉。调整完善教育、医疗、社保、就业、住房等方面的制度和政策,使农民工在就业、培训、社会保障和子女义务教育等方面公平享有基本公共服务。

六、切实维护社会稳定

切实维护人民群众根本利益,妥善协调各方面关系,加快构建民主法制、公平正义、团结友爱、安定有序的和谐社会,保障人民群众安居乐业。

加强民主法制建设。坚持和完善人民代表大会制度,支持人大及其常委会依法履行职能,加强地方立法,增强监督实效,依法行使好重大事项讨论决定权和选举任免权。坚持和完善中国共产党领导的多党合作和政治协商制度,推进人民政协履行职能制度化、规范化、程序化。壮大爱国统一战线,促进政党关系、民族关系、宗教关系、阶层关系和海内外同胞关系的和谐。深入做好民族、宗教、对台、侨务、文史、参事工作。充分发挥工会、共青团、妇联等人民团体的作用。坚持和完善基层群众自治制度,依法保障人民群众的知情权、参与权、表达权和监督权。坚持依法治市,加快建设法治武汉。加强防腐倡廉体系建设。深化司法体制机制改革,加强政法队伍建设,深入推进依法行政和公正廉洁执法。认真实施"六五"普法规划,加强普法宣传教育,形成人人学法守法的良好社会氛围。

推进社会管理创新。树立新的社会管理观念,创新社会管理体制机制和方式方法,提高社会管理能力。整合社会管理资源,健全党委领导、政府负责、社会协同、公众参与的社会管理格局。加大社会管理薄弱环节整治力度,推进实有人口、实有房屋全覆盖管理,加强对互联网虚拟社会的综合管理。全面推进社区建设,完善政府公共服务、社会中介服务、社区自助服务"三位一体"的社区服务体系,完善社区管理工作机制。加大社会组织培育发展力度,激发社会组织的生机与活力。加大公益性殡葬服务设施建设,推进殡葬改革,倡导文明办葬新风。推动地名公共服务工程,加强地名管理法规和制度建设。加强婚姻、收养登记管理,提高规范化服务水平。

强化安全生产管理。坚持安全第一、预防为主、综合治理,以保障人民群众生命财产安全为根本出发点,强化安全生产主体责任落实和责任追究,完善安全生产监管体系。建立完善安全生产综合监管与行业领域监管相结合的重大事故隐患排查治理机制,完善重大安全生产事故预警、预防控制体系和应急救援体系。到2015年,全市亿元地区生产总值生产安全事故死亡率控制在0.1以内,工矿商贸企业从业人员生产安全事故10万人死亡率控制在2以内。

保障食品药品安全。提高食品药品安全检测水平,增强食品药品安全突发事件应急救援处置能力,重大食品、药品安全事故处置率达到100%。加强食品源头、生产加工环节、流通环节、餐饮服务环节及化妆品监管,做好食品安全专项整治和示范创建工作。严格药品和医疗器械生产质量管理,规范经营和使用行为,做好国家基本药物的质量监管工作。

加强质量监督管理。推进质量提升工程和技术标准战略,完善"市长质量奖"和"全市标准研制资助奖励"评选机制,强化全面质量管理,推进质量诚信体系建设。增强检测能力,建设服务武汉、辐射中部的公共质量安全检测服务中心。

保持价格基本稳定。建立健全价格调控监管机制,加强价格监测预警,做好价格信息发布工作。加强价格政策宣传,引导社会消费预期。加强市场价格监管,及时办理群众价格投诉,依法打击各种价格违法行为。

健全应急管理机制。按照预防与应急并重、常态与非常态结合的原则,进一步完善和落实应急预案,加快城市重大危险源监控与应急救援体系建设,有效应对自然灾害、事故灾难、社会安全等突发公共事件,提高危机管理和抗风险能力。加强法规体系建设,健全防控网络。推进应急平台建设,实现应急资源优化配置,提高应急处置效率和水平。

创建平安和谐武汉。加强信访工作,畅通和规范群众诉求表达、利益协调、权益保障渠道。建立重大工程项目建设和重大政策制定的社会稳定风险评估机制。进一步完善人民调解、行政调解、司法调解的"大调解"工作体系,建立重点领域第三方调解机制。加强社会治安综合治理,完善社会治安防控体系,创建警民关系和谐城市。深入开展重点地区治安排查整治工作,严厉打击黑恶势力犯罪、严重暴力犯罪和"两抢一盗"等多发性犯罪活动。提高反恐能力,严密防范和坚决打击境内外敌对势力的渗透破坏活动,维护国家安全和社会政治稳定。强化社区矫正和释解人员安置帮教工作,预防和减少重新违法犯罪。加强强制隔离戒毒和戒毒康复工作,提高教育矫治质量。推进公安信息化建设。

巩固发展军民团结。贯彻平战结合、军民结合、寓兵于民的方针,不断完善国防动员体系。加强国防后备力量、国民经济动员、人民防空和交通战备工作,增强军供保障能力。加快国防动员信息化建设。加强民兵预备役部队建设。深入持久开展国防和双拥宣传教育,不断增强全民国防观念和双拥意识。深入开展双拥创建,确保实现争创全国双拥模范城“五连冠”目标。做好军转、军休干部安置管理和随军家属就业工作,提高优抚安置工作水平和保障能力。

第十四章　健全保障机制,推进规划实施

围绕规划纲要确定的奋斗目标和主要任务,完善相关政策和实施机制。调控引导社会资源,合理配置公共资源,保障规划顺利实施。

一、扩大消费需求

把扩大消费需求作为扩大内需的战略重点,建立扩大消费需求的长效机制,提高消费比重和对经济增长的贡献率。多渠道增加城乡居民收入,提升居民消费能力。繁荣城乡消费市场,加强服务体系建设,营造多种服务业态、服务模式竞相发展的宽松氛围。推进消费结构提档升级,大力培育文化娱乐、体育健身、家务劳动社会化等休闲型、发展型服务消费,促进汽车、住房、旅游等消费升级。发展新的消费业态,满足多层次的消费需求。完善消费政策,改善消费环境,建立健全信用体系,鼓励发展信用消费。进一步加大市场监管力度,加强物资储备和价格调节,千方百计保障供应。

二、保持投资增长

发挥投资对扩大内需的重要作用,把扩大投资与发展产业、改善基础设施、保障和改善民生、促进城乡一体化、保护生态环境结合起来,不断扩大投资规模,调整优化投资结构。加大工业投资力度,推动传统产业改造升级和战略性新兴产业快速发展。加强政府投资引导,加大对民生、“三农”、节能环保、自主创新等领域的投入。

围绕全市经济社会发展战略重点,策划实施一批重大工程和重大项目,重点支持先进制造业、现代服务业、基础设施、生态环境、农业水利、社会发展等项目,增强可持续发展能力。

按项目投资规模划分,策划实施投资过 100 亿元的项目 41 个,总投资 0. 84 万亿元。50～100 亿元之间的项目 105 个,总投资 0. 66 万亿元。10～50 亿元之间的项目 477 个,总投资 1. 03 万亿元。10 亿元以下的项目 1452 个,总投资 0. 49 万亿元。

专栏 8　按投资规模划分的重大项目

项目	个数	投资(万亿元)	投资额占总投资的比重(%)
投资过 100 亿元	41	0. 84	27. 81
投资在 50～100 亿元之间	105	0. 66	21. 85
投资在 10～50 亿元之间	477	1. 03	34. 11
投资在 10 亿元以下	1452	0. 49	16. 23
合计	2075	3. 02	100

三、加强政策引导

建立健全财政资金绩效评价制度，最大限度地发挥公共财政的职能作用。加大对重点支出项目的财政保障力度，公共财政向以保障和改善民生为重点的社会事业倾斜，向生态建设和环境保护倾斜，向困难地区和困难群众倾斜，向农村倾斜，每年财政基本建设支出增长的幅度不低于当年财政收入增长的幅度。健全地方税收体系，改进税收管理手段，提高税源控管水平，建立税收稳定增长的长效机制。加强非税收入管理。增强对全市产业发展、产业技术、对外贸易和利用外资等相关政策的统筹协调。加强对垄断性行业的监管，控制高耗能产业能力盲目扩张。引导产业集群发展，促进中小企业发展壮大。

四、健全实施机制

本规划提出的预期性指标和产业发展、结构调整等任务，主要依靠市场主体的自主行为实现。各级政府要通过完善市场机制和利益导向机制，创造良好的政策环境、体制环境和法制环境，打破市场分割和行业垄断，激发市场主体的积极性和创造性。

本规划确定的约束性指标和公共服务领域的任务，是政府对全市人民的承诺。约束性指标要分解落实到有关部门、各区和各开发区。公共服务特别是促进基本公共服务均等化的任务，要明确工作责任和进度，主要运用公共资源全力完成。

加快制定并完善有利于推动科学发展、加快转变经济发展方式的绩效评价考核体系和具体考核办法，弱化对经济增长速度指标的评价考核，强化对结构优化、民生改善、资源节约、环境保护和基本公共服务等目标任务完成情况的综合评价考核。

加强年度计划与本规划的衔接，对主要指标应当设置年度目标，充分体现本规划提出的发展目标和重点任务。年度计划报告要分析本规划的实施进展情况，特别是约束性指标的完成情况。

完善监测评估制度，强化对规划实施情况的跟踪分析。有关部门要加强对规划相关领域实施情况的评估，自觉接受人大、政协对规划执行情况的监督检查。规划主管部门要对约束性指标和主要预期性指标完成情况进行评估，并向市人民政府提交规划实施年度进展报告，以适当方式向社会公布。在规划实施的中期阶段，由市人民政府组织开展评估，并将中期评估报告提交市人民代表大会常务委员会审议。需要对本规划进行修订时，报市人民代表大会常务委员会批准。

湖南省国民经济和社会发展第十二个五年规划纲要

（2011年1月25日湖南省
第十一届人民代表大会第五次会议批准）

"十二五"时期（2011～2015年）是我省深入贯彻落实科学发展观，全面建设小康社会的关键时期，是加快转变经济发展方式，全面推进"两型社会"建设的攻坚时期。本规划根据《中共湖南省委关于制定湖南省国民经济和社会发展第十二个五年规划的建议》要求编制，是政府履行经济调节、市场监管、社会管理和公共服务职能的重要依据，是引领我省未来五年发展的宏伟蓝图，是全省人民共同奋斗的行动纲领。

第一章　全面推进"四化两型"建设，争做科学发展排头兵

奋力开启湖南现代化建设新的历史进程，必须立足我省经济社会发展的现实基础和阶段性特征，必须适应世情、国情、省情发生的深刻变化，坚定不移加快发展步伐，坚定不移加快发展方式转变。

第一节　现实基础和发展环境

"十一五"时期是我省发展历程中极不平凡的五年，是应对重大挑战、经受重大考验、取得重大成就的五年，是在科学发展的道路上大胆探索、锐意创新并迈出坚实步伐的五年。面对复杂多变的国内外环境，全省上下坚决贯彻执行党中央、国务院的一系列决策部署，大力实施"一化三基"战略，成功战胜低温雨雪冰冻等严重自然灾害，有效应对国际金融危机的巨大冲击，胜利完成"十一五"规划确定的主要目标和任务，谱写了科学跨越、富民强省的新篇章。

1."十一五"奠定的坚实基础

综合实力大幅跃升。全省地区生产总值2008年跃上万亿元新台阶,跻身全国十强,2010年达15902亿元(预计数,下同),五年平均增长14%,是历史上发展最好最快的一个时期。人均地区生产总值超过3500美元,实现财政总收入1863亿元,社会消费品零售总额5775亿元。全省地区生产总值、财政总收入、工业增加值、固定资产投资、消费品零售额等主要指标,在"十五"的基础上实现了总量和均量翻番。高新技术产业占地区生产总值比重超过12%,全省已步入工业化中期加速发展的新阶段,经济运行走上了又好又快的发展轨道。

图1 湖南省地区生产总值增长图

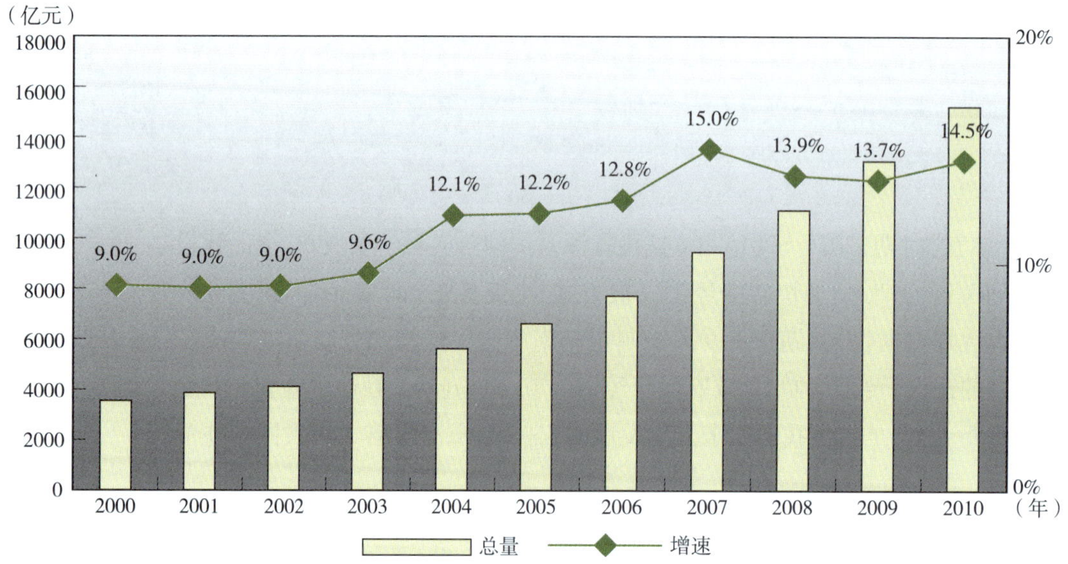

结构调整扎实推进。始终坚持把新型工业化作为第一推动力,促进产业优化升级,三次产业结构调整为14.7∶46∶39.3,第二产业占比提高6.4个百分点。新型工业化带动作用明显增强,做大并形成了机械、食品、石化、有色、建材、冶金、轻工、文化、旅游等9大千亿产业,全省工业化率达39.5%,工业对经济增长的贡献率达56%左右。农业基础地位更加巩固,大宗农产品供给稳定,粮食连续7年增产,稳定在600亿斤左右,龙头企业转化加工、转移就业、转变经营方式的带动功能增强,2010年农产品加工业实现销售收入3200亿元,规模以上企业超过3000家。服务业快速发展,现代服务业与先进制造业加速融合,现代物流、金融、信息等生产性服务业快速发展,金融支撑能力增强,金融机构本外币存贷款余额均突破万亿元,新增境内外上市公司28家,总数达73家。新型城镇化步伐加快,统筹推进新型城镇化和新农村建设,城镇化率达44.4%,新农村"千村示范"工程稳步推进。所有制结构调整取得新进展,非公有制经济占比达56.2%。

基础设施日益完善。累计完成全社会固定资产投资3万亿元。实施大项目带动战略,相继开工和建成一批支撑经济社会发展全局的重大骨干工程,发展后劲明显增强,城乡面貌大为改善。交通运输体系进一步完善。建成和在建高速公路6450公里,延伸和改造农村公路14.8万公里。武广高铁开通运营,洛湛铁路建成通车,长株潭城际铁路等重大项目启动实施,铁路营运总里程达3693公里。黄花国际机场实施改扩建,旅客年吞吐量达1262万人次。内河港口千吨级以上泊位

图 2　湖南省三次产业结构变动趋势图

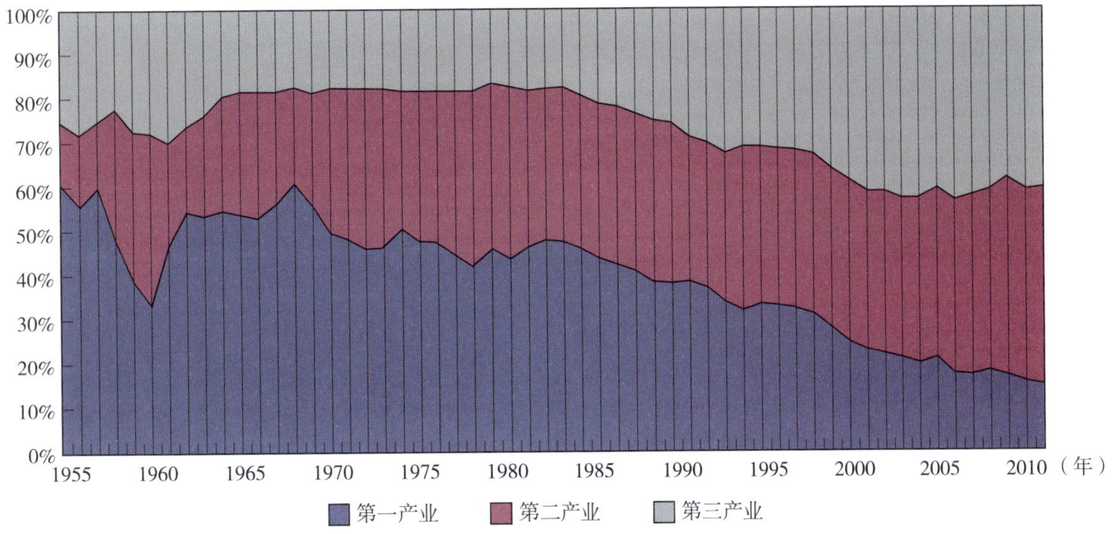

达 90 个。能源保障能力不断增强，电力装机容量达 2912 万千瓦，株洲航电枢纽、石门二期、华能岳阳二期、金竹山二期等建成运行，以桃花江核电为标志的新能源建设取得重要进展，特高压输变电建设与农村电网改造扎实推进。水利防灾减灾能力和水资源保障能力稳步提高，634 座病险水库除险加固全面完成，20 处大型灌区续建配套节水改造取得新的成效，建设标准良田 720 万亩，皂市、洮水水库等重大枢纽工程积极推进。气象预报预警设施建设不断加强。长株潭三市通信并网升位，全省互联网宽带用户数达 368 万户，电话用户总数突破 4000 万，数字电视网发展迅速，90%以上农村地区实现了通邮、通电话、通广播电视。

节能减排成效显著。全省“两型社会”建设全面铺开，资源节约方面，单位地区生产总值能耗累计下降 20.4%，全省耕地保有量 5655 万亩，国家和省级循环经济示范点达 30 个。环境友好方面，洞庭湖区关停 234 家造纸企业，湘江流域水污染综合整治项目完成 1148 个，全省主要污染物减排任务全面完成。实施城镇污水处理设施建设三年行动计划，实现县级以上全覆盖，建成 134 座污水处理厂，日污水处理能力达 526.5 万吨。实施石漠化治理、防护林建设、重要水源地保护等生态修复工程，全省森林覆盖率达 57%。

区域发展更趋协调。环长株潭城市群，以“两型社会”建设为契机，发挥高端制造和服务经济的引领功能，核心增长极和辐射带动作用显著增强，地区生产总值占全省 78% 以上。湘西地区，以西部大开发为契机，相继实施退耕还林工程和两轮产业开发，自我发展能力明显增强，连续 5 年保持两位数增长，进入历史最好时期。湘南地区，以承接产业转移为契机，积极融入珠三角、北部湾经济区，开放开发的步伐明显加快，出口导向型的加工基地和保税园区发展成效明显。全省区域协调发展、联动发展的总体态势初步形成。

人民生活大为改善。努力促进充分就业，5 年累计新增城镇就业 335 万人、转移农村劳动力 400 万人，率先在中部地区实现县以上城镇零就业家庭动态清零。努力增加居民收入，2010 年城乡居民收入分别达 16566 元、5622 元，汽车、旅游、健身等消费比重大幅提高，消费结构加快升级，人民生活质量不断提高。努力完善社会保障体系，城镇基本养老参保人数 937.7 万人，新型农村合作

医疗参合率达95.3%，覆盖城乡的社会保障体系加速建立和完善。努力增强住房保障能力，累计

图3 环长株潭城市群地区生产总值与全省对比图

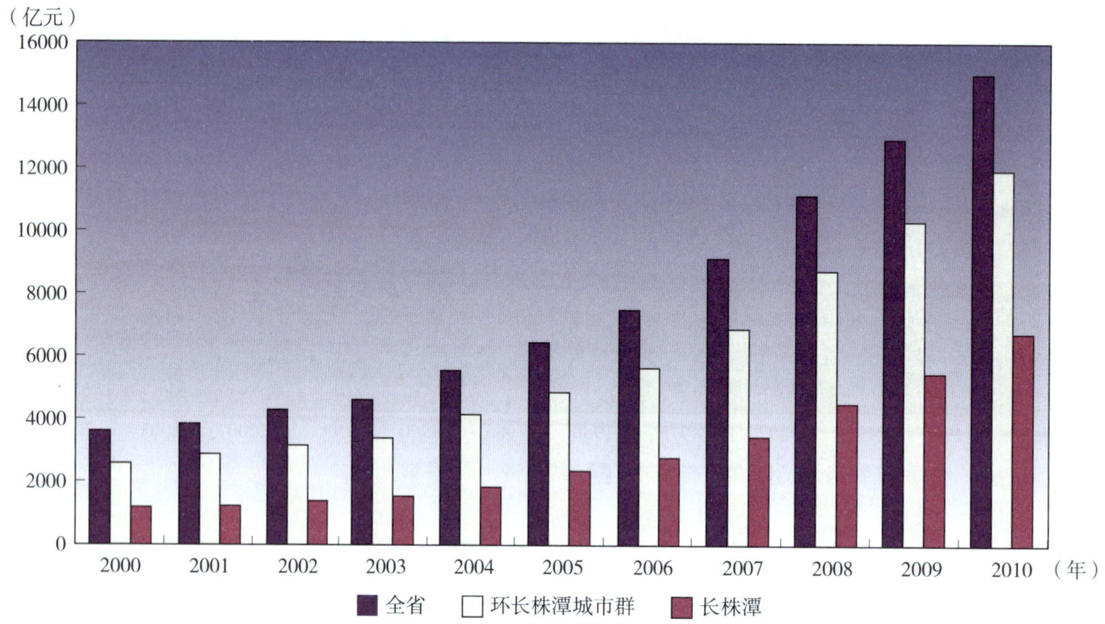

新建各类保障性住房36.2万户。认真落实中央一系列扶贫惠民政策，加大转移支付力度，解决了1005万农村人口安全饮水、240万大中型水库移民后期扶持、10.2万户农村危房改造、7.7万洞庭湖渔民定居就业等问题，老少边穷地区、弱势群体生存发展条件明显改善。圆满完成四川理县地震灾区援建任务。

图4 湖南省城乡居民收入增长图

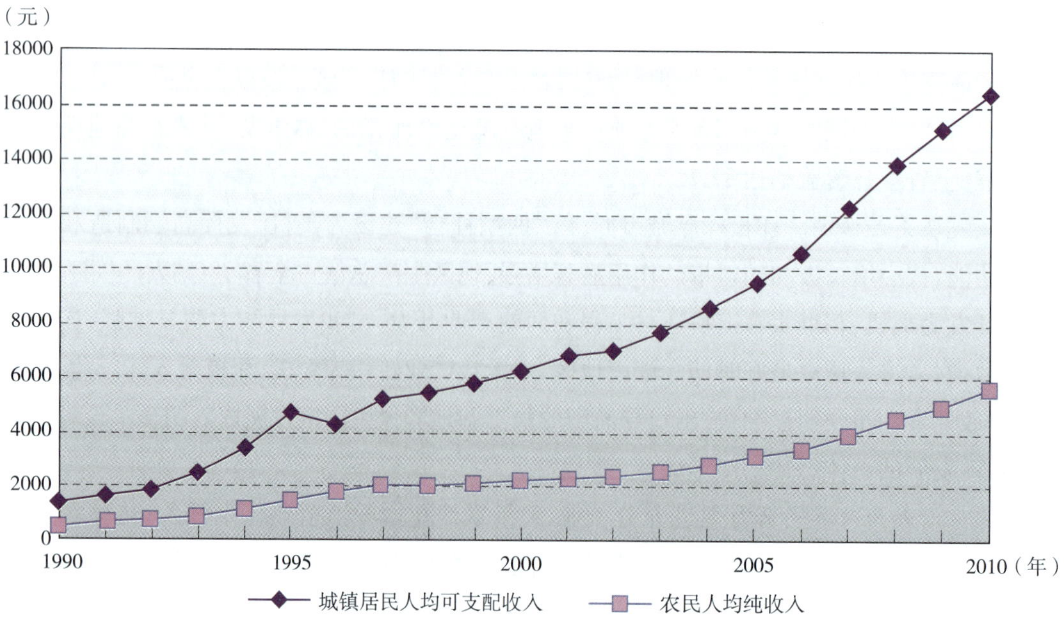

社会事业全面进步。科技创新能力不断增强,取得专利授权3.9万件,涌现出"天河一号"超级计算系统等重大成果,科技进步对经济增长的贡献率达51%。公共文化设施不断完善,县级文化馆、图书馆建设任务全面完成,1024个乡镇综合文化站投入使用,文艺精品力作不断涌现,社会文明素质不断提高。教育质量稳步提升,城乡免费9年义务教育全面实施,学龄儿童入学率达99.9%,高中阶段毛入学率达85%,高等教育毛入学率达25%,全省人均受教育年限达8.5年,新增劳动力平均受教育年限达12.5年。公共卫生和基本医疗服务体系逐步健全,全省每万人拥有床位数达30.7张,拥有医生14.6人,新建改造2390所乡镇卫生院,国家基本药物制度初步建立。全民体育健身蓬勃发展,农民健身工程、市民健身广场等基层体育运动设施日益丰富,全民健康素质明显提高。民主法制建设不断加强,民族、宗教、共青团、妇女、儿童、老龄、残联、红十字会等工作取得新的进步,公检法司、信访维稳、救灾应急、安全生产等防控处置能力大幅提升,社会大局和谐安定。

改革开放不断深化。积极推进长株潭"两型"试验区改革建设,编制"两型社会"建设总体规划,启动10大专项改革,实施8大建设工程,研究制订"两型"标准。积极推进农村综合改革,集体林权制度改革基本完成,土地承包经营权有序流转。积极推进财税体制改革,转移支付制度和公共财政制度逐步完善,财政省直管县、企业所得税改革、增值税转型、成品油价格和税费改革顺利实施。积极推进以产权多元化为导向的国企改革,加快推进以要素市场为重点的现代市场体系建设,进一步改善非公经济发展环境,发展活力明显增强。积极推进社会领域关键环节改革,医药卫生、科技、教育、文化等领域改革取得新的进展。积极推进行政管理体制改革,政府职能转变和机构改革扎实推进,法治政府建设取得重大成效,依法行政水平和行政效能不断提高,在全国率先颁布实施《湖南省行政程序规定》。对外开放全方位拓展,加大与世界500强和央企的对接,一大批战略投资者相继落户湖南。优势企业积极开展跨国投资,加快"走出去"步伐。

表1 湖南省"十一五"规划主要目标完成情况

指标名称	2005年	规划目标		实现情况	
		2010年	年均增长(%)	2010年	年均增长(%)
地区生产总值(亿元)	6596	10000	10以上	15902	14
财政总收入(亿元)	747.3	1300	12	1863	20
五年新增城镇就业(万人)	[260]	[300]	[15]	[335]	[27]
五年转移农业劳动力(万人)	[364]	[400]	[10]	[400]	[10]
城镇登记失业率(%)	4.3	4.5		4.2	
社会消费品零售总额(亿元)	2459.1	4160	12	5775	18.6
五年累计全社会固定资产投资(亿元)	[8669]	[16500]	13	[30000]	30
进出口总额(亿美元)	60.1	100以上	12	146.9	19.6
城镇化率(%)	37	45左右	[8]	44.4	[7.4]
研发经费占地区生产总值比重(%)	0.7	力争2	[1.3]	1.3	[0.6]
万元地区生产总值能耗(吨标煤)	1.47	1.18	[-20]	1.17	[-20.4]

续表

指标名称	2005 年	规划目标		实现情况	
		2010 年	年均增长（%）	2010 年	年均增长（%）
农业灌溉用水有效利用系数	0.44	0.48	[0.04]	0.46	[0.02]
工业固体废物综合利用率(%)	70	80	[10]	80	[10]
耕地保有量(万亩)	5724	5658		5655	
森林覆盖率(%)	55	57 左右	[2]	57	>[2]
初中三年保留率(%)	97	95 以上		96.6	
高中教育毛入学率(%)	48.2	75	[26.8]	85	[36.8]
高等教育毛入学率(%)	17.8	25 左右	[7.2]	25	[7.2]
城镇基本养老保险覆盖人数(万人)	718.7	828	3	937.7	5.4
新型农村合作医疗保险参合率(%)	22	80	[56]	95.3	[73.3]
主要污染物排放总量减少(%)	—		[10]		[10]
全省总人口(万人)	6732	7000 以内	<7.5‰	6940	6.1‰
城镇居民人均可支配收入(元)	9524	13300	7	16566	8.4
农村居民人均纯收入(元)	3118	4170	6	5622	8.8
注:地区生产总值和城乡居民收入绝对数按当年价格计算,速度按可比价格计算;[ ]表示五年累计数。					

回顾“十一五”发展历程,我省取得了显著成就,并积累了宝贵经验:一是坚持以科学发展观为统领,努力探索符合湖南实际的发展路子。把科学发展的要求与湖南实际结合起来,大力实施“一化三基”战略,促进经济社会在新阶段的新发展。二是坚持以经济建设为中心,牢牢把握发展第一要务不动摇。积极应对复杂局势和严峻挑战,化被动为主动,抢抓机遇,创造条件,不失时机地推动跨越式发展。三是坚持固本强基,统筹推进经济社会全面发展。注重统筹当前和长远,突出基础设施、基础产业和基础工作,增强发展后劲和长远竞争力;注重统筹保增长与调结构,推动发展方式转变,促进科学发展上水平;注重统筹经济发展与社会建设,增强发展的全面性、协调性和可持续性。四是坚持改善民生,切实保障人民群众共享改革发展成果。围绕人民群众最关心、最直接、最现实的利益问题,注重为民办实事,切实把人民群众根本利益实现好、维护好、发展好。五是坚持依法治省,不断优化发展环境。全面推进依法行政,着力建设服务型政府、法治政府,促进公正司法,规范经济秩序,维护社会公平正义。

2.“十二五”面临的发展形势

“十二五”时期,我省仍将处于大有作为的重要战略机遇期,经济社会发展呈现新的阶段性特征,既面临难得的历史机遇,也面临诸多可以预见和难以预见的风险和挑战。

世界经济形势复杂多变,不稳定、不确定因素仍然较多。一是国际金融危机深层次影响仍在持续,经济复苏的动力不强,基础不牢固,进程不平衡。发达经济体总需求不足,失业率居高不下,主权债务危机隐患尚未消除,金融体系大量不良资产有待剥离消化。新兴市场国家资产价格泡沫和通胀风险加大。各国宏观经济政策出现分化,贸易保护主义升温,市场竞争更加激烈,世界经济可能进入一个增速减缓时期。二是世界经济格局出现新变化。世界经济结构进入调整期，发达国家被迫改变负债消费模式，新兴经济体开始更多转向通过扩大内需拉动经济增长，资源输出国谋求延伸资源产业链，实现产业多元化，原有发展格局难以持续。世界经济治理机制进入变革期，发展中国家在国际金融、货币体系中的话语权和参与权不断增强，但发达国家仍处于国际规则制定的主导地位，推动形成平等参与的国际新秩序博弈更趋复杂。创新和产业转型处于孕育期，科学技术储备孕育着新的产业变革，人类面临的巨大资源环境压力正在转化为科技创新的强大动力，新能源、新材料、信息网络、生物医药、节能环保、绿色经济等新技术、新业态加速成长。新兴市场国家力量步入上升期，围绕市场、资源、人才、技术、标准等的竞争更加激烈。气候变化以及能源资源安全、粮食安全等全球性问题更加突出。但是，和平、发展、合作依然是时代主流，世界多极化和经济全球化的总格局不可逆转。

*国内经济长期向好的趋势没有改变，加速进入以转型促发展的新阶段。*一是发展的动力依然强劲。工业化、信息化、城镇化、市场化、国际化深入发展，人均国民收入稳步增加，市场需求潜力巨大，资金供给充裕，科技和教育水平整体提升，体制活力显著增强，社会大局稳定，为经济平稳较快发展提供了有力保障。二是转变发展方式刻不容缓。经过30年的快速增长之后，我国依靠“大进大出”拉动经济增长的时代已基本结束，依靠资源消耗的粗放增长难以为继，依靠廉价劳动力推动产业低水平扩张不可持续。经济体制深度变革，社会结构深刻变动，利益格局深刻调整，思想观念深刻变化，是相当长时期内我国经济社会发展的一个基本特征。三是推动经济结构的战略性调整成为宏观调控的基本取向。更加注重构建扩大内需特别是扩大消费需求的长效机制，更加注重增强自主创新能力和培育战略性新兴产业，更加注重城乡统筹和主体功能区建设，更加注重发展绿色经济和强化节能减排，更加注重加强公共服务和创新社会管理，更加注重完善社会主义市场经济体制，推动国民经济又好又快发展。

*我省加快发展具备诸多有利条件，也面临严峻挑战。*一方面，全省经济社会发展进入了一个新的起点，正孕育着系列积极变化：长期打基础积攒了较为雄厚的物质技术力量，发展的稳定性明显增强。产业结构趋向高级化，新型工业和第三产业逐步上升为主导产业。民生需求从生存型步入发展型阶段，消费结构快速升级迈向更高形态，代表资产财富的商品如住房、汽车等需求快速增长，代表生活品质的文化、旅游消费将更加旺盛。经济和人口加速向城镇聚集，城市承载力、吸引力和辐射力全面提升。企业“走出去”步伐明显加快，经济深度参与全球化趋势明显。同时，“两型社会”的试点示范、中部崛起的国家战略、战略性新兴产业的蓬勃兴起，为创新发展增添新的活力。经济发展的内在潜力和优势，在“十二五”时期将加快释放，可以继续赢得一个相对高速发展期。另一方面，经济社会发展中的不平衡、不协调、不可持续的问题依然突出，面临加快发展与加快转型的双重任务和双重压力。主要是：长期以来形成的投资拉动型、资源消耗型、传统工业主导型格局未有大的改变，经济外向度不高、科技创新力不强、农业产业化不快的问题没有大的突破，煤、电、油、气、运及土地、资金等要素供给长期紧缺的局面难有大的改观，随着经济的增长，资源要素硬约束的矛盾将更加突出。社会事业相对滞后、社会建设欠账较多，公共产品供给难以满足人民群众快速增长的物质和精神文化需要。生态环境质量总体有所好转，但综合治理任务十分艰巨。

综合判断，“十二五”时期国内外环境总体上有利于我省加快发展，只要准确判断形势、正确把握大势，完全有条件推动经济社会发展和综合实力再上新台阶。为此，必须进一步增强机遇意识和忧患意识，增强科学跨越的自觉性和坚定性，在更高层次明确湖南发展新定位、创造竞争新优势，集中力量、一心一意办好自己的事情，更加奋发有为地走出一条富有湖南特色的科学发展之路。

第二节 指导思想和基本要求

3. 指导思想

“十二五”时期，我省经济社会发展的指导思想是：高举中国特色社会主义伟大旗帜，以邓小平理论和“三个代表”重要思想为指导，深入贯彻落实科学发展观，以科学发展、富民强省为主题，以加快转变经济发展方式为主线，全面推进“四化两型”建设，坚持以建设“两型社会”作为加快经济发展方式转变的目标和着力点，以新型工业化、农业现代化、新型城镇化、信息化为基本途径，着力调整经济结构，加快自主创新，推进节能环保，保障改善民生，深化改革开放，促进经济社会又好又快发展和社会和谐稳定，争做科学发展排头兵，为率先建成“两型社会”和全面建成小康社会打下具有决定性意义的基础。

4. 基本要求

推进我省“十二五”时期的发展，必须紧紧抓住和用好重要战略机遇期。湖南作为欠发达的内陆省份，发展仍是解决所有问题的关键，坚持发展是硬道理的本质要求就是坚持科学发展，最紧迫的任务就是坚定不移加快发展步伐，坚定不移加快发展方式转变。牢牢把握“两个坚定不移”，事关我省改革开放和现代化建设全局。加快发展步伐就是紧紧扭住发展第一要务不放松、不动摇，始终坚持聚精会神搞建设，一心一意谋发展。加快发展方式转变就是要更加注重以人为本，更加注重全面协调可持续发展，更加注重统筹兼顾，更加注重保障和改善民生，更加注重扎实推进“四化两型”建设。必须坚持把加快发展与加快转变有机结合起来，贯穿到经济社会发展全过程和各领域，在发展中促转变，在转变中谋发展，切实把经济社会发展转换到内需主导、绿色引领、创新驱动和民生优先的轨道上，实现又好又快、更好更快发展。具体要体现以下要求：

坚持优化发展。切实把经济结构战略性调整作为加快转变经济发展方式的主攻方向，着力优化需求结构、产业结构、城乡结构、区域结构和收入分配结构，不断优化生产力布局，稳步提升结构素质，增强发展的协调性、均衡性和包容性。

坚持创新发展。切实把科技进步和创新作为加快转变经济发展方式的重要支撑，充分发挥科技第一生产力和人才第一资源作用，积极发展现代教育，壮大创新人才队伍，推动经济发展由粗放增长向创新驱动转变，以自主创新谋求后发赶超。

坚持人本发展。切实把保障和改善民生作为加快转变经济发展方式的根本出发点和落脚点，防止片面追求经济增长，加快发展社会事业，创新社会管理，完善保障和改善民生的制度安排，推进基本公共服务均等化，努力增加城乡居民实际收入，不断提高人民生活质量，使发展成果惠及全民。

坚持绿色发展。切实把“两型社会”建设作为加快转变经济发展方式的重要着力点，立足提高可持续发展能力，将“两型”要求落实到经济社会各领域，强化节能减排和生态建设，加快形成有利于“两型社会”建设的产业体系、生产方式、消费模式、技术手段和体制机制，促进经济社会发展与人口资源环境相协调。

坚持改革开放。切实把改革开放作为加快转变经济发展方式的强大动力，坚定推进经济、政治、文化、社会等领域改革，加快构建有利于科学发展的体制机制。把扩大开放放在更加突出的位置，发展内陆开放型经济，提高国际化水平。

第三节　主要目标和政策导向

5. 主要目标

综合考虑发展的现实基础和总体趋势，与加快转变经济发展方式相适应，与全面建设小康社会任务相衔接，力争到2015年，现代产业体系、科技创新体系、可持续发展体系、民生保障体系和制度支撑体系基本形成，经济发展方式转变取得实质性进展，综合实力、竞争力和抗风险能力显著提高，人民物质文化生活明显改善，全面建成小康社会的基础更加牢固。

经济发展。全省地区生产总值年均增长10%以上，2015年总量达2.5万亿元左右（按可比价计算），人均地区生产总值力争接近全国平均水平。固定资产投资年均增长20%以上，居民消费率38%，进出口贸易总额500亿美元。财政总收入3000亿元以上。

结构调整。2015年全省三次产业结构调整为9.5∶48.5∶42。工业化率达44%，规模工业增加值达10000亿元，战略性新兴产业占全省地区生产总值的比重达20%。服务业就业比重提高到40%以上。城镇化率超过50%，长株潭首位度和辐射带动能力进一步增强。

"两型"建设。耕地保有量5655万亩，森林蓄积量4.74亿立方米，非化石能源占一次能源消费比重达11.4%，单位地区生产总值能耗和二氧化碳排放量分别降低16%和17%，万元工业增加值用水量降低30%。二氧化硫、化学需氧量排放累计分别减少8%，氮氧化物、氨氮排放累计分别减少10%。

人民生活。全省总人口控制在7180万人以内，人口自然增长率控制在7‰以内。城镇登记失业率控制在5%以内。城镇居民人均可支配收入和农民人均纯收入年均增长10%，中等收入群体持续扩大，贫困人口显著减少。社会保障体系逐步健全，城镇参加基本养老保险人数达1087万人，城乡三项医疗保险参保率超过95%。

科技教育。全社会研发经费投入占地区生产总值比重力争2%，每万人口发明专利拥有量1.6件，科技创新综合能力进入全国先进行列。九年义务教育质量显著提高，高中阶段毛入学率提高到90%。新增劳动力平均受教育年限13.5年。

基础设施。2015年全省高速公路通车里程7273公里、铁路营运里程5500公里。电力装机容量4100万千瓦左右。流域防洪保安、农田灌溉等体系基本形成，水资源综合利用能力进一步提升，灌溉用水有效利用系数提高到0.49以上。重大气象灾害监测预警系统基本建成。

依法治省。法治湖南建设取得明显成效，社会管理体制更加完善，服务型政府建设全面推进，基层民主更加健全，人民权益得到依法保障，人民生活更加尊严和体面，基本实现经济、政治、文化和社会生活的法治化。

表2　湖南省"十二五"经济社会发展主要目标

类别	序号	指标名称		2010年	2015年	年均增长（%）	属性
经济发展	1	地区生产总值（亿元）		15902	25000	>10	预期性
	2	五年累计全社会固定资产投资（万亿元）		[3]		20	预期性
	3	财政总收入（亿元）		1863	>3000	>10	预期性
	4	规模工业增加值（亿元）		5600	10000	13	预期性
	5	进出口总额（亿美元）		146.9	500	28左右	预期性
	6	战略性新兴产业增加值占地区生产总值比重（%）		12	20	[8]	预期性
	7	服务业增加值比重（%）		39.3	42	[2.7]	预期性
	8	城镇化率（%）		44.4	>50	>[5.6]	预期性
教育科技	9	九年义务教育巩固率（%）		97.8	98	[0.2]	约束性
	10	高中阶段教育毛入学率（%）		85	90	[5]	预期性
	11	研究与试验发展经费支出占地区生产总值比重（%）		1.3	2	[0.7]	预期性
	12	每万人口发明专利拥有量（件）		0.8	1.6	[0.8]	预期性
资源环境	13	耕地保有量（万亩）		5655	5655		约束性
	14	单位工业增加值用水量降低（%）				[30]	约束性
	15	农业灌溉用水有效利用系数		0.46	0.49	[0.03]	预期性
	16	非化石能源占一次能源消费比重（%）		8	11.4	[3.4]	约束性
	17	单位地区生产总值能源消耗降低（%）		[20.4]		[16]	约束性
	18	单位地区生产总值二氧化碳排放降低（%）				[17]	约束性
	19	主要污染物排放累计减少（%）	化学需氧量			[8]	约束性
			二氧化硫			[8]	
			氨氮			[10]	
			氮氧化物			[10]	
	20	森林增长	森林覆盖率（%）	57	>57		约束性
			森林蓄积量（亿立方米）	4.02	4.74	[0.72]	
民生改善	21	全省总人口（万人）		6940	<7180	<7‰	约束性
	22	城镇登记失业率（%）		4.2	<5		预期性
	23	城镇净增就业人数（万人）		[335]		[300]	预期性
	24	城镇参加基本养老保险人数（万人）		934	1087	[153]	约束性
	25	城乡三项医疗保险参保率（%）		95	>95		约束性
	26	城镇保障性安居工程建设（万套）				[160]	约束性
	27	城镇居民人均可支配收入（元）		16566	26680	10	预期性
	28	农村居民人均纯收入（元）		5622	9050	10	预期性
	29	人均预期寿命（岁）		74.7	76	[1.3]	预期性

注：地区生产总值和城乡居民收入绝对数按2010年价格计算，速度按可比价格计算；规模工业增加值按2011年新口径核算；[ ]表示五年累计数；城乡三项医疗保险指城镇职工基本医疗保险、城镇居民基本医疗保险、新型农村合作医疗。

6. 政策导向

实现经济社会发展的主要目标，必须把市场机制和宏观调控有机结合起来，围绕关键领域和薄弱环节的重大突破，强化政策导向。

着力扩大消费需求。以扩大内需、稳定增长为导向，把建立扩大消费需求的长效机制作为扩大内需的战略重点。加快推进城镇化，积极创造有效需求。促进充分就业、调整收入分配格局，增强居民消费能力。健全社会保障体系，改善消费预期。培育消费热点，推动消费结构升级，带动产业优化升级。

调整优化投资结构。以形成投资、消费、出口协调拉动格局为导向，在保持投资合理稳定增长的同时，加快调整投资结构。进一步规范和完善政府投资，鼓励扩大民间投资，有效遏制盲目扩张和重复建设，引导投资进一步向民生和社会事业、农业农村、科技创新、生态环保、资源节约等领域倾斜，提高投资的经济效益和社会效益，通过投资结构的调整推动经济结构的战略性调整。

努力增加居民收入。以构建中等收入阶层占多数的稳定型社会结构为导向，合理调整收入分配关系，健全初次分配和再分配调节体系，努力实现城乡居民收入增长与经济增长同步、劳动报酬提高与劳动生产率提高同步，大幅提高低收入者收入水平，扩大中等收入群体规模，努力遏制收入差距扩大趋势。

全面推进节能减排。以推进"两型社会"建设为导向，增强资源环境危机意识，健全节能减排激励机制和约束机制，提升科技支撑水平，强化目标责任考核，大幅降低能源消耗强度和二氧化碳排放强度，明显减少主要污染物排放总量。

优化空间开发格局。以推进形成主体功能区为导向，坚持按照区域主体功能定位，引导人口和经济向资源环境承载能力较强区域聚集，推动城市化地区集约发展，农产品主产区规模发展，重点生态功能区保护发展，构建区域布局合理、功能定位清晰、人与自然和谐相处的空间开发格局。

强化基本公共服务。以促进城乡区域基本公共服务均等化为导向，创新和完善供给方式，扩大供给规模，进一步增强政府提供基本公共服务能力，推动基本公共服务供给重点向农村、革命老区、民族地区、欠发达地区和困难群体倾斜，建立健全覆盖城乡、合理适度、可持续发展的基本公共服务体系。

创新社会管理体制。以促进社会和谐安定为导向，创新社会管理体制，强化政府社会管理职能，加强社区管理和服务平台建设，引导社会组织健康发展，扩大公众参与度，完善应急管理和社会治安防控体系，在服务中优化管理，在管理中改善服务。

第二章　加快推进新型工业化，提升产业核心竞争力

坚持走湖南特色新型工业化道路，适应经济转型升级和"两型社会"建设的新要求，努力构建以高新技术产业为先导，以现代制造业为支撑，结构合理、技术先进、清洁安全、附加值高、吸纳就业能力强的现代产业体系，形成以企业科技进步提升产业核心竞争力、以产业核心竞争力推动新型工业化、以新型工业化促进经济转型升级的新格局。到 2015 年全省工业增加值突破 1.1 万亿元，对

经济增长的贡献率达55%,服务业增加值突破1万亿元。

第一节 改造提升传统产业

传统优势产业是我省新型工业化的基础和主体,必须用高新技术、先进设备和现代工艺,加快改造升级步伐,通过扩大企业规模、延伸产业链条、强化品牌建设来拓展市场、形成竞争优势。

7. 做大做强装备制造业

装备制造业是我省拥有核心企业和竞争优势的主导产业,要以增强核心技术创新能力为方向,提升产业整体发展水平。突出重点领域和主导产品,大力发展以工程机械、轨道交通、汽车及零部件、特高压输变电等为代表的现代装备制造业。突出产业协作配套,依托核心企业和整机品牌,提高整机制造能力和专业配套能力,延伸完善产业链条。突出培育壮大龙头企业,加快兼并重组步伐,发展具有国际竞争力的大型企业集团,提高产业集中度。突出核心技术创新,积极引进国内外先进技术和优秀人才,突破关键技术,提高基础工艺、基础材料、基础元器件研发和系统集成水平,发展高端产品,打造知名品牌。突出优化产业布局,重点建设长株潭工程机械、汽车及电动汽车产业基地,长沙、株洲航空航天产业园,株洲、湘潭轨道交通产业基地,衡阳特高压输变电产业基地,益阳船舶制造产业园,衡阳、永州汽车及汽车零部件产业集群等,着力将现代装备制造业打造成主营业务收入过万亿的巨型产业。

8. 做精做深原材料工业

原材料工业是我省装备制造需求量大,同时也是资源约束紧、消耗排放多、附加值偏低的基础产业,必须通过加快技术改造升级和资源综合利用,进一步做精,通过延伸产业链条、开发高端产品,进一步做深。

钢铁有色。加强资源整合,积极发展精深加工,加快自主创新,加速淘汰落后产能,走精品、高端、特色和差异化发展之路,在优化产品结构、促进资源综合利用和节能减排方面取得新进展。建设湘潭、娄底、衡阳精品钢材加工产业集群,郴州、株洲、长沙、娄底、衡阳等有色金属产业集群,湘西州、永州锰深加工基地。

石油化工。按照生态环保和适度集中的要求,加快构建以石油炼化为龙头,以盐(氟)化工为基础,以化工新材料和精细化工为特色,以支农化工为补充的新型石化产业体系,着力将岳阳打造成为内陆地区重要的炼化一体化基地,建设长株潭精细化工、基础化工基地和国家南方农药创制中心,建设衡阳、常德盐(氟)化工基地,娄底煤化工基地。

建筑材料。按照清洁生产、集约发展的要求,加快发展节能、绿色建筑材料,整合优势资源,推动规模生产,重点培育新型干法水泥、浮法玻璃、高档建筑陶瓷、复合墙体等产业集群,建设株洲、常德、益阳等现代建材产业基地。

9. 做优做响消费品工业

消费品工业发展潜力巨大,市场需求旺盛,也是大众关注程度高、品牌效应明显、更新换代快的民生产业,必须重环保、重质量、重安全,做优品质增强竞争力,必须讲营销、讲服务、讲诚信,做响品牌赢得消费者。

食品加工。壮大龙头企业，突出品牌建设，加快推动由农副产品资源大省向食品加工产业强省转变。突出质量安全和生态环保，大力发展绿色、有机食品，积极开发保健功能食品及方便快捷食品，发展休闲食品。建设长沙粮油乳茶、岳阳粮油茶调味品、株洲肉乳、常德粮油水产、邵阳酒果蔬、怀化粮油果蔬、永州酒油果蔬、湘潭肉莲槟榔、益阳粮茶水产、张家界旅游食品、湘西州特色果蔬等产业集群。

服装纺织。突破印染、设计瓶颈，壮大棉纺织与特种化纤，保持苎麻在全国的领先地位，加强高档、终端产品研发和生产，形成市场占有率较高的系列产品。建设常德棉纺染整、益阳棉麻竹纺织生产基地，长沙服饰家纺、株洲服饰及永州、邵阳制鞋基地。

特色轻工。加大技术改造，加强市场开拓，扩大市场份额，巩固和发展具有比较优势、特色鲜明的制浆造纸、陶瓷、卷烟、烟花爆竹等行业。建设岳阳、益阳、永州、怀化等林纸一体化基地，常德、长沙、郴州卷烟生产基地，醴陵工艺和日用陶瓷、新化特种陶瓷、茶陵建筑陶瓷基地，浏阳烟花鞭炮产业基地，桃江、绥宁、临湘竹产业基地。

第二节　培育壮大战略性新兴产业

战略性新兴产业是新型工业化的新生力量和先导产业，必须以重大技术突破和重大发展需求为基础，依据产业演进的规律和技术进步的趋势，超前安排、集中布局、有序发展一批知识技术密集、资源消耗少、成长前景广、综合效益好的战略性新兴产业，使之尽快成为国民经济新的增长点和新的支柱产业。

10. 促进重点领域跨越发展

按照创新驱动、重点突破、市场主导和引领发展的要求，重点选择先进装备制造、新材料、文化创意、生物、新能源、信息、节能环保等7大领域，进行重点培育，抢占产业发展和竞争制高点。组织实施新兴产业集聚、优势企业培育、核心技术攻关、名牌产品创建、人才资源开发5大基础工程，建立技术创新、投融资服务、共性技术服务3大支撑平台，推动战略性新兴产业规模扩张和集聚集群发展。力争将我省打造成为全国重要的战略性新兴产业创新基地和生产制造基地。到2015年，全省战略性新兴产业实现增加值5000亿元，占地区生产总值的比重超过20%。

专栏1　战略性新兴产业发展重点

先进装备制造：中高端工程机械装备、高端电力牵引轨道交通装备、新能源汽车及汽车新品种、高档数控装备、大型冶金矿山设备、高技术船舶及海洋工程装备、航空航天装备。

新材料：先进储能材料、先进复合材料、高性能金属结构材料、先进硬质材料、基础原材料、稀土及其他新兴材料。

文化创意：创意设计产业、数字媒体产业、数字出版产业、动漫游戏产业、创意园区。

生物：现代中药、化学药、生物制品、医疗器械及装备、粮油作物育种、经济作物育种、畜牧水产育种、特色生物育种。

新能源：风电装备、太阳能综合利用、智能电网及其关键装备、核电辅助装备、生物质能源装备、地热能及其他新能源。

信息：数字化整机和新型元器件、软件和集成电路、信息服务外包、互联网经济和移动电子商务、新一代网络和“三网融合”、物联网和物流信息服务。

节能环保：节能、资源循环利用、环境治理技术及装备等产业。

11. 加大政策扶持和引导

用好、用足、用活国家大力扶持战略性新兴产业的特殊政策，突破一批关键核心技术，转化一批科技创新成果，推进一批重大示范项目，培育一批拥有自主知识产权、具有国际竞争力的创新型龙头企业。加强规划引导和政策支持，加快完善财税金融支撑体系，建立稳定的财政投入增长机制，发挥战略性新兴产业专项资金的引导作用。大力发展创业投资，扩大基金规模，引导社会资金投向创业型、创新型企业。积极发挥资本市场直接融资功能，鼓励企业通过创业板、中小板上市融资。加大信贷支持力度，通过风险补偿等制度，充分发挥金融信贷投入主渠道作用。

第三节 优化拓展现代服务业

现代服务业是产业素质整体跃升的重要标志，要适应新型工业化发展的内在要求，适应民生改善的迫切需要，立足现实基础，不断开拓新领域，发展新业态，培育新热点，推进规模化、品牌化、网络化经营，推动形成功能增强、结构优化、特色突出、优势互补的服务业发展新格局。到2015年，全省服务业吸纳就业达1800万人，生产性服务业占服务业比重达50%。

12. 发展面向生产的服务业

遵循现代生产专业化分工和现代服务市场化配置的产业发展规律，围绕提高产业效率、降低产业成本、培育新型业态，重点发展融合度高、关联度大、带动功能强的生产性服务业。

现代物流。依托重大生产力布局和综合交通现实基础，重点建设长沙金霞、岳阳城陵矶、株洲石峰、湘潭九华、常德德山、怀化狮子岩、娄底湘中、衡阳白沙、郴州湘南等省级物流园区，以及重要物资储备基地、省际边贸物流中心。发展粮食、冷链、航空、邮政快递等专项物流。建设联运转运设施、大通关基地和货物出入境快速处理通道。推进物流标准化、信息化建设和高新技术改造应用。到2015年，全社会物流总费用占地区生产总值比重较“十一五”末下降1.5个百分点以上。

金融保险。按照组织多元、服务高效、审慎监管、风险可控的要求，构建现代金融服务体系，提高经济金融化水平。发展总部金融，推进环长株潭城市群金融一体化进程。鼓励和吸引境内外各类金融机构来湘设立分支机构、总行（总部）、后台服务基地，努力培育具有影响力的区域性金融中心。创新金融产品，扩大股权债券融资，发展产业投资基金、创业投资基金和私募基金，建立企业上市联动机制和综合服务平台。发展商业保险，拓展大众保险市场。继续深化银企合作，建立健全面向中小企业、面向农村的金融服务支持体系。

商务服务。以产业化、市场化和国际化为方向，拓宽商务服务领域，提高商务服务质量。发展咨询、会计、审计、法律、经纪、专利代理、产权交易等专业和中介服务业，引导中介机构独立、依法执业。发展工业设计、广告策划等创意产业，推动与优势产业互动融合。发展科技博览、动漫展览、汽车展览等会展服务，培育国际国内知名会展品牌。着力优化服务外包产业环境，完善服务外包扶持政策。重点把长株潭建设成为中部地区最大的承接服务外包基地，打造长沙梅溪湖、张家界等国际会展中心，建设长沙动漫基地。

13. 发展面向民生的服务业

适应消费结构转型升级和小康生活全面多元的社会发展趋势，围绕改善生活质量、拓宽就业空间、丰富服务产品、扩大服务供给等民生需求,重点发展便民利民、服务城乡的生活服务业。

商贸流通。突出优化商贸流通布局,改造升级现有大型综合批发市场、专业市场和城乡集贸市场,在有条件的大中城市远郊区规划布局建设大型商业购物中心,在商品生产地和集散地,扶持发展一批交易量大、管理水平高的全国性、区域性工业产品和农副产品批零市场。突出扶持新模式、新业态,发展连锁经营、特许经营、仓储超市、流通配送、网上购物和电视购物,支持便利店、中小超市等社区商业发展。突出拓展农村商贸服务,支持城市商贸业向农村延伸,推进"万村千乡"和"双百市场"工程,支持供销系统利用网络资源,组建流通企业集团,扩大农村消费市场。

湘菜产业。整合优质资源,做优产业品牌,组建大型湘菜产业集团,扶持发展湘菜名厨、名品、名店,面向国内外消费市场,加快湘菜产业"走出去"步伐。做大产业规模,加强菜品系列开发,完善生产、加工、配送产业链条,加强与宾馆、酒店联盟,与超市、商场连锁,扶持100家以上以湘菜为主的餐饮龙头企业,力争8家以上进入全国百强餐饮企业,着力打造湘菜产业千亿工程。做实产业后劲,以提升湘菜产业核心竞争力为目标,制定湘菜标准,加快建设优质湘菜原料基地,加强新技术、新工艺研发,加强湘菜专门人才培训。

积极发展社区服务、养老服务、家政服务、休闲娱乐、体育保健、远程医疗等新兴业态,开拓新服务,适应新需求。

14. 着力发展旅游业

立足湖南丰富独特的旅游资源优势,抓住旅游加速扩张的有利时机,促进旅游及相关产业融合发展,推进旅游产品向观光和休闲度假复合型转变,旅游产业向规模效益型转变,旅游品牌向国际旅游目的地转变,着力把旅游产业培育成为我省战略性支柱产业。

构建更具竞争力的旅游大格局。统筹城市群发展和大湘西开发,实施"一带一圈"旅游发展战略,一带(武广高铁沿线旅游经济带),以环长株潭城市群为中心,带状连接岳阳楼、屈子祠、韶山、富厚堂、衡山、炎帝陵、舜帝陵、莽山等景点,突出发展红色旅游和历史人文旅游。一圈(大湘西文化旅游经济圈),以张家界为龙头,环状连接凤凰、芷江、洪江、崀山、大梅山、桃花源等景区,突出绿色生态游和民俗风情游。兼顾区域开发与旅游发展,建设区际旅游大通道,增强旅游产业的整体活力和综合实力。

建设更具吸引力的旅游目的地。努力打造具有广泛美誉度的旅游产品,支持创建一批国家5A级旅游景区,建设重点旅游城市、旅游景区游客服务中心,配套完善餐饮、购物、娱乐、休闲、泊车等设施,加大"数字景区"建设。推进张家界国家旅游综合改革试点,建设世界精品旅游城市,支持创建张家界旅游学院。加大湘绣、湘茶、湘瓷等湖湘特色旅游商品开发力度,加强特色旅游购物街区建设。努力开拓国内外市场,挖掘市场潜力,发展工矿旅游、乡村旅游、自驾车游等新兴业态,在巩固港澳台和韩国市场的同时,开发日本、东南亚和欧盟等新兴市场,培育美国、加拿大、澳大利亚等市场。努力引进国内外知名旅游集团,支持跨国合作,提升旅游业经营水平。

到2015年,旅游业总收入超过3600亿元,接待入境游客380万人次,实现入境旅游收入18亿美元。

图 5 湖南省重点旅游线路图

15. 繁荣城市服务经济

适应新型城镇化快速发展和城市产业形态快速升级的需要，把城市服务经济摆在更加突出的位置。长株潭要优先发展服务业，加快形成以服务经济为主的产业结构，其中长沙要突出发展高端服务业，加快培育金融服务、科技研发、文化创意等核心功能区。其他大城市要科学规划服务业发展和城市空间布局，加快培育形成区域服务业集聚区。中小城市要加快发展面向城乡、服务“三农”的商贸流通、金融保险等服务经济。积极推进衡阳市国家服务业综合改革试点，探索城市服务业发展新思路。

16. 完善鼓励服务业发展的体制机制

加快推进服务业领域改革。放宽市场准入，制定公平、规范、透明的准入条件，鼓励各类社会资本进入垄断性服务领域。增加社会力量供给，积极推进教育、文化、广播电视、社会保障、医疗卫生、市政公用事业等领域改革，加快管理职能与服务职能分离，对能够实行市场经营的服务，鼓励社会力量加大供给。支持非公有制企业参与国有服务企业的改革、改组和改造。打破部门和地区封锁，推进形成统一开放、规范有序的服务市场体系。进一步放开对外商投资服务业的限制。

加大政策支持力度。合理调整城市用地结构，适当增加服务业用地比例，对国家鼓励类的服务业在供地安排上给予倾斜。积极推进服务业价格体制改革，推动非限制类服务业水电气等与工业同质同量同价，缩小服务价格中政府定价和指导价范围，建立公开、透明的定价制度。鼓励金融机构开发适应服务企业需要的金融产品。切实扩大政府采购服务产品范围。加快建立服务业标准体系，推进标准化服务。

第四节　引导产业集聚发展

集聚集群发展是现代产业的生产组织方式，也是现代企业的空间组织形式。要按照要素集约、布局集中、功能集合的要求，延伸产业发展链条，完善企业协作配套，大力实施“四千工程”，打造特色专业园区，促进企业协同发展。

17. 大力发展园区经济

把园区作为产业发展的重要载体，推进产业园区化和园区专业化。引导园区合理布局，加快省级以上园区扩规和区位调整，着力建设一批具有国际国内先进水平的重大产业基地和特色专业园区。引导园区专业化发展，坚持特色园区特殊扶持，分类完善配套设施，分类布局建设高速信息通道、技术开发、检验检测认证等公共服务平台。支持县域园区特别是农业产业园区发展。鼓励园区土地利用从外延扩张型向内涵集约型转变，促进园区与城区功能整合、空间协调、经济互动、设施共享。

到 2015 年，新设 30 个省级产业园区，建设技工贸总收入过千亿的园区 10 个，省级以上园区工业增加值达 5600 亿元，占全省工业增加值的 50% 以上。

专栏 2　产业发展“四千工程”

到 2015 年，力争培育形成一批千亿产业、千亿集群、千亿企业和千亿园区。

千亿产业：壮大形成机械、石化、冶金、有色、粮油、食品、轻工、建材、纺织、医药、旅游、文化、电子信息等千亿产业。

千亿集群：发展形成长沙工程机械、长沙电子信息及新材料、长沙汽车及零部件、株洲（湘潭）轨道交通装备、株洲铅锌硬质合金及深加工、岳阳石油化工、湘潭宽厚板优质高线及加工、岳阳粮油茶及调味品加工、郴州稀贵金属冶炼及加工、娄底薄板及加工等千亿产业集群。

千亿企业：培育形成华菱集团、中联重科、三一集团、湖南有色、湖南中烟公司等千亿企业。

千亿园区：打造形成长沙高新技术产业开发区、长沙经济技术开发区、株洲高新技术产业开发区、湘潭高新技术产业开发区、湘潭九华示范区、衡阳高新技术产业开发区、岳阳云溪工业园区、益阳高新技术产业开发区、郴州有色金属产业园区、娄底经济开发区等千亿园区。

18. 大力扶持中小企业

中小企业始终是支撑发展基本面的中坚力量，要立足区域产业发展实际，培育“专、精、特、新”中小企业群，推动大企业与中小企业战略联盟，鼓励建立稳定的供应、生产、销售等协作关系，通过专业分工、服务外包、订单生产等方式，积极向中小企业提供技术、人才、设备、资金支持。加大财税金融政策支持，逐步扩大中小企业发展专项资金和贷款贴息资金规模，重点在结构调整、节能减排、技术创新和市场开拓等方面给予支持，健全中小企业信用担保体系，改善金融信贷支持环境，完善中小企业育成机制，促进上市直接融资。加快完善中小企业服务体系，积极开展培训、咨询、质量检验、企业管理等服务，支持建设中小企业产品技术展示中心，定期举办专业性品牌展会。简化中小企业行政审批程序，设立侵权投诉中心，维护中小企业发展权益，全面清理整顿涉及中小企业的收费，进一步减轻中小企业社会负担。鼓励失业人员、返乡农民工、军转复退人员、大中专毕业生、残疾人员创办中小企业。到2015年，中小企业实现增加值占全省地区生产总值比重达43%。

第三章 加快推进农业现代化，建设社会主义新农村

农业、农村和农民问题，事关我省现代化建设的全局，事关社会和谐稳定的大局，必须把发展现代农业作为转变经济发展方式的战略性任务，把新农村建设作为城乡统筹发展的历史性课题，按照工业反哺农业、城市支持农村和多予少取放活的方针，巩固和加强农业基础地位，努力建设农民幸福生活的美好家园。

第一节 加快发展现代农业

按照高产、优质、高效、生态、安全的要求，坚持用现代物质条件装备农业，用现代科学技术改造农业，用现代产业体系提升农业，用现代经营形式推进农业，加快转变农业发展方式，全面提高农业综合生产能力、抗风险能力和市场竞争能力。到2015年，全省农业增加值达2250亿元，粮食总产量稳定在600亿斤以上。

19. 增强粮食安全保障能力

构建供给稳定、储备充足、调控有力、运转高效的粮食安全保障体系，把发展粮食生产放在现代农业建设的首位，稳定播种面积，优化品种结构，提高单产水平，不断增强综合生产能力。加快高标准良田建设，大力实施52个县1500万亩中低产田改造为核心的新增粮食产能建设工程，推动农业生产田园化、水利化、良种化、信息化和机械化。严格保护耕地和后备耕地资源，推进农村土地综合整治，提升地力，提高旱涝保收高标准稳产农田比重。加大超级杂交稻、高档优质稻育种培育推广力度，持续提高单产水平和产品质量。因地制宜发展旱杂粮。完善粮食生产扶持政策，落实粮食最低收购价格制度，加强粮食仓储和物流设施建设，保障粮食生产和储运安全。

20. 推进农业规模化生产

构建以长株潭都市农业圈、环洞庭湖适水农业区、湘中南丘岗节水农业带和武陵—雪峰—南

岭—罗霄山地生态农业带等为重点的农业主体功能区，优化农业结构和区域布局，奠定农业规模发展总体格局。发展专业种养大户、龙头企业、农民专业合作社、家庭农场等农业规模化经营主体，探索规模化经营激励政策。推进优质粮食、优质蔬菜、双低油菜、优质棉花、品牌柑橘、品牌茶叶、生猪、家禽、草食动物、淡水产品等农产品的标准化、规模化、设施化生产，全面提高农产品品质。推进长沙县、屈原区、鼎城区等现代农业示范县（市、区），以及一批出口导向型农产品生产基地和特色农产品生产示范基地建设。到2015年，"三品一标"认证比例达80%左右。

专栏3　湖南省大宗优势农产品和地方特色农产品

大宗优势农产品

粮食：实施以改造1500万亩中低产田为主的新增粮食产能工程，实施以优质稻标准化生产推广为主的湘米产业提升工程。粮食播种面积稳定在7900万亩左右，优质水稻达4300万亩，粮食总产稳定在600亿斤以上。

油料：到2015年，油菜播种面积发展到2200万亩，产量提高到260万吨。建设高产油茶800万亩，茶油总产超过30万吨。

蔬菜：在市州郊区以及重要县城郊区建设标准化专业基地，蔬菜面积达2000万亩。

畜禽水产：建设50个生猪基地县，出栏生猪达8200万头。家禽出笼7亿羽。肉类总产量700万吨，禽蛋产量110万吨，水产品产量230万吨。

名优果茶：在国家及省优势县，建设万亩茶叶良繁基地，150万亩高标准茶园，茶叶总产量达15万吨。柑橘种植面积稳定在500万亩左右，柑橘总产量达500万吨。

天然纤维：建设180万亩高产棉田基地、100个万亩高产优质棉示范片、8个优质高产苎麻示范基地，以及8个优质桑生产基地、10个优质茧原料基地。

地方特色农产品

水果：主要包括麻阳冰糖橙、新宁脐橙、洞口雪峰蜜桔、石门柑橘、浏阳金桔、泸溪椪柑、靖州杨梅、湘西猕猴桃、江永香柚、娄底突尼斯软籽石榴等。

茶叶：主要包括安化黑茶、君山银针、桃源野茶王、保靖黄金茶、张家界茅岩莓茶、梅山毛尖等。

经作：主要包括湘潭湘莲、江永香芋及香姜、祁东黄花菜、桂阳烤烟、邵东玉竹、邵阳百合、常德朝鲜蓟、怀化葛根、沅江苎麻、衡东贡椒、桃江楠竹等。

药材：主要包括浏阳绞股蓝、隆回金银花、慈利杜仲、永州栝蒌等。

畜禽：主要包括宁乡花猪、新晃黄牛、湖南黑猪、湘中黑牛、东安鸡、雪峰乌骨鸡、衡阳湘黄鸡、临武鸭、攸县麻鸭、武冈铜鹅、炎陵白鹅等。

水产：主要包括沅江清水银鱼、湘阴湘云鲫种苗、张家界大鲵、洞庭湖闸蟹、汉寿甲鱼、资兴东江鱼等。

21. 提升农业产业化水平

推进多样化、多层次的农产品精深加工，依托农产品优势资源，引导加工企业和产能向优势农副产品产区集聚，重点建设全国重要的粮食、油料、肉食、水产、茶叶、果蔬等特色农产品加工园区。培育龙头企业，引导企业与合作社、农户有效对接，构建产供销、工贸农、农科教一体化的产业链，发展一批起点高、规模大、带动能力强的核心骨干企业。加强技术创新和改造升级，提升农产品精深加工技术装备水平。培育知名品牌，注重保护农产品注册商标和地理标志，提高产品影响力和市场占有率。重点建设生猪产业化、品牌茶叶提升、优势水果产业提升和环洞庭湖优质水产品开发等重大产业化工程。到2015年，全省农产品加工业产值达7500亿元以上，农产品原值与加工产值比调整到1∶1.9，培育50个年产值过10亿元的农业产业化龙头企业。

22. 完善现代农业支撑体系

加强农业科技创新。推进现代种业做大做优，促进农业生物育种创新和推广应用，重点实施优质粮棉油、种禽、生猪等良种繁育工程，建设80万亩种子生产基地，60个种质资源繁育场。推进农业技术集成化，加强丰产栽培、农业节水、疫病防控、防灾减灾等领域科技集成创新和推广应用。推进劳动过程机械化，扶持农机合作组织，促进农机农艺融合，大力提高耕种收综合机械化水平，农业机械总动力达6100万千瓦。整合农技推广资源和力量，完善基层农业技术推广体系，促进农业科技成果转化应用。到2015年，科技进步对农业增长的贡献率达58%以上。

完善农业社会化服务体系。推进农业公共服务能力建设，建立健全动植物疫病防控体系、农产品质量安全检测体系等公共服务机构，逐步建立村级服务站。推进农业社会化服务组织多元化发展，构建以公共服务机构为依托、专业合作组织为基础、龙头企业为骨干、其他社会力量为补充的新型农业社会化服务体系，提供多种形式的生产经营服务。推进农产品流通服务体系建设，建设流通成本低、运行效率高的农产品营销网络，抓紧建设一批特色化、规模化的农产品批发交易市场和国家重要的稻谷、生猪、食用油等战略储备基地，构建供销系统农资储备配送网络和农产品加工购销网络。支持农产品生产基地与大型超市、学校等对接。推进长沙农产品期货交易市场建设。

第二节 拓宽农民增收渠道

把促进农民增收作为解决“三农”问题的关键，加大强农惠农力度，挖掘农业增收潜力，加快农民就业转移，积极培育现代农民，努力实现农村居民收入增长与经济增长基本同步。

23. 巩固提高家庭经营收入

健全农产品价格形成机制和农产品价格保护制度，稳步提高并严格执行国家主要粮食品种最低收购价，稳定农业生产资料价格，控制农业生产成本过快增长。鼓励农民优化种养结构，提高生产经营水平和经济效益。因地制宜发展特色农业、生态农业、休闲农业、乡村旅游和农村服务业，在农业功能拓展中使农民获得更多收益。推动一批休闲农业示范县和示范生态农庄建设。

24. 大幅增加工资性收入

整合农村劳动力教育培训资源，创新培训模式，扩大培训规模，推进农村中等职业免费教育，继续实施“百万农民培训计划”、“雨露计划”和“阳光工程”，提高农民转移就业技能和创收能力。加强就业指导和信息引导，促进农村富余劳动力有序转移。建立城乡劳动者平等就业制度，实现农民工就业机会、劳动报酬、技能培训、福利待遇等与城镇就业人员享有同等待遇。发展农村二、三产业，促进农民就地就近转移就业，结合新农村建设，扩大以工代赈规模，增加农民劳务收入。

25. 着力提高转移性和财产性收入

全面落实农业补贴政策，坚持对种粮农民实行直补，继续实行良种补贴和农机具购置补贴。适当提高扶贫标准，增加贫困农民收入。逐步扩大基础养老金、医疗保险覆盖范围，稳步提高基础养老金和合作医疗报销水平。发展政策性农业保险，增加保险补贴品种和覆盖范围。推进农村土地确权、登记和颁证工作，确保农民享有土地承包权流转过程中增值收益。不断拓宽租金、股金、红利等财产性收入增长渠道。

第三节 改善农村生产生活条件

把改善农业物质技术条件、农村公共服务条件和农民生活条件，作为现代农业和新农村建设的基本任务和主要抓手，加强规划引导，加强综合整治，加快改善农村面貌。

26. 加强农村基础设施建设

适应农村人口转移和村落变化的新形势，加强农村规划，合理安排空间布局，统筹推进农业基础设施建设和村庄整治，加快改善农村面貌和发展条件。全面加强农田水利特别是小型、小微型农田水利设施建设，着力实施山丘区微集水工程、机电井等工程，切实加强设施管护。全面解决农村地区安全饮水问题，加大农村集中供水建设力度。全面推进农村电网新一轮改造和农村沼气项目建设，鼓励农村发展太阳能、生物质能等新兴能源。继续推进农村公路建设，实现所有具备条件的建制村通水泥或沥青路。全面推进农村气象保障和服务体系建设。支持有条件的地方实现供排水、公共交通等基础设施城乡共建共享。探索把农村中心社区建设作为整合农村公共投入的重要平台，按照合理布局、节约集约、集中配套的要求，集聚完善社区基础设施，综合配套社区公共服务功能，引导散居农村人口向社区集中。结合新农村建设，加大对欠发达地区农村危房改造补助力度，帮扶改善农村住房困难家庭住房条件。5 年累计解决 2000 万左右的农村人口饮水安全问题，新建和改造农村公路 11 万公里，改造农村危房 50 万户，建设户用沼气和养殖小区沼气 100 万户，新建大中型沼气工程 1200 座。

27. 推进农村环境综合整治

加强农药、化肥和农膜等面源污染控制，加大畜禽养殖污染防治力度，加强农村土壤污染防治和修复。大力推进农村“四改”（改水、改路、改厕、改圈）、“四清”（清洁家园、清洁田园、清洁水源、清洁能源）、“两绿”（四旁绿化、庭院绿化）、“一排”（废水排放集中处理）建设，推进农村有机废弃物处理利用和无机废弃物收集转运与集中处理。加强城乡环境同治，防止城市和工业污染向农村扩散。推动 1000 个环境综合整治示范村、300 个规模化畜禽养殖小区环境治理示范工程建设。

28. 发展农村公共事业

加快发展农村文化事业，建设农村公共文化服务体系，积极推进广播电视村村通、乡镇综合文化站和村文化室建设，促进城乡文化资源共享。加快发展农村教育事业，大力改善农村办学条件，对困难学生实行“两免一补”，普及和巩固农村九年义务教育，完成 1500 所农村初中校舍改造。加快发展农村医疗卫生事业，建立覆盖城乡的疾病预防控制体系和医疗救治服务体系，推进新型农村合作医疗和农村卫生服务体系建设，改造建设 900 个乡镇卫生院、4 万个村卫生室。加强血吸虫病防控和综合治理。加快健全农村社会保障体系，制定城乡接轨的社会保障转移接续办法，建立城乡统一的人力资源市场和就业服务体系，完善农村社会救助体系，探索建立与经济发展水平相适应的农村社会养老保险制度。

第四节　完善农村发展体制机制

按照增强农业农村发展活力的要求，着力在农村体制改革关键环节取得突破，强化农村发展制度保障，进一步放开搞活农村经济。

29. 稳定和完善农村基本经营制度

坚持以家庭联产承包经营为基础、统分结合的双层经营体制，赋予农民更加充分而有保障的土地承包经营权，现有土地承包关系保持稳定并长久不变。按照依法自愿有偿原则，完善土地承包经营权流转市场，发展多种形式的土地适度规模经营。积极推进农业经营体制机制创新，加快转变农业经营方式，着力提高农业集约化水平和组织化程度。深化集体林权及配套制度改革，构建统一有序、便捷高效的林权交易市场体系，完善林权抵押贷款机制，全面推开政策性森林保险，扶持和引导林业合作组织建设，吸引社会资本参与林业产业化经营。积极推进国有林场改革试点。

30. 统筹推进农村各项改革

按照产权明晰、用途管制、节约集约、严格管理的原则，进一步健全农村土地管理制度，依法保障农民对承包土地的占有、使用、收益等权利。完善农村宅基地制度，依法保障农户宅基地用益物权。进一步深化农村综合改革，深入推进财政省直管县改革和乡财县管乡用改革，继续清理化解公益性乡村债务，提高县乡基本财力保障水平。进一步完善现代农村金融制度，深化农村信用社改革，鼓励发展农村小型金融组织和小额信贷，改善农村金融服务，促进农村贷款主要用于农业农村。进一步加强农村基层组织建设，发展和完善党领导的村级民主自治，切实维护农村社会稳定。

第四章　加快推进新型城镇化，统筹城乡一体化发展

坚持走资源节约、环境友好、经济高效、大中小城市和小城镇协调发展、城乡互促共进的新型城镇化道路，把优化城镇布局与培育城市群主体形态结合起来，把增强城市综合承载能力与提升以城促乡辐射带动功能结合起来，促进城镇化快速、有序、健康发展。

第一节　构建新型城镇体系

按照统筹规划、合理布局、完善功能、以大带小的原则，加快推进形成以环长株潭城市群为主体形态、市州中心城市为骨干、县城和中心镇为节点的新型城镇体系。

31. 培育壮大城市群

把环长株潭城市群作为我省新型城镇化发展的重要引擎，着力推动城市群向心发展、融合发展，统筹协调区内城市功能和规模、产业结构和布局、资源配置和利用、生态保护和建设，推进重大基础设施和公共服务设施的联建共享，加快将环长株潭城市群建设成为我国重要的具有国际品质的现代化生态城市群，建设洞庭湖生态经济圈，将岳阳建设成为我省通江达海的重要门户。推进郴（州）资（兴）桂（阳）“两型社会”示范带、怀化鹤（城）中（方）洪（江）芷（江）经济一体化、衡阳西（渡）南（岳）云（集）大（浦）经济圈、永州冷（水滩）零（陵）祁（阳）经济圈和邵阳东部城市群发展。到 2015 年，长株潭城区人口达 500 万以上，衡阳、株洲、湘潭发展成为城区人口过百万的特大城市。

32. 发展区域中心城市

把区域中心城市作为地区发展的重要支点，立足区位优势、交通条件和资源禀赋，进一步加强市州中心城市基础建设，壮大产业规模，提升城市能级，形成区域性经济中心。强化常德、郴州、怀

化、永州等省际边界中心城市的地位和功能，推进与周边省份交通、旅游、商贸、物流、人流的有效对接。积极挖掘现有中小城市发展潜力，优先发展区位优势明显、资源环境承载能力较强、产业基础较好的中小城市，推动具备条件的中等城市发展成为大城市，成为新的区域次中心城市和经济增长极。

图 6　湖南省"十二五"城镇体系图

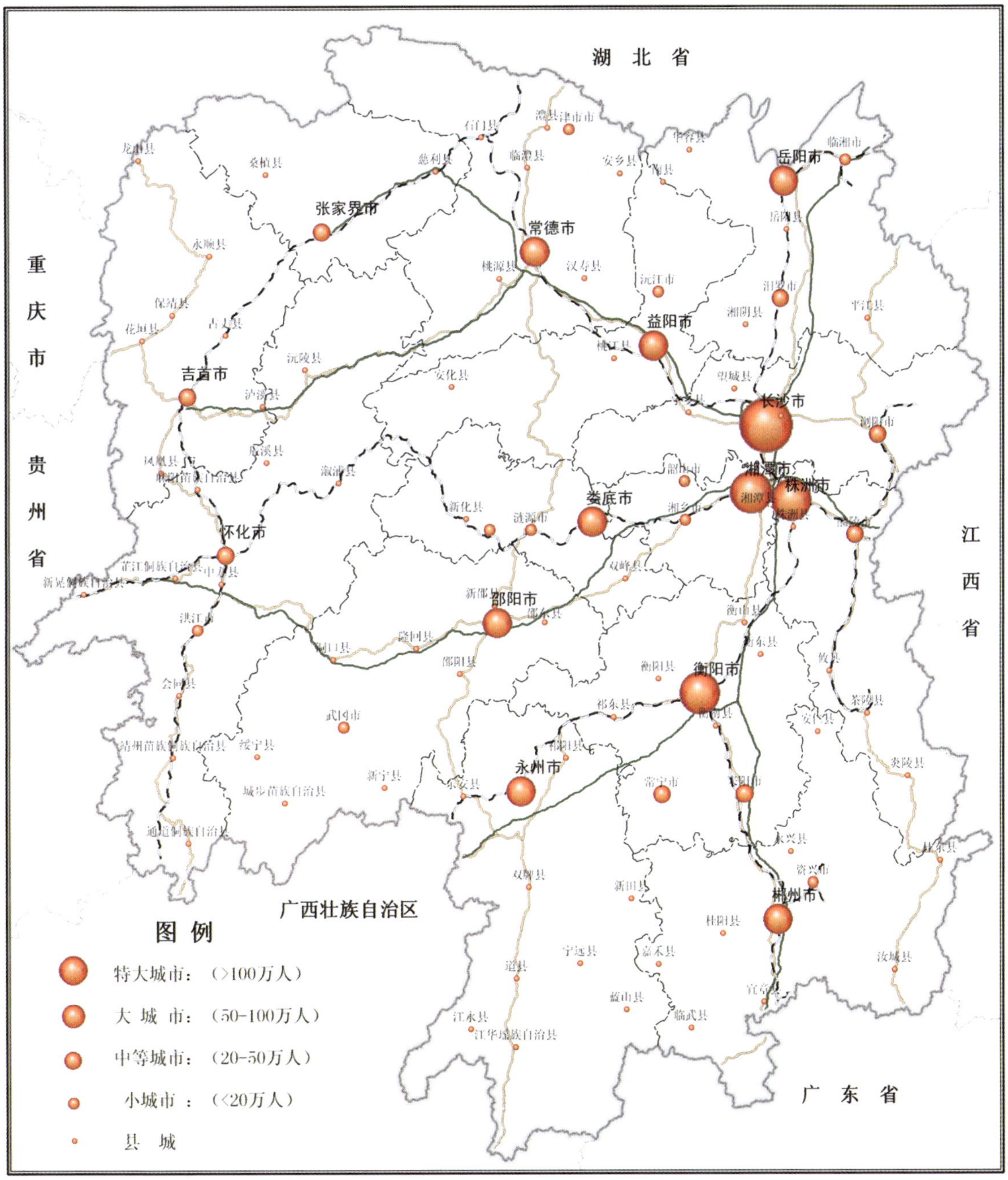

33. 积极发展小城镇

把小城镇作为承接中心城市辐射、统筹城乡发展的重要节点，积极做大做强县城，引导县域次中心镇发展。加强县城工业园区、生活居住区、交通枢纽和生态环境建设，进一步强化聚集能力，支持一批县城发展成为中小城市。结合历史文化名镇、旅游名镇创建等，积极实施县域中心镇和次中心镇提质扩容计划，统筹水、电、气、路等市政基础设施建设，着力打造一批高品质、功能型、特色型精品小城镇，成为向周边农村提供生产生活服务的功能中心。到 2015 年，60% 以上的县城城区人口规模超过 10 万。

第二节 加强城镇建设管理

适应农村人口向城镇加速聚集的趋势，满足城市居民生活品质加速提升的需要，加强城镇建设科学引导，创新城镇管理长效机制，不断提高城镇化发展的质量和水平。

34. 增强城镇综合承载能力

适应城市扩张、功能提升的要求，提高城市就业承载力，大力发展新型工业和城市服务经济，强化产业支撑，扩大就业容量。提高基础设施承载力，以交通、水电、通信为重点，积极实施城市路网工程、清洁能源普及工程、大中城市供水设施提质改造和第二水源工程，加强电力、信息、人防、防灾、污水垃圾处理等设施建设，构建系统化、立体化的城市基础设施网络。提高公共服务承载力，配套完善面向大众的教育、卫生、文化、体育等公共服务设施，加强城市公共安全和应急救援体系建设，积极关注城镇弱势群体。提高资源环境承载力，加强城镇规划设计，合理确定城市开发边界，优化城市功能分区，推进城市综合体建设，鼓励开发利用城市地下空间，加强“城中村”和城乡结合部改造，逐步提高建成区人口密度。加强城镇历史文化资源和森林、湿地、水体生态系统保护，适度扩大城市绿地面积，改善城市人文环境。

到 2015 年，人均公园绿地面积达 8.5 平方米，新建改造城市道路 7000 公里，大中城市供水水质全面满足新国标要求。

35. 提升城镇管理水平

强化城镇化规划管理，加快建立以城镇化发展规划为基础，城市规划和市县空间规划为支撑的城镇化规划体制。强化对城市政府提供公共服务、加强社会管理和增强可持续发展能力的考核评价。积极推进城市建设投融资体制改革，鼓励外资和社会资本投资市政公用事业。积极探索城镇管理新模式，加强部门联动，建立集社会管理、经济运行、文化生活、环境卫生、应急处置、治安防控于一体的现代城市综合管理平台。积极创新城镇管理手段，加强智慧城市建设，提高城市建设和运行效率，让更多的人享受现代城市文明。

第三节 加快城乡统筹步伐

按照以工促农、以城带乡的要求，促进公共资源在城乡之间均衡配置，生产要素在城乡之间自由流动，加快转变城乡二元结构。

36. 建立健全城乡一体化机制

加强统筹协调，努力消除影响城乡一体化发展的体制机制障碍。统筹城乡规划，积极制定和实施城乡一体的新型村镇布局和建设规划，以县域为单元，积极探索经济社会发展规划、土地利用规划和城乡总体规划“三规融合”。统筹城乡产业发展，鼓励发展城乡联动的县域经济体，推动适宜农村发展的工业、服务业项目向农村布局，提高城乡产业关联度和经济融合度。统筹城乡基础设施建设，以中心镇和中心村为重点，支持城市公共设施向村镇延伸，推进城乡基础设施统一布局和共建共享。统筹城乡就业，建立城乡统一的就业、失业登记制度和人力资源市场，将征地农民、农村剩余劳动力、非公有制企业就业和进入城区定居的农业户口人员纳入城镇就业管理体系，实现农村居民与城镇居民平等就业。统筹城乡社会管理，改变城乡分离、条块分割的管理方式，加快建立城乡统一的教育、医疗、社保等公共服务制度，推动城乡结对帮扶，提高农村公共服务财政保障水平。逐步建立城乡统一的建设用地市场，逐步提高土地收益用于农业农村的比重。推动湘潭、汉寿、嘉禾、冷水江等城乡一体化示范县建设。

37. 促进农民工市民化

把符合条件的农民工转化为城镇居民作为城乡一体化的重要任务。加快建立分类有序的农民工市民化推进机制，逐步放宽城镇落户限制，优先解决有稳定劳动关系并在城镇居住一定年限的农民工及新生代农民工转化为城镇居民问题，对于暂不具有落户条件的农民工，积极加强和改善公共服务。加快实施进城农民工安居乐业工程，开展农民工公寓及廉租房建设试点，鼓励有条件的城市将农民工纳入公共住房保障体系。加快提高农民工公共服务水平，保障和维护农民工合法权益，探索建立转户农民宅基地、承包地有偿退出和置换城镇公共服务的有效机制，建立健全统一开放、相互衔接的社保体系，逐步将农民工纳入城镇职工基本养老和医疗保险，开辟农民工随迁子女入学“绿色通道”，切实解决农民工子女教育问题。5 年累计实现 500 万农村人口市民化。

38. 增强县域经济发展活力

深入推进扩权强县，稳步扩大县域发展自主权，依法赋予经济发展快、人口吸纳能力强的小城镇在投资审批、工商管理、社会治安等方面的行政管理权限。加大对县域经济的财税支持力度，增加省级财政一般性转移支付，促进财力与事权相匹配。大力支持县域特色支柱产业发展，支持有条件的县市区建设工业、农业、科技和物流园区，鼓励有条件的乡镇发展特色产业小区，促进劳动密集型、资源加工型产业向县城和中心镇集聚。在建设用地、人才科技等方面加大对县域经济的扶持，加大招商引资力度，继续推进“万企联村”行动，激活县域各类创业资源。

第五章　加快推进信息化，建设“数字湖南”

推进信息化是抢占发展制高点、提升长远竞争力的重要手段，是覆盖现代化建设全局的战略举措。坚持以信息化支撑和促进新型工业化、农业现代化和新型城镇化，加快形成信息产业跨越式发展、信息技术在经济社会各领域渗透和融合、信息化水平全面提高的新局面。

第一节 完善信息基础设施

适应高速、泛在、智能和融合发展趋势，按照统筹规划、适度超前、集约建设、资源共享和保障安全的要求，加快构建与国民经济和社会发展相适应的信息基础设施体系。

39. 构建新一代信息网络

统筹布局新一代移动通信、下一代互联网、数字电视等网络设施建设，积极采用软交换、智能光网络等技术，构建超高速、大容量、高智能的干线传输网络，促进网络升级换代，大幅提高信息交互能力。扩大网络覆盖面，将信息设施作为公用基础设施纳入城市整体规划，着力解决城市光纤入户连接的"最后一百米"问题。积极建设无线宽带城市，率先推动长株潭建成宽带立体的高速信息城域网，实现无线宽带连续覆盖和无缝应用。推进城市骨干信息网向农村延伸，实施农村行政村"宽带通"工程。加强党政专用通信等特殊网络建设。

40. 建设信息基础平台

积极推进信息通信枢纽和功能型信息基础设施建设，加快国家超级计算长沙中心、"呼叫中心"、"数据中心"、"灾备中心"、IPTV、手机电视及移动平台等建设，加强软件产业基地国际通信基础设施建设，扩大高性能计算、数据存储等服务供给。强化网络信息安全保障，深化信息安全等级保护和风险评估，建立网络与信息安全事件应急防范综合支撑平台，增强网络信息监测、预警和管控能力，提高重要信息系统的容侵、容灾和抗毁能力。推进数字湖南地理信息空间框架建设，推进卫星导航综合服务系统、省级基础地理信息数据库、地理信息服务平台等为支撑的平台建设。

41. 推进"三网融合"

建立电信网、互联网、广播电视网三网统一的建管体制框架，明确时间表和路线图，2012 年率先完成长株潭试点，并将试点范围扩大到环长株潭城市群，2015 年在全省推开。注重引进国际知名 IT 企业，联手创建"三网融合"示范工程。加强网络改造和业务创新，以广播电视和电信业务双向进入为重点，加快有线电视网络整合和数字化改造、下一代广播电视网建设，形成以多媒体技术为主导，互联网、广播电视网、电信网共建共享、互联互通、业务融合的信息网络格局。到 2015 年，家庭互联网普及率达 45% 以上，县级以上城市城区数字电视普及率超过 98% 。

第二节 壮大信息产业规模

信息产业是支撑新型工业化和赢得未来产业竞争的核心产业，要在电子信息产品制造和信息服务等领域，加快培育并形成一批有领先优势的大企业，打造有全国影响力的信息服务业聚集区。到 2015 年，全省信息产业销售收入超过 3000 亿元，年均增长 20% 以上。

42. 发展电子信息产品制造

推动电子信息产品制造业向高端、高质、高效方向发展。突出产业化基地建设，以长沙经济技术开发区、长沙软件园、郴州出口加工区、衡阳云谷、常德德山电子信息产业园等为依托，加快建设国内重要的电子信息技术研发和产品制造基地，打造电子信息产品制造、软件开发、数字视讯产品产业集群。突出优势产品发展，重点发展新一代信息网络终端产品、网络电视、3D 电视、工业控制计算机等数字化整机，特种计算机、显示设备、网络设备、通信指挥系统等军民两用产品，新型显示器件、汽车电子、电力电子、高亮度大功率 LED 和半导体照明产品等。积极推进物联网、云计算等新技术的研发应用和产业化布局。

43. 拓展信息服务业

大力发展移动电子商务，着力打造全国移动电子商务产业聚集区。深入推进国家移动电子商务试点示范省建设，推动与央企及各大行业的密切合作，建设面向各行业的全国性移动电子商务综合应用服务平台，推动手机支付在购票、投保、投注、小额支付、农村商贸物流等领域的广泛应用，不断提高移动电子商务普及率，带动相关产业在湖南的聚集。将移动电子商务平台纳入公共事业建设规划，进一步融合市民卡、公交卡、医保卡等便民支付功能，实现“城市一卡通”。

加快发展数字内容产业和增值服务，积极融合多媒体广播电视、网络电视、网络动漫、手机电视、手机阅读、数字电视宽带上网等业务，创新产业形态和市场推广模式，构建完整产业链条。大力发展信息服务外包，做大数据加工处理、信息安全服务等行业。

着力发展软件产业，建立软件能力推进中心，重点发展“麒麟”等国产操作系统、数据库管理系统及其他基础类工具软件、行业信息化解决方案等应用软件及专用芯片等。

第三节　提升信息化应用水平

适应信息化对生产方式和生活方式的深刻影响，按照面向应用、惠及大众的要求，推动新兴网络和信息技术在经济社会各领域更加广泛深入的应用。

44. 推进国民经济信息化

推进信息化与工业化融合，实施企业信息化“登高计划”，加快长株潭国家级、11 个省级“两化融合”试验区及百家示范企业建设，加强装备制造、钢铁、有色等 11 个传统行业信息化改造。支持信息技术企业与优势骨干工业企业开展多层次合作，推进工业研发设计自动化、生产过程智能化、生产装备数字化、经营管理网络化。推进农业信息化，大力发展涉农电子产品和农业信息服务，加强信息技术在农业生产、流通领域的应用，鼓励农业龙头企业利用信息技术实施供应链管理。推进服务业信息化，强化信息化在现代服务业中的基础作用，大力发展互联网经济，加快建立健全专业市场公共信息服务体系。

45. 推进社会管理信息化

以提高社会管理能力和公共服务水平为重点，加快推进社会信息化。加强电子政务建设，积极整合电子政务网络和部门办公应用系统，构建覆盖全省各级政务部门的统一电子政务和办公服务平台，全面推行网上办公、无纸化会议和行政许可在线办理。继续推进金保、金环、金盾、金土等电子政务工程。到 2015 年，各级政务部门电子政务覆盖率达 100%，行政许可在线办理率达 80%。

加强重点领域信息化应用，加强人口、法人、自然资源、空间地理等公共基础数据库建设与应用，促进部门资源共享与业务协同。加强教育科研、医药卫生、人力资源、社会保障、灾害救援指挥、疫情预警预报以及社区服务等领域信息化建设。积极推动数字城市、数字家庭、智能电网、智能交通、智能水利、智能环境监测等试点建设，促进重要资源利用和重点领域管理的智能化转型。积极实施以数字图书馆、档案馆、博物馆和文化馆等为重点的文化信息资源共享工程。

第六章 加快推进生态文明，建设“绿色湖南”

以生态文明建设为导向，以节能减排和环境治理为重点，加快构建资源节约、环境友好的生产方式和消费模式，努力走出一条生产发展、生活富裕、生态良好的绿色发展之路。

第一节 强化能源资源节约

坚持开发与节约并举、节约优先的原则，以提高资源利用效率为核心，全面实行资源利用总量控制、供需双向调节、差别化管理，提高各类资源的保障程度，有效缓解我省能源紧缺的矛盾。

46. 推进能源节约

推进结构性节能。综合运用经济、法律等手段，严格控制高耗能、高排放行业低水平扩张和重复建设，依法淘汰落后产能，强化各行业用能管理，抑制能耗不合理增长。

推进技术性节能。加强共性、关键和前沿节能降耗新技术、新工艺的引进、研发和应用。深入实施“万家企业节能行动”，重点开展燃煤锅炉（窑炉）改造、工业余热余压利用、电机系统节能改造。突出抓好建筑、工业、交通、商业、公共机构等领域节能，积极实施可再生能源建筑应用和绿色照明工程，全面推进绿色建筑行动。

推进制度性节能。实施强制性能耗物耗标准，强化节能降耗目标责任评价考核，积极推行合同能源管理、节能产品政府强制采购、建筑能耗定额和超定额加价制度，严格投资项目节能评估审查制度，提高准入门槛。健全能源统计制度和节能计量统计体系，完善省、市、县三级节能执法监察和评估体系，加快建立湖南国家节能计量中心。

到 2015 年，能源消费总量控制在 2.3 亿吨标准煤以内，单位规模工业增加值能耗累计下降 18%。

47. 推进土地矿产和水资源节约

加强土地集约节约利用。严格加强耕地保护，控制建设用地总量，健全节约用地标准，加强用地责任与考核。科学配置城镇工矿用地，整合规范农村建设用地，适度提高城镇建筑容积率，提高单位土地投资强度。积极开展土地整理和复垦，加大闲置土地清理力度，盘活存量资源。强化规划和年度计划管控，建立土地利用规划动态调整机制，严格用途管制和项目用地预审管理。到 2015 年，全省耕地保有量维持在 5655 万亩。

加强矿产资源保护性开发和高效利用。整治矿产资源开发秩序，坚决制止乱挖滥采现象，有序推进矿产资源勘探和开采。积极推广先进技术工艺，加强共伴生矿产及尾矿、废石综合利用，显著提高资源开采回收率和选矿回收率。

加强水资源节约。强化取水总量控制和需水管理，建立水资源综合调配机制，严格控制地下水超采，建设节水型社会。因地制宜推广高效节水农业灌溉技术，大力实施高耗水行业节水技术改造。加强城市节约用水，改造城市供水管网，强制推广应用节水产品和器具。到2015年，农业灌溉用水有效利用系数提高到0.49，单位工业增加值用水量降低30%。

专栏4　10大重点节能工程

燃煤工业锅炉(窑炉)改造工程：以燃用优质煤、筛选块煤、固硫型煤和采用循环流化床、粉煤燃烧等先进技术改造或替代现有中小燃煤锅炉(窑炉)。

区域热电联产工程：在采暖热负荷为主的地区，建设30万千瓦等级高效环保热电联产机组。在工业热负荷为主的地区，因地制宜建设以热力为主的背压机组。在中小城市建设以循环流化床为主要技术的热电煤气联供，以洁净能源作燃料的分布式热电联产和热电冷联供。

余热余压利用工程：在钢铁、有色、煤炭、化工、建材等重点行业，推广应用干法熄焦、高炉炉顶压差发电、全高炉煤气发电改造、烟气废热发电、瓦斯抽采利用、密闭式电石炉等先进技术。

电机系统节能工程：推广使用高效节能、稀土永磁等先进电机，变频调速、永磁调速等先进调速技术，以及软启动装置、无功补偿装置、计算机自动控制系统等。

建筑节能工程：新建建筑全面执行50%节能标准，完善建筑设计规范，推广新技术、节能建材、节能设施和再生能源技术应用，推进房屋建设的工厂化、产业化生产和室内装修的标准化设计、施工。

交通运输节能工程：合理规划交通运输模式，大力发展水上运输、轨道运输，降低空载率，鼓励发展节能环保型交通工具。

秸秆综合利用工程：开展秸秆网络化收储服务，支持秸秆的肥料化、能源化、饲料化、原料化产业应用。

公共机构节能工程：推进既有建筑节能改造和综合电效改造，开展新技术、新能源和可再生能源应用试点，推行节能产品政府采购，完善政府机构公务车辆管理，建立政府机构能耗统计体系。

节能产业扶持工程：支持新能源与节能环保产业发展，构建节能型产业体系，积极发展核能、可再生能源，提升太阳能光伏产业、风电等能源设备制造水平，推广高效节能产品应用。

节能监测技术服务体系建设工程：完善节能标准体系和监管机制，强化省级和主要耗能行业节能监测中心能力建设，推行合同能源管理等市场化节能服务。

48. 发展绿色经济

坚持生态财富与劳动财富、人文财富并重，大力推动经济发展绿色转型，促进代际公平和永续发展。着力构筑绿色产业体系，加强绿色技术研发和推广，大力发展先进制造业、绿色建筑业、生态农业、环保型产业和现代服务业，推动形成以低消耗、低污染、经济效益高、生态效益高、社会效益高为主要特征的绿色产业体系。

推广循环生产模式，按照“资源集约使用、产品互为共生、废物循环利用、污染集中处理”的要求，推动产业循环式组合，构建覆盖生产、流通、消费等各环节的资源循环利用体系。鼓励企业建立循环经济联合体，支持清洁生产，推行产品生态设计，强化原料消耗管理，实现内部工艺间能源梯级利用和物料循环使用。加快建设一批循环利用模式的产业园区和再制造产业基地，重点抓好汨罗、永兴、清水塘等6个国家级和24个省级循环经济试点。推进耒阳、资兴、冷水江等资源型城市经济转型。实施废弃物处置与资源综合利用工程，深化汽车零部件、工程机械等机电产品再制造试点。推进城市生活垃圾、建筑垃圾分类收集和产业化综合利用，加快建立覆盖城镇社区和农村乡镇的再生资源回收体系，实现“城市矿产”的高值化、资源化利用。到2015年，全省工业固体废物综合利用率达85%以上，建成15个具有特色的循环经济工业园区，6～10个循环经济农业示范区。

建立绿色增长机制，完善以资源有偿使用、生态环境补偿、节能减排约束、循环经济统计评价、生产者责任延伸制度为重点的绿色发展保障机制。充分发挥财政杠杆引导和推动作用，实行政府投资向结构调整和“绿色增长”倾斜，推行政府绿色采购。建设一批绿色经济发展示范区，形成绿色发展先导效应。大力倡导文明、绿色消费，强化全社会节约环保意识，鼓励购买使用节能环保型产品。限制过度包装,减少一次性用品使用,逐步提高可循环使用产品和可再生产品的比重。

第二节　加大环境综合治理

坚持预防为主、综合整治,从源头上解决危害群众健康的环境污染问题,有效改善环境质量。

49. 减少污染物排放

加强重点地区、重点行业、重点企业污染治理,实现主要污染物排放总量减少和达标排放。严控水体污染,减少化学需氧量和氨氮排放总量,加强工业废水、城镇污水无害化处理,合理配套污水收集管网,加强洞庭湖及“四水”流域水环境综合治理,推进长沙坪塘、株洲清水塘、湘潭竹埠港、衡阳水口山、冷水江锡矿山、郴州三十六湾等重点工矿区综合整治。严控大气污染,积极应对气候变化,有效控制温室气体排放,减少二氧化硫、氮氧化物排放总量,实施重污染产业退出计划,推进电力、钢铁、有色、化工等行业二氧化硫治理,推行燃煤电厂脱硝,开展非电行业脱硝示范,加强机动车尾气治理,强化颗粒物污染控制。严控固体废弃物污染,加强城乡生活垃圾、危险废弃物和医疗废弃物处理设施建设和运行管理。

到2015年,主要污染物排放总量累计减少8%～10%,铅排放量减少10%,设市城市污水处理率达85%以上、生活垃圾无害化处理率达100%,集中式饮用水水源地水质达标率提高到90%,市州城市全年空气质量优良天数比例达90%。

50. 严格环境监管

完善环境监测网络,加强环境监测、预警和应急能力建设,建立健全省市县三级环境污染事故应急预警系统,全面提高对水体、土壤、大气、噪声、核辐射等环境的检测、监控、预警水平和应急处置能力。防范环境风险,科学划定环境风险重点防控区域和行业,加强对居民集中区、河流沿岸及水源地上游重点企业、危险品生产企业等重大环境风险源的动态监测与风险控制。加强环境执法,严格执行排放许可、限期治理、建设项目的环境影响评价制度,强化项目环境准入控制。严格落实环境保护目标责任制,强化总量控制指标考核,探索实行重点企业年度环境报告制度,健全重大环境事件和污染事故责任追究制度,建立环保社会约束和监督机制。

第三节　加强生态建设保护

坚持保护优先和自然恢复为主,加强生态建设和保护,扭转生态环境恶化趋势,重塑秀美山川。

51. 构建生态安全屏障

统筹生态建设和环境治理,加强重点生态功能区的保护与管理,增强水源涵养、水土保持能力,维护生物多样性。构建以洞庭湖为中心,以湘资沅澧四水为脉络,以武陵—雪峰、南岭、罗霄—幕阜山脉为自然屏障的“一湖三山四水”生态安全战略格局。加强风景名胜区、森林公园、自然保护区、城镇绿地公园及交通沿线绿地保护和建设,构筑城乡立体生态群落。推行生态补偿,按照谁开发谁保护、谁受益谁补偿的原则,在森林、湿地、流域水资源和矿产资源等领域,探索建立生态环境补偿机制,开展下游地区对上游地区、开发地区对保护地区、生态受益地区对生态保护地区的生态补偿试点。

52. 促进生态修复和综合治理

加强山地生态修复，巩固退耕还林成果，加大封山育林和植树造林力度，加强对8800万亩生态公益林和4200万亩“四水”流域防护林的建设与管护，实施低效低质林改造，优化森林结构和林种质量。加强水体生态修复，积极推进洞庭湖及“四水”流域水土流失治理，提高整体生态功能，加强东江湖、水府庙等大中型水库重要饮用水源地的保护。加强生态脆弱地区、易灾地区生态修复，实施8000平方公里石漠化治理工程，开展860处特大型地质灾害治理、国有老矿山地质环境综合整治和地质塌陷区治理，开展柿竹园、黄沙坪、宝山、水口山、花垣等地区重大尾矿库治理。加强本土珍稀动植物保护和管理，防范外来物种入侵。到2015年，全省森林覆盖率稳定在57%以上，城市建成区绿化覆盖率达40%左右。

加强湘江流域综合治理，统筹沿岸产业布局、旅游开发、城镇发展、水利建设、生态修复和污染治理，实行全流域、全方位、多功能综合整治，近期重点突出重金属污染防治，引导重污染企业集中发展或搬迁退出，加强长株潭绿心保护和沿线景观建设，加强中上游水源涵养和沿江生态林建设。通过10至20年的努力，将湘江打造成为“东方莱茵河”。

第七章　实施区域发展总体战略，推动形成主体功能区

按照主体功能区建设的要求，推动全省三大区域板块协调发展，加快形成主体功能定位清晰、经济优势互补、国土空间高效利用、基本公共服务均等、人与自然和谐相处的区域发展格局。

第一节　构建区域协调发展新格局

充分发挥区域比较优势，着力优化提升环长株潭城市群，加速崛起大湘南，扶持发展大湘西。

53. 促进环长株潭城市群率先发展

充分发挥国家“两型社会”综合配套改革试验区先行先试的政策优势，加快转变发展方式，大幅提高城市群综合实力。率先建成“两型”产业体系，以先进制造业和先进服务业为重点，积极推进传统产业转型升级，大力发展高技术含量、高附加值、高带动性的资本密集型和智力密集型产业，打造全国先进装备制造业基地、战略性新兴产业基地，区域消费中心及具有国际影响的文化创意中心。率先发展内陆开放型经济，加快建立健全符合国际惯例、对接国际标准的政府管理、企业行为和市场运作体制机制，加速吸引和集聚国内外先进要素，积极发展优势产品和服务出口，支持重点企业开展国际化经营，争取设立国家级综合保税区，全面提升经济国际化水平。率先实现城乡一体化发展，加大社会建设和城乡统筹力度，加快建立公共服务型政府与现代社会治理结构，实现基本公共服务城乡全覆盖和均等化，率先实现全面小康。到2015年，城市群地区生产总值占全省比重达85%以上，城镇化率达55%。

54. 促进大湘南开放发展

紧紧抓住沿海产业转移和国家支持珠三角、北部湾发展的有利机遇，加快开放开发步伐，着力

打造新的经济增长极。实施更加主动的开放战略，加快与粤港澳、北部湾的全方位对接融合，在农产品、能源、原材料、人力资源和旅游等方面建立稳定的合作关系，积极推行"属地申报、口岸验放"的区域通关模式，全面提升对外开放层次和水平。构筑更加开放的产业体系，大力发展加工贸易，加快建设泛珠三角区域重要的有色金属深加工基地、出口加工基地、制造业基地、能源基地、优质农产品供应基地和旅游休闲基地，推进承接产业转移示范基地建设。营造更加良好的开放环境，重点布局建设一批重大交通、能源基础设施。建立健全银企合作机制，引导金融机构加强对湘南开发开放的信贷支持力度。力争"十二五"期间，湘南地区经济增长和城乡居民收入等经济指标高于全省平均水平。

图7 湖南省区域发展战略格局图

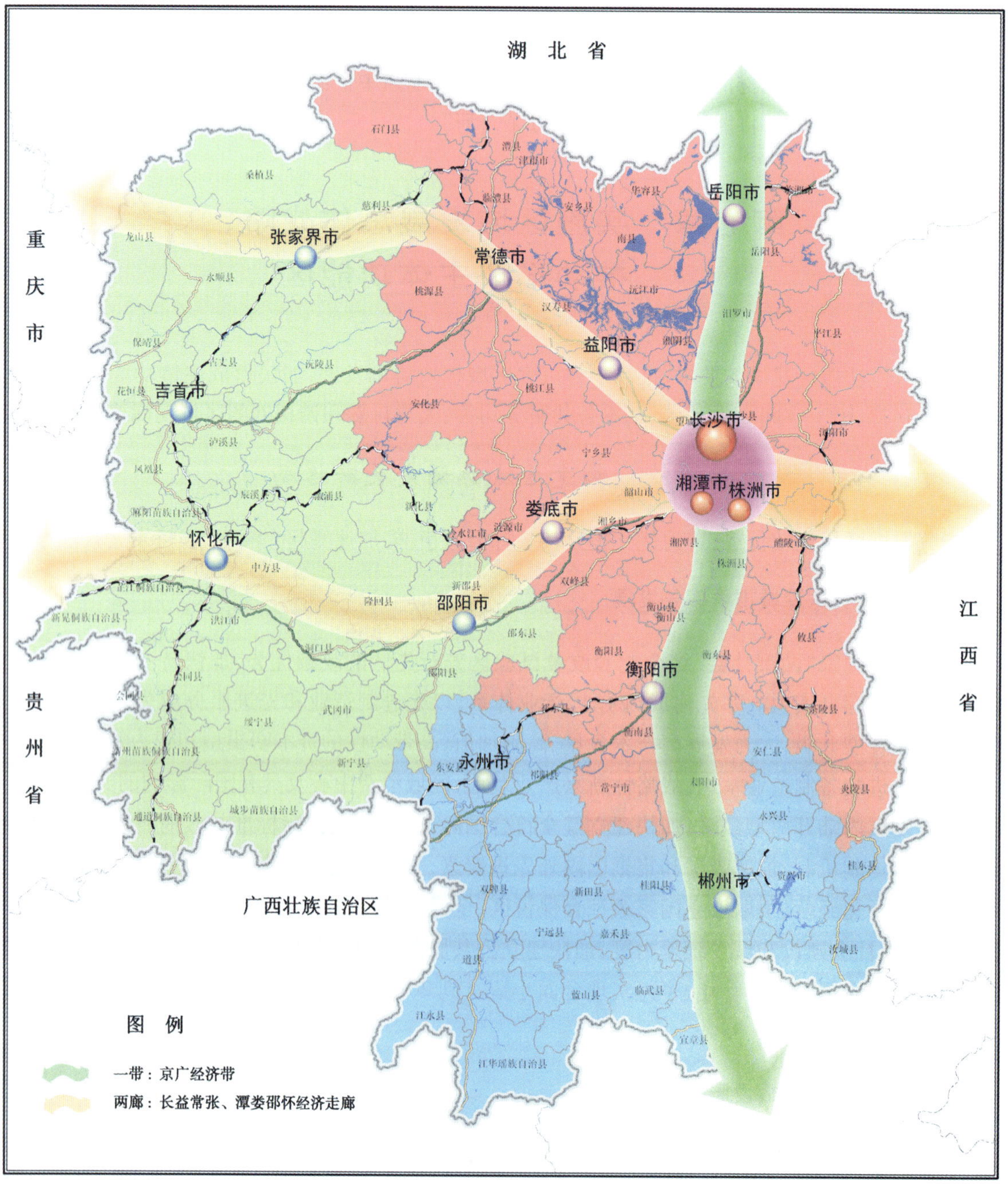

55. 促进大湘西扶持发展

坚持把扶持湘西大开发放在区域发展总体战略的优先位置，着力增强自我发展能力，打造绿色发展先行区，促进共同发展。继续把大湘西作为我省扶贫攻坚的主战场，将邵阳整体纳入大湘西开发范围，积极推动武陵山经济协作区建设，落实湘西自治州、张家界享受国家西部大开发、中部崛起、民族发展、扶贫开发的各项优惠政策。进一步加大扶持力度，增加对湘西地区用于基本公共服务的财政转移支付，扩大扶贫资金直补规模，加大交通、水利、电力等基础设施和生态建设、民生工程投入，大力扶持特色优势产业发展，支持构建以文化旅游、现代中成药、食品加工、生态农业为主的绿色产业体系，加快怀化省际边贸物流中心建设。进一步创新扶持方式，推进新一轮湘西地区重大项目开发，完善省内区域互助协作机制和社会帮扶机制，加强省直部门、省内发达地区、高校、医院、社会团体等对湘西地区的对口帮扶和定点扶持，积极实施集中连片式扶贫攻坚，引导高寒区居民异地搬迁脱贫。

56. 加大对老少边穷库地区政策支持

进一步加大对革命老区、民族地区、贫困地区和移民库区的扶持力度，增加财政资金投入，开展多种形式对口支援，继续实施以工代赈，加强基础设施建设，强化生态修复和环境保护，提高公共服务水平，切实改善生产生活条件。对老少边穷地区中央安排的公益性建设项目，逐步降低市县两级配套比例。按照新的扶贫标准，扩大扶贫开发政策与农村最低生活保障制度有效衔接试点范围，对农村低收入人口全面实施扶贫政策。落实扶持民族地区发展的各项政策，探索设立民族地区产业发展专项基金，对未纳入湘西开发范围的民族乡比照给予优惠政策。落实水库移民后期扶持政策，妥善解决移民后续发展问题，对于家庭困难、符合最低保障条件的非农移民统一纳入城镇和农村最低生活保障范围。

第二节　推进形成主体功能区

加快主体功能区建设，是统筹协调产业发展、国土开发、城乡建设的重大举措，必须按照人口、经济与资源环境协调布局的要求，明确开发定位、规范开发秩序、控制开发强度，促进国土空间高效、协调、可持续开发利用。

57. 合理开发利用国土空间

以主体功能区建设为基础平台，科学安排各类建设活动，实施国土空间分类开发。支持重点开发的城镇化地区增强产业和要素聚集能力，加快推进新型工业化和新型城镇化，成为区域协调发展的重要支撑点和经济增长极。支持农产品主产区严格保护耕地，稳定粮食生产，保障农产品供给。支持重点生态地区加强保护和修复生态环境，提高生态产品供给能力。支持禁止开发的自然文化保护区实施强制性保护，严禁不符合主体功能定位的各类开发活动，保持自然生态和文化自然遗产的原真性、完整性。到2015年，国土空间开发利用效率明显提高，城市空间单位面积生产总值提高50%左右。

图8 湖南省主体功能区划图

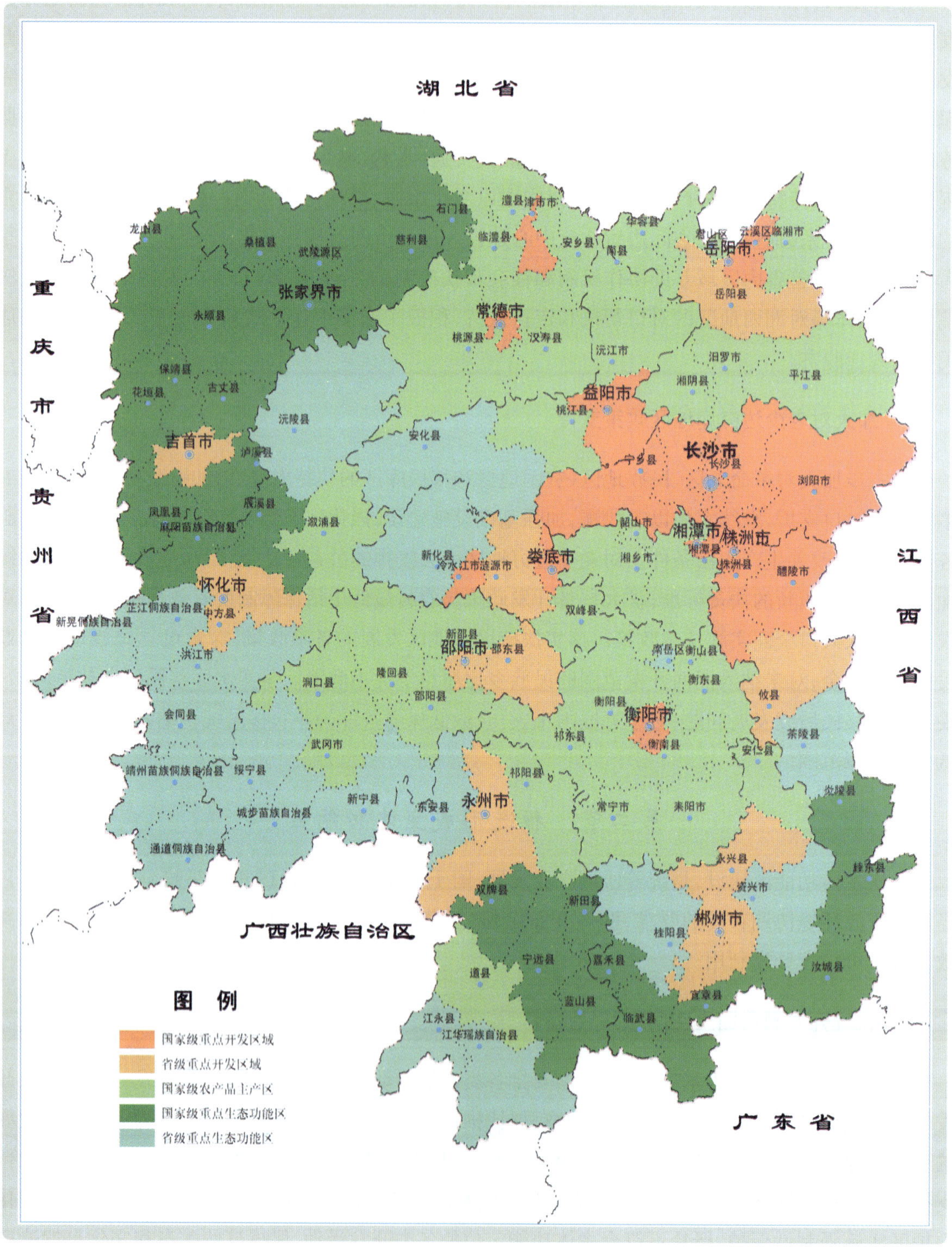

58. 实施分类管理的区域政策

根据区域主体功能定位，探索建立分类管理的区域政策和利益导向机制。完善财政转移支付政策，分类实施激励型和补偿型公共财政政策，加大对重点生态功能区的转移支付力度，增设生态环境修复转移支付。完善产业和投资政策，编制与主体功能相符合的区域产业、投资指导目录，明确鼓励、限制和禁止类产业，实行不同的项目占地、耗能、耗水等强制性标准，实施按主体功能区安排与按领域安排相结合的政府投资政策。完善土地政策，实行差别化的土地利用和管理政策，积极探索试行城镇建设用地规模增加与农村建设用地减少相挂钩、与吸纳农村人口进城定居相挂钩的土地平衡调剂机制。完善环境政策，针对不同区域实行不同的污染物总量控制和产业准入环境政策，积极构建资源环境与发展的综合决策机制。完善人口政策，重点开发区域实施积极的人口迁入政策，限制开发和禁止开发区域实施积极的人口退出政策，促进人口合理分布。

59. 完善主体功能区推进机制

制定并实行有利于推进形成主体功能区的绩效评价和考核办法。城市化地区，优先考核工业化和城镇化发展水平，综合评价经济增长、吸纳人口、质量效益、产业结构、资源消耗、环境保护以及外来人口公共服务覆盖面等指标。农产品主产区和重点生态功能地区，优先考核农业发展水平，主要评价农业综合生产能力、农业产业化水平、农民收入、环境治理、生态保护情况等指标。各类自然文化保护区，根据法律法规和规划要求，强化对自然文化资源原真性和完整性保护情况的评价。

建立健全国土空间开发协调机制。充分发挥主体功能区规划在国土空间开发方面的基础性和指导性作用，完善区域规划编制，做好专项规划、重大项目布局与主体功能区规划的衔接协调。开展市县空间规划试点，落实区域主体功能定位，明确功能区布局。研究制定各类主体功能区开发强度、环境容量等约束性指标并分解落实。建立健全覆盖全省、统一协调、更新及时的国土空间动态监测系统，开展主体功能区建设跟踪评估，适时调整完善主体功能区规划。

专栏5　主体功能区发展建设重点

重点开发区域：主要指市州中心城市和开发强度相对较高、工业化城镇化较发达的县市，其他县城城关镇以及点状分布的国家级、省级开发园区等适宜大规模工业化、城镇化开发的区域。重点是按照集中开发与均衡布局相结合的空间开发模式，加强产业和要素集聚能力建设，加大交通、能源等基础设施建设力度，优先布局重大制造业项目，统筹工业和城镇发展布局，在保障农业和生态空间基础上适度扩大建设用地规模，促进经济集聚与人口集聚同步。

限制开发区域（农产品主产区）：主要指耕地面积较多、发展农业生产的条件较好、对全国或全省粮食安全具有较大影响的粮食产能大县，需要限制大规模高强度工业化、城镇化开发的农业地区。重点是加强耕地保护，加大农业综合生产能力建设投入，培育集中连片农业主产区，引导农产品加工、流通、储运企业聚集，推动农业规模化、产业化和现代化。以县城为重点集中在较小区域内推进工业化和城镇化，加强公共服务设施建设。

限制开发区域（重点生态功能区）：主要指关系到国家或省内较大范围的生态安全，资源环境承载能力较弱、大规模集聚经济和人口条件不够好，需要在国土空间开发中限制进行大规模高强度工业化城镇化开发，以保持并提高生态产品供给能力的区域。重点是加大生态环境保护和修复投入力度，增强水源涵养、水土保持、洪水调蓄和生物多样性维护等功能，提高生态产品供给能力。按照点状开发、面上保护的原则，鼓励发展资源环境可承载和适宜产业。

禁止开发区域：禁止进行工业化、城镇化开发的各类自然保护区、重点风景区、森林公园、基本农田等区域。依法实施强制性保护，严格控制各类与主体功能不符的开发活动，减少人为因素对自然生态和文化自然遗产原真性、完整性的干扰。在清理规范的基础上，加大投入力度，探索建立统一的省级垂直监管体系。

第八章　加强基础设施建设，提高发展支撑能力

按照适度超前、优化布局、完善网络、提升质量、保障有力的要求，加强以交通、能源、水利为重点的基础设施建设，提升现代化水平和支撑保障能力。

第一节　构建能源供给保障体系

坚持优化结构、多元发展的原则，合理利用传统能源，加快发展新能源，完善能源储备体系和输送通道，构建安全可靠、清洁高效的能源供给保障体系。

60. 调整优化能源结构

稳定煤炭生产，加强煤炭资源的保护、勘探与合理开发，加大煤层气和煤矸石综合利用力度，推进资源整合，提高煤炭产业集中度，到2015年，煤炭产量稳定在6000万吨左右。有序发展火电，鼓励发展清洁高效、大容量燃煤机组，加快推进华能岳阳电厂、国电宝庆电厂等新建或改扩建工程。深度开发水电，推进托口、凉水口等水电站建设，加快一批抽水蓄能电站项目前期工作。积极发展核电，加快建设桃花江核电站，有序推进前期工作。加快湘西北页岩气勘探开采，因地制宜开发风能、生物质能等新能源，鼓励就地转化利用。推广应用分布式能源系统。加强桃江、临澧、澧县、沅陵、桑植、江永、花垣等7个国家绿色能源示范县建设。

61. 完善能源储备体系和输送通道

建设长沙战略石油储备库和储气库，推进株洲、衡阳、娄底、郴州等煤炭储备基地建设，提高战略能源储备能力。推进交直流特高压输电通道，蒙西、山西、陕西、河南至湖南输煤通道建设，增加省外能源输入能力。完善220千伏及以上主干电网，加快建设省内500千伏以上主干输电环网，依托信息、控制和储能等先进技术，推进智能电网建设。优先和加快完善未改造地区农村电网。

完善天然气管网，争取国家重点油气管道布局，加快建设西二线省内配套长输管道湘潭—娄底—邵阳—永州、衡阳—郴州等项目，争取西气东输三线主干线入湘。加快重点县市管道建设。到2015年，力争管道燃气覆盖全省所有市州和县城。

第二节　构建综合交通运输体系

围绕建设中部地区重要交通运输枢纽的目标，积极构筑大通道、疏通微循环，加强铁路、公路、水运、机场、城市公共交通一体化有机衔接，形成高效便捷、安全可靠、多式联运的综合运输体系。

62. 畅通铁路运输网络

加快高速铁路建设，力争沪昆客运专线湖南段建成通车，推动构建长沙高铁枢纽，启动长沙—福州（厦门）客运专线前期研究。完成湘桂、娄邵、石长等铁路扩能工程，新建怀邵衡、黔张常、常岳九、岳吉、荆岳铁路，构建铁路骨干网。启动靖永郴、桂郴赣、安张衡铁路前期工作。到2015年，全省新增铁路营运里程达1800公里。客运专线占全省铁路营运里程达20%以上。

图 9　湖南省“十二五”铁路发展示意图

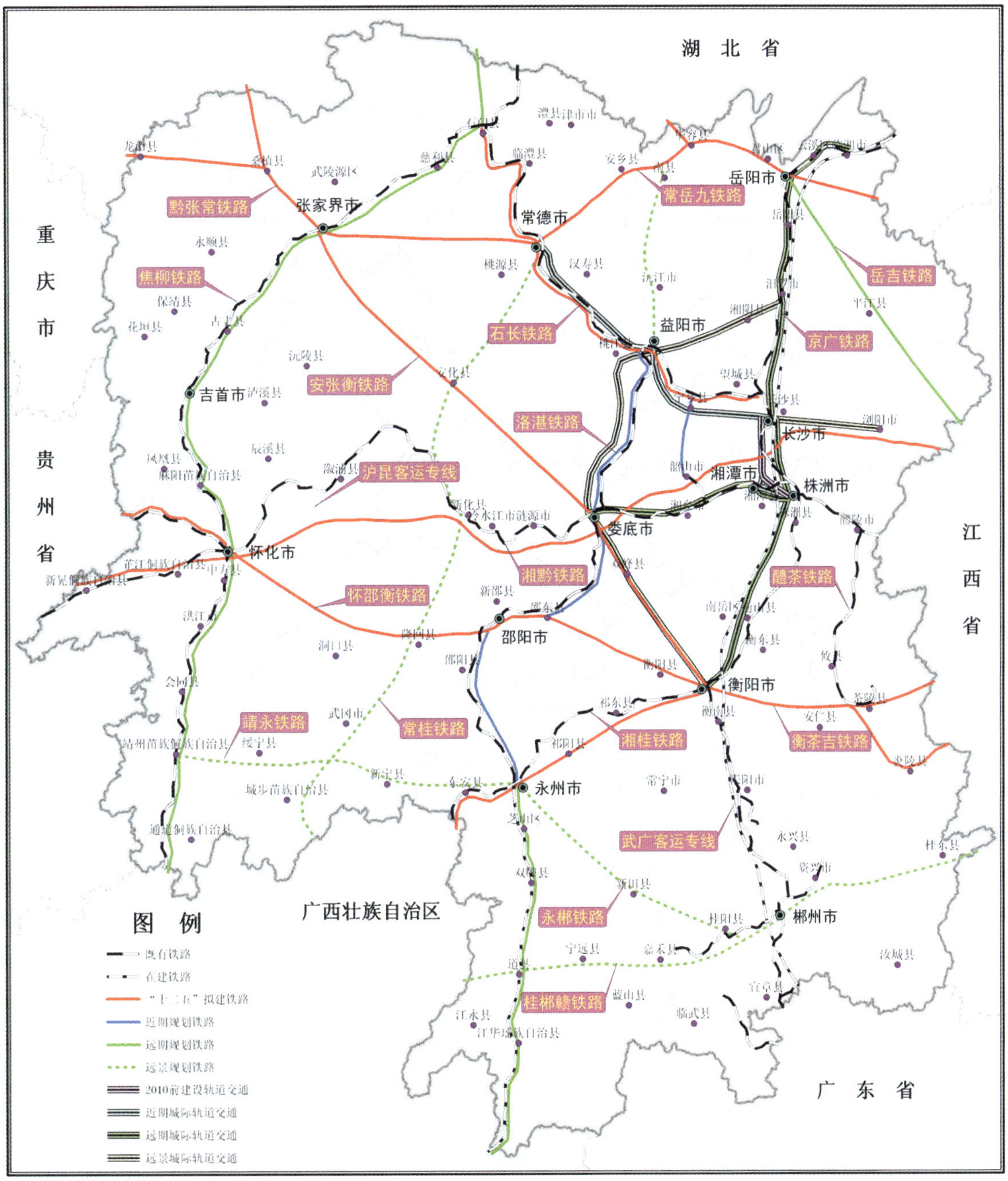

63. 提高公路通达深度和运输效率

以提高等级、完善路网为目标，加快高速公路出省通道、网络连接线、市县连接线建设。续建完成二广、包茂、杭瑞、厦蓉、泉南湖南段，以及平（江）汝（城）、岳（阳）临（武）、益（阳）娄（底）衡（阳）、娄（底）怀（化）、张（家界）花（垣）、龙（山）永（顺）、永（顺）吉（首）等 49 条高速公路，新开工慈（利）南（县）益（阳）、宁（乡）韶（山）株（洲）、茶（陵）常（宁）、桂（东）郴（州）新（田）、祁（东）冷

(水滩)道(县)等高速公路,全面打通25条高速省际通道。到2015年,新增高速公路通车里程4887公里,形成以“六纵七横”为骨架的高速公路网,实现所有县(市、区)30分钟内上高速公路。加快推进武(冈)龙(胜)、安(康)铁(山港)湖南段、平(江)溆(浦)等高速公路前期工作。推进环长株潭城市群交通一体化。强化国省道改造,五年累计改造干线公路15000公里左右。继续推进农村公路建设与提质改造。积极推进现代综合运输枢纽建设。

图10 湖南省“十二五”高速公路及机场发展示意图

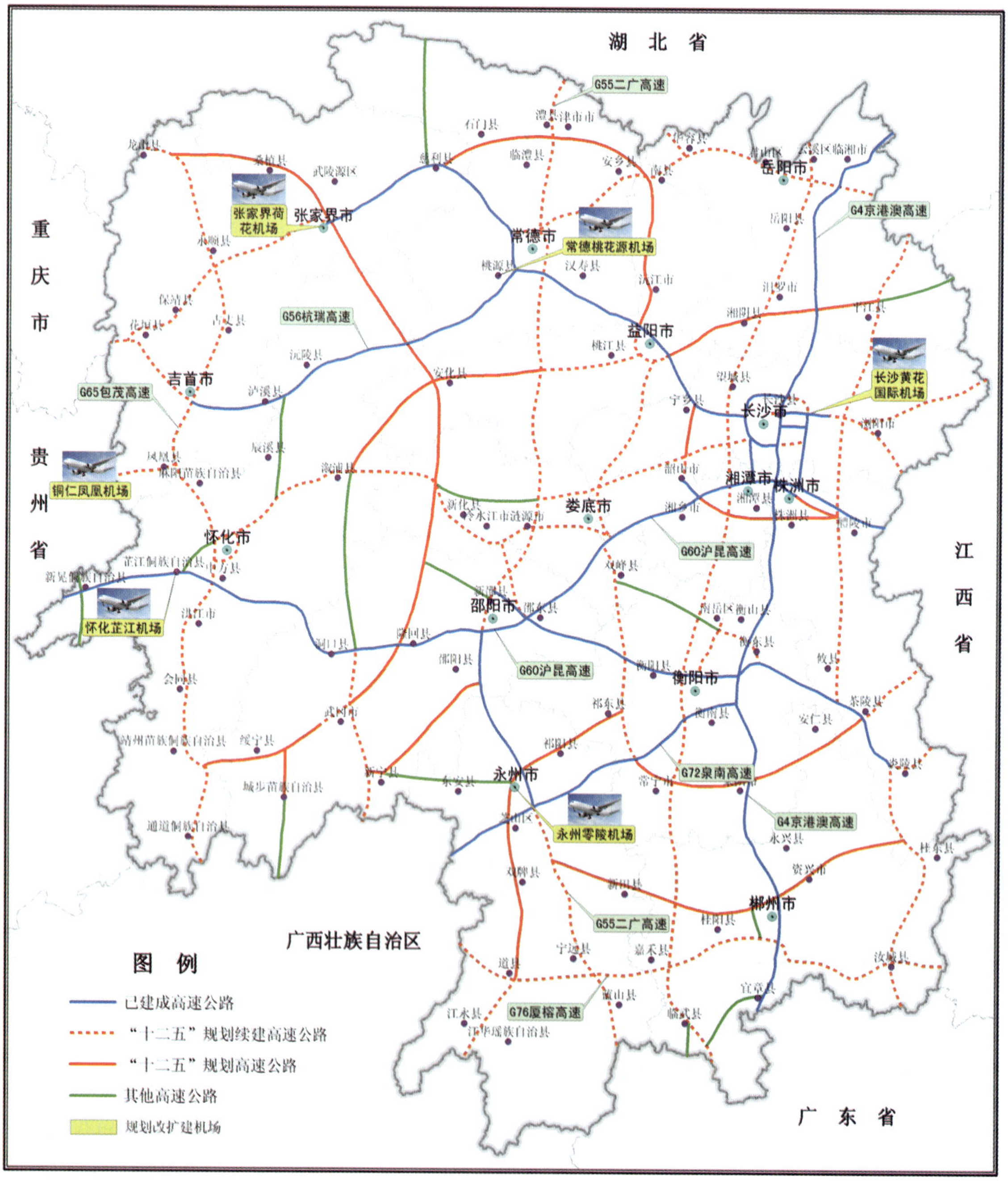

64. 推进内河航运扩容提质

以显著提升通江达海能力为目标，推进以洞庭湖为中心、以湘资沅澧干流为重点的内河航道整治，促进内河航运畅通高效、平安绿色发展，五年累计改建千吨级以上航道500公里左右。加快岳阳、长株潭、常德、衡阳等港口规模化、专业化建设，新建一批大宗货物集疏码头，改善港口集疏条件，扩展港口服务功能。到2015年，千吨级以上泊位达132个。完成长沙湘江航电枢纽、湘江土谷塘航电枢纽等工程建设。

65. 提高航空运输能力

积极构建国际航线、国内干线、区域支线三位一体、互为补充的综合航空运输网络。加快推进长沙黄花机场二期改扩建工程，提高机场客货吞吐能力，建设全国区域性国际航空中心，力争进入全球百强机场。建设张家界荷花机场成为全国重要的旅游机场，在积极推进常德桃花源、怀化芷江、永州零陵、铜仁凤凰机场扩建的同时，统筹支线机场与高速铁路、高速公路的合理布局和建设。到2015年，全省机场旅客年吞吐能力达3000万人。

66. 优先发展城市公共交通

实施公共交通优先发展战略，初步形成以常规公交为主体、轨道交通为补充、枢纽站点合理配置、适应城市空间开发和功能拓展的公共交通运输体系。建成长沙地铁1、2号线，新建长沙地铁3、4、5号线。加快推进环长株潭城市群760公里城际轨道交通线建设，建成长株潭城际轨道、长沙经益阳至常德城际轨道、长沙至浏阳轨道交通线，适时启动长沙至岳阳、株洲至衡阳、湘潭至娄底项目前期工作。进一步完善城市道路网络，加强城市交通与城际交通、过境高速公路、城市环线、干线公路、港口和客货运枢纽等交通节点的对接，加快中心城市公交专用通道建设，促进城市公交、城际客运、城乡客运等协调发展。

第三节　构建水利安全保障体系

坚持兴利除害并重、防汛抗旱结合，把解决好关系群众切身利益的水问题放在更加优先的位置，进一步健全防洪减灾和水资源配置体系。

67. 强化水资源供给保障

推动建设一批支撑我省重点区域发展的水利基础设施和重要水源工程。争取建设犬木塘、何仙观、郭家嘴、塞海等水源工程。推进23处大型灌区及100处中型灌区续建配套与节水改造，完成27处大中型灌排泵站更新改造，实施50万处骨干山塘清淤整治。实施30座大中型水库、1070座小型水库、316座大中型水闸除险加固。开展衡邵干旱走廊综合治理。积极开展松滋口建闸、城陵矶综合枢纽等前期研究工作。加强雨洪资源和再生水、矿井水等非常规水源利用，加强水源地保护，保障城乡水资源供给。设立亚欧水资源研究利用中心，建设有国际影响力的涉水科研与协调机构。

68. 健全防洪减灾体系

加强“一湖四水”及中小河流综合治理、建设一批控制性骨干工程，提高重点防洪保护区防洪减灾能力。加快涔天河、洈菜等水库建设，争取建设金塘冲、宜冲桥、莽山等枢纽工程。着力推进洞庭湖蓄滞洪区建设，切实解决区内群众的安全居住问题。积极实施山洪地质灾害调查评价和防治，加强山洪灾害易发区和中小型水库的监测预警预报系统建设。继续实施城市防洪减灾工程，全面完成52个县市区防洪堤岸设施建设，加快构建重点城市防洪减灾体系。加强气象、水文、水资源和水土保持监测能力建设。

图11　湖南省“十二五”重点水利工程示意图

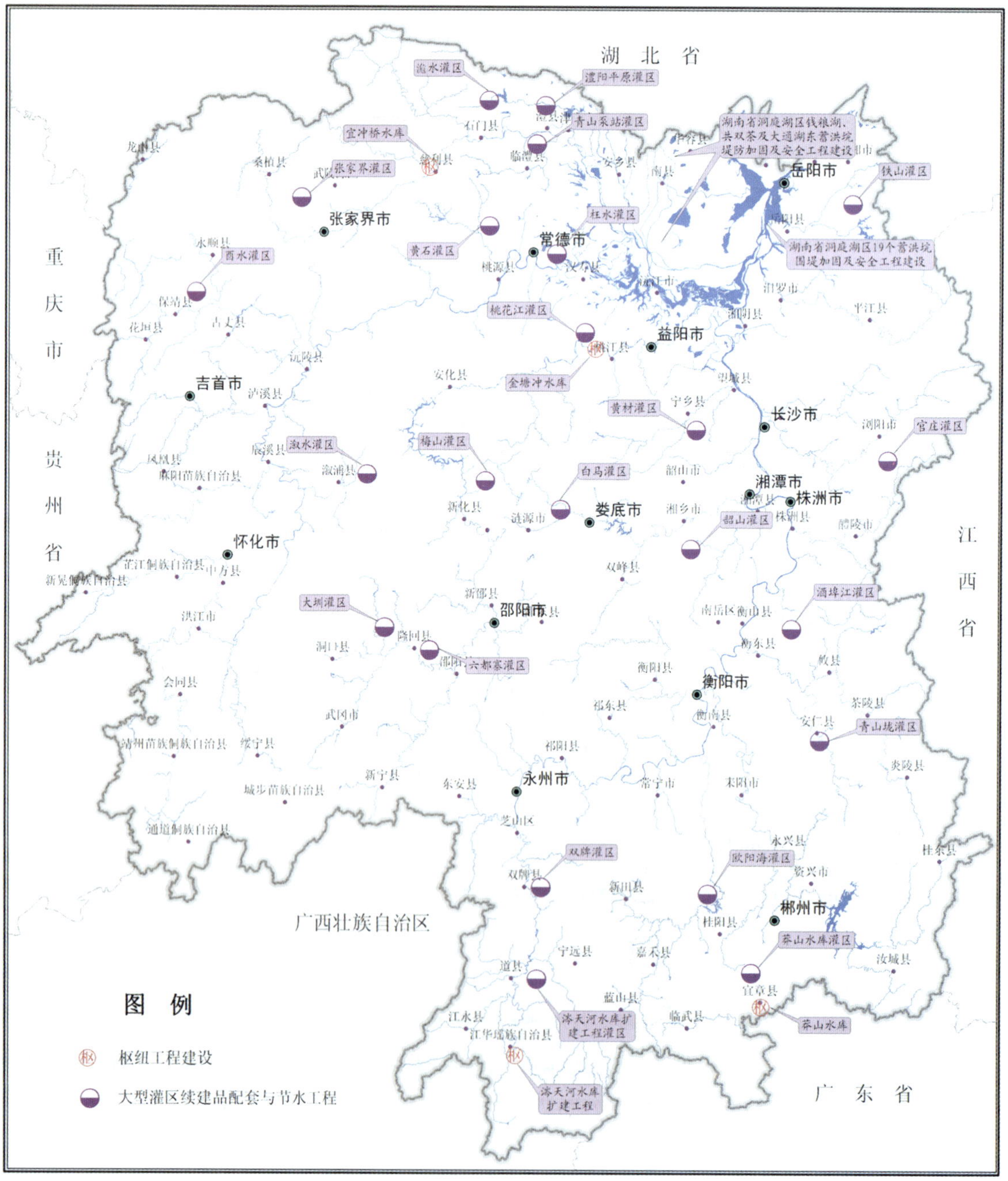

第九章 加快推进科教和人才强省，建设“创新湖南”

推动经济社会发展，必须依靠创新驱动和人才支撑，必须加快教育改革发展，发挥人力资源优势，全面推动经济发展向主要依靠科技进步、劳动者素质提高和管理创新转变。

第一节 提高科技创新能力

坚持自主创新、重点跨越、支撑发展、引领未来的方针，加快建立以企业为主体、重大创新平台为支撑、产学研用相结合的自主创新体系，大力推进科技进步和创新，显著增强原始创新、集成创新和引进消化吸收再创新能力。

69. 加强前沿科学技术研发

适应产业转型升级的迫切需要，超前部署基础科学和前沿技术研究。围绕巩固和提升我省在材料科学、生物科学和信息科学等领域的原始创新优势，加强国家“863”和“973”重大科技攻关项目的引进，大力开展重大科学研究，攻克有望引领未来经济发展的重大科技难题，取得一批具有重大影响力的原始创新成果。围绕战略性新兴产业的培育和传统支柱产业的改造提升，把清洁生产、循环经济、污染治理等关键领域的技术突破放在优先位置，实施一批重大科技专项和若干重大科技工程，为经济转型升级提供技术保障。到2015年，每万人口发明专利拥有量达1.6件。

70. 提高科技创新基础能力

突出基础平台建设，依托重点园区、重点科研院所、高等院校和重点企业，加快布局建设一批国家级和省部级重点实验室、工程实验室、工程（技术）研究中心、企业技术中心等科技创新基础平台，加强院士专家工作站、博士后科研流动站建设，积极发展生产力促进中心，建设中国科学院湖南技术转移中心和湖南省工业应用技术研究院。突出成果转化平台建设，大力发展科技中介服务机构，引导和支持各类资本创办综合性或专业性的科技成果转化基地和产业孵化基地，积极创建国家级自主创新示范区，推进重大科技成果工程化、产业化发展。积极推进创新型城市建设。到2015年，全省国家级创新平台达70个左右，省部级科技创新平台达500个，科技进步对经济增长的贡献率超过55%。

71. 强化企业创新主体地位

积极引导资金、人才、技术等创新要素向企业聚集，推动形成产学研用战略联盟，充分发挥企业家和科技领军人才在科技创新中的重要作用，使企业真正成为研发投入、创新活动、专利申请及成果应用的主体。鼓励企业增加科研投入，加大技术研发力度，推广利用新技术和新工艺，开发新产品，培育一批拥有自主知识产权、具有核心竞争力的高端品牌。积极吸引跨国公司、国内大型企业集团在湘建立研究开发机构。到2015年，全省90%以上大中型企业建立技术创新机构，企业研发经费支出占全社会研发经费支出的比重稳定在70%以上。

72. 加快科技体制改革

按照优化配置、高效利用、综合集成科技资源的要求，大力创新科技体制机制，加快形成激发创新活力、促进科技成果产业化的政策支撑、激励机制和市场环境。完善科技投入稳定增长机制，优化投入结构，增强财政资金对科技创新的引导能力。完善税收激励措施，落实以加速折旧、所得税减免等为主要内容的税收优惠政策。强化金融支持，加大各类金融机构对科技创新的支持力度，加快培育和发展创业风险投资，建立多层次、多渠道支持科技创新的资本市场。强化政府采购支持，建立激励科技创新的政府首购和订购制度。健全部省科技创新战略合作机制，促进国家与地方科技力量有机结合。健全军民互动合作机制，促进军民科技资源集成融合。健全高等院校和科研院所的共享合作机制，建立职责明确、评价科学、开放有序、管理规范的现代院所制度。完善知识产权保护地方性法规，加强知识产权运用、保护和管理。

第二节　加快建设教育强省

教育是推动社会进步的不竭动力，是实现人的全面发展的基本保障，要坚持育人为本，优化教育结构、创新教育模式，提升教育质量，促进教育公平，构建现代化、开放式的国民教育和终身教育体系，建设学习型社会。

73. 优先发展教育

把教育摆在优先位置，加大教育投入，改善办学条件，加快实现教育现代化。大力发展学前教育，巩固和提高九年义务教育，推进普通高中教育多样化发展。大力发展职业教育，逐步实行中等职业教育免费制度，重点提升40所高职学院和120所中职（技工）学校基础能力，打造有全国影响力的职业教育实训基地。全面提高高等教育，加快建设一批重点学科，带动省属高水平大学建设，推进应用型、复合型、技能型、创新型人才培养。稳步发展非学历继续教育，广泛开展城乡社区教育，支持特殊教育、民族教育。加强教师队伍的专业能力和师德师风建设，严格教师资质，鼓励优秀人才终生从教。

74. 促进教育公平

促进义务教育均衡发展，确保新增财政教育投入更多用于农村和欠发达地区教育事业。大力推进义务教育合格学校和标准化建设，力争“十二五”末90%以上义务教育学校达到合格学校要求。切实缩小校际差距，加快薄弱学校改造，实行县（市）域内教师和校长交流制度，着力改变城镇学校“大班额”现象。加快缩小城乡差距，推进教师、设备、图书、校舍等教育资源配置向农村倾斜，提高乡村中小学校教师工资待遇。努力缩小区域差距，加大对老少边穷地区义务教育的支持力度。完善家庭经济困难学生资助制度，保障三类残疾儿童少年等人员能平等接受义务教育。

75. 提高教育质量

大力推行德育为先、能力为重的素质教育，创新教学内容、方法和评价制度，建立科学的教育质量评价体系。提升义务教育质量，深入贯彻国家义务教育质量基本标准和监测制度。提升高中教育质量，深入推进课程改革，全面实施高中学业水平考试和综合素质评价。提升职业教育质量，加强职教骨干体系、基础能力和“双师型”教师队伍建设，实行工学结合、校企合作、顶岗实习的培养模式，提高劳动者创新素质和劳动技能。提升高等教育质量，加强教学管理，改进教学评估。支持各级各类学校开展多种形式的交流与合作，支持与境外高水平教育、科研机构建立联合研发基地。

专栏6 教育发展重大工程

高等教育提升工程：新建高校公共服务设施和生活设施800万平方米，建设一批优势学科（群）。力争至2015年，高等教育毛入学率达40%。

中等职业教育基础能力建设工程：加强120所中等职业教育学校教学实训及生活设施建设，新建或改扩建校舍面积450万平方米。

义务教育均衡发展工程：重建加固中小学校舍1800万平方米，建设1500所农村初中学校学生生活用房及配套设施，建设农村义务教育学校教师周转房700万平方米。

农村学前教育推进工程：在中心乡镇、村一级新建或改扩建600万平方米合格标准和简易标准幼儿园。

76. 深化教育体制改革

深化考试招生制度改革，以中小学教育和高等教育为重点，改进考试招生办法，建立完善分类考试、综合评价、多元录取的制度。深化教育管理制度改革，完善中小学校管理制度，加快建设现代学校制度，推进政校分开、管办分离，逐步取消实际存在的行政级别和行政化管理模式，落实和扩大学校办学自主权。深化办学体制改革，支持和引导社会力量投资教育、捐资办学，健全和完善以政府为主的多元化投入体制，拓宽教育经费筹措渠道，完善经费分配机制，加强经费使用管理，积极化解教育债务。

第三节 努力建设人才强省

发展的竞争归根结底是人才的竞争。要坚持以用为本、服务发展、高端引领、整体开发的要求，壮大人才队伍，优化人才结构，完善用人机制，打造湖湘人才群落，构筑中部人才高地。

77. 培养和造就创新型科技人才

围绕提高科技创新能力、建设创新型湖南，加快培养和引进高层次创新型科技人才。实施科技领军人才培养计划和新世纪“121人才工程”，造就杰出科技创新团队，注重培养一线创新人才和青年科技人才。以合作、聘用、兼职、技术指导等多种方式，积极引进海内外高层次创新创业人才，大力引进“两院”院士、学科带头人、优秀中青年专家等国内顶尖人才。实施100名海外高层次人才引进计划。

78. 促进各类人才队伍协调发展

统筹推进人才队伍建设，大力开发重点领域急需紧缺专门人才。加强党政人才队伍建设，健全党政人才选拔任用机制，提高公务员队伍整体素质。加强企业经营管理人才队伍建设，实施高层次企业经营管理者能力提升工程，支持湘商发展，加快湖南异地商会建设，培养优秀的企业家群体和职业经理人队伍，打造企业家“湘军”。加强专业技术人才队伍建设，实施高技能人才振兴工程，培养大批专业化高技能人才。加强卫生、社会工作等各类人才队伍建设，实施农村实用人才带头人培养计划、大学生基层培养计划。到2015年，全省人才总量达630万人左右。

79. 营造人才脱颖而出的环境

遵循人才成长规律，把深化改革、创新政策、优化环境作为推动人才发展的有效途径。创新人才工作机制，坚持党管人才的原则，建立健全人才管理、培养开发、评价发现、选拔任用、流动配置和激励保障机制，形成有利于各类人才干事创业、脱颖而出的社会环境。强化人才发展政策支撑，实施更加开放的人才政策。鼓励和引导人才向经济建设一线、基层与欠发达地区流动。完善人才公共服务体系，加强各级人才市场和人才交流网络平台建设，健全人事代理、社会保险代理、企业用工登记等公共服务平台。

第十章　加快建设文化强省，推动文化大发展大繁荣

文化始终是推动富民强省的强大精神力量，要坚持社会主义先进文化前进方向，加快创新文化体制机制，加快发展文化事业和文化产业，不断提升文化软实力和综合竞争力。

第一节　全面提高社会文明素质

坚持社会主义核心价值观，大力弘扬爱国主义、集体主义思想，加强理想信念教育，传承优秀先进文化，构建共有精神家园。

80. 加强思想道德建设

深入实施公民道德建设工程，加强社会公德、职业道德、家庭美德、个人品德建设，倡导修身律己、尊老爱幼、勤勉做事、平实做人的社会风尚，培育奋发进取、理性平和、开放包容的社会心态，推动形成互助互爱、和谐与共的社会人际关系。加强未成年人思想道德建设和大学生思想政治工作，促进青少年健康成长。深入开展精神文明创建活动，大力推进文明城市、文明村镇、文明单位和文明社区创建，鼓励开展各类志愿服务活动。净化社会文化环境，引导人们知荣辱、讲正气、尽义务，形成扶正祛邪、抑恶扬善的社会风气。

81. 传承优秀先进文化

积极继承和发扬中华优秀传统文化，吸收借鉴外来优秀文化，深度挖掘湖湘文化资源，弘扬湖湘人文精神，增强湖湘文化的创造力和影响力。做好《湖湘文库》等重要文化典籍的整理出版工作，加强重点文物和非物质文化遗产的保护与利用。加强铜官窑、里耶古城、老司城、城头山等国家大遗址、革命遗址的保护和建设。

第二节　大力发展文化事业

坚持把社会效益放在文化建设的首位，健全公共文化服务网络，增加公共文化产品和服务供给，保障人民群众基本文化权益。

82. 完善公共文化服务体系

以满足人民群众精神文化需求为目标,加大公益性公共文化投入,加快构建结构合理、发展均衡、网络健全、运行有效、惠及全民的公共文化服务体系。提升文化供给支撑力,加快推进省博物馆、图书馆、美术馆、人文社会科学馆、文化艺术中心、少数民族文化园、湖南艺术职业学院异地扩建等重大项目建设,推动市县图书馆、文化馆、影剧院等公共文化设施建设。增强公共文化保障力,加大广播电视村村通、文化信息资源共享、乡镇综合文化站和基层文化阵地、农家书屋等项目建设力度,广泛开展"三湘读书月"活动。提高先进文化传播力,充分发挥报刊、杂志等传统媒体的引导作用,进一步扩大广播电视等主流新闻媒体的覆盖面,重视互联网等新型媒体建设、运用和管理。

83. 扩大公共文化产品供给

进一步拓展公共文化服务领域,完善服务内容,提高服务能力,满足人民群众基本文化需求。创新供给方式,采取政府采购、项目补贴、定向资助、贷款贴息等形式,增加供给数量。扩大供给规模,实施文化惠民工程,积极推动各级图书馆、博物馆、文化馆逐步免费向社会开放,推动音乐厅、美术馆等定期提供免费或低票价服务,实施演艺惠民、农村电影放映等惠民行动,扩大展览馆、科技馆、工人文化宫、青少年宫等免费服务项目,提高公共文化服务设施的使用效率。

第三节　加快壮大文化产业

坚持文化事业和文化产业协调发展,加快转变文化产业发展方式,加快构建结构合理、布局科学、市场完善的现代文化产业体系,打造国民经济支柱产业。到 2015 年,实现文化产业总产值 4300 亿元,增加值占地区生产总值比重达 6% 以上。

84. 调整文化产业结构

突出产业发展重点,巩固和提升广电、出版等传统优势文化产业,加快发展创意设计、数字媒体、数字出版、动漫游戏等文化创意产业,积极培育演艺、文化会展、网络文化服务、艺术品投资与收藏等新型文化业态。促进文化产业集群发展,加快建设一批文化产业示范基地、示范园区和主题公园,提高文化产业规模化、集约化、专业化水平。培育骨干文化企业,通过兼并重组等方式组建大型文化企业集团,着力打造一批实力雄厚、具有国际竞争力的外向型企业,加快文化"走出去"步伐。到 2015 年,文化创意产业增加值占地区生产总值比重达 3.6%。

85. 优化文化产业布局

加强对全省文化产业的合理规划布局,整合文化资源,推动形成优势互补、错位发展、区域联动的产业发展格局。环长株潭城市群重点发展传媒出版、动漫游戏、影视制作、创意研发等高端文化产业,着力建设创意产业园、影视创作基地、数字出版基地,推进大河西文化创意城、"梦幻湘江"、华强文化科技产业基地、屈子文化园、天心文化产业园等项目建设,打造全国文化产业高地,增强产业辐射能力。大湘西主要依托民族民俗文化、非物质文化遗产等资源,重点发展文化旅游、创意设计、工艺美术等文化业态,推进张家界国际影视文化基地、烟雨凤凰等项目建设。大湘南主要依托历史文化等资源,重点发展文化旅游、文化休闲等产业,推进衡阳湖湘文化长廊、南岳寿文化园等项目建设。

86. 完善文化市场体系

建立健全门类齐全的文化产品市场和文化要素市场，促进文化产品和生产要素合理流动。繁荣城乡文化市场，构建统一开放竞争有序的现代文化市场体系。积极发展文化产权、版权交易市场，加快建立文化产权交易平台。完善文化产业投融资体系，扩大间接融资和直接融资，鼓励民营资本和外资投向文化产业。推进文化中介组织建设，发展版权代理、知识产权评估、文化产品拍卖等文化中介行业，提高文化产品和服务的专业化水平。

第四节 大力推动文化创新

创新是推动文化繁荣发展的动力源泉，要适应群众文化需求新变化，进一步激发全社会的文化创造活力，弘扬主旋律，提倡多样化，使精神文化产品和社会文化生活更加丰富多彩。

87. 创新文化内容形式

实施文化大师大作培育工程，精心组织文化产品生产，推出一批具有较强思想性、艺术性、观赏性，展现湖湘文化精神和富有浓郁地方特色的影视、图书精品力作，提升中国金鹰电视艺术节、国际乡村音乐周等文化活动品牌影响力。充分发挥人民群众的首创精神，大力支持人民群众的文化创造，发展多元化的文化样式和文化载体。提升思想理论研究和创新水平，积极推进学科体系、学术观点和科研方法创新，实施社科名家培育工程，繁荣发展哲学社会科学。加快推动科技与文化的融合，创新文化表现形式和传播方式。

专栏7 重大文化产业和国家级非物质文化遗产保护工程

重大文化产业工程

湖南文化创意产业园、金鹰卡通产业科技园、中南国家数字出版基地、泊富国际创意中心、湖南日报传媒大厦、麓山文化国际广场、湖南华强文化科技产业基地、湖南艺术大厦、湖南文化广场、网络科技文化产业园、长沙印刷科技产业园、张家界自然历史博物苑。

国家级非物质文化遗产保护工程

民间文学：苗族古歌、土家族梯玛歌、孟姜女传说。

传统音乐（民间音乐）：桑植民歌、靖州苗族歌鼟、澧水船工号子、土家族打溜子、青山唢呐、茶山号子、新化山歌、酉水船工号子、湘西苗族民歌、花瑶呜哇山歌、土家族咚咚喹、侗族芦笙。

传统舞蹈（民间舞蹈）：土家族摆手舞、湘西苗族鼓舞、湘西土家族毛古斯舞、龙舞（汝城香火龙、九龙舞）、瑶族长鼓舞。

传统戏曲：高腔、巴陵戏、荆河戏、目连戏、傩戏、常德丝弦、花鼓戏、湘剧、祁剧、昆曲、侗戏、皮影戏、杖头木偶戏、长沙弹词。

传统美术（民间美术）：滩头木版年画、湘绣、踏虎凿花、花瑶挑花、宝庆竹刻、菊花石雕、凤凰纸扎。

传统技艺：土家族织锦技艺、苗族银饰锻制技艺、浏阳花炮制作技艺、蓝印花布印染技艺、醴陵釉下五彩瓷烧制技艺、侗锦织造技艺、黑茶制作技艺。

传统医药：九芝堂传统中医药文化。

民俗：端午节、炎帝陵祭典、女书习俗、苗族服饰、苗族四月八姑娘节、火宫殿庙会。

88. 深化文化体制改革

按照面向市场、增强活力的要求，着力构建有利于文化科学发展的体制机制。继续深化公益性文化事业单位改革，提高服务能力。深入推进出版发行、影视制作、文艺演出、广电传输等经营性文化单位转企改制，加快建立完善的现代企业制度、法人治理结构。加快推进文化管理体制改革，理顺文化行政管理部门与所属企事业单位的关系，促进政事分开、管办分离。完善文化创新的激励政策，营造有利于出精品、出人才、出效益的环境。

第十一章　加强社会建设与管理，切实保障和改善民生

推动社会建设和经济建设协调同步，着力保障和改善民生，是广大人民群众的共同愿望和迫切要求，要加快形成符合省情、比较完整、覆盖城乡、可持续的民生保障体系，推进基本公共服务均等化，努力实现学有所教、劳有所得、病有所医、老有所养、住有所居、困有所助。

第一节　促进就业和优化收入分配

把扩大就业作为经济社会发展的优先目标，建立和完善劳动者自主择业、市场调节就业和政府促进就业相结合的机制，努力促进充分就业和体面劳动。完善收入分配制度，努力提高居民收入在国民收入分配中的比重，提高劳动报酬在初次分配中的比重，注重处理好效率和公平的关系。

89. 实施更加积极的就业政策

强化政府促进就业的责任，加大财政对就业的投入，探索建立政府投资和重大项目带动就业机制，多渠道开发公益性就业岗位，支持发展就业容量大的劳动密集型产业、服务业和小型微型企业，创造更多的就业机会。实施定向就业扶持，重点抓好大中专毕业生、就业困难人员、农村转移劳动力等群体就业工作，加强与沿海发达地区的劳务合作，扩大劳务输出规模，鼓励开展对外劳务合作。注重创业带动就业，实施“全民创业”计划，建立多层次、多类型的创业孵化基地，完善相应的国土、财税、金融、产业等扶持政策，鼓励和支持高层次高技能人才、个体经营者以及有一定技能的农民工等各类群体自主创业。

加强公共就业服务，完善城乡规范统一的人力资源市场，规范发展各类职业中介和劳务派遣机构，推动就业信息全省、全国联网，为城乡劳动者提供就业信息咨询、职业介绍等服务。健全创业服务体系，为创业者提供开业指导、创业培训、风险评估、创业融资、市场拓展、企业孵化等公共服务。完善职业技能培训制度，对失业人员、农民工等开展实用技能培训，对未能升学的初高中毕业生普遍实行劳动预备制培训，鼓励企业开展职工在岗和轮岗培训。完善就业援助制度，帮助就业困难人员和零就业家庭实现就业，构建稳定就业调控机制。完善城镇调查失业率统计，健全失业监测预警机制。

“十二五”期间，城镇净增就业人数300万人以上，新增农村劳动力转移就业300万人以上，新增就业人员培训比例超过60%。

90. 构建和谐劳动关系

完善劳动者、用人单位和政府三方协商机制，积极发挥工会和行业组织的作用，促进企业和职

工利益共享。改善劳动条件，规范劳务派遣用工，加大劳动执法力度，加强对用人单位落实劳动合同制度、劳动用工安全、参加社会保险等方面监管，建立健全企业用工登记、劳动保障诚信评价等制度，完善劳动争议处理机制，加强劳动调解仲裁，切实维护劳动者合法权益。

91. 建立收入稳定增长机制

建立健全扩大就业增加劳动收入的发展环境和制度条件，促进机会公平。建立工资支付监控和工资保证金制度，着力解决工资拖欠问题。建立最低工资标准调整机制，探索实行低收入居民生活补贴与低收入居民基本生活费用价格指数联动机制，逐步提高最低工资标准和农产品最低收购价格，加快提高低收入人群收入水平。完善公务员工资制度，深化事业单位收入分配制度改革，健全职工工资正常增长和支付保障机制，创造条件让更多居民获得财产性收入，着力扩大中等收入者比重，加快构建中等收入人群占多数的“橄榄型”社会结构。在提高收入的基础上，注重发展新型消费业态，培育消费热点，拓展消费服务，着力扩大居民消费需求。

92. 规范收入分配秩序

强化政府监管，加快形成公开透明、公正合理的收入分配秩序。建立和完善收入分配统筹协调机制，妥善处理好效率与公平的关系，再分配更加注重公平。完善公开、公平、公正的公共资源出让制度，建立国有土地、森林、矿产等公共资源出让收益全民共享机制，出让收益主要用于公共服务支出。深化垄断行业和国有企业收入分配改革，健全国有资本经营预算制度，扩大国有资本收益上缴范围，建立健全根据经营管理绩效、风险和责任确定薪酬的制度，严格控制和调节垄断行业过高收入。完善个人收入监测办法，减轻中低收入者税收负担，加大对高收入者的税收调节力度。保护合法收入，坚决打击取缔非法收入。

第二节　健全社会保障体系

社会保障是经济社会发展的安全网和稳定器，要坚持广覆盖、保基本、多层次、可持续的方针，加快健全社会保障体系，加强社会保险、社会福利和社会救助的衔接和协调，稳步提高保障水平，逐步实现人人享有基本生活保障。

93. 完善社会保险制度

切实加大公共财政的社会保障投入，充分发挥商业保险的补充作用，提高社会保险覆盖面和统筹层次。通过划拨国有资产收益、扩大彩票发行等方式充实全省社会保障基金，做实个人账户。积极推行社会保障一卡通，实现精确管理。

健全基本养老保险制度。完善城镇职工和居民基本养老保险制度，完善养老保险省级统筹，推动新型农村社会养老保险制度全覆盖。逐步提高企业退休人员基本养老金水平，发展企业年金和职业年金，进一步做实养老保险个人账户。探索推进机关、事业单位养老保险制度改革。落实城镇职工基本养老保险关系转移接续政策，推进城乡养老保险制度有效衔接。“十二五”期间，累计新增企业职工基本养老保险参保人数200万人。

健全基本医疗保险制度。建立健全覆盖全省的基本医疗保障体系，扩大医疗保险和医疗救助覆盖面。整合医疗保险管理资源，有效解决城乡分割、标准多样、政策不衔接等问题。逐步提高城镇职工、城镇居民医保、新农合筹资标准和保障水平，完善补充医疗保险制度和城乡医疗救助制度。加快解决基本医疗保险关系转移接续和异地结算问题，实现基本医疗保险市级统筹。到2015年，城乡医疗保险参保率稳定在95%以上。

健全失业、工伤、生育保险制度。推动工伤、失业保险“市统筹，省调剂”，完善失业保险与促进就业联动机制，建立失业动态监控体系和失业调控预警机制，扩大企业失业保险覆盖范围，建立健全工伤预防、补偿、康复三位一体的制度体系。进一步完善生育保险政策，扩大生育保险覆盖范围，全面落实生育保险项目内全额支付管理制度。到2015年，失业保险参保率达80%，生育保险参保率达90%。

94. 扩大社会救助覆盖面

把社会救助作为民生保障的重要防线，加快完善城乡最低生活保障制度，把稳定在城镇务工的非户籍家庭纳入城镇低保范围，实现“应保尽保”。加强低保与扶贫、最低工资、失业保险和新农保等政策的衔接平衡，合理提高低保标准和补助水平，保障低保边缘群体的基本生活。推进农村五保户集中供养，提高供养水平。加大社会救济救助力度，实现城乡社会救助全覆盖。建立灾民、留守儿童、孤寡老人、流浪儿童、先天性疾病儿童、乞讨人员等困难群体救助机制，健全教育、医疗等专项救助制度以及灾害突发等临时救助制度，加强优抚安置，提高社会救助整体水平。

95. 发展社会福利和慈善事业

以扶老、助残、救孤、济困为重点，逐步拓展社会福利的保障范围，推动社会福利由补缺型向适度普惠型转变。坚持政府主导与社会参与相结合，家庭、社区和福利机构相结合，进一步完善促进社会福利事业发展的保障机制，推动社会福利服务社会化。增强社会慈善意识，积极培育慈善组织，健全社会捐助接收网络，落实并完善公益性捐赠的税收优惠政策，加快发展慈善事业。大力发展残疾人事业，加强残疾人服务体系和平台建设，建立健全残疾人生活和发展保障机制，努力提高低收入残疾人生活救助水平。积极发展残疾人集中托养服务，推进“人人享有康复服务”，大力开展就业服务和职业培训，加强无障碍设施建设。加大对农村残疾人帮扶力度。

第三节　提高人口健康水平

按照保基本、强基层、建机制的要求，建立健全覆盖城乡的基本医疗卫生制度，提高人口服务水平，努力满足城乡居民健康需求。到2015年，人均预期寿命提高到76岁。

96. 完善公共卫生和医疗服务体系

坚持预防为主，推进防治结合，完善疾病预防控制、健康教育、妇幼保健、精神卫生、应急救治、采供血、卫生监督等专业公共卫生服务网络。实施重大公共卫生服务专项，推进卫生保健知识普及教育，积极防治重大传染病、慢性病、职业病、地方病、精神疾病和寄生虫病。加快改善公共卫生服务机构基础设施、提高设备装备水平，进一步提高公共卫生服务能力，使人人拥有基本医疗保障、人人享有基本医疗卫生服务。到2015年，孕产妇死亡率控制在22/10万以内，婴儿死亡率降低到10‰，新生儿主要出生缺陷三级干预措施覆盖率提高到50%。

充分发挥医学研究和技术优势，积极建设国家综合性区域医疗中心。加快城乡医疗卫生基础设施建设，建立市州地方医疗中心。健全农村县、乡、村三级医疗卫生服务网络，加强县级综合医院、乡镇卫生院、社区卫生服务中心、村卫生室等建设和必要设备购置。加强以全科医生为重点的基层医疗卫生队伍建设和临床重点专科建设，新增医疗卫生资源更多地向农村和城市社区倾斜。加快构建各级医疗机构分级诊疗、双向转诊制度，推动形成城市医院与基层医疗卫生机构分工协作格局。坚持中西医并重，扶持和促进中医药事业发展。稳步推进公立医院改革，鼓励社会资本以多种形式兴办非营利性医疗机构，促进医疗服务多元化，引导有序竞争和规范发展。到2015年，每万人拥有职业（助理）医师数达16人，注册护士16人，病床数达33张。

建立和完善以国家基本药物制度为基础的药品供应保障体系。基层医疗卫生机构全面实施国家基本药物制度，其他医疗卫生机构逐步实现全面配备、优先使用基本药物。建立基本药物目录定期调整和更新机制。

97. 加强计划生育服务

坚持计划生育的基本国策，严格控制人口数量，继续稳定低生育水平，积极提高人口素质，改善人口结构，优化人口分布。推进人口和计划生育服务体系建设，加强优生优育宣传教育和服务，加大出生缺陷预防干预力度，禁止非医学需要选择性别生育，遏制出生人口性别比失衡趋势。加强计划生育利益导向政策体系建设，完善农村计划生育家庭奖励扶助、城镇独生子女父母奖励等制度。到2015年，全省人口自然增长率控制在年均7‰以内。

98. 积极应对人口老龄化

加快建立以家庭为基础、社区为依托、机构为支撑的养老服务体系，逐步形成居家养老社会化、机构养老规模化、社区养老专业化的新格局。培育壮大老龄服务事业和产业，优先发展社会养老服务，加大公益性养老服务机构财政投入，引导和支持企业、非盈利组织参与经营管理。拓展服务领域，实现养老服务从基本生活照料向医疗健康、精神慰藉、紧急救助等方面延伸。加强养老服务设施建设，增加社区老年活动场所和便利化设施，逐步实现老年人无障碍居住。到2015年，建成20个社会化养老公寓及康复休闲中心，全省养老服务机构达210个以上，养老服务床位达5万张以上。

99. 促进妇女儿童全面发展

坚持男女平等、儿童优先，切实保障妇女儿童合法权益。加强妇女就业创业帮助，提高妇女参与经济发展能力，提高城镇单位从业人员中的女性比例。加强未成年人保护，积极创造有利于儿童健康成长的良好环境，关注和解决留守儿童教育、学校安全防范、未成年人沉溺网络等问题，加强婴幼儿早期启蒙教育和独生子女的社会行为教育。加强妇女活动阵地和儿童活动场所建设。

100. 大力发展体育事业

坚持群众体育和竞技体育协调发展，大力发展公共体育事业，广泛开展全民健身运动和健康促进行动，全面提高人民体质和健康水平。加强农村和城市社区体育设施建设，积极倡导和推广群众性体育活动。稳步发展竞技体育，加快后备人才的培养，进一步提高竞技体育整体水平，积极申办第13届全国运动会。兴建湖南奥林匹克体育园。促进以体育用品开发、体育健身服务为主的体育产业发展。

专栏8 "十二五"基本公共服务范围和重点

公共教育:1. 九年义务教育免费,农村义务教育阶段寄宿制学校免住宿费,并为家庭经济困难寄宿生提供生活补助;2. 农村中等职业教育免费;3. 适龄儿童特殊教育免费;4. 为家庭经济困难幼儿入园提供补助。

就业服务:1. 为城乡劳动者提供就业信息、就业咨询、职业介绍、劳动仲裁;2. 为失业人员、农民工、新成长劳动力免费提供基本职业技能培训和技能鉴定;3. 为就业困难人员和零就业家庭提供就业援助。

社会保障:1. 城镇基础养老金实现全省统筹,新型农村社会养老保险实现制度全覆盖;2. 提供城镇职工基本医疗保险、城镇居民基本医疗保险、新型农村合作医疗等基本医疗保障;3. 为城镇职工提供失业保险、工伤保险、生育保险;4. 为城乡困难群体提供最低生活保障、医疗救助等社会救助服务;5. 为孤残、五保户、高龄老人等特殊群体提供福利服务。

医疗卫生:1. 提供居民健康档案、预防接种、传染病防治、儿童保健、孕产妇保健、老年人保健、健康教育、高血压等慢性病管理、重性精神病管理等基本公共卫生服务;2. 实施15岁以下人群补种乙肝疫苗、农村妇女孕前和孕早期补服叶酸、农村妇女住院分娩补助、农村适龄妇女宫颈癌乳腺癌检查、贫困人群白内障复明等重大公共卫生专项服务;3. 实施国家基本药物制度,把基本药物全部纳入基本医疗保障药物报销目录;4. 提供免费孕前优生健康检查、免费生殖健康技术服务等计划生育服务。

公共文化:1. 公共博物馆、纪念馆、美术馆、文化馆、图书馆、青少年宫、科技馆、群众艺术馆和基层公共体育设施免费开放;2. 农村广播电视全覆盖,为农村提供电影放映、送书送戏等公益性文化服务。

住房保障:1. 为城市低收入住房困难家庭提供廉租住房和经济适用住房;2. 为城市中等偏下收入住房困难家庭提供公共租赁住房;3. 改造城市棚户区和农村危房。

环境保护:1. 县县具备污水、垃圾无害化处理能力和基本环境监测评估能力;2. 保障城乡饮用水水源地安全。

基础设施:1. 行政村全部实现通公路,城市建成区公共交通全覆盖;2. 行政村全部通电,无电地区人口全部用上电;3. 邮政服务做到乡乡设所,村村通邮。

第四节 改善居民住房条件

坚持市场调节与政府调控有机结合,增加供给、调节需求,完善制度、加强监管,健全房地产市场体系和住房保障体系,保障居民合理住房需求。

101. 扩大保障性住房供给

加大财政投入力度,引导社会资本参与保障性住房建设与运营,建立健全保障性住房供给体系。扩大廉租房覆盖范围,提高公共租赁住房比例,加快解决城镇低收入和中等偏下收入家庭住房困难问题。推进城市、国有工矿等各类棚户区改造和旧住宅区综合整治,加快农村危房改造和安居工程建设。加强保障性住房管理,建立规范化的收入、财产和住房情况审查制度,健全准入和退出机制。"十二五"期间,新建城镇保障性安居工程160万套。

102. 引导房地产市场健康发展

发挥市场机制作用,强化政府调控职能,健全房地产市场体系,促进房地产市场规范有序发展。重点供应中小型、中低价位的普通商品住房,实现住房供需总量基本平衡,满足多样化住房需求。完善土地储备制度,建立住房建设用地稳定供应机制。完善差别化信贷政策,调整房地产税收政策,严格控制投机性购房。完善住房公积金制度,不断扩大住房公积金覆盖面。

第五节 加强和创新社会管理

适应社会结构变动、利益格局调整、公共需求急剧增长的新形势,坚持多方参与、共同治理,创新社会管理体制机制，提升社会管理能力，切实维护社会和谐稳定。

103. 完善政府社会管理职能

科学合理界定政府社会管理职能，做到不缺位、不越位。把健全基本公共服务体系，促进基本公共服务均等化作为社会管理的重要基础，保障公民基本权益和社会公平，强化和延伸政府公共服务职能，推动政府管理重心下移。提高基本公共服务财政支出比重，把基本公共服务纳入政府绩效考核体系，强化行政问责。整合基层政法、综治、维稳、信访等方面力量，整合卫生、人口、计生、文化、体育、民政、就业等公共服务职能，构建基层综合管理和服务新平台。

104. 提高社区管理能力

增强社区自治功能，赋予社区更大的自主权和治理空间，实现社区自我管理和政府管理的有效衔接，促进社会管理社区化。完善政府扶持、社会参与、市场运作的现代社区服务发展机制，建立健全社区建设经费多元投入机制和运行经费保障机制。创新服务手段和方式，拓宽服务内容和领域，大力发展保健养老、保洁保安等社区服务。健全社区工作者选聘、培训、评价、使用、激励机制，鼓励吸引更多优秀人才到基层工作，推进社区工作人员专业化、职业化，积极发展社区义工、志愿者队伍，提高社区管理服务水平。加强社区公共文化、娱乐、生活设施及社区服务用房建设。

105. 加强社会组织建设

把社会组织作为承接政府社会管理和公共服务职能的平台和载体，坚持培育发展和管理监督并重，引导各种社会组织健康有序发展。积极培育行业协会、社会公益类和基层社会组织、中介组织、基金会、基层群众性自治组织等各类社会组织，探索实行备案制或自愿登记等方式，加强引导，把更多的社会组织纳入规范管理轨道，提高社会组织的自律性和诚信度。充分发挥企事业单位社会管理职责，鼓励和支持其依法自主参与经济社会管理。向社会组织开放更多的公共资源和领域，逐步推广政府向社会组织购买服务。

106. 健全维护群众权益机制

搭建多种形式的沟通平台，畅通社情民意诉求渠道。健全信访工作责任制，引导群众以理性合法的形式表达利益诉求。健全群众权益维护机制，完善人民调解、行政调解和司法调解“三位一体”的社会矛盾调解体系，有效解决群众反应强烈的热点问题。建立重大工程项目建设和重大政策制定的社会风险评估机制。依靠基层党政组织、行业管理组织和群众自治组织，共同维护广大群众利益，把各种不稳定因素化解在萌芽状态。

第六节　加强公共安全体系建设

加大公共安全投入，加强社会风险管理，健全预警和应急处置体系，推动公共安全保障体系从被动应对型向主动防控型转变，从传统经验型向现代管理型转变。

107. 保障食品药品安全

加强食品药品安全全程监管，着力完善从生产到使用各个环节相衔接的食品药品安全监管体系，建立包括产地、加工、包装、检测、流通等相关信息的质量安全追溯系统，实施缺陷产品召回机制。加强监测预警，整顿和规范生产、流通、经营秩序，构建信息共享的监测网络平台，对食品药品安全事件做出准确预警和快速反应。加强餐饮、保健食品和化妆品安全风险评估和监管执法。加强行政监管体系建设，强化食品药品的行政监管责任和行政问责，引导第三方检测健康有序发展。重点实施食品质量安全检测能力建设工程，药品医疗器械质量安全检测能力提升工程，不断完善技术支撑体系。

108. 提高安全生产水平

着力健全安全生产监管体系，严格安全生产目标考核和责任追究，实施重大危险源监控和重大事故隐患治理工程，有效防范和遏制重特大事故。完善安全技术标准体系，推广先进适用的安全技术装备，严格安全生产许可制度，淘汰落后及安全性能低的生产技术、工艺和装备。实行重大事故隐患治理逐级挂牌督办和公告制度，深化矿山、交通等重点行业的安全专项治理，防范粉尘与高毒物质等重大职业危害。加强安全宣传教育与培训，全面提高全民安全意识、企业生产安全水平和政府安全监管能力。到2015年，单位地区生产总值生产安全事故死亡率下降40%。

专栏9　公共安全建设重点

安全生产保障能力：建设生产安全应急救援体系，安全与职业卫生监管装备体系、技术支撑体系。

突发事件应急体系：建设全省综合应急平台，地震、农业灾害、环境污染等应急监测系统，建设突发公共安全事件预警信息发布平台和气象应急响应工程，建设生产安全应急救援指挥中心、专业应急救援基地、骨干救援队等生产安全应急救援系统，提高突发公共卫生事件应急处置能力。

人防体系建设：建设省级及各市州人防疏散基地及市县人防指挥中心、人防工程及韶山人防教育基地。

食品药品安全监管能力建设：建设药用辅料检验检测中心等省部共建项目，建设省市县食品药品检验基础设施。

质检监测检测能力建设：新建改造6个国家级质检中心，建立食品质量检验体系，完善省市县节能环保计量标准体系。

109. 加强社会治安防控

坚持打防结合、预防为主、专群结合、依靠群众的方针，加快完善社会治安防控体系，加强城乡社区警务、群防群治等基层基础建设，加强政法队伍建设，增强公共安全和社会治安保障能力。加强流动人口的服务和管理，做好特殊人群帮教管理工作，及时有效化解各类矛盾纠纷。加大社会管理薄弱环节整治力度，在城市出入口、交通要道，建立重大警情治安卡点，解决好重点地区和特殊行业场所社会治安综合治理问题。加快预防和减少犯罪工作体系建设，依法打击各种违法犯罪活动。加强对网络虚拟社会的监测和管理。加强情报信息、防范控制和快速处置能力。

110. 完善应急管理体系

建立健全统一指挥、反应灵敏、保障有力、运转高效的突发事件应急体系，提高危机管理和抗风险管理能力。建立健全应急管理组织体系、应急预案体系、应急物资储备体系，加强专业应急救援队伍建设。做好对旱涝灾害、地质灾害、台风暴雨、寒潮大风、低温冰冻、森林火灾、地震等自然灾害和重大事故的监测预警预报，推进预警信息发布系统建设，提升防御能力，切实做好隐患排查和风险化解工作。加强全社会防灾减灾宣传教育,将公共安全知识纳入国民教育体系。健全国防动员组织体系,加强国防动员和后备力量建设,加强人防疏散基地及人防指挥、人防工程建设。

第十二章　加强民主法制建设,建设“法治湖南”

全面落实依法治省方略,加强社会主义民主法制建设,提高经济、政治、文化和社会各领域的法治化水平,营造公开、公平、公正、可预期的社会法治环境,协调推进政治文明、物质文明、精神文明和生态文明建设。

第一节　发展社会主义民主政治

坚持和完善人民代表大会制度、中国共产党领导的多党合作和政治协商制度、民族区域自治以及基层群众自治制度,保证人民当家作主,不断满足人民群众日益增长的民主需求和政治诉求,巩固和发展民主团结、生动活泼、安定和谐的政治局面。

111. 加强民主选举

把民主选举作为民主政治建设的重要基石,实行城乡按相同人口比例选举人大代表,增强代表的代表性。发展基层民主,扩大乡镇直选试点面,普遍实行乡镇政府副职差额选举,支持有条件的乡镇开展正职差额选举试点。完善以“两推一选”、“自荐海选”等为内容的基层组织民主选举制度,探索村委会、居委会换届选举观察员制度,积极推进社区居委会直选。稳步推进高等院校、科研院所民主选举。

112. 加强民主决策

完善民主决策程序,实施重大事项集体决策制度,重大决策专家咨询制度、公示制度、公开征求意见和社情民意反映制度,决策跟踪反馈和责任追究制度,逐步形成深入了解民情、充分反映民意、广泛集中民智、切实珍惜民力的决策机制。对涉及人民群众切身利益的重大公共工程项目、城市建设规划、公用事业价格调整、城市拆迁和耕地占用安置补偿、教育、医疗制度改革等重要事项,及时向社会公布,充分听取民主党派、人民团体、专家学者和社会各界的意见,切实保障人民群众的知情权、参与权和监督权。

113. 加强民主管理

推进政府民主管理,建立健全规范有序、公开透明、便民高效的行政运作机制和政府管理方式,切实提高政府公信力和群众满意率。推进基层民主管理,建立政府行政管理与基层群众自治有效衔接的良性互动机制,健全以村民会议或村民代表会议为主要形式的农村基层民主议事制度,发挥城镇社区居民自治组织、民间组织在推动民主管理方面的积极作用。推进企业事业单位民主管理,坚持和完善职工代表大会制度,鼓励企业采用民主恳谈会、劳资协商会、职工议事会等形式,开展民主管理活动。

继续巩固和壮大爱国统一战线,充分发挥工会、共青团、妇联、工商联、学联、侨联等人民团体和宗教团体的桥梁纽带作用。

114. 加强民主监督

坚持党内监督、行政监督、司法监督、舆论监督与民主监督相结合,建立健全民主监督的长效机制,推进民主监督的规范化、制度化、程序化。充分发挥新闻媒体的监督作用,积极推进县级以上党政机关、高等院校普遍建立新闻发言人制度。高度重视网络民意,主动回应社会关切。

第二节　全面推进依法治省

加强法治建设是实现科学发展、提升长远竞争力的重要保证,要坚持以健全法制为基础,以依法执政为核心,以依法行政和公正司法为重点,大力加强法制宣传教育,弘扬法治精神,提高全民法治素养,加速推进湖南法治化进程。

115. 加强地方立法

坚持法制统一,严格依法立法,维护法律权威,进一步完善立法程序、创新立法技术、提高立法质量。建立更加完善的地方性法规规章,围绕促进经济结构调整、保障和改善民生、加强资源节约和环境保护、推进自主创新和科技进步、促进政府职能转变、维护社会公平正义等方面加强地方立法,使经济、政治、文化和社会生活各方面有法可依、有章可循,从法制上保证我省重大战略决策部署的贯彻实施。健全"立、改、废"相结合的地方性法规、政府规章定期清理制度,严格执行规范性文件审查、登记、备案和有效期管理等制度。积极探索开展立法成本效益分析、风险评估和实施情况后评估。

116. 推进依法行政

以建设法治政府为基本目标,增强行政机关工作人员特别是领导干部依法行政的意识和服务能力,全面提高行政决策、政府服务、行政执法、政务公开、矛盾调处、行政监督、行政组织、制度建设的法治化水平。

依法界定政府职能,让权力建立在法制的基础上。各级行政机关要严格依照法定权限和程序行使权力,没有法律、法规、规章依据,行政机关不得作出影响公民、法人和其他组织权益或者增加其义务的决定。推进行政执法体制改革,合理设置执法机构,积极开展相对集中行政处罚权、相对集中行政许可权与综合行政执法工作,形成条块结合、以块为主的行政执法新架构。

规范执法行为,让权力运行在法制的轨道上。实行公正文明执法,保证程序公正。平等对待行政相对人,同样情形同等处理。通过完善适用规则、制定基准、发布案例等手段,规范行政自由裁量权,避免执法随意性。加强行政执法队伍建设,严格执法人员持证上岗和资格管理制度,提高执法人员素质。

推进政务公开,让权力运行在阳光下。加大政务主动公开力度,编制和完善政府信息公开指南和目录,重点推进财政预算、公共资源配置、重大项目建设、社会公益事业等领域的政府信息公开。积极推进办事公开,创新政务公开方式和服务方式,建立全省统一、全面覆盖的信息服务平台和办事服务平台,提高政务公开和政务服务的透明度、便捷性和时效性。严格执行依法行政考核制度,积极推进行政问责和政府绩效管理监察。加强行政复议和应诉工作。

117. 促进司法公正

深化司法体制机制改革，推动形成权责明确、相互配合、相互制约、高效运行的司法体制。健全维护司法公正的监督制约机制，完善司法保障制度，从体制上保证司法机关依法独立、公正行使审判权和检察权。全面实行办案责任制，健全和完善岗位权力分解制、案件复查制等制度，提高司法公信力。健全便民诉讼机制，加强司法救助和法律援助，加大对困难弱势群体的司法保护力度，完善律师、公证、仲裁、司法鉴定等法律服务体系。加强诉讼调解与人民调解、行政调解的衔接联动，将调解工作贯穿于立案、审判、执行的各个环节，妥善化解矛盾纠纷。

118. 加强反腐倡廉

坚持标本兼治、综合治理、惩防并举、注重预防的方针，建立健全教育、制度、监督并重的惩治和预防腐败体系，从源头上预防和治理腐败。严格执行党风廉政建设责任制，建立健全决策权、执行权、监督权三者相互制约又相互协调的权力结构和运行机制，加大查办违纪违法案件工作力度，有效遏制腐败现象。

第十三章　深化改革开放，增强发展动力和活力

改革开放是推动科学发展的强大动力，必须以更大决心和勇气推进改革攻坚，在更大范围、更宽领域、更高层次上参与国际经济合作与竞争，全面提升国际化水平。

第一节　深化重点领域和关键环节改革

坚持社会主义市场经济改革方向，更加重视顶层设计和整体推进，充分依靠和发挥人民群众首创精神，推动改革在各领域取得新的突破。

119. 纵深推进长株潭试验区综合配套改革

深入推进试验区第二阶段改革建设，落实总体方案部署，把湘江流域综合治理和保护作为试验区改革建设的突破口，重点构建有利于发展转型的体制机制，积极探索建立一体化管理体制。着力实施“两型”产业振兴、基础设施建设、节能减排全覆盖、城乡统筹示范等八大工程，加快建立“两型”标准，实行“两型”标识，广泛开展“两型”单位创建活动，鼓励“两型”消费，探索湘江流域地区交界断面的水质负责制、污染补偿制，继续开展湘江流域生态补偿试点，放大长株潭试验区综合配套改革示范效应和引领效应，加速带动全省“两型社会”建设。

120. 深化行政管理体制改革

加快转变政府职能，着力建设服务型、效能型政府。调整优化政府组织结构，深入推进大部门制，稳妥推进省直管县改革，促进行政扁平化，提高行政效率，降低管理成本。深化行政审批制度改革，规范精简行政审批事项。完善政府重大事项集体决策、专家论证、社会参与相结合的决策机制，增强公共政策制定的透明度和公众参与度，坚持利为民所谋，不与民争利。完善经济社会发展综合

评价体系，建立以公共服务为主要内容的绩效评估制度。推行行政问责制，健全决策失误责任追究制度和纠错改正机制，提高政府公信力和执行力。

121. 深化财税金融体制改革

完善财政转移支付制度，建立确保财政支出优先满足基本公共服务需要的保障机制。按照财力事权相匹配原则，进一步理顺省以下政府间财政分配关系，切实增强基层政府提供基本公共服务财力保障。推行全口径预算管理，增强预算完整性，建立预算编制、执行、监督相互分离和相互制衡的机制，强化预算支出约束和预算执行监督，提高预算规范性和透明度。加强对县乡政府债务的监管。逐步健全地方税体系，全面推进第二轮"费改税"，增强税收在促进就业、科技创新、资源能源节约和环境保护等方面的调控功能。充分行使中央赋予的地方税政管理权，强化税收征管。

深化金融体制改革，规范发展本土中小金融企业，加快城市商业银行走出湖南，推动上市，进一步深化农村信用社改革与发展步伐。着力培育村镇银行、小额贷款公司等新型金融机构，满足经济社会对金融产品与服务的多元化需求。引入金融租赁公司、汽车金融公司等非银行机构，探索建立大型金融控股集团。积极培育金融市场，推动区域性股权交易、信贷产品转让等市场建设，设立稻谷、生猪、有色金属等大宗优势产品交割库，支持符合条件的企业上市融资，发行项目收益债券。完善金融配套体系，规范发展各类融资性担保机构。完善地方政府金融管理体系。

122. 深化投资体制改革

合理界定政府投资领域和范围，优化政府投资结构，规范政府投资行为，建立政府投资项目后评估制度和投资决策责任追究制度，推行公益性政府投资项目代建制。制定和实施《湖南省政府投资项目管理条例》。创新投资模式，不断完善公共服务合同承包制度，稳步推进特许经营权制度。进一步放宽非公有制经济市场准入，鼓励和引导民间资本以多种方式参与产业发展、公益事业及重大基础设施建设。到2015年，非公有制经济投资占全社会固定资产投资的比重达70%左右。

123. 深化资源性产品价格改革

建立统一、开放、竞争有序的资源市场体系，基本形成反映市场供求关系、资源稀缺程度以及环境损害和代际成本的资源性产品价格形成机制，进一步理顺资源产权关系，改革资源税费制度，促进资源产权的自由流动和资源产品的合理配置。建立健全环保收费制度，开展排污权交易试点，积极推进环境税费改革，促进排污成本内部化。探索建立土地开发补偿机制和集体建设用地进入市场的有效途径和办法。推进水、电、气等生产生活必需资源品阶梯式价格形成机制改革。

124. 深化国有资产监管体制和国企改革

理顺经营性国有资产政府管理和出资人职能关系，健全国有资产管理和监督体制。推进国有经济战略性调整，加快国有资本从一般性竞争领域退出步伐。深入推进现代企业制度建设，支持省属大型国有企业集团公司制股份制改革。探索国有资产经营管理公开招标，建立健全市场化选人用人和激励约束机制。深化垄断行业改革，促进竞争性业务市场化。严格国有企业产权交易和股权转让程序，防止国有资产流失。建立健全国有资本经营预算制度和收益分享制度，合理分配和使用国有资本收益。

125. 大力发展非公有制经济

努力消除制约非公有制经济平等发展的制度性和操作性障碍，全面落实促进非公有制经济发展的政策措施，鼓励和引导民间资本进入法律法规未明确禁止准入的行业和领域，保护非公有制经济合法权益。鼓励和支持民间资本通过参股、控股、资产收购等多种形式，参与国有企业改制重组，鼓励非公有制经济外向发展，提高竞争力。到2015年，非公有制经济占经济总量的比重提高到62%以上。

126. 推动社会信用体系建设

坚持政府、企业、个人信用三位一体，以诚信政府建设为先导、企业信用为重点、个人信用为基础，推进全社会信用体系建设。强化全社会信用意识，健全信贷、纳税、合同履约、产品质量、财会管理为重点的信用记录，加强信用信息归集、信用评级担保、信息互联共享、信息档案应用、信用制度建设等工作，推动信用产品在经济交易中的运用。健全信用奖惩机制，增加交易透明度，降低交易成本。加快建设统一、规范、高效的企业和个人征信体系。

专栏10 重点领域和关键环节改革

“两型”试验区十大改革：创新资源节约，生态环境保护，产业结构优化升级，科技和人才管理，土地管理，投融资，对外经济，财税，统筹城乡发展和行政管理等体制机制。

行政管理体制改革：统筹推进事业单位分类改革，行政审批制度改革，政府机构改革，省直管县行政管理体制改革。

财税金融体制改革：推进财政管理体制改革，税费改革，税收征管体制改革，农村信用社改革，地方政府金融管理体制改革，系统性金融风险防范预警体系和处置机制改革。

投资体制改革：推进投资项目审批制度改革，投资项目评估制度改革，投资决策责任追究制度改革，投资项目代建制度改革。

资源性产品价格改革：加快资源性产品阶梯式价格体制改革，资源税改革。

基本经济制度改革：推进国有资产管理和监督体制改革，国有资本经营预算制度改革。

社会领域体系改革：深化科技、教育、文化、医药卫生体制改革，完善社会管理体系，推进收入分配体制改革。

第二节 提升内陆开放型经济水平

实施更加积极主动的开放战略，充分利用国际国内两个市场、两种资源，大力发展内陆开放型经济，努力构建全方位、宽领域、多层次对外开放新格局，以大开放促进大发展。

127. 深化国际国内合作

加强内联外引，拓展合作交流渠道，进一步深化与港澳台地区经贸往来与合作，扩大与美、日、韩等国及欧盟、东盟、非洲等区域交流合作，加强与泛珠三角、北部湾经济区、长三角和中部省份等区域合作，加强与央企对接和部省共建。支持长沙建设区域性国际化城市，提高省际边界中心城市的对外开放度和要素聚集能力，把永州建设成为对接东盟的“桥头堡”。加强援藏援疆等对口支援工作。

128. 优化外经外贸结构

坚持以质取胜、做大总量的原则，推动外贸出口由量的扩张向质的提升转变，加快拓展多元化的外贸目标市场,加快培育以技术、品牌、质量、服务为核心竞争力的新优势。不断提高湖南特色优势产品的技术含量、附加值和品牌竞争力,延长加工贸易省内增值链,鼓励轻型化、精品化产品出口,扩大高新技术产品、机电产品出口和以承接服务外包为主的服务贸易出口,减少资源性、高耗能、高污染产品出口。增加先进技术、关键零部件、国内短缺资源进口,以进口促出口,提高外贸的整体质量效益。加强口岸、特护监管区域等建设,提升湖南口岸"大通关"能力。到2015年,全省进出口总额达500亿美元,加工贸易总额达55亿美元。

129. 提高引资引智水平

坚持引资、引智并重,在重要区域、关键领域和重点行业切实增强国内外生产要素的集聚吸附能力。扩大引进外资规模,加强外资投向引导,优化投资环境,引导外资重点投向战略性新兴产业、现代服务业和现代农业。积极承接资本密集型和技术密集型产业,加强我省9个国家级承接产业转移基地建设,打造一批省级国际服务外包示范区和具有国际资质的服务外包骨干企业。高质量开发招商引资项目,大力引进战略投资者,吸引更多的跨国公司区域总部、营运中心和研发中心落户湖南。扩大金融、物流等服务业对外开放,稳步开放教育、医疗、体育等领域,引进优质资源,提高服务业国际化水平。完善引智公共服务体系,创新引进高端人才的保障激励政策,吸引高端人才集聚。到2015年,实际利用外资达80亿美元。

130. 加快"走出去"步伐

按照市场导向和企业自主决策原则,引导各类所有制企业主动、有序参与对外投资、对外工程承包、劳务合作等各种形式的国际经济技术合作和竞争,形成科研、生产、销售全方位的"走出去"新格局。鼓励有条件、有实力的企业到境外开展资源和农业合作开发,拓宽境外资源合作渠道和领域,加强基础设施领域建设合作,拓展境外工程承包和劳务输出,鼓励境外投资办厂和兴办经贸合作区,建立生产加工基地、营销网络和研发中心。积极运用跨国并购等投资方式,获取经济发展资源,获得国际知名品牌、先进技术和营销网络,实现规模和市场的有效扩张。加强对"走出去"的指导和服务,不断提高湘企国际化经营水平,支持有条件的企业加快成长为具有国际竞争力的本土跨国公司。到2015年,对外工程和劳务营业额达30亿美元,对外投资总额累计达50亿美元。

第十四章　强化实施保障,开创富民强省新局面

建立健全规划推进机制是规划实施的重要保障,要强化组织领导,优化资源配置,实施项目带动,确保纲要确定的发展目标和任务顺利完成。

第一节　强化规划组织实施

完善全省经济和社会发展规划体系,切实发挥规划在履行政府职能中的作用,形成分工合理、责任明确、配合密切、监督有效的实施机制。

131. 建立完备规划体系

充分发挥规划纲要的统领作用,构建以纲要为核心,重大专项为支撑,各类规划定位清晰、功能

互补、统一衔接的规划体系。充分发挥重大专项规划分解、细化和落实总体规划的作用,组织编制和实施新型工业化、农村经济、高新技术产业发展、环境保护等22项重点行业规划及中部崛起战略、新型城镇化、国民经济和社会信息化、湘江流域和洞庭湖综合治理等23项特定领域规划,与已经颁布实施的专项规划、区域规划、市县发展规划共同形成完备的规划体系。切实加强重大专项规划与总体规划的有效衔接,确保各项规划在总体要求上指向一致,在空间配置上相互协调,在时序安排上科学有序,不断提高规划的管理水平和实施成效。

专栏11 “十二五”重点专项规划

重点行业规划:1. 新型工业化发展规划;2. 农村经济发展规划;3. 农业发展规划;4. 服务业发展规划;5. 高新技术产业发展和创新能力建设规划;6. 新兴战略产业发展规划;7. 住房保障体系建设和房地产发展规划;8. 商务发展规划;9. 旅游发展规划;10. 物流业发展规划;11. 科学技术发展规划;12. 综合交通发展规划;13. 能源发展规划;14. 水利发展规划;15. 移民经济发展规划;16. 人力资源和社会保障事业发展规划;17. 卫生事业发展规划;18. 民政事业发展规划;19. 人口发展规划;20. 国土开发规划;21. 环境保护规划;22. 林业发展规划。

特定领域规划:23. 湖南省中部崛起战略实施规划;24. 新型城市化发展规划;25. 经济体制改革规划;26. 固定资产投资规划;27. 信息化发展规划;28. 经济技术协作发展规划;29. 消除贫困与全面小康发展规划;30. 开发区发展规划;31. 节能减排规划;32. 应急体系建设规划;33. 环长株潭城市群发展规划;34. 安全生产发展规划;35. 食品药品安全发展规划;36. 系统性融资规划;37. 法治政府建设规划;38. 衡邵干旱走廊综合治理规划;39. 地质灾害防治规划;40. 内河航运发展规划;41. 城市公共交通发展规划;42. 湘江流域和洞庭湖综合治理规划;43. 区域经济协调发展规划;44. 大中城市第二水源工程建设规划;45. 大湘西旅游文化圈建设规划。

132. 形成规划实施推进机制

进一步增强规划实施的严肃性,形成政府引导、市场参与、社会配合的良好氛围。强化责任落实,各级各部门要制定规划实施方案,分解工作任务,落实工作责任,强化协作意识,全面推动规划纲要和本级本部门规划的实施。强化政府引导,加强和改善政府宏观调控,引导各类市场主体积极参与规划实施,引导各种要素资源向重大规划项目配置,形成发展合力。扩大社会参与,广泛宣传“十二五”规划,动员全社会支持和参与“十二五”经济社会发展规划的实施。

加快制定并完善有利于推动科学发展、加快转变经济发展方式的绩效评价考核体系和具体考核办法,弱化对经济增长速度指标的评价考核,强化对结构优化、民生改善、资源节约、环境保护和基本公共服务等目标任务完成情况的综合评价考核,考核结果作为各级政府领导班子调整和领导干部选拔任用、奖励惩戒的重要依据。

133. 完善监督评估

自觉接受省人大及其常委会对规划实施情况的监督,听取社会各界、广大群众对规划实施的意见和建议。规划主管部门要对约束性指标和主要预期性指标完成情况进行评估,并向省人民政府提交规划实施年度进展情况报告,以适当方式向社会公布。积极开展中期评估和后评估,加强统计分析和监测工作,及时提出评估监测报告和对策措施,及时解决规划实施过程中遇到的问题。规划实施期间,环境发生重大变化,需要修改调整规划时,应报请省人大常委会审议批准。

第二节 强化重大项目支撑

把资源要素有效配置到经济社会发展最薄弱、最关键的领域和环节,通过实施“三个一”重大项目计划(10万亿左右投资、100项重大工程、1000个重大项目),落实规划目标,实现科学发展,更好地支撑湖南“十二五”经济社会全面进步。

134. 产业发展领域

围绕培育战略性新兴产业、改造提升传统优势产业、加快发展现代服务业和现代农业,实施工程机械提升、汽车整车及零部件产业发展、轨道交通装备集聚创新、信息产业振兴、文化、旅游产业发展、农产品基地等38大工程,规划建设636个重大项目,总投资规模2万亿,五年计划投资1.65万亿元。

135. 基础设施领域

围绕交通、水利、城建、信息等领域,实施高速公路、铁路通道、水利枢纽、城市路网、园区建设、数字湖南等24大工程,规划建设383个重大项目,总投资规模2.1万亿元,五年投资1.67万亿元。

136. 节能环保领域

围绕节能减排、生态治理等重点领域,实施工业节能、湘江流域综合治理、生态环境保护等21大工程,规划建设77个重大项目,总投资规模0.49万亿元,五年投资0.45万亿元。

137. 民生领域

围绕教育强省、文化强省、人才强省战略和就业、医疗卫生、住房等民生需求,实施公共文化体育发展、高等教育提升、医疗卫生保障、人力资源和公共服务保障、住房保障等17大工程,规划建设83个重大项目,总投资规模0.47万亿元,五年投资0.43万亿元。

第三节　强化资源要素保障

按照节约集约、优化配置的原则,强化土地、资金、能源、水资源、矿产资源等供给保障,确保满足“十二五”发展需求。

138. 土地

支撑“十二五”发展,五年需新增建设用地10万公顷左右,为确保供求平衡,缓解供需矛盾,必须依法使用土地,坚持在土地利用总体规划确定的建设用地范围内安排建设项目。必须盘活存量土地,加快旧城区改造,挖掘用地潜力,强化土地批后管理,处置闲置土地。必须完善土地利用机制,实行土地集约化、市场化运作,健全土地资源保护、储备、使用机制,合理有序地开发利用土地资源。通过充分利用现有存量土地和低效土地、节约集约利用土地以及城乡建设用地增减挂钩等方式解决并积极争取国家支持。

139. 资金

支撑“十二五”发展,必须加大全社会投入力度,必须切实改善投资环境,最大限度地激活民间投资,充分发挥直接融资的高效率和低成本优势,用好用足资本市场融资功能,扩大直接融资规模。必须充分发挥间接融资的规模化和多样化效应,加强与银行等金融机构的沟通协作,争取信贷资金支持。必须大幅提高内联引资水平，扩大外商投资规模。必须充分发挥财政资金的引导作用，优先投向社会事业、基础设施、公共安全和民生保障等领域，最大限度提高财政资金使用效益。

140. 能源

支撑“十二五”发展，到2015年全省一次能源需求将达到1.9亿～2.3亿吨标煤，能源“瓶颈”问题突出。必须坚持节约优先、多元发展，统筹资源开发利用与节能环保，增强能源科技自主创新能力，加快新能源和可再生能源开发利用，推进能源生产和利用方式变革。必须统筹能源基础设施建设和能源运输通道建设，充分利用省外资源。必须加强省际间能源合作和能源通道建设，加大能源调入量，更好满足经济发展对能源的需求。

141. 水资源

支撑“十二五”发展，到2015年全省共需水量351亿立方米左右。通过综合利用，基本可以满足发展需求，但同时也存在着时空分布不均的矛盾，必须着力解决水资源的开发、利用、配置、节约、保护和治理等重大问题，加强水资源的科学管理，提高利用效率。

全省上下要紧密团结在以胡锦涛同志为总书记的党中央周围，高举中国特色社会主义伟大旗帜，在省委、省政府的坚强领导下，解放思想、实事求是、与时俱进、开拓创新，为实现“十二五”规划各项目标任务、全面建成小康社会、共同谱写湖南人民美好生活新篇章而努力奋斗！

名词解释

1. “四化两型”：湖南推动科学发展的总体战略部署，“四化”是指新型工业化、农业现代化、新型城镇化、信息化；“两型”是指建设资源节约型、环境友好型社会。

2. “三品一标”：政府主导的安全优质农产品公共品牌，“三品”是指无公害农产品、绿色食品、有机农产品认证，“一标”是指农产品地理标志认定。

3. 城市综合体：也称为“城中之城”，指将城市中的商业、办公、居住、旅店、展览、餐饮、文娱和交通等城市生活空间的三项以上进行组合，并建立起相互依存、相互助益的能动关系，由此形成的多功能、高效率综合体。

4. IPTV：即交互式网络电视，指集互联网、多媒体、通讯等多种技术于一体，利用宽带有线电视网向家庭用户提供包括数字电视在内的多种服务的技术。

5. 三网融合：指通过对电信网、计算机网和广播电视网三大网络的技术改造，实现三网相互渗透、互相兼容，并整合成为统一的信息通信网络，能够提供包括语音、数据、图像等综合多媒体的通信业务。

6. LED：即发光二极管，指一种能够将电能转化为可见光的固态半导体器件。

7. 合同能源管理：指以减少的能源费用来支付节能项目全部成本的业务方式。这种节能投资方式允许客户用未来的节能收益为工厂和设备升级，以降低目前的运行成本，或者节能服务公司以承诺节能项目的节能效益，或承包整体能源费用的方式为客户提供节能服务。

8. 分布式能源：分布在用户端的能源综合利用系统，以热电冷联产技术为基础，与大电网和天然气管网组网运行，向一定区域内用户同时提供电力、蒸汽、热水和空调冷水（或风）的能源服务系统。

9.“双师型”教师：同时具备教师资格和职业资格，从事职业教育工作的教师，是教育教学能力和工作经验兼备的复合型人才。

10.“121”人才工程：湖南新世纪人才培养计划，即培养100名达到国际或国内先进水平的杰出专家，200名达到国内同行认可，具有较高学术技术水平的学术技术带头人，1000名在省内各产业各学科领域起骨干作用、具有较大发展潜能的年轻优秀人才。

11.“两推一选”：目前全国农村党组织实行最广泛的一种换届选举方式，“两推”指党内推荐支委候选人和党外推荐支委候选人，“一选”指由党组织内全体有选举权的党员无记名投票选举支委人选。

12. 物联网：“物物相连的互联网”，即通过射频识别、红外感应器、全球定位系统、激光扫描器等信息传感设备，按约定的协议，把任何物体与互联网相连接，进行信息交换和通信，以实现对物体的智能化识别、定位、跟踪、监控和管理的一种网络。

13. 云计算：指通过网络把多个成本相对较低的计算实体整合成一个具有强大计算能力的完美系统，并借助商业模式把这种强大的计算能力分布到终端用户手中。其核心理念就是通过不断提高“云”的处理能力，减少用户终端的处理负担，最终使用户终端简化成一个单纯的输入输出设备，并能按需享受“云”的强大计算处理能力。

广东省国民经济和社会发展第十二个五年规划纲要

（2011年1月26日广东省
第十一届人民代表大会第四次会议审议批准）

本规划纲要根据《中共广东省委关于制定全省国民经济和社会发展第十二个五年规划的建议》编制，主要明确政府工作重点，引导市场主体行为，是战略性、纲领性、综合性规划，是政府履行经济调节、市场监管、社会管理和公共服务职责的重要依据，是未来五年我省经济社会发展的宏伟蓝图。

第一篇　总体要求和发展目标

“十二五”时期（2011～2015年），是广东深入实施《珠江三角洲地区改革发展规划纲要（2008～2020年）》，深化改革开放，加快转变经济发展方式攻坚克难的关键时期，是全面建设更高水平的小康社会，向基本实现社会主义现代化目标迈进的关键时期，必须承前启后抢抓科学发展战略新机遇，紧紧围绕加快转型升级、建设幸福广东这个核心，全面开创科学发展、社会和谐新局面。

第一章　发展基础

“十一五”时期是广东发展极不平凡和取得巨大成就的五年。全省坚持以科学发展观统领全局，解放思想、锐意进取、开拓创新，全面实施《珠江三角洲地区改革发展规划纲要（2008～2020年）》，成功战胜罕见的低温雨雪冰冻及洪涝灾害，积极应对国际金融危机严重冲击，经济保持平稳较快发展，社会建设取得新成就，全面完成“十一五”规划主要目标任务，在推进科学发展新征程上迈出了重大步伐，为“十二五”发展打下了坚实基础。

——经济综合实力再上新台阶。主要经济指标提前一年实现“十一五”规划目标，继续居全国前列。2010 年全省生产总值达到 45473 亿元，五年年均增长 12.4%。人均生产总值于 2007 年提前三年实现比 2000 年翻一番的目标，预计 2010 年约为 4.7 万元，五年年均增长 11% 以上。地方财政一般预算收入 2010 年为 4516 亿元，是 2005 年的 2.5 倍。

——产业结构进一步优化。产业结构高级化和适度重型化明显，现代产业体系初具雏形，2010 年三次产业结构为 5.0∶50.4∶44.6，规模以上轻重工业增加值比例为 40∶60。自主创新能力明显提升，高技术产业发展迅速。先进制造业加快发展，装备制造业形成规模化、高级化发展格局。现代服务业加快壮大，传统产业转型升级步伐加快，现代农业稳步推进。

——城乡区域发展协调性增强。“三旧”改造全面推进，宜居城乡和新农村建设成效明显。城镇化水平稳步提升，预计 2010 年城镇化率达 64.0%。产业和劳动力“双转移”取得一定成效，珠三角一体化进程加快，粤东西北地区发展提速。

——绿色广东建设初见成效。积极淘汰落后水泥、钢铁产能，关停小火电，扎实有效推进节能减排工作。环境质量有所改善，生态建设取得新进展。单位生产总值能源消耗、二氧化硫排放和化学需氧量排放总量等约束性指标超额完成国家下达任务。

——人民生活明显改善。城镇居民人均可支配收入和农村居民人均纯收入五年年均增长分别达 7.6% 和 8.3%。就业规模持续扩大，覆盖城乡的社会保障体系基本建立，实现养老保险关系省内外顺畅转移。全面实施城乡免费义务教育。文化体育事业日益繁荣，人民精神文化生活更加丰富，成功举办第十六届亚运会和首届亚残运会。人均预期寿命达到 75.3 岁。

——基础设施建设实现大跨越。综合交通运输网络建设迈出新步伐，五年新增高速公路 1695 公里，新增轨道交通通车里程 777 公里，其中高速铁路 298 公里。电源、电网、天然气网建设加快，新增电力装机 3080 万千瓦。农村电网改造基本完成，实现城乡用电同网同价。水利公共基础设施建设日趋完善，加固达标江海堤围 5151 公里，防灾减灾能力明显增强。信息化水平不断提升。

——外向型经济稳步发展。加快外经贸发展战略转型，利用外资水平不断提高，进出口总额 2010 年为 7847 亿美元，五年年均增长 12.9%，其中出口 4532 亿美元，年均增长 13.7%。粤港澳紧密合作全面深化，粤台交流合作稳步发展，与东盟的合作取得新进展。“走出去”步伐加快。

——体制改革深入推进。行政体制改革实现新突破，大部制改革、富县强镇事权改革取得明显成效，事业单位分类改革进展顺利。财税、金融、投资体制改革稳步推进，国有企业改革进一步深化，民营经济公平竞争环境进一步优化。农村综合改革扎实推进，集体林权制度主体改革任务基本完成。文化体制改革迈出实质性步伐，基本医疗卫生制度加快建立，社会领域改革有新探索。探索民主政治有效实现形式迈出新步伐。

专栏 1　广东省“十一五”规划主要目标实现情况

指　　标	2005 年	“十一五”规划目标	2010 年	“十一五”年均增长(%)
地区生产总值年均增长(%)	—	9	—	12.4
人均地区生产总值年均增长(%)	—	8	—	11 以上▲

续表

指　标	2005 年	"十一五"规划目标	2010 年	"十一五"年均增长(%)
第三产业增加值比重(%)	43.3	45	44.6	—
研究与发展经费支出占地区生产总值比例(%)	1.12	1.8	1.8	—
单位生产总值能耗(吨标煤) *	0.79	0.66	0.66▲	[-16]▲
单位工业增加值用水量降低(%) *	—	[20]	[47]	—
居民消费价格指数(%)	102.3	103	103.1	103 以内
城镇化率(%)	60.7	65	64▲	—
常住人口(万人)	9194	9730	9730▲	1.14
人口自然增长率(‰) *	7.02	8.5	7.71	—
城镇登记失业率(%)	2.6	3.8 左右	2.52	—
城镇职工基本养老保险参保人数(万人) *	1565	2180	2730	—
城镇职工基本医疗保险参保人数(万人) *	1235	2200	2820	—
新型农村合作医疗覆盖率(%) *	50.5	85	98.3	—
高等教育毛入学率(%)	22	28	28	—
高中阶段教育毛入学率(%)	57.5	80	86.2	—
城镇居民人均可支配收入年均增长(%)	—	5.5	—	7.6
农村居民人均纯收入年均增长(%)	—	6.0	—	8.3
平均每千人口拥有医生数(人)	1.49	2	1.71	—
耕地保有量(万公顷) *	—	291.4	291.4	—
城镇生活污水集中处理率(%)	45	60 以上	65▲	—
二氧化硫排放总量减少(%) *	—	[15]	[18.8]	—
化学需氧量排放总量减少(%) *	—	[15]	[18.9]	—
森林覆盖率(%) *	57.5	58	57	—

注:地区生产总值和城乡居民收入速度按可比价格计算;[ ]内为"十一五"期间累计数;带▲为预计数;带 * 指标为约束性指标;常住人口采用第六次人口普查前统计数据;森林覆盖率指标口径已调整,2005 年和"十一五"规划目标为口径调整前的数;平均每千人口拥有医生数 2005 年和"十一五"规划目标为户籍人口口径,2010 年预计数调整为常住人口口径。

第二章　发展环境

"十二五"时期,世情、国情、省情将继续发生深刻变化,广东处于人均生产总值向 10000 美元迈进的发展阶段,既面临难得的历史机遇和有利条件,也面临诸多风险和挑战。

第一节　发展机遇

——总体有利的国内外形势为广东进一步发展提供了相对稳定的外部环境。和平、发展、合作仍是时代潮流，科技创新孕育新突破，这为我国利用国际创新资源、在局部优势领域实现跨越式发展提供了契机。我国成功应对国际金融危机冲击，经济发展基本面没有改变，政治社会稳定，国际地位稳步提升，仍处于可以大有作为的重要战略机遇期。

——《珠江三角洲地区改革发展规划纲要（2008～2020年）》为广东进一步发展注入了新的活力和动力。珠三角改革发展上升为国家发展战略。“科学发展、先行先试”成为新时期广东改革发展的宝贵精神财富和新的动力源泉，发展理念和发展思路有了质的提升。

——改革开放三十年的成就为广东进一步发展奠定了坚实的基础。主要经济指标多年居全国前列，基础设施比较完善，产业基础比较雄厚。基本建立了比较完善的社会主义市场经济体制，市场化程度较高，活力和创造力较强。粤港澳三地经济加快融合，泛珠三角区域合作深入推进，积极参与中国—东盟自由贸易区合作，区域互动新格局正在形成。

——率先推动经济社会发展模式转型升级为广东进一步发展开辟了新的路子。工业化、信息化、城镇化、市场化、国际化继续深入发展，全面实施扩大内需战略，人民群众对美好幸福生活的新期待，对加快转型升级、建设幸福广东提出了新的要求。广东顺应形势发展变化，利用市场倒逼机制，率先调整经济结构，主动破解经济社会发展难题，将有利于进一步拓展发展空间、提高发展质量。

第二节　面临挑战

——国际经济环境更趋复杂。国际金融危机影响深远，世界经济增速减缓，全球经济格局深度调整。外需增长放缓，各种形式的保护主义抬头，围绕市场、资源、人才、技术、标准等的竞争更加激烈，外向型经济面临严峻挑战。

——传统发展模式难以为继。广东产业层次总体偏低，自主创新能力不强，人口压力大。粗放型增长模式面临越来越大的资源环境压力，而土地和劳动力等生产要素成本加快上升，转变经济发展方式任务艰巨、刻不容缓。

——社会发展面临诸多难题。基本公共服务水平不高，人民群众多样化、多层次的公共服务需求与供给不足的矛盾越来越突出。社会结构变动加剧，利益主体日趋多元化。人们思想观念的独立性、多样性和差异性明显增强，社会管理压力加大。

——改革攻坚面临深层次矛盾。制约科学发展的体制性障碍依然较多，特别是行政管理体制、社会管理体制等方面的改革任务仍然繁重。进一步改革涉及利益关系的深层次问题，调整既有利益格局难度加大，改革攻坚更具复杂性和艰巨性。

——率先发展的竞争压力加大。随着国家区域发展总体战略的实施，内陆各省区后发优势开始显现，长三角和环渤海各省市发展势头迅猛，广东原有优势逐步减弱，新的优势尚未形成，经济总量地位、区域竞争能力、持续发展能力和体制创新能力都面临前所未有的严峻挑战。

第三章　指导思想

高举中国特色社会主义伟大旗帜，以邓小平理论和“三个代表”重要思想为指导，深入贯彻落实科学发展观，以科学发展为主题，以加快转变经济发展方式为主线，抓住加快转型升级、建设幸福广东这个核心，解放思想、改革创新、先行先试，积极实施扩大内需战略、自主创新战略、人才强省战略、区域协调发展战略、绿色发展战略、和谐共享战略，全面落实《珠江三角洲地区改革发展规划纲要（2008～2020年）》，推动率先全面建成小康社会、率先基本实现社会主义现代化取得决定性进展，朝着建设提升中国国际竞争力的主力省、探索科学发展模式的试验区、发展中国特色社会主义的先行地的目标迈出重大步伐，真正当好推动科学发展、促进社会和谐的排头兵。

加快转型升级、建设幸福广东，必须更加注重科学发展、先行先试，更加注重创新驱动、内生增长，更加注重城乡一体、区域协调，更加注重绿色发展、生态文明，更加注重民生优先、和谐共享。正确处理好发展速度与发展方式的关系、硬实力与软实力的关系、经济增长与民生福祉的关系、政府与市场的关系、改革发展与稳定的关系等五个重大关系，提高发展的全面性、协调性、普惠性和可持续性，突出做到“六个必须”：

——必须加快调整经济结构。坚持把经济结构战略性调整作为加快转变经济发展方式的主攻方向，推进需求结构、产业结构、城乡结构、区域结构、要素投入结构的全方位调整，促进速度质量相协调，内需外需相协调，城乡区域发展相协调，促进经济增长向依靠消费、投资、出口协调拉动转变，向依靠三次产业协同带动转变。

——必须加快提升自主创新能力。坚持把科技进步和创新作为加快转变经济发展方式的重要支撑，充分发挥科技第一生产力和人才第一资源作用，以制度创新推动科技创新，促进经济增长向主要依靠科技进步、劳动者素质提高、管理创新转变，把“贴牌大省”变成“品牌大省”，“广东制造”变成“广东创造”，建设创新型广东。

——必须持续改善生态环境。坚持把建设资源节约型、环境友好型社会作为加快转变经济发展方式的重要着力点，倡导绿色生活，促进绿色发展，立足资源环境承载能力谋发展，全面构建经济效益与生态效益有机统一的可持续发展新格局。

——必须全方位提升文化建设水平。坚持把提高文化软实力作为加快转变经济发展方式的深层支撑，进一步弘扬解放思想、改革开放的时代文化精神，以世界眼光打造具有岭南特色和广东气派、具有鲜明时代特征和实践特征的当代广东先进文化，率先探索中国特色社会主义文化发展道路，加快实现从文化大省向文化强省的新跨越。

——必须整体推进社会建设。坚持把保障和改善民生作为加快转变经济发展方式的根本出发点和落脚点，更加注重发展成果的普惠性，更加注重社会公平正义，促进基本公共服务均等化，把发展的目的真正落实到富民、惠民、安民上。坚持包容性增长，围绕增进民生福祉统筹经济社会协调发展，畅通诉求表达渠道，让人民安居乐业，增强幸福感，共享经济社会发展成果。

——必须全面深化改革开放。坚持把改革开放作为加快转变经济发展方式的强大动力，先行先试，坚定不移推进市场取向的经济改革和制度创新，进一步激发市场主体创造力，构建有利于科学发展的体制机制。加快外经贸战略转型，深化粤港澳合作，全面构建充满活力、富有效率、互利共赢、安全稳定的开放合作新格局，提高国际竞争力。

第四章　发展目标

到2015年，全省人均生产总值提前五年实现比2000年翻两番目标，经济发展方式转变取得显

著进展，社会软实力显著提升，民生福祉显著改善，科学发展的体制机制日益完

——经济平稳较快增长。经济实力进一步增强，全省生产总值年均增长8%
约6.7万亿元。人均生产总值年均增长7%以上，到2015年约6.6万元。消费、投资
动，价格总水平基本稳定。抵御风险能力进一步增强。

——产业结构优化升级。产业整体素质和综合竞争力明显提升，产业、产品和企业组织
趋合理，服务业增加值比重达48%，基本形成现代产业体系总体架构。

——创新能力显著增强。科技进步对经济增长的贡献率明显提高，自主创新能力居全国前列，走出广东特色的创新驱动发展路子。全省研究与发展经费支出占地区生产总值比重达到2.3%。

——区域发展差距逐步缩小。区域合作水平显著提高，区域发展更加协调，粤东西北地区经济发展速度持续高于全省平均水平，珠三角一体化和粤东西北地区跨越发展格局基本形成。

——城乡居民收入普遍较快增加。努力实现居民收入增长和经济发展同步、劳动报酬增长和劳动生产率提高同步。城镇居民人均可支配收入和农民人均纯收入年均实际增长均达到8%。

——社会事业全面发展。教育、文化、卫生、体育等社会事业全面发展，建成具有广东特色惠及全民的社会保障体系，公共文化服务体系进一步完善，初步实现基本公共服务均等化。高中阶段教育毛入学率达到90%，九年义务教育巩固率达到93%。人均预期寿命达到76.5岁。防灾减灾和公共安全保障能力进一步提高。依法治省扎实推进，法治环境明显优化。

——生态环境明显改善。资源节约型和环境友好型社会建设取得突破性进展，资源利用效率和环境质量显著提高，宜居城乡建设成效明显，人居环境明显改善。单位生产总值能源消耗降低、单位生产总值二氧化碳排放减少、主要污染物排放减少量达到国家下达的约束性指标要求，耕地保有量保持291.4万公顷，森林覆盖率达58%。

——改革开放不断深化。重点领域和关键环节的改革取得突破性进展，符合科学发展要求的经济体制、行政体制、文化体制、社会体制等基本健全，继续在科学发展、先行先试的体制创新上走在全国前面。粤港澳经济进一步融合发展，外经贸发展实现战略转型，国际化营商环境更加优化，国际竞争力明显提高。

专栏2　广东省“十二五”经济社会发展主要指标表

类别	指　标	2010年	2015年	年均增长（%）	属性
结构调整	地区生产总值（亿元）	45473	66800	8以上	预期性
	人均地区生产总值（元）	4.7万左右▲	66000	7以上	预期性
	居民消费价格指数（%）	103.1	—	3	预期性
	服务业增加值比重（%）	44.6	48	—	预期性
	居民消费率（%）	—	40	—	预期性
	城镇化率（%）	64▲	68	—	预期性
	研究与发展经费支出占地区生产总值比例（%）	1.8	2.3	—	预期性
	高技术制造业增加值占工业增加值比重（%）	20.6	26	—	预期性
	每百万人口发明专利申请量（件）	380	520	—	预期性

续表

	指　标		2010 年	2015 年	年均增长（%）	属性
民生福祉	常住人口（万人）		9730▲	10230	1	预期性
	人口自然增长率（‰）		7.71	8.5	—	约束性
	基本公共服务支出占财政一般预算收入的比重（%）		22.9	25.6	—	预期性
	城镇登记失业率（%）		2.52	4 以内	—	预期性
	城镇净增就业人数（万人）		30	[500]	—	预期性
	高等教育毛入学率（%）		28	36	—	预期性
	高中阶段教育毛入学率（%）		86.2	90	—	预期性
	九年义务教育巩固率（%）		—	93	—	约束性
	城镇基本养老保险参保人数（万人）		3215	3770	—	约束性
	城乡三项医疗保险参保率（%）		—	98	—	约束性
	新型农村社会养老保险参保人数（万人）		550	1500	—	预期性
	城镇保障性安居工程建设（万套）		[20]	[180]	—	约束性
	城镇居民人均可支配收入（元）		23898	35100	8	预期性
	农村居民人均纯收入（元）		7890	11600	8	预期性
资源环境	耕地保有量（万公顷）		291.4	291.4	—	约束性
	单位工业增加值用水量降低（%）		[47]	—	[30]	约束性
	非化石能源占一次能源消费比重（%）		15	20	—	约束性
	单位生产总值能源消耗降低（%）		[16]▲	—	完成国家下达任务	约束性
	单位生产总值二氧化碳排放降低（%）		—	—	完成国家下达任务	约束性
	主要污染物排放减少（%）	化学需氧量	[18.8]	—	[10]	约束性
		二氧化硫	[18.9]	—	[13]	
		氨氮	—	—	[11]	
		氮氧化物	—	—	[15]	
	城镇生活污水集中处理率（%）		65▲	75	—	预期性
	城镇生活垃圾无害化处理率（%）		70	85	—	预期性
	森林增长	森林覆盖率（%）	57	58	—	约束性
		森林蓄积量（亿立方米）	4.38	5.51	—	
	城市人均公园绿地面积（平方米）		12.4	13	—	预期性

注：地区生产总值和城乡居民收入绝对数按 2010 年价格计算，速度按可比价格计算；[ ]内为五年累计数；带▲为预计数；常住人口采用第六次人口普查前统计数据预测，待国家公布六普数据后再做调整；三项医疗保险指城镇职工基本医疗保险、城镇居民基本医疗保险、新型农村合作医疗；约束性指标尚需根据国家分解下达意见调整。

第二篇　创新驱动　建设创新型广东

强化自主创新对加快转型升级、建设幸福广东的核心推动作用，以制度创新推动创新能力的全面提升，推动经济社会发展走上创新驱动之路。到2015年，率先建成创新体系健全、创新要素集聚、创新成效显著的全国自主创新示范省，初步建成亚太地区重要的区域创新中心。

第一章　完善创新机制

提升企业的创新主体地位，加强产学研合作，进一步完善有利于创新的体制机制，激发创新活力。

第一节　强化企业创新主体地位

引导和支持创新要素向企业集聚，加快构建以企业为主体、市场为导向、产学研结合的技术创新体系，使企业真正成为研究开发投入、技术创新活动、创新成果应用的主体。实施提升企业技术创新能力行动计划和创新型中小企业成长扶持计划，鼓励大型国有企业和民营企业加大研发投入。培育百强自主创新企业，重点打造50家国家级创新型企业。强化高校、科研院所在创新中的支撑作用，促进科学研究与高等教育有机结合。

第二节　完善创新资源配置机制

实施创新资源集聚行动计划，促进全社会创新资源的高效配置和综合集成。加大政府创新投入，建立部门统筹协调机制和信息共享机制，改革和完善政府创新投入的统筹使用、管理监督和绩效评估体系，促进科研设备和信息资源开发共享，提高政府创新资源使用效率。完善创新要素自由流动的市场调节机制，促进各类创新资源优化配置。建设粤港澳联合创新区、深港创新圈和粤港澳科技产业园，促进三地创新资源的共享。鼓励跨国公司在粤设立研究开发机构，探索国际科技合作新模式。鼓励我省企业设立境外研究机构，积极利用和承接境外创新资源。加速军工和民用技术互相转化，促进科研资源的军民共享。

第三节　完善产学研合作机制

深化“省部院”合作，与国家有关部门联合开展自主创新综合试验，加强创新平台和示范基地建设，推动形成优势互补、合作共赢的产学研合作长效机制。实施深化产学研合作行动计划，建设100个左右省部产学研技术创新联盟，发挥企业家和科技领军人才在创新中的重要作用。完善企业科技特派员制度。引导高校、科研机构与企业开展产学研合作。

第四节 完善创新激励机制

完善“谁创新谁受益”的市场激励机制，引导全社会增加创新资源投入。全面落实企业研发投入加计扣除、研发设备加速折旧、所得税减免等激励政策，加大自主创新产品政府采购和首购力度。进一步深化高校和科研机构科研体制改革，建立以创新为导向的考核评价体系，增强高校和科研机构的创新动力。探索建立人才资本产权激励办法，鼓励创新型人才以知识产权、技术等要素投资入股并参与分配。

第二章 增强创新能力

加强创新平台建设，强化产业关键核心技术创新和转化，加快构建开放型区域创新格局。

第一节 加强科技创新基础能力建设

围绕关键领域技术创新，强化基础性、前沿性技术和共性技术平台建设，促进产业技术水平提升。争取国家重大科技基础设施、重要科研机构和重大创新能力项目落户广东，加快推进国家重点实验室、工程实验室、工程中心、企业技术中心、质检中心等重大创新平台建设。在重点学科和关键产业技术领域，建设一批省级重点实验室和工程实验室，支持省级工程中心和企业技术中心建设。加强面向企业的行业公共技术、检测和中介服务平台建设。支持广州、深圳建设国家创新型城市，推动珠三角率先建成全国创新型区域。

专栏3 科技创新能力建设重大项目

重大科技基础设施：建设中科院东莞散裂中子源、广州生物医药与健康研究院、深圳先进技术研究院、国家超级计算深圳中心、广州华南新药创制中心、深圳国家基因库等重大科技基础设施项目。

国家重点实验室：建设眼科学、呼吸疾病、亚热带建筑科学等国家重点实验室以及无线宽带接入技术、工业产品环境适应性、稀有金属分离与综合利用、畜禽育种、移动网络和移动多媒体技术等企业国家重点实验室。

国家工程实验室：建设再生型医用植入器械、塑料改性与加工、特高压工程技术（广州）、数字音频编解码技术、电子信息产品协同互联、电子信息产品标准化等国家工程实验室。

国家工程中心：建设基因工程药物等国家工程研究中心以及金属材料近净成形、节能环保制冷设备、植物航天育种、医用诊断仪器、生化工程等国家工程技术研究中心。

国家级企业技术中心：建设中国南方电网有限责任公司企业技术中心、中国广东核电集团有限公司企业技术中心、华为技术有限公司企业技术中心、中兴通讯股份有限公司企业技术中心、广州无线电集团有限公司企业技术中心、TCL集团股份有限公司企业技术中心等国家级企业技术中心。

国家级质检中心：建设电器安全、中低压电器、食品、纺织品服装、信息技术设备等国家级质检中心。

第二节 突破产业关键核心技术

深入推进国家技术创新工程试点，加强前沿科学研究、基础科学研究和应用基础研究，逐步增强原始创新能力。实施重大产业技术攻关计划，突破一批关键领域核心技术和行业共性技术，开发一批拥有自主知识产权的创新产品，有效提升全省技术自给率。实施重大科技专项，制定和实施一批重点产业发展技术路线图，继续开展粤港关键领域重点突破项目联合招标，在新兴电子信息技术等领域突破掌握一批关键核心技术。加强关键领域核心、共性技术攻关的组织，形成政府推动与企业为主相结合的核心共性技术研发和推广应用机制。着力推进传统产业技术创新，建设一批优势传统产业集群共性技术攻关和创新平台。

专栏4　关键核心技术重点突破领域

新兴信息技术：主要包括新一代宽带通信技术、三网融合关键技术、新型显示技术、软件和集成电路设计、物联网芯片及传感、云计算等；

生物医药：主要包括创新药物、现代中药、干细胞、疫苗诊断试剂、转基因、生物信息和以核技术为基础的大型诊断医疗设备等；

新能源汽车：主要包括新型动力电池及其管理系统、电机及其控制系统、动力系统总成、整车系统集成等；

半导体照明(LED)：主要包括LED外延片及芯片、金属有机化合物化学气相淀积(MOCVD)核心设备及关键配套材料、大功率白光LED产品封装和散热，LED驱动电源等；

新材料：主要包括新型电子材料、特种功能材料、环境友好材料、高性能结构材料和新型稀土材料等；

新能源：主要包括薄膜太阳能光伏电池、材料和专用设备以及高性能风电装备和核电装备设计、制造、安装和调试等。

第三节　推进科技成果产业化

完善创新成果转化机制，促进具有自主知识产权的创新成果转化为现实生产力。实施创新成果产业化专项，重点建设下一代移动通信芯片、新型片式电子元器件、LED外延芯片、薄膜太阳能电池、电动汽车用电力电池等100个对产业发展具有重大支撑作用、技术集成度高、带动作用强的重大科技成果产业化示范工程。完善创新成果与产业需求对接机制，加强科技成果孵化和中试基地建设，建立健全高等学校、科研机构的创新成果发布制度和技术转移制度。争取国家重大创新成果在我省转化，推动我省成为全国重要的创新成果产业化基地。强化高新技术开发区创新功能，支持有条件的地区创建国家创新型科技园区，促进珠三角科技创新向粤东西北地区辐射转移。继续发挥深圳高交会在促进科技成果产业化、市场化方面的重要平台作用。

第四节　推进管理和商业模式创新

制定完善支持企业管理创新和商业模式创新的激励政策，提升企业商业运营能力和市场竞争力，促进企业提高生产经营效率效益和扩大市场占有率。支持企业开发使用信息管理技术、开展产业链融合重组、推进运营模式创新。引导企业大力发展有利于扩大市场需求的专业服务、增值服务等新业态，发展新型特许、代理、连锁经营。培育和弘扬有广东特色的企业文化和企业家创新精神，建立完善职业经理人交流市场、资格认定系统、继续教育培训机制。探索与新技术发展和应用相适应的产品开发、生产销售、人力资源管理、企业组织形式、资本运作等新型管理和商业模式。

第三章　打造创新人才高地

实施人才强省战略，广泛引进高层次人才，加强创新人才队伍建设，营造人才脱颖而出的环境。

第一节 加强引才引智

把引进项目、技术和引进人才紧密结合，多渠道、多形式引进高层次人才，广泛吸纳各类学科带头人、管理专家和优秀青年人才。深入实施并不断完善引进领军人才和创新型科研团队计划，引进1000名高层次科技创新人才。加强引导海外人才为粤服务工作，建立稳定的海外人才引进渠道和工作机制，面向全球配置集聚创新人才。开展留学人员择优资助和留学回国人员创业支持，加快推进广州、深圳国家海外高层次人才创新创业基地建设。办好留交会和中国国际人才交流会，鼓励国内外优秀人才来粤创业。

第二节 构建多层次的人才培养体系

加强统筹，大力培养经济社会发展重点领域的急需紧缺专门人才，突出培养创新型科技人才和高技能人才。鼓励和引导高校与企业建立联合培养人才的机制，重点加强研究团队和优势学科高级科技人才培养。到2015年，从事科技活动人数超过80万人。继续实施南粤杰出人才培养工程，打造“珠江学者”品牌工程，加强院士、博士后工作站建设。实施“千百十工程”和高层次人才访学研修计划，打造具有国内外领先水平的学术带头人梯队。建立健全多层次的培训体系，加强国内外人才交流。

第三节 完善人才服务和管理体系

充分发挥市场在人力资源配置中的基础性作用，消除人才流动中的城乡、区域、部门、行业、身份和所有制限制，构建统一、开放、有序的人力资源市场。加大人力资源开发投入，积极发展人力资源服务业，建立健全科学的人才评价发现机制。表彰奖励杰出创新团队和专业技术人才，开展南粤功勋奖和南粤创新奖评选。建立跨区域的人才交流合作服务平台，健全人才信息管理标准和人才资源动态预警机制。

第四章 优化创新发展环境

加强创新创业投融资支撑作用，强化知识产权管理和技术标准建设，促进形成要素完备、支撑有力和开放包容的创新发展环境。

第一节 完善创新投融资支撑体系

积极探索金融与科技创新发展的新模式，形成支持创新创业的多元化投融资体系。建立健全创业风险投资机制，设立广东省创业投资引导基金和一批国家地方联合新兴产业创业投资基金，开展科技保险试点，建设创业投资融资担保平台，引导和鼓励创业投资投向重点创新领域。积极发展知识产权质押、租赁融资，完善华南技术产权交易市场，大力推动创新型企业上市融资。

第二节 实施知识产权和技术标准战略

加强知识产权的创造、运用、保护和管理，强化部省知识产权战略合作，建设国家级区域专利信息服务中心和知识产权公共信息综合服务平台，大力发展知识产权优势企业和示范企业。实施自主知识产权技术标准培植工程，推动自主知识产权和重大专利技术形成技术标准，优先采用和推广具有自主知识产权的技术标准。积极鼓励和支持我省企事业单位主导或参与各类标准的制定修订，努力打造“广东标准”品牌。建立涉外应对和维权援助机制，加强技术性贸易壁垒的预警、应对和防控。建立自主创新标准化工程平台，进一步完善标准技术服务支撑体系。

第三节　营造良好创新氛围

积极营造“鼓励创新、激励探索、包容个性、宽容失败”的创新文化氛围。加快自主创新立法，不断完善科技创新政策体系，推进形成尊重人才的社会环境和平等公开、竞争择优的制度环境，增强社会公共创新创业意识。加强科普基础设施建设，开展多种形式的科普宣传工作。

第三篇　优化升级　建设全球重要现代产业基地

把现代产业体系建设作为加快转型升级、建设幸福广东的战略任务，坚持制造与创造相结合，制造业与服务业相协调，信息化与工业化相融合，以广东现代产业500强项目为抓手，加快建设全球重要现代产业基地和国家战略性新兴产业基地，形成以战略性新兴产业为先导、先进制造业和现代服务业为主体的产业结构。

第一章　推进现代服务业大发展

推进现代服务业载体建设和服务业综合改革试点，实施现代服务业“三个一百”工程，构建高效生产服务体系和优质生活服务体系。到2015年，建成10个产值超千亿元的现代服务业基地，形成100个现代服务业集聚区，现代服务业增加值占服务业比重达60%。

第一节　大力发展生产服务业

重点发展金融保险、现代物流、信息服务、科技服务、商务会展、总部经济等面向生产的服务业，打造中新（广州）知识城、珠海横琴新区、前海深港现代服务业合作区、广州南沙实施CEPA先行先试综合示范区四大现代服务业对外合作示范区。建设金融改革创新综合试验区，推进广州、深圳区域金融中心建设。支持建设广东金融高新技术服务区，大力发展金融后台服务产业，努力建设辐射亚太地区的现代金融产业后援服务基地。积极发展第三方物流、保税物流和国际物流，加快建设南方现代物流信息公共服务平台，实施物流标准化服务示范工程，培育和建设30个省级物流园示范区。加快建设国家软件和信息技术服务基地，积极发展新型信息传输服务。大力发展以研发设计、节能环保、质量检测等为重点的专业技术服务。积极发展企业管理、法律服务、会计审计等专业服务，培育10家跨境经营并提供综合服务的本土性大型专业服务企业。鼓励跨国公司和国内大型企业在粤设立物流中心、采购中心、研发中心和培训中心，促进总部经济发展。提升发展专业会展，打造亚太重要会展经济区。

第二节　提升发展生活服务业

加快采用信息技术和现代经营模式，推动旅游、商贸、房地产、社区服务等与群众生活密切相关的生活服务业发展。加快建设旅游综合改革示范区，建成亚太地区有重要影响力的国际旅游目的地和旅客集散地。扩大数字终端设备等先进技术在商贸流通领域的应用，推广现代经营方式和新型业态，推动商业网点向镇村延伸，建立城乡双向流通和产销衔接机制。发挥邮政现有网络优势，完善普遍服务，大力发展快递物流等服务。积极引入社会力量投资发展社区服务、家政服务、养老服务、现代医疗服务，建设区、街、居三级网络。鼓励发展营养保健指导、健身美容等非医疗性健康服务产业。

第三节　培育发展新兴服务业

积极培育创意产业、服务外包、人力资源服务和高技术服务等新兴服务业。加快推进科技与文化融合发展，促进创意产业与制造业互相渗透，培育形成服务业新的增长点。调整和完善用地、消防审批、注册登记等政策，鼓励发展工业设计、建筑设计等文化创意产业，形成粤港工业设计走廊，搭建国际设计交流平台。以离岸服务外包为重点，积极承接国际服务外包业务。鼓励制造业企业分离内置服务业务，加快发展与制造业联动的研发设计、物流服务、会展服务、采购与营销服务、人力资源服务等生产服务外包业务。重点推进广州和深圳国家服务外包示范城市建设，形成2～3个国家级服务外包产业基地。积极发展专业化的人力资源服务机构。

专栏5　现代服务业"三个一百"工程

100个现代服务业集聚区：规划建设包括总部经济、金融商务服务、现代物流、信息服务、科技服务、商贸会展、创意设计、文化旅游等八大类型100个产业集聚度高、发展特色鲜明的现代服务业集聚区。

100个现代服务业重大项目：建设现代服务业百强项目。

100个骨干企业：在金融保险、现代物流、研发设计、专业服务、文化创意等重点行业和关键领域培育100个年经营收入达到10亿元以上、带动能力强、品牌影响大的现代服务业骨干企业，力争有50家进入中国服务业企业500强。

第二章　促进制造业高级化

加快制造业结构调整，壮大做强先进制造业规模，改造提升传统制造业，延伸完善产业链，提高制造业国际竞争力。

第一节　提升先进制造业集聚发展水平

重点发展资金技术密集、关联度高、带动性强的装备、汽车、石化等产业。推进装备制造业高端化，着力提升装备产业的研发能力，建设一批重大装备项目，在能源装备、智能制造装备、轨道交通装备、先进医疗器械和现代农机装备等方面实现突破，形成3～4家主营业务收入超100亿元的重型装备制造企业，打造具有国际竞争力的重大成套和技术装备制造产业基地。推进汽车产业自主化，做强广州、深圳汽车整车基地，推进佛山汽车基地建设，重点发展汽车关键零部件，延伸汽车产业链，建设以自主品牌和自有技术为主的、国内最重要的汽车产业集群和国际汽车产业基地，汽车产能超过 330 万辆，整车厂零部件本地配套率超过 80%。推进钢铁产业规模化，积极推进企业联合重组，打造具有国际竞争力的湛江钢铁生产基地。推进石化产业集聚化，重点建设湛江东海岛、惠州大亚湾、揭阳惠来和茂名四大石化基地，力争炼油能力达到 1 亿吨/年以上，乙烯生产能力达到 400 万吨/年，延伸石化产业链，建设若干精细化工园区。推进船舶产业尖端化，大力发展高附加值、高技术的(超)大型、特种船舶和海洋工程装备及配套产业，建设广州龙穴、中山、珠海三大船舶和海洋工程装备制造基地，造船能力超过 800 万总吨。推动高技术制造业做强做大，加快高新技术产品升级换代，初步建成国内领先、全球重要的高技术产业集聚区。到 2015 年，先进制造业增加值占规模以上工业增加值比重达 50%；高技术制造业增加值占规模以上工业增加值比重达 26%。

第二节　改造提升传统制造业

坚持信息化带动，运用高新技术、先进适用技术和现代管理技术改造提升传统制造业，推动传统制造业加快向产品研发、设计、营销等附加值高的产业链环节延伸，建设一批研发设计中心和国际物流采购中心。以建设行业共性技术开发平台为先导，围绕家用电器、纺织服装、食品、建材、造纸、有色金属及制品等优势传统产业打造一批集聚区。优化家电产品结构，完善食品、服装产业链，突出质量安全，打造自主品牌和区域品牌。集聚环保发展造纸工业，高标准建设珠三角纸制品基地以及粤西等林浆纸一体化基地。提升有色金属及制品、建材工业发展水平，加快用先进产能置换落后产能。到 2015 年，优势传统工业增加值占传统工业增加值的比重达 64%，形成 5 个具有国际影响力的产业集聚区，打造 3 个产值超千亿元的龙头企业。

专栏 6　制造业重点项目和基地

装备基地：扩建广州出海口核电装备基地、台山核电配套设备、中山兆瓦级风电设备以及建设花都和谐型大功率机车、番禺城市轨道和江门城际轨道三大轨道交通机车修造基地重大装备制造项目，形成珠三角核电装备制造基地、轨道交通产业基地等重大装备制造基地以及佛山特色装备制造基地、汕头轻工装备制造基地、韶关重型装备等制造基地。

汽车基地：建设广汽自主品牌汽车、一汽大众广东、深圳长安汽车等整车项目和一批关键零部件项目，形成以广州、深圳、佛山等整车生产企业为龙头的珠三角汽车产业基地。

石化基地：建设湛江中科合资广东炼化一体化、揭阳中委合资超重油加工工程、惠州中海油炼化扩建、茂名石化改扩建四大炼化项目，围绕炼化项目打造世界先进水平的特大型石化基地，并集聚延伸发展产业链。

钢铁基地：继续加快推进广钢环保迁建工作，建设湛江钢铁基地项目，与隔墙的大型石化项目发展循环经济。

船舶基地：扩建广州龙穴大型修造船基地、建设珠海船舶和海洋工程装备制造、中山船舶和海洋工程装备制造基地以及广州大岗中低速船用柴油机等项目，形成珠三角船舶和海洋工程装备制造基地。

家用电器产业基地：建设佛山南海、顺德、中山、惠州、江门、湛江等家电产业基地，以及东莞等出口加工区。

造纸产业基地：建设湛江林浆纸一体化、广纸环保迁建等重大项目，形成东莞、江门、湛江、汕尾等具有国际竞争力的造纸产业基地。

纺织服装产业基地：建设东莞、汕头、梅州、揭阳、潮州等服装产业升级示范区，打造江门特种纤维产业基地。

建材产业基地：新建新型干法水泥 5000 万吨，淘汰落后产能 4000 万吨，集聚建设韶关、梅州、惠州、阳江、肇庆、清远、云浮等水泥熟料基地。提升建设潮州、清远、江门恩平等陶瓷生产基地和云浮石材生产基地。

食品饮料产业升级示范基地：推进佛山、江门、中山、河源、肇庆、汕尾等市建设食品饮料产业集群升级示范基地。

第三章 培育发展战略性新兴产业

把握世界新科技革命和产业革命的历史机遇，把加快培育和发展战略性新兴产业作为推进我省产业结构升级的重要抓手，超前谋划布局，突出重点领域和关键环节，推动战略性新兴产业快速健康发展。

第一节 推动重点产业做大做强

将知识密度高、引领带动作用强、发展潜力大和综合效益好的新兴产业作为发展重点，加快把战略性新兴产业培育成先导性、支柱性产业。大力发展高端新型电子信息、新能源汽车、半导体照明、节能环保、太阳能光伏、核电装备、风电、生物医药、新材料、航空航天和海洋等新兴产业。优化规划布局，建立和完善产业技术标准体系。到2015年，全省战略性新兴产业规模突破2万亿元，战略性新兴产业增加值占生产总值比重达到10%左右，成为国家战略性新兴产业重要基地。

专栏7 战略性新兴产业重点项目

新型平板显示项目：建设深圳华星光电8.5代液晶面板、广州乐金显示8.5代液晶面板、佛山低温多晶硅有机发光二极管（OLED）显示屏、顺德彩虹南方OLED产业基地、汕尾4.5代液晶显示器（TFT-LCD）和2.5代OLED等新型平板显示项目。

新能源汽车项目：建设深圳新能源汽车整车及电池、广州新能源汽车、珠海锂离子电池及动力总成等新能源汽车整车和配套项目。

半导体照明项目：建设东莞第三代半导体照明用衬底材料、广州、佛山生产型MOCVD研发及产业化、广州大功率高亮度LED外延及芯片产业化、惠州LED芯片生产等LED产业项目。

新兴信息技术项目：建设广州中移动南方研发基地三期、深圳新一代通信设备、深圳超大规模集成电路芯片、河源移动通讯生产基地、惠州新型电子集成产品研发和产业化等新兴信息技术项目。

太阳能光伏项目：建设河源薄膜太阳能电池、佛山薄膜太阳能电池、东莞薄膜太阳能电池、江门太阳能电池模块等太阳能电池及产业链配套项目。

生物工程项目：建设广州国际生物岛、现代医药研发及产业化、深圳生物基因产业发展基地、珠海新药开发及产业化等生物工程项目。

新材料项目：建设广州高性能碳纤维产业化及新型塑料改性、汕头核级海绵锆及复合氧化锆等新材料项目。

航空产业发展项目：建设珠海通用飞机制造、广州空港经济等航空产业基地。

第二节 促进重点领域跨越发展

重点发展高端新型电子信息、新能源汽车、半导体照明三大产业。实施发展高端新型电子信息产业行动计划，着力发展新型平板显示、新一代通信、物联网和云计算等新兴行业，加快广州、深圳、佛山、汕尾等地的重大新型平板显示项目建设，推进新一代宽带无线移动通信和下一代互联网关键技术攻关和产品开发，打造世界级电子信息产业基地。实施广东省电动汽车发展行动计划，以纯电动汽车和插电式混合动力汽车为主要发展方向，重点发展整车生产项目。实施LED产业发展和提升计划，大力发展大功率LED前端产品及装备，开发新一代绿色环保灯具，加快发展佛山、江门、中山等市LED产业集群。

第三节 突破产业关键环节

抓住技术、市场、产业组织和政策环境等关键环节，集中力量形成突破。加强关键领域核心技术的研发及产业化，以技术突破带动产业升级；加强新兴技术储备，在新一代通信、新能源汽车、半导体照明、太阳能光伏等新兴技术领域实现与国际同步发展。加快我省12个国家高技术产业基地和9个国家高新区建设，培育建设一批战略性新兴产业示范基地。加快制定实施促进新兴产业发展的政策措施。拓宽战略性新兴产业产品市场，以市场应用带动产业发展。积极推进新能源汽车充电、充气设施建设，建设一批新能源汽车推广应用示范城市，积极推进新能源汽车在城市公共服务领域的应用。实施LED照明和金太阳等一批示范工程，建设广东省绿色照明示范城市。

专栏8 高新技术产业集聚区

国家高技术产业基地：广州信息产业国家高技术产业基地、广州国家软件产业基地、广州国家生物产业基地、广州新材料国家高技术产业基地、广州国家高技术服务产业基地、深圳国家软件出口基地、深圳国家生物产业基地、深圳综合性国家高技术产业基地、深圳国家高技术服务产业基地、珠海航空产业国家高技术产业基地、珠海国家软件产业基地、东莞信息产业国家高技术产业基地等。

国家高新区：广州、深圳、珠海、佛山、中山火炬、东莞、惠州仲恺、肇庆、江门国家高新区等。

第四章 提升产业竞争力

实施品牌带动战略，推动产业分工协作，加大企业技术改造力度，提升企业现代技术装备水平，发展壮大一批骨干企业，促进产业集聚发展。

第一节 提升产业技术水平

积极推进产业技术进步和技术改造，提升产业发展技术支撑力。研究制定我省产业技术政策，指导产业技术发展方向。组织实施工业行业信息化应用提升等一批重大技术改造项目，推进重点产业振兴和技术改造。推进专业镇技术创新工程，建立区域性产业技术创新中心。提高产业技术门槛，促使资源型低端产业逐步退出。

第二节 优化企业组织结构

以汽车、钢铁、水泥、稀土等产业为重点，加快兼并重组步伐，支持优势企业发展壮大，着力提高企业规模水平和产业集中度，形成一批具有国际竞争力的大企业。充分发挥大企业的龙头带动作用，形成以大企业为龙头、中小企业专业化配套的协作体系。加强与世界500强企业、国内行业骨干企业和中央企业的合作。推动国有资本向重要资源、重大基础设施、提供重要公共产品及服务的重要行业和关键领域集中，做大做强国有企业，增强国有经济的活力、控制力、影响力和综合实力。推进区域、企业品牌建设，丰富以商标为载体的品牌内涵，促进创新成果与自主品牌相结合，创建一批具有自主知识产权的世界级品牌，提高产品附加值。到2015年，年主营业务收入超千亿元企业达到10家左右。

第三节 促进产业集聚发展

结合区域资源环境承载能力、产业基础和发展优势，推动产业梯度转移。加大龙头项目和产业园区的建设力度，推进公共服务体系建设，进一步增强集聚区综合竞争力，建成若干个主导产业明确、配套产业集聚、资源设施共享、废物循环利用的产业集聚区。形成不同梯度与层次、相互配套、关联互补的产业集聚发展格局。

专栏9 广东省现代产业500强项目

战略性新兴产业百强项目：当前突出高端新型电子信息、新能源汽车、半导体照明等领域，已布局项目总投资2893亿元，其中高端新型电子信息项目总投资976亿元，新能源汽车项目总投资175亿元，半导体照明项目总投资93亿元。

先进制造业百强项目：突出装备、汽车等高附加值产业领域，已布局项目总投资4377亿元，其中装备项目总投资355亿元，汽车项目总投资455亿元。

现代服务业百强项目：突出金融、文化创意、科技服务、信息服务等高端服务业领域，已布局项目总投资2986亿元，其中金融业项目总投资478亿元，文化创意产业项目总投资356亿元，科技服务业项目总投资141亿元，信息服务业项目总投资49亿元。

优势传统产业百强项目：突出轻工、纺织、有色金属、建材等领域，已布局项目总投资1392亿元，其中家电、食品、造纸等轻工业项目总投资831亿元。

现代农业百强项目：突出特色农业、现代渔业和农产品精深加工服务业等领域，已布局项目总投资297亿元。

第四篇 内外并举 实现消费投资出口协调拉动

顺应加快转型升级、建设幸福广东的要求，坚持扩大内需与稳定外需相结合，巩固和扩大应对国际金融危机冲击成果，全面实施扩大内需战略，继续发挥外向型经济较强的优势，巩固拓展外需市场，形成内需外需协调发展、互补相长的新格局。

第一章 切实扩大消费

把扩大消费需求作为培育内生增长动力的战略重点，构建长效机制，着力培育新型消费模式和消费热点，稳步提升居民消费率。到2015年，社会消费品零售总额达到35000亿元。

第一节 大力拉动农村消费

增加农民收入，推动农村消费量的扩张和质的提升。加强农村市场流通体系建设，以县城和中心城镇为重点，加快“万村千乡”、“新网工程”和“双百”市场工程建设，支持商贸、邮政、供销等企业向农村延伸服务，积极发展连锁超市、便利店等新型流通业态。完善农村商业网点和消费服务设施，构筑城乡互动的现代流通网络。积极开拓农村汽车消费市场，引导农民改善住房，促进健康的精神文化消费。探索开展农村消费信贷业务，促进农村消费方式多样化。

第二节　引导城市消费升级

改造升级传统商品市场，大力发展连锁经营、城市配送、电子商务等现代商贸模式，在大中城市周边规划布局一批果蔬、肉类、水产品等生鲜农产品低温配送和处理中心，进一步完善市场流通体系。积极促进消费结构升级，合理引导住房消费，积极促进中小城市汽车消费，努力提高文化消费在城市居民日常消费中的比重。继续培育体育健身、休闲旅游等消费热点，大力拓展绿色消费、健康消费、教育消费、网络消费、信贷消费、保障消费等新兴消费，培育个性化、时尚化和品牌化的新兴消费群体。

第三节　开拓内销市场

以大型流通企业为龙头，引导内销企业联合开拓市场。建立大型内销平台，形成“广货全国行”的销售网络和长效机制。实施“千百亿名牌培育工程”，树立广货品牌形象，打造南粤特色品牌，提升“广货”国内辐射力和影响力。进一步鼓励企业开辟省外贸易渠道，推进广东商贸城、广货展示中心建设，提高广货市场占有率。建立中小企业公共销售和电子信息平台。建设一批专项产品国际采购中心，推进商贸物流国际化。发展大型超市集团和连锁商业集团，引导专业市场转型升级，促进生产制造与商贸流通的产销对接。建立和完善内销产品的跟踪管理和服务机制。鼓励加工贸易企业创立内销品牌，建立国内营销和物流体系。

第四节　打造全国购物天堂

不断丰富消费品种，引领消费潮流，优化消费环境，保障消费安全，提升广州、深圳等大中城市消费形象，建设国际消费都市圈和全国购物天堂，把珠三角建设成为面向国内外的消费服务中心。完善鼓励消费、加强市场监管的政策法规。加强消费信用体系建设，完善信贷和产品质量信用记录。开发消费信贷服务产品，构建和完善消费信贷服务体系。进一步规范市场秩序，加强对消费市场的质量和价格监管，依法保障消费者的合法权益。

专栏10　商贸流通重大项目

大宗商品和农村商贸工程：1. 在产区建设和改造一批农产品批发市场及农贸市场；2. 在销区建设一批骨干农产品批发市场信息系统和检验检测系统；3. 规划建设一批农资和农村消费品经营网络及物流配送中心。

城市商贸流通工程：1. 规划建设一批果蔬、肉类、水产品等生鲜农产品冷链物流项目；2. 在珠三角重点城市规划建设国际采购中心和商贸中心；3. 在珠三角地区和其他区域性中心城市建设规模合理、运作规范的现代城市配送中心。

制造业物流工程：1. 在重要物流节点城市、制造业基地，规划建设一批具有专业性或综合性的电子信息、家电、家具、服装、装备制造、玩具、陶瓷和金属加工等区域商贸物流中心；2. 培育一批适应现代制造业物流需求的第三方物流企业；3. 培育和建设一批制造业与物流业联动发展的示范工程和重点项目；4. 规划建设行业和区域物流公共信息平台及物联网（物流）示范工程项目。

第二章　有效扩大投资

发挥投资对推动基础设施现代化、产业发展高级化、基本公共服务均等化的重要作用，优化投资结构，拓宽融资渠道，改善投资效益，保持投资平稳较快增长。

第一节 促进投资合理增长

以基础设施、重大产业、基本民生为重点，有效扩大投资需求。促进投资消费良性互动，以人民群众的合理消费需求为导向，把扩大投资和增加就业、改善民生有机结合起来，创造最终需求。加快完成扩大内需在建项目建设，谋划建设一批事关全局和未来发展的重大项目、重大科技专项、重大产业集聚区，有序启动“十二五”规划新开工项目。

第二节 优化投资结构

加大农业农村基础设施、保障性安居工程、教育、医疗卫生等薄弱环节投资力度，引导资金投向科技创新、生态环保、资源节约等领域。严格执行投资项目用地、节能、环保、安全等准入标准。坚持区别对待、分类指导，加强欠发达地区公共服务设施投资，保持粤东西北地区投资增速持续高于全省平均水平。健全政府投资项目决策机制，提高投资效率和效益。

第三节 积极拓宽融资渠道

支持地方性中小银行、村镇银行和小额贷款公司的发展。加大对融资担保行业的扶持，完善信用担保和再担保体系。充分运用多种金融工具，加大对重点项目、重点产业的融资支持。大力拓宽直接融资渠道，支持企业通过上市、发行债券等多种方式募集发展资金。支持企业利用资本市场开展并购重组。鼓励企业通过配股增资、境外上市、发行境外债券、转让经营权等方式扩大利用外资规模。

第三章 积极优化进出口

优化对外贸易结构，稳定外需，提高外贸质量和国际竞争力，实现外贸可持续发展，到2015年，进出口总额超过1万亿美元。

第一节 提高出口产品竞争力

优化出口商品结构，推进科技兴贸，加快出口创新基地建设，支持拥有自主知识产权、自主品牌和自主核心技术的企业扩大出口，重点扩大高技术含量、高附加值、高效益产品出口，大力促进低碳、绿色环保型产品出口。引导和鼓励企业参与质量、安全、环保、卫生和劳工标准等国际认证，更加注重出口产品质量。鼓励粤东西北地区扩大资源增值加工、“三高”农业、水海产品出口。大力发展服务贸易，培育一批全省服务贸易创新示范区和重点企业，大幅提高服务贸易和一般贸易比重。

第二节 积极开拓出口市场

依靠新产品、新技术、新标准、新服务，巩固并深度开发美国、欧盟、日本、香港等传统市场。运用贸易、投资、承包工程等方式，大力开拓东盟、非洲、南美、俄罗斯、印度和中东等新兴市场。充分发挥广交会、高交会、中博会、外博会等展会平台作用，推动企业参加各类境外品牌会展。鼓励支持企业通过对外投资、跨国并购等多种途径在境外设立广东商品贸易中心平台、品牌专卖店等国际营销网络,直接进入国际市场流通领域。鼓励贸易企业与生产企业、金融机构、科研机构结成伙伴关系,共同开拓国际市场。积极发展外贸电子商务。

第三节 促进加工贸易转型升级

优化加工贸易产业结构和区域布局,支持加工贸易企业进入先进制造业领域,制定高新技术产业加工贸易的扶持政策,引导加工贸易企业到粤东西北地区发展。自主发展和重点引进加工贸易结算中心、研发中心、运营管理中心和物流配送中心,促进加工贸易产业高端发展。鼓励和引导加工贸易企业加大技改、研发投入,创新技术,创建品牌,提升产品的质量和档次,拓展国内采购、内销和深加工结转业务。完善加工贸易企业产品内销管理机制,简化准入管理程序。支持在粤的港澳加工贸易企业转型升级。以建设东莞全国加工贸易转型升级试点城市为重点,积极推进加工贸易转型升级示范区建设。

第四节 充分发挥进口推动作用

优化进口产品结构,加大先进技术引进力度,重点扩大先进技术和装备、关键零部件及我省急需的能源资源性产品进口,充分发挥产品进口对结构调整的重要作用。积极开辟进口渠道,实现进口来源地多元化。加强对重要进口商品的监测,组织跨国采购,增强进口贸易的议价权和定价权,降低企业进口成本。充分发挥海关特殊监管区功能,积极拓展国际分拨、国际配送业务。

第四章 大力发展民营经济

优化民营经济发展环境,激活民间投资,以拓展领域、调整结构、提升质量为重点,增强民营企业竞争力和可持续发展能力,促进民营经济发展上水平。

第一节 大力激活民间投资

落实民间投资平等待遇,健全民间投资服务体系。出台鼓励和引导民间投资指导目录,推动市场准入公开透明,支持民间资本以投资、提供服务等形式进入重点鼓励领域。拓宽民间投融资渠道,健全融资服务体系,支持民营企业上市融资,切实解决民营企业融资难问题。加强特许经营管理,保护公共利益,维护民间资本投资合法权益,鼓励和引导民间投资健康发展。

第二节 促进民营经济发展上水平

全面落实扶持民营经济发展的各项政策,提高对民营企业的服务水平,优化民营经济发展的法制环境、投资环境、融资环境和营商环境,创造平等竞争的良好氛围。深入实施"名牌产品工程"、"百校千人万企"科技特派员创新工程、"企业家素质提升工程"等工程,提高企业配套协作能力,引导民营企业加大研发投入,不断提升民营企业的发展水平。加快珠三角地区民营经济转型升级,促进粤东西北地区特色民营经济集聚发展。遴选并重点扶持100家民营企业,帮助龙头企业做大做强,培育一批行业龙头企业和有国际影响力、竞争力的知名民营企业。

专栏 11 鼓励民间投资重点领域

1. 公路、轨道交通、水运、民用机场、通用航空、农田水利、能源、电信、土地整治和矿产资源勘探开发等基础产业和基础设施领域。
2. 城市供水、供气、供热、污水和垃圾处理、公共交通、城市园林绿化、经济适用住房和公共租赁住房等市政公用事业和保障性住房建设领域。
3. 医院、社区卫生服务站、疗养院、门诊部、诊所、卫生所(室)等医疗机构，高等学校、中小学校、幼儿园、职业教育等各类教育和社会培训机构，社会福利机构、文化、广播影视、旅游和体育产业等社会事业领域。
4. 农村信用社、城市商业银行、村镇银行、贷款公司、农村资金互助社、信用担保公司、区域保险公司等金融服务领域。
5. 连锁经营、批发零售、物流、电子商务、会展等商贸流通领域。
6. 国防科技工业领域。
7. 高端新型电子信息、新能源汽车、半导体照明、生物、新材料等战略性新兴产业领域。

第五篇 强农惠农 建设美好新农村

把解决“三农”问题作为加快转型升级、建设幸福广东的重要基础，协调推进工业化、城镇化和农业农村现代化，建设现代农业强省，不断增加农民收入，建设优美富足的幸福新农村。

第一章 积极发展现代农业

发挥资源优势，突出地方特色，提高农业现代化水平，保障主要农产品供应，走高效、生态、安全的发展道路，确保“米袋子”、“菜篮子”安全。

第一节 增强农业综合生产能力

按照“四区、两带”的农业开发战略格局①，优化全省农业产业与区域布局，扶持形成若干片优势突出的粮食、甘蔗、水产等大宗农产品主产区。积极扶持国家级、省级产粮大县生产建设，提高粮食、蔬菜、水果、畜禽等的生产能力，稳步增加主要农产品生产供应，全省年粮食产量不低于 1300 万吨。严格保护耕地，确保基本农田面积不低于 255.6 万公顷。大力发展特色效益农业，壮大园艺产业、南亚热带农业、高端畜禽水产养殖和远洋渔业，创响“岭南佳品”名牌。积极发展现代林业产业，扩大油茶种植面积，培育珍贵树木产业，加快发展林产品深加工。拓展农业功能，提升休闲观光农业发展水平。到 2015 年，初步建成具有岭南特色和南亚热带特色的现代都市型、外向型、生态型现代农业体系。

① 注:“四区”包括珠三角都市农业区、潮汕平原精细农业区、粤西热带农业区和北部山地生态农业区。“两带”包括沿海海水增、养殖农业带和南亚热带农业带。

图1　广东省农业开发战略格局示意图

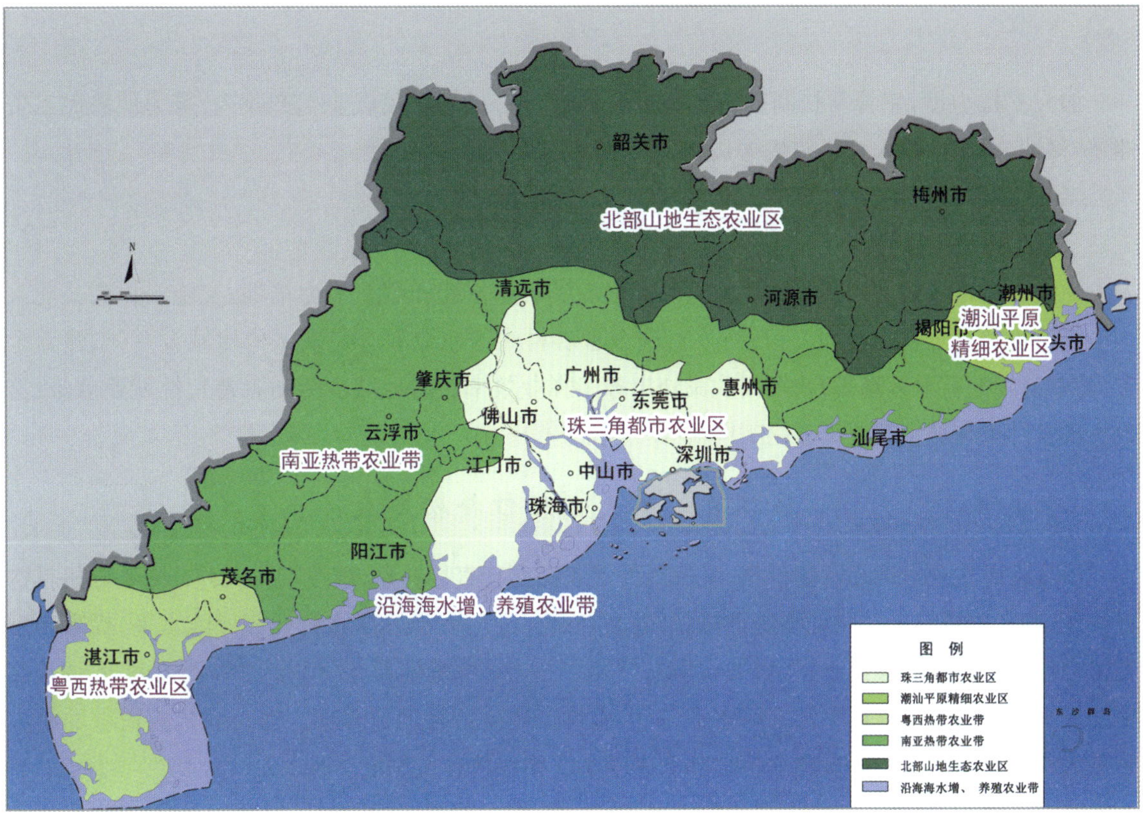

第二节　提高农业发展水平

按照高端化、标准化、规模化、集约化的现代农业经营方式改造提升传统农业。全面提升农业科技创新能力，积极发展现代种业，重点支持种质资源、良种繁育、重要农产品加工保鲜技术、农业资源综合利用等领域的科技创新，深化农业科技推广体系改革。加强农产品技术标准体系建设、地理标志产品保护、原产地标志认定和绿色有机农产品认证工作。完善农技推广、疫病防控、质量监管、产品溯源等农业公共服务体系。加强农产品批发市场和冷链等现代物流体系建设。推动龙头企业与农民建立紧密的利益关系，培育农民新型合作组织，扶持发展专业大户、家庭农场和农民专业合作社等规模经营主体。加强农产品综合利用开发，引导优势农产品产业链延伸。加快建设现代农业示范基地。全面提升农业物质装备综合水平，力争到2015年，全省农机总动力达到2700万千瓦，水稻耕种收综合机械化水平达到65%，水产养殖机械覆盖率达到80%以上。

专栏12　现代农业产业基地

广东现代生物种源基地、广州从化万亩鲜切花生产与旅游综合示范区、南沙都市型现代农业示范区、东莞清溪生态农业产业园、珠海金湾台湾农民创业园、佛山南海现代农业园、惠州博罗航天农业科技示范园、中山南方绿博园、肇庆高要现代农业园、江门现代农业示范基地、茂名现代农业示范区、粤北现代农业示范园、梅州油茶示范基地、海峡两岸（佛山顺德）农业合作试验区、湛江现代农业示范基地等。

第二章 努力增加农民收入

加大支持力度，完善帮扶制度，拓宽农民增收渠道，提高农民农业生产收入，努力使农民工资性、转移性、财产性收入获得较快增长。

第一节 促进农民转移就业

加大农村富余劳动力转移就业力度。加强农民职业技能和创业能力培训，实施农村高技能人才培养工程和基本技能培训工程，力争实现全省农村中等职业教育免费。构建城乡一体、覆盖全省、简单易用的就业信息平台，提高农民外出务工择业效率。清理城乡劳动者差别性就业政策，努力实现农民工与城镇就业人员同工同酬。

第二节 加大制度性补助力度

稳步提高主要农产品收购价格，坚持对种粮农民实行直接补贴，继续实行良种补贴和农机具购置补贴，完善农资综合补贴动态调整机制，提高补贴标准。逐步提高农村社会保障水平，提高新型农村合作医疗筹资和报销水平，增加新型农村社会养老保险基础养老金。扩宽筹资渠道，上调扶贫补助标准。提高农村最低生活保障水平，扩大农村家庭生活补助覆盖面。完善农村灾民救助制度和重大疾病防控制度。逐步建立耕地和永久基本农田经济补偿制度。

第三节 扩大财产增收途径

鼓励农民以转包、出租、互换、转让、股份合作等形式流转土地承包经营权，确保农民土地权益流转收益应享尽享。按照同地同价、保障权益原则，健全被征地农民的征地补偿机制。全面完成集体林权制度改革，推进国有林区林权制度改革，鼓励和推动林地经营权、林木所有权合理流转。开展水权和海权等体制改革和经营方式改革试点，拓宽农民用益物权领域。积极探索推进农村资产要素市场化，发展农村投资理财服务，释放农民财产性增收潜力。

第三章 大力推进宜居乡村建设

加强农村规划建设，注重整洁卫生、环境保护，提高农村土地利用效率，建设具有岭南特色的生态宜居的社会主义新农村。

第一节 优化农村建设布局

坚持发展、保护与文化传承相协调，科学编制村镇规划，促进村镇内部合理分区和公共服务设施合理布点，加强与外部基础设施的衔接，推动名镇名村建设试点。建立健全新农村建设示范、扶持、激励机制，开展“万村百镇”整治，因地制宜拆除空心村、合并小型村，规范对农民自建房的建设管理，努力打造安居、康居、乐居并具有岭南特色的宜居村镇。以县为单位，每年推进10%建制镇和自然村整治建设，到2015年完成全省一半以上的镇村整治。

第二节　加强农村基础设施建设

提高农村地区公共基础设施和公共服务的财力保障水平。以农村道路、清洁能源、饮水安全、农田水利、信息畅通为重点，促进城市的公共基础设施建设向农村延伸，形成城乡衔接的公共基础设施及公共服务网络，改善农村生产生活条件。加快农村出行公交化步伐，建成覆盖城乡、快速便捷的公交客运网络。提高可再生能源在农村能源结构中的比重，积极推广沼气、小水电、风能、太阳能等环保型能源，继续推进农村电网改造工程。加快建设与城镇供水网联接的农村饮水安全工程，大力推进村村通自来水，让老百姓喝上干净水、放心水。实施新一轮水电新农村电气化建设。加大农用地整理开垦力度，加快旱涝保收高标准农田和标准鱼塘建设。加强农村信息化建设。

第三节　改善农村环境卫生

全面推进"五改"、"三清"和"五有"①等整治和建设，促进农村人居环境和村容村貌根本改观。开展农村卫生清洁行动，加快建设农村垃圾、污水处理系统，实现农村废弃物和人畜粪便无害化处理。参照市政模式，设立村级环卫队伍，建立农村生活垃圾"户分类、村收集、镇转运、县处理"的长效清洁机制。大力加强农村公共卫生宣传力度，引导和帮助广大农民形成良好的卫生习惯和健康文明的生活方式。

专栏13　新农村建设重点项目

农村环境连片整治工程：东江、西江、北江、韩江、鉴江等流域农村环境连片整治，区域农村连片整治试点。
农村饮水安全工程：解决农村饮水不安全人口605万人的饮水问题，基本解决农村饮水安全问题。
旱涝保收高标准农田建设：建设现代标准农田500万亩。
农村危房改造工程：危房改造54万户，基本完成农村泥砖房改造。
大中型水库移民危房改造工程：大中型水库移民危房改造14.16万户、涉及64.95万人，基本解决大中型水库移民住房问题。
经济综合开发示范镇建设项目：利用世界银行贷款建设经济综合开发示范镇公共基础设施。
大中型沼气处理示范工程：建设750宗大中型沼气示范工程。
农产品质量安全体系建设项目：建设省级农产品质量检测中心和农业投入品鉴定检测中心、市级农产品质量检测监测中心20个、县级农产品质量检测监测中心100个、省级农业标准化示范区200个。

第四章　完善农业农村发展机制

稳定农村基本经营制度，完善城乡平等的要素交换关系，推进体制机制改革，促进城乡公共资源均衡配置，增强农业农村发展活力。

① 注："五改"指改路、改水、改房、改厕、改灶；"三清"指清理垃圾、清理河塘、清理乱堆放；"五有"指有村庄整治规划、有文体活动场地、有绿化美化、有垃圾收集屋、有污水处理简易设施。

第一节 完善农村要素资源配置机制

在依法自愿有偿和加强服务基础上推动农村集体建设用地使用权和土地承包经营权流转，促进土地增值收益主要用于农业农村。按照节约用地、保障农民权益的要求推进征地制度改革，积极稳妥推进农村土地整治和城乡建设用地增减挂钩。加快制定农村宅基地管理办法，试行在有条件的地方探索建立以农村宅基地置换城镇商品房的制度，提高农村土地使用效率。建立健全农村急需的专业技术型、市场经营型人才引进和常驻机制，深入开展"大学生村官"、科技人才下乡等工作。整合各类支农资金，提高农业生产扶持资金使用效率。支持云浮建设全省农村改革发展试验区。

第二节 构建农业农村现代金融服务体系

健全农村金融组织体系，深化农村信用社改革，扩大村镇银行覆盖面，积极引导各类金融机构进入农村金融服务领域。完善现代农村信用和担保体系，设立县级征信中心，扩大农村有效担保物范围，积极为贫困农户提供贷款担保和贴息支持。创新涉农金融产品与服务，积极开展小额贷款业务和微型金融服务，促进农村存款主要用于农业农村，显著增强农村金融机构支农功能。规范发展农民资金互助组织，引导民间借贷健康发展。推进政策性农林渔业保险试点，开展政策性农村住房保险，逐步建立政策性农业保险制度。支持梅州等市开展农村金融改革创新综合试验区建设。

第六篇 统筹城乡 提升城镇化发展水平

把推进城镇化作为加快转型升级、建设幸福广东的重要抓手，积极探索绿色、智慧、包容、人本的城镇化发展道路，形成城乡经济社会发展一体化新格局。

第一章 提高城镇化质量

积极稳妥推进城镇化，推动城市空间整合，优化城市化布局和形态，促进大中小城市和小城镇协调发展，全面提高城镇化发展水平，建设生态优美、和谐宜居的美好城市、幸福家园。

第一节 优化城镇空间布局

按照统筹规划、合理布局、完善功能、以大带小的原则，进一步优化城镇布局。以大城市为依托，以中小城市为节点，构建以珠三角城市群为核心，以汕潮揭都市区、湛茂都市区和韶关都市区为重点，以沿海发展带和深(珠)穗—穗清韶城市功能拓展带为主轴的"一群、三区、六轴①"的网络化

① 注：六轴指以沿海发展带和深(珠)穗—穗清韶城市功能拓展带两个主轴，云浮—肇庆—佛山—广州—河源—梅州、汕头—潮州—揭阳—梅州、惠州—河源和海安—廉江四个城镇发展副轴。

城市发展战略格局。携手港澳打造亚太地区最具活力和国际竞争力的世界级城市群。

第二节 提升城市现代品质

合理确定人口空间分布和建成区开发强度,提升城市综合承载力,完善基础设施和配套生活设施,保护历史文化资源和生态环境,打造高品质的城市公共空间。按照人性化、智能化、规范化、精细化管理的要求,提高城市综合管理和服务水平。提高交通、能源、市政、应急指挥等信息化水平,建设智慧城市。在大中城市大力发展大运量和常规地面公交,推进广州、深圳、佛山、东莞等城市轨道交通建设,开发和完善城市慢行系统。继续加强人防基础设施建设,合理开发利用城市地下空间。市市推进城中村和城乡结合部改造,到2015年完成200条城中村改造,基本完成城市内化工厂、钢铁厂、高危企业搬迁。强化城乡规划的约束力,防止出现新的城中村。扩大公共活动空间,营造绿色和谐人居环境,建设一批设施完善、环境优美、具有岭南特色的幸福城市、宜居社区。引导特大城市功能疏解和产业结构优化,缓解中心城区压力,预防和治理交通拥堵等"城市病"。

第三节 促进中小城市和小城镇协调发展

科学规划城市群内各城市功能定位和产业布局,强化中小城市产业功能,增强小城镇公共服务和居住功能,推进城市交通、通信、供电、供排水等基础设施一体化建设和网络化发展。以专业化、特色化、卫星城为取向,培育一批基础条件好、发展潜力大、吸纳人口多的县城和建制镇;以沿海、沿江、沿轨道交通站场为重点,高水平建设一批具有滨海、滨江岭南特色的小城镇和以公共交通为导向开发的城市综合体、新市镇。实施岭南特色老街区复兴工程,复兴一批拥有成片岭南建筑的老街、镇、巷,恢复水清岸绿的河涌。支持清远等市建设休闲宜居的大广州卫星城。

专栏14 城市提升项目

城市地铁项目:广州、深圳、佛山、东莞等市新增城市轨道交通通车里程350公里。

城市供水项目:建设湛江鉴江供水工程、茂名东南部沿海地区调水工程、潮州港经济区供水工程、河源新丰江直饮水等项目,全面提升城市供水保障能力。

城中村改造项目:改造大中城市城中村200个。

城市河涌整治项目:整治城市河涌100条。

全省绿道建设项目:推进各城市内部绿道和社区绿道规划建设,进一步加强绿道网设施配套和使用管理,并在珠三角地区绿道互联互通的基础上逐步向粤东西北地区延伸。

城际轨道交通沿线综合开发项目:选择若干珠三角城际轨道站点作为试点,制定并实施站点周边土地控制性详细规划,推进建设一批城市综合体、新市镇或特色小镇。

第二章 强化中心城市集聚辐射功能

增强中心城市的集聚资源和引领服务功能,进一步优化发展布局,提升发展水平和竞争力,扩大辐射范围,发挥龙头带动作用。

第一节 提升广州服务带动功能

增强广州作为国家中心城市的高端要素集聚、科技创新、文化引领和综合服务功能,强化组织经济活动和配置资源的中枢作用，突出发展服务经济，大力发展现代服务业和先进制造业，在国际商贸中心、世界文化名城、国家创新型城市、综合性门户城市、区域文化教育中心和全省宜居城乡的“首善之区”建设上取得实质性进展，建设面向世界、服务全国的国际大都市。

第二节 增强深圳创新引领功能

强化深圳全国经济中心城市和国家创新型城市的辐射带动作用，继续发挥深圳作为经济特区和国家综合配套改革试验区的示范作用，加快推进发展模式、体制机制、科技、产业和社会文化全面创新，建设国家战略性新兴产业重要基地，联手香港打造深港创新圈，努力建设中国特色社会主义示范市和现代化国际化先进城市。

第三节 发挥区域中心城市带动作用

提升珠海、汕头、湛江、韶关等市作为区域性中心城市的综合承载能力和服务功能，进一步聚集经济和人口。加快建设粤东、粤西城镇群，带动区域整体发展。其他城市突出自身独特的城市禀赋，错位发展，壮大综合实力，形成多极发展局面。

第三章 发展壮大县域经济

把县域经济作为统筹城乡发展的关键环节和提高区域竞争力的重要层次，深化县域体制机制改革，不断增强县域综合实力，推进富县强镇取得新进展。

第一节 提升县域综合实力

以壮大经济规模、增加财政收入和提高人民生活水平为目标，将发展县域经济与保护生态环境有机结合，推动工业化、城镇化和农业产业化“三化并举”，促进城乡互动协调发展。以工业园区为依托，改善投资软硬环境，加大招商引资力度，注重发展配套经济和特色经济，大力培育县域优势产业、优势企业和优势产品。以民营经济为主攻方向，培育县域经济新的增长点。积极推进县域功能分区，不断优化县域空间布局。集中力量建设县城、中心镇和专业镇，2015 年完成专业镇“一镇一策”转型升级改造。加快城镇化进程，通过完善教育、医疗等生活配套设施引导人口和产业向县域城镇集聚，支持有条件的县城和中心镇发展为中小城市。

第二节 深化富县强镇事权改革

积极建立扩权动态管理机制，进一步扩大县镇政府经济社会管理权限，促进县镇政府权力与责任相一致。优化镇级政府组织结构，规范上级派出机构与镇级政府关系，探索建立镇（乡）分类管理动态机制，激发镇（乡）发展活力。创新特大镇管理体制，赋予珠三角地区特大镇县级经济社会管理权限。深化省直接管理县财政改革，完善基层政权组织财政保障机制，加强县镇政府提供基本公共服务财力保障。

第四章 推进城乡一体化管理

坚持综合配套、协调推进，统筹城乡管理，推动城市资源向农村输出，促进城乡互动、良性循环、共同发展，珠三角率先建成全国城乡发展一体化先行示范区。

第一节 统筹城乡规划建设

推进城乡规划全覆盖，统筹优化城乡生产、居住、生态和基础设施的空间布局。加快村镇规划编制，力争到2015年全省实现所有建制镇的总体规划和中心镇的控制性详细规划全覆盖，80%以上村庄完成规划编制。制定优惠扶持政策，积极引导城市资源投向农业农村。探索农村住房制度改革，将解决农村困难群众住房问题逐步纳入城乡住房保障体系。

第二节 统筹城乡社会管理

改革传统的农村社会管理方式，推动城市社会管理服务体系向农村延伸，构建适应新农村建设需要的农村社区组织体系。推进中山、惠州等市统筹城乡综合配套改革试点，支持汕头、佛山争取列为国家统筹城乡综合配套改革试验区，积极探索打破城乡分治，促进城乡互动的社会管理新格局。

第三节 统筹城乡户籍管理

建立城乡户口统一登记管理制度，加快与户籍制度相关的配套改革，加快消除城乡居民在教育、医疗、社保、就业、住房等方面不合理的政策限制。统筹优化城乡劳动力结构和人口布局，特大城市要控制人口规模、优化人口结构，大城市要加强和改进人口管理，中小城市和小城镇要根据实际放宽落户条件。全面开展农民工积分制入户城镇工作，引导农村人口有序向中小城市和小城镇聚集。

第七篇 联动融合 构建区域协调发展新格局

把促进区域协调发展作为加快转型升级、建设幸福广东的紧迫任务，推进主体功能区建设，优化提升珠三角，支持东西两翼振兴发展和粤北山区生态发展，统筹陆海开发，促进区域基本公共服务均等化。

第一章 实施主体功能区战略

树立新的开发理念，明确开发方向，完善开发政策，规范开发秩序，提高开发效率，形成主体功能定位清晰，人口、经济、资源环境相互协调的空间开发格局。

第一节 优化国土空间开发格局

根据资源环境承载能力、现有开发密度和发展潜力，将全省的国土空间划分为优化开发、重点开发、生态发展和禁止开发四类主体功能区。对人口密集、开发强度偏高、资源环境负荷偏重的珠三角核心区域要优化开发。对资源环境承载能力较强，集聚人口和经济条件较好的东西两翼和粤北部分地区进行重点开发。对影响全局生态安全的重点生态功能区和保障农产品供给安全的农产品主产区，要限制大规模、高强度的工业化城镇化开发。对依法设立的各级各类自然文化资源保护区和其他需要特殊保护的区域要禁止开发。遵循不同国土空间的自然属性，构建"核心优化、双轴拓展、多极增长、绿屏保护"①的国土开发总体战略格局。

第二节 实施分类管理的区域政策

按照区域主体功能定位，配套完善财政、投资、产业、土地、环境等政策。完善省级财政转移支付制度，实施生态激励型财政政策，加大对生态发展区域的财政转移支付力度，增强基本公共服务和生态环境保护能力。实行按主体功能与按领域安排相结合的政府投资政策，按主体功能安排的投资主要用于支持生态发展区域和禁止开发区，按领域安排的投资要符合各区域的主体功能定位和发展方向。修改完善现行产业指导目录，明确不同主体功能区的鼓励、限制和禁止类产业。实行差别化的土地管理政策，严格土地用途管制。对不同主体功能区实行不同的污染物排放总量控制和环境标准。完善绩效考核办法和利益补偿机制，引导各地区严格按照主体功能定位推进发展。

第二章 推进珠三角区域经济一体化

坚持政府推动、市场主导，突破体制障碍，强化统筹协调，整合内部资源，推进珠三角经济一体化取得实质性进展，全面提升珠三角整体竞争力。

第一节 加快珠三角区域一体化进程

以交通一体化为先导，以广佛同城化为示范，积极推进珠三角基础设施、城乡规划、产业布局、环境保护和公共服务一体化，基本建成珠三角城际轨道交通网络主架构、智能化电网、天然气主干管网和成品油输送管道，实现车辆通行费年票互认、公共交通一卡通和电信资费同城化；基本建立一体化水资源保护开发格局、信息化格局和区域产业协调发展格局；实现区域环境污染联防联治，环境质量明显改善；城市群空间布局明显优化，城乡发展融合互动；基本实现基本公共服务一体化。到 2015 年，基本实现珠三角区域经济一体化。

---

① 注："核心"指珠三角核心区；"双轴"指沿海拓展轴与南北拓展轴；"多极"是指以重点开发区域——珠三角外围片区、粤西沿海片区、粤东沿海片区和粤北山区点状片区为新的增长极；绿屏指以北部环形生态屏障、珠三角外围生态屏障以及蓝色海岸带为生态安全屏障。

第二节　提升珠三角区域整体竞争力

积极推进广佛肇、深莞惠、珠中江“三大经济圈”建设，建立利益补偿和共享机制，增强核心城市的辐射带动能力，促进各经济圈内部及相互之间融合发展。打破行政体制障碍，有效整合各类资源，推进产业高端化发展，为全省转变发展方式发挥先导示范作用，建设成为我国参与经济全球化的主体区域和辐射带动华南、中南和西南地区发展的龙头。

专栏15　推进珠三角区域经济一体化重点

交通基础设施：加快建设轨道交通网、公路网，提升拓展港口功能，加强综合交通枢纽和集疏运系统规划建设，推进运输服务一体化。

能源基础设施：优化电源结构和布局，构建一体化智能电网、油品输送管网和天然气“全省一张网”，推进能源管理一体化。

水资源基础设施：推进水资源开发利用、节约保护和调度管理一体化，促进供排分流，推进城乡水利防灾减灾一体化。

信息基础设施：统筹规划建设信息网络，率先推进“三网融合”，推进信息服务一体化。

产业发展：以先进制造业、优势传统产业及现代农业为基础，形成空间集聚、产业集群、功能集成、高度协作、合理高效的产业一体化空间布局。

城乡规划：统筹规划城乡空间布局，促进城镇集约发展，构建低碳生态化、高效能、高品质的城乡规划建设模式，明确城乡区域一体化发展的路线图。

环保生态：统一规划建设区域环境基础设施，建立健全区域环境污染联防联治机制，统筹建设区域自然生态系统，合力构筑区域生态支持体系，建成生态城镇群。

基本公共服务：推进资源共享、制度对接、待遇互认、要素趋同、流转顺畅，逐步统一城乡基本公共服务。

第三章　促进粤东西北地区跨越发展

充分发挥基础设施建设的支撑带动作用，创新发展模式，优化产业布局，加快提升发展水平和层次，形成环珠三角经济快速增长带。

第一节　深入实施“双转移”战略

充分发挥珠三角地区的辐射、服务和带动功能，促进产业转移，形成梯度发展、分工合理的多层次产业群和优势互补、互利共赢的产业协作体系。办好产业转移工业园，支持珠三角与粤东西北地区开展多种形式的产业转移与合作，提升产业转移园区建设水平，形成一批示范带动作用强的区域增长极。重点推进汕尾、阳江等沿海地区形成重大产业集聚区，清远、云浮、韶关、梅州、河源等山区市形成若干专业集聚区，支持办好“深圳—汕尾特别合作区”和“广东顺德（英德）产业园”。完善粤东西北地区与珠三角各市劳务合作机制，共建农村劳动力培训转移就业示范基地，促进劳动力转移。“十二五”期间，省产业转移工业园区域带动能力进一步增强，转移农村劳动力就业300万人。

第二节　构建东西两翼沿海经济带

把发展海洋经济作为推动东西两翼沿海地区跨越发展的重要引擎。加快建设以石化、钢铁、船舶制造、能源生产为主的沿海重化产业带，发展特色经济、海洋经济和现代农业，建设成为我国乃至世界级的重化工业基地和物流基地、新能源产业基地、海洋经济发展示范区、现代农业示范区，成为全省新的经济增长极。以基础设施一体化为先导，强化区域内部基础设施统筹衔接，加强与珠三角和周边相邻省(区)的对接，重点建设沿海综合运输主通道。支持促进粤东经济一体化和提升粤西区域合作水平，加快"汕潮揭"城市群建设和"湛茂阳"经济圈发展。促进粤东地区与海峡西岸经济区、粤西地区与北部湾经济区的融合发展，强化粤东对台及东盟经贸交流合作，粤西参与大西南和东盟等区域合作。

第三节 打造粤北生态特色经济新区

充分发挥粤北地区的资源优势，把借力发展与提升自身发展能力紧密结合起来，实行"面上保护、点上开发"，积极承接产业转移，走特色发展、生态发展道路，实现绿色崛起，建设成为具有岭南生态特色的经济新区和广东最重要的生态屏障。着力推进特色优势资源产业化，培育环境友好型产业，发展现代农业和生态旅游，建设我省特色制造业集聚区和珠三角先进制造业配套基地，创造条件发展高技术产业。支持生态发展区域向珠三角地区提供优质源水、农产品。进一步加大以交通为重点的基础设施建设的扶持力度，重点建设京港澳综合运输主通道等基础设施，增强对山区发展的支撑能力。加强北部山区与周边省份的经济协作。

专栏 16 粤东西北地区综合运输通道重点推进项目

铁路：琼州海峡跨海通道、广梅汕龙湖南至汕头段增建二线、粤东疏港铁路、茂名至湛江、合浦至湛江广东段(沿海铁路)、湛江东海岛铁路、茂名博贺港疏港铁路、浦城至梅州广东段、鹰潭至梅州广东段、韶关至柳州广东段等，总里程约 800 公里。

高速公路：汕昆高速龙湖至揭东段、汕湛高速汕头至揭西段、汕湛高速揭西至博罗段、潮州至揭阳、揭阳至惠来、包茂高速粤境段、济广高速平远至兴宁段、兴宁至汕尾高速公路(含畲江至华阳支线)、清连高速连州至凤埠段、广清高速北延线、二广高速连州至怀集怀城段、云岑高速双凤至楂滨段、梅龙高速省界至三角段、梅州环城高速东环段等，里程约 920 公里。

第四节 加大扶贫开发力度

全面推进扶贫开发"规划到户、责任到人"工作。加大扶贫投入，强化财政金融支持，有效整合扶贫资金，鼓励社会力量积极参与。深入推进开发式扶贫，大力推进产业、教育、科技、旅游、搬迁等扶贫。积极开展贫困户就业培训和贫困户子女免费技能培训，着力提高贫困地区、贫困人口的收入水平和自我发展能力。有序开展移民扶贫。加大对原中央苏区县等革命老区和边远山区、少数民族地区基础设施建设和经济发展的支持力度。

第五节 促进区域基本公共服务均等化

把实现区域间基本公共服务均等化作为区域协调发展的主要目标。在增强欠发达地区自我发展能力的同时，加大省级财政转移支付力度，加强民生、社会事业建设，建立多元化的供给制度，逐步缩小区域间教育、卫生、文化体育、交通等基本公共服务的差距，完善生活、住房、就业和医疗保障。

第四章　建设海洋经济综合开发试验区

探索海洋开发新途径和海洋综合管理新模式，率先基本建成海洋强省，争当全国海洋事业科学发展的排头兵。

第一节　优化海洋开发空间布局

加快编制广东省海洋主体功能区规划，优化海洋经济空间布局，规范海洋开发利用秩序，深化港口岸线资源整合，实现海岸、海域的合理开发和可持续利用。着力建设珠三角海洋经济优化发展区，粤东、粤西海洋经济重点发展区，积极构建粤港澳、粤闽、粤桂琼三大海洋经济合作圈，科学统筹海岸带、近海海域、深海海域和海岛地区四个海洋保护开发带，推进形成“三区、三圈、四带”的海洋综合开发新格局。推进海洋经济发展试点省建设，建设成为提升我国海洋经济国际竞争力的核心区和全国海洋生态文明建设的示范区。

图 2　广东省国土和海洋开发区域示意图

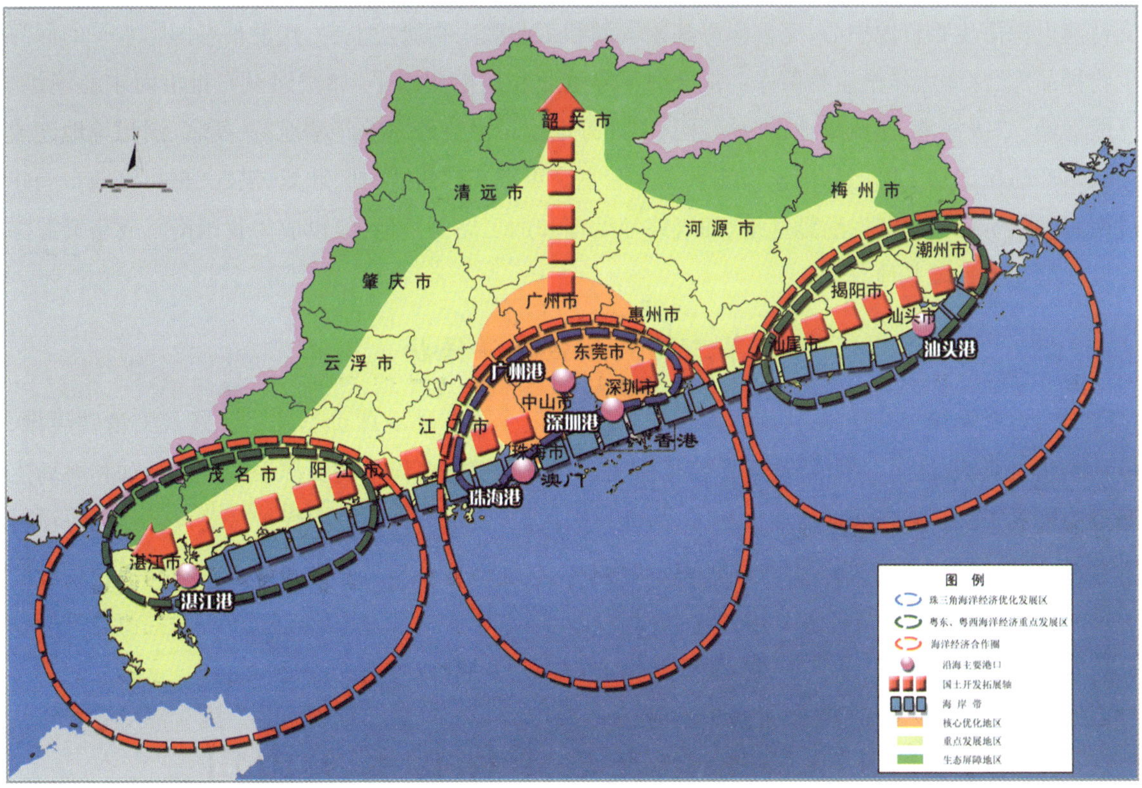

专栏17 海洋开发空间布局

“三区”：**珠三角海洋经济优化发展区**，着力发展海洋高端制造业和现代海洋服务业。**粤东海洋经济重点发展区**，重点开发汕头东部城市经济带、汕尾品清湖滨海新城、潮州西澳港区综合开发、揭阳惠来临海工业集聚区等工业与城镇建设区。**粤西海洋经济重点发展区**，重点推进湛江东海岛南部、角尾湾、茂名博贺、水东湾、阳江面前海、海陵大堤东等工业与城镇建设用海区开发。

“三圈”：**粤港澳海洋经济合作圈**。加强粤港澳在海洋运输、物流仓储、海洋工程装备制造、海岛开发、旅游装备、邮轮旅游和海洋战略性新兴产业等方面的合作。**粤闽海洋经济合作圈**。扩大与福建在现代海洋渔业、滨海旅游、海洋文化等领域的合作。**粤桂琼海洋经济合作圈**。对接北部湾经济区和海南国际旅游岛，重点加强滨海旅游、现代海洋渔业、海洋交通运输业、涉海基础设施建设等方面的合作。

“四带”：统筹开发海岸带、近海海域、深海海域和海岛地区，形成四条各具特色的海洋开发保护带。

第二节 深化海洋综合开发

大力提升传统优势海洋产业，加快培育壮大海洋战略性新兴产业，集约发展高端临海产业集群，形成具有国际竞争力的现代海洋产业体系。积极发展深海海洋装备制造业，力争在海洋勘测船、大型油气运输船、深海钻井平台、海底工作站等技术和产品方面取得积极进展，加快珠海深水设施制造基地、深圳海洋石油开采装备制造基地建设。推进海洋科技自主创新体系建设，实施重大海洋科技攻关，加快现代海洋装备、海洋生物、海水综合利用、海洋可再生能源技术的成果转化，在广州、深圳、湛江、汕头、揭阳等海洋开发密集区，建立一批海洋科技成果高效转化示范区。争取国家支持建设深海生物资源中心，完善深海基因资源和工业微生物研发平台，建设具有国际水平的深海生物样品库、深海大洋微生物菌库。提升海洋养殖业和捕捞业水平，加快建设一批沿海中心渔港、一级渔港、二级渔港、避风锚地，推动江门、阳江等地建设渔业外海生产基地，在茂名、潮州等地建成一批水产品精深加工园区和国家检测重点实验室。重点在广州、深圳、珠海、湛江、惠州等地布局建设南海油气资源勘探开发后勤基地、油气终端处理和加工储备基地，建设成为我国南海战略资源保护开发的重要保障基地。

第三节 加强海洋保护

加强近岸海域污染控制，实施海岸带地质调查，健全海洋环境评价制度。开展人工鱼礁建设，推动惠州大亚湾、汕尾、阳江等地海洋牧场示范区建设。实施海洋生物资源养护增殖行动和海岛生态整治修复工程。加强海洋自然保护区、海洋特别保护区、水产种质资源保护区建设。强化海洋污染防治，提升海洋观测监测、预报应急、海上船舶安全保障、海洋基础信息等海洋公共服务能力，逐步建立完善的区域性海洋环境保障体系和海洋公共服务体系。

第八篇 绿色发展 保护秀美山川

把推进绿色发展作为加快转型升级、建设幸福广东的重要着力点，倡导绿色发展理念，积极应对气候变化，加强资源节约和环境保护，大力推进生态文明建设，努力改善人居环境，促进人与自然和谐相处。

第一章 加强资源节约和综合利用

加强资源节约,全面推进节能降耗,提高资源利用效率,加快循环经济发展,建设节约型社会。

第一节 继续深入推进节能降耗

提高能源利用效率,抓好工业、建筑、交通运输等重点领域节能,继续实施十大重点节能工程和节能产品惠民工程。提高产业招商引资项目的能耗准入门槛,推进高耗能企业节能技术改造。大力发展绿色社区和绿色建筑,推进既有建筑节能改造。加强用电需求侧管理,建立节电管理长效机制。推广先进节能技术和产品,加快推进合同能源管理,促进节能服务产业发展。建立健全用能单位主体责任制,完善能耗统计、监测体系,加大节能执法力度。

第二节 加强资源节约和管理

实行资源利用总量控制、供需双向调节、差别化管理。建立能源和矿产资源稳定供给渠道及储备体系,加强能源和矿产资源勘查和合理开发利用。完善土地管理制度,强化规划和年度计划管控。充分挖掘建设用地潜力,加快推进"三旧"改造,盘活存量建设用地,建设国家节约集约用地试点示范省。继续抓好利用山坡地和依法科学围海造地工作。大力节约原材料,鼓励生产和使用节能节水节材产品、再生产品,减少一次性用品和包装材料的使用。建设节水型社会,提高工业用水的重复利用率,推进农业节水和城市节水。

第三节 大力发展循环经济

以提高资源产出效率为目标,推进生产、流通、消费各环节循环经济发展。推动清洁生产向纵深发展,实施清洁生产企业分级管理,鼓励企业提高资源利用效率和综合利用水平。加强废弃物综合利用管理,探索实行生产者责任延伸制度。合理规划建设全省废旧物资拆解设施,严格行业准入标准,加强电子废物综合利用管理。加强再制造技术研发与应用。加快建设城市社区和乡村回收站点、集散市场、分类分拣"三位一体"的回收网络,推进再生资源规模化利用。继续推进循环经济试点,加快建设省循环经济园区,大力培育资源综合利用龙头企业,建设"企业—园区—产业—社会"的循环经济框架体系。积极推进湛江钢铁和石化两大产业内部、产业间及产业与社会间三大层次的循环经济,建设东海岛循环经济示范区。

第二章 加强环境保护

优先解决与人民群众切身利益相关的空气污染、水污染等突出环境问题,维护人民群众健康和环境权益,增强可持续发展能力。

第一节 加强水污染治理

加大饮用水源地污染综合整治力度。强力推进淡水河、石马河、前山河、练江、韩江等流域水污染综合整治，强化重点污染源工业废水达标排放，推进工业废水集中处理，加快建设和完善城镇生活污水处理厂及配套管网建设。开展重点流域农村连片整治，加强畜禽养殖污染防治，逐步减少化肥农药使用量，降低农业面源污染。到2015年，全省城镇污水集中处理率达到75%以上，其中珠三角达到85%以上；国控、省控断面水质达标率达到75%以上，基本解决珠三角河涌污染问题。

第二节　改善大气环境质量

实施大气污染联防联治，重点防治电力、钢铁、水泥等行业的污染排放，控制二氧化硫、氮氧化物、颗粒物和挥发性有机物的排放，重点解决珠三角大气灰霾问题。在电力行业全面推行低氮燃烧技术，推动火电机组配套建设烟气脱硫脱硝设施。加强机动车氮氧化物排放控制，提高新车准入门槛和车用成品油标准。实施生产企业的挥发性有机物排放控制。到2015年，全省地级以上市空气质量达到二级以上标准的天数占全年比例保持在95%以上。

第三节　提高固体废物安全处理处置水平

合理规划建设危险废物处理处置设施，加强全省危险废物和危险化学品的监管。加快生活垃圾无害化处理设施的规划建设，重点推进县城垃圾无害化处理，统筹乡镇和农村的生活垃圾收集处理，开展城市垃圾收集处理示范工程建设。在珠三角地区建立完善垃圾分类收集和回收利用系统，并逐步向粤东西北地区推广。推进污泥处理处置设施建设，提倡热电厂、垃圾焚烧厂、水泥厂等协同处置污泥。以重金属污染综合整治、重金属污染防治技术示范、历史遗留重金属污染防治工程为重点，加强重金属污染防治。妥善处理城镇建筑垃圾。到2015年，全省各县均建成1座城镇生活垃圾无害化处理设施，城镇生活垃圾无害化处理率达80%以上，其中珠三角地区达到85%以上；重点监管单位危险废物安全处理处置率达到100%，工业固体废物综合利用率达到85%。

第四节　全面提升环境监管水平

加强对放射性和电磁辐射装置的安全监管，从源头控制和防范安全隐患。建立重金属污染重点防控企业自动监控系统，加强对土壤污染监测治理。统筹环境监管基础设施建设，提高环境监测能力和污染事故应急监测、处理能力，完善在线监控系统联网管理运行制度，健全监管减排责任体系。实行项目“区域限批”或“行业限批”，健全主要污染物排放总量指标控制及分配管理办法和排放控制标准体系。严格落实环境保护目标责任制，健全重大环境事件和污染事故责任追究制度，建立环境保护社会约束和监督机制。

专栏18　环境治理重点项目

城镇污水处理设施项目：建设污水管网约1.5万公里，新增污水处理总规模约600万吨/日，新增再生水利用处理规模96万吨/日。

城镇生活垃圾无害化处理设施项目：建设生活垃圾无害化处理项目88个，无害化处理能力4.06万吨/日。

工业固体废物处置中心工程：建设18个工业固体废物处置中心，处理能力5000吨/日。

危险废物安全处置工程：建设一批危险废物安全处置工程，处理能力36.5万吨/年。

水环境综合整治：建设截污管网、河道整治、水库清淤等。

重金属污染综合防治工程：建设重金属污染源综合整治工程、重金属污染防治技术示范工程、历史遗留重金属污染治理工程等。

燃煤火电厂降氮脱硝工程：完成全省12.5万千瓦以上现役燃煤火电机组共59台2306.5万千瓦降氮脱硝改造，新建燃煤火电机组同步建设脱硝设施。

第三章　推进生态建设

坚持保护优先，加大生态保护和建设力度，全面维护生物多样性，加快建设高水平旅游集聚区，促进生态环境的持续改善。

第一节　大力构建生态安全屏障

逐步提高生态公益林补偿标准，加大生态公益林建设和保护力度，综合治理水土流失，构建"两屏、一带、一网"①的生态安全战略格局。加强重点饮用水源地、生物敏感区、湿地的治理保护，加快建设沿江沿海防护林及水源涵养林等带状生态工程，推进林相改造和林种结构调整。加强森林抚育与管理，扩大森林面积，提高森林质量，增加森林碳汇。加强森林生态监测。扩大岩溶地区石漠化综合治理范围，加大矿山地质环境恢复治理力度。全面推进生态文明万村绿行动，建设城市景观林、公共绿地和城（镇）郊围城防护绿化带，维护农田保护区、农田林网等绿色开敞空间。以珠三角绿道网为依托，逐步构建全省互联互通的绿道网，使之成为推进生态文明建设的标志性工程。开展全国生态文明试点和林业生态县建设，加快建设林业生态省和现代林业强省。

第二节　全面维护生物多样性

坚持以物种就地保护为主，加强自然保护区、湿地和森林公园建设和监管，重点保护南亚热带季风常绿阔叶林、河口沿海红树林等生态系统，以及珠江口中华白海豚分布区、惠东港口海龟分布区等海洋海岸生物多样性保护区域。大规模启动南岭生物多样性建设与物种保护工程，加快粤北生态修复。加大物种迁地保护力度，加强生物物种资源保护和管理，建设林木种质资源库和树种基因库，加强野生动物资源保护，建立濒危动物繁育中心。强化生物多样性监测、评估和预警，有效防范物种资源丧失和流失。加强生物安全管理，积极防治外来物种入侵，确保转基因生物环境释放的安全。

专栏 19　生物多样性重点保护区域

自然保护区：南岭、车八岭、丹霞山、内伶仃岛—福田、珠江口中华白海豚、湛江红树林、鼎湖山、象头山、惠东港口海龟、徐闻珊瑚礁、雷州珍稀水生动物等 11 个国家级自然保护区和信宜云开山、海丰公平大湖、曲江罗坑、英德石门台等 66 个省级自然保护区。

南海重点保护区域：潮州及汕头中国鲎、阳江文昌鱼、茂名江豚等海洋物种栖息地，汕尾、惠州红树林生态系统分布区，阳江、湛江海草床生态系统分布区，深圳、珠海珊瑚及珊瑚礁生态系统分布区，中山滨海湿地、珠海海岛生态区，江门镇海湾、茂名近海、汕头近岸、揭阳惠来前詹、广州南沙坦头、汕尾汇聚流海洋生态区等。

第三节　高水平建设生态旅游集聚区

集聚发展旅游业，促进生态环境的保护和利用。继续推行国民旅游休闲计划，培育全民旅游休

---

① 注："两屏"，指广东北部环形生态屏障和珠三角外围生态屏障；"一带"，指蓝色海岸带；"一网"，指以西江、北江、东江、韩江、鉴江以及绿道网为主体的生态廊道网络。

闲消费市场，整合区域内旅游资源，提升区域总体形象。高水平发展生态、滨海、绿道、农业、都市及特色景观、人文风情旅游，高水平规划、高品位建设、高质量管理，打造一批特色鲜明的旅游基地。珠三角地区着力提高旅游资源品位等级，利用品牌优势，开发一批高端商务旅游、度假旅游、文化旅游、邮轮和游艇旅游等旅游产品，重点建设开平碉楼与村落综合保护开发、珠海长隆国际海洋观光旅游区等项目，与港澳共同打造国际旅游区品牌。东西两翼重点发展特色文化游、滨海度假游，积极推进海陵岛国家海洋公园等项目建设，打造黄金海岸、生态海岛、休闲胜地，努力建成集休闲度假、娱乐健身等功能于一体的国家级滨海旅游目的地。北部山区重点发展传统文化游、生态休闲游，打造一批温泉小镇、风情村落、森林氧吧等旅游精品，加快推进丹霞山等旅游综合开发项目建设，发展成为以世界自然文化遗产和南岭特色自然人文景观为重点的知名生态休闲旅游热点地区。加快旅游业与生态林业、生态农业、特色农产品加工业的融合发展，丰富旅游产品体系。

第四章　推动低碳发展

完善控制温室气体排放的体制机制，加快形成以低碳产业为核心，以低碳技术为支撑，以低碳能源、低碳交通、低碳建筑和低碳生活为基础的低碳发展新格局。

第一节　有效控制温室气体排放

务实做好国家低碳省试点工作，建设一批低碳城市、社区、园区、企业。坚持相对减排的原则，制订实施应对气候变化行动方案和低碳发展中长期规划，完善支持低碳发展的政策措施。研究建立温室气体排放的统计监测体系和低碳发展评价体系，加强低碳发展领域相关基础研究和应对气候变化能力建设。加强应对气候变化领域对外交流合作。探索建立政府引导与市场运作相结合的控制温室气体排放体制机制，争取国家批准在我省建立碳排放权交易所。

第二节　推进低碳技术自主创新和产业化

重点扶持碳捕捉与封存利用等领域技术的自主研发与产业化，建设一批低碳发展领域的工程研究中心、技术中心，建立完善低碳技术研发创新平台。不断完善低碳发展的标准体系，研究建立低碳产品标识、认证制度。

第三节　倡导绿色生活方式

加强低碳知识普及、信息发布和政策宣传工作，提高全社会应对气候变化的责任意识。积极倡导健康文明、节俭低碳的生活方式和消费模式，形成全社会共同关注、参与和支持低碳绿色发展的良好氛围。

第九篇　强化支撑　推进基础设施现代化

把推进基础设施现代化作为加快转型升级、建设幸福广东的重要支撑，统筹规划，加强各类基础设施的协调衔接，突出优化布局和调整结构，高水平建设现代综合运输、清洁能源保障、民生水利、信息网络四大基础设施体系。

第一章　建设现代综合运输体系

进一步完善综合运输网络，加强综合运输通道建设，突出建设综合交通枢纽，优先发展公共交通，统筹各种运输方式发展，初步形成布局完善、结构合理、衔接顺畅、安全高效的现代综合运输体系。到2015年，城际轨道交通网覆盖珠三角九市，高速铁路贯通粤东西北地区，实现县县通高速公路。

第一节　优化现代综合运输网络布局

以广州、深圳和湛江全国性综合交通枢纽城市为中心，以珠海、汕头、韶关区域性交通枢纽及其他地区性交通枢纽城市为节点，以综合运输通道和交通枢纽站场为支撑，加大力度建设高速铁路网、城际轨道交通网和高等级航道网，完善高速公路网。到2015年，轨道交通里程达到5000公里（其中，城际轨道交通约700公里）；高速公路里程达到6500公里；港口货物年通过能力达到13亿吨，力争实现沿海主要港口均通航10万吨级及以上船舶；民用机场旅客年吞吐能力达到1.2亿人次。

第二节　推进综合运输通道建设

重点完善综合运输通道主骨架，发挥各种运输方式的优势和互补性。优化、提升京港澳以及沿海两大主要通道，全力推进沿海铁路和广州至乐昌高速公路建设，拓展、提高重要综合运输通道。加强珠江口东西两岸通道建设，推进琼州海峡跨海通道等主要出省通道前期工作。提高运输网络承载能力和增强运输机动性。

专栏20　综合运输通道布局及重点推进项目

综合运输通道布局

主要通道：京港澳主通道、沿海主通道。

重要通道：广西梧州—云浮—肇庆/广西贺州—肇庆—佛山—广州—河源—梅州—福建龙岩；深圳—惠州—河源—江西赣州；湛江徐闻—湛江城区/茂名—广西；汕头—潮州—揭阳—梅州—江西瑞金；广西贺州—清远连州—韶关城区—韶关南雄—江西赣州等。

重点项目

铁路：贵广广东段、南广广东段、柳州至肇庆广东段、广深港客运专线、广珠、南沙港疏港铁路、广州至汕尾、厦深广东段、深圳至茂名（广东西部沿海铁路）、赣州至深圳、京九电气化改造省界至东莞段、广梅汕铁路扩能（梅州至惠州、汕头铁路）等，总里程约3085公里。

续表

珠三角城际轨道交通：东莞至惠州、广州—东莞—深圳、佛山至肇庆、广佛环线、佛山至东莞、广州—佛山—江门—珠海、珠海市区至珠海机场、广佛线二期、广州至清远等，总里程约735公里。

高速公路：深圳东部过境、博罗至深圳、仁深高速仁化城口至博罗段、从化至东莞、深圳外（半）环、广深沿江、珠三角环线增城沙庄至花都北兴段、惠澳高速惠州长湖至大亚湾段、惠东碧甲至凌坑、潮惠高速潮州至惠东段、江门至肇庆、中山至开平高速及新会支线、广佛肇高速、珠海高栏港高速、江门至番禺及江门至珠海北延线、珠三角环线花都至肇庆段、珠三角环线中山沙溪至月环段、广州至河源、珠海金鼎至横琴、广州至高明及西延线、广州至三水东延线、云阳高速罗定至阳春段、江门至罗定、沈海高速佛山谢边至三堡扩建、港珠澳大桥、虎门二桥、深圳至中山跨珠江口通道、大广线从化至连平、广州至乐昌、佛山—清远—从化等，总里程约3065公里。

沿海航道：广州港出海航道三期工程、湛江港40万吨级航道、湛江港亚德士航道一期工程、珠海港高栏港区主航道扩建工程、汕头港广澳港区航道二期工程及防波堤工程，潮州港公用航道、揭阳港惠来综合港区进港航道及防波堤工程、榕江航道整治工程、汕尾港航道疏浚工程、江门崖门航道整治工程、阳江港航道疏浚工程、茂名港水东港区航道疏浚工程、茂名港博贺港区航道疏浚工程等。

内河航道：打造西江黄金水道，整治珠三角高等级航道网、北江韶关至三水河口千吨级航道、韩江三河坝至汕头航道、榕江航道等，总里程约820公里。

注：粤东西北地区综合运输通道的重点推进项目见专栏16。

图3 广东省主要通道和高速公路规划示意图

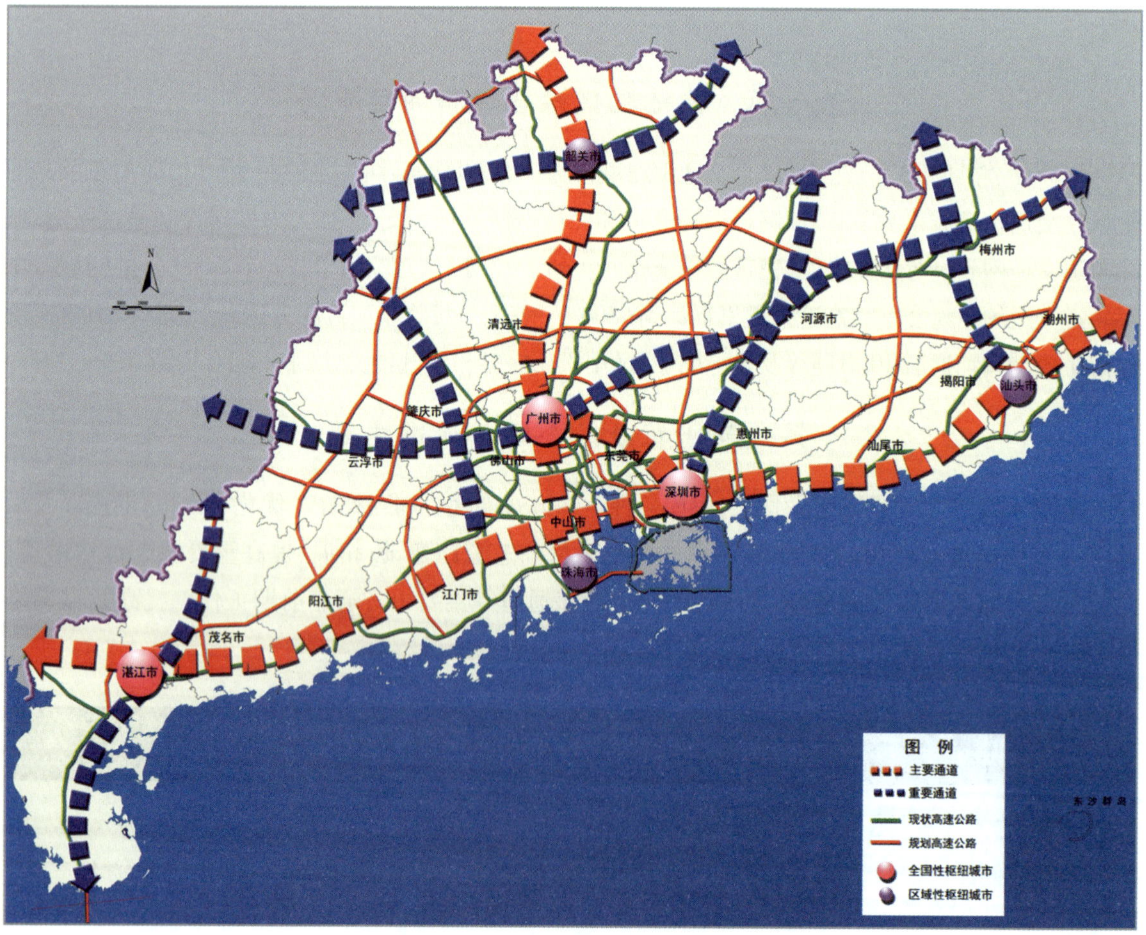

图4　广东省铁路和轨道交通规划示意图

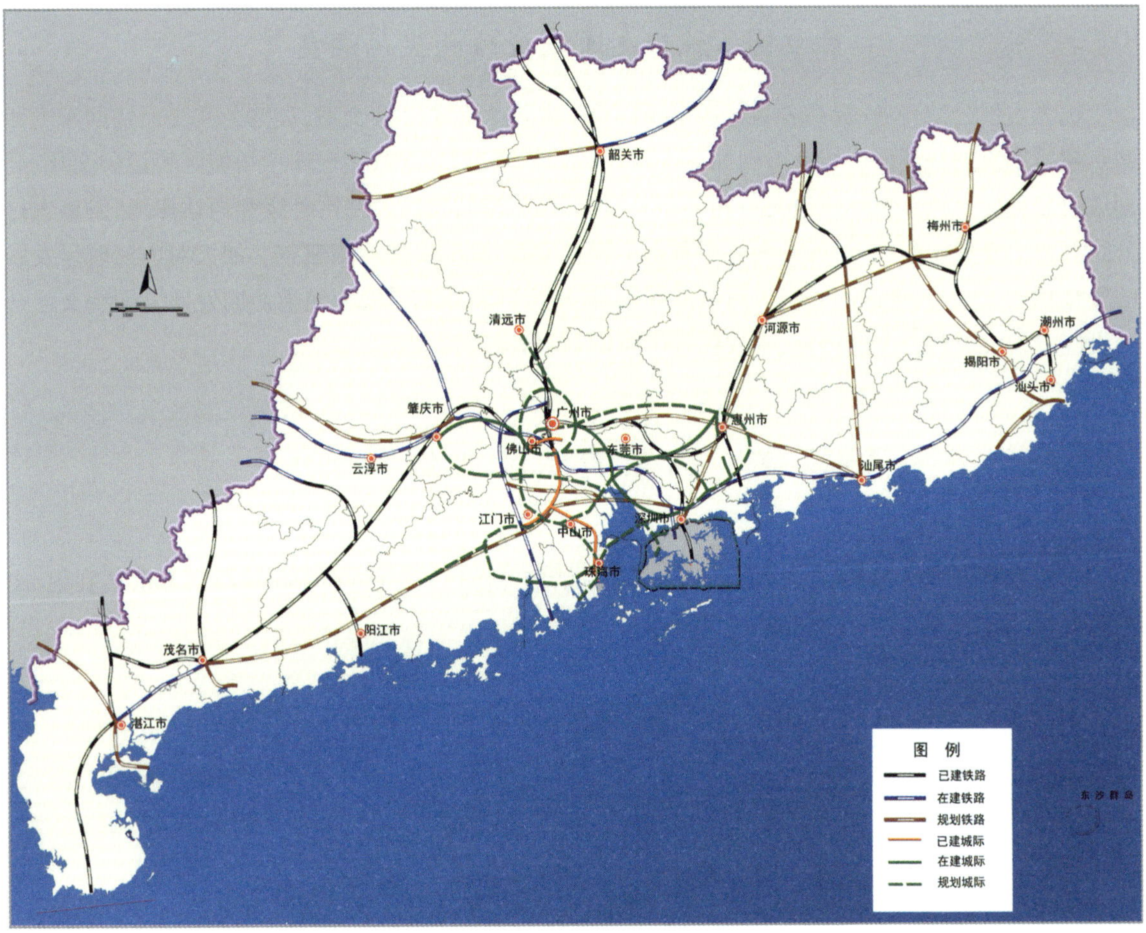

第三节　加强综合交通枢纽建设

重点提升港口、机场和轨道交通站场等综合交通枢纽功能，加强各种运输方式的衔接。推进港口资源的合理配置，促进珠三角、粤东、粤西港口群协调发展，提升沿海及内河主要港口的通过能力和服务水平。提高港口、机场等综合交通枢纽的集疏运能力，培育广州白云国际机场成为具有较强竞争力的国际枢纽机场，提升深圳宝安国际机场服务功能，加快建设支线机场。充分发挥广州、深

专栏21　综合交通枢纽重点推进项目

港口枢纽：广州港南沙港区三期工程、新沙港区二期工程、南沙粮食及通用码头、珠江电厂煤炭码头扩建工程、深圳港盐田港区西作业区集装箱码头、大铲湾港区集装箱码头二期工程、宝满港区集装箱码头一期工程、霞山港区散货码头、珠海港高栏港区集装箱码头二期工程、高栏港区干散货码头、高栏港区煤炭码头、汕头港广澳港区二期工程，潮州港西澳港区起步通用码头、揭阳港前詹作业区通用码头一期工程、惠来沿海港区靖海作业区通用码头、惠州港荃湾港区煤炭码头一期工程、燃料油调和配送中心码头、东莞虎门港煤炭码头二期工程、中山港黄圃港区多用途码头、江门港新会港区亨源油气化工码头、阳江港11～14号泊位工程、茂名港单点系泊原油码头等。

机场枢纽：扩建广州白云国际机场、深圳宝安国际机场，建成揭阳潮汕机场，改造梅州、惠州、韶关支线机场，启动湛江（粤西）机场迁建工程等。

轨道交通枢纽：广州、广州东、广州南、深圳北、佛山西、湛江、珠海、韶关、潮汕站等。

圳、湛江等主要轨道交通客货站场的功能。增强综合交通枢纽换乘和换装功能，提高运输效率，实现旅客在综合交通枢纽的“零距离换乘”和货物运输的“无缝衔接”。

第四节　推动交通运输结构优化调整

优先发展公共交通，提高公共交通出行比重。发展大运量公共交通，提高公共交通线网密度和站点覆盖率。加快建设干线铁路网和珠三角地区城际轨道交通网，实现珠三角城际客运公交化，规划适时启动建设粤东城际轨道交通网。稳步发展公路交通，提高公路网等级和通达深度，发展农村公路客运。发展联程联运，提升民航服务水平和竞争力，积极发展通用航空。加大对内河航运发展的资金和政策支持，推进高等级内河航道建设，促进内河航运与沿海枢纽港协同发展。围绕交通基础设施建设发展装备制造产业，有效提升产业配套服务能力。

第二章　构建清洁能源保障体系

以能源结构调整为中心，优化能源结构，提升清洁能源比重，促进能源绿色生产和清洁利用，构建安全、稳定、经济、清洁的能源供应保障体系。

图5　广东省能源重大项目布局示意图

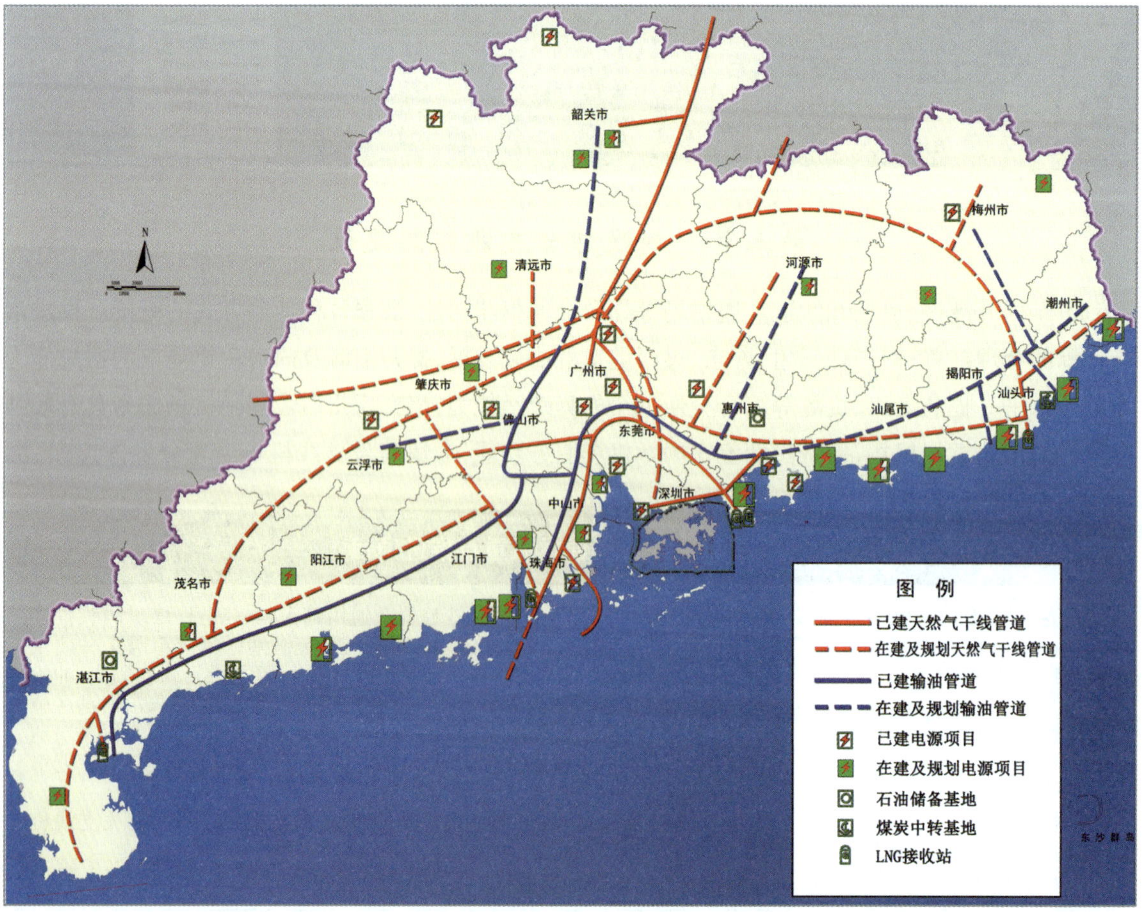

第一节 加强能源供应基础设施建设

加快发展核电，优化发展火电，适度建设抽水蓄能电站、天然气发电等调峰电源，积极发展风电、太阳能光伏发电等可再生能源。合理布局建设工（产）业园区热电冷联供项目和分布式能源项目（包括储能电站等），在珠三角区内负荷中心建设环保型支撑电源，在沿海沿江建设一批骨干电厂。加强油品和天然气供应设施建设，在沿海建设重大炼化项目，多渠道拓展天然气资源，推进陆上气源、沿海LNG接收站和海上天然气上岸工程建设。到2015年，全省接收西电东送最大电力约3600万千瓦，省内电力装机容量达到约10000万千瓦（其中核电装机容量达到1380万千瓦，风电装机容量250万千瓦；清洁电源所占比重达到40%左右），天然气供应能力超过400亿立方米/年，非化石能源占全省一次能源消费比重达到20%。

第二节 完善能源输送网络

继续加大电网建设投入，优化电网结构，提高供电可靠性，促进电源电网协调发展，提升电网承接各类型电源接入能力和抗灾减灾能力。加强各电压等级电网建设，全面推进城乡配电网升级改造，推广智能微网和储能技术等新技术和新设备应用，建设区域智能电网试点工程。进一步完善成品油管道建设，形成连接炼油中心、主要消费城市、成品油储备基地，贯穿全省的成品油输送干线，增强成品油供应能力和应急保障能力。加快建设连接各主要气源点、以珠三角地区为中心、通达全省各地级以上市的天然气主干管网。到2015年，全省形成结构合理、安全可靠、先进节能、适度超前的现代化绿色电网，油品供应管道和天然气供应管道里程分别达到2900公里和3300公里。

第三节 加强能源储备和中转基地建设

加快建设粤东、粤西大型煤炭中转基地。积极推进国家原油储备基地建设，加快推进天然气储备基础设施建设，完善油气储备体系。加强省内铀资源勘查，提高我省核电发展的铀资源支撑能力。加强主要能源品种供需情况预测预警。依托能源基础设施，建设全国重要的能源产业基地。

专栏22 能源保障重点项目

核电工程：建设深圳岭澳二期（1×100万千瓦）、阳江核电（6×108万千瓦）、江门台山一期（2×175万千瓦），新开工汕尾陆丰（6×108万千瓦）、韶关核电（2×125万千瓦）等，总装机容量约2000万千瓦。

抽水蓄能电站：惠州（8×30万千瓦）、清远（4×32万千瓦）、深圳（4×30万千瓦）、阳江（4×30万千瓦）、梅州（4×30万千瓦）抽水蓄能电站等，总装机容量约800万千瓦。

风力发电工程：总装机容量约190万千瓦。

天然气利用工程项目：新建珠海金湾、粤东、粤西、深圳等LNG项目，南海海上天然气接收工程，西气东输二线、川气入粤工程等，新增天然气供应量约300亿立方米。

骨干支撑和热电联产项目：揭阳惠来电厂扩建3、4号机组、汕尾电厂扩建3、4号机组、茂名电厂7号机组、汕头海门电厂一期3、4号机组、阳西电厂扩建3、4号机组、韶关电厂“上大压小”、梅州大埔电厂“上大压小”、海丰电厂“上大压小”等，新增装机容量约2500万千瓦。

省内电网工程：500千伏输变电线路3401千米，变电容量3800万千伏安；220千伏输变电线路8974千米，变电容量6709万千伏安；110千伏及以下配网输变电线路61220千米，变电容量8310万千伏安。

超高压输电工程：糯扎渡送电800千伏直流输电、溪洛渡送电500千伏同塔双回直流输电工程等，输送容量1140万千瓦。

省天然气主干管网工程：管道2780公里。

国家石油储备工程：惠州、湛江等国家石油储备库，库容1000万立方米。

第三章　完善民生水利基础体系

加快水利基础设施建设，强化水资源管理，构建城乡防洪治涝安全保障体系、水资源供给保障体系和水环境保护体系。

第一节　提高城乡水利防灾减灾能力

完善主要江河防洪体系，加快乐昌峡水利枢纽等防洪控制性枢纽工程建设，继续推进汕头大围、榕江大围等堤围达标加固建设，实施病险水库水闸除险加固、重要城镇防洪排涝工程、大型泵站更新改造工作。重点推进“千里海堤加固达标工程”和“千宗治洪治涝保安工程”建设，抓好中小流域综合治理和小型水利设施排查整修，积极开展西江大湾等流域防洪和水资源配置重大工程前期工作。到2015年，地级以上城市防洪潮标准达到100年一遇以上，县级城市达到50年一遇，主要乡镇基本达到20至30年一遇。

第二节　确保城乡供水安全

着力加强水库库区的保护和综合治理，维持水库水质达标。调整部分水库功能和调度方式，逐步转为以防洪或供水为主。合理布局供水水源工程和跨流域、区域调水工程，加快鉴江供水枢纽工程建设。加强地下水资源勘查评价和动态检测，注重构建应急供水备用体系。按照供排分流原则，科学规划珠三角河网主要供排水布局，实现供排水的协调统一、供水系统互通可控。提高农村地区生产生活用水保障水平，基本完成农村饮水安全工程，抓紧开工建设湛江青年运河灌区等省内大型灌区改造工程，继续开展中小灌区续建配套和节水改造。到2015年，城镇自来水普及率达到95%以上，农村自来水普及率力争达到90%以上。

第三节　提升水资源可持续利用保障能力

全面落实水资源开发利用、用水效率、水功能区限制纳污“三条红线”，强化水资源管理和有偿使用。继续完善流域管理与行政区域管理相结合的水资源管理体制。严格执行用水总量控制，加强水功能区管理。提高水利信息化水平，健全水资源监控体系和流域联防联控协调机制。在保护生态的前提下，合理开发水电资源，推进水资源的可持续利用。到2015年，全省经济社会用水总量控制在460亿立方米以内，城市饮用水水源地水质达标率达到95%。

专栏23　水利基础设施重点项目

水利枢纽工程：建设韶关乐昌峡、清远水利枢纽、西江大湾、梅州梅南水利枢纽、珠三角西水东调工程等，总库容约18亿立方米。

江海堤围：建设汕头大围、榕江大围达标加固工程，汕尾、阳江市海堤达标加固工程等，新建、加固堤防1485公里。

灌区改造工程：建设湛江雷州青年运河灌区、茂名高州水库灌区续建与节水改造工程、粤东韩江灌区续建配套与节水改造等工程，65宗中型灌区续建配套与节水改造，其中5～30万亩15宗，1～5万亩50宗。

汕头市新津外砂河口治理项目。

第四章　优化高效信息网络体系

以信息资源整合共享为突破口，加快信息技术的应用，大力建设开放融合的信息网络体系和信息服务网络，率先实现电信网、广播电视网和互联网“三网融合”，建设“智慧广东”。到2015年，全省信息化总体达到中等发达国家水平，珠三角迈向全球信息化先进水平行列。

第一节　优化提升信息传输网络

加强各类信息网络的统筹规划、建设和管理，强化网络与信息安全保障，探索有效的共建共享机制。大力发展新一代移动通信网和下一代互联网，加快宽带光纤接入，优化提升通信网络。以新一代宽带无线移动通信技术为主要手段，加快建设覆盖珠三角、连接粤港澳的无线宽带城市群。加快全省有线电视网络双向数字化改造，推进数字广播网建设，推动形成全省统一的有线数字广播电视网络。加快发展物联网，推动物联网关键技术研发和在重点领域的应用示范。完善信息安全标准体系和认证认可体系，加强信息网络监测、管控能力建设。到2015年，全省互联网普及率达70%以上。

第二节　加快推进“三网融合”

以广播电视和电信业务双向进入为重点，加快国家级“三网融合”试点城市建设，统一相关标准和技术规范，探索多种运营模式和试点组织方式，加快推进三网的高速互联以及业务应用的融合。构建开放式产业合作平台，促进“三网融合”新业务的开发及推广，积极打造“三网融合”和数字家庭产业发展示范区。

第三节　逐步提高公共信息服务水平

加强信息资源共享，构建系统布局、层次分明的公共信息服务平台。实施商务电子化工程，建设便捷、高效的电子商务公共平台，推进电子商务在生产、流通和消费等领域的深入应用。实施电子政务畅通工程，建设政府信息资源共享平台。实施公共信息服务共享工程，完善人口、地理空间、

专栏24　信息网络重点项目

信息传输网络提升工程：包括核心网、传输干线网和专用承载网等无线网络扩容工程，互联网传输协议(IP)数据网扩容、信息承载网络扩容、城域网建设等互联网提升工程，无线宽带网接入、无线局域网(WLAN)热点建设等无线宽带城市工程，以及有线电视网络整合与数字化整体转换、数字地面电视传输网和数字广播网建设等项目。

“三网融合”工程：包括三网融合试点建设、国家数字家庭应用示范基地、珠三角数字家庭试点、三网融合公共运营支撑平台、数字家庭和数字电视三网融合支撑平台、三网融合新业务开发、数字家庭产业孵化基地和研究院等项目。

重大公共信息服务平台：包括建设政法信息、金财工程、金土工程、金质工程、金农工程、金保工程、新闻出版、安全生产、区域卫生信息系统、宏观经济管理信息系统等一批政务应用信息化系统项目以及省电信网络创新创业平台、空间地理信息共享和开发应用平台、南方现代物流公共信息平台、省级无线射频识别(RFID)产业和技术应用支撑平台、农村信息化服务平台、综合信息应用平台等项目。

科教、卫生等基础性信息资源共享平台。实施网络民生民情工程，逐步完善“社保医保一卡通”、“交通信息化平台”等公共服务平台，推进公共服务在线化。

第十篇 普惠共享 保障和改善民生

把保障和改善民生作为加快转型升级、建设幸福广东的出发点和落脚点，建立健全公共财政对民生社会事业投入的稳定增长机制，大幅提高社会福利和公共服务供给水平，大力推进基本公共服务均等化，努力增强人民群众的幸福感。

第一章 提高居民收入

积极实施富民计划，加大国民收入分配调整力度，努力提高居民收入在国民收入分配中的比重、劳动报酬在初次分配中的比重，推动居民收入普遍较快增长。

第一节 稳步提高劳动者收入水平

建立健全包括各类企业、机关和事业单位职工和广大农民工在内的工资正常增长机制，建立劳动工资支付保障制度。进一步加强对企业工资分配的指导，试点探索建立企业工资与企业效益、物价指数挂钩的机制，推进企业工资集体协商。完善公务员工资制度。建立健全劳动、资本、技术、管理等要素共同参与的分配制度。

第二节 合理调节收入差距

合理调整收入分配关系，形成公正合理有序的收入分配格局，扭转城乡、区域、行业和社会成员之间收入分配差距扩大趋势。完善垄断行业收入分配规则和监管机制，有效调节过高收入，努力扩大中等收入者比重。建立与经济发展相适应的最低工资标准调整机制，探索最低工资标准与职工年平均工资增长挂钩的长效机制，提高低收入者收入水平，到2015年，珠三角各市的最低工资标准达到当地职工平均工资的40%以上。逐步提高扶贫标准和最低生活保障标准，保障困难群众基本生活。加强对公民合法财产保护，严厉打击各种非法攫取社会财富的行为。

第二章 促进就业和构建和谐劳动关系

坚持就业优先，实施更加积极的就业政策，建立经济发展与扩大就业的良性互动机制，构建和谐劳动关系。

第一节　建立统筹城乡的就业促进体系

推进城乡统筹就业，完善促进各类劳动者平等就业的公共就业服务体系，建立人力资源跨地区配置新平台。加大财税、金融、产业等政策促进就业和创业的力度。加强就业、失业、人力资源市场供求情况动态监测。加强职业技能培训，重点开展企业职工在岗和转岗技能、新成长劳动力技能储备、失业人员再就业、创业等培训，继续抓好退役士兵免费职业技能培训。建设一批高技能人才培养示范基地和公共实训基地。采取奖励补贴、政府直补企业开展培训等综合激励措施，增加技能型劳动力的有效供给。

第二节　大力增加就业岗位

积极发展就业容量大的中小企业，增加公共服务领域的就业岗位。着力推进创业带动就业，全面落实高校毕业生就业扶持政策。健全就业援助制度，积极开发公益性岗位。实施岗位补贴、社会保险补贴等措施，加大对城镇就业困难人员和农民工群体就业的帮扶力度。“十二五”期间城镇净增就业人数500万人，城镇登记失业率控制在4%以内。

第三节　构建和谐劳动关系

充分发挥政府、工会和企业在协调劳动关系中的作用，引导企业改善用工环境，加强企业文化建设，加强人文关怀，努力形成企业和职工利益共享机制，促进体面劳动，构建和谐劳资关系。关爱外来务工人员，加强珍爱生命教育和心理健康辅导，健全心理咨询网络和各类应急援助机制，逐步完善劳动者利益诉求表达机制，促进身心和谐。建立健全劳动关系协调处理机制，加强劳动人事争议调解仲裁工作，完善劳动人事争议处理机制，加大劳动保障执法力度，保障劳动者权益。全面推进创建和谐劳动关系示范区工程。

第三章　健全社会保障体系

强化社会保障“一张网”理念，坚持“广覆盖、保基本、多层次、可持续”方针，逐步建立覆盖全民、区域协调、统筹城乡的一体化社会保障体系，增强保障能力，稳步提高保障水平。

第一节　建设统筹城乡的社会保障网

巩固基础养老金省级统筹，加快医疗保险市级统筹，健全省级调剂金制度，不断缩小区域间社会保险缴费和待遇水平差距，实现区域间社会保险关系顺畅接转。加强城乡社会保险制度间的衔接，实现新型农村社会养老保险制度全覆盖，构建具有广东特色的惠及全民的城乡基本养老保险制度体系。稳步推进事业单位养老保险制度改革，开展城镇居民社会养老保险工作。健全基本养老金正常调整机制，提高城镇职工养老保障水平。扩大失业、医疗、工伤、生育保险的覆盖范围，提高保障能力。积极发展多层次的社会保险体系，发挥商业保险补充性作用。建立多渠道、严监管的社保基金筹集管理机制，提高社保基金抗风险能力。构建综合性社会保障服务平台。

第二节 完善社会救助体系和社会福利服务体系

加大财政投入力度，完善贫有所济、灾有所救的社会救助体系，促进社会福利由“补缺型”向适度普惠型转变。落实优抚对象和城乡低保、农村“五保”、城镇“三无”人员、孤残儿童生活保障政策，逐步提高欠发达地区的保障标准，扩大覆盖范围，城乡居民最低生活保障标准年均增长10%以上。加强城乡低保与最低工资、失业保险和扶贫等政策的衔接平衡。提高福利事业的开放水平，积极促进服务对象公众化、运营方式市场化、服务队伍专业化。建设国家级工伤康复基地。鼓励社会力量投入社会福利事业，拓展社会志愿服务，扶持发展社会慈善事业。支持残疾人事业发展，保障残疾人合法权益，加大对残疾人生产扶助和生活救助力度，建设残疾人康复基地和华南特殊教育学院。大力做好“双拥”优抚安置工作。

第四章 提高医疗卫生服务水平

深入推进医药卫生体制改革，切实建立起覆盖城乡的基本医疗保障体系和健全的基本医疗卫生服务网络，优先满足群众基本医疗卫生需求。

第一节 增强公共卫生服务能力

建立健全疾病预防控制、健康教育、妇幼保健、精神卫生、应急救治、采供血、卫生监督和计划生育等专业公共卫生服务网络。逐步提高人均公共卫生经费标准，全面免费提供国家基本公共卫生服务项目，实施重大公共卫生专项。积极预防重大传染病、慢性病、职业病、地方病和精神疾病。普及健康教育，70%以上的城乡居民建立电子健康档案。

第二节 健全医疗卫生服务体系

加强基层医疗卫生机构建设，全面建立以县级医院为龙头、乡镇卫生院为骨干、村卫生站为基础的农村医疗卫生服务网络，实现城市社区卫生服务街道全覆盖。新增医疗卫生资源重点向农村和城市社区倾斜，改革完善基层医疗卫生机构补偿机制和运行机制，提高基层医务人员的工资福利待遇。加强以全科医生为重点的基层医药卫生队伍建设，到2015年，每千人口全科医师数达到0.2人。推进公立医院改革，初步建立现代医院管理制度。鼓励社会资本举办医疗机构和参与公立医院改制重组。加快构建各级医疗机构分级诊疗、双向转诊制度，探索形成各类城市医院和基层医疗机构分工协作格局。

第三节 建设覆盖城乡的基本医疗保障体系

完善以基本医疗保障为主体，其他多种形式医疗保险和商业健康保险为补充，城乡医疗救助为保障底线，覆盖城乡居民的医疗保障体系。扩大基本医疗保险覆盖面，提高筹资标准和医疗保障水平。加快推进城乡医保一体化。到2015年，城乡三项医疗保险参保率达到98%以上，参保人数新增2000万人。城镇居民基本医疗保险和新型农村合作医疗政策范围内的住院报销比例提高到70%以上。

第四节　建立和完善药品供应保障体系

基层医疗机构全面实施国家基本药物制度，建立和完善以国家基本药物制度为基础的药品供应保障体系。完善价格形成机制和定期调整机制，提高基本药物实际报销水平。加强对药品研究、生产、流通、使用、价格和广告的监管，规范和整顿药品生产流通秩序。

第五节　推进中医药强省建设

建立涵盖预防、治疗、康复、保健、养生的中医药服务体系，完善大中城市综合性中医院、县级中医院、乡村和社区中医药服务网点三级中医医疗服务机构。充分发挥中医药在公共卫生、基本医疗以及重大、疑难疾病防治方面的特色和优势，推动开展中医预防保健服务。加强岭南中医药理论研究，打造岭南中医药品牌。

第五章　加快安居工程建设

立足保障基本需求、推动合理消费，构建以政府为主提供基本保障、以市场为主满足多层次需求的住房供应体系，加快实现“住有所居”。

第一节　扩大保障性住房覆盖面

通过新建、改建、政府购置、租赁等方式增加保障性住房房源。重点发展廉租住房和公共租赁住房，使之成为保障性住房供给的主渠道。加快推进棚户区和农村危旧房改造、渔民安居工程。“十二五”期间建设城镇保障性住房180万套，到2015年人均住房建筑面积13平方米以下的低收入家庭的住房基本得到保障。

第二节　完善住房保障政策体系

强化各级政府的住房保障责任，落实土地、财政等政策。保障性住房建设用地纳入当地年度土地供应计划，确保优先供应。加大省级财政对欠发达地区廉租住房投入，通过财政预算、住房公积金增值收益、提取一定比例的土地出让总收入等方式筹集保障性住房建设资金，积极引导社会资金参与保障性住房建设运营。进一步完善保障性住房申请、审核、退出等制度，规范保障性住房使用。

第三节　改善房地产市场调控

把保障基本住房、稳定房价和加强市场监管纳入各地经济社会发展的工作目标。完善土地供应政策，增加居住用地供应总量，有效扩大普通商品住房供给。落实差别化的土地、金融、税收等房地产政策，合理引导自住和改善性住房需求，抑制投资投机性购房需求。完善住房公积金制度，提高公积金使用效率。加快住房信息系统建设，完善房地产市场信息发布制度。

第六章 加强人口和体育工作

坚持计划生育基本国策，控制人口总量，优化人口结构，发展体育事业，提高人口素质。

第一节 促进人口均衡发展

进一步稳定低生育水平，统筹人口数量、素质、结构、分布，促进区域人口分布和区域经济布局相均衡，减缓外来人口过快增长的势头，实现由人口大省向人力资源强省转变。引导人口有序流动、合理分布。加强全员人口管理，完善以现居住地管理为主的流动人口计划生育服务管理体系。加大出生缺陷预防干预力度，预防和控制先天性感染、遗传性因素对出生人口健康的影响，改善出生人口素质和结构。综合治理出生人口性别比偏高问题。

第二节 积极应对人口老龄化

发展城乡老龄事业，构建适度普惠型社会养老服务体系。坚持居家养老、社会养老、机构养老相结合，努力满足社会养老需求。建成1～2个省级养老服务示范基地，积极推进市、县（市、区）、街道（乡镇）三级社会养老服务机构建设。鼓励社会力量投资养老服务。到2015年，每千名老人拥有养老床位数达到30张。扶持开发老年人专用器材用具、医疗康复器材等各类老人用品，形成一批老龄产业集聚区。加大老年人旅游休闲场所、老年公寓、智能住宅建设，推动老龄产业健康快速发展。弘扬敬老风尚，提高老年人生活质量。开发利用老年人力资源，鼓励老年人继续为社会发挥力量。

第三节 促进妇女儿童全面发展

实施妇女发展规划，保障妇女平等获得就学、就业、社会保障、婚姻财产和参与社会事务的权利。加强妇女卫生保健、扶贫减贫、劳动保护、法律援助等工作。实施儿童发展规划，依法保障儿童生存权、学习权、发展权、受保护权。改善儿童成长环境，促进儿童身心健康发展。加强婴幼儿早期启蒙教育和独生子女社会行为教育。

第四节 发展体育事业

开展全民健身运动，不断增强人民体质。加强体育场馆和社区体育设施建设，为人民群众提供基本体育服务。鼓励举办有特色的体育竞赛活动。发展体育产业，推动体育产品品牌建设，培育体

专栏25 广东省基本公共服务均等化阶段性目标

2011年，推进基本公共服务加速覆盖。调整财政收支结构，增加对基本公共服务的投入，坚持投入向农村倾斜、向基层倾斜、向落后地区倾斜、向困难群体倾斜，建立健全城乡、不同地区和社会群体多层次、差别化的公共服务体系，使基本公共服务加速覆盖广大居民。

2012～2015年，重点推动城乡基本公共服务均等化普遍覆盖。主要任务是随着城镇化水平的提高，农村劳动力向城镇流动的加快，将农村居民和农民工纳入城镇基本公共服务体系，实现城乡基本公共服务制度衔接和制度统一，城乡基本公共服务均等化普遍覆盖广大居民，基本实现地区性基本公共服务均等化。

育健身市场，扩大和引导体育消费，推动体育产业与旅游、文化等相关产业的互动发展。办好深圳第26届世界大学生运动会。

第七章　建设平安广东

适应公共安全形势的新特点，强化政府责任，坚持预防第一，推动建立主动防控与应急处置相结合、传统方法与现代手段相结合的公共安全体系，切实增强人民群众安全感。

第一节　完善公共突发事件应急处置体系

健全对事故灾难、公共卫生事件、食品安全事件、社会安全事件、重大环境污染事件的预防预警和应急处置体系，提高政府应对公共突发事件能力。增强公共安全保障能力，建立应急联动机制。实施分级管理，明确各级政府的责任，进一步完善突发公共事件专项应急预案、部门应急预案和地方应急预案。强化公共场所应急体系建设。提高公众自救、互救和应对各类突发公共事件的综合能力。

第二节　保障食品药品安全

加强食品药品监督管理，完善食品药品供应保障，建立食品药品质量追溯制度，形成来源可追溯、去向可查证、责任可追究的安全责任链。建立药品安全预警和应急处置机制，加强检验检测、认证检查和不良反应监测等药品安全技术支撑能力建设。保证食品药品质量和安全，维护人民生命安全健康。

第三节　强化粮食等重要物资储备

健全重要物资储备及安全监管预测预警体系，统筹安排实物储备和能力储备，确保关系国计民生的重要物资充足、安全供应。全面落实粮食和食用植物油储备，完善粮油市场监测网络和应急体系，推进粮食基础设施建设，增强政府对粮食的宏观调控能力。加快以“珠江粮食走廊”为主体的粮食物流通道建设和粮食批发市场建设。强化粮食流通监管，完善粮食购销管理体系，确保粮食数量、质量安全。

第四节　提高安全生产水平

全面加强安全生产法制、体制机制建设，严格安全准入，夯实安全基础，强化企业安全生产主体责任落实和责任追究。加快推进监管监察执法能力、应急救援能力和技术支撑能力建设。提高公众安全意识，保障全民职业安全健康权益，有效控制工矿商贸就业人员的伤残率及职业病发病率。到2015年，亿元生产总值生产安全事故死亡率、工矿商贸就业人员10万人生产安全事故死亡率分别比2010年下降36%和26%。

第五节　增强防灾减灾能力

加快防灾减灾体系现代化建设，提高防灾减灾和灾害治理能力。加强气象、地震、地质和风暴潮等灾害监测预报工作，建立重大灾害监测预警和应急服务体系。加强人口和产业密集地区防灾减灾设施建设。加快建立地质灾害易发区调查评价体系、检测预警体系、防治体系和应急体系，加大重点区域地质灾害治理力度，加强救援队伍建设，提高物资保障水平。推行自然灾害风险评估，科学安排生产生活设施布局。加强消防基础设施建设。

第六节　加强社会治安综合治理

推进社会治安综合治理防控体系建设工程，严密防范、依法打击各类违法犯罪活动，全面加强禁毒工作。建立重大社会决策、重大工程项目社会稳定风险评估机制。健全社会舆情汇集分析机制，完善网络问政和信访工作机制，畅通群众利益诉求和权益保障渠道，积极预防和妥善处置各类群体性事件，切实把各类矛盾纠纷解决在萌芽状态。扎实推进人民来访接待厅和基层综治信访维稳中心建设。健全互联网安全管理制度。维护国家安全和社会稳定。

第七节　加强国防动员基础能力建设

继续完善国民经济动员组织机构体系，以潜力调查、信息化建设、动员中心、专业保障队伍建设等工作为抓手，大力推进国民经济动员常态化建设。与国防密切相关的建设项目和重要产品要按国防要求做好相关工作。认真贯彻落实《中华人民共和国国防动员法》，增强国防意识，促进军民融合式发展。

专栏 26　安全保障重点项目
生态防灾减灾工程 省安全生产综合体系建设工程 省食品药品安全综合体系建设工程 省社会治安综合治理防控体系建设工程 珠三角中小尺度气象灾害监测预警中心 省地震安全基础能力和创新服务平台建设项目 省救灾物资储备中心仓库 省海上搜救指挥平台与基地建设工程 省粮库建设工程 动物疫病预防与控制体系工程

第十一篇　内涵提升　提高文化软实力

优先发展教育，打造我国南方教育高地，建设区域文化中心，推动文化大发展大繁荣，努力满足人民群众不断增长的精神文化需求，为加快转型升级、建设幸福广东增强活力。

第一章　建立高质量教育体系

坚持教育的公益性和普惠性，统筹推进各级各类教育协调发展，着力促进教育公平，全面提高教育发展质量。

第一节　加快普及学前到高中阶段教育

大力促进珠三角市域、其他地区县（市、区）域的义务教育均衡化发展。以农村为重点加快教育设施建设，优化中小学布局，建设义务教育规范化学校和乡镇中心幼儿园，着力改善农村幼儿园、中小学的办学条件。探索实施农民工子女免费义务教育。加快特殊教育学校建设进程，提高残疾儿童少年受教育水平。到2015年，全省普及学前到高中阶段15年教育，各县（市、区）高中阶段教育毛入学率均达到85%以上。

第二节　发展壮大职业教育

适应我省现代产业体系的发展趋势，率先建立起覆盖中等职业教育、高等职业教育、应用型本科教育、专业学位研究生教育的现代职业教育体系。着力加强现代技工教育体系建设。健全技能型人才培养机制，加快推进中等职业教育基础能力建设和教学改革工程，逐步扩大免费中等职业教育范围。以建设省级职业教育基地和国家级技工教育示范基地为核心，打造我国南方重要的职业教育基地。到2015年，全省各级各类职业教育在校生达到300万人以上。

第三节　提升高等教育发展水平

保持高等教育规模合理增长，加强高水平大学和重点学科建设。优化高等教育专业、层次、区域间的布局结构，明确省内各大学园区（城）的定位，实现优势互补，促进高等教育规模、结构、质量、效益、特色协调发展，增强高校培养人才、创新科技、引领文化和服务社会的能力。

第四节　加强终身教育体系建设

推动学习型社会建设。推进教育资源社会共享，扩大现代远程教育规模，加强覆盖城乡的社区教育机构和网络建设，开展针对职业、生活的继续教育和培训。促进学历教育和非学历教育协调发展、职业教育和普通教育相互沟通、职前教育和职后教育有效衔接，不断完善终身教育体系。到2015年，社会新增劳动力平均受教育年限达到14年。

专栏27　教育设施重点项目

高校建设工程：全省高等教育教学基础设施建设，改善高校办学条件。

中等职业学校建设工程：省级职教基地及全省中等职业学校校舍建设、设备配置。

技工学校建设工程：全省技工学校校舍建设、实训设备配置。

义务教育规范化学校建设及中小学校舍安全工程：开展规范化建设，使全省义务教育学校达到规范化标准，按照抗震设防标准加固重建一批中小学校舍。

续表

学前教育建设工程:全省幼儿园规范化建设,新建一批乡镇中心幼儿园及村级幼儿园,改造一批城市幼儿园。 **特殊教育建设工程**:全省特殊教育学校基础设施建设,改善特殊教育学校办学条件。 **省教育考试院及保密印刷基地**:命题大楼、保密印刷车间。 **省级职业技术教育暨专业技术人员继续教育示范基地**:可容纳全日制技校学生 3 万人,社会化培训每年 1 万人次。

第二章　完善教育发展支撑体系

突出高素质师资队伍建设,推进教育改革、开放、创新,提高教育现代化水平,推动教育事业科学发展。

第一节　加强高素质教师队伍建设

以提升教师能力素质为核心,以农村教师队伍、职业教育"双师型"教师队伍、高校高层次人才队伍建设为重点,立足培养、加快引进、优化环境、健全机制,建设一支数量充足、结构合理、素质优良、充满活力的教师队伍。着力提高欠发达地区和农村教师工资和福利水平,促进城乡师资均衡配置和资源共享。加强高层次师资交流培训。

第二节　提升教育信息化和开放合作水平

促进信息技术与教育全面融合,围绕普及信息技术教育、深化信息化教学、推进优质教育资源共建共享、促进教育管理和服务信息化四个重点,加快各级各类学校信息化基础设施建设和教育信息技术普及应用。推进区域教育合作,充分发挥发达地区对欠发达地区、城市对农村、优质学校对薄弱学校的辐射带动作用。加快教育国际化进程,积极推动粤港澳教育紧密合作、融合发展,扩大留学生教育规模。重点建设 1～2 所国内一流、国际先进的高水平大学,引进 3～5 所国际知名大学到广州、深圳、珠海、东莞、佛山等城市合作举办高等教育机构,提升国际合作层次和水平。

第三节　深化教育体制改革

推进管办评分离,依法保障学校充分行使办学自主权,形成政事分开、权责明确、统筹协调、规范有序的教育管理体制。坚持教育公益性原则,健全政府主导、社会参与和监督、办学主体多元的办学体制;鼓励社会力量参与公办学校办学,落实民办学校与公办学校平等的法律地位,促进和规范民办教育发展;加大财政投入,拓宽经费来源,改善支出结构,提高教育经费使用效益。调整优化高等院校学科结构和专业设置。改革考试招生制度。探索建立现代大学制度。全面实施素质教育,创新教学内容、方法和评价制度,促进学生德智体美全面发展。

第三章 健全公共文化服务体系

加大财政投入，建设结构合理、功能完善、网络健全、运行有效、惠及全民的公共文化服务体系。

第一节 完善公共文化基础设施

实施基层文化设施全覆盖工程，在城市建设“10 分钟文化圈”，在农村建设“十里文化圈”。到 2015 年，全省市、县图书馆、文化馆、博物馆、乡镇综合文化站、行政村（社区）文化设施全部达标，珠三角地区达到全国一流水平。推进重大文化工程建设，提升非物质文化遗产保护展示、水下文物保护、文学艺术创作等方面基础设施水平。加大广播电视村村通、城镇电影院线、市县档案馆、农家书屋、文化信息共享工程等的建设力度。

第二节 实施重点文化惠民工程

实施公共文化进村入户工程，采取多种形式，将文艺作品送到基层。整合全省文化资源，推动数字图书馆联盟、公共图书馆联盟和演艺联盟，促进文化项目共建共享。提高公共文化设施的使用效益，增加公共文化产品的免费或低价项目。继续推进电影下乡活动，加大农村电影放映工程建设力度。

第三节 增强文化产品和服务供给能力

加强公共文化服务资源建设，采取政府购买、项目补贴、委托生产等形式，鼓励文化单位生产质优价廉的公共文化产品。建设覆盖城乡的流动图书馆、流动博物馆、流动演出网，推动公共文化服务向社区和农村延伸。构建先进的现代文化传播体系。鼓励和支持成立各类民间文化社团。

第四章 加快发展文化产业

深化文化体制改革，优化产业结构，完善市场体系，促进文化产业的健康持续发展，保持巩固文化产业在全国的领先优势。

第一节 壮大文化产业

做大做强以创意为特征的文化服务业，重点发展文化创意、平面传媒、广播影视、出版发行、动漫、游戏游艺、演艺娱乐、文化会展等产业。培育新一代网络游戏、数字内容、新型媒体终端等高增长性产业，建设国家（深圳、汕头）及省级动漫产业基地、东莞松山湖创意产业园等文化创意园区，打造岭南文化创意产业圈。以科技创新推动文化业态和生产、传播方式的创新，推动文化与科技、旅游、商业融合，拓展新型文化产品和服务。加快文化产业重大项目建设。到 2015 年，文化产业增加值年均增长 12%，文化产业增加值占生产总值的比重达到 6.5%，成为国内重要的文化内容生产与创新基地。

第二节 完善文化市场体系

积极培育市场主体，有效发挥龙头企业和品牌的带动作用，大力开拓文化市场，增强文化消费活力。拓展新兴媒体市场，促进消费升级。积极面向广大农村地区，提供多层次文化产品和服务。加强文化要素市场建设，建立文化产权交易平台和文化产业投融资平台，促进产权、资本、人才、信息的流动。

第三节 深化文化体制改革

推进全国文化体制改革试点省建设，加快经营性文化单位转企改制和公益性文化事业单位改革，培育壮大一批重点民营文化企业，激发文化发展活力。进一步完善文化产品、服务和要素市场，健全文化行业组织和中介机构。鼓励社会力量参与公益性文化建设，创新公共文化产品的供给方式。建立完善对外文化交流合作、协调机制，提升对外文化交流水平。鼓励文化企业"走出去"，提高文化产业"走出去"水平。

专栏28 文化建设重点项目

基层文化设施全覆盖工程：全省市、县、乡镇、行政村文化设施全部达标，完成广播电视村村通、农家书屋、文化信息共享工程建设任务。

重大文化事业项目：建设广东画院（新址）、省立中山图书馆改扩建二期工程、省文物保护科技中心、省水下文化遗产保护中心、省非物质文化遗产展示中心、广东文学馆、广东美术馆改扩建工程等项目。

重大文化产业项目：建设广东数字出版中心、国家音乐创意产业基地、南方影视传媒基地、现代广告创意中心、广州北岸文化码头、珠海南方文化产业园、横琴粤港澳文化创意产业园、中山游戏游艺产业基地、深圳前海粤港澳文化创意产业试验园、南岭中国丝绸文化产业创意园、大南华禅宗文化产业创意园、广东工业设计城、佛山1506创意城、东莞松山湖国际文化创意产业园、肇庆砚洲岛生态文化创意中心、汕头澄海创意产业园、惠州农民画产业园等项目。

第五章 提升广东文化形象

发展特色鲜明的岭南文化，培育提高全社会文化素养，建设广东文明和谐家园。培育以社会主义核心价值体系为灵魂、以岭南优秀文化传统为底蕴、以现代文明素质为特征的新时期广东人文精神。

第一节 继承发扬岭南优秀传统文化

根据时代要求，吸收、改造、创新和发展优秀传统文化，将岭南传统特色文化的深厚底蕴与时代精神、外来文明成果有机融合，提升广东文化的凝聚力和辐射力。加强对广府文化、客家文化、潮汕文化、雷州文化和少数民族文化的研究与保护，提升岭南特色文化。弘扬孙中山文化，支持中山市建设翠亨新区。实施粤剧等文化遗产保护与开发工程，推动世界文化遗产申报和保护利用，加强对重点文物和特色文物、非物质文化遗产、古籍的有效保护、开发和利用。

第二节 打造广东文化精品

繁荣发展文学艺术，推进文艺精品创作生产。扶持培育知名文艺团体，加强原创性作品的创作生产。实施外宣精品工程和网络文化精品工程。深入挖掘华侨文化、禅宗文化、海洋文化等特色文化资源,打造若干个国家级文化生态保护区。进一步加大对特色文化城市的扶持,加快建设广州、潮州、肇庆、佛山、梅州、雷州国家级历史文化名城。加强本土文化人才培养和宣传力度,打造具有更大影响力的本土名人、名团、名剧。

第三节 培育广东人文精神

加强现代公民教育,深入推进社会公德、职业道德、家庭美德、个人品德建设,强化公民的国家意识、社会责任意识和民主法治意识。培育倡导科学精神,繁荣发展哲学社会科学。大力弘扬广东人在改革开放和社会主义现代化建设中形成的敢为人先、务实进取、开放兼容、敬业奉献的精神品格,树立广东人现代文明新形象。

专栏 29 广东文化强省建设十项工程

1. 提高公民文化素质工程	6. 文化遗产保护与开发工程
2. 哲学社会科学提升工程	7. 文化“走出去”工程
3. 公共文化服务体系建设工程	8. 文化改革创新工程
4. 文化精品工程	9. 高端文化人才培养和引进工程
5. 文化产业集聚发展工程	10. 文化建设保障工程

第十二篇 改革先行 增创体制机制新优势

把深化改革作为加快转型升级、建设幸福广东的强大动力,坚持社会主义市场经济的改革方向,深入推进重点领域改革,为科学发展提供有力的体制机制保障。

第一章 完善行政体制

遵循精简、统一、效能的改革方向,着力转变职能、理顺关系、优化结构,努力建设服务政府、责任政府、法治政府、廉洁政府和效能政府。

第一节 科学界定政府职能

全面推进政企、政资、政事、政府与市场中介组织分开,加强和改善政府宏观管理,加大政府职能授权和转移管理力度,努力实现政府职能向创造良好发展环境、提供优质公共服务、维护社会公平正义的根本性转变。深化行政审批制度改革,建立行政审批事项动态评估、管理和调整制度,进一步优化审批职能配置,探索有效约束行政审批自由裁量权的长效机制,进一步减少政府对微观经济活动的直接干预。

第二节 优化政府组织结构和运行机制

深化大部门体制改革，完善深圳、顺德等地大部门体制改革试点经验并在全省范围全面推行，进一步精简机构、整合职能，探索建立决策权、执行权、监督权既相互制约又相互协调的管理体制。探索省直管县（市）的体制。全面推进事业单位分类改革，建立事业单位法人治理结构，开展法定机构试点。推进事业单位人事制度改革，建立符合事业单位运行规律和特点的人事管理制度。大力推动审批服务方式创新，积极推行“网上审批”模式，研究建立网上审批服务平台，鼓励开展行政审批“零收费”改革。健全公务员法规配套体系。探索公务员分类管理制度和聘任制。推进公务用车制度改革，探索公务消费货币化。稳妥推进行政区划调整。

第二章 深化经济体制改革

加大经济领域关键环节改革力度，着力构建有利于提升经济增长质量和效益的体制机制。

第一节 健全公共财政体制

适应基本公共服务均等化和主体功能区建设的要求，完善公共财政体系，优化财政支出结构，财政支出向民生、社会事业、“三农”、环保等领域倾斜。健全财政转移支付制度，提高一般性特别是均衡性转移支付规模和比例，规范专项转移支付。推进预算公开，强化预算执行、监督和管理。建立健全税收依法征收的管理机制。进一步完善省以下财政体制，实施生态激励型财政转移支付制度，促进各级政府财力与事权相匹配。完善政府购买服务制度。

第二节 深化投资体制改革

加快投资管理立法进程，建立政府权责明晰、调控有力，企业自主决策、平等竞争，市场开放公平、规范有序的新型投资体制。建立按主体功能区和按领域安排相结合的政府投资政策，实行有区域差别的投资管理政策。完善投资项目审批制度，建立和完善网上审批系统。加强政府投资管理，推广政府投资非经营性项目代建制，完善政府投资项目实施方式。规范投资咨询中介服务，不断提高投资决策的科学性。

第三节 加快金融改革创新

推进广东金融改革创新综合试验区建设。着力推进深圳前海地区、珠海横琴新区等地区金融创新先行先试。大力发展多层次的资本市场，加快发展期货交易市场，推进区域性股权和产权交易市场建设，支持深圳证券交易所做优做强。发展中小金融机构，推进地方金融企业改革重组，大力培植地方金融龙头企业，稳步推进金融业综合经营试点。积极发展股权投资基金和创业投资引导基金。积极开展跨境贸易人民币结算工作，着力提高应对汇率变动的能力。健全金融服务体系，优化金融生态环境。完善地方政府金融管理体制，防范和化解金融风险，维护地方金融稳定。

第四节 完善现代市场体系

创新国有资产监管体制，完善国有企业法人治理结构，建立国有资产全面风险防范体系。健全国有资本经营预算制度和收益分享制度，合理分配和使用国有资本收益。继续推进国有经济布局和结构战略性调整。消除制约非公有制经济发展的制度性障碍，鼓励和引导非公有制企业参与国有企业、事业单位的改制重组，以新型混合所有制形式实现优势互补。积极发展要素市场，加快建立城乡统一的土地和人力资源市场，大力培育技术市场。加快社会信用体系建设，建立健全信用监督和失信惩戒制度。

第五节 深化价格改革

综合考虑资源稀缺程度和社会承受能力，完善资源性产品价格形成机制，稳妥推进水、电、气等价格改革。建立健全鼓励可再生能源发展和促进资源回收利用的价格政策体系。全面落实污染者付费原则，推进环保收费制度改革。建立健全矿业权、排污权有偿取得和使用制度，规范发展探矿权、采矿权交易市场，发展排污权交易市场。探索构建普惠型民生价格体系。健全价格监管机制，充分发挥价格调节基金的作用，稳定市场价格秩序。

第三章 加强和创新社会管理

创新社会管理机制，优化社会治理结构，积极建立政府调控机制与社会协调机制互联、政府行政功能与社会自治功能互补、政府管理力量与社会调节力量互动的社会管理新模式。

第一节 完善社会管理体系

培育扶持和依法管理社会组织，支持、引导其参与社会管理和服务，建立社会管理主体多元化的新格局。改进社会组织登记管理，逐步简化登记注册程序。健全基本公共服务提供方式，扩大购买服务，实现提供主体和提供方式多元化，逐步形成公益目标明确、投入机制完善、监管制度健全、治理结构规范、微观运行高效的公共服务管理体系。推动人口管理理念和机制创新，加强流动人口和闲散青少年服务管理，全面推行流动人口居住证“一证通”制度。完善在粤外籍人员服务管理制度。建立社会工作制度，加强社工人才队伍建设。积极探索新时期做好群众工作的新办法、新途径。

第二节 推进基层社会管理体制改革

理顺政府与城乡基层组织关系，努力提高村（居）委会的基层社会管理与服务能力，增强基层自治功能。进一步加强城乡社区建设，构建城乡社区公共资源共享和综合治理机制，探索非户籍公民参与城乡基层社会事务管理和服务机制。创新治安管理与城市管理、市场管理、行业管理等有机结合的新模式。创新社区与企业的协调管理模式，将公共服务向人群聚集的重点区域延伸，形成社企同抓共治的社会管理新局面。构建学校、家庭、社会联动工作机制，关爱留守儿童和留守老人。

第四章 增创经济特区新优势

经济特区要先行先试，大胆创新，争当推动科学发展排头兵、改革开放先行区、构建和谐社会首善区，辐射带动全国发展。以国际一流为发展标杆，充分发挥对外开放的窗口作用，增创参与国际经济合作和竞争新优势，率先推动与世界经济的全面接轨，率先建立内外联动、具有较强国际竞争力的开放体系，全面提升开放型经济水平。充分发挥改革试验田作用，增创改革新优势，优化公共资源配置，在统筹城乡发展、实现经济社会协调发展、推动可持续发展、加快民主法制建设等核心领域取得新突破，创建充满活力、富有效率、更加开放的科学发展新体制，率先建成比较完善的社会主义市场经济体制。支持深圳大力建设全国综合配套改革试验区；支持珠海在政府职能分层管理改革、社会管理制度创新等方面取得突破；支持将汕头经济特区扩大到全市范围，在对外合作、城乡一体化发展的体制机制创新等方面取得突破。

第五章　健全民主法制

坚持党的领导、人民当家作主和依法治国有机统一，扩大社会主义民主，全面推进依法治省，加快法治广东建设。

第一节　着力构建法治政府

严格依法行政，提高制度建设质量，规范行政权力运行，保证法律法规规章严格实施。重点加强有关完善经济体制、改善民生和发展社会事业以及政府自身建设方面的立法。坚持依法科学民主决策，推进权力运行程序化、公开化和民主化，进一步提高政府的决策水平和施政能力。完善重大决策的规则，严格执行公众参与、专家论证、风险评估、合法性审查和集体讨论决定等必经程序。加强重大决策跟踪反馈和责任追究，建立决策反馈纠偏机制。全面落实行政执法责任制，完善便民高效、制约有效的行政执法程序。加大政府信息公开力度，推进办事公开，强化行政监督和问责，提高政府公信力和执行力。

第二节　营造良好法治环境

坚持法治惠民，注重社会各群体的法律保障，维护人民群众合法权益，营造民主、公正、高效的法治环境。健全社会矛盾纠纷调解机制，完善行政调解工作体制，加强和改进行政复议和行政应诉工作。积极稳妥地推进司法体制和工作机制改革。完善法律援助和司法救助制度。实施“六五”普法规划，加强法制宣传教育，树立法律权威，营造全社会学法守法用法的良好氛围。加强反腐倡廉建设。严格公正文明廉洁执法，积极推行“阳光执法”，倡导理性、文明、平和执法。

第三节　发展社会主义民主政治

扩大公民有序的政治参与，引导公民依法行使权利和履行义务。完善民主选举、民主决策、民主管理、民主监督程序。自觉接受人大和政协监督，健全人大代表议案、建议和政协提案办理工作机制。深入推进政务、厂务、村(居)务公开，保障人民群众的知情权、参与权、表达权、监督权。完善以职工代表大会为基本形式的企事业单位民主管理制度。广泛接受社会公众和新闻舆论监督，引导群众通过互联网等渠道理性表达诉求。全面贯彻党的民族和宗教政策，落实侨务政策。发挥工会、共青团、妇联、工商联、侨联、残联等人民团体的桥梁纽带作用。

专栏30　综合配套改革试点项目

深圳国家综合配套改革试验区建设；
广州国家级开发区创新发展模式改革试点；
佛山市顺德区综合改革试验；
珠海社会管理综合改革试点；
广州、汕头、惠州、佛山、中山等地统筹城乡发展综合改革试点；
云浮农村改革试验区建设；
广东金融改革创新综合试验区建设；
广州、深圳国家服务业综合改革试点；
佛山、中山、江门等地创新审批方式改革试点；
广州、深圳、中山、惠州、佛山顺德区、佛山南海区国家教育体制专项改革试点；
广州民主法制建设改革试点等。

第十三篇　互利共赢　深化粤港澳合作

在“一国两制”方针下，深入落实内地与港澳更紧密经贸关系安排（CEPA），全面实施粤港、粤澳合作框架协议，推动区域经济一体化，促进经济、社会、文化、生活等多方面对接融合，率先形成最具发展空间和增长潜力的世界级新经济区域，为加快转型升级、建设幸福广东发挥更重要作用。

第一章　推进服务业合作

做好广东对港澳服务业开放的先行先试，全面推进粤港澳现代服务业合作，形成错位发展、优势互补、协作配套的现代服务业体系。加强金融合作与创新，全方位推进粤港澳在金融市场、金融机构、金融业务、金融智力等方面的深入合作，建设以香港金融体系为龙头、珠三角城市金融资源和服务为支撑的金融合作区域。共同推动建立物流业发展交流机制，打造国际物流中心，构建现代流通经济圈。拓宽粤港澳旅游合作范畴。共同推介大珠三角国际会展品牌。搭建粤港澳服务外包合作平台，共同拓展国际服务外包市场。鼓励港澳服务提供者来粤开办专业服务机构。加强重要合作平台建设，打造实施CEPA的试验区和粤港澳服务业集聚发展的示范区。

专栏31　粤港澳合作重要平台

深圳前海地区：发挥香港国际金融、贸易和航运中心优势，充分利用前海地区的地缘和交通便利优势，打造区域综合交通枢纽，以发展现代服务业为重点，创新行业管理制度和规则，建设粤港现代服务业创新合作示范区。

珠海横琴新区：重点发展商务服务、休闲旅游、科教研发和高新技术等产业，建设成为连通港澳、区域共建的“开放岛”，经济繁荣、宜居宜业的“活力岛”，知识密集、信息发达的“智能岛”，以及资源节约、环境友好的“生态岛”。

广州南沙新区：打造服务内地、联结港澳的商业服务中心、科技创新中心和教育培训基地，推动发展物联网等“智慧”产业，积极探索依托南沙保税港区建设大宗商品交易中心和华南重要物流基地，打造世界邮轮旅游航线著名节点。

深港河套地区：发挥深港边界区发展联合专责小组作用，探索建立落马洲河套地区开发管理机构，建设以高等教育合作为主，辅以高新科技研发、文化创意产业的跨界人才培育与知识科技交流区。

第二章 加快跨界重大基础设施建设

共同推进跨界重大基础设施的规划、建设和运营，加强与港澳在交通、口岸、信息、能源、城市供水等方面进行对接，构建大珠三角发达完善的基础设施体系。加快建设跨界高速公路、轨道交通及配套工程，重点推进港珠澳大桥、广深港铁路客运专线等重大项目建设，开展港深西部快速轨道线的前期工作，形成无缝衔接、换乘便利的交通网。有效整合珠江口港口资源，完善大珠三角港口群功能，形成与香港港口分工明确、优势互补、共同发展的珠三角港口群。加强珠三角民航机场与香港、澳门机场的合作，完善机场联席会议机制，构筑优势互补、共同发展的机场体系。加强口岸综合配套服务功能，推进莲塘/香园围等重点口岸工程建设，提升口岸通关便利化水平。加快粤港澳电子签名证书互认、检验检测报告互认，推进信息技术基础设施和公共支持平台资源的合作与共享。加强粤港、粤澳的电网、天然气管网连接，推进对港澳供电、供气配套工程建设，增强能源供应保障能力。加强供港澳的原水保障和水资源保护，推进水资源配置工程建设。

第三章 共建大珠三角优质生活圈

进一步完善区域空气质量监测网络和大气复合污染防治体系，推进区域环境污染共防共治。继续推进水资源、湿地、海洋生态的保护和跨界自然保护区、生态廊道的建设。加强高等教育合作，积极探索多种形式的合作办学模式和运作方式。加强职业教育培训合作，建立师资交流合作制度。推进职业资格互认和职业技能鉴定合作，促进专业人才流动。扩大开放医疗服务市场，推进医疗服务便利化，合作发展高端医疗服务和中医药医疗保健服务。完善传染病疫情信息通报和联防联控机制，加强突发公共卫生事件应急管理合作。完善动植物、食品、农产品卫生信息通报，建立食品安全技术标准协调机制；加强药品安全监督的交流与合作。加强文化体育交流与合作。加强社会管理合作，在公共事务管理中积极引入港澳专业化社会服务模式，支持港澳服务提供者到广东举办养老、残疾人等社会福利机构。加强司法和社会治安管理合作。完善应急协调机制，建立突发性事件应急管理合作体系。实施环珠江口宜居湾区重点行动计划，共建宜居、便利、高效和服务先进的优质生活圈。

第四章 完善和创新合作机制

在中央有关部门的指导下，扩大粤港澳三方就合作事宜进行自主协商的范围。按照协商一致的原则，共同编制、实施区域合作规划。完善粤港、粤澳高层会晤和联席会议机制，增强联席会议推动合作的实效性。健全咨询机制，拓宽咨询渠道。促进民间合作，支持粤港、粤澳工商企业界、专业服务界、学术界等加强交流与合作。建立行业协会合作平台，开展人员培训、资格互认、行业自律等工作，共同制定区域行业规则。建立商贸协作机制，联手向海内外推介大珠三角，联合参与区域和国际竞争。

专栏32 粤港澳专项合作规划

基础设施规划:加强规划协调协作,强化市场力量。加快跨界交通基础设施建设,完善陆路通道,构建综合交通运输体系;完善大珠三角港口群功能,形成优势互补港口体系,提升机场合作水平,落实送电、供水、供气协议,共同推进东江流域水资源分配方案各项保障措施的实施;加强信息基础设施对接。

优质生活圈规划:突出重点,注重前瞻性和现实性相结合。推动区域环境保护与生态建设,促进产业、能源低碳发展;注重节约集约用地,优化土地利用模式和区域空间组织;推动绿色交通,优化运输管理系统;促进区域社会服务衔接,促进文化交流,加强教育和社会福利方面的合作;维护区内食品安全,将大珠三角地区打造成为具有安全舒适的生态环境、富裕宜居的城市群、便捷高效的交通联系、优质便利的公共服务、多元共享的现代文化的可持续发展区域。

旅游合作规划:开拓区域旅游市场,促进旅游产品开发、品质监管、联合推广、信息交流、协会沟通、过境便利等方面的合作,为区域旅游合作提供长期发展战略,形成区域旅游品牌,将粤港澳地区建设成为国际著名旅游目的地。

环珠江口宜居湾区建设重点行动计划:打造区域产业核心、生态核心、交通枢纽和多元文化融合区,通过明确的行动计划,在功能布局、海域开发、土地利用等各方面进行引导和协调。

第十四篇 开放合作 提升经济国际化水平

把推进经济国际化作为加快转型升级、建设幸福广东的战略重点,以提升国际竞争力为核心,加强区域合作,优化利用外资结构,提高"走出去"水平,构建规范化、国际化的营商环境,推动全面开放、深度开放、科学开放,加快建立全方位、多层次、宽领域、高水平的开放型经济新格局。

第一章 提高利用外资水平

优化投资环境,创新利用外资方式,积极承接国际产业转移,加强外资的投向引导,切实提高利用外资的质量。

第一节 优化利用外资结构

积极促进利用外资从招商引资为主向招商引资、招商选资、招才引技并重转型。鼓励外资投向高端制造业、高新技术产业、现代服务业、新能源和节能环保产业,支持外商投资企业向园区集聚发展。提高招商引资技术门槛,重点吸引全球500强企业和行业龙头企业投资,积极承接发达国家跨国公司的先进技术和先进生产能力转移。加强与美日欧等发达国家经济、贸易、科技、文化等方面的合作。鼓励外资通过参股、并购等形式,参与内资企业改组改造和兼并重组。鼓励外商投资设立创业投资企业、私募股权投资基金等,投资省内企业。充分利用境外资本市场,支持具备条件的企业到境外上市。有效利用国际金融组织和外国政府贷款。

第二节 构建规范化国际化营商环境

率先建立与经济国际化相适应的管理体制和运行机制，营造良好投资环境，增强对高水平外资的吸引力。建立规范的商业纠纷解决机制，强化合约精神、法治观念和商业信用意识，建立完善的法制、透明稳定的商业制度，保护投资者权益，营造公平有序的市场竞争环境。完善投资贸易便利化机制，在企业设立、经营许可、人才招聘、产权登记和跨境交易等方面提供便捷、高效、规范的服务。

第二章 提高“走出去”水平

按照市场导向和企业自主决策原则，引导各类企业有序到境外投资合作，增强防范和应对国际经济风险的能力，提高对外投资合作与国际化经营水平。

第一节 积极开展对外投资合作

鼓励和支持我省优势企业对外投资，开拓市场，参与当地经济建设。稳步推进能源、矿产、农业等境外重要资源的合作开发。支持和引导企业充分利用境外科技和智力资源，参与国际新技术和新产品的研发。稳步推进境外经贸合作区建设。拓展对外承包工程和劳务合作空间，鼓励企业积极承揽技术含量高、能够带动设备和技术出口的大型工程项目。完善支持企业“走出去”的总体协调机制，建立境外投资的促进体系。在“走出去”过程中充分发挥港澳的人才优势。到 2015 年，力争境外投资协议金额、对外承包工程完成营业额有较大增长，设立若干个境外营销网络、研发机构和经贸合作区。

第二节 大力培育本土跨国公司

确定一批具有一定经营规模和品牌知名度、拥有自主核心技术和研发能力的本土企业作为重点对象，从资金、技术、品牌、知识产权保护等方面予以支持，培育发展成为有竞争力的跨国公司。支持开展跨国并购重组、推广自主国际知名品牌、参与和主导制定国际标准和规则、培训高层次人才等，实现企业国际化经营。到 2015 年，力争培育 2～3 个年销售收入超过 200 亿美元的本土跨国公司。

第三章 扩大与东盟的战略合作

在中国—东盟自由贸易区框架协议下，加强与东盟各国在产业、能源、科技、教育、旅游、文化等领域的合作，把我省建设成为中国与东盟合作示范区。提升与东盟双向互动投资合作水平，推动优势企业参与东盟经济建设，加大重点产业招商引资力度。扩大对东盟进出口贸易，积极进口农产品、水果、煤炭等资源能源型产品，扩大我省具有比较优势的优质特色产品出口。鼓励科研项目的联合开发以及教育合作。积极建立旅游合作机制。推进与东盟的人文交流。建立和完善长期稳定的经贸合作协调机制。加快推进中新(广州)知识城等重点合作项目建设。

第四章　深化对台经贸合作

落实海峡两岸经济合作框架协议(ECFA),建立长期稳定的交流协作机制。以高新科技园区为载体,推动粤台在战略性新兴产业等领域的合作。支持佛山、湛江海峡两岸农业合作试验区和珠海金湾、汕头潮南、梅州梅县台湾农民创业园建设,推进汕头、潮州等市建设粤台经贸合作试验区和台商投资区。积极发展对台小额贸易。鼓励和支持有条件的企业赴台投资,促进两地企业的合作,共同开拓国际市场。

第五章　加强泛珠三角等区域合作

树立"泛珠"区域合作品牌,提升区域综合竞争力和国际影响力。完善区域内交通网络规划,加快省际通道建设,形成方便快捷的区际综合交通运输网络。继续实施以"西电东送"为重点的能源合作,完善输电网络建设。加快信息基础设施建设,推动电子商务合作。建立农业龙头企业合作机制,推动区域农业投资及农产品产业链协作。推进文化、物流、金融、旅游、教育、劳务、社会保障等方面的合作,建设区域合作平台和公共服务合作体系。加强保护水源和污染防治的合作。加快形成公平开放、规范统一的大市场。做好对口支援西藏、新疆、三峡库区和灾区恢复重建工作。积极参与和支持西部大开发、东北老工业基地振兴及中部崛起等区域发展。

第十五篇　规划实施保障

本规划纲要经过省人民代表大会审议批准,具有法律效力。要充分发挥规划对资源配置的导向作用,加强和改善宏观调控,强化监督检查,凝聚各界力量,确保有效实施。

第一章　完善规划实施机制

完善规划体系,强化政策统筹协调,加强规划衔接,建立保障规划实施的长效机制。

第一节　加强衔接协调

做好城乡规划、土地利用规划等规划与国民经济和社会发展规划之间的衔接,做好专项规划、区域规划与总体规划的协调,确保总体要求一致,空间配置和时序安排协调有序,形成以国民经济和社会发展规划为统领,以主体功能区规划为基础,各类规划定位清晰、功能互补、统一衔接的规划体系。

专栏 33 广东省"十二五"重点专项规划名录

1. 广东省环境保护和生态建设规划
2. 广东省国土资源规划
3. 广东省能源发展规划
4. 广东省综合运输体系发展规划
5. 广东省水利发展规划
6. 广东省科学与技术发展规划
7. 广东省教育发展规划
8. 广东省文化事业发展规划
9. 广东省文化产业振兴规划
10. 广东省卫生发展规划
11. 广东省人力资源和社会保障事业发展规划
12. 广东省城镇化发展规划
13. 广东省国民经济和社会信息化规划
14. 广东省先进制造业发展规划
15. 广东省高技术产业发展规划
16. 广东省服务业发展规划
17. 广东省金融改革发展规划
18. 广东省海洋经济发展规划
19. 广东省经济体制改革规划
20. 广东省实施技术标准战略规划
21. 广东省防灾减灾规划
22. 广东省地质勘查规划
23. 广东省战略性新兴产业规划
24. 广东省安全生产规划
25. 广东省食品药品安全规划

注:各部门、各单位可根据国家相关部门的要求及工作需要,编制一般专项规划。

第二节 加大政策保障力度

按照规划纲要确定的目标和任务,研究制定规划实施的财政、金融、税收、价格、投资、产业、土地、人口、环保等相关配套政策,合理配置公共资源,有效引导社会资源。加强宏观经济监测预警,完善宏观调控政策,把短期调控政策和长期发展政策有机结合起来,加强各项政策协调配合,确保规划有效实施。

第二章 强化重大项目支撑

以规划带动项目建设,以项目促进规划落实,确立中长期规划对重点项目布局的指导作用。

第一节 科学谋划重大项目

实施重大项目带动战略,以增量投资促进结构调整。加强前期工作,健全重点项目储备库,将规划的重点项目具体落实到年度重点项目计划实施,形成竣工一批、启动一批、储备一批的滚动机制。"十二五"期间规划建设的重点项目,总投资 3.5 万亿元,"十二五"期间投资 2.38 万亿元。其中,珠三角地区"十二五"期间投资 1.33 万亿元,占全省的 56%;粤东西北地区"十二五"期间投资 1.05 万亿元,占全省的 44%。

专栏 34 省"十二五"规划重点项目

基础设施建设工程:总投资 22302 亿元,"十二五"期间投资 15230 亿元。
现代产业建设工程:总投资 8448 亿元,"十二五"期间投资 5360 亿元。
宜居城乡建设工程:总投资 1624 亿元,"十二五"期间投资 1240 亿元。
绿色生态建设工程:总投资 1800 亿元,"十二五"期间投资 1230 亿元。
民生保障建设工程:总投资 472 亿元,"十二五"期间投资 370 亿元。
文化强省建设工程:总投资 403 亿元,"十二五"期间投资 370 亿元。

第二节　强化要素保障

把重点项目列入各级政府重要议程，强化层级互动，集中力量保证重点项目需要，依法依规推进建设。省审批立项的重点项目，其新增建设用地指标由省统筹保证。加强与财政性资金、信贷资金的衔接和引导工作。优先保障重点项目环境容量。

第三节　加强项目管理

强化项目建设全过程管理，严格建设程序。落实项目建设各项监管制度，确保安全生产，保障工程质量，保证建设工期，降低工程成本，提高投资效益。优化建设环境，继续实行省重点项目建设工作责任制度，落实征地拆迁责任主体，实施考评和奖惩激励制度，排除影响项目建设进度的各种障碍。

第三章　加强规划监督考评

完善规划实施监督评估制度，强化组织实施，扩大公众参与，落实规划目标任务。

第一节　强化指标约束

本规划确定的约束性指标要纳入各地区、各部门经济社会发展综合评价和绩效考核，并分解落实到省有关部门和各地级以上市，实行规划目标责任制。省有关部门和各地级以上市政府要将约束性指标和各项任务分解到年度，纳入经济社会发展年度计划。

第二节　加强评估考核

各级政府要制定建设幸福广东的指标体系和规划实施评价标准，并转化成约束性指标，分解到年度进行督促检查考核。要强化对结构优化、民生改善、资源节约、生态环境、社会环境和基本公共服务等目标任务完成情况的综合评价考核，建立科学合理的各级政府考核机制。考核结果作为各级政府领导班子调整和领导干部选拔任用、奖励惩戒的重要依据。完善规划年度考核和中期评估制度，检查规划落实情况，分析规划实施效果，找出规划实施中的问题，提出解决问题的对策建议。

第三节　强化社会监督

采取多种形式、通过多种渠道，使公众深入了解规划确定的方针政策和发展蓝图。进一步完善规划实施的公众参与和民主监督机制，及时公开规划实施的相关信息，增进政府与公众的沟通互动，接受全社会监督。

广州市国民经济和社会发展第十二个五年规划纲要

（2011年2月25日广州市
第十三届人民代表大会第六次会议批准）

本纲要根据《中共广州市委关于制定国民经济和社会发展第十二个五年规划的建议》编制，主要明确“十二五”期间全市发展的战略目标、重点任务和重大举措，是政府履行职责的重要依据，是全市人民共同的行动纲领。

第一篇　开创国家中心城市科学发展新局面

“十二五”时期是我市深入实施《珠江三角洲地区改革发展规划纲要（2008～2020年）》（下称《规划纲要》）、全面建设国家中心城市的重要阶段，是率先加快转型升级、建设幸福广州的关键时期，我们要以建设智慧广州、低碳广州为驱动，以建设国际商贸中心、世界文化名城为战略重点，抓住和利用好重要战略机遇期，巩固和发挥亚运延伸效应，全面开创国家中心城市科学发展新局面。

第一章　发展基础

“十一五”时期是广州发展史上极不平凡的五年。在党中央、国务院和省委、省政府的正确领导下，市委、市政府带领全市人民坚持以科学发展观统领全局，积极有效应对国际金融危机冲击，以举办亚运为契机，大力推进“三促进一保持”①，

① “三促进一保持”：促进提高自主创新能力、促进传统产业转型升级、促进建设现代产业体系和保持经济平稳较快增长。

以“大干”促“大变”，实现经济发展速度、结构、质量和效益协调统一，城市发展现代化水平显著提升，社会民生明显改善，“十一五”规划各项任务顺利完成，贯彻落实《规划纲要》取得良好开局，广州以现代化大都市的崭新姿态展现在世人面前。

专栏1 《规划纲要》将广州发展提升为国家战略

在我国改革开放30周年之际，国务院批准出台《珠江三角洲地区改革发展规划纲要（2008～2020年）》，明确赋予广州“国家中心城市”、“综合性门户城市”等目标定位，要求广州建成全省宜居城乡的“首善之区”和面向世界、服务全国的国际大都市，将广州的发展提升到国家战略层面，对广州深入贯彻落实科学发展观提出了新的更高要求，为广州在新起点上实现新跨越提供了历史性机遇。

按照省委、省政府贯彻实施《规划纲要》的总体部署，我市按照“科学发展、先行先试”的原则，制定出台了《广州市贯彻落实〈规划纲要〉实施细则》和《广州市实施〈规划纲要〉实现“四年大发展”工作方案》等文件，《规划纲要》贯彻落实工作在顺利实现“一年开好局”的基础上不断向纵深推进。

——经济发展实现大跨越。全市经济保持平稳较快增长，地区生产总值年均增长13.5%，2010年达到10604.48亿元，成为全国第三个经济总量超万亿元的城市，地方财政一般预算收入、全社会固定资产投资和社会消费品零售总额分别达到872.65亿元、3263.57亿元和4476.38亿元，均比“十五”期末翻一番。万元地区生产总值能耗五年累计下降20.4%。

——结构调整成效显著。产业结构高级化趋势明显，初步建立以服务经济为主体的产业结构，第三产业增加值占地区生产总值比重达到61%。中心城区产业“退二进三”与一批现代服务业功能区建设同步推进，三大国家级开发区及汽车、造船、重大机械装备等国家级产业基地发展迅猛，分工明确、功能互补的产业布局基本形成。市场主体活力增强，非公有制经济比重超过50%。以国家级创新平台为龙头的技术创新体系初步形成，2010年全市规模以上高新技术产品产值占规模以上工业总产值比重达38.5%，成为国家创新型试点城市。

——城市功能大幅提升。“南拓、北优、东进、西联、中调”的城市发展战略全面推进，珠江新城、广州新城、白云新城、萝岗新城等区域建设取得重大进展，组团式、网络型城市空间形态更加凸显。陆海空枢纽型基础设施不断完善，综合交通枢纽功能进一步增强，2010年白云国际机场旅客吞吐量突破4000万人次，比2004年转场当年翻一番；广州港口货物吞吐量和集装箱吞吐量分别达到4.25亿吨和1270万标箱，分别是“十五”期末的1.5倍和2.5倍；广州南站及武广高铁投入运营，广州作为国家四大铁路主枢纽之一的地位不断增强；地铁运营里程达222公里，地铁线网主骨架基本形成，以广州为中心的城际轨道交通线网日趋完善；“信息广州”建设成效明显。

——城市面貌“十年大变”圆满实现。城市建设和管理日臻完善，水环境、空气环境、人居环境、交通环境和无障碍环境显著改善，城乡绿道网建设成绩斐然；城市新中轴线、珠江两岸景观带和一批标志性建筑群彰显大都市文化魅力，初步实现“天更蓝、水更清、路更畅、房更靓、城更美”。成功举办高水平、有特色的第16届亚运会、首届亚残运会和第九届中国艺术节，城市的软、硬实力大幅增强，城市国际形象和影响力大幅提升，形成了推动广州后亚运时期又快又好发展的新优势。

专栏 2　2010 年第 16 届亚运会和首届亚残运会圆满成功

广州亚运会规模为亚运有史以来之最，来自亚洲 45 个国家和地区的近 15000 名运动员及随队官员参加，参赛人数最多，使用场馆数量最大，设置项目最全；亚运会与亚残运会同城举办，开创了历史先河。

为确保亚运赛事有序进行和城市正常运转，广州全力推进实施《2010 年亚运城市行动计划》，8.5 万名赛会志愿者和 50 多万名城市志愿者活跃在赛场和城市的每个角落。广州全面履行了对国际社会的郑重承诺，实现了"两个亚运、同样精彩"，赢得了亚洲各国各地区参会人员的高度评价。

2010 年广州亚运会和亚残运会的成功举办，全面展示了中国改革开放和广州科学发展的巨大成就，深刻演绎了中华优秀文化和岭南特色文化的独特魅力，极大增强了全市人民对国家和城市的自信心和自豪感，在广州发展史上写下了浓墨重彩的一笔。

——改革开放深入推进。政府机构大部制改革顺利完成，九成市属国有企业完成公司制改造，地方金融机构改革重组和城市建设投融资体制改革取得重大进展，文化体制、社会管理等重点领域改革试点工作和法治广州建设成效显著。区域合作开创新局面，广佛同城化和广佛肇经济圈建设取得实质性突破，跨区域共建产业转移园区推进顺利。经济国际化水平和市场多元化程度不断提高，出口商品结构和利用外资结构明显优化，商品进出口总值达 1037.76 亿美元，世界 500 强在穗投资企业数达 174 家；对外交流网络进一步完善，外国驻穗总领事馆增至 39 家，国际友好城市和国际友好合作交流城市增至 36 个。

——民生福利明显改善。"惠民 66 条"①和"补充 17 条"②有效落实，市民生活质量和幸福感明显提升。"十一五"期间城乡居民收入年均增速分别达 10.9% 和 12.4%，均比"十五"时期提高近一倍。每年新增就业岗位超过 50 万个。教育公平和教育水平实现双提升，全面实施城乡免费义务教育，100% 的区（县级市）、100% 的镇成为省教育强区、强镇，成功创建省教育强市。一批重点医疗卫生设施相继建成，社区医疗卫生服务体系基本建立，中心城市医疗服务功能显著增强。社会保障扩面和提高标准同步推进，社保五项参保人数和企业退休人员养老金均实现翻番。住房保障体系不断完善，2008 年以来已累计解决 67197 户低收入家庭的住房困难。安全生产、城市应急、粮食和食品药品安全工作不断加强。大综合整治格局基本形成，"平安广州"建设迈上新台阶，人民群众安全感显著提高。

专栏 3　"十一五"规划主要指标实现情况

分类	序号	指　标	单位	2005 年	规划目标		实现情况	
					2010 年	年均增长（%）	2010 年	年均增长（%）
经济中心	1	地区生产总值	亿元	5154.23	9500	12	10604.48 *	13.5
	2	人均地区生产总值	元	53809	87200	—	102238 *	11.7
	3	第三产业增加值占 GDP 比重	%	57.79	59	—	61 *	—
	4	高新技术产品产值占工业总产值的比重	%	26.4	30	—	38.5 *	—

① "惠民 66 条"：《中共广州市委、广州市人民政府关于切实解决涉及人民群众切身利益若干问题的决定》。

② "补充 17 条"：《中共广州市委、广州市人民政府关于切实解决涉及人民群众切身利益若干问题的补充意见》。

续表

分类	序号	指　标	单位	2005 年	规划目标		实现情况	
					2010 年	年均增长(%)	2010 年	年均增长(%)
国际都会	5	常住人口	万人	949.68	1090	—	1041.02 *	1.85
	6	户籍人口	万人	750.53	810	—	806.14 *	1.44
	7	进出口总值	亿美元	534.75	850	10	1037.76	14.1
	8	信息化综合指数	%	83.9	90	—	91.8	—
	9	城市人均道路面积	平方米	13.4	15	—	15	—
	10	城市化率	%		85	—	85 *	—
	11	外国人入境旅游人数	万人	172	300	—	294.44	7
创业之都	12	科技进步对工业经济增长的贡献率	%	50.8	55	—	56.08	—
	13	研究与开发经费占 GDP 比重	%	1.66	2	—	2.4 *	—
	14	专利授权量	件	5724	10000	—	15091	13.96
	15	高等教育毛入学率	%	58	65	—	67.5	—
文化名城	16	教育、文化艺术及广播电影电视业增加值	亿元		500	20	843.45 *	31
生态城市	17	万元 GDP 综合能耗	吨/万元	0.78	0.624	-4.4	0.614	-4.46
	18	“三废”处理达标率	%	92	95	—	95.7 *	—
	19	城镇居民人均公共绿地面积	平方米	11.32	15	—	15.01	—
	20	城市生活污水处理率(中心城区)	%	76.22	95	—	90.46	—
和谐社会	21	城市居民人均可支配收入	元	18287	25000	7	30658	10.9
	22	农村居民人均纯收入	元	7080	9800	7	12676	12.4
	23	城镇职工基本养老保险参保率	%	70	80	—	81	—
	24	城镇职工基本医疗保险参保率	%	65	80	—	95	—
	25	人口平均预期寿命	岁	77.06	78	—	79.2	—
	26	城镇居民人均居住面积	平方米	18.7	25	—	24.5	—
	27	城市居民恩格尔系数	%	37.3	35	—	32	—

注:1. 带“ * ”标记的为初步统计数;
2. 常住人口按全国第五次人口普查口径计算。

第二章　发展环境

经过“十一五”的不懈奋斗,广州已经站在新的历史起点上,正步入经济社会发展加速转型、服务经济主体地位增强、创新成为发展主要动力、城市发展更加注重功能提升的新阶段。展望“十二五”,广州既面临难得机遇,也面临巨大挑战。总体判断,机遇大于挑战,仍处于可以大有作为的重要战略机遇期。

一、发展机遇

——世界经济政治格局发生深刻变化。全球经济缓慢复苏，我国国际地位在应对国际金融危机中快速上升，与发达经济体的市场互补性显著增强，人民币国际化进程不断加快，特大城市在区域竞争合作中的作用越来越重要，有利于广州进一步发挥国家中心城市和综合性门户城市优势，增强代表国家、引领区域参与国际竞争的能力，加速提升在全球城市体系中的地位。

——全球科技创新孕育新突破。产业结构和产业布局加速调整，新能源、新材料、物联网等新兴领域正在酝酿重大技术变革，有利于广州利用国际创新资源，提升自主创新能力，在一些关键领域和核心技术上取得突破，实现跨越式发展。

——国内需求潜力巨大。我国工业化、信息化、城镇化、市场化、国际化深入发展，居民收入较快增加，经济结构加速升级，特别是国家大力实施扩大内需战略，为广州继续保持经济平稳较快发展提供了巨大的市场空间和发展动力。

——区域一体化进程加速。以广佛同城化为突破口的珠三角一体化进程不断取得新进展，“高铁时代”到来有助于广州进一步拓展经济腹地，穗港澳台经济合作向纵深推进，中国—东盟自由贸易区正式建立，有利于广州强化高端要素集聚、科技创新、综合服务和文化引领功能，提升辐射带动区域发展的能力。

——《规划纲要》为广州注入新动力。《规划纲要》将广州的发展提升到国家战略层面，并赋予“科学发展、先行先试”的重大使命，有利于广州率先加快转型升级，主动破解发展难题，在关键环节和重点领域率先突围，推动经济社会发展再上新台阶。

——亚运后续效应助推城市转型升级。成功举办亚运会和亚残运会，极大地促进了广州经济社会发展，显著优化了城市发展环境，大幅提升了城市国际影响力，有效改善了人民生活，将为率先加快转型升级、建设幸福广州提供新的强大动力。

二、面临挑战

——转变经济发展方式压力加大。产业总体层次不高，产业核心竞争力和自主创新能力有待增强；土地、资源、环境等要素制约日益加剧，资源节约集约利用水平仍有待提升；国际环境复杂多变，外向型经济不断面临新挑战，扩大内需的长效机制尚待完善，转变经济发展方式刻不容缓。

——区域和城市间竞争日趋激烈。国家区域协调发展战略和一系列综合配套政策深入实施，国内主要区域和城市发展势头迅猛，市场、资源、人才、政策竞争加剧，广州面临不进则退的严峻形势。

——国家中心城市功能尚需强化。城市发展方式总体仍较粗放，总部经济和金融服务功能优势尚不明显，空港、海港国际化水平还需提高，经济活动组织和资源配置的中枢功能有待提升。

——体制改革进入攻坚突破期。加快国家中心城市建设还面临诸多体制机制障碍，广州的行政和财政资源与国家中心城市的发展要求不匹配，经济体制、社会管理等领域改革仍需深化，制约服务经济发展的制度和政策瓶颈亟待突破。

——社会建设和管理水平有待加强。人口大量集聚导致城市人口总量快速扩张，城市公共服务供给还不能适应群众迅速增长的多样化、多层次需求，人口老龄化趋势日趋明显，社会结构加速转型，解决特大型中心城市的城市管理和社会管理问题面临新的考验。

第三章　发展目标

“十二五”时期，广州将按照党中央、国务院和省委、省政府的战略部署，立足发展基础和有利条件，增强机遇意识和忧患意识，创新发展理念、转变发展方式、破解发展难题，以转型促发展，在发展中加快转型升级，真正走出一条符合时代特征、体现中国特色、具有广州特点的转型发展之路。

一、指导思想

高举中国特色社会主义伟大旗帜，以邓小平理论和“三个代表”重要思想为指导，深入贯彻落实科学发展观，全面实施《规划纲要》，坚持以科学发展为主题，以加快转变经济发展方式为主线，以全面建设国家中心城市为目标，以建设国际商贸中心和世界文化名城为战略重点，以深化改革开放为动力，以切实保障和改善民生为根本出发点和落脚点，充分发挥亚运后续积极效应，按照“科学发展、先行先试”的要求，率先加快转型升级、建设幸福广州，全面提升城市核心竞争力、文化软实力和国际影响力，推动现代化国际大都市建设迈向新阶段。

二、发展原则

根据上述指导思想，广州必须坚定不移调结构，脚踏实地促转变，着力提高发展的全面性、协调性和可持续性，重点把握好以下发展原则和基本要求：

——率先发展，夯实转型基础。坚持又好又快，继续保持广州经济平稳较快发展；大力推进经济结构战略性调整，实施产业高端化发展战略，着力打造具有国际竞争力的“广州服务”、“广州创造”和“广州制造”，不断提高广州在全国经济中的位势和能级，更好地服务区域和全国发展。

——创新发展，增强转型动力。坚持创新驱动，加快完善自主创新体系，大力培育战略性新兴产业，壮大创新型人才队伍；坚持先行先试，率先在改革的重点领域和关键环节改革突破，增创体制机制新优势；致力扩大开放，显著提高开放型经济竞争力和城市国际化水平。

——绿色发展，引领转型方向。坚持生态优先，促进绿色低碳发展，着力推进资源能源的高效利用，加强环境保护和生态建设，完善城市环境综合治理的长效机制，率先建成资源节约型和环境友好型城市，切实增强可持续发展能力。

——和谐发展，共享转型成果。坚持以人为本，更加注重改善民生、富民惠民，从促进社会和谐和全面增强城市综合服务功能的战略高度整体推进社会建设；不断健全公共服务体系和社会管理体系，深入推进基本公共服务均等化，促进社会公平、正义、和谐，使改革发展的成果惠及全体市民。

三、主要目标

到2015年，综合经济实力继续保持全国领先，转变经济发展方式取得重大进展，改革开放进一步深化，率先建成国家创新型城市，宜居城乡建设取得更大进步，人民生活水平明显提高，社会建设全面加强，国家中心城市建设迈上新台阶，全市生产总值达到 1.8 万亿元，年均增长 11% 左右。到 2020 年，国家中心城市功能全面增强，全球资源配置能力和国际竞争力显著提升，基本建成面向世界、服务全国的现代化国际大都市。通过实现重大战略性基础设施、重大战略性主导产业和重大战略性发展载体三大突破，着力强化五大功能：

——国际商贸中心。以现代服务业为主导的现代产业体系基本建立，现代市场体系更趋完善，“广州价格”影响力进一步提升，营商和贸易环境与国际全面接轨，商贸会展、现代物流、金融服务、高端商务等功能进一步增强，初步建成具有较强全球辐射力的国际商贸中心。到 2015 年，第三产业增加值占地区生产总值比重达到 65% 以上，社会消费品零售总额超过 8000 亿元，金融业增加值占地区生产总值比重达到 9% 左右。

——世界文化名城。公共文化体系建设和文化产业竞争力位居全国前列，教育现代化水平不断提高，城市文明程度和市民整体素质显著提升。岭南文化进一步传承发扬，现代都市文化不断丰富拓展，对外文化交流合作日益活跃，形成名校汇集、名家辈出、名作涌现的文化大繁荣局面，初步建成开放、包容、多元的世界文化名城。到 2015 年，文化及相关产业增加值占地区生产总值比重达到 10% 左右，每万人口在校大学生达到 800 人。

——国家创新型城市。创新资源加快集聚，创新主体活力明显增强，创新服务体系不断完善，成为国家战略性新兴产业重要基地和创新型国家的重要战略支撑；改革创新取得重大进展，与国家中心城市科学发展相适应的体制机制基本形成。到 2015 年，全社会研究与开发经费占地区生产总值比重达到 3% 左右，每百万人口发明专利授权量达 350 件，高新技术产品产值占规模以上工业总产值比重达到 45% 。

——综合性门户城市。辐射全国、连通世界的现代化枢纽型基础设施体系更加完善，国际航运中心功能进一步强化；城市国际化程度明显提高，成为国内外人流、物流、资金流和信息流的交汇中枢，建成我国南方对外政治、经济、文化交流的核心门户。到 2015 年，全市商品进出口总值达到 1400 亿美元，白云机场旅客吞吐量超过 6000 万人次，港口货物吞吐量和集装箱吞吐量分别达到 5 亿吨和 1800 万标箱。

——全省宜居城乡“首善之区”。“以人为本”的城市发展理念全面落实，城乡规划建设管理水平显著提升，生态环境质量明显改善，花园城市基本建成；就业和社会保障水平稳步提高，社会管理更加人性化、精细化，社会更加和谐稳定；城乡居民收入较快增长，人民生活质量显著提高，城乡一体化发展格局基本形成，全面建设幸福广州。“十二五”期间，城市居民人均可支配收入和农村居民人均纯收入年均增长 10% 以上，到 2015 年，人均公园绿地面积达 16.5 平方米，平均期望寿命达 80 岁。

专栏 4 "十二五"时期经济社会发展主要指标

目标	指标名称	单位	2010 年	"十二五"时期 2011～2015 年均增长(%)	"十二五"时期 2015 年目标	指标属性	监测落实部门
经济发展	1. 地区生产总值	亿元	10604.48 *	11 左右	18000	预期性	市发展改革委、市统计局
	2. 人均地区生产总值增长	%	11.7 *	10	—	预期性	市发展改革委、市统计局
结构优化	3. 第三产业增加值占地区生产总值比重	%	61 *	—	65 以上	预期性	市发展改革委、市统计局
	4. 金融业增加值占地区生产总值比重	%	6 左右 *	—	9 左右	预期性	市金融办
	5. 文化及相关产业增加值占地区生产总值比重	%	7.95 *	—	10 左右	预期性	市委宣传部、市文化广电新闻出版局
	6. 民营经济增加值占地区生产总值比重	%	38.25 *	—	45	预期性	市经贸委
科技创新	7. 全社会研究与开发经费占地区生产总值比重	%	2.4 *	—	3 左右	预期性	市科技和信息化局
	8. 每百万人口发明专利授权量	件	150 *	—	350	预期性	市知识产权局
	9. 高新技术产品产值占规模以上工业总产值比重	%	38.5 *	—	45	预期性	市科技和信息化局
功能提升	10. 社会消费品零售总额	亿元	4476.4	12.5	8000	预期性	市经贸委
	11. 商品进出口总值	亿美元	1037.76	7	1400	预期性	市外经贸局
	12. 机场旅客吞吐量	万人次	4098	—	6000	预期性	市交委
	13. 港口货物/集装箱吞吐量	亿吨/万标箱	4.25/1270	—	5/1800	预期性	广州港务局
	14. 无线宽带网络覆盖率	%	78	—	90 左右	预期性	市科技和信息化局
环境友好	15. 单位地区生产总值能耗降低	%	4.1	—	完成省下达目标	约束性	市发展改革委、市统计局
	16. 单位地区生产总值二氧化碳排放降低	%	—	—	完成省下达目标	约束性	市发展改革委、市统计局
	17. 主要污染物排放总量减少(二氧化硫、化学需氧量、氨氮、氮氧化物)	%	—	—	完成省下达目标	约束性	市环保局
	18. 单位工业增加值用水量降低	%	11.0	—	[30]	约束性	市水务局
	19. 城市生活污水处理率	%	85.65	—	90	约束性	市水务局
	其中:中心城区生活污水处理率	%	90.46	—	95		
	20. 人均公园绿地面积	平方米	15.01	—	16.5	预期性	市林业和园林局

续表

目标	指标名称	单位	2010 年	“十二五”时期		指标属性	监测落实部门
				2011～2015 年均增长(%)	2015 年目标		
社会和谐	21. 户籍人口	万人	806.14 *	—	860	约束性	市公安局
	22. 常住人口	万人		—		预期性	市发展改革委
	23. 城市居民人均可支配收入	元	30658	10	49300	预期性	市发展改革委、市统计局
	24. 农村居民人均纯收入	元	12676	10	20300	预期性	市农业局
	25. 每万人口在校大学生	人	670	—	800	预期性	市教育局
	26. 城镇登记失业率	%	2.2	—	3.5 以下	预期性	市人力资源和社会保障局
	27. 城镇职工基本养老保险参保率	%	81	—	95	约束性	市人力资源和社会保障局
	28. 农村农民(35 周岁以上)养老保险参保率	%	87	—	100	约束性	市人力资源和社会保障局
	29. 城镇职工基本医疗保险参保率	%	95	—	98	约束性	市人力资源和社会保障局
	30. 平均期望寿命	岁	79.2	—	80	预期性	市卫生局
	31. 新增保障性住房建设面积	万平方米	300	—	[1000 以上]	约束性	市住房保障办

注:1. 带“ * ”标记的为 2010 年初步统计数;
2. 常住人口待国家公布第六次人口普查数据后再作确定;
3. 人均地区生产总值、每百万人口发明专利授权量、每万人口在校大学生为常住人口统计口径,人均公园绿地面积为城区户籍人口统计口径;
4. 带[ ]标记的为 2011～2015 年累计数。

第二篇　积极推动内外需协调发展

把握国家实施扩大内需战略的重大机遇,积极扩大消费需求,强化投资内生增长动力,加快转变外贸发展方式,形成消费、投资、出口协调拉动经济增长的新局面。

第一章　着力扩大消费需求

坚持扩大本地消费与集聚外来消费相结合、提升居民消费能力与推动消费升级相结合,充分发挥亚运及高铁效应,发挥都市消费集聚和引领作用,建立扩大消费需求的长效机制。

一、增强消费集聚功能

围绕构建体现繁华、高端、时尚的国际化都市型消费市场体系,按照“项目带动、品牌集聚、功能集成、错位发展”的原则，建设若干国际知名的地标式商业中心和高端消费集聚区；大力培育特色消费市场，建设完善一批融合商业、旅游、文化、美食等元素的特色风情体验区，将广州建成国际品牌集聚地、流行时尚传播地和现代消费模式体验地。

拓展旅游消费链，结合城市重大活动和传统消费旺季，积极吸引海内外游客来穗观光、购物、休闲和商务消费。培育具有广州特色和国际影响的消费品牌，发展品位高雅、开放时尚的广州消费文化，营造诚信消费环境，提升城市消费形象，建设国际消费中心。

二、提升居民消费水平

落实国家调整国民收入分配的各项政策，增加城乡居民特别是中低收入者的收入，持续增加就业创业机会，切实增强居民消费能力。着力提高政府财政支出用于改善民生和社会事业的比重，加快完善覆盖城乡居民的社会保障体系，加大对中低收入市民的住房保障力度，形成良好的消费预期。

引导住房、汽车消费，积极发展文化娱乐、教育培训、医药保健、体育健身、养老等新兴消费。支持发展消费金融，鼓励租赁和信用等新型消费业态，拓展电子商务消费。大力开拓和繁荣农村消费市场，加快农村商品流通网络体系建设，每个重点镇建设一个商业中心，引进一家知名品牌大型连锁超市，新建或改造一个专业市场；积极发挥城市化对消费升级的带动作用，进一步释放农村居民消费潜力。

第二章　有效扩大投资需求

发挥政府投资引导和带动作用，加快形成市场主导的投资内生增长机制，促进投资规模、结构、效益协调统一，有效拉动经济增长，增强发展后劲。

一、扩大投资规模

把推进重点区域、重大基础设施和重点产业作为扩大投资的重要载体，加快中新广州知识城、南沙新区、增城经济技术开发区、空港经济区和一批现代服务业功能区等重点区域开发；加大轨道交通、机场、港口等重大基础设施投资力度；着力推进我市现代产业“300强”项目建设，积极扩大现代服务业、战略性新兴产业和先进制造业等领域的产业投资规模；把推进城镇化和改善民生作为扩大投资的重要支撑，加大“三旧”改造、新城开发、重点镇、新农村建设和社会事业等重点领域的投资力度，培育新的投资增长点。加强重大项目策划，做深做细前期工作，形成在建一批、储备一批、策划一批的重大项目推进格局，增强重大项目促进相关投资增长的龙头带动作用。

二、优化投资结构

优化政府投资结构，推进政府投资向公共服务、社会事业和自主创新等领域倾斜。着力扩大民间投资，全面落实进一步促进民间投资“非禁即入”等政策，支持民间投资以投资、提供服务等多种方式参与基础产业、基础设施、市政公用事业、社会事业、金融服务等重点鼓励领域建设，加大对民营企业融资扶持力度，大力推进民营投资100项重大项目建设。

优化利用外资结构，加强产业链招商，引导外资重点投向高端领域和产业链高端环节，积极开展金融、教育、医疗、文化等领域中外合资、合作试点，促进利用外资形式多样化，重点吸引跨国公司在穗扩大关键技术研发、关键设备生产投资。

专栏5 广州市民营投资100项重大项目

为鼓励和引导民间投资，编制实施民营投资100项重大项目规划，支持100家民营企业进入现代服务业、战略性新兴产业、先进制造业等领域，参照市重点项目的有关优惠政策给予支持。其中：现代服务业48项，总投资额1210亿元；战略性新兴产业25项，总投资额78亿元；先进制造业22项，总投资额115亿元；都市型现代农业5项，总投资额23亿元。

三、提高投资效率和效益

加强和规范政府投资管理，增强政府投资决策科学性，建立政府投资项目储备制度，严格基建程序，强化政府投资目标管理责任制，完善工程组织管理，健全项目后评价制度。探索建立按主体功能区划和按领域安排相结合的政府投资模式，完善政府投资非经营性项目代建制。进一步完善“投、融、建、管、还”一体化发展的城市建设投融资体制，鼓励投融资主体拓宽融资渠道。综合运用产业、土地、节能、环保等政策措施，规范投资领域和项目准入。建立健全市区两级投资服务促进体系，加强对社会投资的引导和服务。

第三章 大力开拓国内外市场

坚持扩大内销与拓展外贸相结合，充分挖掘内销市场潜力，积极推动外贸出口转型升级，形成国内、国际市场协调发展的新格局。

一、积极扩大内销

依托广交会、中博会、广博会等大型展贸平台，积极组织各类广货推介会、展销会、洽谈会，创新展销方式，推动广货全国行。加大政策支持力度，建立促进企业内销的服务网络，鼓励企业在国内主要城市建立广货商品展贸基地及平台，健全营销网络，提高市场占有率。推动内外贸企业的业务整合，加快培育和发展壮大跨地区经营、内外贸一体化的大型贸易企业。完善支持外向型企业创立内销品牌和营销体系的政策环境，鼓励外商投资企业、加工贸易企业扩大内销。

二、推动出口结构转型升级

加快培育以技术、品牌、质量、服务为核心竞争力的出口新优势，促进加工贸易从贴牌生产、委托设计向自主品牌制造、原始设计制造转型，扩大汽车、船舶、机电和电子信息等高端产品出口，促进具有自主知识产权和自主品牌产品出口，推动外经贸发展方式从规模速度型向质量效益型转变。积极发展服务贸易和技术贸易，重点扩大航运物流、软件设计、信息服务和金融保险等服务出口，培育一批知名服务贸易企业和品牌。充分发挥医药、软件、汽车及零部件等国家级出口基地的引领作用，提升出口产品价值链。

三、实施市场多元化战略

深化口岸通关模式改革，提高口岸综合功能，完善保税物流监管、服务体系，建立高效出口贸易服务平台。统筹各类资源，构建应对国际贸易壁垒的支持和援助体系。鼓励企业建立国际营销网络，推进出口市场多元化，进一步挖掘美国、日本、欧盟等发达经济体市场潜力，大力开拓俄罗斯、东盟、中东、非洲等新兴市场。鼓励能源、资源、关键技术和重要设备的进口，强化对广州产业结构升级的支持作用，并满足国内多样化的市场需求。

第三篇　加快发展现代产业体系

大力推进产业高端化、集群化、融合化发展，全面实施品牌战略，加快建立以服务经济为主体、现代服务业为主导，现代服务业、战略性新兴产业与先进制造业有机融合、互动发展的现代产业体系。在继续做大做强核心产业的基础上，集中力量培育和发展一批产业基础好、成长空间大、引领广州产业高端发展方向的重大战略性主导产业，整体提升产业核心竞争力，增强发展后劲。

第一章　建设国际商贸中心

以开展国家服务业综合改革试点为契机，强化国际商贸中心主体功能，打造具有国际水平的现代服务业功能区，全面推动高端化、战略性现代服务业大发展。

专栏6　国家服务业综合改革试点

2010年，国家发展和改革委员会将广州列为服务业综合改革试点。

试点任务：围绕建设国家服务业中心战略目标，以转变服务经济发展方式为主线，先行先试，探索形成具有全国示范引领作用的发展经验。（一）探索形成开放竞争的服务业市场机制；（二）探索形成与国际接轨融合的高端服务产业体系；（三）推动内外贸一体化和珠三角服务经济一体化发展，探索形成服务经济一体化发展格局；（四）探索形成集约型服务业发展载体建设模式，促进服务业集约用地，建设低碳型服务业功能区。

行动计划：第一阶段，总体部署（2010年）；第二阶段，重点突破（2011～2012年）；第三阶段，全面推进（2013～2015年）。

一、商贸会展

积极运用先进技术和现代管理方式，创新商业模式，提升服务水平，全面推动商贸业优化升级。

——精心打造广州（琶洲）国际会展核心区、流花会展区和白云国际会议中心区，完善会展功能区配套服务体系。充分发挥广交会、中博会、广博会等大型展会品牌效应，做大做强广州国际汽车展、广州国际设计周、中国（广州）机械装备制造业博览会等专业展会。大力引进国际品牌展会，积极承办国际和全国重要会议，培育发展新兴展会，建设国际会展中心。

——加快建设石油、化工、塑料、粮食、钢铁、木材等大宗商品交易平台，做强广州国际商品展贸城等大型展贸市场（园区）和一批大型流通企业集团，改造提升传统批发市场，形成具有全球影响力的“广州价格”，增强“全球采购，广州集散”功能，建设国际采购中心。

——优化提升天河路、环市东路、北京路、上下九路、十三行、中山三路等知名商圈，在珠江新城、白云新城、白鹅潭等区域建设高端商贸集聚区，引进世界知名商贸企业，建成时尚商品和顶级品牌的集聚地和发布地；打造广府文化、西关文化等商贸文化旅游区，铸造“千年商都”新名片，建设国际购物天堂。保护并弘扬老字号餐饮品牌，完善美食街区设施建设，提升“食在广州”的影响力。

——发挥中国电子商务应用示范城市和国家移动电子商务试点城市优势，引导批发市场向现代化展贸市场转型，提升商贸业标准化和智能化水平；支持百货公司、连锁超市、专卖店开展网上零售业务，开拓网络营销渠道；鼓励第三方电子商务平台运营商为中小商贸企业提供网上专业店服务，建设网络商都。

二、金融保险

实施金融强市战略，以人民币国际化为契机，以完善金融市场体系为主攻方向，推进珠江新城—员村金融商务区和广州金融创新服务区建成金融总部基地和金融创新基地，不断提高金融创新和综合服务能力，加快建设区域金融中心。

发挥跨境人民币结算试点城市的优势，积极开展相关金融业务创新，成为推动人民币国际化的重要支点。拓展货币市场功能，构建银团贷款和票据业务中心，加快发展外汇交易市场，强化资金集散中心地位。充分利用多层次资本市场，积极发展投资银行业和融资租赁业，加速推动企业上市，壮大证券市场“广州板块”；大力发展产权交易市场、股权投资市场、柜台交易市场和期货交易市场。大力培育和发展财富管理机构，打造区域财富管理中心和股权投资中心。创新发展保险市场，拓展保险风险补偿、资金融通和社会管理功能。支持金融机构做大做强，开展综合性多元化经营。加强产融互动，重点发展物流航运金融、商务会展金融、科技金融和绿色金融等。完善金融信息服务体系，建设金融资讯高地。

三、现代物流

依托重大交通枢纽，以大型物流基地和企业为龙头，构建口岸物流、产业物流、城市配送物流协调发展的现代物流体系，建设亚洲物流中心。充分发挥南沙保税港区、白云机场综合保税区功能，重点建设空港、南沙、黄埔、广州保税区等国际物流园区，形成以保税物流为特征的口岸物流体系。推进产业基地和物流基地协同发展，重点建设汽车、石化、电子、装备、钢铁、医药、粮食等产业物流园区，形成以第三方物流为标志的产业物流体系。实施城市配送物流示范工程，建设绿色、高效、便捷的城市配送物流体系。

四、文化创意

依托国家级工业设计产业化示范基地，大力发展品牌策划、时尚设计、广告营销、工业设计、建筑设计等产业，推动产业与创意融合发展。加快建设国家软件产业基地和网游动漫产业基地，扩大网游动漫产品的国内外市场份额。加快发展文化数字内容和数字传播产业，培育文化创意龙头企业和知名品牌。加强规划引导和功能分区，促进各类文化创意产业园区（基地）协调发展，完善推动创意产业化的服务链，打造区域创意之都。

五、商务服务

以市场化、专业化、规模化为导向，大力发展法律、咨询、会计、审计、评估、检测、认证、人力资源等商务服务业。整合商务楼宇资源，建设若干商务服务业集聚区。积极引进国际知名商务服务机构和专业人才，推动商务服务业结构优化和功能提升，加快形成门类齐全、规范诚信、与国际接轨的现代商务服务体系。

六、旅游

推进旅游业品牌化发展，打造具有广州特色的“山、水、城、花”优势品牌，高起点、高标准、组团式开发旅游片区，重点发展历史文化、商务、购物休闲、山水文化休闲、都市景观、乡村风情、红色旅游和生态绿道游等旅游品牌，积极拓展游艇、邮轮和马术运动等新兴旅游。整合区域商业、文化、生态旅游资源，共同打造区域旅游品牌。完善国际化宣传促销网络体系和与国际接轨的旅游标准化体系，推动旅游业成为战略性支柱产业，进一步完善城市旅游功能，建设国际旅游中心城市。

七、新兴服务

以市场需求为导向，以新技术为支撑，积极拓展服务业新领域、新业态和新热点。发展服务外包产业，全面建设中国服务外包示范城市，打造一批服务外包集聚区，形成完整的国际服务外包产业链。加快建设国家高技术服务业基地，大力发展面向信息技术、生物技术、数字内容、研发设计、知识产权、科技成果转化等领域的高技术服务业。促进传统医疗保健与现代医疗技术相结合，推动生命健康产业快速发展。鼓励发展在线服务、互动服务和个性化定制服务等新业态，推动服务业创新发展。

专栏7　国际商贸中心重大项目

商贸会展：广州国际商品展贸城、南丰（中国）琶洲展贸项目、中国黄埔（国际）机械展贸城、广州纺织博览中心、广东国际贸易城、中华液晶城、广州白云万达广场、上下九—十三行岭南商贸文化旅游体验区、海印又一城商业中心、宝兴TESCO购物中心、广百海港城、广州维泰国际名牌汇展商贸中心、广州国际名店城、高德置地广场四季MALL、广州圣鑫国际广场、中大布市现代轻纺服务中心、广州现代轻工产业行业中心、保利世界贸易中心、海珠城广场、南沙海港城、太古汇、万菱汇、花城广场地下商城等。

金融保险：珠江新城—员村金融商务区、广州金融创新服务区、新华社金融信息平台南方总部、广州联合交易园、金融后台服务数据与灾备服务中心等。

现代物流：广州白云机场综合保税区、广州南沙保税港区、粤港澳台流通服务业合作试验区、广州国际医药港、广州市粮食储备加工中心、广州五湖四海国际水产交易中心、中央大厨房、广东塑料交易所二期等。

文化创意：广州天鹿湖玛莎罗动漫旅游产业基地、广州北岸文化码头、广州TIT纺织服装创意园、从化动漫产业园、国家音乐创意产业基地、广东国家数字出版基地、番禺金山谷创意产业基地、珠影文化创意园、太古仓、1850创意园、南沙国际影视城、广东文化创意产业园、广州包装印刷文化创意产业园、珠江钢琴乐器文化产业园、小洲影视文化产业园等。

旅游：从化温泉养生谷、长隆国际生态旅游度假区、白水寨省级风景名胜区核心区、王子山生态旅游度假区、南湖国家旅游度假区深度开发、长洲岛整体开发、港中旅花都生态旅游度假项目、芙蓉嶂旅游度假区、广州九龙湖旅游度假集聚区、广州（从化）赛马场、从化蝴蝶谷森林公园度假区、中国（花都）南方青年企业家论坛暨国际青年中心、广州增城国际休闲旅游项目等。

新兴服务：中山大学健康产业园、南沙国际健康城、太平医疗城、中经汇通物流网高端金融服务区等。

第二章 创建国家战略性新兴产业基地

聚焦国家战略，集中资源发展新一代信息技术、生物工程技术、新材料、新能源汽车、新能源与节能环保、海洋工程等产业，推动战略性新兴产业跨越式发展。

专栏8 广州市战略性新兴产业发展导向目录

产业类别	重点行业
新一代信息技术	软件和信息服务、云计算、物联网和下一代互联网、新一代宽带无线移动通信、新型显示、数字家庭
生物工程技术	生物医药、生物制造
新材料	高端金属材料、高分子材料、精细化工材料
新能源汽车	纯电动汽车、燃料电池电动车
新能源与节能环保	半导体照明、新能源装备、节能产品、环保装备
海洋工程	海洋资源综合利用、海洋工程装备制造

一、新一代信息技术

依托信息、软件等国家级高技术产业基地和特色产业园区，重点发展软件和信息服务、云计算、物联网和下一代互联网、新一代宽带无线移动通信和新型显示产业，打造设计、制造、信息内容、服务一体化的“数字家庭”产业链，推动信息技术与制造业、服务业全面融合，形成特色鲜明、优势突出、竞争力强的信息产业集群。

二、生物工程技术

完善以广州科学城生物医药基地和广州国际生物岛为核心的生物产业发展布局，加快发展新型疫苗、诊断试剂、基因工程药物、现代中药、干细胞与再生医学、医疗器械等生物医药产业，大力发展发酵与酶工程、功能食品、生物质能等生物制造业，培育壮大生物环保和生物技术服务业，建设创新型国家生物产业基地。

三、新材料

依托新材料国家高技术产业基地和国家火炬计划新材料特色产业基地，发展壮大改性高分子材料，建设全国最大的改性塑料生产基地和碳纤维生产应用基地；做大做强高端金属材料、精细化工材料、新型电子材料等优势产业；积极培育新型光电信息材料、生物医用材料、新能源材料、环保节能建材等新材料产业。

四、新能源汽车

以建设国家节能与新能源汽车示范推广试点城市和国家新能源汽车产业基地为契机，实施广州发展新能源汽车行动方案,重点发展纯电动汽车,适时发展燃料电池电动车等新能源汽车。加强关键技术的研发和产业化,建设新能源汽车公共技术创新、检测和试验平台,推动形成新能源汽车配套设施、技术规范和标准体系,优化发展应用环境,健全产业支撑体系。

五、新能源与节能环保

加强光电产业园区规划引导,建设国家半导体照明产业基地。大力推动新能源技术创新,重点培育核电、风力发电、生物质能、太阳能等新能源装备和技术,实施新能源社区、新能源公交、绿色电力等重点工程,建成一批新能源示范项目和示范区域。加快发展清洁生产、饮用水安全保障、大气和水污染防治、垃圾处理等环保装备及应用技术,形成一批具有自主知识产权的技术研发平台和产品。

六、海洋工程

依托广州国家南海深海研究中心、南方海洋科技创新基地和南海海洋生物技术国家工程中心等重大科研平台,建立产学研结合的海洋科技创新体系,支持海洋生物、海洋材料、海洋资源综合利用等领域的研究开发和产业化。依托广州重大装备制造业基地(大岗)和南沙龙穴岛造船基地,加快发展油气勘探开发装备、海上石油钻井平台等高端海洋工程装备,建成全国重要的海洋工程装备制造基地。

专栏9 战略性新兴产业重大项目

新一代信息技术:广州 LG8.5 代 TFT-LCD 面板、多用途计算机系统芯片、中金数据系统华南数据中心、中国移动南方研发基地三期、广州超级计算中心、广州天河软件园(高唐新建区)、晶科电子(广州)高亮度大功率 LED 芯片制造、中国龙芯产业化基地(广州)、广州航空电子科技产业园、广电高科技园区、网易智慧谷等。

生物工程技术:广州国际生物岛、华南新药创制中心、广药集团现代医药园(首期)、白云山和黄健康产业科技园、番禺生物医药园、南沙生物产业园、南方健康产业园、生物医药检测国际化服务平台等。

新材料:广州金发科技高性能 PAN 碳纤维、年产 100 万吨先进聚合物及复合材料产业化、毅昌新型平板电视机壳研发及产业化基地、天诚万吨级二氧化碳全降解塑料产业化等。

新能源汽车:东风日产纯电动汽车"Leaf"导入项目、广汽集团新能源汽车、力柏汽车动力电池等项目。

新能源与节能环保:广州(花都)光电产业基地、南沙光电产业园、广州迪森生物质能源产业化、广州广重风能 2MW 及以上陆地和海洋风力发电机组设计制造、广州英格风力发电机工程中心、广州智光电气能耗企业电气节能关键产品研制及产业化、固体废弃物综合利用设备产业化基地等。

海洋工程:南沙海洋生物技术开发与成果转化、中船集团海洋装备制造及修造船、广州小虎岛成品油储备基地等。

第三章 打造国家先进制造业基地

大力推动制造业结构升级、布局优化和产业链整合延伸,做大做强汽车、石化、重大装备、数控、造船、精品钢铁等具有国际竞争力的先进制造业基地,整体提升在全球制造体系中的地位。

一、汽 车

加快发展东部、南部、北部三大汽车产业基地及一批零部件产业基地,着力培育壮大自主品牌汽车;依托国家汽车及零部件出口基地,积极拓展海外汽车市场,加快汽车零部件的标准化生产及出口,发展以汽车发动机为核心的关键零部件产业,增强国产化配套能力;发挥龙头企业带动作用,推动汽车产业链向研发设计等高端环节延伸,发展与汽车相关的金融、租赁、文化、体育等产业,建成引领产业发展方向的综合性国际汽车产业基地。

二、石油化工

按照大型化、精细化、集约化的思路,推动石化产业布局优化和结构升级。优化发展以炼油乙烯为代表的石化龙头产业,强化石化产品深加工产业,大力发展有机化工原料及其衍生物、精细化工、新材料化工和日用化工产品,延伸现代石油化工产业链。

三、高端装备

重点发展数控机床、核电装备、新型发电和输变电设备、轨道交通等高端装备制造业,聚焦高端研发、精密制造和系统集成环节,推动重大技术装备自主化。加快建设广州国家级数控系统研发基地和数控机床生产基地、重大装备制造业基地(大岗)、南沙重型机械装备基地和广州和谐型大功率机车检修基地。

四、造　船

以中船龙穴造船基地、广州重大装备制造业基地(大岗)为核心,优化整合全市船舶制造布局,抓住国际船舶市场调整和南海资源开发的契机,重点发展高端船舶及配套产品,推动船舶产业“造、修、配”集群化发展,建设国家重要造船基地和世界级船用柴油机生产基地。

五、精品钢铁

调整优化钢铁产业结构和产业布局,大力发展高精冷轧钢板、深加工产业和集装箱板等热轧钢板。支持发展钢铁总部经济,构建华南地区钢铁新材料研发中心、钢铁物流配送中心、高性能建材供应中心,形成与汽车、造船、机械装备、家电等优势产业配套的精品钢铁基地。

六、优势传统工业

实施技术引领、品牌带动战略,推动钢琴、家电、啤酒、烟草、日用化工、体育用品、造纸、服装、皮革皮具等优势传统工业转型升级,促进产业链向研发设计、品牌营销两端延伸,建成全球最大的钢琴制造基地、全国重点家电出口基地、全国新闻纸生产基地和高档时尚印刷基地。

专栏10　先进制造业重大项目

汽车:东风汽车花都工厂乘用车产能(60万辆)扩建、广汽本田扩产(二期)、广汽日野、广汽集团自主品牌乘用车产能扩建、北汽集团华南生产基地(增城)、广汽本田产品自主开发及能力建设、大运汽车、东风日产发动机、广汽丰田发动机、广汽本田发动机、广汽丰田整车三期工程、东风日产乘用车发动机扩建、广州开发区汽车产业基地、广州东部(增城)汽车产业基地、花都汽车产业基地等。

石油化工:南沙精细化工产业园、广州(黄埔)精细化工产业园区、广石化炼油完善配套及环保治理、花山日用品产业基地、霸王中草药日化产品产业园、中石化广州分公司柴油质量升级等。

续表

高端装备：广州南车城市轨道车辆维修组装基地、广州和谐型大功率机车检修基地、东方电气出口基地三期、西电集团广州高压输变电设备制造基地、核电装备产业园二期、广东西塑数控机床装备基地、广州数控产业化、广东科利亚农业联合收割机、白云电气智能电网输配电产业制造基地、广电科技园、白云先进装备业制造基地等。 **造船**：华南船用低速柴油机（一期工程）、中船龙穴造船基地海洋工程装备制造项目、广州重大装备制造产业基地（大岗）、广州柴油机厂搬迁改造、广东新中国船厂小虎岛（沙仔岛）造船等。 **精品钢铁**：广州 JFE180 万吨冷轧钢板、联众（广州）冷轧不锈钢卷扩建、广钢冷轧带钢搬迁、南沙 150 万吨钢铁冷轧等。 **优势传统工业**：珠江钢琴乐器文化产业园、狮岭品牌皮具升级示范区、广州珠江啤酒集团搬迁首期工程、广州越秀水泥集团处置 2×35 万吨/年污泥环保示范项目、广州卷烟二厂易地改造、广纸环保迁建二期工程、广州万宝从化工业园、美的家电生产项目、浪奇股份 MES 洗涤产品生产项目等。

第四章　发展都市型现代农业

推动农业科技创新，加快向科技型、生态型、服务型和效益型农业转型升级，增强农业综合生产能力和区域服务功能，促进农业增长和农民增收。

一、加快优化农业结构

实施科技兴农战略，以现代科技和管理方式推进规模化种养、标准化生产、品牌化销售和产业化经营。大力发展蔬菜、水果、花卉、种子种苗等优势农业，加快发展水产养殖业、休闲渔业和水产品加工业，引导畜禽养殖工厂化、环保化发展。大力发展农业经济合作组织，提高农业生产经营组织化水平。稳定粮食生产，发展农产品高品质精深加工。加大农业招商引资力度，吸引资金投向高新技术农业、绿色农业、外向型农业和农产品深加工业。

二、建设现代农业基地

大力发展设施农业，重点推广温室大棚、水肥高效利用等先进适用农机具和农业设施，加强农业机械化示范区和示范基地建设。加快建设“菜篮子”重点基地，构建与特大城市发展相适应的农产品供应保障体系。发展岭南特色水果和水果专业村，打造区域性花卉产业基地和具有国际竞争力的园艺产业带。加快推进省部共建现代农业园区和国家绿色农业示范区、全国水产健康养殖示范区等国家级现代农业园区，培育规模大、档次高的出口创汇农业基地，壮大跨行业、跨区域经营的农业龙头企业。发展绿色观光休闲农业，形成一批品牌“农家乐”，建设精品乡村旅游基地。

三、强化农业综合服务

发挥农业科研资源优势，加快农业关键领域技术创新，大力推广使用先进实用农业技术和新型农业机械装备；加快发展农业会展、物流配送等农业服务业，改造提升大宗农产品交易市场，强化华南地区农产品交易中心功能，提高农产品质量风险预警、追溯和事故应急处理能力，强化农业科技、农产品交易和质量检测中心服务功能，完善农产品质量安全长效监管机制。

专栏 11 都市型现代农业重大项目

花都现代花卉产业基地、万花园、南沙滨海现代农业产业基地、东凌粮油广州 500 万吨/年大豆蛋白及油脂综合生产基地、广州市北部农产品批发市场、畜牧养殖育种示范工程及基地、优质家禽研发繁育基地、广州市现代屠宰加工中心、中国名优农产品采购加工中心等。

第五章 构建产业发展新格局

坚持“总部引领、龙头带动、集群发展、布局合理”，进一步优化产业组织形态和空间布局，加快形成现代产业发展新格局。

一、大力发展总部经济

加大总部经济政策扶持力度，规划建设一批总部集聚区，重点引进世界 500 强企业、中国 500 强企业、跨国公司、大型央企、行业领先企业设立总部、地区总部和研发、投资、结算等职能型总部，大力支持本地总部企业加快发展。构建与国际接轨的商务服务和政务服务体系，营造适宜总部经济发展的营商和人文环境，建设亚太地区重要的总部经济基地。

二、做大做强龙头企业

支持骨干企业规模化、国际化发展，着力培育一批主业突出、优势明显的企业集团。加强对市属国有企业成长性和竞争力的培育和考核，切实解决民营企业融资难和用地难问题，支持一批民营龙头企业做大做强，鼓励通过资本运作及并购重组等方式实现跨越式发展。大力吸引具有市场发展潜力、符合产业结构升级方向的大型企业集团和行业骨干企业来穗发展。鼓励龙头企业加大技术创新和品牌建设力度，积极参与国际高端分工与合作，努力形成一批具有自主知识产权的世界级品牌。

三、促进企业集群化发展

以国家级开发区、现代服务业功能区、高技术产业基地和先进制造业基地等为主要载体，着力提高企业规模水平和产业集中度，加快形成若干以大企业集团为核心、专业化中小企业协作配套的企业集群。培育和引进一批产业链长、竞争力强、辐射力大的重大项目。积极发展研发、中介与风险投资等专业化服务平台，促进企业集群向创新集群转化升级。

四、优化产业空间布局

以主体功能区战略为导向，根据新、老城区不同资源优势和发展定位，明确产业发展思路和功能布局，中心城区大力发展现代服务业，外围城区加快发展先进制造业和战略性新兴产业，打造新的经济增长极，形成分工合理、功能优化、发展协调的现代产业新格局。

中心城区：集聚高端要素资源，强化核心服务功能，重点建设珠江新城—员村地区、琶洲地区、白云新城、白鹅潭地区、城市新中轴线南段地区、广州(黄埔)临港商务区、越秀核心产业功能提升区等现代服务业功能区,着力发展商贸会展、金融、文化创意、商务服务等现代服务业和总部经济,形成中央商务及文化产业区。

东部地区:以中新广州知识城、广州科学城、天河软件园、广州开发区、增城开发区、黄埔区为核心,加快建设国家级高新技术产业基地,整合优化汽车、电子信息、石化、数控等产业组团和五山高校区、广州大学城等知识密集区,着力推动科技创新成果产业化和产业集群化,形成东部高新技术产业带。

南部地区:依托南沙开发区、番禺装备产业基地,重点发展汽车、机械装备、造船、精品钢铁等产业,发挥高铁和海港辐射带动作用,加快发展商务服务、现代物流、航运服务、旅游休闲等现代服务业,形成南部高端装备制造业基地和国际化临港经济区。

北部地区:坚持生态优先、绿色发展,重点发展临空产业和绿色产业。以广州白云国际机场为中心,大力发展航空物流、空港商务、临空总部、临空制造等产业,形成临空产业集聚区。充分利用东北部地区的生态和人文资源,重点发展商务会议、旅游休闲、健康服务和生态农业,形成具有国际影响力的生态旅游区。

第四篇 率先建成国家创新型城市

坚持自主创新核心战略,大力实施重大创新工程,全面推进科技创新和体制创新,加快建设智慧城市和国际人才港,成为创新型国家的战略节点。

第一章 建设华南科技创新中心

聚焦国家战略,抢占科技竞争制高点,着力优化城市创新环境,集聚高端创新资源,激发创新主体活力,建成华南地区自主创新策源地和创新成果产业化示范区。

一、提高自主创新能力

发挥广州教育和科技资源优势,建设一批国家重点学科和具备国际先进水平的科研基础设施,聚焦基础性、前瞻性、战略性科技领域,加强重大前沿技术攻关,提升基础研究和原始创新能力。依托国家级高新技术产业园区和重要创新基地,建设面向产业核心技术的自主创新、工程化开发与试验检验平台,突破平板显示、软件和信息服务、物联网、数字家庭、电动汽车、LED显示和照明、生物医药、海洋工程等领域的关键技术和共性技术。支持有条件的机构和企业建设国家重点实验室、工程中心、工程实验室、企业技术中心等重大创新平台,加快推进大学科技园、孵化器、中试基地等科技成果转化平台建设,实施重大产业化专项,推动科技成果加快转化为现实生产力。

专栏12 重大创新载体和创新平台

国家重点实验室:建设眼科学、呼吸疾病、亚热带建筑科学、工业产品环境适应性、稀有金属分离与综合利用、华南肿瘤学、畜禽育种与营养研究等国家重点实验室。

国家工程中心:建设造纸与污染控制、移动通信、聚合物新型成型装备、中药提取分离过程现代化、南海海洋药物、基因药物等国家工程中心。

国家工程实验室:建设再生型医用植入器械、塑料改性与加工、特高压工程技术(广州)、数字音频编解码技术等国家工程实验室。

国家级企业技术中心:建设广州珠江啤酒集团有限公司、广州无线电集团有限公司、广州金发科技股份有限公司、广州华南橡胶轮胎有限公司、广州广船国际股份有限公司等公司的国家级企业技术中心。

重大科技基础设施:建设中科院广州生物医药与健康研究院、广州中科院工业技术研究院、广州现代产业技术研究院、广州机械科学研究院、广州国家南海深海研究中心、华南新药创制中心等重大科技基础设施项目。

重大创新园区:建设中新知识城(首期)建设工程、广州国际生物岛、广州科学城、天河软件园、南沙资讯科技园、增城经济技术开发区、广州民营科技企业创新基地、广州国家数字家庭应用示范基地、南沙科技创新基地、白云国际健康产业城、南方海洋科技创新基地、清华科技园广州创新基地、从化经济开发区三期及高技术产业基地、广东光电科技产业服务基地等重大创新园区。

二、强化企业创新主体地位

激发企业创新活力,认真落实税收优惠、政府采购等创新激励政策,引导资金、人才、技术等创新要素向企业集聚。加强对市属国有企业技术创新的支持力度,完善创新考核制度。加大对民营企业研发投入的引导和扶持。支持一批实力较强的高技术企业建设国家级企业技术中心,承担或参与国家、省重大科技项目,发展成为国家创新型企业和技术创新示范企业。支持科技型中小企业和归国留学人员创办科技企业,通过创新链分工方式进行专业化、模块化创新。深化产学研合作,完善知识产权分享、长期互助合作机制,发展重点领域技术创新战略联盟,构建功能完善、高效融合、开放互补的产业创新集群。

三、构建开放型创新合作网络

强化中央地方创新联动,积极争取国家和省重大科技基础设施、重要科研机构和重大创新能力项目落户广州,推动重大创新成果在穗转化,加强军民科技资源集成融合。建立穗港科技创新深度合作机制,推动形成以"广州—深圳—香港"为主轴的大珠三角创新圈。加强与中央企业、国内行业领先企业、高等院校和科研院所合作,积极引进跨国公司研发机构、国际知名实验室。有效促成各类创新资源合作,加强对国内外先进技术的引进、消化吸收和再创新,建成我国开展国际创新合作的核心节点城市。

四、完善创新投融资机制

加大市、区两级政府对科技创新的投入力度,完善资金使用绩效考评,实现从以补助、贴息为主向股权投资、跟进投资等多种方式转变,充分发挥示范和放大效应,加快形成自主创新稳定投入机制。推进科技金融结合城市试点,大力发展创业投资、天使投资①,支持高新技术企业上市融资和

---

① 天使投资:是权益资本投资的一种形式,是指个人出资协助具有专门技术或独特概念的原创项目或小型初创企业,进行一次性的前期投资。

发行企业债券，鼓励金融机构开展知识产权质押贷款。开展科技保险试点，支持金融机构和融资担保机构依托高新技术园区搭建科技企业融资服务平台，完善创新型企业成长全周期的金融服务链。

五、营造激励创新环境

优化科技创新体制机制和政策环境，倡导“崇尚科学、鼓励创新、宽容失败”的创新文化，增强全民创新创业意识。完善科技资源和科研基础设施开放共享机制，建设集科技文献、仪器设备、信息数据等于一体的科技资源共享平台。大力发展产权交易、技术评估、技术标准服务和检测认证机构，形成市场化、网络化、国际化的科技中介服务体系。实施知识产权战略，加快发展知识产权交易市场，进一步提高知识产权创造、运用、保护和管理综合能力，大力创造、培育核心技术知识产权和自主品牌，积极创建国家商标、版权示范城市。实施标准化战略，支持拥有自主知识产权和重大专利技术的企业参与制订行业标准、国家标准和国际标准，打造“广州标准”。

专栏 13　八大创新工程

1. 华南科技创新中心建设工程；2. 信息广州创新工程；3. 现代服务业创新工程；4. 战略性新兴产业创新工程；5. 先进制造业创新工程；6. 创新型园区发展示范工程；7. 社会发展创新工程；8. 创新文化环境建设工程。

第二章　建设智慧城市

把握世界科技产业和智慧地球发展新趋势，加快物联网等智能技术研发和全方位应用，促进智能技术高度集中、智能产业高端发展、智能服务高效便民，建设全面感知、泛在互联、高度智能的智慧城市。

一、建设智能型基础设施

以物联网、下一代互联网、新一代宽带无线移动通信等重点信息技术应用为突破口，以传感网、互联网、通信网、广播电视网等多网融合为基础，构筑宽带、融合、安全的智能型基础设施。推进光纤到户，基本完成广播电视数字化双向改造；加快高速无线接入网络建设，到 2015 年，全市无线宽带网络覆盖率达到 90% 左右。统筹新一代互联网网络过渡、业务迁移和产业链建设，建立下一代互联网新型架构体系研发和创新平台。大力推进城市智能传感网络建设，构建公共物联网应用服务平台，增强物联网应用和综合服务能力。建设高性能超级计算中心、云计算中心和海量信息资源中心。着力推进交通、空港、港口、电网、水利、城管、环保、国土、园林、气象等十大智能工程，打造天河智慧城、南沙智慧岛，建设珠江新城、广州中新知识城和广州新城等智慧城市示范区，带动全市智慧城市建设。

二、促进产业智能化发展

以建设国家信息化和工业化融合试验区为契机，推动物联网、云计算和下一代互联网等关键核心技术攻关，促进新一代信息技术与制造业、服务业深度融合。加快发展数控机床、机器人等智能装备产业，大力推进智慧汽车、平板电脑、智能电视等智慧产品的研发和产业化，积极推动传统产业开展研发、设计、生产、服务全流程升级，实现柔性制造、敏捷制造和精益制造。不断提高物流产业智能化水平，加快建设南方现代物流公共信息平台，实现商贸流通体系高效联运。加快发展基于第三代移动通信、智能移动终端等技术的新一代移动电子商务，完善移动电子商务产业链，建设国家移动电子商务示范城市。积极发展基于数据和知识的软件和信息服务、数字内容和网络文化产业，建设中国软件名城。

三、推动城市智能化管理

实施新一代政府智能工程，建设一批智能化政务处理和在线服务平台，建立统一的政务信息资源体系，推进智能分析和科学决策，创新政府行政管理和服务模式，建设智慧型电子政府。构建统一的城市地理空间信息资源体系和“数字城市”地理空间框架，提高城市地理信息综合利用水平。积极推动“智慧生活”，构建覆盖城乡的便民服务智能化体系，促进医疗、教育、文化、社保、社区服务、食品安全等社会公共服务智能化。加快建设国家数字家庭应用示范基地，引导建立一批智慧城区、智能社区、智能建筑和智能家居示范，发展基于信息网络的全方位社区服务，营造安全、高效、舒适、便利的智能化人居环境。

第三章　构筑国际人才港

坚持人才优先发展战略，实施《广州市中长期人才发展规划纲要（2010～2020 年）》和重点人才发展工程，建成海内外高端人才集聚地和知识创新策源地，成为辐射华南、服务全国、连通世界的国际人才港。

一、加大招才引智力度

完善人才引进工作机制，实施更加开放灵活的柔性引才策略，大力实施“创新创业领军人才百人计划”和“万名海外人才集聚工程”，加强项目引才，重点吸引科研创新团队、领军人才、优秀中青年人才和海外高层次留学人员来穗创业发展，加强海外高层次人才创新创业基地建设。支持中新广州知识城、广州科学城、广州大学城、南沙智慧岛等创新型园区探索开展“人才特区”试点。进一步提升中国留学人员广州科技交流会影响力，密切联系海内外著名人才服务机构和华侨华人专业社团，建成具有重要国际影响力的国际人才交流平台。

二、完善人才培养体系

依托重大研发平台、重点实验室、工程技术中心、企业技术中心、博士后工作站等创新基地，发挥高层次领军人才的示范带动作用，培养造就创新型科技人才。支持企业、高校、科研机构联合建立人才培养培训基地，建立高层次人才和紧缺人才国内外交流、培训资助制度。统筹推进党政人才、企业经营管理人才、专业技术人才、高技能人才、农村实用人才、社会工作人才等各类人才队伍建设，整体提升人才队伍素质和创新能力。

专栏 14　培养引进高层次人才"1+10"政策体系

2010 年 7 月，广州市委、市政府出台《关于加快吸引培养高层次人才的意见》及 10 个配套办法，包括：高层次人才认定和评定办法、高层次人才培养资助实施办法、创业领军人才创业发展扶持办法、羊城学者特聘岗位计划实施办法、高层次人才住房解决办法、高层次人才医疗保障实施办法、高层次人才子女入学解决办法、高层次人才配偶就业促进办法、羊城功勋奖评选表彰办法、高层次人才专项扶持资金管理办法。

"1+10"政策体系将进一步完善吸引培养高层次人才工作机制，努力营造创业有机会、干事有舞台、发展有空间、生活有保障的人才集聚和发展环境。

三、优化人才发展环境

完善党管人才领导体制，落实党委、政府人才工作目标责任制，健全人才培养开发、评价发现、选拔任用、流动配置和激励保障机制。创新人才管理服务方式，推动人才资源优先开发、人才结构优先调整、人才投资优先保证、人才制度优先创新，营造人才辈出、人尽其才、才尽其用的良好环境。大力发展人才服务业，加强与国际高端人才服务机构合作，完善全球性人才引进工作网络，加快培育高层次人才服务市场。实施支持高层次人才创业发展的融资、产权激励和保护政策，完善以政府激励为导向、用人单位和社会力量激励为主体的人才激励体系。进一步提升城市人居、文化、教育、医疗和社会保障水平，为各类人才提供更加优质的生活环境和宽松的工作环境。强化人才发展基础支撑和信息保障，建设广州人才信息港。

专栏 15　十一项重点人才发展工程

1. 创新创业领军人才百人计划；2. "羊城学者"特聘岗位计划；3. 企业经营管理人才素质提升工程；4. 高素质教育人才培养工程；5. 医疗卫生人才保障工程；6. 文化艺术名家工程；7. 社科智库和理论大家工程；8. 青年英才推进计划；9. 高技能人才精工工程；10. 农村实用人才星农工程；11. 大学生创业扶持计划。

第四章　增创体制机制新优势

坚持科学发展、先行先试，按照总体部署、重点突破、统筹兼顾、综合配套的思路，率先在重点领域和关键环节改革取得突破，构建充满活力、富有效率、更加开放、有利于科学发展的体制机制。

一、切实转变政府职能

围绕构建与特大型中心城市发展相适应的现代服务型政府，促进政府服务向规范透明、高效公平、亲民便商转变。强化政府公共服务职能，提高基本公共服务支出比重，探索在公共服务领域引入竞争机制，通过政府公开购买为社会提供多元化、多层次公共服务。深入推进行政审批制度改革，实行行政审批事项动态管理，规范行政备案制度，推行网上审批，提高审批效率。全面推进政务公开，加大政府信息公开力度，推进行政审批"零收费"，成为全国行政效能最高、办事成本最低的城市之一。完善政府绩效评价制度及干部考核机制，强化行政问责。全面推进事业单位分类改革，推动政事分开、管办分离，建立现代事业单位管理和运行模式。

二、大力推进简政强区

全面推进以简政强区为重点的事权改革，重点围绕产业发展、规划建设、国土房管、项目投资、城市管理、市场监管、民生事业等领域进一步向区（县级市）下放管理权限，市一级主要负责全局性和涉及跨部门、跨地区重大事项决策、协调和组织实施，研究制定政策法规和标准，加强监督和考核；区（县级市）具体负责辖区内经济社会发展和城市管理工作。按照分类推进原则，越秀、海珠、天河、荔湾、白云、黄埔等中心城区重点下放城市建设管理等方面事权，优化创业及居住环境，提高管理和服务水平；广州开发区、南沙开发区、增城开发区享受市一级管理权限和中央赋予的行政审批权限；花都区、番禺区在保留现有行政管理权限基础上进一步简政放权，确保法律法规和上级党委、政府赋予从化、增城的经济社会管理事权落实到位。深化市、区（县级市）财政管理体制改革，按照“财随事转”的原则科学配置各级财力，增强基层政府基本公共服务保障能力，建立符合主体功能区要求的横向财政转移支付制度。

三、加快金融改革创新

完善国家中心城市金融服务体系，争取国家金融监管部门设立专门对穗业务机构，完善国家、省、市间金融监管协调服务机制。创新金融市场交易服务平台，加快发展私募股权、环境资源、农村产权、文化产权、物流、林权等专业化交易市场，积极发展区域产权交易共同市场；推动国家期货交易所、票据交易所、外汇交易清算所等资源在广州布局，探索设立区域性柜台交易（OTC）市场，搭建非上市公司特别是中小高新技术企业股权流通转让交易平台。创新发展新型信贷产品、结算产品、离岸金融产品和金融衍生品等，推进保险业综合改革试验，大力发展科技保险、航运保险等各类责任保险业务，建立保险产品电子商务交易平台，推进保险资产证券化。深入推进跨境贸易人民币结算试点，推动进口贸易、跨境服务贸易和其他经常项目交易使用人民币结算，探索推进资本项目人民币结算。

四、深化企业体制改革

深入推进国有经济布局和结构战略性调整，推动国有资本向关键领域和优势企业集中，推进市属国有企业开放性、市场化重组和产权多元化改革，鼓励具备条件的企业整体改制上市，提高国有资产证券化率，确保国有资产保值增值。创新国有资产监管体制，健全国有企业法人治理结构，鼓励建立股票期权、限制性股票等以市场为导向的长效激励机制，合理分配和使用国有资产收益。

消除制约非公有制经济发展的制度性障碍，认真落实促进民营经济大发展大提高的各项政策措施，以放宽市场准入和公平待遇为重点，落实金融、财税、土地、产业等扶持政策，建立市区联动、协同服务的民企辅导和促进机制，鼓励优势非公企业跨地区、跨行业兼并重组。实施中小企业成长计划工程，加快建设一批民营和中小企业创业示范基地。到2015年，全市民营经济增加值占地区生产总值比重达45%。

专栏16　中小企业成长计划工程

针对不同发展阶段的民营和中小企业进行梯度扶持，每年滚动筛选300家成长性好、竞争力强的民营和中小企业，从税收奖励、资金支持、融资服务、用地和人才等方面予以重点扶持；实施动态管理，采取一年一评的方法，每年年初对上年入选的企业运行情况进行综合评价和效益评估，推动中小企业转型升级。

五、完善现代市场体系

依托较为完备的商品市场体系，加快推进要素市场建设，重点发展金融、人才、土地、技术、信息等要素市场，全面提升资源配置能力。完善要素价格形成机制，积极稳妥推进水、电、气等资源性产品价格改革，健全城市垃圾处理、资源回收利用等环保收费制度。完善信用法规制度和实名信用信息系统，推进建立征信共享、预警及失信惩戒机制，健全政府采购、市场准入等与企业信用等级挂钩的制度，培育企业信用评级和个人征信的市场需求，优化社会诚信环境，建设"诚信广州"。

六、加快建设法治广州

全面实施依法治市五年规划，健全政府重大行政决策工作机制，增强决策透明度和公众参与度，把公众参与、专家论证、风险评估、合法性审查和集体讨论决定作为重大决策的必经程序，推进重大决策科学化、民主化和法治化，加快建设法治政府。优化法治环境，完善地方立法，更加注重社会各群体的法律保障，扎实推进"六五"普法工作，切实做好法律服务、法律援助和法制宣传工作。推进司法体制机制改革，最大限度满足社会诉求，促进社会公平与正义。推进依法行政，健全执法机制，规范行政执法自由裁量权，重点提高基层政府和行政执法队伍依法行政能力。自觉接受人大及其常委会监督和政协民主监督，加强社会公众和新闻舆论监督，引导群众通过互联网等渠道理性表达诉求。健全基层民主制度，扩大公民有序的政治参与。全面贯彻党的民族和宗教政策，加强工会、共青团、妇联、工商联、侨联、残联等团体的桥梁纽带作用。

七、扎实推进改革试点

坚持整体推进与先行先试相结合，主动对接国家和省重大改革部署，推动重要改革试点实现重大突破。推进国家级开发区创新发展模式和增城统筹城乡发展综合配套改革试验，探索开展重要战略性区域管理体制创新。扎实推进金融、低碳城市建设、海洋综合开发、民主法制等领域改革创新，为全国、全省改革探路。积极推进城市建设、社会管理等领域市级改革创新试点。全力争取国家、省赋予我市与国家中心城市相匹配的经济社会管理权限。

专栏17　"十二五"时期十大重点改革任务

1. 国家服务业综合改革试点；2. 国家创新型城市试点；3. 民主法制建设试点；4. 广州国家级开发区创新发展模式试验；5. 增城统筹城乡发展综合配套改革试验区；6. 低碳示范城市；7. 海洋综合开发示范区；8. 简政强区事权改革；9. 社会管理体制改革；10. 医药卫生体制改革。

第五篇 促进绿色低碳发展

树立绿色发展理念,以建设低碳广州为目标,以实施低碳经济“十大工程”为抓手,推进经济发展低碳化,提高资源能源利用效率,建设资源节约型和环境友好型社会。

专栏18 低碳经济十大工程
1. 低碳产业促进工程;2. 能源高效利用工程;3. 低碳技术开发应用工程;4. 碳汇产业发展工程;5. 资源综合利用效率提升工程;6. 绿色建筑推广工程;7. 低碳交通出行工程;8. 低碳园区示范工程;9. 碳市场培育工程;10. 低碳型消费模式创建工程。

第一章 推动建设低碳城市

建立健全促进低碳经济发展的政策体系和市场体系,大力发展低碳技术和产业,推进形成若干低碳试点项目、试点园区和示范社区,构建低碳生产、生活新模式,大力实施节能减排、有效降低碳排放强度,创建低碳示范城市。

一、推进低碳产业发展

加大低碳技术研发力度,积极培育新兴低碳产业。重点推进新能源汽车、脱硫脱硝、排放监控、新一代生物燃料、热电冷联产、光伏发电、二氧化碳捕获等技术研发和产业化,大力发展新能源、智能电网、节能环保、LED 照明设备等产业,规划建设若干低碳产业集聚园区。推广合同能源管理模式,探索开展碳标识、碳计量、碳监测等工作,培育碳交易和碳金融市场发展,积极开展碳排放权交易试点,扶持低碳服务产业发展。

二、倡导低碳生活方式

倡导文明、节约、绿色、低碳消费理念,制定低碳产品补贴政策,加大政府绿色采购力度,逐步提高节能节水产品和再生利用产品的比重。建立低碳产品认证体系,扶持企业生产和销售低碳产品,限制过度包装。鼓励市民使用节能家电、小排量汽车、新能源汽车等低碳产品,减少使用一次性用品,增强垃圾减量、分类和循环利用意识。引导市民选择公共交通、自行车和步行等方式出行,提高市民使用公共交通出行的比率。

三、深入推进节能减排

加大节能减排考核监察力度,加强项目节能评估,严格控制高耗能、高污染产业发展。积极推广节能减排新技术,加快淘汰落后产品、技术和工艺。加强用电需求侧管理,建立节电管理长效机制。强化建筑节能,以新区开发和"三旧"改造为契机,大力推进绿色建筑发展,加快推进既有建筑节能改造,推进建筑用能智能化管理。加强交通节能,优先发展公共交通,完善智能交通体系,增强车辆通行能力,建设低能耗交通系统。

四、构筑清洁安全能源保障体系

强化能源储备体系建设,推进广州大型煤炭中转基地、成品油储备基地、天然气储备设施建设,确保城市能源战略供给。着力优化能源结构,进一步推进"上大压小"、热电联产机组建设,加快发展智能电网技术,形成安全可靠、结构优良、适度超前的现代化电网;推进天然气高压管网的规划和建设,提高管网的覆盖率和使用比例,构建多气源供气格局,大力发展天然气冷热电三联供能源站。加快新能源开发,加大开发应用太阳能等新能源力度,实施太阳能光伏发电、建筑一体光伏屋顶(幕墙)等应用示范工程,重点支持一批兆瓦级发电项目。积极开发生物质能,开展生物质固体成型燃料应用示范点建设,在农村探索推进大型多村集中式沼气工程。

专栏 19　能源保障项目和新能源应用示范工程

能源保障项目:广州电网输变电工程、特高压工程技术(广州)国家工程实验室、西村天然气蒸汽联合循环冷热电三联供能源供应站、广州珠江电厂燃气(LNG)蒸汽联合循环二期扩建工程、广州珠江电厂1×1000MW超临界机组改造扩建、恒运电厂扩建工程、2×390MW燃气—蒸汽联合循环热电冷三联供机组工程、中电荔新2×300MW热电联产机组、南沙分布式能源站、广州南沙LNG接收站(应急调峰站)、广州市天然气利用工程等。

新能源应用示范工程:可再生能源与建筑集成技术应用示范工程、太阳能热泵综合制冷供热改造工程、农村沼气、太阳能利用示范村(乡)工程、生物质替代燃料生产和应用示范工程、工商企业应用新能源和可再生能源示范工程、风光互补路灯照明示范工程、生活垃圾能源化利用工程、电动汽车示范运行工程等。

第二章　加强资源综合利用

坚持节约优先,以"减量化、再利用、资源化"为目标,加快构建资源循环利用体系,不断提高资源综合利用水平。

一、积极发展循环经济

加大清洁生产管理力度,支持企业建设节能、降耗、减污、增效工程项目,优化生产流程,加快建设资源回收利用、集中供热系统等设施,探索开展中水和雨水综合利用,实现产业园区内资源能源梯级利用和循环利用。完善可再生资源回收网络体系,推进废物处理产业化经营,提升固体废物、电子废弃物等循环利用水平。完善循环经济发展促进体系,重点推进南沙开发区国家级生态工业示范园区、广州开发区国家循环经济示范园区等试点建设,创建国家循环经济示范城市。

二、促进土地集约节约利用

按照生态优先、城乡一体、节约用地、规模适度的原则,严格实施土地利用总体规划,优化城乡土地利用布局。创新土地储备机制,积极推进"三旧"改造,发挥拓展用地空间、优化城市功能、改善人居环境的综合效应。创新节约集约用地制度，根据区域功能定位推行差别化供地政策和用地准入标准，探索建立与强化国家中心城市功能和发展现代产业相适应的供地制度，优先保障重点区域、重点项目、重大产业和重要民生项目用地需求。推进集体建设用地使用权流转，提高集体建设用地节约集约水平。创新土地管理和执法机制，严格落实耕地资源保护责任，继续推进城乡建设用地增减挂钩试点，加大违法用地查处和闲置土地处置力度，加强土地管理信息化建设。积极推进城市地下空间开发利用。

专栏 20 “三旧”（旧城镇、旧厂房、旧村庄）改造工程

计划每年启动 10 平方公里的“三旧”改造工作，力争用 3～5 年时间启动 52 条城中村全面改造，基本完成“退二”企业和与城中村改造相关的集体旧厂土地处置工作；用 5～10 年时间，基本完成城市重点区域成片改造重建和全市在册的 138 条城中村改造。

三、提高固体废物管理水平

大力提升固体废物综合利用和安全处置水平，利用建材、冶金和环保等产业推进工业固体废物资源化处理，利用热电厂、垃圾焚烧厂、水泥厂等推进污泥资源化处理。遵循“超前规划、源头削减、分类收集、综合处理”原则，完善垃圾分类收集和分流处理系统，加快推进生活垃圾焚烧发电厂和综合处理设施建设，建立垃圾处理服务外包机制和专项生态补偿机制。完善危险废物处理处置设施，加强危险废物和危险化学品的监管。

第三章 全面建设花园城市

推进实施《广州市建设花园城市行动纲要》，巩固和发展亚运环境综合整治成果，完善加强生态建设和环境保护的长效机制，推进“天更蓝、水更清、路更畅、房更靓、城更美”取得新成效，努力建设全省宜居城乡的“首善之区”。

一、优化城市水环境

提升城乡供水保障系统。实施饮用水源保护计划，强化饮用水源保护，重点保护流溪河、东江北干流、沙湾水道等重要饮用水源地、水环境敏感区，启动花都区北江引水工程。完善城市供水水源布局，加快水厂改造，进一步提升供水水质，切实保障饮用水安全。

完善城乡污水处理系统。加强污水管网建设，实现中心城区污水管网全覆盖，推进雨污分流，加强农村污水和工业废水治理，实现重点污染源全面达标排放，持续推进化学需氧量、氨氮等主要污染物总量减排，到 2015 年城市生活污水处理率达到 90%，其中，中心城区生活污水处理率达到 95%。

推进河涌综合整治。继续整治荔枝湾涌、东濠涌、猎德涌、石井河等河涌，保护和疏通城市河网水系，促进河涌水质全面改善；提高珠江、河涌长效保洁水平，落实珠江水域保洁的区域对接；实施生态修复和绿化工程，注重体现水文化元素，丰富滨水园林景观，恢复和提升水系生态休闲功能，打造水清、岸绿、景美的“岭南水乡、生态水城”。

完善城乡防洪排涝体系。提高城区排水标准与城乡排涝标准。继续完善水利防洪减灾体系，增强中小河流和山洪灾害防治区的防洪能力。

专栏21 水环境综合整治工程

饮用水源地水质保护——推进分散污水处理设施建设，开展河道清淤及工业企业污染治理、关停、搬迁工作；设置饮用水源保护区界标、交通警示牌和宣传牌，在重点区域设置围网、引水渠等物理隔离设施。

污水集中处理——推进城镇污水处理设施和配套管网建设，中心城区及重点区域新增污水实际处理能力达130万吨/日以上；加强新建工业园区工业污水集中处理设施及配套管网建设，提高工业废水集中处理能力。

河涌综合整治——继续对荔枝湾涌、东濠涌、猎德涌、石井河等河涌进行综合整治，建设白云湖、海珠湖等水系，明显改善内河涌水质。

跨界水污染综合治理——完成广佛交界地区新建、扩建污水处理厂及配套管网建设。

二、持续改善大气环境

加大空气环境综合整治力度。继续落实“空气整治50条”及“新31条”，深入实施企业污染控制、产业“退二进三”、机动车尾气污染控制、餐饮油烟污染控制、挥发性有机物污染控制、工地扬尘污染控制和区域环境污染控制等计划，科学推进二氧化硫、氮氧化物等主要污染物总量减排控制，全面实行机动车环保达标管理，深化降氮脱硝工作，有效治理灰霾天气。

健全空气环境综合整治机制。创新大气污染防治机制，逐步完善覆盖全市的空气质量监测、预测、预警和治理体系。进一步健全多部门并联审批、联合查处、信息共享的工作机制，大力推动区域联防联治，适时开展排放权交易试点工作。

专栏22 大气污染综合防治重点工程

机动车污染治理工程：推广使用粤IV标准车用柴油，对压缩式发动机汽车实施国IV标准，完善机动车排气污染定期检查与强制维护制度（I/M制度）和机动车排放监督管理系统，强化机动车环保标志管理，加大力度促进黄标车淘汰。

挥发性有机物控制工程：结合挥发性有机物排放重点监管企业名单，深化11个重点行业挥发性有机物排放整改工作。

油烟治理工程：所有饮食服务业安装油烟净化设备。

锅炉淘汰工程：加快淘汰4t/h（含）以下和使用8年以上的10t/h以下燃煤、燃重油和燃木柴锅炉。

三、营造优质人居环境

建立健全“后亚运”时期城市人居环境综合治理的长效机制，更加注重加强和改进管理，进一步巩固和发展“房更靓、城更美”的成果。

全面实施城市绿化美化亮化工程。按照布局生态化、园林艺术化、管理精细化要求推进城市绿化美化工作。构建“社区公园—城市公园—郊野公园”三级公园服务体系，结合城区“退二进三”、城中村改造、拆围复绿，完善公共绿地系统，切实提高中心城区绿地率。完善广州绿道网建设，构建市、区、社区三级绿道网络。进一步加强珠江两岸、花城广场等重点区域夜景光亮工程的规划和管理，优化和提升广州夜景景观水平。

附图1 广州市区域生态安全格局规划图

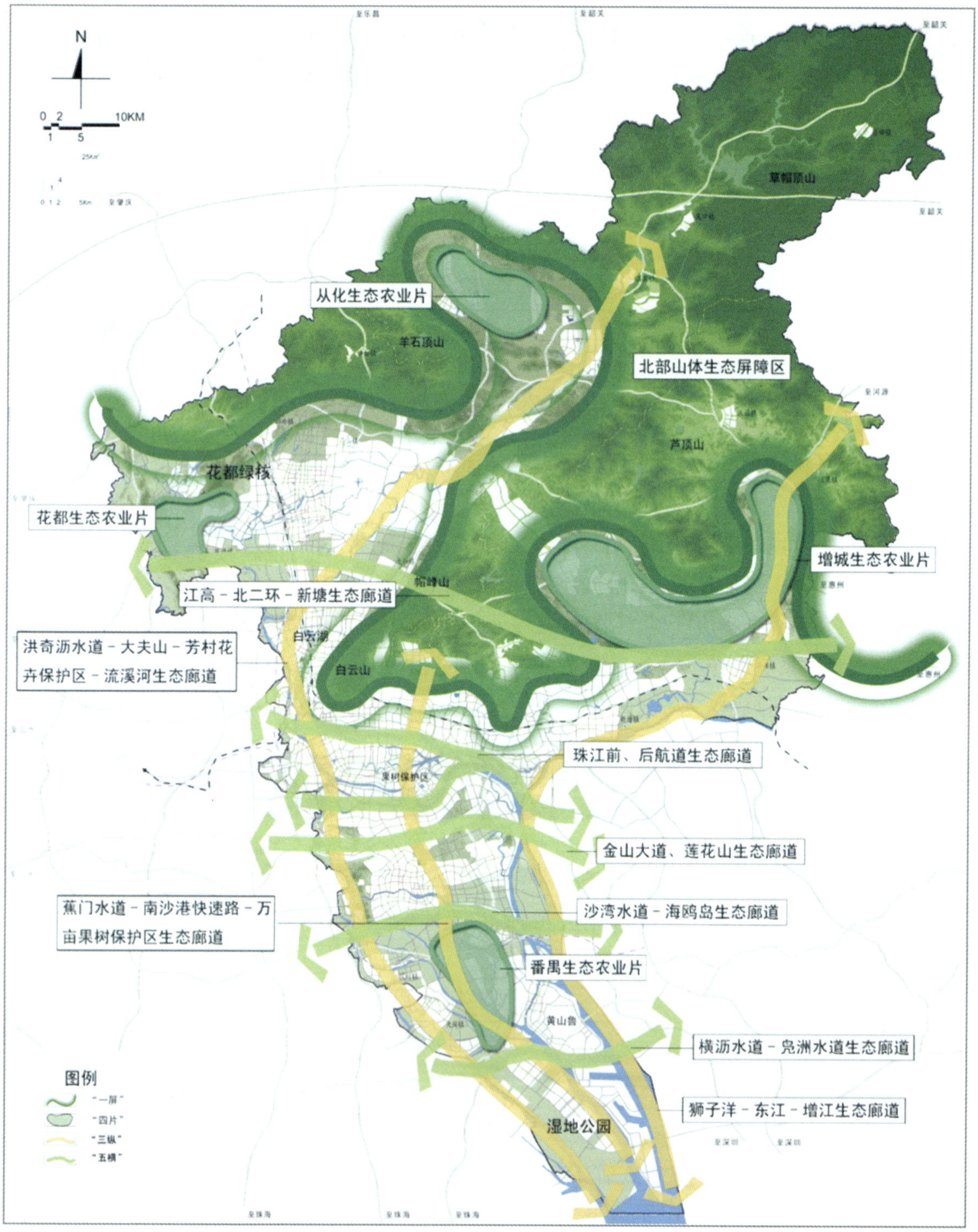

大力推进社区人居环境综合整治。加强城市公共配套设施建设，大力推进社区人居环境综合整治，优化生活居住环境。按照“修旧如旧、建新如故”的原则推进旧城改造和历史文化街区保护，探索鼓励业主积极保护历史文化建筑的新机制。进一步强化城市噪音管理，有效降低噪音污染，加快路灯节能改造，进一步营造优美和谐的街区环境和村镇环境。

四、完善城乡生态安全体系

根据主体功能区划和生态功能区划,建立健全生态补偿机制,加强生态保护和修复。统筹开展区域生态保护与建设。依托山、水、城、田、海自然生态条件,继续实施"青山绿地"二期工程,完善森林、自然保护区、绿道网、湿地、沿海(江)防护林等自然生态系统,构筑"一屏四片"生态屏障和"三纵五横"生态廊道,形成多层次、多功能、立体化、网络式的生态安全格局。完善森林公园和自然保护区建设,森林覆盖率保持在38%以上。加强水源涵养林、生态防护林、生态公益林建设和改造。有效保护湿地资源,完善生物多样性保护中心建设。

专栏23 "一屏四片"生态屏障、"三纵五横"生态廊道

一屏:北部山地构筑天然生态屏障。

四片:从化、花都、增城、番禺生态农业片。

三纵:洪奇沥水道—大夫山—芳村花卉保护区—流溪河生态廊道、蕉门水道—南沙港快速路—万亩果树保护区生态廊道、狮子洋—东江—增江生态廊道。

五横:江高—北二环—新塘生态廊道,珠江前、后航道生态廊道,金山大道、莲花山生态廊道,沙湾水道—海鸥岛生态廊道,横沥水道—凫洲水道生态廊道。

第六篇 优化城市发展格局

强化规划引导,坚持功能定位指导空间开发,加快实施主体功能区战略,形成城乡一体、功能协调、高效有序的城市发展新格局。

第一章 完善市域空间开发体系

坚持"南拓、北优、东进、西联、中调"的空间发展战略,按照发展导向明确、功能配置合理、空间利用集约的原则,统筹市域空间开发,重点打造"一轴两城三中心"①,构筑"一主六副多组团"的现代化国际大都市空间形态,引领城市发展全面升级。

一、统筹城市功能布局

强化各区(县级市)、各组团发展定位与全市总体功能的衔接,合理布局产业、城镇、生态、农业等用地,引导产业相对集聚发展和人口相对集中居住。实施分类发展、分类管理和分类考核的区域政策,完善城市空间开发调控体系,保障区域开发建设的科学性、合理性和有序性。

① "一轴"即城市新中轴线;"两城"即东部山水新城和南沙新城;"三中心"即花都新华、增城荔城、从化街口三个片区中心。

附图2 一轴两城三中心示意图

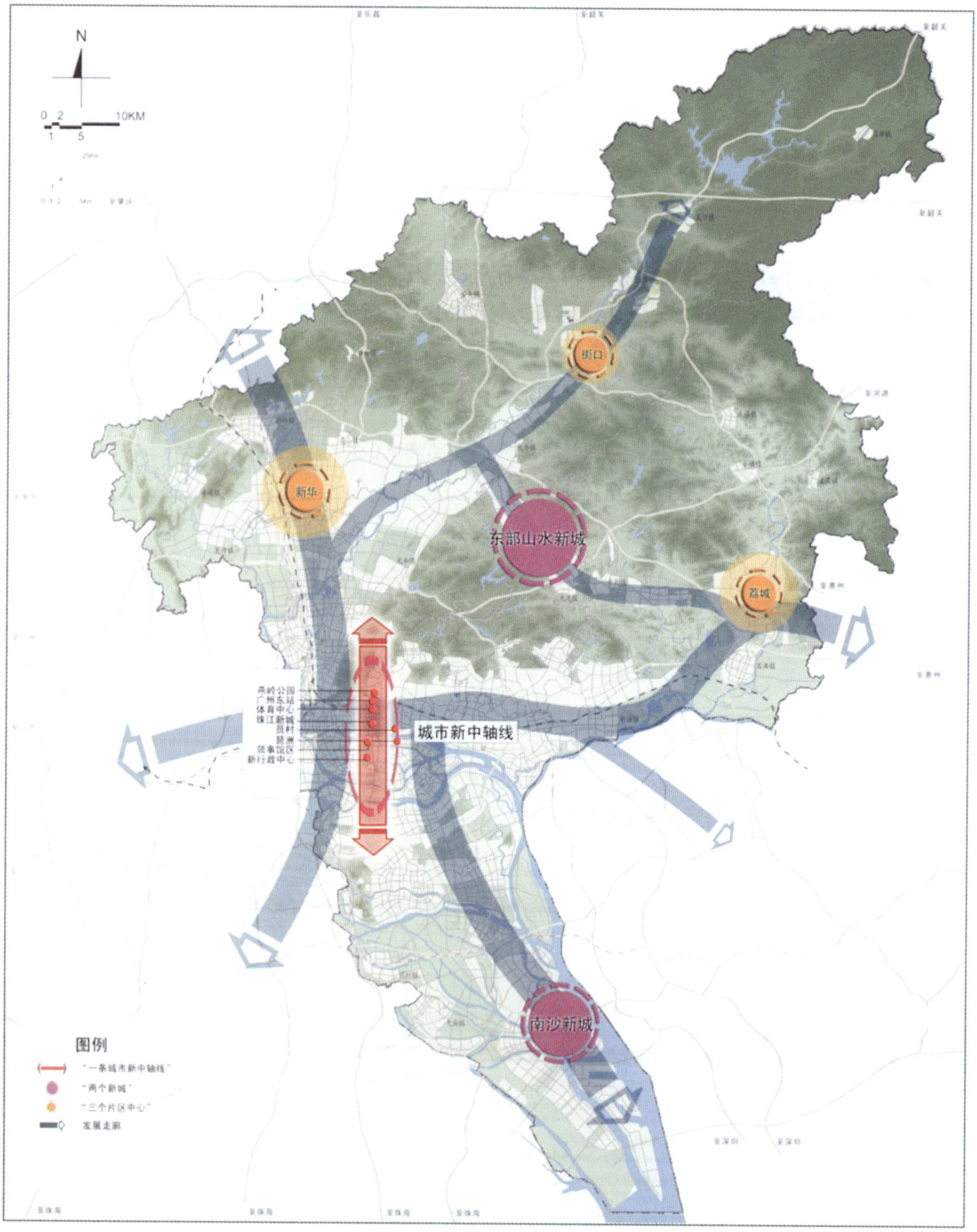

二、全面提升中心城区品质

越秀、荔湾、海珠、天河、白云、黄埔中心六区更加注重功能提升，以强化高端服务功能和提高国际化、现代化水平为主攻方向，进一步加快城市功能优化调整，大力推进“三旧”改造、“退二进三”

和"腾笼换鸟",减轻人口及交通负荷,完善基础设施和公共服务,为发展现代服务业及都市型产业提供空间。高效整合资源,高水平规划、高标准建设一批国际级高端功能区,重点建设城市新中轴线,建成汇集商务金融、商贸会展、行政办公、科技文化、旅游观光等于一体的发展轴,打造集中体现国际大都市繁荣繁华的核心载体。

三、加快建设综合性现代化新城

萝岗、番禺、花都、南沙、增城、从化外围六区(县级市)更加注重功能拓展,依托大运量的城市快速交通通道,承接中心城区功能重构和溢出,充分发挥新城区优化城市功能布局、促进产业集聚发展、疏解中心城区人口的作用。以发展先进制造业、战略性新兴产业为主导,加速推进产业聚集,培育提升国家级开发区及一批高端产业功能区,打造成为新的经济增长极。按照宜居宜业的理念,建设一批经济发达、交通便捷、生活方便、生态良好的现代化新城,重点加快东部山水新城、南沙新城和花都新华、增城荔城、从化街口三个片区中心建设。

四、分类推进城镇建设

强化城镇承载城市功能扩展、推动城乡一体和促进农村繁荣的作用,集中力量打造一批产业重镇、商贸强镇、旅游名镇,形成"城带镇、镇带村"的协调发展格局。统筹推进重点镇和一般镇协调发展,重点镇作为新城功能的有效补充和城乡统筹的核心节点,强化与全市产业体系和产业布局相融合,按照适度超前原则完善基础设施和公共服务配套,增强居住功能,承接中心城区产业转移和农村人口集聚,推动区位优势明显、建管水平较高、产业和人口集中的重点镇率先建成"卫星城"。一般镇结合区位优势和自身资源条件,强化基础设施和公共服务设施建设,积极发展特色产业,精心打造若干个具有广州特色的名镇名村。

五、大力建设社会主义新农村

完善农村规划和建设布局,加大农村地区基础设施、公共服务建设保障力度,显著改善农村生产生活条件。深入开展村容村貌整治,提高村庄绿化水平,改善农村人居环境。合理安排农田保护、村落分布、生态涵养等空间布局,注重保护农村地区生态环境和文化资源,鼓励农民集聚居住、集约用地。按照"更新型、引导型、保育型"三类,加快旧村改造,拆除空心村、合并自然村、保护古村落、建设特色村,因地制宜推进一批中心村建成岭南特色的新农村。进一步加强新形势下农村精神文明建设,着力提高农民思想道德文化素质和农村社会文明程度。

第二章　强化重点区域引领带动

坚持科学规划、分类推进、集聚发展,结合市域开发和产业空间布局,加快培育和发展若干基础好、带动能力强的重点区域,集中力量形成一批整体提升城市功能、辐射带动周边发展的重大战略性发展载体。

一、创新开发管理机制

借鉴国内外先进经验,根据重点区域功能定位和发展条件,积极探索建立科学高效的开发管理机制。加强跨行政区资源整合,形成推动重点区域发展的合力。建立对重点区域的政策支持体系,在管理权限、用地指标、资金使用、项目布局等方面予以适度倾斜。加快建立全面反映重点区域开发成效的综合统计评价体系,实施差别化的绩效考核。

附图3 重点发展区域布局示意图

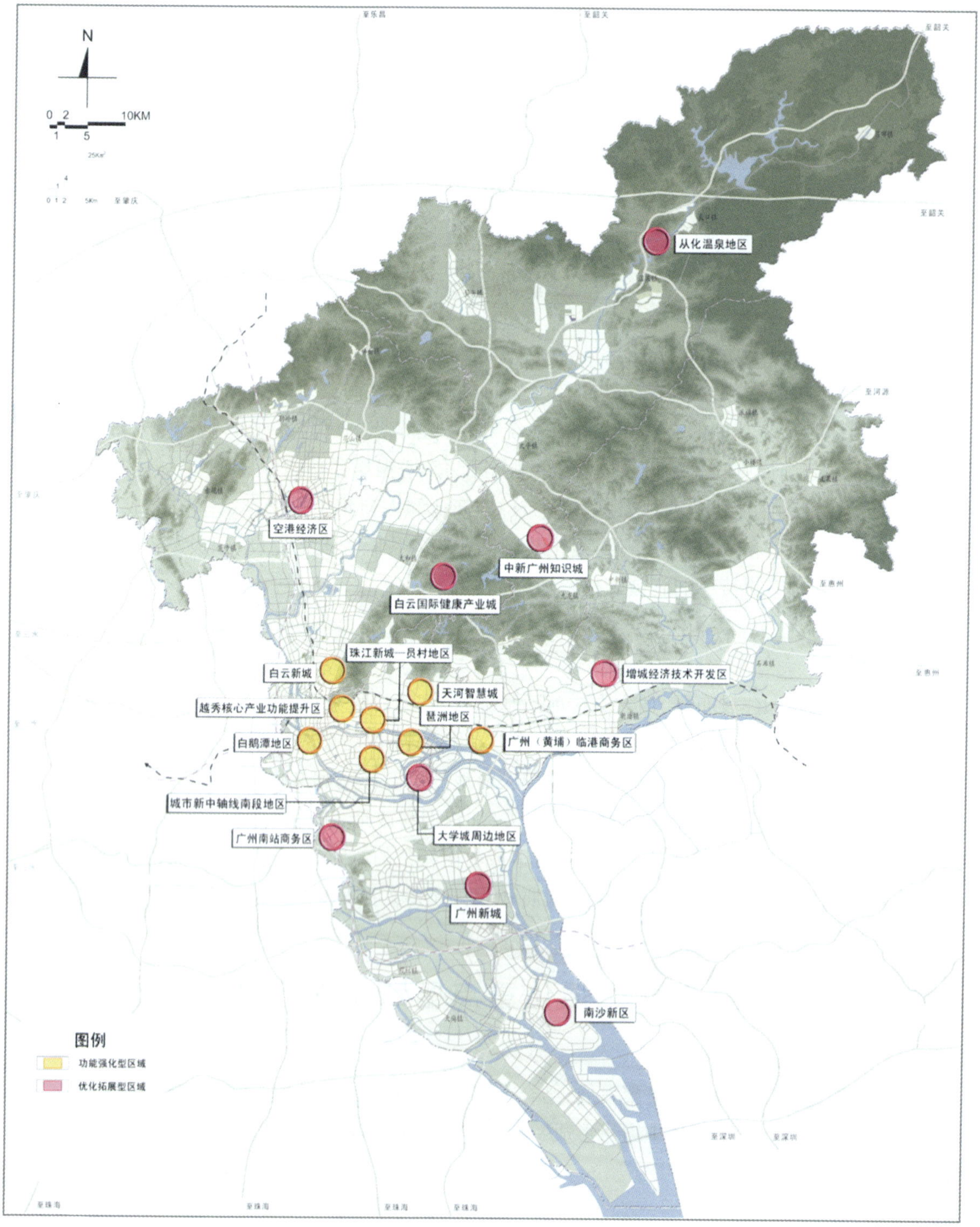

二、实施分类发展指引

重点发展区域分为功能强化型和优化拓展型，功能强化型区域主要位于中心城区，突出完善高端服务功能、提升国际大都市城市品质和形象；优化拓展型区域主要位于外围，突出拓展城市空间、提升产业发展能级、带动周边区域共同发展。

专栏24　重点发展区域

功能强化型区域：珠江新城—员村地区、琶洲地区、城市新中轴线南段地区、白云新城、白鹅潭地区、广州（黄埔）临港商务区、越秀核心产业功能提升区、天河智慧城。

优化拓展型区域：中新广州知识城、南沙新区、空港经济区、广州南站商务区、增城经济技术开发区、从化温泉地区、大学城周边地区、广州新城、白云国际健康产业城。

第三章　统筹城乡一体化发展

坚持工业反哺农业、城市支持农村的方针，积极稳妥推进城镇化，加快建立和完善覆盖城乡、功能完善、分布合理、管理有效、水平适度的基本公共服务体系，不断缩小城乡差距，全面提升农村发展水平，率先形成城乡一体化新格局。

一、建设城乡一体化基础设施

加快推进基础设施向外围城乡区域延伸，逐步形成覆盖到村、延伸到户、城乡衔接的公共设施网络。完善路网规划，加快建设连接北部、东部、南部产业功能区的高、快速道路和城市轻轨，建设中心城区连接从化、增城及花都的轨道交通，推动建设镇际快速经济干道，加快公路主干道市政化改造和农村道路建设，全面实现自然村通水泥路，加快推进交通基础设施向农村覆盖，打造高效快捷的城乡交通路网体系。大力推进城乡水务、电力、燃气、环卫、有线电视、社会治安公共设施和信息化建设，逐步建立“村收、镇运、市（区）处理”的环卫管理机制，实现城乡生活垃圾统一收运处理。

二、健全城乡一体化基本公共服务体系

着力缩小城乡基本公共服务差距，促进城乡教育资源共享，提升农村教育水平。探索建立保大病、保住院为主，兼顾门诊费用定额报销的合作医疗保障机制，加快镇村卫生院（站）标准化建设。积极搭建城乡居民就业和社会保障服务平台，拓宽农民就业创收渠道，开展农村劳动力转移培训、实用人才培训，引导农村富余劳动力向城镇转移。加强农村社会养老保险与城镇基本养老保险制度的衔接，完善被征地农民社会保障和安置办法，建立新型农村社会养老保险制度，逐步提高农村最低生活保障水平，完善健全农村社会救助体系建设。

三、完善城乡一体化发展体制机制

建立以工促农、以城带乡的长效机制，推动“镇—村”型农村社会管理向“街—居”型现代城镇

管理模式转变，实现城乡管理体制一体化。推动公共财政向农村教育、科技、文化、卫生和社会保障事业倾斜，进一步完善财政转移支付制度，积极发展服务“三农”的各类金融业务，形成“三农”投入稳定增长保障机制。按照“一区带一镇”的原则，加强经济发达强区对北部贫困镇“对口帮扶”，全面开展农村扶贫开发“双到”工程。深化农村土地产权制度改革，统筹土地利用和城乡规划，创新耕地保护机制，建立健全城乡统一的建设用地市场，完善农村集体经营性建设用地使用权公开规范转让的管理机制。按照“集中留地、统筹利用”的原则，创新农村集体经济发展留用地制度，推进集体林权制度改革，促进和规范土地承包经营权流转，完善土地征用补偿制度。加快转制社区城市化进程，全面实行城乡户籍一元化管理，促进符合条件的农业转移人口在中小城镇落户并享有与当地城镇居民同等权益。

第四章 积极推进海洋综合开发

科学规划海洋开发空间，建立产学研结合的海洋科技创新体系，创新海洋开发综合管理机制，建设海洋经济综合开发示范区。

一、优化海洋经济布局

坚持海陆统筹、互动发展，制定实施城市用海规划，加强海岸、海滩、海湾、海岛、海域管理和开发，提高海岸带综合利用效率。加强涉海基础设施建设，科学合理安排围填海容量，构建高标准的海堤防灾体系，实现海域的合理开发和可持续利用。加快建设海洋产业集聚区，重点推进形成南沙、莲花山、黄埔三大海洋经济功能组团。

二、提高海洋综合利用能力

整合各类涉海科研资源，加快人才、技术、项目和资本集聚，加强海洋生物资源综合开发技术、海洋工程技术、海洋矿产资源开发技术、海洋及海洋气象监测及灾害预报预警技术的研发和产业化，加快建设国家级海洋生物技术产业开发示范基地和国家海洋高技术产业基地。

三、建立海洋综合开发管理机制

积极推进海域使用权和临海土地使用权改革，探索完善岸线有偿使用制度，形成体现岸线与海洋资源稀缺程度的定价机制，建立健全海洋资源开发利用与保护体系，切实保护海洋生态环境。

第七篇 强化综合性门户功能

坚持现代化和国际化发展方向，集中力量加快建设和完善一批枢纽型、功能性、网络化的重大战略性基础设施，着力增强城市国际服务功能，提升城市国际形象和影响力，建成我国南方对外开放合作的核心门户，为全面建成现代化国际大都市奠定坚实基础。

附图 4　综合性门户枢纽格局

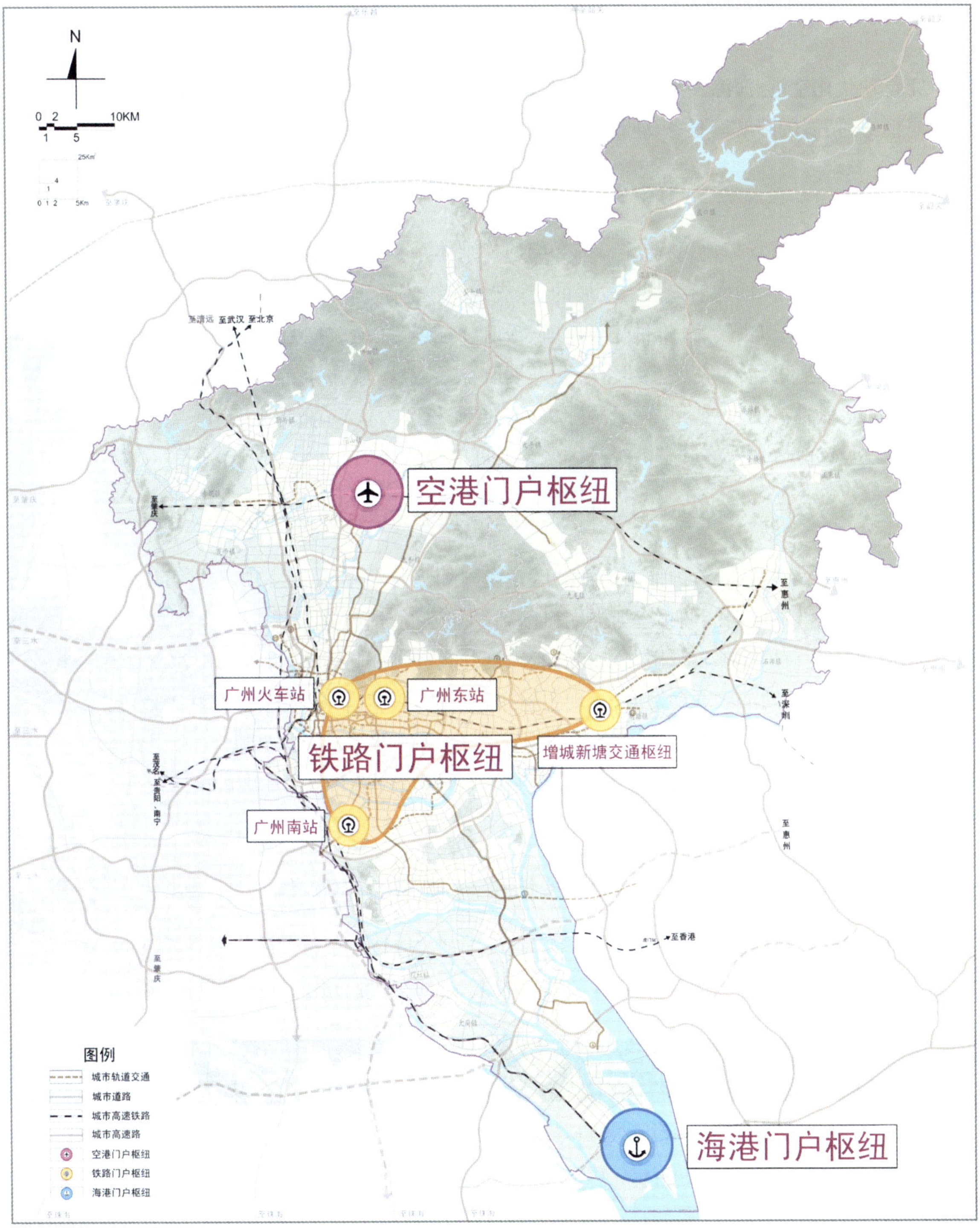

第一章 建设国际航运中心

完善现代化空港、海港和集疏运体系建设，构筑白云空港、南沙海港、广州铁路主枢纽为主骨架的门户枢纽，拓展国际航运服务，建设具有全球影响力、与港澳错位发展的国际航运中心。

一、打造复合型国际航空枢纽

建成白云国际机场扩建工程，完善综合交通换乘体系，实现空港与轨道交通、高快速路的无缝衔接。加快建设国际、国内航线均衡发展的干、支线航线体系，扩大空域和航权，拓展国际航线和货运航线，提高国际航班中转率，推进建设南航、深航、海航等基地航空公司，争取更多基地航空公司进驻，建成亚太地区复合型门户枢纽。多元发展航空客运、物流和仓储业务，推动临空指向性的高新技术和先进制造产业发展。以白云国际机场综合保税区为核心，高标准、高起点规划建设空港经济区，形成机场、综合保税区和空港经济区融合发展的整体格局。

二、提升主枢纽港国际服务功能

优化广州港整体布局，着力推动南沙港区建设国际集装箱枢纽港，加快推进黄埔港区、新沙港区技改扩能和内港港区功能调整。加强港口基础设施建设，适时建设珠江口公共锚地。积极发展港口休闲产业，建设国际邮轮专用码头和游艇码头，加快培育国际邮轮母港。探索设立粤港澳国际航运综合试验区，推动港区联动发展，实现主枢纽港功能多元化。加快整合区域港口资源，促进区域港口群产业分工协作和协同发展，大力发展海铁联运和水水中转，提高港区国际中转和内河转关能力。加快与周边区域合作建设“无水港”，建成我国华南、中南和西南地区的国际出海“大通道”。将广州港建设成为亚太地区综合性枢纽港和国际集装箱运输枢纽港。

三、强化国家铁路公路主枢纽地位

推动轨道交通网、高快速路网与空港、海港有机衔接，构筑与城市发展高度融合、整体效能显著的现代集疏运体系。加快推进贵广、南广、广深港、广汕、广东西部沿海铁路等贯通国内重要发展区

专栏25 国际航运中心建设重大基础设施项目

国际航空枢纽港建设工程：广州白云国际机场扩建工程、新科宇航广州飞机维修基地项目、联邦快递配套产业园区、广州航空产业城等。

主枢纽港建设工程：广州港出海航道三期工程、广州港南沙港区粮食及通用码头工程、广州港南沙港区集装箱码头三期工程、广州港新沙港二期工程、广州港南沙港区散货码头工程、广州港深水航道拓宽工程、广州港小虎作业区航道工程、桂山引锚地扩建工程、坭洲头锚地扩建工程、沙角锚地扩建工程、沙仔岛码头二期工程等。

铁路主枢纽建设工程：广州东部轨道交通枢纽站，贵广高速铁路、南广高速铁路、广东西部沿海高速铁路、广深港客运专线、广汕铁路（含外绕线）广州段，广珠铁路广州段、南沙疏港铁路、大田集装箱中心站、广州东部（增城）交通枢纽中心，广佛、穗莞深、佛莞、广清、广佛肇、广佛环等城际线广州段。

高快速路网建设工程：广州东沙至新联高速公路、广州至河源高速公路广州段、广州至高明高速公路广州段、新洲至化龙高速公路、广州增城至从化高速公路、广州增城沙庄至花都北兴公路二期工程、大庆至广州高速公路粤境连平至从化段工程、白云六线、知识城快速路网、新广从路快速化改造工程、黄埔区疏港通道网络等。

域的高速铁路建设。进一步优化铁路枢纽布局，形成广州南站、广州东站、广州站、增城新塘交通枢纽为主，广州北站、庆盛站为辅的“四主两辅”格局；加快建设大田铁路集装箱中心站和南沙疏港铁路，完善广州铁路枢纽物流体系。积极推动城际轨道交通建设，推进形成以广州为中心的珠三角城际快速轨道线网。推进区域高快速路网一体化建设，加快辖区内国道省道改造，逐步实现与城市重要功能区的快捷联系，建成覆盖珠三角、辐射华南地区的“四环十九射七联络”一体化高快速路网络。

专栏 26 “四环十九射七联络”一体化高快速路网络

四条环线：内环路、外环路（东南西环—华南路三期及东延线—广清联络线）、北二环—东二环—广明高速、珠三环。

十九条放射线：广清高速、机场高速—广州至乐昌高速、新广从快速—街东高速（大广高速）、京珠高速、广河高速、广惠高速及延长线、广汕快速、广深高速、广园东快速、广深沿江高速、广珠东线高速、南沙港快速、迎宾大道—南沙大道—虎门高速、东新高速、广珠西线高速、广江高速、广佛高速、广三高速—广梧高速、新广肇高速—广贺高速。

七条联络线：增槎路、广园西路、永福路、黄埔大道、东晓路、西南线（龙溪大道、芳村大道南）、珠江大桥。

四、完善现代航运服务体系

充分发挥海港、空港和保税区、保税港区的复合优势，大力发展现代航运服务业，增强对国际航运资源的配置能力。建设航运交易信息平台和交易市场，积极发展航运金融、保险、结算、经纪、咨询和船舶交易等高端航运服务业，加快发展航空保税物流业、临空会展、临空商务服务和临空总部经济。借鉴国际自由贸易区的通行规则，探索建立新型保税区管理模式，优化口岸通关环境，建设按国际惯例办事、与国际市场融合、开放高效、功能完善的国际航运综合服务功能区。

第二章 构建枢纽型国际化信息港

发挥广州作为三大国家电信枢纽、互联网交换中心和国际互联网出口之一的优势，构建覆盖全市、高速互联、安全可靠和业务融合的信息基础设施体系，打造汇聚华南、服务全国、沟通世界的枢纽型国际化信息港。

一、推动区域信息资源共建共享

以信息一体化助推区域一体化，加快推进以珠三角、港澳台合作为重点的区域信息一体化进程。协同推动珠三角城际信息基础设施统筹规划建设，促进珠三角无线宽带网络同城化和光纤网络一体化，建成以广州为中心、覆盖珠三角的无线宽带城市群，共同建设开放融合的信息网络体系和“随时随地随需”的信息服务网络。积极构建服务珠三角乃至更大区域的电子商务平台、物流公共服务平台、企业信用网和便民公共服务平台。探索穗港澳通信和网络运营新模式，建设穗港信息服务合作园区，推动穗港澳城域网高速互联，加快实现信息平台互通。积极推动泛珠三角城市在电子身份认证、信息标准等领域的合作及信息共享。

二、增强国际信息服务功能

强化电信枢纽功能，提升互联网国际出口能力，积极发展国际转接业务。引进国际信息服务高端产业和先进技术，参与电子商务、电子政务、信息产业等国际性信息活动和标准制定。强化国际信息创新资源配置能力，积极举办全国性、国际性的信息会展活动，加快建立一批国际人才库、技术知识库和成果库，大力发展网络虚拟合作平台。吸引和扶持全国性门户网站和电子商务平台在穗发展，大力发展国际电子商务，建设面向全球的大型国际采购电子商务平台，构建物流信息交换中枢，跻身亚洲信息化先进城市行列。

三、健全信息安全保障体系

完善信息安全基础设施，加强网络与信息安全监控平台建设，健全信息安全等级保护、安全测评、应急演练等监管制度，构建良好的网络信息安全防范体系。完善网络信任体系建设，推广电子身份认证。支持建设一批国际和国家级重点领域、重点行业的容灾备份中心。加大信息安全技术研发和推广力度，着力突破信息安全关键技术，扶持拥有自主技术的信息网络安全产业，建立健全新技术、新业务应用的安全风险应对机制。

第三章　建设国家对外交往中心

充分利用亚运城市集聚效应和品牌效应，不断拓展国际交流合作网络，完善交流合作平台建设，强化广州作为综合性门户城市的国际交往功能。

一、进一步提升城市国际形象

加强亚运城市品牌的综合策划开发，借助世界城市和地方政府联合组织（UCLG）等国际平台，广泛开展城市品牌形象推介和宣传。拓展"国际友好城市—友好合作交流城市—友好城区—友好单位"的立体国际交往网络。积极营造有利于促进外来文化交流融合的城市氛围，改善国际化语言环境，提高市民对外交流能力，建设沙面、沿江路等若干国际文化风情区，形成相互包容、彼此尊重、和谐相处的城市文化。创造国际化的生活和服务条件，为各类来穗人士和机构提供高效服务。

二、促进营商环境和做事规则国际化

以全面落实 CEPA 为契机，以推进穗港澳营商环境与做事规则紧密对接为突破口，在企业注册、认证许可、引进人才、征用土地、融资、跨境交易、保护投资者、履约、结算等方面达到或接近国际同等便利程度，建立在穗外籍人员服务管理综合信息共享平台，使广州营商环境居于全国城市前列。

三、建成国际组织集聚地

加快城市新中轴线南段和赤岗领事馆区建设，改善领事馆区周边环境，争取更多国家在穗设立领事馆。营造有利于国际组织集聚的国际化社区氛围，积极吸引国际组织在穗设立总部、区域总部

或分支机构。探索建立亚洲教育论坛等各种与国际组织开展密切交流合作的有效机制，充分利用各类国际资源服务城市发展。

四、组织策划重大国际活动

发挥广州作为华南政治经济文化中心的优势，积极争取主办或承办国家级和国际级会议、展览、论坛等对外交流活动。支持国际机构及组织在穗举办大型展会活动，引进一批国际知名度高、品牌影响力大的国际体育赛事和大型文化活动。推动广州动漫影视、艺术品旅游、时装等节庆和时尚文化活动“走出去”，构建多功能、高层次的国际交流平台。

第八篇　提升文化软实力

牢牢把握社会主义先进文化的前进方向，着力强化教育基础性、全局性、先导性作用，深入推进文化事业和文化产业大发展大繁荣，以文化氛围丰富城市精神、以文化品位塑造城市形象，加快建设传统文化与现代文明交相辉映、文化与经济科技融合发展，具有高度包容性、多元化和竞争力的文化强市和世界文化名城。

第一章　促进教育优先发展

大力实施《广州市教育中长期改革和发展规划纲要（2010～2020年）》，以改革创新为动力，以促进公平为重点，以提高质量为核心，建立现代国民教育体系，完善终身教育体系，全面实施素质教育，2015年基本实现教育现代化。

一、推进基础教育优质均衡发展

积极发展学前教育，形成政府主导、社会参与、公办民办并举的良好格局，整体提升学前教育质量和水平，加快农村学前教育发展。建立完善的义务教育均衡发展保障机制和城乡统一的义务教育公共服务制度，着力推进义务教育规范化学校和校舍安全工程建设，加大对财力困难地区、学校的扶持。合理配置优质资源，优化基础教育学校布局，促进优质教育资源向薄弱地区和学校延伸，整体提高办学水平。促进普通高中教育优质发展、特色发展。深化办学体制、教育管理体制、考试制度改革，激发学校发展活力，推动基础教育特色化和多样化发展，满足市民对优质教育的多元化需求。完善特殊教育体系，提高特殊教育的保障水平。

二、建立创新型现代职业教育体系

完善多元化办学格局，推动公办职业院校办学体制改革，整合优化职业技术院校资源，加快建设一批与我市现代产业体系建设相适应，集教育、培训、技能鉴定于一体的综合性职业院校，新增1～2所国家示范性高职院校。加强中、高等职业教育衔接，打通技能型人才深造发展渠道。改革职业教育人才培养模式，健全职业学校学分制，深入推进工学结合、校企合作、顶岗实习等模式。促进职业教育区域联动发展，搭建珠三角地区职业教育院校交流合作平台，探索与国外知名高职院校合作办学，打造我国南方职业教育培训基地。

三、加快提升高等教育水平

紧密结合广州现代化建设实际，加强学科建设和人才队伍建设，提高人才培养质量和高等教育发展水平。加强市属高等院校国家、省级重点学科及相关博士点建设，大力发展研究生教育，加快推进广州大学建设教学研究型大学，完成广州医学院新造校区建设和改名为广州医科大学的工作。创新高等教育体制机制，市属高校在完成全员聘用制基础上实施岗位管理，率先开展自主招生试点。大力推进部省市共建和市校战略合作，支持广州地区重点高校发展壮大，集中力量打造1～2所国内一流、国际先进的高等院校。加强国际交流与合作，积极引进港台地区及国外著名高校、科研院所、培训咨询机构等来穗合作办学。促进民办高等教育健康有序发展。

四、构建灵活开放的终身教育和学习体系

大力开展继续教育，加强行业、企业教育与培训。建立健全社会教育体系，加强社区教育网络和社区教育工作者队伍建设，积极拓展社区教育、家庭教育和农村教育，满足社会群体学习和培训需求。促进各类教育机构向社会开放教学资源，加强教育信息化建设，大力发展数字化远程教育。鼓励创建学习型家庭和组织，建设全民学习、终身学习的学习型社会。

五、增强教育服务辐射能力

充分尊重民办学校办学自主权，引导民办教育向高端化发展，全面提升教学水平。利用珠三角一体化发展契机，深化在高等教育、职业教育和教育科研方面的合作，探索多种形式的区域合作办学体制机制。充分发挥教育资源优势，增强名校名师带动作用，向更大区域提供优质教育服务。

专栏27 教育重点工程和教育改革试验

教育重点工程：义务教育规范化学校建设工程、农村幼儿园建设工程、中等职业教育基础能力建设工程、社区教育网络建设工程、民办学校资助工程、教师专业发展工程、健康促进学校工程、高水平大学建设工程、职业教育园区建设工程、“数字教育城”建设行动工程。

教育改革试验：改革招生考试制度试验、完善教育财政经费投入保障机制试验、探索进城务工人员随迁子女教育保障机制试验、国际交流和合作试验。

重大建设项目：广州医学院新造校区、钟落潭高等职业技术教育集聚区、广州市高技能人才公共实训鉴定基地、广州萝岗文教园区、广州市铁路职业技术学院新校区、广州市公用事业高级技工学校凤凰校区、广州市工贸技师学院钟落潭新校区一期工程、广州市交通运输职业学校新校区等。

第二章 提升城市文明程度

坚持社会主义核心价值观，加强理想信念教育，积极推进精神文明建设，以创建全国文明城市为重点，全面提升城市文明水平。

一、培育广州现代人文精神

大力弘扬"解放思想、改革开放"的时代精神和以爱国主义为核心的民族精神，不断丰富"敢为人先、奋发向上、团结友爱、自强不息"的新时期广州人精神内涵，大力宣传和发扬广州亚运精神，塑造新时期广州城市精神之魂，融入市民思想观念和行为规范。大力倡导社会志愿服务，完善志愿者服务制度，增强市民对城市的归属感、认同感和自豪感。

二、整体提升市民文明素质

扎实推进"爱国、守法、诚信、知礼"现代公民教育，加强社会公德、职业道德、家庭美德、个人品德和未成年人思想道德建设，强化公民的国家意识、社会责任意识和民主法治意识，深化爱国主义、集体主义和社会主义教育，倡导顺应时代潮流的社会文明风尚。弘扬科学精神，加强人文关怀，注重心理疏导，培育奋发进取、理性平和、开放包容、诚信守序的社会心态。净化社会文化环境，保护青少年身心健康，加强未成年人校外活动场所建设。进一步加强精神文明建设，推进各类群众性精神文明创建活动，加大创建文明城区、文明社区、文明村镇、文明家庭和文明单位活动力度，激发市民参与创建全国文明城市热情。

三、提高哲学社会科学研究水平

加强哲学社会科学基础理论研究，推动社会科学人文基地建设。结合广州后亚运时期的发展需要，重点推动一批重大理论研究，形成一批有广州特色的应用研究。打造广州论坛等国际学术平台，加强与国际一流社科机构的交流与合作，形成一批处于国内外前沿的重要学科和学术品牌，造就一支结构合理、学术造诣精湛的学术名家队伍，创作一批在国内外有重要影响的精品力作，显著提升广州哲学社会科学综合水平和整体实力，扩大国际学术声望。

第三章　优化公共文化体育服务

以完善公共文化体育设施建设、增强公共文化体育服务供给能力为重点，构建结构合理、发展均衡、网络健全、运行有效、惠及全民的公共文化体育服务体系。

一、完善基本公共文化设施体系

坚持服务全民、面向基层，按照公益性、基本性、均等性、便利性的要求，以政府为主导，以公共财政为支撑，实施重点文化惠民工程和基层文化设施全覆盖工程，提高城市"十分钟文化圈"、农村"十里文化圈"质量和水平，全面推进广播电视信号无线覆盖工程、文化信息资源共享工程、农村数字电影放映工程、"农家书屋"和"绿色网园"建设工程，健全覆盖城乡、结构合理、功能健全、实用高效公共文化设施网络。

二、提高公共文化服务效能

提升公共文化服务设施使用效率，加强公共文化服务队伍建设，创新公共文化服务形式，提高公共文化服务设施管理的专业性、科学性、有效性，探索引进社会力量参与公益性文化场馆的管理，推动公共文化服务向社区和农村延伸。推动各级各类公共文化场馆设施提供免费或低票价服务，高校、科研机构图书馆向社会开放。采取政府购买、项目补贴、委托生产等形式，支持文化企业提供丰富质优价廉的公共文化产品与服务，健全公共文化服务内容配送体系，增强公共文化产品和服务供给能力。广泛开展丰富多彩的群众文化活动，积极打造群众文化活动品牌和民间民俗文化品牌，提升市民文化欣赏水平。提高档案事业发展水平，加强档案资源体系、利用服务体系和安全保障体系建设。

三、加快建设国际体育名城

充分利用亚运综合效应，大力发展群众体育，增强体育发展能力。强化政府公共体育服务职能，深入开展全民健身活动，管好用好亚运体育场馆，加强社区体育设施建设，大力推进各类体育设施向公众开放。切实提高竞技运动水平，探索具有广州特色的竞技体育后备人才培养模式，继续做强做大羽毛球、足球、乒乓球、篮球等品牌项目和体操、举重、击剑等优势项目，向国家输送更多优秀体育人才。创新体育发展体制，引导更多社会力量参与体育事业。大力发展体育产业，办好国际品牌赛事及国内重大体育活动，规范体育市场，促进体育消费，引导体育产业集聚发展，打造全国重要的体育用品研发、交易中心和国际体育交流中心。

第四章 推动文化产业跨越发展

深化文化体制改革，实施重大文化产业项目带动战略，培育具有国际影响力的大型文化传媒集团，增强文化产业的整体实力和核心竞争力。

一、推动文化体制改革向纵深发展

建立党委领导、政府管理、行业自律、企事业单位依法运营的文化管理架构，进一步简化文化行政审批事项。继续深化公益性文化事业单位内部人事、分配和社会保障制度改革。巩固和发展全市经营性文化事业单位和文艺院团转企改制成果，推进转制企业建立健全现代企业制度。加快国有文化企业产权制度改革，在确保国有资本完整、安全的基础上，实现投资主体多元化。支持有条件的大型文化企业跨区域、跨境、跨行业经营和多元化经营，培育若干大型文化产业集团。鼓励民间资本以多种形式参与文化产业发展，吸引境内外知名文化传播、新媒体企业设立地区总部或分支机构。

二、加快发展重点文化产业

做大做强新闻出版发行、文化会展、广告、文化旅游、文化设备制造等优势产业，培育发展创意设计、电子出版、文化博览、动漫游戏、影视后期制作等新兴文化产业，推动规模化、集团化和品牌化经营，培植文化产业新的增长极。强化金融对文化产业的支持力度，培养引进文化产业发展专业人才，推动新技术与文化产业深度融合发展，拓展新型文化产品。

三、完善文化市场体系

加强文化要素市场建设,加快广州市文化产权交易所、动漫衍生品交易中心等载体建设,促进中国(广州)优秀舞台艺术产品交易机制化、品牌化,建成具有国际影响力的文化产品交易中心,强化文化资本、技术、人才等要素集聚和配置功能。完善文化产业公共服务平台,大力发展版权代理、知识产权评估、演艺经纪、工艺美术品拍卖等文化中介产业,强化信息服务、管理咨询、市场交易、技术支持、产权保护等服务。发挥文化产业各行业协会作用,加强文化市场监管,推动文化市场健康发展。

第五章　建设世界文化名城

大力实施《广州建设文化强市培育世界文化名城规划纲要(2011～2020年)》,不断提升广州文化品牌效应和城市文化品位,深入推进对外文化交流合作,营造开放包容、更具活力、魅力时尚的大都市文化氛围。

一、彰显历史文化名城魅力

充分发挥"四地"①优势,深入挖掘历史文化名城内涵,合理保护和利用历史文化资源。加强历史文化遗产、历史城区格局、历史文化名镇名村及历史文化街区、历史建筑和文物、重点寺观教堂、非物质文化遗产的有效保护、开发和利用,建立"一城(历史城区)、二带(城市传统轴线、珠江两岸)、多区(多片历史文化街区)"的保护框架,重现历史风貌,传承千年文脉。加大"千年商都"文化资源的挖掘力度,保护利用特色商业街区、"老字号"和传统商业带。积极推进广州"海上丝绸之路"、"南越国遗迹"等项目申报世界文化遗产,大力开展文物和非物质文化遗产普查工作,做好"三雕一彩一绣"(木雕、牙雕、玉雕、广彩、广绣)工艺的抢救、保护、传承和弘扬工作,推动传统文化品牌产业化、市场化和国际化。

二、构筑广州特色大都市景观

坚持以风格塑造文化,在旧城改造、新城建设、功能区打造等关键环节,加强标识性景观、夜景景观规划和整体风貌设计,高水平构建传统中轴线、珠江沿岸和新城市中轴线三大城市景观带,划分特色风貌区,精心设计城市雕塑、公共艺术装置、夜景照明等,构建城市公共视觉艺术系统,打造传统内涵与现代精神相结合、本土特色与国际气魄相统一的多层次城市文化景观体系。继承和发扬亚运遗产,保护、利用和开发好亚运景观资源,使"亚运城市"成为城市形象的鲜明标识之一。

三、完善标志性文化设施体系

按照功能完善、特色鲜明、格调和谐、内涵丰富、布局合理的理念,抓好重点文化设施建设,努力争取国家和省的支持,充分发挥市、区积极性,规划新建一批代表广州文化形象的重大文化设施,形

① "四地":古代海上丝绸之路发祥地、岭南文化中心地、近现代革命策源地、当代改革开放前沿地。

成富有广州特质的城市文化标识。进一步挖掘南越王宫博物馆、五羊雕像、镇海楼、陈家祠、南粤先贤馆、黄埔军校、南海神庙、琶洲塔和省博物馆、广州塔、广州大剧院、广州新图书馆等标志性设施文化内涵，完善周边配套，推动功能延伸。在珠江沿岸、白鹅潭、新中轴线、南沙新区、广州新城、白云新城等重点区域规划布局一批国际顶级文化设施，打造若干具有独特魅力的建筑群落。

专栏28 重大文化设施项目

辛亥革命纪念馆、广州新图书馆、广州市电视台新址工程、广州市国家档案馆新馆工程、广州新电视塔综合配套工程、广州报业文化中心、南越王宫博物馆、广州城市规划展览中心、南粤先贤馆一期主体工程、广州海事博物馆、广州画院暨当代美术馆、广州博物馆新馆、广州工业博物馆、黄埔古港古村历史文化景区保护、广州市第三少年宫等。

四、推进重大文化功能区建设

依托丰富的文化资源，着力培育具有战略支撑作用的文化服务功能区和各具特色的文化创意产业集聚区。以广州北岸文化码头、广州设计港、广州 TIT 纺织服装创意园等工业创意设计园区为载体，加快形成一批设计产业集群；推进越秀创意大道、信义国际会馆、黄花岗信息园、羊城创意产业园、从化动漫产业园、广州天河软件园、金山谷创意园、1850 创意园、“太古仓”、黄埔文化创意中心等文化产业园区建设；推动建设珠影影视文化创意产业园，打造国际性的影视文化产业集聚地。积极发挥重大项目带动作用，促进文化资源聚集与合理配置，推进集聚区规模化、特色化发展，形成具有广州特色的文化功能区发展格局。

五、增强城市文化国际影响力

实施文化精品工程，着力推动芭蕾、杂技、绘画、雕塑等优势项目走向世界，加强文学、粤剧、影视和音乐等领域的精品创作和生产，进一步办好中国音乐金钟奖、羊城国际粤剧节、中国国际漫画节、广州国际艺术博览会、中国（广州）国际纪录片大会、广州国际设计周等国际性文化节会，继续争取举办更多国际性高层次的文化艺术、会展活动，探索设立以广州命名的国际性文化艺术奖项，形成有较大影响力的广州文化品牌。大力培养本土文化领军人物，加大高端文化人才引进力度，努力构筑文化大师汇聚之城。推动文化走出去，增强海外华侨的文化认同感和向心力，加大与海外城市文化交流合作力度，积极开展文化周和各类互访活动，面向世界推介广州，引领广州走向世界。

第九篇 保障和改善民生

把保障和改善民生作为建设幸福广州的根本出发点和落脚点，按照基本公共服务均等化和保障有力的要求，着力形成持续改善民生福利的长效机制，使市民充分享受改革发展成果，更有尊严、更加幸福地生活。

第一章　提高就业和收入水平

把扩大和稳定就业作为经济社会发展的优先目标，推动就业、收入增长与经济发展良性互动，实施更加积极灵活的就业政策，稳定提高就业水平，较快增加居民收入。

一、努力实现充分就业

大力发展符合产业发展方向、就业容量大的服务业和中小企业，千方百计增加公共服务领域就业岗位，扩大就业规模。完善创业优惠政策，推动创业带动就业。加快完善城乡一体化的人力资源市场，充分发挥市场配置就业的基础性作用。建立基本公共就业服务体系和技能培训制度，制定和落实税费补贴制度，创新就业援助模式，做好就业困难人员就业工作，加快蓝领队伍技能升级。完善就业工作责任体系，建立重大政策、重大项目就业影响评估机制。加强失业监测及调控，完善就业失业统计制度和预警机制。“十二五”期间，全市城镇登记失业率控制在3.5%以内。

二、构建和谐劳动关系

进一步完善劳动关系协调机制，发挥政府、工会和企业作用，推进企业工资集体协商。全面推行劳动合同制度和劳动用工备案制度。加强劳动定额标准管理，致力改善劳动条件，完善劳动争议处理机制，提高劳动争议仲裁结案率和调解结案率。倡导和谐企业文化，增强企业社会责任，畅通企业和职工利益诉求沟通机制，推进和谐劳动关系企业建设，加强劳动保障监察执法力度，切实维护劳动者权益。

三、切实提高居民收入

深化收入分配制度改革，建立健全工资正常增长机制，完善公务员工资制度，创造条件增加居民财产性收入，适时发放低收入群体临时价格补贴，探索建立居民收入增长和经济发展同步、劳动报酬增长和劳动生产率提高同步、最低工资标准与职工年平均工资增长同步的长效机制。加强对垄断性、专营性行业收入分配的监管，维护公正合理的收入分配秩序。

第二章　健全社会保障体系

按照“广覆盖、保基本、多层次、可持续”的要求，完善财政对社会保障的投入机制，健全覆盖城乡的社会保障体系，稳步提高市民生活和发展保障水平。

一、推进基本社会保险应保尽保

完善基本社会保险制度，健全面向本市常住人口、与经济社会发展水平相适应、城乡统筹、制度衔接的社会保险体系。完善多层次养老保险体系，着力推进新型农村社会养老保险，建立地方养老保险制度，促进开展企业年金工作，到2015年，城镇职工基本养老保险参保率和农村农民（35周岁以上)养老保险参保率分别达到95%和100%。建立城乡统筹的居民医疗保险管理体系。深化失业保险制度改革,充分发挥失业保险制度在保障生活、促进就业、预防失业等方面的功能作用。提高工伤和生育保险保障水平。发挥商业保险补充性作用。完善社保基金的筹集、保值增值和监督管理机制。加强社会保障信息网络建设,实现社会保障卡覆盖所有参保人群。

二、健全公平高效的社会救助

健全以最低生活保障制度为核心,以专项救助制度和临时救助制度为辅助,以社会互助制度为补充的综合社会救助体系,不断扩大社会救助覆盖面,完善最低生活保障标准和社会救助标准调整机制。建立城乡低收入家庭认定和救助制度,完善低保对象退出机制。健全临时救助体系,确保重大灾害发生后24小时内基本救助措施到位。鼓励发展面向救助服务的非营利性服务机构,推动社会救助队伍专业化、职业化建设。

三、发展适度普惠的社会福利

坚持家庭、社区和福利机构相结合,健全社会福利服务体系。完善多样化的孤残儿童养育和残疾人社区康复政策,健全覆盖城乡全体残疾人的社会保障和服务体系,大力发展残疾人教育和相关服务业,提高为残疾人服务的能力,营造残疾人平等参与社会生活的环境。积极发展妇女儿童事业,推动公共政策和服务向妇女儿童倾斜,促进妇女儿童健康发展,维护妇女儿童合法权益。完善优抚安置政策,扎实开展拥军工作。营造乐于助残、济困的社会氛围,积极培育慈善组织,促进慈善事业持续健康发展。

四、完善形式多样的养老服务

积极应对人口老龄化挑战,完善社区老年人福利服务设施建设,全面推进社区居家养老,发展养老服务机构。积极推行面向困难群众的政府购买社会养老服务办法,探索建立老年护理保障制度。促进老龄事业和产业健康发展,支持发展老年大学和老年活动团体,让老年人生活更舒心、更幸福。

专栏29 社会福利项目
广州市第二老人院、广州市第二福利院、广州市老年病康复医院、广州市残疾人工业生产就业及培训基地、广州市聋人学校新校、广州市盲人学校新校、广州康复实验学校、广州市第二革命公墓等。

第三章 提升医疗卫生服务水平

按照保基本、强基层、建机制的要求,着力深化医药卫生体制改革,率先建立覆盖城乡居民的基本医疗卫生制度,推进健康广州建设,实现市民主要健康指标居全国前列。

一、提高医疗保障水平

完善城镇职工基本医疗保险、城镇居民基本医疗保险、新型农村合作医疗制度和城乡医疗救助制度,提高城镇职工医保、城镇居民医保、新农合的支付限额,适当降低统筹基金起付线,提高统筹基金支付封顶线和支付比例,强化医疗保险保障功能。有效衔接城镇基本医疗保险、新型农村合作医疗制度与城乡医疗救助制度,进一步缩小城乡医疗保障差距。健全基本医疗保障体系,完善补充医疗保险制度。健全医疗保险关系转移接续和异地就医结算机制。到2015年,城镇职工基本医疗保险参保率达到98%。

二、增强公共卫生能力

加强疾病预防控制、健康教育、妇幼保健、精神卫生、职业卫生、应急救治、120指挥系统、采供血和卫生监督等专业公共卫生网络建设,强化资源共享、协调互动。大力推进卫生信息化建设,建立以居民电子健康档案、电子病历和综合卫生管理为核心的卫生信息平台,加强居民健康管理。完善重大疾病防控体系和突发公共卫生事件应急机制,加强城乡急救体系建设。完善城乡医疗机构对口支援的长效机制,推动城市医院在农村卫生站挂钩设点,逐步缩小城乡居民基本公共卫生服务差距。推行基本药物制度,规范药品供应保障机制。

三、优化配置医疗卫生资源

根据城市发展和人口分布,引导中心城区优质医疗资源向外围城区扩展,实现每个新城、新开发区域均有高水平的医疗服务中心,优化大医院布局。新建、续建、改建一批城市社区医疗卫生服务机构,继续加大区县医院、中心镇医院、其他镇卫生院、行政村卫生站建设力度。建立社区医疗卫生服务机构与大医院分工协作机制,逐步实施基层医疗机构首诊、分级医疗和双向转诊,推动农村卫生机构向城市社区医疗卫生服务机构转型,构建15分钟社区卫生服务圈。加强基层医疗卫生人才队伍建设,着重培养培训全科医生。转变基层医疗卫生服务机构运行机制和服务模式,引入竞争机制,采用政府购买服务,对人员实行分类管理等办法,促进提高诊疗水平,为群众提供安全、有效、方便、价廉的医疗卫生服务。

四、建设国家医疗服务中心

加强资源整合,推进医疗卫生专家队伍建设,着力提高医疗服务质量和技术水平,促进市属医院做大做强。发挥中医药在医疗服务中的独特优势,着力培育影响力大、医疗水平高的中医名院、名科、名医,率先建立中医预防保健服务网络。积极稳妥推进公立医院改革试点。发挥广州地区医疗服务和科研资源综合优势,大力引进社会资本,多形式提供高端医疗保健、康复、养生服务,强化医疗服务中心功能。

专栏30　重大医疗设施项目

广州市中医医院新址、广州红十字会医院综合楼、基层医疗卫生服务体系建设工程、社区卫生服务中心、广州市公共卫生综合大楼、广州南沙中心医院二期、广州市第一人民医院整体扩建、广州市精神病医院江村院区扩建、市八医院迁建二期、广州胸科医院门诊楼、广州皮肤病防治所住院部等。

第四章 构建多层次住房保障体系

坚持政府主导、社会参与、分层保障、循序渐进，加快形成以廉租住房、经济适用住房、公共租赁住房、限价房和商品房为主要内容的多层次住房保障和供应体系。

一、完善住房保障制度

强化政府住房保障公共服务职能，进一步完善以廉租房、经济适用房、公共租赁房和限价商品房为基本内容的“低端有保障，中端有支持”的住房保障政策框架，健全梯度住房保障机制。完善保障性住房建设用地长效供应机制。严格保障性住房管理，完善廉租房和公共租赁住房的租赁管理和退出机制。建立住房保障标准适当调整机制，适时适度提高住房保障标准。

二、增加保障性住房供给

加大财政支持力度，形成长期稳定的廉租住房财政预算资金来源。优先安排保障性住房用地供应，采取建、购、租和盘活存量住房等多种方式，拓宽保障性住房房源。加快廉租住房建设，规范发展经济适用住房，解决低收入家庭的基本住房需求；大力发展公共租赁住房和限价房，解决“内夹心层”和“外夹心层”住房困难。改善保障性住房社区及周边环境，降低生活和出行成本。通过土地、税收、信贷等优惠政策，鼓励和引导民间资本与社会力量有序参与保障性住房建设。“十二五”期间，全市累计新增保障性住房建设面积1000万平方米以上。

三、改善房地产市场调控

把保障基本住房、稳定房价和加强市场监管纳入经济社会发展的工作目标。坚持以居住为主，以普通商品住房为主，合理引导住房需求，抑制投机性需求。完善住房租赁管理制度，积极发展存量住房市场。完善住房公积金制度，提高公积金使用效率。规范房地产市场秩序，加快住房信息系统建设，完善房地产市场信息发布制度。

第十篇 加强和创新社会管理

总结推广亚运管理经验，以加强城市管理为重点，注重依法和长效管理，形成有序、高效、安全的现代化社会管理格局。

第一章 强化城市管理能力

创新城市管理模式，加强城市公共服务和公共安全保障，全面提高城市管理的制度化、精细化、智能化水平。

一、建立城市综合管理长效机制

加强城市管理立法工作,把亚运期间行之有效的城市管理措施和管理方法转化为常态长效制度,完善城市管理各项标准和规范,不断提高维护管理水平,保障城市设施有序运行。按照属地管理和权责一致原则,深化城市管理体制改革,促进管理重心下移和事权下放,强化区一级政府在城市管理中的主体地位,健全"建管分离、管理执法联动"模式,完善责权明晰、关系协调、条块结合、上下联动的城市管理运行机制。推进数字化、网格化等新型管理方式覆盖全市,形成综合管理、执法、监督和社会公众参与的四位一体城市管理体系。

二、优化市民出行环境

按照"功能疏解、网络贯通、公交优先、智能服务"的理念,优化城市路网,提升交通管理和服务水平。构建以城市轨道交通和快速公交为骨干、常规公交为基础的公共交通体系,加快完善现代化城市轨道交通网络,稳步发展快速大容量公交系统,到2015年末,城市轨道交通运营里程约450公里。以智能化、一体化、便捷化为目标,优化公交线网,合理布局中心城区公共停车场建设,结合城际轨道网建设不断完善调整城际快巴客运线路和运力,实现市域公交线网与区域客运网络的有效衔接,加强各类公共交通无缝对接。推进交通管理智能化,建设公众交通信息服务平台,提高道路交通管控能力和通行效率。深化公交、出租车行业管理运营体制改革。实施《亚运后广州中心城区缓解交通拥堵方案》,让市民出行更加便捷、舒适。

专栏31　城市轨道交通网络建设工程

广州地铁六号线首期、六号线二期、七号线一期、九号线、十三号线、八号线延长线、十一号线(环线)、十四号线及支线(从化线及知识城线)、二十一号线一期、三号线东延段、七号线二期、四号线南延线、十六号线、二十一号线二期等。

三、加强公共安全体系建设

强化"平安广州"建设,始终保持对违法犯罪活动严打高压态势,落实社会治安综合治理责任制,完善社会治安防控体系,强化对治安重点地区和问题的排查整治,从源头上预防和减少违法犯罪。全面推行重大社会决策、重大工程项目社会稳定风险评估机制。加强综治信访维稳中心建设,发挥区(县级市)、街(镇)、居(村)三级平台作用,形成大综治大维稳工作格局。加强安全生产,严格落实安全生产责任制,坚决遏制重特大安全事故,"十二五"期间全市单位地区生产总值生产安全事故死亡率下降36%,工矿商贸10万元就业人员生产安全事故死亡率下降26%。

强化食品药品安全保障,完善安全监管和检验检测体系。提高粮食、药品、成品油、燃气等重要物资储备管理水平,完善粮食流通网络和调控手段,确保粮食安全。加强应急基础设施建设,建立健全应对自然灾害、事故灾难、公共卫生、人民防空和公共安全事件的预警和应急机制,完善城市消防体系,加强城市地下空间安全使用管理。增强气象服务能力,完善气象预警系统。强化反走私和海防工作。完善国防动员机构、机制和基础设施,全面增强国防动员能力。

第二章 完善社会管理和服务

适应社会转型的迫切需要，整合社会管理资源，创新社会管理体制，加强社会管理能力建设，推动社会管理重心下移，构建具有广州特色的社会管理服务新模式。

一、创新社会管理体制机制

强化政府社会管理和公共服务职能，进一步完善党委领导、政府负责、社会协同、公众参与的社会管理格局。开展社会管理综合改革试点，重点在社会组织、社区建设、社会工作等领域先行先试。积极推进社会管理立法。发挥基层群众性自治组织、各类社会组织和企事业单位的协同作用，广泛动员和组织公民依法参与社会管理，形成政府与社会组织功能互补、相互协调的社会管理服务网络。进一步完善社会工作政策体系，推动社会工作人才队伍专业化、职业化建设，建立社会工作人才队伍管理和教育培训体系。完善人民调解、行政调解、司法调解联动工作体系，积极推行社区矫正，把各类不稳定因素化解在基层和萌芽状态。妥善处置突发公共事件，构建源头治理、动态协调和应急管理相互联系、相互支持的社会管理机制。

二、强化社区自治和服务功能

进一步完善以社区党组织为核心的城市社区组织体系，推进社区居委会直选工作，完善社区居民代表会议、议事协商、居务公开和事务听证等制度，扩大社区居民自治范围，完善社区民主管理制度。探索完善社区党组织、社区居委会、业主委员会、物业服务企业的协调联动机制。加大社区服务设施建设投入，大力推进“五个一”工程①建设，健全社区服务中心信息网络平台，形成“信息互通、资源共享、齐抓共管”的社区服务网络，提升社区综合服务功能。积极开展帮扶志愿服务和邻里互助服务，鼓励发展社区社会组织，广泛参与社区服务，引导社区开展便民利民商业服务，满足社区群众多样化需求。

三、推动社会组织健康有序发展

坚持培育发展和管理监督并重，进一步简化社会组织登记手续，推行社区社会组织备案制度，强化社会组织评估体系建设和动态管理。加强对社会组织发展的指导和服务，推动社会组织完善内部治理结构，加强自律管理。发展和规范行业协会、商会、公益服务类社会组织、各类基金会，强化枢纽型社会组织在社会组织管理、发展、服务中的重要作用，吸引全国性和区域性行业协会落户广州，逐步建立与国家中心城市发展相适应的社会组织发展体系。完善政府购买公共服务的市场化竞争机制和评估考核机制，采取补贴、项目委托等方式，选择家庭及儿童、老年、青少年、残疾人服务、社区发展、社区矫正、劳动关系协调、就业培训等八大类社会服务项目进行政府购买服务试点，依法推动具体事务性工作转由符合资格条件的社会组织承接。

① “五个一”工程：一个小公园、一个文化娱乐活动中心、一个卫生医疗机构、一个服务中心、一个视频监控中心。

第三章　全面强化人口管理

按照控制规模、调整结构、优化分布、提升质量的要求，切实加强人口调控管理，实现人口与经济、社会、资源、环境的协调发展和可持续发展。

一、促进人口结构优化

创新人口调控模式，统筹运用人口政策、产业政策和居住政策，加快人口综合调控管理的信息化、法制化建设，完善人口综合调控体系，实现人口规模在结构优化基础上的适度增长。完善“统一规划计划、统一准入条件、统一管理办法、分级分部门负责”的人口机械增长管理制度，积极稳妥推进户籍制度改革，调整完善户籍人口迁入政策，提升入户人口的整体素质。

二、推动人口合理布局

发挥规划引导作用，加强重大项目对人口综合影响评估，促进人口合理分布。实行分类管理的人口政策，综合运用人口计划指标、准入条件等手段，加快完善新城区和重点镇等区域的教育、文化、卫生、就业公共服务配套设施，鼓励和吸引中心城区人口向外转移，有效疏解中心城区人口密度。

三、提高人口管理水平

适应特大型城市科学发展要求，以完善人口管理制度为主要抓手，健全职能部门联动的出租屋和流动人口管理服务体系，构建统一的人口基础信息库，推行居住证和流动人口服务管理“一证通”制度，加强流动人口属地化管理、市民化服务。加强外籍人员管理和服务。贯彻计划生育基本国策，健全人口计生利益导向政策体系、人口计生公共服务体系和人口计生预报预警工作体系，实施优生促进工程，综合解决出生人口性别比偏高问题，提高出生人口质量。

第十一篇　深化全方位开放合作

实施更加主动的开放战略，立足珠三角，以穗港澳合作、泛珠江三角洲合作及中国—东盟合作为重要平台，在更大范围、更广领域、更高层次上推进区域一体化和经济国际化，增创开放合作新优势。

第一章　引领珠三角一体化发展

创新一体化发展模式，打破行政区划壁垒，以广佛同城化为突破口，以交通基础设施一体化为切入点，推动珠三角地区实现城市规划统筹协调、基础设施共建共享、产业发展合作共赢、公共事务协作管理，提高区域整体竞争力。

一、深入推进广佛同城化

促进广佛城市功能合理分工，优化区域整体空间结构，构筑“一核强化、两脊两带携领、多极带动”的空间布局，加快建设广佛交界的空港地区、金沙洲、芳村—桂城、广州南站、五沙等重点协调区，将白鹅潭地区建成广佛都市圈的国际商业中心。以促进交通基础设施对接为先导，构建紧密衔接的公共交通体系，实现市政基础设施网络全面衔接，推动移动通信、电信同城化。促进汽车、机械装备、家电等重点产业链条延伸，统筹商贸、物流、金融等服务业布局，形成若干具有国际竞争力的企业集团和产业集群。推进水环境污染、空气污染联防联治，联合查处跨界环境违法行为。加强饮用水源保护和利用，推动跨界固体废物、污水治理和河涌综合整治。促进教育、文化、医疗等资源共享，共建优质生活圈。

附图 5 广佛总体发展空间格局

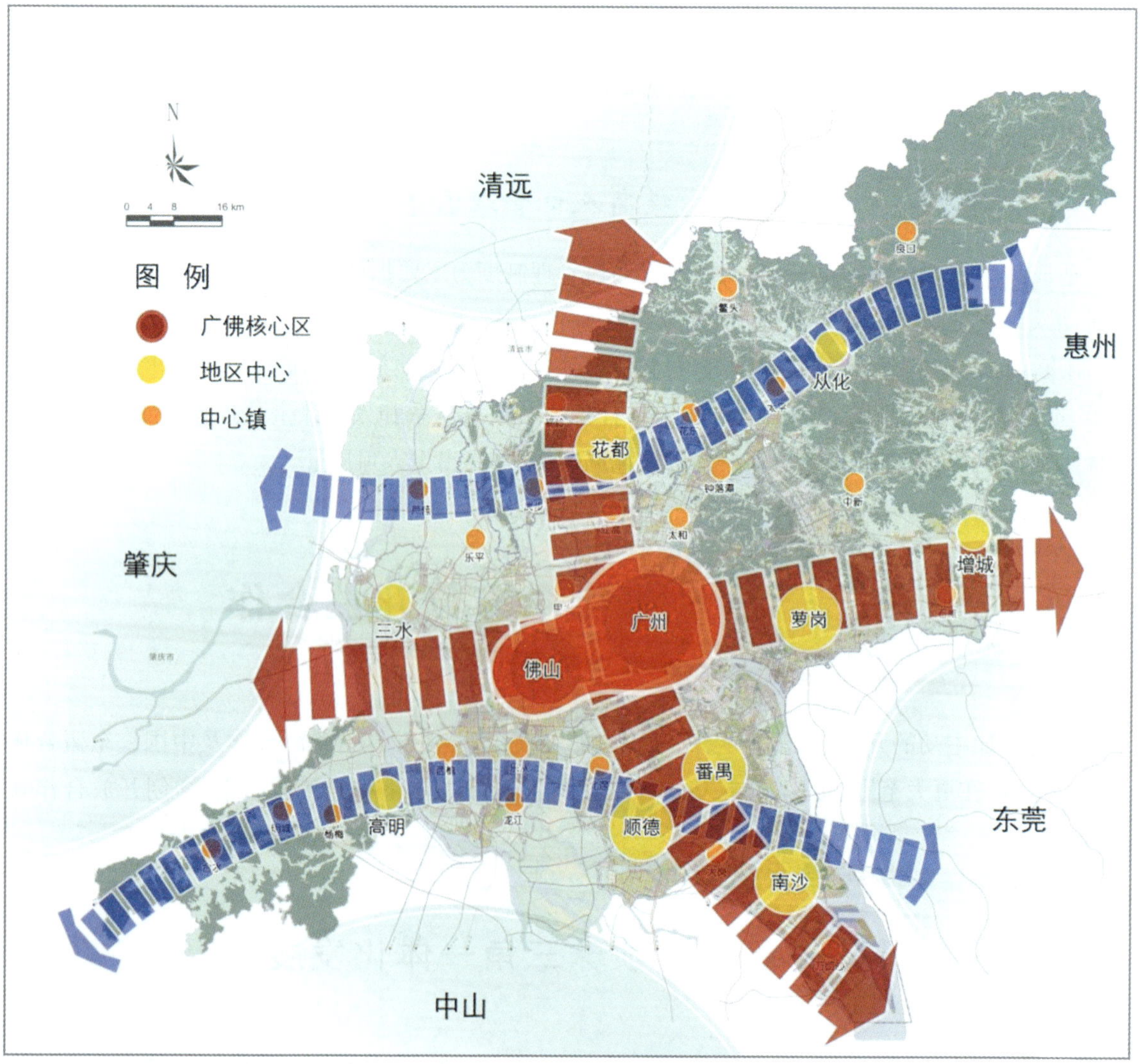

二、加快广佛肇经济圈联动发展

加快推进市政、信息、能源、口岸通关等设施对接，基本建成以高速轨道和高快速路为骨架、开放一体的综合交通运输体系。整合利用区域科教文化等资源，促进广佛肇产业和劳动力优势互补，建成若干跨区域共建产业园区。共同保护西江流域生态环境，整体扩充区域环境容量。深度开展公共服务领域合作，促进三地社会政策基本接轨，整体提升三地人民的生活水平。

三、推进珠三角地区协调发展

深化与深莞惠、珠中江经济圈的合作，推进产业协作分工，提高区域产业整体竞争力。加快推动社会管理、市场秩序等方面的一体化，推动建立珠三角地区统一要素市场。加强珠三角地区与广州南站、白云机场、南沙港、新塘枢纽等战略性枢纽快捷联通，推进建设以广州为中心、连通区内所有地级以上市的城际轨道交通和快速干线铁路，构筑覆盖区内所有县(市)的高速公路网，实现与珠三角各城市一小时互达。探索建立珠三角地区共享的高层次人才库，破除人才流动体制性障碍。加快推动珠三角通关一体化改革，推进区域电子口岸平台实现互联互通，实现跨检区申报、核查、验放。

附图 6　珠三角一小时经济圈

四、带动环珠三角地区发展

推动完善贯通珠三角、连接周边地区的高快速路、铁路通道建设，促进要素自由流动和产业梯度转移。以加快“双转移”为纽带,推动产业链条跨区域延伸。做好对梅州、阳江、湛江、茂名等地区的对口帮扶,统筹推进产业转移园区建设,积极参与共建省级示范性产业转移园,增强对我省东西两翼和北部山区的辐射带动能力。加强地区社会公共事务管理协作,鼓励职业院校和技能培训机构面向环珠三角地区扩大招生规模和培训容量。

第二章 加强穗港澳台合作

按照互利共赢、优势互补、先行先试原则,深入推进穗港澳台在经济和社会等领域开展多层次、多形式的紧密合作。

一、全面推进与港澳更紧密合作

全面深化粤港、粤澳合作框架下的穗港、穗澳政府间合作,加强政府间在政策规划制订、基础设施建设、信息披露等方面定期交流与协作,完善与港澳在联合投资推介、国际市场开拓、政策沟通协调、高层对话、信息共享等方面的制度安排,扩大自主协商范围,共同制定区域合作规则。推进简化穗港澳居民出入境手续,实现人员便捷往来。加强在海港、空港等基础设施运营、保税区运作管理方面的合作,推进建设南沙实施 CEPA 先行先试综合示范区等重点合作区域,将南沙新区打造成为服务内地、连接港澳的商业服务中心、科技创新中心和教育培训基地,建设临港产业配套服务合作区。发挥港澳商会、协会等中介机构在推动穗港澳合作中的积极作用,有效扩大合作领域和范围,在金融保险、现代物流、商务会展、信息服务、科技创新、文化创意、生态保护及公共服务等领域深化合作交流。

二、开创对台合作新局面

发挥广州作为近代民主革命策源地优势,加大对台推介宣传力度,强化黄埔军校旧址、大元帅府旧址等历史文化资源在促进穗台合作中的积极效应,加强穗台社会团体交流交往,拓展穗台经贸、文化、新闻、教育、体育、旅游等合作领域。推动落实 ECFA① 协议,重点加强光电、软件、现代农业等台湾优势产业合作,大力吸引高素质台湾企业来穗投资,支持在穗台企转型发展,鼓励和支持有条件的企业赴台投资。深化广州港与高雄港的合作。强化穗台多种交流机制建设,使广州成为两岸大合作、大交流的重要平台。

第三章 主动服务全国发展

深化与国内重要区域和主要城市合作交流,积极推进实现互促共赢,不断扩大经济腹地,提升广州在更大范围配置资源的能力,在服务全国过程中实现城市功能的进一步提升和内需市场的不断扩展。

---

① ECFA:《两岸经济合作架构协议》。

一、促进泛珠三角地区合作

借助“友城合作”、“泛珠三角省会城市市长论坛”等平台，加强与中南、华南及西南等地区的主要城市在人才、科技、能源、产业、市场、环保、旅游和信息化等方面的合作。充分发挥广州综合服务优势，强化“高铁经济”效应，促进要素在区域间便捷流动，以点带面，进一步扩展广州的辐射范围。

二、主动推进跨区域合作

积极破除行政壁垒，深化与国内重要区域和主要城市间在重大基础设施、科技、人才、信息、城市管理运营机制和先进发展理念的合作联动，搭建经贸交流平台，推动建立统一的市场体系，促进投资便利化，共同拓展内需市场，鼓励本市优势行业和企业走向全国。围绕国家区域发展总体战略部署，以重点产业链延伸为切入点，继续加强与中西部地区在资源和特色产业方面的合作，与东部地区及东北老工业基地在高新技术产业、先进制造业、现代服务业及海洋经济发展方面的合作，实现优势互补，不断提升广州的产业能级。

三、积极开展对口援助

坚持输血和造血相结合，把帮扶与资源开发、产业调整有机结合起来，形成帮扶协作的长效机制。加大对广西百色、重庆巫山、西藏波密等对口支援地区城乡基础设施、生态环保、社会事业和产业发展的帮扶力度。充分利用新疆疏附县地处我国与中亚、南亚国家黄金通道的独特区位优势，科学引导当地产业和社会发展，帮助农牧民加快脱贫致富，促进民族团结和繁荣发展，争当全国对口援疆工作排头兵。

第四章　积极参与全球经济分工合作

以增强国际竞争力为核心，全面提升对外开放合作水平，积极参与全球经济分工合作，加速融入世界经济体系。

一、扩大与东盟的战略合作

积极参与中国—东盟自由贸易区建设，逐步建成中国与东盟合作主要枢纽城市。高标准规划建设中新广州知识城，加强在经贸、技术、园区管理、人才交流等方面的合作，建成吸引高端人才、汇聚高端产业、提供高端服务的典范和中国—东盟区域性创新中心。通过友城合作等方式，建立与东盟国家城市政府及各类协会(商会)的交流机制，推进投资贸易、资源开发、工程承包、旅游文化深度合作，支持企业在东盟国家建设工业园区或基地，开展资源开发、基础设施建设和农产品种植加工等多领域合作。

二、加强与世界主要经济体的合作

开展与国际经济区域和新兴市场多层次、多领域的合作，进一步扩大与欧盟、北美在经济、技术、人才、贸易等方面的合作，大力开拓印度、俄罗斯、巴西和中东地区等新兴市场，加强与澳大利亚、新西兰以及南美、非洲各国的经贸合作，构建多元化的国际经贸合作格局。

三、加快“走出去”步伐

按照市场导向和企业自主决策原则，鼓励企业有序开展境外投资。引导优势企业充分利用国外市场和国外资源，到东盟、非洲、南美、中东等地区投资设厂，建立境外工业园区和研发基地，支持企业并购境外企业和知名品牌，参与新技术和新产品研发，加快培育和形成一批具有自主品牌和知识产权的本土跨国公司。提高对外工程承包和劳务合作水平，鼓励企业承揽技术含量高、带动出口能力强的大型工程项目。健全“走出去”促进服务体系，为企业外汇审核、人员进出、货物通关、项目管理、风险防范、信息发布等方面提供便利。

第五章 规划实施

确保“十二五”规划有效实施，必须建立有力、有效的规划实施保障机制，更好地发挥规划对经济社会发展的指导作用。

一、加强规划协调

强化经济社会发展总体规划在各类规划中的主导地位，加强规划衔接，注重土地利用规划、城市规划与经济社会发展规划之间的协调，确保专项规划、区县规划与总体规划之间的衔接，实现在总体要求上指向一致、在空间配置上相互协调、在时间安排上科学有序，形成层次分明、定位清晰、各有侧重、统一协调的规划体系。

专栏 32 市“十二五”重点专项规划

1. 服务业发展规划；2. 先进制造业发展规划；3. 国家创新型城市建设规划；4. 城市建设规划；5. 综合交通体系建设规划；6. 社会事业发展规划；7. 环境保护规划；8. 能源发展规划；9. 人力资源和社会保障发展规划；10. 金融业发展规划；11. 穗港澳合作发展规划；12. 重大项目安排及实施规划；13. 农业发展规划；14. 安全生产规划；15. 海洋经济发展规划。

二、加强责任分解

本纲要提出的发展目标、重点任务和重大项目，纳入经济社会发展年度规划，并分解到市有关部门和各区（县级市）。各牵头单位要将规划纲要确定的发展目标、指标和主要任务进一步分解到年度，纳入年度工作计划，明确进度要求和具体政策，确保规划目标任务有计划、按步骤得到落实。

三、加强项目支撑

围绕本纲要确定的重点领域、重点区域和政策导向，精心组织、集中力量实施一批重大项目，充分发挥对规划实施的支撑作用。一是完善重大项目储备机制，围绕扩大内需、调整结构、提升功能、改善民生等方面储备一批重大项目，形成动态有序的项目储备制度。二是实施重大项目目标责任制，加强全过程管理和科学化、精细化管理，提高重点项目建设的协调服务水平。三是创新重大项目投融资机制，拓宽投资渠道，形成投资良性增长的长效机制。

专栏 33 “十二五”规划重大项目

战略性新兴产业项目 31 项，总投资 1238 亿元，“十二五”时期投资 925 亿元；
现代商贸和优势产业项目 25 项，总投资 2481 亿元，“十二五”时期投资 1824 亿元；
先进制造业项目 39 项，总投资 1471 亿元，“十二五”时期投资 884 亿元；
富民惠民项目 38 项，总投资 840 亿元，“十二五”时期投资 586 亿元；
花园城市建设项目 36 项，总投资 7537 亿元，“十二五”时期投资 2457 亿元；
现代交通基础设施项目 31 项，总投资 1714 亿元，“十二五”时期投资 1326 亿元。

四、加强评估检查

做好对规划指标、政策措施和重大项目实施情况的跟踪监测，认真组织开展规划实施情况中期评估，科学分析评价规划实施效果，做好重大战略问题的跟进研究，提出解决规划实施问题的对策建议。规划实施期间，根据规划实施情况和实际需要对规划进行修订，修订方案由市人民政府提请市人大常委会审议批准。

深圳市国民经济和社会发展第十二个五年规划纲要

（2011年1月19日深圳市
第五届人民代表大会第二次会议批准）

前　言

深圳经济特区高举中国特色社会主义伟大旗帜，始终坚持改革开放，走过了三十年的光辉历程，创造了世界工业化、现代化、城市化发展史上的奇迹，有力印证了中国特色社会主义制度优越性。新的历史时期，中央赋予深圳努力争当推动科学发展、促进社会和谐排头兵的历史使命。加快转变经济发展方式，加强社会建设，提升发展质量，成为深圳经济特区的战略任务和必然选择。

深圳市国民经济和社会发展第十二个五年（2011～2015年）规划纲要依据《中共深圳市委关于制定深圳市国民经济和社会发展第十二个五年规划的建议》编制，是全市国民经济和社会发展的战略性、纲领性、综合性规划，是未来五年的发展蓝图，是编制和实施各区规划、专项规划和年度计划的基本依据，对于建设中国特色社会主义示范市和现代化国际化先进城市，具有重要意义。

第一章　发展战略和总体目标

“十二五”时期，是深圳经济特区新三十年开局的五年，是深入贯彻落实科学发展观，率先加快转变经济发展方式，树立城市发展新标杆的关键时期。必须按照国家发展新要求，发挥经济特区先行先试的重要作用，在改革开放和社会主义现代化建设中取得新进展、实现新突破、迈上新台阶，再创科学发展新优势。

第一节 “十一五”发展成就

（一）经济发展跃上新台阶

“十一五”期间，全市上下坚决贯彻落实科学发展观，按照党中央、国务院和省委、省政府的部署，有效应对国际金融危机冲击，胜利完成“十一五”规划的目标和任务，在推进科学发展的新征程上迈出了重大步伐。经济总量连续实现五个千亿元大跨越。2010 年本市生产总值达到 9511 亿元，比 2005 年的 4951 亿元增长 86%。地方财政一般预算收入达到 1107 亿元，比 2005 年的 412 亿元增长 169%。外贸出口总额达到 2042 亿美元，比 2005 年的 1015 亿美元增长 101%，连续 18 年居全国大中城市首位。经济结构不断优化升级。第三产业增加值占 GDP 比重达到 52.4%，比 2005 年提高 6 个百分点，初步形成二、三产业协调推动经济发展的良好态势。高新技术产业、现代金融业、现代物流业和文化产业四大支柱产业支撑能力明显增强，占 GDP 比重超过 60%，比 2005 年提高 10 个百分点。战略性新兴产业呈快速发展态势，在全国率先编制出台生物、互联网、新能源三大战略性新兴产业振兴发展规划和产业政策。自主创新的优势更加突出，成为全国首个国家创新型城市试点，PCT 国际专利申请量连续七年居全国首位，全社会研发投入占 GDP 比重达到 3.64%，具有自主知识产权高新技术产品产值占比超过 60%。经济发展质量进一步提高，每平方公里产出 4.77 亿元 GDP 和 0.55 亿元地方财政收入。万元 GDP 能耗、水耗分别为 0.51 吨标准煤和 20.3 立方米，分别比 2005 年下降 14% 和 40%，处于全国领先水平。

（二）社会建设取得新进展

社会民生不断改善，就业、社会保障、教育、医疗卫生、文化等加快发展。居民生活水平明显提高，2010 年居民人均可支配收入达到 3.22 万元，比 2005 年提高 1.07 万元。城镇居民登记失业率控制在 3% 以内，零就业家庭户数保持动态归零。社会保障体系日益健全，在全国率先实现“全民医保”，社会福利、社会救助和优抚安置三大体系基本建立。连续四次荣获“全国双拥模范城”称号。高等教育发展规模和层次继续提升，基础教育均衡化取得进步，完成原特区外 96 所村办小学改扩建工程。实施免费义务教育，惠及学生 272 万人次，每年解决约 50 万非深户籍学生的就学问题。市第三人民医院、疾病控制中心等 17 个重大卫生基础设施建成使用，全市医疗机构总数增长 68.8%。社区健康服务网络实现全覆盖。社工和义工队伍建设走在全国前列。社会治安综合治理、城市应急、安全生产、食品药品安全、自然灾害防治等工作不断加强。

（三）文化建设迈出新步伐

社会主义核心价值体系建设扎实推进，精神文明创建活动蓬勃开展。实施“文化立市”战略，文化建设力度进一步加大。文化体制改革试点任务完成，公共文化服务体系不断完善，文艺精品集中涌现。中心书城、音乐厅、图书馆、博物馆等一批公共文化设施投入使用，市属公益文化场馆在全国率先免费开放，新增公共图书馆（室）45 个。动漫、创意等文化产业快速发展，一批文化龙头企业崛起。设立深圳文化产权交易所，文博会规模和影响力持续提升。城市街区 24 小时自助图书馆系统与“市民文化大讲堂”获国家“文化创新奖”。获得联合国教科文组织“设计之都”称号，连续两次被评为“全国文明城市”。成功取得 2011 年第 26 届世界大学生夏季运动会主办权，筹备工作进展顺利。

（四）城市发展再上新水平

城市重大基础设施加快建设，交通、资源、能源和信息化基础设施建设加快推进，城市功能明显提升。城市总体规划获国务院批复。“一横八纵”城市高快速公路网基本形成，轨道交通运营里程达到65公里，福田口岸和深圳湾口岸顺利开通，广深港客运专线、厦深铁路深圳段、深圳机场扩建工程建设如期推进。油、电、水、气保障能力显著提升，广东大鹏LNG一期工程、珠三角成品油管道深圳段工程、东部电厂和前湾电厂等天然气发电厂建成投产，“西气东输二线”深港支线工程有序开展，东部供水二期、北线引水工程等一批水源工程竣工使用。通过国家节水型城市考核。城中村综合整治和市容环境提升行动成效明显。数字化城管系统覆盖全市。环境保护工作从传统的治污保洁向推动生态建设和低碳发展提升，人居环境质量不断改善，城市生活污水集中处理率从46%提升到81%，污水再生利用率从不足1%上升为27.1%，成为“创建国家生态园林城市”示范市和首批国家生态文明建设试点地区。

（五）改革开放实现新突破

前海深港现代服务业合作区上升为国家区域发展战略重点，经济特区范围扩大到全市，综合配套改革总体方案获国务院批复，深圳改革开放进入新阶段。事业单位分类改革、行政管理体制和政府大部门体制改革、公务员分类管理改革取得重大突破，前海、光明、坪山等新型功能区管理新模式初步建立，市属国有企业劳动、人事、分配三项制度改革基本完成，率先进行社会组织登记管理制度改革。开放型经济发展水平不断提升，开放合作领域进一步拓宽，经贸合作和招商引资取得新进展，实际外商直接投资五年累计达到194亿美元。“走出去”战略实施迈出坚实步伐，企业对外投资规模不断扩大，华为、中兴等龙头企业形成全球发展布局。深港合作更加紧密，深澳、深台合作加强。“双转移”、“双到”工作扎实推进，深莞惠一体化发展全面启动，出色完成支援四川、甘肃地震灾区恢复重建任务。对口帮扶和援疆工作成效显著。

第二节 “十二五”发展环境

从国际看，国际金融危机影响尚未消除，经济复苏进程艰难曲折，世界经济的脆弱性和不平衡性进一步显现，全球经济格局深度调整，围绕市场、资源、人才、技术、标准等竞争更加激烈，各种保护主义抬头，外需增长受限趋势可能长期化，发展的外部环境更具挑战。同时，世界科技孕育着新的突破，新兴技术、新兴市场、新兴领域成为新的投资热点。在应对国际金融危机过程中，新兴市场国家率先实现经济复苏并保持较快增长，亚洲国家和地区投资与贸易持续扩张，世界经济重心东移步伐加快。深圳必须坚持以全球视野和战略思维，寻求在国际经济分工中的新定位，抢占战略性新兴产业发展制高点，开拓新兴市场，形成国际竞争新优势。

从国内看，加快转变经济发展方式是我国经济社会领域的一场深刻变革，是一种综合性、系统性、战略性转变，经济社会发展质量成为衡量城市和地区发展的新坐标。扩大内需是我国经济发展的长期战略和基本立足点，工业化、信息化、城镇化、市场化、国际化向纵深发展，全国快速交通体系、高速信息网络日趋完善，为更大范围的区域合作和要素配置提供了现实可能，为深圳经济特区等中心城市更好地发挥辐射带动作用拓展了广阔空间。同时，国家实施区域发展总体战略，各地依托比较优势推进快速发展，区域间相互赶超的格局正在形成。深圳必须主动适应国内形势和环境的变化，增强发展紧迫感，树立发展新理念，进一步完善全国经济中心城市功能，增强服务区域、服务全国的能力，提升外溢型经济发展水平。

从深圳看，经过三十年的发展，深圳积累了较为雄厚的经济基础，形成了改革开放的体制优势、自主创新的先发优势、深港澳台更加紧密合作的区位优势，有能力、有条件实现经济社会发展再上新台阶。在快速发展的同时，也面临着多种发展矛盾交织、两难问题增多的复杂局面，经济结构性矛盾依然突出，土地资源、环境容量等刚性约束强化，社会建设相对滞后，制约科学发展的体制机制障碍仍然存在。在新的历史起点上，中央赋予深圳经济特区新的历史使命，并一如既往地支持经济特区大胆探索、先行先试、发挥作用。深圳必须增强机遇意识、忧患意识、责任意识和创新意识，深入贯彻落实科学发展观，率先转变经济发展方式，深刻认识经济社会发展质量的极端重要性，坚定不移地以深圳质量作为发展的新导向、新标杆，以创造深圳质量破解发展难题、提升发展水平，为经济社会发展释放新的活力、创造新的空间。

综合判断国际、国内形势和自身发展的阶段性特征，深圳仍处于可以大有作为的战略机遇期，需要正确处理好局部与全局、当前与长远、速度与效益的关系，注重质量和民生，全面贯彻落实《珠江三角洲地区改革发展规划纲要》，牢牢把握国家赋予的综合配套改革试验区、全国经济中心城市、国家创新型城市、中国特色社会主义示范市和国际化城市的战略定位，继续深化改革、扩大开放，促进经济、政治、文化、社会全面进步，为新的三十年发展打下坚实基础。

第三节　指导思想、基本要求和主要目标

（一）指导思想

高举中国特色社会主义伟大旗帜，以邓小平理论和“三个代表”重要思想为指导，深入贯彻落实科学发展观，以科学发展为主题，以加快转变经济发展方式为主线，以转型发展推动经济结构战略性调整，以创新发展加快国家创新型城市建设，以和谐发展建设民生幸福城市，以协调发展加快特区一体化进程，以低碳发展构建资源节约型和环境友好型社会，以综合配套改革建立有利于科学发展的体制机制，把加快转变经济发展方式落实到经济社会发展全过程和各领域，实现从“深圳速度”到“深圳质量”的跨越，努力当好推动科学发展促进社会和谐的排头兵，更加奋发有为地建设中国特色社会主义示范市和现代化国际化先进城市。

（二）基本要求

按照指导思想的要求，将深圳质量作为加快转变经济发展方式、推动科学发展的核心理念。创造经济发展质量，坚持“好”字优先，“快”在其中，把深圳速度优势转化为深圳质量优势，实现经济又好又快发展。创造社会发展质量，努力满足市民追求美好生活的新期待，增进民生福祉，增强文化软实力，实现与发展阶段和水平相适应的幸福。创造城市发展质量，加快特区一体化进程，增强城市综合服务功能，推动低碳绿色发展，优化宜居宜业环境，突出海滨城市特色，提升现代化国际化先进城市形象。

——坚持自主创新，更加注重科技引领创新驱动。深入实施自主创新主导战略，提升核心技术自主创新能力，广聚创新资源，优化创新环境，加快源头创新，完善技术研发、成果应用、产业发展纵向集成创新，融合商业模式、管理体制、运行机制等领域的横向集成创新，推动经济发展从要素驱动

向创新驱动转变。突出人才战略，以完善政策、加大投入、打造载体、强化服务为重点，建设宏大的创新型人才队伍，为自主创新提供强大的人才支撑。

——坚持结构优化，更加注重内生增长产业升级。促进经济内生增长，着力培育发展增量、调整优化存量，推动经济增长向消费、投资、出口协调拉动转变。推动制造业向研发设计、品牌营销延伸，提升产业质量，促进第二产业不断向第三产业演进。有力有序有效地推进产业结构、要素投入结构的全方位调整，着力培育产业和区域发展的增长极，增强发展的稳定性、协调性和可持续性。

——坚持社会和谐，更加注重民生优先成果共享。加快以改善民生为重点的社会建设，加强社会管理体制创新，推进基本公共服务均等化，加大对就业、收入分配、社会保障、文化、教育、医疗卫生、住房、治安等改善民生的投入力度，完善涉及民生的制度安排，努力使发展成果惠及全体市民。

——坚持协调发展，更加注重整体推进功能提升。以政策法规、规划布局、基础设施、城市管理、环境保护和基本公共服务为重点，以加快重点基础设施建设和提高城市管理水平为切入点，加快推进经济特区一体化发展。创新城市发展理念，优化城市空间布局，建设新型功能区，打造更完善的城市功能和更优的城市品质。

——坚持可持续发展，更加注重低碳发展生态文明。树立低碳发展理念，倡导低碳生产和生活方式，强化节能减排，大力发展绿色经济和循环经济，加强环境保护和生态建设，率先建成资源节约型和环境友好型社会，实现人口、经济、社会、资源、环境协调发展。

——坚持改革开放，更加注重先行先试重点突破。深化综合配套改革，勇于在重大举措、制度设计、体制机制、重要事项等领域先行先试，在重要领域和关键环节取得新突破。扩大开放合作领域、提高开放合作水平，加快推动由出口大市向出口强市转变，由“引进来”为主向“引进来”与“走出去”并重转变，推进与全省和全国各地的密切合作，拓展城市发展新空间。

（三）主要目标

“十二五”时期，深圳经济社会发展的目标是：经济发展方式转变取得显著成效，形成具有国际水平的自主创新体系、具有国际竞争力的现代产业体系、更加完善的社会主义市场经济体制、特区一体化的城市发展格局和全体市民共建共享的和谐社会。率先建成国家创新型城市、民生幸福城市、国家低碳生态示范城市，中国特色社会主义示范市和现代化国际化先进城市建设取得新进展，努力争当“加快转型升级、建设幸福广东”的先行市。

——经济保持平稳较快发展。经济实力进一步增强，经济增长质量和效益明显提高，本市生产总值年均增长10%左右，到2015年达到1.5万亿元，人均生产总值达到2万美元，地方财政一般预算收入达到1600亿元。

——经济结构更趋优化。经济增长实现内外需协调拉动的良好态势，产业国际竞争力显著增强，到2015年第三产业增加值占GDP比重达到60%，战略性新兴产业增加值占GDP比重达到20%。

——自主创新优势更加突出。在关键产业领域核心技术创新取得突破性进展，创新体系更趋完善，到2015年科技进步贡献率达到60%，高技术产业增加值占GDP比重达到35%，全社会研发支出占GDP比重达到4%，每万人口年度发明专利授权数量达到12项。

——社会建设全面加快。社保、教育、医疗卫生等基本公共服务水平进一步提升，社会服务体系更加健全，实现居民收入增长与经济发展基本同步、劳动报酬与劳动生产率提高基本同步，到2015年居民人均可支配收入达到4.9万元，登记失业率控制在3%以下。

——资源节约环境保护成效显著。低碳绿色发展扎实推进，万元GDP能耗下降到0.47吨标准煤，万元GDP水耗累计下降20%，化学需氧量、氨氮、二氧化硫、氮氧化物排放量分别累计下降21%、22%、4%、3.5%。

专栏1　深圳市"十二五"规划调控指标体系

类别	序号	指　　标	2015年调控目标	指标属性
结构调整	1	本市生产总值	15000（亿元）	预期性
	2	人均生产总值	20000（美元）	预期性
	3	万元GDP建设用地	25%（累计下降）	预期性
	4	第三产业增加值占GDP比重	60%	预期性
	5	现代服务业增加值占第三产业比重	60%	预期性
	6	战略性新兴产业增加值占GDP比重	20%	预期性
自主创新	7	全社会研发支出占GDP比重	4%	预期性
	8	每万人口年度发明专利授权数量	12（项）	预期性
	9	科技进步贡献率	60%	预期性
	10	高技术产业增加值占GDP比重	35%	预期性
	11	自主知识产权高新技术产品产值比重	62%	预期性
	12	大专以上受教育人口比重	20%	预期性
社会建设	13	居民人均可支配收入	4.9（万元）	预期性
	14	登记失业率	≤3%	约束性
	15	市、区财政一般预算支出中教育拨款比例	每年同口径提高1个百分点	约束性
	16	千人病床数	3.4（张）	约束性
	17	城镇职工基本养老保险参保率	95%	约束性
	18	公共交通占机动化出行分担率	56%	约束性
	19	人均公共图书馆图书藏量	2.3册	预期性
	20	主要农产品质量安全检测超标率	≤2.5%	约束性
	21	食品生产监督抽查合格率	≥92%	约束性
	22	药品安全抽样合格率	≥95%	约束性
	23	每万人暴力案件立案数	≤11.5宗	约束性
	24	居民平均预期寿命	79岁	预期性
可持续发展	25	空气质量优良天数	≥360（天）	预期性
	26	万元GDP能耗	0.47（吨标准煤）	约束性
	27	万元GDP水耗	20%（累计下降）	约束性
	28	万元GDP二氧化碳排放量	15%（累计下降）	约束性
	29	化学需氧量排放量	21%（累计下降）	约束性
	30	氨氮排放量	22%（累计下降）	约束性
	31	二氧化硫排放量	4%（累计下降）	约束性
	32	氮氧化物排放量	3.5%（累计下降）	约束性

注：万元GDP能耗、万元GDP二氧化碳排放量、化学需氧量排放量、氨氮排放量、二氧化硫排放量、氮氧化物排放量指标是国家和广东省规定的约束性指标，尚需根据国家和广东省分解下达意见调整。

第二章　率先建成国家创新型城市

坚持自主创新、重点跨越、支撑发展、引领未来的方针，大力实施自主创新五大工程，强化人才、科研、产业、企业等创新载体建设，广聚优质创新资源，加快构建高素质创新人才队伍，着力增强核心技术自主创新能力，推动经济发展从要素驱动向创新驱动转变，率先建成创新体系健全、创新要素集聚、创新效率高、经济社会效益好、辐射引领作用强的国家创新型城市。

第四节　增强核心技术自主创新能力

（一）加强基础创新能力建设

围绕增强原始创新、集成创新和引进消化吸收再创新能力，组织实施基础创新工程，建成一批具有国际竞争力的基础性、前沿性技术和共性技术研究平台。完善高水平、研究型高等院校布局，着力提高南方科技大学、深圳大学以及北京大学、清华大学、哈尔滨工业大学深圳研究生院的科研水平，新建香港中文大学深圳学院。加快建设国家超级计算深圳中心、深圳国家基因库等重大科技基础设施。支持深圳先进技术研究院、华大基因研究院、光启高等理工研究院、热带亚热带作物分子设计育种研究院等快速发展，组建20家左右创新能力强的科研机构。大力提升电子信息产品标准化等国家工程实验室、化学基因组学等国家级重点实验室、医用诊断仪器国家工程技术研究中心以及一批国家级企业技术中心、研发中心的创新能力。深入开展与中国科学院、中国工程院、中国农科院以及国内其他著名科研机构和高校的全面合作，推动院市、校市共建研究机构。

（二）推进核心技术创新和产业化

把握科技发展趋势，加大对基础研究和应用研究的支持力度，着力增强源头创新与核心技术创新能力，抢占全球科技制高点。组织实施科技登峰计划，集中优势资源推进重大科技专项和产业技术攻关，力争在新一代信息技术、互联网、基因工程、干细胞、新能源、新材料、新能源汽车、节能环保等重点领域掌握产业核心技术、关键技术。鼓励支持企业、科研机构、大学参与国家重大自主创新计划，积极承担国家重大科技专项和重大科技攻关任务，形成一批国际领先的自主知识产权和技术标准，成为国家关键核心技术创新的重要基地。加强深圳国家大学科技园、高新技术产业园区建设，打造以西丽大学城、深圳湾高新区和大沙河创新走廊为主体的自主创新核心区，新建一批创新成果产业化基地。组织实施高技术产业化工程，支持重大创新成果加速转化，“十二五”期间，建设100—150个国家高技术产业发展项目、200—300个市级高技术产业化项目。

第五节　构建开放型区域创新体系

（一）强化企业自主创新主体地位

优化以企业为主体、市场为导向、产学研相结合的技术创新体系，引导和支持创新要素向企业集聚，大力提升企业创新能力，推动从产品输出向技术输出、研发服务延伸。支持拥有自主知识产权、自主品牌、创新能力突出、引领带动能力强的领军企业进入世界科技创新前沿，实现从模仿跟随到超越引领的战略转变。鼓励骨干企业加大研发投入，积极引进、吸收先进技术成果，推动技术改造和产业升级。加快培育自主创新型中小企业群，引导中小企业以产业链专业分工方式进行模块化创新，形成集聚集群创新优势。

（二）广聚优质创新资源

在更广范围、更大空间集聚配置优质创新资源，促进各类创新要素有机结合，打造国际创新中心。大力推进深港和国际科技合作，支持企业设立境外研发机构，加大招研引智力度，吸引跨国公司来深圳设立研发中心和设计中心。主动与国家创新体系衔接，积极争取国家重大科技基础设施和重大创新能力项目布局深圳。加强与著名大学和一流科研机构的战略合作，支持大学、科研机构、企业共建产学研技术联盟、产业联盟、标准联盟。力争到2015年国家级工程（技术）研究中心、重点实验室、工程实验室和企业技术中心达到50家，新增市级重点实验室、工程实验室、工程研究中心、技术中心200家以上。

（三）全面优化自主创新环境

完善自主创新政策体系和服务保障机制，促进知识、技术、人才、资本有机结合和良性互动，营造更加优越的自主创新生态环境。落实加快建设国家创新型城市的若干意见，继续实施加强自主创新促进高新技术产业发展的33条政策措施。发挥政府引导作用，加大自主创新投入，加快推进创新型产业用房建设。支持企业参与制订技术标准、产品标准、服务标准，健全标准化战略实施机制。加强知识产权保护，建立重大发明专利的奖励制度。打造一批知名的自主创新企业品牌和产品品牌，加大品牌推广力度。落实具有自主知识产权创新产品政府首购和优先采购制度，培育和扩大市场需求。优化创新创业融资环境，鼓励各类金融机构加大对自主创新和产业化的支持力度。健全科技中介服务体系，为企业创新活动提供优质服务。推进深圳新科技馆及各类科普设施建设，办好自主创新大讲堂，提高市民科学素养。

第六节　构筑创新人才高地

（一）建设规模宏大的创新人才队伍

坚持引进与培养并重，集聚国内国际创新人才资源，建设人才宜聚城市和人力资源强市。组织实施国内人才引进培育扶持计划，依托重大科研项目和重大工程、重点学科和科研机构、国际学术交流和科技合作项目，推进创新团队建设，吸引和集聚院士、优秀青年科学家、国家科技大奖获得者、重大前沿核心技术技能掌握者等创新人才。落实引进海外高层次人才孔雀计划，创新海外引智工作机制，统筹设立海外人才联络处，加强与跨国公司、一流科研机构和知名人才中介服务机构合作，充分利用国际人才交流大会等平台招贤纳才。“十二五”期间，力争引进50个以上海外高层次人才团队、1000名以上海外高层次人才和10000名以上国内高层次人才。

（二）优化人才发展环境

营造公开公平和竞争择优的制度环境，打造深圳引才、育才、用才新优势。加强人才载体建设，充分发挥企业研发中心、博士后工作站、国家留学生创业园的支撑作用，提高高等院校和各类研究机构创新型人才培养能力。实施人才安居工程，健全人才服务体系，提高人事代理、社会保险代理、企业用工登记、出入境和子女入学等服务水平，完善人才科学研究、学术交流和技能培训等资助制度，满足人才发展需求。建立人才发现、使用、评价机制，建设按国际惯例运作的人才市场，促进优秀人才脱颖而出。

（三）努力打造创新创业杰出城市

持续塑造敢闯敢试、多元包容的移民城市文化品格，营造激发创业热情和创新活力的社会氛围，提升全社会创新、创意与创业动力，弘扬鼓励创新、宽容失败、追求卓越的创新文化，形成吸引自主创新先锋人才聚集的创新创业杰出城市的国际声誉。

专栏2　自主创新五大工程

基础创新工程：建设南方科技大学、香港中文大学深圳学院、国家超级计算深圳中心、深圳国家基因库、光启高等理工研究院、分子设计育种研究院、中航工业深圳研究院、北航深圳创新研究院、联想研究院深圳分院、微软深圳研究院、深圳北理工创新中心、北邮深圳通信研究院，组建5家国家级重点实验室。

产业创新工程：围绕重点优势产业领域，新建4家国家工程（技术）研究中心、5家国家工程实验室、12家国家认定企业技术中心和国家级研发中心，新建200家市级工程实验室、工程中心、企业技术中心。

高技术产业化工程：组织实施100～150个国家高技术产业发展项目、200～300个市级高技术产业化项目，支持重大创新成果加速转化。

登峰计划实施工程：设立重大科技专项，围绕新一代信息技术、互联网、基因工程、干细胞、新能源、新材料、新能源汽车、节能环保等重点领域开展产业技术攻关。

创新人才集聚工程：实施国内人才引进培育扶持计划，引进10000名以上国内高层次人才。实施海外高层次人才孔雀计划，设立海外人才联络处，引进50个以上海外高层次人才团队、1000名以上海外高层次人才。

第三章　推进经济结构战略性调整

以经济结构战略性调整为主攻方向，加快转变经济发展方式。坚持扩大内需与提升外需并重，有效利用国内国际两个市场，适应国内居民消费升级的阶段性特征，构建消费、投资、出口协调拉动的经济增长格局。坚持高技术产业和现代服务业“双轮驱动”，加快建设战略性新兴产业十二个基地，着力打造电子信息六个产业链，加快发展现代服务业，强化“高、新、软、优”产业特色，全面增强产业核心竞争力和国际竞争力。

第七节　促进内外需协调发展

（一）强化消费需求支撑作用

以扩大消费需求作为扩大内需的战略重点，完善鼓励消费的长效机制。稳步增加居民收入，提高消费能力，培育居民大宗消费和服务消费等热点，引导和促进消费结构升级。改善消费环境，以特区一体化为契机，打造特色鲜明、功能完善、布局合理的商业网点体系。大力发展电子商务等新型商业业态，促进实体商业和网络商业的融合发展。提升消费层级，集聚全球知名品牌，吸引国内外高端消费群体，以建设罗湖国际消费中心城区为重点，打造辐射全国、亚太知名的国际消费中心。

完善与提升华强电子产品指数和深圳农产品价格指数的编制水平及对全国市场的影响力。到2015年,全市社会消费品零售总额达到5500亿元。

(二)保持投资需求合理增长

发挥投资对扩大内需的重要作用,保持投资合理增长,调整优化投资结构,提高投资质量和效益。着力扩大社会投资,加大投融资改革力度,逐步放宽市场准入,完善鼓励和引导社会投资的政策,推进实施社会投资重点项目计划。加大对公共服务、民生改善、特区一体化、新型功能区、重大基础设施等领域的投入。“十二五”期间,全社会固定资产投资累计超过10000亿元。

(三)促进国内国际市场协调发展

着力加大国内市场拓展力度,巩固和扩大国际市场。优化外贸出口结构,继续推动加工贸易企业转型升级,稳步提高一般贸易出口比重,鼓励支持具有自主知识产权、自主品牌、高附加值的产品出口,积极开拓东盟、拉美、中东等新兴出口市场。加大对企业参加国内重点区域和重点行业展会的扶持力度,鼓励企业加强内销产品研发、创建内销品牌和建立内销网络,不断提高国内市场占有份额。到2015年,规模以上工业内销产值占工业总产值的比重达到50%左右。

第八节　加快培育发展战略性新兴产业

(一)打造国家战略性新兴产业重要基地

坚持市场主导与政府扶持相结合、科技创新与产业化相结合、整体推进与重点突破相结合,加快发展生物、互联网、新能源、新材料、文化创意和新一代信息技术产业,积极培育节能环保、海洋经济、航空航天等产业。实施战略性新兴产业振兴发展规划、产业专项资金扶持计划。完善产业支撑体系,重点布局建设12个服务功能突出、产业特色鲜明的战略性新兴产业基地,打造一批产业链关联效应明显的集聚区。到2015年,战略性新兴产业财政扶持资金累计超过100亿元,产业总规模达到10000亿元以上,增加值达到3000亿元以上,成为我国具有国际竞争力和影响力的战略性新兴产业重要基地。

(二)促进重点领域跨越发展

生物产业。加快新型疫苗、诊断试剂、创新药物产业发展,推进干细胞与基因技术、组织工程产品研发和产业化,着力培育生物育种及海洋生物产业,增强新型先进医疗设备制造优势,建设坪山深圳国家生物产业基地核心区、现代农业生物育种创新示范区等基地。到2015年,生物产业规模达到2000亿元。

新能源产业。巩固核能开发、太阳能电池、风电设备、储能电站等领域技术优势,推进智能电网、生物质能等领域技术突破。优先发展新能源开发、新能源装备、新能源汽车、新能源服务等产业,推广新能源产品应用,扩大新能源供应规模。建设坪山新能源汽车、龙岗核电产业等基地。到2015年,新能源产业规模达到2500亿元。

互联网产业。发挥互联网产业对信息化建设的强大助推作用,促进商业模式创新、新业态发展

和特色应用服务。大力推进电子商务应用，加强物联网关键技术攻关和应用，抢先布局移动互联网，支持腾讯等互联网综合运营服务商做大做强，建设蛇口网谷互联网产业基地。到2015年，互联网产业规模达到2000亿元。

文化创意产业。以“文化+科技”、“文化+时尚”为特色，重点发展创意设计、动漫游戏、数字视听、数字出版、新媒体、文化旅游、影视演艺、高端印刷、高端工艺美术等行业。加快建设华侨城创意文化产业等集聚区，打造特色优势文化创意产业集群。到2015年，文化创意产业规模超过2500亿元。

新材料产业。着力发展电子信息、新能源、生物产业领域关键支撑材料，做大做强无机非金属材料、有色金属材料、改性高分子材料，加快发展新型环保节能材料、稀土材料、高性能纤维复合材料，积极开展纳米及超导材料应用技术研发，建设光明电子信息材料、坪山动力电池材料产业等集聚区。到2015年，新材料产业规模达到1500亿元。

新一代信息技术产业。推进三网融合，促进物联网、云计算的研发应用。加快建设宽带、融合、安全的下一代信息基础设施，推动新一代移动通信、下一代互联网核心设备和智能终端的研发及产业化，制定实施新一代信息技术产业振兴发展规划，力争在集成电路、新型显示、高端软件、高端服务器等核心基础领域实现突破，建设华为科技城等新一代信息技术产业基地，巩固和扩大深圳电子信息产业全球竞争优势。

专栏3　战略性新兴产业基地与集聚区

12个产业基地：大沙河创新走廊研发及总部基地、深圳湾区战略性新兴产业总部基地、留仙洞新兴产业总部基地、坝光新兴产业基地、华为科技城新一代通信产业基地、光明新型平板显示产业基地、深圳软件产业基地、坪山深圳国家生物产业基地核心区、现代农业生物育种创新示范区（深圳国家农业科技园区）、蛇口网谷互联网产业基地、龙岗核电产业基地、坪山新能源汽车产业基地。

产业集聚区：罗湖莲塘互联网产业集聚区、盐田大梅沙成坑基因产业集聚区、光明太阳能产业集聚区、南山智能电网产业集聚区、福田国际电子商务集聚区、光明电子信息材料产业集聚区、坪山动力电池材料产业集聚区、华侨城创意文化产业集聚区、大芬村油画集聚区、深圳创意信息港、深圳航空航天产业集聚区等。

第九节　提升制造业国际竞争力

（一）建设全球电子信息产业基地

瞄准新一代信息技术发展新趋势，着力打造通信、集成电路、新型平板显示、计算机、半导体照明、软件等六大产业链。依托华为、中兴等龙头企业，强化通信产业关键核心技术的研发，打造具有全球核心竞争力的通信产业链。以芯片设计水平提升和生产技术突破为重点，形成超大规模集成电路产业链。以华星光电高世代TFT—LCD液晶面板生产线为龙头，形成新型平板显示产业链。以发展高性能服务器、大容量存储设备、工业控制计算机等产品为重点，形成计算机产业链。巩固下游封装及应用领域领先地位，形成从外延、芯片、封装到应用较为完整的半导体照明产业链。支持高性能计算软件研发与应用，实施高端软件专项，形成以大型应用软件、电子信息产品嵌入式软件等为重点的软件产业链，打造国家重要软件产业基地。提高新型电子元器件、材料、工艺与设备的研发生产能力，支持整机生产与芯片设计、显示模组的纵向整合，促进计算机、通信、消费电子、内容服务融合发展。

专栏4　电子信息六大产业链

通信产业链：重点发展宽带无线接入、全光通信网络、智能交换网络、下一代互联网、新一代移动通信、信息安全、网络管理等设备及系统，打造具有核心竞争力的从芯片到整机、从终端到系统的完整通信产业链。

超大规模集成电路产业链：加大8英寸以上超大规模集成电路芯片制造项目引进力度。重点发展通用电路类和专用电路类芯片，建立集成电路设计支撑技术体系，完善系统级芯片设计环境，发展系统级封装、芯片级封装与测试设备。

新型平板显示产业链：加快推进高世代液晶面板、玻璃基板生产线项目建设。重点提升高世代液晶面板关键原辅材料及生产检测设备的配套能力，促进AMOLED、电子纸和投射式电容触摸屏等新型显示技术的发展及产业化。

计算机产业链：重点发展高性能服务器、大容量存储设备、新型移动存储产品、高性能彩色平板显示设备、工业控制计算机、特种计算机、高性能打印设备、笔记本电脑等产品。

半导体照明产业链：重点发展GaN基蓝绿光、InGaAlP红黄光、GaAs外延片与芯片，中高端封装产品，以及全彩显示屏、彩屏幕墙、太阳能LED、室内外LED照明、特种照明、全彩背光源、大尺寸LCD背光源等中高端应用产品。

软件产业链：重点发展基础软件、大型应用软件、嵌入式开发平台与应用软件、信息化应用软件，提高行业软件集成技术。

（二）发展先进装备制造产业

着力拓展先进装备制造业前沿领域，大力发展自主品牌和自主技术，坚定不移地推动从加工装配向研发制造转变，打造具有国际化水准的高端装备、核心零部件与模组件的研发、制造、出口基地和服务中心。推进重大技术装备自主化，支持发展以电子工业专用设备为主体、以自动化成套设备为特征的数字装备制造产业，重点发展智能机器人、数控机床、监控设备及控制系统和数字化检测设备等领域。做大做强汽车产业，支持比亚迪等企业加快发展，大力提高整车设计研发水平，实现新能源汽车关键零部件产业化，重点发展节能与新能源汽车整车、动力电池、电机、电控等关键零部件、汽车电子等。发展数字化医疗设备、仪器仪表、办公设备以及电子工业专用设备、环保设备等装备制造业。

专栏5　先进制造业30个重点项目

电子及通信设备制造：华星光电高世代液晶面板制造、旭硝子玻璃基板制造、盛波光电TFT-LCD偏光片生产、研祥智能生产基地、国人通信科技园、奥特迅电源设备产能扩大、雷柏科技无线电脑外设制造、怡化电脑金融自助设备制造等8个项目。

汽车及汽车电子制造：长安标致汽车制造、比亚迪汽车生产基地二期、五洲龙新能源汽车二期、陆地方舟电动汽车关键零部件制造、比亚迪坪山汽车二厂零部件生产基地等5个项目。

数字化装备制造：信立泰生物医疗器械生产基地、开立科技彩色多普勒超声成像系统制造、宝昌胜群高压超高压电器制造、理邦精密仪器生产基地、科陆电子智能电网研发生产基地、讯美科技红外非制冷热像仪生产、华北工控生产基地等7个项目。

基础装备及新型装备制造：能源集团环保装备生产基地、震雄大型注塑机生产基地二期、大族激光全球生产基地、格兰达半导体装备制造、中集天达空港装备产业基地、华意隆节能型数字逆变焊机生产、银星智能电器服务机器人研发生产、繁兴科技AIC烹饪机器人研发生产、安托山稀土永磁无铁芯电机制造、航天东方红海特微小卫星生产基地等10个项目。

（三）促进优势传统产业升级

坚持集约化、品牌化、国际化导向，增强优势传统产业自主研发和创意设计能力，提高产品的技术含量和附加值。以先进适用技术改造提升优势传统产业，加快向先进技术制造、低碳制造、绿色制造转变。优化传统产业区域布局和组织结构，提高产业集中度，鼓励优势传统企业开展供应链整合，促进传统产业集聚集约发展，加快若干产业集聚基地建设。增强品牌战略意识，以品牌建设赋予优势传统产品独特文化价值，促进高档服装、钟表、黄金珠宝等优势传统产业向价值链高端延伸提升，着力打造一批高知名度和美誉度的国际化品牌。

第十节　加快发展现代服务业

（一）建设全国金融中心

加快建设以多层次资本市场为核心的金融市场体系，提升深圳金融市场能级和市场主体的综合实力，打造罗湖蔡屋围、福田中央商务区和南山前海三大金融集聚区，建设以多层次资本市场、创业投资及财富管理为特色的全国金融中心。支持深交所做大做强创业板和中小企业板，优化主板市场，扩大代办股权转让系统试点；加快深圳联合产权交易所发展；大力发展货币市场、债券市场、保险市场、黄金市场和金融衍生品市场。完善金融组织体系，加大境内外金融机构引进力度，培育发展消费金融公司、汽车金融公司等新型金融机构，支持平安集团、招商银行等发展成为国际一流的金融集团，增强金融机构活力和核心竞争力。大力发展证券投资基金、创业投资、股权投资基金。加快金融改革创新综合试验区建设，以前海深港现代服务业合作区建设为契机，深化深港金融合作，推进金融改革创新先行先试；继续推进保险创新发展试验区建设；支持金融机构产品和服务创新。完善金融发展的人才支持体系，支持中国资本市场学院建设，加大金融高端人才、研发机构培育和引进力度。组建具有国际水准的金融财经专业媒体。支持金融监管机构改善和加强金融监管，有效防范和化解金融风险，建设金融安全区。到 2015 年，金融业增加值占 GDP 比重达到 15%左右。

（二）构建全球性物流枢纽城市

依托海陆空铁的综合运输优势，促进东西港区协调发展，加快构建多业态融合、信息化水平高、国际竞争力强的现代物流服务体系。以深圳港集装箱吞吐量稳定增长为基础提高港口物流集聚区的收益水平。大力提升深圳机场国际与国内货运枢纽地位，建设平湖公铁联运物流集聚区。大力发展国际采购、中转、分拨以及配送业务，加快形成以供应链服务企业为主体的物流服务企业群。推动物流信息化建设，打造南方信息交换中枢。扶持顺丰、怡亚通等物流供应链管理龙头企业，大力引进国际知名物流企业在深圳设立总部、转运中心或分拨中心。到 2015 年，物流业及物流服务业增加值占 GDP 比重达到 10%以上。

（三）建设国家服务外包示范城市

优化服务外包结构，大力发展软件与信息技术服务、物流供应链管理服务、产品与技术研发、工业及创意设计等技术高端型服务外包业务。鼓励服务外包企业加强研发和技术改造，培育自主品牌。支持服务外包企业取得国际认证和开拓国际市场，形成符合国际标准的外包业人才教育培训及资质认证体系，积极承接离岸外包。打造特色鲜明、配套完善的服务外包集聚区，到 2015 年，服务外包营业总额达到 500 亿元。

（四）发展商贸会展业

提升商贸企业规模化、网络化、品牌化经营水平，促进品牌展会专业化、国际化。加快商贸会展基础设施建设，初步形成涵盖口岸货物集散、大宗商品交易与定价、国际会展与跨国采购、国内市场流通、国际消费购物等功能的现代商贸业体系。扩大高交会、文博会等展会国际影响力，扶持打造电子、通讯设备、珠宝、家具、服装、游艇等专业会展品牌。到2015年，年展会面积达到230万平方米。

（五）建设国际知名旅游目的地城市

充分发掘优质旅游资源，突出海滨旅游和国际商务旅游特色，把深圳建设成为具有重要影响力的游客集散地和旅游目的地。加快旅游基础设施与旅游信息化建设，推动旅游业由传统观光旅游向观光游览与休闲度假并重转型。发展邮轮游艇等海洋旅游业，培育在线旅游等旅游新业态。优化旅游景点和线路规划，构建东部海滨旅游圈、中部都市旅游圈、西部沿海生态文化旅游圈。大力发展旅游中介服务，支持旅游企业做大做强，规范旅游市场秩序。加大旅游宣传推介力度，提升与珠三角其他城市和港澳的旅游业合作水平，共同构筑珠三角都市旅游圈。到2015年，全市旅游接待总人数突破1亿人次。

（六）培育发展专业服务业

大力发展法律、会计、设计、咨询、公共关系、经纪与人才猎头等专业服务业。建立健全“政府监督、行业自律”的管理制度，构建种类齐全、分布广泛、运作规范、与国际接轨的专业服务体系。积极发展高技术服务业，吸引国内外知名高技术服务机构来深设立分支机构，构建社会化、网络化科技服务体系，加快建设国家高技术服务产业基地。

专栏6　现代服务业重点项目

金融业：深圳市金融产业服务基地、平安国际金融中心、太平金融大厦、深圳证券交易所营运中心、招商银行深圳分行大厦、建设银行大厦、中信银行大厦、生命保险大厦、深圳中国人寿大厦、鼎和大厦、国信证券大厦、招商证券大厦、南方博时基金大厦、中国资本市场学院等项目。

物流业：长城国际物流中心、华南国际工业原料城二期、深圳国际农产品物流园、盐田港现代物流中心、顺丰集团总部大厦、西部第三方物流基地等项目。

旅游业：欢乐海岸、大鹏半岛下沙休闲度假旅游区、大鹏观光农业基地等项目。

商贸业：中航城、中华宝玉石精品博览交易中心、百丽国际广场等项目。

第十一节　优化产业组织形态

（一）打造具有国际影响力的总部基地

引进和培育具有国际竞争力的总部企业，建立健全总部企业引进、支持和服务体系。实施总部企业引进计划，着力吸引国际知名企业在深圳设立中国业务总部、国内大型企业在深圳设立国际业务总部，培育发展本土大型企业集团总部。优化总部经济发展环境，整合总部经济发展资源，统筹企业总部和研发基地的规划布局,保障总部建设用地,加快推进总部基地建设。“十二五”期间,引进世界500强企业地区总部、国内大型企业集团国际总部和战略性新兴产业企业总部等总部企业40至50家,初步形成具有国际影响力的总部经济发展集聚地。

(二)强化行业龙头企业带动作用

鼓励优势企业实施行业并购和重组,形成一批拥有自主知识产权和世界级品牌的大企业。强化产业集群发展优势,形成以大企业为龙头、中小企业专业化创新协作体系,打造具有国际竞争力的产业链。支持龙头企业开展技术研发和创新,带动中小型企业配套创新,提升产业整体创新活力。到2015年,年主营业务收入超百亿元企业达到30—35家,其中超千亿元企业3—5家,形成千亿元企业、百亿元企业、十亿元企业与小型专业化创新协作企业在产业链中的合理分布。

(三)扶持中小企业加快发展

进一步优化发展环境,创新扶持政策,促进中小企业快速发展。实施中小企业上市培育计划、融资计划、产业链配套计划、人才与创新支持和市场开拓五个专项计划,全面提升中小企业的创新发展和快速成长的能力。继续完善上市培育联动工作机制,加大中小企业上市培育力度,“十二五”期间,力争培育200家中小企业在海内外上市。拓宽中小企业的融资渠道,切实缓解中小企业融资难问题。规划建设中小企业上市公司和拟上市公司总部基地,为中小企业成长提供空间保障。

第四章　加快建设智慧深圳

实施信息化带动战略,把信息化作为创新驱动、产业升级、城市发展的重要支撑。加快建设下一代信息基础设施,大力推进经济社会各领域信息化,实现信息化与工业化深度融合,全面建设智慧深圳。

第十二节　建设国际领先的信息基础设施

(一)加快建设下一代宽带网络

构建宽带、泛在、融合、安全的下一代信息基础设施体系。加快新一代移动通信、下一代互联网和数字电视网络建设,实现通信网络和广播电视网络的IP化、宽带化和全光化。继续扩大IPv6应用试点范围,积极推进IPv6网络商用。高起点统筹规划全市信息管网、机楼机房的建设,推动光纤到户,全面提高宽带普及率和接入带宽。加快无线城市建设,重点在学校、公共图书馆、交通枢纽等公共场所部署无线热点,为市民提供免费无线宽带接入服务。到2015年,全市宽带用户数突破400万户,无线宽带网络覆盖率超过99%,基本实现百兆家庭宽带接入能力。

(二)提高信息服务支撑能力

依托国家超级计算深圳中心,整合存储资源和运算资源,打造面向应用的城市公共云计算平台。建设物联网传感信息网络平台、物联信息交换平台和应用资源共享服务平台。支持运营商加

快建设高端数据中心、大型托管中心、网络运营中心等信息服务基础设施。积极争取开通国际通信专用通道，提升互联网国际接入能力。加快三网融合试点城市建设，鼓励广电、电信业务双向进入，支持融合型业务发展，提高信息资源与网络资源使用效率，建设国家“三网融合”示范市。

第十三节 全面提升城市信息化应用水平

（一）完善电子政务公共服务体系

深化电子政务应用，规范业务，优化流程，建立覆盖全业务、全流程的电子政务体系，提高政府管理和服务质量，创新服务模式，促进服务型政府建设。增强政府网站的公共服务功能，扩大在线服务内容和范围，提高在线服务能力。以政务信息资源为重点，建设完善空间地理、人口、法人单位等基础数据库，建立全市统一的政务信息资源目录体系和交换体系，实现跨部门信息资源共享交换和业务协同。强化行政效能电子监察和综合评估，提高行政效率。

（二）推进城市管理智能化

深化城市管理运行的信息技术应用，建立与城市快速发展相适应的智能管理体系。加大城市物联网传感网络建设与整合力度，逐步实现基础设施与基础资源的实时监测和高效利用。建设高效低碳的智能交通系统，营造“智慧交通、低碳出行”的绿色交通环境。健全跨部门的主动、预应式城市安全和应急信息管理体系。积极应用物联网技术，对食品、药品和医疗器械生产、销售、使用进行全程监管。推动生态环境信息采集传输网络化、智能化，建立生态环境管理保护新模式。深化“数字城管”应用，提高城市管理水平。

（三）拓展民生领域信息化应用

拓展信息化在民生领域应用的广度和深度，提升市民基础信息服务水平。推广电子病历和电子健康档案，建立数字化、网络化的医疗卫生管理服务模式。深化信息技术在社会保障、人事管理等领域的应用。推动学校信息化建设，拓展数字化、智能化教学资源，促进教育内容、教育手段和方法信息化。提高社区管理信息化水平，为居民提供更加便捷的在线服务。

第十四节 推进信息化与工业化深度融合

（一）深化信息技术与制造技术融合

大力推广应用并行工程、虚拟设计制造等先进研发设计技术，数控、柔性制造等先进加工控制技术，增强物联网在工业领域的应用，促进精益生产、敏捷制造、虚拟制造和网络化制造，重点推动激光设备、机器人、新能源汽车等产业向高端跃升。鼓励传统行业加快产品的数字化、智能化改造，增强自主研发和创意设计能力，提高产品的技术含量和附加值，降低生产成本和资源消耗，推动黄金珠宝、服装、包装印刷、钟表等优势传统产业的优化升级。

（二）以信息技术推进服务业高端化

加快推进互联网与实体经济的渗透融合，鼓励企业应用信息化手段优化供应链和价值链，用信

息技术推进现代金融、现代物流、科技服务、专业服务等生产性服务业的高端化。以信息化整合优化企业经营管理流程,集成人力资源、财务、供应、生产、销售、客户等系统,构建统一的企业管控平台,支撑企业科学决策,促进企业经营管理模式和生产组织形态的创新,提升企业综合竞争力。

(三)大力发展电子商务

坚持政府推动与企业运作相结合,营造环境与推广应用相结合,网络经济与实体经济相结合,重点推进与协调发展相结合,加快建设国家电子商务示范市。普及企业和行业电子商务应用,积极扶持和培育电子商务服务企业,大力发展第三方和移动电子商务服务,促进网上商城和国际贸易电子化发展。完善电子商务信用、支付、物流和认证等支撑体系,不断优化电子商务的市场发展环境,打造具有国际竞争力和区域辐射力的电子商务中心城市。

第十五节　加强网络信息安全保障

(一)建设信息安全保障体系

加强网络安全基础设施建设,提高应对网络攻击、网络入侵、网络失窃密的防范能力和预警检测、容灾备份、应急处理能力,确保基础信息网络和重点信息系统安全。开展网络安全风险评估、信息安全等级保护测评,网络监测,建立健全网络信任、电子取证体系,完善应急处理机制,提升响应恢复能力。

(二)营造信息安全环境

加强信息安全法规建设和有关标准的制定工作。提高信息安全核心技术和关键设备的自主研发能力。强化信息安全监控手段和力量,加强对网络违法有害信息的清理整治。完善相关知识产权保护,加强行业监管,建立网上行为自律机制,强化个人信息的保护措施,构建网络诚信体系。加强无线网络空间综合治理,优化信息化发展环境。

专栏7　信息化建设四大工程

信息基础设施工程:加快光纤入户建设,完成滨海枢纽机楼、宝安通信机楼建设,新增月亮湾、留仙洞、沙井、光明南、坪山等地机楼。

三网融合试点工程:完成符合三网融合双向进入要求的综合业务管理平台和IPTV、手机电视播控平台建设。实施三网融合数字家庭试点示范工程。推动三网融合技术在大运会的应用示范。

无线城市建设工程:加快3G、WLAN、移动多媒体广播电视、地面数字电视等无线宽带网的全市无缝覆盖与重点地区的深度覆盖,率先开展TD-LTE规模试验网建设。

物联网应用示范工程:推进物联网关键技术攻关,搭建公共技术研发和检测服务平台,在交通、物流、电力、水务、金融、医疗以及社区实施一批应用示范工程。

第五章　保障和改善民生

坚持民生优先,加快以改善民生为重点的社会建设,积极推进基本公共服务均等化,完善公共服务体系,整合公共服务资源,提升就业、社保、教育、卫生、文化体育等公共服务供给能力,着力加

大对原特区外公共设施建设力度，不断提高民生幸福水平。

第十六节 提高就业和收入水平

（一）促进充分就业

实施更加积极的就业政策，加大财税、金融、产业等政策促进就业的力度，鼓励以创业带动就业，努力创造劳动者就业和发展的机会。加强基层劳动保障机构和设施建设，完善促进各类劳动者平等就业的公共就业服务体系，推动公共就业服务标准化和属地化。继续完善就业援助制度，大力开发公益性岗位，对就业困难人员实行优先扶持和重点帮助。加快职业培训体系建设，全面提升劳动者技能。

（二）稳步提高居民收入水平

推进收入分配制度改革，建立和完善居民收入与经济发展基本同步、劳动报酬与劳动生产率提高基本同步的机制。建立健全工资正常增长机制，提高最低生活保障和最低工资标准，着力提高低收入者收入水平，创造条件增加居民财产性收入，扩大中等收入者比重，加大对垄断行业薪酬分配的监管力度，切实扭转收入差距扩大的趋势。

（三）构建和谐劳动关系

完善劳动保障政策法规制度体系，建立规范有序、公平合理、互利共赢、和谐稳定的社会主义新型劳动关系。加强政府监管，充分发挥工会等组织的作用，强化企业社会责任，完善劳动关系三方协商机制和劳动争议调解工作机制。全面推行劳动合同制度，扩大集体合同覆盖面。完善欠薪保障制度，建立健全劳动密集型企业工资支付保证金制度和监控预警制度，严厉打击恶意欠薪行为，维护劳动者合法权益。加强人文关怀，开展科学文化知识和技能培训，帮助来深建设者尤其是新生代劳务工更好地融入城市。

第十七节 完善社会保障体系

（一）完善社会保险体系

完善社会保险制度和服务体系，稳步提高社会保险整体保障水平。健全养老保险制度，提高养老保险覆盖率。到 2015 年，全市城镇职工基本养老保险参保率达到 95% 以上。提高医疗保险待遇，探索异地就医结算机制。扩大工伤康复受益面，加强工伤预防和康复服务。落实生育医疗费与医疗机构的独立结算，健全生育保险制度。扩大失业保险基金支出范围，建立保障生活、预防失业、促进就业“三位一体”的失业保险制度。加强社保基金管理，提高基金收益水平，确保社保基金保值增值。鼓励和支持发展职业年金、企业年金、商业保险等补充养老。

（二）健全社会福利体系

完善社会福利服务体系，扩大对特殊群体的覆盖，提高社会福利水平。完善低收入家庭收入与财产跨部门核对机制。建立低保标准动态调整机制，完善第二条保障线，推动社会救助与项目救助、临时救助的有效衔接,实现对低保对象和低收入困难群体救助的全覆盖。鼓励社会资本兴办社会福利机构,实现投资主体多元化。加快养老服务设施建设,形成结构优化、功能多样、布局合理的养老服务网络。到2015年,机构养老床位总数翻一番,每千名户籍老人机构养老床位数达到40张。健全残疾人社会保障和服务体系,保障残疾人合法权益。大力发展社会慈善事业,拓宽社会捐助渠道。

(三)提高住房保障水平

加大保障性住房建设力度,切实提高保障性住房供给能力。"十二五"时期,筹集和建设保障性住房24万套,形成廉租住房、公共租赁房、安居型商品房和货币补贴相结合的住房保障体系。扩大覆盖面,逐步将中低收入群体和各类人才纳入供应范围。加大政府投入,积极引导社会资金参与保障性住房建设运营。完善住房公积金制度,提高居民住房消费能力。加强保障性住房管理,严格规范准入、退出标准。加强和改善房地产市场调控,强化市场监管,抑制投资投机性购房需求,促进房地产业健康发展,有效扩大普通商品住房供给。

第十八节　加快推进教育现代化

(一)创新发展高等教育

坚持扩大规模与提升质量并重,推进高等教育跨越式发展。加快建设南方科技大学,聚集一流人才,为建成高水平研究型大学奠定良好基础。大力支持北京大学、清华大学、哈尔滨工业大学深圳研究生院在学科建设、培养模式等方面深入探索,重点推进优势学科、优势团队、优势学院建设,继续办好研究生教育,形成规模化的本科招生教学体系。推动深圳大学以建设国家级重点学科和特色学科为目标,进一步提升教学与科研水平。努力办好深圳职业技术学院、深圳信息职业技术学院,增强高技能应用型人才的培养能力。开展国内国际合作,引进境外知名大学合作办学,大力推进专业特色学院建设。到2015年,高等教育在校生达到15万人,户籍人口高等教育毛入学率达到55%。

(二)优质发展基础教育

以素质教育为导向,巩固提升基础教育发展水平。推进义务教育均衡发展,实行义务教育学校设备设施的标准化配置和统一的生均拨款制度。加快全寄宿制普通高中规划建设,新增2.5万个普通高中学位。加大学前教育投入,规范学前教育管理,促进学前教育发展,到2015年,95%以上幼儿园达到规范化标准。加强特殊学校建设,强化特殊教育服务功能。积极落实民办教育扶持政策,规范民办教育管理,努力提升民办教育质量。按照国际化城市的标准,大力提升国际学校的数量、招生规模与办学质量。

(三)大力发展职业技术教育

探索建立中职中技、高职高技、应用型本科、专业硕士教育衔接贯通的现代职业技术教育体系,提高技能型人才培养能力。优化普高与职高、高技教育比例结构,实现普通教育和职业教育协调发展。加大对民办职业教育的支持力度,鼓励社会资本参与职业教育。鼓励高职院校与境外院校、企业联合办学,鼓励企业建设专门学院。组建职业教育联盟,加快建设国家级和省级示范性中职、高技学校。

（四）加快发展终身教育

加快学习型城市建设，促进形成学有所教、学有所成、学有所用的终身教育体系。依托电教、成教和教育城域网等多种资源，建设覆盖全市的学习网络，逐步建立终身教育课程体系和远程学习系统。大力发展社区教育，支持发展老年大学、家长学校、妇女学校。加强社会培训机构管理，促进社会培训业规范发展。

第十九节　统筹推进医疗卫生事业发展

（一）优化医疗卫生资源配置

合理布局医疗卫生机构，加快医疗卫生设施建设，推进医疗卫生资源配置均衡化。加快宝荷医院、新安医院等9家新建医院和市人民医院内科大楼等8个改扩建项目建设。完善社康中心网络，完成社康中心基本设备标准化配置，提高社康中心的服务质量，鼓励并规范社会力量兴办社康中心。到2015年，新增医疗床位1.5万张，千人医生数和千人病床数分别达到2.6人和3.4张，实现各区至少拥有1家三级综合医院。

（二）提高医疗服务水平

全面提升医疗技术水平，推进基本医疗服务标准化，构建社区首诊、分级医疗、双向转诊的医疗服务模式。鼓励大型医院与国内外医疗卫生机构、高等医学院校和科研机构在关键技术上联合攻关。推进优势重点学科建设，争取肝病治疗、心脏病治疗、重症医学等学科水平进入全国大中城市前列。加强以全科医师配备为重点的基层医疗卫生队伍建设，鼓励建立全科医师规范化、制度化的教育机构，形成全科医师的资质认证与管理体系。到2015年，力争每个社康中心拥有2名全科医师。促进中医药事业发展，探索建立现代化中医药服务体系。

（三）增强公共卫生服务能力

加快公共卫生服务机构规范化建设，推动公共卫生服务资源向社区配置倾斜。完善基层卫生监督、精神卫生、慢性病防治和急救网络工作平台，健全全民健康教育网络。完善卫生应急体系和预警机制，提高重大疾病防控能力，降低孕产妇死亡率和新生儿死亡率。完善社区居民数字化健康档案，推进妇幼安康工程，发挥中医药预防保健特色优势。到2015年，甲、乙类传染病发病率控制在300/10万以下。

第二十节　促进文体事业繁荣发展

（一）提升城市文明素质

大力实施文化强市战略。加强社会主义核心价值体系建设，弘扬以爱国主义为核心的民族精神和以改革创新为核心的时代精神，传承开拓创新、诚信守法、务实高效、团结奉献的深圳精神，鼓励创新、宽容失败，增强城市凝聚力和创造力。深入推进社会公德、职业道德、家庭美德、个人品德建设，广泛开展关爱行动。支持义工事业发展，壮大义工队伍。培育特区家园意识，提升文明素养，建设全国文明城市标兵。

（二）大力推动文化创新

适应市民文化需求的新变化、新要求，创新文化内容形式，丰富精神文化产品和社会文化生活。大力发展广电传媒事业，推进重要新闻媒体建设，加强互联网等新兴媒体的建设、运用、管理，提高传播能力。支持深圳报业、广电、出版发行集团加大品牌推广和资本运营力度，努力打造一流传媒集团。实施哲学社会科学创新工程，繁荣发展哲学社会科学。实施文艺精品创作工程，不断推出高水准的文艺精品，建设国家级的文化艺术团体。努力提升深圳读书月、创意十二月、市民文化大讲堂、深圳国际旅游文化节等文化活动品牌的影响力，继续办好深圳·香港城市\建筑双城双年展、大芬国际油画博览交易会、观澜国际版画双年展等文化活动。鼓励民间文艺社团发展，壮大特色优势文化艺术门类。

（三）完善公共文体服务体系

以加强基层公共文体设施建设为重点，合理布局公共文体设施，形成更加完善的公共文体服务网络。加强街道及社区文体中心、文体广场等设施建设。组织开展系列群众性文化体育活动，丰富市民文化生活，形成全民健身的良好氛围。推动重点竞技体育项目实现新突破，增强竞技体育综合实力。引进和培育具有国际影响力的文化活动和体育赛事，扩大文化体育消费。

（四）全力办好大运会

以“办赛事、办城市，新大运、新深圳”为目标，扎实做好大运会的场馆运营、赛事组织、后勤服务、安全保障、旅游接待等筹备和举办工作，力争把第26届世界大学生夏季运动会办成一届“更精彩、更成功、更具影响力”的体育盛会。以举办大运会为契机，推动城市建设，完善城市功能，美化城市环境，提升城市品质，展示时尚之都形象和海滨城市特色，提高深圳的国际影响力。创新大运场馆赛后运营管理模式，提高场馆资源利用效益。

（五）加强历史文化保护

加大对文物保护单位和重要古村落的保护力度，推进大鹏所城、南头古城、客家民居、咸头岭遗址等历史建筑、传统街区和考古遗址的保护与利用。加强非物质文化遗产的普查和整理，积极申报国家、省级非物质文化遗产项目，做好非物质文化遗产的保护、传承、展示和开发工作。加强改革开放历史文物的普查、征集、整理，不断丰富改革开放史的展陈内容。大力发展博物馆事业，鼓励社会力量兴办民间博物馆，支持发展各类专题博物馆、纪念馆和特色博物馆。

专栏8　社会民生工程
教育事业：加快深圳大学新校区、南方科技大学校区、深圳大学城、香港中文大学深圳学院等项目建设。推进深圳信息职业技术学院迁建工程、深圳职业技术学院北校区、深圳高级技工学校新校区、市第一职业技术学校拆建工程、市职工继续教育学院新校区建设工程等项目建设。加快市第六高级中学、宝安中心区高级中学、龙岗高级中学、横岗高级中学、松岗中学高中部、布吉高级中学、光明高级中学、坪山高级中学、沙头角中学、实验学校、育才中学等11所普通高中新改扩建项目建设。完成全市经检测属于危房的学校安全改造和加固。

续表

医疗卫生事业：建成滨海医院、宝荷医院、新安医院，推进新明医院、聚龙医院、学府医院、健宁医院、市医科院、市肿瘤医院等新建项目建设，加快推进市人民医院内科大楼、市第二人民医院内科综合楼、北大深圳医院外科住院楼、儿童医院住院楼、中医院综合楼、康宁医院综合楼、慢性病防治中心综合楼、市急救中心等改扩建项目建设。推进社康中心业务用房购置和医疗设备配置项目建设。在华为科技城、沙井、大浪、平湖、龙华、葵涌等片区各规划布局1家综合医院或专科医院。 **文化事业：**加快推进市艺术学校新址建设工程、当代艺术与城市规划展览馆、市文学艺术中心、宝安书城、龙岗书城、大鹏所城整体保护项目二期工程等项目建设。规划建设市图书馆调剂书库。新增200台城市街区自助图书馆。 **社会福利及社会救助事业：**兴建15家老人日间照料中心。加快市老人综合服务中心、罗湖区福利中心改扩建、南山区福利中心改扩建项目建设。推进儿童福利院、市救助管理站二期工程等项目建设。推进市残疾人职业培训基地、重度残疾人托养中心建设。

第六章　大力推进社会管理创新

把社会建设摆在与经济建设同等重要的位置。加强民主法治建设，创新社会管理，完善社区服务体系，培育发展和规范社会组织，全面提高社会管理水平。构建科学有效的利益协调机制，切实维护群众合法权益，促进社会公平正义。

第二十一节　加强民主法治建设

（一）发展社会主义民主

健全社会主义民主制度，丰富民主形式，拓宽民主渠道，依法实行民主选举、民主决策、民主管理、民主监督，保障人民的知情权、参与权、表达权、监督权。完善基层群众自治制度，增强社区自治功能，探索非户籍居民参与社区自治的方式和途径。拓宽居民参与社区治理渠道，全面推行居委会直选制度，直选率力争达到100%。建立社区议事、协商制度，畅通政府与社区沟通渠道，实现政府行政管理与社区居民自治有效对接、良性互动。支持工会、共青团、妇联等人民团体依照法律和各自章程开展工作，参与社会管理和公共服务，维护群众合法权益。全面贯彻党和国家的民族、侨务和宗教政策。

（二）全面推进法治建设

全面落实依法治国基本方略，充分发挥特区立法权作用，突出立法重点，加快完善转变经济发展方式、加强社会建设以及规范政府行为等方面的法规，建立国际化商业制度和营商环境。完善和落实法治政府建设指标体系，率先建设法治政府。严格遵守法定权限和程序。强化司法监督，保证司法公正。全面推进依法行政，规范行政执法行为，严格公正廉洁文明执法。实施“六五”普法规划，深入开展法制宣传教育，弘扬法治精神，引导市民依法维权，自觉履行法定义务，形成人人学法、尊法、守法、用法的良好社会氛围。

（三）建设廉洁城市

坚持标本兼治、综合治理、惩防并举、注重预防的方针，加快推进惩治和预防腐败体系建设，更加有效预防腐败。深化党性党风党纪教育，加强领导干部廉洁自律和严格管理。继续推进干部任用、行政审批、土地出让、政府工程建设、财政资金使用等领域的监督制度创新。进一步提高阳光政府和电子政务建设水平，使权力配置更科学合理、权力运行更规范高效。严格执行党风廉政建设责任制，把廉洁城市建设情况纳入检查考核范围。开展行业协会、市场中介组织和私营企业防治腐败工作。加大商业贿赂治理力度，推进社会诚信体系建设。

第二十二节　创新社会管理机制

（一）健全维护群众权益机制

建立便捷高效的社情民意反映机制，重视发挥互联网通达社情民意的积极作用，畅通市民参与社会建设的渠道。全面推行重大公共决策的社会公示制度、公众听证制度和专家咨询论证制度，健全重大项目建设和重大政策制定的社会稳定风险评估机制。完善矛盾纠纷防范和化解机制，健全信访接访制度，完善综治信访维稳工作网络，维护群众合法权益。完善人民调解、行政调解、仲裁调解、司法调解工作联动机制。构建矛盾纠纷有效化解的工作网，力争实现社会矛盾小事不出社区、大事化解在街道、重大事项在区级集中处理。

（二）健全社区服务体系

整合社区管理资源，完善跨部门综合性社区服务模式，健全社区综合服务管理平台，织造功能完备、互联互通、群众满意、覆盖全社会的服务网和民心网，构建现代化和谐社区。坚持政府资源供给的主体地位，积极发展社区民办非营利服务机构，促进社区服务的社会化、市场化、专业化，提高社区服务居民的水平。完善社会服务业发展政策，制定社区服务标准，大力发展社区服务业，扩大政府购买社区服务的领域。推进社工和义工服务联动，增强社区和家庭互助服务功能。强化社区服务效能，实现市、区、街道（社区）三级信息网络的互联互通。继续实施固本强基工程，完善社区服务设施。

（三）培育和规范社会组织发展

支持引导社会组织参与社会管理和公共服务，构建法制健全、规范有序、分类指导、监督有力的社会组织管理体系。提升社会组织能力，增强社会组织化解社会矛盾、提供社会服务和参与社会管理的能力，建立市民依托社会组织有序参与社会公共服务的新机制。大力发展服务民生的公益性社会组织，支持符合产业导向的行业性社会组织，引导规范科教文卫体和新型社会组织。开展社会组织诚信建设，加强社会组织队伍建设，建立科学有效的社会组织评估制度，形成一批公信力高、影响力大的社会组织。依法规范社会组织运作，完善社会组织综合监管制度。完善现代社会工作制度，拓展社工服务的领域和内容。

第二十三节　打造平安深圳

（一）加强社会治安综合治理

大力推进科技强警，健全覆盖全市的社会治安视频监控网络及快速反应系统，建立完善全方位、立体化、网格化的动态治安防控体系。依法严厉打击侵害人民群众生命和财产安全的各类违法犯罪,加大对社会治安重点地区的整治,重点打击各类严重刑事犯罪,保持对“黑恶势力”和“黄赌毒”的严打高压态势,提高反恐能力,保障大运会等重大活动的安全。到2015年,全面建成适应现代化大都市特点的现代警务机制和群防群治网络,“110”有效刑事警情接报数累计下降幅度不低于15%,基本解决社会治安基础性、结构性问题,市民安全感明显增强。

(二)保障食品药品安全

建立统一的食品药品安全监管体系,完善安全风险评估,加大安全监督和治理力度,提高市民饮食用药安全水平。加强食品药品安全监管,推动农产品质量安全产地准入、市场准入和信息可追溯制度,推进食品药品安全信息化,进一步强化农副产品、基本用药和各类餐饮企业、工业区食堂等抽检和检测,严惩违法违规行为,力争实现生产、流通和消费环节的全过程监管,确保食品药品安全。加强菜篮子工程建设,保障市场供给。建立质量安全信用机制和质量评价机制,加大对违法生产经营行为的打击力度。到2015年,食品生产监督抽查合格率达到92%以上,药品安全抽样合格率达到95%以上。

(三)加强应急管理和安全生产

健全城市灾害综合预防体系。加大公共安全公益性宣传力度,普及公共安全常识,提高公众安全意识和避险自救互救能力。健全城市应急信息网络,加强基层应急组织建设,完善应急预案体系。加强公共卫生事件和群体性事件预警防控,提高应对和处置能力。加快重要物资储备基础设施建设,完善重要物资储备管理,提高储备和应急能力。加强水文、气象、地震、地质灾害的监测网站基础设施建设,实施应对气候变化公共气象服务工程,完善各类三防、应急工程。加强防洪排涝设施建设,加固各类水库和沿海堤防,提高城市防洪排涝能力。加强国防动员基础设施建设,完善各类国防动员预案,提高平战转换能力。全面优化人防工程建设布局和结构比例。严格安全生产目标考核和责任追究,加强对重点行业和领域的安全监管,做好重点区域安全隐患排查整治工作,防范重特大事故发生。到2015年,亿元GDP安全事故死亡率累计下降幅度不低于10%。

第二十四节　加强人口调控管理

(一)控制人口规模过快增长

创新人口服务管理体制机制,实施产业、人口、城市空间三方联动调控,建立“以证管人、以房控人、以业择人”的新型人口调控机制,全面推进人口分区域调控指导性计划,力争实现实际管理人口总量有所下降。全面推进居住证管理制度和房屋编码卡管理制度,实施居住证与租赁许可的有效联动,实现人屋对应动态管理,提升人口精细化管理水平。到2015年,常住人口规模控制在1100万人以内,非户籍人口居住证和出租屋管理覆盖率达到98%以上。

(二)推进户籍政策创新

有序扩大户籍人口比重,加大在深暂住人口身份转化工作力度,建立居住证制度与户籍制度的衔接机制,拓宽来深从业人员积分入户政策覆盖面,探索开辟“居住证+社保”等新型迁户渠道。畅通技术技能迁户、投资纳税迁户渠道,适度优化政策性迁户条件,推动户籍政策与养老保险、人事调配制度的联动改革,消除人才入户障碍。到2015年,户籍人口达到400万人。

(三)全面做好人口计划生育工作

认真贯彻实施计划生育基本国策,创建全国人口计生综合改革示范市。完善人口计生综合管理,提升人口计生技术服务水平,切实稳定低生育水平,提高优生优育水平。加强流动人口计生服务,完善计划生育利益导向机制和公共服务体系,落实基层计划生育管理责任,建立流动人口流出地与流入地的区域合作机制。实施优生优育工程,依法保护妇女、青少年和儿童的各项权益,积极开展常住人口出生缺陷筛查和干预,提高出生人口素质。到2015年,户籍人口政策生育率达到95%以上。

第七章　加快特区一体化发展

以经济特区范围扩大为契机,瞄准国际一流标准,全面推进特区一体化建设。优化城市空间布局,加快六大新型功能区建设,推进城市更新和土地整备,实施城市基础设施五大提升工程,增强全国经济中心城市功能。

第二十五节　统筹推进一体化建设

(一)全面推进六个一体化

制定实施特区一体化建设中长期规划,以公共服务均等化为目标,以转变发展方式为核心,以基础设施建设为先导,以财政体制改革为抓手,以体制机制创新为动力,全面推进法规政策、规划布局、基础设施、管理体制、环境保护以及基本公共服务一体化,不断提高城市管理和社会管理标准和水平。到2015年,特区一体化建设实现根本改观。在原特区外地区完成一批重点基础设施和教育、卫生、文化等公用设施建设。形成比较完善的公共交通网络和初具规模的轨道交通网络。完成重点旧工业区、旧生活区的改造,城市面貌和市容环境明显改善。排污管网和污水处理设施基本建成,环卫设施比较完善,环境保护和生态建设得到加强。产业结构、人口结构不断优化,社会治安明显改善。

(二)大力推进先行示范区建设

加快坂田华为片区、二线拓展民治片区等一体化先行示范区建设,着力提升规划和设计水平,重点推进基础设施建设,完善市政配套和公用设施。加强和改善城市管理和社会管理,促进社区股份经济转型升级,在吸引民间投资、土地集约利用和低碳生态发展等方面先行先试,发挥辐射示范作用,以点带面,推动特区一体化建设的全面开展。

第二十六节 加快新型功能区开发

(一)统筹安排城市开发建设时序

依照“主攻西部、拓展东部、中心极化、前海突破”的策略,加快西部填海工程,推进大空港区建设,初步完成宝安、光明重点城区的改造工程。加快坪山—大亚湾地区、深莞惠边界地区开发建设,提升东部地区城市化水平,形成辐射周边地区的次中心功能。以深圳北站至深港边界为中央功能轴,依托轨道交通、高快速路网,构建城市中心功能拓展区。加快前海深港现代服务业合作区建设,形成新的增长极。

(二)加快培育区域发展极

高起点、高标准规划开发新型功能区,培育经济发展的区域增长极,形成科学发展的示范新区。加快推进前海深港现代服务业合作区、光明新区、坪山新区、龙华新城、大运新城、大鹏半岛滨海旅游度假区六大新型功能区开发建设,立足优势、突出特色、差异发展、统筹推进,促进区域整体性开发、组团式发展。

(三)加快推进特色功能片区建设

按照集群化、集聚化发展思路,建设特色功能片区。加快深圳高新区深圳湾园区、保税区的转型升级,突出产业特色。推进福田环 CBD 区域、罗湖笋岗—清水河现代服务业基地等片区更新提升。编制和实施航空城现代服务业基地、沙井西部沿江地区先进制造业基地、宝龙工业区等片区规划建设,积极吸引新的产业项目和要素资源,打造推进经济发展方式转变的新载体。

第二十七节 提升土地集约利用水平

(一)加快推进城市更新

进一步完善城市更新配套政策法规,加大城市更新推进力度,以城市更新促进转变经济发展方式、提升城市功能、改善人居环境。结合城市规划建设、更新改造,加强地下空间综合利用。重点推进盐田港后方陆域片区、宝安松岗片区、龙岗深惠路沿线等重点区域的城市更新。到 2015 年,完成城市更新用地规模达到 35 平方公里,初步完成农村城市化历史遗留违法建筑和违法用地的处理,基本完成福田、罗湖、南山、盐田的城中村改造或转型整治,基本完成宝安、龙岗、光明、坪山主要地区的城中村整治。

(二)加强土地资源整备

创新土地整备体制机制,加快建立责权清晰、利益共享、分工合理、运转高效的市区土地整备机制。积极盘活存量土地资源,实现用地增长模式由增量扩张为主向存量改造优化为主的根本性转变。以前海、光明、坪山等区域为试点,加大重点开发区域和重大项目用地的土地整备力度。到 2015 年,力争通过土地整备释放 150 平方公里建设用地。

（三）创新土地管理体制机制

探索高度城市化地区土地资源、资产、资本综合管理模式，深化土地市场化配置，提升土地利用效率。逐步完善适应城市发展转型和产业结构优化升级的土地供应政策，实行差别化的地价标准。改革原农村集体土地管理，理顺产权关系，探索土地流转的市场机制，盘活土地存量。

第二十八节　完善城市基础设施

（一）构建高标准一体化的综合交通体系

以建设国家综合交通枢纽城市为目标，规划布局并建设实施一批重大交通基础设施，畅通区域性战略通道，促进综合交通协调发展，形成内外畅达、衔接高效、绿色低碳的高标准一体化综合交通体系。坚持国际化战略，以高效管理和优质服务提升港口辐射力和竞争力，坚持区域化战略，以协同发展和错位竞争积极拓展机场发展空间，强化港口和机场的枢纽地位，到2015年，港口集装箱吞吐量达2800万标准箱，机场旅客吞吐量达3500万人次。加快珠三角城际轨道和国家铁路建设，完善我市高快速路网体系，推进跨珠江通道规划建设，到2015年基本形成深港半小时和珠三角一小时交通圈。

（二）建设国际水准公交都市

实施公交优先策略，着力促进居住地、公共交通、就业地的优化组合，从源头上实现交通减量。加快形成以轨道交通为骨架、常规公共交通为网络、出租车为补充、慢行交通为延伸的一体化公共交通体系。实施需求管理，出台引导公交优先的配套政策，控制小汽车过快增长，提高公共交通分担率。“十二五”期间，新增轨道交通运营里程力争超过160公里，公共交通占机动化出行分担率达到56%，初步建成国际水准公交都市。

（三）提高水资源保障能力

建立合理高效的水资源配置和供水安全保障体系，实现多水源的供水保障。推进西江引水、新丰江引水、东部三期引水等工程的比较研究，加快市外引水工程项目前期工作。充分利用雨洪资源，提高本地水资源的开发利用率及联网水库的调蓄能力。加快海水淡化技术的研发应用及相关工程建设。推进优质饮用水工程，增强供水安全性。大力提倡节约用水，实施更为严格的节水管理措施。

（四）构建能源保障体系

积极发展清洁能源，构建能源储备体系。加强电网建设，优化电网主网架结构，增强深港电网联络能力。积极发展本地支撑电源，推进核电、大型高效环保煤电、气电等清洁电源和调峰电厂建设，完成燃油电厂改燃天然气工程，促进煤电清洁开发利用。加快液化天然气接收站、石油码头、油气库及输送管网等基础设施建设，整合成品油仓储库容，建立多气源联合调度机制，提高成品油和天然气储备保障能力。到2015年，本地区电源装机容量达到1500万千瓦，清洁能源发电装机容量占全市总装机规模50%以上，供电量880亿千瓦时，供电负荷1750万千瓦，天然气供应量60亿立方米。

专栏9　城市基础设施五大提升工程

海空两港工程：加快推进盐田港区西作业区、东作业区一期和大铲湾港区二期集装箱码头工程、蛇口太子湾国际邮轮母港、铜鼓航道等项目建设。全面完成机场飞行区、航站区扩建，以及机场综合交通枢纽工程建设。

陆路交通工程：全面完成广深港客运专线、厦深铁路、穗莞深城际线以及深圳北站、福田站等铁路客运枢纽建设，加快推进广东西部沿海铁路深圳段建设，规划建设港深西部快速轨道线项目，开展赣州至深圳客运专线深圳段以及深惠、深莞城际线的前期规划研究工作。重点建设广深沿江深圳段、东部过境、外环、博深深圳段等高速公路，加快完成梅观高速、惠盐高速等扩建工程，推动深圳至中山跨珠江通道的建设。加快推进南坪二期、南坪三期、彩田路北延、坂银通道、坪盐通道、沙河西路快速化改造等工程规划建设。加快龙华新客站、松岗货运站等公路客货运枢纽规划建设。积极推进莲塘/香园围公路口岸规划建设，推进机场、前海铁路口岸前期研究。

公交都市工程：加快轨道三期工程(6、7、8、9、11号线)建设，推动城市轨道远期工程线路(12、14、16号线及3、4号线延长段等)前期工作。构筑与轨道交通紧密衔接、覆盖全市范围的常规公交线网，加快公交优先通行信号和公交专用道的规划建设，加快公交枢纽及站点布局建设。

水资源工程：重点推动长茜支线、坂雪岗支线等配水工程，加快和尚径水库、水祖坑水库等新扩建工程，以及完成茜坑水厂、坂雪岗水厂等新扩建工程。

能源工程：加快岭澳核电二期、抽水蓄能电站等项目建设，积极推进岭澳核电三期、深圳滨海电厂、月亮湾电厂改扩建等项目规划建设工作。完成燃油电厂"油改气"工程。分类试点建设冷热电联供系统。规划新建500千伏梅林北站、梧桐山站，扩建500千伏宝安站和鲲鹏站，加快深圳东部电源至梅林北站等500千伏通道建设，构建500千伏双回路环形网架，新建220千伏变电站29座、110千伏变电站70座。开展简化电压等级序列和智能电网建设试点。积极推进西气东输二线广深港支干线及配套LNG应急调峰站、迭福LNG接收站、深圳天然气高压输配系统工程等项目的规划建设。推进成品油储备基地、液化石油气仓储区和天然气储备库等项目规划建设。

第八章　拓展开放合作新空间

强化全国经济中心城市和国家创新型城市的辐射带动作用，以深港合作、珠江三角洲一体化、泛珠三角区域合作、中国—东盟合作为重要平台，进一步扩大对内对外开放，积极参与区域合作与国际竞争，提高外溢型经济发展水平和质量，面向全国创造发展新空间，面向世界大力推进国际化，率先建立全方位、多层次、宽领域、高水平的开放型经济新格局。

第二十九节　促进深港融合发展

(一)以前海为载体推动深港现代服务业共同发展

在粤港澳合作的总体框架下，利用前海深港现代服务业合作区平台，进一步深化深港合作，努力把前海建设成为粤港现代服务业创新合作示范区。积极落实CEPA有关安排，不断拓展现代服务业开放的广度和深度，创新体制机制，构建与国际接轨的商事法律环境和更加开放的产业发展政策体系，吸引一批具有国际影响力的现代服务业企业入驻。坚持深港合作、高端引领、服务广东、面向全球的战略取向，重点发展金融、现代物流、信息服务、科技及专业服务等现代服务业。全面完成前海填海和土地整备工作，高标准建设与产业功能定位相适应的基础设施，加快前海保税港区建设，规划建设港深西部快速轨道线项目，积极开展前海口岸建设的前期工作，初步形成现代化国际化先进城市标志区。到2015年，初步具备亚太地区现代服务业重要基地和生产性服务业中心的功能，地区生产总值达到500亿元左右。

（二）深化深港创新科技合作

全面加强深港创新圈建设，促进深港创新科技合作向更宽领域、更高层次发展，联手打造世界级的创新中心。加强深港高等院校和研究机构更紧密合作，积极引进香港各类实验室、企业研发中心在深圳设立分支机构。加快推进深港创新基地、服务平台和重大研究专项的建设实施，建立健全深港科研设备和科技信息开放共享机制，强化创新平台的公共服务功能。

（三）促进深港交通更加便捷

完善深港跨境交通体系建设，推进两地交通全面对接。加快莲塘/香园围口岸、东部过境高速公路、广深港客运专线等基础设施建设。深化深港口岸、港口、机场合作，推进口岸查验方式创新，推广出入境人员自助式通关，逐步实施货物"单一窗口"通关和车辆"一站式"电子验放，探索监管结果互认共享机制。

（四）拓宽深港交流合作领域

规划建设深港跨界生态保护区，建立环境监测、污染防治和灾害预防合作机制。积极探索和扩大深港教育、医疗、文化、职业培训等领域交流合作的新形式、新途径，建立健全深港知识产权沟通联络和执法协作机制，推动律师、公证、司法鉴定领域的交流合作。稳步推进落马洲河套地区开发建设，积极推动深港边界地区在土地利用、产业发展、口岸管理、生态保护等领域的合作。

第三十节　构建多层次区域合作体系

（一）推动珠江口东岸经济圈建设

落实珠江口东岸地区紧密合作框架协议，发挥深圳中心城市的带动作用，统筹协调区域发展规划，整合集聚区域优势资源，加快推进深莞惠一体化发展。推进博深高速、深莞和深惠城际轨道等重大交通基础设施规划建设，加快实施茅洲河、观澜河、龙岗河、坪山河四条界河及跨界河流域综合整治工程。完善深莞惠跨区域社会公共事务合作体系。推动深莞惠边界地区开发与合作，建设深莞惠城际产业合作示范区，提高区域整体竞争力。

（二）促进珠三角区域经济一体化

落实广东省关于珠三角地区一体化发展的要求，以基础设施一体化为先导，推动深莞惠与广佛肇、珠中江经济圈融合发展。推进产业布局一体化，构建特色突出、错位发展、互补互促、布局优化的区域产业格局。加强环境监测调控体系建设，建立跨界水污染和区域大气复合污染联防联治机制。积极参与社会公共事务协作管理，逐步实现资源共享、优势互补、协调发展、互利共赢。

（三）深化与粤东西北及周边省份合作

落实全省区域协调发展战略，大力推进产业转移和劳动力转移，加快建设深圳（潮州）等产业转移园，引导产业有序转移和集中发展，促进劳动力合理流动和优化配置。按照互利共赢的合作原则，着力推进深圳汕尾特别合作区建设，努力建成全省区域合作创新示范区。依托广深港客运专线和厦深铁路建设，加强与周边省份合作，主动融入泛珠三角区域合作，形成更大范围的经济合作体。

（四）加强与澳门台湾合作

全面落实深澳合作协议，在金融、经贸、教育、旅游、文化创意、中医药产业等方面开展更紧密交流合作。以海峡两岸经济合作框架协议实施为契机，进一步扩大对台经贸合作，提升合作水平。完善台商服务体系，支持在深台资企业转型升级，努力营造更好的营商和生活环境。

（五）做好对口支援工作

高质量完成对口支援新疆的各项工作任务，大力推动喀什特殊经济开发区建设，以改善民生为根本，以产业发展、促进就业、培养人才为重点，稳步推进经济、干部、人才、教育、医疗等全方位援疆，切实增强受援地区自我发展能力。继续做好西藏等其他地区的对口支援工作，进一步做好湛江、河源等省内对口帮扶工作。深化与对口支援地区经贸交流合作，促进互利共赢发展。

第三十一节　提高对外开放发展水平

（一）提高利用外资水平

把握国际新技术、新产业、新商业模式的发展趋势，创新利用外资方式，提高利用外资质量。实施招商选资、招才引技策略，加大对世界500强和行业龙头企业的引资力度，吸引海外创新团队来深创业发展。开展产业链招商，着力引进战略性新兴产业、先进装备制造业、金融保险、现代物流、技术研发等领域的重大项目。推进引资方式多元化，积极利用网络招商、驻外机构招商等方式，加快构建高层次、国际化招商平台和海外招商网络。“十二五”期间，全市实际外商直接投资累计达到210亿美元。

（二）创新对外贸易发展方式

加快推进对外贸易向货物贸易与服务贸易并重转变，向产品输出与技术、标准、品牌输出并重转变。扩大具有自主知识产权、自主品牌、高附加值的产品出口。推动加工贸易产业链向研发设计、营销服务延伸。在中国—东盟自由贸易区框架协议下，推动与东盟国家的更紧密经贸合作，扩大对东盟的进出口贸易。加强战略性资源、先进技术、高端装备等进口，努力成为区域性进口商品集散中心。发挥中介组织作用，鼓励商会、协会等民间机构与国外同类机构建立合作关系。积极应对国际贸易摩擦，建立健全国际经济风险预警和防范机制。到2015年，全市外贸进出口总额达到5000亿美元，其中出口总额达到2800亿美元。

（三）加快实施“走出去”战略

鼓励有实力的企业通过新建、并购、联盟等多种投资方式，获取境外资源、能源、技术、人才等要素，增强在全球配置资源的能力。积极扩大国际交往，提高国际交流与合作水平。积极推动深圳—海防境外经贸合作园区建设，支持企业开展境外加工贸易、在新兴市场建立境外生产基地。支持企业积极参与国际标准的制定和修改，推动优势产品标准、行业标准上升为国际标准。支持深圳企业参与国外基础设施建设，承揽对外承包工程项目。完善支持企业“走出去”的政策措施，健全对外投资服务体系，着力培育一批本土跨国公司和国际知名品牌，努力打造中国企业国际总部基地。

第九章　推动低碳绿色发展

以建设国家低碳城市、国家生态市为契机，积极应对气候变化，加强节能减排和环境治理，推进生态建设和自然保护，促进低碳绿色发展，提升城市生态文明水平，全面建设资源节约型和环境友好型的宜居宜业城市。

第三十二节　着力推进低碳发展

（一）建设国家低碳城市

倡导低碳绿色生产生活方式，有序推进国家低碳城市试点建设。制订实施低碳发展中长期规划，完善促进低碳发展的政策措施，研究建立低碳发展评价考核体系。综合运用产业、土地、价格、财税等手段，建立政府引导与市场运作相结合的低碳发展体制机制。建立温室气体排放的统计、核算和考核体系，研究建立低碳产品认证和碳标识制度，积极探索碳排放权交易机制。到 2015 年，万元 GDP 二氧化碳排放量比 2010 年下降 15%。

（二）加快清洁能源开发利用

继续实施天然气替代石油策略，大力开发利用核能和可再生能源，提高非化石能源利用比例。推广绿色建筑，在新建公共建筑、市政工程实施太阳能光伏建筑一体化示范工程，推广太阳能光热应用建筑 1600 万平方米。到 2015 年，非化石能源比例提高到 15% 左右，新建建筑 100% 达到节能标准。

（三）提高能源利用效率

强化节能减排，着力推进结构节能、技术节能、管理节能。严格执行固定资产投资项目节能评估审查制度，推进清洁生产，淘汰落后技术、工艺和设备，控制高耗能、高排放行业发展。推进工业、建筑、交通等重点领域节能减排，试点建设天然气冷热电三联供等分布式能源系统，提高能源利用效率。推广合同能源管理，促进节能服务业发展。

（四）推进低碳技术研发和产业化

建立完善低碳技术研发创新平台，引导企业开展低碳技术研发、关键技术攻关和产业化，力争在节能与能效技术、可再生能源技术、先进核能技术、二氧化碳捕集利用技术、固碳技术等方面取得突破，形成一批拥有自主知识产权的低碳技术成果。加强国际技术交流与合作，积极引进国外节能、环保、新能源等先进技术。

（五）构建资源综合利用与循环利用体系

加快建设国家循环经济试点城市。建设循环经济产业园和城市矿产示范基地。提高城市污水再生利用和工业用水重复利用水平。试行旧机电设备、旧家电等重点领域生产者责任延伸制度，推广家电以旧换新，推动机电设备再制造产业发展。规范再生资源回收行业管理，建立以社区为基础的再生资源回收网络。鼓励资源再利用产业规模化发展，促进建筑废弃物、餐厨垃圾的无害化处理和资源化利用。到 2015 年，建筑废弃物循环利用率达到 60%。

专栏 10　低碳发展及循环经济工程

低碳发展项目：推进产业园区低碳化，加快推进前海、光明、坪山、大运城和大鹏半岛低碳生态示范城区建设。推广合同能源管理项目。加快实施“金太阳”工程和光伏建筑一体化应用、100 兆瓦储能电站、清洁能源汽车推广工程。

循环经济项目：加快建设月亮湾片区、嘉达高科国家合成树脂产业化示范基地、银星科技园和电镀线路板四大循环经济产业园。推进光明新区综合性循环经济城区、观澜循环经济示范街道、龙岗工业危险废物处理基地、东部华侨城国家生态旅游示范区以及塘朗山建筑废弃物资源化综合利用二期项目等循环经济示范项目建设。

第三十三节　加强环境治理和保护

（一）建立健康水生态系统

加快污水处理厂建设，新建和扩建福田、沙井等污水处理厂，到 2015 年，全市污水处理能力达到 542 万吨/日。对现有污水处理厂实施脱氮除磷技术改造，提高污水处理深度。完善污水支管网，建立多层次的污水收集系统，提高污水收集率。加快深港深圳河治理四期工程建设，以及深莞惠界河及跨界河水环境综合治理，逐步恢复河流生态系统。加强陆源污染防治，控制船舶污染和海域养殖污染。实施污水截排、河道及库底清淤，整治入库支流，保护饮用水源水质。到 2015 年，集中式饮用水源地水质达标率达到 100%，中心城区城市污水处理率达到 95%，其他地区达到 80%。

（二）改善大气和声环境质量

完善空气质量预测预报系统，加强二氧化硫、氮氧化物、可吸入颗粒物和挥发性有机物的协同控制，着力解决大气污染问题。对妈湾电厂和主要燃油电厂实施低氮燃烧器改造和烟气降氮脱硝工程，加快高污染锅炉淘汰和工业窑炉“油改气”工程建设。推进油品升级，实施更为严格的机动车大气污染物排放标准。加强重点行业挥发性有机物污染排放控制。采取低噪路面改造、安装声屏障、种植绿化带等措施，降低交通噪声影响。强化对噪声的监督执法，营造宁静的生活工作环境。到 2015 年，空气质量优良天数大于 360 天。

（三）加强固体废物和土壤污染控制

推行垃圾分类收集处理，建设东部垃圾焚烧厂等 6 座生活垃圾处理设施。建设老虎坑污泥处理工程等 3 座污泥处理设施，妥善解决污水处理厂污泥二次污染问题。促进建筑废弃物源头减量、减排与回收利用，严控余泥渣土污染。加强危险废物和医疗废物处置设施建设，严格危险废物和危险化学品监管。加强土壤重金属、毒害有机污染物防治，重点防范土地功能置换过程中的环境风险，开展土壤重金属污染防治与修复。到 2015 年，生活垃圾无害化处理率达到 95%，危险废物集中处置率达到 100%。

（四）加强环境监督管理

严格执行污染物排放标准和环境影响评价，建立更严格的环保准入制度，加大违法处罚力度，严厉打击偷排漏排、超标或超量排污等污染环境的行为。完善环境保护科技和经济政策，建立健全污染者付费制度。加强环境管理能力建设，完善大气、水、海洋、噪声自动监测系统和主要污染源在线监测系统，健全突发环境事件监测预警体系和应急处置体系。

第三十四节　推进国家生态市建设

（一）建立生态安全体系

严格基本生态线管理，保障城市基本生态空间和生态功能。依托山体、水库、海岸带等自然区域，连通大型生态用地，构建“四带六廊”自然生态安全网络。加强湿地生态系统、地带性森林植被生态的保护和修复，推进大鹏半岛、田头山、铁岗—石岩湿地、塘朗山苏铁、清林径等5个自然保护区和大鹏半岛国家地质公园建设。建立珍稀濒危野生动植物繁育基地和救护中心，保护和提高生物多样性。实施近海增殖放流和人工渔礁投放等措施，修复重建海洋生态系统。加强与香港合作共同建设河套地区生态廊道、米铺与福田红树林自然保护合作区生态修复项目。加快建立全市生态补偿机制。

（二）建设绿色宜居城市

全面推进国家生态市建设，开展宜居城区、宜居街道、宜居社区示范创建活动，打造康居、安居、乐居的宜居城市。建成约300公里区域绿道、约500公里城市绿道和约1200公里社区绿道，形成结构合理、功能完善、惠及民生的绿道网体系。实现绿道网络体系和城市慢行交通系统有机结合，为市民提供绿色出行、休闲游憩、体育健身的绿色开敞空间。加快梧桐山国家级风景区规划建设，新建11个森林（郊野）公园和50个社区公园。全方位开展生态风景林、沿海防护林、水源涵养林以及其他各类绿地建设，推行屋顶绿化和垂直绿色，增加城市绿量和碳汇。到2015年，人均公园绿地面积达到16.5平方米。

第十章　再创体制机制新优势

进一步解放思想，全面深化综合配套改革，对国家深化改革、扩大开放的重大举措先行先试，对符合国际惯例和通行规则、符合我国未来发展方向、需要试点探索的制度设计先行先试，对深圳经济社会发展有重要影响、对全国具有重大示范带动作用的体制创新先行先试，对国家加强内地与香港经济合作的重要事项先行先试，力争在重要领域和关键环节取得新突破，为推动科学发展提供制度保障和动力源泉。

第三十五节　深化行政体制改革

（一）切实转变政府职能

以转变政府职能为核心，创新行政管理体制，增强政府推动经济发展方式转变的能力。科学界定政府行政职能，不断提高宏观调节、市场监管、社会管理和公共服务水平。推进政企分开、政事分开、政府与市场中介组织分开，充分发挥市场配置资源的基础性作用。

（二）创新行政管理体制

理顺事权关系、优化行政结构、提高政府效能，加快构建权责一致、分工合理、决策科学、执行顺畅、监督有力的行政管理体制。深化大部门制改革，完成区级政府机构改革。优化行政层级，稳妥推进行政区划调整，发展新型功能区，探索扁平化管理新模式。创新基层管理体制，科学合理划分市、区、街道事权，增强基层综合服务功能。完善公务员分类管理体制，稳步扩大公务员聘任制的实施范围。

（三）优化行政运行机制

深化行政审批制度改革，推动行政审批法治化、规范化和标准化，进一步精简审批事项，实行审批事项、流程、时限的公开透明运作。大力推行网上审批，完善并联审批制度，提高审批效率。强化行政问责制，健全政府绩效评估与管理体系，提高政府运行效能。完善行政权力运行的监督制约机制，建设廉洁政府。推动绩效审计立法，加强政府投资项目和财政资金的使用效益监管。严格规范行政执法行为，创新行政执法体制机制，推进相对集中行政处罚权的实施，健全行政执法争议协调机制和行政执法责任制。

第三十六节　深化经济体制改革

（一）加快财税金融体制改革

调整完善财政体制和运行机制，进一步完善与基本公共服务均等化相适应的公共财政体系。实施第四轮市、区财政体制改革，建立事权与财权相匹配的政府投资体制机制。加快推进国家服务业综合改革试点，积极争取在国家服务业税制改革和金融体制改革方面先行先试。大力推进科技银行、中小银行试点工作，促进创业投资和股权投资健康发展。

（二）推进投融资体制改革

整合土地、资产、财力等政府资源，发挥市区两级政府积极性，建立更加规范化和市场化的基础设施投融资体制。探索政府购买服务、特许经营等方式，引导社会主体参与公共服务设施的建设和运营，加快教育、医疗卫生、文化、社会福利等领域引入社会资本的步伐，推动公共服务供给主体多元化。深化公用事业管理体制改革，放开公用事业的建设和运营市场，建立多元化的公用事业投资和运营机制。

（三）推动多种所有制经济共同发展

充分发挥国有企业基础性、先导性和公共性作用，完善国有资产监管制度，健全国有资本经营预算制度。继续深化收入分配制度改革，形成有效的激励和约束机制。消除制约民营经济发展的制度性障碍，鼓励和引导民间资本进入法律法规未明确禁止准入的行业和领域，全面落实促进非公有制经济发展的政策措施，切实保护民间投资的合法权益。制定实施促进社区股份经济转型发展的政策措施,推动集体合作经济转型发展。

(四)推进价格体制改革

建立健全反映市场供求关系、资源稀缺程度和环境损害成本的资源价格和环保收费形成机制,促进结构调整、资源节约和环境保护。深化水价改革,完善阶梯水价制度和差别水价制度,推动水价同网同价。深化电价改革,逐步实行工商业同价,推行居民阶梯电价。深化气价改革,完善管道天然气终端销售价格与门站价格联动机制。推进环保收费制度改革,完善污水处理收费制度,试点小区垃圾分类收费,探索建筑垃圾、餐厨垃圾处理收费制度及排污权有偿取得和使用制度。推进公用事业价格改革,完善民办学历教育收费政府指导价管理方式,推进非营利性医疗机构实行药品零加成,探索建立交通拥挤收费制度。

第三十七节 深化文化和社会体制改革

(一)加快文化体制机制改革创新

继续推进全国文化体制改革试点城市建设。支持三大文化集团创新发展,打造竞争力强的现代传媒集团。推进有线电视网络资源的改革重组。建立政府资助与市场运作相结合的文艺团体及公共文化设施投入和运行机制。出台公益文化活动赞助管理办法,加强对民间文化组织和民间文艺团体的扶持。鼓励和支持非公有制经济以多种形式进入文化产业领域,增加多元化供给能力,满足多样化社会需求。

(二)创新公共服务供给模式

改革基本公共服务提供方式,引入竞争机制,扩大购买服务。建立政府职能部门购买服务的监督考核机制,制定公共服务标准、资质检查和第三方评估监管制度,提升公共服务水平。推进非基本公共服务市场化改革,放宽市场准入,鼓励社会资本以多种方式参与。

(三)深化事业单位改革

创新事业单位管理体制和运行机制,积极扩大事业单位法定机构改革试点范围,建立和完善法人治理结构。深化事业单位人事制度改革,推行全员聘用制。积极推进事业单位社会保障制度改革,探索职业年金制度。深化事业单位职员收入分配制度改革,实行绩效工资制度。推进区属事业单位分类改革。

(四)创新社会组织管理体制

建立社会组织直接登记制度,逐步扩大社会组织直接登记范围,对工商经济、社会福利和公益慈善类社会组织实行直接登记。出台社区社会组织登记和备案暂行办法,大力培育发展社区社会组织,规范社区社会组织管理。研究制定非营利组织条例、行业协会商会条例,进一步完善社会组织管理的政策法规。开展基金会登记管理试点,充分发挥基金会作用。

(五)建设国家教育综合改革示范区

以构建与深圳经济社会发展相适应的现代教育体系为目标,积极推进教育统筹综合改革。大力推进高等教育办学与管理模式的改革。深化公办中小学校改革，完善中小学管理体制，开展委托管理和特许办学试点。推进中招中考和职业学校招生考试制度改革。优化民办教育发展环境，鼓励社会资本参与教育事业发展。扩大教育开放，加强国际交流合作和引进优质教育资源，探索香港高校在深办学和引进国际知名高校来深联合办学等新模式。

（六）完善医药卫生管理体制和运行机制

创新公立医院管理模式，完善法人治理结构，推动公立医院政事分开、管办分开。促进医疗机构联网运营和集团化管理。制定公立医院人力资源配置标准。推动医师多点执业。推进医疗服务价格调整和医药分开制度改革，建立公立医院全成本核算制度，完善公立医院激励性补偿机制。制定鼓励和引导社会资本举办医疗机构的实施细则和配套文件，在符合准入标准的条件下，新增医疗卫生资源鼓励由社会资本举办。建立政府向民营医院购买公共卫生服务的新机制，促进各类医疗机构平等竞争发展。

第十一章　加强规划实施保障

本规划经深圳市人民代表大会审议批准，具有法律效力。应举全市之力，凝聚全体市民智慧，完成未来五年的各项任务，实现“十二五”规划确定的发展目标。

第三十八节　强化规划导向作用

（一）加强总体规划的指导

以国民经济和社会发展总体规划为统领，以城市规划、土地利用规划、专项规划和各区国民经济和社会发展规划为支撑，形成各类规划定位清晰、功能互补、统一衔接的规划体系。总体规划是政府编制年度计划、审批核准重大项目、安排政府投资和财政支出预算、制定特定领域相关政策的重要依据。各区、各部门必须统一思想，充分认识本规划的重要性，维护规划的严肃性和权威性，在发展目标、重点任务和重大项目等方面制定实施方案，确保总体规划顺利实施。

（二）实行专项规划分类指导

市政府各部门要组织编制重点专项规划和专业行业规划，围绕经济社会发展关键领域和薄弱环节，着力解决突出问题，形成落实本规划的重要支撑和抓手。各区人民政府要切实贯彻总体规划的战略意图，结合本区实际，突出本区特色，编制本区“十二五”规划纲要，并做好与本规划确定的发展战略、主要目标和重点任务的协调，特别是要加强约束性指标的衔接。各重点专项规划经市发展改革部门审查后报市政府批准实施；各专业行业规划经市发展改革部门备案后发布实施；各区规划经与本规划衔接后，提请本区人民代表大会审议批准后实施。

专栏 11 全市重点专项规划名录

(1)循环经济规划;(2)固定资产投资规划;(3)经济体制改革规划;(4)现代服务业发展规划;(5)重大项目规划;(6)政府投资项目规划;(7)社会事业发展规划;(8)社区建设规划(9)人口发展规划;(10)能源发展规划;(11)综合交通规划;(12)智能交通规划;(13)工业发展规划;(14)信息化规划;(15)科学技术发展规划;(16)水务发展规划;(17)土地资源保护与利用规划;(18)人居环境保护与建设规划;(19)教育发展规划;(20)卫生和人口计划生育事业发展规划;(21)人力资源和社会保障事业发展规划;(22)人才发展规划;(23)财政发展规划;(24)文化发展规划;(25)城市管理规划;(26)金融业发展规划;(27)知识产权发展规划;(28)住房建设和住房保障规划;(29)安全生产规划。

(三)明确规划目标责任

本规划提出的预期性指标和产业发展、结构调整等任务,主要通过完善市场机制和利益导向机制,激发市场主体的积极性和创造性实现。本规划确定的约束性指标和公共服务、社会管理领域的任务,是政府对全体市民的承诺,必须明确工作责任、实施进度和具体措施,强化政府的主导作用,调动全社会力量实现。

第三十九节 加强规划组织实施

(一)加强规划实施组织领导

市政府统一组织总体规划的实施工作,制定规划实施方案,明确目标任务和责任分工。各区、各部门要加快推进各区规划、重点专项规划、专业行业规划的实施,促进规划目标和任务的顺利完成。

(二)加强规划监测评估

完善监测评估制度,加强监测评估能力建设,强化对规划实施情况的跟踪分析。市政府有关部门要加强对规划相关领域实施情况的评估,接受市人民代表大会及其常委会的监督检查。规划主管部门要对约束性指标和主要预期性指标完成情况进行评估,以适当方式向社会公布。在规划实施的中期阶段,由市政府组织全面评估,并将中期评估报告提交市人民代表大会常务委员会审议。对本规划进行修订时,需报市人民代表大会常务委员会批准。

共和国故事

壮丽篇章

——黄河小浪底水利枢纽工程成功截流

张学亮　编写

吉林出版集团股份有限公司

图书在版编目（CIP）数据

壮丽篇章：黄河小浪底水利枢纽工程成功截流/张学亮编．—长春：吉林出版集团股份有限公司，2009．12

（共和国故事）

ISBN 978-7-5463-1929-2

Ⅰ．①壮… Ⅱ．①张… Ⅲ．①纪实文学－中国－当代 Ⅳ．①I25

中国版本图书馆 CIP 数据核字（2009）第 233752 号

壮丽篇章——黄河小浪底水利枢纽工程成功截流

ZHUANGLI PIANZHANG　　HUANG HE XIAOLANGDI SHUILI SHUNIU GONGCHENG CHENGGONG JIELIU

编写　张学亮

责任编辑　祖航　李娇　王贝尔

出版发行　吉林出版集团股份有限公司

印刷　三河市嵩川印刷有限公司

版次　2010 年 1 月第 1 版　　2022 年 1 月第 9 次印刷

开本　710mm × 1000mm　1/16　　印张　8　字数　69 千

书号　ISBN 978-7-5463-1929-2　　定价　29．80 元

社址　吉林省长春市福祉大路 5788 号

电话　0431－81629968

电子邮箱　tuzi8818@126．com

前　言

自 1949 年 10 月 1 日中华人民共和国成立至今，新中国已走过了 60 年的风雨历程。历史是一面镜子，我们可以从多视角、多侧面对其进行解读。然而有一点是可以肯定的，那就是，半个多世纪以来，在中国共产党的领导下，中国的政治、经济、军事、外交、文化、教育、科技、社会、民生等领域，都发生了深刻的变化，中国人民站起来了，中华民族已屹立于世界民族之林。

60 年是短暂的，但这 60 年带给中国的却是极不平凡的。60 年的神州大地经历了沧桑巨变。从开国大典到 60 年国庆盛典，从经济战线上的三大战役到经济总量居世界第三位，从对农业、手工业、资本主义工商业的三大改造到社会主义市场经济体制的基本确立，从宜将剩勇追穷寇到建立了强大的国防军，从废除一切不平等条约到独立自主的和平外交政策，从“双百”方针到体制改革后的文化事业欣欣向荣，从扫除文盲到实施科教兴国战略建设新型国家，从翻身解放到实现小康社会，凡此种种，中国人民在每个领域无不留下发展的足迹，写就不朽的诗篇。

60 年的时间在历史的长河中可谓沧海一粟。其间究竟发生了些什么，怎样发生的，过程怎样，结果如何，却非人人都清楚知道的。对此，亲身经历者或可鲜活如昨，但对后来者来说却可能只是一个概念，对某段历史的记忆影像或不存在，或是模糊的。基于此，为了让年轻人，特别是青少年永远铭记共和国这段不朽的历史，我们推出了这套《共和国故事》。

《共和国故事》虽为故事，但却与戏说无关，我们不过是想借助通俗、富于感染力的文字记录这段历史。在丛书的谋篇布局上，我们尽量选取各个时代具有代表性或深具普遍意义的若干事件加以叙述，使其能反映共和国发展的全景和脉络。为了使题目的设置不至于因大而空，我们着眼于每一重大历史事件的缘起、过程、结局、时间、地点、人物等，抓住点滴和些许小事，力求通透。

历史是复杂的，事态的发展因素也是多方面的。由于叙述者的视角、文化构成不同，对事件的认知或有不足，但这不会影响我们对整个历史事件的判断和思考，至于它能否清晰地表达出我们编辑这套书的本意，那只能交给读者去评判了。

这套丛书可谓是一部书写红色记忆的读物，它对于了解共和国的历史、中国共产党的英明领导和中国人民的伟大实践都是不可或缺的。同时，这套丛书又是一套普及性读物，既针对重点阅读人群，也适宜在全民中推广。相信它必将在我国开展的全民阅读活动中发挥大的作用，成为装备中小学图书馆、农家书屋、社区书屋、机关及企事业单位职工图书室、连队图书室等的重点选择对象。

编　者

2010 年 1 月

一、 决策领导

- 河南省、山东省和水电部提出：为防御下游特大洪水，在干流兴建工程的地点有小浪底、桃花峪。从全局看，为了确保下游安全必须考虑修建其中一处。

毛泽东巡视黄河

1952年10月26日至28日，毛泽东带着根治黄河的愿望，巡视山东黄河泺口大坝和济南市大明湖、四里山、趵突泉、北极阁，以及滕县、曲阜孔庙等名胜。

在中华人民共和国诞生之前，毛泽东就将根治黄河的心愿深深地埋在了心底。早在1947年，他在陕北那片厚重的革命圣地和黄土地上转战的时候，虽日理万机，但仍关注着黄河的情况。

一次，在部队进驻陕甘宁边区的一个小镇时，毛泽东着手起草了《中国人民解放军宣言》和重新修订了“三大纪律八项注意”之后，就带上几个警卫，奔赴葭县城看黄河去了。

毛泽东在黄河岸边，注视着奔腾下泻的一团团黄色的水雾，不由得百感交集。

毛泽东说：

> 我们可以藐视一切，但不能藐视黄河，藐视黄河，就是藐视我们这个民族。

中国共产党领导人民治理黄河，是从1946年开始的，在解放战争年代，度过了艰难的岁月。中华人民共